ISBN 978-1-5279-5532-5
PIBN 10924376

1 MONTH OF
FREE
READING

at

www.ForgottenBooks.com

By purchasing this book you are eligible for one month membership to ForgottenBooks.com, giving you unlimited access to our entire collection of over 1,000,000 titles via our web site and mobile apps.

To claim your free month visit:

www.forgottenbooks.com/free924376

REVUE

DES

DEUX MONDES

TOME HUITIÈME

TREIZIÈME ANNÉE. — NOUVELLE SERIE

PARIS

AU BUREAU DE LA REVUE DES DEUX MONDES

RUE DES BEAUX-ARTS, 10

1843

$$\frac{1 \ 7 \ 111}{29 \ 10} \ | \ 91$$

6

. AP

LE MAROC

EN 1844.

—

LA SITUATION, LES MŒURS, LES RESSOURCES DE L'EMPIRE.

————

I. — *Cuadro geográfico, estadístico, histórico, político del imperio de Marruecos*, por DON SERAFIN CALDERON; Madrid, 1844.

II. — *Costumbres de Marruecos*; Algésiras, 1844.

III. — *Observaciones relativas à las costumbres de los Moros y Judios de la ciudad de Tetuan* (manuscrit).

On ne peut se défendre d'un sentiment de tristesse à l'aspect des solutions timides, incomplètes, que reçoivent aujourd'hui en France les questions de politique internationale. Nous venons de conclure avec le sultan Abderrahman une paix qui se borne à remettre en vigueur un traité intervenu, il y a près d'un siècle, entre notre pays et le Maroc; le problème est replacé, pour tout dire, dans les termes où il se trouvait avant le bombardement de Tanger. En présence d'un tel résultat, on se demande avec découragement à quoi il tient que la France paraisse désormais incapable de grandes choses; est-ce aux institutions nouvelles qu'il s'en faut prendre, ou aux hommes qui nous gouvernent en vertu de ces institutions? Cependant, lorsque au-delà du détroit on voit un ministre, appuyé sur le patriotisme résolu du parlement, poursuivre, en dépit des embarras intérieurs les plus compliqués et les plus graves, l'entreprise qui aura pour effet d'ouvrir la Chine à l'Europe, il est impossible qu'on sente faiblir sa foi dans le régime représentatif. On comprend plutôt quelle force irrésistible il doit donner dans une cause juste, quand on se préoccupe uniquement d'étendre les conquêtes légitimes de la civilisation, puisque, dans cette guerre immorale dont le commerce de l'opium était le but immédiat, il a mis sir Robert Peel en état de réaliser son gigantesque dessein. Non, ce n'est pas le régime constitutionnel qui abaisse les hommes, mais les hommes qui abaissent le régime constitutionnel.

Le cabinet a conclu la paix avec le Maroc; certes, si, en poursuivant leurs victoires, nos marins et nos soldats avaient dû nécessairement provoquer une guerre générale, nous ne blâmerions pas le gouvernement d'avoir voulu prévenir une telle conflagration; mais avant de rappeler nos troupes, ne pouvait-on pas, du moins, stipuler des conditions formelles et précises dans l'intérêt de notre commerce, au lieu de remettre en vigueur un vieux traité qui, en dernier résultat, ne lui a valu jamais qu'une protection illusoire? Ne pouvait-on pas stipuler ces conditions dans l'intérêt du commerce européen tout entier? Ne pouvait-on pas, enfin, tout en se montrant plus généreux que l'Angleterre, faire pour l'Europe, au Maroc, ce que l'Angleterre a fait en Chine? Dans cette *Revue* même, il y a quatre ans (1), cette grande question a été hardiment débattue; on y a, de la façon la plus nette, indiqué la solution qu'elle doit recevoir; on y a prouvé qu'aux portes mêmes de nos possessions d'Afrique, la barbarie marocaine ne peut plus long-temps se maintenir, mystérieuse et menaçante, toujours prête à nous susciter les périls et les embarras. Si dans la lutte décisive, qu'il ne dépend d'aucune puissance humaine de prévenir, entre cette barbarie et la civilisation chrétienne, la France abandonne le premier rôle, un autre peuple se rencontrera, n'en doutez point, qui n'hésitera pas à s'en emparer. Prenez garde : rien que pour conserver Gibraltar, l'Angleterre a besoin d'agrandir et de multiplier au Maroc ses relations, qui, aujourd'hui même, forment déjà les deux tiers de celles qu'y entretient l'Europe entière. L'Angleterre envie Ceuta, qui, entre les mains de l'Espagne régénérée, pourrait lui disputer la domination du détroit. Il y a vingt-cinq ans, elle méditait, — un écrivain de Madrid, don Serafin Calderon, nous dévoile, jusque dans les moindres détails, des plans qu'elle est loin d'avoir abandonnés, — de jeter à Tétuan une colonie d'Irlandais, de façon à isoler du continent africain cette même ville de Ceuta, que ses vaisseaux bloqueraient par la Méditerranée. Elle comprend, elle est sûre d'avance que le commerce de l'Afrique centrale, maintenant interdit à l'Occident, appartiendra au peuple qui s'ouvrira le Maroc. Hier encore, quand nous pouvions forcer la barrière, on a vu par quels transports de colère se sont manifestées ses inquiétudes; on a vu, quand nous avons laissé échapper l'occasion, de quelle satisfaction vive elle a été tout à coup saisie. L'Angleterre a pourtant la conviction que la barrière ne peut

(1) *Le Maroc et la Question d'Alger*, livraison du 15 décembre 1840.

plus long-temps rester debout : qui nous répond que, d'un moment à l'autre, elle ne prendra point cette magnifique initiative, à laquelle nous venons de renoncer?

Ce n'est point ici, d'ailleurs, une simple question de commerce; il ne s'agit pas seulement de livrer des marchés immenses à l'industrie européenne : c'est plus haut et plus loin qu'il faut regarder. Est-il vrai que, dans cet empire du Maroc, la violence du despotisme ou sa faiblesse non moins dissolvante, la décadence absolue de tout ce qui fait vivre un peuple, — la religion, les lois, les mœurs privées, les mœurs publiques, l'industrie, le commerce, l'agriculture, les arts, les sciences, — la dépravation de la société, en un mot, partout où cette société n'est point retournée à l'état sauvage, appelle énergiquement de nouveaux principes, de nouvelles idées, de nouvelles mœurs qui relèvent les races maures et arabes de leur abjection séculaire, et parviennent à les régénérer? Ceux qui, par les publications dont le Maroc a été l'objet en France, en Angleterre, en Allemagne, savent à quoi s'en tenir sur ce pays étrange, comprennent bien qu'il ne peut à l'avenir demeurer fermé à la civilisation de l'Europe. Par les faits nombreux que nous apportent les livres tout récemment publiés en Espagne, nous essaierons de dissiper les doutes qui pourraient subsister encore. Depuis que la question du Maroc a pris ces grands développemens qui préoccupent aujourd'hui l'Europe, l'Espagne n'a publié que deux livres sur ses voisins d'Afrique, mais deux livres remplis de renseignemens positifs, de renseignemens si complètement nouveaux, qu'on les chercherait en vain dans les autres ouvrages, quels qu'ils soient, dont le Maroc a partout ailleurs fourni le sujet. Le premier, *Costumbres de Marruecos* (*Coutumes du Maroc*), a paru sans nom d'auteur, à Algésiras, en face même du pays maure; c'est un simple essai, écrit sans prétention et fort court, mais substantiel et presque toujours intéressant. Le second est de beaucoup le plus important et le plus considérable; c'est l'ouvrage de don Serafin Calderon, *Cuadro geográfico, estadístico, histórico, político y militar del imperio de Marruecos* (1). M. Calderon est un des professeurs les plus distingués de l'Athénée de Madrid; la province d'Orense vient de l'envoyer aux cortès. Le jeune député aurait écrit un livre excellent si, avec le soin qu'il a mis à s'occuper de l'histoire, de la topographie et de la statistique de l'empire, il avait traité la question religieuse et politique; si, pour tout dire enfin, il s'était montré philosophe et publiciste en même temps qu'économiste et historien. Telle qu'elle est cependant, son œuvre est la meilleure qui ait paru encore sur la barbarie marocaine; et comme, à notre avis, elle constitue un titre sérieux, nous conseillons vivement à M. Calderon de la reprendre pour la compléter.

M. Calderon s'est attaché principalement à indiquer les causes qui ont entraîné, au Maroc, la ruine de la société musulmane; c'est là aussi notre but,

---

(1) *Tableau géographique, statistique, historique, politique et militaire de l'empire de Maroc;* Madrid, 1844.

mais c'est surtout la ruine ou plutôt les ruines que nous voulons décrire; on verra clairement l'impuissance où se trouve, au Maroc, la société musulmane de se relever elle-même et de se reconstituer. Le tableau douloureux que nous allons tracer ne renfermera point un seul fait dont nous ne puissions prouver la rigoureuse exactitude, non pas seulement par les témoignages de M. Calderon et de l'auteur des *Costumbres de Marruecos*, mais par ceux de plusieurs condamnés politiques, officiers, généraux; membres des cortès, déportés en 1823 aux présides de Ceuta, de Melilla, du Peñon de la Gomera et d'Alhucemas, dont nous avons recueilli les observations et les souvenirs. Après bien des jours d'une rude captivité, quelques-uns parvinrent à tromper la surveillance de leurs gardiens; ils se réfugièrent à Tétuan, où ils attendirent la mort du roi Ferdinand VII. C'est à l'un d'eux, à un ancien député de Navarre, que nous devons un manuscrit auquel nous emprunterons de curieux détails sur les coutumes des Maures et des Juifs. Aux termes des vieux traités existant entre l'Espagne et le Maroc, le ministre Calomarde réclama l'extradition des proscrits. L'empereur Abderrahman éluda les sollicitations du cabinet de Madrid, et, à ce sujet, il faut le dire, les réfugiés espagnols ne furent pas un seul instant inquiétés.

Au reste, à l'entrée de l'Afrique, cette ville de Ceuta, d'où ils venaient de s'enfuir, résume à elle seule la civilisation chrétienne et l'attitude peu digne que celle-ci a jusqu'à ce jour gardée vis-à-vis de l'islam. Ceuta est une ville charmante, une ville européenne. Par ses rues alignées au cordeau et pavées comme une vraie mosaïque, par ses maisons blanches et bien bâties, gracieusement disposées en amphithéâtre, elle contraste avec les mosquées noires, les habitations étroites, incommodes, obscures de Tétuan, que les beaux soleils de la Méditerranée laissent apercevoir au loin sur la côte. Depuis trois siècles, Ceuta possède quatre lignes admirables de fortifications, faisant face au *Champ du Maure, el Campo del Moro;* mais, en dépit de ses quatre rangs de batteries qui, en 1840, arrachaient à lord Londonderry ces paroles adressées au gouverneur de la ville : « Vous pouvez affirmer que vous commandez la plus forte place du monde, » Ceuta, il y a sept ans à peine, s'est laissé prendre sa propre banlieue par les Arabes, un territoire dont elle jouissait avant le roi Ferdinand V, et qui lui est nécessaire comme l'air à la poitrine de l'homme (1). Reléguée dans une sorte de presqu'île, avec ses deux présides, où regorgent par centaines les condamnés politiques, et par milliers les criminels vulgaires, avec ses bastions, ses casernes, ses magasins de poudre et de munitions de guerre, Ceuta s'est d'elle-même condamnée à une complète impuissance. Elle est pourtant située aux flancs d'Abila, comme Gibraltar aux flancs de Calpé; mais tandis que le

---

(1) Aux termes des arrangemens récemment conclus avec l'Espagne, le sultan avait promis de restituer une partie de ce territoire. Aujourd'hui, nous apprenons qu'Abderrahman ne paraît guère disposé à remplir ses engagemens, et qu'il soulève de nombreuses difficultés.

géant européen, gardant les clés du détroit dans ses cavernes hérissées de canons, domine la Méditerranée et l'Atlantique, son frère d'Afrique étend son autorité à peine aussi loin que peut aller son ombre. Si, en effet, vous descendez à sa base, à la ligne de démarcation qui sépare la colonie espagnole du pays maure, vous trouverez en présence l'Europe et l'Afrique, la barbarie de celle-ci, la civilisation de celle-là, aussi étrangères l'une à l'autre que si elles avaient entre elles tous les sables du Sahara. Au-delà du fossé, gravement assis sous un palmier sauvage, les jambes croisées, sa grande arquebuse suspendue à l'arbre, un garde de l'empereur, un soldat de l'*Almagasen*, fixe, en fumant sa pipe, un regard sombre sur un pauvre fantassin du provincial de Valence ou de Séville, qui, de son côté, blotti dans sa guérite et appuyé sur son escopette, le regarde de travers et d'un air méfiant. De cinquante pas en cinquante pas, vous rencontrez ainsi, dans la personne de leurs factionnaires, l'Espagne et le Maroc s'entre-regardant sans mot dire. Et quelles idées pourraient-ils donc se transmettre qui leur fussent communes? Dans quelle langue se pourraient-ils parler, qu'ils soient tous deux capables d'entendre? De la langue arabe, la péninsule catholique n'a jamais su que les mots laissés dans la sienne par les conquérans qui ont fondé l'Alhambra et l'Albaycin, et quant à la langue espagnole, il y a bien long-temps déjà que l'Arabe du Maroc, le fils dégénéré de ces conquérans, l'a tout-à-fait oubliée.

Si, le long de la ligne, le silence est parfois troublé, c'est par une détonation qui se fait brusquement entendre; c'est le soldat musulman qui, sans se lever, abat d'un coup d'arquebuse, sur le terrritoire espagnol, un taureau que la faim a poussé en vue des gras pâturages usurpés, il y a sept ans, par les Maures. Que le gouverneur de Ceuta tolère l'insulte ou se plaigne au pacha de Tétuan, peu importe : il est hors d'exemple qu'en un tel cas l'insulte soit réparée. Ne diriez-vous pas l'époque où Charles II envoyait un grand d'Espagne à Méquinez pour supplier le kalife, cet empereur de forbans et de pirates, de ne point inquiéter ses galions revenant du Nouveau-Monde, à leur entrée dans les eaux de Gibraltar ou de Cadix? Mais ce n'est pas seulement de la situation ou, si l'on veut, de l'attitude de l'Espagne à l'égard du Maroc qu'il s'agit ici; il faut embrasser d'un coup d'œil les relations diplomatiques de tous les peuples européens avec ce pays depuis le XVIᵉ siècle, depuis la fin des guerres de race. On verra que, durant trois cents ans, aucun de ces peuples n'a conclu de traité que, dans l'intérêt de son industrie et de son commerce, il ne soit aujourd'hui obligé de renouveler. Est-il vraisemblable que les nations européennes s'en tiennent à de vieilles conventions, très mesquines, très précaires, et que repousse absolument l'esprit public de l'époque où nous vivons? Non, évidemment; les unes et les autres, celles du moins dont l'ambition est servie par une certaine puissance, ne manqueront point d'exiger tôt ou tard des conditions plus favorables, plus conformes à la supériorité définitive de la civilisation chrétienne sur le régime de l'islam. En présence de ces propensions ou, pour

mieux parler, de ces besoins irrésistibles, on comprendra, nous l'espérons,
que, vis-à-vis d'Abderrahman et entre les nations européennes elles-mêmes,
la question peut à chaque instant se reproduire avec tous ses périls, avec
toutes ses difficultés; on comprendra que, dès maintenant, il eût mieux valu
débattre et régler avec le sultan les conditions précises auxquelles l'Europe
entière pourrait avoir, pour son industrie et pour son commerce, le libre
accès du Maroc.

I. — DES RELATIONS DIPLOMATIQUES DU MAROC AVEC LES PUISSANCES CHRÉTIENNES.

Toutes les nations chrétiennes, si l'on excepte la Prusse et la Russie,
qui n'ont pas encore paru sur les côtes d'Afrique, et la France qui a souvent
sacrifié ses intérêts à sa dignité, ont, depuis le XVIᵉ siècle, consenti à payer
tribut à l'empereur du Maroc. C'est pour assurer un peu de sécurité à leur
navigation, à l'embouchure si dangereuse des fleuves de Larache, de Salé, de
la Marmora, par où les rapides *chebecks* des pirates pouvaient à l'improviste
fondre, comme l'éclair, sur leurs navires, ou bien, après une défaite, se
soustraire complétement à leur vengeance, que la plupart des puissances
civilisées, grandes et petites, ont traité à des conditions si humiliantes avec
les sultans. Par sa position géographique, l'Espagne se vit forcée d'entamer
les négociations; le plus fier de ses rois, Philippe II lui-même, envoya un
grand, don Pedro de Venegas, supplier le sultan de Fez de lui vouloir
bien rendre le corps de son neveu, l'héroïque dom Sébastien de Portugal.
Sous Philippe III, une révolution ayant tout à coup relégué le sultan à Ségovie, un traité fut conclu avec ce *xherif,* qui s'engageait à livrer Larache
et plusieurs lieues de terrain, dans les environs de toutes les places espagnoles, à la condition qu'on lui fournît une somme énorme en ducats, six
mille arquebuses, et en général tout ce dont il avait besoin pour reprendre
possession de son trône. Le sultan repassa le détroit, ressaisit sa couronne, et il va sans dire qu'il refusa nettement de remplir les obligations
contractées envers le roi catholique. Avant la fin de son règne, la guerre
civile se ralluma, et continua, sous ses successeurs, à désoler l'empire,
pendant cent cinquante ans environ. Certes, durant ce siècle et demi,
l'Espagne aurait pu venger aisément ses vieilles injures; mais l'Espagne
s'épuisait à exploiter l'Amérique, à opprimer le Portugal, l'Italie, les Flan-
dres, à fomenter en France les troubles et les conspirations : sous le dernier roi de race autrichienne, elle s'engourdissait profondément dans un
marasme entrecoupé d'émeutes; plus tard, elle se débattait dans les guerres
de la succession. L'Espagne ne songea qu'en 1767 à établir avec le Maroc
des relations formelles; un traité fut conclu ou, pour mieux parler, fut convenu, car, après des négociations sans fin, entremêlées de rencontres à main
armée et de contestations sanglantes, ce traité ne reçut qu'en 1798 sa sanc-

tion définitive à Méquinez. Comme les autres nations de l'Europe, l'Espagne s'assujétissait à des présens annuels, qui pourtant ne s'élevaient qu'à une valeur de 1,000 *duros*, 5,000 francs environ. Il est vrai qu'à tout changement de consul, elle devait en outre payer à l'empereur 12,000 duros. L'Espagne, au moment où commencèrent les pourparlers, était gouvernée par Charles III, un grand prince qui, par malheur pour sa gloire, n'a pas eu de bons ministres. A ses négociateurs, Charles III donna pour mission de sauver le plus possible la dignité de leur pays. Il fit expressément stipuler dans le traité que, si l'Espagne consentait à faire quelques présens à l'empereur, c'est que, de son côté, celui-ci s'obligeait à protéger des couvens qui alors se fondèrent à Tanger, à Larache, à Méquinez, et jusqu'à Maroc. Charles III ne négligea rien pour inspirer à ses barbares voisins le respect de la nation espagnole; il fit bâtir à Tanger un palais magnifique pour son consul, et le traitement de cet agent dépassa toujours, sous son règne, 6,000 duros ou 30,000 francs. Ce traitement aujourd'hui n'est pas même de 3,000 duros; il ne suffit point à l'entretien du consul et à celui de sa maison : comment le représentant de l'Espagne aurait-il pu conserver à Tanger l'influence vraiment prépondérante qu'il y exerçait sous Charles III? Cette influence est en ce moment tout-à-fait annulée dans un pays où, du cadi au sultan, l'oreille du grand ne s'ouvre à personne, si d'abord on n'a frappé l'œil par l'aspect de l'or. On peut hardiment prétendre que si, en 1837, le consul espagnol avait été un peu plus riche, s'il avait pu, avec quelques centaines de duros, neutraliser la malveillance de deux ou trois pachas tout-puissans, jamais les Maures n'auraient consommé cette usurpation odieuse du territoire de Ceuta, qui hier encore formait, et peut former de nouveau demain, l'objet de graves contestations entre le cabinet de Madrid et l'empereur. A Tétuan et dans les autres villes de la côte, l'Espagne a des vice-consuls; mais, en vérité, on ne sait trop jusqu'ici en quoi ils lui sont utiles. On se fera une idée de leur crédit et de la considération dont ils peuvent jouir, pour peu que l'on songe à ce malheureux Victor Darmon, si cruellement mis à mort, et sans la moindre forme de procès, par un soldat nègre de la garde du sultan.

Comme l'Espagne, le Portugal, situé à l'extrémité orientale de la péninsule ibérique, a toujours eu des querelles à débattre avec les Maures. Nous nous trompons; depuis l'époque où il a perdu ses magnifiques établissemens de la côte d'Afrique, depuis qu'en 1769 l'empereur Mohamad lui a repris Mazagan, sa dernière place et son dernier pouce de terrain, le Portugal ne s'est plus sérieusement préoccupé de cette race arabe, qu'il a si opiniâtrément et si long-temps combattue. Il y a mieux : le Portugal aujourd'hui entretient avec l'empereur de vraies relations de courtoisie et de bon voisinage. Tous les ans, Abderrahman envoie à Lisbonne de beaux chevaux, et quelques-uns de ces animaux féroces dont on s'empare à l'entrée du Sahara. Il sait bien, le rusé Arabe, qu'en échange il doit recevoir des présens qui paie-

raient un troupeau de cavales et une ménagerie entière de tigres, de panthères et de lions.

Sous la reine Élisabeth déjà, l'Angleterre commençait à trafiquer sur les
côtes du Maroc; ce n'est pourtant qu'à dater du roi George Ier qu'elle y a fait
de considérables opérations. Le premier traité intervenu entre le Maroc et
l'Angleterre a été conclu en 1729; il a été renouvelé en 1760 et en 1805. La
Grande-Bretagne n'a jamais accepté ouvertement le tribut; mais qu'importe
le mot au prince barbare, pourvu qu'aux trésors qui d'année en année s'accumulent à Méquinez la Grande-Bretagne apporte aussi son contingent?
Si l'Angleterre ne paie pas de tribut, elle grossit à elle seule, en présens
de toute espèce, plus que toutes les autres nations, le budget des recettes
impériales. En 1815, le parlement a fait publier le tableau des subsides
payés à l'étranger, de 1797 à 1814, pendant les guerres contre la France.
Le Maroc y figure pour une somme de 16,177 livres sterling, et encore n'y
faut-il point comprendre les 10,000 duros que le consul anglais de Tanger
dépense chaque année en présens pour les ministres de l'empereur. Ce
n'est pas tout : on sait déjà depuis long-temps qu'en fait de poudre et de
munitions de guerre, les Maures s'approvisionnent à Gibraltar; ce qu'on ne
sait point, c'est que de tout temps, même durant la guerre qui s'achève,
l'Angleterre, — M. Calderon l'affirme, — a gratuitement livré ces munitions
aux agens de l'empereur. C'est là un fait notoire à Gibraltar, à Algésiras, à
Tanger, sur les deux bords du détroit, et que nous pourrions prouver par
les plus authentiques témoignages. On ignore encore les avantages spéciaux
que l'Angleterre n'a pu manquer de stipuler en retour d'une telle générosité,
L'avenir nous dira bientôt, sans aucun doute, le dernier mot de la diplomatie anglaise; ce sont les marchands et les armateurs de la Grande-Bretagne qui se chargeront de nous expliquer la lettre jusqu'ici demeurée secrète des traités de 1729, de 1760 et de 1805.

L'empire d'Autriche, à l'époque où il se nommait l'empire d'Allemagne,
s'était mis aussi, et depuis long-temps, en communication avec le sultan
africain. Déjà, au commencement du XVIIe siècle, Rodolphe II avait envoyé
un ambassadeur en titre à l'empereur Abu-Fers; c'était un Anglais nommé
Shirley, à qui le prince maure fit le plus brillant accueil. Cent quatre-vingts
ans après, en 1784, le sultan Sidi-Mohamad envoya lui-même un ambassadeur à Joseph II, pour renouveler un traité conclu par Shirley, et que l'on
a modifié depuis toutes les fois que la fortune de l'Autriche a éprouvé un
changement notable. En 1815, l'empereur François, ayant pris possession de
Venise, s'engagea formellement à payer au Maroc le tribut annuel de 10,000
sequins auquel, en 1765, s'était soumise cette vieille république de marchands. A dater de 1815, cependant, les rapports officiels ont complètement
cessé entre le Maroc et l'Autriche; celle-ci n'a plus de consul à Tanger; ses
nationaux s'y réclament au besoin du premier consul européen qui les veut
bien protéger. C'est presque toujours, même depuis la mort de Ferdinand VII,

au consul espagnol que les Autrichiens ont eu recours. En même temps qu'elle retira son consul, l'Autriche cessa de payer le tribut. Abderrahman en ressentit un si vif dépit, qu'il fit essuyer les dernières avanies à tous les sujets autrichiens qui avaient affaire dans son empire. On sait qu'en 1829 une escadre, commandée par l'amiral Bandiera, fut chargée d'en tirer vengeance; mais, après avoir lancé quelques boulets contre les villes de la côte, l'Autriche accepta la médiation du Danemark, et, en février 1830, un traité nouveau, abrogeant de tout point les anciens, fut conclu entre l'empereur et le Maroc. On ne connaît pas encore en quoi ce traité consiste; nous pouvons affirmer néanmoins que l'Autriche n'a rien stipulé pour son commerce; elle s'est bornée à déclarer qu'à l'avenir elle entendait ne plus payer le tribut.

Les relations de la Hollande avec le Maroc ont commencé en même temps que celles de l'Autriche. Ce fut aussi le sultan Abu-Fers qui, en 1604, envoya à La Haye le Juif espagnol Pacheco pour s'entendre avec les états-généraux. Pacheco mourut en Hollande; les gazettes de l'époque rapportent que les honneurs funèbres lui furent décernés, ni plus ni moins qu'à un véritable ambassadeur. En 1684, un autre Juif conclut au nom du sultan, avec les Provinces-Unies, un traité qui depuis a été renouvelé à trois reprises différentes, en 1732, en 1755, et en 1778. Aux termes de ce traité, la Hollande était obligée de payer tous les ans 15,000 duros au sultan; mais en 1815, au moment où les Pays-Bas furent érigés en royaume, le roi Guillaume envoya tout exprès un de ses généraux au sultan Muley-Soliman pour lui signifier qu'il cessait d'être son tributaire. C'est précisément cette détermination du roi Guillaume qui, plus tard, décida l'Autriche à ne plus acquitter la subvention de 10,000 sequins qu'elle s'était imposée, en 1815, au nom de Venise.

La France est venue tard au Maroc; c'est en 1693 seulement, sous Louis XIV, qu'elle y a envoyé son premier négociateur, qui, presque aussitôt après son arrivée, rentra en Europe. La France de l'ancien régime n'a conclu son traité qu'en 1767. Ce traité ne stipulait ni tribut, ni présent; c'est assez dire que nos affaires au Maroc étaient à peu près nulles. C'est pourtant ce traité de 1767, quelquefois renouvelé avant les différends survenus au sujet de nos possessions d'Afrique, mais sans que de part ni d'autre on y attachât une grande importance, que les conventions récentes remettent en pleine vigueur. M. Guizot pense-t-il que notre commerce lui en doive témoigner une bien vive gratitude?

Le Danemark et la Suède ont traité presque à la même époque avec le Maroc, l'un en 1753, l'autre dix ans après environ. Le Danemark se soumit à un tribut de vingt-cinq mille duros qu'il a payé jusque dans ces derniers temps; à cette condition, le Danemark obtint un privilége exclusif pour une compagnie qui s'établit sur les côtes de l'Océan, de Salé à Saffi. Dans les quatorze premières années de sa fondation, la compagnie danoise était parvenue à un assez haut degr de prospérité; ce sont les entreprises hasardeuses, et, en dernier résultat, le défaut de capitaux qui ont précipité sa ruine. Aujourd'hui encore, le privilége subsiste; mais rien n'annonce que l'on songe à l'exploiter. A la première nouvelle qu'il a reçue de notre expédition contre Tanger, le Danemark a d'ailleurs notifié au sultan qu'il entendait à l'avenir ne plus acquitter le moindre tribut. C'est également le parti qu'a pris la Suède, dont la subvention annuelle avait été fixée en 1763 à vingt mille duros. Peu de temps, il est vrai, avant de tomber sous le coup de pistolet d'Ankastroem, Gustave III avait déclaré qu'il ne voulait plus envoyer l'argent suédois au Maroc. On n'avait pourtant pas osé tout-à-fait rompre avec les barbares, tous les deux ans, de la mort de Gustave III à 1803, la cour de Stockholm envoyait à l'empereur des présens considérables. En 1803, la Suède, engagée dans la guerre contre la France, craignit que le sultan ne se portât envers ses nationaux à des avanies qu'elle ne pourrait ni prévenir ni venger; elle se résigna à renouveler le traité de 1763. Chaque année, jusqu'au moment où, de concert avec le Danemark, elle s'est décidée à garder et son argent et ses présens, elle versait dans les caisses de l'empereur vingt mille duros, sans compter quatre ou cinq cents duros consacrés à gagner les bonnes graces du pacha de Tanger. Pour rendre l'humiliation de la Suède plus manifeste encore, le pacha avait stipulé une condition étrange : c'était en public que le consul suédois acquittait le tribut, au milieu d'une grande fête musulmane, l'*Ansara,* qui se célèbre en été le même jour que la Saint-Jean, avec laquelle on verra qu'elle a de singulières analogies.

Après la Suède vint la Toscane, qui n'entama qu'en 1778 de sérieuses négociations avec le Maroc. Le traité qu'à cette époque la Toscane a conclu avec le sultan Sidi-Mohamad est le seul, il faut le dire à l'honneur du grand-duc Léopold, où une puissance chrétienne se soit, avant le XIXᵉ siècle, préoccupée des intérêts de l'humanité. Indigné que les navires toscans qui venaient trafiquer sur ses côtes ne s'assujettissent envers lui à aucun subside, Sidi-Mohamad en fit capturer deux, et réduisit en esclavage équipages et passagers. Le grand-duc Léopold chargea le fameux Acton d'aller à la tête d'une escadre, non-seulement délivrer les captifs, mais stipuler qu'à l'avenir tous les esclaves chrétiens seraient livrés aux agens consulaires dès que ceux-ci offriraient une rançon. Acton parvint à conclure son traité, qui n'a pas moins de douze articles; mais ce sont là des conventions qui, à vrai dire, n'ont jamais reçu la moindre exécution. La Toscane, aujourd'hui, ne fait presque plus d'affaires au Maroc; c'est du consul danois que se réclament habituellement ceux de ses nationaux qui s'aventurent encore à Tanger, à Tétuan et dans les autres villes de la côte.

C'est aussi avec Sidi-Mohamad que les États-Unis d'Amérique traitèrent dès 1786; néanmoins on ne s'entendit définitivement qu'en 1795, sous le règne de Muley-Soliman, oncle et prédécesseur du sultan actuel. Les États-Unis ne s'obligèrent point au tribut, et cependant leurs présens s'élèvent à une valeur annuelle de 15,000 dollars environ. Les conventions de 1795 devaient durer cinquante années lunaires; c'est à la fin de 1843 qu'elles ont expiré, et, à l'heure qu'il est, les États-Unis sont en instance auprès de l'empereur pour négocier de nouvelles stipulations. Les jeunes républiques de l'Amérique méridionale et centrale ont aussi envoyé une espèce de représentant à Tanger; mais ces états font encore trop peu d'affaires au Maroc pour que leur agent y puisse avoir le moindre crédit.

En 1820, la Sardaigne, ayant pris possession de Gênes, se vit forcée de composer avec Muley-Soliman; cette année-là même, les bases d'une convention commerciale furent discutées et arrêtées; le traité cependant ne fut conclu qu'en 1825. En 1825, le gouvernement sarde établit un consulat-général à Tanger. La vieille Gênes, du reste, avant que les autres nations européennes songeassent à trafiquer au Maroc, y jouissait d'une sorte de trêve qui, à vrai dire, équivalait à un traité de paix. Au moyen-âge, un spéculateur génois exploitait avec de grands avantages les bois de construction de l'Atlas. A cette époque déjà, l'empereur de Maroc avait à Gênes un chargé d'affaires, le seul qui, à poste fixe, ait jamais résidé en Europe. Ce qu'il y a d'étrange, c'est que, depuis la déchéance de l'antique république ligurienne, le représentant de la barbarie africaine n'ait pas été rappelé. Ce chargé d'affaires est accrédité auprès du roi de Sardaigne; mais c'est encore à Gênes qu'il remplit ses fonctions, qui aujourd'hui, à la vérité, n'exigent point des relations fréquentes avec la cour de Turin.

Le royaume des Deux-Siciles a été le dernier à négocier avec le Maroc. Par l'intermédiaire du consul britannique, les Deux-Siciles conclurent, en 1827, un traité qui est demeuré une lettre morte. Les intérêts napolitains sont si peu protégés au Maroc, que la cour de Naples ne vient à bout d'empêcher les plus grandes avanies qu'en adressant à l'empereur de continuelles menaces d'armement. On se rappelle celui qui, en 1834, a été sur le point de se diriger sur Tanger. Vers la fin de la restauration également, la ville anséatique de Hambourg a essayé de prendre position sur les côtes méditerranéennes; aujourd'hui même, elle a pour chargé d'affaires le consul portugais. Avant Naples et Hambourg, en 1817, la Prusse avait fait faire, par le consul de Suède, quelques ouvertures au sultan Muley-Soliman, qui les accueillit avec une faveur marquée; on ne comprend pas facilement, quand on pense que la marine prussienne se réduit à une seule frégate, que la cour de Berlin ait voulu entrer en rapports avec l'empereur, ni que celui-ci en ait éprouvé une joie si vive. Quoi qu'il en soit, en 1817, précisément, s'allumèrent au Maroc les guerres civiles qui ont abouti à l'avénement du sultan actuel; la Prusse fut contrainte de suspendre ses négociations, que depuis lors elle n'a pas songé à reprendre.

Tels sont les rapports officiels qui, dès le moyen-âge, ont subsisté entre la chrétienté et ce pays du Maroc, où l'islam a contracté ses plus sauvages allures. Pour tous les peuples, on le voit, la situation est intolérable; il faut toujours mettre à part l'Angleterre, la seule nation qui ait des traités sérieux, la seule qui soit en état d'obtenir de meilleures conditions. Comme les autres nations, du reste, l'Angleterre se soumettait, avant notre dernière expédition, au cérémonial humiliant par lequel de tout temps Abderrahman a témoigné de sa haine pour le nom chrétien. Avant notre dernière expédition, les affaires diplomatiques se débattaient à Tanger avec le pacha, qui en référait aux *wasyrs* ou aux ministres du sultan. Cependant, si la contestation avait la moindre importance, il la fallait soumettre à l'empereur lui-même. Le consul intéressé lui adressait une requête écrite en arabe littéral ou *koranique* par un *taleb*, espèce d'érudit musulman attaché au service des légations. Or, comme le *taleb* se serait fait scrupule d'apprendre les langues européennes, le consul lui expliquait ses désirs ou ses intentions par l'intermédiaire d'un Juif, qui, soit mauvaise volonté, soit ignorance, les dénaturait souvent d'une façon à peu près complète. La dépêche ainsi rédigée, on l'envoyait à Maroc, ou à Fez, ou à Méquinez, ou à toute autre ville dans laquelle résidait le sultan, ou bien encore au *douair*, au camp où il avait fait dresser sa tente impériale. Dès qu'il avait jugé à propos de prendre connaissance de la requête, le sultan envoyait à Tanger un officier chargé de s'entendre avec le consul. S'il se décidait à trancher lui-même l'affaire, le consul était mandé auprès de lui. Être reçu à la cour du Maroc, c'était la plus grande faveur; il est vrai que l'infidèle la payait en raison même de l'honneur que l'on croyait lui faire en la lui accordant. Au consul qui devait entreprendre un tel voyage, le sultan donnait une escorte nombreuse, commandée par un *alcaide;* c'était le consul qui défrayait l'escorte, sans compter un présent de cinquante à cent duros, qu'il se voyait obligé de faire à l'*alcaide*, et un autre de cinq à dix duros à chacun des soldats. Sur son chemin, il ne traversait point de *douairs* dont les chefs ne lui vinssent offrir en abondance des vivres qu'il payait au triple de la valeur. Du moment où il arrivait auprès de l'empereur, celui-ci se chargeait de le nourrir ainsi que sa suite; mais la munificence musulmane exigeait en retour de si riches présens, que l'infortuné consul eût cent fois mieux aimé subvenir lui-même à son entretien. A quoi bon dire, d'ailleurs, qu'avant notre dernière campagne les choses se devaient ainsi passer? Grace à la paix que l'on nous a faite, Abderrahman sera parfaitement libre de ne modifier en rien les rapports qu'il lui convient d'avoir avec les Européens. Abderrahman est un vrai sultan du xvie siècle. Pour que l'on en soit convaincu, il suffit de raconter les convulsions effroyables d'où il est sorti empereur. On verra combien peu, au Maroc, depuis l'expédition où a disparu l'infortuné roi dom Sébastien de Portugal, l'esprit public et les mœurs ont changé.

II. — GUERRES CIVILES. — AVÉNEMENT D'ABDERRAHMAN.

La succession au trône plus capricieusement établie que dans tout autre pays musulman, le grand nombre d'enfans mâles que laissent après eux les empereurs, l'esprit de rapine et de turbulence qui travaille les races arabes, telles sont les causes qui du soir au lendemain peuvent armer les unes contre les autres les populations du Maroc. Il y a trois siècles à peine, la couronne du Maroc était réellement élective, comme le veut la loi du prophète. Aujourd'hui, le peuple est forcé d'accepter le maître que lui impose la volonté d'un seul homme ou celle d'un très petit nombre d'oligarques; depuis un temps immémorial, le sceptre est fixé dans une seule famille, et pourtant c'est encore par une sorte d'élection qu'il est transmis, soit que de son vivant l'empereur se choisisse un successeur entre les mains duquel il dépose la souveraine puissance, soit qu'il le désigne dans son testament, soit enfin qu'après sa mort une vingtaine de nobles proclament le prince qui doit hériter de l'empire: ce prince est toujours choisi dans la dynastie des Muley. On peut juger s'il est aisé de faire un choix parmi des centaines de compétiteurs, ambitieux et remuans, qui d'ailleurs se voient exposés à tout perdre, si l'on se refuse à leur tout donner. Le nouveau sultan ne règne qu'à la condition de réduire de nombreux et opiniâtres soulèvemens; c'est dans la ruine absolue et dans le sang des rebelles que s'étouffent les rébellions. Il est sans exemple que de telles collisions n'aient point duré des années entières, et pendant ces années-là le gouvernement civil est de fait complètement suspendu. Peu importent les vols, les assassinats, les vengeances particulières, les exactions de toute espèce; c'est un compte hideux où s'accumulent les crimes les plus odieux et les plus lâches, et qui, après la victoire, se règle tout simplement par l'implacable proscription des vaincus. Les populations du Maroc se divisent alors en deux classes bien distinctes, celle des oppresseurs et celle des opprimés : d'une part, les races musulmanes qui, avec des chances diverses, se disputent la prééminence politique; de l'autre, les renégats, les Juifs et autres parias dont le concours est repoussé par les parties belligérantes qui se ruent sur eux comme sur des ennemis communs envers lesquels on n'est pas même tenu de conserver le moindre sentiment humain. Le seul moyen de salut qui reste alors aux proscrits, c'est d'implorer un asile dans la maison de quelque Maure puissant qui les accueille avec leur famille. Si le protecteur qu'ils se sont donné est généreux et loyal, ils n'ont plus guère d'autres périls à courir que ceux auxquels il est exposé lui-même. C'est là un cas extrêmement rare; presque toujours ils se doivent estimer fort heureux qu'on leur veuille bien laisser la vie sauve au prix de leurs terres et de leurs capitaux.

La dernière crise a duré huit ans; c'est celle d'où Abderrahman est sorti empereur. Il n'y en a jamais eu peut-être qui ait fait mieux ressortir les perfides et féroces instincts dont se compose le caractère des Arabes du Maroc. Las de régner et désirant prévenir les catastrophes que tout changement de règne appelle sur le pays, le sultan Muley-Soliman abdiqua en faveur du plus âgé de ses fils, Muley-Ibrahim. A peine monté sur le trône, le nouveau sultan vit la tribu des Shilogs lever contre lui l'étendard de la révolte; à la première campagne qu'il entreprit pour châtier les Shilogs, ceux-ci le prirent et le mirent à mort. On était alors vers le milieu de 1817. Muley-Soliman lui-même aurait subi un pareil sort, si, au péril de leurs jours, des serviteurs dévoués n'étaient parvenus à le soustraire aux coups de ses ennemis. Accablé sous les maux reunis du corps et de l'ame, Muley-Soliman se réfugia dans un de ses palais, ou, pour mieux dire, dans un de ses châteaux-forts, à quelques lieues de Méquinez. Il y passa deux ans, ne s'occupant que de sa sûreté personnelle, défendu par ses esclaves et par les vieux soldats de sa garde, et abandonnant l'empire aux convulsions qui le déchiraient. Vingt fois il faillit tomber entre les mains des rebelles, qui, avant de le tuer, lui auraient fait subir les plus affreux supplices. Un jour enfin son château fut pris par les meurtriers de son fils, qui de toutes parts le poursuivirent et le traquèrent avec l'ardeur particulière à la race arabe. Il dut son salut à une femme du peuple qui lui ouvrit sa cabane, l'affubla de ses vêtemens, et, lui barbouillant à la hâte la figure de cette substance avec laquelle les Marocaines se teignent en jaune les ongles et les dents, le fit passer pour sa propre mère en proie au dernier marasme de la peste. Les ennemis de Muley-Soliman, qui jusqu'à la hutte avaient suivi sa trace, n'eurent rien de plus pressé que de prendre la fuite pour échapper à la contagion.

Ainsi délaissées par leur sultan, les principales familles de Fez et de Méquinez demandèrent grace aux Shilogs. Un arrangement se conclut dans la première de ces deux villes; Muley-Soliman fut déposé, et un autre Muley-Ibrahim, son neveu et son gendre, proclamé empereur. Muley-Ibrahim accepta la couronne et se mit en devoir de pacifier ses provinces; mais les Shilogs, voyant qu'il se refusait à subir leurs caprices, reprirent de nouveau les armes. Muley-Ibrahim les aurait réduits peut-être, si, dans une bataille qu'il était allé leur offrir, il n'avait reçu à la jambe une blessure dont il mourut quelques jours après, à Tétuan. Pendant une semaine environ, jusqu'à ce qu'il fût en état de se saisir de la souveraine puissance, son frère Muley-Isahid ou Jézid, dont il avait fait son premier ministre, réussit à cacher la nouvelle de sa mort à l'armée et au peuple. Quand il eut bien pris toutes ses dispositions, Isahid convoqua au palais les grands de la ville, les chefs de l'armée, ceux-là dont il avait le plus à craindre les antipathies ou les ambitions, et, leur annonçant la mort de son frère, il leur signifia sans détour qu'ils eussent immédiatement à le reconnaître comme sultan, s'ils tenaient à ne pas avoir à l'heure même la tête coupée. Muley-Isahid était homme à exécuter sa menace; c'est assez dire que d'une voix unanime on le salua empereur. Ce ne fut pas tout, pour subvenir aux frais de la guerre, Isahid leur extorqua, ainsi qu'aux riches Juifs du pays, des sommes énormes en duros et en doublons. Les plus récalcitrans furent emprisonnés, quelques-uns décapités pour l'exemple; si jamais règne au Maroc a pu se promettre une certaine durée, c'était assurément celui d'un tel prince qui faisait un si énergique usage de la force brutale, ce droit divin des musulmans.

Quinze jours après son avénement, Muley-Isahid sortit de Tétuan, et par d'exécrables chemins de traverse se porta inopinément sur la ville de Fez, qui, prise à l'improviste, se vit obligée de capituler. Il était loin pour cela d'avoir consolidé sa domination; Tétuan, Méquinez et Fez exceptées, le Maroc entier se prononça contre lui. Cette fois enfin, le vieux Muley-Soliman se résolut à quitter sa retraite; Soliman reparut à la tête d'une armée nombreuse, et c'est à ce moment qu'il se donna pour auxiliaire son neveu Muley-Abderrahman, aujourd'hui empereur, alors pacha de Mogador et de Tafilet. En moins d'un an, Muley-Abderrahman dompta les tribus rebelles et réduisit les deux villes de Fez et de Méquinez. Tétuan fut la dernière à se soumettre; c'est d'elle-même cependant qu'elle ouvrit ses portes, après un long siége que lui firent subir en personne les deux princes victorieux, et quand la nouvelle lui parvint que le sultan vaincu avait pour jamais quitté le Maroc. Quarante cavaliers maures, des plus riches et des plus considérés de la ville, se rendirent à Fez, précédés de leur pacha, pour jurer fidélité à Soliman. On était en 1822; mais jusqu'en 1825 les soulèvemens et les convulsions publiques se prolongèrent encore : comme nous l'avons dit, c'est après une crise de huit ans qu'Abderrahman a été proclamé empereur.

On ne sait si la mort d'Isahid suivit de près sa défaite. La bizarre histoire du Maroc n'a jamais offert de plus poétiques ni de plus étranges aventures que les vicissitudes dernières de ce prince cruel et vaillant. Traqué dans sa fuite par des ennemis sans nombre, défendu avec un dévouement héroïque par une poignée de serviteurs qui se firent tuer un à un, Isahid, après des alarmes, des périls auxquels on ne peut comprendre qu'il ait échappé, se réfugia chez un de ces *saints* dont la maison est considérée comme un asile inviolable. Long-temps, dit-on, Isahid vécut ainsi, au milieu de populations exaspérées, de soldats à demi sauvages et acharnés à sa perte, de cadis et de pachas qui avaient à venger de mortelles injures. La demeure du *xherif* ayant cessé d'être une retraite sûre, le proscrit se cacha quelques jours encore dans un caveau consacré à la sépulture des *saints*. La haine implacable dont il était l'objet l'aurait enfin emporté sans doute sur la superstitieuse croyance qui l'avait jusque-là protégé, si, déguisé en mendiant, seul, le corps affaibli par les jeûnes forcés et les privations de toute espèce, il n'était parvenu à gagner le Grand-Désert, où se perdirent les traces de ses pas. La destinée d'Isahid n'est point sans quelque analogie, ce nous semble, avec celle de ces violens et intrépides princes de l'Europe féodale tout à coup disparus dans les batailles ou les convulsions politiques, redoutés et maudits de leur vivant comme la famine ou la peste, et dont pourtant, quand les années ont effacé le souvenir de leurs crimes, les populations opprimées et crédules invoquent le nom comme un nom de vengeur. Il n'est pas de pays au monde où la légende se forme et s'exalte aussi vite que dans cette Afrique barbare et enthousiaste. A l'heure qu'il est déjà, c'est une mémoire populaire au Maroc que la mémoire du sultan Muley-Isahid. Depuis vingt ans, le pauvre peuple a vainement demandé au désert ce qu'il sait de l'impérial fugitif; si le désert n'a rien répondu, est-ce une raison pour croire que le fugitif a péri?

2.

Depuis vingt ans, le peuple a souffert assez pour avoir besoin qu'une main providentielle le vienne relever de sa misère. Peu lui importe que le désert se soit obstiné à se taire : qui peut assurer qu'un jour la voix de ses boules de sable ne lui annoncera point le triomphal retour du brillant et malheureux sultan Isahid?

Laissons là pourtant la poésie légendaire, et hâtons-nous de revenir à l'histoire, car aussi bien n'avons-nous à parler que de choses trop réelles, nous voulons dire la situation déplorable où l'avide et inintelligente administration du sultan Abderrahman a réduit un pays déjà si profondément désolé. Abderrahman et son oncle n'abusèrent pas trop de leur victoire : dans toutes les provinces, on mit à mort les chefs et les instigateurs de la révolte; mais comme, en définitive, il n'y eut pas d'exécution en masse et que des villes entières ne furent pas livrées au pillage, ils acquirent l'un et l'autre un vrai renom de clémence, qui fit la force d'Abderrahman, lorsque le vieil empereur, arrivé au dernier terme de la vieillesse, le désigna pour lui succéder après lui. A la mort de Muley-Soliman, Abderrahman fut reconnu d'une voix à peu près unanime; les premiers qui lui vinrent jurer obéissance étaient précisément les vingt-sept fils de Soliman, et il eut d'autant plus lieu de s'en applaudir qu'ils avaient presque tous une grande autorité dans l'armée, que huit d'entre eux avaient tour à tour commandée. Il faut ajouter pourtant, et c'est là un fait dont la presse européenne a eu tort de ne point tenir compte, que les enfans de Soliman, le sultan Ibrahim excepté, étaient fils de négresses, et que de temps immémorial, au Maroc, les fils de négresse sont presque toujours exclus de la succession au trône. Aujourd'hui, trois seulement survivent, Muley-Ali, Muley-Hacen et Muley-Giaffar, et tous les trois occupent des postes importans dans l'administration ou bien encore auprès de l'empereur et de ses deux fils aînés. Le premier de ses fils, Sidi-Mohamad, est le prince à qui notre vaillante armée d'Afrique a fait essuyer tout récemment une si rude défaite. Gouverneur de Maroc quand son père réside à Fez, ou de Fez quand Abderrahman va se fixer à Maroc, Sidi-Mohamad est un homme de quarante ans environ, profondément versé, dit-on, dans les lettres arabes, d'un caractère énergique et d'un esprit beaucoup plus élevé que ne l'a été jusqu'ici celui des héritiers présomptifs chez les descendans des Mouza et des Almanzor. Le frère puîné de Sidi-Mohamad se nomme Muley-Ahmed; il est aujourd'hui pacha de Rabat. Les autres enfans de l'empereur sont dispersés dans le pays; leur éducation est confiée à de riches Maures qui en répondent sur leur vie et sur leur fortune. C'est un usage établi depuis des siècles que l'on coupe la tête au précepteur convaincu d'avoir trompé la confiance du sultan; mais pourvu qu'il sache épeler le Koran, monter à cheval, tirer au galop des coups d'arquebuse aussi vite et aussi adroitement qu'un soldat de la garde noire, un prince au Maroc passe pour avoir reçu une éducation accomplie.

Muley-Abul-Fald-Abd-en-Rahamen (tel est le nom exact du sultan actuel) est le trente-sixième descendant direct de Fatima, fille de Mahomet, cette perle des légendes et des traditions orientales, et d'Ali, cousin du prophète. Nous avons sous les yeux sa généalogie, qu'il a fait dresser lui-même aussitôt après son avénement, et déposer chez tous les cadis. C'est à Tétuan que l'a pu copier un des proscrits qui, en 1824, parvinrent à s'enfuir de Ceuta. A dater de l'an 661 de notre ère, tous les grands noms arabes des guerres d'Égypte, du Magreb, de l'Espagne, les noms des califes Almohades, Almoravides, Fatimites, se retrouvent dans cette pièce curieuse, dont nous sommes loin, on le conçoit, de garantir la parfaite authenticité. Ce qu'il y a de certain du moins, c'est qu'Abderrahman appartient à une des branches les plus illustres de la dynastie régnante. C'était lui-même qui, dans l'ordre naturel, aurait dû prendre possession de la couronne, à la fin du dernier siècle, à l'époque où Soliman fut proclamé empereur; mais, comme alors il était encore dans l'enfance, son oncle, selon l'usage, lui fut préféré. En lui transmettant le sceptre à sa mort, Soliman a, pour ainsi dire, accompli un devoir de justice. Pourtant, en dépit de son droit, en dépit de l'illustration qui l'avait désigné au choix de son oncle, Abderrahman n'en a pas moins eu à comprimer souvent de violentes émeutes, constamment suscitées par cette indomptable tribu des Shilogs, qu'on a vue déjà, sous les précédens empereurs, à la tête de tous les soulèvemens anarchiques, et dont nous nous attacherons à faire connaître le caractère et les mœurs. Abderrahman, on en peut convenir, est parvenu à rendre l'autorité impériale un peu plus solide qu'elle ne l'a été jusqu'ici en un pays aussi fréquemment bouleversé que cette contrée à demi sauvage de l'Orient africain.

III. — POPULATIONS DU MAROC. — DE L'ESCLAVAGE DES BLANCS EN AFRIQUE.

L'empire du Maroc, que les Arabes, aussitôt après leur conquête, nommèrent le Mogreb-el-Aksa, ou l'*Occident extrême*, est de l'un à l'autre bout diagonalement coupé par l'immense cordillière de l'Atlas, qui, s'enlaçant, pour ainsi dire, dans l'Algérie même, au sud du désert d'Angad, avec les montagnes de Beni-Ammer, va çà et là se divisant en une foule de chaînes inférieures, jusqu'aux promontoires de Gher et de Noun, où elle plonge dans l'Océan ses énormes pieds de granit. Non loin de ces promontoires, dans cette même Atlantique, elle relève de nouveau sa tête, au-dessus des marées presque toujours orageuses, pour former le riant et pittoresque archipel des îles Canaries. De l'Algérie au cap Noun, l'Atlas a trois versans principaux; à ceux du nord et de l'ouest s'appuient les vingt provinces des royaumes proprement dits de Fez et de Maroc, divisées en trente pachalicks; au midi, les provinces à peine connues des officiers même et des ministres de l'empereur, Tafilet, Segelmesa, Dara'a, el Hharits, Adrar, les deux Sus et Tezzet, où les populations, à demi sauvages, si l'on excepte pourtant celles du Tafilet, ne reconnaissent guère que l'autorité de leurs chefs de tribu. L'empire entier embrasse un territoire de deux cent vingt lieues de longueur sur cent cinquante de largeur; il a trois cents lieues de côtes, deux cents sur l'Océan, cent sur la Méditerranée, et une superficie de vingt-quatre mille trois cent soixante-dix-neuf lieues carrées environ. La population est répandue dans dix villes et dans une infinité de villages et de douairs nomades; quatre de ces villes sont situées plus ou moins avant dans les terres, Méquinez, Maroc, Al-Kassar-Kebir et Fez, la seule qui aujourd'hui encore conserve quelques vestiges de la civilisation mauresque; — trois, sur les côtes de la Méditerranée, Tanger qui n'a point de port, et dont la rade peu sûre, hérissée de rochers et de bancs de sable, contraint les vaisseaux de jeter l'ancre à une distance très considérable de la plage; fort près de Tanger, à l'ouest, le port de Larache, et, en vue de la ville espagnole de Ceuta, non loin des possessions françaises, le port de Tétuan; — trois, sur l'Océan, Salé, Rabat et Mogador. C'est par Mogador que se fait la plus grande partie du commerce maritime avec la capitale de l'empire, qui s'élève à quelques lieues de distance, et avec les autres cités de l'intérieur.

Il est impossible, faute de données positives et de renseignemens statistiques, d'évaluer, même d'une façon approximative, la population du Maroc. Quelques voyageurs affirment que l'empire compte douze millions d'habitans; mais, encore que le Maroc soit plus vaste que l'Espagne, et une fois plus grand, ou peu s'en faut, que nos possessions d'Afrique, c'est là un chiffre évidemment exagéré. Nous préférons nous en rapporter, quant à nous, à l'autorité des captifs et des proscrits qui, après avoir parcouru le pays dans toute son étendue, lui assignent une population inférieure à celle de l'Andalousie, supérieure à celle de l'Algérie et de l'Égypte, trois cent quarante-neuf âmes par lieue carrée. Or, si l'on excepte dix lieues environ de sables inhabités, la superficie de l'empire étant de vingt-quatre mille trois cent soixante et dix lieues carrées, la population, à ce compte, serait de huit millions cinq cent mille habitans, inégalement répartis dans les quatre principales divisions du pays, trois millions deux cent mille dans le royaume de Maroc, trois millions six cent mille dans celui de Fez, sept cent mille dans le Tafilet et le Segelmesa, un million dans le Sus et dans les autres districts du midi. Au reste, on peut dire que depuis le XVIᵉ siècle la population du Maroc a diminué d'un tiers, sinon de moitié. Grace aux rivières pourtant, au voisinage de la mer, aux vents qui soufflent des montagnes, le climat du pays est un des plus sains de la terre, et il est des districts entiers, comme Tétuan et la contrée dont cette ville est la capitale, où les saisons se balancent à peu près comme dans nos provinces méridionales. Mais parmi ces tribus fatalistes, les dernières pestes ont exercé d'incroyables ravages; ce ne sont encore partout que ruines et décombres, magasins fermés, maisons sans habitans. La race arabe est depuis long-temps déchue de son aptitude, célèbre autrefois, aux sciences médicales; les maladies ne sont plus combattues au Maroc que par des drogues toujours nuisibles ou par de simples sortilèges. Les plaies, et en général tout ce qui ressortit à la chirurgie est abandonné à la seule nature; quand une balle est engagée dans les chairs, on essaie de l'extraire en agran-

·dissant à tout hasard la blessure, et c'est l'unique traitement que reçoive le blessé. Contre la peste et la lèpre, les musulmans ne savent point et ne veulent point se défendre; aux termes du Koran, ou, pour mieux dire, suivant l'interprétation que les muphtis et les docteurs maures font subir au livre du prophète, c'est un crime envers le ciel que de chercher à conjurer les malheurs et les fléaux qu'il envoie aux vrais croyans. A une si complète indifférence ajoutez les causes de mortalité qui résultent de la malpropreté hideuse des rues, des places publiques et des habitations, des excès de tout genre auxquels, à la moindre de leurs fêtes, les Maures ont coutume de se livrer, et vous concevrez sans peine que dans un pays si mal gouverné la population puisse être d'un jour à l'autre, non pas seulement décimée, mais en bien des endroits tout entière anéantie. La nature y est pourtant si favorable à la propagation de l'espèce humaine, que, si l'on y pouvait adopter les plus simples mesures d'hygiène appliquées en Europe chez les nations les moins avancées, une population vigoureuse et brillante ne tarderait point à couvrir le sol, de la mer aux derniers contreforts de l'Atlas. Et ce n'est pas tout encore : ce ne sont pas tant les pestes et les maladies contagieuses qui, dans le Maroc, déciment incessamment l'espèce humaine; il faut signaler une coutume religieuse qui peut-être lui est plus funeste, nous voulons dire l'obligation où se trouve tout musulman d'aller, une fois au moins dans sa vie, à la Mecque, pèlerinage excessivement pénible, rigoureusement prescrit par l'empereur, qui tous les ans charge un officier de réunir une grande caravane, de la diriger à travers les sables de l'Égypte, et de la ramener, s'il se peut, au Maroc. Or, comme le voyage s'accomplit à la hâte, absolument de la même façon qu'une expédition militaire, et sans aucune des précautions que recommande la plus vulgaire prévoyance, dès les premières journées, les fatigues et les privations, les chaleurs étouffantes, tuent les pèlerins par centaines, et il est hors d'exemple que les sables n'en aient point gardé au moins une bonne moitié.

Les populations du Maroc, — nous ne parlons point encore de celles qui n'y vivent que par tolérance et sous le bon plaisir des tribus primitives ou conquérantes, — se divisent en deux races parfaitement distinctes, la race *amazirga* et la race arabe, qui elles-mêmes se subdivisent en deux branches, la race amazirga, en Amazirgas purs et en Shilogs, la race arabe en Arabes purs, Bédouins et Hameritas, et en Arabes mêlés, Maures et Ludajas ou Arabes du Grand-Désert. Plus connus sous le nom de *Berbères*, les Amazirgas descendent des premiers habitans de cette partie de l'Afrique septentrionale qui s'étend des bords du Nil aux promontoires de l'Atlantique. Tout à côté des vieilles dénominations de Gétules et de Melanogétules, se retrouve, plus ou moins défiguré, dans quelques historiens grecs et latins, le plus ancien nom de la race, *Mezyes, Mazisgi, Macyces, Mazich*. Les Amazirgas du Maroc sont les Kabyles de l'Algérie, les Zouaves de Tunis et des îles de Gelbez, les Ademsos de Tripoli, les Tuaricks du Grand-Désert. Les Amazirgas-Berbères habitent à l'est de la partie septentrionale de l'Atlas, dans la province du Riff, qui avoisine nos possessions, s'étendant à l'intérieur jusqu'à la province de Tedla, où l'on trouve leurs frères de race, les Amazirgas-Shilogs. Des environs de Méquinez aux plages de l'Océan, le long des vastes plaines d'Ummerrebick et de Temsift, les Shilogs occupent les flancs et les contreforts occidentaux de la grande chaîne. Au versant opposé, dans le Tafilet et le Segelmesa, quelques-unes de leurs tribus, et parmi celles-ci la tribu des Filelies, à laquelle appartient la dynastie régnante des Muley, sont parvenues à s'établir d'une façon à peu près fixe. En résumé, Berbères ou Shilogs, les Amazirgas possèdent les seules montagnes boisées du Maroc, ces vallées si fertiles dont les ondulations capricieuses se vont perdre dans la Méditerranée. C'est là qu'Abd-el-Kader a jusqu'ici trouvé ses partisans les plus fanatiques; ce sont là les vastes retranchemens dans lesquels nos troupes seront obligées de le forcer, s'il est vrai qu'aux termes du traité de paix conclu avec Abderrahman, celui-ci, variant le mot célèbre des Spartiates, ait répondu : « Viens le prendre, » à la France, qui exigeait de lui qu'il livrât le trop fameux émir. Si la guerre doit un jour de nouveau éclater, c'est sans aucun doute avec les Amazirgas qu'auront lieu les premiers engagemens, avec les Gomeres, les Masmudas, les Zenètes, les Havoras, les Cenegas, et cent autres tribus à demi sauvages qui tiennent leurs noms des guerriers et des patriarches qui les ont autrefois commandées ou des montagnes aux flancs desquelles sont établis leurs douairs.

La dénomination générale de *berbère* est d'origine étrangère, la première lettre de ce mot n'existant dans aucun des idiomes que parlent les tribus. Dans tous ces idiomes, *amazirga* signifie libre, noble, indépendant; c'est l'é-quivalent du mot *frank* chez les anciennes races teutoniques; il exprime l'indépendance à peu près complète où vivent les tribus du Riff vis-à-vis de l'empereur. Leurs douairs nomades n'abandonnent jamais les plus hautes et les plus âpres ravines. Les unes et les autres ne reconnaissent guère que l'autorité de leurs *omzarghis* ou seigneurs héréditaires et de leurs *arngaris* ou anciens. Les montagnards du Riff sont de taille moyenne, mais de formes athlétiques; leur physionomie, ordinairement ouverte, contracte, quand ils s'abandonnent à toute leur colère, une expression de férocité inouïe ; à leur teint blanc, à leurs cheveux blonds, on les prendrait, non certes pour des Africains, mais pour des habitans de l'Europe du nord. Grands chasseurs et dédaignant les travaux de l'agriculture, la plupart ne tirent leur principale subsistance que des troupeaux qui paissent dans les vallées inférieures de l'Atlas.

Mais les plus curieuses des tribus amazirgas, ce sont les tribus des Shilogs, race belliqueuse, tout-à-fait inconnue encore à l'Europe, et qui dans ces dernières années a pris, comme on l'a vu déjà, la plus grande part aux évènemens politiques. Si l'on en croit les lettrés du Maroc, il faut voir dans les Shilogs les débris, tombés à l'état sauvage, de la première colonie que les Portugais aient entreprise, bien des siècles avant d'avoir doublé le cap de Bonne-Espérance. On trouve même, dit-on, aux environs de Demnest, au cœur du pays des Shilogs, une église chrétienne, dont les murs sont couverts d'inscriptions latines, et que les hordes musulmanes n'ont pas osé détruire, par crainte des esprits dont elle est hantée. D'autres leur ont donné pour aïeux les *Arabes purs,* qui, en Espagne, ont dominé sur cent tribus rivales. Ce ne sont là que des conjectures arbitraires; elles ne tiennent point devant le témoignage des Shilogs eux-mêmes, qui, pour frères de race, reconnaissent les Berbères, et prennent comme ceux-ci la dénomination générale d'*Amazirgas.* Leur constitution, pourtant, diffère beaucoup de celle des montagnards du Riff. Les Shilogs sont d'une très haute taille; leur visage est brun et comme tanné par les rayons du soleil; rien de plus expressif que leur regard, qui, sans rien perdre de sa fixité, s'enflamme et scintille; c'est en vain que sur leurs faces basanées, et d'un aspect qui tour à tour effraie ou repousse, on chercherait un vivant souvenir des fières et mélancoliques physionomies de ces populations sarrasines qui ont laissé en Espagne les traces d'une si grande et si brillante civilisation. Les Shilogs parlent aujourd'hui un jargon à demi sauvage, qui n'a de lointains rapports avec la vraie langue arabe que par une insupportable exagération de consonnes gutturales; leur costume ne diffère point de celui des autres montagnards, si ce n'est cependant qu'ils portent la barbe plus longue, plus hérissée, plus épaisse. Au reste, on verra plus loin à quelle simplicité primitive se réduit le costume des hommes et celui des femmes elles-mêmes dans les montagnes du Maroc. Presque toujours en guerre avec l'empereur ou avec leurs voisins, les Shilogs ne vivent que de pillage; ils se battent à pied, à cheval, isolés ou par bandes, de toutes les façons particulières au Parthe, au Numide et au Scythe; ils ont pour armes le poignard et l'escopette, qu'ils portent en bandoulière sur leurs épaules, à l'aide d'une corde de feuilles de palmier. Si rudes que doivent être les rencontres et les mêlées, ils ne se présentent à l'ennemi que le corps presque entièrement nu. Dans toutes leurs expéditions, dans tous les périls, ils se font accompagner de leurs femmes, armées comme eux, comme eux ne gardant du costume national que les sandales de cuir et le pagne, comme eux se battant à pied ou en croupe derrière leurs maris ou leurs amans, et plus qu'eux peut-être s'acharnant au carnage et aux déprédations. Les femmes des Shilogs n'ont de faveurs et de préférences que pour la bravoure implacable et féroce; en temps de guerre, chacune d'elles se munit d'une sorte de vase rempli d'ocre rouge, qui lui sert à imprimer les marques de l'infamie sur les poltrons et les fuyards. Par sa stoïque sobriété, le Shilog contraste avec le Maure des plaines et surtout avec le Maure des villes, dont le principal défaut est précisément une gloutonnerie effrénée. Le Shilog ne mange point de poisson ni de viande; il ne se nourrit que de mauvais légumes, d'herbes amères, de fruits et de racines, de fromage, et, dans les grands jours, d'un indigeste pain de maïs. Aussi profondément dépravés que le peuvent être des sauvages, les Shilogs n'ont au demeurant qu'un seul des vices de la civilisation, nous voulons dire une avarice excessive, et qui en saurait remontrer aux Juifs thésauriseurs de Salé ou de Tétuan. On aurait de la peine à supputer la richesse monnayée qui se trouve sans aucun doute enfouie dans leurs huttes misérables, d'où jamais l'on ne voit sortir les sommes énormes qu'ils rapportent de leurs incessans pillages, ou que leurs menaces arrachent aux sultans et aux pachas. Le jour où la guerre devrait recommencer contre l'empereur, nous sommes convaincu qu'on pourrait lui opposer les Shilogs, en les prenant par leur faible, cet amour excessif du butin et de l'or; parmi eux, les tribus vaillantes de Zenetta et de Sanhagia formeraient au besoin une sorte d'état indépendant, qui, en très peu de temps, isolerait le sultan du Tafilet et des autres districts du midi.

Les plaines du Maroc appartiennent aux Arabes et aux Maures; dans quelques provinces, les deux races se sont à tel point mêlées, que l'on ne peut plus les distinguer l'une de l'autre; tout auprès, il en est d'autres où elles se sont développées côte à côte, sans plus contracter d'alliance qu'à l'époque où elles franchirent ensemble le détroit pour conquérir l'Espagne. Maures et Arabes sont en général d'une taille élevée, d'une constitution souple et robuste, d'une agilité à l'épreuve de toutes les fatigues; pour la conformation du visage, pour la couleur des cheveux, ils ressemblent presque de tout point aux Espagnols des provinces méridïonales. Leur regard est vif, leur geste énergique. Présomptueux et fanfarons, ils sont prompts à promettre, comme les Andaloux; mais, comme les Andaloux, ils sont sujets à oublier leurs engagemens aussitôt après les avoir contractés. A Dieu ne plaise pourtant que nous assumions sur nous la responsabilité d'un tel rapprochement! c'est aux voyageurs espagnols que nous laissons le mérite de l'observation. Quand les Maures et les Arabes s'engagent par écrit, leur premier soin est de chercher de quelle façon ils pourront fausser leur parole; mais, en dépit de cette barbarie séculaire qui, au Maroc, va tous les jours augmentant, Maures et Arabes sont merveilleusément doués encore pour le commerce : on peut compter sur eux, du moment où l'habitude des affaires leur a révélé l'importance et les avantages du crédit. Du reste, les Maures d'Afrique sont excessivement enclins aux plaisirs de l'amour, et surtout à ceux de la table; ce n'est pas sans raison que le prophète avait interdit à ses sectateurs l'usage du vin et des liqueurs, et celui des viandes fortes et grasses. Presque partout aujourd'hui, ces prohibitions du Koran sont tombées en désuétude; dans les villes populeuses, sur vingt Maures, il en est au moins quinze qui, chaque semaine, s'enivrent une ou deux fois, sinon plus souvent. L'autorité religieuse est assez indulgente envers les croyans qui s'adonnent à l'ivresse; il ne faudrait pas trop cependant se fier à sa tolérance : en bien des occasions, il lui prend de si vifs scrupules, qu'elle s'empare brutalement de quiconque a ainsi transgressé la loi du prophète, et le fait fouetter jusqu'à ce qu'il ait repris l'empire de ses sens.

En général, ce sont les Maures qui habitent les villes; les Arabes originaires de l'Yémen, les Bédouins, les Arabes *purs* enfin, sont presque tous répandus dans les campagnes, où ils sont, comme les Berbères du Riff, réduits à l'état nomade. Comme les Berbères, ils vivent sous des tentes de poil de chèvre; comme chez les Berbères, les femmes sont parmi eux chargées des travaux pénibles; ainsi que les clans amazirgas, les tribus arabes ne s'allient presque jamais avec les hordes voisines : elles campent cependant à peu de distance les unes des autres, au bord des fleuves ou des fontaines, non loin des tombeaux de leurs *saints*, et comme leurs tentes sont disposées en cercle, le camp entier prend le nom de *douair*, qui signifie *rond*. Les Arabes purs ne sont point, comme les Maures, perfides ni sujets à la colère; ainsi que les premiers patriarches, ils exercent la plus franche et la plus cordiale hospitalité. S'ils donnent leur parole, on peut s'y fier, ils la tiendront. Par un étrange contraste, les Arabes purs sont peut-être les plus grands et les plus déterminés voleurs de la terre; si l'on met à part ce défaut, qui n'a rien de l'antique naïveté biblique, et leurs superstitions d'origine mahométane, on ne voit pas trop en quoi, aujourd'hui même, ils diffèrent de leurs pères, les Arabes du temps de Job.

Tout à côté, ou plutôt parmi les populations de race conquérante ou du moins indépendante, il existe au Maroc trois classes de parias, les esclaves nègres et blancs, les Juifs et les renégats. De l'un à l'autre bout de l'empire, on trouve des esclaves nègres chargés des soins domestiques et des travaux de l'agriculture. Leur position pourtant est loin d'être aussi misérable que celle des serfs en Russie et des nègres au Nouveau-Monde. En aucune occasion, le maître n'a le droit de frapper son esclave, ni de lui imposer une tâche au-dessus de ses forces. L'esclave a un alcade spécial, nègre comme lui, auquel il peut porter ses plaintes. De concert avec le pacha, l'alcade noir prend les mesures nécessaires pour obliger le maître à vendre l'esclave maltraité. Aux termes du Koran, aucun sectateur de l'islam, fût-ce un pacha, un cadi, fût-ce le sultan, ne peut avoir de relations intimes avec l'esclave de sa femme, si d'abord il ne décide celle-ci à l'émanciper. Si, avant l'affranchissement, l'esclave devient enceinte, elle doit renoncer à l'espoir que sa condition puisse jamais changer, et son enfant appartient à l'épouse légitime. Quand l'esclave appartient en propre au mari, le Koran la déclare libre par le seul fait de la grossesse, et son fils ou sa fille entre dans la famille du père sur un pied d'égalité parfaite vis-à-vis des autres enfans. L'affranchissement est du reste extrêmement commun au Maroc, et il n'est presque pas de Maure, surtout s'il est de race noble, qui, avant de mourir, n'émancipe lui-même la plupart de ses esclaves dans son testament. Il ne faut pas, du reste, ranger tous les noirs du Maroc dans la classe des esclaves ou des affranchis : parmi les nobles et les grands dignitaires, même parmi les pachas, on voit encore de vrais nègres, descendans directs des hordes qui du fond de la Guinée ont répondu à l'appel des premiers conquérans.

Les Marocains réservent toutes leurs rigueurs pour leurs esclaves blancs, oui, leurs esclaves blancs, de nations européennes et chrétiens, ni plus ni moins qu'à l'époque où les forbans de l'Afrique venaient croiser à la vue de nos ports, et où les laboureurs d'Andalousie se réfugiaient précipitamment

dans les villes en criant : « Les Maures à la côte (*hay Moros en la costa*)! »
C'est un chapitre de mœurs marocaines inconnu encore à l'Europe, et sur
lequel nous voulons insister pour montrer que, vis-à-vis des puissances barbaresques, nous ne sommes pas si loin du moyen-âge que nous le pourrions croire. Depuis que la civilisation du christianisme a décidément pré-
valu sur le régime de l'islam, c'est dans le midi du Maroc, dans les districts
confinant au désert, que subsiste l'esclavage des chrétiens; on pourrait dire
que cet esclavage se recrute de la façon la plus régulière au sud de Mogador, à une distance de cinq ou six jours de marche tout au plus. Les malheureux qui le subissent sont pour la plupart des marins naufragés, des
pêcheurs de l'archipel des Canaries. Le nombre des captifs, il est tout-à-
fait impossible qu'on le sache, les points les plus rapprochés de Mogador,
Wadnoon et Lous par exemple, étant pour l'Europe entière un livre complètement fermé. C'est un devoir de religion scrupuleusement observé par
les habitans de ce pays, de ne point laisser pénétrer jusqu'à eux les chrétiens, bien que des frontières du Grand-Désert ils viennent eux-mêmes trafiquer jusqu'à Mogador. Le peu qu'on sait des chrétiens qu'ils ont réduits en
esclavage, on n'a pu l'apprendre que d'un très petit nombre de captifs parvenus à rompre leurs chaînes. ou dont les maîtres avares ont enfin accepté
la rançon; encore ne peuvent-ils presque rien dire des compagnons d'infortune qu'ils laissent chez les barbares : les uns périssent misérablement sur
les côtes, c'est la faim qui les tue ou la peste; les autres vont se perdre, à
la suite de leurs maîtres, parmi les tribus du Grand-Désert, et le Grand-
Désert ne les rend jamais.

Autrefois, quand les vaisseaux européens s'aventuraient dans le canal des
îles Canaries, non loin des côtes de Wadnoon, plusieurs échouaient, et les
équipages avaient à choisir entre la mort et la servitude. Depuis long-temps,
les navigateurs ont reconnu à quels écueils ils allaient se briser dans ces parages : ils passent maintenant à l'ouest des Canaries, et l'on a beaucoup moins
de naufrages à déplorer; mais les pauvres pêcheurs des Canaries sont encore
obligés d'aller chercher dans le canal leur subsistance précaire. Malheur à
eux s'ils viennent à être surpris par le calme! ils n'ont plus alors qu'à se
coucher sur leurs filets jusqu'à ce qu'ils aient expiré de besoin et d'épuisement. Malheur à eux surtout si les vents violens qui brusquement s'élèvent
dans ces mers capricieuses les jettent sur les côtes de Barbarie! la mort serait préférable au sort qui les y attend. Dès que les Maures s'en sont emparés, ils affectent d'abord de compatir à leur misère, pour découvrir s'ils
sont en état d'exercer un métier dont leurs hôtes, ou plutôt leurs maîtres,
puissent tirer quelque profit. Si en effet ces derniers peuvent exploiter leur
force ou leur adresse, c'est en fait pour la vie de leur liberté; on les interne
immédiatement dans l'Afrique, bien loin par-delà le désert. S'ils sont impuissans à faire œuvre de leurs mains, on se résout quelquefois à les vendre
à quelque Juif plus avide encore, qui à son tour les livre, moyennant une
forte rançon, aux agens des vice-consuls de Mogador. C'est là un cas extrême-

ment rare; plutôt que de les vendre, les Maures, quelle que soit leur proverbiale avarice, se donnent le plaisir de verser leur sang. A l'heure qu'il est, il existe à Wadnoon un pêcheur espagnol dont le rachat a été l'objet de longues négociations entre son maître et le vice-consul d'Angleterre, qui est aussi vice-consul d'Espagne, M. Wellshire, celui-là même que nos braves marins ont tout récemment recueilli à Mogador. M. Wellshire a eu beau faire, le Maure n'a voulu consentir à lui renvoyer le pêcheur que si on lui comptait 200 duros, c'est-à-dire la valeur de 1,000 francs, rançon énorme que M. Wellshire, pauvre comme tous les vice-consuls, n'était pas en mesure de payer. Au reste, il faut tout dire, M. Wellshire se fût décidé à donner les 200 duros, qu'il aurait infailliblement couru l'un de ces deux risques: ou que le Maure, après avoir touché l'argent, eût refusé de lui livrer l'esclave, ou bien que le gouvernement espagnol eût fait difficulté de lui rembourser la somme. Cela s'est vu, il y a trois ans environ, à l'occasion d'un autre naufragé que M. Wellshire avait racheté de ses propres deniers. D'ailleurs, en supposant que ces malheureux mille francs se trouvent enfin et qu'on les offre au Maure qui les a exigés, est-il bien sûr qu'il n'ait pas perdu déjà toute confiance en la générosité chrétienne, et qu'il puisse rendre encore son captif? Quoi qu'il en puisse être, il est vraiment honteux pour l'Europe qu'on se soit vu obligé d'entamer des négociations pareilles, et sans réussir, à quelques journées des places fortes dont les canons chrétiens tiennent incessamment en respect la barbarie musulmane des deux côtés du détroit de Gibraltar. L'Europe se doit à elle-même de reconquérir ceux de ses enfans qui, en plein xixe siècle, sont esclaves dans les districts méridionaux du Maroc; c'est là une œuvre d'humanité dont l'accomplissement ne peut se faire attendre. Hélas! jusqu'au jour où l'Europe sera parvenue à faire comprendre aux Maures les plus simples principes du droit des gens, il faut bien se résigner à traiter avec leur avarice. Dieu sait le nombre de malheureux que l'on pourrait arracher à un sort intolérable, si à Mogador s'établissait une société où seraient représentées toutes les nations chrétiennes, bien décidée à racheter, sans acception de secte ni de pays, tous ceux dont on lui viendrait demander la rançon. Il y a dix ans, un marchand de Londres, qui par miracle avait échappé aux forbans de Wadnoon, ordonna dans son testament que la moitié de sa fortune fût consacrée à briser les fers des Anglais esclaves au sud de Mogador. Cette disposition charitable n'a pas encore été mise à exécution. D'année en année, les intérêts ont grossi le capital, les exécuteurs testamentaires peuvent disposer aujourd'hui d'une somme très considérable, dont on dirait qu'ils se trouvent embarrassés, car ils ont l'intention de demander au parlement que cette somme puisse être employée à fonder une école gratuite. La pétition sera énergiquement combattue, nous le savons; des voix éloquentes demanderont que la volonté du testateur soit scrupuleusement respectée. L'honneur anglais, celui de la chrétienté entière, ne peut souffrir qu'un tel legs soit détourné de sa première destination.

Mais quittons les parias des contrées lointaines et revenons à ceux dont on peut voir l'abjection et les misères, pour peu que, par Tanger ou Tétuan, on pénètre dans l'intérieur du Maroc. De tous ces derniers, sans aucun doute, ce sont les renégats qui maintenant se trouvent le plus à plaindre. Les renégats sont presque tous des condamnés aux présides espagnols, échappés de Ceuta, de Melilla, d'Alhucemas, du Peñon de la Gomera. Et comme il subsiste entre le Maroc et le cabinet de Madrid un traité spécial qui stipule l'extradition des condamnés et des proscrits réfugiés chez les Maures, les malheureux, pour n'être point ramenés aux présides, se voient obligés d'abjurer leur religion et leur nationalité. La classe des renégats est assez nombreuse au Maroc; de jour en jour, elle s'accroît, et l'on a vu des années où le chiffre des réfugiés s'est élevé à plus de trois cents; de toutes les classes de la population, celle-ci est la plus méprisée, la plus avilie, la plus opprimée. Dans les cas de guerre civile ou de guerre étrangère, le sultan fait courir sus aux renégats pour les enrôler de vive force sous les bannières impériales; voilà comment, à la bataille de l'Isly, il s'est trouvé des Espagnols dans les rangs des artilleurs marocains. C'est, du reste, il faut tout dire, un renégat, nommé Piloti, qui a dressé les Maures à l'exercice du canon. Comme jusque dans ces derniers temps ils ne pouvaient espérer de grace, s'ils venaient à tomber entre les mains de leurs anciens co-religionnaires, les renégats se battaient avec l'intrépidité du désespoir; mais à aucune époque on n'a reconnu les services qu'ils ont pu rendre, et l'immense majorité, nous en sommes sûr, se fût estimée trop heureuse qu'on lui eût permis d'aller reprendre aux présides ses chaînes les plus dures. On ne se souvient au Maroc que d'un seul renégat qui soit parvenu à prendre rang parmi les pachas, et encore s'agit-il de ce fameux aventurier hollandais du nom de Ripperda, qui, après avoir été député aux états-généraux dont le concours énergique fit la force du stathouder Guillaume contre le roi Louis XIV, ambassadeur du roi Philippe V à Vienne, duc et grand d'Espagne, premier ministre de la monarchie, se réveilla tout à coup de ses rêves accomplis d'ambition et de grandeur dans un cachot de la tour de Ségovie. Ripperda s'échappa de la tour de la façon la plus étrange et la plus romanesque; traversant le Portugal, où il était proscrit ni plus ni moins qu'en Espagne, il alla se réfugier à Londres, où le poursuivit la colère d'un roi dont il avait été le plus cher favori. Le séjour de Londres n'étant plus sûr pour lui, Ripperda s'enfuit au Maroc et embrassa l'islamisme. Ripperda était né catholique; mais il se fit protestant en Hollande pour se frayer un chemin plus court aux honneurs : dans la catholique Espagne, il va sans dire qu'il était revenu à sa première religion. Ripperda est le vrai Bonneval de l'Espagne : il faut le dire pourtant, le général français n'était point tombé de si haut ni si bas que le ministre espagnol; Bonneval est mort pacha à Constantinople. Disgracié par l'empereur après une expédition malheureuse qu'il avait commandée luimême contre Ceuta à la tête de toutes les forces marocaines, Ripperda se vit obligé, pour vivre, d'exercer, comme un esclave, la profession de jardinier à Tétuan, et l'on ne sait pas même comment il est mort.

Les Juifs du Maroc ont pour ascendans directs les Juifs chassés d'Italie en 1342, des Pays-Bas en 1350, de France et d'Angleterre en 1403, d'Espagne en 1492, de Portugal en 1496. En butte aux mauvais traitemens, aux avanies, aux injures, les Juifs ne s'en sont pas moins rendus maîtres du commerce intérieur et extérieur, du pays entier, pour tout dire, par la persévérance de leur avarice, de leur souplesse et de leur cupidité. Les musulmans s'aperçoivent d'une si étrange domination : ils s'en indignent et redoublent de cruautés et de mépris; mais que peuvent la brutalité sur l'hypocrisie et l'astuce, l'orgueil sur l'intérêt, la tyrannie besogneuse sur la servitude opulente? Malgré qu'ils en aient, les musulmans subissent l'empire des Juifs. Dans une seule circonstance, les sectateurs de l'islam se relâchent de leurs dédains et de leurs rigueurs envers les disciples de Moïse. Quand la guerre ou la peste désole l'empire, quand on redoute une grande calamité publique, le sultan ordonne que, pour apaiser ou détourner la colère du ciel, on fasse des prières dans toutes les mosquées. Si méprisés, si détestés qu'ils soient, les Juifs sont alors, de la part des pachas et des cadis, l'objet des sollicitations les plus vives et des plus sincères prévenances; on ne leur ordonne point, on les supplie de vouloir bien, dans leurs synagogues, prier Dieu de se montrer miséricordieux envers toute créature humaine vivant sous la loi du sultan. Couverts de cendres et les habits déchirés, exténués par les macérations et les jeûnes, Israélites et musulmans parcourent en procession les villes et les campagnes; Maures et Juifs n'abandonnent les mosquées et les synagogues que pour vaquer aux soins indispensables de la vie; ils passent les journées entières à gémir et à se meurtrir le front, les uns sur la tombe de leurs *xherifs* et de leurs santons, les autres dans les caveaux où reposent leurs sages et leurs plus illustres docteurs. Mais quand la terreur publique s'est enfin dissipée, les Juifs ont soin de se tenir cachés pendant quelques semaines; honteux d'avoir associé à leur douleur ou à leurs alarmes ces enfans dégradés de Moïse, les fiers musulmans, s'ils les rencontraient dans le premier moment de l'humiliation et de la colère, leur feraient expier chèrement d'avoir osé implorer, pour la grande famille privilégiée du prophète, la clémence d'un Dieu qui les a réprouvés.

Les Juifs du Maroc ne sont pas tous, du reste, d'origine européenne. Un très grand nombre, si l'on en croit M. Calderon, — et ceux-ci forment des tribus isolées au milieu des Amazirgas,—sont venus de l'Asie; eux-mêmes, à l'époque où nous sommes, dit l'écrivain espagnol, se donnent encore le nom de *Palestins*. A quelle époque s'est accomplie cette émigration mystérieuse? On l'ignore, et qui jamais le pourra savoir? Don Serafin Calderon ne serait point surpris que leurs ancêtres eussent poussé jusques-là, lors des persécutions assyriennes; mais il se hâte d'ajouter qu'il est impossible d'invoquer une preuve à l'appui d'une si hardie assertion. Nous croyons, quant à nous, que l'on peut, sans trop sacrifier à la manie du paradoxe, voir en eux les descendans des plus anciens habitans du pays, ni plus ni moins que les Amazirgas, auxquels ils ressemblent de tout point, pour les mœurs et les manières, pour quoi que ce soit enfin, la religion exceptée. Ne sait-on pas qu'avant l'invasion arabe, avant que les populations de l'Atlas eussent embrassé l'islamisme, les plus hautes vallées, les plus âpres ravines, étaient remplies de tribus professant le judaïsme, et qui n'avaient rien de commun, à part le culte, avec les Juifs de Syrie? Pourquoi donc quelques-unes d'entre elles n'auraient-elles point conservé leurs pratiques religieuses dans un pays où les siècles ne peuvent altérer les moindres traditions de famille? Si vis-à-vis des Amazirgas purs et des Shilogs elles vivent sur un pied d'égalité complète, si elles ne connaissent point l'abjection que subissent les Juifs venus d'Europe dans les villes de la plaine où la seule différence d'origine a fait de tout temps les parias, n'est-ce pas une preuve que leurs enfans sont frères de race pour les Shilogs et les Amazirgas?

Nous avons montré l'état d'isolement, sinon même d'hostilité permanente, où vivent à l'égard les unes des autres les populations du Maroc, races primitives, races conquérantes, races proscrites. Dans les lois et les institutions de ce pays, est-il une idée, un principe, qui, parvenant enfin à se dégager des excès inséparables du despotisme musulman, puisse un jour rapprocher ces races et enfanter la cohésion vigoureuse par laquelle s'enfantent ou se régénèrent les sociétés politiques? Non, évidemment, puisqu'après tout ce sont ces institutions et ces lois qui ont déterminé, on va le voir, la dissolution de la société marocaine; ce sont elles qui chaque jour davantage précipitent la décomposition et rendent plus difficiles les moyens d'y remédier.

IV. — GOUVERNEMENT POLITIQUE ET MUNICIPAL. — ORGANISATION MILITAIRE.
—'FORCES DE TERRE ET DE MER.

L'empereur du Maroc porte deux titres officiels qui définissent exactement son autorité; il se nomme l'Amir-el-Mumenin, *prince des fidèles*, ou bien le Califa-el-Haligui, *vicaire de Dieu sur la terre;* sa puissance n'est limitée que par le Koran, ou, pour mieux dire, par la capricieuse et arbitraire interprétation qu'il en peut donner. Le sultan marocain n'a point, comme le grand-seigneur de Constantinople, de muphtis ni d'ulémas se réunissant en conseil et se prononçant sur toutes les questions politiques ou religieuses. C'est par sa volonté absolue que tout se fait et se tranche; pour mieux imprimer à son peuple le respect et la crainte de son autorité, pour la lui rendre toujours présente, l'empereur maure l'exerce lui-même ostensiblement, à toute heure; point de ministres qui se placent entre lui et ses sujets. Parfois cependant il veut bien mander auprès de sa personne deux ou trois de ses innombrables parens, deux ou trois cadis, quelques officiers de sa garde, qui, s'asseyant en rond autour de lui, applaudissent invariablement à tous ses desseins, à toutes ses résolutions. Cette espèce de divan se nomme le *mezlès* ou le conseil assis; les courtisans dont il est composé prennent le nom de *mokaseni* ou *sajebi-udina*, compagnons ou amis de notre seigneur. L'un d'entre eux remplit les fonctions de *wasyr;* mais ces fonctions, jadis si importantes à la

cour des anciens califes, se réduisent aujourd'hui à celles de *keleb-el-amir*
ou de secrétaire du prince. C'est le keleb-el-amir qui, sous la constante inspiration du sultan, traite les affaires importantes avec les agens consulaires
et en général avec tous les chrétiens. Après lui vient, dans la hiérarchie
marocaine, le *mula-el-tabaa*, une sorte de garde-des-sceaux qui, en présence
du sultan, appose à tous les décrets, à toutes les dépêches, le grand anneau
impérial. Sur le cachet ainsi scellé, on peut lire non-seulement les noms et
les titres du souverain, mais des sentences tirées du Koran. Sous les ordres du *mula-el-tabaa*, un intendant, qui porte le titre de *mula-el-tesserad*
(*chargé des menues dépenses*), règle les dépenses du palais et y fait, à vrai
dire, la police. Cet intendant et le très petit nombre de domestiques qui avec
lui concourent au service du maître n'ont point d'émolumens ni de gages;
ils sont amplement dédommagés par les présens qu'ils arrachent à quiconque, Maure ou étranger, peu importe, sollicite une audience de l'empereur.

L'empereur donne ses audiences (*mesxuar*) quatre fois par semaine, à
cheval, entouré de ses grands, sous un parasol qui est le signe de sa souveraine puissance, et que soutient derrière lui un de ses principaux caïds. C'est
à cheval qu'il reçoit les ambassadeurs, les consuls, les voyageurs, les marchands étrangers, mais c'est à peine si on a le temps de lui dire pour quel
motif on a souhaité d'être admis en sa présence : lui-même désigne la personne, — c'est presque toujours son secrétaire, — avec laquelle l'affaire se doit
traiter. Soumis au même cérémonial que les étrangers, les Marocains eux-
mêmes, et jusqu'aux plus hauts fonctionnaires, n'arrivent à l'empereur qu'en
lui offrant, à lui et aux courtisans qui l'entourent, un présent proportionné
à leur fortune; les riches pachas donnent de magnifiques chevaux, des diamans, des esclaves; les simples particuliers apportent des tapis, des pièces
d'étoffe ou de poil de chèvre; les plus pauvres eux-mêmes se gardent bien de
se présenter les mains vides : si peu qu'ils offrent, du reste, un mauvais
roussin, un vieux mulet, quelques œufs, quelques poules, quoi que ce soit
enfin, ils sont toujours sûrs d'être admis.

Dans toutes les provinces, l'empereur est représenté par un pacha, lequel
a pour lieutenant un *kalifa* qui, en son absence, le remplace. Du pacha et
du kalifa dépendent les caïds héréditaires, qui gouvernent les tribus des
plaines et celles des montagnes; mais pour ces derniers, que l'on peut assimiler aux plus anciens chefs des clans celtiques, c'est là une dépendance
purement nominale. L'empereur ne les décide à l'obéissance que par l'intermédiaire de leurs *saints* ou *xherifs*, dont nous définirons plus loin la toute-
puissance. Bien que les affaires purement contentieuses et les causes criminelles soient dévolues au cadi, tout rentre, à vrai dire, dans les attributions
du pacha, qui tranche les affaires comme il convient à ses caprices. Le pacha,
non plus que le kalifa, n'a aucune espèce de traitement ni d'honoraires; il
est rare pourtant que l'un et l'autre tardent à s'enrichir : de toutes les causes

déférées à leur juridiction, il n'en est pas une qui ne leur rapporte un profit considérable. Le pacha est chargé de répartir les contributions et de les faire entrer dans le trésor public, ainsi que les amendes dont les villes ou les sujets de l'empereur sont à chaque instant frappés. Ils ne sont pour cela ,oumis à aucun contrôle, et l'on comprend sans peine qu'il leur soit facile d'agrandir leurs biens et d'entasser les capitaux. Il faut tout dire cependant : depuis qu'il y a des pachas et des kalifas, il est hors d'exemple qu'ils aient tranquillement joui du fruit de leurs exactions et de leurs rapines. Presque toujours le moment arrive où, sans aucune forme de procès, l'empereur les dépouille de toutes leurs richesses, et encore doivent-ils s'estimer fort heureux qu'il ne se fasse point apporter leurs têtes en même temps que leur or.

Les questions contentieuses, les causes criminelles, les affaires civiles, sont du ressort d'un cadi, qui est aussi chargé de desservir la mosquée principale. Le cadi est arbitrairement nommé par le sultan; on n'a jamais vu, du reste, que le choix du souverain se soit arrêté sur un personnage absolument dépourvu de lumières et de considération. Le traitement du cadi est de 20 duros par mois (100 francs environ), qui se perçoivent sur les revenus des mosquées. Les grandes mosquées jouissent de biens considérables, qu'elles doivent aux libéralités du sultan et des plus riches Maures; ces biens sont gérés par un prêtre qui, en outre, dirige les cérémonies du culte. Le cadi est tenu de rendre gratuitement la justice; mais la corruption est si contagieuse au Maroc, que, dès les premiers jours de sa magistrature, le plus vertueux cadi devient aussi vénal, aussi avide qu'un vieux pacha. Sous les ordres immédiats du juge se trouve un officier (*almotacen* ou *mejacten*) chargé de mesurer les grains, d'estimer les fruits et toute sorte de marchandises, le blé et quelques produits d'Europe exceptés. Comme le pacha et le kalifa, le mejacten n'a point d'émolumens fixes; mais sous tous les règnes, il lui a suffi d'une année d'abondance pour s'enrichir. Autrefois, il y a trois ou quatre siècles, le peuple entier procédait à la nomination du mejacten; c'était là un des emprunts faits aux institutions municipales des Goths par les sectateurs de l'islam. Aujourd'hui encore, c'est par l'élection que l'on procède, bien qu'en réalité ce soit le pacha qui la dirige et la détermine. Quand l'occasion se présente de nommer un mejacten, le pacha convoque les alcades des divers quartiers de la ville, et d'autres notables au nombre de cinq cents environ : après qu'il a demandé leur avis pour la forme, l'élection se fait au scrutin secret; mais il a soin d'abord de proclamer le nom sur lequel doivent se réunir tous les suffrages, et ce nom ne manque point d'obtenir la plus ferme et la plus compacte unanimité. On concevra aisément l'intérêt que prend le pacha à la nomination du mejacten; du commencement à la fin de l'année, cet officier divise en trois parts ses profits : la première pour lui, la seconde pour le pacha, la troisième pour le secrétaire du pacha, c'est-à-dire encore pour le pacha.

Dans tout quartier des villes principales, si petit qu'il soit, un Maure des

plus riches et des plus considérés reçoit de l'empereur la mission expresse
de veiller au maintien de l'ordre et de la paix publique. Toutes les nuits, ce
Maure est obligé de faire des patrouilles dans lesquelles il est assisté par
ses voisins et par tous ceux qu'il rencontre sur sa route. Dans les fêtes et
les cérémonies religieuses, c'est ce magistrat qui porte la bannière du quartier, sous laquelle tous ses administrés se viennent ranger en foule. Cette
institution ne vous rappelle-t-elle point celle des gonfaloniers à Florence et
dans les républiques italiennes du moyen-âge?

Souvent, quand le trésor public est à sec, le sultan décrète des imposi-
tions extraordinaires qui frappent indistinctement toutes les classes de la
population. Pour faciliter le recouvrement de ces contributions, on divise la
ville en cinq quartiers; dans chacun de ces quartiers, un notable est chargé
de répartir l'impôt suivant les ressources dont les chefs de famille peuvent
disposer. Au reste, les alcades de quartier n'exercent leur juridiction que
sur les sujets de race blanche; libres ou esclaves, les nègres ont un alcade
particulier, nègre comme eux et chargé par le pacha de veiller à ce qu'ils ne
soient point foulés et persécutés outre mesure. Quand un esclave a de nombreux griefs à faire valoir contre son maître, l'alcade noir les apporte aux
pieds du pacha, qui les accueille ou les repousse, comme il lui convient.
Presque toujours, cependant, le maître est obligé de vendre l'esclave, si celui-ci peut fournir la preuve qu'il a été bien réellement maltraité.

La loi musulmane interdit à l'autorité politique d'imposer des contributions aux vrais fidèles. Les sectateurs de l'islam sont obligés tout simplement de livrer aux officiers de l'empereur le dixième de leurs revenus; encore, depuis on ne sait combien de siècles, ce dixième a-t-il été réduit à
une contribution de deux et demi pour cent environ du revenu que l'on est
censé avoir, celui des maisons formellement excepté. Mahomet exempte en
outre de l'impôt tout homme dont le revenu n'excède point une valeur de
20 ducats. Ce n'est pas tout : les alcades de quartier, que l'empereur charge
de répartir l'impôt, n'ont pas pour cela mission de fixer la somme que chacun
est tenu de payer. C'est le contribuable qui s'impose lui-même, et déclare,
selon l'impulsion de sa conscience, jusqu'à quel point il lui est possible de
supporter les charges de l'état. Quand le trésor public est absolument épuisé,
le sultan s'adresse directement au peuple, et fait un pathétique appel à son
patriotisme; dans chaque province, dans chaque ville importante, le pacha
convoque les plus puissans et les plus riches; il leur expose les misères de
la situation, et puis, leur montrant, au milieu du prétoire, cinq ou six grands
vases de terre à moitié remplis d'eau, il les invite à y mettre la somme que
chacun d'eux juge convenable d'offrir à l'empereur. Les riches Maures s'approchent alors des vases, et, trempant dans l'eau leur main fermée, ils laissent tomber au fond, sans que personne puisse voir en quoi elle consiste, la
contribution qu'ils veulent bien s'imposer. La nuit venue, le pacha brise les
vases et envoie au sultan l'or ou l'argent qu'ils peuvent contenir. Voilà, sans

3.

aucun doute, un magnifique système, plus libéral, on en conviendra, que la plupart des lois d'impôt établies chez les peuples de la chrétienté; il faudrait, pour l'avoir promulgué, bénir à jamais la mémoire du prophète, si, dans le chapitre même où il l'a formulé, il n'avait également décrété que l'autorité politique pourra, sans autre forme de procès, confisquer les biens des criminels et de tous les croyans infidèles qui n'observent point strictement les lois civiles et les lois religieuses. Les chroniqueurs du Maroc déclarent que les sultans ont très rarement sollicité de leurs sujets les dons volontaires dont nous venons de parler. Nous le croyons bien : qu'avaient-ils à faire de leur demander une insignifiante portion de leur fortune, lorsqu'en leur imputant des crimes imaginaires il était si facile de la leur enlever tout entière?

Dans toutes les causes ordinaires, le cadi est juge unique. De ses sentences, on peut appeler au jugement de l'empereur; mais presque toujours l'empereur se contente de faire examiner la cause par un second cadi, ou, si l'affaire est d'une extrême importance, par trois autres prêtres-magistrats réunis en vraie cour de justice. Presque toujours encore la procédure est verbale; dans les causes peu graves, le cadi prononce à la simple audition des témoins. Si pourtant l'affaire présente quelque difficulté sérieuse, les parties peuvent exiger que l'on dresse une procédure écrite; mais elles sont forcées de confier le soin de leurs intérêts à des officiers publics qui, de tout point, ressemblent aux *escribanos* d'Espagne, procureurs ignorans et avides dont il serait impossible de rencontrer les pareils en tout autre pays. A mesure que se poursuit la procédure, le demandeur est tenu de communiquer toutes ses pièces, tous ses moyens à son adversaire; la communication faite, ce dernier obtient un certain délai pour préparer sa défense, après quoi plaideurs et témoins comparaissent une seconde fois devant le cadi, qui, sans quitter son siége, tranche la question. Le serment n'est jamais déféré aux témoins; si mauvaise que soit la réputation des Arabes, il est fort rare qu'ils cherchent à surprendre la religion du cadi. Celui-ci, du reste, ne se prononce point d'après ce qu'ils disent, mais bien d'après la considération dont ils peuvent jouir, et, si l'on nous permet de parler ainsi, d'après ce qu'ils sont. Toujours disposé à s'en rapporter à la parole des croyans scrupuleux qui, pour mieux observer la loi, n'ont pu se résoudre à quitter leur pays, il ne place qu'une fort médiocre confiance en ceux qu'a pu entraîner à l'étranger le soin de leurs affaires ou leur humeur aventureuse. Quant à ceux que l'on aperçoit toute la journée dans les rues et les lieux publics, les vêtemens en désordre, ne prenant aucun souci de leur dignité personnelle, fumant ou aspirant du tabac en poudre, c'est à peine si le digne magistrat consent à les écouter. Il va sans dire qu'il fait une formelle exception pour ceux qui, les jours de fête, prendraient de telles allures, car, les jours de fête, les plus sages et les plus graves se permettent toutes les folies et tous les excès.

Dans les affaires criminelles qui peuvent aboutir à une sentence capitale, il est indispensable que la culpabilité soit établie par dix témoins, bien entendu qu'il s'agit de témoins jouissant d'une considération ordinaire. Si dans la même cause il se présentait trois de ces éminens personnages qui se nomment les *sages du Koran,* il suffirait de leur déposition pour former la conviction du cadi. Dans les affaires purement civiles, la justice est beaucoup plus expéditive. Un Maure est-il condamné à payer une dette, il est tenu de l'acquitter immédiatement, s'il ne veut être conduit en prison. S'il se résigne à perdre sa liberté, le créancier est obligé de le nourrir, mais seulement au pain et à l'eau. Après trois jours d'une captivité si rigoureuse, il est fort rare que les débiteurs solvables, — on ne poursuit guère que ceux-là, — ne sollicitent point d'eux-mêmes un accommodement. Quand l'affaire en est venue là, le Koran leur accorde trente jours pour se libérer tout-à-fait. Si le créancier n'a, pour justifier sa demande, ni témoins ni pièces écrites, le cadi se borne à déférer le serment au défendeur. C'est là une épreuve que tout le monde redoute, même les plus considérés, même les plus honnêtes; il s'en est rencontré souvent qui, pour ne la point subir, se sont résignés à reconnaître des prétentions évidemment mal fondées. C'est en présence du peuple, dans la mosquée principale, le visage tourné vers la Mecque, que s'accomplit la terrible formalité du serment; mais quand arrive le jour où elle doit avoir lieu, des villes entières s'émeuvent, des familles puissantes imposent leur intervention, et presque toujours elles parviennent à concilier les parties.

Pour arriver à découvrir la vérité, pour forcer l'accusé à l'aveu du crime, les cadis marocains s'y prennent de diverses manières, en raison de leur caractère, de leurs sentimens plus ou moins humains, de leur humeur plus ou moins féroce. C'est par les coups de fouet, par le poids des plus lourdes chaînes, par la faim et la soif, que sont combattues les dénégations opiniâtres; souvent encore, avec des câbles de fer, le malheureux qu'on torture est attaché sur des tables de marbre glacé. Si le sultan a résolu de faire main basse sur le trésor d'un pacha, on sévit contre tous les siens, femmes, enfans, esclaves, sans distinction d'âge ni de sexe; contre tout le monde, on emploie le fouet, quelquefois le pal, le billot, le sac, où l'on coud la victime avant de la jeter à la mer. Quand la sentence est prononcée, l'application de la peine est immédiate; on connaît au Maroc des peines de quatre degrés, la mort, l'emprisonnement temporaire ou perpétuel, la mutilation, l'amende et le fouet. A vrai dire, c'est presque toujours en vue de l'amende que le juge prononce la sentence, ou que les Arabes offensés traînent leurs adversaires devant les cadis. Si odieux que puissent être les crimes qu'on a commis, on est assuré de l'impunité, pour peu qu'on soit riche; on est certain d'avance que la peine sera commuée. Quand on se décide à exécuter un arrêt de mort, le condamné est fusillé par derrière; le condamné au fouet est flagellé par les rues de la ville, les mains garrottées, les épaules nues, et lui-même, de vingt pas en vingt pas, est tenu de proclamer à haute voix pourquoi il est ainsi châtié. Souvent à la peine du fouet on substitue des coups de bâton sur la plante des pieds; mais c'est là un châtiment militaire et de pure discipline, que le pacha fait arbitrairement infliger à qui lui déplaît.

Au fond, si l'on excepte les époques de guerre civile et de réaction, la loi pénale du Maroc n'a d'autre but que d'assouvir la rapacité du fisc, en exaltant les vengeances et les ressentimens particuliers. Un homme est-il assassiné, son père, son fils ou son parent le plus proche, a le droit de mettre à mort le coupable, mais après la sentence du cadi, en public et sous les yeux même de la justice. Cette loi est-elle arabe, ou bien serait-elle d'origine visigothe? Par l'exécution des assassins du général Esteller, on a pu voir tout récemment qu'en Espagne la reine elle-même n'a pas le droit de prononcer une commutation de peine, si les parens de la victime n'y ont d'abord consenti. Au Maroc pourtant, il est extrêmement rare que la famille de l'homme assassiné se montre inflexible; huit fois sur dix, pour le moins, elle accepte une réparation pécuniaire, dont les trois quarts reviennent à l'empereur; le condamné n'a plus ensuite à subir qu'une année de prison. Aux époques de paix et de calme, il est presque hors d'exemple qu'on applique la peine capitale; la paix intérieure vient-elle à être le moins du monde troublée, se voit-on menacé d'une guerre civile ou d'une guerre étrangère, c'est par centaines que l'on coupe les têtes, celles des pauvres et des riches, des plus petits comme des plus puissans. Pour prévenir les mouvemens populaires ou pour les réprimer, dans toutes les villes les pachas ne peuvent souvent disposer que du petit nombre de troupes qui forment la garnison sédentaire. C'est par la terreur, par la promptitude et l'énergie avec laquelle ils la répandent, qu'ils essaient de suppléer à la force que ne peuvent leur donner les institutions.

De tous les crimes qui se commettent dans les états barbaresques, c'est le vol qui est l'objet de la répression la plus sévère; jamais le voleur ne doit s'attendre à la moindre indulgence, jamais il n'est admis à la réparation purement pécuniaire; le voleur est plus durement traité que le meurtrier, le sacrilége ou le conspirateur. A peine convaincu, c'est-à-dire à peine conduit devant le cadi, le voleur est flagellé jusqu'à ce que son corps ne soit plus qu'une plaie hideuse et sanglante; à sa première récidive, on lui coupe une main; à la seconde, la main qui lui reste; à la troisième, le pied droit; à la quatrième, le pied gauche; au cinquième délit, on le fusille impitoyablement par derrière. C'est ainsi qu'on parvient à contenir ce penchant naturel au vol, qui, pour les Maures d'Afrique, est souvent une véritable et irrésistible passion. Un vol a-t-il lieu sur un chemin public ou dans tout autre endroit inhabité, l'empereur, si l'on ne peut saisir le coupable, prononce une forte amende contre la principale autorité de la ville ou du village sur le territoire duquel le vol a été commis. En promulguant cette loi, Mahomet s'était proposé uniquement d'assurer un peu de sécurité aux marchands et aux voyageurs; mais, dans un pays d'absolutisme, le législateur ne peut avoir une seule bonne intention qui, à la longue, ne fournisse un prétexte à des abus intolérables : quand il ordonne, ou plutôt quand il provoque de pareilles enquêtes, l'empereur n'a aujourd'hui d'autre but que de tourmenter ses pachas et de les dépouiller.

Si grande que soit au Maroc la férocité des mœurs publiques, il ne faut pas s'imaginer cependant que l'on y voie à tout propos se produire les rixes violentes; au Maroc, tout le monde a le droit de sortir en armes; jeunes et vieux, riches et pauvres, Maures, Juifs, chrétiens, esclaves même, tout le monde, dans l'intérieur des villes, porte un couteau, un poignard, une épée; personne ne s'aventure dans les champs sans se munir d'une escopette ou d'une paire de pistolets. On a prétendu que rien n'est si cher à l'Arabe que sa vigoureuse et rapide cavale; on s'est trompé : c'est à ses armes qu'il s'attache par-dessus tout. Pour se mettre en état d'acheter un sabre ou une arquebuse, un Arabe se résignerait volontiers au jeûne le plus rigoureux. C'est là précisément ce qui en grande partie prévient les querelles sanglantes; quand chacun est prêt à la défense, il est évident que chacun doit être moins prompt à l'agression. Nous ne parlons point ici de ces époques terribles où les guerres de succession et le défaut absolu de gouvernement provoquent tous les excès et tous les crimes; mais, si grands que soient ces crimes et ces excès, ils ne peuvent présenter un aussi affreux spectacle que les violences du compétiteur qui enfin triomphe. Pour rétablir l'ordre, pour faire sentir son autorité long-temps méconnue, le sultan vainqueur a recours à tous les genres de supplice; c'est un luxe de répression qui seul donnerait à l'Europe le droit d'aller substituer ses mœurs et ses lois aux lois et aux mœurs qui prescrivent ou autorisent une si complète barbarie. C'est alors que la mer et les fleuves engloutissent par centaines les condamnés cousus dans des sacs; c'est alors que sur les places publiques meurent lentement et dans d'inexprimables angoisses les patiens empalés; c'est alors que, pour le moindre motif et souvent sans raison, on coupe les pieds, les mains, les seins, les oreilles. Frottés de miel ou d'huile, des malheureux, enchaînés dos à dos, sont exposés, jusqu'au dernier soupir, aux piqûres venimeuses des insectes; quelquefois pourtant, pour abréger leurs souffrances, on leur remplit le nez et la bouche de paquets de poudre qui, venant à faire explosion, font voler la tête en éclats; quelquefois encore, on les brûle à petit feu, on les scie, on les coupe en morceaux palpitans sous l'acier; on les enterre vifs, la tête exceptée, sur laquelle s'acharne la rage inventive des plus cruels et des plus ingénieux bourreaux du monde, les soldats noirs de l'empereur. Ces abominables supplices, Maures, Arabes, Bédouins, Berbères, tous, au Maroc, jusques aux Juifs, les endurent avec une sombre résignation de sauvage. Il n'est pas rare de les voir, sur les places ou dans les marchés, quand on veut bien ne pas leur prendre la vie, cloués au poteau par la main ou l'oreille, fumer leur pipe aussi tranquillement que s'ils assistaient à une fête publique, ou bien encore, si après la mutilation on consent à les laisser libres, ramasser d'un air insouciant leur main ou leur oreille, et s'éloigner d'un pas lent et délibéré. On a remarqué pourtant que ce sont les proscrits, les victimes de l'oppression politique, et non point les criminels ordinaires qui, par un tel courage, par une telle constance, savent narguer et pour ainsi dire défier leurs bourreaux.

A l'abri de toute agression extérieure, le sultan n'avait eu d'armée jusqu'à
ce jour que pour maintenir la paix publique et pour lever les impôts. L'armée
marocaine se divise en troupes de l'empereur qui se nomment l'*almagasen,*
et en troupes de pachas, dont le service est irrégulier. Les premières sont
directement payées par l'empereur, les secondes par les villes de leurs districts, qui presque toujours leur abandonnent des terres, comme Sylla à ses
vétérans. L'*almagasen,* qui, en 1789, sous Sidi-Mohamad, était de trente-deux
mille hommes, n'est plus aujourd'hui que de seize mille, huit mille fantassins et huit mille cavaliers. Outre la milice du pacha, toute ville importante
a une espèce de garde nationale dont fait partie, si l'on excepte les Juifs et
les esclaves, quiconque est en état de porter les armes. Cette garde n'est
tenue de faire le service que dans les limites de son district. Les soldats de
l'*almagasen* reçoivent tous les ans deux chemises, deux turbans, deux paires
de chaussures, un cafetan de drap rouge. Équipés et armés aux frais du sultan,
ils ont de plus une paie d'environ un quart de duro par jour (un franc vingt-
cinq centimes). Ce n'est pas tout, le sultan, dont ils font la vraie force, leur
procure toujours des profits considérables, en les chargeant d'escorter les
ambassadeurs, les consuls, les voyageurs, les riches marchands. Souvent,
quand il est content d'eux, il envoie des présens à leurs femmes, et, pour
que l'attention leur paraisse plus délicate, il choisit le jour où ils font circon-
cire leurs petits garçons. Aussi l'empereur peut-il compter sur le dévouement de l'*almagasen;* de mémoire d'homme on ne l'a vu tourner ses armes
contre le sultan.

L'empereur entre-t-il en campagne, il mande auprès de lui les soldats des
pachas; chacun de ces soldats reçoit, si longue que soit la campagne, vingt
duros pour lui-même et trois pour sa femme. Chaque pacha mobilise la garde
nationale de ses villes et prévient les caïds des tribus qu'ils aient à fournir
leur contingent, un homme par dix tentes, quand le sultan ne juge pas à
propos de faire un appel général. Du moment où les troupes sont en campagne, régulières ou irrégulières, peu importe, toutes, jusqu'à la garde du
sultan, vivent aux frais de la province qu'elles occupent. Rien de plus simple
que la hiérarchie militaire; après les pachas et leurs kalifas, les *mocademes,*
qui sont de vrais colonels; après les *mocademes,* des *alcaïdes* qui ont sous
leurs ordres jusqu'à cinq cents hommes; puis des *alcaïdes* inférieurs qui n'en
ont guère que vingt-cinq ou trente. Le sultan lui-même se met d'ordinaire à
la tête de ses troupes; s'il se fait remplacer, c'est toujours par un de ses
fils ou du moins par un de ses parens.

Bien traité par ses chefs, bien nourri, bien payé, le soldat marocain est
soumis, intrépide, plein d'ardeur et de bonne volonté. A pied comme à cheval, il tire son coup d'arquebuse, comme autrefois le Numide sa flèche, avec
une adresse, une précision incroyables; c'est encore le cavalier des Juba et
des Massinissa. Dans cet exercice militaire de l'équitation, c'est surtout le
Shilog qui excelle. Quant à l'ordre de bataille, le glorieux bulletin de l'Isly
l'a déjà fait connaître à l'Europe : la cavalerie se divise en deux parties

égales, et forme,les deux ailes; elle se déploie comme un grand croissant, au centre duquel se placent les fantassins. Un moment avant l'attaque, chacun récite un verset du Koran; puis, jetant d'une voix terrible son cri de guerre : *La ilah, ela ilah!* l'armée entière se précipite sur l'ennemi. Que celui-ci soutienne son premier choc, et il est sûr de la victoire; *mocademes* et alcaïdes essaient en vain de reformer les rangs de leurs troupes pour les ramener à la charge : rien ne peut retenir ces soldats fatalistes qui, dans leur moindre revers, voient un signe manifeste qu'Allah a résolu de ne leur point accorder la victoire. Dans toutes leurs rencontres avec les troupes européennes, c'est principalement le défaut d'artillerie qui assurera leur défaite. Il y a cependant au Maroc deux mille artilleurs environ, presque tous renégats et disséminés dans vingt-cinq forteresses, à Fez, à Méquinez, à Maroc, à l'entrée des plus périlleux défilés, à Tanger, à Salé, à Larache, le long des côtes enfin de la Méditerranée et de l'Océan. Bien qu'elles soient hors d'état de soutenir une attaque habilement dirigée, les forteresses de la côte sont pourtant les moins délabrées, les mieux pourvues de canons. Mal montées, mal construites, les batteries marocaines sont composées de pièces de fer ou de bronze, d'un calibre variant entre huit et vingt-quatre; Tanger a quelques mortiers de dimensions inégales; quant à l'usage de l'obusier, il est encore inconnu dans tout le Maroc. Nous ne parlons point des artilleurs : la bataille d'Isly a montré ce qu'ils savent faire; si l'on excepte un très petit nombre de renégats, ils sont à peine capables de manier le levier et l'écouvillon.

Dans l'*almagasen*, le métier de soldat est héréditaire et réputé noble; c'est un privilége que l'empereur lui-même se réserve de conférer, quand vient à s'éteindre une famille qui en est investie. Qu'ils appartiennent aux troupes régulières ou aux troupes irrégulières, tous les soldats sont tenus d'exécuter aveuglément les sentences prononcées par les pachas et les cadis, si ce n'est pourtant celles qui entraînent la mutilation des membres ou la perte de la vie. C'est l'empereur qui fait exécuter par les nègres de sa garde les mutilations et les arrêts de mort. On s'étonne, au premier aspect, que des soldats nobles soient ainsi convertis en bourreaux; mais on sait que, dans tout l'Orient, ce nom de bourreau ne soulève aucun sentiment d'horreur ni de réprobation.

Si peu nombreuse, si mal disciplinée que soit aujourd'hui l'armée régulière, on ne peut s'empêcher pourtant de trouver son organisation admirable, si on la compare à celle de la marine, dont l'administration d'Abderrahman a précipité et consommé la décadence. En 1793, quand Muley-Soliman monta sur le trône, sa flotte se composait de dix frégates, de quatre brigantins, de quatorze galères, de dix-neuf barques canonnières, montées par six mille marins exercés; celle d'Abderrahman n'est plus maintenant que de trois brigantines qui à peine porteraient quarante canons, et de treize grandes barques, tant bien que mal embossées à l'embouchure du Buregreg, du Lucos et du Martil. Ce dernier fleuve est celui qui baigne les remparts

à demi écroulés de Tétuan. Barques et brigantines sont montées par quinze
cents hommes tout au plus; dans ce nombre, il faut compter, non-seulement les officiers de marine et leurs soldats, mais les ouvriers des ports.
Ces ouvriers sont, dit-on, des charpentiers assez habiles; quant aux officiers
et à leurs soldats, ce sont, on le conçoit, les plus ignorans de tous les marins de la terre. Sur les côtes même d'Andalousie, il n'est pas un pêcheur
qui, en fait de sciences exactes et de tactique navale, ne fût capable de leur
en remontrer. Point de chantiers ni d'arsenaux, si ce n'est à Salé; et encore,
à Salé même, les travaux ont-ils été abandonnés, ou peu s'en faut, depuis
l'époque où Abderrahman eut la malheureuse idée de faire construire une
grande corvette qui, achevée complètement, armée de tous ses canons et de
toutes ses voiles, ne put pas même être lancée à la mer.

V. — PRODUCTIONS DU SOL. — ÉTAT PRÉSENT DE L'AGRICULTURE, DE L'INDUSTRIE ET DU COMMERCE.

A ce gouvernement brutal et inintelligent, qui ne sait ni se constituer,
ni organiser ses moyens de conservation et de défense, le ciel a livré pourtant un des plus beaux et des plus fertiles pays de la terre. A l'exception
des hautes cimes de l'Atlas, les collines, les vallées, les plaines, sont partout
recouvertes d'une terre végétale extrêmement féconde : ce ne sont que débris d'ocre, lits de marne et de plâtre, heureusement combinés avec le silex
et le détritus des forêts. Nulle part on n'aperçoit les traces de convulsions
souterraines et d'éruptions volcaniques. Comme dans le reste de l'Afrique,
les montagnes sont à peu près déjà dépouillées d'arbres; les genêts, les buis,
les lentisques y forment d'épais fourrés, qu'il faudrait s'attacher à détruire
avant d'y entreprendre les grandes plantations. Loin des villes pourtant
s'élèvent encore de magnifiques taillis de chênes, de hêtres, de yeuses, de
genévriers, et d'autres arbres d'un bois dur et solide; mais, si on ne se hâte
d'arracher le pays à la barbarie qui le désole, avant un demi-siècle ces forêts
auront disparu. C'est là que durant les guerres civiles se réfugient les proscrits et les partis vaincus, et, pour les en chasser, on n'imagine point de
meilleur moyen que d'y porter la dévastation et le feu.

Dans un espace formant une circonférence de plusieurs lieues, chaque
ville importante est entourée de *huertas*, prairies, champs et jardins, que
séparent les uns des autres de superbes haies de lentisques. Aussi loin que
le regard peut s'étendre, ce ne sont dans les *huertas* bien cultivées que bos-
quets d'orangers, de citronniers, de mûriers, çà et là coupés par des treilles
appuyées à l'érable, comme dans le midi de la France, et par toute espèce
d'arbres fruitiers. Vous diriez du midi de l'Espagne, si ce n'est pourtant que
les rivières du Maroc sont plus abondantes, plus limpides, plus poisson-
neuses, que les canaux, plantés de roseaux gigantesques et de peupliers

élancés, y sont mieux entretenus qu'à Murcie même ou Valence, que la végétation y est plus rayonnante et plus vigoureuse, les fruits plus gros, plus savoureux et d'un arome plus pénétrant A vrai dire, il n'y a de bien entretenu au Maroc que les canaux d'irrigation, qui sont l'objet d'un chapitre spécial du Koran. La plupart des *huertas* sont si mal cultivées, qu'au bout d'un certain temps les jardins se convertissent tout naturellement en prairies; les hautes herbes y étouffent les orangers et les autres arbustes : rosiers, grenadiers, et toutes les fleurs rares qui au Maroc revêtent des couleurs splendides, disparaissent à la longue sous les mauves, les orties blanches et rouges, les rudes scabieuses et les autres filles vigoureuses de la flore champêtre et sauvage, qui en Afrique se reproduisent et se développent plus promptement et plus énergiquement encore que dans notre midi.

Pour faire la fortune du Maroc, il suffirait des potagers qui entourent les villes, où croîtraient aisément toutes nos plantes légumineuses, mais qu'une culture paresseuse et inintelligente réduit à n'être que d'arides pelouses et des halliers épineux, où rampent, s'agitent, bavent et sifflent incessamment, sur les bleues et blanches ardoises que fait resplendir le soleil, des républiques entières de lézards et de serpens. La nature a tout fait pour l'homme dans ce pays, où il suffit de dégager le sol et de l'entr'ouvrir pour développer les germes féconds; mais l'homme s'y est fait une telle habitude de l'abjection et de la misère, que, s'il lui en doit coûter la moindre fatigue, la pensée ne lui viendra pas d'en sortir. C'est au hasard que l'on y sème le blé, le maïs, l'avoine et les autres céréales; c'est au hasard qu'on les recueille avec une multitude de graines mauvaises qui semblent être l'objet principal de la culture et de la moisson. Point d'engrais, pas le moindre aménagement pour les terrains qu'on épuise, tandis que tout à côté s'étendent de vastes plaines incultes où errent, parmi les broussailles, les taureaux à demi sauvages et les chevaux indomptés. La moisson se fait à l'aide de faucilles extrêmement petites qui rendent la besogne si longue, qu'on se rebute avant d'en être venu à bout; le blé se coupe à mi-tige, ou, pour mieux dire, on se borne à couper les épis qui dépassent les herbes mauvaises; et, comme on n'entreprend l'œuvre qu'à la dernière extrémité, au moment où les épis, trop mûrs et gonflés outre mesure, laissent de toutes parts échapper le grain, presque tous déjà sont à demi vides quand on les entasse sur les chariots qui les doivent transporter au village. En dépit d'une si stupide négligence, les céréales du Maroc sont d'une qualité supérieure; mais on connaît si peu les moyens de les conserver, qu'avant l'exportation ou la consommation qui s'en fait sur place, elles finissent presque toujours par subir une avarie complète : ce n'est que dans les villes ou dans les villages situés aux environs des villes qu'on les enferme en des chambres bien closes. Les plus prévoyans les enterrent dans de grands paniers d'osier ou de paille; c'est le seul moyen de les soustraire à l'avidité des pachas, quand pour l'entretien de la maison du sultan, pour la nourriture des troupes, et sous vingt autres prétextes, les pachas font exécuter des *razzias* générales qui, d'un seul coup, ruinent les populations.

De toutes les productions naturelles à l'Afrique et à l'Europe, il n'en est pas une seule qui ne puisse prospérer au Maroc; le lin, le chanvre, la vigne, l'olivier, le tabac, tout enfin y deviendrait d'une ressource inépuisable, si par la même indifférence on ne semblait prendre à tâche de contrarier la nature qui sous ce beau soleil, au bord de ces grandes rivières, dans ces plaines toujours vertes, prodigue en pure perte ses plus riches trésors. La culture du tabac, il est vrai, y est moins négligée que celle de l'olivier ou de la vigne; mais le tabac du Maroc est trop capiteux, son odeur extrêmement désagréable, et l'on aurait beaucoup de peine à le faire accepter aux plus misérables *presidarios* d'Alhucemas et de Ceuta. Aujourd'hui encore, on rencontre çà et là dans les plaines quelques débris des vastes plantations d'oliviers dont parlent les anciens chroniqueurs; mais le gracieux arbuste n'y croît plus qu'à l'état sauvage. Rabougri et noué, il ne porte plus que des fruits insipides. Les Marocains en sont réduits à faire de l'huile avec la baie amère des lentisques. Pour assaisonner leurs alimens, les pauvres gens se servent de cette huile, qui est d'un goût détestable; appliquée à l'éclairage, elle projette au loin d'éclatantes lueurs. La vigne a disparu des collines et des terrains qui lui sont le plus favorables; on ne la voit plus que dans les bas-fonds, à une médiocre distance des villes, et les raisins peu savoureux qu'elle donne ne sont jamais convertis en vin : le gouvernement marocain, qui maintenant tolère qu'on s'enivre avec les vins d'Espagne, s'y oppose de la plus formelle façon. De riches propriétaires font pourtant écraser et piler leurs raisins en cachette; avant même que le moût ait fermenté, ils boivent avidement la liqueur hideuse qui en découle et tombent presque aussitôt dans une lourde et stupide ivresse, de laquelle ils ne se relèvent que malades et pour long-temps affaiblis. Il y a quelques années, les Juifs avaient obtenu du sultan l'autorisation de faire un peu de vin qu'ils préparaient selon les procédés usités dans les provinces méridionales de l'Espagne, et ce vin était, dit-on, aussi bon, sinon meilleur que celui d'Alicante et de Malaga; mais l'empereur ayant découvert que les Juifs n'en gardaient pas pour eux une seule goutte et le vendaient tout entier aux Maures, l'autorisation fut immédiatement retirée. Aujourd'hui les Juifs ne fabriquent plus, — et encore sont-ils forcés de le faire en cachette et par contrebande, — qu'une espèce d'eau-de-vie, provenant de grappes de raisin, de figues, de poires, de dattes et d'une foule d'autres fruits pilés et mêlés, qui, après avoir long-temps fermenté, finissent par donner une liqueur extrêmement forte dont on essaie, mais en pure perte, de corriger la saveur détestable en y trempant des herbes aromatiques pendant une semaine environ. Depuis l'époque où nous avons entrepris de coloniser l'Afrique, les Marocains ont voulu naturaliser chez eux la pomme de terre; après le premier essai, les plus résolus se sont rebutés, et de long-temps sans doute on ne recommencera l'expérience. Nous en dirons autant de l'industrie cotonnière qui, sans être abandonnée pourtant, ne peut plus compter aujourd'hui parmi les ressources de ce pays. La seule récolte abondante qui se fasse régulièrement au Maroc, la seule à peu près qui jamais ne manque et puisse être considérée comme la vraie richesse des populations montagnardes, c'est la récolte du kermès, que les Amazirgas et les Shilogs vont vendre dans les villes, et dont les teinturiers marocains savent extraire une couleur rouge d'une qualité à l'épreuve des ans. Il y faut joindre la récolte du miel et de la cire, qui est encore plus précieuse et surtout plus générale, par la raison toute simple que, pour avoir la cire et le miel, il suffit de fixer les abeilles, dont l'armée entière du Maroc serait d'ailleurs impuissante à détruire les innombrables essaims. Il en est des mûriers comme des abeilles, on a beau en négliger la culture, on a beau les arracher, ou laisser croître à l'entour en toute liberté les halliers qui aspirent à les étouffer : dans la plupart des campagnes s'élève encore verdoyant et vivace l'arbre magnifique où le ver à soie forme et dépose ses riches cocons. Depuis long-temps il ne se fait guère plus de soie au Maroc; le peu que l'on en récolte est de beaucoup préférable à celle qui se recueille dans les *huertas* espagnoles. On pourra, quand on le voudra, faire de la soie une des branches les plus importantes du commerce africain.

Si l'agriculture languit au Maroc, les pâturages y abondent, et les bestiaux y sont peut-être les plus beaux, les plus sains de la terre. Le Marocain pourrait dès aujourd'hui exporter de grandes cargaisons de beurre, de fromage et de viande; déjà il alimente les soldats anglais et les habitans de Gibraltar. Les taureaux du Maroc n'ont pas ces vives allures et cette mine hautaine qui font dire aux *toreros* de Cadix et de Séville que les taureaux d'Andalousie sont de vrais *hidalgos;* pour peu cependant que l'on s'occupât, avec une intelligente sollicitude, d'améliorer la race africaine, on ne tarderait pas à la rendre plus vigoureuse et plus fière que les *vichos* et les *novillos* andaloux. Les mules marocaines sont préférables aux mules d'Espagne; moins inquiètes, moins capricieuses, moins têtues, elles sont plus rudes à la marche et aux fatigues des longs voyages, et on peut comparer leur sobriété à celle du chameau. Les mules au Maroc se vendent d'ordinaire à très bas prix; quelquefois pourtant il s'en est trouvé de si belles, que les Anglais de Gibraltar en ont donné jusqu'à 300 duros, 1,500 francs environ. Cela ne peut être pour nous l'objet de la moindre surprise, car, dans nos Pyrénées françaises, nous en avons vu souvent que pour notre compte nous aurions préférées aux plus souples et aux plus ardens chevaux. Du reste, les chevaux du Maroc soutiennent dignement la concurrence; à la rapidité de leur course, à leur agilité merveilleuse, à la force de leurs muscles, à l'incomparable beauté de leurs membres, à leur élégante fierté, qui toujours s'allie à la docilité, on ne peut s'empêcher de reconnaître en eux la noblesse et la pureté du sang, et de les proclamer les chefs de la race d'élite à laquelle appartiennent les chevaux andaloux. La mule et le cheval, voilà les vrais serviteurs

de l'Arabe marocain, et non point le chameau, qui rarement se rencontre
dans les provinces du nord; le chameau ne respire à l'aise que si le désert
lui envoie son haleine embrasée; il n'aborde au Maroc que dans les districts
lointains qui avoisinent la solitude immense des sables. A la mule et au
cheval il faut joindre une excellente espèce d'ânes, accorte, éveillée, vigoureuse et rapide comme le cerf. Nous ne nous étendrons pas davantage sur
les richesses que la nature a prodiguées au Maroc, nous ajouterons seulement que de leurs plages méditerranéennes, ou bien encore à Rabat, à Salé,
et des autres ports des côtes de l'Océan, les Maures pourraient faire des
pêches aussi abondantes que celles qui se font à Gibraltar ou à Ceuta, si au
lieu de harpons incommodes ils savaient employer cet ingénieux système de
filets dont se servent les pêcheurs européens. Les Marocains songent si peu
à tirer parti de leurs poissons de mer, qu'ils ne salent pas même et laissent
toujours s'avarier les légions de sardines que leur jettent pour ainsi dire la
Méditerranée et l'Océan. Dans les rivières de l'intérieur foisonnent les an-
guilles, les tanches, les tortues, et en général les meilleurs poissons des
rivières d'Europe; mais les Arabes du Maroc descendraient en ligne directe
des anciens habitans de l'Inde ou de l'Égypte, qui regardaient chaque poisson
comme un être divin et chaque fleuve comme un temple, qu'ils n'auraient
pas une plus grande répugnance pour la pêche de rivière : leurs poissons
mourraient de vieillesse, et se multiplieraient au point d'obstruer jusqu'aux
canaux d'irrigation, n'étaient les chrétiens et les juifs qui en prennent des
quantités prodigieuses, et dans plusieurs provinces en font leur principal
aliment.

Malheureusement le despotisme marocain gouverne le climat et le sol,
comme il gouverne les populations. D'un district à l'autre, d'une ville à
l'autre, les communications demeurent interrompues pendant des années
entières; le gouvernement lui-même s'attache à rendre extrêmement difficiles
les correspondances particulières ou plutôt à les supprimer. On ne peut envoyer ni recevoir le plus simple message si d'abord on n'en donne pleine
connaissance à l'empereur ou aux dépositaires de sa terrible puissance, pachas, kalifas et cadis. S'il ne veut tomber entre les mains des brigands, l'Européen qui s'aventure un peu au-delà des villes maritimes ne doit voyager
qu'avec une forte et coûteuse escorte : quatre cavaliers montés à la légère
prennent les devans pour reconnaître les vallées et les plaines; quand le pays
n'est point découvert, ils attendent, cachés parmi les aloës et les lentisques,
à tous les endroits périlleux, que leurs compagnons les aient pu rejoindre.
Jusqu'à ce qu'on soit arrivé au terme du voyage, on se garderait bien de négliger une pareille précaution. Point de chemins, si ce n'est d'affreux sentiers que les intempéries des saisons dégradent chaque jour davantage; point
de ponts sur les fleuves ni sur les plus petites rivières; s'il survient une pluie
abondante, un débordement, un orage, les relations entre les deux rives
sont brusquement interrompues, à moins qu'au péril de la vie on ne risque
la traversée à l'aide d'outres gonflées de vent. Point de chars ni de voitures;

ce sont les hommes ou pour mieux dire les femmes qui se chargent de transporter les plus lourds fardeaux, partout où ne peuvent librement cheminer
les bêtes de somme, et Dieu sait si même dans les plaines le transport est
facile à dos de chameau, de cheval, d'âne ou de mulet. Point de commerce,
à vrai dire, et, pour justifier une assertion au premier abord si absolue, il
nous suffira de faire observer que chaque branche du négoce, intérieur ou
extérieur, peu importe, est un monopole que l'empereur afferme à des Juifs,
aux conditions les plus onéreuses. Les traitans se verraient infailliblement
écrasés si, à leur tour, ils ne s'efforçaient d'exploiter et de ruiner les populations, en leur achetant presque pour rien les denrées indigènes, en leur
vendant à des prix exorbitans les produits de l'étranger. Au bout de toutes
leurs fraudes, de leurs opérations déloyales, de leurs manœuvres infames,
les traitans eux-mêmes n'ont d'autre perspective qu'une misère à peu près
complète. Presque jamais ils ne parviennent à se soustraire aux confiscations,
aux exactions impériales, et cette fois, chose étrange, ce sont là des avanies
qui ont une apparence de justice : puisqu'ils ne peuvent remplir les obligations qu'en acceptant le monopole ils ont contractées envers le sultan, ne
semble-t-il pas naturel que le sultan se paie lui-même en s'emparant de leurs
biens? Ils n'est peut-être pas un seul négociant au Maroc qui vis-à-vis du
souverain ne se trouve complètement obéré. Hier encore, à la veille du brillant fait d'armes accompli par nos marins devant Mogador, un des principaux
marchands de la ville n'était-il pas, malgré son titre de vice-consul, retenu
par les autorités marocaines pour une dette énorme qu'il se trouvait hors
d'état de payer? Un tel fait devrait décider l'Europe à se préoccuper un peu
plus de sa dignité vis-à-vis de ces populations barbares. Il y a trente ans à
peine, le mal était beaucoup moindre; nos consuls pouvaient résider encore
à Tétuan, sinon même dans des villes plus rapprochées de la capitale; mais,
comme à tout propos leur présence inquiétait et irritait le fanatisme musulman, l'empereur ordonna brusquement leur translation à Tanger. En dehors
de cette ville les puissances chrétiennes sont représentées par des vice-consuls de race juive ou de race maure; la Grande-Bretagne seule ne confie
qu'à ses nationaux de si importantes fonctions. Les vice-consuls ne reçoivent
de leurs gouvernemens respectifs qu'un traitement extrêmement modique;
ils y suppléent par les exactions qu'ils font subir aux marchands forcés de
réclamer leur appui.

Qu'elles s'importent ou s'exportent, toutes les marchandises paient des
droits excessifs à la douane de Tanger, de Tétuan et des autres villes de la
côte. Ce sont les droits de douane qui forment les principales ressources de
l'empire avec le *djazia* (*contribution de vassal*) que paient les Juifs depuis
les premiers temps de l'invasion arabe, et le *naiba* (*contribution directe*),
espèce d'exaction que l'on fait subir aux tribus nomades quand l'autorité
du sultan les peut atteindre. M. Serafin Calderon évalue à deux millions de
duros (le duro vaut cinq francs) la moyenne du revenu total de l'empire, et
à neuf cent quatre-vingt-dix mille celle des dépenses de tout genre auxquelles

le sultan est obligé de subvenir. On voit quelle somme énorme entre tous les ans dans le trésor impérial enfoui à Méquinez. Ce trésor, renfermé dans une forteresse à triples remparts et recouverte de fer, qui se nomme le *Beitul-mel* (*le palais des richesses*), doit être considéré comme la propriété particulière de l'empereur. C'est un corps spécial de deux mille nègres qui se charge de veiller à l'entour. L'intérieur du fort est divisé en chambres remplies de monnaies d'argent, et en cellules remplies de monnaies d'or. Pour arriver à chacune de ces chambres et de ces cellules, il faut se faire ouvrir cinq portes bardées de fer et fermées avec d'énormes serrures dont le sultan garde les clés. Rien de mystérieux comme l'intérieur de ce formidable *Beitul-mel*, même pour les *wasyrs* et les favoris de l'empereur. Autrefois, avant de subir leur supplice, les condamnés à mort y allaient déposer les trésors amassés à Maroc, à Tétuan et sur les autres points de l'empire; c'est Abderrahman qui, le premier, a négligé de prendre une si barbare précaution.

Nous avons sous les yeux les divers tarifs de cette douane qui donne au sultan ses revenus les plus sûrs; nous sommes étonné, pour notre compte, que le commerce y puisse tenir. Il n'est presque pas d'objets dont les droits d'entrée ou de sortie n'absorbent la valeur. Aussi le gouvernement est-il obligé de consentir à des concessions envers quiconque les réclame, et il existe autant de tarifs qu'il peut y avoir de négocians. Ce ne sont pas, du reste, les marchandises seulement qui acquittent les droits de douane; il est une classe de personnes qui, à l'entrée et à la sortie, est estimée ni plus ni moins que les tissus et les huiles : nous voulons parler des Juifs, qui paient en raison de leur âge, de leur santé, de leur sexe. Si les vieillards et les femmes sur le retour sont très faiblement taxés, en revanche les hommes vigoureux, les enfans, les jeunes gens, les jeunes femmes, sont soumis à des droits exorbitans. Ou conçoit qu'avec un pareil système de commerce et d'économie sociale, la contrebande prenne chaque jour des proportions effrayantes; et comme le commerce est pour le sultan la plus claire source des revenus publics, on conçoit aussi que la contrebande soit très sévèrement réprimée. Outre la confiscation des marchandises, le contrebandier est roué de coups de bâton s'il est pauvre; s'il est riche, on l'emprisonne, on le charge de chaînes, on le ruine à peu près complètement en amendes. En dépit de ces lois impitoyables, la contrebande se fait sur tous les points et presqu'au grand jour, surtout en ce qui concerne les monnaies étrangères, le duro espagnol excepté. Pour empêcher que le duro ne circulât en fraude, le sultan fut obligé de décréter que, dans tout le Maroc, il aurait la même valeur qu'en Espagne; il avait jusque-là valu, au lieu de cinq *pesetas,* sept et demie, c'est-à-dire sept francs et demi environ. Quant aux autres monnaies et, en général, quant aux marchandises étrangères, Abderrahman a trouvé un sûr moyen de ne point trop perdre aux entreprises des fraudeurs, et c'est tout simplement de s'y associer. Les contrebandiers du Maroc se divisent en deux classes bien distinctes : ceux qui, pour leur compte exclusif, s'exposent aux coups de feu des soldats du pacha, à la prison, à la bastonnade, et ceux dont le sultan est en secret le complice. Le temps viendra où Abderrahman s'enrichira par la fraude qu'il se fait à lui-même, bien plutôt que par sa douane et par les exactions de son fisc.

Chaque ville maritime a sa douane, dirigée par un *amin* (*administrateur des rentes*); presque partout aujourd'hui ce sont les pachas eux-mêmes qui remplissent les fonctions d'*amin*. Tous les jours, dans les villes des côtes de l'Océan et de la Méditerranée, le pacha lui-même, de neuf heures du matin à trois heures de l'après-midi, se rend à sa douane, assisté de deux secrétaires, d'un jaugeur et de vingt-deux soldats. Le jaugeur est un des principaux habitans de la ville, et, comme le pacha, il exerce des fonctions gratuites, mais on sait comment se paient de leurs services les officiers et les employés marocains; les deux secrétaires jouissent d'un traitement mensuel de cinq duros (1). Les douanes du Maroc se distinguent fort peu, du reste, par leur magnificence; ce ne sont pour la plupart que des édifices délabrés et croulans où l'on pratique une pièce étroite, obscure, incommode, pour le pacha, le jaugeur et les soldats. Dans quelques villes c'est en plein air, entre quatre murailles formant une cour carrée, que s'installent les fonctionnaires arabes. Gravement assis sur le sol et les jambes croisées, le pacha fume sa pipe, tandis que le jaugeur estime au hasard les marchandises, que les secrétaires les inscrivent sur de mauvais registres, et que les soldats perçoivent les droits, dont pacha, jaugeur, secrétaires et soldats s'approprient au moins une bonne moitié.

Le commerce maritime du Maroc est d'environ 250,000,000 de réaux, ou de 50 millions de francs. C'est l'Angleterre qui, par Gibraltar, en fait les deux tiers; le tiers restant se répartit d'une façon inégale entre les autres puissances chrétiennes et les deux régences de Tunis et de Tripoli. Dans ces derniers temps, le port de Marseille a établi avec le Maroc des relations suivies et fréquentes, et l'on affirme qu'en 1843 ces relations ont représenté une somme de six à sept millions. Quant au commerce du continent africain, il se fait encore au Maroc par caravanes. Tous les ans, le Sahara est traversé par six grandes caravanes qui d'ordinaire emploient de deux mille cinq cents à trois mille chameaux, portant du littoral aux pays lointains de l'intérieur

(1) Depuis que, par nos conquêtes d'Afrique, nous sommes arrivés aux frontières de l'empire, Abderrahman a cherché à répandre sa monnaie dans nos possessions; il n'est donc point sans à-propos de faire connaître le rapport exact de cette monnaie avec la nôtre et avec celle d'Espagne. Le *bandqui* d'or vaut 2 *duros* ou 10 fr.; le *bandqui* d'argent, 13 réaux de veillon ou 2 francs 1 cent. environ; le *flous* de cuivre, 4 maravédis, ou un peu moins de 8 deniers. Il existe en outre au Maroc des monnaies imaginaires, comme le *blanquio*, qui vaut 12 maravédis, et le *demi-blanquio*, qui en vaut 6. Les monnaies de métal sont grossièrement frappées; rien de plus facile que de les altérer ou de les contrefaire; toutes d'ailleurs sont bien au-dessous de leur valeur nominale. A Tétuan, à Tanger et dans les autres villes, les négocians eux-mêmes fabriquent la monnaie de cuivre, sous le bon plaisir de l'empereur, qui se réserve la fabrication des monnaies d'or et d'argent.

TOME VIII.

de l'Afrique les marchandises et les produits de l'Europe, et ceux de l'Afrique aux villes du littoral. La plus nombreuse est sans aucun doute celle du Maroc qui, avant notre conquête, côtoyait de l'ouest à l'est les versans de l'Atlas et les frontières du désert, traversait l'Algérie par la gorge des Ouanascherichs et la vallée de Sétif, s'engageait, pour aboutir à Constantine et puis à Tunis, dans le fameux défilé des Portes-de-Fer, suivait jusqu'à Tripoli les bords du golfe de Kabès, et de là pénétrait enfin par les sables de Barca dans les immenses déserts de la Libye. Arrivées là, les six caravanes, venues par divers chemins de tous les pays musulmans, formaient une sorte d'armée tumultueuse de quatre à cinq mille personnes de tout âge et de tout sexe. Depuis que nous avons pris possession de l'Algérie, les caravanes du Maroc ont changé leur itinéraire; aujourd'hui, c'est par mer qu'elles se rendent au point indiqué pour le rendez-vous général. Les grandes caravanes pénètrent dans le Soudan jusqu'à Tombouctou, Kanou et Noufi, qui sont les trois marchés principaux du pays des noirs; elles en rapportent des nègres, de la poudre d'or, des noix de gourou, des plumes d'autruche, des peaux de buffle, des dents d'éléphant, une espèce de toile verte fabriquée par les noirs, du séné, du natron, des cornes de rhinocéros, de l'encens, de l'indigo, des diamans, et un parfum très recherché qui se nomme le *bhour noir* ou la *gomme du Soudan*. Un officier du génie, membre de la commission scientifique de l'Algérie, M. E. Carette, qui dans un récent écrit a très nettement tracé l'itinéraire que suivent non-seulement les grandes caravanes du Maroc, mais celles de l'Algérie et de la régence de Tunis, paraît croire qu'elles ne franchissent point le Niger. Il est possible, en effet, qu'elles s'arrêtent à la rive gauche du fleuve; mais faut-il en conclure qu'elles n'ont aucunes relations avec les sauvages populations de la rive droite? Nous pensons le contraire, et dans le livre de don Serafin Calderon nous trouvons un fait bizarre qui de tout point autorise notre opinion. M. Calderon raconte que les Maures ou les Arabes, quand ils sont arrivés à la rive gauche du Niger, déposent sur une colline les marchandises qu'ils désirent vendre aux nègres établis par delà le fleuve. En leur absence, les nègres viennent examiner les marchandises; ils placent à côté la quantité de poudre d'or qu'ils en veulent donner et rentrent dans leurs canots. Si les Maures trouvent qu'on leur offre un prix convenable, ils emportent la poudre d'or; dans le cas contraire, ils reprennent leurs marchandises. Durant trois jours, vendeurs et acheteurs répètent ce curieux manége, et il est rare qu'avant la fin ils ne parviennent point à s'accorder.

A les voir ainsi, ces races maures et arabes, s'aventurer au fond de l'Afrique pour opérer de simples échanges, en dépit des périls et des fatigues qui les déciment, on comprend bien qu'il ne faut point désespérer de leur avenir. A quel degré de prospérité ne seraient-elles pas capables d'arriver encore, si la civilisation européenne pouvait librement développer chez elles ces énergiques instincts sociaux dont une barbarie séculaire, un despotisme énervant et oppressif n'ont pas eu tout-à-fait raison? C'est l'esprit, ou pour

mieux dire l'ardeur du négoce, et non plus le fanatisme religieux, qui aujourd'hui les pousse en dehors de ce pays; ce fanatisme, qui aujourd'hui
s'endort, ou, par intervalles, s'agite convulsivement en des superstitions
dont à aucune époque les autres sociétés musulmanes n'ont offert le spectacle, nous allons montrer qu'il ne peut plus leur inspirer l'idée des grandes
et lointaines entreprises, ni leur donner la force de les accomplir.

VI. — CROYANCES RELIGIEUSES. — MOEURS ET COUTUMES. — ARTS ET MÉTIERS. — INSTRUCTION PUBLIQUE.

On le sait, les musulmans du Maroc se piquent d'être les plus fidèles disciples du prophète; les Marocains appartiennent à la secte des *sunnites*, ils
n'ont que du mépris et de la haine pour les disciples d'Ali; mais bien qu'à
leurs yeux Turcs, Égyptiens, et jusqu'aux Arabes de l'Afrique française, ne
soient que des hérétiques, leur croyance religieuse ne diffère pourtant pas
essentiellement de celle des autres peuples soumis à l'islamisme. Si donc ils
se distinguent de ces derniers, ce n'est point par les dogmes, ni même par
l'enseignement moral, mais par un certain nombre de coutumes et de su-
perstitieuses extravagances que nous allons décrire, pour que l'on puisse
bien apprécier le fanatisme marocain. Dans chaque province de l'empire,
il existe deux familles toutes-puissantes de *xherifs* ou de *saints*, qui prétendent remonter en droite ligne, l'une à Mahomet, l'autre à Ismael; toutes
les deux sont l'objet d'une vénération égale à celle dont jouit le sultan lui-
même, et leur maison est pour tous les criminels un lieu d'asile que les
officiers de l'empereur se garderaient bien de violer. Dans les contrées mon-
tueuses et reculées, ces familles privilégiées ont le monopole des enchantemens et des sortiléges; à vingt lieues environ de Ceuta, aux portes même de
Tétuan, une des villes les plus considérables du Maroc, quelques-unes
d'entre elles sont retournées à l'état sauvage, sans rien perdre de leur prestige ni de leur puissance; on imagine aisément à quels excès les enhardit
l'impunité que leur assurent les invincibles préjugés des populations. Aujourd'hui même elles forment des hordes nombreuses, réduites à la vie nomade, parcourant aux cris furieux de Allah! Allah! cités, villages et douairs.
La plus dangereuse, la plus barbare de ces tribus porte le nom d'*Eisaquas;*
elle ne se montre guère qu'une fois par an dans les villes, le jour où se célèbre la Pâque de la troisième lune; mais ce jour-là seulement elle commet
plus de cruautés et de violences que n'en pourraient commettre toutes les
autres en deux ans. C'est une croyance répandue au Maroc que, pour se
rendre le ciel favorable, il est absolument nécessaire d'offrir aux Eisaquas
des festins magnifiques; les Eisaquas préludent aux banquets en s'enivrant
avec un philtre composé d'herbes sauvages qui bientôt leur enlève jusqu'aux
moindres sentimens humains. Le repas achevé, ils se répandent par les rues
et les places publiques, renversant, égorgeant tout ce qui se rencontre sur
leur passage, hommes, femmes, enfans, animaux, et contrefaisant, au mo-

4.

ment où le sang coule, celui-ci le rugissement du lion ou du tigre, celui-là
le cri lugubre de l'orfraie, tel autre le cri strident de l'aigle ou du chacal.
Pour ce jour-là d'ailleurs, chacun prend le nom de la bête féroce ou de l'oiseau de proie dont il s'attache à imiter les cruels instincts. Pour peu que
dure l'horrible fête, les uns et les autres en viennent à un tel état de furie
qu'ils finissent par se déchirer eux-mêmes et par s'entre-tuer.

Les cérémonies du culte sont peu compliquées, bien qu'aux diverses phases
de la journée les sectateurs du Koran soient tenus d'interrompre leurs occupations, leurs affaires, pour réciter des prières ou remplir certains devoirs
religieux. Ce qui leur rend la pratique de la religion moins incommode qu'on
ne le pense communément en Europe, c'est que leurs obligations se peuvent
accomplir en quelque lieu qu'ils se trouvent, dans leurs maisons, dans les rues
de la ville, sur les places et jusque dans les bains publics. Tout musulman
est tenu de se mettre en prières au lever du soleil, au milieu du jour, à trois
ou quatre heures de l'après-midi; à sept heures du soir en hiver, à neuf heures
en été. A chacune de ces heures, un Maure, — c'est presque toujours un
vieillard ou un enfant, — donne le signal en chantant des hymnes sur la tour
principale de la grande mosquée, au haut de laquelle il hisse une bannière
blanche. L'instant d'après, le même signal est répété sur toutes les tours
des mosquées inférieures; pendant une minute environ, on ne voit par-dessus les noires maisons des villes que vieillards et enfans entonnant des
hymnes ou agitant des drapeaux blancs. Comme le christianisme et le judaïsme, l'islam a sa fête hebdomadaire, qui se célèbre le vendredi. Ce jour-
là, les prières redoublent; entre midi et une heure il se prononce, dans toutes
les mosquées, de véritables homélies que chaque musulman est tenu d'aller
entendre avec sa famille ou sa tribu. Le travail manuel n'est jamais interdit
au Maroc, pas plus le vendredi que durant les autres fêtes de l'année; riches
et pauvres pourtant consacrent la journée entière du vendredi à se reposer
et à se réjouir, depuis les premiers coups de canon qui, au lever du soleil,
annoncent que la fête commence, jusqu'à la salve d'artillerie qui, le soir également, avertit que la solennité a pris fin.

Toutes les fois qu'il se propose d'entrer dans une mosquée, toutes les fois
qu'il vient d'accomplir un acte nécessaire à la vie, si insignifiant d'ailleurs
qu'il puisse être, le musulman du Maroc est tenu de se purifier par une ablution. Selon que l'acte est plus ou moins important, l'ablution est plus ou
moins longue; si, faute d'eau, elle ne peut se faire, ou bien encore dans les
cas de maladie où elle serait infailliblement nuisible à la santé du corps, la
loi permet d'y suppléer en se frictionnant les mains et le front avec un peu
de terre ou une pierre que le cadi, en sa qualité de prêtre, a eu soin de bénir. Indépendamment des fêtes hebdomadaires, les Marocains ont dans l'année quatre solennités plus ou moins longues, trois pâques, et le fameux ramadan. Le ramadan est un jeûne de trente jours, pendant lesquels on ne
peut prendre ni opium ni tabac. Aux premières heures du jour, une salve
d'artillerie avertit les croyans que le jeûne commence; aussitôt vingt trom-

pettes emplissent la ville de leurs fanfares; c'est le moment où les bannières blanches se hissent au haut de toutes les mosquées. Au coucher du
soleil, le même bruit, la même cérémonie, annoncent que l'on peut prendre
quelques alimens. Cinq jours avant la fin du ramadan, on célèbre pendant
la nuit, non pas dans le monde tout entier de l'islamisme, mais au Maroc
seulement, une fête bruyante qui est une vraie saturnale. La population se
presse dans les mosquées, qui tout à coup s'illuminent d'une façon éblouissante; chacun s'agite, tout le monde s'embrasse, criant ou chantant sans se
concerter ni s'entendre; dans toutes les maisons, dans les rues, sur les places
publiques, sur le seuil même des temples, on s'abandonne aux plus hideux
excès de l'intempérance. On comprend sans peine qu'il en soit ainsi après
vingt-cinq jours d'un jeûne insensé, qui, en affaiblissant le corps, déprave
l'ame et la livre sans défense à toutes les tentations du vice. Jusqu'au matin, on ne rencontre par la ville que des bandes repoussantes d'hommes ivres
et de prostituées. Cette nuit-là, chrétiens et juifs s'enferment chez eux dès
cinq heures et s'y barricadent soigneusement. S'ils se hasardaient à faire un
seul pas en dehors de leurs demeures, ils s'exposeraient à une mort cruelle
et à des traitemens pires que la mort. Par une bizarrerie qui du reste se
reproduit assez fréquemment parmi ces populations à demi sauvages, cette
même nuit, où les passions musulmanes se donnent librement carrière, est
la seule époque de l'année où l'on ne fasse pas un crime aux chrétiens et aux
juifs de repousser la force par la force, si l'on essaie de violer l'entrée de
leurs maisons.

Le jour qui suit le ramadan commence la première pâque; c'est une solennité de huit jours, pendant lesquels se font des courses de chevaux. A vrai
dire, c'est la saturnale de la vingt-cinquième nuit du ramadan qui se poursuit; on continue à se vautrer dans de tels excès, que, bien avant le huitième jour, il se déclare de toutes parts des fièvres, des gastrites, des maladies hideuses, qui par centaines enlèvent les dissolus sectateurs du prophète.
Dans la matinée même où commence la première pâque, le pacha et le cadi,
précédés de trompettes qui exécutent d'assourdissantes fanfares, suivis de
la garnison, des ministres grands et petits qui desservent les mosquées, de
tous les habitans que conduisent les alcades des divers quartiers, portant
de gigantesques bannières, sortent de la ville par la porte principale Tous
ensemble se rendent en pleins champs à l'entour d'un énorme échafaudage
en maçonnerie grossière, dont les deux plus larges façades regardent le
levant et le couchant. Au centre est pratiqué un colossal escalier de bois,
qui permet aux ministres inférieurs de l'islam d'aller tout au haut chanter
des hymnes ou stimuler, par de continuels reproches, la dévotion populaire.
A droite et à gauche s'ouvrent deux fenêtres où se placent le pacha et le
cadi, le cadi au midi, le pacha au nord. A un moment donné, il se fait tout
à coup silence, et le cadi prononce, ou, pour mieux dire, psalmodie d'une
voix nazillarde une homélie qui dure une heure environ. C'est presque toujours un lieu-commun de morale, bourré de maximes et de sentences, qui,

depuis des siècles, est dans toutes les mémoires. A peine descendu de sa
fenêtre, le cadi reçoit pour sa peine quatre duros, c'est-à-dire la valeur de
vingt francs. Immédiatement après, l'étrange cortége se remet en marche,
et rentre dans la ville. Arrivé sur la place principale, le pacha se fait majestueusement saluer par quatre ou cinq coups de canon. A ce signal, prêtres, soldats, marchands, hommes et femmes, tout le monde se disperse, et
chacun de son côté est libre de s'en aller célébrer la fête comme il l'entend.

La seconde pâque est fixée au premier jour de la douzième lune. On sait
que le calendrier de l'islam se divise, selon le cours de la lune, en six mois
ou *lunes* de trente jours, et six de vingt-neuf. Cette pâque ne se distingue-
rait en aucune façon de la première, n'était une coutume dont la bizarrerie
surpasse tout ce que nous avons raconté déjà. Accompagnés du cortége que
nous venons de décrire, cadi et pacha sortent encore de la ville; mais, arrivé
en pleins champs, le cadi, au lieu de réciter son éternel sermon, saisit vivement un mouton, le frappe au hasard d'un grand coup de poignard, et le
place sur un cheval, qui, aussitôt pressé par le fouet et le bâton, prend au
galop le chemin de la maison du cadi. Si, au moment où le cheval s'arrête
devant la porte, le mouton est encore vivant, l'année sera des meilleures, la
récolte, des plus abondantes; si le mouton est mort, il faut s'attendre à une
affreuse disette. Les bons croyans se séparent en poussant des cris lamentables, auxquels pourtant succèdent bientôt les clameurs du plaisir et de
l'ivresse.

La troisième pâque rappelle la naissance du prophète; elle se célèbre d'une
façon moins bruyante. Rien n'y manque cependant, banquets dans les maisons et dans les jardins, processions, sermons, prières, salves d'artillerie.
Une chose vraiment singulière, c'est que la veille de la saint Jean soit, au
Maroc comme en Espagne et dans le midi de la France, fêtée par des feux
de joie et par de publiques réjouissances. C'est le seul jour de la troisième
pâque où se commettent des excès et des extravagances. Sur les bords des
fleuves et des rivières, sur les côtes de la mer, les populations accourent en
foule et se mêlent confusément. Les autorités du Maroc ne se piquent point
envers leurs administrés d'une très grande sollicitude; ce soir-là, du reste,
elles auraient beau faire, elles ne pourraient empêcher qu'à la suite de la
troisième pâque un grand nombre de familles ne se voient obligées de
prendre le deuil.

La loi de Mahomet, qui prescrit si rigoureusement la circoncision, n'a
pourtant pas indiqué l'âge où elle se doit opérer. Au Maroc, les jeunes garçons ne la subissent qu'après avoir dépassé sept ans, à l'anniversaire de
la naissance du prophète. La cérémonie s'accomplit en secret dans une mosquée; c'est une fête de famille qui s'achève chez le père par un long banquet
où tous les parens viennent s'asseoir. Il y a quelques années, les sectateurs
de l'islam professaient une telle indifférence à l'égard du précepte le plus
impérieux, le plus précis de leur loi religieuse, qu'il se trouve aujourd'hui au
Maroc une foule de musulmans incirconcis; mais l'Orient africain est un

pays de violentes passions et de réactions fougueuses. Il y a deux ans, la ferveur mahométane se ralluma un instant d'une si énergique façon, que l'on vit de pieux croyans pénétrer de vive force dans les maisons des plus puissans, s'emparer brutalement des jeunes garçons incirconcis, les traîner à la mosquée, où des chirurgiens improvisés se chargeaient de les faire immédiatement rentrer dans les conditions rigoureuses de l'orthodoxie musulmane.

Nous avons, avec une scrupuleuse exactitude, raconté bien des folies, bien des misères ignorées des nations européennes, même de celles qui avoisinent le Maroc. Il ne faut pas s'imaginer cependant que le mahométisme africain ne se soit pas le moins du monde relâché de sa vieille intolérance, et puis, d'ailleurs, on ne doit pas oublier, si dégénérés que soient les Arabes du Maroc, qu'ils sont les descendans directs de ces Maures d'Espagne qui, par leur habile et humaine politique autant que par leur courage, se sont pendant plus de trois cents ans maintenus au-delà du détroit. A Fez, à Méquinez, dans tout l'empire, en dépit de leur abjection sociale, les Juifs peuvent librement, si l'on excepte les jours de fête, où les excès de la debauche raniment et exaltent l'aveugle haine de l'étranger, se livrer à toutes les pratiques de leur culte; il en est absolument de même des chrétiens, s'ils se soumettent aux lois du pays. Le Maroc est la seule contrée musulmane où, même durant les trois derniers siècles, juifs et chrétiens eussent le droit d'acquérir des maisons et des terres, la seule où, les jours de fête toujours exceptés, il leur fût possible de circuler parmi les populations sans trop avoir à craindre les exactions et les avanies. On ne doutera point enfin de la tolérance marocaine à l'égard des croyances et des religions étrangères, si l'on se rappelle ces couvens, dont nous avons déjà parlé, fondés par le roi Charles III à Tanger, à Méquinez, à Tétuan. De tous ces couvens, un seul existe encore à Tanger, un couvent espagnol de franciscains, qui a bravement survécu à la destruction de son ordre. Les franciscains de Tanger, dont aucun voyageur n'a contesté les vertus ni le mérite, sont tombés, depuis les massacres de Madrid, de Murcie et de Valence, dans un profond dénuement. Ces pauvres moines d'Afrique, dont l'existence même est ignorée aujourd'hui en Europe, n'ont jamais connu l'opulence, ni par conséquent la corruption de leurs frères d'Espagne; jusqu'à la fin, ils se sont consacrés au rachat des captifs et au soulagement de leurs misères. Parmi eux, d'ailleurs, la diplomatie européenne pourrait trouver d'excellens interprètes, et cette seule considération mériterait bien, ce nous semble, qu'on s'occupât sérieusement d'améliorer leur sort.

La musique instrumentale des Marocains se compose, aujourd'hui encore, comme à l'époque où les Arabes occupaient Cordoue ou Grenade, de l'étroite mandoline au son perçant, du violon à deux cordes, du tambour et de la flûte; c'est surtout durant les pâques et les autres fêtes de l'islamisme que la jeunesse, d'une voix souvent très belle, très étendue, très expressive, chante ses interminables chansons de guerre ou d'amour. Rien de plus mélancolique en général ni de plus traînant que ces chansons marocaines, dont le rhythme est d'ailleurs absolument le même que celui des *jacaras* ou des romances d'Andalousie. C'est durant les pâques encore que les hommes daignent prendre part aux danses publiques, qui ne différeraient guère de la *cachucha* ni du *fandango,* n'étaient des contorsions, des convulsions, des sauts périlleux à défier l'adresse et l'agilité de nos saltimbanques, des gestes lubriques, d'épouvantables grimaces qui, à la fin, dénaturent complètement ces ardens ou gracieux ballets populaires de Valence, de Séville ou de Jaën. Pendant le reste de l'année, ce sont les seules Marocaines qui dansent entre elles, isolées ou par couples. Nous ne parlons ici que des Juifs et des Maures, car les nègres du Maroc sont aussi passionnés pour le bal que peuvent l'être leurs frères d'Amérique. Tous les vendredis, les nègres, libres ou esclaves, peu importe, se réunissent pour danser en présence de leur alcade, qui ouvre le bal. Le temps qu'ils ne consacrent pas aux affaires de commerce et aux pratiques de la religion, les Maures l'emploient aux exercices de l'équitation et aux jeux militaires, qui souvent rappellent les joûtes célèbres du moyen-âge arabe en Espagne, ou bien encore à jouer dans les cafés publics aux échecs et aux dames, et à dormir sous les arbres de leurs *huertas.* Encore n'est-ce que dans le voisinage des ports, ou bien quand on se dispose à faire le grand pèlerinage, que l'on se livre habituellement à des affaires de négoce; à toutes les autres époques de l'année, Maures et Arabes demeurent à peu près complètement oisifs. Arbitrairement frappée de lourdes patentes, l'industrie marocaine est fort retardée, on le conçoit, et l'on peut dire qu'en ce moment elle est à peu près nulle, si l'on met à part la fabrication des objets de stricte nécessité, celle des papiers, des faïences, des soies communes, et surtout celle de ce cuir fameux qui, après avoir commencé à Cordoue, sous les Arabes d'Espagne, a pris son nom de ce pays de Maroc, où les Arabes se sont réfugiés. Pour ce qui est de l'architecture, de la sculpture, de la peinture, de tous les arts enfin qui, en Espagne également, ont donné tant d'éclat à la civilisation musulmane, il est inutile que l'on aille au Maroc en chercher les vestiges; les obscures mosquées, leurs tours massives, les trois immenses palais de l'empereur, les maisons des pachas et des grands, celles de quelques Juifs opulens, ne se recommandent que par la solidité de la construction. C'est à peine si dans l'intérieur des mosquées, à l'entour de la source abondante et vive qui fournit l'eau aux ablutions, quelques légères colonnes rappellent que là viennent se préparer à la prière les descendans directs de cette race admirable qui a bâti l'Alhambra. Dans tout l'empire, la population pauvre, celle qui ne vit point dans les douairs, s'entasse sous des toits de chaume appuyés sur une muraille de trois pieds de haut tout au plus. Dans sa misérable demeure chaque famille ne pénètre qu'en rampant, pour ainsi dire, par une étroite ouverture qui regarde l'orient. Là vivent pêle-mêle avec les animaux domestiques hommes et femmes, enfans et vieillards, accroupis ou couchés, demi-nus. Rien ne prouve la dégradation morale d'un peuple comme la dégradation du costume. A l'Alhambra de Grenade, dans la seule peinture arabe qui représente des figures humaines, on aperçoit les membres du divan combinant avec leur émir quelques beaux projets d'*algarade*. On admire en même temps que leur mine résolue et hautaine la singulière et capricieuse élégance de leurs vête-mens, leur jaquette fermée comme une cotte d'armes, leur cafetan que serre au milieu du corps une ceinture rouge à glands d'or, leur burnous dont le capuchon retombe sur l'épaule avec une si gracieuse négligence, leur turban retenu aux tempes par une foule de bandelettes de mousseline ou de laine cramoisie. Leur costume s'est maintenu au Maroc, mais seulement à la cour, dans les villes principales, dans les plus grandes maisons. Partout ailleurs la sandale d'un cuir lustré est remplacée par la babouche, le turban par le bonnet rond, le burnous par le kaïk, une grande pièce de laine où l'on s'enveloppe. Dans les plus hautes vallées de l'Atlas, on renonce même au bonnet et à la babouche; les montagnards ont presque toujours la tête nue et rasée, ou, pour mieux dire, ils se coupent les cheveux avec le tranchant de leurs poignards, abandonnant au vent une mèche qui, au milieu de la tête, atteint sa longueur naturelle. Ils ne revêtent le kaïk que dans les grands jours, quand ils vont à la guerre, ou bien encore quand leurs affaires les appellent dans les villes de la plaine. Dans les villages ou plutôt dans les douairs, le costume se réduit au pagne ou au caleçon. Aussi, une semaine environ après leur naissance, les enfans sont-ils exposés au soleil, dans des paniers d'osier ou de paille, jusqu'à ce que leur peau soit brunie, hâlée, durcie, jusqu'à ce qu'ils puissent affronter les intempéries des saisons, et au besoin dédaigner l'usage des vêtemens.

Le costume des femmes ne s'est pas moins altéré que celui des hommes; il s'est dégradé, comme avant la vieillesse se dégrade leur mélancolique ou ardente beauté. Les femmes du Maroc sont presque toutes de taille moyenne; presque toutes ont le teint brun, les yeux noirs, grands, expressifs, les cheveux noirs, les traits doux et réguliers, la physionomie ouverte, la main délicate et nerveuse, le pied petit; mais, comme dans l'intérieur des maisons, où elles se livrent aux plus rudes travaux domestiques, elles ne portent jamais de chaussures, elles ont bientôt le pied déformé, rugueux, aplati. Leur chevelure même, la plus belle peut-être que type féminin ait portée, ne demeure que fort peu d'années noire, lustrée, chatoyante. Arrivées à une certaine époque de leur vie, qui est précisément le plein développement de leur beauté et de leur jeunesse, les femmes du Maroc teignent leurs cheveux de couleurs diverses, formées de substances corrosives, qui les brûlent, les roussissent et les font enfin complètement disparaître.

Ce brillant costume des odalisques, dont le théâtre européen a si souvent montré les magnificences, les riches Marocaines ne le portent que dans les cérémonies solennelles, dans ces grands jours où elles font scintiller et ruisseler sur elles toute sorte de diamans et de perles, et se chargent, plutôt qu'elles ne se parent, de cordons d'argent ou d'or, de pendans d'oreilles, de bagues, de bracelets, de colliers. La dernière heure de la fête vient-elle à

sonner, adieu les bijoux, les vêtemens précieux, les luxueuses parures; riches
et pauvres s'enveloppent en public d'une grande pièce de laine qui, de leur
visage, ne laisse entrevoir que le regard; chez elles, elles portent une simple
tunique de cuir ou de lin, qui ne se recommande guère par l'élégance, ni
même par la plus vulgaire propreté. Les femmes du peuple et surtout les
femmes des paysans se coiffent en plein air d'un grand chapeau de paille,
qui leur donne un aspect repoussant. Les unes et les autres se teignent
non-seulement les cheveux et les ongles; avec le suc de certaines herbes sauvages, elles se font tracer comme des tatouages sur les mains, les bras et les
pieds. Mêlant et pilant ensemble le brou des noix encore vertes avec l'écorce
de la racine même du noyer, quelques-unes composent une liqueur jaunâtre
qui imprime à leurs dents et à leurs lèvres la couleur éclatante du safran.

Pour les Marocaines des villes, c'est le dernier degré de l'éducation que
de savoir broder à la soie ou à l'or des emblèmes et des devises qu'elles réservent pour leurs maris ou pour leurs amans. Presque toutes n'ont d'autre
occupation que de filer au rouet. Bien loin, dans l'intérieur de l'Afrique,
jusque par-delà le désert, on vante beaucoup la délicatesse de leur fil de
laine ou d'estame. Les femmes pauvres passent leur vie aux champs, à cultiver la terre, à garder les troupeaux, à cueillir des herbes ou des racines,
à ramasser du bois mort, qu'elles viennent vendre à la porte des mosquées.
Dans aucune famille, pas même dans les plus puissantes maisons, on ne se
met en devoir de leur apprendre à lire ou à écrire, ni rien enfin de ce qui
leur pourrait élever et former l'esprit. On croit faire assez pour leur éducation morale et religieuse, quand on les empêche, non par des considérations
de vertu ou d'honneur, mais par la terreur et les mauvais traitemens, de
manquer à leurs devoirs d'épouses. La condition des femmes au Maroc est
la plus odieuse qui se puisse imaginer; l'adultère est puni de mort, et jusqu'au moindre soupçon d'adultère; aux termes de la loi, le mari peut répudier sa femme, en exposant au cadi ses motifs et même sans se donner la
peine de s'expliquer. Les musulmans d'Afrique se sont plus scrupuleusement conformés que ceux d'Asie, il faut le reconnaître, au conseil du prophète qui engage les croyans à ne pas épouser plus de quatre femmes. Il y
a plus, aujourd'hui même, sauf l'empereur, les pachas, les grands personnages, on trouvera fort peu de polygames au Maroc; mais tout le
monde y prend des concubines qui, dans la famille, occupent à peu près la
même position que la femme légitime. Dès les premiers jours de leur précoce vieillesse, ces concubines sont abandonnées, comme si jamais on
n'avait éprouvé pour elles le moindre sentiment de tendresse; c'est à peine
si leurs propres enfans leur conservent encore, non pas du respect, non pas
de l'amour, mais seulement un peu de pitié. C'est alors un hideux spectacle
que de voir ces pauvres créatures, rebutées et dégradées, exagérer tous les
vices de la nature féminine, inquiètes et gloutonnes, s'adonnant sans réserve à la luxure cynique, à celle qui ne se peut nommer, ne s'occupant
guère que de désunir par de continuelles médisances et d'armer les uns

contre les autres leurs parens ou leurs amis. Parmi ces femmes déjà un peu avancées en âge et délaissées par leurs maris ou leurs amans, se recrutent pour la plupart les prostituées du Maroc. Il n'en est pas sous ce rapport du Maroc comme des autres pays musulmans; la prostitution y est, moyennant tribut, non-seulement tolérée, mais autorisée. Pour en finir avec ce triste chapitre, nous ajouterons que les femmes perdues du Maroc, même quand elles sont arrivées au dernier degré de la corruption et du vice, refusent obstinément de se livrer aux chrétiens, aux juifs, à tous les étrangers enfin. Parfois pourtant d'elles-mêmes elles s'efforcent de les attirer dans leurs repaires, mais ce n'est que pour les abandonner au rebut de la société maure, et les malheureux y ont presque toujours laissé leur vie.

L'éducation des hommes n'est guère moins négligée que celle des femmes. Il est vrai que dans toutes les mosquées il existe une sorte d'enseignement mutuel présidé par un prêtre; mais ce prêtre s'imagine avoir accompli sa tâche, quand, à force de cris et de coups de bâton, il est parvenu à graver dans la mémoire des écoliers une centaine de versets du Koran, que lui-même souvent serait hors d'état d'expliquer. On n'apprend à écrire et à calculer qu'à ceux qui se destinent à la cléricature et aux charges de cadi, de notaire ou de secrétaire du cadi. D'aucune façon, le gouvernement ne se préoccupe de l'éducation publique : il y a quelques années, des commerçans européens fondèrent à Tétuan un collége où ils admirent les enfans des Juifs et des Maures; mais la cour de Fez ne tarda point à prendre l'alarme, et le collége fut supprimé. Les actes officiels sont rédigés en arabe littéral, ou, si l'on veut, dans la langue du Koran; pourtant c'est à peine si quelques personnages, connus sous les noms de *fekis*, de *tolbas*, de *sages du Koran*, sont capables de parler et d'écrire cette langue; le peuple entier ne parle que les dialectes barbaresques aux sons gutturaux, aux rudes et criardes syllabes. L'usage de l'imprimerie n'ayant point encore pénétré dans une seule des villes de l'empire, tout s'écrit à la main, mais de la façon la plus nette du monde et sur du papier excellent. Si jamais ce pays est pleinement ouvert à l'Europe, la médecine, la philosophie, l'histoire, les sciences diverses, y feront de précieuses conquêtes, car dans toutes les mosquées, dans presque toutes les maisons, dans presque toutes les familles maures habitant les villes, on trouvera un nombre infini de manuscrits qui remontent aux plus belles époques de la civilisation musulmane. On sait combien, jusque vers le commencement du XVIIe siècle, les Arabes tenaient à leurs richesses intellectuelles; on sait quelles sommes énormes les sultans de Fez et de Maroc offraient aux rois d'Espagne pour les livres que leurs ancêtres avaient été forcés d'abandonner à Grenade. Venue des sables lointains du Tafilet, où jamais n'a pénétré la civilisation orientale, la dynastie actuelle a porté le dernier coup aux lettres arabes et aux sciences. Il y a quelques années à peine, il y avait dans la mosquée de Carubin une grande bibliothèque renfermant les plus précieux trésors de cette civilisation. Sous Soliman, sous Abderrahman lui-même, livres de poésie, de philosophie, d'histoire, livres de théologie, livres de médecine, tout a été, non détruit, mais dispersé dans le pays, chez les *tolbas* et chez les cadis. Plus que leurs sultans, les populations qui ne sont pas de race nomade ont conservé le souvenir de l'ancienne splendeur arabe; c'est une tradition qui, à mesure qu'elle est allée s'effaçant, s'est convertie chez elles en une sorte d'instinct. Aujourd'hui encore, le Marocain, qui ne comprend pas la première lettre de ses manuscrits, refuse obstinément de s'en dessaisir; l'étranger ne peut pas même obtenir qu'il lui veuille bien montrer les antiques parchemins dont ils sont recouverts.

Voilà comment s'est évanoui le dernier rayon de la civilisation arabe dans ce pays qui, après la conquête de Grenade et après l'expulsion des Maurisques, en avait recueilli pourtant les débris les plus précieux. Il n'est pas de contrée musulmane qui, depuis lors, se soit tenue aussi obstinément à l'écart de toute influence européenne. Sans autorité, sans crédit et presque toujours sans lumières, les renégats s'estimaient trop heureux de conserver une vie misérable au prix de leur religion et de leur nationalité. Quelle influence auraient-ils pu exercer sur des populations qui les traitaient en parias? De leurs voisins d'Espagne, les Maures repoussaient tout, même les médecins de Malaga et d'Alicante, qui venaient se proposer pour les guérir de la lèpre ou de la peste; et quant aux marchands de Gibraltar, ils se préoccupaient trop exclusivement des progrès de leur commerce, pour se dévouer à la propagation des idées qui régénèrent. Habitué à voir l'Europe plier devant lui, dans la personne de ses agens consulaires, et à remplir de son or le *Beitul-mel* de Méquinez, le sultan marocain, avant notre dernière campagne, n'avait compris qu'une seule fois la puissance de l'Occident : ce fut lorsque nos armes prenaient possession de l'Égypte. Au moment où Bonaparte rentrait en France, l'oncle du sultan actuel, Muley-Soliman, venait de promettre à Mourad-Bey de lui prêter assistance avec l'élite de son *almagasen*. Plus tard, quand Napoléon envoya ses troupes en Espagne, Soliman se souvenait encore des terreurs que lui avaient fait éprouver les victoires du jeune général de la république; pour la première fois, dans l'esprit du Maure, les haines de race fléchirent; Soliman fit offrir son alliance aux cortès de Cadix.

Abandonné complètement à lui-même, l'islamisme s'est perdu au Maroc par ses propres excès, par le seul vice de son principe : opérant une confusion absolue entre les deux ordres, l'ordre religieux et l'ordre politique, proclamant dans celui-ci le plus pur despotisme, dans celui-là le dogme étouffant de la fatalité, ce principe devait à la longue les bouleverser infailliblement l'un et l'autre; il devait infailliblement relâcher tous les liens de la société civile, et jusqu'aux liens de famille, dépraver les mœurs, énerver les volontés, affaiblir les intelligences, séparer les races que Mahomet et ses lieutenans avaient réunies sous le même drapeau et dans le même symbole, briser enfin l'unité sociale que le génie du prophète avait eu tant de peine à fonder. Évidemment, un principe qui, à un tel point, se dégrade et abdique sa force est impuissant à se relever de lui-même. L'homme qui aujourd'hui le représente au Maroc aurait la pensée d'entreprendre, ce qui n'est pas et ne peut pas être, l'œuvre malheureuse tentée par le sultan Mahmoud à Constantinople, qu'il succomberait, sans aucun doute, à la lutte; sans aucun doute il y perdrait le pouvoir, et peut-être la vie. C'est par la civilisation européenne que doivent se régénérer ces petites sociétés maures et arabes; c'est la civilisation européenne qui, les attirant, ou, pour mieux dire, allant à elles et les pénétrant chaque jour davantage, doit parvenir à les reconstituer.

Il n'est pas de peuple au monde qui, plus facilement, s'assimile une civilisation étrangère que l'Arabe ou le Maure, du moment où ses préventions fléchissent, du moment où il se décide à s'y plier. A la fin du dernier siècle, un Maure de Maroc, de cette ville où se sont le plus conservés profonds et vivaces les vieux préjugés du mahométisme, El-Ghazal, fut chargé par le sultan d'aller en Espagne régler quelques affaires commerciales. Les négociations traînant en longueur, El-Ghazal séjourna quatre ans à Madrid. A son arrivée, El-Ghazal était un vrai musulman des temps de barbarie et d'ignorance, superstitieux comme un *tolba*, fanatique ni plus ni moins qu'un soldat de l'*almagasen*. A son départ, on l'eût à peine distingué, pour les manières et le savoir-vivre, des plus élégans seigneurs de la cour de Madrid. Pendant son séjour dans la Péninsule, Ahmed-Bel-el-Mohedi-el-Ghazal composa, sur les mœurs de l'Espagne et sur les opinions qui alors y dominaient, un livre plein de judicieuse malice. Admirateur enthousiaste du génie de Montesquieu, El-Ghazal adopta le plan des *Lettres Persanes;* son livre, qu'il écrivit en arabe et en espagnol, et qui du reste est demeuré inédit, a pour titre les *Lettres d'un Marocain.* Le texte espagnol s'est perdu; mais le texte arabe subsiste : c'est le Musée britannique de Londres qui possède le manuscrit d'El-Ghazal. Un consciencieux écrivain de Madrid, qui en a pris une copie exacte, le traduit en ce moment; on saura bientôt, nous l'espérons, comment, sans renoncer à l'originalité primitive de son caractère, un Arabe du Maroc peut devenir Européen. M. Calderon a la conviction qu'aujourd'hui même, dans ce pays, plus d'une intelligence élevée, plus d'un cœur généreux, ne tarderaient point à se produire, si les Maures des principales familles, pachas, cadis, wazyrs, docteurs de la loi, pouvaient être, comme El-Ghazal, initiés aux mœurs et aux idées de l'Europe. Par là, ce nous semble, il est facile de voir quels moyens on peut employer afin que ces idées et ces mœurs prennent elles-mêmes possession du pays maure. Pour les y installer, il n'est pas nécessaire de recourir à l'occupation armée, qui, durant des siècles peut-être, soulèverait contre nous les populations, et entre les puissances européennes pourrait provoquer des divisions interminables. Il suffirait de conventions nettes et précises qui, au profit de toutes les nations, et au profit du Maroc surtout, livreraient l'empire au commerce du monde par la Méditerranée, par l'Océan, par les gorges algériennes de l'Atlas. Il faut abattre enfin ces barrières que nous opposent les douanes des villes maritimes; ces tarifs arbitraires, établis depuis le temps où l'Afrique musulmane se complaisait à humilier et à rançonner les princes chrétiens, ne peuvent plus se maintenir. Il y faut substituer des droits modérés qui, décourageant la fraude et attirant tous les grands peuples de la terre, prouveraient à l'empereur que son trésor peut mieux se trouver des progrès de la civilisation européenne que des exactions et des avanies épuisantes de la barbarie; il faut détruire le monopole qui ruine les populations par les traitans juifs, les juifs par les pachas, les pachas par le sultan; à cette civilisation il faut ménager l'accès de Fez, de Maroc, de Méquinez et de toutes les autres villes de l'intérieur, d'où elle puisse rayonner à son aise et s'étendre jusqu'aux plus hautes vallées des Sbilogs et des Amazirgas, jusqu'aux douairs reculés de Sus et de Wadnoon. Le commerce y importera nos mœurs; nos mœurs y introduiront nos idées et nos principes; nos idées, à leur tour, se chargeront d'y réformer les institutions. Pourquoi ne pas espérer qu'un jour races dominantes, races nomades, races proscrites, en ce moment divisées par des antipathies séculaires, finiront par se fixer, par se rapprocher et s'entendre? Si du Maroc ouvert à l'influence européenne, on regarde au loin à travers l'Afrique centrale, quels horizons magnifiques se laissent entrevoir, et de proche en proche s'agrandissent pour la civilisation! Du fond de leurs solitudes orientales, les Arabes se sentirent autrefois invinciblement attirés vers le fécond Magreb-el-Aksa, comme nous-mêmes aujourd'hui de nos régions du nord. Ils en firent un boulevard pour leurs conquêtes passées, un quartier-général d'où ils devaient s'élancer aux conquêtes futures. Puisqu'un tel point d'appui leur a donné la force d'envahir les plus belles contrées de l'Europe méridionale, où ils ont tant amoncelé de ruines, pourquoi l'Europe ne s'en servirait-elle point, à son tour, pour pénétrer plus avant dans cet Orient mystérieux, où il en faut tant relever?

Peut-on dire qu'on s'est proposé un tel but, en signant si précipitamment la paix avec le Maroc? Pour la France comme pour l'Europe, cette paix ne stipule aucun avantage réel; elle ne modifie point, elle ne rend ni meilleures ni plus sûres nos relations avec le pays maure; elle nous replace à peu près dans la situation où nous étions vis-à-vis du sultan africain, non-seulement avant le bombardement de Tanger, non-seulement avant l'occupation de l'Algérie, mais à la fin du dernier siècle, à l'époque où les premières conventions ont été arrêtées entre la France et le Maroc. En cette question, pas plus qu'en toutes celles qui s'agitent dans le monde et qui sollicitent la France à une noble initiative, on ne s'est inquiété ni de grands résultats politiques, ni de conquêtes commerciales. Pourtant, après nos succès de Tanger, de l'Isly, de Mogador, l'occasion était belle de réparer les échecs qu'a subis la politique extérieure de la France en ces dernières années. En livrant le Maroc au commerce européen, en stipulant pour toutes les nations chrétiennes, on pouvait peut-être entraîner l'Angleterre à sa suite. Mais on a manqué de la prévoyance de l'homme d'état avant comme après la lutte, on n'a vu que les petites difficultés du moment, et, pour s'être volontairement engagé à n'occuper aucun point du territoire marocain, on s'est privé des moyens de tirer parti d'une situation qui ne se retrouvera plus. Il n'y a cependant que deux puissances au monde, la France et l'Angleterre, capables d'ouvrir le Maroc; on peut être sûr que la Grande-Bretagne ne s'exposera plus à être devancée. Elle-même n'interprétera-t-elle pas notre prompte retraite comme un abandon non-seulement des marchés maures et arabes, mais de ceux de l'Afrique centrale, qui sont d'une si haute importance pour l'avenir de nos possessions algériennes? N'est-on l'intime allié de l'Angleterre qu'à la condition de ne pas la suivre dans ses grandes résolutions? Préfère-t-on imiter l'Espagne, qui, en négligeant Ceuta et ses autres établissemens des côtes méditerranéennes, se désintéresse trop facilement aussi dans ce beau pays où elle a autrefois dominé? On ne comprend pas, en effet, l'incurie de l'Espagne, quand on pense que Ceuta est située presque en face de Gibraltar; du jour où les Anglais seront entrés dans Ceuta, Gibraltar deviendra pour jamais inexpugnable; le blocus maritime, qui à la longue le réduirait par famine, sera dès-lors tout-à-fait impossible. Ce qu'il y a d'étrange, c'est que l'Espagne, qui d'aucune façon ne cherche à conjurer ces éventualités menaçantes, voit pourtant le le péril; c'est un de ses écrivains, don Serafin Calderon, qui nous montre combien il est grand, combien il est proche; c'est M. Calderon qui se charge de nous dire dans quelles vues l'Angleterre se proposait, il y a vingt-cinq ans, de jeter une colonie d'Irlandais entre Tétuan et Ceuta. Depuis vingt-cinq ans, c'est encore M. Calderon qui l'affirme, l'Angleterre n'a pas cessé un instant de songer à la réalisation d'un tel projet, et il est évident qu'aujourd'hui elle doit être moins que jamais d'humeur à y renoncer. Par la réelle importance que la race irlandaise s'est acquise aux Etats-Unis, on sait combien elle est prompte à se naturaliser, à se créer des intérêts nombreux et vivaces partout où l'on veut bien lui accorder sa part du sol. Il y a mieux encore : l'Irlandais est catholique; soyez certains qu'en Afrique, il se sera bientôt lié par des relations étroites, dont l'Angleterre fera son profit, avec les habitans de Ceuta, qui, vis-à-vis de leur métropole, se considèrent, ou peu s'en faut, comme des étrangers. Que les hommes d'état et les publicistes de Madrid y pensent bien : dans leurs journaux, dans leurs livres, à la tribune de leurs cortès, ils rappellent avec orgueil que, sous la domination romaine, le Maroc a porté le nom d'*Espagne transfrétane;* ils rappellent que les Wisigoths, leurs ancêtres, ont possédé Fez, Méquinez et la plupart des villes de l'intérieur. Assurément, c'est là un orgueil fort légitime; ils feraient mieux, cependant, de ne pas remonter si haut dans leur histoire : qu'ils se souviennent seulement qu'en 1704 les Anglais leur ont enlevé Gibraltar. Malheureusement il est à craindre que la solution incomplète donnée par la France à la question du Maroc n'encourage l'Angleterre à poursuivre ses plans, — sans réveiller l'esprit politique de l'Espagne sur ses intérêts africains.

Xavier Dubrieu.

LE

NAUFRAGE DE SEPULVEDA

POÈME DE CORTE REAL.[1]

On n'a jamais plus disserté en France sur la théorie du drame et de l'épopée qu'à l'époque où l'on était le plus insoucieux des monumens poétiques. Nous suivons aujourd'hui, grace à Dieu, une route toute contraire : nous étudions avec une curiosité soutenue les productions poétiques de toutes les contrées et de tous les temps. C'est à ce mode judicieux d'investigations patientes que sont dus en partie les progrès que la critique a faits depuis vingt ans parmi nous. On peut dire même que cette marche a produit, de nos jours, une science en quelque sorte nouvelle, une science à la formation de laquelle ont plus ou moins concouru tous les bons esprits de notre âge, je veux dire *la littérature comparée*. Le pouvoir lui-même s'est associé depuis quelques années à ce mouvement général. Des chaires au Collége de France, à la Sorbonne, et dans les principaux centres universitaires, ont été ouvertes à l'enseignement des littératures étrangères et fondées comme une récompense ou comme un attrait. Ce n'est pas tout, aux travaux de la critique s'est associée la plume active des traduc-

(1) Traduit du portugais, par M. Ortaire Fournier. — Paris, 1844, 1 vol. in-8º.

teurs; chaque jour, on voit notre langue prêter sa flexibilité et sa transparence à l'interprétation de quelques lointains chefs-d'œuvre, chants slaves, poèmes indiens, comédies espagnoles, romans et drames de la Chine. Aujourd'hui même nous avons à faire connaître une nouvelle et remarquable importation de l'étranger. On n'apprendra sûrement pas sans plaisir qu'une intéressante épopée maritime, traduite de Corte Real, un des plus célèbres émules de Camoens, vient d'accroître le nombre des rares compositions épiques entre lesquelles se balance depuis tant de siècles l'admiration trop restreinte des amateurs de la grande poésie.

Quoique la littérature portugaise ne soit pas encore, à beaucoup près, aussi connue et aussi bien appréciée en France qu'elle mérite de l'être, nous sommes loin pourtant du temps où Voltaire pouvait imprimer sans scandale que Luis de Camoens naquit en *Espagne* dans les dernières années du règne de Ferdinand et d'Isabelle, *lorsque dom Jean II régnait en Portugal!* Le général Dumouriez ne pourrait plus écrire aujourd'hui sans être sifflé que Camoens, brave *spadassin*, a composé le poème le plus estimé de sa nation, et l'a intitulé *assez mal à propos* Os Lusiadas, parce qu'il s'appelait Louis! Grace à M. Sané et aux articles instructifs insérés par lui en 1813 dans le *Mercure étranger*, grace à M. Simonde de Sismondi, qui a consacré au Portugal presque un demi-volume de son histoire des littératures du midi de l'Europe, et à M. Ferdinand Denis, à qui l'on doit, entre plusieurs autres publications, un résumé de l'histoire littéraire du Portugal et du Brésil, la génération actuelle possède des moyens suffisans pour se faire une idée passablement exacte de cette littérature aussi étonnante que la fortune de la petite et glorieuse nation d'où elle émane. De leur côté, les traducteurs commencent à répandre dans toutes les classes la connaissance des principaux chefs-d'œuvre portugais. Pour ne parler que de la poésie, *les Lusiades* ont été plusieurs fois, et tout récemment encore, traduites en prose et en vers; un charmant petit poème imité du Lutrin, *le Goupillon* de Diniz da Cruz e Silva, a été mis autrefois dans un français exquis par notre plus habile helléniste, M. Boissonade, qui sait tant de choses, outre le grec; *le Caramuru*, poème médiocre du Brésilien Frei José de Santa-Rita Durâo, a été imité plutôt que traduit par M. Eugène de Montglave. Antérieurement M. Sané avait publié, avec une version française en regard, plusieurs morceaux lyriques de Francisco Manoel do Nascimento, une des modernes gloires littéraires du Portugal; enfin, deux tragédies sur la mort d'Inès de Castro, la première d'Antonio Ferreira, la seconde de Jean-Baptiste Gomès, et deux autres tragédies, *la Conquête du Pérou* et le *Viriate* de Manoel Caetano Pimenta de Aguiar, ont été insérées par M. Ferdinand Denis dans la collection des *Théâtres étrangers* et dans le *Théâtre européen*, ainsi que deux charmantes comédies, l'une du même Ferreira, l'autre d'Antonio Jozé, *le Jaloux* et la *Vie du grand don Quixote*. Adressons donc de vifs remerciemens à M. Ortaire Fournier, un des plus récens traducteurs de Camoens, qui vient d'ajouter à cette trop courte liste un poème en dix-sept chants, *le Naufrage de Manoel de Sousa de Sepulveda*, chef-d'œuvre posthume de Jeronimo Corte Real.

A travers le peu qu'on sait de l'existence de cet écrivain, il est pourtant aisé de voir qu'il a mené la vie aventureuse et guerrière de tout noble Portugais au xvie siècle. L'année de sa naissance et celle de sa mort sont incertaines : Diogo Barbosa Machado, le Moréri du Portugal, le fait mourir vers 1593, quatorze ans environ après Camoens. Il n'y a pas d'invraisemblance à croire qu'il naquit à peu près à la même époque que ce grand homme, c'est-à-dire vers 1524. Il eut pour père Manoel Corte Real, gentilhomme de la maison du roi et capitaine donataire des îles Tercère et de Saint-George. Lui-même nous apprend dans une épître dédicatoire adressée à Philippe II, qu'il descendait par sa mère des illustres familles espagnoles de Bassan et de Mendoça. Il se plaît, dans le xiiime chant du poème qui va nous occuper, à raconter comment un de ses vaillans ancêtres paternels, Vasqueanes da Costa, héroïque gardien des frontières de l'Algarve, reçut par honneur, du roi dom Jean Ier, le surnom de Corte Real, qu'il transmit à ses descendans. Peintre exercé, musicien habile, poète et guerrier de renom, Jeronimo Corte Real parcourut en artiste et en soldat l'Afrique et l'Inde. En 1571, l'année même où Camoens, rentré dans *le nid bien-aimé de sa patrie*, donnait ses derniers soins à l'impression des Lusiades, Corte Real remplissait les importantes fonctions de capitaine-général d'une flotte destinée à agir dans les mers d'Afrique et d'Asie. En 1574, il célébra en vers non rimés un glorieux épisode de l'histoire nationale, *la levée du second siège de Diu*. Un peu plus tard, il mit au jour l'*Austriada*, poème écrit en langue espagnole, à la gloire de don Juan d'Autriche, vainqueur des Turcs à Lépante. Le 4 août 1578, jour de deuil! il combattit, avec toute la noblesse du royaume, à la déplorable journée d'Alcacer-Quebir, où vint s'abattre, selon l'énergique expression de Camoens, toute la grandeur du Portugal. Fait prisonnier dans cette déroute, il vit tomber sous le fer des Maures le jeune et unique héritier de sa race, probablement le fils de

l'un de ses deux frères aînés. Rentré en Portugal après le rachat général des prisonniers, il se retira dans une maison de plaisance dépendante de son majorat de Palma, aux environs de la ville d'Evora,
renommée entre toutes pour ses antiquités et les beaux sites qui l'environnent. Ce fut au sein de cette poétique solitude, dans la compagnie de sa fille unique et de son gendre, dom Antonio de Sousa, qu'il
composa la plus belle de ses productions, *le Naufrage de Sepulveda.*
Ce poème, qui tient dans la poésie portugaise un des premiers rangs
après les Lusiades, fut imprimé et dédié au duc de Bragance, dom
Theodosio, après la mort de l'auteur, en 1594, par les soins religieux
d'Antonio de Sousa, qui trouva cet ouvrage dans un bureau où son
beau-père recueillait ce qu'il avait de plus précieux, parmi quelques
autres manuscrits dont Barbosa Machado a donné les titres, mais qui
n'ont pas été publiés. *Le Naufrage de Sepulveda* était, en effet, l'œuvre
de prédilection de Jeronimo Corte Real, celle que, par une juste appréciation, il regardait comme étant la plus réellement fille de son
génie, et comme devant former un jour son plus beau titre de gloire.

Le triste évènement qui fait le sujet du poème de Corte Réal est,
comme le titre l'indique, le naufrage d'un noble portugais, Manoel de
Sousa de Sepulveda et de dona Lianor de Sa, son épouse, qui, en 1552,
revenant des Indes, après avoir vu leur galion *le Saint Jean* se perdre
contre les rochers du cap de Bonne-Espérance, furent jetés sur la côte
et réduits à errer dans les solitudes de la Cafrerie avec leurs deux petits enfans et les gens de leur suite, qui presque tous, succombant à
des souffrances inouies, trouvèrent la mort dans ces déserts. Déjà
Camoens avait fait une touchante allusion à cette tragique aventure
dans quelques octaves admirables du cinquième chant des *Lusiades,* à
la fin des prédictions d'Adamastor :

« Un autre chevalier viendra aussi sur ces plages, généreux, honoré, le
cœur épris; avec lui, il amènera une jeune beauté, doux présent de l'amour.
Un triste sort, une noire destinée les appelle dans cette mer, mon domaine.
Ils survivront au plus affreux naufrage, mais pour souffrir d'inexprimables
douleurs.

« Ils verront mourir leurs enfans chéris, fruits de leur tendre union; ils
verront les Cafres, avares et féroces, dépouiller de ses vêtemens la ravissante beauté; ils verront ses membres purs et éblouissans exposés nus aux
ardeurs du jour et à la fraîcheur des nuits, et elle, hélas! forcée de fouler de
ses pieds délicats une plaine ardente et sablonneuse.

« Les yeux de ceux qui survivront à tant de maux, à de si grandes infortunes, verront ces deux malheureux amans s'enfoncer dans l'épaisseur de
l'implacable forêt, et là, dans les bras l'un de l'autre, après avoir attendri

5.

de leurs larmes les rochers eux-mêmes, ils affranchiront leurs ames de leur belle et infortunée prison. »

Cette catastrophe, qui parle presque autant au cœur et à l'imagination que la mort d'Inès, a fourni encore un pathétique épisode à un poème portugais en dix-huit chants, intitulé *Elegiada*, dans lequel un auteur contemporain de Corte Real, Luis Pereira Brandâo, a décrit et déploré la désastreuse bataille d'Alcacer-Quebir, où il assistait, et la disparition du jeune roi, dom Sébastien. Mais dans la mort lamentable de dona Lianor et de Sepulveda, Corte Real pensa qu'il y avait plus que la matière de quelques strophes, plus même que l'occasion d'un simple épisode; il crut y voir un sujet capable de suffire à l'intérêt d'un long poème, et il eut raison. J'ajouterai que ce qui rend si beau le sujet choisi par Corte Real, c'est que ce n'est pas seulement le récit d'une grande infortune, mais encore, comme on le verra, l'exemple d'une mémorable expiation, d'un grand châtiment.

C'est dans les traditions populaires, peut-être même dans les confidences émues de quelques-uns des Portugais sortis vivans de ce désastre, que Corte Real a puisé les principaux traits de son ouvrage. Le plus ancien des historiens nationaux qui ait consigné dans un livre cette lamentable aventure est, si je ne me trompe, le célèbre continuateur de Jean de Barros, Diogo do Couto, dont les *Décades*, imprimées seulement en 1602, ne laissaient pas que d'être lues antérieurement et de circuler manuscrites, selon l'usage alors établi en Portugal. Il est permis de croire que Camoens, faisant route en 1569, de Sofala à Lisbonne, sur le navire *le Santa-Fé*, où le futur historien de l'Inde se trouvait aussi de passage, apprit de ce savant homme, en passant en vue du Cap, les détails de la catastrophe arrivée dix-sept ans auparavant sur ces plages. Le récit étendu des malheurs de Sepulveda que nous lisons dans les chapitres XXI et XXII du livre IX de la sixième décade de Diogo do Couto est d'une admirable beauté. M. Denis, dans une étude intéressante sur le poème de Corte Real, a cru devoir mettre en regard de l'œuvre du poète une naïve et éloquente relation en prose, extraite, par notre vieux Simon Goulard, en partie de l'*Histoire des Indes*, écrite en latin par le jésuite Jean-Pierre Mafféi de Bergame, en partie des *Meditationum historicarum centuriæ* du docte Philippe Camerarius de Nuremberg. Nous avons cru plus convenable d'établir le parallèle entre le poème de Corte Real et une source entièrement portugaise; nous avons donc rapproché le récit primitif de Diogo do Couto des vers de Corte Real, et nous montrerons dans certains passages, notamment dans la peinture des dernières souffrances de Lianor, que les fictions du poète n'atteignent pas toujours, à beaucoup près, à la touchante et terrible vérité du simple chroniqueur.

Le poème s'ouvre par une invocation pleine de convenance et de gravité. Au moment de commencer le récit d'une aussi terrible histoire, Corte Real répudie l'intervention des divinités païennes, et invoque Jésus sur la croix du Calvaire : « O vous, Rédempteur, qui avez pris naissance dans les pures entrailles d'une vierge sainte, Dieu et homme parfait, ô Christ, qui, au sommet du Calvaire, avez été cloué sur la croix, et qui, en mourant pour nous, avez lavé nos péchés dans la fontaine sanglante que fit jaillir de votre côté la lance de Longus (1), c'est à vous, Seigneur, que je demande secours. Je ne veux pas de l'Hélicon ; je ne dis pas à Apollon de m'accorder le souffle poétique, ni de me donner une science universelle, un génie brillant ; je ne lui demande point les accords harmonieux de sa lyre ; c'est votre grace seule, ô Jésus, que j'implore (2).....»

Qui ne serait persuadé, en lisant un début aussi chrétien, que l'œuvre nationale et toute moderne de Corte Real ne va nous présenter aucune trace des anciennes fictions mythologiques? Il n'en sera pas ainsi pourtant. Le poète a beau s'écrier : je ne veux pas de l'Hélicon! comme tous les épiques du xvie siècle, comme Camoens lui-même, Corte Real ne fera marcher son action qu'au moyen des vieilles machines empruntées de Virgile et d'Ovide. Cette persistance du paganisme poétique qui nous blesse tant aujourd'hui, et avec raison, avait, il faut bien le dire, des motifs pris dans les opinions de l'époque et dans la nature même de l'art. Nous reviendrons sur ce point, après avoir exposé la marche et fait connaître les plus beaux endroits du poème.

Corte Real semble avoir fait deux parts de son sujet. La première, renfermée dans les cinq premiers chants, est consacrée à la peinture du bonheur et de toutes les prospérités des deux héros; la seconde, qui remplit les douze autres chants, offre le récit pitoyable de leurs cruelles souffrances. Pour qu'il ne manque rien à la fraîcheur du premier tableau, le poète remonte jusqu'au moment de la naissance

---

(1) Et non pas *Longis*. Je ne signale cette minutie que parce que les fautes de ce genre, qui viennent évidemment de l'imprimeur, fourmillent dans ce volume. L'incurie typographique s'étend aujourd'hui jusqu'aux livres d'élite, que l'on aurait traités autrefois comme des bijoux littéraires.

(2) Je me sers habituellement, dans les extraits qui suivent, de la traduction de M. Ortaire Fournier, dans laquelle je me permets d'introduire çà et là quelques modifications.

de Lianor d'Albuquerque (1), charmante fille de Garcia de Sa, vice-roi de l'Inde. On verra, dans la peinture de cette première scène, combien la touche de Corte Real réunit à la fois de naturel et d'éclat. La fiction qui couronne ce morceau me paraît un habile et gracieux mélange des souvenirs de la mythologie grecque et de la féerie orientale.

« Déjà l'heure joyeuse et redoutable approche ; tous, en silence et en prière, demandent au ciel une heureuse délivrance. On se presse, on s'agite sans bruit : les servantes timides ne connaissent pas le repos. Les unes, au moindre cri, s'élancent vers la porte avec inquiétude ; les autres, entendant la voix de celle qui remplit les fonctions de Lucine, sentent naître dans leur esprit incertain un trouble indicible, une grande espérance. Déjà les amies arrivent ; sous une gaîté feinte, sous un rire forcé, elles cachent la peine secrète et les appréhensions qu'excite en elles le dangereux et douloureux état de leur amie. Cependant résonne la voix tremblante et cassée de la matrone pleine d'expérience. Pour tromper le temps, elle raconte de merveilleux récits, des histoires joyeuses. Enfin le moment est venu : l'événement sera-t-il heureux ou contraire ? Tous les cœurs palpitent de crainte et d'espérance. Prudente et sage, en une telle conjecture, la matrone invoque la divine assistance. De tendres pleurs se mêlent à un cri de triomphe. Aussitôt, les bras en l'air, toutes s'en vont courant çà et là, répandant l'heureuse nouvelle. On se presse ; on veut voir l'objet charmant, le présent presque divin : « Que Dieu te donne, disent-elles, un sort prospère, égal à la beauté dont il t'a dotée ! » Chacun fait le signe de la croix, ce signe révéré qui éloigne le mauvais œil et met en fuite le pervers et mortel ennemi du genre humain. Enveloppée de riches étoffes, la tendre créature s'attache au sein blanc et gonflé de celle qu'on a choisie pour la nourrir.....» Mais voici le surnaturel :

« On voit alors entrer, avec [une contenance assurée, trois femmes semblablement vêtues et d'une égale beauté ; toutes trois portent une tunique de blanche soie. Bien que leurs corps aient l'apparence de ceux des mortels, ce ne sont pourtant que de vaines et fantastiques images, dont l'air, en se condensant, a formé les contours. Le front serein, le sourire sur les lèvres, elles pénètrent dans l'appartement où repose la jeune Lianor. Elles approchent et disent : « Que Dieu te garde, charmante et parfaite créature ! que le ciel, qui t'a réparti

---

(1) Corte Real nomme son héroïne *Lianor de Sa*, tandis que Diogo do Couto l'appelle Lianor d'Albuquerque.

tant d'avantages, t'accorde de longues années semées de fleurs et
de joie ! tu es digne de toutes les prospérités..... » La voix fatidique
s'interrompt, et voici que se plaint et verse de tendres pleurs celle
dont la naissance réjouit le monde. Les trois Graces s'asseyent près
de l'enfant, et pour rappeler le sommeil qui s'est enfui, elles agitent
doucement le berceau, en murmurant d'une voix suave :

« Fuyez loin d'ici, Heures maudites (1)! n'apparais jamais ici, Fortune contraire ! accourez toutes, heureuses conjonctions du ciel pro-
pice ! venez voir cette beauté, cette merveille, dont la renommée
remplira le monde. Image du créateur dans la créature, tu triom-
pheras de tous les cœurs, toi qui viens de naître parée de mille dons
et de mille charmes..... »

Ces chants harmonieux enlacent de nouveau dans un doux sommeil
les membres délicats de Lianor. Alors s'évanouissent les incorporelles
et vaporeuses apparitions. Perdues au milieu de l'air, elles s'effacent
tout à coup, laissant le vaste palais dans l'allégresse et resplendissant
d'une éclatante lumière..... Peu d'instans s'écoulent : trois figures
lugubres leur succèdent; elles pénètrent ensemble dans l'appartement. Leur front est d'une pâleur livide, leur tête est hérissée de
couleuvres; toutes trois poussent des cris qui glacent le sang; ce ne
sont plus des chants de fêtes, ce sont des accens lugubres qui ne pré-
sagent que des malheurs : « Graces joyeuses, fuyez ! fuis, bonheur,
loin de cet enfant qui ne vient au monde que pour être le sujet d'une
tragique histoire ! Que la mort cruelle, farouche, inexorable, perce de
ses traits ce sein charmant, ce sein d'albâtre; qu'après une catastrophe
horrible, affreuse, irréparable, Lianor succombe misérablement!
Nous voulons qu'entre toutes les femmes qui ont souffert et qui ont
bu jusqu'à la lie la coupe de la douleur, celle-ci soit la plus malheureuse.... » Après cette imprécation terrible, elles approchent du berceau et en font trois fois le tour, en effeuillant au-dessus les noirs
rameaux du cyprès funèbre et de l'if mélancolique; puis elles fuient
toutes trois, laissant la chambre infectée de leur venin.

Cependant Lianor grandit, et le poète se complaît à décrire sa merveilleuse beauté dans une foule de gracieux détails qui rappellent le
pinceau d'Ovide ou de l'Albane. Les plus nobles, les plus vaillans
chevaliers aspirent à son cœur et ambitionnent sa main. Le plus digne,

---

(1) Ce chant lyrique est écrit en octaves rimées; le corps du poème, au contraire,
est, comme l'*Italia liberata* du Trissin, en vers blancs hendécasyllabes. Cela
prouve que Corte Real suivait beaucoup plus l'influence de l'Italie que l'exemple
fort récent de Camoens.

le plus favorisé est Manoel de Sousa de Sepulveda. L'Amour lui-même
a blessé en sa faveur le cœur de la fière Portugaise; mais le père de
Lianor a pris d'autres engagemens pour sa charmante fille : il l'a
promise à un riche et puissant personnage, à dom Luis Falcâo, gouverneur de Diu. Sousa a beau réclamer, au nom de la loi divine, la
main de celle qui lui a donné son cœur; Lianor a beau embrasser en
rougissant les genoux de son père; le vieux Garcia de Sa est inflexible :
il a engagé sa parole à Luis Falcâo, il la tiendra. Les larmes et la confusion de la jeune fille sont peintes par le poète avec une grace qui ne
peut que bien difficilement passer dans une traduction. « Ses yeux
laissent échapper des larmes qui, roulant sur ses joues d'albâtre,
ajoutent encore, s'il est possible, à sa beauté. Ainsi, par une matinée
d'avril, on voit souvent la rose empourprée étaler son calice odorant
rempli d'une ondée légère, d'une céleste rosée qu'y a déposée la nuit
froide et humide; les gouttes cristallines recueillies par là feuille embaumée et vermeille ressemblent à des perles transparentes qui embellissent la fleur d'un charme nouveau. »

Le vieux Garcia entoure sa fille d'actifs surveillans, afin d'empêcher
toute communication entre elle et Manoel de Sousa; mais, comme le
remarque spirituellement le poète, « bien puissante est la cupidité :
tours ni murailles, il n'est rien que l'or n'escalade. » Les mille argus
qui ont sans cesse les yeux ouverts sur Lianor ne peuvent empêcher
de parvenir jusqu'à la captive celle qui, les mains pleines de dons,
apporte la lettre attendue. Non, jamais la mère qui a déjà pleuré la
mort de son fils, et qui, en pénétrant dans l'appartement fatal qu'attriste l'absence de son enfant, le retrouve le front riant et radieux,
ne sentit son cœur inondé d'une joie semblable à celle qu'éprouve
Lianor en recevant la lettre des mains de la confidente. Cette longue lettre de l'amant et la réponse de la maîtresse, que leur étendue
m'empêche de transcrire, sont deux charmans morceaux, composés
en tercets rimés, qui rappellent les plus fraîches poésies d'amour de
Boscan et de Camoens. Sousa, en voyant une aussi persévérante fidélité dans un sexe si enclin au changement, se regarde, avec raison,
comme le plus fortuné des hommes; mais par quels moyens pourra-
t-il vaincre les résolutions de ce père obstiné? Rien ne lui paraît
possible tant que son rival verra le jour. Malheur donc à Luis Falcâo !

Ici va commencer l'emploi de ces *machines* épiques qui nous semblent aujourd'hui si froides et si choquantes, et qui paraissaient ingénieuses et poétiques au xvie siècle. Une mort violente, un assassinat, dont la rumeur publique accusa Manoel de Sousa, délivre les deux

amans de l'obstacle qui s'opposait à leur bonheur. On peut lire dans l'histoire de l'Inde de Diogo do Couto (1), sous la date de 1548, comment, un soir d'été, le gouverneur de la citadelle de Diu, assis dans son cabinet dont la porte était entr'ouverte, ayant sur ses genoux un jeune enfant (son fils naturel), tomba frappé mortellement d'un coup de feu tiré du dehors, sans qu'on ait pu découvrir qui avait été le meurtrier. Pour voiler cette partie délicate de son sujet, Corte Real suppose, à la manière des épiques latins, que l'Amour a décidé la perte de Luis Falcão. Par le conseil de Vénus, il vole avec son frère, Anteros, dans l'île de la Vengeance où réside Rhamnusie. Ce voyage donne occasion au poète de placer ici une digression assez fastidieuse sur la géographie du globe. Après avoir obtenu de Rhamnusie l'assistance de la Haine, de la Colère et de la Détermination, cette déesse à double visage, dont l'un est héroïque et l'autre atroce, ils retournent à Paphos, où Vénus a disposé pour son fils un foudre que lui a donné Vulcain; Antéros court à Diu, où il tue Luis Falcão, à la stupéfaction de l'Inde entière. Dans le récit du meurtre et dans la peinture du désordre qui en est la suite, le poète retrouve la vivacité de couleurs et la naïveté de touche qui sont l'heureux caractère de son talent :

« Messagère de la mort, la foudre part et fend les airs en sifflant; elle atteint le cœur libre et calme de Falcão; elle pénètre à l'endroit d'où l'ame peut le plus facilement sortir. Laissant les entrailles déchirées, elle traverse les côtes et disparaît sans avoir été aperçue. Le noble Falcão tombe; il pousse un lugubre gémissement; il veut en vain parler : la mort a rompu les liens du corps, et l'ame prisonnière est délivrée. Ce grand désastre est aussitôt connu; les esclaves et les serviteurs de Falcão accourent fondant en larmes. Tout à coup s'élèvent mille clameurs; des cris lamentables fendent les airs; dans toute la forteresse se répand le bruit de cet événement épouvantable. Le peuple, consterné, à la nouvelle de ce grand et soudain malheur, afflue de toutes parts. Là viennent à la hâte les amis de Falcão, qui, par leurs larmes, font éclater le chagrin qu'ils ressentent. Les portes s'ouvrent; une multitude de tout âge, de tout sexe, se précipite. Les braves soldats, exaspérés, arrivent bouillonnant de fureur, munis de leurs armes, et tous, en contemplant le cadavre étendu, baigné dans son sang, crient vengeance. Déjà des flambeaux, des torches enflammées répandent partout la lumière; dans les recoins les plus cachés, on

_____

(1) Voyez *Décade* VI, lib. VII, cap. 2.

cherche avec diligence l'auteur secret de cet odieux attentat. Peines inutiles ! vains efforts ! L'enfant ailé, après sa victoire, a pris son vol vers Cypre. On soupçonna, néanmoins, que dans cette conjoncture déplorable l'Amour seul était l'homicide. »

De ville en ville, la fatale nouvelle arrive à Goa, où elle est parmi le peuple et la noblesse un grand sujet de scandale. On demande un châtiment exemplaire pour un forfait aussi audacieux; mais, comme le remarque le poète dans les premiers vers de son quatrième chant, qui rappellent les moralités piquantes des prologues de l'Arioste, rien ne résiste au temps : il triomphe de tout, il détruit, il efface, il consume tout; il plonge dans l'oubli les grandes pertes, les grandes passions, les grandes douleurs. A peine quelques jours se sont-ils écoulés, et déjà s'est apaisée la tempête. Ce crime inoui, ce meurtre qui excitait l'horreur, est sorti de toutes les pensées; il n'est déjà plus gravé que dans la mémoire éternelle du juge souverain. Sousa ose demander au père de Lianor de consentir à ce qu'il ne peut plus refuser. Le vieillard, en effet, voyant ses projets anéantis par la mort de Falcão, consent à l'union de sa fille et de Sousa, et renferme en son ame sa muette tristesse.

L'histoire confirme de tous points cette avant-scène du drame. On lit dans Diogo do Couto (1), sous la date de 1549, que « le vieux Garcia de Sa, sentant sa fin prochaine (il mourut dans l'année même), accorda la main de dona Lianor d'Albuquerque, sa fille aînée, à Manoel de Sousa de Sepulveda, avec qui, dit-on, elle était déjà mariée à l'insu de son père. » L'historien ajoute que la ville de Goa donna à cette occasion les fêtes les plus splendides. Le poète, de son côté, ne consacre pas moins de deux chants à la description des cérémonies du mariage et au récit des divertissemens offerts aux nobles époux, soit par les habitans portugais de Goa, soit par la population indienne. Dans toute cette peinture des magnificences nuptiales, Corte Real déploie la souple variété de style et la richesse de coloris que l'on a déjà pu reconnaître dans son talent. Ne pouvant reproduire ici la description variée des jeux indiens et des tournois portugais, je me borne à extraire les traits principaux de la peinture des deux jeunes fiancés dans le jour solennel.

« Lianor part de la maison paternelle; tous la contemplent émerveillés. Les graces embellissent sa marche; ses blonds cheveux forment autour de sa tête des tresses ondoyantes, auxquelles se marient des

(1) Voyez *Décade* VI, livre VII, chap. 2.

perles dont la richesse n'est égalée que par l'art qui a présidé à leur monture. Elle porte des boucles de diamans dont les feux aveuglent les regards. Elle lève les yeux; les traits qu'ils lancent portent le trouble dans toutes les ames. Sa robe, dont les longs plis traînent jusqu'à terre, selon la mode française, est d'une étoffe de soie dont les nuances font pâlir les teintes de la prairie; elle dessine les formes et les contours de la taille jusqu'à la ceinture; delà elle tombe à terre en tournoyant. Ses larges manches, crevées en mille endroits, sont réunies par des perles d'une grosseur extraordinaire..... Le jeune époux porte des hauts-de-chausses et un pourpoint brodés d'or; sur ce dernier est jeté un riche vêtement de cachemire, où resplendissent, en guise de boutons, mille diamans; sa toque, surmontée d'un gai panache blanc, est, ainsi que son manteau, de la couleur de la neige. Il porte à son cou une médaille sur laquelle est gravée cette devise : *Maintenant tout est peu.* A son côté brille une épée dont le fourreau est de cristal, ouvrage sur lequel l'art a épuisé tous ses secrets. Son linge et ses gants répandent un parfum délicieux... » Nous avons dit que Corte Real unissait les talens du peintre à ceux du poète; Barbosa Machado rapporte que de son temps la ville d'Evora conservait, comme preuve de l'habileté pittoresque du poète, un tableau représentant saint Michel, placé dans la chapelle *das Almas* de la paroisse Saint-Antoine. Certes, en lisant les gracieux détails de la toilette demi-européenne et demi-orientale des deux époux, détails qui n'excluent pas l'étude plus importante des passions et des sentimens, il est aisé de reconnaître dans Corte Real, ainsi que l'a remarqué avant moi M. Ferdinand Denis, tout à la fois un émule d'Ovide et un élève d'Antonio de Hollanda.

Quelques années s'écoulent, années de bonheur, qui donnent à Sousa et à Lianor deux tendres rejetons, gages charmans de leur amour. Ce fut alors que, poussé par les secrets desseins de la Providence, Sepulveda eut la funeste idée de quitter le port de Cochin, où l'avaient appelé des devoirs militaires, et de rentrer, avec Lianor et ses deux enfans, en Portugal. Ici se termine toute la partie heureuse et riante du poème : nous allons désormais descendre dans une vallée d'expiation, de souffrance et de deuil.

Un grand concours de peuple, d'amis et de parens, accompagne les jeunes époux sur le rivage; on les entoure, on échange des paroles de regret et d'adieu. Tous demandent au ciel qu'il les conduise sains et saufs aux rives désirées du Portugal; mais ces souhaits de l'amitié, ces pieuses prières, ne peuvent arriver jusqu'au trône de l'Éternel : *un crime arrêtait leur essor*..... On voit combien l'auteur reste partout fidèle à la pensée chrétienne. Eh bien! cependant, les désastres qui vont suivre, juste châtiment d'une action impie, le poète essaiera de leur donner pour moteurs les plus futiles et les plus vieux ressorts de la mythologie classique. Les flots du Cap dont la fureur va briser le puissant galion, ce ne sera point la justice divine qui les soulèvera contre un grand coupable impuni; c'est le vieux Protée, amoureux des charmes de Lianor et dédaigné par elle, qui excitera contre l'ingrate beauté la colère de Neptune; c'est la jalousie de Thétis, de Doris et d'Amphitrite, qui forcera l'imbécile Éole à déchaîner les vents contre le vaisseau que commande Sepulveda, et qui porte sa famille, ses amis, ses serviteurs et ses richesses. Dans le tableau de la tempête et des divers incidens de ce mémorable naufrage, tout l'avantage d'un récit clair, concis, pittoresque, appartient à Diogo do Couto. En général, les historiens et les voyageurs portugais excellent dans les relations de mer, simples, vraies, colorées, terribles. Il est pourtant juste de dire qu'en prenant soin, comme nous allons faire, de dégager cette partie de l'œuvre de Corte Real de l'échafaudage mythologique qui la dépare, on peut tirer du poème une peinture inférieure, il est vrai, à celle de Diogo do Couto, mais vive encore et frappante de mouvement et de vérité.

En approchant des funestes parages du cap de Bonne-Espérance, le pilote est assailli par une vision menaçante. Il observe le ciel étoilé; il y lit des présages effrayans. La lune est sanglante; des comètes jettent des lueurs funèbres. Ces signes plongent le marin dans la terreur; un froid mortel parcourt ses veines et lui donne les teintes d'un cadavre. Au retour du soleil, les tristes oiseaux de nuit continuent de voler en cercle au-dessus du navire; ils s'attaquent avec leurs serres aiguës, et tachent les blanches voiles d'une pluie de sang..... Le vaisseau s'apprêtait à doubler le cap, quand les vents déchaînés se précipitent sur la mer et la bouleversent. Le ciel se couvre de nuées épaisses et lourdes; les vagues grossies et enflées se soulèvent. Le navire commence à être en péril : ses flancs gémissent sourdement. Aussitôt le sifflet aigu retentit; la voix du maître s'élève; les matelots accourent. Les vents furieux attaquent le vaisseau par l'arrière, par l'avant, par les côtés; leur violence colle les voiles aux mâts : le navire recule. Le ciel s'ouvre en mille endroits, et laisse échapper les éclairs et la foudre; une grêle de pierres tombe au milieu d'un torrent d'eau. Toutes les voiles se déchirent au moment qu'on s'efforce de les serrer; les marins courageux sentent la sueur couvrir leurs membres.

Trois des chaînes qui retiennent le gouvernail sont brisées. Le galion révolté n'obéit plus à la barre; il se penche, il se met en travers. Le maître et le pilote accourent; les matelots s'élancent, hélas! en vain : ils tombent les uns sur les autres et se blessent mutuellement. Alors trois vagues formidables tombent en plein sur le vaisseau : elles rompent, elles mettent en pièces les puissans et utiles appareils. « O Dieu suprême! s'écrie le poète (on voit que Corte Real oublie pour le moment Neptune et Amphitrite), ô Seigneur! accordez-moi votre assistance, pour que je puisse narrer dans toute leur vérité ces déplorables événemens! » L'ouragan excité par *Éole* frappe le grand mât; dans les cordages, un sifflement horrible se fait entendre : le géant des forêts, transplanté sur le vaisseau, mugit et tombe brisé en mille éclats. La haute mâture, les pointes qui touchent orgueilleusement la nue, s'humilient maintenant au milieu des ondes. En ce moment, une lame énorme, irritée, monstrueuse, assaillit le navire déjà affaissé; elle donne en plein dans la poupe, rompt, brise, disperse le gouvernail, et, franchissant les hautes hunes, retombe sur le pont et y forme un lac dans lequel l'équipage abattu est presque noyé. Tous poussent un cri vers le ciel : « O Dieu puissant! ô père miséricordieux! ayez pitié de nous! » Spectacle affreux et déchirant! entendre les sanglots des femmes, voir le vaisseau englouti reparaître pour recommencer une nouvelle lutte! Enfin le malheureux galion heurte violemment contre un rocher. Ce choc épouvantable, gros de malheurs, a porté du côté où la belle Lianor presse ses jeunes enfans dans ses bras. La douleur et l'effroi ont glacé le sang dans ses veines : ses yeux, dont l'éclat triomphait de tous les cœurs, se ferment à la lumière. Sur son charmant visage, les couleurs de la rose font place à une pâleur mortelle. Telle une tendre fleur dans la prairie verdoyante, quand le pied d'un farouche animal l'a foulée, languit triste, fanée, sans vigueur. Sousa vole à son secours; il oublie le danger commun; il ne craint que celui-là. D'un côté, il prévoit la perte de son équipage; de l'autre, la mort de celle qui est sa vie. Placé entre ces deux maux, il implore la grace et le secours de Dieu; il ordonne que la grande chaloupe soit lancée à la mer, car le navire est sans ressource. Il prend dans ses bras le cher fardeau de Lianor évanouie; il saisit ses deux petits enfans, autrefois gages si doux, aujourd'hui surcroîts de douleur. Aidé de vingt hommes robustes, il s'élance avec eux dans la frêle embarcation. Ceux qui restent sur le navire poussent un long cri de détresse. La chaloupe à peine arrivée à terre, retourne au vaisseau. Les naufragés s'y précipitent; c'est la planche de salut que chacun s'efforce de saisir. Diogo do Couto

nous apprend que la barque fit ainsi trois heureux voyages. Mais c'en
est fait : un violent et dernier effort des vagues triomphe du vaisseau
et détruit à la fois la machine superbe et malheureuse et la chaloupe
secourable. La mer engloutit tout dans ses abîmes; elle garde plusieurs
cadavres, et montre à sa surface quelques infortunés presque mourans. Ceux-ci s'attachent à quelques débris du navire qui surnagent;
ils implorent la bonté divine pour qu'elle sauve au moins leurs ames.
Les flots et les vents poussent à la côte nombre d'hommes froissés et
déchirés par les planches garnies de clous que les vagues rejettent; les
lourdes ancres elles-mêmes sont lancées du fond des eaux sur le rivage. Le fort capitaine court en aide où le danger est le plus pressant. Le chroniqueur, plus exact encore ici que le poète, n'oublie pas
de mentionner l'ordre que donne Sepulveda de sauver surtout les
armes.

A terre, son premier soin est de faire entourer de planches le lieu qui
sert d'asile aux naufragés. Déjà la pierre laisse échapper le feu qu'elle
recèle, déjà la fumée s'élève, déjà ceux qui ont le plus souffert réchauffent leurs nerfs engourdis. Le capitaine décide qu'on n'entreprendra
rien avant que les plus abattus soient remis de leurs souffrances. En
attendant, il envoie deux Portugais reconnaître la contrée et voir si l'on
peut espérer de recevoir des naturels des vivres et des secours. Les
éclaireurs reviennent; ils n'ont rencontré que des huttes misérables et
des signes hostiles. Sousa cache à tous et surtout à Lianor les inquiétudes qui le déchirent; mais elle a deviné sa douleur, car une grande
douleur ne se cache jamais. Sept jours s'étaient écoulés, lorsqu'ils aper-
çurent dix Cafres menant une vache enchaînée. Tous pensent avec joie
que c'est un secours que leur envoie le ciel; mais ce bien, hélas ! n'é-
tait qu'un leurre. Au moment où les Cafres allaient céder la vache,
non pour de l'or qu'ils méprisent, mais pour du fer, d'autres naturels
surviennent et s'écrient : « N'achetez pas de ces hommes faux ce que
la mer vous offre pour rien sur le rivage. » Et aussitôt tous se retirent. Sousa, en équitable et prudent capitaine, ne voulut pas qu'on
employât contre eux la violence

Cependant l'état des malades et des blessés s'améliore. Tous enfin
peuvent supporter les fatigues du long voyage qu'il faut entreprendre.
Il s'agit de regagner les établissemens portugais, ou, au moins, de
chercher à l'est la rivière de Lourenço-Marques, où les habitans de
Sofala se rendent fréquemment pour trafiquer. Sousa réunit donc
tous les naufragés et leur parle ainsi   « Seigneurs et amis, vous
voyez le misérable état où nous sommes réduits. J'espère que la misé-

ricorde divine, en qui je mets toute ma confiance, nous réserve un meilleur avenir. Il est certain que c'est par la volonté de Dieu que nous souffrons tous ces maux, car rien ne se meut dans l'univers que par la volonté du Très-Haut. Oui, je le confesse, la cause de nos malheurs ce sont mes péchés. O Dieu souverain! puisse la punition que je mérite être rachetée par l'innocence de ce jeune enfant! (Et en parlant ainsi, il élevait un de ses fils dans ses bras et attachait au ciel ses yeux pleins de larmes.) O Dieu très clément, puisse cette pure créature, qu'aucune faute n'a jamais souillée, apaiser votre colère!..... Par vous, ô roi divin, nous avons été sauvés de la tempête et déposés sur cette terre secourable, quoique barbare. Compagnons, vous savez quels dangers nous avons courus : le vaisseau entr'ouvert, la mer furieuse, implacable, les vents mugissans, nous tous exténués, abattus, presque morts. Dieu, cependant, nous a arrachés au péril; le génie humain, la force d'un bras mortel auraient été impuissans. Si donc le Seigneur nous a préservés des dangers les plus graves, ne redoutons pas ceux qui nous restent à affronter. J'ai une foi entière dans la miséricorde divine : tous ensemble Dieu nous conduira vers les lieux où son saint nom est adoré. Ceux qui succomberont dans le voyage incertain, pénible, que nous entreprenons, ceux-là, par la vertu du sang du Christ, jouiront de.la vie éternelle..... Amis, je vous ai rassemblés tous, pour prendre une détermination commune. Le moyen de salut auquel nous avions d'abord songé consistait dans la construction d'un radeau; mais la fureur des vagues a rendu ce projet impraticable. Dans la conjoncture présente, où, pour vous et pour moi, il s'agit de la vie, je ne résoudrai rien, je ne ferai rien, sans prendre vos conseils. Ce que je vous demande, c'est que nous marchions tous ensemble et que vous ne m'abandonniez pas. Le devoir vous ordonne de suivre votre capitaine; cependant je vous le demande comme une faveur. Je ne pourrai marcher aussi vite que vous qui n'avez pas d'enfans; dona Lianor, ma femme, n'a pas non plus en partage autant de force que nous. Nous marcherons donc ensemble; ensemble nous afronterons le sort et surmonterons la cruelle fortune. » Un murmure de compassion accueillit ces dernières paroles. Tous jurèrent de ne point se séparer et de périr ou de se sauver ensemble.

Aussitôt une lance est arborée; on y suspend une bannière représentant Jésus sur la croix. A cette vue, une même acclamation sort de toutes les bouches; tous les bras se tendent vers l'image sacrée. Manoel de Sousa marche à l'avant-garde, à la tête de quatre-vingt-quatre braves Portugais et de cent esclaves indiens qui portent tour à tour dona Lianor et ses jeunes enfans, facile et léger fardeau. Mais combien Lianor a perdu de ses charmes! Son visage, où naguère s'épanouissaient les roses, offre la pâleur de la neige. Derrière eux s'avance Christophe Fernandez, avec une troupe faible, presque inca- pahle de défense. Pantaléon de Sa, jeune et vigoureux chevalier, com- mande l'arrière-garde, composée de deux cents braves, dont soixante- dix sont Portugais. Pendant douze jours, la troupe chemine dans cet ordre, au travers de stériles solitudes, de durs rochers, de hautes montagnes, de profonds précipices. Ils sont forcés de tourner de larges rivières dont ils ne peuvent passer à gué les eaux pour accourcir leur route. Ils ont déjà fait cent lieues, et ne se sont approchés que de trente du point qu'ils cherchent à atteindre. Cependant les vivres et l'eau manquent; les forces de plusieurs diminuent; quelques-uns, exténués de lassitude, tombent sur la route, où ils seront la proie des tigres et des autres monstres du désert. Parmi ceux qui ne peuvent suivre la caravane, se trouve un noble adolescent, fils du capitaine, né d'une autre femme; son père le pleure sans pouvoir le sauver. Au milieu de cette marche si pénible, la troupe est entourée tout à coup et attaquée par une bande de Cafres. Le combat est vif et la victoire long-temps disputée; mais les armes et la valeur des Portugais finis- sent par mettre en fuite cette horde avide de pillage. De nombreux cadavres, surtout africains, jonchent le sol. Cependant, deux nobles Portugais, Sampayo et Diogo Mendes Dourado trouvèrent là une tombe honorable. Après l'action, Sousa rejoint sa tremblante compagne qui, pendant la bataille, priait la reine du ciel. Lianor prodigue à son époux de douces caresses, craintive encore du péril passé. Avec la blanche et large manche de sa tunique elle rafraîchit le front embrasé du fier capitaine; elle ne peut se rassasier de le regarder, car elle voit encore les coups d'épée, elle entend encore les cris du combat.

Jusqu'à présent, Corte Real a suivi à peu près à la trace les tradi- tions orales ou écrites; mais il croirait renoncer à la palme de l'épopée, s'il ne mêlait à son récit, comme il a fait dans la tempête, quelques fictions mythologiques. Il suppose que le courage et la beauté de Lianor inspirent une sorte d'admiration, d'amour même, à la rude et sauvage nature africaine contre laquelle elle est en lutte. C'est dans l'agreste dieu Pan et dans les Faunes et les Sylvains, ses sujets velus, qu'il tente de personnifier le génie monstrueux du sol brûlé de l'Afri- que. Cette bizarre imagination, exécutée, par malheur, avec une verve trop bucolique et trop molle, n'est pas parvenue à conserver sa signi- fication cosmogonique. Les plaintes langoureuses du dieu des bergers, écho affaibli des idylles de Diogo Bernardes, ne semblent qu'un tribut inoportun payé à la passion des Portugais d'alors pour l'églogue. Il n'aurait fallu rien moins que le génie de Dante ou de Camoens pour rendre palpable et vivante l'idée profonde et bizarre de Corte Real, et faire comprendre cette pitié passionnée que le poète prête au désert pour sa victime.

La triste caravane continue sa route incertaine, exposée continuellement aux attaques des bêtes sauvages et aux embûches des Cafres encore plus féroces. Quel spectacle déchirant pour Sousa et pour dona Lianor, que de voir leurs pauvres petits enfans abattus par les privations et par la fatigue, le regard morne et trouble, enveloppés de la pâleur comme d'un linceul! Lianor elle-même, ce trésor de beauté, il lui a déjà fallu faire trois cents lieues au travers de rochers et de forêts impraticables, et cependant, malgré la faiblesse de son sexe, c'est elle qui soutient le courage de tous, elle qui relève les forces défaillantes, elle dont la douce voix rappelle la vigueur là où il n'y a plus qu'un souffle. Enfin, après plusieurs mois de marches dangereuses dans un pays stérile et inhabité, les Portugais, décimés par la mort, arrivent dans une *aldée* où règne un Cafre loyal et compatissant, qui les accueille avec bonté. Ils pourraient attendre là sans péril l'arrivée des négocians européens, car ils ont atteint, sans le savoir, hélas! la rivière de Lourenço-Marques; mais tant de fatigues, d'inquiétudes et de misères ont ébranlé et affaibli le jugement du capitaine. Reçu en ami par cette peuplade, il redoute des piéges et craint l'habituelle perfidie de ces sauvages. Le poète suppose ici que deux rêves prophétiques ont ajouté aux perplexités de Sepulveda. Dans un des courts momens de sommeil que lui ont laissé ses chagrins, il a pénétré en songe dans deux vastes enceintes; l'une est le palais de la Vérité qu'habitent les patriarches, les prophètes, les évangélistes, les apôtres, les saints, les docteurs de l'église, et les principaux théologiens catholiques; l'autre est le palais du Mensonge, où se pressent les fondateurs de fausses religions, les schismatiques, les hérésiarques et la foule des nouveaux hérétiques. Cette allégorie, dans le goût assez froid du tableau de Cebes, allonge le poème sans grand profit pour l'intérêt. Sousa a bien rencontré dans le palais de la Vérité le chef loyal qui lui prodigue une si cordiale hospitalité et le convie à la prolonger; mais il confond ce digne chef avec le Cafre perfide qu'il a vu dans le palais du Mensonge. Pour mettre fin à ses incertitudes, Sepulveda assemble ses compagnons et leur expose les bienveillantes propositions de leur hôte. Ce roi ne met d'autres conditions au séjour des Portugais dans ses domaines que leur assistance dans une guerre qu'il soutient contre un cruel voisin. On délibère : quelques-uns pensent qu'il faut accepter ces offres, que pendant cette halte on pourra se refaire de tant et de si longues fatigues. La belle et judicieuse Lianor partage cet avis. D'autres le repoussent, et soutiennent qu'il ne faut s'arrêter qu'après avoir atteint les rives du Lourenço Marques. Cette funeste opinion l'emporte; le départ est résolu; seulement le capitaine ne peut refuser le secours que réclame de lui son hôte généreux. Pantaléon de Sa, avec trente Portugais choisis, assure la victoire à leur allié.

Ici Corte Real a introduit une des grandes machines obligées de toute épopée classique, la vision de l'histoire nationale, sorte de grande lanterne-magique dont, suivant le sujet, le poète ne fait que changer les verres. Un vieillard, après la victoire, conduit mystérieusement Pantaléon de Sa dans une grotte où apparaît sculptée sur le granit toute l'histoire passée et future du Portugal. Ce qui me frappe surtout dans cette longue digression, semée d'ailleurs de beaux détails, c'est l'habileté particulière avec laquelle Corte Real a su éviter de repasser sur les traces de Camoens. Quel procédé a-t-il employé pour échapper à un si dangereux parallèle? Il a eu soin d'appuyer légèrement sur les gestes célèbres des rois portugais. Ce qu'il développe avec complaisance et colore avec vigueur, ce sont quelques faits moins connus où éclatent le courage et la loyauté de certains vassaux, légendes naïves, quelquefois plaisantes, toujours héroïques. Mais le poète est surtout admirable, quand dépassant la date où s'est arrêté Camoens, il arrive à la funeste expédition en Afrique du jeune roi dom Sébastien et décrit la dernière grande bataille du Portugal. Le tableau qu'il déroule de la sanglante journée d'Alcacer-Quebir, où l'on s'aperçoit bien qu'il a combattu, est une des plus belles peintures de guerre qui soit sortie de la main d'un poète.

Après cette vision, Pantaléon de Sa rejoint ses compagnons, qui se disposent à continuer leur route. Le bon roi cafre leur fournit à regret des barques et des rameurs pour traverser le premier bras du Lourenço-Marques, qu'ils vont chercher et dont ils s'éloignent. Arrivés au milieu du fleuve, où le lit est le plus profond et le plus transparent, l'eau limpide et pure commence à s'agiter par un bouillonnement intérieur. On aperçoit au fond des têtes entourées, non pas de roses ou de fleurs agréables, mais de sombres roseaux et d'herbes fanées; puis, s'élevant davantage, surnagent, à la grande admiration de ceux qui sont témoins d'un tel prodige, des naïades, qui font doucement retentir un concert de plaintifs instrumens. Leurs fronts abattus témoignent de leur tristesse; elles disent : « Où vas-tu, capitaine, avec ces hommes infortunés? où t'emporte le malheur dans ta course rapide? Tu vas au-devant d'un désastre certain. Retourne, ah! retourne en arrière, malheureux! Déjà la Parque lève son bras inflexible. Aie pitié de tes jeunes enfans, qui n'ont pas connu le bonheur; aie pitié de celle dont, par une faveur divine, tu es devenu l'époux! Retourne sur tes pas, si cela t'est possible; mais tout est possible au libre arbitre : il surmonte l'influence du ciel même... » Inutiles conseils! les barques ont touché l'autre rive; la malheureuse caravane rentre dans le désert, dans la famine, dans le désespoir. Bientôt elle atteint un autre bras du fleuve. L'eau, hélas! en est saumâtre. Ils ne peuvent s'en procurer un peu de douce qu'en la puisant à de rares fontaines où ils la disputent aux lions et aux tigres. Ayant aperçu trois embarcations sur le fleuve, ils demandent aux naturels qui les montent de les conduire sur l'autre bord; ceux-ci y consentent : seulement, à cause de la nuit, le passage est remis au lendemain. Encore une nuit de trouble, d'anxiétés, de pressentimens funèbres pour l'inquiet capitaine. Ses yeux se refusent au sommeil; il croit entendre la voix menaçante du fleuve. Le matin venu, il se lève, mais non pas tel qu'il était la veille : tant de maux sans espoir ont fini par bouleverser sa raison. Il monte cependant dans une des barques avec Lianor et une partie de la troupe. Les autres bateaux se chargent du reste; tous partent ensemble et marchent de front. Au milieu du fleuve, les rameurs qui conduisent la barque de Sepulveda et de sa famille s'écartent un peu des autres pour éviter un bas fond. Celui-ci, que les chagrins aveuglent, soupçonne un piége. Furieux, il tire son épée et veut punir ce qu'il croit une trahison. La peur court dans les veines des Cafres, qui ne peuvent comprendre la cause de cette brusque attaque. Éperdus à la vue de l'épée qui flamboie, ils s'élancent et plongent dans la paisible rivière, et bientôt reparaissent demi-morts à la surface. Ainsi, quand, au milieu des herbes paisibles, les grenouilles babillardes remplissent l'air de leurs cris discordans, si, par hasard, un bruit se fait entendre, s'il passe à côté d'elles un troupeau qui cherche la prairie, elles cessent leur chant rauque, et, toutes pressées d'éviter le péril inconnu, plongent au fond du marais fangeux; mais bientôt elles reparaissent craintives et lèvent leurs têtes humides pour voir si elles peuvent reprendre le poste qu'elles occupaient naguère en sûreté. De même les Cafres, cachés au fond de l'eau, se remontrent tremblans et cherchent la cause de cette tempête imprévue. Le capitaine, toujours furieux et bondissant de colère, ne cède qu'aux larmes

6.

et aux prières de Lianor. Quiconque, dans un autre temps, eût vu ce noble guerrier, franc, affable, d'un commerce facile, et serait maintenant témoin de ses emportemens désordonnés, ne pourrait (eût-il le cœur aussi dur que le diamant) se défendre d'un sentiment d'amère tristesse et de pitié.

A peine le malheureux capitaine et ses compagnons ont-ils pris terre, qu'ils rencontrent une troupe de deux cents Cafres, conduits par le chef déloyal qui est apparu en songe à Sepulveda dans le palais du Mensonge; mais le noble seigneur ne le reconnaît pas, parce que sa mémoire est affaiblie. Les Portugais demandent aux Cafres des vivres et de l'eau : on leur en accorde; mais le chef leur interdit l'entrée de son aldée, sous prétexte qu'il n'est pas permis aux Cafres d'admettre des chrétiens au milieu d'eux. Sepulveda se dispose à aller camper à quelque distance. Le Cafre rusé y consent; mais il insiste pour qu'ils ne restent pas tous réunis sur un même point, à cause de la sécheresse et de la stérilité du sol. De plus, pour ne pas effrayer les indigènes, il faut que les Portugais déposent leurs armes en un lieu sûr, où ils les reprendront quand l'arrivée d'un navire européen amènera pour eux l'instant du départ. On le voit, l'heure approche où le crime commis sur le noble Luis Falcão va être expié. Réunis en conseil, les Portugais délibèrent sur la remise de leurs armes. En ce moment, le sang versé crie vengeance, et ces paroles arrivent aux pieds du juge suprême : « La justice humaine est aveugle et timide; elle est désarmée devant les puissans criminels; vous seul, Seigneur, vengez ceux qui n'ont de recours qu'en vous. » Le juge souverain est ému; il envoie sur la terre le terrible exécuteur de ses décrets, le CHATIMENT divin; son emploi est de venger les crimes secrets. Ce ministre saint et formidable fend les nues et vient se placer au-dessus du lieu où les Portugais tiennent conseil. Suivant les uns, livrer leurs armes à un tel peuple, ce serait folie; suivant les autres, résister à l'injonction des Cafres serait périlleux. L'incertitude est extrême. En ce moment, le CHATIMENT divin, agitant son épée céleste, fait jaillir des éclairs qui éblouissent et qui aveuglent tous ceux sur qui pèse le souvenir d'un crime. Le terrible vengeur n'épargne que Pantaléon de Sa, dont la conscience est pure, et dona Lianor, qui est femme et qui a beaucoup souffert. Préservés de l'aveuglement, tous deux s'opposent en vain à la remise des armes. L'homicide résolution est prise. A peine exécutée, les Cafres accourent, nombreux, avides. Ils disséminent les Portugais et les poussent par troupes de six ou dix dans des lieux où ils peuvent les dépouiller sans résistance. Les malheu-

reux alors, sans plus d'espoir de salut, se séparent et se dispersent.
Quelques-uns seulement, réunis et guidés par Pantaléon de Sa, reverront le Portugal; les autres périront, au milieu des rochers sauvages, sous la dent des lions et des panthères. Le chef perfide s'empare de l'or, de l'argent, des pierreries de Sepulveda, et lui ordonne
de partir avec les dix-sept compagnons qui lui restent; il ne leur
laisse que leurs vêtemens, dont il n'ose les dépouiller. Cette troupe
misérable chemine vers la mer, qu'elle ne tarde pas à apercevoir; mais
là les attend le dernier coup de la fortune. Du fond des bois s'élance
sur eux une horde qui achève de les dépouiller. Lianor elle-même
est laissée nue sur le rivage. Ici le poète a voulu embellir ce sombre
dénouement par une dernière et malheureuse fiction. Il suppose que
le soleil, ou, comme il l'appelle, Apollon, voyant les blanches épaules
et le corps charmant de Lianor, s'éprend d'une passion qui lui fait
oublier Daphné (1). Il faut l'avouer, Corte Real se montre, dans ces inventions mesquines, bien inférieur à la simple et touchante beauté du
récit de Diogo do Couto. Je ne puis résister au désir de mettre sous
les yeux du lecteur la page suivante de l'historien.

« Manoel de Sousa, avec ceux de sa compagnie, suivait le chemin
de la rivière de Manheça, dans l'intention d'y faire halte, si le chef
de cette contrée voulait le lui permettre. Tout à coup une bande de
Cafres fond sur eux. En un instant, ce qui était resté sur leurs corps
fut pillé, et on les laissa nus. Quand les Cafres vinrent à vouloir porter la main sur les vêtemens de dona Lianor, celle-ci fit une résistance
désespérée, se défendant avec ses mains et avec ses dents, comme une
lionne pressée par la douleur. Aussi bien aimait-elle mieux qu'on la
tuât que de souffrir qu'on la dépouillât de ses habillemens. Manoel de
Sousa de Sepulveda, voyant sa femme bien-aimée dans cette détresse
et ses petits enfans qui pleuraient à terre, recouvra, sans doute par
l'excès de sa profonde douleur, un rayon de son intelligence, comme il
arrive à la lampe près de s'éteindre, qui jette une vive et dernière clarté.
Retrouvant donc quelque peu son jugement, Sousa s'élance vers sa
femme, et, la prenant entre ses bras, il lui dit : « Madame, laissez-les
« faire, et rappelez-vous que tous nous venons nus en ce monde. Puis-
« que telle est la volonté de Dieu, consolez-vous, car il permettra que
« ces maux nous soient comptés pour pénitence de nos péchés. » Lianor, entendant ces paroles, cessa de résister. Ces brutes inhumaines
ne lui laissèrent pas le moindre vêtement pour se couvrir. Se voyant

(1) Et non pas *Daphnis*, comme on l'a écrit très mal à propos.

ainsi nue, elle s'assit à terre et répandit ses beaux cheveux sur son
corps, inclinant la tête, afin qu'ils pussent la couvrir. Puis, avec ses
mains, elle fit une fosse dans le sable et s'y enfonça jusqu'à la ceinture. Les hommes de la compagnie, voyant dona Lianor en cet état,
se retirèrent pleins de tristesse et de pitié; mais elle, apercevant
André Vaz, le pilote, qui s'éloignait avec les autres, l'appela et lui dit:
« Vous voyez, pilote, en quel état nous sommes et que nous ne pouvons aller plus loin. Il me paraît que la volonté de Dieu est que
nous mourions ici, moi et mes enfans, à cause de mes péchés. Allez
en paix; tâchez de vous sauver avec l'aide de Dieu; et si jamais vous
parvenez à revoir l'Inde ou le Portugal, racontez dans quelle situation vous nous avez laissés, Manoel de Sousa et moi, ainsi que nos
enfans. » André Vaz, navré de douleur à ce pitoyable spectacle, tourna
le dos sans répondre, et s'éloigna baigné de larmes. »

Assurément ce simple récit vaut mieux que tous les enjolivemens
mythologiques du poète. Cette chaste tombe que la jeune femme chrétienne se creuse elle-même dans le sable, ce geste pudique qui est
resté dans toutes les mémoires (1), comme le trait le plus sublime de
la légende, sont d'une bien autre poésie que les madrigaux dont
Apollon poursuit cette pauvre femme expirante. Heureusement, dans
la peinture de la mort et des obsèques de Lianor, le poète a su rester
presque aussi simple et aussi touchant que l'historien.

Sepulveda entre dans une épaisse forêt pour y chercher quelques sauvages alimens. L'ombre du jeune fils qu'il a perdu dans la route lui apparaît et lui annonce d'autres morts prochaines. Plein d'angoisses et
de cruels pressentimens, il voudrait revoir Lianor, mais il craint de la
retrouver les yeux fermés pour jamais; il voudrait lui parler, mais il a
peur que la mort n'ait déjà rendu ses lèvres muettes; il voudrait contempler encore ses traits, mais il croit déjà la voir enveloppée d'une
vapeur froide et mortelle; il voudrait jouir de ses douces caresses, mais
il tremble de trouver tout changé en une horrible et funeste image.
Ah! combien de fois il essaie de retourner sur ses pas! combien de
fois son cœur l'avertit de sa prochaine infortune! combien de fois,
changeant de route, il se décide à aller chercher, pour finir ses maux,
la rencontre de quelques bêtes féroces plutôt que d'aller voir mourir
celle qu'il a aimée plus que sa vie. Hélas! des signes évidens lui annoncent ce qu'il redoute. A son oreille arrivent de tristes plaintes; il

---

(1) Ces détails paraissent avoir été donnés par trois femmes esclaves présentes à
cette scène, et qui, suivant le récit de Diogo do Couto, parvinrent à atteindre le
Portugal.

tressaille, il se presse..., il arrive au moment où dona Lianor va franchir le dernier passage. Il la voit qui, promenant autour d'elle sa vue
trouble et incertaine, ne cherche que lui, ne demande que lui; et,
comme elle voit qu'il est arrivé, son ame reprend un peu de force et
de calme. Elle voudrait lui dire adieu, mais déjà la mort tient sa langue
enchaînée; ses regards se fixent sur le visage attristé de cet unique
ami qu'elle va quitter. Elle voudrait l'embrasser, et, ne le pouvant
pas, elle se penche et retombe sur la terre avec une douleur poignante.

Enfin la mort étend son ombre sur cette figure angélique, déjà se
sont évanouies pour jamais les roses de ce visage enchanteur; déjà sa
blanche main est glacée et sans mouvement. Son sein d'ivoire ne palpite plus. On dirait la chaste image de Diane sculptée jadis par le ciseau
de Phidias. Elle est tombée sous les coups du temps, la belle statue,
et elle gît au milieu des décombres; mais en elle tout encore est beau,
quoique inanimé. Ainsi sur la plage déserte gît le corps de Lianor,
plus éclatant que le marbre et que la neige. Un cri a retenti; il monte
vers le ciel : ce sont les fidèles servantes de Lianor qui gémissent et
se meurtrissent le sein et le visage. Anéanti par la douleur, l'infortuné
capitaine tombe auprès du corps de sa compagne bien-aimée. Il tient
ses yeux attachés sur cette beauté qui n'est plus; il pense au terme
fatal où son bonheur s'est brisé; il songe à ses joies passées qui sont
maintenant des tortures; il reste long-temps dans ce douloureux engourdissement. Enfin il se lève, il marche en silence, il pleure; puis
il cherche sur le rivage la place la plus favorable; il écarte de ses mains
le sable blanc, il ouvre une étroite fosse; il retourne ensuite à l'endroit qu'il a quitté et prend dans ses bras affaiblis ce corps froid et
sans mouvement. Les femmes esclaves l'aident dans ce dernier et funèbre hommage. Avant de laisser Lianor dans son éternelle et sombre
demeure, toutes arrosent le sable de leurs larmes amères et poussent
en s'éloignant une triste clameur, un suprême adieu.

Lianor ne reposera pas seule dans cette couche silencieuse; un de
ses tendres enfans reste à côté d'elle. Il n'a joui que pendant quatre
années de la lumière du jour; la cinquième a été interrompue par la
mort. La mère et l'enfant expirés dorment tous deux sous la même
terre. Elle ne lui présentera plus son sein si blanc qu'il caressait de
ses lèvres, elle ne lui donnera plus le doux baiser maternel; ils repo-
seront tous les deux sous la grève solitaire, ensevelis près des vagues
irritées, rare et déplorable exemple des coups de la fortune. Je ne sais
si je me trompe, mais je ne me rappelle pas avoir vu ailleurs de funérailles plus déchirantes, si l'on excepte celles d'Atala.

Sepulveda promène autour de lui des yeux hagards. Bientôt le pesant nuage qui enveloppe son cœur se fond en un déluge de larmes; d'une voix étouffée par les sanglots, il prononce des paroles de tristesse et de compassion. Il prend dans ses bras le fils qui lui reste, et par un étroit sentier il entre dans la forêt peuplée de tigres, cherchant la mort que les animaux féroces ne tarderont pas à lui donner. Dans cette dernière course, le poète nous le montre accompagné d'un spectre sorti de l'enfer, le DÉSESPOIR; mais une vision céleste s'approche et vient raffermir son courage, c'est la RÉSIGNATION. Elle lui parle du Christ et de ses divines souffrances, elle lui montre le pardon éternel, elle lui met sa couronne sur la tête; l'agonisant a retrouvé le calme; le DÉSESPOIR s'éloigne de lui. Soudain une nuée obscure s'étend sur le bois touffu. Dans l'enceinte qu'entoure la sombre vapeur, on entend les rugissemens aigus des lions et des léopards. Du milieu de cette nuit affreuse, de deux corps inégaux sortent deux ames égales; délivrées de leur prison mortelle, toutes deux vont se reposer dans la gloire de l'éternité.

On pourrait croire le poème fini; mais autour de la tombe abandonnée de Lianor, Corte Real a voulu ramener les visions fantastiques qu'il a mêlées aux êtres réels. Il rappelle encore une fois sur la scène Pan, Apollon et le vieux Protée. Ces singulières personnifications de la nature orientale viennent rendre un plaintif et solennel hommage à celle qui fut la gloire et le chef-d'œuvre de la création. On ne peut disconvenir, en se plaçant au point de vue du poète, que ce grand et dernier tableau ne soit d'un effet touchant et majestueux.

Tel est ce poème, qui n'avait trouvé jusqu'ici en France qu'un bien petit nombre de lecteurs, et qui, grace à l'intelligente et fidèle traduction de M. Ortaire Fournier, va prendre place dans la galerie, encore trop nue, où s'étalent les grandes toiles épiques. Sans doute nous ne mettrons pas Corte Real sur la même ligne que Dante, Milton, le Tasse, Camoens; mais nous croyons que par l'heureux choix d'un sujet intéressant, par l'art de tracer et de soutenir les caractères, par le pathétique et le naturel des pensées et des sentimens, par le talent de décrire, et, en quelque sorte, de peindre aux yeux les objets extérieurs, l'auteur du *Naufrage de Sepulveda* mérite un des premiers rangs parmi les poètes épiques du second ordre.

On ne manquera pas de faire à Corte Real deux objections qui ont été souvent adressées à Camoens lui-même. On dira qu'ayant à reproduire l'originale et majestueuse beauté de la nature sous les tropiques, Corte Real, qui avait visité plusieurs fois ces contrées, n'a ce-

pendant guère peint dans son poème que les végétaux, les rivières et
le soleil de nos climats. Mme de Stael a fait la même remarque et
avec plus d'à-propos encore à l'occasion des *Lusiades* : « L'imitation
des ouvrages classiques, a-t-elle dit dans une notice sur Camoens,
nuit à l'originalité des tableaux qu'on s'attend à trouver dans un
poème où l'Inde et l'Afrique sont décrites par un poète qui les a lui-
même parcourues. Un Portugais devait être moins frappé que nous
des beautés de la nature du midi; mais il y a quelque chose de si
merveilleux dans les désordres comme dans les beautés des antiques
parties du monde, qu'on en cherche avec avidité les détails, et peut-
être Camoens s'est-il trop conformé dans ses descriptions à la théorie
reçue des beaux arts. »

Ce sont, en effet, les sites, les plantes, les animaux, le ciel de
l'Europe que Camoens et, après lui, Corte Real peignent avec le plus
d'habileté et de complaisance. M. Simonde de Sismondi explique cette
prédilection, qui diminue, sans doute, un peu l'originalité des *Lusiades*, par les honorables regrets de l'exil et la pensée de la patrie
absente. Pour moi, je crois que, si Camoens et Corte Real décrivent
avec plus de succès la nature d'Europe que la nature asiatique ou africaine, c'est que l'un et l'autre sont éminemment des poètes vrais,
et qu'ils connaissaient beaucoup mieux l'Europe que l'Inde et l'A-
frique. En effet, de ces antiques parties du monde, Corte Real et
même Camoens, qui y avait passé ses plus belles années, n'avaient
guère habité que les côtes : ils n'avaient que fort peu pénétré dans
l'intérieur. Les tableaux, en petit nombre, qu'ils nous offrent de cette
puissante et merveilleuse nature, sont frappans de justesse, mais peu
développés; c'est que, comme tous les grands artistes, ils n'ont besoin que d'un trait, d'un mot, pour rendre ce qu'ils veulent peindre.
Par malheur, quelquefois ce trait si fin, ce mot si expressif est affaibli
par le traducteur ou échappe au lecteur distrait. De là le reproche
fondé jusqu'à un certain point, mais trop général, que Mme de Stael
adresse à Camoens et la justification un peu subtile qu'a présentée à sa
décharge M. de Sismondi.

Camoens et Corte Real ne prodiguent point, il est vrai, la couleur
locale; ils ne l'étalent point à la brosse; ils ne bariolent point leur
style d'expressions étrangères; on ne trouve en eux rien de ce luxe
et de ce charlatanisme de terminologie exotique, que la poésie, et
surtout la prose descriptive, ont mis, de nos jours, tant à la mode.
Quoique très habiles coloristes, Camoens et Corte Real sont, avant
tout, des poètes sobres, des peintres de bonne foi. Ils ne décrivent

que ce qu'ils ont vu ; et, comme ils n'ont pas pénétré fort avant dans la Cafrerie ni dans l'Indoustan, ce qu'ils connaissent le mieux de ces régions c'est le littoral et les mers. Aussi, peignent-ils peu le continent indien, parce qu'ils le connaissent peu (voilà tout le mystère), tandis qu'ils excellent, on en conviendra, dans la peinture des côtes et traitent les scènes de marine de main de maître.

La seconde critique que l'on ne manquera pas d'adresser à Corte Real et dont il n'est pas facile de le disculper entièrement, non plus que Camoens, c'est l'emploi, si déplaisant pour nous, qu'ils font l'un et l'autre de la mythologie dans des sujets modernes et chrétiens. Il convient pourtant, avant de passer trop vite condamnation sur ce point, de nous placer un moment dans les opinions de leur siècle et d'étudier dans leur essence les conditions de la poésie épique.

Nous l'avons dit ailleurs, l'épopée est de toutes les formes poétiques la plus compréhensive et la plus complète. Dans son cadre immense, elle embrasse le ciel et la terre, l'homme et la nature, le visible et l'invisible. Tandis que chacun des autres genres de poésie n'a qu'un ou tout au plus deux de ces objets pour matière, la vaste formule épique les comprend et les absorbe tous. L'épopée est, si on l'ose dire, l'océan de la poésie, tandis que les autres genres ne sont que des fleuves d'inégale grandeur qui vont y aboutir et s'y perdre. La tragédie, par exemple, qui peint les passions humaines dans leurs courts momens de crise, n'est qu'un rameau détaché de l'antique et vaste cèdre épique. L'églogue, qui réfléchit dans son pur miroir les bois, les fleurs, l'azur des lacs, la nature, en un mot, sous les aspects les plus attrayans, et l'homme à l'état de calme; l'églogue, dis-je, n'est qu'une des faces gracieuses de la poésie épique. En effet, les plus beaux exemples du genre pastoral ne se rencontrent-ils pas dans l'*Odyssée*, dans l'*Énéide*, dans le Tasse? Je ne pense pas qu'il y ait beaucoup de poètes lyriques plus lyriques que Dante ou Milton, ni beaucoup de paysagistes ou de poètes descriptifs qui aient le sentiment des beautés de la nature à un aussi haut degré qu'Homère ou Virgile; mais (et tous les épiques l'ont bien senti) l'épopée ne reflète pas seulement l'homme et la nature matérielle, elle interprète l'un et l'autre en les liant à une pensée plus haute, à la pensée divine. Il suit de là qu'il n'y a d'épopée véritable qu'à la condition d'être théosophique et religieuse. Un poème épique suppose ou des solutions nouvelles sur le problème de la destinée humaine, ou du moins une foi naïve et entière dans les solutions reçues. Or, les peuples très civilisés adoptent rarement, comme on sait, de nouveaux dogmes religieux, et, qui pis est, n'accordent qu'une foi médiocre aux anciens. Voilà ce qui fait que les âges de civilisation raffinée sont assez peu épiques, et pourquoi il faut toujours remonter au berceau des nations pour trouver dans leur pureté première les sources de l'épopée véritable.

Eh quoi! dira-t-on, les siècles de brillante civilisation sont-ils déshérités des jouissances épiques? Non pas dans tous les sens. Outre l'épopée primitive et spontanée, il y a l'épopée secondaire et réfléchie, qui naît aux époques avancées et peu croyantes. Virgile a laissé le type le plus parfait de la poésie épique de seconde époque. Une méprise très grave et très commune de la critique est de demander à l'épopée des premiers temps le fini, l'art, les bienséances, qui ne peuvent appartenir qu'à l'épopée érudite, ou (ce qui est un tort égal) d'exiger de l'épopée savante la naïveté d'inspiration, l'initiative religieuse et l'originalité cosmogonique, qui ne peuvent appartenir qu'à la poésie des premiers âges. A la fin du XVIe siècle, en ce temps de sensualité sceptique et de renaissance presque païenne, où les dogmes du christianisme étaient déjà trop controversés, au moins dans une grande partie de l'Europe, pour être employés naïvement, comme au siècle de Dante, et où ils étaient encore trop vénérés pour être employés comme de purs ornemens, il fallut bien, pour rester fidèle à la grande loi de la poésie épique, qui est de rattacher l'homme au ciel, et pour ne pas tomber dans l'histoire sèche et le prosaïsme, recourir à l'emploi des anciennes formes mythologiques, qui, d'ailleurs, jouissaient alors d'une sorte de vogue et d'autorité plastiques. A la suite de Sannazar et du Trissin, Camoens et Corte Real ont été naturellement conduits à emprunter leur merveilleux à la muse latine. Tous deux expliquent les fortunes diverses et les actions de leurs héros par l'intervention des divinités fabuleuses, c'est-à-dire qu'ils n'expliquent rien pour nous, qui ne croyons pas aux dieux de l'Olympe; mais ils ornent leur matière, à peu près comme faisaient Primatice, Rubens et Lebrun, lorsqu'ils couvraient de leurs allégories les plafonds de Fontainebleau, la galerie de Catherine de Médicis et les appartemens de Versailles. A vrai dire, dans Camoens, dans Corte Real, comme dans tous les poètes des XVIe et XVIIe siècles, la mythologie n'a guère qu'une valeur de métaphore et, en quelque sorte, d'ornementation.

Au reste, on conçoit aisément que les poètes des deux derniers siècles, dont la langue était presque entièrement moulée sur les chefs-d'œuvre de la Grèce et de l'Italie, tinssent vivement à conserver ce quelque chose peu raisonnable, si l'on veut, mais qui les empêchait

de tomber dans la trivialité et dans la prose. Boileau et Jean-Jacques
Rousseau ont plaidé cette thèse avec passion. Le grand Corneille,
moins intéressé dans le débat, a aussi bravement rompu une lance
pour la même cause. On relit toujours avec plaisir, je dirais presque
avec une nouvelle surprise, ces beaux vers d'un tour si différent de sa
facture ordinaire :

> Qu'on fait injure à l'art de lui voler la fable!
> C'est interdire aux vers ce qu'ils ont d'agréable,
> Anéantir leur pompe, éteindre leur vigueur,
> Et hasarder la Muse à sécher de langueur.
> O vous qui prétendez qu'à force d'injustices
> Le vieil usage cède à de nouveaux caprices,
> Donnez-nous par pitié du moins quelques beautés
> Qui puissent remplacer ce que vous nous ôtez,
> Et ne nous livrez pas aux tons mélancoliques
> D'un style estropié par de vaines critiques.
> Quoi! bannir des enfers Proserpine et Pluton!
> Dire toujours le Diable et jamais Alecton!
> Sacrifier Hécate et Diane à la Lune,
> Et dans son propre sein noyer le vieux Neptune!
> Un berger chantera ses déplaisirs secrets,
> Sans que le triste Écho répète ses regrets!
> Les bois autour de lui n'auront pas de Dryades,
> L'air sera sans Zéphirs, les fleuves sans Nayades,
> Et par nos délicats les Faunes affamés
> Rentreront au néant dont on les a formés!
> Pourras-tu, dieu des vers, endurer ce blasphème?
> Toi qui fis tous ces dieux, qui fis Jupiter même,
> Pourras-tu respecter ces nouveaux souverains,
> Jusqu'à laisser périr l'ouvrage de tes mains?
> . . . .
> La fable en nos écrits, disent-ils, n'est pas bien;
> La gloire des païens déshonore un chrétien.
> L'Église toutefois que l'Esprit saint gouverne,
> Dans ses hymnes sacrés nous chante encore l'Averne,
> Et par un vieil abus le Tartare inventé
> N'y déshonore point un Dieu ressuscité.
> Ces rigides censeurs ont-ils plus d'esprit qu'elle,
> Et sont-ils dans l'Église une Église nouvelle?
> . . . .
> Otez à Pan sa flûte, adieu les pâturages;
> Otez Pomone et Flore, adieu les jardinages.

Des roses et des lis le plus sublime éclat
Sans la Fable en nos vers n'aura rien que de plat.
Qu'on y peigne en savant une plante nourrie
Des impures vapeurs d'une terre pourrie,
Le portrait plaira-t-il, s'il n'a pour agrément
Les larmes d'une amante ou le sang d'un amant?
Qu'aura de beau la guerre, à moins qu'on ne crayonne
Ici le char de Mars, là celui de Bellone;
Que la victoire vole et que les grands exploits
Soient portés en tous lieux par la nymphe aux cent voix?
   Qu'ont la terre et la mer, si l'on n'ose décrire
Ce qu'il faut de Tritons à pousser un navire?
Cet empire qu'Eole a sur les tourbillons,
Bacchus sur les coteaux, Cérès sur les sillons,
Tous ces vieux ornemens traitez-les d'antiquailles;
Moi, si je peins jamais Saint-Germain et Versailles,
Les nymphes, malgré vous, danseront tout autour;
Cent demi-dieux follets leur parleront d'amour;
Du Satyre caché les brusques échappées
Dans les bras des Sylvains feront fuir les Napées;
Et si je fais ballet pour un de ces beaux lieux,
J'y ferai, malgré vous, trépigner tous les dieux.

On voit que Corneille, comme J.-B. Rousseau et l'auteur de l'*Art poétique*, aurait, sans difficulté, amnistié Camoens et Corte Real.

Un mot, en finissant, sur la traduction. J'ai déjà félicité M. Ortaire Fournier sur son excellent travail. Sa version me paraît avoir atteint, à un bien petit nombre d'endroits près, le but qu'on se propose dans tous les ouvrages de ce genre : elle est française et elle est fidèle. Je ne ferai à l'auteur qu'un reproche, c'est de n'avoir pas éclairci par la moindre note les nombreuses difficultés historiques, géographiques et autres que le texte présente. M. Ortaire Fournier me paraît aussi avoir poussé trop loin les scrupules d'un traducteur fidèle, en re-produisant, sans amendemens, les *argumens* de l'édition portugaise de 1783, qui sont souvent fautifs, et ne s'appliquent pas toujours exactement au contenu des chants qu'ils précèdent. Dans une seconde édition, que cette intéressante publication mérite à tant d'égards, l'auteur pourra fort aisément, s'il le trouve bon, faire droit à ces légers *desiderata* de la critique.

CHARLES MAGNIN.

MADEMOISELLE

DE LA SEIGLIÈRE.

—

TROISIÈME PARTIE.[1]

———◆———

VI.

Mlle de La Seiglière entra, simplement vêtue, mais royalement parée de sa blonde et blanche beauté. Opulemment tordus derrière la tête, ses cheveux encadraient de nattes et de tresses d'or son visage, que coloraient encore l'animation de la marche et les chauds baisers du soleil. Ses yeux noirs brillaient de cette douce flamme, rayonnement des ames virginales, qui éclaire et ne brûle pas. Une ceinture bleue, à bouts flottans, rassemblait et serrait autour de sa taille les mille plis d'une robe de mousseline qui enveloppait tout entier son corps élégant et flexible. Un brodequin de coutil vert faisait ressortir la cambrure aristocratique de son pied mince, étroit et long. Un bouquet de fleurs des champs décorait son jeune corsage. Après avoir jeté négligemment sur un fauteuil son chapeau de paille d'Ita-

—————

(1) Voyez les livraisons des 1er et 15 septembre.

lie, son ombrelle de moire grise, et une touffe de bruyères roses
qu'elle venait de cueillir dans une promenade sur la pente des coteaux voisins, elle courut, svelte et légère, à son père d'abord, qu'elle
n'avait pas vu de la journée, puis à Mme de Vaubert, qui l'embrassa
avec effusion. Ce ne fut qu'au bout de quelques instans, en s'échappant des bras de la baronne, qu'Hélène s'aperçut de la présence d'un
étranger. Soit embarras, soit curiosité, soit surprise de l'ame et des
sens, Bernard s'était arrêté près de la porte, devant l'apparition de
cette suave créature, et il était là, debout, immobile, en muette contemplation, se demandant sans doute depuis quand les gazelles vivaient fraternellement avec les renards, et les colombes avec les
vautours. Le regard est prompt comme l'éclair; la pensée est plus
rapide encore. En moins d'une seconde, Mme de Vaubert eut tout
vu, tout compris : sa figure s'éclaircit, son front s'illumina.

— Tu ne reconnais pas monsieur? demanda le marquis à sa fille.

Après avoir examiné Bernard d'un regard inquiet et curieux, Hélène ne répondit que par un mouvement de sa blonde tête.

— C'est pourtant un de tes amis, ajouta le vieux gentilhomme.

Sur un geste de son père, demi-troublée, demi-souriante, Mlle de
La Seiglière s'avança vers Bernard. Quand cet homme, qui n'avait eu
jusqu'à présent aucune révélation de la grace et de la beauté, et dont
la jeunesse, ainsi qu'il l'avait dit lui-même, s'était écoulée dans les
camps et chez les barbares, vit venir à lui cette belle et gracieuse enfant, la candeur au front et le sourire sur les lèvres, lui qui vingt fois
avait vu la mort sans pâlir, il sentit son cœur défaillir, et ses tempes
se mouillèrent d'une sueur froide.

— Mademoiselle, dit-il d'une voix altérée, vous me voyez pour la
première fois. Cependant, si vous avez connu un infortuné qui s'appela Stamply sur la terre, je ne vous suis pas tout-à-fait étranger,
car vous avez connu mon père.

A ces mots, Hélène attacha sur lui deux grands yeux de biche effa-
rée; puis elle regarda tour à tour le marquis et Mme de Vaubert, qui
contemplaient cette scène d'un air attendri.

— C'est le petit Bernard, dit le marquis.

— Oui, chère enfant, ajouta la baronne, c'est le fils du bon
M. Stamply.

— Monsieur, dit enfin Mlle de La Seiglière avec émotion, mon père
a eu raison de me demander si je vous reconnaissais. J'ai tant de fois
entendu parler de vous, qu'il me semble à présent que j'aurais dû
vous reconnaître en effet. Vous vivez! c'est une joie pour nous; voyez,

j'en suis toute tremblante. Et pourtant, joyeuse que je suis, je ne puis penser sans tristesse à votre père, qui a quitté ce monde avec l'espoir de vous retrouver dans l'autre; le ciel a donc aussi ses douleurs et ses déceptions. Oui, mon père a dit vrai, vous êtes de mes amis. Vous le voulez, monsieur? M. Stamply m'aimait et je l'aimais aussi. Il était mon vieux compagnon. Avec lui, je parlais de vous; avec vous, je parlerai de lui. — Mon père, a-t-on fait préparer l'appartement de M. Bernard? — car vous êtes ici chez vous.

— Ah bien! oui, s'écria le marquis! un enragé qui aimerait mieux s'aller loger sous le pont du Clain que d'habiter et de vivre au milieu de nous!

— Ainsi, monsieur, reprit Hélène d'un ton de doux reproche, lorsque je suis entrée, vous vous éloigniez! vous partiez! vous nous fuyiez! Heureusement, c'est impossible.

— Impossible! s'écria le marquis; on voit bien que tu ne sais pas d'où il vient. Tel que tu le vois, monsieur arrive de Sibérie. La fréquentation des Kalmouks l'a rendu difficile sur la qualité de ses relations et sur le choix de ses amitiés. Cela se conçoit, il ne faut pas lui en vouloir. Et puis, il nous hait, ce garçon; ce n'est pas sa faute. Pourquoi nous hait-il? Il n'en sait rien, ni moi non plus; mais il nous hait, c'est plus fort que lui. On n'est pas maître de ses sentimens.

— Vous nous haïssez, monsieur! J'aimais votre père, vous haïssez le mien! Vous me haïssez, moi! Que vous avons-nous fait? demanda Mlle de La Seiglière d'une voix qui aurait amolli un cœur d'airain et désarmé le courroux d'un Scythe. Monsieur, nous n'avons pas mérité votre haine.

— Qu'est-ce que cela fait, dit le marquis, si c'est son goût de nous haïr? Tous les goûts sont dans la nature. Il prétend que ce parquet lui brûle les pieds, et qu'il lui serait impossible de fermer l'œil sous ce toit. Voici ce que c'est que d'avoir dormi sur des peaux de rennes et vécu dans six pieds de neige. Rien ne vous flatte plus, et tout paraît terne et désenchanté.

Par une intuition rapide, Hélène crut comprendre ce qui se passait dans le cœur et dans l'esprit de ce jeune homme. Elle comprit qu'en restituant les biens de ses maîtres, le vieux Stamply avait dépouillé son fils, et que celui-ci, victime de la probité de son père, refusait par orgueil d'en recevoir le prix. Dès-lors, par délicatesse autant que par devoir, elle redoubla de grace et d'insistance, jusqu'à se départir de sa réserve habituelle, pour lui faire oublier tout ce que sa position comportait de pénible, de difficile et de périlleux.

— Monsieur, reprit-elle d'un ton d'autorité caressante, vous ne partirez pas. Puisque vous refusez d'être notre hôte, vous serez notre prisonnier. Comment avez-vous pu seulement aborder l'idée que nous vous permettrions de vivre autre part qu'au milieu de nous? Que penserait le monde? que diraient nos amis? Vous ne voudriez pas du même coup affliger nos cœurs et porter atteinte à notre renommée. Songez donc, monsieur, qu'il ne s'agit ici ni d'hospitalité à offrir ni d'hospitalité à recevoir. Nous devons trop à votre père, ajouta l'aimable fille, qui n'en savait rien, mais qui, croyant entrevoir que Bernard hésitait par fierté, voulait ménager ses susceptibilités et faire, pour ainsi dire, un pont d'or à son orgueil, — nous devons trop à votre père pour que vous puissiez nous devoir quelque chose. Nous n'avons rien à vous donner; il ne nous reste qu'à rendre d'une main ce que nous avons reçu de l'autre. Vous accepterez, pour ne pas nous humilier.

— Accepter, lui! s'écria le marquis; il s'en gardera, par Dieu, bien. Nous humilier, c'est ce qu'il veut. Tu ne le connais pas : il aimerait mieux se couper le poignet que de mettre sa main dans la nôtre.

La jeune fille déganta sa main droite et la tendit loyalement à Bernard.

— Est-ce vrai, monsieur? lui dit-elle.

En sentant entre ses doigts brunis par les travaux de la guerre et durcis par les labeurs de la captivité cette peau moite, fine et satinée, Bernard pâlit et tressaillit. Ses yeux se voilèrent, ses jambes se dérobèrent sous lui. Il voulut parler; sa voix expira sur ses lèvres.

— Vous nous haïssez? dit Hélène; c'est une raison de plus pour que vous restiez. Il nous importe surtout que vous ne nous haïssiez pas; il y va de notre gloire et de notre honneur. Souffrez d'abord que nous tâchions de vous apprendre à nous connaître. Quand nous y aurons réussi, alors, monsieur, vous partirez si vous vous en sentez le courage; mais d'ici là, je vous le répète, vous êtes en notre pouvoir. Vous avez été six ans le prisonnier des Russes; vous pouvez bien être un peu le nôtre. C'est donc une perspective si effrayante que celle de se sentir aimé? Au nom de votre père qui m'appelait parfois son enfant, vous resterez, je le veux, je l'exige; au besoin, je vous en prie.

— Elle est charmante! s'écria Mme de Vaubert avec attendrissement. Elle ajouta tout bas :

— Il est perdu!

Et c'était vrai, Bernard était perdu. L'histoire de ses variations peut se résumer aisément. Ulcéré par le malheur, justement irrité par les poignantes déceptions du retour, exaspéré par la rumeur publique, brûlant de toutes les passions et de toutes les ardeurs politiques du temps, haïssant d'instinct la noblesse, impatient de venger son père, il se présente au château de La Seiglière, sa haine appuyée sur son droit, le cœur et la tête remplis d'orages et de tempêtes, s'attendant à rencontrer une résistance orgueilleuse, pressentant des prétentions altières, des préjugés hautains, une morgue insolente, et se préparant à broyer tout cela sous l'ouragan de sa colère. Tout d'abord, il manque son effet; sa haine avorte, sa colère échoue. L'ouragan qui voulait des chênes à briser ne courbe que des roseaux et va se perdre dans les hautes herbes; la foudre qui comptait bondir de roc en roc et d'écho en écho s'éteint sans bruit dans la vallée, où elle n'éveille que de suaves mélodies. Bernard cherche des ennemis, il ne trouve que des flatteurs. Il essaie encore de loin en loin de lâcher quelques bordées; on lui renvoie ses boulets changés en sucre. Toutefois, échappant aux enchantemens d'une Armide émérite, il va se retirer après avoir signifié sa volonté inexorable, lorsqu'apparaît une autre enchanteresse, d'autant plus séduisante, qu'elle ne songe pas à séduire. Puissance irrésistible, charme éternel et toujours vainqueur, éloquence divine de la jeunesse et de la beauté! Elle n'a fait que paraître, Bernard est ébranlé. Elle a souri, Bernard est désarmé. C'est une enfant que Dieu doit contempler avec amour. Son front respire la candeur, sa bouche la sincérité; au fond de son regard limpide, on peut voir son ame épanouie comme une belle fleur sous la transparence des eaux. Jamais le mensonge n'a flétri ces lèvres, jamais la ruse n'a faussé le rayon de ces yeux. Elle parle, et, sans le savoir, l'ange se fait complice du démon. Elle ne dit rien, non-seulement qui contrarie, mais encore qui ne confirme ce qui s'est dit précédemment; il n'est pas une parole d'Hélène qui ne vienne à l'appui d'une parole de Mme de Vaubert. La vérité a des accens vainqueurs que l'ame la plus défiante ne saurait méconnaître. C'est la vérité, c'est bien elle qui parle par la voix d'Hélène; cependant, si Hélène est sincère, Mme de Vaubert est sincère, elle aussi? Bernard hésite. Si c'étaient là pourtant de nobles cœurs calomniés par l'envie? S'il avait plu à son père d'acheter au prix de toute sa fortune quelques années de joie, de paix et de bonheur, est-ce Bernard qui oserait s'en plaindre? Oserait-il révoquer un don volontaire et spontané, légitimé par la reconnaissance? chasserait-il impitoyablement les êtres auxquels son père aurait dû de vivre entouré de soins et de s'éteindre entre des bras amis?

Il en était là de ces reflexions, moins nettes pourtant dans son esprit, moins arrêtées et moins précises que nous ne venons de les exprimer, quand Mme de Vaubert, qui s'était approchée, profita d'un instant où Mlle de La Seiglière échangeait quelques paroles avec le marquis, pour lui dire :

— Eh bien! monsieur, à présent vous les connaissez tous, les auteurs de ces lâches manœuvres que vous signaliez tout à l'heure. Que n'accablez-vous aussi cette enfant de vos mépris et de vos colères? Vous voyez bien qu'elle a trempé dans le complot infame, et qu'après avoir travaillé à la ruine de votre père, elle s'est entendue avec nous pour le laisser mourir de chagrin.

A ces paroles de Mme de Vaubert, Bernard frissonna, comme s'il sentait un serpent s'enrouler autour de ses jambes; mais presque aussitôt Mlle de La Seiglière revenant à lui :

— Monsieur, dit-elle, la mort de votre père m'a laissé vis-à-vis de vous des devoirs sérieux à remplir. Je l'ai assisté à son heure suprême; j'ai reçu ses derniers adieux, j'ai recueilli son dernier soupir. C'est comme un dépôt sacré qui doit passer de mon cœur dans le vôtre. Venez, peut-être vous sera-t-il doux d'entendre parler de celui qui n'est plus, le long de ces allées qu'il aimait et qui sont encore toutes remplies de son image.

Ainsi parlant, Mlle de La Seiglière avait appuyé sa main sur le bras de Bernard, qu'elle emmena comme un enfant. Lorsqu'ils se furent éloignés, le marquis se jeta dans un fauteuil, et, libre enfin de toute contrainte, il laissa déborder les flots de colère et d'indignation qui l'étouffaient depuis plus d'une heure. Il y avait en lui deux sentimens ennemis, qui se combattaient avec acharnement, tour à tour vaincus et vainqueurs, l'égoïsme et l'orgueil de sa race. Décidément l'égoïsme était le plus fort; mais il ne pouvait triompher sans que l'orgueil vaincu ne poussât aussitôt des cris de blaireau pris au piége. En présence de Bernard, l'égoïsme l'avait emporté; Bernard parti, l'orgueil irrité s'arracha violemment aux étreintes de son rival et reprit bravement le dessus. Il y eut encore une scène de révoltes et d'emportemens qui fut tout ce qu'il est possible d'imaginer en ce genre de plus puéril et de plus charmant : qu'on se représente la grace pétulante d'un poulain échappé, franchissant haies et barrières, et bondissant sur les vertes pelouses. Ce ne fut pas sans de nouveaux efforts que Mme de Vaubert parvint à le ressaisir, à le ramener et à le maintenir dans le vrai de la situation.

— Voyons, marquis, dit-elle après l'avoir long-temps écouté avec une pitié souriante, cessons ces enfantillages. Vous aurez beau vous mutiner, vous ne changerez rien aux faits accomplis. Ce qui est fait est fait. A vouloir le contraire, Dieu lui-même perdrait sa puissance.

— Comment! s'écria le marquis, un drôle dont le père a labouré mes champs et dont j'ai vu la mère apporter ici, chaque matin, pendant dix ans, le lait de ses vaches, viendra m'insulter chez moi, et je n'y pourrai rien! Non-seulement je ne le ferai pas jeter à la porte par mes laquais, mais encore je devrai l'héberger, le fêter, lui sourire et lui mettre ma fille au bras! Un va-nu-pieds qui trente ans plus tôt se fût estimé trop heureux de panser mes chevaux et de les conduire à l'abreuvoir! Avez-vous entendu avec quelle emphase ce fils de bouvier a parlé des sueurs de son père? Quand ils ont dit cela, ils ont tout dit. La sueur du peuple! la sueur de leurs pères! Les impertinens et les sots! Comme si leurs pères avaient inventé la sueur et le travail! S'imaginent-ils donc que nos pères ne suaient pas, eux aussi? Pensent-ils qu'on suait moins sous le haubert que sous le sarrau? Cela m'indigne, madame la baronne, de voir les prétentions de cette canaille qui se figure qu'elle seule travaille et souffre, tandis que les grandes familles n'ont qu'à ouvrir les deux mains pour prendre des châteaux et des terres. Et comment trouvez-vous ce hussard qui vient revendiquer un million de propriétés, sous prétexte que son père a sué? Voilà les gens qui nous reprochent l'orgueil et la vanité des ancêtres! Celui-ci réclame insolemment le prix de la sueur de son père, puis il s'étonnera que je tienne au prix du sang de vingt de mes aïeux!

— Eh! mon Dieu, marquis, vous avez cent fois raison, répliqua Mme de Vaubert. Vous avez pour vous le droit; qui le nie et qui le conteste? Malheureusement, ce hussard a pour lui la loi, la loi mesquine, taquine, hargneuse, bourgeoise en un mot. Encore une fois, vous n'êtes plus chez vous, et ce drôle est ici chez lui; c'est là ce qu'il vous faut comprendre.

— Eh bien! madame la baronne, s'écria M. de La Seiglière, s'il en est ainsi, mieux vaut la ruine que la honte, mieux vaut abdiquer sa fortune que son honneur. L'exil ne m'effraie pas; j'en connais le chemin. Je partirai, je m'expatrierai une dernière fois. Je perdrai mes biens, mais je garderai mon nom sans tache. Ma vengeance est toute prête: il n'y aura plus de La Seiglière en France!

— Eh! mon pauvre marquis, la France s'en passera.

— Ventre-saint-gris, madame la baronne! s'écria le marquis rouge comme un coquelicot. Savez-vous ce que dit un jour à son petit lever le roi Louis XIV, en apercevant mon trisaïeul au milieu des gentils-hommes de sa cour? Marquis de La Seiglière, dit le roi Louis en lui frappant affectueusement sur l'épaule.....

— Marquis de La Seiglière, je vous dis, moi, que vous ne partirez

pas, s'écria Mme de Vaubert avec fermeté. Vous ne faillirez point du
même coup à ce que vous devez à vos aïeux, à ce que vous devez à
votre fille, à ce que vous vous devez à vous-même. Vous n'abandon-
nerez pas lâchement l'héritage de vos ancêtres. Vous resterez, précisément parce qu'il y va de votre honneur. D'ailleurs on ne s'exile plus
à notre âge. C'était bon dans la jeunesse, alors que nous avions devant nous l'avenir et un long espoir. Et pourquoi donc partir? ajouta-
t-elle d'un air belliqueux. Depuis quand attend-on, pour lever le siége,
que la place soit près de se rendre? Depuis quand bat-on en retraite,
quand on est sûr de la victoire? Depuis quand quitte-t-on la partie,
lorsqu'on est près de la gagner? Nous triomphons, ne le sentez-
vous pas? Que ce Bernard passe seulement la nuit au château, et demain je réponds du reste.

En cet instant, la baronne, qui se tenait dans l'embrasure d'une fenêtre, aperçut dans la vallée du Clain son fils, qui se dirigeait vers la
porte du parc. Laissant le marquis à ses réflexions, elle s'échappa plus
légère qu'un faon, arrêta Raoul à la grille, le ramena au castel de Vaubert, et trouva un prétexte plausible pour l'envoyer de là dîner et
passer la soirée dans un château voisin.

Cependant Hélène et Bernard allaient à pas lents, la jeune fille suspendue au bras du jeune homme, lui timide et tremblant, elle redoublant de séduction et de grace. Grace naïve, séduction facile! Elle
racontait avec une simplicité touchante l'histoire des deux dernières
années que le vieux Stamply avait passées sur la terre. Elle disait
comment ils en étaient venus à se connaître l'un l'autre et à s'aimer,
leurs promenades, leurs excursions, leurs mutuelles confidences, et
aussi quelle place avait tenue Bernard dans leurs entretiens. Bernard
écoutait en silence et charmé, et, tout en écoutant, il sentait à son
bras le corps souple et léger d'Hélène, il regardait ses deux pieds qui
marchaient à l'unisson des siens, il respirait son haleine plus suave
que les parfums d'automne, il entendait le frôlement de sa robe plus
doux que le bruit du vent dans la feuillée. Déjà il subissait des influences amollissantes; pareille à ces tiges élancées le long desquelles
la foudre s'échappe et s'écoule, Hélène lui dérobait le fluide orageux
de sa haine et de sa colère. Vainement essayait-il encore de se raidir
et de se débattre; semblable lui-même à ce chevalier dont on avait
dévissé l'armure, il sentait tomber à chaque pas quelque débris de ses
rancunes et de ses préventions. Tout en causant, ils avaient rabattu
sur le château. Le jour baissait; le soleil à son déchn alongeait démesurément l'ombre des peupliers et des chênes. Arrivé au pied du perron, Bernard se disposait à prendre congé de Mlle de La Seiglière,

quand celle-ci, sans quitter le bras du jeune homme, l'entraîna doucement dans le salon où Mme de Vaubert avait déjà rejoint le marquis, tant elle appréhendait de l'abandonner à ses seules inspirations.

— Vous êtes ému, monsieur, dit-elle aussitôt en s'adressant à Bernard; comment pourrait-il en être autrement? Ce parc fut, pour ainsi dire, le nid de vos belles années. Enfant, vous avez joué sur ces gazons; c'est sous ces ombrages que sont éclos vos premiers rêves de jeunesse et de gloire. Aussi votre excellent père en avait-il fait, sur les derniers temps, sa promenade de prédilection, comme si, au détour de chaque allée, il s'attendait à vous voir apparaître.

— Je le vois encore, dit le marquis, passer le long des boulingrins; avec ses cheveux blancs, ses bas de laine bleue, son gilet de futaine et sa culotte de velours, on l'aurait pris pour un patriarche.

— C'était bien un patriarche en effet, ajouta Mme de Vaubert avec onction.

— Ma foi! s'écria le marquis, patriarche ou non, c'était un brave homme.

— Si bon! si simple! si charmant! reprit Mme de Vaubert.

— Et point sot! s'écria le marquis. Avec son air bonhomme, il avait une manière de tourner les choses qui surprenait les gens.

— Aussitôt qu'il apparaissait, on s'empressait autour de lui, on faisait cercle pour l'entendre.

— C'était un philosophe. On se demandait, en l'écoutant, où il prenait les choses qu'il disait.

— Il les prenait dans sa belle ame, ajouta Mme de Vaubert.

— Et quelle gaillarde humeur! s'écria le marquis, emporté, malgré lui, par le courant; toujours gai! toujours content! toujours le petit mot pour rire!

— Oui, dit Mme de Vaubert, il avait retrouvé au milieu de nous son humeur souriante, sa gaieté naturelle et les vertes saillies d'un heureux caractère. Long-temps altérées par la rouille de l'isolement, toutes ses aimables qualités avaient repris, dans une douce intimité, leur éclat primitif et leur fraîcheur native. Il ne se lassait pas de répéter que nous l'avions rajeuni de trente ans. Dans son langage naïf et figuré, il se comparait à un vieux tronc ombragé de pousses nouvelles.

— Il est bien vrai que c'était une douce nature qu'on ne pouvait connaitre sans l'aimer, dit à son tour Hélène, qui supposant à son père et à la baronne les délicatesses de son cœur et de son esprit, s'expliquait ainsi leur empressement autour de Bernard.

— Ah! dam, reprit la baronne, il adorait son empereur. On n'aurait pas été bien venu à le contrarier sur ce point. Quelle chaleur, quel enthousiasme, toutes les fois qu'il parlait du grand homme! Il en parlait souvent, et nous nous plaisions à l'écouter.

— Oui, oui, dit le marquis, il en parlait souvent; on peut même affirmer qu'il en parlait très souvent. Que voulez-vous? ajouta-t-il, foudroyé par un regard de Mme de Vaubert et se reprenant aussitôt; ça lui faisait plaisir, à ce bonhomme, et c'était tout profit pour nous. Vive Dieu! monsieur, monsieur votre père peut se flatter là-haut de nous avoir procuré ici-bas de bien agréables momens.

La conversation en était là, sans que Bernard eût pu placer un mot, lorsqu'un laquais vint annoncer que M. le marquis était servi. M. de La Seiglière offrit son bras à la baronne, Hélène prit le bras du jeune homme, et tous quatre passèrent dans la salle à manger. Cela s'était fait si promptement et si naturellement, que Bernard ne comprit ce dont il s'agissait qu'en se voyant, comme par enchantement, assis auprès d'Hélène, à la table du gentilhomme. Le marquis ne l'avait même pas invité, et Bernard eût été depuis six mois l'hôte et le commensal du logis, que les choses n'auraient pu se passer sans moins de façon ni de cérémonie. Il voulut se lever et s'enfuir; mais la jeune fille lui dit :

— Ce fut long-temps la place de votre père; ce sera désormais la vôtre.

— Rien n'est changé ici, ajouta le marquis; il n'y a qu'un enfant de plus dans la maison.

— Touchant accord! charmante réunion! murmura Mme de Vaubert.

Ne sachant s'il veillait ou s'il était le jouet d'un songe, Bernard déploya brusquement sa serviette, et resta rivé sur sa chaise.

Dès le premier service, le marquis et la baronne entamèrent l'entretien sans avoir l'air de s'apercevoir de la présence d'un convive de plus, absolument comme si Bernard n'eût pas été là, ou plutôt comme si, de tout temps, il avait fait partie de la famille. Bernard était silencieux, ne buvait que du bout des lèvres et touchait à peine aux mets qu'on lui servait. On ne le sollicita point; on feignit même de ne pas remarquer son attitude sombre, pensive et réservée. Ainsi qu'il arrive au début de tous les repas, la conversation roula d'abord sur des objets indifférens : quelques mots échangés çà et là, point d'allusion à la situation présente, tout au plus, de temps à autre, un hommage indirect à la mémoire du bon M. Stamply. De banalités en vulgarités, on en vint naturellement à parler de la politique du jour. A certains mots qui échappèrent au marquis, Bernard commença de dresser les oreilles :

quelques traits partirent de droite et de gauche; bref, la discussion s'engagea. Mme de Vaubert en saisit aussitôt les rênes, et jamais automédon conduisant un quadrige et faisant voler la poussière olympique ne déploya autant de dextérité qu'en cette occasion la baronne. Le terrain était difficile, creusé d'abîmes, hérissé d'aspérités, traversé d'échaliers et d'ornières; du premier bond, le marquis courait risque de s'y rompre le cou. Elle en sut faire une route aussi droite, unie et sablée que l'avenue d'un château royal; elle tourna tous les obstacles, contint la fougue étourdie du marquis, aiguillonna Bernard sans l'irriter, les lança l'un et l'autre tour à tour au trot, au galop, au pas relevé; puis, après les avoir fait manœuvrer, pirouetter, se cabrer et caracoler, de façon toutefois à laisser à Bernard les honneurs de la joûte, elle rassembla les guides, serra le double mors, et les ramena tous deux fraternellement au point d'où ils étaient partis. Insensiblement Bernard avait pris goût au jeu. Échauffé par cet exercice, entraîné malgré lui par la bonne humeur du marquis, il montra moins de raideur et plus d'abandon, et lorsqu'au dessert le gentilhomme dit en lui versant à boire :

— Monsieur, voici d'un petit vin que monsieur votre père ne méprisait pas; je prétends que nous vidions nos verres à sa mémoire et à votre heureux retour.

Machinalement Bernard leva son verre et toucha celui du marquis.

Le repas achevé, on se leva de table pour aller faire un tour de parc. La soirée était belle. Hélène et Bernard marchaient l'un près de l'autre, précédés du marquis et de la baronne, qui causaient entre eux, et dont la voix se perdait dans le bruit de l'eau et dans le murmure du feuillage. L'un et l'autre étaient silencieux et comme absorbés par le bruissement des feuilles desséchées que leurs pieds soulevaient en marchant. Quand le marquis et sa compagne disparaissaient au tournant d'une allée, les deux jeunes gens pouvaient croire un instant qu'ils erraient seuls dans le parc désert, à la sombre clarté des étoiles. Plus pure et plus sereine que l'azur du ciel qui étincelait au-dessus de leurs têtes, Mlle de La Seiglière ne ressentait alors aucun émoi, et continuait d'aller d'un pas lent, rêveur et distrait, tandis que Bernard, plus pâle que la lune qui se montrait derrière les aulnes, plus tremblant que les brins d'herbe qu'agitait le vent de la nuit, s'enivrait, à son insu, du premier trouble de son cœur. De retour au salon, la conversation reprit son cours autour d'un de ces feux clairs qui égaient les soirées d'automne. Le sarment pétillait dans l'âtre, et les brises imprégnées de la senteur des bois lutinaient follement les rideaux de la fenêtre ouverte. Commodément assis dans un fauteuil moelleux, non loin d'Hélène, qui s'occupait, à la lueur d'une lampe, d'un ouvrage de tapisserie, Bernard subissait, sans chercher à s'en rendre compte, le charme de cet intérieur de famille. De temps en temps, le marquis se levait, puis venait se rasseoir après avoir baisé sa fille au front. D'autres fois, c'était l'aimable enfant qui regardait son père avec amour. Bernard s'oubliait au tableau de ces chastes joies. Cependant on voulut savoir l'histoire de sa captivité; M. de La Seiglière et sa fille joignirent leurs instances à celles de la baronne. Il est doux de parler de soi et de raconter les maux qu'on a soufferts, surtout quand on a bien dîné, et qu'on suspend, pour ainsi dire, à ses lèvres quelque Didon ou quelque Desdémone palpitante, curieuse, le regard ému et le sein agité. Bernard donna d'autant plus aisément dans le piége, qu'Hélène y jouait, sans s'en douter, le rôle de l'alouette captive chargée d'attirer la gent emplumée dans les lacets de l'oiseleur. Il raconta d'abord l'affaire de la Moscowa. Il indiqua à grands traits le plan des lieux, les mouvemens du terrain, la disposition respective des deux armées, puis il engagea la bataille. Il avait commencé sur un ton grave et simple; exalté par ses souvenirs, emporté par sa propre parole comme par des ailes de flamme, ses yeux s'animèrent peu à peu, et sa voix retentit bientôt comme un clairon. On respira l'odeur de la poudre, on entendit le sifflement des balles, on vit les bataillons s'ébranler et se ruer à travers la mitraille, jusqu'au moment où, frappé lui-même en tête de son escadron, il tomba sans vie sous les pieds des chevaux, sur le sol jonché de cadavres. Ainsi parlant, il était beau; Mlle de La Seiglière avait laissé échapper son aiguille, et, le col tendu, sans haleine, elle écoutait et contemplait Bernard avec un sentiment de naïve admiration.

— C'est un poète qui chante les exploits d'un héros! s'écria Mme de Vaubert avec enthousiasme.

— Monsieur, ajouta le marquis, vous pouvez vous flatter d'avoir vu la mort de près. Quelle bataille! j'en rêverai la nuit. Il paraît que vous n'y alliez pas de main morte; mais aussi, que diable votre empereur allait-il faire dans cette maudite Russie?

— Il avait son idée, répliqua fièrement Bernard; cela ne nous regarde pas.

Ensuite, il dit de quelle façon il s'était réveillé prisonnier, et comment de prisonnier il était devenu esclave. Il raconta simplement, sans emphase et sans exagération, son séjour au fond de la Sibérie, six années de servitude au milieu de peuplades sauvages, plus cruelles encore et plus impitoyables que leur ciel et que leur climat; tout ce qu'il avait enduré, la faim, le froid, les durs travaux, les traitemens barbares, il dit tout, et plus d'une fois, pendant ce funeste récit, une larme furtive glissa sous les paupières d'Hélène, brilla, comme une goutte de rosée, à ses cils abaissés, et roula en perle liquide sur l'ouvrage de tapisserie que la jeune fille avait repris sans doute pour cacher son émotion.

— Noble jeune homme! dit Mme de Vaubert en portant son mouchoir à ses yeux, était-ce là le prix réservé à votre héroïque courage?

— Ventre-saint-gris! monsieur, dit le marquis, vous devez être criblé de rhumatismes.

— Ainsi toute gloire s'expie! reprit la baronne avec mélancolie; ainsi, trop souvent, les branches de laurier se changent en palmes du martyre. Pauvre jeune ami! que vous avez souffert! ajouta-t-elle en lui pressant la main par un mouvement de vive sympathie.

— Monsieur, dit le marquis, je vous prédis que, sur vos vieux jours, vous serez mangé de gouttes.

— Après tant de traverses et de misères, qu'il doit être doux, s'écria Mme de Vaubert, de se reposer au sein d'une famille empressée, entouré de visages amis, appuyé sur des cœurs fidèles! Heureux l'exilé qui, de retour sur le sol natal, ne trouve pas sa cour silencieuse, sa maison vide et son foyer froid et solitaire!

— Une goutte de Sibérie! s'écria le marquis en se frottant le mollet; en voici une qui, pour ne venir que du fond de l'Allemagne, a déjà bien son prix. Monsieur, je vous plains. Une goutte de Sibérie! vous n'en avez pas fini avec les Cosaques.

Les dernières paroles de Mme de Vaubert avaient rappelé brusquement le jeune homme aux exigences de sa position. Onze heures venaient de sonner à la pendule d'écaille incrustée de cuivre qui ornait le marbre de la cheminée. Honteux de ses faiblesses, Bernard se leva, et, cette fois enfin, il allait se retirer, ne sachant plus que résoudre, mais comprenant encore, au milieu de ses incertitudes, que ce n'était point là sa place, quand, le marquis ayant tiré un ruban de moire qui pendait le long de la glace, la porte du salon s'ouvrit, et un valet parut sur le seuil, armé d'un flambeau à deux branches chargées de bougies allumées.

— Germain, dit le marquis, conduisez monsieur dans ses appartemens. Ce sont les appartemens, ajouta-t-il en s'adressant à Bernard, qu'occupa long-temps monsieur votre père.

— C'est vraiment mal à nous, monsieur, s'écria Mme de Vaubert, d'avoir si long-temps prolongé votre veille. Nous aurions dû nous rappeler que vous avez besoin de repos; mais nous étions si heureux de vous voir et si ravis de vous entendre! Pardonnez une indiscrétion qui n'a d'autre excuse que le charme de vos récits.

— Dormez bien, monsieur, dit le marquis; dix heures de sommeil vous remettront de vos fatigues. Demain, au saut du lit, nous irons battre nos bruyères et tirer quelques lapereaux. Vous devez aimer la chasse : elle est l'image de la guerre.

— Monsieur, dit Mlle de La Seiglière encore toute tremblante, n'oubliez pas que vous êtes chez vous d'abord, puis chez des amis qui se feront une joie autant qu'un devoir de guérir votre cœur, et d'effacer en lui jusqu'au souvenir de tant de mauvais jours. Mon père essaiera de vous rendre l'affection de celui que vous avez perdu, et moi, si vous le voulez, je serai pour vous une sœur.

— Si vous aimez la chasse, s'écria le marquis, je vous en promets de royales.

— D'impériales même, dit la baronne en l'interrompant.

— Oui, reprit le marquis, d'impériales. Chasse à pied! chasse à courre! chasse au levrier! chasse aux chiens courans! Vive Dieu! si vous traitez les renards comme les Autrichiens, et les sangliers comme les Russes, je plains les hôtes de nos bois.

— J'espère bien, monsieur, ajouta Mme de Vaubert, avoir le plaisir de vous recevoir souvent dans mon petit manoir. Votre digne père, qui m'honorait de son amitié, se plaisait à ma table et à mon foyer. Venez parler de lui à cette même place où tant de fois il a parlé de vous.

— Allons, monsieur Bernard, bonsoir et bonne nuit! dit le marquis en le saluant de la main, et que monsieur votre père vous envoie de là-haut de doux rêves!

— Adieu! monsieur Bernard, reprit la baronne avec un affectueux sourire; endormez-vous dans la pensée que vous n'êtes plus seul au monde!

— A demain, monsieur Bernard, dit à son tour Hélène; c'est le mot que votre excellent père et moi nous échangions le soir en nous quittant.

Ébloui, étourdi, entraîné, fasciné, enlacé, pris par tous les bouts, Bernard fit un geste qui voulait dire : à la grace de Dieu! puis, après s'être incliné respectueusement devant Mlle de la Seiglière, il sortit, précédé de Germain qui le conduisit dans l'appartement le plus riche et le plus somptueux du château. C'était en effet celui que le pauvre

vieux gueux avait quelque temps habité avant qu'on l'eût relégué
comme un lépreux dans la partie la plus retirée et la plus isolée du
logis; seulement, on l'avait depuis lors singulièrement embelli, et,
ce jour même, on s'était empressé de l'approprier à la circonstance.
Quand Bernard entra, la flamme joyeuse du foyer faisait étinceler les
moulures dorées du plafond et les baguettes de cuivre qui bordaient
et encadraient la tenture de velours vert-sombre. Un tapis d'Aubusson
jonchait le parquet de fleurs si fraîches et si brillantes, qu'on les eût
dites cueillies nouvellement dans les prairies d'alentour et semées là
par la main d'une fée bienveillante. Bernard, qui depuis dix ans n'avait
dormi que sur des lits de camp, sur la neige, sur des peaux de loup,
et dans des draps d'auberge, ne put se défendre d'un sentiment de
joie indicible en apercevant, sous l'édredon amoncelé, la toile blanche
et fine d'un lit qui s'élevait, comme le trône du sommeil, au fond
d'une alcôve, réduit mystérieux formé de draperies pareilles à la tenture. Toutes les recherches du luxe, toutes les élégances, toutes les
commodités de la vie, étaient réunies autour de lui et semblaient lui
sourire. Une sollicitude ingénieuse avait tout prévu, tout calculé, tout
deviné. L'hospitalité a des délicatesses qui échappent rarement à la
pauvreté, mais qu'on ne trouve pas toujours chez les hôtes les plus
magnifiques; rien ne manquait à celle-ci, ni l'esprit, ni la grace, ni
la coquetterie, plus rares que la munificence. Quand Germain se fut
retiré après avoir tout préparé pour le coucher de son nouveau maître,
Bernard éprouva un plaisir d'enfant à examiner et à toucher les mille
petits objets de toilette dont il avait oublié l'usage. Nous n'oserions
dire, par exemple, dans quels ravissemens le plongèrent la vue des
flacons d'eau de Portugal et la senteur des savons parfumés. Il faut
avoir passé six ans chez les Tartares pour comprendre ces puérilités.
De chaque côté de la glace, à demi cachés par des touffes d'asters, de
dahlias et de chrysanthèmes épanouis dans des vases pansus du Japon,
reluisaient des poignards, des pistolets damasquinés, diamans et bijoux des guerriers. Sur un coin de la cheminée, une coupe d'un travail précieux regorgeait de pièces d'or, comme oubliées là par mégarde. Bernard ne s'arrêta ni devant l'or, ni devant les fleurs, ni
même devant les armes. En rôdant autour de la chambre, il tomba
en extase devant un plateau de vermeil chargé de cigares que Mme de
Vaubert avait envoyé chercher à la ville, chez un vieil armateur de
ses amis : attention hospitalière qui n'aurait aujourd'hui rien que de
simple et de banal, mais qui pouvait passer alors pour un trait d'audace et de génie. Il en prit un, l'alluma à la flamme d'une bougie,

puis, étendu mollement dans une bergère, enveloppé d'une robe de cachemire, les pieds dans des babouches turques, il pensa d'abord à son père, à l'étrangeté de sa destinée, à la tournure imprévue qu'avaient prise en ce jour les évènemens, au parti qu'il lui restait à choisir. Brisé par la fatigue, le front brûlant, la paupière alourdie, bientôt ses idées se troublèrent et se confondirent. Dans cet état d'assoupissement, qu'on pourrait appeler le crépuscule de l'intelligence, il crut voir la fumée de son cigare s'animer et former au-dessus de sa tête des groupes fantastiques. C'étaient tantôt son vieux père et sa vieille mère qui montaient au ciel, assis sur un nuage; tantôt son empereur, debout sur un rocher, les bras croisés sur sa poitrine; tantôt la baronne et le marquis se tenant par la main et dansant une sarabande; tantôt et plus souvent, une figure svelte et gracieuse qui se penchait vers lui et le regardait en souriant. Son cigare achevé, il se jeta au lit, se roula dans la plume, et s'endormit d'un profond sommeil.

Soit lassitude, soit besoin de recueillement, Mlle de La Seiglière avait quitté le salon presqu'en même temps que Bernard. Demeurés seuls au coin du feu, la baronne et le marquis se regardèrent un instant l'un l'autre en silence.

— Eh bien! marquis, dit enfin la baronne, il est gentil, le petit Bernard! Le père sentait l'étable et le fils sent le corps-de-garde.

— Le malheureux! s'écria le marquis arrivé au dernier paroxisme de l'exaspération; j'ai cru qu'il n'en finirait pas avec sa bataille de la Moscowa. La bataille de la Moscowa! ne voilà-t-il pas une belle affaire? Qu'est-ce que c'est que ça? qui connaît ça? qui parle de ça? Je n'ai jamais fait la guerre; mais si je la faisais jamais.... Par l'épée de mes aïeux! madame la baronne, ce serait une autre paire de manches. Tout le monde y passerait; je ne voudrais même pas qu'il en revînt un invalide. La bataille de la Moscowa! Et ce faquin qui se donne des airs d'un César et d'un Alexandre! Les voici pourtant, ces héros! voici ces fameuses rencontres dont M. de Buonaparte a fait si grand bruit, et que les ennemis de la monarchie font encore sonner si haut! Il se trouve qu'en résumé c'étaient de petits exercices hygiéniques et sanitaires; les morts se ramassaient eux-mêmes, et les tués ne s'en portent que mieux. Vive Dieu! quand nous nous en mêlons, nous autres, les choses se passent autrement; quand un gentilhomme tombe, c'est pour ne plus se relever. Mais ne fût-on qu'un manant, ne fût-on qu'un vilain, ne fût-on qu'un Stamply, lorsqu'on s'est fait tuer pour le service de la France, que diable! c'est le moins qu'on ne vienne pas soi-même le raconter aux gens. S'il avait seulement pour deux sous de cœur, ce garnement rougirait de se sentir en vie, et il s'irait jeter, tête baissée, dans la rivière.

— Que voulez-vous, marquis, ça ne sait pas vivre, dit Mme de Vaubert en souriant.

— Qu'il vive donc, mais qu'il se cache! Cache ta vie, a dit le sage. S'il aimait la gloire comme il le prétend, n'aurait-il pas préféré continuer de passer pour mort au champ d'honneur plutôt que de venir ici traîner ses guêtres, sa honte et sa misère? Que ne restait-il en Sibérie? Il était bien là-bas; il y avait ses habitudes. Ce douillet se plaint du climat : ne dirait-on pas qu'il est né dans de la ouate et qu'il a grandi en serre-chaude! Les Cosaques sont de braves gens, de mœurs douces et hospitalières. Il les appelle des barbares. Obligez donc ces va-nu-pieds! sauvez-leur la vie! recueillez-les chez vous! faites-leur un sort agréable! Voici la reconnaissance que vous en retirez : ils vous traitent de cannibales. Je jurerais, quoi qu'il en dise, qu'il était là comme un coq-en-pâte; mais ces vauriens ne savent se tenir nulle part. Et puis ça vient vous parler de patrie, de liberté, de sol natal, de toit paternel qui fume à l'horizon! grands mots qu'ils mettent en avant pour justifier leurs désordres et pour voiler leur inconduite.

— La patrie, la liberté, le toit paternel, le tout assaisonné d'un million d'héritage, il faut pourtant convenir, ajouta Mme de Vaubert, que, sans être précisément un sacripant, on peut quitter pour moins les bords fleuris du Don et l'intimité des Baskires.

— Un héritage d'un million! s'écria le marquis : où diable voulez-vous qu'il le prenne?

— Dans votre poche, répliqua la baronne découragée d'avoir toujours à courir après lui pour le ramener forcément dans le cercle de la question.

— Ah çà! s'écria M. de La Seiglière, mais c'est donc un homme dangereux, ce Bernard! S'il me pousse à bout, madame la baronne, on ne sait pas de quoi je suis capable : je le traînerai devant les tribunaux.

— Bien! dit la baronne, vous lui éviterez ainsi l'ennui de vous y traîner lui-même. De grace, marquis, ne recommençons pas. La réalité vous enveloppe et vous presse de toutes parts. Puisque vous ne pouvez pas lui échapper, osez la regarder en face. Qu'a-t-elle donc à cette heure qui puisse tant vous effrayer? Le Bernard est en cage; le lion est muselé; vous tenez votre proie.

— Elle est jolie, ma proie! Pour Dieu, dites-moi, je vous prie, ce que vous voulez que j'en fasse!

— Le temps vous l'apprendra. Ce matin, il s'agissait d'installer l'ennemi dans la place : c'est fait. Il s'agit maintenant de l'en expulser : ça se fera.

— En attendant, dit le marquis, nous allons en manger de la Sibérie, de la mitraille et de la Moscowa! Nous allons en avaler des lames de sabre fricassées dans la neige et des biscayens accommodés aux frimas! Et puis, madame la baronne, ne vous paraît-il pas que je joue ici un vilain rôle et un rôle de vilain? Ventre-saint-gris! je jure comme Henri IV, mais il me semble que je vais m'y prendre autrement que le Béarnais pour reconquérir mon royaume.

— Croyez-vous donc, répliqua Mme de Vaubert, que le courage ne procède qu'à coups d'arquebuse et que les grandes actions ne s'accomplissent qu'à la pointe du glaive? Si la France n'a pas été divisée en ces derniers temps, partagée et tirée au sort comme les vêtemens du Christ, à qui le doit-elle? En habit brodé, en escarpins et en bas de soie, la jambe droite appuyée sur la gauche et la main passée dans le jabot de sa chemise, M. de Talleyrand a plus fait pour la France que toute cette racaille en culottes de peau qui s'appelait la vieille garde, et qui n'a su rien garder. Pensez-vous, par exemple, n'avoir pas déployé, en ce jour qui s'achève, cent fois plus de génie que n'en montra le Béarnais à la bataille d'Ivry? Secouer son panache blanc en guise de drapeau, frapper d'estoc et de taille, joncher le sol de morts et de mourans, ne voilà-t-il pas quelque chose de bien difficile! Ce qui est vraiment glorieux, c'est de triompher sur ce champ de bataille qui s'appelle la vie. Souffrez qu'à ce propos je vous adresse mes complimens. Vous avez eu le sang-froid d'un héros, l'esprit d'un démon et la grace d'un ange. Tenez, marquis, passez-moi le mot, vous avez été adorable.

— Il est certain, dit le marquis en passant sa jambe droite sur la jambe gauche et en jouant du bout des doigts avec son jabot de dentelle, il est certain que ce malheureux n'y a vu que du feu.

— Ah! marquis, comme vous l'avez assoupli! D'un gantelet de fer vous avez fait un gant de peau de Suède. Je vous savais brave et vaillant; mais je dois avouer que j'étais loin de vous soupçonner dans l'esprit une si merveilleuse souplesse. Il est beau d'être le chêne et de savoir plier comme le roseau. Marquis de La Seiglière, le prince de Bénévent a pris votre place au congrès de Vienne.

— Vous croyez, baronne? demanda M. de La Seiglière en se caressant le menton.

— D'un coup de pouce, vous auriez courbé l'arc de Nemrod, dit en souriant Mme de Vaubert. Vous apprivoiseriez des tigres et vous amèneriez des panthères à vous venir manger dans la main.

— Que voulez-vous? c'est l'histoire de toutes ces petites gens. De loin, ça ne parle que de nous dévorer; que nous daignions leur sourire, ça tombe et ça rampe à nos pieds. C'est égal, madame la baronne, je ne suis point encore d'âge à jouer le rôle de don Diègue, et si ce drôle était gentilhomme, je me souviendrais encore des leçons de Saint-George.

— Marquis, répliqua fièrement Mme de Vaubert, si ce drôle était gentilhomme, et que vous fussiez don Diègue, vous n'auriez pas loin à aller pour rencontrer Rodrigue.

A ce moment, la porte du salon s'ouvrit, et Raoul entra, ganté, frisé, tiré à quatre épingles, la paupière clignotante, la bouche épanouie, le visage frais et rosé, aussi irréprochable des pieds à la tête que s'il sortait d'une bonbonnière. Il venait chercher sa mère pour la ramener à Vaubert, et sans doute aussi dans l'espoir de faire sa cour à Mlle de La Seiglière, qu'il n'avait pas vue depuis la veille. A l'apparition de ce beau jeune homme, le marquis et la baronne arrêtèrent sur lui avec complaisance leurs regards rafraîchis et charmés : ce fut pour eux comme l'entrée d'un pur sang Limousin dans un hippodrome encore tout souillé par l'intrusion d'un mulet normand. Il était tard; la journée touchait à sa fin; les deux aiguilles de la pendule étaient près de se joindre sur l'émail de la douzième heure. Après avoir tendu sa main au marquis, Mme de Vaubert se retira, appuyée sur le bras de son fils, qu'elle se réserva d'instruire en temps et lieu des évènemens à jamais mémorables qui venaient de remplir ce grand jour.

Une heure après, tout reposait sur les deux bords du Clain. M. de La Seiglière, qui s'était endormi sous le coup des émotions violentes qu'il venait d'essuyer, rêvait qu'une innombrable quantité de hussards, tous tués à la bataille de la Moscowa, se partageaient silencieusement ses domaines, et qu'il les voyait s'enfuir au galop, emportant chacun son lot sur la croupe de son cheval, qui un champ, qui un pré, qui une ferme; Bernard galopait en avant avec le parc dans sa valise et le château dans un de ses arçons. N'ayant plus sous les pieds un seul morceau de terre, le marquis éperdu se sentait rouler dans l'espace, comme une comète, et cherchait vainement à se raccrocher aux étoiles. Mme de Vaubert rêvait de son côté, et son rêve ressemblait fort à un apologue bien connu. Elle voyait une jeune et belle créature, assise sur une fine pelouse, avec un lion énorme amoureusement couché auprès d'elle, une patte sur ses genoux, tandis qu'une troupe de valets, armés de fourches et de bâtons, observait ce qui se passait, cachée derrière un massif de chênes. La jeune fille soutenait d'une main la patte au fauve pelage, et de l'autre, avec une paire de ciseaux, elle rognait les griffes, qui s'alongeaient docilement sous le velours. Quand chaque patte avait subi la même opération, la belle enfant tirait de sa poche une lime au manche d'ivoire, et, prenant entre ses bras la tête à la blonde crinière, elle relevait d'une main délicate les épaisses et lourdes babines, et de l'autre elle limait gentiment une double rangée de dents formidables. Si parfois le patient poussait un rugissement sourd, elle l'apaisait aussitôt en le flattant du geste et de la voix. Cette seconde opération achevée, quand le lion n'avait plus ni crocs ni ongles, la jeune fille se levait, et les valets, sortant de leur cachette, couraient à la bête, qui détalait sans résister, la queue serrée et l'oreille basse. Bernard rêvait, lui, qu'au milieu d'un champ de neige, sous un ciel de glace bleuâtre, il voyait tout d'un coup surgir un beau lis qui parfumait l'air; mais, comme il s'approchait pour le cueillir, la royale fleur se changeait en une fée aux yeux d'ébène et aux cheveux d'or, qui l'enlevait à travers les nuages et le déposait sur des rives charmantes où régnait un printemps éternel. Enfin, Raoul rêvait qu'il était au soir de ses noces, et qu'au moment d'ouvrir le bal avec la jeune baronne de Vaubert, il découvrait avec stupeur qu'il avait mis sa cravate à l'envers.

VII.

Mlle de La Seiglière veillait seule. Accoudée sur l'appui d'une fenêtre ouverte, le front appuyé sur sa main, dont les doigts se perdaient sous les nattes de sa chevelure, elle écoutait d'un air distrait les confuses rumeurs qui montaient des champs endormis, concert de l'eau, du feuillage et des brises, nocturne de la création, langage harmonieux des nuits étoilées et sereines. A toutes ces voix et à tous ces murmures, Mlle de La Seiglière mêlait les premiers tressaillemens d'un cœur où la vie commençait à poindre et à se révéler. Il se faisait en elle comme un bruit de source cachée, près de sourdre, et soulevant déjà la mousse et le gazon qui la couvrent. Hélène s'était élevée dans un monde gracieux, élégant et poli, mais peu accidenté, froid, correct, compassé, nous n'avons pas dit ennuyeux. Ses entretiens avec le vieux Stamply, les lettres de Bernard, l'image et le souvenir d'un mort qu'elle n'avait jamais connu, avaient été tout le poème de sa jeunesse. A force d'en-

tendre parler de ce mort, à force de lire et relire ces lettres qui respiraient toutes une adorable piété filiale unie aux exaltations de la gloire,
lettres d'enfant autant que de héros, caressantes et chevaleresques,
toutes écrites dans l'ivresse du triomphe, le lendemain d'un jour de
combat, elle en était venue à se prendre pour lui de cette poétique affection qui s'attache à la mémoire des jeunes amis moissonnés avant
l'âge. Peu à peu, ce sentiment étrange avait germé et s'était épanoui
dans son sein comme une fleur mystérieuse : petite fleur bleue de
l'idéal qui parfume le fond des ames, aux heures solitaires, Hélène se
penchait sur son cœur pour la voir et pour la respirer. Comment se
serait-elle défiée d'un rêve dont elle n'avait jamais entrevu la réalité?
comment aurait-elle pu s'effaroucher d'une ombre dont le corps dormait au tombeau? Parfois elle emportait ces lettres dans ses excursions, comme elle aurait pu faire d'un livre aimé, et ce matin même,
sur la pente des coteaux, assise sous un bouquet de trembles, elle en
avait relu la plus touchante, celle dans laquelle Bernard envoyait à
son vieux père le premier bout de ruban rouge qui avait brillé sur
sa poitrine. Le bout de ruban s'y trouvait encore, terni par la fumée
de la poudre et par les baisers du vieux Stamply. Hélène n'avait pu
s'empêcher de songer que cela valait bien, à tout prendre, les œillets, les roses ou les camélias que M. de Vaubert portait toujours à
sa boutonnière. Elle était donc revenue la tête et l'esprit tout remplis d'expressions de flamme, et de retour au château, à peine entrée dans le salon, on lui avait montré Bernard, Bernard ressuscité,
Bernard debout et vivant devant elle. C'était plus qu'il n'en fallait à
coup sûr pour surprendre vivement une imagination oisive, qui ne s'était jusqu'à présent exaltée que pour des chimères. L'apparition miraculeuse de ce jeune homme, qui ne ressemblait à rien de ce qu'elle
avait vu jusqu'alors, et qui ne répondait pas trop mal au type qu'elle
s'en était formé confusément, la position de ce fils qu'elle croyait déshérité par la probité de son père, son air triste et grave, son attitude
digne et fière, le belliqueux éclat de son front et de son regard, ce qu'il
avait enduré et souffert, enfin tous les détails de cette étrange journée
avaient produit sur la belle enfant une impression romanesque et profonde; mais trop loin de soupçonner ce qui se passait dans son être
pour pouvoir s'en alarmer, Mlle de La Seiglière s'abandonnait sans
trouble aux sensations qui affluaient en elle comme les flots d'une nouvelle vie. Cependant elle comprit que, puisque Bernard vivait, elle n'avait plus le droit de garder les lettres que le vieux Stamply lui avait
confiées à son lit de mort. Près de s'en séparer, son cœur se serra; elle

les prit toutes une à une, les relut toutes une dernière fois, puis elle
les glissa sous une même enveloppe, après avoir dit un silencieux adieu
à ces amies de sa solitude, à ces compagnes de son désœuvrement. Cela
fait, la jeune fille revint au balcon, et s'y tint quelque temps encore à
regarder les étoiles qui scintillaient au ciel, la blanche vapeur qui traçait dans l'air le cours invisible du Clain, et la lune pareille à un disque
de cuivre dont l'horizon rongeait les bords.

Quoiqu'il fît jour depuis plusieurs heures, Bernard se réveilla dans
l'obscurité; seulement un rayon de soleil venant on ne sait d'où coupait
en deux l'appartement par une bande lumineuse dans laquelle tour-
noyait follement un essaim de petites mouches mêlées à un million d'a-
tomes, poussière d'or dans un sillon de feu. Après être resté quelques
instans plongé dans cet état de bien-être et de nonchalance qui n'est
ni la veille ni le sommeil, tout d'un coup au mugissement sourd de la
réalité qui commençait à lui arriver comme le bruit de la marée montante, il se dressa sur son séant, prêta l'oreille, et promena autour
de lui un regard étonné. Le bruit se rapprochait, la marée montait
toujours. Inquiet, éperdu, il se jeta à bas du lit, tira les rideaux, ouvrit les volets, et, l'esprit et les yeux illuminés en même temps, il vit
clair à la fois dans sa chambre et dans sa destinée. L'aigle qui, après
s'être endormi libre dans son aire, se réveillerait sur un perchoir, dans
une cage de ménagerie, n'éprouverait pas un sentiment de rage et de
stupeur plus sombre ni plus terrible que ne le fut celui de Bernard
au souvenir de ce qui s'était passé la veille. Il se pressa le front avec
désespoir, et se prodigua les noms de lâche, de parjure et d'infame. Il
fut tenté de jeter par la fenêtre les vases du Japon, la coupe aux pièces
d'or, les babouches turques, le plateau de cigares, et de consommer
l'expiation en se précipitant lui-même. Il voulut aller tordre le col à
la baronne; il chercha quel châtiment il infligerait au marquis; Hélène
elle-même ne trouva point grace devant sa colère. Immobile devant
une glace, il se demandait si c'était bien son image qu'il y voyait se
refléter. Etait-ce donc lui en effet? Traître en un jour à tous ses instincts, traître à ses opinions, à ses sentimens, à son origine, à ses
devoirs, à ses résolutions, à ses intérêts même, il avait frayé avec la
noblesse et accepté l'hospitalité des spoliateurs et des assassins de son
père! Par quel charme funeste? par quel enchantement ténébreux?
Indigné de s'être fait jouer comme un enfant, convaincu que le marquis n'était qu'un vieux roué, et sa fille qu'une jeune intrigante élevée à l'école de Mme de Vaubert, dégagé de tous les liens dont on
l'avait insidieusement enlacé, honteux et furieux à la fois de s'être

8.

laissé enchaîner, comme Gulliver, par des nains, il prit sa cravache, enfonça son chapeau sur sa tête, et, sans vouloir seulement prendre congé de ses hôtes, il sortit du château, décidé à n'y plus rentrer que lorsqu'il en aurait chassé la race des La Seiglière.

En traversant une cour plantée de figuiers, de marronniers et de tilleuls, pour gagner les écuries et seller lui-même le cheval qui l'avait amené, il fut rencontré par Mlle de La Seiglière, qui sortait de son appartement, en simple négligé du matin, encore plus belle ainsi qu'il ne l'avait vue la veille, le front si pur et si serein, la démarche si calme, le regard si limpide, que Bernard, en l'apercevant, sentit sa conviction s'évanouir avec sa colère, de même qu'au soleil levant se disperse et se fond la brume des collines. Soupçonner cette fière et suave créature de ruse, de mensonge, d'intrigue et de duplicité, autant aurait valu accuser de meurtre et de carnage les palombes au plumage ardoisé qui se becquetaient sur le toit du colombier voisin. La jeune fille alla droit au jeune homme.

— Monsieur, je vous cherchais, dit-elle.

A ce timbre de voix plus doux et plus frais que l'haleine embaumée du printemps, plus franc, plus loyal et sincère que le son de l'or sans alliage, Bernard tressaillit, et le charme recommença. Hélène et lui se trouvaient en cet instant près d'une petite porte qui donnait sur la campagne. Hélène l'ouvrit, et, passant sa main sur le bras de Bernard :

— Venez, ajouta-t-elle. Il est encore de bonne heure, et mon père s'est vanté hier soir en vous offrant d'aller battre avec vous, ce matin, nos landes et nos guérets. Vous serez obligé de vous contenter d'une promenade avec moi à travers champs. Vous y perdrez; mais les lièvres y gagneront.

— Tenez, mademoiselle, dit Bernard d'une voix tremblante en se dégageant doucement de la main d'Hélène, je vous vénère et vous honore. Je vous crois aussi noble que belle; je sens que douter de vous, ce serait douter de Dieu même. Vous avez aimé mon père; vous avez été l'ange gardien de sa vieillesse. Vous l'avez assisté souffrant; vous vous êtes assise à son chevet; vous l'avez aidé à mourir. Soyez-en remerciée et bénie. Vous avez rempli les devoirs de l'absent; je vous en garderai dans mon cœur une reconnaissance éternelle. Cependant laissez-moi partir. Je ne saurais vous expliquer les motifs impérieux qui m'en font une loi; mais puisque je la subis, cette loi, puisque j'ai la force de m'arracher à la grace de vos instances, vous devez comprendre, mademoiselle, que les motifs qui me commandent sont bien impérieux en effet.

—Monsieur, répondit Mlle de La Seiglière, qui croyait connaître ces motifs dont parlait Bernard; si vous êtes seul ici-bas, si vous n'avez point d'affection sérieuse qui vous appelle ailleurs, si votre cœur est libre de tout lien, je ne sais rien qui vous puisse dispenser de vivre au milieu de nous.

— Je suis seul ici-bas, et mon cœur est libre de tout lien, répliqua tristement le jeune homme; mais songez que je ne suis qu'un soldat de mœurs rudes et sans doute grossières. Je n'ai ni les goûts, ni les habitudes, ni les opinions de monsieur votre père. Étranger au monde où vous vivez, j'y serais importun, et moi-même j'y souffrirais peut-être.

— N'est-ce que cela, monsieur? dit Hélène. Mais songez donc à votre tour que vous êtes ici sur vos terres, et que nul ne songera jamais à contrarier vos goûts, vos habitudes et vos opinions. Mon père est un esprit aimable, indulgent et facile. Vous nous verrez à vos heures; si vous le préférez, vous ne nous verrez jamais. Vous choisirez le genre de vie qui vous conviendra le mieux, et, à part la température, dont nous ne saurions disposer, il ne tiendra qu'à vous de vous croire encore en pleine Sibérie. Seulement vous ne gèlerez pas, et vous aurez la France à votre porte.

— Soyez sûre, mademoiselle, répondit Bernard, que ma place n'est point chez le marquis de La Seiglière.

— C'est me faire entendre, monsieur, que ce n'est point ici notre place, répondit Mlle de La Seiglière, car nous sommes ici chez vous.

Ainsi ces deux cœurs honnêtes et charmans abdiquaient chacun de son côté pour ne pas s'humilier l'un l'autre. Bernard rougit, se troubla et se tut.

— Vous voyez bien, monsieur, que vous ne pouvez pas partir et que vous ne partirez pas. Venez, ajouta Hélène en reprenant le bras du jeune homme. Je vous ai hier transmis, pour ainsi dire, les derniers jours de votre père; il me reste encore un dépôt qu'il m'a confié à son lit de mort, et que je tiens à vous remettre.

A ces mots, elle entraîna Bernard, qui la suivit encore une fois, et tous deux s'enfoncèrent dans un sentier couvert qui courait à travers les terres entre deux haies d'épines et de troènes. Il faisait une de ces riantes matinées que n'ont point encore voilées les mélancolies de l'automne. Bernard reconnaissait les sites au milieu desquels il s'était élevé; à chaque pas, il éveillait un souvenir; à chaque détour de haie, il rencontrait une fraîche image de ses jeunes années. Ainsi marchant, tous deux s'entretenaient des jours écoulés. Bernard disait son enfance turbulente; Hélène racontait sa jeunesse grave et sérieuse. Parfois ils

s'arrêtaient, soit pour échanger une idée, une observation ou un sen_
timent, soit pour cueillir les menthes et les digitales qui bordaient les
marges du chemin, soit pour admirer les effets de lumière sur les prés
et sur les coteaux ; puis, tout surpris de quelque révélation sympa_
thique, ils poursuivaient leur route en silence jusqu'à ce qu'un nouvel
incident vint interrompre le langage muet de leurs ames. S'il paraissait
étrange, disons le mot, inconvenant, à quelques esprits rigoristes et
timorés que la fille du marquis de La Seiglière se promenât, en toilette
du matin, au bras de ce jeune homme qu'elle avait vue la veille pour
la première fois, c'est que ces esprits, dont nous respectons d'ailleurs
les susceptibilités exquises, oublieraient que Mlle de La Seiglière était
trop chaste et trop pure pour avoir la pudeur et la retenue que le
monde enseigne à ses vestales; nous leur rappellerions aussi qu'Hélène
avait grandi dans la solitude et dans la liberté, et qu'enfin, en suivant
le secret penchant de son cœur, elle croyait accomplir un devoir. Au
bout d'une heure de marche, ils arrivèrent, sans y songer et sans
l'avoir cherchée, à la ferme où Bernard était né. A la vue de cette
humble habitation où rien n'avait changé, Bernard ne put retenir son
émotion. Il voulut tout revoir et tout visiter; puis il alla s'asseoir auprès d'Hélène, dans la cour, sur ce même banc où son père s'était
assis quelques jours avant d'expirer. Tous deux étaient attendris, et
ils restèrent silencieux. Quand Bernard releva sa tête, qu'il avait tenue
long-temps entre ses mains, son visage était mouillé de larmes.

— Mademoiselle, dit-il en se tournant vers Hélène, j'ai raconté hier
devant vous six années d'exil et de dur esclavage. Vous êtes bonne,
je le sais, je le sens. Peut-être avez-vous plaint mon martyre, et pourtant, dans ce récit indiscret de mes maux et de mes misères, je n'ai
pas fait entrer la plus cruelle de mes tortures. Cette torture n'a point
cessé, je la porte en moi comme un vautour qui me ronge le sein.
Quand je quittai mon père, il était vieux déjà et seul au monde. Vainement m'objecta-t-il qu'il n'avait plus que moi sur la terre. Je le
délaissai sans pitié pour courir après ce fantôme qui s'appelle la gloire.
Au milieu du bruit des camps et des enivremens de la guerre, je ne
songeai pas que j'étais un ingrat; dans le silence de la captivité, je me
sentis écrasé tout d'un coup sous le poids d'une pensée terrible. Je me
représentai mon vieux père sans parens, sans amis, sans famille,
frappé d'abandon, pleurant ma mort, mais accusant ma vie. Dès-lors,
cette pensée qu'il se plaignait de moi et qu'il accusait ma tendresse
ne me donna ni trêve ni merci; ce devint le mal de mon cœur, et je
me demande encore à cette heure s'il m'a pardonné en mourant.

— Il est mort en bénissant votre mémoire, répondit la jeune fille; il est parti joyeux, avec le doux espoir d'aller vous embrasser là-haut.

— Jamais ne parla-t-il de moi avec amertume?

— Il ne parla jamais de vous qu'avec amour et qu'avec enthousiasme.

— Jamais n'a-t-il maudit mon départ?

— Il n'a jamais que tressailli d'orgueil à l'idée de vos glorieux travaux. Vous n'étiez plus pour lui, et cependant vous étiez encore sa vie tout entière. Il vous pleurait, et cependant il n'existait qu'en vous et que par vous. Près d'expirer, il me livra vos lettres comme ce qui lui restait de plus cher et de plus précieux à léguer. Ces lettres, les voici, dit Hélène en les tirant d'un sac de velours et en les remettant à Bernard; elles m'ont appris à connaître et à aimer la France, et j'ai vu souvent votre père les tremper de ses pleurs et de ses baisers.

— Mademoiselle, dit Bernard d'une voix émue, vous qui avez aidé le père à mourir et qui aidez le fils à vivre, soyez remerciée et bénie encore une fois.

Ils s'en retournèrent plus silencieux qu'ils n'étaient venus. Encore sous le coup du rêve affreux qu'il avait fait la nuit, M. de La Seiglière reçut cordialement Bernard, qui ne put se dispenser de s'asseoir à la table du déjeuner, entre le marquis et sa fille. Livré à lui-même, le marquis fut charmant, et s'il lui échappa quelques imprudences, ces étourderies eurent un caractère de franchise et de loyauté qui ne déplurent point à la nature loyale et franche de son hôte. Le repas achevé, la journée s'écoula comme un rêve, Bernard toujours prêt à partir, et toujours empêché par quelque nouvel épisode. Il feuilleta des albums avec Hélène, passa dans la salle de billard avec le marquis, se laissa promener en calèche découverte, visita les écuries du château, parla de chevaux avec le vieux gentilhomme, qui les aimait et prétendait s'y connaître. Dans l'après-midi survint Mme de Vaubert, qui déploya toutes les chatteries de sa grace et de son esprit. Le dîner fut presque joyeux. Le soir, au coin du feu, Bernard s'oublia encore une fois à raconter ses batailles. Bref, sur le coup de minuit, après avoir serré la main du marquis, il se retira dans son appartement, et, tout en se promettant de s'éloigner le lendemain, il fuma un cigare, se coucha et fit de doux songes.

Que devenait cependant notre jeune baron? Dans la matinée de ce même jour, Mme de Vaubert, qui avait détourné son fils de se présenter, la veille, au château, le fit appeler auprès d'elle.

— Raoul, lui dit-elle aussitôt, m'aimez-vous?

— Quelle question! ma mère, répondit le jeune homme.

— M'êtes-vous dévoué corps et ame?

— En avez-vous jamais douté?

— Si de graves intérêts qui me concernent vous obligeaient de partir pour Paris?

— Je partirais.

— Immédiatement?

— Je vais partir.

— Sans perdre une heure?

— Je pars, dit Raoul en prenant son chapeau.

— C'est bien, dit Mme de Vaubert. Cette lettre renferme mes instructions; vous ne l'ouvrirez qu'à Paris. La malle de Bordeaux passera à Poitiers dans deux heures. Voici de l'or. Embrassez-moi. Maintenant, partez.

— Sans présenter mes adieux au marquis et mes hommages à sa fille? demanda Raoul hésitant.

— Je m'en charge, dit la baronne.

— Cependant...

— Raoul, m'aimez-vous?

— Que penseront?...

— M'êtes-vous dévoué?

— Ma mère, je suis parti.

Trois heures après, M. de Vaubert roulait vers Paris, moins perplexe et moins intrigué qu'on ne pourrait se l'imaginer, et convaincu que sa mère l'envoyait tout simplement acheter les présens de noce. A peine arrivé, il brisa le cachet de l'enveloppe qui renfermait les instructions de la baronne, et il lut les lignes suivantes :

« Amusez-vous, voyez le monde, ne fréquentez que des gens de votre rang, ne dérogez en rien ni jamais, ménagez votre jeunesse, ne songez à revenir que lorsque je vous rappellerai, et reposez-vous sur moi du soin de votre bonheur. »

Raoul ne comprit pas et ne chercha point à comprendre. Le lendemain, il marchait gravement sur le boulevard, l'air froid et compassé, et, au milieu des splendeurs de ce Paris qu'il voyait pour la première fois, aussi peu curieux de voir et d'observer que s'il se promenait sur ses terres.

JULES SANDEAU.

(La fin au prochain numéro.)

DE

L'ART DU COMÉDIEN.

———

ÉTUDE HISTORIQUE ET CRITIQUE.

———

Première Partie. — Histoire.

Jamais le nombre de ceux qui se destinent à la scène n'a été aussi grand que de nos jours ; jamais les doléances sur la rareté des bons acteurs n'ont été plus vives, plus générales, et j'ajoute à regret, mieux justifiées. Les auteurs excusent leur propre stérilité en proclamant qu'ils manquent d'interprètes. Les directeurs voient depuis long-temps leurs cadres s'affaiblir, sans espoir de réparer leurs pertes. Les artistes, en très petit nombre, qui conservent le privilège d'attirer la foule, sentent si bien leur supériorité, qu'ils en abusent de toutes manières, et que leur acquisition devient parfois, pour les entreprises, une cause d'embarras, sinon de ruine. Dans le monde, vous entendrez souvent des comparaisons pleines d'amertume, entre la misère du présent et la fécondité du dernier siècle, où tant d'acteurs accomplis rivalisaient de talent et de zèle. Cette décadence du génie scénique ne serait-elle qu'un jeu de la fatalité, un mal sans remède ? Je ne suis

pas de ceux qui nient la nécessité des vocations spéciales, et je sais
tout ce qu'il y a de hasardeux, d'inexplicable dans l'apparition des
êtres supérieurs; mais je suis loin de croire que la nature, après s'être
épuisée pour une génération, reste stérile pour l'âge suivant : et quand
arrive, dans un art, une de ces époques maladives où chacun semble
se laisser aller de l'impuissance au découragement, c'est, n'en doutons pas, que tous les efforts sont paralysés par une influence funeste
qu'on doit s'efforcer de découvrir.

Les acteurs qui se sont illustrés en si grand nombre pendant la
seconde moitié du dernier siècle et les premières années du siècle
présent, avaient sur ceux de nos jours un avantage inappréciable : ils
savaient nettement ce que leur public exigeait d'eux, et à quelles conditions ils se feraient applaudir. Le but des études préparatoires était
bien indiqué : la scène offrait des modèles excellens. Les connaisseurs
se trouvaient placés au même point de vue pour lancer leurs sentences. L'auditoire, naïf et palpitant d'attention, ne renvoyait à l'acteur
que des impressions sincères sur lesquelles il n'y avait pas moyen de
s'abuser. Les choses sont tellement changées aujourd'hui, qu'il est
inutile de s'appesantir sur le contraste. Notre monde théâtral reflète la
société d'une manière que n'avaient pas prévue les poétiques : c'est en
présentant, comme son modèle, le conflit des doctrines, ou bien leur
négation absolue. S'il était possible de ramener sur ce point l'attention
des hommes qui dirigent l'opinion, quelques étincelles luiraient sans
doute dans le chaos : ce serait un service rendu à ceux qui cultivent
le théâtre par profession, et à ceux qui l'aiment encore comme un
des plus nobles délassemens de l'esprit.

Il y a deux manières de concevoir et d'exercer l'art théâtral : interprétation intelligente et poétique d'une nature choisie, ou bien reproduction fidèle, copie minutieuse de tout ce que la nature nous
montre. C'est l'éternel antagonisme de l'idéal et du réel, qui existe
dans tous les autres arts : cette formule est même tellement usée dans
les écoles de peinture, qu'il semblera au moins inutile à quelques personnes d'en renouveler l'application. On voudra bien remarquer, je
l'espère, la différence qui sépare les comédiens des autres artistes. Le
poète, le peintre, sont maîtres de leur sujet, de leur coloris, et le
mieux qu'ils ont à faire est de traduire avec naïveté leur propre sentiment. Pour le comédien, au contraire, la plus grande gloire consiste
à s'oublier lui-même, à se mettre en harmonie avec une conception
qui n'est pas la sienne, à nuancer son jeu et son débit suivant la nature de l'œuvre qu'on lui donne à interpréter. Parmi ces œuvres, les

unes, les anciennes surtout, sont d'un ton qui les élève jusqu'à l'idéal; les autres affectent un naturel vulgaire. Chacun de ces styles a des moyens d'effet qui lui sont propres, et exige, de la part de l'acteur, un mécanisme d'exécution particulier. Que peut-on attendre de ceux qui n'ont pas une perception bien nette de ces deux points de vue? Nous le voyons par l'exemple de beaucoup de comédiens, hommes d'intelligence et de bonne volonté, mais qui, rejetant par système toutes les notions systématiques et divinisant leurs instincts, s'épuisent en efforts aussi pénibles pour le spectateur que pour eux-mêmes.

Généralisant mon observation, je répète que l'affaiblissement de notre scène a pour cause principale la confusion qui est faite des deux théories applicables à l'art de l'acteur, et surtout le mélange des procédés au moyen desquels on obtient les *effets* dans l'une ou dans l'autre de ces manières opposées.

Je sens la difficulté de bien établir de pareilles nuances, en traitant d'un art qui consiste uniquement dans la pratique et ne laisse que des impressions fugitives. Je voudrais éviter les considérations abstraites dont je me défie, et m'en tenir à rappeler les leçons de l'expérience. Malheureusement ce moyen de vérification n'est pas facile. On compterait par milliers les volumes consacrés dans toutes les langues à l'histoire littéraire des théâtres; un ouvrage d'une utilité plus directe n'a jamais été entrepris : ce serait une histoire complète et suivie de l'art théâtral, par rapport aux comédiens. A défaut d'un livre si désirable, je vais essayer d'exposer, dans une simple esquisse, les changemens survenus pendant le cours des âges dans la pratique de la scène. C'est un long chemin que je prends pour arriver au point de vue que je viens de signaler : si je ne me trompe, les regards qu'on jettera sur le passé seront la meilleure explication du présent.

I. — THÉATRE ANTIQUE.

L'art théâtral naît en Grèce, et, dès l'origine, il s'y élève au plus haut point de l'idéalisation. La tragédie antique, dans la sublimité de sa conception primitive, était une vue idéale des choses de ce monde envisagées religieusement par le côté sérieux, de même que la comédie était un tableau des mœurs idéalisées d'une manière ironique. L'effet cherché par le poète ne résultait pas, comme chez les modernes, d'une imitation plus ou moins exacte des incidens extérieurs de la vie, mais de l'intensité de l'*idée* qu'il parvenait à graver dans les ames. A ce système dramatique correspondait un genre d'exé-

cution théâtrale si éloigné de nos habitudes, qu'il est bien difficile de
s'en rendre compte, malgré l'abondance des détails et les ingénieuses
conjectures d'une foule d'érudits.

Les usages du théâtre antique, pendant la période florissante
d'Athènes, n'offrent avec les nôtres que des contrastes (1). En Grèce,
de vastes amphithéâtres, des spectacles à ciel découvert, aux yeux de
tout un peuple convié gratuitement; aujourd'hui, des salles exiguës,
éclairées artificiellement, remplies, tant bien que mal, par les oisifs
en état d'acheter un remède contre l'ennui. D'une part, pour acteurs,
des citoyens qui accomplissent avec plaisir un devoir religieux en
montant sur la scène; d'autre part, quelques artistes intelligens et
enthousiastes perdus dans la foule de ceux qui font leur métier avec
ennui et pour vivre. Le poète grec avait encore l'avantage de pouvoir
choisir des interprètes dans toutes les classes, car l'éducation commune de l'enfance semblait n'être alors qu'une préparation aux exercices dramatiques. La musique en faisait la base, et sous cette dénomination générale on comprenait les arts divers qui tirent leur
puissance du rhythme. Deux de ces arts concernaient spécialement
la diction et le geste, les deux moyens d'expression du comédien :
c'étaient la *musique hypocritique*, art de la récitation théâtrale, et la
musique orchestique, art de la danse ou plutôt de la gesticulation
expressive, qui consistait, a dit Platon, dans l'imitation méthodique
de tous les gestes que les hommes peuvent faire. Appliquée à la scène,
l'orchestique se subdivisait en trois méthodes spéciales : *emmélie*, ou
gesticulation tragique; *cordace*, ou gesticulation usitée dans la comédie; *sicinnis*, danse et gesticulation satiriques. Chez les Romains, le
fameux Pylade institua une quatrième méthode, qu'il appela *italique*,
pour les gestes en usage dans la pantomime. Ainsi, tout homme de
bonne éducation était préparé à monter sur la scène, et, comme les
divers genres d'expression dramatique reposaient sur des principes et
des conventions invariables, comme les inflexions du geste et de la
voix avaient une valeur généralement acceptée, l'étude d'un rôle pouvait, à la rigueur, se réduire à un travail de mémoire.

(1) Mon but étant simplement d'exprimer quelques observations sur l'art de
l'acteur, je glisserai sur les usages extérieurs, comme sur l'esprit littéraire du
théâtre antique. Nos lecteurs n'ont pas oublié une série d'études *sur la mise en
scène chez les anciens*, présentées par M. Ch. Magnin, avec un talent égal à la
sûreté de son érudition. Ce travail, qui a épuisé la matière, me dispense, fort heureusement pour moi, d'une tâche à laquelle je ne serais point préparé. — Voyez
Revue des Deux Mondes, livraisons des 1er septembre 1839, 15 avril et 1er novembre 1840.

Le génie prosodique des langues anciennes, la différence des moyens d'exécution, des localités, du personnel dramatique, donnaient à la diction un caractère si étrange, que nous avons besoin d'un effort d'esprit pour en concevoir l'effet. Jusqu'au commencement du XVIIIᵉ siècle, on croyait vaguement que les tragédies grecques étaient *chantées* d'après une mélopée écrite à l'avance par un musicien, sinon par le poète lui-même. Par le mot *mélopée*, on entendait un genre particulier de notation applicable au drame, et de nature à préciser le rhythme, les accentuations et le dessin mélodique de chaque phrase. La vérité, ou du moins une lumière plus certaine, jaillit enfin d'une controverse engagée entre l'abbé Dubos et Racine le fils, et prolongée par l'intervention des plus savans hommes de l'époque, Rollin, Voltaire, les académiciens Vatry et Duclos, les jésuites Bougeant et Brumoi, le bénédictin Caffiaux, et beaucoup d'autres. Le débat se termina par une sorte de transaction entre ceux qui faisaient du poème tragique une véritable partition musicale, et ceux qui niaient la possibilité de noter le débit des déclamateurs. On distingua dans la tragédie grecque trois parties : le dialogue, *diverbium*, c'est-à-dire le drame lui-même ; les *cantiques*, morceaux d'un sentiment élevé et d'un rhythme chantant, amenés dans les momens d'expansion lyrique, comme les stances de *Polyeucte* et du *Cid*, ou comme les airs de bravoure de nos opéras ; enfin, les *chœurs*. Or, suivant les conclusions de la critique, dans les scènes d'action, le ton du dialogue devait bien prendre des inflexions chantantes, comme celles des tragédiens qui exagèrent ; mais il n'avait pas pour cela le vrai caractère du langage musical, qui est de procéder par intervalles égaux, appréciables à l'oreille et mesurés comme ceux de notre gamme. Le dialogue tragique conservant les intonations inégales et non mesurables du parler ordinaire, il n'y avait donc pas possibilité de noter exactement chaque phrase, syllabe par syllabe, comme dans le chant proprement dit. La notation appliquée à cette partie du drame devait correspondre seulement aux signes expressifs de notre musique, indiquer les silences, les degrés de la force vocale et aussi le rhythme prosodique, afin que le déclamateur pût se mettre d'accord avec l'accompagnement, qui ne s'arrêtait jamais. Le monologue lyrique, ou cantique, était un morceau de chant véritable, susceptible d'être noté, et accompagné avec plus de recherche que le récit. Enfin, les chœurs étaient toujours chantés sur des mélodies simples, franches et fortement rhythmées, de telle sorte que les spectateurs eux-mêmes pussent se joindre par instans aux musiciens.

Il n'y avait d'autres combinaisons harmoniques que les accords naturels trouvés instinctivement par tous ceux qui ont de l'oreille.

Bien que le dialogue dramatique de la tragédie grecque n'eût pas
le caractère que nous attribuons au chant, il s'éloignait encore beaucoup plus des idées que nous avons pu nous faire de la déclamation
parlée. Tout le monde sait que chez les anciens, chaque syllabe avait
une durée précise et invariable dans sa prononciation, et qu'on devait employer exactement à l'articulation d'une longue le double du
temps nécessaire pour une brève. Cette observation de la quantité syl-
labique, en usage dans le discours familier, était impérieusement
exigée au théâtre. Pour prévenir la tempête que n'eût pas manqué
d'exciter une violation de la prosodie, un homme était sur la scène,
en vue de tous, frappant du pied pour battre la mesure. Ainsi, le tragédien et même l'acteur comique n'étaient pas moins esclaves du
rhythme dans leur diction que, dans leurs genres, le chanteur et le danseur. Auprès du batteur de mesure se trouvaient deux musiciens accom-
pagnateurs, l'un pour guider les scènes dialoguées, l'autre pour soutenir les parties lyriques. Le premier exécutait sur la flûte une sorte
de basse continue, dont le son était ordinairement faible et discret;
mais, par momens, il frappait des accens avec force, soit pour indiquer aux déclamateurs certaines intonations dans les passages importans, soit plutôt pour les aider à rentrer dans le ton lorsqu'ils étaient
jetés hors d'eux-mêmes, par des efforts trop violens pour grossir leur
voix. On faisait alors un mérite aux tragédiens d'un certain genre de
vociféravion surhumaine, en contraste avec le ton assez familier de la
comédie. *Tragœdus vociferatur, comœdus sermocinatur*, a dit Apulée.
Les masques, suivant la définition étymologique d'Aulu-Gelle (*per-
sona;* du verbe, *personare*, résonner), aidaient beaucoup le mécanisme
vocal. Le développement monstrueux de la bouche cachait une espèce
de porte-voix au moyen duquel, dit Cassiodore, se formaient « de tels
sons qu'on avait peine à croire qu'ils pussent sortir de la poitrine d'un
mortel. »

Si le parler des tragédiens était conventionnel, leur aspect, leur gesticulation, ne l'étaient pas moins. Pour que les acteurs qui paraissaient
dans une perspective plus éloignée que les choristes conservassent aux
yeux du public une stature héroïque, ils chaussaient le cothurne, c'est-
à-dire des brodequins dont les semelles étaient exhaussées par un en-
tassement de feuillets d'une matière souple, je le suppose. Ils étaient
obligés en outre de se matelasser le corps pour le proportionner à leur

taille, et de donner au masque qui couvrait toute la tête une configuration également exagérée. Les gestes, appesantis par cet attirail,
n'avaient rien de spontané. Ils devaient être réglés à l'avance sur la
prosodie du discours, et sur l'accompagnement musical. Le jeu muet
consistait donc en une succession de mouvemens, de poses expressives, conformes aux lois généralement connues de l'orchestique, et
dont, par conséquent, la signification positive ne pouvait pas échapper aux spectateurs.

Gardons-nous de croire néanmoins, d'après M. Schlegel, que « l'acteur chez les anciens n'était qu'un instrument passif, que son mérite
consistait dans l'exactitude avec laquelle il remplissait son rôle, et non
dans l'étalage de ses sentimens particuliers. » Autant vaudrait dire que
nos chanteurs sont des automates, parce qu'ils obéissent au ryhthme,
et que leurs intonations n'ont rien d'arbitraire. Si l'acteur, dans l'antiquité, était dispensé de la recherche des intentions, des jeux de physionomie, des élans improvisés, et de tout ce que nous appelons aujour-
d'hui la composition d'un rôle, il avait en revanche à faire dans l'exécution une dépense prodigieuse de vitalité et d'intelligence. On peut
mettre du génie dans la manière de comprendre et de rendre un effet
indiqué, de prendre et de soutenir un ton, de passionner une syllabe,
de conduire le geste par une succession d'accens bien frappés et d'ondulations mollement harmonieuses.

Il est hors de doute, d'après tout ce qui précède, que les Grecs ne
se proposaient aucunement de faire illusion en reproduisant la réalité
extérieure. Pour apprécier le système de leur déclamation, il faut
considérer, non pas ses procédés, mais le but qu'on lui assignait. Au
lieu de copier, comme les modernes croient le faire, les incidens de la
vie humaine, les anciens essayaient d'en éclairer le sens, et le jeu
théâtral le plus conforme à ce but leur paraissait le meilleur. Qu'on
se représente donc, sur une vaste scène, en plein jour, en plein air,
sous l'œil des dieux, des figures colossales éveillant par l'ampleur de
leur aspect, par le type de leur physionomie empruntée, l'idée de l'héroïsme. Leur parler a une sonorité étrange et forte, une justesse d'accent irrésistible, une puissance de rhythme pleine de séductions et de
mystères : c'est la langue de la passion parlée avec une énergie plus
qu'humaine. Également entraînés par la mesure, tous les mouvemens
corporels se dessinent avec une lenteur noble et majestueuse : ils sou-
lignent, pour ainsi dire, l'intention, en s'arrêtant dans ces poses
expressives et parlantes dont la sculpture de grand style peut nous
donner une idée. Jamais, dans ce tableau mouvant, le beau n'est sa-

crifié à ce qui semble vrai; jamais le spectateur ne souffre dans sa dignité d'homme à voir le rapetissement de notre nature. Trop heureux est celui qui peut oublier la réalité mesquine, et s'élancer, à la suite du génie, dans un monde idéal où tout est grandiose. On y tremble sans honte d'une terreur pleine d'enseignemens; on s'y enivre d'une solennelle tristesse qui agrandit l'ame et l'esprit : quand arrive ce moment de suprême émotion où l'auditeur appartient au poète, intervient, pour expliquer l'*idée* du poète, un spectateur idéal, le chœur, être multiple, placé au-dessous des acteurs du drame, comme dans le monde la foule au-dessous des héros, et cet interprète sublime de la sagesse vulgaire juge les grandes passions, les grands coups du sort qu'on lui donne en spectacle, avec cette voix du peuple qui est la voix des dieux.

Personne n'oserait soutenir, j'imagine, qu'un tel ensemble dût manquer d'effet; mais l'aperçu n'est exact que pour le siècle fécondé par l'influence de Periclès. « Aux époques de décadence, a dit Winkelman à propos des arts pittoresques, l'expression fut employée pour suppléer en quelque sorte à la beauté. » Un symptôme de cette nature se manifesta en Grèce peu après la mort des grands poètes dont les chefs-d'œuvre nous ont été conservés. On commença à chercher l'effet dramatique, moins dans un reflet idéal de la vérité que dans une exagération matérielle des choses vraies. On essaya les coups de théâtre, l'imprévu, l'horrible. La poétique d'Aristote témoigne de cette dégradation. Les chœurs tragiques perdirent leur signification religieuse, à tel point qu'ils furent souvent remplacés par des intermèdes lyriques, sans rapport avec le sujet de la pièce. La comédie, privée aussi de ses chœurs, cessa d'être une appréciation ironique et bouffonne des intérêts les plus sérieux de la société : elle devint purement et simplement anecdotique, et s'en tint à esquisser la superficie des mœurs. Ces changemens réagirent assurément sur l'art de l'acteur. La mise en scène , les usages tragiques se perpétuèrent; mais l'idéal des pieux interprètes d'Eschyle et de Sophocle s'affaiblit à la longue, et pour les comédiens mercenaires de la décadence, il ne fut plus qu'une tradition de coulisses, si j'ose m'exprimer ainsi. Or, rien n'est plus froid dans les arts, rien n'est plus ennuyeux qu'un idéal de convention, devenu, pour ceux qui le traduisent, une routine d'école : mieux vaut, je l'avoue, la plus vulgaire réalité. Je conjecture que les Grecs continuèrent à vanter leur ancienne tragédie, qui était un de leurs titres de noblesse, mais qu'ils coururent en foule à ces comédies dont les acteurs savaient faire une image amusante de la vie réelle. Je crois voir un indice de ce fait dans la prodigieuse abondance de la muse comique, depuis la déchéance d'Athènes jusqu'à l'asservissement de toute la Grèce.

Ce besoin de remplacer la beauté idéale, le sentiment sympathique par la vivacité et le naturel de l'expression, se manifesta en Italie dès l'introduction des jeux dramatiques par Livius Andronicus, cent soixante ans après la mort d'Eschyle et de Sophocle. Le chœur, composé de gagistes mal exercés, est relégué au fond de la scène, comme nos humbles comparses, et sa place à l'orchestre est envahie par les personnes de distinction et les fins amateurs. La gesticulation et la vocalise se sont déjà tellement chargées de difficultés, que le même acteur ne peut plus exécuter les gestes rhythmiques en chantant. Livius Andronicus obtient la permission de se faire remplacer dans les cantiques par un musicien de profession, et cet usage ne tarde pas à se répandre généralement. Les monologues deviennent ainsi des espèces de cavatines, dont la mélodie, de plus en plus tourmentée, est écrite par un compositeur spécial qui y met toute sa science. A ces passages, intervient le chanteur qui rend la mélodie par des sons, tandis que le tragédien se contente de traduire les mots par des gestes en accord avec le chant. Les acteurs négligent les beautés de sentiment, et s'accoutument à chercher l'effet dans l'illusion théâtrale. Pour se rapprocher de la réalité, ils renoncent à la lenteur solennelle du style idéal. On presse peu à peu les mouvemens, dans l'espoir de donner à la diction et au geste une vivacité plus naturelle. Si les Romains avaient dès-lors renoncé franchement à la déclamation rhythmique, leur théâtre serait devenu ce qu'est celui des modernes, une copie de la nature, livrée à l'arbitraire de l'acteur. Soit respect, soit routine, on n'alla pas jusqu'à rompre avec la tradition. Alors se présenta d'une manière bien plus marquée, bien plus choquante que chez nous, ce phénomène qui caractérise, selon moi, l'état actuel de notre scène, la confusion de l'idéal et de la réalité vulgaire. Dès le temps de Cicéron, c'est le grand orateur, c'est Horace qui nous l'apprennent, la mélopée simple et réservée de Nœvius et d'Andronicus avait fait place à une musique si pétulante, que les acteurs étaient obligés, pour en suivre les mouvemens, de s'épuiser en ridicules contorsions (*cervices oculosque cum modorum flexionibus torquent*). Le modeste accompagnement de la flûte douce fut dédaigné pour des instrumens criards. Dans le monde même, le langage des ancêtres, ce parler ferme et franc exempt de toute affectation, devenait un écho de la diction en vogue au théâtre, en se chargeant d'accens étrangers, d'éclats de voix, d'aspirations, de sons dimi-

nués ou prolongés. En vain le tragédien Esopus et le comédien
Roscius, artistes de l'ancienne école, proclament-ils que l'union du
beau au vrai est le point culminant de l'art, *caput artis;* en vain es-
saient-ils la protestation plus efficace de l'exemple en ordonnant que
les mouvemens fussent ralentis quand ils jouaient, afin qu'ils pussent
développer l'ampleur et la sérénité puissante de leur exécution : on
admire en eux des talens exceptionnels, on les comble d'honneurs et
de richesses; mais l'engouement de la foule n'encourage pas moins
les innovations de mauvais goût.

Les historiens de la scène latine ont attribué la chute des genres littéraires à l'immensité des amphithéâtres, qui ne permettait plus aux
acteurs de se faire entendre, et surtout à la frayeur des poètes, responsables des allusions malignes saisies par l'auditoire. Le discrédit de
la muse tragique s'explique d'une manière plus simple par les changemens que je viens de signaler dans le système de l'exécution. A mesure que les acteurs tendaient à remplacer la beauté par la vivacité, il
devenait plus embarrassant pour eux de s'assujétir à un rhythme impérieux. L'accélération progressive des mouvemens dut à la fin rendre à
peu près impossible cette double traduction de la poésie tragique par
la mélopée apprise et par le geste cadencé : assurément l'ancienne
hypocritique avait cessé d'être en harmonie avec les exigences de la
mode. Alors arrivent des régions orientales de l'empire Bathylle et
Pylade, artistes vifs, hardis, gracieux, bondissans. Dégagés du lourd
attirail tragique, ils se vouent à un seul genre d'expression, le geste,
qu'ils poussent à un degré de subtilité et d'entrain dont rien jusqu'a-
lors n'a donné l'idée. Tels furent, à leur exemple, les pantomimes latins. Le délire qu'ils excitèrent se répandit dans tout l'empire comme
une incurable contagion. Sans cesse proscrits, toujours rappelés, on
les maudissait et on ne pouvait se passer d'eux.

Si la pantomime, à son origine, fut attrayante, digne, à certains
égards, de l'admiration des esprits les plus distingués, elle ne tarda
pas à subir la loi fatale. La mimique savante, la peinture par les gestes
expressifs, fut à son tour effacée par un art plus sensuel, par la danse
pétulante et lascive, exécutée surtout par des femmes. Si j'avais à fournir
une preuve de la décadence du théâtre pendant cette agonie de plus
d'un siècle qui précéda la ruine de l'empire, je la trouverais dans la
condition sociale des comédiens. Leur profession était devenue héréditaire! L'hérédité, que dis-je? l'obligation légale, sous peines sévères,
d'exercer un art qui exige une aptitude des plus rares, une vocation
impérieuse, quel renversement de toutes les idées! quel symptôme

ˈde dégradation! Le fait paraît constant néanmoins; il résulte d'un point
de droit qui est resté jusqu'à ce jour fort obscur parmi les légistes, et
qui, je crois, n'a pas encore été signalé par les historiens du théâtre.
J'ai eu occasion de montrer, dans des recherches d'un ordre plus sérieux (1), comment, vers la fin du IIIe siècle de notre ère, les classes
ouvrières avaient été distribuées en corporations industrielles dans
chaque ville et dotées de biens inaliénables, à la condition d'accomplir,
suivant leur spécialité, des services d'utilité publique. Avec le temps,
et sous le poids de la plus accablante tyrannie qui ait pesé sur l'humanité, ce droit facultatif de participer aux charges et aux avantages
de la communauté, en y succédant à son père, dégénéra en obligation
absolue : la condition des incorporés, contraints à la résidence dans
le ressort de leur *collége*, condamnés irrévocablement à un métier
contraire à leur goût, devint une exécrable servitude. Les spectacles,
considérés dans chaque ville comme des besoins de première nécessité,
donnèrent lieu à des corporations de ce genre. Cette circonstance explique plusieurs décrets conservés dans le *Code théodosien* (2). Une
loi de 389 porte une amende de cinq livres d'or contre quiconque
éloigne de sa résidence une femme de théâtre. On a remarqué que
beaucoup d'acteurs de cette période embrassèrent avec ferveur le christianisme. C'est que l'adhésion au nouveau culte était l'unique moyen
de se soustraire à l'affreuse obligation de déclamer ou de danser malgré soi. Souvent aussi cette conversion n'était elle-même qu'une comédie pour effacer la servitude originelle. Plusieurs lois préviennent
ce délit qui porte atteinte aux plaisirs des citadins. Un décret de 381
déclare que les sujets attachés à la scène d'une bonne ville (*almœ urbis
editioni obnoxii*) ne seront admis à réclamer le baptême qu'à l'article
de la mort. En 380, Valentinien jeune ordonne que les femmes qui
se doivent au théâtre (*quœ spectaculorum debentur obsequiis*) et qui
tentent de se soustraire à cette fatalité, soient restituées à la scène.
L'église, à son tour, se sentit assez forte pour réagir contre la société
païenne. Le concile d'Afrique de 399 demanda avec autorité que tout
acteur qui désirait embrasser le christianisme ne pût en aucune façon
être contraint à reprendre sa profession héréditaire (*non eum liceat ad
eadem exercenda reduci vel cogi*). Je laisse à penser ce que dut être

(1) Voyez *Du Sort des classes laborieuses* (*Revue des Deux Mondes,* 1er octobre 1842).
(2) Voyez le *Code théodosien*, livre **xv**, titre **VII** (*passim*), et les commentaires
du savant Godefroi.

l'art du théâtre lorsque ceux qui l'exerçaient étaient plongés dans un
tel avilissement.

II. — MOYEN-AGE.

Les conquérans barbares, qui travaillaient à leur insu au renouvellement de l'Europe, étaient, en général, peu favorables aux villes, derniers foyers de la civilisation romaine. Les corporations industrielles
furent dépouillées et asservies; à l'égard de celles qui avaient pour but
de procurer au public des amusemens profanes, la proscription fut
absolue. Ainsi finit le théâtre antique.

Les interprètes de la muse moderne ne descendent donc pas des
histrions romains. Leur filiation est beaucoup plus noble. Ils ont pour
aïeux vénérables les prêtres, les religieux, et les plus graves personnages de ces époques, où le christianisme régnait sans partage. Les
pièces, écrites en mauvais latin jusqu'au xii° siècle, ne pouvaient avoir
pour acteurs que des clercs. A en juger par le *Jeu paschal de l'Antechrist*, que le bénédictin Pezio nous a conservé, ces pièces devaient
être des espèces d'opéras, puisqu'on y trouve des chœurs, et que parfois le dialogue même est noté en plain-chant. Nous nous faisons difficilement une idée du parti qu'on pouvait tirer de ces compositions
informes, et cependant les cris d'alarme poussés par les moralistes du
temps donneraient à penser que ces spectacles n'étaient pas sans agrément. « Notre siècle, dit Jean de Salisbury, mort en 1182, avide de
fables et de frivolités, cherche à alimenter sa langueur par tout ce
qui peut charmer les yeux, par la mollesse des instrumens, par les
modulations de la voix, par l'enjouement de ses chanteurs ou la gentillesse de ses comédiens (*hilaritate canentium, aut fabulantium
gratiâ*). » Il paraît que les chanteurs de cette époque, à défaut de
système harmonique, exécutaient d'instinct des enjolivemens, des variations *ad libitum* sur le thème principal, qui seul était noté, et qu'ils
étaient parvenus à une remarquable adresse dans ce genre de vocalise.
Écoutez saint Aëlrède (1), disciple de saint Bernard, et vous croirez
entendre un docteur de feuilleton déplorant la stérile habileté des virtuoses de notre époque. « Pourquoi, je vous prie, cette multitude
d'instrumens qui expriment plutôt le fracas du tonnerre que la suavité
de la voix humaine? Pourquoi ces syncopes, ces diminutions de sons?
Tantôt des éclats de voix, tantôt des sons entrecoupés, ou des tremblemens, ou des notes interminables.... Oubliant qu'il est homme, le

---

(1) Cité par Bonanni, dans son *Cabinet harmonique*, chap. XIII.

chanteur pousse des soupirs efféminés. De temps en temps, il embrouille et débrouille l'écheveau de ses artificieuses roulades. Vous le voyez imiter tous les gestes des comédiens; ses lèvres sont crispées, il roule ses yeux, il joue des épaules, et à chaque note qu'il émet correspond un certain mouvement de ses doigts. »

Le déclin de cet âge qui éveille communément dans les esprits des idées de candeur et de naïveté, le xvᵉ siècle, est une époque de souffrance sourde où le besoin de la dissipation est poussé jusqu'à la fureur. Le théâtre est partout, dans l'église, dans les châteaux, dans les cours de justice. Il arrête les passans au coin des carrefours, il court de ville en ville au-devant des spectateurs. Où trouve-t-on des acteurs pour suffire à tant de spectacles? Sont-ce de pauvres hères obligés de se vendre corps et ame à un spéculateur, de débiter à contre-cœur leur gaieté factice? Point du tout. Ce sont les maîtres de la société, les privilégiés de la fortune, des prêtres, des magistrats, de bons bourgeois, la jeune cléricature, espoir de l'église et du barreau. Tous quittent leurs affaires, apprennent de longs rôles, s'affublent à leurs frais, gambadent sur des tréteaux pour divertir le menu peuple qui fait galerie. On évalue à trois mille le nombre des comédiens qui desservent aujourd'hui la scène française. L'homme qui connaît le mieux l'ancienne France, M. Monteil, ne craint pas d'affirmer qu'au xvᵉ siècle cinq à six mille personnes de diverses classes paraissaient sur les théâtres publics. On parle de l'activité de nos directeurs quand ils ont mis en scène cinq actes qui se jouent en trois heures : qu'ils osent se comparer aux *maîtres des mystères*, obligés de réunir quatre à cinq cents personnes pour jouer des pièces qui duraient parfois des semaines entières, à l'exception d'un entr'acte de midi à deux heures, accordé aux spectateurs pour le temps de leurs repas et aux acteurs pour reprendre haleine. Il fallait engager de pieux ecclésiastiques pour représenter Dieu et les saints, de hardis soudards pour Satan et sa diabolique escorte, des gens de robe pour les personnages de distinction, des bourgeois, des artisans pour le populaire, et pour les rôles de femmes de blonds écoliers à mine joufflue et de fine taille. Que de soins, de dépenses, de dévouement pour équiper et discipliner cette armée de comédiens! mais aussi quel succès! quelle ardente curiosité! quel religieux silence dans la foule pressée autour des échafauds! Ne nous y trompons pas; cet empressement est moins un symptôme de ferveur religieuse que l'effet d'un goût pour les spectacles presque général à cette époque. Pour huit à dix grandes confréries vouées en France à la représentation des pièces saintes, on eût rencontré dans les provinces nombre de bandes joyeuses qui, sous prétexte d'instruire et de moraliser le peuple, allaient jouer en plein vent des scènes bouffonnes ou des mascarades satiriques.

Je voudrais, pour me rapprocher du but de mes recherches, pouvoir caractériser la nuance de talent déployée par ces acteurs improvisés. A cette époque, les traditions de la scène antique étaient complétement effacées. Les confrères, qui prenaient long-temps à l'avance l'engagement solennel de jouer leurs rôles, les étudiaient sans doute avec beaucoup de soin, mais sans méthode, sans aucune notion d'art. Ces premiers bégaiemens de la muse moderne n'eussent pas été supportables, s'ils n'avaient pas été soutenus par le pieux sentiment qui les animait. La foi naïve, l'onction religieuse des dévots personnages qui se réservaient les beaux rôles dans les mystères, devaient les élever par instans au ton d'une émotion sympathique. Je lis dans un vieil historien du Berry (Lassay), à propos d'une représentation des *Actes des Apôtres* donnée à Bourges, que ce mystère « fut joué par des hommes « graves, qui savaient si bien feindre par signes et gestes les personnes « qu'ils représentaient, que la plupart des assistans jugeaient la chose « être vraie et non fausse. » Il est permis de croire aussi que les *moralités*, les *farces* grivoises, les *diableries*, lorsqu'elles avaient pour acteurs des hommes comme Villon ou l'auteur de *l'Avocat Patelin*, étaient relevées par d'ingénieuses fantaisies ou par l'entrain d'une gaieté mordante.

Les confrères dramatiques n'auraient pas pu subvenir aux frais d'une pompeuse mise en scène, sans recourir à la générosité des spectateurs. Il est probable que des quêtes étaient faites dans la foule, ou qu'une légère rétribution était exigée pour certaines places réservées. L'appât des recettes conduisit à l'idée d'une spéculation sur la curiosité publique. D'amateurs qu'ils étaient, beaucoup de confrères devinrent des comédiens de profession. Il n'y avait là rien que d'heureux, puisqu'un art, assez vaste pour absorber toute la vie, ne saurait se perfectionner qu'en procurant des moyens d'existence à ceux qui l'exercent. Cette métamorphose date, pour Paris, de l'an 1402. Les confrères, établis au-delà de la porte Saint-Denis, dans le couvent des Trinitaires, y exploitèrent leur genre de spectacle pendant un siècle et demi, avec assez d'avantages pour être en mesure d'acheter, en 1547, l'ancienne résidence des plus puissans vassaux de la couronne de France, l'*Hôtel de Bourgogne*, situé rue Mauconseil. L'édifice, qui menaçait ruine, fut restauré conformément à sa destination nouvelle : en même temps, un arrêt du roi, interdisant à l'avenir la représentation des mystères, accordait en revanche aux confrères le monopole des spectacles profanes. Un emplacement des plus heureux au cœur de la ville, un privilège dont les restrictions même étaient avantageuses, semblaient ouvrir une veine de prospérité. Une concurrence imprévue précipita l'antique confrérie dans une voie de décadence.

L'Italie avait essayé, depuis plus d'un siècle, la rénovation de la scène antique, lorsqu'en 1552, Jodelle donna chez nous sa *Cléopâtre*. Cette pièce, illisible aujourd'hui, jouée fort médiocrement sans doute par des écoliers, avait le genre de mérite le plus favorable aux ouvrages dramatiques, celui de venir à point. L'érudition excitait, non seulement la juste estime des hommes graves, mais l'engouement de la société frivole. L'effet produit par la *Cléopâtre* fut un éblouissement d'admiration. Avant la fin du XVIᵉ siècle, il s'était formé un répertoire de pièces composées dans le goût antique, ou plutôt à l'imitation de Jodelle. Jouées dans les colléges par la fleur de la jeune littérature, ces pièces réunissaient l'élite des personnages éminens par leur rang ou leur savoir : c'était déjà une distinction que d'être admis à les entendre. L'enthousiasme devint une affaire de mode. Ces succès d'amateurs, décidés à huis clos, étaient plus funestes aux comédiens de profession qu'une lutte avouée. Mal inspirés par la misère, ils essayèrent de renouveler leur clientelle en flattant les instincts grossiers de la populace : ils s'abaissèrent peu à peu jusqu'à la farce ignoble. Dénoncée aux états de Blois comme ennemie de la morale publique, l'antique confrérie de la Passion fut dispersée. Sa salle et son privilège échurent à une troupe de comédiens qui crut voir des chances de succès dans l'exploitation du nouveau répertoire classique. L'admiration factice des lettrés ne gagna pas cette portion nombreuse du public qui veut du plaisir en retour de son argent. Ennuyeuses par elles-mêmes, les pièces *érudites* devenaient plus insupportables encore par l'exécution. On n'avait pas idée alors des qualités de tenue et de diction, de ce mystérieux mélange d'abandon naturel et de noblesse qui sont nécessaires pour faire valoir les pièces conformes à la poétique grecque. On rompit par nécessité avec Aristote, et on en vint à mettre en scène des romans dialogués sans logique et sans style, mais surchargés de ces incidens dont l'invraisemblance même est une amorce pour la foule béante. Huit cents pièces que Hardy composa dans ce système, procurèrent une existence facile aux comédiens de l'Hôtel de Bourgogne, et déterminèrent l'établissement d'une troupe rivale. Quant aux poètes de cette période, ils faisaient si bon marché de leurs succès, qu'ils ne livraient pas même leurs noms au public. Théophile, Mairet,

Racan et Gombaud furent les premiers qui acceptèrent la responsabilité de leurs œuvres. Le théâtre en était au mode de publicité de
nos spectacles forains. Après avoir battu la caisse dès le matin à la
porte de l'hôtel et dans les rues voisines, on faisait annoncer par le
stentor de la troupe que dans l'après-midi, entre deux et cinq heures,
on représenterait une pièce *sur un sujet très intéressant.* La foule ne
tardait pas à se précipiter dans une grande salle carrée, garnie de deux
ou trois rangs de loges en charpente, en regard d'une estrade disposée
en forme de scène. Il en coûtait dix sous à l'honnête bourgeoisie pour
prendre place dans les galeries. Le parterre, où l'on entrait pour cinq
sous, était lè rendez-vous des laquais, des fainéans, des vauriens,
cohue hargneuse et bruyante au milieu de laquelle il n'était pas prudent de s'aventurer.

Segrais, ou plutôt l'auteur du *Segraisiana,* a dit, en parlant des ouvrages composés dans le goût de Hardy : « Ces vieilles pièces étaient
misérables, mais les comédiens excellens les faisaient valoir par la représentation. » Je ne puis accepter ce jugement. Les comédiens en renom,
sous Henri IV et Louis XIII, n'avaient sans doute que ces qualités
dangereuses qui impressionnent la foule, l'emphase et l'énergie criarde
dans le sérieux, et dans le genre bouffon un entrain de mauvais goût.
En considérant leurs habitudes, leur clientelle, leur répertoire, on
sent qu'ils durent rester bien loin de l'idée que nous nous faisons aujourd'hui d'un artiste véritable. Les mêmes acteurs qui avaient figuré
les personnages héroïques dans les tragédies reparaissaient, sous des
déguisemens grotesques, dans des parades improvisées à l'imitation
des bouffonneries italiennes. Aussi avaient-ils toujours deux noms,
l'un pour la tragédie, l'autre pour la farce. Henri Legrand, qui se faisait appeler *Belleville* quand il se présentait comme tragédien, devenait dans les parades ce joyeux *Turlupin* auquel il a donné une célébrité proverbiale. Le nom comique caractérisait un type de convention
que l'acteur reproduisait invariablement dans chaqne comédie où ce
même nom restait toujours celui de son rôle. Ainsi Duparc, dont le
sobriquet était *Gros-Réné,* joua les rôles de *Gros-Réné* dans *le Dépit
amoureux,* dans *Sganarelle* et d'autres pièces encore. Certains acteurs
s'enfarinaient la figure : la plupart jouaient masqués, à l'italienne ;
Molière lui-même se masqua dans les premiers temps pour jouer
les *Mascarille.* Beaucoup de rôles de femmes étaient rendus par des
hommes avec la voix de faucet. La difficulté de trouver des actrices
qui consentissent alors à représenter les femmes vieilles et ridicules
perpétua cet usage jusqu'en 1704, époque de la mort de Beauval. Le

prédécesseur de ce dernier, Hubert, élève de Molière, avait joué d'o-
riginal les rôles de Mme Jourdain, de Mme Pernelle, et de Bélise des
Femmes savantes.

Tendances vagues et impuissantes vers la noblesse antique, découragement et retour à la vulgarité déréglée, ainsi peut être résumée
en deux mots l'histoire de la scène française, jusqu'à l'époque où les
chefs-d'œuvre de Corneille, de Racine et de Molière firent entrevoir
le genre d'idéal qui convient au théâtre moderne. L'influence de ces
trois grands hommes sur l'art de la déclamation a été décisive. Il importe, afin de la mieux caractériser, de faire une rapide excursion
dans les autres régions littéraires de l'Europe.

III. — THÉATRES ÉTRANGERS.

A l'Italie appartient l'honneur d'avoir essayé la première la régénération du théâtre, en renouvelant les traditions de l'art grec. A peine
les chefs-d'œuvre de la scène antique eurent-ils été divulgués par
l'imprimerie, qu'une foule de poètes s'appliquèrent à les imiter, les
uns en se servant de la langue latine, qui était devenue pour les savans
une langue usuelle, les autres en essayant d'élever l'idiome vulgaire
jusqu'à la dignité de la tragédie. La renaissance du théâtre littéraire
n'eut pas en Italie un caractère mesquin, comme dans le reste de
l'Europe : ce ne sont pas des pédans qui s'enferment dans leurs colléges pour y jouer leurs propres ouvrages. Tout ce que la péninsule
renferme d'hommes supérieurs par le génie ou par la fortune s'honorent
de concourir à la splendeur de la scène. Les poètes n'ont aucune espérance de profit : ces poètes, il est vrai, sont ordinairement les dignitaires
de l'église. Il y a rivalité entre les princes pour élever la mise en scène
jusqu'à la haute idée qu'on s'est faite des spectacles antiques. Les
représentations, organisées avec magnificence par les cours de Ferrare, de Florence, d'Urbin, de Mantoue, deviennent, comme les jeux
de l'ancienne Grèce, autant de fêtes nationales. Les architectes les
plus célèbres, Balthazar Peruzzi, Scamozzi, Sansovino, Palladio, sont
appelés à construire des théâtres sur le plan des anciens. Les innombrables sociétés savantes qui se forment à l'exemple des *Intronati* de
Sienne et des *Sempiterni* de Venise, ont pour but principal la représentation des œuvres dramatiques. On joue avec un zèle respectueux
des pièces grecques traduites en latin, et celles de Plaute, de Térence,
de Sénèque, en original. Tous les littérateurs renommés, Politien,
Trissin, Bibbiena, Arioste, Tasse, Machiavel, l'Aretin, et une foule

d'autres que les bibliographes comptent par centaines, ne cessent d'alimenter le répertoire des acteurs académiques.

Ne nous étonnons pas de voir l'élite d'une population se précipiter, pour ainsi dire, vers la scène. Les Italiens de la renaissance considéraient la récitation dramatique comme un complément indispensable de l'éducation. « Si l'on nous traite d'histrions, dit Politien dans un prologue qu'il composa pour les *Ménechmes* de Plaute, nous ne nous en défendrons pas. Qu'on sache que nous suivons les mœurs de l'antiquité, et que les anciens livraient leurs enfans aux comédiens, afin qu'ils formassent sur eux leur maintien. » Presque tous les hommes célèbres de l'Italie, pendant la période de sa plus grande gloire littéraire, ayant passé sur le théâtre, il est évident que plusieurs d'entre eux ont dû s'élever jusqu'aux divers genres de mérite qui constituent le comédien. Les traditions ont mis quelques noms en relief. Dans les pièces latines réussirent Marcellin Verardi et le chanoine Thomas Inghiramo, surnommé *Phèdre* parce qu'il joua avec supériorité le rôle de cette héroïne dans l'*Hippolyte* de Sénèque. Dans les pièces en langue vulgaire, Machiavel saisissait à merveille la démarche et jusqu'au son de voix des personnages de son temps qu'il voulait livrer au ridicule. Le poète Ruzzante se rendit célèbre par sa verve bouffonne. Les artistes, en grand nombre dans les sociétés académiques, s'y distinguaient particulièrement. Le talent scénique du Bernin et de Salvator Rosa contribua beaucoup à leur réputation.

Malgré ces exemples que je cite par esprit d'impartialité, je reste en défiance contre des succès de coterie auxquels a manqué la sanction populaire. A en juger par le répertoire des académies, je ne puis croire que les acteurs érudits aient élevé bien haut l'art de l'exécution théâtrale. Pour eux, le beau idéal de la déclamation tragique ne dut être qu'une récitation chantante, selon l'idée qu'on se faisait alors de la mélopée des anciens. Il leur était moins difficile dans la comédie de se rapprocher du naturel, car les personnages empruntés aux comiques latins se retrouvaient encore dans l'Italie du xvie siècle. Malheureusement, chez les Italiens, comme chez les Romains, la comédie ne pouvait refléter que les superficies de la société. En ces temps de despotisme jaloux et perfide, une étude pénétrante des mœurs n'eût pas été sans dangers pour les poètes. Avec ces masques éternels de l'intrigant, du libertin, de l'usurier, de l'entremetteur, de la courtisane, du spadassin et du matamore, on ne pouvait produire que des imbroglios faits pour exciter, non la gaieté cordiale, mais seulement la grimace du rire. Un jour vint où chacun comprit, sans l'avouer, que la tragédie érudite était sans intérêt, que la comédie selon les règles était sans variété comme sans pudeur. Dès le commencement du XVIIᵉ siècle, les scènes académiques tombèrent dans un discrédit dont elles ne se relevèrent pas en essayant de se transformer en spectacles payés.

Un obstacle décisif s'opposait d'ailleurs au succès des érudits. Un théâtre ne peut prospérer qu'à la condition d'être populaire. Or, la langue des académiciens, qui est une épuration minutieuse du dialecte toscan, n'a jamais été adoptée généralement. On compte dans la péninsule environ quatorze patois qui correspondent, assure-t-on, par leurs qualités et leurs défauts, aux traits caractéristiques des contrées où ils sont en usage. Un esprit instinctif d'opposition contre la langue officielle, un sentiment de vanité mesquine, attachent les localités rivales à leurs différens idiomes. La foule, glacée aux interminables tirades des académiciens, se portait donc devant les tréteaux de ces bouffons ambulans qui, dans un dialogue improvisé, parlaient à chaque province la langue qu'elle aimait. Les vrais artistes, aux yeux du peuple, n'étaient pas les érudits dévoués et laborieux : c'étaient, comme le prouve le nom populaire des pièces à canevas (*comedia dell' arte*), c'étaient ces joyeux improvisateurs qui, le masque au visage, le geste prompt, la langue vive et piquante, gambadant, riant des pieds à la tête, pouvant tout risquer, parce qu'ils étaient certains d'avoir un public grossier pour complice, remplissaient avec plus ou moins de bonheur des *scenarios* dont l'intention seulement était convenue à l'avance.

Je veux bien croire que plusieurs comédiens de l'art ont justifié par leur esprit et leur gentillesse la célébrité acquise à leur nom. Néanmoins, en examinant les conditions auxquelles l'impromptu est possible, on voit qu'il ne constitue qu'un genre inférieur auquel on hésite à accorder quelque estime. Les patois employés par les bouffons, consistant dans certaines altérations du langage littéraire, devaient exclure le sentiment d'une bonne diction. Au lieu de se transformer sans cesse comme nos acteurs, de revêtir autant de caractères que de rôles, le comédien de l'art, voué à un seul type, restait le même personnage dans mille pièces différentes. Il était toujours, ou *Pantalon*, l'avare négociant de Venise, ou *Arlequin*, l'espiègle de Bergame, ou le *docteur*, c'est-à-dire un pédant bolonais, ou le jovial *Polichinelle*. Le bravache, le fourbe, le niais, le rustre calabrais, le fat romain, le petit maître florentin, le bon bourgeois milanais, avaient chacun leur nom, leur masque, leur costume, leurs lazzis, connus à l'avance du dernier

des spectateurs comme de l'acteur lui-même. Cette improvisation prétendue ne pouvait être qu'une variante sans cesse renouvelée de la
même charge, de la même plaisanterie. Les gravures du temps, celles
de Callot par exemple, font voir qu'à défaut de verve comique, on
obtenait le rire par des turpitudes.

Avertis par le dégoût public de la nécessité de se réformer, les
troupes ambulantes perdirent leurs principaux moyens d'effet, et devinrent insensiblement aussi moroses que les troupes académiques.
Sous le poids d'une disgrace commune, les érudits et les improvisateurs se rapprochèrent. Il résulta de leur alliance un genre bâtard,
qui étala des prétentions littéraires en conservant le sans-gêne de
l'impromptu. La verve nationale semblait épuisée. Pour la renouveler,
on ne sut mieux faire que des emprunts maladroits aux théâtres de la
France et de l'Espagne. Pendant le XVIIIe siècle, plusieurs poètes comiques, d'une ingénieuse fécondité, ne captivèrent la multitude qu'en
mêlant à leurs ouvrages étudiés les charges des anciennes parades.
Quant à cette classe exigeante et capricieuse qui s'appelle la bonne
société, professant pour le drame parlé une indifférence dédaigneuse,
elle commença à manifester cet engouement musical qui est pour la
littérature un symptôme funeste. Autant il y avait eu autrefois d'académies de déclamation, autant on fonda de *conservatoires* de musique
où l'on offrit gratuitement à la jeunesse, avec des leçons de chant,
les élémens des connaissances utiles, et une bonne éducation morale.
Vers 1760, on comptait à Naples trois de ces écoles, et quatre à Venise. Tous ceux qui sentirent en eux l'étincelle de la vocation dramatique se réunirent dans les conservatoires, où ils apprirent la vocalise,
au lieu de s'élever jusqu'à l'éloquence du geste et de la diction. L'I-
talie obtint ainsi les plus grands chanteurs qui eussent existé; mais
elle se priva à jamais de la plus pure des jouissances littéraires, de
cette émotion saine et bienfaisante qu'on éprouve en sympathisant
avec un excellent comédien.

J'arrive à l'Espagne. Nous manquons en France de documens directs
et précis sur les comédiens de ce pays, et nous sommes réduits à nous
en faire une idée en étudiant le caractère et les vicissitudes du théâtre
espagnol. Le génie dramatique s'éveilla vers la fin du XVe siècle. Ses
premiers bégaiemens furent de petits poèmes dialogués que leurs auteurs mirent en action, en s'associant au besoin quelques camarades :
de là vint que les directeurs de théâtre conservèrent long-temps le
nom d'*autores*. Gil Vicente et sa fille à la cour de Portugal, et Lope de
Rueda, simple artisan à Séville, furent les premiers qui se firent un

nom dans ce genre. Leurs pièces étaient des pastorales, c'est-à-dire des conversations galantes, relevées d'ordinaire par des bouffonneries ou des allégories satiriques. « Dans ce temps-là, dit Cervantes en recueillant des souvenirs d'enfance, tout l'appareil d'un auteur de comédie s'enfermait dans un sac, et consistait en quatre pelisses blanches de berger, garnies de cuir doré, quatre barbes ou chevelures postiches, et quatre houlettes. Il n'y avait point de coulisses : l'ornement du théâtre, c'était une vieille couverture soutenue avec des ficelles. » Les progrès de la mise en scène sont attribués à un certain Naharro de Tolède, renommé pour les rôles comiques. En peu de temps, on imagina les coulisses, les décors, les costumes; on trouva les moyens de produire les tonnerres, les éclairs, les incendies, les cérémonies, les combats à pied et à cheval. Le matériel du théâtre semblait préparé pour un drame pétulant et romanesque en rapport avec les instincts de la foule. Cervantes, un des premiers, donna des pièces dans ce caractère. A travers son ironie souriante, il laisse percer l'orgueil d'avoir fondé le théâtre national : « On ne toucha, dit-il, à la perfection qui nous charme aujourd'hui, qu'au moment où l'on représenta sur le théâtre de Madrid *les Captifs d'Alger*, pièce de ma composition. Je donnai depuis vingt à trente comédies, qui toutes furent représentées sans que le public lançât aux acteurs ni concombres, ni oranges, ni rien de ce qu'on a coutume de jeter à la tête des mauvais comédiens. » A peine ouverte, la veine fut exploitée, avec une puissance gigantesque, par Lope de Vega et par beaucoup d'autres poètes d'une si prodigieuse fécondité, qu'on n'a pu réussir à dresser l'inventaire complet de leurs ouvrages.

Il y avait depuis long-temps en Espagne, comme au-delà des Pyrénées, des scènes *érudites*, alimentées et suivies exclusivement par les savans de profession. Plusieurs des pièces écrites alors suivant les règles de la poétique grecque eussent mérité, assure-t-on, un succès solide et durable; mais débitées dans les universités, et sans doute avec une emphase pédantesque, elles ne pouvaient atteindre cet entrain, ce fini d'exécution, qui sont nécessaires pour impressionner sérieusement un auditoire. Les poètes et les comédiens ne se trompent pas aux démonstrations de la foule : l'enthousiasme dont ils ont besoin ne se renouvelle que dans les applaudissemens sincères. A l'exemple des femmes andalouses qui abaissent un rideau devant l'image de la madone quand elles craignent quelques tentations, Lope de Vega et les poètes de même école, franchement dévots à l'antiquité, voilaient pieusement le buste d'Aristote avant d'écrire pour les tréteaux populaires ces drames où le sublime étincelle et dont notre Corneille devait s'inspirer. Un jour vint où les savans s'ennuyèrent de déclamer dans le vide, et le théâtre classique, qui n'avait jamais eu de public en Espagne, succomba définitivement, faute d'interprètes.

Quels ont été l'état matériel de la scène, le sort des comédiens, le système de la déclamation, pendant la période active du théâtre espagnol, pendant le règne brillant des Vega, des Castro, des Alarcon, des Royas, des Calderon? A défaut de feuilletons, dont on se passait fort bien alors, je consulterai les *impressions* des voyageurs contemporains. Les troupes ambulantes étaient si nombreuses, que la plupart des villes avaient le plaisir de la comédie. Il y avait à Madrid deux théâtres publics et plusieurs salles dans les palais royaux, bien que le roi n'eût pas de troupe à ses gages. Le prix des meilleures places, c'est-à-dire des siéges réservés, représentait environ quinze sous de France, équivalant à plus de deux francs de notre monnaie actuelle. Deux sous au plus par spectateur revenaient aux comédiens; le reste était partagé entre les hôpitaux, la municipalité propriétaire des salles et les loueurs de chaises. Dans les provinces, la contribution était moindre. En général, le sort des comédiens était assez misérable, et il fallait pour le supporter ce dévouement qui est un des indices de la vocation. Une première actrice, célèbre en 1639, avait par exception trente-trois réaux par jour et une litière à ses ordres. Le goût pour le théâtre, très vif dans toute la Péninsule, dégénérait à Madrid en véritable fureur. Quoique deux salles fussent ouvertes tous les jours, il était difficile aux étrangers d'y pénétrer. Les places d'honneur étaient toujours louées à l'avance par les gens de distinction, et plusieurs familles se piquaient de les conserver de père en fils, comme un fief. Il y avait pour les femmes un amphithéâtre inaccessible aux hommes. A l'heure du spectacle, c'est-à-dire vers le milieu de la journée, beaucoup de boutiques, beaucoup d'ateliers restaient déserts. Les petits marchands, les artisans, allaient s'entasser au parterre, où, debout, drapés dans leur cape, la rapière au côté et la main sur le poignard, ils prononçaient sur le mérite des acteurs et des pièces. Le parterre était, suivant ses impressions, un volcan d'enthousiasme ou une tempête de colère : les jours de cabale, il devenait un champ de bataille.

Les représentations des *Autos sacramentales* avaient un caractère particulier; elles commençaient chaque année le jour de la Fête-Dieu, et duraient environ un mois, pendant lequel les spectacles profanes demeuraient fermés. On élevait à cet effet des échafauds sur les places publiques devant la résidence des hauts dignitaires de l'endroit. A Ma-

drid, on jouait d'abord devant le palais du roi, et successivement devant les hôtels de chacun des ministres. Pour donner plus de pompe
à ces solennités, on mettait en réquisition tous les comédiens de la
ville, sauf à choisir entre eux les plus habiles et les plus dignes. La
munificence des grands de l'état prêtait à la mise en scène un éclat
inaccoutumé. Les décorations et les costumes de chaque jour, grotesques dans les petites villes, mesquins même à Madrid, prenaient une
apparence de splendeur pour les représentations des *Autos*. Les étrangers étaient surtout surpris de voir qu'on prodiguât les flambeaux à
ces pièces saintes, exécutées en place publique et en plein midi, tandis
qu'on jouait les pièces profanes sans lumières, dans des salles ou dans
des cours obscures.

   J'arrive au point capital, et j'interroge mes vieux voyageurs sur le
mérite des comédiens. « La représentation ne vaut presque rien, dit
l'un d'eux (Van Aarsens, 1655); car, excepté quelques personnes qui
réussissent, tout le reste n'a l'air ni le génie du vrai comédien. Les habits des hommes ne sont ni riches ni proportionnés aux sujets : une
scène grecque ou romaine se représente avec des habits espagnols...
On chante si mal que l'harmonie semble des cris d'enfans.. Aux entr'actes, il y a quelque peu de farce, quelque ballet ou quelque intrigue, et c'est souvent le plus divertissant de la pièce. » Ce jugement
sévère confirme les conjectures qu'on peut établir d'après le répertoire
du vieux théâtre espagnol. Si on veut bien se rappeler que Lope de
Vega a composé, suivant le calcul de ses apologistes, deux mille deux
cents pièces de théâtre, et répandu vingt et un millions trois cent
mille vers sur cent trente-trois mille deux cent quatre-vingt-deux
feuilles de papier; que la plupart de ses nombreux successeurs ont
semé les drames par centaines, on conviendra que les comédiens aux
prises avec d'aussi rudes joûteurs ont eu peu de temps à donner à la
méditation des rôles : il fallait que chacun d'eux se consacrât à reproduire constamment une même nuance de caractère, à peu près comme
les improvisateurs de la comédie de l'art en Italie. Les critiques littéraires ont remarqué en effet que tous les personnages du théâtre
espagnol répondent à des types conventionnels et immuables, placés
en dehors de la réalité. L'amant réunit de droit les qualités chevaleresques; l'amante offre l'idéal de la passion et de la fidélité. Hautains,
inflexibles sur le point d'honneur, tels doivent être les parens de l'héroïne. Toujours les gens de condition, quel que soit leur caractère,
sont placés sous un reflet sombre et sévère : leurs vices, quand ils
en ont, sont anoblis par une fierté héroïque qui les maintient à leur

rang. La gaieté n'est permise qu'à la gueuserie : les êtres vils et pauvres ont seuls le droit de faire rire en riant eux-mêmes. Observons
encore que le dialogue espagnol, écrit en petits vers d'un mouvement
rapide et passionné, est entrecoupé par des sonnets et des stances qui
se détachent, comme les airs de nos drames lyriques. Le passage fréquent d'un mètre à l'autre, l'entrain irrésistible des parties dialoguées,
la nécessité de faire ressortir la pointe du sonnet ou de détailler les
beautés poétiques de la stance, me semblent autant d'obstacles au naturel du débit et à la progression dramatique des effets. Les mauvaises
conditions acoustiques de ces salles ouvertes eussent détruit d'ailleurs
ces nuances de diction qui font vivre les personnages. J'oserai donc
conclure, de tout ce qui précède, qu'une énergie fougueuse, une emphase castillane dans le genre héroïque, une pétulance bouffonne
dans le genre picaresque, étaient les principaux, peut-être les seuls
mérites, des acteurs espagnols au xviie siècle; qu'improvisant la mise
en scène pour des poètes qui improvisaient les pièces, leur déclamation devait être conventionnelle, imparfaite, et fatigante à la longue
par son uniformité. L'Espagne, soumise au petit-fils de Louis XIV,
ouvrit les yeux sur les inconvéniens de son vieux théâtre, et essaya de
conformer sa poétique aux habitudes de la scène française. Les historiens littéraires s'accordent à reconnaître que cette innovation ne fut
pas heureuse. On dit qu'une régénération théâtrale coïncide présentement avec les réformes politiques; que déjà de grands talens se sont
révélés : prenons acte de la déclaration.

L'Angleterre, dont la civilisation se développe parallèlement à celle
de la France, débute aussi dans la carrière théâtrale par les drames religieux et les comédies satiriques jouées par des bourgeois. Au xvie siècle, on commence à spéculer sur la légère cotisation exigée jusqu'alors
des spectateurs. L'instinct dramatique, chez quelques-uns, le libérti-
nage chez le plus grand nombre, transforment les candides confrères
en comédiens errans, qui vont exploiter à leurs risques et périls la curiosité des provinces. Beaucoup de comédiens aux gages des seigneurs
étaient tristement confondus dans la domesticité des grandes maisons. Shakspeare parut; on sentit qu'il fallait pour ses conceptions,
variées comme le monde qu'elles reflètent, d'autres interprètes que
des vagabonds accoutumés à jouer d'instinct des pièces à peu près improvisées. Élisabeth choisit les douze meilleurs sujets des différentes
troupes publiques et particulières, et leur donna, avec le titre de comédiens royaux, une pension et des priviléges qui les mirent au-dessus
de la nécessité. Que les pièces de Shakspeare aient été jouées dans

une espèce de grange dont les fenêtres intérieures tenaient lieu de loges pour les dames, devant une populace debout et pressée dans une cour poudreuse qu'on nommait le parterre, au milieu des gentilshommes qui achetaient le droit de rester sur la scène, et croyaient du bon ton d'y jouer aux cartes ou d'y fumer le tabac nouvellement introduit; que ces pièces aient été exécutées en plein jour, sans autres décorations que des tapisseries clouées aux murs, sans autres costumes que des oripeaux de saltimbanques; que les rôles de Juliette et d'Ophélie aient été créés par de jeunes garçons, tout cela ne nous autorise pas à mettre en doute la sensation produite sur la multitude par les acteurs de Shakspeare. Ce grand homme voyait trop clairement dans les profondeurs de la nature humaine pour ne pas y découvrir les secrets de l'art théâtral. Il suffit de lire les instructions qu'il adresse par la bouche d'Hamlet aux comédiens de son temps, pour être persuadé que l'exécution de ses pièces sur le théâtre du Globe était saisissante malgré la misère des accessoires. N'est-ce pas un des indices de son influence que cette manie de jouer la comédie qui fut un des travers de la société anglaise pendant la première moitié du XVIIᵉ siècle?

La révolution de 1644 vint interrompre la tradition shakspearienne. Pendant tout le règne du puritanisme, les spectacles furent fermés et les acteurs assimilés aux plus odieux vagabonds. L'ouverture du théâtre de Drury-Lane, l'introduction des femmes sur la scène, coïncident avec la restauration des Stuarts. Un drame sévère, envisageant les choses humaines par les côtés sombres et profonds, ne pouvait plus convenir à une société dissipée. L'existence des gens du bel air devenant une orgie, le théâtre se transforma sur ce modèle. Le règne de la comédie licencieuse abâtardit le goût de la forte déclamation; la vogue appartint à l'acteur qui réussit le mieux à mettre en saillie les pointes d'un esprit maniéré. Vers le commencement du XVIIIᵉ siècle, un ridicule engouement pour la musique acheva de fausser le goût du public. A défaut de chanteurs nationaux, il fallut faire appel aux virtuoses de l'Italie. On en vint, suivant Addison, à applaudir des espèces d'opéras-comiques, où le héros s'adressait en chantant de l'italien à son confident, qui lui répondait en déclamant de l'anglais. Quant à la déclamation tragique, elle choquait les Français surtout par des tons furieux et par une gesticulation dévergondée. Un homme d'un goût très fin, qui avait pu observer l'Angleterre pendant ses missions diplomatiques, l'abbé Dubos, porta ce jugement : « Les acteurs anglais sont dispensés de noblesse dans le geste, de mesure dans leur prononciation, de dignité dans leur maintien, de décence dans leur démarche. Il suffit qu'ils fassent parade d'une morgue bien noire et bien sombre, ou qu'ils paraissent livrés à des transports qui les fassent extravaguer. »

L'école littéraire dont les critiques du *Spectateur* furent les organes détermina une réaction. S'ils ne parvinrent pas à implanter en Angleterre la tragédie classique telle qu'on l'avait comprise sous Louis XIV, ils contribuèrent du moins à corriger, par la sévérité de la poétique française, les écarts choquans du goût britannique. Cette influence fut particulièrement remarquable en ce qui concerne l'art de la scène. On revint avec amour à Shakspeare. Toutefois le respect n'empêcha pas qu'on ne retranchât dans l'exécution de ses pièces tout ce qui pouvait prêter à des excentricités ou à des effets de mauvais aloi. La période qui commence à l'ouverture de Covent-Garden, en 1733, pour se prolonger jusqu'à l'invasion de la sentimentalité allemande, vers la fin du siècle, fut pour l'Angleterre, comme pour la France, celle des grands comédiens. A côté de Garrick, brillaient assez pour éclipser par instans leur émule, Quin, l'inimitable *Falstaff*, Barry, l'élégant et tendre *Romeo*, l'inépuisable Macklin, et parmi les femmes mistress Cibber, la ravissante *Juliette*, mistress Pritchard, Bellamy, Siddons, talens variés et féconds, atteignant moins souvent le grandiose que les artistes français de la même période, mais plus près de la vérité dans la personnification des caractères. L'émulation qui régnait alors dans les coulisses devint si vive, qu'elle se communiqua à toutes les classes de la société, et en 1751 on vit les plus grands seigneurs de l'Angleterre louer la salle de Drury-Lane pour y représenter une tragédie de Shakspeare. La décadence se manifesta, comme chez nous, dès la fin du dernier siècle, par le succès du drame larmoyant, qui dégénéra en mélodrame, et par de petits opéras qui dégénérèrent en espèces de vaudevilles. Shakspeare a encore rencontré quelques interprètes assez éloquens pour le faire tolérer par le public; mais en général la décadence de l'art théâtral est si profonde, que les meilleurs juges la déclarent irrémédiable.

Peu de mots suffiront pour esquisser l'histoire de la scène allemande. Après les mystères vinrent les réminiscences du drame antique, les pièces latines composées et jouées dans les universités protestantes. Le défaut d'unité dans le monde germanique fut long-temps un obstacle à l'établissement d'un théâtre national et populaire. Jusqu'à la fin du dernier siècle, il y eut peu d'états allemands qui possédassent des troupes sédentaires et régulièrement organisées. Les théâtres étaient desservis au hasard, par des comédiens ambulans qu'on retenait au passage, ou par des artisans qui, le soir, quittaient l'atelier pour la scène. « Très souvent, disait il y a cent ans un voyageur français, votre cordonnier est le premier ténor de l'opéra, et l'on achète au marché les choux et les fruits des filles qui ont la veille chanté Armide ou joué Sémiramis. » La condition précaire de ces acteurs les condamna long-temps à une médiocrité grotesque. Figurons-nous l'indignation d'un secrétaire perpétuel de l'Académie française, du savant abbé Dubos, en voyant vers 1730, sur la scène allemande, « Scipion fumer une pipe de tabac et boire dans un pot de bière sous sa tente, en méditant le plan de la bataille qu'il va livrer aux Carthaginois! » Vers la fin du siècle, des artistes véritables s'étaient formés à l'imitation des grands maîtres de Paris et de Londres. Celui qui justifia le mieux l'enthousiasme de son pays fut Eckhof, remarquable surtout dans certains rôles d'origine française, comme *Lusignan* et *le Père de Famille*. L'émancipation poétique, prêchée par Lessing et réalisée par Schiller, n'était pas de nature à favoriser l'essor de l'art théâtral. Les poèmes dialogués de la nouvelle école, parfois admirables par l'ampleur de la conception, par l'épanouissement lyrique, sont peu conformes aux lois de la perspective scénique. L'exécution en est très difficile, et répond rarement, assure-t-on, aux efforts de l'acteur. Aussi en est-on revenu communément, en Allemagne, aux drames à situations pressées et pathétiques, ou aux pièces empruntées aux répertoires divers de la France.

IV. — THÉATRE FRANÇAIS.

Nous avons pu voir que dans les pays étrangers, comme en France avant Corneille, s'est manifestée dans l'art dramatique une tendance vers cet idéal qui semble un des besoins de l'ame humaine, mais que partout la tentative échoua, et qu'on en revint sur toutes les scènes à laisser parler les instincts populaires. Les érudits qui cherchaient systématiquement le secret de l'antiquité ne pouvaient rencontrer que l'ennui. On ne s'était pas encore rendu compte, au xvie siècle, de ce qui constituait la déclamation idéale des anciens, et, l'eût-on découverte, on aurait vu qu'elle n'était plus applicable aux temps modernes. La déclamation antique recevait sa plus grande puissance d'un rhythme fortement prononcé; les langues de nouvelle formation ont bien aussi leur rhythme, mais plus souple, plus mystérieux, et dont la vertu n'est connue que du génie. Le style du geste, dans cette tragédie pour laquelle Phidias dessinait des masques, était, comme la scuplture de ce sublime artiste, imposant, élevé, énergique dans sa majestueuse immobilité. Il faut du mouvement aux modernes. L'idéal convenable à leur scène devait bien plutôt correspondre à cette autre époque de la statuaire où l'idée se fait chair sous le ciseau des Praxitèle et des Lysippe, où l'expression s'unit à la beauté. D'ailleurs, pour que cet idéal que tout le monde rêvait vaguement se réalisât, il était nécessaire que des poètes bien inspirés produisissent, dans cet ordre de sentiment, des ouvrages qui fussent à la fois nobles et saisissans, littéraires et dramatiques.

Eh bien! ces conditions, ce sont nos trois poètes immortels qui les ont remplies, et c'est là leur vraie gloire. J'associe notre grand comique à Corneille et à Racine, parce que la haute comédie, telle qu'il l'a conçue, admet les qualités de tenue et de diction essentielles dans la tragédie. « Le comique de Molière, a dit avec raison M. de Châteaubriand, par son extrême profondeur, et, si j'ose le dire, par sa tristesse, se rapproche de la vérité tragique. » C'est la passion abstraite qu'ils peignent, mais d'une main assez sûre, d'une touche assez large pour que l'acteur puisse faire vivre sur la scène des types savamment personnifiés. La langue dont ils se servent, réunissant la clarté, l'exactitude du parler habituel au noble épanouissement du style littéraire, permet, que dis-je? commande impérieusement cette musique du langage qui poétise la voix de l'instinct. Sachant bien que le drame a besoin, pour exister, de l'émotion populaire, l'idéalisme n'est pour eux qu'un moyen de concentrer l'intérêt par l'unité d'impressions. Ils conduisent leur œuvre à ce point culminant dans l'art où le mouvement se produit sans altérer la beauté, où la vérité, poétisée par le génie, semble plus animée, plus réelle que la nature même. C'est ainsi que nos trois grands poètes ont créé la possibilité d'élever la pratique théâtrale à la dignité d'un art des plus sympathiques. Il est à remarquer que les époques où les scènes étrangères ont eu leurs plus grands acteurs sont précisément celles où elles se sont rapprochées de la poétique de l'école française.

Les vrais principes ne furent pas découverts soudainement. Il fallut plus d'un siècle d'inspirations et de tâtonnemens, il fallut le concours de beaucoup d'hommes éminens, comme acteurs ou comme critiques, pour conduire l'art théâtral à ce degré de perfection qui devait faire la règle de l'avenir. Les acteurs que trouva Corneille étaient, pour le tragique, dans le sentiment de l'emphase espagnole, à l'exception de Floridor, homme de qualité qui conserva à l'hôtel de Bourgogne la dignité aisée du parfait gentilhomme. Corneille d'ailleurs, modeste et naïf, s'inquiétait peu de faire valoir ses propres ouvrages. Il balbutiait en déchiffrant avec peine sa propre écriture, et appuyait lourdement sur les beaux passages qu'il savait de mémoire. Lui-même confessait ingénument sa maladresse : « L'on ne peut, a-t-il dit, m'écouter sans ennui, — que quand je me produis par la bouche d'autrui. » Au contraire, Racine et Molière s'appliquèrent, autant par goût que par calcul, à pénétrer les secrets de la belle déclamation. L'un et l'autre avaient même la prétention, plus nuisible qu'utile, à mon sens, de noter musicalement certaines intonations qu'ils jugeaient heureuses. Les conseils de Molière avaient tant d'autorité, qu'on peut dire qu'il a fait école. Séduit, dans sa jeunesse, par la charge italienne, il ne cessa de se rapprocher de la vérité dans ses ouvrages, dans les divers rôles qu'il créa, dans les principes de déclamation qu'il essaya de faire prévaloir. N'oublions pas Lulli, qui, suivant son principal biographe, « dressait lui-même ses acteurs et ses actrices, leur montrait à entrer, à marcher, à se donner de la grace, du geste et de l'action. » Le naturel et l'élégance de ce grand musicien exigeaient des qualités vocales qui ont dû vulgariser le sentiment du beau langage, et je ne doute pas que son influence n'ait été très utile.

Retrouver la déclamation théâtrale des anciens, cette merveille perdue, tel était, sous Louis XIV, le rêve de tous les auteurs, de tous les acteurs tragiques. Dans la persuasion que le récit des Grecs était une espèce de chant, on trouvait beau de psalmodier les vers en cadençant la mesure, en accusant l'intention par des tournures mélodiques, en donnant à la voix une sonorité musicale. Il est facile de reconnaître, à la pompe de leurs tirades, que les poètes du temps acceptaient ce genre de déclamation. Seulement, à l'opposé du récitatif de l'opéra, où l'émotion est traduite par des chants d'un caractère plus prononcé, le récitatif tragique était souvent ramené par les acteurs intelligens à la vérité du langage passionné. C'était le secret que la tendre Champmeslé avait appris de Racine. Elle n'a garde de chanter comme les autres; mais, est-il dit dans une critique datée de 1681, « elle sait conduire sa voix avec beaucoup d'art, et elle y donne à propos des inflexions si naturelles, qu'il semble qu'elle ait véritablement dans le cœur une passion qui n'est que dans sa bouche. » Pour le vulgaire des acteurs, le beau du métier fut une déclamation boursouflée, emphatique, toujours rhythmée de même manière, toujours modulée dans les mêmes tons. Un débit accéléré jusqu'à la fin du couplet, un crescendo de gestes et de cris, conduisaient à cette dernière

explosion que les spectateurs grossiers attendaient, comme a dit
Molière, « pour faire le brouhaha. » Depuis la première retraite de
Baron, et la mort de Mlle Champmeslé, jusqu'à la fin de la régence,
cette manière fut poussée au dernier terme de l'extravagance. La
vogue appartenait à Beaubourg, dont on vantait la chaleur désordonnée, et surtout à Mlle Duclos, ancienne chanteuse de l'Opéra, qui exa-
géra jusqu'au ridicule le chant monotone des comédiens français.

Une réaction était nécessaire. L'élève de Molière, Baron, en fut le
héros. Lorsque cet acteur incomparable remonta sur la scène qu'il
avait quittée depuis vingt-neuf ans, il avait environ soixante-douze
ans. Remplaçant Beaubourg, qui avait réussi par l'abus de sa vigueur
physique, il chercha dans le contraste les chances de son propre succès. La moindre cause d'étonnement pour le public fut l'audace de ce
vieillard qui abordait, à l'âge où la décrépitude commence, les rôles
les plus vivaces du répertoire. On fut saisi surtout d'entendre un
homme qui parlait en réponse à des chanteurs, qui économisait le
geste au milieu des énergumènes, qui, au lieu d'une pétulance inintelligente et brutale, détaillait savamment ses rôles, en nuançait à
l'infini les intentions; artiste merveilleux, assez maître de lui pour
éviter les défauts de ses qualités, simple et calme sans froideur, décent
dans l'impétuosité, intéressant et spirituel sans laisser voir la recherche
de l'esprit. L'impression que fit Baron sur ses contemporains fut si
vive, qu'elle demeura ineffaçable, et que la critique du dernier siècle
s'accoutuma à le présenter comme le type de la perfection. Je m'en
tiens à croire qu'il a possédé au suprême degré la qualité la plus importante du comédien, celle du bien-dire. C'est avec cette qualité
enchanteresse qu'il captivait son auditoire, au point de ne pas lui laisser
le temps de la réflexion. Il traduisait, dit-on, non pas le mot, comme
le font les acteurs médiocres, mais l'intention, mais le sentiment, et
il trouvait pour chaque sentiment des inflexions si consciencieuses,
qu'elles étaient irrésistibles.

En caractérisant le talent de Baron, j'ai fait connaître sa brillante
élève, Mlle Lecouvreur. Même netteté de débit avec un organe moins
riche, même adresse à phraser suivant la tradition de Molière, comme
on disait alors, c'est-à-dire à conserver quelque chose du rhythme
poétique, sans marquer la césure, sans appuyer sur la rime; même
charme à parler le vers, mais non pas comme on parlait la prose. Ses
efforts pour animer la pantomime, pour compléter l'illusion théâtrale,
annonçaient les derniers progrès de l'art, lorsque la mort la frappa.

Le maître de la scène, après la perte de Lecouvreur, Dufresne, venait développer complaisamment les suprêmes beautés de sa personne et les richesses naturelles de son organe. Toujours éblouissant, il n'essayait pas même de paraître profond, et, soit qu'il jouât le brûlant *Orosmane* ou *le Glorieux*, dont il avait été le modèle, il n'était jamais qu'un pompeux lecteur à qui on eût été tenté d'offrir l'eau sucrée académique. Autour de lui, et à son exemple, on dessinait de belles attitudes, on posait largement la voix, on phrasait avec élégance, mais on ne jouait pas. La *bienséance* théâtrale n'admettait alors qu'une marche majestueusement cadencée et inconciliable avec les grands effets de scène. Un soir pourtant, à une représentation de *Mérope*, au moment où la mère désolée trahit son secret pour sauver son fils, l'actrice, entraînée par un élan de passion, franchit la scène en courant pour venir se placer entre Égysthe et le meurtrier. Ce bondissement de lionne, un cri parti des entrailles, étonnent le spectateur et l'actrice elle-même. L'éclair, si rapide qu'il fût, a laissé voir une manière nouvelle.

Agée alors de trente-deux ans, Mlle Dumesnil tenait de la nature une organisation tragique riche et complète; sa facilité d'exécution était si prodigieuse, qu'elle niait le pouvoir de l'étude chez les autres, et ne s'apercevait pas même du travail qui se faisait en elle-même. Sa diction ne perdait jamais l'accent de la grandeur, même lorsqu'elle était familière et distraite. Impatiente de frapper les grands coups, elle atténuait les redondances de la tirade, et, suivant une expression inventée pour elle, *déblayait* les détails inutiles. «Mais, a dit un excellent juge, Grandmesnil, de ces ombres qu'elle distribuait peut-être avec trop de profusion, partaient des éclairs et des tonnerres qui embrasaient toutes les ames.» Jamais actrice n'obtint des effets plus puissans, plus variés. Dans les émotions de la sensibilité, elle trouvait de ces larmes sympathiques, de ces cris de nature que l'art ne saurait imiter. Dans les grands mouvemens de passion, elle renouvela les prodiges de la scène antique. Lorsque terrible, l'œil en feu, la menace à la bouche, elle s'avançait à l'encontre du spectateur debout au parterre, on vit parfois cette foule mouvante, comprimée par la terreur, reculer en tremblant jusqu'au fond de l'enceinte, et s'y blottir de manière à laisser un espace vacant entre elle et cette femme qui lançait la foudre.

Ce qui me confirme dans la haute idée que je me suis faite du génie de Mlle Dumesnil, c'est le dépit haineux, implacable, d'une autre tragédienne, Mlle Clairon, digne d'occuper la seconde place au premier rang.

Je suis frappé des points de ressemblance qui existent entre Mlle Clairon et Mlle Rachel. Toutes deux, dans leur bas âge, sont éprouvées par l'adversité. Leur première éducation dramatique est toute musicale : l'une chante l'opéra à Rouen et à Paris, comme l'autre à l'école de Choron. Mlle Clairon, engagée pour jouer les soubrettes, débute par *Phèdre*; Mlle Rachel traverse le vaudeville pour arriver.à la tragédie. Mêmes qualités d'articulation, même science dans le jeu muet, même supériorité dans les éclats d'ironie et de colère, dans les crises de la passion concentrée et oppressive. J'incline à croire que le jeu de Mlle Clairon n'était pas exempt d'emphase et de véhémence factice, et qu'à tout prendre elle fut moins heureusement douée que Mlle Rachel; mais elle eut sur celle-ci l'avantage de venir à une époque où la rivalité des grands talens, où les exigences des bons juges, ne permettaient pas à l'artiste de se relâcher un instant. Leur existence était un combat. Il serait peut-être malheureux pour Mlle Rachel que la sienne continuât à n'être qu'une victoire.

On a remarqué que les tragédiennes dignes de ce nom ont toujours été moins rares que les tragédiens. La raison en est simple : les rôles destinés aux femmes dans la tragédie n'admettant que peu de nuances, sont en général plus francs et plus sympathiques que les rôles d'hommes dont la variété est infinie. Lekain agrandit considérablement l'importance et la difficulté des rôles de son emploi en concentrant tous les moyens imaginables d'intérêt sur chacune de ses conceptions. Disgracieux de sa personne, il possédait en revanche la parfaite intelligence, celle qui vient à la fois de l'esprit et du cœur. Sans amoindrir cette solennité de débit qui était de tradition sur la scène française, il l'enrichit par les nuances les plus variées, qu'il obtint en travaillant musicalement sa voix. Son ambition fut d'être un acteur tragique, dans le sens exact du mot. La mauvaise disposition matérielle de notre scène faisait obstacle à son dessein; il persuada à un généreux amateur, le comte de Lauraguais, de sacrifier 40,000 livres pour disposer dans l'intérieur de la salle les *balcons*, c'est-à-dire ces banquettes d'avant-scène où les élégans venaient eux-mêmes se donner en spectacle. La réforme des costumes et des décors, les savans effets d'entrée et de sortie, les larges jeux de scène, mille moyens nouveaux d'illusion devinrent possibles. Pour des spectateurs qui ne concevaient l'héroïsme qu'avec l'habit à la française, ce fut un saisissant coup de théâtre que de voir Ninias sortir du tombeau où il vient de tuer Sémiramis, les bras nus et ensanglantés, les vêtemens souillés, la chevelure en désordre. Lekain, travailleur infatigable, reprit alors chacun de ses rôles pour les agrandir, pour les meubler des plus riches effets. Il accordait aux préparations muettes une importance peut-être exagérée, s'il est vrai qu'on l'a vu employer jusqu'à six minutes à dire quatre vers. Ce qu'il préparait, au surplus, ce n'étaient pas seulement les coups de théâtre ménagés par le poète, mais les éclats de la passion qui s'amoncelait dans son sein. Par exemple, lorsqu'après avoir dit, sous les traits d'Orosmane : « Je ne suis point jaloux, » il ajoutait : « Si je l'étais jamais!..., » il manifestait à ces derniers mots des remuemens intérieurs si profonds, si douloureux, qu'il n'était plus possible d'attendre son épouvante l'explosion de sa jalousie. C'était par cette ampleur d'exécution qu'il emplissait toujours le cadre de la scène.

Les souvenirs de Baron et de Lecouvreur, les exemples de Lekain, de Dumesnil et de Clairon, formèrent cette grande école tragique qui se soutint avec éclat jusqu'aux premiers temps de la révolution. Il serait trop long de citer tous ceux qui eurent, sinon le génie de leur emploi, au moins cet ensemble de qualités essentielles qui constituent le vrai talent.

L'art de l'acteur comique subit dans son développement les mêmes phases que celui du tragédien, c'est-à-dire que vers le milieu du siècle, sans répudier l'entrain et la jovialité naïve de la première période, on s'éleva jusqu'à la pensée philosophique dans l'étude des rôles, et, dans l'exécution, jusqu'à ce naturel élégant et châtié qui touche à l'idéal. Il y a peut-être quelque témérité de ma part à avancer que des comédies mises en scène par des auteurs qui étaient du métier, comme Molière, Poisson, Hauteroche, Baron, Dancourt, Legrand, n'ont pas été dès l'origine jouées d'une manière pleinement satisfaisante. Je crois entrevoir, à travers le prestige des anciennes renommées, que pendant cette première période la verve comique dégénérait trop souvent en bouffonnerie, sinon en charges grossières. Quant aux rôles posés de la haute comédie, ils étaient remplis par les tragédiens, c'est-à-dire qu'on se contentait, pour les caractères élégans ou sérieux, de la froide correction du débit tragique. Ce fut donc vers le milieu du siècle que la comédie agrandit le style de son exécution. L'honneur de ce progrès doit revenir surtout à Préville, comédien par excellence, fin, leste, incisif, naturel sans trivialité, d'une gaieté franche sans grossièreté, doué surtout d'une puissance de transformation qui étonnait Garrick, le protée de l'Angleterre. Sa promptitude d'intelligence lui permit d'aborder avec succès tous les emplois de la comédie, de-

puis les pères nobles et les rôles à manteau jusqu'aux valets et aux
types ridicules. Il fut à peine remplacé par trois acteurs du premier
mérite, Dugazon, Dazincourt et Larochelle. Une comédienne seulement, Mlle Dangeville, lui fut comparable pour la perfection et la variété de son talent. Mon plan m'oblige à mentionner encore les deux
artistes qui, par le prestige de leurs manières, ont le plus contribué à
élever le style de la comédie, Mlle Louise Contat et Molé. Dix années
de lutte contre un public sévère jusqu'à la rigueur, furent pour
Mlle Contat un apprentissage qui la conduisit au plus haut point de son
art. Sa supériorité dans l'emploi des grandes coquettes a laissé des
impressions ineffaçables; mais la coquetterie, cet art qui consiste à
charmer les hommes en se moquant d'eux, avait communiqué à son
débit plein d'agrément, à son regard brillant et fin, une intention de
persiflage qu'on lui reprochait de conserver dans tous ses rôles. Nous
avons un témoignage de l'intelligence de cette actrice, un écho de sa
manière enjouée et spirituelle dans le style consacré des pièces de Ma-
rivaux, qu'elle a empruntées à une scène inférieure pour les élever au
ton de la Comédie-Française. Le prédécesseur de Molé, Grandval,
beau de formes et d'un maintien irréprochable, avait été le modèle accompli de la bonne société, l'homme parfait qu'on estime. Molé établit le type de l'homme charmant et dangereux qu'on ne peut s'empêcher d'aimer. Comédien des plus variés, il conserva sous tous les
aspects une séduction de manières, une vivacité de bon goût, une
fine fleur d'aristocratie qui le rendait intéressant et gracieux jusque
dans les détails insignifians de ses rôles. « Il possédait, a dit un de
ses biographes, cette magie éblouissante du talent qui pare le ridicule
et embellit jusqu'au vice. »

La dispersion de la Comédie-Française, pendant les orages de la
révolution, eut des conséquences funestes pour l'art théâtral. Désunie
par la misère et plus encore par les haines politiques, la société se dis-
sémina dans ces innombrables troupes qui se formèrent de tous côtés
après la proclamation de la liberté des théâtres. Confondus avec des
acteurs vulgaires, condamnés à se faire applaudir par un public grossier dans des pièces pitoyables, les vrais comédiens perdirent cette
estime d'eux-mêmes, ce légitime orgueil qui les portait à soutenir
leur répertoire assez haut pour que sa supériorité ne puisse pas être
mise en contestation. Néanmoins, après que le directoire eut reconstitué la Comédie-Française par le rapprochement de ses anciens
membres et par l'adoption de plusieurs talens nouveaux, la société

présenta encore un riche ensemble dans chacun des trois genres qui constituent son domaine. Mlle Raucourt, dont la célébrité datait de ses débuts en 1772, rapportait dans la tragédie les qualités qui remuent la foule, l'éclat et la véhémence. Trente ans d'études et d'exercices avaient fait de Monvel un tragédien accompli : on lui savait gré de racheter la pauvreté de ses moyens physiques par la sincérité de son émotion et la profondeur de son intelligence. Une figure détachée d'un tableau de David, un peu raide dans sa majesté, un peu blafarde dans son héroïsme, donnerait une idée de Saint-Prix. Quant à Talma, il devait déjà à son exaltation républicaine, puis à la bienveillance du chef de l'empire, une renommée qui aidait à sa réussite. Il était loin, à cette époque, de cette élévation qu'il devait atteindre. Flottant entre deux manières extrêmes pour s'en faire un style qui lui fût propre, il était souvent lourd et lamentable quand il visait au grandiose, sec, saccadé, fantasque, inharmonieux, lorsqu'il essayait le réel et le pittoresque. Les juges sévères qui le condamnaient à huis clos ne lui faisaient grâce que pour quelques créations, comme *Oreste, Othello, Hamlet,* où il était servi par l'ardeur sombre et concentrée de son tempérament.

Le genre comique retrouva Molé, Dugazon, Dazincourt, Larochelle, et Mlle Contat. D'autres artistes, effacés dans l'ancienne société ou admis depuis peu dans la société nouvelle, établirent leur réputation sur un mérite digne de leurs devanciers. Laissant à des acteurs élégans et distingués, comme M. Armand, les jeunes rôles de son emploi, Fleury exprimait à ravir le persiflage du petit maître qui légitime sa fatuité à force d'esprit. On ne tarda pas à remarquer l'admirable vérité dans les rôles à manteau de Grandmesnil, la rondeur, le naturel entraînant de Michot, la fine bêtise de Baptiste cadet, qui jouait les niais mis à la mode par Volange avec une tenue digne du Théâtre-Français. Les grands rôles que ne réclamait pas Mlle Contat étaient tenus avec distinction par Mlle Mézerai : il ne restait à Mlle Mars que l'ingénuité gracieuse; mais déjà elle y déployait une perfection irrésistible. Le drame touchant, où Monvel excellait, avait pour ses principaux interprètes Baptiste aîné, dont on estimait la minutieuse exactitude; Saint-Phal, copiste de Molé dans les parties dramatiques de son talent, et surtout Mme Talma (Mlle Vanhove), dont la sensibilité vraie était soutenue par un organe enchanteur.

Depuis les premières années de la restauration jusqu'à nos jours, de grands talens brillèrent sur nos scènes diverses. C'est pendant cette période que Talma entra en possession des qualités qui l'ont rendu

justement célèbre. On comprendra que si je me prive de citer d'autres
noms, c'est pour ne pas m'exposer à des omissions blessantes, quoiqu'involontaires.

La tradition qui remonte à Baron, l'influence successive des artistes
dont je viens de caractériser le talent, avaient déterminé le style de
la grande déclamation tragique, art particulier à la France, approprié
au sentiment élevé de nos chefs-d'œuvre dramatiques; art très défavorable, je l'avoue, à la médiocrité, mais noble, mais fécond dans sa
simplicité, mais supérieur à tous les autres systèmes d'exécution théâtrale, quand c'est le génie qui interprète le génie. La tendance à idéaliser le vrai régna jusqu'aux premiers temps de la révolution avec tant
d'autorité, qu'elle semblait un effet instinctif du goût national. « L'art
de la déclamation, disait plus tard La Harpe, n'était pas encore détruit
par le système le plus faux que la médiocrité et l'impuissance aient pu
substituer au talent. On ne croyait pas alors qu'il fallût débiter des
vers enchanteurs comme la prose la plus commune; que l'expression,   .
pour être vraie, dût toujours être violente. »

L'indignation de La Harpe était peu clairvoyante. Disciple fervent
de l'école idéaliste, il ne s'élevait pas assez haut dans sa critique pour
distinguer le double domaine dont se compose l'empire des arts. Pendant la révolution, à une époque où le grand mot de nature était dans
toutes les bouches, le naturalisme, appliqué à la déclamation, commençait à avoir beaucoup d'adeptes. Depuis long-temps déjà cette doctrine avait eu ses théoriciens. Diderot et Mercier, Lessing et Engel,
méconnaissant le caractère idéal de l'ancien théâtre qui justifie la distinction des pièces en tragédie et en comédie, déclarant que la scène
doit être un écho passif des agitations de la vie humaine, avaient réduit l'éducation de l'acteur à une simple analyse du cœur humain, et
la pratique de la scène à une copie exacte de la nature. Il ne résulta
d'abord de cette prédication qu'un genre de sensiblerie ennuyeuse
empruntée à l'Allemagne. Sous la restauration, la théorie de Diderot
et de Lessing, fécondée par l'étude de Shakspeare et de Shiller, par le
sentiment du pittoresque emprunté à Walter Scott, est devenue,
comme chacun sait, le symbole de notre école romantique. Je m'empresse de reconnaître hautement que le romantisme, appelé à refléter
la réalité, nous présente un des deux aspects éternels de l'art, que sa
légitimité est consacrée chez nous par de très beaux ouvrages, que
son triomphe a réagi d'une façon utile contre cet idéal bâtard et monotone qui régnait dans certaines écoles de l'empire. Je n'ai d'autre

but ici que de constater l'influence du romantisme par rapport à l'art de la déclamation, et je le ferai dans les termes les plus simples, afin d'éviter tout ce qui pourrait ressembler à des récriminations littéraires.

Au siècle dernier, le grand secret était celui d'ennoblir la réalité, et, sans négliger la peinture des caractères et des passions, on obtenait l'effet principal du beau développement des attitudes, de la justesse et de la mélodie des intonations vocales. Sous l'inspiration romantique, l'effet fut déplacé. Afin de peindre le monde dans sa plus rigoureuse vérité, et la passion dans sa plus saisissante énergie, on renonça systématiquement à la diction finement détaillée, à la sonorité mélodieuse et enivrante : on rechercha le ton vrai dans l'accent, comme le mot propre dans la phrase. On s'en tint, pour le fond du dialogue, au sans-gêne de la vie commune, et on se réserva pour lancer de temps en temps avec puissance le cri de l'instinct. De même pour le jeu muet. La gesticulation, au lieu d'être dessinée méthodiquement, devint indécise et vagabonde comme dans la nature, où le geste ne se caractérise que dans les grands mouvemens de la passion. A la beauté d'aspect on préféra un pittoresque dont trop souvent le costumier a fait seul les frais. Chacun des deux genres a un vernis poétique qui lui est propre. Chacun a ses avantages, que le talent fait valoir, et aussi ses inconvéniens que la médiocrité rend insupportables. Les grands écueils sont d'un côté l'emphase, de l'autre la vulgarité. Dans l'idéalisme, tel que l'ont conçu les Grecs, et comme l'ont appliqué Corneille et Racine, il n'y a de vrai que le sentiment; le parler et l'aspect ne sont pas naturels, parce qu'ils sont plus logiques et plus beaux que la nature. Dans le naturalisme, au contraire, les apparences extérieures sont vraies, mais le sentiment est souvent faussé, parce que l'acteur, qui s'en tient à l'imitation de la nature, serait froid et insignifiant, s'il ne l'exagérait jamais. Il résulte de ce parallèle que l'idéalisme et le romantisme, dans la déclamation, constituent deux arts distincts dont les procédés et les effets sont différens : ce sont comme deux instrumens dont chacun a son mécanisme particulier. L'important, je le répète, est de se pénétrer de leur diversité. Exclure l'un au profit de l'autre, ce serait rétrécir, sans raison légitime, le cercle de nos jouissances.

Au-dessous des deux systèmes littéraires dont je reconnais la légitimité, s'est produit, par la nécessité d'alimenter les trop nombreuses scènes d'un ordre inférieur, un troisième genre de pièces imaginées en faveur des théâtres qui n'ont pas d'acteurs. Les écrivains qui sou-

tiennent nos théâtres secondaires font preuve d'une ingénieuse fécondité, d'une habileté souvent surprenante dans un art qui consiste
à rendre les médiocrités supportables. Ils *forcent les effets*, comme on
dit dans le jargon théâtral, c'est-à-dire qu'au lieu de les attendre du
jeu sympathique de leurs interprètes, ils les font jaillir *forcément* de la
situation. Dans ce genre bâtard, qui ne s'inquiète pas plus de la nature
que de l'idéal, l'imprévu, la bizarrerie des incidens, sont les uniques
moyens d'intérêt. L'acteur, emporté par ce mouvement désordonné
qu'on est convenu d'appeler *action*, n'a pas le temps de poser son jeu,
de dessiner un type. Le style qu'il doit débiter est d'ordinaire tellement négligé, que si une prononciation savante le déroulait lentement,
on n'en pourrait supporter les taches et la misère. *Chauffer* la scène
par la précipitation du débit et l'abus du geste, *enlever* la situation invraisemblable, c'est le comble du talent. Une seule qualité, l'entrain,
tient lieu de tous les genres de mérite qu'un artiste véritable obtient
par de longues études.

La diversité, l'antagonisme des genres, ne seraient pas un mal, si
chaque école restait franchement dans les limites de son système.
Malheureusement il n'en est pas ainsi : les théories sont tombées en
défaveur chez les artistes comme parmi le public; on s'est endormi mollement dans l'idée que nous sommes parvenus à une époque de fusion
qui doit concilier tous les genres. Représentons-nous l'état de notre
scène, en laissant à l'écart un très petit nombre de personnes dont le
mérite hors ligne échappe aux classifications. Les comédiens de notre
temps peuvent être distribués en trois groupes : d'une part, les artistes voués à l'ancien style, mais formés à une époque où l'école
classique, démoralisée par des attaques imprévues et violentes, était
véritablement affaiblie. N'apportant devant le public qu'un idéal d'emprunt dont ils ont les habitudes traditionnelles, mais rarement le sentiment, ils ne résistent pas à la tentation de rétrécir leur manière pour
paraître plus naturels, de risquer souvent des accens vulgaires qui
semblent d'autant plus vrais qu'ils font contraste avec leur emphase
routinière. D'autre part, des artistes pleins de feu et d'une intelligence
pénétrante, mais qui, habitués seulement à cette vague étude de la
nature qu'a recommandée le romantisme, n'ont pas aujourd'hui un
mécanisme d'exécution assez complet, assez sûr, pour aborder avec un
plein succès le genre classique qui reprend faveur. Le dernier groupe,
le plus nombreux de tous, se compose de ceux qui, livrés dès leur
jeunesse aux hasards de l'instinct, formés par la pratique sur les scènes

vulgaires, se trouvent inquiets, dépaysés comme des parvenus dans un salon, dès qu'ils sont appelés à composer, dans une pièce de haut style, des rôles dont tous les effets ne sont pas soulignés. De cet ensemble de faits résulte cette confusion qui, selon moi, fausse l'intelligence, égare le zèle de la plupart de nos acteurs, et répand cette déplorable croyance, que le génie de la scène s'éteint chez nous.

Il s'est développé une sorte de fatalisme qui considère les évolutions des sociétés et des arts comme autant de phases inévitables, et professe qu'il est impossible de modifier les tendances d'une époque. Cette doctrine a cela de commode, qu'elle dispense de l'observation dans la théorie, et de l'énergie dans la pratique. Les esprits de cette trempe ne manqueront pas de demander de quelle utilité il peut être de constater, comme j'ai essayé de le faire, l'état de notre scène. Cette chute de l'idéalisation au naturalisme, diront-ils, ce passage du culte de la beauté au besoin de la vérité et de l'expression, ont été des symptômes d'une irrémédiable décadence vers laquelle la fatalité nous entraîne. Le sentiment de l'idéal ne se commande pas, et c'est folie que de vouloir y ramener les générations qui en ont laissé tarir la source. Ces objections sont prévues : on essaiera d'y répondre dans la partie critique de cette étude.

A. COCHUT.

(La dernière partie au prochain n°.)

LETTRE A ROSSINI

A PROPOS D'OTHELLO.

Cher Maître,

Dans la solitude où vous vous êtes retiré, désormais vous ne devez plus guère permettre aux bruits du monde d'arriver jusqu'à votre oreille. Je parle ici d'un certain monde dont on vous vit de bonne heure abdiquer les passions, si tant est que vous les ayez jamais eues; car il faut bien avouer, quoi qu'on puisse dire, que les mille préoccupations dévorantes de la vie d'artiste, sous lesquelles tant de consciences généreuses et d'esprits noblement doués se débattent mesquinement, n'ont jamais été votre fait. Naturelle ou jouée, votre indifférence en matière de gloire musicale ne s'est jamais démentie, et du même regard impassible et glacé, du même sourire goguenard dont vous accueilliez jadis les fanatiques acclamations de la multitude, vous deviez assister aux triomphes bruyamment décernés à vos rivaux d'un jour. Je me trompe cependant : une fois cette sérénité si grande s'obscurcit, une fois ceux qui vous approchaient crurent surprendre dans votre air je ne sais quelles traces d'une mélancolie réelle. Ce fut, si j'ai bonne mémoire, à l'avènement de Bellini. Cette voix passionnée et tendre chantant sur un mode nouveau l'éternelle complainte du cœur humain, cette voix mélodieuse vous toucha d'abord; puis, quand les transports éclatèrent, lorsque l'enthousiasme d'un dilettantisme excessif ne voulut plus entendre qu'elle, un peu de découragement vous prit. N'allez pas croire au moins que je prétende ici vous en faire un reproche; de pareils sentimens n'ont rien qui ne puisse s'avouer tout haut, et l'envie qui rampe aux basses régions ne se loge guère en des natures comme la vôtre. L'amertume vous vint, en cette occasion, de l'attitude du public. L'idée de son ingratitude insigne et du peu de cas qu'on doit faire de son oubli comme de sa faveur ne devait pourtant pas chez vous être nouvelle. Quoi qu'il en soit, il semble qu'elle saisit ce prétexte pour se présenter à vos yeux sous des couleurs plus sombres, et, comme on dit, se formuler définitivement. Il y a dans la littérature allemande un exemple à peu près pareil au vôtre. Je veux parler de cette espèce d'hésitation qui s'empara de Goethe à l'apparition de Novalis. Ce jeune homme divinement inspiré, ce penseur de vingt ans, s'élevant du milieu d'un groupe hostile avec son verbe lumineux et cette physionomie singulière qui vous donne comme une vague idée de Platon au sein des temps nouveaux, étonna, s'il ne l'effraya point, le Jupiter dans son Olympe, et sa main, occupée à lancer des foudres sur la horde romantique aux abois, attendit volontiers que l'ombre harmonieuse eût disparu, ce qui ne tarda guère, car du chantre de *Henri d'Ofterdingen* comme du chantre des *Puritains*, il devait bientôt ne plus rester qu'une lyre brisée sur un tombeau. Ne souriez pas trop du rapprochement, cher maître; l'aigle chasse les cygnes devant lui, et la mort aime ainsi par occasion à faire la place nette autour des cerveaux prédestinés. Comme le poëte de Weimar, vous deviez survivre, vous, par cette loi de la nature qui consacre la force en toute chose, et parce qu'il fallait qu'il y eût un Rossini dans le siècle de Byron, de Goethe et de Châteaubriand.

De cette époque date, à vrai dire, votre abdication. Sitôt après *Guillaume Tell*, vous eussiez, j'imagine, volontiers composé encore. Évidemment, ce chef-d'œuvre ouvre un cycle que votre génie n'a point eu le temps de parcourir, et la sève si magnifiquement reconquise n'en était pas à donner son dernier fruit. Par malheur, ceux qui vous entouraient alors négligèrent de mettre à profit les circonstances; et, si nous devons en toute chose tenir compte de l'occasion, c'est surtout avec des natures comme la vôtre, où le scepticisme domine, où l'ironie finit toujours par tuer l'enthousiasme. A ces ames ardentes, mais paresseuses à s'émouvoir, il faudrait, comme à l'autel de Vesta, la prêtresse qui veille, car, la flamme sacrée une fois éteinte, c'est grande affaire de la rallumer, et chez vous on la laissa s'éteindre. Vous avez laissé passer l'heure; bientôt d'autres goûts ont commencé de régner; entre l'œuvre passée et celle que vous auriez pu faire, de nouveaux courans se sont ouverts. Cependant le doute vous gagnait avec l'âge. O maître! combien vous avez dû sentir amèrement alors l'impuissance et la frivolité de l'art auquel vous vous étiez consacré! Que voulez-vous, en effet, qu'un musicien devienne à cette période de la vie où la réflexion succède au lyrisme, où la corde d'airain se met à vibrer dans son ame. Écrivain et poète, d'infinis horizons se seraient étendus devant vous: la philosophie, la critique, l'étude des sciences comparées; qui sait où se serait arrêtée dans ses spéculations et ses conquêtes une intelligence comme la vôtre? Vous eussiez été Goethe ou Voltaire; vous n'êtes que Rossini Excusez du peu! dira-t-on. Oui, certes, la part est encore assez belle; mais compte-t-on pour rien la nécessité d'un pareil silence, et cette alternative où vous vous êtes vu de revenir pour la centième fois sur un thème épuisé, ou de rompre avec l'art qui vous a fait ce que vous êtes, de rompre, plein de courage et de mâle vigueur, et de dévorer en soi le meilleur de sa pensée, faute d'avoir de quoi l'exprimer désormais.

Mais que vous importent maintenant les bruits du monde? Et voilà que je me demande quelle idée m'a pris de vous entretenir d'une traduction qu'on vient de faire de votre *Otello* à l'Académie royale de musique. *Otello?* direz-vous; mais c'est du plus loin qu'il m'en souvienne, et je ne vois guère quelle sorte d'*actualité* peut avoir une telle entreprise C'est un peu la question que chacun s'est faite, car enfin il s'en faut que vos chefs-d'œuvre soient abandonnés; les Italiens, Dieu merci, en conservent encore assez fidèlement le glorieux dépôt, et, plus heureux qu'*Oberon*, *Euryanthe* et *Fidelio*, *Otello* et *Semiramide* ont trouvé là le sanctuaire où le dilettantisme, chaque hiver, les visite et les fête. Sans vous parler des inconvéniens naturels d'une exécution en tout point inférieure, de pareils exemples, s'ils se renouvelaient souvent, entraîneraient la plus insupportable monotonie dans les plaisirs des gens habitués à fréquenter les deux théâtres. Il me semble vous voir d'ici penser à Mme A.., et vous représenter avec horreur le sort de l'intrépide marquise dans son avant-scène. Entendre aujourd'hui *Otello*, et demain *Othello*, quand on l'entend déjà depuis

quelque vingt ans, c'est un peu bien la même chose, et je n'y vois
guère de changé que l'orthographe. Évidemment, il y a là un supplice oublié par Dante en son enfer. J'admets avec vous, cher maître,
que c'est une étude des plus intéressantes et des plus utiles pour *l'art*,
comme on dit à cette heure, de comparer en un même rôle Giulia
Grisi et Mme Stoltz, M. de Candia et Duprez, Ronconi et Barroilhet.
Cependant, à la longue, on finit par se lasser de tout, même de ces
comparaisons, d'où ne ressort, en somme, qu'une vérité que personne
n'ignore, à savoir : que les Italiens sont très grands chanteurs, et
qu'à vouloir se mesurer avec eux, on tombe dans la parodie. Quel
sens attribuer à cette mise en scène d'*Otello?* A quel besoin du jour, à
quel ordre d'idées cela répond-il? Je n'y vois pas même une spéculation; car, dès la seconde soirée (et l'on ne devait que trop s'y attendre,
d'après le déplorable effet des répétitions générales), la salle était à
moitié vide; depuis, la solitude n'a fait qu'augmenter à chaque épreuve.
N'importe; puisque j'ai commencé, je veux vous compter mes impressions; libre à vous de planter là mon bavardage et de me laisser dire,
si mon épître, en éveillant à vos oreilles des bruits auxquels vous avez
échappé, devait troubler pour un instant l'ineffable quiétude de votre
indifférence orientale. D'ailleurs, cette causerie me rappelle l'heureux
temps où nous agitions ensemble à tout propos de si hautes questions
philosophiques. Vous habitiez alors les frises du Théâtre-Italien, véritable *deus in machiná*, et chaque soir, lorsque la salle en fleurs s'illuminait pour ses féeriques harmonies, on vous voyait descendre et
venir rôder, grand génie désœuvré, dans ces corridors où votre verve,
impossible à contenir, s'exhalait en mille sarcasmes. Que de fois, moi,
jeune homme inconnu, dont le dilettantisme désappointé n'avait pu
trouver place, je vous rencontrai là! que de fois, lorsque la salle entière, suspendue aux lèvres de Rubini, frémissait d'aise et se pâmait
de langueur aux accens d'une cantilène des *Puritani* ou de la *Lucia*,
je vous surpris, pauvre Marius à Minturnes, assis rêveur et pensif
dans le coin le plus solitaire du foyer! Si quelque tristesse profonde
vous rongeait le cœur à ces heures, si le cri d'*ingrata patria!* s'é-
chappa sourdement de vos entrailles, nul ne l'a jamais su; car vos yeux
conservaient leur éclair de malice, et votre diable de sourire ne cessait pas de plisser votre lèvre. Causons donc, cher maître, causons
comme autrefois, de poésie et de musique, de théâtre, de chanteurs
et de journalistes, et cherchons en toute chose à découvrir la vérité,
celle qui se cache si souvent derrière ce fameux rideau qu'en ces temps

11.

de feuilletons et de réclames on prend volontiers trop fréquemment
pour la scène elle-même.

Ne vous est-il jamais arrivé, étant enfant, lorsqu'on vous conduisait
au spectacle, de prendre le rideau pour la pièce, et de prodiguer sans
réserve toute votre admiration à quelque scène plus ou moins allégo-
rique peinte à la détrempe sur la toile par le Cicéri de l'endroit? Quant
à moi, la première fois que je mis le pied dans le temple des muses
de ma province, j'avoue que j'eus la naïveté de donner en plein dans
l'illusion dont je parle. J'avais devant les yeux un magnifique péristyle
à colonnades grecques où s'élevait un autel de marbre et d'or sur lequel
des prêtres sacrifiaient au divin Apollon. L'encens surtout, qui semblait
fumer pour le dieu, en montant en épaisses bouffées vers le lustre, préoccupait mon imagination. Je ne pensais pas qu'on pût demander d'autres sensations aux jeux de la scène, et mon étonnement fut immense
lorsque la musique commença, et que je vis colonnades et péristyle,
autel et sacrificateurs s'enrouler d'eux-mêmes et disparaître pour faire
place à tout un nouveau monde. Le rideau qui nous cache toute chose
aujourd'hui, c'est la publicité, la presse, le mensonge; et que de fois
il nous arrive encore d'être ses dupes et de nous laisser prendre à sa
prétendue vérité! Singulier rideau en effet avec ses couleurs d'arlequin, ses arabesques tourmentées, ses monstres à tête de singe et à
queue de poisson; que sais-je? ses soleils et ses étoiles de papier doré.
Au milieu se dresse une sorte de géante décharnée, hideuse à voir, et
qui s'exténue à souffler dans une trompette de bois. C'est la Renommée
du XIXᵉ siècle. Hécate de carrefour, prostituée de la publicité, son
front aspire au firmament, et ses pieds traînent dans la boue. Il va sans
dire que de ce qui se passe honnêtement derrière, le rideau n'en laisse
rien transpirer impunément. Toute notion s'y transforme ou s'y altère;
la vertu y devient vanité, le génie prétention, et il suffit du caprice
d'un bateleur de la foire pour venir mettre en doute ce qui est immortel. Mais où vais-je moi-même et quelle idée me prend de vous
entretenir des misères du temps, comme si vous ne les connaissiez pas?
N'importe; pour tant de moquerie et de dédains que vous lui prodi-
guiez, le feuilleton vous réservait cette fois un tour de son métier.
Vous n'imagineriez jamais, cher maître, quel texte il lui a pris fantaisie de donner à sa critique à propos de cette malencontreuse mise
en scène de votre chef-d'œuvre à l'Académie royale de Musique. Non, je
vous le donne en mille, et si d'aventure cette humeur noire que nous
vous avons trop souvent connue à Paris vous tenait à cette heure, il y

auraitlà de quoi la dissiper incontinent. Cependant je songe à tant de
choses que j'ai à vous dire, et je me ravise. Procédons avec ordre, nous
en viendrons toujours assez tôt à nous occuper de vos critiques; pour
le moment, parlons du chef-d'œuvre : *ab Jove principium*.

Voilà donc votre *Otello* installé désormais sur la scène française.
Poètes, chanteurs et musiciens ont exécuté leur entrée, et, comme
ces tailleurs du *Bourgeois gentilhomme*, sont venus prendre la mesure au chef-d'œuvre d'il y a vingt ans pour l'habiller selon le goût
du jour. Ainsi que bien vous pensez, le damas, le velours et l'or ne
devaient pas manquer, et l'on s'est empressé d'entourer de tout le caractère et de toute la couleur locale imaginables les marionnettes du
librettiste italien, rendues un peu plus ridicules par le naïf sérieux dont
cette mirifique traduction affecte de les traiter. On a donc suivi en
tout point le cérémonial en usage à l'Académie royale de musique, où
la question des souquenilles et des hallebardes prime de si haut, comme
on sait, la question musicale; et ce n'est que l'avant-veille de la première représentation, lorsque les palais de marbre et d'or ont été
élevés à grands frais, lorsque tant de splendides robes de patriciens
ont été taillées en plein brocard, qu'on s'est aperçu de la faiblesse, je
ne dirai pas du néant de l'exécution. D'où venait cela? Est-ce que par
hasard les étoffes étouffaient les voix? Au fait, au Théâtre-Italien,
où le luxe des tentures, à coup sûr, règne beaucoup moins, on peut
dire que les voix sonnent mieux. Vous vous demandez comme moi
à quels arrêts d'en haut il fallait se soumettre, et s'il n'existait point
à ce sujet dans le cahier des charges une de ces clauses désastreuses
moyennant lesquelles il faut qu'une administration de théâtre se
ruine à jour fixé. Mais non, le ciel, que je sache, ne tonnait pas, et
les oracles du cahier des charges n'avaient point senti la nécessité de
voir apparaître en 1844, à l'Académie royale de musique, une traduction de l'*Otello* italien. Il y a donc là-dessous une gageure que vous
ni moi ne pouvons pénétrer. En effet, quand on n'a pour soi que
Mme Stoltz et les restes de ce grand chanteur qu'on appelait Duprez,
entreprendre tout à coup de lutter corps à corps avec les plus récentes,
les plus splendides, les plus illustres traditions de la scène italienne,
où le chef-d'œuvre se maintient encore avec gloire, grace aux efforts de la belle Giulia et de ceux qui l'entourent, franchement, cela
ne s'explique point. Il est vrai qu'on espérait beaucoup dans l'exactitude des costumes et dans cette haute science des entrées et des sorties dont se sont toujours si fort piqués les grands esprits du lieu.

Mais voyez un peu comme on se trompe, et comme bien souvent nos
plus flatteuses conjectures portent à faux! Ces soins minutieux, fort
louables d'ailleurs, dans la mise en scène d'une œuvre conçue selon
les conditions du genre qu'on exploite aujourd'hui à l'Opéra, devaient
ici parfaitement manquer leur effet; et ces pompeux décors, cette couleur locale, ces costumes de mandarin avec leur raideur empesée, tout
ce solennel fatras, cet attirail gourmé se rencontrant avec le sans-gêne
de votre musique et le train inégal dont elle va, devaient produire à la
longue les plus singulières, tranchons le mot, les plus dérisoires dis-
cordances.

De cet honnête libretto, sans prétention comme sans malice, on a
voulu faire absolument une comédie héroïque à la manière des poèmes
de M. Scribe. A force de manipulations et de ravaudages, à force de
lambeaux pris à Shakespeare et grotesquement entrelardés dans le récitatif, on s'est imaginé qu'on allait donner une raison d'être aux
scènes incohérentes de la pièce italienne qui se joue, comme tous
les libretti du monde, on ne sait où, en plein air, dans le vestibule
d'un palais, dans une alcôve. Je vous donne à penser quelle confusion
devait résulter d'un pareil amalgame. On prétend que La Fontaine,
étant assis un jour au parterre du théâtre, oublia que la pièce qu'on
représentait était de lui, et se mit à déblatérer sans façon contre l'auteur. Je gage qu'ici, cher maître, la même histoire vous fût arrivée. Comment, en effet, reconnaître votre musique à ce point défigurée, je ne
dis pas seulement par l'exécution, qui cependant n'y va pas de main
morte, mais encore par les accessoires compliqués d'un maladroit système de mise en scène qu'elle ne comportera jamais? A vrai dire, cette
représentation de votre chef-d'œuvre d'autrefois sur le théâtre de
l'Opéra d'aujourd'hui me paraît une mystification dans laquelle chacun
devait trouver son compte. Et d'abord, à commencer par le commencement, que vous semble de la situation de M. Habeneck et de son
orchestre, réduits à jouer avec tout le sérieux imaginable, et comme ils
feraient pour une symphonie de Beethoven ou l'ouverture de *Guillaume Tell*, l'espèce d'improvisation qu'il vous a plu jadis de mettre
en tête de cette partition d'*Otello*, laquelle improvisation, soit dit
entre nous, est bien l'une des plus médiocres fantaisies qui vous aient
jamais passé par la cervelle, et pourrait tout aussi bien servir d'introduction aux *Noces de Gamache*, par exemple, qu'à la terrible complainte des amours du More de Venise. Mais, attention! la toile se
lève. Ici commence le caractère, et du premier coup d'œil le système

musical en vigueur à l'Académie royale nous apparaît incarné dans la personne de deux hallebardiers gigantesques placés en sentinelle, et la pertuisane au poing, sur les degrés du fauteuil ducal. Au lever du rideau, la scène est vide. Peu à peu cependant des groupes se forment; on va et vient, on se salue, on s'aborde, et, sous prétexte d'avoir l'air de parler de chose et d'autre, on montre au public ses habits neufs. Exorde pittoresque s'il en fut : on ne saurait être en vérité plus Vénitien que cela, et Canaletti a trouvé son maitre. Reste à savoir si tout cet appareil inventé après coup va répondre au ton général de l'ouvrage, et si cette couleur locale, prétentieuse et gourmée, ne semblera point ridiculement déplacée quand il s'agira d'entonner le *viva Otello* traditionnel et de se ranger en espalier, les ténors avec les ténors, les basses avec les basses, pour ne pas manquer les reprises de la fameuse *aria di bravura col pertichini*. Vous dirai-je qu'à l'Opéra le père de Desdemona se nomme Brabantio? Un patricien de la sérénissime république de Venise, aussi étoffé que l'est M. Levasseur ou M. Serda, pouvait-il raisonnablement s'appeler Elmiro? Dans tous les cas, c'est se donner de la couleur locale à bon marché; un nom de plus ou de moins ne fait rien à l'affaire, et je n'insisterais pas sur de pareils détails, si cette voie où l'on s'est engagé à plaisir n'aboutissait par momens à d'incroyables extravagances. En voici une entre autres dont vous rirez bien. A coup sûr, vous n'avez point oublié la Malibran et l'impression immense qu'elle produisait dans cette entrée du second acte où votre génie a versé le pathétique à si large mesure. S'il me fallait décrire exactement le costume qu'elle portait dans cette scène, j'avoue que je ne le pourrais guère; mais ce que je sais, c'est qu'elle y était inspirée et sublime. Elle venait là suppliante, éperdue, passionnée, en épouse qui se hâte d'accourir pour conjurer un grand malheur; et quand elle se présentait au More, les cheveux en désordre, le front haut et résolu, les yeux en larmes, c'était un effet véritablement héroïque. Or, il parait que les poètes romantiques en train d'*illustrer* votre *Otello* pour la scène française auront changé tout cela. Au fait, cette Malibran était une écervelée qui ne savait ni composer un rôle, ni se mettre. Et que deviendrait-on, bon Dieu! si, dans la Venise des *poètes*, dans la Venise des doges et du Rialto, des lagunes, des gondoles et des barcaroles, une fille de sang patricien pouvait ainsi se rendre à visage découvert dans le palais d'un homme, cet homme fût-il cent fois More et cent fois son mari? A nous donc la couleur locale! Vite un domino sur votre blanche épaule, ô Desde-

mona! et sur vos yeux un loup de satin noir! C'est pourtant ainsi que
les choses se passent; c'est ainsi affublée que Mme Stoltz entre en
scène dans ce passage immortalisé par les souvenirs de la Pasta et de
la Malibran. Et maintenant, cher maître, répondez : eussiez-vous jamais reconnu votre Desdemona en cette échappée du bal masqué?
Non, certes; vous l'eussiez bien plutôt prise pour l'héroïne d'une ballade de M. Alfred de Musset, mise en musique par feu Monpou. Il va
sans dire que la situation, de grandiose et de sublime qu'elle était,
tourne immédiatement au comique, *desinit in piscem*. Ceci, remarquez-vous, passe la plaisanterie. En effet, on a multiplié si fort les
coups de théâtre de ce genre, que votre musique a fini par se trouver
comme dépaysée au milieu de tant de belles et magnifiques innovations. J'en suis au désespoir pour vous, cher maître; mais je vous dois
la vérité : dès la quatrième scène, vous n'étiez plus à la hauteur de
tout ce romantisme. Du reste, l'observation n'a échappé à personne,
et le lendemain le feuilleton s'écriait que vous n'aviez jamais compris
Shakespeare, et qu'il y avait là un drame bien autrement pathétique,
bien autrement élégiaque et sublime, dont vous ne vous étiez seulement pas douté. Qui le conteste? Il y a vingt-huit ans (1), pouviez-vous
donc songer à Shakespeare lorsque vous écriviez, sans vous occuper du
lendemain, cette partition d'*Otello* que l'espace d'une saison italienne
devait voir naître et mourir? Pour vous, jeune homme de génie en proie
à cette fièvre d'un lyrisme qui déborde, il s'agissait bien en vérité de
Desdemona, d'Iago et du More; il s'agissait d'un ténor, d'une basse et
d'une prima donna, voilà tout. Est-ce qu'on discute à cet âge où l'on
chante; à cet âge où, pour me servir de l'expression de je ne sais plus
quel grand compositeur de l'école française, on mettrait *le Moniteur* en
musique (2)? Ce libretto, tout décousu qu'il est, vous paraissait sublime;
vous le teniez de Barbaja; vous étiez sûr qu'une fois la partition écrite,

(1) *Otello* est de 1816, l'année de *Torvaldo e Dorliska* et du *Barbiere*, lequel
fut écrit, comme on sait, en treize jours.

(2) Non pas le *Moniteur*, la *Gazette de Hollande*, ce qui revient à peu près au
même. On connaît l'aventure. — Rameau se vantait un jour au foyer de l'Opéra de
pouvoir mettre toute chose en musique. « Même la *Gazette de Hollande*, observa
l'incrédule Quinault. — Oui certes, et j'en fais le pari. — Je le tiens. » — Le lendemain, le poète d'*Armide* apporte au chantre de *Castor et Pollux* le *Journal
de Harlem*, où se trouvaient, entre autres motifs d'inspiration pour un compositeur, des tarifs de fromages et la liste des décès de la veille. Rameau s'assied au
clavecin, et en moins d'une heure trouve dans tout cet amalgame de *premiers*

une vaillante compagnie de chanteurs (1) l'exécuterait aussitôt; et, je le demande, quand on a vingt ans, du génie et le diable au corps, en faut-il davantage pour s'inspirer? Dites, cher maitre, à cette époque, saviez-vous seulement qu'un grand poète du nom de Shakespeare eût jamais existé? Pourquoi vouloir toujours confondre la période du lyrisme et celle de la critique? Aujourd'hui, s'il vous prenait fantaisie d'écrire un *Otello*, sans aucun doute les choses se passeraient autrement. Au point de maturité où vous en êtes venu, l'œuvre se formulerait complète et normale, plus grandiose en ses contours, plus reliée en ses parties, plus *shakespearienne* enfin, puisqu'on a dit le mot. Mais ce troisième acte, si coloré, si profond, si embaumé de toutes les langueurs, de toutes les mélancolies de l'amour italien, cette inspiration sortie toute d'un trait, ce fragment qui vaut à lui seul dix chefs-d'œuvre, parlez, maître, le retrouveriez-vous maintenant? Non. Que les choses restent ce qu'elles sont; et, pour obéir aux équivoques prétentions d'une poétique nébuleuse, ne nous exposons pas à dénaturer ce qui est sublime.

Aussi bien, peut-être conviendrait-il de s'expliquer sur ces termes de comparaison toujours plus ou moins hyperboliques, et qui ne servent qu'à fausser le jugement. Fort souvent il m'est arrivé, au sortir d'une représentation du chef-d'œuvre de Mozart, d'entendre des gens soutenir que Molière n'avait rien compris au type de *Don Juan;* aujourd'hui la même chose est dite de vous à propos du *More de Venise*. Ainsi, de ce que tel poète se sera emparé en maître d'un sujet, il s'ensuivra que le musicien auquel ce sujet vient échoir deux ou trois cents ans plus tard devra nécessairement s'inspirer du poète, au risque de passer, s'il ne le fait, pour un esprit étroit et médiocre aux yeux de la critique de son temps! Mais, sans discuter ici tout ce qu'il y a de vague dans cette expression et jusqu'à quel point la poésie peut s'inspirer de la musique, la musique de la peinture, et ainsi de suite, ce qui nous mènerait trop loin, ne serait-ce point là proclamer le despotisme du génie? N'y a-t-il donc pas deux façons d'envisager une idée? Pour moi, je tiens que le *Don Juan* de Molière est une admirable invention, ce qui ne m'empêche pas à coup sûr de trouver celui

---

Harlem, de nouvelles et d'annonces, une telle musique et de tels effets, que Quinault reconnait avoir perdu sa gageure. — Mais tout ceci ne vaut pas l'histoire du chevalier d'Alayrac, qui, dans sa joie d'avoir été décoré par l'empereur, lui proposait de mettre en musique le code civil.

(1) La Colbrand, Davide et Nozzari.

de Mozart l'un des chefs-d'œuvre de l'esprit humain, et cependant quoi de plus distinct que ces deux pièces, bien autrement éloignées l'une de l'autre que votre *Otello* ne l'est du *More de Venise!* car vous avez, vous, votre troisième acte jeté là comme un pont sublime entre le vieux Will et vous, ce troisième acte où, malgré qu'on en dise, vous avez été shakespearien, et dans la plus puissante et la plus noble acception du mot, sans vous en douter, comme il faut l'être.

Je passe volontiers condamnation sur vos personnages, pourvu qu'on m'accorde que Desdemona, telle que vous l'avez conçue, est une des plus idéales créations que la lyre ait jamais évoquées. Votre *Otello* a pour lui son entrée dans le finale, sa grande phrase si pathétique dans le duo du second acte, et ses récitatifs du troisième; mais c'est là tout. Enlevez au rôle ces trois ou quatre éclairs, et vous allez, ne vous en déplaise, le voir rentrer soudain dans cette catégorie de Turcs à cavatines et à vestes brodées si chère de tout temps aux ténors italiens. Aussi, comme cet excellent Rubini l'avait compris, ce rôle! Remarquez, cher maitre, que je ne parle point ici seulement de l'exécution musicale; quelle musique Rubini n'eût comprise? j'entends toute la partie du costume et de la mise en scène. Comme il était dans le vrai avec sa large ceinture de cachemire, son vaste pantalon rouge tombant à plis flottans sur ses bottes jaunes, son sabre recourbé et son turban blanc! A la bonne heure! c'était là du moins un Otello d'opéra italien, et, soyons francs, l'Otello tel que vous l'aviez entrevu dans l'orientalisme napolitain de vos vingt ans. Maintenant, que dirait Rubini s'il voyait l'accoutrement grotesque dont l'Opéra vient d'affubler son personnage? Non, jamais singe de la foire ne parut attifé de la sorte. Figurez-vous une espèce de robe de chambre brochée d'or, sur laquelle (sans doute pour faciliter les mouvemens du chanteur dans un rôle si dramatique et si emporté) pend encore un ample burnous de couleur claire. A quoi songeait donc M. Duprez en se laissant équiper ainsi? De pareils oripeaux peuvent être bons dans *la Juive;* mais l'*Otello* de Rossini se joue et surtout se chante plus lestement. Bien entendu que le vertueux père de Desdemone n'a jamais représenté à vos yeux autre chose qu'une partie de basse qui, sans lui, eût manqué à vos deux finales. Après cela, que le digne homme s'appelât Elmiro ou Brabantio, une fois sa réplique donnée, l'affaire, j'imagine, vous importait assez peu. Quant à Iago, vous ne le soupçonniez même pas, et cela devait être; quand vous auriez su par cœur, à cette époque, le chef-d'œuvre de Shakspeare, dites, cher maitre,

l'idée vous fût-elle jamais venue d'aborder cet abîme de ténèbres et
de profondeur? Il n'y a au monde qu'un Allemand, et parmi les
Allemands qu'un homme, Meyerbeer, qui puisse, dans le cours des siècles, vouloir entreprendre de mettre Iago en musique. *Honest Iago!* es-
sayez donc de rendre avec des violons et des hautbois le sublime et
l'immensité de cette parole. Votre Iago, à vous, c'est tout simplement
le *traditore* du mélodrame italien, ce drôle qui orne sa toque d'une
plume rouge et porte un pourpoint sombre en signe de la noirceur
de son ame. Comme il a un billet à remettre dans la pièce, vous lui
avez donné un duo; il le chante, puis se retire, et tout est dit. Iago,
c'est le *secondo basso cantante* de la troupe, comme Elmiro en est le
primo basso. Or, rien, vous le savez, ne chante faux à l'égal d'un second sujet de troupe italienne. Cette vérité, qui remonte dans la nuit
des temps, fut comprise d'abord du public dilettante, lequel ne manquait jamais d'accueillir par des éclats de rire et des huées le pauvre
diable appelé par ses attributions à se charger de ce personnage su-
balterne, et plus tard par l'administration, qui, pour arriver à ces
magnifiques ensembles où nous assistons, décida qu'à l'avenir le
premier sujet remplirait à certains jours solennels la partie du second, en d'autres termes, qu'un Tamburini ou qu'un Ronconi chan-
terait Iago dans *Otello.* Mais là ne devait point s'arrêter la mise en
lumière du personnage : à cette réhabilitation, entreprise uniquement
au point de vue des ensembles, devait succéder la réhabilitation
au point de vue de l'art. Réjouissez-vous donc, cher maître, Iago ne
sera plus désormais cet obscur lieutenant qui figurait à peine dans
votre opéra à l'état de comparse; le voici qui brille au premier rang,
ni plus ni moins que s'il surgissait de la tragédie de Shakespeare. Enfin, et grace à l'ingénieuse combinaison des poètes qui viennent d'illustrer votre œuvre, nous avons un Iago. Au fait, ne fallait-il pas
ajouter une cavatine pour M. Barroilhet? M. Barroilhet est un virtuose
d'importance trop haute pour se contenter d'un duo, même quand il
a sous les yeux l'exemple de Tamburini et de Ronconi, qui n'en n'ont
cependant jamais demandé davantage. La cavatine devenue nécessaire, il ne s'agissait plus que d'y mettre des paroles; oui, mais quelles
paroles? Et, pardieu, qu'à cela ne tienne! Iago se racontera lui-même
au public. Accordez les violons et les flûtes, que nous mettions à nu
cette ame fourbe, et qu'une bonne fois nous disions le secret de tant
de perfidie et de haine, ce secret de l'enfer si profondément enveloppé par Shakespeare. Vous connaissez ces personnages de la carica-

ture anglaise que le dessinateur fait parler en leur mettant dans la
bouche une ou deux lignes écrites sur une sorte de vapeur nuageuse
grossièrement figurée. Tel est Iago; les sombres poisons de cette conscience venimeuse s'exhalent ainsi en bouffées mélodieuses, et bientôt l'harmonie opérant ses prodiges : « Ah! s'écrie-t-il dans un retour
bucolique sur lui-même où j'aurais souhaité quelques pipeaux, quel
honnête homme j'aurais fait, s'il m'eût été donné de posséder le cœur
de Desdemone! donnez-moi le cœur de Desdemone, et je deviens
philanthrope. » Grande et poétique paraphrase du magnifique monologue si habilement rendu par M. Alfred de Vigny. Donnez donc
Elmire et la cassette à ce bon M. Tartufe, et vous verrez après ce
qu'il dira.

Quel rôle que cette Desdemone à qui vous avez donné tout votre
admirable troisième acte pour chanter et mourir! Mme Stoltz n'a point
su résister à l'espèce de tentation qu'il exerçait sur elle. Invinciblement entraînée par la magie du charme, lorsque ses yeux se sont ouverts, à cette heure de calme réflexion qui suit toujours une dernière
répétition générale, lorsqu'elle a pu froidement mesurer le précipice,
il était trop tard pour reculer. Comme cette sirène perfide du rocher
de Lurley qui chante pour attirer les voyageurs à l'abime, votre blanche
Desdemone aux cheveux dénoués, à la harpe d'or, fascine de sa voix enchanteresse toutes les cantatrices qui passent, et plus d'une, haletante,
est venue succomber sous le saule, *all' ombra del salice.* Mme Stoltz a
voulu essayer; pourquoi pas? Un échec de plus ou de moins, qu'importe, quand il s'agit de satisfaire une fantaisie? Capricieuse comme
l'onde, a dit le poète, et comme une prima donna, devrait-on ajouter.
Puisque les traducteurs étaient en si belle humeur de chansonner
Shakespeare, peut-être auraient-ils trouvé là le motif d'une cavatine à
mettre dans la bouche de leur héroïne, en manière de moralité. Vous
vous souvenez, maitre, de la Pasta dans ce rôle, car c'est d'elle qu'il
faut parler sans fin lorsqu'il s'agit de la vraie Desdemona. La Malibran, poétique, ardente, passionnée à l'excès, mais trop souvent ravie
à son insu par la fougue de sa nature bondissante (il y avait de la panthère dans cette organisation déliée et souple, dans cette narine dila-
tée, dans cet œil de feu), la Malibran sacrifiait presque toujours l'ensemble aux détails. La Pasta seule me semble avoir saisi et fixé à
jamais le côté classique de votre création, le contour; et, s'il m'était
permis de m'exprimer ainsi, je dirais que l'une en fut la vignette anglaise, l'autre le marbre. Sa voix, bien qu'incomplète et voilée, avait,

dans certaines cordes, des sons d'une richesse et d'une expression singulière. Et puis, quel art dans sa façon de dire, quel goût parfait dans la disposition des ornemens, toujours maintenus au ton de l'épopée lyrique, car, chez elle, la cantatrice s'effaçait devant la tragédienne! La voyez-vous encore, cher maître, avec sa taille imposante, son grand air, ses traits si mobiles, où tant de passions et d'orages éclataient, toujours beaux dans la douleur comme dans la joie, dans la colère comme dans le dédain, dans les larmes du désespoir et dans les angoisses de la mort? Pas un mouvement qui n'eût sa loi, pas un regard, pas un geste qui ne fût à sa place, rien de conventionnel, partout l'inspiration du moment, et cependant partout aussi le calcul et la réflexion, l'art en un mot tel qu'on se l'imagine, l'idée qu'on se fait de la muse tragique. Pour moi, je ne l'oublierai jamais, au troisième acte, dans la scène du dénouement, lorsque, se dressant sur la pointe du pied elle se rapprochait tout à coup d'Otello, et, du haut de son innocence outragée, laissait tomber sur lui un sourire écrasant d'indignation et de mépris Il fallait aussi la voir, au second acte, s'élancer de l'avant-scène vers le fond du théâtre pour interroger le chœur sur le sort de son époux; et ce cri de joie et de reconnaissance qu'elle poussait d'un front rayonnant et comme transfiguré, en apprenant qu'il vit, ne vous semble-t-il pas l'entendre encore, au bruit des applaudissemens et des bravos mille fois répétés? — Au même instant survient le père, et l'on assistait alors à l'une des plus admirables péripéties où l'art dramatique se soit jamais élevé. A l'aspect du vieillard qui vient de la maudire, Desdemona s'arrêtait immobile et comme frappée de la foudre au milieu de ses élans d'ivresse. On eût dit que les ténèbres remplaçaient tout à coup la lumière autour d'elle, tristes et mortelles ténèbres, toutes pleines des souvenirs du passé et des pressentimens d'un avenir plus sombre encore. La Pasta avait une manière à elle d'interpréter ce caractère (remarquez, cher maître, que je ne parle point ici du personnage de Shakespeare, mais du vôtre), et de rallier entre eux les divers points de son action tragique. Dès qu'elle se sentait près de son père, l'idée de ses malheurs et de sa faute lui revenait; c'était encore la fille pieuse et tremblante implorant son pardon et ne désespérant jamais de l'obtenir. Vis-à-vis du More, au contraire, son attitude devenait tout autre, et, chaque fois que celui-ci s'emportait jusqu'à la menacer, le visage de Desdemona trahissait subitement je ne sais quelle expression de répugnance et de dégoût physique; puis, se ravisant soudain, on voyait sa joue se colorer et sa tête se redresser fièrement pour répondre. Ce contraste éclatait surtout dans les ensembles, lorsqu'elle avait affaire à tous les deux, par exemple lorsqu'étant à supplier son père, la voix sombre et fatale du More lui arrivait brusquement, et qu'après s'être détournée vers lui, elle revenait s'incliner aux genoux du vieillard.

Vous rappellerai-je sa pose inimitable et son intelligence de la situation dans la scène du *saule*, ainsi que ce grand secret qu'elle possédait de se draper magnifiquement à deux reprises sur sa couche, une fois pour le sommeil, l'autre pour la mort; tantôt la tête appuyée sur son bras, de manière à laisser voir au public sa main, qu'elle avait très belle, tandis que l'autre bras descendait mollement sur sa hanche; tantôt échevelée, la tête et les bras pendant hors du lit, où reposait le reste de son corps? Mais tout cela, il faut l'avoir vu et entendu, et de pareilles choses, si elles pouvaient se décrire, cesseraient d'être ce qu'elles sont.

Quel dommage que de tant de poésie d'inspiration et de style il ne reste plus rien! Qui parle aujourd'hui de la Pasta? Oh! l'art du comédien, misère et néant! et que l'indifférence du lendemain lui fait payer cher les trésors et les couronnes de la veille! Il meurt, une poignée de terre, et tout est dit; quelquefois même l'oubli, pour s'emparer de sa personne, n'attend pas que la mort le lui livre. Dernièrement, aux funérailles de Seydelmann, cet autre enfant de la muse tragique que l'Allemagne ne remplacera pas, le seul acteur qui ait jamais su rendre dans ses mille nuances insaisissables cette immense figure du Méphistophélès de Goethe, aux funérailles de Seydelmann, le prêtre catholique qui assistait à la cérémonie, après avoir accompli les devoirs de son ministère et au moment de s'éloigner, prit une poignée de terre qu'il jeta sur le cercueil en signe d'adieu. Aussitôt tous les amis de Seydelmann en font autant l'un après l'autre, et ce bruit sourd et creux fut le dernier applaudissement qui salua le grand artiste. C'est effrayant comme ce siècle oublie vite et froidement, et vous voulez qu'on se souvienne d'un comédien! Je déteste les lieux-communs, mais cependant, il faut bien le dire, le comédien écrit son souvenir sur le sable que le vent disperse, sur le flot qui va s'effaçant de lui-même, et quelques années ont suffi pour faire passer chez nous à l'état de mythe et de légende les noms les plus glorieux au théâtre et les plus aimés.—Ici, cher maître, vous froncez le sourcil, et j'entends votre voix m'interrompre pour s'écrier avec amertume : « La gloire du virtuose est-elle donc la seule qui passe, et celle du maëstro vit-elle plus long-temps? Prenons mon exemple. Depuis quinze ans que j'ai quitté la scène, combien ne s'en est-il pas élevé de ces idoles éclatantes aux pieds desquelles fument les mille encensoirs dont je m'enivrai! Comme je remplaçai jadis Paisiello, Zingarelli, Fioravanti, Salieri, Pavesi, Generali, Coccia, Nicolini, Paër, et *tutti quanti*, d'autres sont venus qui m'ont remplacé, moi. J'étais seul, ils sont plusieurs; tantôt c'est le génie, tantôt sa monnaie; qu'importe au public, qui demande avant tout des sensations nouvelles, et veut, comme don Juan, se divertir pour son argent? Ma royauté, d'autres l'ont eue, qui seront remplacés à leur tour; quant à l'engouement populaire, je me flatte de n'avoir jamais donné dans cette plaisanterie. Il fut un temps, j'en conviens, où l'on n'entendait partout dans les rues de Naples et de Milan, de Bologne et de Florence, que *Di tanti palpiti* et *Languir per una bella;* mais depuis, si j'ai bonne mémoire, on a aussi beaucoup chanté Bellini, et quant à ce qu'on chante aujourd'hui, je l'ignore, m'étant arrêté à *Casta diva.* » A cela je n'ai rien à répondre, sinon que la postérité ne s'est ouverte à vous que parce que vous l'avez bien voulu. Aussi, pour vos amis d'autrefois, qui savent à quoi s'en tenir sur les résolutions de votre esprit, rien n'est curieux comme de voir tant de braves gens se démener à tout propos à cette fin de mettre le public dans vos confidences et de l'avertir que vous vous occupez décidément d'un nouveau chef-d'œuvre. Astrologues bizarres, ces gens-là semblent n'avoir autre chose à faire que de tenir leur lorgnette braquée sur la constellation de votre génie. Le croirez-vous, cher maître? ils vous voient du matin au soir assis au pupitre et croquant des notes ni plus ni moins qu'un lauréat émérite de l'Institut; puis, à la première occasion, ils se répandent dans la ville et vont racontant partout la bonne nouvelle, et que vous destinez cette merveille à notre Académie royale de musique. En vrais prophètes qui ne doutent de rien, ils en disent même au besoin le titre. Tantôt c'est un *Hamlet,* tantôt un *Roméo;* vous voyez que les sujets shakespeariens ne vous peuvent manquer. Je me trompe, dernièrement ils parlaient d'une *Jeanne d'Arc, Guillaume Tell* les ayant sans doute avertis que le souffle de Schiller vous était bon. Mais ce que vous n'imagineriez jamais, c'est l'impatience qui les prend à l'idée que vous persistez dans l'inaction et ne tenez point compte de réaliser leurs prophéties. Il faut les entendre alors vous reprocher votre oisiveté, votre indolence, et vous démontrer en belles oraisons que le génie est un don du ciel dont nous devons un compte exact à l'humanité, et que nul n'a le droit d'enfouir sous le boisseau la plus légère étincelle du feu divin. Ainsi, vous aurez usé vingt ans de votre vie (1) dans le travail, écrit trente partitions parmi lesquelles on nommerait au moins douze chefs-d'œuvre, tout cela pour qu'un bar-bouilleur de papier, à qui manque le sujet de son feuilleton du lende-main, vienne vous contester la faculté de vous reposer à cinquante ans, et faire servir vos précieux loisirs de texte à son homélie! Écrire! Et pourquoi? Quel mobile vous reste? Qui vous tentera désormais? Est-ce la gloire ou la fortune? La gloire? vous en savez le dernier mot et le néant. La fortune? quand vous aurez agrandi votre coffre-fort, étendu vos domaines, enrichi de trésors sans nombre votre palais de marbre de Bologne, dites, en souffrirez-vous moins du mal physique qui vous tourmente, et cet estomac (2), que vous appeliez jadis si spirituellement le maître de chapelle dirigeant l'orchestre de la vie, en recouvrera-t-il sa vigueur? Quant aux ovations et aux apothéoses, je vous soupçonne d'être un peu blasé sur ce chapitre, ô Rembrandt de la musique! et à ceux qui croiraient vous séduire par l'espoir de nouveaux triomphes

(1) A commencer, en 1810, par *il Cambiale di Matrimonio*, et à finir, en 1829, par *Guillaume Tell*. Si maintenant on nous demandait de combler l'espace qui s'étend entre ces deux dates, nous dirions pour épuiser la glorieuse nomenclature : en 1811, l'*Equivoco stravagante*. — En 1812, *Demetrio e Polibio*, l'*Inganno felice, Ciro in Babilonia, la Scala di Seta, la Pietra del Paragone,* l'*Occasione fa il ladro*. — En 1813, *il Figlio per azzardo, Tancredi,* l'*Italiana in Algeri.* — En 1814, *Aureliano in Palmira, il Turco in Italia.* — En 1815, *Elisabetta, Sigis-mondo.* — En 1816, *Torvaldo e Dorliska, il Barbiere di Siviglia,* la *Gazetta, Otello.* — En 1817, *la Cenerentola, la Gazza ladra, Armida.* — En 1818, *Ade-laïde di Borgogna, Mose in Egitto, Ricciardo e Zoraïde.* — En 1819, *Ermione, Odoardo e Cristina, la Donna del Lago.*—En 1820, *Bianca e Faliero, Maometto secondo.* — En 1821, *Matilde di Sabran.*—En 1822, *Zelmira.* — En 1823, *Semi-ramide.* — En 1825, *il Viaggio a Reims.* — En 1826, *le Siége de Corinthe.* — En 1827, *Moïse.* — En 1828, *le Comte Ory.*

(2) « Après ne rien faire, nous disait-il un jour, je ne sais pas, pour moi, de plus précieuse occupation que de manger, manger comme il faut, s'entend. Ce que l'a-mour est pour le cœur, l'appétit l'est pour l'estomac; *l'estomac est le maître de chapelle qui gouverne et active le grand orchestre de nos passions*: l'estomac vide me représente le basson ou la petite flûte grognant le mécontentement ou glapis-sant l'envie; l'estomac plein, au contraire, c'est le triangle du plaisir ou les tim-balles de la joie Quant à l'amour, je le tiens pour la prima donna par excellence, pour la diva chantant dans le cerveau ses cavatines dont l'oreille s'enivre et qui ravissent le cœur. Manger et aimer chanter et digérer, tels sont, à vrai dire, les quatre actes de cet opéra-bouffe qu'on appelle la vie, et qui s'évanouit comme la mousse d'une bouteille de champagne. Qui la laisse échapper sans en avoir joui est un maître fou. » N'aimez-vous pas la profession philosophique, et le sensualisme

et la perspective entrevue de vos vanités satisfaites, vous pourriez
leur répondre par l'histoire de ce ballet du théâtre Carcano qui s'intitulait : *Il ritorno d'Orfeo del inferno ossia la gloria del celebre maestro
Rossini*, et dans lequel on voyait Orphée évoquer Euridice du sein du
Ténare en lui jouant sur la flûte la romance du *saule*. Du reste, ces
sortes de flatteries ne vous ont jamais trop tourné la tête, que je sache.

Votre prédilection s'est de tout temps montrée pour les choses positives (1), rebutant l'idéal non sans quelque cynisme peut-être, de sorte
que, chassé de votre vie, il n'avait rien de mieux à faire que de se réfugier dans vos chefs-d'œuvre. Que vous manque-t-il encore, à vous
que les honneurs vont chercher jusque dans votre exil? Dernièrement
Frédéric-Guillaume IV ne vous adressait-il pas le diplôme de chevalier de l'ordre du mérite de Prusse? Il est vrai que vous partagez cette
distinction avec M. Liszt. Désormais l'heure de la philosophie a sonné
pour vous. Retiré à Bologne depuis 1838, loin des passions, loin de
ce gouffre du théâtre autour duquel gravitent encore dans les an-

musical n'aurait-il pas trouvé son Épicure? Puisque nous sommes en veine de citations, donnons encore ici le fragment d'une lettre qu'il écrivait de Rome à la
Colbrand pour annoncer le succès du *Barbier* à la célèbre cantatrice, qui depuis
fut sa femme. « Mon *Barbier* gagne de jour en jour, et le drôle sait si bien ensor-
celer son monde, qu'à l'heure qu'il est, les plus acharnés adversaires de la nouvelle
école se déclarent pour lui. Le soir, on n'entend dans les rues que la sénérade
d'Almaviva; l'air de Figaro : *Largo il factotum*, est le cheval de bataille de tous
les barytons, et les fillettes, qui ne s'endorment qu'en soupirant : *Una voce poco fà*,
se réveillent avec : *Lindoro mio sarà*. Mais ce qui va vous intéresser bien autrement que mon opéra, chère Angélique, c'est la découverte que je viens de faire
d'une nouvelle salade dont je me hâte de vous envoyer la recette. Prenez de l'huile
de Provence, de la moutarde anglaise, du vinaigre de France, un peu de citron,
du poivre et du sel, battez et mêlez le tout, puis jetez-y quelques truffes, que
vous aurez soin de couper à menus morceaux. Les truffes donnent à ce condiment
une sorte de nimbe fait pour plonger un gourmand dans l'extase. Le cardinal secrétaire d'état, dont j'ai fait la connaissance ces jours derniers, m'a donné pour cette
découverte sa bénédiction apostolique. Mais je reviens à mon *Barbier*, etc. » —
La truffe, disait-il un jour au comte Gallenberg, est le Mozart des champignons.
En effet, je ne connais à don Juan d'autre terme de comparaison que la truffe;
l'un et l'autre ont cela de commun, que, plus on en jouit, et plus on y trouve de
charmes. »

(1) Je rappellerai à ce sujet une anecdote que je tiens du marquis de Louvois,
et qui peint l'homme. En 1819, l'académie de Pesaro, sa ville natale, non contente
d'avoir déjà le buste en marbre du jeune maître, lui vota une statue en pied de grandeur naturelle, qu'on devait élever sur la place de l'hôtel-de-ville, afin, disait le
protocole municipal, que les gens de la campagne qui viennent les mardi et vendredi

goisses du succès tant de nobles intelligences qui pourraient vivre heureuses, *procul a Jove, procul a fulmine*, vous contemplez nos misères
d'en haut, vous faites votre macaroni vous-même, et lorsque d'aventure la digestion se présente bien, le sourire sur les lèvres, la main
dans le gousset, vous vous prenez à méditer sur les grandeurs humaines, ô sublime sceptique, et dites avec le roi Salomon : Tout est
vain sous le soleil.

H. W.

de chaque semaine au marché puissent au moins contempler et admirer leur glorieux compatriote. — Et combien coûtera cette plaisanterie? demanda Rossini à
l'orateur de la députation. — Mais environ douze mille francs, que le conseil vient
de voter. — Ecoutez, monsieur, je vais vous faire une proposition : donnez-moi la
moitié de cette somme, et je m'engage à me poster deux fois par semaine, à heure
fixe, sur la place du marché, de manière à ce que mes compatriotes puissent jouir
amplement de ma présence et se donner du grand homme tout leur saoûl. — Notez
que j'omets ici la crudité toute rabelaisienne de l'expression. Que durent penser
de leur *cygne,* après cela, les bons habitans de Pesaro?

CHRONIQUE DE LA QUINZAINE.

30 septembre 1844.

Lorsque M. Guizot se présentera devant les chambres, il leur dira : J'ai terminé les affaires de Taïti et du Maroc, j'ai maintenu la politique de la paix, j'ai évité la guerre à mon pays, l'entente cordiale est rétablie entre la France et l'Angleterre, le roi est allé à Windsor. Voilà mes actes, jugez-moi. — Ce langage pourra faire une certaine impression sur les esprits; mais la majorité ne se laissera pas éblouir. Elle voudra connaître le fond des choses. On lui parlera des périls qu'une politique habile a conjurés : elle voudra savoir si ces périls ont existé réellement, si le ministère a pu croire sérieusément à la possibilité d'une guerre avec l'Angleterre, si M. Pritchard a failli troubler la paix du monde. Elle cherchera à découvrir si les dangers de la situation n'ont pas été exagérés à dessein, et si le ministère n'a pas répandu de fausses alarmes dans l'opinion, afin de lui faire accepter plus facilement une imprudence ou une faiblesse. Admettons cependant que la guerre ait été imminente, il faudra justifier devant les chambres les moyens que l'on a pris pour conserver la paix; il faudra expliquer aussi comment la France et l'Angleterre, sous les auspices de l'entente cordiale, ont été au moment d'en venir aux mains. Pourquoi ce coup de foudre dans un ciel serein? Qui a fait naître la crise? Qui doit en supporter la responsabilité? M. Guizot aura fort à faire, s'il entreprend de se disculper sur tous ces points devant les chambres.

En attendant les débats de la tribune, nous lisons les journaux du ministère, et nous sommes forcés d'avouer que leurs argumens ne nous persuadent pas. La presse ministérielle a pris d'ailleurs depuis quelque temps une manière de discuter qui rend les conversions difficiles. Si vous n'êtes

12.

pas de son avis, vous êtes un mauvais citoyen; si vous n'admirez pas la politique de M. Guizot, vous êtes un intrigant ou un révolutionnaire. Voilà un
système qui n'exige pas grands frais de dialectique. On met l'injure et la
calomnie à la place du raisonnement, et tout est dit. La presse ministérielle
affecte de ne pas voir que l'opposition renferme beaucoup de gens disposés
à faire la part du bien et du mal dans la politique de M. Guizot, et à signaler
le mal sans passion. Pour triompher plus aisément de tous les adversaires
du cabinet, elle prête le même langage à des partis différens, elle mêle à
dessein les opinions les plus contraires, elle fait marcher ensemble sous le
même drapeau ceux qui veulent la paix et ceux qui veulent la guerre, les
partisans de l'alliance anglaise et ceux qui la repoussent, les amis du gouvernement de juillet et ceux qui l'attaquent. Cela s'appelle discuter. Que
diront les chambres, si le ministère emploie, pour les convaincre, les argumens de ses journaux?

Que sert, par exemple, de nous parler sans cesse des bienfaits de la paix?
Ne savons-nous pas que la guerre est un horrible fleau? Combien y a-t-il
de gens en France qui aient besoin qu'on leur démontre tous les matins
cette vérité? Aurait-on la prétention de convertir là-dessus les républicains
et les légitimistes? Il faudrait au moins s'y prendre plus adroitement pour
réussir. Comment, vous parlez à des ennemis du gouvernement de juillet, à
des gens qui n'aspirent qu'à le renverser pour s'établir au milieu de ses
ruines, et vous leur dites qu'une guerre mettrait ce gouvernement en péril,
que la paix est la sauve-garde de notre dynastie, qu'une guerre avec l'Angleterre entraînerait la France vers des abîmes! L'excellent moyen que vous
prenez pour inspirer aux ennemis du gouvernement de juillet des dispositions pacifiques à l'égard de l'Angleterre! Mais peut-être ne parlez-vous pas
seulement pour les légitimistes et les républicains? Suivant vous, quiconque
ne comprend pas comme vous le système de la paix veut la guerre. Quiconque veut pour la France une situation plus digne et plus sûre, une politique plus libre au dehors et plus féconde, est un partisan de la guerre.
Ingénieux mensonge, habile calomnie, qui tend à faire supposer en Europe
que la passion de la guerre s'est emparée inopinément chez nous des esprits
les plus sérieux, qu'elle règne jusque sur les bancs de la majorité parlementaire, qu'elle est entrée dans le cœur des hommes les plus dévoués au pays,
et qui ont rendu à la paix des services signalés! Quels peuvent être les fruits
d'une semblable tactique? Vous êtes, dites-vous, les défenseurs de la paix,
et vous ne craignez pas d'ébranler la sécurité de l'Europe en supposant des
projets belliqueux à des hommes que le mouvement naturel de l'opinion
peut porter d'un jour à l'autre au pouvoir! Voilà les intérêts de la paix merveilleusement défendus! L'Angleterre, qui a vu combien de fois le ministère du 29 octobre a failli tomber devant les chambres, qui sait combien sa
base est étroite, doit éprouver une singulière confiance dans les destinées
de l'entente cordiale! Les puissances du Nord doivent se sentir bien rassu-

rées sur les dispositions de notre gouvernement! Vit-on jamais une polémique plus maladroite, plus dangereuse et plus injuste?

Il y a des jours où le ministère fait soutenir une autre thèse. Savez-vous pourquoi sa politique est faible? C'est parce que la France est impuissante. Nous n'avons ni armée, ni marine, ni alliés : comment voulez-vous que notre gouvernement soit ferme avec si peu d'appui? Ce ne sont pas, croyez-le bien, les bonnes intentions qui manquent à M. Guizot; donnez-lui des alliés, une marine, une armée : ce sera un Louis XIV ou un Napoléon! Nous ne voulons pas suspecter l'indépendance des écrivains qui ont inventé cet admirable argument : nous sommes persuadés qu'ils sont de très bonne foi; mais nous devons dire que, s'ils ont le mérite de cette invention, ils doivent aussi en supporter toute la responsabilité. Cela les regarde seuls. Vous ne trouverez personne, parmi les adversaires du cabinet, qui tienne un pareil langage. Tous les organes de l'opposition l'ont vivement blâmé. Le ministère seul peut en tirer quelque profit. En effet, voilà toute sa conduite justifiée. Son honneur est à l'abri. Il n'y a que les chambres, il n'y a que la majorité parlementaire, il n'y a que le pays qui soient coupables. Si le pays eût remis entre les mains de M. Guizot les forces nécessaires, M. Guizot eût montré plus de vigueur, ses négociations eussent été plus fermes, les résultats obtenus par sa diplomatie eussent été plus honorables pour la France. Les puissances de l'Europe, si elles font une attention sérieuse à nos journaux ministériels, doivent trouver qu'on joue avec elles un singulier jeu. D'un côté, on leur dit que tout le monde politique en France, sauf le ministère et quelques-uns de ses amis dévoués, veut la guerre, et d'un autre côté on les avertit que la France n'a ni armée, ni marine : il faut convenir que si d'une part le langage qu'on leur tient peut les inquiéter, de l'autre on prend le plus sûr moyen de les tranquilliser.

On cherche à s'autoriser de l'exemple donné par M. le prince de Joinville, pour justifier les assertions que l'on ose publier sur la faiblesse militaire et diplomatique de la France. M. le prince de Joinville, dit-on, a dévoilé la faiblesse de notre marine; pourquoi ne ferait-on pas comme lui? pourquoi serait-il défendu de révéler l'impuissance de notre armée de terre, et le discrédit dont notre alliance est frappée en Europe? Aucun esprit sensé n'admettra ce rapprochement. Lorsque M. le prince de Joinville a signalé les vices de notre administration maritime et la nécessité de créer une flotte à vapeur, il a fait une chose louable, parce qu'elle était utile et qu'elle partait d'un esprit juste et d'un patriotisme éclairé. La différence qui existe entre lui et ceux qui cherchent à se prévaloir de son noble exemple, c'est qu'il est resté dans les limites de la vérité et de la prudence, c'est qu'il a exprimé avec mesure des critiques parfaitement fondées, c'est qu'il a exposé des théories applicables, c'est qu'enfin il n'a rien dit qui ne fût parfaitement conforme à l'intérêt de la France, tandis que les écrivains dont nous parlons se jettent dans des exagérations ridicules, qui pourraient causer le plus

grand mal, si elles étaient prises au sérieux, car elles feraient supposer que
notre gouvernement et nos chambres ont été aveugles depuis quinze ans,
que l'esprit public est mort dans notre pays avec le bon sens et la raison,
que tous nos hommes d'état ont perdu la tête, que tous nos administrateurs
sont incapables, et que cette belle France, dont nous sommes si fiers, peut
devenir en huit jours la proie du premier ambitieux qui viendra jeter contre
elle une flotte et une armée! Grace à Dieu, la modération et les lumières de
M. le prince de Joinville, la rectitude de son jugement, les vues droites
d'une ame qu'aucun intérêt de parti ne saurait troubler l'ont garanti contre
de pareils écarts. Demandez d'ailleurs à l'Angleterre ce qu'elle en pense.
L'écrit du prince, loin de passer à ses yeux pour une révélation imprudente
de notre faiblesse maritime a été pris par elle pour une menace. Le sentiment qui l'avait dicté était si vif, l'élan était si généreux, on y voyait une si
grande confiance dans la fortune de la nation; le jeune prince, tout en découvrant un défaut de notre armure, montrait si bien que l'énergie de la France
saurait au besoin suppléer sa force; cet aveu d'une infériorité passagère sur
un point spécial, était fait avec une simplicité si mâle et si digne, véritable
témoignage d'une vraie grandeur, que l'honneur du pays, au lieu d'en souffrir, s'en est agrandi, et la France n'en a paru que plus redoutable, ou plus
respectable si l'on veut. La presse de Londres, la tribune même, ont été jusqu'à voir une pensée guerrière dans des pages que le patriotisme seul avait
inspirées. On sait aussi comment ces pages ont été accueillies à leur apparition par notre cabinet, qui a délibéré un instant s'il ne les désavouerait pas
à la tribune comme une manifestation trop vive du sentiment national, et
qui, faute du courage nécessaire pour les frapper d'un blâme officiel, les a
fait attaquer en termes amers par le plus accrédité et le plus dévoué de ses
journaux. Non, l'exemple donné par M. le prince de Joinville ne peut être
invoqué pour justifier une polémique aussi imprudente qu'insensée. Un acte
de modération, de bon sens et de vigueur ne peut être comparé à des extravagances.

Le ministère devrait montrer plus de confiance dans la justice du pays. Il
ne devrait pas employer, pour se défendre, les argumens dont se servent les
causes désespérées. Les adversaires sérieux du cabinet ne lui disent pas qu'il
a déshonoré la France. Ils ne l'accusent pas d'avoir fait une paix honteuse.
Ils n'ont jamais prétendu qu'il eût mieux valu déclarer la guerre à l'Angleterre que de signer l'arrangement de Taïti et la paix que l'on a faite avec le
Maroc. Pourquoi donc s'efforcerait-on de leur prouver que la France n'est
pas en état de faire la guerre à l'Angleterre? Nous croyons, quant à nous,
que la France a une belle et brave armée, qui a fait ses preuves; que la marine française, inférieure à celle de l'Angleterre, peut cependant, à la faveur de certaines circonstances, soutenir avec elle une lutte glorieuse; que
le nombre d'ailleurs ne décide pas toujours du sort des batailles; que le
bon droit soutenu par le courage donne des alliés; qu'enfin, une guerre juste

contre l'Angleterre ne mettrait pas aujourd'hui toute l'Europe contre la France. Voilà ce que nous pensons, et nous croyons que le ministère pense de même. Nous sommes persuadés qu'au fond il est plein de confiance dans les forces militaires du pays; mais dirons-nous pour cela qu'il est coupable de n'avoir pas préféré la guerre à l'arrangement de Taïti? dirons-nous qu'il a trahi la France ? Nullement. Ce n'est point là le reproche que nous lui adressons. S'il faut dire toute notre pensée, nous avons peu de goût pour ces accusations injustes, dont le seul effet est de montrer la violence des partis et de fausser les situations politiques. Si d'une part nous trouvons que le ministère calomnie l'opposition constitutionnelle, en disant qu'elle veut la guerre, nous croyons que d'un autre côté l'on n'est pas plus juste envers le ministère en disant de lui qu'il veut la paix à tout prix. Parti de la guerre, parti de la paix à tout prix, exagérations que tout cela, injures gratuites, sous lesquelles les spectateurs désintéressés des luttes politiques ne peuvent plus discerner le vrai et le juste; déplorable combat, devant lequel l'opinion hésite, et qui a toujours pour résultat de retarder le triomphe des vrais intérêts du pays. Nous sommes certainement à notre aise en parlant de M. Guizot. Nous croyons jusqu'ici avoir jugé librement sa politique. Néanmoins nous ne dirons pas de lui dans cette circonstance qu'il a trahi la France. M. le ministre des affaires étrangères est vulnérable sur bien des points. Les débuts de sa carrière politique ont laissé de fâcheux souvenirs. L'amour du pays n'a pas toujours été sa passion la plus vive. Il aime particulièrement les éloges de la presse anglaise. Ses confidens le savent, et leurs communications officieuses avec certaines feuilles de Londres lui procurent trop souvent le plaisir de respirer l'encens britannique. Les complimens que lord Aberdeen et sir Robert Peel lui ont adressés plus d'une fois du haut de la tribune anglaise, un mot gracieux que lui a dit la reine Victoria lors de son voyage en France, lui ont causé les plus douces émotions qu'il ait peut-être ressenties de sa vie. Telle est sa nature, et l'on ne peut nier qu'elle présente des côtés regrettables chez un ministre de France Ce n'est point là le caractère des hommes qui ont gouverné si glorieusement les destinées de la Grande-Bretagne depuis soixante ans. Quoi de plus anglais qu'un Chatam, un Pitt, un Canning ! La France a excité plus d'une fois des sympathies en Angleterre ; elle y a trouvé des partisans sincères depuis la révolution de juillet ; plusieurs sont entrés au pouvoir : a-t-on jamais pu dire qu'ils aient montré à l'égard de la France ce penchant indiscret que M. Guizot témoigne si visiblement du côté de l'Angleterre? A ce tort grave il en a joint un autre, c'est d'affecter un froid dédain pour les susceptibilités que font naître dans le pays ces tendances trop britanniques, rapprochées de certains souvenirs impopulaires qui appartiennent à une autre époque de sa vie. Ces susceptibilités sont respectables; c'est une maladresse de les avoir froissées. Voilà bien des torts sans doute; mais tout cela ne fait pas, selon nous, que M. Guizot puisse être accusé de trahison pour le dénouement qu'il a donné au différend de Taïti et à la guerre du Maroc.

Soyons justes, si nous pouvons, les uns envers les autres. Si M. Guizot ne
l'a pas toujours été, ce n'est pas une raison pour suivre contre lui le déplorable exemple qu'il a donné. Nous l'avons vu, il y a cinq ans, déserter son
parti dans un intérêt de pouvoir, descendre dans l'opposition, non pour la
gouverner, mais pour se mettre à sa suite; jouer le rôle d'un tribun, se faire
une arme des préjugés et des haines qu'il avait cent fois combattus, sacrifier
momentanément sa cause, son drapeau, ses principes, à une ambition impatiente. Le moyen lui a réussi. Une seconde désertion l'a replacé au pouvoir,
et le parti conservateur lui a rendu son appui en lui refusant son estime.
Voilà un succès qui peut tenter les ambitieux. Cependant il n'a tenté personne
jusqu'ici, et M. Guizot a pu jouir tranquillement de son impunité depuis quatre
ans. Disons mieux : il a été l'objet d'une faveur toute particulière. Avant lui,
tout ministère en désaccord avec la majorité avait quitté volontairement ou
forcément le pouvoir. Il était réservé à M. Guizot et à ses collègues du
29 octobre de conserver leurs portefeuilles en suivant un système blâmé plus
d'une fois par la majorité, mais sur lequel elle a évité de se prononcer nettement toutes les fois que la question de cabinet a été posée devant elle.
Il est probable que ces ménagemens cesseront lorsque les chambres auront
à juger les derniers résultats de cette politique, dont elles ont si souvent
prévu les difficultés et les périls. Elles comprendront que l'intérêt du pays
se refuse à de nouvelles expériences de cette nature. Quoi qu'il en soit, nous
ne chercherons pas plus aujourd'hui que par le passé à aggraver la position
de M. le ministre des affaires étrangères. En montrant le mal, nous tien-
drons compte du bien. Nous dirons par exemple un fait qui honore M. Guizot. Lorsque les négociations étaient pendantes sur l'affaire de Taïti, plusieurs de ses amis lui ont donné le conseil de se retirer pour éviter la
responsabilité d'une conclusion, et pour se faire en dehors du pouvoir une
situation nouvelle. M. Guizot est resté; il a bien fait. Il a compris ses devoirs; nous pourrions dire aussi qu'il a compris ses intérêts, car, en se reti-
rant dans une pareille circonstance, il eût commis une faute dont il ne se
serait jamais relevé.

S'il faut en croire le langage mystérieux de certains amis du cabinet,
toute discussion sur les affaires de Taïti et du Maroc serait prématurée en
ce moment, et tout jugement serait hasardé, par la raison qu'aucun document officiel n'a été publié. On leur dit : Mais que signifient donc les assertions de la presse ministérielle? Ne sont-elles pas l'écho des confidences
de M. Guizot? Ne savons-nous pas quelles sont les conditions de l'arrangement de Taïti? Les clauses principales du traité du Maroc ne sont-elles
pas connues? Cela est vrai, disent-ils, les conclusions sont connues, mais
le commentaire ne l'est pas. Or, le commentaire, c'est la correspondance
diplomatique que M. Guizot réserve pour les chambres. Il n'est pas difficile
de préjuger dès à présent d'où vient cet espoir que M. Guizot paraît fonder
sur la publicité future des négociations suivies avec le cabinet anglais. Sa
correspondance nous apprendra sans doute que la situation a été critique,

qu'une guerre a été imminente. Il faut s'attendre à cet argument préparé sans doute pour justifier les conditions de la paix. La polémique de certaines feuilles ministérielles nous fait déjà pressentir ce résultat. Quand on cherche à nous prouver que la France n'est pas en mesure de faire la guerre, on veut nous faire comprendre qu'il a fallu acheter la paix, et c'est dans le même but qu'on nous développe, d'un autre côté, ce bel axiome : que la paix est préférable à la guerre.

Quoi qu'il en soit, nous ne voyons pas pourquoi la discussion serait interdite en ce moment sur la politique du cabinet. Nous n'avons pas besoin des dépêches de M. de Jarnac pour la juger au moins sommairement. Il y a déjà dans ce débat si grave des bases certaines sur lesquelles on peut s'appuyer. En effet, supposons que le sens de ces dépêches soit inconnu : de deux choses l'une, ou elles tendent à prouver que la paix entre l'Angleterre et la France n'a pas été menacée, ou elles tendent à prouver le contraire. Dans le premier cas, si la paix n'a pas été menacée, les conditions de l'arrangement de Taïti méritent un jugement sévère. Quoi ! vous étiez parfaitement libres, la situation ne vous offrait aucun péril, l'Angleterre discutait avec vous sans passion, et vous lui avez sacrifié le bon droit et la justice, qui étaient du côté de la France. Vous avez blâmé M. d'Aubigny, qui a fait son devoir, et vous avez accordé une indemnité à M. Pritchard, tandis que c'est M. Pritchard qui doit une indemnité à la France ! M. Pritchard sera indemnisé pour le dommage qu'a pu lui causer son expulsion, l'emprisonnement de cet agent factieux et incendiaire sera l'objet d'un blâme direct dans la personne de M. d'Aubigny, et son expulsion, très juste et très nécessaire, sera l'objet d'une excuse formelle, puisqu'elle donne lieu à une réparation pécuniaire ! Voilà, dans la question de Taïti, ce que vous avez accordé à l'Angleterre sans raison grave, sans nécessité d'un ordre supérieur, sans autre motif apparent qu'une complaisance maladroite et inutile ! Voyons maintenant pour la question du Maroc. Ne parlons plus des instructions communiquées à sir Robert Peel, ni de la lenteur des premières opérations, ni des entraves imposées à la flotte et à l'armée, difficultés graves que M. le prince de Joinville et le maréchal Bugeaud ont heureusement surmontées. Ne parlons pas non plus de cet engagement préalable que vous avez pris de ne pas occuper un pouce du territoire de Maroc, engagement d'une générosité bien imprudente, s'il a été spontané. Allons plus loin. Vous remportez de grands succès, vous jetez la terreur dans le Maroc, vous forcez l'empereur à vous demander la paix, et quelles conditions lui dictez-vous ? les mêmes que vous lui avez offertes au début de la guerre, avant vos victoires, vos sacrifices, et les trahisons répétées de votre ennemi. A quoi bon cette grandeur d'ame et ce désintéressement dont la France paie les frais ? Vous savez que l'empereur du Maroc est sans pouvoir dans ses états, vous l'avez dit à la tribune, et vous exigez de lui qu'il interne Abd-el-Kader ? Puisque vous supposez qu'il pourrait le prendre, pourquoi n'avoir pas exigé que le véritable otage de la paix

vous fût livré? Abd-el-Kader, dans le Maroc, sera toujours un ferment de
guerre. Entre les mains d'Abderrahman, il sera pour lui un danger, et pour
nous une menace : le geôlier d'Abd-el-Kader tiendra l'Algérie en échec. Le
maréchal Bugeaud, après la bataille d'Isly, conseillait d'exiger qu'Abd-el-
Kader fût remis à la France : pourquoi n'avoir pas écouté ce conseil? Au
lieu de cela, il paraît qu'on a cru devoir prendre l'engagement de traiter
Abd-el-Kader avec égard, s'il tombe entre nos mains, ce qui veut dire qu'on
s'oblige à ne pas le faire périr, comme si une nation telle que la France devrait souffrir que des barbares la soupçonnent de cruauté, et se laisser imposer par eux la loi d'être humaine et généreuse! Il serait possible, toutefois,
que cette stipulation particulière eût pour but d'engager l'empereur du
Maroc à nous remettre Abd-el-Kader, dès qu'il sera parvenu à s'en rendre
maître : dans ce cas, nous pourrions l'approuver. Nous attendrons là-dessus
les explications du cabinet. Mais une chose que le cabinet expliquera difficilement, c'est l'abandon de l'île de Mogador avant les ratifications du traité.
Si les dispositions de l'Angleterre étaient si pacifiques, pourquoi cet abandon
précipité? qui vous forçait à vous priver de votre gage? d'où venait ce besoin
si impérieux de rassurer le Maroc en le délivrant de notre présence? Qui ne
verra dans cet empressement une imprudence que rien n'excuse?

Nous avons raisonné jusqu'ici dans la supposition que la paix n'aurait pas
été menacée, que l'Angleterre se serait montrée calme et bienveillante dans
les négociations, que ce fait résulterait des pièces diplomatiques, et nous
avons établi que dans ce cas le ministère aurait sacrifié inutilement le droit
de la France et commis des imprudences coupables. Plaçons-nous maintenant dans l'hypothèse contraire. Supposons qu'une rupture ait failli éclater,
et que nous en trouvions un jour la preuve dans les dépêches de Londres;
ce fait, au lieu de justifier le ministère, rendra sa responsabilité plus grave.
Certes, dans ce cas, nous ne le blâmerions pas d'avoir fait des sacrifices
pour conserver la paix. L'Angleterre a pu montrer des prétentions injustes
et les soutenir avec aigreur sans que pour cela elle ait franchi la limite qui
sépare la paix de la guerre. La France a pu se sentir blessée et se contenir.
Il faut des raisons bien fortes pour jeter dans une guerre dont les suites
sont incalculables deux peuples qui sont les rois de la civilisation moderne.
Ces raisons si puissantes se sont-elles présentées? nous en doutons. Les
chambres exigeront là-dessus une lumière complète. Attendons; mais ce qui
accuse dès à présent le ministère, ce qui condamne sa politique, c'est l'aveu
de l'immense danger que la paix vient de courir, c'est ce fait qu'une guerre
a été imminente entre l'Angleterre et la France, et qu'une redoutable alternative a plané un instant sur les deux nations. Voilà donc le fruit du système qu'on a nommé l'entente cordiale! Les avances réitérées de la France,
l'oubli d'une injure récente, les témoignages d'une sympathie exclusive, des
concessions sans nombre et sans mesure, ont abouti à cette situation étrange,
qu'il suffit d'un choc, si faible et si involontaire qu'il soit, pour que les deux

peuples s'ébranlent, s'agitent, s'emportent l'un contre l'autre, et parlent d'en venir aux mains !

La paix, cette bienfaitrice de notre siècle, a été mise pendant deux mois dans la balance avec M. Pritchard, et l'on nous dit que sans nos concessions la paix eût été trop légère ! On prétendra peut-être que la dernière crise a été un incident fortuit, que rien ne rattache au passé : ce serait une erreur. Depuis le système de l'entente cordiale, il n'y a pas eu un seul jour où les rapports des deux pays aient été parfaitement calmes. Une inquiétude réciproque les agite sans cesse. Ils sont l'un vis-à-vis de l'autre dans un état d'observation perpétuelle. Les causes les plus futiles semblent au moment de produire des explosions. Si vous demandez au ministère les motifs de ces ombrages et de ces malentendus, il vous répondra que c'est la faute des peuples, non de leurs gouvernemens. Oui, les deux peuples sont naturellement rivaux; mais qui a donc attisé le feu de leurs rivalités au lieu de chercher à l'éteindre? Qui a jeté en Angleterre de vives alarmes sur les projets d'un prétendu parti de la guerre, à la tête duquel on a inscrit les noms les plus considérables de la France? Qui a imaginé, pour tranquilliser les intérêts anglais, de les froisser gratuitement dans des entreprises stériles, où nous n'avons recueilli que des humiliations, et peut-être aujourd'hui des revers! Qui a conçu l'idée de présenter comme un admirable système politique une situation où deux grands peuples, pleins de vie et de mouvement, merveilleusement doués pour le progrès, passeraient leur temps à débattre des questions mesquines, nées de leur contact journalier sur divers points du globe, à vider leurs procès, et à s'examiner mutuellement, comme deux voisins jaloux dont la seule affaire est de surveiller leur patrimoine? Voilà une œuvre vraiment digne d'occuper deux grandes nations ! Cette œuvre, que le cabinet de l'Angleterre n'a pas prise au sérieux comme le nôtre, a été depuis quatre ans l'objet des préoccupations exclusives de M. Guizot. Il a parlé, il a agi, il a administré, les yeux perpétuellement fixés sur l'Angleterre, n pas, malheureusement, pour épier toujours ses démarches, mais pour p venir des froissemens, ou apaiser ceux que sa politique imprudente a fait itre. Pendant ce temps, que de choses utiles ont été négligées! Où en sont l rapports avec le continent? Qu'est devenue la question belge? Que faisons-nous en Orient, où une décision récente des puissances médiatrices prouve que notre protectorat traditionnel s'efface de plus en plus? Cette question de l'isthme de Suez, que la presse ministérielle discute avec un dédain affecté, sommes-nous bien sûrs qu'elle ne soit pas au moment de recevoir dans l'ombre une solution qui atteindra gravement nos intérêts? Voilà le système de l'entente cordiale! des préventions mutuelles excitées par des rapports jaloux et égoïstes, où les deux nations se rapetissent au lieu de s'élever; des idées de guerre semées sous le manteau d'une paix factice; de graves malentendus propagés entre les deux pays par les calculs étroits et personnels de leurs gouvernemens; une intimité qui a suffi à peine jusqu'ici pour empêcher que les deux peuples se tirent des coups de canon; une alliance enfin pleine de déceptions, de dégoûts, d'appréhensions et de périls, au lieu de cette autre alliance que les chambres ont plus d'une fois conseillée, association féconde dans le sein de laquelle les deux pays, appelés à marcher de concert vers un noble but, travaillant à une œuvre commune, oublieraient dans une émulation glorieuse leur rivalité séculaire, et s'agrandiraient ensemble sans se nuire! C'est aux chambres de remettre en honneur cette politique dont les deux peuples ont un égal besoin. Il faut songer sérieusement aux résolutions extrêmes vers lesquelles ils ont failli être poussés. La France ne pourrait pas toujours faire des concessions; elle n'aurait pas toujours au service de sa dignité, et pour protéger son honneur, les lauriers de Tanger et de Mogador, et la bataille d'Isly.

Les trophées conquis par nos soldats à Mogador et sur l'Isly ont été portés devant les rangs des bataillons que le roi a passés en revue dimanche dernier. La population parisienne les a salués avec un grand enthousiasme. Cette solennité militaire a causé une vive impression. La pensée publique aime à s'arrêter sur ces hommages rendus à nos gloires récentes, dignes héritières de celles qui les ont précédées. Le pays doit une grande reconnaissance à sa flotte et à son armée. Sans leurs succès, où en serions-nous? A quelles extrémités aurait été réduite la politique de M. Guizot, livrée à elle-même! Sans ces *jeux de la force et du hasard*, que M. le ministre des affaires étrangères a toujours dédaignés, et qu'il a osé ridiculiser un jour devant une chambre française, dans un accès de philanthropie ironique, le voyage du roi à Windsor serait-il possible? Ce but avoué de toute la politique de M. Guizot depuis trois mois serait-il atteint? Quelle figure ferait en Angleterre M. le ministre des affaires étrangères, portant d'une main le blâme infligé à M. d'Aubigny, et de l'autre l'indemnité de M. Pritchard, si un peu de gloire dérobée au prince de Joinville et au maréchal Bugeaud ne venait se refléter sur lui!

On a orné d'une couronne ducale l'écusson du maréchal Bugeaud; on a cru que sa gloire ne pouvait se passer d'un titre. Cette innovation aristocratique a été en général fort peu goûtée; elle fera sourire l'ancien régime dans les salons du faubourg Saint-Germain, et il aura raison. Pourquoi lui faire concurrence? Penserait-on à créer une noblesse de la révolution de juillet? L'idée serait bizarre. Nous savons bien que depuis plusieurs années on donne assez facilement des titres à ceux qui en demandent. C'est une affaire de chancellerie : on crée des barons, des comtes, pour les besoins de la diplomatie; c'est une chose reçue. Voulez-vous être baron, priez M. le ministre des affaires étrangères de vous donner une lettre à porter dans quelque cour d'Allemagne; on vous remettra le titre et la lettre à la fois. Du reste, ceux qui se font ainsi des armoiries ont le bon goût de ne pas en être trop fiers : ce sont les aristocrates les plus simples du monde. De ce côté, l'esprit plébéien de la révolution de juillet n'est pas en péril; l'égalité n'est pas menacée.

Il en serait autrement si ces créations nobiliaires prenaient un caractère sérieux en devenant la récompense des grands services. Un homme qui a illustré son pays, et qui reçoit de lui des titres de noblesse, ne les prend pas pour un hochet destiné à satisfaire sa vanité; il veut que ces titres perpétuent sa gloire, et il est juste qu'on lui accorde les moyens d'assurer cette perpétuité. Nos lois actuelles vous le défendent; nos mœurs s'y opposent : réformerez-vous nos mœurs et nos lois? Dieu merci, nous n'en sommes point là. Plusieurs ambitions s'éveillent, dit-on, en ce moment; le nouveau titre du maréchal Bugeaud fait des jaloux. Cette fièvre se calmera; le ministère aura sans doute le bon sens de résister à des sollicitations dangereuses. Nous ne verrons pas de si tôt une restauration du privilége. Nous garderons les débris de notre vieille noblesse de l'ancien régime, que nous honorons dans quelques-uns de ses représentans, esprits distingués, citoyens illustres, affranchis de tous les préjugés d'un autre âge, et partisans sincères des idées nouvelles. Nous garderons notre noblesse de l'empire, dont les noms seront long-temps populaires dans le pays; enfin, nous garderons encore, si l'on veut, la petite noblesse clandestine et mystérieuse de la révolution de juillet : c'est bien assez comme cela.

Naturellement, on a dû chercher à savoir comment la création d'un duc a été adoptée dans le conseil. Il paraît que la majorité s'est d'abord prononcée contre la mesure. La minorité a obtenu qu'on fît une offre au maréchal. Celui-ci, pensant que la proposition avait réuni toutes les voix dans le conseil, a accepté. M. Guizot passe pour avoir pris une part très grande dans cette affaire. Quels sont les intérêts qui l'ont poussé? Hélas! les plus grands hommes ont leurs faiblesses. Il fut un temps où M. Guizot était le défenseur des classes moyennes. Il voulait la libre concurrence des forces individuelles. Il repoussait les supériorités factices et mensongeres. Il détestait le privilège; il adorait l'égalité. C'était l'homme de la bourgeoisie; c'était l'ennemi des titres et des distinctions nobiliaires. Alors il était dans l'opposition; c'était en 1821. Depuis, ses sentimens ont bien changé: nous disons ses sentimens, et non pas son langage, car si vous parlez à M. Guizot d'égalité et de privilége, il vous dira les mêmes paroles qu'en 1821; mais qu'il s'agisse de créer un duc, il sera le premier a y souscrire. Le titre de duc paraît, depuis plusieurs années, exercer un certain prestige sur son esprit. On racontait ces jours derniers qu'en 1835, se trouvant aux Tuileries avec M. Thiers, il avait dit en se tournant vers son collègue du 11 octobre. « Lorsque M. Thiers et moi prendrons un titre, ce sera celui de duc. » L'anecdote est vraie Elle peint d'un trait M. le ministre des affaires étrangères. Depuis 1835, les velléités aristocratiques de M. Guizot ont été exposées à diverses épreuves. Dans son ambassade de Londres, il a vécu au milieu de cette grande aristocratie britannique, au niveau de laquelle il se trouvait placé par l'éclat de son rang politique; mais il n'était pas duc. L'ancien professeur à la Sorbonne, le publiciste, l'homme austère des derniers jours de la restauration déployait dans son ambassade

une grande magnificence : il était cité pour son faste; mais il manquait à
cette pompe des armoiries. Il est bien permis de supposer que le penchant
de M. Guizot pour les couronnes ducales a dû influer sur la démarche qui a
été faite près du maréchal Bugeaud. Voilà le précédent établi; il ne s'agit
plus que de l'invoquer un jour. Quant à présent, M. Guizot juge convenable
de s'abstenir.

Le ministère ne parait pas bien vivement frappé des conséquences que
peut avoir pour nous le traité récemment conclu entre la Belgique et la
Prusse. On assure que M. Cunin-Gridaine a présenté au conseil un mémoire
tendant à démontrer que les clauses de cette convention, envisagées au point
de vue commercial, ne blessaient en rien les intérêts de la France. Il n'était
pas nécessaire de se mettre en frais d'argumens pour en venir là. Chacun
sait que le gouvernement belge a la prétention d'avoir évité ou écarté, en
négociant avec la Prusse, toute disposition que le gouvernement français
aurait pu considérer comme un dommage pour nous ou comme une exclusion. La Prusse, dans son empressement de fraîche date à l'égard d'un état
révolutionnaire, aurait voulu, dit-on, resserrer davantage l'alliance commerciale qu'elle contractait; la Belgique n'a pas cru devoir s'y prêter. Quant au
roi Léopold, il craignait tellement de prendre une mesure hostile à la France,
qu'il a gardé le traité un jour entier avant de se décider à le signer.

L'hostilité, en effet, n'est pas dans les clauses, elle est dans le fait même
de la convention. Nous accordons à la Belgique un traitement privilégié, il
ne suffit donc pas qu'elle refuse à la Prusse un privilège, ni qu'elle offre de
nous mettre sur un pied d'égalité avec ses nouveaux alliés : nos intérêts sont
sacrifiés dès qu'on ne leur ouvre pas le marché belge aux mêmes conditions
auxquelles les intérêts belges se voient accueillis en France, à savoir avec
une faveur qui exclue ou qui éloigne la concurrence des produits étrangers.
Par cela seul que la Prusse entre en partage avec nous en Belgique, le traité
du 1er septembre frappe notre commerce et lui nuit.

Au point de vue politique, la question est bien plus grave. Un ministre
belge, qui croit étendre son influence en multipliant ses relations, peut bien
imaginer que la Belgique est destinée à former des alliances plus ou moins
étroites avec tous les états voisins; mais la situation de ce pays, froidement
examinée, ne comporte pas de telles illusions. La Belgique ne saurait être l'alliée que d'un seul état; elle est politiquement neutre pour tous les autres.
Il faut de toute nécessité qu'elle choisisse entre l'alliance de la France et
celle de la Prusse; et si elle adopte l'alliance prussienne, c'est volontairement ou involontairement pour nous tourner le dos.

Le traité du 1er septembre ne confère pas matériellement de grands avantages a la Belgique, à moins que l'on ne compte pour beaucoup la possibilité

de fournir quelques tonnes de rails pour les chemins de fer allemands; mais les avantages que recueille la Prusse sont considérables et doivent s'étendre encore avec le temps. Par cette convention, Anvers devient le port de l'Allemagne, et l'Escaut un fleuve prussien. Désormais la Belgique ne peut plus traiter, sans l'aveu de la Prusse, avec les colonies ou avec les états placés au-delà de l'Océan. Une solidarité de plus en plus étroite tend ainsi à s'établir entre la Belgique et la Prusse; la Belgique n'est plus qu'un satellite entraîné bon gré mal gré, si nous n'y prenons garde, dans l'orbite du *Zollverein*.

Ce danger, dont notre gouvernement ne semble pas se préoccuper, le gouvernement belge commence à l'apercevoir lui-même; il sent l'entraînement de sa nouvelle situation et demande qu'on l'aide à y résister Un rapprochement commercial, auquel se prêterait le gouvernement français, voilà le contrepoids qu'il invoque, et dont il a besoin. Avant de traiter avec la Prusse, le cabinet de Bruxelles avait envoyé à Paris un de ses membres les plus éclairés, M. Van Praët, pour faire des propositions auxquelles M. Guizot eut le tort de ne prêter alors qu'une très médiocre attention. Ces propositions étaient avantageuses à la France, elles avaient même ce genre d'attrait pour un ministère que les combinaisons de majorité embarrassent, de ne pas le mettre aux prises avec les exigences des intérêts industriels.

Si nous sommes bien informés, la Belgique demandait alors au gouvernement français : 1º de proroger, en la renouvelant, la convention du 16 juillet 1842, qui consacre en faveur des fils et des toiles belges un tarif d'exception; 2º de réduire, de 15 cent. à 10 cent. par 100 kilogrammes, le droit perçu sur les houilles de Mons et de Charleroi; 3º d'excepter les machines belges du tarif projeté alors, et que l'ordonnance du 3 septembre vient d'établir. En retour de ces concessions, la Belgique offrait, dit-on, de réduire, en faveur des provenances françaises, le tarif qui frappe à l'importation les tissus longue laine, comme aussi de ne pas étendre à nos tissus de coton l'augmentation de droit dont ces étoffes allaient être grevées. Le bénéfice de ces deux exceptions se trouve aujourd'hui atténué par le traité du 1ᵉʳ septembre, qui le concède également à la Prusse; mais ce qui intéresse particulièrement la France, c'est la proposition que nous croyons lui avoir été faite, et que la Belgique renouvellera certainement quand on le voudra, de supprimer chez elle l'industrie immorale et parasite de la contrefaçon.

La suppression de la contrefaçon honorerait la Belgique et donnerait satisfaction à la France. N'est-il pas inouï que dans un état qui doit son existence à notre révolution, que nous avons couvert de notre corps lorsque l'invasion hollandaise l'atteignait et que l'invasion prussienne le menaçait, dont nous sommes encore l'appui et qui n'existe que par nous, une industrie se forme et se développe qui n'a d'autre objet que le pillage et la reproduction à son profit des créations de l'esprit français? Conçoit-on que cette contrebande littéraire s'exerce depuis trente ans avec la plus parfaite impunité? que la France y demeure indifférente, et que la Belgique la tolère? enfin, que les deux gouvernemens aient fait entre eux de nombreux traités, sans mettre fin à un scandale dont ils souffrent, l'un dans ses intérêts matériels, et l'autre dans ses intérêts moraux?

La contrefaçon a ruiné la librairie en France et la littérature en Belgique. C'est peut-être la seule fraude qui n'a profité à personne. Aussi devient-il plus facile, après une expérience aussi décisive, de s'entendre pour la réprimer. Le gouvernement français a donné l'exemple en stipulant, dans le traité conclu en 1840 avec la Hollande, des garanties légales pour la propriété des ouvrages de l'esprit. Il ne lui est pas permis désormais de signer un traité avec la Belgique sans que la répression de la contrefaçon en fasse partie.

La Belgique paraît aller au-devant de ce vœu. Elle ne demande pas mieux que d'acheter, par une telle concession, le renouvellement de la convention du 16 juin. M. le ministre des affaires étrangères serait donc inexcusable, s'il ajournait encore une fois des négociations qui peuvent amener un résultat aussi vivement désiré. Il lui reste assez de loisirs, jusqu'à la convocation des chambres, pour amener à fin une entreprise qui ne présente pas plus de difficultés. Obtenir des avantages considérables, sans déranger le *statu quo*, voilà, certes, une bonne fortune pour sa politique. Si cette affaire avortait dans ses mains par défaut d'empressement, nous ne voyons plus ce qui pourrait lui réussir.

Le traité du 1er septembre sera vivement reproché à M. Guizot, qui aurait pu l'empêcher. N'ayant pas mis obstacle au rapprochement de la Belgique et de la Prusse, comprendra-t-il du moins la nécessité de ramener la Belgique vers nous par quelque arrangement qui fasse contre-poids aux succès de M. d'Arnim? Il nous paraît que, si M. Guizot n'a rien obtenu de ce côté lorsque la session s'ouvrira, l'opposition aura contre lui un grief et un argument de plus. M. Guizot, en détachant la Belgique de nous, aura augmenté l'isolement de la France, cet isolement que lui seul, à l'entendre, pouvait et devait faire cesser.

V. DE MARS.

DE LA SITUATION

ACTUELLE

DE LA GRÈCE

ET DE SON AVENIR.

———•———

Il y a vingt ans, nous avions tous les yeux tournés vers la Grèce, et les noms de Lafayette, de Foy, de Casimir Périer, n'étaient pas plus populaires en France que ceux de Botzaris, de Canaris, d'Odyssée, de Coletti, de Maurocordato. Ceux-ci avaient même sur ceux-là l'avantage de réunir dans une sympathie commune toutes les opinions, de confondre tous les partis. Pour les uns, ce réveil d'une nation illustre et malheureuse se rattachait à la grande insurrection des peuples contre leurs tyrans, des esclaves contre leurs maîtres, et méritait, à ce titre, l'appui de tous ceux qui croient à l'émancipation des races humaines. Pour les autres, il s'agissait surtout d'un combat entre le christianisme et la religion de Mahomet, combat où le christianisme, vaincu jadis, essayait de prendre une glorieuse revanche. Pour quelques-uns enfin, les souvenirs de la Grèce antique dominaient toute la lutte. Et quand à ces sentimens divers venait se joindre chaque jour le récit de tant d'actes héroïques, de tant de catastrophes doulou-

reuses ; quand on voyait une poignée de patriotes combattant des
armées dix fois plus nombreuses, les vaincre ou périr avec honneur;
quand, plutôt que de tomber au pouvoir de l'ennemi, des femmes
périssaient, les armes à la main, ou se précipitaient dans l'abime, il
n'y avait pas un cœur qui ne fût ému, pas un esprit qui conservât son
indifférence et son impartialité. Qui se fût avisé alors de parler des
vues secrètes de la Russie, ou de l'équilibre européen, n'eût été ni
écouté ni compris. Qu'à tout prix la Grèce fût indépendante et libre,
voilà ce que nous demandions tous.

Cependant trois grandes puissances sont intervenues, et la Grèce a
conquis son indépendance. Presque aussitôt l'intérêt qu'elle inspirait
s'est évanoui, et c'est à peine si l'on a daigné s'informer de ce qui
s'y passait. Il y a plus, de 1832 à 1840, sans une certaine honte qui
les retenait, bon nombre des anciens philhellènes auraient fait publiquement acte de contrition et abjuré la cause à laquelle ils s'étaient
dévoués jadis. En 1824, la mode avait pris les Grecs sous sa protection; en 1834, la mode se retirait d'eux et les déclarait surannés. Il
paraissait piquant alors de préférer les oppresseurs aux opprimés, les
mahométans aux chrétiens, les Turcs aux Hellènes, et de plaindre ce
pauvre Ibrahim si méchamment chassé du Péloponèse par le maréchal
Maison. Il semblait de bon goût de frapper la Grèce entière, hommes
et choses, d'un anathème systématique, et de la condamner froidement et pour toujours à l'impuissance et à l'anarchie. Pas une vieille
calomnie qui ne fût alors rajeunie et restaurée avec un soin tout particulier. N'allait-on pas jusqu'à contester aux Grecs leur bravoure et
jusqu'à nier leurs victoires? Quant à leur probité, il restait convenu
qu'il n'y avait point un honnête homme parmi eux, et que, du dernier échelon au premier, la nation entière était à vendre.

Comment expliquer un changement si brusque et si complet? Il
serait injuste peut-être d'en accuser seulement la mobilité de l'esprit
public; mais les choses, on le sait, paraissent souvent belles ou laides,
grandes ou petites, selon le point de vue d'où on les regarde. Tant
que le combat durait, la grandeur, la beauté de la lutte effaçaient en
quelque sorte tout ce qui pouvait en ternir l'éclat; une fois le combat
fini, il n'apparut plus, au milieu d'un pays dévasté et ruiné, que de
misérables passions, que de honteuses rivalités, que de déplorables
intrigues. Alors, par une réaction inévitable, on se mit à désespérer
de ceux qui naguère inspiraient de si hautes, de si magnifiques espérances. Puis vint le gouvernement bavarois, dont l'inepte despotisme
fit tomber les derniers restes du philhellénisme. Peut-être, en effet,

était-il permis de se demander si le peuple qui supportait un tel gouvernement méritait bien l'appui qu'il avait reçu ; peut-être était-il permis de rechercher si, en définitive, Munich valait mieux pour lui que Constantinople. Il faut ajouter que, pendant les dix années qui suivirent la révolution de juillet, la France fut trop absorbée par ses propres affaires pour songer à celles des autres. Or la Grèce, entre les mains des Bavarois, n'exerçait et ne pouvait exercer sur la politique européenne aucune espèce d'influence. La France n'eut donc guère à s'occuper de la monarchie nouvelle que pour solder ses fautes, en votant successivement les trois séries de l'emprunt. Il n'y avait rien là qui fût de nature à ranimer, en faveur de la Grèce, les anciennes sympathies.

Cependant, depuis un an, tout a changé de nouveau, et il a suffi d'une journée pour que la Grèce, long-temps oubliée ou dedaignée, reprît sa place dans les combinaisons de la politique comme dans les préoccupations populaires. Au moment où elle paraissait plus assoupie, plus asservie que jamais, la Grèce, en effet, s'est levée toute entière pour la liberté, comme vingt ans auparavant pour l'indépendance, et en peu de jours, sans désordres, sans violences, sans réactions, un gouvernement représentatif de plus est né, une monarchie constitutionnelle a été fondée. Il y avait dans un tel spectacle quelque chose d'inattendu et de grand qui, en France surtout, ne pouvait être méconnu. Aussi, malgré de sinistres prophéties, la France regarde-t-elle avec intérêt, avec espoir, les nobles efforts des patriotes grecs pour donner à leur pays des institutions libres et un gouvernement régulier. Que la tâche soit laborieuse et périlleuse, personne n'en doute: quelle grande chose ici-bas s'est jamais faite sans labeur et sans péril? Quoi qu'il en soit, c'est une grave question que celle de savoir si la Grèce réussira dans cette œuvre comme dans l'autre, et si dès aujourd'hui la monarchie constitutionnelle a conquis un avant-poste en Orient. Le moment me paraît donc bon pour étudier l'état actuel de la Grèce et pour envisager les chances que lui réserve l'avenir. Dans le trop court séjour que j'ai fait récemment à Athènes et à Constantinople, j'ai, au sein de tous les partis, chez tous les hommes politiques, français ou étrangers, trouvé une égale bienveillance; mais, sans manquer aux égards que je dois à aucun d'eux, il doit m'être permis de dire ici ce que je pense de leur conduite et de leurs vues politiques. Je tâcherai de le faire non certes avec indifférence, mais avec impartialité, et sans me laisser entraîner par mes désirs ou par mes affections.

C'est en 1821 qu'éclata l'insurrection de la Grèce, en 1822 que le
congrès de Vérone, ce congrès chrétien, refusa même d'entendre ses
délégués, en 1826 que la Russie, la France et l'Angleterre offrirent
leur médiation, en 1827 qu'un traité intervint et qu'eut lieu la bataille de Navarin, en 1828 que Capo-d'Istrias vint se mettre à la tête
du gouvernement, et que l'armée française contraignit Ibrahim à évacuer la Morée, en 1830 que fut signé le protocole par lequel les
limites de la Grèce étaient fixées et son indépendance reconnue, en
1832 que la fameuse conférence du 7 mai étendit quelque peu les
limites du nouvel état, et lui donna pour roi le fils du roi de Bavière;
c'est enfin en 1835 que le roi Othon, devenu majeur, prit lui-même
les rênes du gouvernement. Or, pendant ces quatorze années, il ne
s'en passa pas une où la guerre civile n'ajoutât ses désastres à ceux de
la guerre étrangère, pas une où les divers élémens qui avaient concouru à l'insurrection et à la victoire ne se livrassent entre eux des
combats acharnés, pas une aussi où, sous le nom tantôt d'un parti,
tantôt de l'autre, les influences étrangères ne se disputassent, aux
dépens du pays tout entier, une déplorable prépondérance. Ce sont
encore, à vrai dire, les divisions et les haines de cette époque qui sont
aujourd'hui le plus grand obstacle à l'établissement d'un gouvernement régulier. Pour comprendre la Grèce de 1844, il faut donc
remonter à la Grèce de 1824 et de 1830; c'est un chemin un peu long,
un peu ennuyeux peut-être, mais par lequel il me parait indispensable de passer.

Les populations qui, de 1821 à 1827, luttèrent avec tant de constance et d'intrépidité contre le joug ottoman, peuvent d'abord se
diviser en trois catégories : les Péloponésiens, peuple d'agriculteurs,
paisible en général, et peu disposé à s'armer, quand son bien-être
matériel n'est pas compromis; les Rouméliotes, peuple aventureux et
guerrier; les insulaires, peuple commerçant et calculateur. A ces différences, territoriales en quelque sorte, il convient d'en joindre une
autre, celle d'origine et de race. Ainsi, à côté des Hellènes, il y avait
les Albanais, qui formaient à peu près le tiers de la population en
Roumélie, le cinquième dans le Péloponèse et dans les îles. Il y avait
aussi quelques Valaques, quelques Serbes, quelques Bulgares, mais
en petit nombre. Ce n'est pas tout. A peine la lutte fut-elle engagée
que, de tous les pays où la langue grecque se parle encore, de Constantinople, des îles Ioniennes, des provinces asiatiques, des principautés danubiennes, une foule d'alliés accoururent avec leurs préjugés, avec leurs prétentions. Les philhellènes russes, français et anglais

vinrent enfin apporter à l'insurrection une force nouvelle, mais aussi un nouvel élément de discorde et de division.

Pour mettre un peu de régularité dans cette anarchie, un peu d'ordre dans cette confusion, y avait-il au moins une autorité généralement reconnue, un homme dont la supériorité fût incontestable et incontestée? En aucune façon. Ici les chefs des hétairistes, là les capitaines palikares, plus loin les primats du Péloponèse ou des îles, ailleurs les princes du Fanar et les comtes ioniens exerçaient l'influence principale, et quand ils se rencontraient, c'était en général pour se disputer le pouvoir par la force ou par la ruse. Ajoutez les philhellènes étrangers, dont les rivalités nationales se manifestaient avec d'autant plus de vivacité qu'elles n'étaient pas contenues par la réserve diplomatique. En vérité, si quelque chose peut surprendre, c'est qu'au milieu de tant de conflits et de déchiremens, la Grèce n'ait pas succombé.

Un mot pourtant sur chacune des catégories dont je viens de parler, catégories qui ne sont pas éteintes et dont les restes s'agitent encore aujourd'hui.

Il y a long-temps, on le sait, que la Grèce rêve son affranchissement. A la fin du dernier siècle, il se forma, pour y parvenir, une hétairie (association fraternelle), dont le poète Rhigas était le chef, et qui proclamait les principes de la révolution française. Cette hétairie succomba, et fut remplacée en 1806 par une seconde, qui, fondant son espoir sur Napoléon, n'aspirait à rien moins qu'à reconstruire l'empire grec. Par malheur un tel projet n'entrait point dans les vues de Napoléon, et cette seconde hétairie eut le même sort que la première. Mais l'esprit grec est persévérant, et de 1813 à 1814 il créa à Vienne, sous le patronage russe, une société nouvelle dite des *Philomuses,* qui n'avait en apparence d'autre objet que le culte des lettres et des arts. Capo-d'Istrias et Alexandre Ipsilanti étaient les chefs de cette société, qui, en 1815, devint politique et s'appela *Société des Amis.* Une seconde société des amis, plus politique encore, fut bientôt après organisée par des Grecs obscurs et secrètement favorisée par la Russie, qui parvint à s'en emparer. C'est au moyen de cette dernière société qu'en 1821 le prince Alexandre Ipsilanti, d'accord avec l'hospodar Michel Soutzo, leva l'étendard de la révolte à Jassy. On sait qu'Alexandre Ipsilanti, désavoué par la Russie et trahi par une partie de ses amis, tomba au pouvoir de l'Autriche, qui lui fit expier durement dans ses prisons le crime de n'avoir pas réussi.

Quoi qu'il en soit, le signal fut entendu, l'insurrection se propagea, et les débris de l'hétairie, Démétrius Ipsilanti en tête, prirent au mouvement grec une part considérable. Depuis ce moment, l'esprit hétairiste, détourné de ses voies primitives, devint pour certains hommes d'état et pour certaines puissances un point d'appui et un moyen d'action. Ainsi, en 1828 et en 1829, le président Capo-d'Istrias forma une société secrète dite *du Phénix*, ayant pour but de disposer· les esprits en faveur de la Russie. En 1833 et 1834, une autre société, suite et développement de celles des *Amis* et du *Phénix*, organisa, sous prétexte religieux, une conspiration générale qui éclata dans le Magne. Je parlerai plus tard de la société *Philorthodoxe*, fondée en 1838, et qui, se rattachant par des liens étroits à celle de 1834, a pris une si grande part à la dernière révolution.

Si les hétairistes avaient préparé l'insurrection, ce sont les palikares qui l'empêchèrent d'avorter misérablement en Grèce comme en Moldavie. Pour bien savoir ce que sont les palikares, il faut se rappeler qu'avant la révolution, les Turcs avaient autorisé dans la Roumélie, dans l'Épire, dans la Thessalie, dans la Macédoine, l'établissement d'une milice purement grecque, qui, sous l'autorité du pacha, était chargée du maintien de l'ordre public. Les membres de cette milice, presque tous venus des montagnes, s'appelaient *armatoles*, tandis que leurs frères non soumis recevaient le nom de *klephtes*. Mais on conçoit facilement qu'entre les armatoles et les pachas il n'y eût pas toujours bon accord; il arrivait donc souvent que les armatoles se transformaient en klephtes, ou, pour parler le langage moderne, que les gendarmes devenaient brigands. Armatoles ou klephtes, ils s'honoraient tous d'ailleurs du nom de *palikares* (braves), et c'est ce nom qui leur resta lorsqu'en 1821 ils se jetèrent avec une égale ardeur dans l'insurrection. Les héros qui, à cette époque glorieuse, acquirent un renom européen, les Botzaris, les Odyssée, les Tzavellas, étaient des chefs de palikares, dont plusieurs avaient successivement servi et combattu les pachas. Avec de tels antécédens et de telles habitudes, on comprend qu'il fût difficile de les soumettre à la règle, à la discipline, à la subordination. Ils avaient pourtant ce mérite, que rarement ils séparaient leur cause de celle de leurs compagnons d'armes, et qu'ils stipulaient pour ceux-ci en même temps que pour eux-mêmes. Il est bon d'ajouter qu'un homme qui a joué et qui joue encore un grand rôle dans les affaires de son pays, M. Coletti, fut, dès les premiers temps, accepté par les palikares comme leur représentant dans le gouvernement et comme leur organe dans les assemblées représentatives. Personne plus que lui n'était capable de les modérer, de les éclairer, et de tourner même leurs défauts au profit de la bonne cause.

Au premier coup d'œil, on croirait qu'entre les primats du Péloponèse et les capitaines des palikares rouméliotes la différence est petite; elle est pourtant très-considérable. Avant la révolution, ces primats, véritable aristocratie, vivaient au milieu de la population agricole du Péloponèse, à peu près comme les seigneurs féodaux du moyen-âge au milieu de leurs paysans. Seulement ils se divisaient en deux classes, ceux qui se bornaient à exploiter leurs terres, et ceux qui, se faisant les agens des pachas, opprimaient leurs concitoyens pour le compte des Turcs. Tous néanmoins participèrent à l'insurrection, mais avec la résolution bien arrêtée de conserver leurs priviléges et leur domination. Aussi ceux qui voulaient asservir la Grèce par l'anarchie trouvèrent-ils toujours parmi les primats les plus fidèles alliés. Il est juste d'ailleurs de faire une place à part aux primats de cette partie du Péloponèse qui en forme la pointe et qu'on appelle le Magne. C'est dans le Magne, contrée montagneuse et aride, que s'était réfugiée la portion la plus belliqueuse de la population, celle qui prétend descendre des anciens Spartiates, et les Turcs n'y avaient jamais pénétré. Seulement ils venaient tous les ans, à la limite du Magne, recevoir un faible tribut. Entre les Mainotes et leurs primats, il s'était ainsi établi des liens beaucoup plus étroits que dans le reste du Péloponèse. Quant aux primats des îles, à ceux notamment d'Hydra et de Spezia, leur origine était toute populaire, et leur autorité fondée uniquement sur la confiance qu'ils inspiraient; mais plus éclairés, plus civilisés, plus européens en un mot que les primats du Péloponèse ou les capitaines palikares, ils avaient naturellement de hautes prétentions, et ces prétentions, précisément parce qu'elles étaient légitimes, excitaient contre eux d'implacables jalousies. Parmi les primats des îles, le nom le plus connu est celui de Conduriotti, comme parmi ceux du Péloponèse et du Magne les noms de Colocotroni et de Mauromichali.

Restent enfin d'une part les comtes ioniens, créés par les Vénitiens, et au nombre desquels on compte les trois Capo-d'Istrias et M. Metaxas; de l'autre, les princes du Fanar. Chacun sait que les princes du Fanar, établis de temps immémorial au pied de Constantinople, le long de la Corne d'or, étaient, avant la révolution, en possession de diriger les affaires diplomatiques de la Turquie. Riches et considérés, beaucoup d'entre eux n'en quittèrent pas moins leur maison et leur famille pour venir s'associer aux difficultés de la lutte. C'est ce noble exemple que donnèrent les Ipsilanti, les Soutzo, les Ca-

radja, les Cantacuzene, les Maurocordato; mais, en revanche, une
part du pouvoir leur était due, et, quelque grande qu'elle fût, cette
part leur paraissait difficilement suffisante.

Maintenant faut-il s'étonner que dans un pays encore à demi barbare, au milieu d'une lutte sanglante, personne n'ait été assez habile,
assez puissant, pour faire sortir un ordre quelconque d'élémens aussi
variés, aussi hétérogènes? Faut-il s'étonner que tant d'ambitions,
tant de prétentions, tant d'inclinations diverses n'aient produit, dans
leurs conflits journaliers, que confusion et anarchie? Faut-il s'étonner
enfin qu'au moyen d'alliances qui se nouaient, qui se dénouaient, qui
se renouaient sans cesse, vaincus et vainqueurs aient dix fois changé
de rôle? Je n'ai certes pas la prétention de porter la lumière dans ce
chaos et d'expliquer ce qui est inexplicable; mais il me parait curieux
de présenter, sans commentaire et sans explication, un simple sommaire des diverses phases par lesquelles passa le gouvernement grec
de 1821 à 1835.

1822. — Un congrès général de toutes les provinces insurgées s'assemble à Épidaure, et crée un conseil exécutif auquel tous les pouvoirs sont remis. Le prince Alexandre Maurocordato, président du
congrès, est nommé chef du conseil exécutif; Jean Coletti, un des
ministres.

1823. — Les hétairistes (Démétrius Ipsilanti) et les primats du
Péloponèse et du Magne (Colocotroni et Mauromichali) s'unissent
contre le pouvoir exécutif. Un nouveau congrès se réunit à Astros.
Mauromichali devient président, et Colocotroni vice-président du
conseil exécutif. Ce conseil s'établit à Nauplie, tandis que le sénat
législatif tient ses séances à Argos. La division éclate entre ces deux
pouvoirs, et le sénat, déclarant un des membres du conseil, André
Metaxas, déchu de sa dignité, nomme à sa place Jean Coletti. Colocotroni et Mauromichali refusent de reconnaître Coletti et attaquent le
sénat, qui, se réfugiant à Cranidi, prononce la destitution en masse
du conseil.

1824. — Le sénat, toujours à Cranidi, constitue sous la présidence
de Conduriotti (Hydriote) un conseil nouveau où figurent Coletti et
Nicolas Loudos. Après une guerre civile acharnée, ce conseil se rend
maître d'Argos d'abord, puis de Nauplie, et le parti péloponésien
parait vaincu. Les élections confirment ce résultat; mais à la fin de
l'année les primats s'insurgent de nouveau et sont de nouveau forcés
de se soumettre. Un fils de Colocotroni est tué. Il est lui-même fait
prisonnier.

1825. — Les succès d'Ibrahim en Morée amènent une réconciliation entre les divers partis. Colocotroni et ses amis sont remis en liberté. Mauromichali est replacé à la tête du Magne.

1826. — Le troisième congrès s'assemble à Épidaure, et des divisions nouvelles éclatent entre les divers partis. Le congrès crée une commission exécutive et un comité législatif qui se réunissent à Égine, sous la présidence de Notaras; mais pendant ce temps les députés du parti péloponésien s'assemblent à Hermione.

1827. — L'assemblée d'Hermione et celle d'Égine forment deux gouvernemens rivaux et menacent la Grèce d'une nouvelle guerre civile; mais le général Church et lord Cochrane parviennent à les concilier, et une assemblée générale est convoquée à Trézène. Cette assemblée, présidée par Sissini, met à la tête du gouvernement le comte Capo-d'Istrias, avec le titre de président. En attendant son arrivée, le pouvoir exécutif est confié à une commission provisoire présidée par George Mauromichali. André Metaxas devient ministre de la guerre. La guerre civile n'en recommence pas moins, notamment à Nauplie, siége du gouvernement, où les deux forteresses, occupées par les deux partis ennemis, font feu l'une sur l'autre, et toutes les deux sur la ville. L'ordre finit par se rétablir.

1828. — Le président Capo-d'Istrias suspend la constitution tout en la jurant, et forme un conseil (*panhellenion*) qui partage avec lui le gouvernement. Il y a six secrétaires d'état, parmi lesquels George Conduriotti et P. Mauromichali.

1829. — La mésintelligence éclate entre le président et le panhellenion Une assemblée nationale se rassemble à Argos. Le panhellenion est remplacé par un sénat de vingt-sept membres nommés par le président, six à son choix, et vingt-un sur une liste de soixante-trois candidats présentée par le congrès. Le président exclut du sénat Conduriotti, Maurocordato, et d'autres chefs éminens du parti constitutionnel.

1830. — Le prince Léopold, appelé au trône de Grèce, donne d'abord, puis retire son consentement après une correspondance fort curieuse avec Capo-d'Istrias. Celui-ci, selon son désir, reste donc à la tête du gouvernement.

1831. — L'impopularité du président va toujours croissant, et la guerre civile recommence. Hydra, Poros, Spezia, se soulèvent, et Miaulis, après s'être emparé, au nom des insurgés, de la seule frégate grecque, la fait sauter pour la soustraire aux efforts combinés du président et des Russes. Le Magne aussi s'insurge, et redemande, les armes à la main, son vieux bey Pierre Mauromichali, que le

président retenait prisonnier à Nauplie. Celui-ci refuse de le mettre
en liberté, et il est assassiné par George et Constantin Mauromichali,
l'un fils, l'autre frère du prisonnier. Le sénat défère aussitôt la présidence provisoire à Augustin Capo-d'Istrias, et forme une commission exécutive, composée du président provisoire, de Colocotroni et
de Coletti.

1832. — Une assemblée nationale est convoquée à Argos. Les
députés de l'Archipel, au nombre de quarante-cinq, refusent de s'y
rendre sans une amnistie générale, qui est refusée. Les autres députés de l'opposition, Rouméliotes pour la plupart, font alors scission
ouverte, et un combat sanglant a lieu entre les troupes du gouvernement et celles des insurgés, commandées par Grivas. Les Rouméliotes finissent par se retirer à Corinthe, puis à Mégare, accompagnés
de Coletti, un des trois membres du gouvernement. Là les quarante-
cinq députés de l'Archipel viennent les rejoindre, et la majorité du
congrès, ainsi réunie, dépose le comte Augustin, et forme une commission exécutive, composée de Conduriotti, de Zaïmi et de Coletti.
Ainsi organisé, le parti hydriote et rouméliote entre dans le Péloponèse, bat Colocotroni, se porte sur Nauplie et force le comte
Augustin Capo-d'Istrias à abdiquer et à quitter la Grèce. Un conseil
exécutif de sept membres, présidé par Conduriotti, est ensuite formé;
mais Colocotroni et Tzavellas soulèvent de nouveau une partie du
Péloponèse.

1833. — Le roi Othon arrive en Grèce, et tous les partis semblent
pour un moment se soumettre. Un conseil de régence est institué,
qui se compose de M. d'Armansperg, président, de MM. Maurer, d'A-
bell et du général Heydeck ; néanmoins les troubles continuent dans
le Péloponèse.

1834. — Colocotroni, vaincu fait prisonnier, est condamné à mort,
puis, par commutation, à vingt ans de détention. Le Magne n'en refuse
pas moins d'obéir au nouveau gouvernement. Pendant ce temps, la
régence se divise : d'un côté, M. d'Armansperg, soutenu par Maurocordato; de l'autre, MM. Maurer, d'Abell et Heydeck, soutenus par
Coletti. MM. de Maurer et d'Abell sont rappelés et remplacés par
M. de Kobell, ce qui donne la majorité à M. d'Armansperg. Une
grande insurrection nappiste éclate dans le Péloponèse. On demande
la liberté de Colocotroni et une constitution. On déclare illégale la régence de Nauplie. Quelques-uns vont même jusqu'à proposer l'expulsion du roi et une république sous la protection de la Russie. Dans
cette situation, Coletti et les Rouméliotes prêtent appui au gouverne-

ment. Grivas marche contre les insurgés, qui sont vaincus. Coletti devient ministre de l'intérieur et président du conseil.

1835. — Le roi atteint sa majorité : au lieu de proclamer une constitution, et de congédier les Bavarois, comme on l'espérait, il conserve le pouvoir absolu et nomme M. d'Armansperg archi-secrétaire d'état. Le ministère se dissout, et Coletti est envoyé à Paris comme ambassadeur. Quelques insurrections ont lieu contre les Bavarois et pour la constitution, mais elles sont réprimées. Le roi, pour calmer l'opinion, forme un grand conseil d'état où prennent place les chefs des partis opposés.

Dans ce court résumé, je n'ai mentionné que les faits principaux. Ils sont néanmoins assez nombreux, assez complexes pour qu'il soit impossible d'en faire sortir des partis bien organisés, bien compactes, ayant un but, des principes, une règle fixe de conduite. A travers cette longue confusion, trois dénominations pourtant apparaissent, dénominations qui persistent encore et qui semblent aujourd'hui même dominer toutes les combinaisons politiques : ce sont celles de parti russe, de parti français et de parti anglais. Examinons-en l'origine, le sens, la valeur, et voyons si là plus qu'ailleurs nous trouverons le fil conducteur qui nous manque.

L'existence d'un parti russe en Grèce s'explique tout naturellement. Depuis que la Russie convoite l'héritage des Turcs, elle n'a cessé d'entretenir en Grèce, comme dans les autres provinces de la Turquie européenne, des intelligences secrètes, et de s'y faire des partisans. En 1770, la Russie fit plus, et c'est d'accord avec elle qu'eut lieu l'insurrection du Péloponèse; c'est enfin avec l'aide de la Russie que se formèrent les hétairies de 1814 et de 1820. Quand le nom de la France et celui de l'Angleterre étaient à peine connus en Grèce, le nom de la Russie y était donc déjà populaire, et c'est vers la grande puissance du Nord que la nation opprimée s'habituait à tourner les yeux. De plus, entre les Grecs et les Russes, il y a communauté de religion, et dans un pays où la religion seule distingue les maîtres et les sujets, c'est là une très grande force. Il faut ajouter que, dans le Péloponèse surtout, les familles principales envoyaient souvent leurs enfans en Russie pour y chercher un peu d'instruction, puis aussi de l'emploi. De là des liens naturels que l'habileté russe ne laissait pas se relâcher ou se rompre. Au début de l'insurrection, la Russie trouva donc une vive sympathie d'abord parmi les hétairistes qui, comme Démétrius Ipsilanti, s'étaient jetés dans la mêlée, ensuite parmi les primats du Péloponèse, dont elle flattait les vues ambitieuses et les penchans anarchiques, enfin parmi les Fanariotes, dont plusieurs avaient depuis long-temps avec le cabinet russe de secrètes relations. L'avènement du comte Capo-d'Istrias ne fit que fortifier l'influence de la Russie et grossir son parti. Pourtant à cette époque un nouvel élément vint s'y joindre, sous le nom de parti *guivernitique*, qui en changea un peu le caractère. Ce parti se composait en général d'hommes de la classe moyenne qui, las de l'anarchie, savaient gré à Capo-d'Istrias de ses efforts pour réduire la féodalité aristocratique et pour fonder un gouvernement régulier. C'est par suite de cette adjonction qu'après l'assassinat du président, le parti russe prit le nom de parti *napiste*. Ce nom lui fut donné d'abord par dérision, à cause des prédications en plein air d'un nommé *Napa*, espèce de fou qui soutenait le comte Augustin Capo-d'Istrias; mais, comme il n'impliquait pas l'idée de dépendance envers une puissance étrangère, le parti s'en accommoda et le conserve encore aujourd'hui. Sous le roi Othon, la Russie d'ailleurs rentra pleinement dans ses anciennes voies et ne cessa, par tous les moyens, de pousser à l'anarchie et de miner le gouvernement nouveau. Ce qu'il faut à la Russie, tout le monde le comprend, c'est une Grèce agitée, désordonnée, épuisée, et qui un jour, comme les principautés, soit forcée d'implorer son aide et de subir son protectorat.

Si ce tableau du parti russe est fidèle, on voit que ce parti n'a aucune homogénéité; on conçoit mal en effet comment le même parti réunit les primats turbulens du Péloponèse et cette fraction guivernitique qui s'est jointe à Capo-d'Istrias, précisément parce qu'il voulait dompter ces primats. En Grèce cependant plus qu'ailleurs la tradition et le souvenir des luttes passées joue un rôle important : on n'a ni les mêmes idées, ni les mêmes intérêts; mais à telle époque on s'est battu avec tels hommes contre tels hommes, et cela suffit. J'en ai eu pendant mon voyage en Grèce plusieurs preuves incontestables. Ainsi, dans une province que je ne nommerai pas, deux membres de l'ancien parti russe s'étaient ralliés à MM. Coletti et Maurocordato, alors unis, tandis que deux membres de l'ancien parti français, jadis amis de M. Coletti, avaient fait tout le contraire. Comme on demandait à ceux-ci ce qui les avait portés à se séparer de M. Coletti : « Pouvions-nous faire autrement, répondirent-ils, quand nos adversaires habituels votaient avec lui? Nous aimons M. Coletti; mais nous l'aimons moins que nous ne détestons MM. X et Z. Quand ils sont d'un côté, il faut bien que nous soyons de l'autre. »

Quoi qu'il en soit, le parti russe ou nappiste, dans ses diverses fractions, est très nombreux et compte dans ses rangs, surtout en

Morée, beaucoup d'hommes riches et considérés; mais parmi ces
hommes, il faut se hâter de le dire, la Russie n'a pas beaucoup de
complices. La majorité s'appuie sur elle par habitude, par calcul, par
intérêt même, mais sans vouloir lui sacrifier l'indépendance nationale. Il serait insensé de vouloir, en la frappant d'un anathème systématique, lui enlever toute part au gouvernement. Les hommes principaux du parti russe sont M. Metaxas, ministre de la guerre pendant
la guerre de l'indépendance, depuis ambassadeur à Madrid, et en
1843 président du conseil des ministres; le prince Soutzo, chez qui
la révolution de septembre s'est préparée; M. Zographos, gendre du
prince Soutzo, homme distingué, mais qui, jadis dévoué à l'Angleterre, comme il l'est aujourd'hui à la Russie, inspire peu de confiance aux divers partis; le père Économos enfin, chef des philortho-
doxes, et qui passe pour l'instrument docile de la Russie. Le général
Kalergi était aussi un des membres les plus éminens du parti russe;
mais les derniers événemens l'ont séparé de ses amis.

La formation du parti français est beaucoup plus récente que celle
du parti russe; tout au plus peut-on la faire remonter à l'hétairie
révolutionnaire du poète Rhigas et à l'hétairie impériale de 1806 :
ces deux hétairies disparurent trop vite et trop complètement pour
laisser des traces bien profondes. En 1821, au moment de l'insurrection, il n'y avait donc pas en Grèce de parti français proprement dit; mais quand, au récit des exploits et des désastres des insurgés, les sympathies s'éveillèrent à Paris et à Londres, quand de
nombreux philhellènes accoururent de toutes parts au secours d'une
nation malheureuse, quand trois grandes puissances jugèrent que
les intérêts de la politique, aussi bien que ceux de l'humanité, exigeaient une prompte intervention, l'esprit si fin, si délié, si pénétrant des Grecs, s'aperçut bientôt que la France seule n'avait point
d'arrière-pensée. Ni par sa situation territoriale, ni par sa position
maritime, la France ne pouvait aspirer à l'héritage de l'empire ottoman, au protectorat des provinces démembrées de cet empire; du
moment que la Grèce cessait d'obéir au sultan, la politique française
voulait donc qu'elle fût aussi grande, aussi forte, aussi libre, aussi
indépendante que possible. Ses intérêts et ceux de la Grèce se trouvaient ainsi parfaitement identiques. C'est cette conviction qui, malgré l'inaction des agens français, rallia bientôt autour de la France
les patriotes les plus énergiques, les plus éclairés, les plus purs, ceux
du moins qui n'étaient pas enrôlés d'avance et n'avaient pas de parti
pris. C'est cette conviction qui fit qu'en Roumélie surtout, là où l'on

s'occupait moins d'intriguer que de se battre, l'influence française
fut sans cesse invoquée et survécut à toutes les fautes du gouvernement. De même que la Russie agissait par les idées religieuses, la
France d'ailleurs agissait par les idées libérales. Sous la restauration,
ces idées étaient poursuivies, censurées, proscrites; mais elles n'en
faisaient pas moins leur chemin par la voie de la tribune ou de la
presse, et la Grèce, comme toute l'Europe, en ressentait le contre-
coup.

Voilà ce qu'était le parti français et ce qu'il est encore. A vrai
dire, ce parti n'est autre que le parti national, le parti grec, celui qui
veut à la fois l'indépendance et la liberté de son pays. Le principe
fondamental de ce parti, c'est donc de n'être point exclusif, et d'accueillir avec empressement, avec joie tous ceux qui n'acceptent ni le
despotisme ni la domination étrangère, tous ceux aussi qui croient
que les destinées de la Grèce ne sont pas enchaînées pour toujours
dans ses limites actuelles, et que ce petit état est, comme on le disait
il y a dix ans, le commencement d'une grande chose.

Quand on parle du parti français ou du parti national, il est impossible de passer sous silence le patriote illustre qui depuis plus de vingt
ans en est le chef. Issu d'une famille distinguée de l'Épire, Jean Coletti fut, vers 1813, placé auprès du pacha de Janina, en apparence
comme médecin, en réalité comme otage. C'est dans cette situation
difficile et périlleuse que, pendant sept années, il travailla à organiser
les hétairies et à préparer le mouvement. L'insurrection commencée,
il s'y jeta sans réserve, et depuis ce moment, soit comme membre
des conseils exécutifs, soit comme ministre, soit comme ambassadeur,
il n'a cessé de prendre une part active et efficace aux affaires de son
pays. Je puis dire avec certitude que le mot de « parti français » est précisément entendu par M. Coletti comme je viens de l'expliquer. M. Coletti aime la France; mais il aime mieux la Grèce, et s'il y avait à se
prononcer pour l'une ou pour l'autre, il n'hésiterait pas. Heureusement le bon accord entre les deux peuples lui paraît un fait nécessaire, permanent, et qui s'explique, non par une combinaison arbitraire de l'esprit, mais par la force des choses.

La tradition historique, de vieilles habitudes entretenues et cultivées avec beaucoup d'habileté, la communauté religieuse, voilà quelles
sont en Grèce les forces réelles de la Russie. L'identité des intérêts
et des idées, voilà quelles sont celles de la France. On comprend donc
un parti russe et un parti français; mais un parti anglais, comment le
concevoir? Le premier acte par lequel l'Angleterre se fit connaître à

la Grèce, c'est la vente de Parga au pacha de Janina, au mépris de la foi promise, après avoir, non pas conquis cette malheureuse cité, mais accepté le protectorat qu'elle offrait volontairement. Le second, c'est le secours qu'au début de l'insurrection, le gouverneur des îles Ioniennes prêta ostensiblement à l'armée des Ottomans.

Quand on s'est emparé des îles Ioniennes, clé de l'Adriatique, il est d'ailleurs assez naturel qu'on voie sans plaisir se former tout à côté un état indépendant, dont les habitans ont la même origine et parlent la même langue. Quand on prétend à la souveraineté maritime, il est assez simple qu'on favorise peu l'émancipation d'un peuple qui promet un puissant renfort aux marines secondaires. Or, la politique anglaise n'a jamais passé pour une politique enthousiaste, pour une politique qui sacrifie les intérêts aux idées ou aux sentimens. Aussi, le jour où se posa la question des frontières, l'Angleterre vota-t-elle constamment pour qu'elles fussent aussi étroites que possible. Le Péloponèse et les Cyclades, voilà d'abord tout ce qu'elle donnait à la Grèce, et si plus tard elle accorda quelque chose de plus, c'est avec une répugnance visible, et parce que la Russie et la France avaient fini par se mettre d'accord.

Si l'Angleterre est peu favorable à la puissance de la Grèce, l'est-elle du moins à sa liberté? Oui, quand le gouvernement résiste à son influence; non, quand il s'y soumet. Ainsi, sous Capo-d'Istrias, à l'époque où l'influence russe était dominante, l'Angleterre s'unit à la France pour protester contre la tyrannie du président et pour réclamer une constitution; mais au comte Capo-d'Istrias succéda M. d'Armansperg, dont l'Angleterre disposait. On vit alors à Nauplie, en 1834, M. Dawkins, chargé d'affaires anglais, déclarer nettement à un envoyé français qu'une constitution ne valait rien pour la Grèce, et que, pendant long-temps encore, ce pays devait être gouverné par le corps diplomatique. On vit à la même époque lord Palmerston dénoncer à Vienne M. le duc de Broglie, qui, selon lui, faisait acte de folie en demandant, pour une nation si peu digne de la liberté, des institutions constitutionnelles. Il est vrai qu'après la chute de M. d'Armansperg le langage de l'Angleterre changea de nouveau, et que les idées constitutionnelles reprirent faveur auprès d'elle; mais, ainsi que l'avouait encore naïvement M. Dawkins en 1834, ces idées étaient tout simplement une arme excellente pour combattre l'influence de la Russie. Il convenait donc, selon les circonstances, de se servir de cette arme ou de la laisser dans le fourreau.

Encore une fois, s'il est en Grèce quelque chose d'inexplicable,

c'est l'existence d'un parti anglais. Ce parti pourtant existe si bien,
qu'en 1825 il fut un moment maitre du terrrain, et que, sur la proposition de Maurocordato, le conseil exécutif implora le protectorat
de l'Angleterre. La part glorieuse que prit lord Byron à la délivrance
de la Grèce et sa mort à Missolonghi, les services très réels que rendirent à la cause de l'indépendance quelques Anglais éminens, le général Church notamment et lord Cochrane, l'habileté et l'activité des
agens britanniques, les relations enfin qui s'établirent entre ces agens
et quelques-uns des chefs de la lutte, voilà, ce me semble, ce qui, de
1821 à 1824, donna naissance au parti anglais. Depuis lors, il s'est
maintenu par habitude, mais sans prendre nulle part racine dans le
pays. En réalité, le parti anglais, c'est un petit groupe d'hommes distingués dont plusieurs ont habité Londres, et que le ministre d'Angleterre soutient envers et contre tous. Le premier de ces hommes
est, sans contredit, M. Maurocordato, dont ses adversaires eux-mêmes
reconnaissent le talent, le désintéressement et les grands services. Il
fut un temps, au début de la lutte, où M. Maurocordato et M. Coletti
marchaient parfaitement d'accord. Ils commencèrent à se diviser le
jour où il fut question d'offrir la couronne de Grèce à un des fils du
duc d'Orléans. M. Coletti appuyait cette combinaison, M. Maurocordato la repoussait, et chacun dès-lors suivit sa tendance, l'un vers la
France, l'autre vers l'Angleterre.

Tout cela bien expliqué, il faut dire en quelques mots ce que fut
de 1835 à 1843 le gouvernement bavarois.

En 1822, l'assemblée d'Épidaure avait donné à la Grèce une constitution provisoire, et partagé le pouvoir entre deux corps électifs :
le sénat législatif et le conseil exécutif, chacun pourvu de ses attributions spéciales, mais ayant l'un sur l'autre une sorte de *veto*.
L'assemblée d'Astros confirma plus tard cette constitution, tout en la
modifiant; mais en 1827, l'assemblée de Trézène établit l'existence
de trois pouvoirs distincts : le pouvoir législatif, exercé par le sénat;
le pouvoir exécutif, confié à un président; le pouvoir judiciaire, dévolu
à des tribunaux indépendans. On sait que le président Capo-d'Istrias
tint peu de compte de cette constitution nouvelle. En droit, elle n'en
continua pas moins d'exister pendant sa vie, et, après sa mort, la
Grèce entière parut s'y rallier. Cependant les trois cours de Russie,
de France et d'Angleterre décidèrent qu'un roi serait donné à la
Grèce, et choisirent un prince bavarois. La constitution de Trézène
devait dès-lors subir d'importantes modifications, et en 1833, l'assemblée nationale réunie à Prania allait s'en occuper, quand les ré-

sidens des trois cours demandèrent que l'assemblée ne précipitât rien, et attendit le roi nouveau : l'assemblée déféra à cette invitation, et il resta convenu qu'aussitôt après l'arrivée du roi, la constitution se ferait en commun.

Le gouvernement bavarois avait donc pris l'engagement de réviser, d'accord avec l'assemblée nationale, la constitution de Trézène. C'était l'avis des deux régens, MM. Maurer et d'Abell, soutenus par la France, par Coletti, et par tout le parti constitutionnel. Cependant M. d'Armansperg, soutenu par l'Angleterre, par la Russie, par l'Autriche, par la Prusse, se déclara pour l'opinion contraire, et ce fut lui qui l'emporta. En 1837, au moment du mariage du roi, l'impopularité de M. d'Armansperg était d'ailleurs telle qu'il devint nécessaire de le congédier; mais il fut remplacé par M. de Rudhart, Bavarois comme lui, et qui n'avait pas plus de goût pour les constitutions représentatives. L'unique différence était que l'influence russe régnait à Athènes sous M. de Rudhart, comme l'influence anglaise sous M. d'Armansperg. A son tour, M. de Rudhart tomba, un ministère purement grec fut constitué, et la Grèce put croire qu'à défaut de constitution, elle venait au moins de conquérir une administration nationale. C'était encore une illusion. D'après l'organisation nouvelle, il y avait bien sept Grecs qui portaient le nom de ministres et qui venaient chaque jour prendre les ordres du roi ; mais à côté, au-dessus de ces prétendus ministres, un petit conseil privé, où les Bavarois étaient en majorité, conservait, sous l'œil du roi, la direction réelle des affaires. C'est ce conseil, ou, pour mieux dire, cette camarilla qui préparait les projets de loi et qui aidait le roi à distribuer les fonctions publiques.

Une autocratie d'antichambre au lieu de gouvernement représentatif, voilà donc, en définitive, ce que la Grèce devait au traité de 1832. Mais cette autocratie, pendant les cinq ans qu'elle a régné, a-t-elle au moins fait quelques efforts heureux pour l'amélioration morale ou matérielle du pays? Pas le moins du monde. Sous M. de Maurer, le gouvernement civil avait été organisé, l'administration judiciaire établie, l'église grecque séparée de l'église de Constantinople et déclarée indépendante, le système municipal régularisé et consolidé, la liberté de la presse reconnue. Sous M. d'Armansperg, quelques tentatives avaient été faites pour organiser une armée régulière, pour mettre un peu d'ordre dans les finances, pour rendre les terres incultes à la culture. Sous M. de Rudhart, les conseils provinciaux avaient été mis en activité. Sous la camarilla, il ne fut

pas pris une mesure utile au pays, et non-seulement le gouvernement ne faisait rien, mais il empêchait de faire. Quelques communes, par exemple, sentant le besoin d'améliorer leurs communications, s'unissaient-elles pour construire une route à leurs frais, le
gouvernement ajournait indéfiniment le tracé, et frappait ainsi d'impuissance la bonne volonté des communes. En revanche, les Bavarois
et ceux des Grecs qui consentaient à se faire leurs complices recevaient chaque jour des dotations, des décorations, des récompenses
de toute sorte. Et pendant ce temps le dernier centime de l'emprunt
se dépensait sans que le pays en tirât le plus léger profit.

Il n'est certes pas étonnant que contre un pareil gouvernement des
mécontentemens nombreux aient souvent protesté, et qu'ils se soient
quelquefois traduits en insurrections partielles. Ainsi, en 1838, il y
eut une révolte en Messénie, et une autre dans le Magne en 1839;
mais ces mécontentemens isolés et divergens n'auraient peut-être
abouti à aucun résultat, si la Russie ne se fût chargée de les régulariser et de leur donner un lien commun. Je touche ici à un des points
les plus curieux de l'histoire de ces dernières années, à un de ceux
qu'il faut absolument connaître pour se faire une idée juste de la dernière révolution.

Une des forces de la Russie en Grèce, la principale peut-être, c'est,
je l'ai déjà dit, la communauté de religion. Il y a en Grèce quelques
catholiques, mais peu nombreux, et dont la présence ne fait que raviver, parmi ceux qui appartiennent au culte dominant, la ferveur
orthodoxe. Quand, en 1830, l'église grecque rompit définitivement
avec le patriarche de Constantinople et se déclara indépendante, ce
fut pour l'influence russe un affaiblissement notable. Néanmoins, s'il
y avait désormais deux branches, l'arbre restait le même. Or, on le
sait, le roi des Grecs est catholique, la reine est protestante, de sorte
que, par une anomalie singulière, des trois grands cultes chrétiens,
le culte national est le seul qui ne soit pas représenté sur le trône.
La Russie comprit facilement qu'il y avait là pour elle un puissant
moyen d'action, et ce moyen, elle résolut de s'en servir. En 1833, elle
réorganisa donc sous un nouveau nom, celui de *Société philorthodoxe*, les anciennes hétairies des *Amis* et du *Phénix*. De plus, elle mit
cette société en rapport avec les associations analogues qui existaient
déjà dans plusieurs provinces de la Turquie, notamment en Epire,
en Thessalie, en Macédoine. Délivrer la Grèce indépendante d'un prince
hétérodoxe, affranchir la Grèce turque de la domination musulmane,
réunir les deux églises et fonder un grand état sous la protection de

la Russie, tel était le but du complot, dans lequel un des ministres, M. Glarakis, se trouvait engagé.

Beaucoup de personnes pensent que si le complot eût éclaté, il eût, comme celui de 1843, tourné en faveur de la Grèce indépendante et non de la Russie. Quoi qu'il en soit, il fut découvert, et l'arrestation du comte Capo-d'Istrias, qui en était l'âme, ainsi que la destitution de M. Glarakis, empêchèrent l'explosion. La *Société philorthodoxe* ne s'en maintint pas moins, et, sous la direction de la Russie, continua à remuer le pays. De son côté, l'Angleterre, qui, depuis la chute de M. d'Armansperg, s'était mise à la tête de l'opinion constitutionnelle, excitait et fomentait tous les mécontentemens, et des trois puissances protectrices, celle qui aime véritablement la Grèce, la France seule, n'agissait pas et ne disait rien.

Cependant le pays souffrait, la camarilla était plus odieuse chaque jour, l'état des finances s'aggravait; un changement de système devenait donc nécessaire, et forcé d'opter entre la Russie et l'Angleterre, entre le parti philorthodoxe et le parti constitutionnel, le roi se décida pour la puissance et pour le parti qui lui était le moins hostile. M. Maurocordato fut donc rappelé de Londres, où il était ambassadeur. M. Maurocordato quitta son ambassade, passa par Paris, où il vit M. Coletti, et arriva à Athènes pour être premier ministre. C'était une belle situation, et grace à l'absence de M. Coletti, grace à l'inaction de la France, M. Maurocordato pouvait facilement rallier autour de lui tous les vrais amis de l'indépendance et de la liberté de la Grèce; mais M. Maurocordato, mal conseillé, voulut gouverner dans un esprit exclusif, et ne tarda pas à s'aliéner le parti national en même temps qu'il se brouillait avec le roi. Il tomba donc bientôt, et fut remplacé par MM. Christidès, Chriseis, Rizo, Rally, membres de l'ancien parti français.

C'est, on le sait, sous ce dernier ministère que la révolution a eu lieu; et, il faut le reconnaître, par son incapacité, par son imprévoyance, ce ministère y a largement contribué. Bien vu du parti national, préféré par le roi, appuyé par la France, toléré par l'Angleterre, le parti russe seul lui était décidément hostile, et l'épreuve de 1840 prouvait au parti russe que le principe philorthodoxe ne suffisait pas pour soulever le pays. Mais d'une part les fautes du ministère ne tardèrent pas à créer dans toutes les classes et dans tous les partis un mécontentement dont le parti russe s'empara habilement; de l'autre, la France et l'Angleterre s'entendirent pour lui mettre entre les mains une arme toute nouvelle.

14.

Jusqu'alors, soit ensemble, soit alternativement, la France et l'Angleterre avaient soutenu le parti constitutionnel, et demandé pour la Grèce le gouvernement représentatif. Tel était encore l'état des choses quand, à la fin de 1841, M. Guizot imagina d'adresser aux autres cours européennes une longue dépêche dans laquelle, en examinant la situation matérielle et morale de la Grèce, il se prononçait en faveur de quelques institutions administratives et contre une constitution représentative. Les tories alors venaient de prendre le pouvoir en Angleterre, et M. Guizot n'eut pas beaucoup de peine à leur faire adopter son avis. Pour la première fois depuis 1832, la France et l'Angleterre paraissaient donc marcher d'accord à Athènes, mais aux dépens du principe constitutionnel.

Que fit alors le parti russe? Il alla trouver le parti constitutionnel, et lui proposa de s'unir, non plus pour opérer la fusion des deux églises, mais pour délivrer la Grèce du despotisme bavarois et pour lui donner une constitution. En d'autres temps, le parti constitutionnel se serait méfié d'une telle proposition; mais si étrangement, si inopinément abandonné de ses défenseurs habituels, il accueillit avec joie les nouveaux alliés qui s'offraient. Tout en laissant au parti russe la conduite de la conspiration, il lui promit donc son concours, et se tint prêt à tenir sa promesse.

Les bornes de cet écrit ne me permettent pas de raconter les incidens singuliers, les péripéties bizarres qui signalèrent la révolution de septembre; mais j'en dois indiquer les résultats principaux. Voici, à la veille de ce grand mouvement, quelle était la situation exacte du gouvernement et des divers partis. Endormis dans la plus entière sécurité, les ministres et les favoris n'avaient qu'une pensée, celle d'échapper aux réclamations chaque jour plus pressantes des trois puissances garantes de l'emprunt, et de conclure avec elles un arrangement tel quel. De ces trois puissances, deux, l'Angleterre et la France, se montraient assez conciliantes, tandis que, par un manifeste public, la troisième dénonçait en quelque sorte à l'Europe et à la Grèce elle-même l'incurie du gouvernement bavarois. Pendant ce temps, assuré de l'appui du parti constitutionnel, le parti russe organisait le mouvement et fixait d'avance le jour où il devait éclater. Le ministre de Russie, M. Katakasy, en connaissait-il toute la portée? on le croit généralement sans pouvoir en donner la preuve. Ce qu'il y a de certain, c'est que le complot se tramait sous ses yeux et par ses meilleurs amis, le prince Soutzo, M. Zographos, M. Metaxas, le colonel Kalergi.

On sait comment les choses se passèrent. A un signal donné, la population et les troupes, conduites par Kalergi, se portèrent sur la place du palais, crièrent « vive la constitution ! » et signifièrent au roi qu'il eût à se rendre au vœu unanime du pays. Pendant ce temps, le conseil d'état se rassemblait, et rédigeait les décrets qui devaient consacrer la révolution; mais, bien que la conspiration fût maitresse de la majorité du conseil, c'est ici que, dans son sein même, il éclata une division qui pouvait tout perdre. Ce que voulait le parti constitutionnel, c'était simplement délivrer la Grèce des Bavarois, et transformer la monarchie absolue en monarchie représentative. Pour ce parti, l'expulsion ou l'abdication du roi Othon eût été un grand malheur. Une fraction du parti russe était dans des dispositions toutes différentes; ce qu'il fallait à celle-ci, c'est que le roi Othon lui-même fût emporté dans la tempête, et que sa succession devînt vacante. Heureusement M. Metaxas et le colonel Kalergi refusèrent d'aller jusque-là, et le parti constitutionnel l'emporta. La fraction purement russe obtint pourtant quelques concessions qui pouvaient la conduire au but. Ainsi ce fut elle qui, ajoutant l'humiliation à la défaite, voulut que la royauté adressât des remerciemens publics à ceux qui l'avaient surprise et vaincue. La fraction purement russe espérait que le roi quitterait la Grèce plutôt que de subir un tel affront, et il fut en effet sur le point de le faire; mais les ministres de France et d'Angleterre, intervenant à temps, lui conseillèrent encore ce sacrifice. Le roi céda donc, et Kalergi se retira, laissant l'assemblée nationale convoquée, les Bavarois renvoyés, et M. Metaxas président du nouveau cabinet. Il est inutile de rappeler avec quel enthousiasme unanime cet événement fut accueilli d'un bout à l'autre de la Grèce.

Ainsi, par une anomalie singulière, la cause constitutionnelle venait de triompher en Grèce au moment même où la France et l'Angleterre s'étaient entendues pour l'abandonner. Il faut néanmoins rendre justice aux ministres de France et d'Angleterre, qui en prirent bravement leur parti, et qui, sans attendre les instructions de leurs cours, s'associèrent pleinement et sans réserve à la révolution. Il en fut autrement de la légation et du parti purement russe, qui commencèrent à craindre que la journée ne fût pour eux une journée des dupes. Cependant la constitution restait à faire, les élections allaient avoir lieu, et peut-être, en s'y prenant bien, n'était-il pas encore impossible de renvoyer le roi Othon à Munich. A la grande surprise de ceux qui ne connaissent pas le fond des choses, le parti purement russe se mit donc à exciter dans le pays une fermentation ultra-démocratique. Selon ce parti, rien n'était fait, si on laissait au roi une ombre de pouvoir.

Cependant les élections eurent lieu au milieu du désordre inséparable d'une révolution, en vertu d'une vieille loi électorale dont l'application était pleine de difficultés et de doutes. Malgré le bon esprit
du pays, il était inévitable que, faisant appel ici aux vieux souvenirs
et aux passions religieuses, là aux intérêts nouveaux et aux passions
démocratiques, le parti russe obtînt de notables succès. En ne consultant que les classifications anciennes, sur les deux cent trente-cinq
membres dont se composait le congrès national, ce parti avait une
majorité de quelques voix, majorité qui pouvait s'accroître de tous
ceux qui, dans les autres partis, penchaient vers les idées démocratiques. Mais outre que le parti russe avait cessé d'être homogène, il
survint deux événemens graves qui, momentanément du moins, le mirent hors de combat : l'un de ces événemens est le rappel si brusque,
si violent, de M Katakasy; l'autre, la coalition qui se forma entre les
trois hommes les plus importans de la Grèce, MM. Coletti, Metaxas
et Maurocordato.

On s'est donné beaucoup de peine pour expliquer le rappel de
M. Katakasy; voici, si je suis bien informé, comment les choses se
passèrent. L'empereur Nicolas a peu de goût pour la royauté grecque;
mais il n'en a pas davantage pour les constitutions. Quand à Moscou,
loin de M. de Nesselrode, il apprit comment les choses avaient tourné
à Athènes: quand il sut que, sans renverser la royauté grecque, le
mouvement de septembre venait de créer sur les bords de la Méditerranée une constitution représentative; quand il vit à la tête du gouvernement nouveau les hommes sur lesquels il croyait pouvoir compter,
Metaxas notamment et Kalergi, peut-on s'étonner que l'empereur
Nicolas ait éprouvé une vive contrariété, qu'il ait été pris d'une violente colère? C'est dans ce premier mouvement qu'il s'empressa de
rappeler M. Katakasy, de congédier le frère de Kalergi, qui était à son
service, de témoigner enfin, par tous les moyens, sa désapprobation
et son mécontentement. C'était une faute grave sans doute, une faute
que n'aurait pas commise M. de Nesselrode : aussi l'empereur s'est-il
adouci depuis et a-t-il permis que son gouvernement rentrât dans la
lice; mais les premières chances étaient perdues, et rien ne répond
qu'il s'en présente bientôt d'aussi bonnes.

Quoi qu'il en soit, une telle conduite devait nécessairement déso-
rienter le parti russe. L'union de MM. Coletti, Maurocordato et Metaxas lui porta un coup plus rude encore. MM. Coletti et Maurocordato étaient l'un à Paris, l'autre à Constantinople, au moment de la
révolution, et peut-être n'avaient-ils pas vu avec beaucoup de plaisir
un mouvement combiné, conduit, exécuté par leurs anciens adver-

saires; mais MM. Coletti et Maurocordato ont l'un et l'autre des sentimens trop patriotiques, des idées trop libérales, pour qu'une mesquine jalousie les empêchât de s'associer au triomphe de l'indépendance grecque et de la liberté. Ils accoururent donc pour prendre place
au congrès, et, comme il arrive dans les grandes circonstances, les rivalités, les inimitiés, les dissidences partielles, se turent devant un intérêt supérieur. M. Coletti, malgré sa longue absence, restait le chef
reconnu du parti national, des Rouméliotes surtout et de ceux qui
avaient pris une part active à la guerre de l'indépendance. M. Maurocordato conservait la confiance d'une portion de la Grèce occidentale
et d'un groupe d'hommes distingués. M. Metaxas dirigeait la fraction
du parti russe qui demeurait fidèle à la cause nationale. L'union de
ces trois hommes semblait donc assurer, presque sans combat, le
triomphe des idées modérées Ce n'est pourtant pas sans une lutte
longue et difficile qu'elles finirent par prévaloir. L'intrigue russe, en
effet, trouva trop souvent pour alliés, d'une part, l'esprit étroit et
exclusif du Péloponèse, de l'autre, les intérêts de quelques chefs palikares qui, pour maintenir certaines existences irrégulières, votèrent
contre tout ce qui pouvait donner force et vie au pouvoir central. C'est
ainsi, par exemple, que, malgré un admirable discours de M. Coletti,
passa l'absurde décret des autochtones, ce décret qui, en excluant des
fonctions publiques tous ceux qui ne sont pas nés dans les limites de
la Grèce actuelle, ou qui n'y ont pas fait un long séjour, a le double
inconvénient de mécontenter profondément les Grecs du dehors et
d'enlever à l'état de bons et utiles services. Les constitutions d'Épidaure et de Trézène avaient fait précisément le contraire. Les senti-
timens de fraternité qui doivent lier entre eux tous les Grecs, le
souvenir des luttes passées, la pensée des luttes futures, tout devait
engager l'assemblée de 1843 à suivre ce noble exemple. Malheureusement les jalousies péloponésiennes et les calculs russes coalisés l'em-
portèrent, au grand regret de tous les hommes prévoyans et de tous
les vrais patriotes.

En faisant voter l'article 40 de la constitution, celui qui stipule que
« tout successeur au trône de Grèce doit nécessairement professer la
religion de l'église orientale orthodoxe du Christ, » le parti russe
obtint un avantage plus important; mais cette fois il s'appuyait sur le
sentiment général du pays, et l'assemblée tout entière fit cause commune avec lui. Si le roi n'a point d'enfans, il n'en résulte pas moins,
pour le jour de sa mort, un embarras sérieux : d'une part le traité de
1832, qui assure la couronne de Grèce au roi Othon et à ses héritiers

directs ou collatéraux ; de l'autre, la constitution de 1843, qui exclut ces derniers, à moins d'abjuration. Et c'est en vain que la diplomatie espérerait faire revenir la Grèce sur sa détermination : bonne ou mauvaise, cette détermination est irrévocable, et, le cas advenant, il faut que la diplomatie se prépare à en subir toutes les conséquences.

La constitution grecque est d'ailleurs jetée dans le moule habituel et ressemble beaucoup à la nôtre. Un roi irresponsable, qui nomme et révoque les ministres, une chambre des députés élective et temporaire, un sénat à vie choisi par le roi, d'après certaines catégories, voilà les élémens qui, à Athènes comme à Paris, constituent la puissance législative. Quant aux principes généraux, aussi bien qu'aux garanties politiques et civiles, il n'y a presque aucune différence. Et cependant, il faut le dire à l'honneur de la Grèce, ce n'est pas de confiance et par un vote irréfléchi que le congrès national accepta cette constitution. Pour une assemblée où se rencontraient tant de races, tant de traditions, tant d'idées et de mœurs diverses; où à côté du diplomate fanariote et du négociant des îles siégeaient le rude primat du Péloponèse, le vieux palikare rouméliote, sa peau de mouton sur l'épaule, ses pistolets à la ceinture ; où enfin les habitudes parlementaires se confondaient avec celles de la guerre étrangère et de la guerre civile, il y avait deux dangers à craindre, deux écueils à redouter : l'un, que la discussion ne fût promptement étouffée; l'autre, qu'elle ne dégénérât bientôt en violences et en rixes. Eh bien! ces deux dangers, ces deux écueils ont été également évités. Pas un article important de la constitution qui n'ait donné lieu à une discussion sérieuse et approfondie; pas un membre, lettré ou illettré, qui, pour dire son avis, n'ait trouvé des paroles simples, claires, quelquefois éloquentes; d'un autre côté, pas un débat qui soit sorti des bornes de la convenance et de la modération. Quand je suis arrivé à Athènes, le congrès venait de terminer ses séances, et je l'ai vivement regretté, car ce devait être un noble et grand spectacle, un spectacle fait pour réjouir ceux qui croient à l'avenir de la Grèce constitutionnelle.

La constitution pourtant ne s'était pas faite, la crise n'avait pas été traversée sans quelques incidens qui modifièrent notablement la situation respective des partis. Le premier de ces incidens fut l'obligation où se trouva le cabinet d'accepter la démission d'un de ses membres, M. Rhiga-Palamidis, qui devint le chef de l'opposition démocratique. Le second et le plus fâcheux fut la dissolution du fameux triumvirat. Ainsi que je l'ai dit, oubliant d'anciens dissentimens,

MM. Metaxas, Coletti et Maurocordato s'étaient unis dans le but de faire une constitution raisonnable et de fonder un gouvernement régulier. MM. Coletti et Maurocordato, peut-être à tort, n'avaient pas voulu entrer dans le cabinet; mais, comme députés, comme vice-présidens, ils donnaient à M. Metaxas l'appui le plus sincère et le plus efficace. Cependant, par un contraste singulier, tandis que MM. Coletti et Maurocordato, restant fidèles au pacte, soutenaient et faisaient passer les mesures ministérielles, ces mesures commençaient à trouver un adversaire dans M. Metaxas, premier ministre. Au bout d'un certain temps, M. Metaxas se trouva donc en dissentiment avec MM. Coletti et Maurocordato, avec une portion de ses collègues, avec la majorité de l'assemblée. Une telle situation n'était pas tenable, et M. Metaxas dut, comme M. Rhiga-Palamidis, donner sa démission. Ce changement, dans la situation, dans les opinions de M. Metaxas, résultait-il de quelque grief inconnu, ou bien cédait-il sans s'en apercevoir à l'influence de la légation russe et de ses anciens amis? il est difficile de le dire. Quelle qu'en fût la cause, sa retraite, en brisant le faisceau qui jusqu'alors avait uni dans une pensée, dans une action commune les hommes les plus éminens des trois partis, était un événement considérable et un échec sérieux. On sait que la plupart des collègues de M. Metaxas, notamment M. Loudos, restèrent au pouvoir, et que le vieux et illustre Kanaris consentit à se laisser investir provisoirement de la présidence du conseil. Il se retira, avec tout le ministère, le jour où la constitution, acceptée par le roi, put être définitivement proclamée.

Voici quelle était à cette époque la position des partis. Le parti russe, reconstitué et dirigé par M. Zographos, continuait à exploiter habilement les sentimens religieux et politiques qui ont fait la dernière révolution, et ce parti exerçait ainsi sur le pays une assez grande influence. En même temps l'opposition démocratique, recrutée surtout parmi les Péloponésiens, s'agitait de plus en plus, et troublait l'ordre sur plusieurs points du pays. Dans cette situation, la solution la plus raisonnable, la plus naturelle, était sans contredit celle par laquelle MM. Coletti et Maurocordato devenaient ensemble membres d'un nouveau cabinet. Tout, à vrai dire, semblait rendre cette solution désirable et facile : le besoin d'opposer au parti russe et au parti démocratique coalisés toutes les forces réunies du parti constitutionnel modéré, l'entente cordiale qui, pendant toute la durée du congrès, n'avait cessé de régner entre les deux hommes d'état dont il s'agit, la nécessité enfin de représenter au pouvoir, dans ce qu'ils ont de plus tranché, les divers élémens dont se compose en Grèce la majorité nationale. En France, que nous appartenions à la gauche, au centre gauche ou au centre, nous avons tous même origine, mêmes habitudes, mêmes intérêts généraux. Ce sont seulement nos opinions qui diffèrent, et quand, dans la formation d'un cabinet, satisfaction est donnée aux opinions de la majorité, cela suffit parfaitement. En Grèce, il en est autrement, et l'on ne peut faire un pas sans s'en apercevoir. On ne peut faire un pas en effet sans rencontrer côte à côte deux espèces d'hommes qui semblent n'avoir entre elles rien de commun, l'une qui ressemble de tout point aux habitans de l'Europe occidentale, l'autre chez laquelle le caractère oriental est encore profondément empreint. Au congrès, dans les maisons particulières, dans les rues, partout ce contraste vous poursuit; mais nulle part peut-être il n'est plus frappant que chez les deux chefs du parti national et constitutionnel. Allez voir le premier, et dans un modeste cabinet de travail vous trouvez assis à son bureau un homme d'une figure fine et spirituelle, mais que sa redingote noire et ses lunettes feraient prendre volontiers pour un membre de la chambre des députés ou de la chambre des communes. Entrez chez le second, et après avoir traversé une haie de palikares, les uns assis, les autres couchés le long de l'escalier, vous ouvrez la porte d'un salon où le maître de la maison, assis sur un sopha, dans le riche costume albanais, donne audience à une vingtaine de vieux soldats rouméliotes, armés de pied en cap, et dont l'attitude grave et respectueuse indique assez la confiance qu'ils mettent dans leur chef.

Je demande pardon à MM. Maurocordato et Coletti de les saisir en déshabillé; mais, à mon sens, il s'agit ici de toute autre chose que d'un contraste pittoresque. Il s'agit d'une différence dont une saine politique doit nécessairement tenir compte. Il y a en Grèce des Hellènes et des Albanais, il y a des autochtones et des hétérochtones, il y a des Péloponésiens, des Rouméliotes, des insulaires, il y a des Russes, des Anglais, des Français; mais, en outre de tous ces partis, il y a celui des habits noirs et celui des fustanelles. A mesure que le temps s'écoule, que la civilisation moderne se répand, que le gouvernement se régularise, le parti des fustanelles tend sans doute à diminuer, et l'on peut prévoir l'époque où il aura presque entièrement disparu. En attendant, il existe et se compose des hommes qui ont le plus énergiquement, le plus efficacement concouru à la délivrance de la Grèce. Il y aurait à vouloir les tenir en dehors du gouvernement autant d'imprudence que d'ingratitude.

Représentans dans le congrès des deux fractions les plus importantes de l'opinion constitutionnelle, MM. Maurocordato et Coletti avaient constamment combattu pour les mêmes principes, défendu les mêmes mesures. En s'unissant, ils confondaient en un seul deux des trois partis qui divisent la Grèce, et se trouvaient ainsi parfaitement en mesure de résister au troisième; enfin, à tous égards, ils se complétaient l'un par l'autre. Rien donc ne semblait s'opposer à ce qu'ils devinssent collègues; tous deux affirment qu'ils le désiraient; cependant, après de longues et vaines tentatives, la combinaison échoua. Il serait inutile aujourd'hui de rechercher à qui la faute en doit être attribuée. Peut-être à l'un et à l'autre, peut-être aussi à aucun des deux. Ce n'est pas la première fois, on le sait, que de pareilles choses se passent dans le monde, et qu'une coalition meurt au sein de la victoire. C'est que dans leurs antécédens, dans leurs engagemens personnels, les hommes politiques trouvent souvent des chaînes qu'ils n'osent ou ne peuvent briser; c'est qu'il est quelquefois plus facile d'accorder les opinions que les situations, de faire marcher ensemble les généraux que les officiers. Quoi qu'il en soit, MM. Maurocordato et Coletti ne s'entendirent pas, et M. Maurocordato, avec M. Tricoupi, son ami, composa un cabinet d'une seule nuance, un cabinet d'où l'élément palikare était entièrement exclu. Seulement, M. Loudos de Patras et M. Rhodius, qui passaient pour avoir appartenu à l'ancien parti russe, trouvèrent place dans ce cabinet.

Naturellement la légation russe devait être ennemie de ce cabinet; la légation anglaise devait le soutenir. La situation de la légation française était plus difficile. Pendant toute la durée du congrès, de même que MM. Coletti et Maurocordato, le ministre de France et le ministre d'Angleterre avaient marché parfaitement d'accord. Il est même vrai de dire que par son dévouement connu à la cause de l'indépendance, par ses relations personnelles avec beaucoup des anciens combattans, M. Piscatory avait pu et dû exercer une influence toute particulière. Néanmoins le ministère ne comprenait pas un seul membre de l'ancien parti français. S'il appuyait un tel ministère, M. Piscatory ne serait-il pas accusé en France et en Grèce d'abandonner son drapeau et de se mettre à la remorque de l'Angleterre? Le danger était réel, presque inévitable; mais M. Piscatory, par de fortes raisons, se détermina à le braver. M. Piscatory est de ceux qui pensent qu'il est temps de sortir du cadre étroit des anciennes classifications et de réunir tous ceux qui veulent que la Grèce soit indépendante et libre; il est de ceux qui pensent que l'ancien parti anglais et l'ancien parti russe comptent dans leurs rangs d'excellens citoyens tout prêts à se rallier au parti national; il est de ceux qui pensent qu'une telle fusion est désirable pour la France comme pour la Grèce, et qu'on ne doit pas s'en laisser détourner par de petites jalousies et par de vaines susceptibilités. Or, en arrivant au ministère, M. Maurocordato et ses collègues protestaient fortement que tel était leur programme, et que telle serait leur conduite. Tout en regrettant l'exclusion ou l'abstention de M. Coletti, M. Piscatory promit donc à M. Maurocordato son appui sincère et persévérant. M. Coletti, de son côté, annonça qu'il voterait pour M. Maurocordato, et qu'il engagerait ses amis à faire comme lui.

C'est à ce moment (à la fin d'avril) que j'arrivais à Athènes. Bien qu'établi sur une base trop étroite, le ministère paraissait alors solide, et tout le monde, amis comme ennemis, lui promettait une assez longue durée. Un mois après, quand je suis parti, il n'est personne qui ne prévît sa chute prochaine. Deux mois plus tard enfin, il est tombé devant la réprobation générale, et c'est tout au plus si sa retraite le sauvera d'un acte d'accusation. D'où vient un changement si complet et si prompt?

Il est juste de reconnaître que le premier ministère constitutionnel, quel qu'il fût, devait rencontrer d'assez grandes difficultés. L'administration, les finances, l'armée, tout en Grèce est à refaire. La propriété elle-même dans ce pays n'a rien de certain, et l'agriculture n'est guère plus avancée que l'industrie. Il résulte de là, chez la plupart des Grecs, un amour démesuré des fonctions publiques, bien que ces fonctions soient peu rétribuées. A peine installés, les ministres nouveaux devaient donc être assaillis de prétentions auxquelles ils ne pouvaient donner satisfaction. J'ai vu, par exemple, entre les mains d'un ministre, une liste numérotée de quarante places qu'un seul individu sollicitait presque à titre de droit pour ses amis, pour ses parens, pour lui-même. Il était certes difficile de contenter cet individu, et de l'empêcher d'aller grossir les rangs de l'opposition.

Les élections d'ailleurs étaient à la veille de se faire en vertu d'une loi qui établit en quelque sorte le suffrage universel. Il fallait s'attendre que les partis vaincus dans le congrès, le parti russe notamment et le parti démocratique, chercheraient à prendre là une éclatante revanche. Il fallait s'attendre aussi que, dans certaines provinces plus turbulentes que les autres, au milieu d'une population toujours armée, cette grande crise ne se passerait pas sans quelques désordres

fâcheux. Enfin, le nombre des députés, qui était de deux cent trente-
cinq au congrès, se trouvant réduit à cent vingt-cinq, il n'était pas
aisé de choisir entre les candidats, surtout quand les uns et les autres appartenaient à l'ancienne majorité, sans être positivement de
la même nuance.

Que ces difficultés et d'autres encore fussent sérieuses, cela est
vrai; ce qui est vrai aussi, c'est que l'opinion publique en tenait
compte au cabinet; ce qui est vrai, c'est que la crainte des nappistes
et des démocrates tendait à effacer de plus en plus toutes distinctions
arbitraires et factices; ce qui est vrai, c'est qu'il ne paraissait pas
impossible de rapprocher définitivement MM. Coletti et Maurocordato, et de former ainsi sur les ruines des anciens partis un vaste
parti constitutionnel : mais pour atteindre ce résultat, il était indispensable que le cabinet fût ferme et prévoyant dans ses actes, large
et équitable dans ses choix; il était indispensable surtout que, dans la
lutte électorale qui s'ouvrait, il ne se montrât ni exclusif ni violent :
or le cabinet fit précisément tout le contraire.

En France, on s'est surtout préoccupé de quelques désordres qui
ont eu lieu en Messénie, en Laconie, ailleurs encore, au moment des
élections. Je le répète, dans un pays si long-temps en proie à la
guerre civile, au milieu d'une population armée et toujours prête à
vider ses différends le fusil à la main, ces désordres étaient inévitables et ne prouvent absolument rien. Ce qui est bien plus fâcheux,
bien plus funeste, c'est la corruption effrénée dont le ministère lui-
même a donné le honteux signal. Il y a en Grèce une décoration
destinée à récompenser les hommes de la lutte, et qui, avant les dernières élections, avait encore une certaine valeur. Je connais tel candidat ministériel à qui cinq à six cents brevets de cette décoration
ont été donnés en blanc, afin qu'il les distribuât aux électeurs qui
voteraient pour lui. Une fois qu'on s'est engagé dans une telle voie,
il est d'ailleurs presque impossible de s'arrêter. Le ministère commença donc par la corruption; puis, comme il vit que ce moyen ne
suffisait pas, il ne tarda pas à y joindre l'illégalité flagrante et l'intimidation. Dans plusieurs villages, la gendarmerie fut appelée au
secours des électeurs fidèles, et reçut l'ordre d'agir énergiquement
contre les électeurs récalcitrans; dans d'autres, les urnes du scrutin
furent enlevées pendant la nuit, ouvertes et faussées. Le cabinet
enfin se vit forcé de destituer un de ses membres, M. Loudos de
Patras, ministre de la justice, pour empêcher la publication d'une

lettre où il recommandait nettement aux fonctionnaires civils et militaires d'assurer au besoin son élection « à l'aide du sabre et du bâton. ».

A qui faut-il attribuer de tels actes? J'ai peine à croire, quant à moi, que ce soit à M. Maurocordato, vrai patriote, homme d'esprit et d'honneur. Quoi qu'il en soit, ces actes paraissent malheureusement aussi certains qu'ils sont blâmables. Voici maintenant à quoi ils ont abouti. De toutes parts, il s'est élevé en Grèce un cri d'indignation, un cri de colère contre les auteurs, contre les conseillers de tant d'intrigues et de violences. Plusieurs des ministres députés, M. Rhodius, M. Loudos, ont échoué, et à Missolonghi, siége principal de l'ancien parti anglais, M. Maurocordato n'a pu se faire réélire. A Athènes enfin, Kalergi lui-même, Kalergi, naguère si populaire, a succombé sous l'appui ministériel. Pour qu'à la première épreuve les institutions libres de la Grèce résistent à une telle attaque et en sortent victorieuses, il faut certes qu'elles aient en elles-mêmes une rare vitalité.

Que faisaient pendant ce temps les légations de France et d'Angleterre? La légation de France était loin d'approuver la conduite du cabinet; mais, selon elle, à la majorité parlementaire seule il appartenait de le juger et de le condamner, s'il y avait lieu. La légation de France ne voulait pas d'ailleurs manquer à l'engagement qu'elle avait pris, et elle se tenait dans une complète réserve. Dans une occasion grave pourtant, elle prouva qu'elle n'était point disposée à suivre le ministère et ses conseillers partout où il leur plairait de la conduire. Un des chefs palikares les plus célèbres et les plus violens, le général Grivas, avait levé l'étendard de l'insurrection dans l'Acarnanie. Comme cette affaire traînait en longueur et inquiétait le gouvernement, un des aides de camp du roi, le général Tzavellas, fut envoyé d'Athènes sur le bateau à vapeur français le Papin, pour obtenir la soumission de Grivas. Il y réussit, et Grivas, après avoir congédié ses palikares, s'embarqua à bord du Papin, sous la protection de notre pavillon. Délivrés de tout souci, les ministres imaginèrent alors de demander qu'il leur fût livré; est-il nécessaire de dire que cette demande fut accueillie par la légation française comme elle méritait de l'être?

Quant à la légation anglaise, il faut bien l'avouer, c'est elle que l'opinion publique en Grèce rend responsable de toutes les fautes, de toutes les illégalités, de toutes les violences que le dernier ministère a commises. Aussi exclusive qu'intolérante, la légation anglaise, à ce qu'on assure, ne veut souffrir ni qu'une influence quelconque rivalise avec la sienne, ni que le ministère qu'elle protège ait une pensée, une conduite qui lui soit propre. De plus, quand elle sent que le pouvoir va lui échapper, elle ne recule, pour le retenir, devant aucun moyen. Que de tout temps et dans tout pays telle ait été la politique habituelle de l'Angleterre, il est impossible de le nier; ce dont on ne peut douter ici, c'est que le ministère n'appartînt exclusivement à l'ancien parti anglais, c'est que du commencement à la fin la légation anglaise n'ait protégé ce ministère ouvertement et chaudement, c'est enfin qu'elle n'ait témoigné de sa chute un extrême mécontentement. A-t-elle fait plus, et, comme l'opinion l'en accuse, est-ce elle en effet qui a conseillé au ministère les actes illégaux et violens qui l'ont perdu? j'aurais besoin d'en être certain pour le dire.

Il est un fait pour le moins aussi grave et qui peut jeter sur les projets et sur les menées de l'Angleterre en Grèce une assez vive lumière. Au mois de mai, la légation anglaise à Athènes n'avait qu'un mot d'ordre et qu'un cri : se méfier de la Russie et la combattre partout. C'est dans ce but que l'entente cordiale de la France et de l'Angleterre lui paraissait si salutaire, si utile, si indispensable. C'est dans ce but qu'il fallait oublier les vieilles jalousies, les rancunes surannées, les petites susceptibilités. C'est dans ce but qu'elle était prête, quant à elle, à appuyer un ministère Coletti, de même que la légation de France appuyait le ministère Maurocordato. Qu'est-il arrivé pourtant? Que le jour où le ministère Maurocordato lui a paru ébranlé, ce n'est point vers M. Coletti et le parti français qu'on s'est tourné, mais vers le parti russe et M. Metaxas; qu'ainsi sollicités, le parti russe et M. Metaxas sont naturellement redevenus les arbitres de la situation, les maîtres de porter le pouvoir là où il leur plaisait; qu'on a ainsi restauré de ses propres mains l'influence qu'on prétendait annuler, la force qu'on prétendait détruire. C'était bien la peine de prêcher contre cette influence et contre cette force une croisade universelle.

Ce ne serait pas, au surplus, la première fois qu'une tentative pareille aurait eu lieu, et peu de jours après la révolution de septembre, quand on craignait que M. Coletti ne devînt trop fort, il paraît certain qu'entre la légation anglaise et le parti russe quelques douces paroles s'étaient déjà échangées. Par malheur, au mois d'août 1844, plus encore qu'au mois de novembre 1843, le rapprochement offrait de grandes difficultés. La Russie venait en effet de retirer l'interdit qu'elle avait d'abord lancé contre le nouveau gouvernement, et ceux qui ont l'habitude de tourner les yeux vers elle se montraient peu

disposés à étayer un édifice à demi ruiné. Dans les élections, M. Metaxas et ses amis avaient en outre été le point de mire principal du
ministère, et il fallait une abnégation rare pour qu'ils se fissent soudainement ses associés. Si une transaction devenait possible, il leur
convenait beaucoup mieux qu'elle eût lieu d'un autre côté.

Au milieu de toutes ces agitations, de toutes ces intrigues, M. Coletti, de l'aveu général, restait l'homme essentiel. M. Coletti s'était
d'abord montré plus favorable qu'hostile au ministère, ce dont le
ministère l'avait récompensé en faisant partout une guerre osten-
sible ou secrète à ses amis; mais bientôt, à la vue de tant d'actes illégaux, violens, corrupteurs, M. Coletti était rentré sous sa tente, attendant pour reparaître dans la lice de meilleures circonstances. Je crois
être certain que son désir était de garder cette attitude jusqu'à la
réunion des chambres. Le ministère ne voulut pas l'y laisser, et lors
de la révolte de l'Acarnanie, ses affidés allèrent répétant partout que
M. Coletti était complice de Grivas. Enfin quelques clameurs anti-
ministérielles s'étant fait entendre à Athènes sous les fenêtres du roi,
le ministère, non content de les réprimer avec une violence inouie, accusa hautement M. Coletti d'en avoir été l'instigateur. C'était dépasser
toute mesure : aussi M. Coletti, prenant son parti, déclara-t-il enfin
qu'il se plaçait à la tête de l'opposition.

On sait comment la crise s'est terminée. Le scrutin était ouvert à
Athènes, et le peuple veillait jour et nuit sur les urnes, craignant
qu'elles ne fussent encore dérobées et faussées. On savait d'ailleurs
que le résultat était tout-à-fait favorable à l'opposition. C'est alors
qu'un des candidats ministériels, le général Kalergi, jugea convenable
d'entrer dans la salle du collége électoral à la tête de ses gendarmes.
Il en résulta une rixe où Kalergi ne fut pas vainqueur, et qui aurait
pu avoir les plus graves conséquences. Grace à l'heureuse intervention
du roi, le désordre extérieur se borna aux cris mille fois répétés de
« à bas le ministère! à bas les Anglais! vive la France! » Tout se calma
d'ailleurs dès qu'on apprit que la démission du ministère, plusieurs
fois offerte, avait été acceptée la veille par le roi, et que M. Coletti
était chargé de former un nouveau cabinet.

Pour compléter ce récit abrégé, mais exact, il est indispensable
de dire quelle fut la part du roi dans ces divers événemens. Arrivé
fort jeune en Grèce et entouré de conseillers bavarois, le roi, lorsque
la révolution éclata, n'était rien moins que populaire. L'opinion commença à se rapprocher de lui, quand on le vit, au lieu de combler les
vœux du parti russe par une abdication précipitée, accepter avec dou-

leur, mais non sans dignité, la situation nouvelle qui lui était faite. A dater de ce moment, la Grèce sentit que, si débile qu'elle pût être, la royauté créée par le traité de 1832 était pour elle un gage précieux, un gage unique d'indépendance et de sécurité. La Grèce sentit en un mot que, si cette royauté disparaissait, il y avait chance pour que le nouvel état grec disparût avec elle. La probité scrupuleuse du roi était d'ailleurs connue de tous, et personne ne doutait qu'il ne respectât strictement la constitution après l'avoir jurée. Il est juste de reconnaître que, malgré quelques fautes partielles, le roi constitutionnel de la Grèce n'a rien fait depuis un an pour démentir cette bonne opinion. Peut-être en mai 1843 eût-il préféré M. Coletti à M. Maurocordato; mais M. Maurocordato était le premier des vice-présidens de l'assemblée nationale, et ce fut lui qu'il appela. Pendant toute la durée du dernier ministère, il n'usa d'ailleurs de son action personnelle, il ne se servit de son veto que pour assurer la liberté des élections, et pour empêcher, autant qu'il était en lui, toute violence et toute illégalité. Son intention positive était enfin de ne pas changer le ministère avant la réunion du congrès, et d'investir de sa confiance ceux qui lui seraient désignés par la majorité. Ce sont là d'heureuses dispositions, c'est une conduite qui mérite l'estime et l'affection de la Grèce. Est-il permis d'ajouter que cette estime et cette affection paraissent également dues à la reine, princesse d'un caractère ferme, d'un esprit distingué, de sentimens élevés? La reine, dit-on, a ressenti vivement, amèrement, les événemens de 1843; mais ces événemens accomplis, elle a compris que, pour le roi comme pour elle, il n'y a qu'une conduite honorable et sûre, celle qui donne au parti national et constitutionnel pleine satisfaction.

M. Maurocordato hors de combat, une question grave restait à résoudre. M. Coletti devait-il former un ministère homogène en s'entourant seulement de ses amis? devait-il, tout en conservant l'influence principale, choisir quelques collègues dans les rangs opposés? devait-il faire un pas de plus et accepter l'alliance que M. Metaxas lui proposait? Le premier parti avait le grave inconvénient de donner à l'élément guerrier et rouméliote une influence exclusive, et de rejeter dans l'opposition des hommes dont le concours est nécessaire; le second était meilleur, mais d'une exécution difficile; le troisième, si l'on pouvait réellement compter sur M. Metaxas, réunissait plusieurs avantages, celui notamment d'en finir avec les vieilles classifications, et d'assurer au cabinet nouveau une forte majorité dans les chambres. Encore une fois, peu importe qu'on ait appartenu jadis au parti

anglais, au parti russe, au parti français, pourvu qu'on appartienne
aujourd'hui au parti grec, à celui qui veut sincèrement, fortement
l'indépendance et la liberté du pays, pourvu qu'on soit décidé à n'accepter dans aucun cas, à aucune condition la suprématie occulte ou
patente d'une puissance étrangère. M. Metaxas a-t-il décidément pris
cette bonne résolution? On avait pu le croire, lors de la révolution de
septembre, quand d'accord avec Kalergi, il arrêta le mouvement au
point juste où il cessait d'être national pour devenir russe. On avait
pu en douter, lorsque dans le congrès il se sépara de MM. Coletti et
Maurocordato pour reprendre ses anciennes allures. En se rapprochant aujourd'hui de M. Coletti, M. Metaxas paraissait se replacer sur
le terrain de septembre, et dès-lors il n'y avait aucune raison de repousser un homme considérable, distingué, et dont l'accession apporte
au gouvernement une force incontestable. C'est à ces considérations,
je le suppose, qu'a cédé M. Coletti. Quoi qu'il en soit, le 18 août un
nouveau cabinet a été constitué, dont voici la composition :

M. Coletti, président du conseil et ministre de l'intérieur, chargé
provisoirement des ministères de la maison royale, des affaires étrangères, de l'instruction publique et des affaires ecclésiastiques;

M. André Metaxas, ministre des finances, chargé provisoirement
du ministère de la marine;

M. le général Kitsos Tzavellas, ministre de la guerre;

M. Balbi, ministre de la justice.

MM. Coletti et Metaxas sont suffisamment connus. M. le général
Tzavellas est un des braves Souliotes qui se sont couverts de gloire
dans la guerre de l'indépendance. Il passe pour appartenir au parti
napiste. M. Balbi, qui n'est classé dans aucun parti, exerçait naguère
à Missolonghi la profession d'avocat; c'est lui qui a été nommé député
à la place de M. Maurocordato.

Jusqu'ici, je me suis borné à raconter le passé. Il faut maintenant
prévoir l'avenir, ce qui partout, mais surtout en Grèce, est hasardeux
et difficile. La première question qui se présente est naturellement
celle-ci : l'union de MM. Coletti et Metaxas peut-elle durer?

Sur ce point, je dois l'avouer, il y a, même parmi les hommes qui
connaissent le mieux la Grèce, des opinions fort diverses. Selon les
uns, pour réunir MM. Coletti et Metaxas, il n'a fallu rien moins que
la conduite absurde, violente, inconcevable du dernier cabinet. A mesure que le souvenir en sera moins vif et moins amer, le lien du
cabinet nouveau se relâchera et finira par se rompre tout-à-fait. Selon
les autres, l'expérience a appris à M. Metaxas, comme à M. Coletti, la

nécessité de l'union, et cette union est aujourd'hui sinon inébranlable, du moins assez solide pour qu'on puisse y compter. On comprend qu'entre des avis si divers il soit impossible de choisir, surtout quand on n'est pas sur les lieux. Au moment même où cet écrit paraîtra, la question d'ailleurs sera peut-être vidée. Il y a quatre portefeuilles vacans, et d'un commun accord on en a ajourné la distribution après la constitution de la chambre. Or, si la scission doit promptement éclater, ce sera probablement sur ce terrain. S'il était vrai, par exemple, que M. Metaxas, non content de demander le ministère de la marine pour l'illustre Canaris, demandât également le ministère des affaires étrangères pour M. Zographos ; s'il était vrai qu'il voulût ainsi s'entourer des membres les plus actifs du vieux parti russe, tout en isolant M. Coletti, alors on pourrait, presque à coup sûr, prédire une nouvelle crise. Or, les dernières nouvelles ne laissent pas les amis de la Grèce sans quelque inquiétude sur ce point.

Ce n'est pas tout, et il va se présenter dès le début de la session une difficulté d'une autre nature. Il existe malheureusement en Grèce une rivalité déplorable entre les autochtones et les hétérochtones, c'est-à-dire entre ceux qui sont nés sur le territoire actuel de la Grèce et ceux qui sont nés au dehors. Or, les Péloponésiens, qui sont à la tête du parti autochtone, se plaignent vivement, dit-on, que dans le ministère nouveau, sur quatre ministres, il n'y ait qu'un indigène, M. Balbi. M. Coletti est Épirote, M. Metaxas, Céphalonien, M. Tzavellas, Souliote. Les Péloponésiens demandent donc avec vivacité, avec menace, que les portefeuilles vacans soient distribués parmi eux, et il sera difficile de résister à leurs réclamations.

Enfin, en supposant que le ministère nouveau surmonte heureusement cette double difficulté, en supposant qu'il se complète sans rompre l'union de MM. Metaxas et Coletti, sans perdre l'appui des Péloponésiens, encore faudra-t-il, s'il veut vivre, qu'il résiste avec énergie, avec constance aux projets réacteurs de ses propres amis. Il y a trois mois, le parti napiste paraissait écrasé en Grèce; les fautes du dernier cabinet, l'union de MM. Metaxas et Coletti, ont relevé ce parti, et c'est avec une joie presque désespérée qu'il est revenu au pouvoir. Tous ses efforts tendent donc à provoquer contre le dernier ministère une réaction violente; à l'entendre, tout ami du dernier ministère doit être écarté de toute fonction publique; à l'entendre encore, M. Maurocordato et ses collègues ne sont pas assez punis par leur chute, et la chambre ne peut manquer de les mettre en accusation. Ce sont là de funestes projets, et qui, s'ils étaient écoutés, produiraient

15.

en Grèce et en Europe le plus fâcheux effet. M. Maurocordato a fait des fautes et toléré des actes déplorables, rien n'est plus certain; mais quel patriote en Grèce peut oublier ce que le pays lui doit? Pour ma part, je n'hésite pas à le dire, la mise en accusation d'un homme tel que M. Maurocordato serait le coup le plus fatal que pût recevoir en Grèce le régime constitutionnel. A la vue d'un acte pareil, il n'est pas un philhellène dans le monde qui ne détournât les yeux avec douleur et dégoût.

Il ne paraît d'ailleurs pas douteux que, soit dans le sénat nommé par M. Maurocordato et qui se compose, quant à présent, de vingt-sept membres seulement, soit dans la chambre des députés récemment élue, le ministère Coletti-Metaxas n'ait la majorité. Satisfaite de voir M. Metaxas au pouvoir, la portion saine du parti russe doit, selon toute apparence, lui prêter appui. D'un autre côté, il y a lieu d'espérer que, par ses relations antérieures, M. Coletti parviendra à rallier quelques chefs palikares dissidens et une fraction du parti démocratique. Dans le parti russe, comme dans le parti démocratique, il restera pourtant un noyau qui, dans des vues diverses, cherchera à troubler le pays, et ce noyau sera à peu près sûr de trouver à la légation russe, soutenue, comme d'habitude, par les légations autrichienne et prussienne, un appui ferme et constant. Quant au parti anglais, après sa mésaventure, il ne lui reste qu'une ressource, celle d'abjurer de funestes conseils, et de reprendre place dans le parti national; mais on peut craindre que d'une part le ressentiment d'une défaite récente, de l'autre l'influence exclusive à laquelle il s'est soumis, ne lui en laissent pas la faculté. Il est naturel que la légation anglaise, surtout si elle a joué le rôle qu'on lui prête, ne soit pas satisfaite de ce qui s'est passé. Reste à savoir si l'expérience sera suffisante, et si les hommes honorables qu'elle a, dit-on, compromis consentiront à la suivre jusqu'au bout.

Quoi qu'il en soit, on ne saurait trop le répéter, il n'y a eu, dans toute cette affaire, ni complot, ni trahison; ce que la légation française avait promis de faire, elle l'a fait avec une parfaite loyauté, et malgré les reproches qu'elle encourait. Ce n'est donc pas plus le parti français que le parti russe, c'est le parti grec qui, par ses propres ressources, vient de triompher glorieusement. Il faut à présent qu'il use de la victoire avec sagesse, avec prudence, avec modération.

Maintenant je mets de côté toutes les difficultés, tous les embarras, toutes les intrigues politiques, je ne tiens compte ni des partis anciens ou nouveaux, ni des légations étrangères, et j'examine en elles-mêmes es deux questions que voici: La Grèce, telle que l'a faite le traité de 1832, est-elle née viable? en d'autres termes, y a-t-il dans son territoire, dans sa population, dans ses ressources actuelles ou futures, tous les élémens d'un état indépendant et libre? Quel est, dans tous les cas, l'avenir de cet état nouveau, et quelle doit être à son égard la politique de la France? Ces deux questions, on le voit, sont vastes et complexes. Il faudrait un volume pour les présenter sous toutes leurs faces; mais, sans les approfondir, on peut en toucher les points principaux.

Pendant long-temps, les souvenirs classiques avaient fait de la Grèce un pays enchanteur où, sous le plus beau ciel du monde, tous les produits de la terre croissaient presque spontanément. Aujourd'hui, au contraire, c'est un lieu commun que de représenter le sol de la Grèce comme le plus aride, le plus pauvre qu'il y ait. Si l'on veut parler de l'Attique, des îles et de certaines contrées montagneuses, du Magne, par exemple, ce dernier portrait, bien que peu flatté, ne laisse pas que d'être assez ressemblant; mais toute la Grèce n'est pas dans l'Attique, dans les îles, dans le Magne, ni dans l'enceinte de montagnes nues et décharnées qui l'enveloppe de toutes parts : elle est aussi dans ses plaines et dans ses vallées. Or, les unes et les autres sont en général d'une grande fertilité naturelle; je puis citer, pour les avoir parcourues, les plaines de Thèbes, d'Argos et de Corinthe, les vallées de la Laconie et de la Messénie. L'Élide, l'Arcadie, l'Étolie, la Phocide, l'Achaïe, l'Acarnanie, l'Eubée, renferment aussi, dit-on, d'excellentes terres, et qui, pour devenir très productives, n'attendent que la main de l'homme. L'administration grecque est d'ailleurs trop imparfaite pour pouvoir fournir encore des documens statistiques bien exacts. Si l'on en croit des recherches faites avec soin, soit par le gouvernement, soit par des voyageurs, voici pourtant quelques résultats assez curieux : la Grèce actuelle, d'après ces recherches, contiendrait en tout à peu près 48 millions de stremmes (1) (7,680,000 hectares) dont 21 millions et demi dans la Morée, 19 millions et demi sur le continent, 7 millions dans les îles. Or, sur ces 48 millions, il y aurait en terres labourables, vignes et jardins, 12 millions et demi dans la Morée, 8 millions et demi sur le continent, 750,000 dans les îles, en tout près de 22 millions, c'est-à-dire un peu moins de la moitié. Il y aurait en outre, en forêts, 3 millions de stremmes dans la Morée, et 4 millions sur le continent. Le reste se partagerait en montagnes et rochers, lacs et rivières, villes et villages, sans compter quelques terrains qui trouvent difficilement place dans aucune des catégories.

(1) La stremme est de 16 ares.

Quant à la population, qui est à peu près de 850,000 habitans, dont 400,000 pour la Morée, 300,000 pour la Grèce continentale, et 150,000 pour les îles, en y comprenant Hydra, Spezia et Poros, on ne saurait dire qu'elle soit vraiment misérable. La preuve, c'est qu'en peu d'années, de 1830 à 1834, elle a pu, par ses propres ressources, réparer les désastres de la guerre, et rebâtir sur toute la surface du pays 60 à 80,000 maisons. La preuve encore, c'est que, malgré l'incapacité profonde de l'administration, le progrès naturel de la richesse a fait, de 1830 à 1843, remonter le revenu public de 3 millions à 15 millions de francs. En parcourant la Grèce, on est d'ailleurs frappé de rencontrer presque partout des habitations bien construites et bien couvertes, des hommes et des femmes d'une apparence saine et robuste. Il n'y a rien là qui, comme en Irlande, comme en Sicile, afflige et serre les cœurs. Si dans certaines parties de la Grèce, dans la Béotie, par exemple, on éprouve le regret de rencontrer d'excellentes terres sans culture et sans habitans, ailleurs, là où le sol est moins bon, il semble au contraire qu'on s'en dispute la moindre parcelle, et qu'on déploie, pour en tirer parti, tout ce que l'industrie humaine a de ressources. On peut en conclure, ce me semble, que si quelquefois les hommes manquent à la terre, ce n'est pas leur faute, et qu'ils cèdent à des causes indépendantes de leur volonté.

Ainsi, beaucoup de terres cultivables et non cultivées; puis, à côté de ces terres, une population robuste, active, point misérable, voilà la Grèce telle qu'elle m'est apparue. Comment se fait-il dès-lors que ses progrès soient si lents, et que sa population reste à peu près stationnaire?

Il y a, je l'ai dit, peu de pauvres en Grèce; mais il y a encore moins de riches. Il est facile de s'en convaincre, quand on voit tant de candidats se disputer avec acharnement des emplois dont le mieux rétribué, celui de gouverneur, donne un revenu de 3,000 francs. Avant la guerre de l'indépendance, le commerce avait créé, surtout dans les îles, quelques belles fortunes; mais elles ont disparu presque toutes. Il est d'ailleurs connu que les parties les plus riches, les plus industrieuses de la Grèce, sont précisément celles qu'on a laissées à la Turquie : l'Épire, la Thessalie, la Macédoine. Quant aux primats du Péloponèse ou de la Roumélie, c'est en général en aidant les Turcs à piller leurs compatriotes qu'ils se procuraient une existence commode, et cette ressource leur est aujourd'hui enlevée. Il est bon d'ajouter que l'état du pays n'est pas encore assez paisible, assez fixé pour que les capitaux étrangers soient fort tentés de venir remplacer les capitaux

indigènes. Or, on le sait, quand des terres ont été long-temps abandonnées, il faut, quelle que soit leur fertilité naturelle, plus que des
bras pour les remettre en valeur. Ici, un défrichement pénible à opérer; là, un cours d'eau à rétablir; plus loin, des terrains à niveler,
tout cela suppose une mise de fonds assez considérable et des avances
assez fortes pour que l'on puisse attendre. Rien de tout cela n'existe
chez les Grecs, et comme le gouvernement de son côté est trop pauvre
pour les aider, les choses restent telles quelles ou empirent. On cite,
par exemple, le lac Copaïs dont les déversoirs sont encombrés, et qui,
s'élevant tous les ans, menace d'inonder un beau jour la riche plaine
de la Livadie.

Le manque absolu de capitaux, voilà donc le premier obstacle aux
progrès de la Grèce; mais cet obstacle n'est pas le seul, et il en est de
plus graves encore qui consistent d'une part dans la mauvaise constitution de la propriété, de l'autre dans un détestable système d'impôts, et dans les exactions odieuses qui en sont les conséquences.
Excepté dans les îles, dans le Magne et dans quelques autres contrées presque inaccessibles, les Turcs, au moment de la conquête,
s'étaient emparés violemment de toute la propriété du sol, de celle du
moins qui était à leur convenance. Ils étaient donc maîtres des plaines
et des vallées, tandis que les indigènes conservaient en général la
possession des terrains les plus montagneux, les plus arides, les plus
improductifs. Vint la guerre de l'indépendance, et à peu d'exceptions
près toutes les terres possédées par les Turcs tombèrent dans le domaine public. Or, voici comment le gouvernement en a disposé après
les avoir affectées comme hypothèque au remboursement de l'emprunt. Quelques portions en ont été données aux vieux soldats de la
lutte; d'autres, en beaucoup plus grande quantité, ont été affermées
à des cultivateurs qui paient, outre la dime, 15 pour 100 du produit
brut, en tout 25 pour 100. Les deux tiers enfin, faute de donataires,
de fermiers ou d'acheteurs, restent à l'état inculte.

Ainsi les meilleures terres de la Grèce (8 ou 10 millions de stremmes) sont encore aujourd'hui une propriété publique, c'est-à-dire une
propriété dont personne à peu près ne s'occupe et ne tire profit. De
ces terres, une partie est cultivée, mais à des conditions onéreuses, et
par des hommes à qui les améliorations, s'ils en faisaient, ne profite-
raient peut-être pas. Est-il surprenant dès-lors que ces améliorations
ne se réalisent pas, et que, par exemple, au lieu de planter, on brise
souvent les arbres pour en recueillir le fruit? Est-il surprenant que
dans certaines contrées montagneuses la culture s'empare du plus petit

coin de terre végétale, tandis qu'ailleurs elle néglige un sol excellent?
Là, le cultivateur est propriétaire; ici, il ne l'est pas. Cette seule
différence suffit pour tout expliquer. Sur 12 millions 1/2 de stremmes
cultivables, il n'y en a en Morée que 5 millions qui soient cultivés;
sur 8 millions 1/2, il n'y en a dans la Grèce continentale que 3 millions
à peu près. Dans les îles, au contraire, où la propriété est depuis
long-temps régulièrement établie, sur 75 millions de stremmes cultivables, 700,000 à peu près sont en parfaite culture. L'Attique et l'Eubée
se trouvent aussi à cet égard dans une situation particulière; comme
elles ont été cédées par capitulation, les Turcs ont eu le droit d'y
vendre leurs terres, et il s'y est formé un corps nouveau de propriétaires. Aussi l'Attique et l'Eubée sont-elles relativement plus en progrès que des pays où le sol est meilleur.

On ne peut dire que le gouvernement ignore tout ce que cette situation a d'imparfait et de fâcheux : plusieurs plans ont été conçus pour
y remédier, plusieurs décrets même ont été rendus; mais tout cela est
resté sans effet, et presque sans commencement d'exécution. Il y
avait du moins à faire une opération fort simple et fort utile, celle de
greffer les oliviers sauvages qui appartiennent à l'état. Les oliviers,
qui sont au nombre de plusieurs millions, coûteraient 5 dragmes
(4 fr. 50 c.) par pied à greffer, et au bout de quatre ans donneraient
un revenu bisannuel de 4 à 6 dragmes. C'est une mine véritable dont
le produit serait presque suffisant pour libérer la Grèce de ses dettes.
Eh bien! pendant l'autocratie bavaroise, plusieurs projets de loi ont
été présentés sur cette importante matière, et pas un n'a pu sortir
des cartons de la camarilla.

Si le ministère nouveau veut acquérir des droits réels à la reconnaissance du pays, il faut, d'une part, que par des mesures un peu
hardies il améliore, il assainisse, il mette en valeur les propriétés nationales; de l'autre, que par voie de vente, de bail à très long terme ou
même de partage, il fasse entrer dans le domaine de la propriété
privée les terres dont il a hérité. Il faut surtout, s'il se fait payer une
redevance, que cette redevance ne soit plus variable et en nature,
mais fixe et en argent.

Voilà pour la propriété. Je viens maintenant à l'impôt. Le principal est la dîme. Quand on est fermier de l'état, on paie 15 pour 100
du produit brut à titre de redevance, plus 10 pour 100 pour la dîme.
Quand on est propriétaire, on paie 10 pour 100 seulement. Il est inutile,
je pense, d'énumérer ici tous les inconvéniens, tous les maux inhérens
à cette sorte d'impôt. Même en Angleterre, où il avait pour lui la tradi-

tion légale et religieuse, on l'a supprimé et remplacé par une contribution fixe. Dans un pays où l'économie politique est tant soit peu comprise, personne n'a plus l'idée de le défendre. Cependant en Grèce, les mérites naturels de la dîme sont encore rehaussés par un mode de perception aussi ingénieux qu'équitable. Voici comment les choses se passent, soit pour la dîme elle-même, soit pour la redevance qui vient s'y ajouter, quand il s'agit d'une propriété de l'état. Avant la récolte, les agens financiers de l'état estiment village par village ce qu'elle pourra produire; puis l'impôt est mis aux enchères et affermé à celui qui en offre le plus. Voilà donc le fermier adjudicataire chargé du soin de faire faire la récolte sous ses yeux et de prendre à son profit singulier la part qui revient à l'état. On peut comprendre à quels abus, à quelles exactions un tel système donne lieu. Comme l'adjudicataire craint, avec raison, qu'on ne soit tenté de le voler, il fixe pour chaque contribuable le moment où il doit couper, transporter, enlever son blé. Ainsi la récolte se fait trop tôt ou trop tard; ici elle pourrit sur pied, là elle attend deux ou trois mois autour des aires qu'il soit permis d'en tirer parti. Aussi arrive-t-il souvent que, pour échapper à cette tyrannie, le cultivateur capitule avec l'adjudicataire, et lui paie, pour être libre, 3 ou 4 pour 100 en sus.

On croit que c'est tout. Pas le moins du monde, et le système, en ce qui concerne les jardins et les légumes, est encore bien plus heureusement inventé. Ici les 25 ou les 10 pour 100 doivent être payés non sur le produit brut réel, mais sur le produit brut tel qu'il est évalué. Or, pour juger de ce que peuvent être ces évaluations, il faut savoir qu'un olivier qui produit tous les deux ans trois à quatre dragmes à Athènes, en produit quatre-vingts à Calamata et plus encore à Salona. Il faut savoir qu'un pied d'arbre se vend depuis seize dragmes jusqu'à mille. Quelle marge, quelle latitude pour les évaluateurs! La conséquence, c'est que dans beaucoup de localités les propriétaires ont coupé leurs arbres fruitiers plutôt que de payer la dime. Par la même raison, la culture des légumineux, des pommes de terre entre autres, est devenue à peu près impossible.

Pour les bois, la dîme existe également, et voici dans quelques localités l'effet qu'elle a produit : les bois autrichiens paient à l'entrée 6 pour 100 ; les bois grecs, quand on les coupe, sont imposés à 10 pour 100 non de leur valeur réelle, mais de la valeur supposée des bois autrichiens. D'un autre côté, les routes manquent en Grèce, tandis qu'entre Athènes et Trieste, la mer fournit un moyen facile et peu coûteux de communication. La conséquence, c'est qu'il y a souvent plus d'avantage à employer les bois autrichiens que les bois grecs. Quand on parcourt l'Attique, on est surpris de voir le feu ravager les bois et faire ainsi de maigres pâturages aux dépens d'une richesse plus grande. C'est qu'à vrai dire cette richesse est morte, et que, grace au fisc, on ne saurait en tirer aucun parti (1).

Au milieu de tant d'entraves, les unes qui tiennent à la situation même du pays, les autres dont le gouvernement peut être justement accusé, on pourrait croire que la Grèce, depuis dix ans, n'a pas fait un pas, ou bien qu'elle a reculé. Il n'en est pourtant rien. J'ai déjà dit que la Grèce, depuis la fin de la guerre, avait déjà rebâti soixante à quatre-vingt mille maisons qui lui manquaient, et que le revenu public avait triplé. En même temps, tout compensé, le nombre des stremmes mises en culture a augmenté, et malgré la dime, on a planté plus d'arbres fruitiers encore qu'on n'en a coupé. M. Piscatory, avec qui j'ai visité l'Argolide, la Corinthie, la Laconie et la Messénie, avait en 1841 parcouru les mêmes contrées; presque partout, il a été frappé des progrès qu'avait faits, dans ce court intervalle, la richesse générale. Il est évident que, si l'assiette de l'impôt était modifiée, la propriété constituée sur une base solide, l'argent un peu moins rare, ces progrès seraient bien plus marqués encore, et qu'en Grèce comme en Amérique la population pourrait doubler en vingt ans. Il est évident qu'ainsi ne tarderaient pas à se perdre les habitudes d'oisiveté qui aujourd'hui paralysent en partie les grandes facultés du pays. On reproche aux restes de l'aristocratie grecque de s'entourer, comme jadis les seigneurs féodaux, d'une foule de serviteurs armés qui épuisent les ressources du pays, sans contribuer à les reproduire; on reproche à la classe moyenne de se précipiter avidement sur les fonctions publiques, et de chercher dans les caisses de l'état plus que dans le travail le moyen d'améliorer son sort; on reproche aux vieux palikares de conserver leurs habitudes d'indiscipline et de vie errante. Tout cela peut être vrai; mais comment en serait-il autrement quand le capital manque, quand la propriété existe à peine, quand l'impôt est arbitraire et oppressif. Palikares, classe moyenne, paysans, tous ne demandent qu'à travailler, pourvu que ce soit pour eux-mêmes et pour leur famille.

On ne doit point oublier, au reste, que les Grecs n'ont tous ni même origine, ni même caractère, ni même penchant. Les Péloponésiens sont avant tout agriculteurs. Ailleurs, notamment dans les îles, l'esprit

(1) J'emprunte une partie de ces détails au *Blackwood Magazine*, qui paraît très bien informé des affaires de la Grèce. Les autres m'ont été fournis sur les lieux mêmes par des personnes parfaitement compétentes.

commerçant est l'esprit dominant. Il convient donc de donner aussi à cet esprit quelques encouragemens. Or, il faut le dire, la révolution grecque jusqu'ici n'a point été favorable à l'esprit commerçant. Une ville, celle de Syra, est bien montée de six mille habitans à seize mille, et sa prospérité est considérable aujourd'hui; mais en revanche que sont devenues les maisons jadis si riches et si puissantes de Spezia et d'Hydra? Qu'est devenue la population si active, si industrieuse, de ces îles héroïques? On sait la grande place qu'Hydra et Spezia ont tenue dans la guerre de l'indépendance. C'est de là que s'élançaient les braves marins qui tenaient en échec les flottes du sultan et du pacha d'Égypte; c'est de là que le trésor grec obéré tirait habituellement des secours; c'est de là, enfin, que sortaient quelques uns des hommes qui ont figuré avec le plus d'éclat à la tête des affaires, les Conduriottis par exemple. Il y avait alors un parti hydriote comme un parti rouméliote, comme un parti péloponésien, et ce parti n'a presque jamais cessé de se ranger du côté de ceux qui voulaient réellement l'indépendance et la liberté de la Grèce. Aujourd'hui, Hydra et Spezia sont pauvres et presque dépeuplées : c'est un douloureux changement.

Il faut d'ailleurs le reconnaître : ce changement est un de ceux auxquels il est peut-être bien difficile de remédier. Avant la révotion, les Grecs étaient en possession de tout le commerce de la Turquie, et ce commerce, une fois la Grèce affranchie, devait leur échapper en partie. De plus, la main-d'œuvre est aujourd'hui en Grèce beaucoup plus chère qu'elle ne l'était alors. Ce n'est certes point un malheur pour la Grèce; c'en est un pour sa marine, qui se recrute plus difficilement, et ne peut plus naviguer à si bon marché. Il est clair pourtant qu'avec ses côtes et ses îles, toutes sillonnées de golfes profonds, la Grèce doit, un jour ou l'autre, reprendre sa supériorité maritime. Il appartient à un bon gouvernement de hâter ce moment par de sages mesures, par des mesures qui favorisent autant que possible le commerce extérieur et la navigation nationale. Cela vaudrait mieux que de s'amuser, par une imitation puérile et surannée, à créer, à grands frais, aux Thermopyles, une fabrique de sucre de betterave.

Encore une fois, comme nation agricole, comme nation commerçante, la Grèce a de grandes ressources naturelles. Ce dont elle a besoin pour que ces ressources se développent, c'est d'un gouvernement qui, d'une part, ne recule pas plus long-temps devant d'indispensables réformes, qui, de l'autre, ne néglige rien pour appeler dans le pays les capitaux étrangers. Or, il y a lieu de penser que, des provinces grecques soumises encore à la domination turque, les capitaux viendraient en abondance, si, sur le sol de la Grèce libre, ils pouvaient espérer sécurité et profit.

Quant au trésor public, pendant quelques années encore, il offrira peu de ressources. Au moment où les trois puissances garantirent l'emprunt de 60 millions, il était bien entendu qu'une portion de cet emprunt servirait à des améliorations productives. Au lieu de cela, des 60 millions, 4 à peu près ont été dépensés en frais de courtage, 12 pour racheter l'Acarnanie, tout le reste pour combler le déficit des budgets annuels. Aujourd'hui, sans en avoir profité le moins du monde, la Grèce se trouve donc chargée d'une dette de 60 millions, sans compter les 75 millions qu'elle a empruntés pendant la guerre, et les 50 millions qu'elle doit à ses propres sujets. Cependant les recettes ne peuvent guère dépasser 15 millions, et les dépenses, rigoureusement calculées, montent au moins à 12 millions. Il reste donc, pour l'intérêt et l'amortissement de la dette, la somme très insuffisante de 3 millions. Si les trois puissances voulaient vraiment faire quelque chose pour la Grèce, peut-être consentiraient-elles à ajourner à des temps plus favorables le remboursement de leur créance; mais dans ce pays, où il y a tant à faire, qu'est-ce qu'un surplus annuel de 2 à 3 millions? En le supposant aussi bien employé que possible, ce surplus ne rendrait pas moins nécessaires les efforts individuels.

Un pays admirablement situé pour le commerce maritime, et dont le sol pourrait, sans effort, nourrir au moins 2 millions d'habitans; une population intelligente, énergique, active : certes, ce sont là les élémens d'une vitalité réelle et puissante. Maintenant, est-il vrai, comme on se plait à le dire, que les Grecs soient incapables de supporter des institutions libres? Est-il vrai qu'ils veuillent être conduits par une main vigoureuse, et qu'ils n'aient chance de salut que dans ce que l'on appelle « un despotisme éclairé ? » A cette assertion, il y a une première réponse, réponse péremptoire, ce me semble, c'est que la main vigoureuse est absente, et que le despotisme éclairé ne se trouve pas en Grèce plus qu'ailleurs. Assurément, de 1837 à 1843, ce despotisme a eu ses coudées franches. Épuisée par de longs combats, fatiguée des dissensions civiles, effrayée de l'anarchie, la Grèce, sans s'inquiéter de la main qui donnait, était prête à recevoir avec joie, avec reconnaissance, toute amélioration, tout progrès, quelque faible qu'il fût. Or, pas une amélioration n'a été tentée, pas un progrès n'est

venu, et il a bien fallu que la Grèce enfin reprît à son propre compte
l'administration de ses affaires. De ce côté, l'épreuve est complète et
ne laisse rien à désirer.

Quand, d'ailleurs, on affirme que les Grecs ne sauraient supporter
des institutions libres, ce n'est sans doute point des institutions municipales que l'on veut parler. Ces institutions, en effet, existaient sous
les Turcs, aussi réelles, plus réelles peut-être qu'aujourd'hui, et depuis
longues années le pays en a contracté l'habitude. Il s'agit donc uniquement de savoir si le principe électif, qui s'applique sans contestation à la commune, à la province même, peut remonter à l'état sans
inconvénient. Il s'agit de savoir en un mot si une assemblée nationale saura mieux qu'un despote, mieux qu'une camarilla, comprendre
et faire prévaloir les véritables intérêts du pays.

Il ne faut rien exagérer. Les gouvernemens représentatifs sont loin
d'être une panacée qui puisse convenir indifféremment à tous les
peuples et à tous les pays. Pour fonctionner utilement, ces gouvernemens supposent deux choses, l'une que l'élection est réelle, l'autre
que la minorité se soumet momentanément au jugement de la majorité. Si l'élection était généralement livrée aux chances de la violence
et de la corruption, si la minorité prenait l'habitude de protester par
la révolte contre la majorité, alors les gouvernemens représentatifs ne
serviraient plus guère qu'à favoriser, aux dépens de la tranquillité et
de la moralité publique, quelques intérêts particuliers. Or, de fâcheux,
de récens exemples, peuvent faire craindre que ces deux dispositions
ne soient fort communes en Grèce. J'ajoute qu'elles se fortifient et
se justifient en quelque sorte l'une par l'autre. Comment demander à
la minorité de s'incliner devant le jugement de la majorité, si ce jugement n'est ni libre ni pur? Comment d'un autre côté obtenir de la
majorité qu'elle respecte la liberté de la minorité, si cette liberté doit
aboutir à des actes insurrectionnels? C'est un cercle vicieux où trop
souvent s'épuise et s'éteint toute la sincérité, toute la vie, toute la
puissance des gouvernemens représentatifs.

On ne saurait d'ailleurs le nier, avec ses trois pouvoirs qui se
heurtent sans se renverser, qui se contiennent et se modèrent sans
se paralyser mutuellement, la monarchie constitutionnelle a dans
son mécanisme intérieur quelque chose de délicat et de compliqué.
Si prompt, si vif que soit leur esprit, on ne peut espérer que, dans
leurs montagnes ou sur leurs caïques, les Grecs de la lutte en aient
étudié et compris toutes les conditions. Pendant la guerre de l'indépendance, il y a eu des assemblées nationales, mais qui se réunis-

saient sous la tente, le fusil sur l'épaule, et entre les mains desquelles
la force des choses concentrait nécessairement tous les pouvoirs.
Encore ces assemblées se partageaient-elles quelquefois en deux
fractions ennemies, qui, au sortir de la séance, en venaient aux
mains, et dont l'une défaisait violemment ce que l'autre avait fait. Il
n'y avait rien là qui préparât les Grecs au jeu régulier de la monarchie constitutionnelle.

De tout cela on peut conclure avec raison que le gouvernement
représentatif ne s'établira pas en Grèce sans des difficultés graves,
sans de fâcheux tiraillemens, peut-être sans quelques crises. Est-il
juste d'aller au-delà? Que, pour en juger, on voie ce qui se passe depuis un an. Au moment où la révolution se fit, il ne manquait certes
pas de prophètes pour prédire tous les malheurs imaginables. Entre
l'assemblée nationale et la royauté, entre les diverses fractions de
l'assemblée elle-même, il devait, disait-on, s'établir une lutte sanglante dont l'anarchie était l'infaillible conséquence. Dans la délibé-
ration, les opinions les plus violentes, les plus excentriques, devaient
nécessairement triompher. Au lieu de cela, malgré d'inévitables di-
vergences, la royauté et l'assemblée nationale ont fini par se mettre
d'accord, et de cet accord est née une constitution modérée, raisonnable, qui fait à chacun sa part naturelle et légitime. Voilà la première épreuve. Voici maintenant la seconde. Par suite de circonstances regrettables, au lieu d'offrir aux diverses nuances du parti
constitutionnel un centre de ralliement, le ministère s'était constitué
sur le terrain le plus étroit, dans les vues les plus exclusives. Pour
résister à l'opposition formidable qui se formait contre lui, ce ministère n'a épargné dans les élections ni la corruption, ni la fraude, ni
l'intimidation. Il paraissait naturel de supposer qu'à de tels moyens
si généralement employés, il devrait au moins une majorité temporaire et un succès passager. Eh bien! c'est le contraire qui est arrivé,
et le ministère a péri précisément par où il espérait se sauver. Ainsi,
dans l'espace d'une année, le gouvernement représentatif en Grèce a
su se préserver d'abord de l'anarchie, puis de la corruption. Pourquoi
ne pas croire qu'il résistera de même aux nouveaux dangers qui l'attendent?

Il ne faut pas oublier que la Grèce, pendant dix ans, a été gouvernée par des assemblées nationales et des conseils représentatifs.
Il ne faut pas oublier qu'en 1832, ce n'est pas le principe héréditaire
qui a cédé quelque chose, mais le principe électif. Il ne faut pas oublier que, si ce principe a long-temps sommeillé, c'est par une viola-

tion manifeste de tous les traités, et que jamais l'opinion publique ne s'en est détachée. La Grèce, en 1843, n'a fait que reprendre ses traditions et revendiquer ses droits. Elle pourrait, si la monarchie constitutionnelle ne s'y acclimatait pas, devenir une république ou une province russe : elle ne redeviendrait pas une monarchie de bon plaisir.

Il y a d'ailleurs en Grèce, tout le monde en convient, un désir général de s'instruire qui ne peut manquer d'être très-favorable au développement graduel et régulier des institutions représentatives. Je ne parle pas seulement de l'université, des gymnases, des écoles helléniques qui donnent aux classes moyennes l'instruction supérieure ou secondaire, je parle surtout des écoles primaires dont chaque commune est pourvue, et où tous les enfans sont admis (1). Pour ceux qui savent, par expérience, combien en France il est difficile de déterminer les parens à se priver, quelques heures chaque jour, des services de leurs enfans, c'est assurément un merveilleux spectacle que de voir, dans les plus petits villages de la Grèce, une école très passable et bien garnie. On dit quelquefois qu'en Grèce il n'y a pas de peuple, et que toutes les classes de la société y sont à peu près au même niveau. On dit que, par conséquent, le vote universel dans ce pays est la reconnaissance et la consécration de l'état social existant. Si cela est exact, comme je suis disposé à le croire, on comprend que dans un tel pays des écoles gratuites et obligatoires soient une institution politique du premier ordre. Or, cette institution existe; il ne reste plus qu'à la fortifier et à lui faire porter tous ses fruits.

En résumé, je ne crois point que la Grèce, telle que l'a constituée le traité de 1832, soit hors d'état de se suffire à elle-même. Je ne crois point que les Grecs soient impropres aux institutions représentatives. Matériellement, moralement, politiquement, la Grèce me parait donc parfaitement viable, à la seule condition que ses amis ne désespèrent pas d'elle, et ne la livrent pas comme une proie à la convoitise de ses ennemis déclarés ou secrets. Cependant, je ne puis le nier, il n'est pas un Grec, du plus pauvre au plus riche, du plus petit au plus élevé, qui ne se sente à l'étroit dans les frontières actuelles. Tandis que les plus aventureux ne parlent de rien moins que de conquérir Constantinople et de refaire l'ancien empire grec, les plus modestes font remarquer avec douleur que l'on a laissé sous la domination turque les provinces les plus peuplées et les plus riches, l'Épire,

(1) Je donnerais sur l'état de l'instruction en Grèce des détails plus étendus, si un homme plus compétent que moi, M. Ampère, ne l'avait fait dans cette *Revue* même. (Voir le numéro du 1er avril 1843.)

la Thessalie, la Macédoine, les îles les plus fertiles et les plus belles, Candie, Chio, Mytilène, Samos. « Nous avons là, disent-ils, deux à trois millions de frères qui ne demandent qu'à se joindre à nous, et dont l'accession donnerait à la Grèce indépendante une tout autre consistance, une tout autre position dans le monde. Si les puissances européennes veulent vraiment que la Grèce existe, pourquoi nous forceraient-elles à les repousser? Pourquoi ne nous aideraient-elles pas au contraire à les faire entrer pacifiquement dans notre communauté? Les puissances ont pu, en 1840, arrêter le mouvement qui se préparait, en proclamant solennellement la nécessité de maintenir l'intégrité de l'empire ottoman; mais elles sont trop éclairées, trop prévoyantes pour ne pas voir que l'empire ottoman tombe en ruines. Qu'au lieu de s'en disputer les débris, elles en fassent la Grèce héritière. C'est le moyen, l'unique peut-être, d'éviter entre elles un conflit sanglant, prolongé, et dont l'issue est incertaine pour tous. »

Ici, on le voit, la question grecque s'étend et se complique. Ce n'est plus de la Grèce seule qu'il s'agit, mais de l'empire ottoman et de la politique européenne tout entière. Il faut donc jeter un coup d'œil rapide sur cet empire et sur cette politique.

Quand on cherche à prévoir quelle est la destinée prochaine de l'empire ottoman, on doit se défendre d'une double exagération. Si l'on en croit les uns, l'empire ottoman est depuis dix ans à l'agonie, et il faut s'attendre à ce que chaque paquebot apporte la nouvelle de sa mort. Si l'on en croit les autres, il a surmonté la crise qui menaçait son existence, et partout s'y manifestent les symptômes d'une vie nouvelle et d'un long avenir. J'ajoute que depuis quelques années beaucoup de voyageurs sont partis pour Constantinople avec la première de ces opinions, et qu'ils en sont revenus avec la seconde.

Est-ce une raison de donner gain de cause à celle-ci? Je ne le pense pas. Quand on part pour Constantinople, on se figure quelquefois, sur la foi d'anciens livres, que l'on va tomber au milieu d'un peuple brutal, barbare, insociable. Au lieu de cela, on trouve un peuple qui plaît et qui impose par sa simplicité, par sa gravité, par sa dignité naturelle. Loin de subir aucune insulte, aucun mauvais traitement, on est accueilli avec bienveillance, avec urbanité.

De toutes parts d'ailleurs, par tous ceux qui habitent le pays, on entend vanter la probité des Turcs et leur droiture. Chez les rayahs, au contraire, on découvre promptement, facilement quelques-uns des vices dont les populations esclaves n'ont jamais été exemptes. Il arrive alors que, par une réaction naturelle, on passe d'un extrême à l'extrême opposé. Il arrive que tout doucement, par degrés, on se laisse entraîner à croire et à dire qu'après tout la race turque est et doit rester la race commandante. Il arrive que l'on s'imagine avoir découvert une Turquie toute nouvelle, une Turquie qui ne ressemble en rien à celle que les vieux écrivains ont décrite et que rêve l'opinion commune.

Cependant que, sans préjugé, sans parti pris, sans amour du paradoxe, on aille au fond des choses. Assurément la nation turque a joué un grand rôle dans le monde; la preuve, c'est que l'Europe a tremblé devant elle, et que depuis quatre cents ans les plus beaux pays du monde sont en sa possession. Mais ces pays, qu'en a-t-elle fait? Sans doute ni l'Asie mineure, ni la Turquie européenne n'étaient avant la domination turque ce qu'elles avaient été jadis, et il est difficile de rappeler la civilisation aux lieux qu'elle a quittés. Qui oserait dire pourtant que, sous cette domination, le mal n'ait pas augmenté? Comment veut-on d'ailleurs que l'humanité, que la morale absolvent un gouvernement où le despotisme n'a jamais été contenu et limité que par la révolte et l'assassinat, une société où n'existent en réalité ni propriété ni famille, une religion qui consacre l'oppression du faible par le fort, qui sanctifie les plaisirs des sens, qui érige en loi suprême l'imprévoyance et la paresse? Ajoutez que cette religion qui se mêle à tout, qui domine tout, est un obstacle insurmontable au seul moyen par lequel en ce monde les conquêtes se légitiment et les empires se fondent, à la fusion, à l'égalisation de la race victorieuse et de la race vaincue. On peut, à force de prières ou de menaces, arracher au divan, malgré les oulémas, quelques concessions en faveur des rayahs. Peut-on obtenir qu'il les mette au niveau des musulmans, et qu'il y ait une seule loi pour tous? Ces rayahs cependant croissent chaque jour en force et en richesse. Dans les environs de Constantinople, on cite des villages où depuis vingt ans leur nombre a doublé, tandis que celui des Turcs diminuait de moitié. On en cite d'autres d'où les musulmans ont à peu près disparu. A Constantinople même, la ville sainte, le dernier recensement, à la grande surprise, à la grande consternation des fidèles, a donné 200,000 rayàhs contre 250,000 musulmans. A Constantinople, il est vrai, les rayahs se partagent entre plusieurs fractions qui se détestent mutuellement plus qu'elles ne détestent les Turcs; mais il n'en est pas de même par tout l'empire, et il faudrait désespérer de l'humanité si les plus nombreux, les plus éclairés, les plus riches, les plus forts, devaient se résigner toujours à l'obéissance et à l'humiliation.

A la vérité, depuis vingt ans, de grandes réformes ont eu lieu en

Turquie, et parmi ces réformes il en est de salutaires et d'heureuses.
Ainsi d'un bout à l'autre de l'empire les ordres du sultan commencent à être obéis avec promptitude et régularité. Les pachas, jadis
plus puissans que le divan lui-même, n'osent plus guère opposer leur
volonté à la sienne et régner pour leur propre compte. Certaines aristocraties locales, pires encore que les pachas, ont été abattues et
soumises; aux milices fanatiques et turbulentes que Mahmoud a écrasées succède une armée bien disciplinée, bien tenue, bien traitée. La
suprématie des oulémas elle-même a notablement baissé, et des habitudes féroces ont cessé. Enfin, grace à l'intervention de la France et
de l'Angleterre, grace aussi, il est juste de le reconnaître, aux bons
sentimens du sultan actuel, la condition des chrétiens devient chaque
jour plus tolérable. Malgré tout cela, le vice fondamental subsiste toujours, et ce vice, encore une fois, il est impossible de le détruire.

Aux yeux de ceux qui aiment l'empire ottoman pour lui-même, il
reste d'ailleurs à décider si les réformes qu'il a subies lui ont été, en
définitive, favorables ou nuisibles. Il reste à décider si, toutes bonnes
qu'elles sont absolument, ces réformes n'ont pas anéanti la seule
force qui le soutint. Hormis dans quelques provinces reculées, et
peut-être dans quelques quartiers de Constantinople, le fanatisme
religieux n'existe plus en Turquie. Il faut s'en réjouir dans l'intérêt
de l'humanité et de la civilisation. Doit-on s'en réjouir également dans
l'intérêt de la Turquie? C'est par le fanatisme religieux que les Turcs
ont vécu et grandi. Quand on leur ôte ce puissant mobile, sans leur
en donner un autre, n'est-il pas à craindre que toute énergie, que
toute foi ne s'éteignent en eux? S'il en était ainsi, les réformes dont
il s'agit auraient été tout juste propres à mécontenter les Turcs sans
satisfaire les rayahs, à énerver la race victorieuse, sans lui donner le
concours de la race vaincue. En d'autres termes, le principe religieux
en Turquie resterait assez fort pour mettre obstacle à la régénération
de l'empire; il ne le serait plus assez pour inspirer aux populations
ces résolutions hardies qui triomphent de toutes les difficultés : juste-
milieu misérable qui pourrait se trainer ainsi quelques années encore,
mais que la force des choses condamnerait irrévocablement à périr.

Le bon sens d'ailleurs suffit pour apprendre que toutes les réformes se tiennent et s'enchaînent l'une à l'autre. Quand à des pachas
et à des spahis qui pillent le peuple on veut substituer une armée,
une police, une administration régulières, il faut payer cette administration, cette armée, cette police. Or, dans l'état actuel, les dépenses publiques en Turquie montent à 180,000,000 fr., et les recettes

à 150,000,000 fr. seulement. Aux vieux impôts de la dîme et de la capitation, le gouvernement turc a pourtant joint déjà quelques impôts indirects, dont l'assiette et la perception soulèvent de violentes réclamations. Cela n'empêche pas qu'il n'ait dès aujourd'hui un déficit de 30 millions, déficit qui sera plus fort l'an prochain, si, comme c'est le projet du divan, l'armée est augmentée. Sans une réforme radicale dans les finances, les nouvelles institutions sont donc menacées de périr d'inanition. Or, cette réforme radicale, où en est l'idée, où en sont les élémens?

Je n'ai, je le déclare, aucun mauvais vouloir systématique contre la Turquie. Je conviens même que, si elle pouvait se reconstituer, se régénérer, en émancipant les rayahs, une grande question politique en serait singulièrement simplifiée; mais, tant que le Koran sera la loi des lois, je doute que cette reconstitution, que cette régénération soient praticables. Plus j'y regarde, et plus je me trouve conduit à cette triste conclusion, que le progrès et le *statu quo* sont également impossibles en Turquie. C'est un empire, puissant jadis, et où se conservent encore de remarquables qualités, mais qui ne peut plus, sans danger, ni avancer, ni reculer, ni rester en place. Quand un empire en est là, il est clair que ses jours sont comptés.

Maintenant je vais plus loin, et je suppose que je sois complètement dans l'erreur. Je suppose que la Turquie porte en elle-même le germe inconnu d'une régénération véritable. Je suppose, en outre, que les gouvernemens européens aient tous la pensée bien sincère, bien ferme, de faire durer l'empire et de le consolider; tout cela admis, il reste contre la durée, contre la consolidation de l'empire, une chance terrible et presque inévitable, celle d'une insurrection sérieuse dans quelques-unes des provinces chrétiennes. Quelle que soit la pensée des gouvernemens européens, je les défie, si la Bulgarie, la Macédoine, l'Épire, se soulevaient sérieusement, de prendre parti pour la domination musulmane. Je les défie, si la lutte se prolongeait, de ne pas intervenir en aidant, comme on l'a fait il y a vingt ans, les provinces insurgées. La politique, dans ses froids calculs, peut trouver bon qu'en Europe même une poignée de musulmans tienne sous le joug des populations chrétiennes sept à huit fois plus nombreuses; mais derrière les calculs de la politique il y a le sentiment universel, derrière les gouvernemens il y a les peuples dont la voix, quand elle est haute et ferme, finit toujours par se faire écouter. C'est cette voix qui a affranchi la Grèce en 1827; c'est elle qui dans les mêmes circonstances affranchirait la Bulgarie, la Macédoine ou l'Épire.

Ne voit-on pas d'ailleurs que déjà ce mouvement de l'opinion publique domine les cabinets et les force chaque jour à démentir la politique qu'ils proclament? C'est au nom de l'indépendance et de l'intégrité de l'empire ottoman qu'en 1840 quatre puissances se sont coalisées contre la France. C'est au nom de cette même indépendance et de cette même intégrité que la France a bien voulu oublier en 1841 ses justes griefs, et rentrer par une porte assez petite dans le concert européen. Indépendance et intégrité de l'empire, voilà donc la grande pensée européenne, voilà l'intérêt supérieur auquel tant d'autres intérêts ont dû être sacrifiés. Est-ce pourtant maintenir l'indépendance et l'intégrité de l'empire que de venir, du matin au soir, se mêler ouvertement non de ses rapports avec les Européens étrangers, mais de ses rapports avec ses propres sujets? Est-ce maintenir l'indépendance et l'intégrité de l'empire que d'intervenir à tout propos dans son administration intérieure, que de lui désigner comment et par quels délégués il doit gouverner telle ou telle province? Est-ce maintenir l'indépendance et l'intégrité de l'empire que de lui signifier rudement, comme le faisait récemment l'Angleterre dans l'affaire des renégats, « qu'il ne vit que par la bonté, que par la charité des grandes puissances, et que s'il ne consent pas à modifier sa loi pénale et sa loi religieuse, la main qui le soutient se retirera de lui. » C'est vraiment un triste spectacle que celui de ce divan, jadis si redoutable, aujourd'hui ballotté entre trois ou quatre ambassadeurs, et qui ne parvient de temps en temps à faire sa volonté qu'à la faveur de leurs divisions et de leurs rivalités. Sans doute, presque toujours du moins, les ambassadeurs font bien d'insister, et le divan de céder. Il n'en est pas moins vrai que tant d'exigence d'une part, tant de condescendance de l'autre, affaiblissent et décréditent le gouvernement ottoman dans l'esprit des populations musulmanes comme des populations chrétiennes. Il n'en est pas moins vrai qu'il en résulte nécessairement chez les unes un découragement profond, chez les autres une confiance qui croit chaque jour. Il n'en est pas moins vrai qu'ainsi atteinte dans sa puissance, dans sa considération, la Porte n'a plus qu'une existence précaire, factice et dépouillée de toute espèce de prestige.

De tout cela je ne veux pas conclure avec M. le maréchal Sébastiani, avec M. de Lamartine, que l'empire ottoman ne soit plus qu'un cadavre, et qu'il convienne de le traiter comme tel. Je veux moins conclure encore qu'il soit juste, qu'il soit politique de hâter sa mort et d'y mettre la main. Le droit des gens et le respect des traités existent pour la Porte comme pour les autres puissances. Quand on

est en paix avec elle, on ne doit ni pousser ses sujets à la révolte ni
miner sourdement ses moyens de défense et d'action. J'ajoute qu'il
n'est pas d'esprit ou de cœur assez ferme pour aborder sans émotion
l'idée d'une crise qui bouleversera peut-être l'Europe entière; mais
entre provoquer cette crise et la prévoir, entre travailler à la chute de
l'empire et s'y préparer, la différence est immense. Examinons donc
quelle parait être à cet égard la politique des diverses puissances. Nous
verrons ensuite quelle est celle de la France, et si elle suffit à toutes
les éventualités.

Le gouvernement russe, on le sait suffisamment, n'est ni libéral
ni philanthrope. De plus il n'y a pas derrière lui, comme dans d'autres
pays, une opinion publique qui le pousse. La Russie se mêle donc
fort peu de la petite croisade humanitaire à la tête de laquelle se
sont mises à Constantinople la France et l'Angleterre. Peu importe à
la Russie que les sujets chrétiens soient plus ou moins bien traités;
peu lui importe que les renégats aient ou non la tête coupée. Si la
Russie avait une préférence, ce serait même pour les mesures les plus
acerbes, les plus iniques, pour celles qui porteraient le plus vite et le
plus sûrement l'esprit de révolte au sein des populations. Mais parce
que la Russie paraît en ce moment se tenir à l'écart, on aurait grand
tort d'en conclure qu'elle agit peu. Pendant que la France et l'Angleterre obtiennent péniblement quelques adoucissemens aux rigueurs
de la loi musulmane et quelques concessions, la Russie s'établit plus
fortement que jamais à Sébastopol et à Odessa. Elle étend en outre
ses relations dans les provinces, fait appel à l'esprit slave et à l'esprit
chrétien, organise des hétairies dont elle tient les fils en sa main,
s'efforce enfin, par tous les moyens, d'apparaître aux yeux des populations sujettes comme la puissance choisie par Dieu même pour
mettre un terme à leur oppression. La Russie, en un mot, fait plus
que de croire à la chute prochaine de l'empire ottoman, plus que de
s'y préparer; elle y pousse de toutes ses forces, ostensiblement et secrètement. Jusqu'à ce que Constantinople lui appartienne, la Russie
regardera la mer Noire comme une prison. Or, quand on est en prison, on a hâte d'en sortir. Telle est la politique incontestable de la
Russie, politique fort simple, fort intelligible, et qu'elle suit depuis
Catherine II avec autant d'habileté que de persévérance.

Les projets de l'Angleterre sont moins clairs, moins faciles à saisir.
L'Angleterre est, à vrai dire, partagée entre deux craintes : d'une part,
la crainte que la Russie ne s'établisse à Constantinople; de l'autre, celle
qu'il ne se forme sur les bords de la mer de Marmara et de la Médi-

terranée une ou plusieurs puissances jeunes, robustes, qui apportent
un obstacle quelconque à sa supériorité commerciale et maritime. A
tout prendre, la décrépitude de l'empire ottoman convient assez à
l'Angleterre, et, si elle pouvait la maintenir, elle y serait disposée;
mais l'Angleterre ne croit plus à l'empire ottoman, et l'Angleterre est
une puissance trop prévoyante pour vivre au jour le jour. On ne peut
donc guère douter que ses idées ne soient arrêtées, que son plan ne
soit fait. Ce plan ressemble-t-il à celui dont quelques journaux nous
entretenaient récemment, et l'Angleterre consentirait-elle à livrer la
Turquie d'Europe à la Russie moyennant quelques compensations en
Égypte et en Syrie? Il y a beaucoup de raisons d'en douter. Ce qui
est évident, c'est que, tout en préférant le *statu quo*, l'Angleterre
n'y croit pas; ceux qui prennent intérêt à sa grandeur n'ont d'ailleurs
aucune inquiétude à concevoir et peuvent pleinement s'en rapporter
à elle.

Parmi les puissances européennes, l'Autriche est après la Russie
celle dont la part paraît le plus facile à faire dans un démembrement
de l'empire ottoman. Par la Bosnie, la Croatie, l'Hertzégovine, la Turquie pénètre en effet comme un coin dans les états autrichiens, ne
leur laissant, sur une longueur de près de 100 lieues, qu'une étroite
langue de terre le long du littoral. Mais l'Autriche s'inquiète à la fois
de l'extension qu'un tel évènement donnerait à la puissance russe, de
l'effet qu'il produirait sur ses propres populations. Quand nous songeons aux dangers qui menacent la monarchie autrichienne, c'est
toujours l'Italie que nous avons devant les yeux. Je crois que c'est une
erreur. En Italie les dangers de la monarchie autrichienne sont plus
apparens, plus bruyans qu'ailleurs; ailleurs cependant ils pourraient
bien être plus réels et plus profonds. La monarchie autrichienne, il
ne faut pas l'oublier, est une pure mosaïque où l'élément allemand
entre pour une quantité très faible (4 ou 5 sur 35); l'élément slave
au contraire y est très considérable et très puissant (plus de 18 sur 35).
Or, depuis quelques années, l'élément slave réagit fortement contre
l'élément allemand et tend à s'en séparer. En même temps, on le sait,
en Allemagne l'idée de la nationalité allemande gagne chaque jour du
terrain, et ce n'est pas l'Autriche qui se trouve à la tête de cette
nationalité. Entre le mouvement slave d'une part et le mouvement
allemand de l'autre, la monarchie autrichienne se demande donc, avec
quelque anxiété, quelle serait sa destinée, si jamais ces deux mouvemens éclataient à la fois, et si le mouvement italien venait les seconder.
De là son horreur instinctive pour toute espèce de changement, pour

toute espèce d'action. On comprend peu que l'Autriche ait vu, sans s'émouvoir, la Russie s'emparer des bouches du Danube, ou que, cette faute commise, elle n'ait pas cherché à la réparer en favorisant de tout son pouvoir un projet de canal dont l'exécution est, dit-on, assez facile. On comprend peu qu'en 1840 l'Autriche ait laissé, sans résistance, se former une coalition entre l'Angleterre et la Russie, et que cette coalition, si menaçante pour elle, ait même obtenu son concours. On comprend peu qu'en 1843 elle se soit abstenue de toute intervention, de toute opinion dans l'affaire de Servie, laissant ainsi la Russie prendre pied à ses portes mêmes. Si vieux pourtant que soit le ministre qui préside encore aux destinées de l'Autriche, on ne peut supposer, sans quelque motif secret, tant d'insouciance et d'inertie. Ce motif, c'est que l'édifice craque de toutes parts, et que la moindre secousse suffirait pour le renverser. A Constantinople comme à Athènes, comme partout, l'Autriche n'a donc en ce moment qu'une politique, éviter toute collision, toute agitation, tout dérangement, et surtout ne pas se brouiller avec la Russie. Quant à ses vues ultérieures, on peut affirmer qu'elles sont à la merci des événemens.

La Russie qui travaille à la chute de l'empire, l'Angleterre qui l'attend et s'y prépare, l'Autriche qui la craint et qui ferme les yeux, voilà les trois politiques. Faut-il maintenant que, comme l'Autriche, la France s'enferme dans la contemplation béate d'un *statu quo* impossible? Faut-il qu'elle borne ses efforts à exercer par l'amour sur le divan l'influence que d'autres exercent par la crainte? Faut-il qu'elle croie avoir assez fait quand elle a obtenu quelques légères réformes? Faut-il enfin qu'elle se conduise de manière à être prise au dépourvu le jour où la crise éclatera? Encore une fois, qu'on fasse vivre, si on le peut, l'empire ottoman en le dépouillant successivement de tout ce qui jadis a fait sa grandeur et sa force; qu'on lui impose la civilisation moderne avec ses idées d'humanité, de liberté, de régularité; qu'à défaut de l'égalité de droit, on introduise, même entre les races, une certaine égalité de fait : tout cela est bien; mais qu'on ait l'esprit assez libre pour prévoir que tout cela peut avorter, et que la France alors aura un tout autre rôle à jouer. Ce rôle, quel sera-t-il? Voilà ce qu'il faut bien savoir d'avance, sous peine d'échouer misérablement.

Il y a, ce me semble, pour la France, si l'empire ottoman tombe, trois politiques possibles : prendre sa part des dépouilles, souffrir que d'autres partagent l'empire et s'assurer une compensation sur le Rhin, remplacer l'empire par un ou plusieurs états indépendans et libres.

De ces trois politiques, la première, tout le monde le comprend, serait une politique de dupe. La seconde est tentante et populaire, mais elle a l'inconvénient grave d'armer contre nous non-seulement les gouvernemens, mais certains peuples dont l'amitié nous importe. Reste la troisième, qui est à la fois honnête, libérale, avouable; c'est celle que la France, à mon sens, devrait adopter dès aujourd'hui; c'est celle dont la Grèce espère son agrandissement.

Mais ici se présente un problème fort difficile, celui de savoir quels sont entre des populations qui diffèrent par l'origine, par les souvenirs, par la langue, les rapprochemens possibles. Pour chercher la solution de ce problème, il convient d'abord de séparer la Turquie d'Europe de la Turquie d'Asie. Par suite d'événemens qu'il est inutile de rappeler, c'est surtout la Turquie d'Asie qui a occupé l'Europe depuis quelques années. Aujourd'hui encore l'Égypte d'une part, la Syrie de l'autre, voilà ce qui fixe surtout notre attention. C'est tout au plus si nous savons que derrière Constantinople, de la mer Noire à l'Adriatique, il y a des contrées vastes et fertiles où les populations chrétiennes sont sept à huit fois plus nombreuses que la population musulmane. C'est à peine si nous nous intéressons au sort de ces populations, qui pourtant valent bien les Druses et les Maronites. L'an dernier, la question de Servie nous a, pour quelques jours, obligés à porter les yeux vers ces contrées; mais nous avons pensé presque tous que c'était en définitive une petite question. C'était une très-grande question au contraire, une question qui pouvait, qui devait avoir sur l'avenir de la Turquie d'Europe une énorme influence. On commence à s'en douter aujourd'hui. Il faut espérer que bientôt on s'étonnera de ne l'avoir pas su plus tôt.

Laissons donc la Turquie d'Asie, et ne parlons que des provinces européennes sur lesquelles la Turquie conserve sa souveraineté nominale ou réelle. Ces provinces sont, on le sait, la Thrace (Roumélie), la Bulgarie, la Macédoine, la Thessalie, l'Épire et l'Albanie, la Bosnie, l'Hertzégovine, la Croatie, enfin la Servie, la Valachie et la Moldavie, dont, par les traités de Bucharest, d'Ackerman et d'Andrinople, la Russie s'est constituée protectrice. Sur 15 à 16,000,000 d'habitans que contiennent ces provinces, il y a seulement 1,000,000 de Turcs, auxquels il faut ajouter à peu près 1,500,000 Bulgares, Albanais et Bosniaques, qui jadis ont abjuré le christianisme. Il est bon d'ajouter que les Turcs sont pour la plupart rassemblés dans la Roumélie, autour de Constantinople.

Ainsi, d'un côté, 2,500,000 mahométans tout au plus, dont

1,500,000 viennent des races vaincues; de l'autre, 13 à 14,000,000 de chrétiens qui appartiennent pour la plupart à l'église grecque; les premiers maîtres, les seconds sujets ou rayahs : voilà la Turquie européenne. Maintenant, si les 13 ou 14 millions de sujets qui habitent ces provinces étaient tous de la même race, comme ils sont tous de la même religion, s'il n'y avait parmi eux qu'une pensée, qu'un vœu, qu'un intérêt, il paraîtrait juste et naturel de les réunir en une seule nation, et de refaire ainsi ce grand empire grec, auquel on pense à Athènes; mais il n'en est pas ainsi, et les chrétiens de la Turquie d'Europe se trouvent malheureusement séparés entre eux par des diversités assez profondes. On compte à peu près 4,500,000 Bulgares, 3,500,000 Serbes, 4,000,000 Moldo-Valaques, 2,000,000 Hellènes, 1,000,000 Albanais; en tout 15,000,000, dont il faut déduire 1,000,000 à 1,500,000 mahométans, presque tous Albanais et Bosniaques. De ces cinq catégories, les trois premières ont une tige commune, la tige slave. Ce sont donc, toute simplification faite, 12,000,000 de Slaves, 2,000,000 d'Hellènes, 1,000,000 d'Albanais. Il y a d'ailleurs des provinces où l'une ou l'autre de ces races domine. Il y en a d'autres, la Macédoine, la Thrace, l'Albanie, par exemple, où elles coexistent (1).

En présence d'élémens si variés, on comprend quelle est la difficulté. On ne peut demander à l'un de ces élémens de se laisser absorber par l'autre, aux Slaves de se faire Grecs, ni aux Grecs de se faire Slaves. Il faudrait donc, pour constituer un empire unique, trouver une combinaison fédérative qui conciliât tous les intérêts, qui ménageât toutes les opinions. Cette combinaison est-elle possible? Oui, en ce qui concerne les Bulgares, qui, doux et paisibles en général, seraient disposés, dit-on, à se rattacher soit à la Servie, soit à la Grèce, soit à Belgrade, soit à Athènes ; mais entre Athènes, centre du mouvement hellénique, et Belgrade, centre du mouvement slave, l'accord ne serait pas si facile. A Belgrade, on rêve l'empire serbe, comme à Athènes l'empire grec, et d'aucun des deux côtés on ne

(1) Un des collaborateurs de la *Revue*, M. Cyprien Robert, a publié sur *le Monde gréco-slave* un travail développé et très intéressant. Il est fort à désirer que l'attention des voyageurs et des publicistes se dirige vers une partie du monde si peu connue jusqu'ici, et qui paraît appelée à jouer un grand rôle dans la prochaine crise européenne.

(A ce suffrage si compétent de M. Duvergier de Hauranne, si honorable pour l'homme qui le reçoit, la direction de la *Revue* ajoutera que, depuis la publication de ses premiers travaux dans ce recueil, M. Cyprien Robert est retourné sur les lieux pour compléter ses études sur le monde gréco-slave. Nos lecteurs auront incessamment les résultats de ce nouveau voyage.)

parait disposé à faire bon marché de la prépondérance. A entendre
des personnes bien informées, il y a même dans cette rivalité plus
qu'une question de puissance; il y a une question de nationalité très
ancienne, très vivace, et dont il faut tenir grand compte, sous peine
de repousser les Slaves vers la Russie, qui leur tend les bras.

Que dans leur désir d'agrandir leur pays les Grecs s'inquiètent peu
de ces circonstances, cela est naturel; mais une politique sage et prévoyante, une politique qui n'est ni grecque ni slave, doit s'en préoccuper sérieusement. La première chose à faire serait donc d'étudier
avec soin, avec impartialité, l'état de chacune des provinces de la
Turquie européenne, et de savoir positivement quelle est sa tendance
et quel est son vœu. Ce que l'on peut dire d'avance, c'est qu'il n'est
pas une de ces provinces où l'idée de l'indépendance n'ait jeté de profondes racines. En Valachie, en Moldavie même, on trouve que la
Russie fait payer cher sa protection, et que, s'il vaut mieux être Russe
que Turc, il vaudrait mieux encore faire partie d'un état indépendant.
Cependant, je le répète, c'est en Servie surtout que le mouvement national est plein d'énergie et d'avenir. Misérablement abandonnée l'an
dernier par l'Autriche et par l'Angleterre, faiblement soutenue par la
France, la Servie n'en a pas moins su résister courageusement aux
injonctions russes et éviter le sort des principautés. Sous la suzeraineté nominale de la Porte, c'est aujourd'hui un état de 800,000 ames,
presque indépendant, et dont la force d'attraction ne peut manquer
d'agir tôt ou tard sur les provinces qui l'entourent. De toute la Turquie européenne, il n'est pas un point qui soit plus digne de l'appui
de la France et de son intérêt.

Il est bon de le dire d'ailleurs, parmi les populations slaves comme
parmi les populations grecques, il suffit à la France de se montrer pour
que les esprits et les cœurs viennent à elle. La France a beau abjurer
ses instincts généreux, répudier son histoire, abaisser sa politique : les
peuples savent séparer le pays de ceux qui le dirigent, distinguer entre
ce qui est accidentel et ce qui est permanent. Sur le Rhin, la France
peut exciter des méfiances, inspirer des inquiétudes. Parmi les populations slaves comme parmi les populations grecques, il n'est personne
qui ne sente, qui ne comprenne qu'elle n'a d'autre intérêt que leur
intérêt, d'autre pensée que leur pensée. Les populations slave et
grecque sont attirées vers la Russie par la communauté du culte, par
le souvenir de services rendus, par un certain prestige religieux et
guerrier qui environne la tête du tzar. Elles sont repoussées de la
Russie par la vue des provinces russes et par la crainte de l'asser-

vissement. D'un autre côté, l'Angleterre leur apparait comme une ennemie secrète, comme une ennemie qui, tout en les caressant, voudrait les priver de toute vigueur et de toute vitalité. A défaut de l'Autriche, qui dort, la France reste donc seule, et c'est son nom qu'on invoque. Pendant long-temps, j'ai blâmé comme ridicule la protestation que la France fait tous les ans en faveur de la Pologne; j'avais tort. Cette protestation, tout impuissante qu'elle paraît être, retentit au cœur des populations asservies, et leur prouve qu'au jour de son réveil la France sera encore leur plus fidèle appui. Encore une fois, à Jassy comme à Belgrade, à Bucharest comme à Salonique, un mot, un geste de la France réveillent toutes les espérances. C'est une force dont elle aurait bien tort de ne pas se servir, surtout quand il s'agit pour elle, non de s'agrandir, mais de s'opposer à ce que d'autres s'agrandissent, non d'asservir des populations confiantes, mais de les affranchir.

Il est d'ailleurs inutile de démontrer que si, dans le démembrement de l'empire ottoman, chaque petite nationalité voulait s'ériger en état indépendant, l'asservissement successif ou simultané de toutes les nationalités en serait la conséquence inévitable. C'est ce que ne doivent oublier, dans aucun cas, les trois ou quatre branches du tronc slave qui occupent la plus grande partie de la Turquie européenne. Quant aux provinces helléniques, à l'Épire, à la Thessalie, à la Macédoine presque entière, il est certain que généralement on y désire entrer dans la communauté grecque; il est certain que, dans ce but, des hétairies nombreuses y sont organisées, et que pour éclater ces hétairies n'attendent qu'un moment favorable. Par les motifs que j'ai dits, la Russie pousse activement à ce mouvement, comme elle a poussé au mouvement de septembre, comme elle pousse à tout ce qui peut précipiter la crise. L'espoir des Grecs amis de leur pays, c'est que cette fois encore la Russie aura travaillé pour d'autres que pour elle. Il n'y en a pas moins là un danger qui leur impose beaucoup de réserve et de patience.

Ce danger n'est pas le seul, et il en est un autre auquel doivent songer sérieusement les patriotes grecs, c'est celui d'une irruption nouvelle de l'Albanie mahométane. On sait que les Albanais mahométans, les Arnautes, comme les appellent les Turcs, les Shypetars, comme ils s'appellent eux-mêmes, sont un des peuples les plus belliqueux, les plus turbulens, les plus féroces qu'il y ait au monde. On sait aussi que, quand ils ne sont pas en insurrection, les Turcs se servent d'eux volontiers pour réduire, pour châtier les populations chrétiennes qui se soulèvent. Si l'Épire, si la Macédoine, si la Thessalie levaient aujourd'hui l'étendard de la révolte, nul doute que le divan ne s'empressât de livrer ces riches provinces aux Arnautes. Nul doute que ceux-ci ne s'y précipitassent avec fureur, et que, même vaincus, ils 'n'y laissassent d'horribles traces de leur passage.

Les patriotes grecs, au reste, ne désespèrent pas de réunir un jour dans un effort commun les Albanais de toute religion, chrétiens ou mahométans. Quand, après la conquête turque, la moitié de l'Albanie se fit mahométane, ce ne fut point par amour de l'islamisme, mais pour conserver ses propriétés. Il en résulta parmi les nouveaux convertis une grande indifférence religieuse, indifférence qui dure encore aujourd'hui. Ainsi, beaucoup de mariages ont lieu entre mahométans et chrétiens. A vrai dire, l'esprit militaire et l'amour du pillage, voilà la seule religion des Arnautes. Ils conservent au contraire un vif sentiment de leur nationalité, et une aversion profonde pour quiconque veut la supprimer. Aussi l'Albanie a-t-elle été vaincue par les Turcs, jamais soumise. La langue turque n'y est même pas comprise, et les Turcs y sont considérés par leurs frères en Mahomet comme des étrangers. On sait tout ce qu'ont fait tantôt les pachas, tantôt le gouvernement turc, pour dompter l'indocilité albanaise, et l'on n'a oublié ni les massacres d'Ali-Pacha, ni ceux du visir Reschid en 1830. Malgré cela, les beys albanais avec les spahis bosniaques restent les moins obéissans de tous les sujets du divan. Pour résister aux Turcs, on les a vus plusieurs fois, notamment en 1833 et 1840, se coaliser avec les chrétiens, et déjà dans les districts de l'Albanie méridionale, à Janina, par exemple, beaucoup d'entre eux disent hautement que, si le nouvel état grec leur assurait leurs propriétés, ils ne demanderaient pas mieux que de passer à son service. Dans ce cas, on assure même que quelques-uns n'hésiteraient pas à redevenir chrétiens. Il y a là une disposition précieuse, et que les patriotes grecs auraient grand tort de négliger.

Ainsi sur le continent deux mouvemens, l'un slave, dont la Servie est le foyer ; l'autre hellénique, qui part d'Athènes et s'étend dans les provinces voisines. Reste à savoir si ces deux mouvemens peuvent s'unir, ou s'ils resteront à jamais séparés. Parmi les îles enfin, il en est une, l'île de Candie, qui évidemment n'attend que le moment de fraterniser avec la Grèce. Un jour, en 1841, elle put croire que ce moment était venu; mais l'indépendance et l'intégrité de l'empire venaient alors d'être trop récemment, trop solennellement proclamées pour que l'Europe permît qu'on y fît brèche. Les pauvres Candiotes furent donc sacrifiés au désir de montrer au monde combien, en signant le traité du 15 juillet, les puissances avaient été sérieuses, sincères, conséquentes. Il est inutile d'ajouter qu'heureuse de sa rentrée dans le concert européen, la France se garda bien de jeter un mot discordant au milieu de ce concert.

Je n'ai rien dit d'autres iles que la géographie et l'histoire semblent unir nécessairement à la Grèce, mais que la politique en a distraites. Ces iles sont les îles Ioniennes, dont l'aspect suffit pour apprendre à tous les peuples comment l'Angleterre comprend le mot de protectorat. Quand, dans un voyage en Orient, on va par Malte, et qu'on revient par Corfou ; quand on voit ainsi la clé de la Méditerranée et celle de l'Adriatique placées entre les mains d'une puissance qui ne possédait ni l'une ni l'autre, il y a quarante ans; quand on examine les ouvrages à l'aide desquels cette puissance a rendu plus formidables encore des positions déjà si fortes, on ne peut s'empêcher, si l'on n'est pas Anglais, de faire sur soi-même un retour douloureux. Quoi qu'il en soit, Corfou, comme Malte, appartient à l'Angleterre, qui ne s'en dessaisira pas; mais peut-être est-il moins impossible que, dans sa facile générosité, elle consente quelque jour à rendre à la Grèce Cérigo, Zante, Sainte-Maure, Ithaque, Céphalonie, possessions sans utilité pour elle, et qui compléteraient heureusement le territoire grec. La Grèce surtout, si l'Épire s'y trouvait comprise, n'en resterait pas moins sous le feu des batteries de Corfou.

La Grèce se développant librement et pacifiquement dans ses limites actuelles, la Grèce s'assimilant les provinces helléniques qui sont restées sous la domination musulmane, la Grèce devenant le noyau d'un grand empire gréco-slave, dont le siége serait à Constantinople : telles sont les trois solutions qui se présentent à l'esprit, et qui se débattent à Athènes.

Eh bien! de ces trois solutions, la première, en définitive, n'exclut pas la seconde, ni la seconde la troisième. Plus la Grèce actuelle saura se faire heureuse et libre, plus les provinces qui l'entourent se sentiront attirées vers elle. Cette seconde phase accomplie, la troisième enfin, en supposant qu'elle soit possible, ne s'en accomplira elle-même que plus facilement. La conséquence, c'est que, sans renoncer à cette confiance dans leur avenir, à cette foi en eux-mêmes qui leur donne sur les Turcs une supériorité si marquée, les Grecs doivent surtout s'occuper de la Grèce actuelle et en tirer parti. Il est commode, pour excuser ses fautes, pour pallier ses échecs, de s'en prendre aux limites qu'on a reçues, et de dire qu'on ne peut vivre sans l'Épire, sans la Thessalie, sans la Macédoine; mais cela n'est pas vrai, et, de plus, cela n'est pas politique. Pour ma part, je fais des vœux sincères pour la grandeur de la Grèce, et je souhaite que les provinces dont il s'agit lui appartiennent un jour; c'est là même, selon moi, la pierre de touche véritable de l'intérêt que portent à la Grèce les trois puissances protectrices : c'est ce qui fait que l'influence française en Grèce est plus légitime que les autres, parce qu'elle est plus libérale et plus désintéressée. Il ne m'en semble pas moins que la Grèce manquerait à sa mission, à son devoir, si elle négligeait ses progrès intérieurs pour se jeter tête baissée dans d'aventureuses entreprises. On compromet quelquefois un avenir certain pour vouloir le hâter; on manque le but pour y viser trop vite. La Grèce a un sol à cultiver, des finances à refaire, une marine à recréer. Qu'elle s'y dévoue sérieusement, avec constance, avec fruit; sa voix sera bien plus forte alors, quand elle parlera soit à ses frères de Turquie, soit aux puissances européennes.

Mais ce que dès aujourd'hui elle peut faire dans la pensée de son avenir, c'est de supprimer, c'est d'abolir toutes les absurdes distinctions qu'elle vient de créer elle-même entre les Grecs du dedans et les Grecs du dehors. Pourquoi, comme le voulait la constitution d'Épidaure, tout Grec du dehors qui viendrait se fixer en Grèce ne pourrait-il pas, par une simple déclaration, acquérir la nationalité?... Que la Grèce y pense : il y a une étrange contradiction à rêver l'assimilation de la Grèce extérieure et à lui fermer, quand elle se présente, les portes de la cité. Et si cette contradiction n'avait pour tout motif que le désir si bas, si misérable, d'accaparer les fonctions publiques rétribuées, en diminuant le nombre des concurrens: si l'on sacrifiait ainsi les grands intérêts du pays, ceux que l'on proclame soi-même, au plus sordide des calculs, que voudrait-on que l'Europe pensât de la Grèce, et comment pourrait-on appeler à soi la sympathie des ames élevées? Je le dis sans hésiter, le fameux décret des hétérochtones est de tous les actes de l'assemblée nationale le seul qui ne soit pas digne d'elle. Heureusement ce n'est qu'un décret contre lequel des voix généreuses ont protesté; il appartient à son adversaire le plus éloquent, à M. Coletti, d'en obtenir le rappel.

Au moment où je termine (2 octobre), je reçois deux journaux athéniens (l'*Observateur* et le *Courrier d'Orient*), tous deux rédigés dans un excellent esprit, et qui m'apprennent que, le 15 sepembre, l'anniversaire de la révolution a été célébré au milieu d'un enthousiasme unanime, et que le 19 la session parlementaire s'est ouverte sous les plus favorables auspices. Il parait qu'au lieu de se briser, l'union de MM. Coletti et Metaxas s'est resserrée, et qu'ils sont bien déterminés à surmonter ensemble les difficultés qui les attendent. Il paraît aussi que les conseils de la modération sont écoutés, et que le cabinet, comme la majorité de la chambre, se défendront de toute réaction. Si ces bonnes dispositions se maintiennent, un grand pas sera fait pour l'affermisssement des institutions représentatives. Par malheur, chez les descendans des anciens Hellènes, l'eau coule vite et change souvent de lit. Espérons qu'il n'en sera pas ainsi cette fois, et qu'un peu de repos, un peu de stabilité succédera enfin à tant d'agitation et de mobilité.

Dans cet examen des affaires grecques, j'ai cherché à éviter tout esprit de parti. Il m'est pourtant impossible de ne pas faire remarquer en finissant que, deux fois en un an, la politique ministérielle a reçu en Grèce un éclatant démenti. En 1843, M. Guizot était parvenu à réunir la France et l'Angleterre dans une pensée commune, celle qu'une constitution ne valait rien en Grèce, et qu'on devait s'y contenter de quelques institutions administratives. C'est précisément alors qu'éclata le mouvement de septembre, et que la Grèce, se soulevant tout entière, demanda et obtint une constitution. M. Guizot accepta de bonne grace le fait accompli; puis il proclama à la face de la France et de l'Europe que le bon accord des légations anglaise et française n'était point un fait accidentel et passager, mais un fait permanent et nécessaire, un fait qui devait diriger et dominer toute la situation. Au bout de six mois, le bon accord des deux légations avait cessé, et chacune aujourd'hui suit sa voie. C'est pourtant une chose grave que de se tromper si souvent, et, quand on marche ainsi à l'aveugle, il est difficile que l'on arrive au but. Heureusement, je l'ai dit et je le répète, l'influence française n'a pas été vaincue en Grèce avec la politique ministérielle. Il faut en savoir gré au ministre de France, qui, en septembre 1843 comme en août 1844, n'a consulté que l'intérêt des deux pays, et s'est jeté bravement sur la brèche sans craindre de compromettre sa responsabilité. Il faut en savoir gré surtout à l'admirable instinct dont les Grecs sont doués. Les différentes opinions en France ont pu, à diverses époques, juger diversement la situation de la Grèce, et se reprocher mutuellement quelques fautes. La Grèce n'en sait pas moins que, si nous différons sur la conduite à tenir, nous n'avons tous en définitive qu'une pensée et qu'un but.

Ministère et opposition, membres du centre ou de la gauche, partisans même ou adversaires du gouvernement établi, nous voulons tous

une Grèce indépendante et libre, une Grèce qui échappe au protectorat continental de la Russie comme au protectorat maritime de l'Angleterre, une Grèce qui vive de sa propre vie et qui tienne une bonne
place dans le monde. Sur ce terrain, tous les partis se donnent rendez-vous, toutes les opinions tendent à se confondre. Qu'averti par
son double échec, le ministère français ne place donc plus toutes ses
espérances sur une base étroite et fragile; qu'il ne répudie aucun
concours, mais qu'il n'aliène au profit d'aucun la liberté de son action;
qu'il n'aille pas jusqu'à dire, comme M. Guizot après la formation du
ministère Maurocordato, « que la France soutiendra tout ministère
qui aura la majorité dans les chambres, » car une majorité corrompue
pourrait enfanter un ministère anti-national; mais qu'il dise que tous
les vrais amis de la Grèce sont les nôtres, et que le parti national,
quels que soient ses chefs, aura toujours le droit de compter sur
les sympathies de la France et sur son appui. Une telle conduite, un
tel langage, seront appréciés en Grèce comme en France, et porteront
leurs fruits.

Mais, je le répète une dernière fois, si le présent ne doit pas être
sacrifié à l'avenir, il ne faut pas non plus que l'avenir soit oublié, méconnu, négligé. Il ne faut pas que la France, quand l'Angleterre et la
Russie veillent, laisse endormir sa prudence et attende passivement,
sans but et sans plan, les événemens qui se préparent. Il ne faut pas
que, dans son amour du *statu quo*, elle ne voie rien au-delà. Il ne faut
pas surtout qu'incertaine et vacillante, elle ait une politique à Athènes,
une autre politique à Constantinople, sans qu'elle se mette en peine
de les rattacher l'une à l'autre. Avant 1840 aussi, la France a eu en
Orient deux pensées, deux tendances, deux langages, l'un à Constantinople, l'autre à Alexandrie, et l'on sait ce qui en est advenu. C'est
assez d'une fois. « L'une et l'autre conduite peut se tenir » est, j'en
conviens, une maxime commode et, depuis quatre ans surtout, fort
en crédit. Cette maxime pourtant a ses inconvéniens, celui entre autres de se laisser toujours surprendre partout, et de n'être jamais
en mesure de lutter contre rien. Grace à Dieu et à la fortune de la
France, les faiblesses, les échecs des dernières années n'ont pu parvenir à nous enlever toute force morale et toute influence en Orient.
Le levier existe donc, l'instrument est créé. Il reste à savoir ce que
l'on veut en faire et à oser s'en servir.

P. DUVERGIER DE HAURANNE.

ESSAYISTS ANGLAIS.

III.

SYDNEY SMITH.

The Works of the rev. Sydney Smith.

M. Sydney Smith a été l'un des fondateurs de la *Revue d'Édimbourg*, et c'est, de tous les écrivains qui appartiennent à la belle époque de ce célèbre recueil, celui dont le talent était le plus populaire. Membre du clergé anglican, M. Sydney Smith remplissait vers la fin du dernier siècle, comme il nous l'apprend lui-même, l'humble poste de curé dans la plaine de Salisbury, quand il l'échangea pour les fonctions non moins ingrates de précepteur auprès d'un jeune homme qui se rendait à l'université de Weimar. La guerre continentale lui ayant fermé le chemin de l'Allemagne au moment où il se préparait à passer la mer, il prit le parti de tenter la fortune à Édimbourg. Fixé dans cette ville savante, il s'y lia bientôt avec Jeffrey, Brougham, Murray et plusieurs autres membres de la *Speculative Society*, qui, alors inconnus comme lui, étaient destinés tous à se faire un nom dans les lettres et la politique. Il est fâcheux que M. Sydney Smith, dont la répugnance à parler de lui-même est grande, n'ait dit

que quelques mots en passant sur cette époque si intéressante de sa
vie. Sa spirituelle gaieté eût animé singulièrement un récit où il nous
aurait raconté par quels degrés ces studieux jeunes hommes, dont
l'amitié exerça une influence si grande sur leur avenir, en vinrent à
vouloir examiner, dans une publication périodique, toutes les questions philosophiques et morales qui ont, dans tous les temps, attiré
les grandes intelligences, et que, jusque-là, ils s'étaient contentés de
débattre entre eux. M. Sydney Smith se borne à nous apprendre, avec
le laconisme qui lui est ordinaire, que se trouvant un jour au huitième
ou neuvième étage que Jeffrey, jeune et pauvre alors, habitait dans
Buccleugh-Place, l'idée lui vint de proposer l'établissement d'une
revue; que cette idée fut accueillie par ses amis avec acclamation;
qu'il se trouva seulement en désaccord avec eux sur le choix de l'épi-
graphe latine à placer sous le titre, et qu'enfin, nommé *editor* ou
directeur du nouveau recueil, il resta juste assez de temps à Édimbourg pour en faire paraître la première livraison.

Heureusement, les collaborateurs de M. Sydney Smith n'ont point
imité sa réserve, ou plutôt son indifférence; les mémoires de Francis
Horner, publiés l'année dernière à Londres, contiennent de curieux
détails sur l'histoire pour ainsi dire intime de la *Revue d'Édimbourg*.
Ils font connaître les difficultés d'exécution, les obstacles très sérieux,
quoique ignorés du public, que toute entreprise honnête et sérieuse
de critique rencontre au dedans de soi, alors même qu'elle vient se
placer au milieu des circonstances les plus favorables, entre une littérature féconde et de grandes choses à faire en politique, lorsque tout
semble enfin appeler l'avènement des talens et des ambitions d'une
certaine valeur. Avant d'arriver à l'examen des écrits de M. Sydney
Smith, montrons les commencemens de l'œuvre à laquelle il devait
prendre une part si active.

Dans les associations les plus libres, il y a toujours un homme qui
finit par exercer sur ses égaux une autorité d'autant plus légitime,
qu'il la doit seulement à l'irrésistible ascendant de sa supériorité.
Telle paraît avoir été la position de Jeffrey au milieu de ses amis.
C'est chez lui qu'ils se réunissaient, c'est à lui qu'ils confiaient leurs
espérances et leurs projets; il était l'ame, en un mot, de ce commerce
charmant et délicat qui fit éclore tant d'esprits distingués; il fut ensuite le lien commun qui les rapprocha dans l'absence, quand des fortunes diverses les forcèrent de se disperser et de choisir leurs chemins. Je ne veux pas contester à M. Sydney Smith l'honneur (et c'en est
un assurément auquel il doit tenir) d'avoir le premier songé à créer

la *Revue d'Edimbourg;* mais quand même Jeffrey n'aurait pas un peu contribué à lui inspirer cette idée, il est évident que celui-ci seul avait la force et l'énergie qu'il fallait pour diriger une pareille publication, et même empêcher qu'elle échouât avant que de paraitre. Horner le fait assez entendre dans ses mémoires, sans les efforts de Jeffrey, elle n'aurait jamais vu le jour. « C'est vers la fin de l'hiver dernier, écrit-il en 1802, que le plan de la *Revue* fut arrêté entre nous trois, Jeffrey, Sydney Smith et moi; ce plan fut communiqué aussitôt à Murray, Allen, Hamilton. Quant à Brown, Brougham et les deux Thompson, ils donnèrent successivement leur adhésion. »

Dès-lors nous voyons Jeffrey occupé seul à recueillir les élémens de la première livraison. Au mois d'avril, cette livraison n'est guère avancée; Jeffrey confie à Horner tous les embarras qu'il éprouve. « J'ai commencé ce matin l'article sur Mounier, lui mande-t-il; malheureusement nous sommes en retard et nous laissons échapper quelques symptômes de découragement; déjà l'on réclame contre la date fixée pour notre première apparition, et l'on semble à présent vouloir un délai qui pourrait bien nous être fatal. Cependant il y a quelque chose de fait, et plus encore, je l'espère, en voie d'exécution. Smith est parvenu à la seconde moitié de sa tâche; Hamilton aussi. Allen a fait quelques progrès. Pour ce qui est de Murray et de moi, nous avons accordé nos instrumens, et nous sommes presque prêts à commencer. D'un autre côté, Thompson est malade; Brown ne s'est engagé à examiner que les comédies de miss Baillie, et Timothée, loin de prendre aucun engagement, a déclaré l'autre jour qu'il croyait bien qu'il ne noircirait jamais de papier pour notre cause. Quant à Brougham, vous savez avec quel entrainement il accueillit d'abord notre idée et comme il nous promit, sans hésiter, de nous fournir au moins deux articles. Il y a quelques jours, je lui proposai deux ou trois ouvrages qui me semblaient devoir lui convenir; il m'a répondu très gaiement que son opinion n'était plus tout-à-fait la même à l'égard de notre entreprise, et qu'il était plutôt éloigné maintenant d'y prendre part. »

Ce fragment de la correspondance de Jeffrey contient la liste à peu près complète des premiers écrivains de la *Revue d'Edimbourg.* Dans le nombre se trouvent des noms qui nous sont familiers; d'autres sont moins connus généralement hors de l'Angleterre. Jeffrey, Brougham, Horner, à qui ses travaux sur les questions financières ont fait une réputation méritée, et qui entra dans la chambre des communes dès 1806, à l'âge de vingt-huit ans; Murray, devenu lord avocat d'Écosse en 1836, puis juge de la cour de session (*court of session*) dans le

17.

même royaume en 1839; Sydney Smith, enfin, sont les écrivains qui, par leur collaboration active, par l'union étroite de leur talent et de leurs efforts, par la généralité de leurs *essays* critiques, ont fait le caractère et la célébrité de la *Revue d'Édimbourg*. Les autres, savans d'un mérite solide, y ont représenté les branches diverses des connaissances humaines, toutes ces nobles études qui jetaient au commencement du siècle un si vif éclat sur l'Athènes du nord. Aux noms cités dans la lettre de Jeffrey il faut ajouter celui de Playfair. Brown a occupé la chaire de philosophie morale illustrée par Dugald-Stewart; le docteur Thompson a été professeur de pathologie dans la vieille université écossaise; l'autre Thompson (celui qui est désigné sous le nom de Timothée) était simple *advocate;* Alexandre Hamilton est devenu depuis professeur de sanscrit à Heyleybury, et Allen enfin, alors chirurgien à Édimbourg, est maintenant directeur du collége de Dulwich.

Si l'on songe qu'aux hésitations inséparables de tout commencement vinrent se joindre des difficultés d'exécution matérielle, on ne sera pas étonné qu'il ait fallu plus de six mois pour la composition du premier numéro de la *Revue d'Edimbourg*, et qu'elle n'ait enfin paru qu'au commencement de novembre 1802. Parmi les promoteurs de ce recueil, il ne s'en trouvait aucun qui eût de la fortune et qui ne fût étranger en même temps, comme on l'est toujours avec des convictions, à tous ces vils calculs de l'intérêt qui perdent les entreprises de la pensée; ils n'avaient qu'un but, c'était de communiquer avec le public; cette passion triompha de tous les obstacles. Cependant leurs ressources étaient si restreintes, telle était la modestie de leurs espérances, qu'ils n'osèrent aventurer dans un premier essai plus de sept cent cinquante exemplaires. Ils eurent le bonheur de voir cette édition épuisée en moins de quinze jours. Ils avaient donc fait sensation, ils n'en pouvaient plus douter; mais que pensait-on de la *Revue* et d'eux-mêmes? Horner s'en préoccupe; on retrouve la trace de cette inquiétude dans le journal où il consigne méthodiquement toutes ses réflexions à mesure qu'elles lui viennent : « Je dirai l'accueil que notre premier numéro a reçu à Édimbourg, car nous ignorons encore quelle aura été sa destinée à Londres. Au total, je ne crois pas qu'il nous ait fait beaucoup d'honneur (*I do not think we have gained much character by it*) : ce n'est pas qu'on l'ait trouvé sans mérite; mais la sévérité des jugemens, l'esprit de dénigrement qui perce dans quelques articles, ont déplu à beaucoup de monde. Il faudra que nous adoucissions notre ton dans la prochaine livraison, et que nous montrions plus d'indulgence pour la sottise et le mauvais goût. Jeffrey est, de

nous tous, celui que cette publication aura mis le plus en relief; on
sait généralement, dans le public, quelles sont les pages qui viennent
de lui, et sans comparaison ce sont les meilleures de la *Revue*. » Ainsi,
à peine la critique honnête venait de s'établir au milieu, je devrais
dire au-dessus des journaux littéraires sans dignité, sans conscience,
dont l'Angleterre et l'Écosse étaient inondées alors, à peine avait-elle
prouvé par la hauteur de ses vues, par une élégance peu commune de
style et de pensée, et surtout par un parti pris de franchise, qu'elle
voulait se soustraire à la double tyrannie des auteurs et des libraires,
que déjà les amours-propres blessés au vif et la spéculation alarmée
criaient au public qu'elle allait trop loin, et réussissaient presque à la
troubler elle-même. Jeffrey s'était attendu à cette première défaveur;
plus ferme que Horner, il ne perdit point son temps à tâter pas à pas
le terrain de l'opinion; il avait accepté bravement, avec les fonctions
d'*editor*, les dégoûts, les faux jugemens, les calomnies même qui en
tout temps ont rempli d'amertume la vie des hommes de cœur engagés dans les luttes de la critique : trop heureux quand il n'avait que
de pareils ennuis à supporter! Ses plus graves soucis lui venaient de
ses collaborateurs mêmes, dont il avait à réveiller le zèle ou à gour-
mander la paresse. Quelques-uns quittèrent Édimbourg vers la fin
de 1802; M. Sydney Smith retourna en Angleterre, où il reprit ses
fonctions ecclésiastiques; Horner se rendit à Londres pour y étudier
de plus près les grandes questions d'économie et de finances. Il fallut
que Jeffrey entretînt une correspondance suivie avec ses amis dispersés, qu'il pressât de loin leurs travaux, et rassemblât non sans
peine les matériaux incertains de chaque livraison. C'étaient là de petites misères dont le public ne se doutait point, mais qui mettaient
souvent sa constance à de cruelles épreuves et avaient fini par nuire
à ses travaux littéraires : « Vous dites, écrivait-il à Horner en 1804,
que je ne produis pas assez. En peut-il être autrement? Je perds tant
de temps à stimuler mes fournisseurs retardataires, qu'il ne m'en
reste guère pour faire quoi que ce soit. Je commence à croire qu'en
ceci, comme dans bien d'autres cas, les fonctions d'*editor* sont incompatibles avec le métier d'auteur. Une autre raison de mon apparente
paresse, c'est qu'en ma qualité de patron de la fête, je prends ma
place le dernier, et il m'arrive souvent de trouver la table envahie par
les convives sans que je m'en sois aperçu. » Ce ne sont pas là les seuls
embarras que ses confidences révèlent. Jeffrey songe à une foule de
sujets qu'il ne peut traiter lui-même; il faut qu'il se mette en campagne pour trouver les écrivains les plus capables de les faire valoir.

Il voudrait aussi amener les littérateurs et les poètes en réputation à lui prêter le concours de leur talent. Déjà sir Walter Scott s'était rendu à son appel, mais cette adjonction brillante ne lui suffisait point : « Quand viendront Wordsworth et Southey? demande-t-il dans la lettre dont. je viens de parler. N'avez-vous pas ·Campbell? Que fait-il? »

Jeffrey cherchait ainsi, sans s'en douter, à se créer des obstacles bien plus grands que ceux qu'il avait rencontrés jusqu'alors; il ignorait encore que les critiques et les poètes, que le juge et le patient (ce dernier mot soit dit sans antiphrase), ne sauraient s'accorder ensemble, et qu'entre eux, tôt ou tard, la rupture est inévitable. De son côté, Walter Scott, trompé par son amitié pour Jeffrey, s'imagina de bonne foi qu'il vivrait toujours en bonne intelligence avec une *Revue* que sa propre fécondité forçait à parler souvent de lui, ou peut-être crut-il désarmer cette terrible ennemie en vivant côte à côte avec elle. Son illusion à cet égard alla si loin, qu'il engageait encore Southey, un an avant la création du *Quarterly Review*, à imiter son exemple. « Comme vous faites parfois des articles de *Revue*, écrivait le célèbre romancier au futur poète-lauréat en 1807, me permettrez-vous de vous soumettre une pensée qui m'est venue? Vous en ferez, du reste, ce que vous voudrez. Je suis persuadé que Jeffrey s'estimerait à la fois heureux et honoré, si vous lui envoyiez des travaux sur des livres de votre choix, où vous exprimeriez librement, bien entendu, vos opinions personnelles. Chaque article de la *Revue* est payé dix guinées, et ce prix sera augmenté bientôt, etc. » Southey déclina l'offre de sir Walter Scott, s'excusant sur ce que ses opinions en politique différaient trop de celles de Jeffrey; mais il avait sur le cœur la critique de *Thalaba*, et, barde anglais aussi rancunier que Byron, il ne pardonnait point au *reviewer* écossais d'avoir maltraité ses vers.

Depuis que les œuvres des poètes sont justiciables de la presse, la politique est le prétexte ordinaire des ressentimens qu'ils nourrissent contre elle. On fait bon marché de ses écrits; on se soucie bien de ce qu'un critique peut dire : qu'il blâme à son aise, puisque tel est son droit; mais l'on est citoyen avant d'être auteur, et si l'on se brouille avec un journal qui pense mal de vous, c'est tout simplement parce qu'il a choqué l'opinion de votre parti. Le torysme de Walter Scott ne l'avait pas empêché de s'associer aux premiers travaux des fondateurs d'une *Revue* consacrée à la propagation des principes whigs; mais quand il eut compris que cette familiarité n'apaisait pas leur justice, il s'avisa de penser qu'un écrivain *loyaliste* ne pouvait frayer plus long-

temps avec les adversaires du régime existant. Il est vrai qu'il feignit
de croire, et son biographe, M. Lockhart, l'a répété depuis, que la
Revue d'Édimbourg était d'abord destinée à être un terrain neutre
où toutes les opinions devaient se donner la main ; il prétendit que
Brougham avait manqué le premier à cette convention tacite. Un vieux
tory cité par M. Lockhart va même jusqu'à attribuer ce changement
aux dédains de Pitt, qui ne sut pas attirer à lui ces brillans jeunes
hommes alors qu'ils n'étaient point passés encore dans le camp ennemi. Il fallait avoir bien mal lu les premiers articles qu'ils publièrent
pour se tromper ainsi sur leurs tendances. Du reste, je ne veux point
dire que Walter Scott ne fut pas vivement blessé dans ses sentimens
de tory par le fameux article de Brougham sur l'Espagne; mais croit-
on que, si la critique de *Marmion* n'avait point paru auparavant, il aurait fait un éclat, et qu'il fut bien fâché de voir arriver à point nommé
une cause avouable de rupture? L'anecdote suivante, rapportée dans
les mémoires publiés par M. Lockhart, donne quelque vraisemblance
à notre hypothèse. Jeffrey, dans l'examen de *Marmion*, avait montré
un trop vif désir de ménager la susceptibilité du poète pour que celui-
ci pût lui témoigner combien il était piqué de ce que son dernier livre
n'avait pas eu *l'heur de lui plaire*, et pour mieux déguiser son dépit,
il avait poussé l'héroïsme jusqu'à prier son critique de venir prendre
à sa table sa place accoutumée. Le repas fut froid, la conversation
languissante; les deux amis qui allaient cesser de l'être, en tâchant de
se cacher leur commune préoccupation, comme c'est l'ordinaire en
pareil cas, la rendaient plus visible. Cependant Walter Scott avait fait
bonne contenance jusqu'au bout, et Jeffrey serait sorti sans connaitre
les colères qu'il avait allumées, si Mme Scott, moins habile à feindre,
et surtout moins faite aux usages du monde, n'eût trahi les secrets
du ménage au moment même où Jeffrey prenait congé d'elle : « J'espère, lui dit-elle d'un ton d'aigreur que son accent écossais rendait
plus désobligeant encore, j'espère que M. Constable (le libraire de la
Revue) vous aura bien payé pour écrire l'article. » Depuis ce moment,
il est presque superflu de le dire, Walter Scott et Jeffrey ne se revi-
rent plus.

Ainsi, la querelle de la critique et de la poésie est éternelle; il faut
renoncer à les voir s'accorder jamais. Les empires peuvent disparaître,
les sociétés se renouveler, l'influence des temps, des mœurs, du climat, modifier les penchans de l'art, des révolutions littéraires consacrer
des poétiques nouvelles, l'amour-propre des poètes est plus immuable
encore que le cœur humain. Depuis le premier vers qui a surnagé sur

l'océan du passé jusqu'à la rime échappée de la veille, il n'est pas sorti une syllabe du cerveau des poètes sur laquelle la critique ait pu porter la main sans sacrilége. Les plus beaux génies et les plus médiocres écrivains semblent s'être donné le mot pour appeler sur leurs juges les foudres de la postérité; dans notre siècle inventif, des artisans littéraires ont été jusqu'à invoquer contre eux la vengeance des lois. Et pourtant, depuis le temps qu'elle existe, les hommes de fantaisie et d'imagination devraient bien avoir pris leur parti sur les libertés de la critique; ils devraient bien plutôt s'alarmer de son silence, de son abaissement, ou, ce qui revient au même, de ses complaisances, car elle n'a jamais été vive et puissante qu'aux époques marquées par les plus belles productions de l'esprit humain, et quand la fatigue ou la corruption s'est glissée dans son sein, la décadence de la littérature contemporaine ne s'est pas fait attendre. Du reste, s'il est un exemple qui doive fortifier les hommes appelés à juger les œuvres de la poésie, c'est de voir un recueil comme la *Revue d'Édimbourg*, où la critique réunissait tous les élémens d'autorité, le talent, la chaleur des convictions, le désintéressement, la conscience, soulever contre elle la colère des plus grands écrivains de l'Angleterre, s'aliéner Walter Scott, répugner à Southey, inspirer la verve satirique de lord Byron, et cependant, impassible au milieu de ces orages, laisser sur tous ces hommes qui la détestaient, ou du moins la craignaient, des appréciations, presque exemptes de sentimens personnels, dont il n'est personne aujourd'hui qui ne reconnaisse la profondeur, la solidité, la justice.

La critique politique de la *Revue d'Édimbourg* mérite les mêmes éloges. Qui ne sait pourtant combien, sur ce terrain où les questions se personnifient nécessairement dans les hommes, où les évènemens jettent sur les principes des ombres si mobiles, les écueils sont plus nombreux, la route de la vérité plus étroite et plus difficile à tenir? Là aussi la *Revue d'Édimbourg*, sans avoir été exempte d'erreurs, a su éviter les grandes chutes. Cette bonne fortune, je l'attribue également au caractère de ses écrivains. Brougham, que sa fougue emportait quelquefois trop loin, n'avait pas encore montré cette versatilité qui l'a perdu plus tard, quand il est arrivé au faîte des honneurs : la vivacité de son imagination ne donnait que plus d'éclat à ses convictions ardentes. Chez tous les autres, il y avait un fonds de raison et un sentiment de la juste mesure qu'il convient de garder dans la discussion des intérêts publics qui tempéraient en eux la passion. Ainsi M. Sydney Smith, doué de facultés qui semblent s'exclure, a su maintenir entre elles un juste équilibre qu'on ne saurait trop admirer. Esprit moqueur

et que l'on pourrait croire entraîné irrésistiblement vers la satire, il
semble qu'il dût être l'homme le moins propre à toucher aux problèmes difficiles qui résultaient de la condition politique et sociale de
sa patrie à l'époque où il a commencé à écrire. Cependant personne
ne les a discutés plus sérieusement au fond; personne, sous une apparence de légèreté, n'a montré plus de suite dans ses opinions, un jugement plus ferme et des croyances plus chaleureuses. C'est un écrivain si singulier, et par son excentricité même, et par le contraste que
son sens droit et son inflexible honnêteté de cœur présentent avec la
bizarrerie de sa forme, qu'il n'est aucun de nos publicistes, je devrais
dire de nos pamphlétaires, si le mot n'était pas trop discrédité, avec
qui je pourrais le comparer.

M. Sydney Smith appartient à la classe des écrivains qui ont reçu en
Angleterre le nom d'humoristes. Il ne faudrait pas pourtant donner à
cette désignation le sens que nous y attachons généralement. L'*humour*, par cela même que le mot est intraduisible en français, est un
genre de talent dont nous ne nous rendons pas bien compte, et qui a
une signification trop exclusive chez nous. Au fond, ce n'est pas tant
une qualité de l'individu qu'une face du caractère national. De même
qu'il y a des figures anglaises, il y a aussi un esprit anglais, qui n'est
pas l'esprit de tout le monde, qu'un étranger peut comprendre, mais
qu'il ne saurait s'assimiler comme il fait de l'esprit français. La physionomie indéfinissable de cet esprit, c'est l'*humour*. Tout Anglais est
humoriste né, et M. Sydney Smith l'est en proportion de son esprit.
Cette explication est nécessaire, parce qu'en prenant droit de bourgeoisie dans notre langue, le mot d'écrivain humoriste a dévié de son
origine. Il représente à nos yeux un esprit plein de caprices et de lu-
bies, un auteur qui a des nerfs comme une femme, sensible au froid
et au chaud, voyant rose à présent et disant noir la seconde d'après;
un homme enfin chez qui le tempérament règle tout, les opinions,
les préférences, les idées, c'est-à-dire ne règle rien. Je n'aime pas,
je l'avoue, que ceux qui sont forcés par leur nature d'obéir à de soudaines et explicables influences, aux mille réactions du monde extérieur sur le cerveau, touchent aux choses sérieuses de la critique.
Autant on prend plaisir à suivre le poète que la fantaisie emporte, dont
la muse rêveuse bat les buissons de la fiction à la manière des écoliers
qui n'ont jamais d'autre but que de ne pas arriver, autant on finit par
trouver insupportable le juge qui s'empare d'un fait, d'un homme, ou
d'une idée, pour nous parler de ses chimères, pour attirer sans cesse
l'attention sur lui-même, qui, ne connaissant d'autre loi que son hu-

meur de l'instant, soit qu'il écrive de bonne foi ou qu'il plaisante,
finit toujours par mystifier le lecteur. Telle est l'idée qu'on se fait
communément des humoristes parmi nous. Or, personne ne ressemble
moins à ce portrait que M. Sydney Smith. Avant tout, c'est un homme
qui a des convictions, qui sait d'où il part et où il va, et personne n'est
plus fermement attaché que lui à certains principes invariables. Il n'a
d'un humoriste que l'esprit, de bizarre et de capricieux que la forme;
chez lui, le cœur est sympathique et chaleureux, l'ame est constante,
et toutes ses facultés s'emploient au service de la cause que, de concert avec ses amis d'Édimbourg, il s'est promis de défendre. Et, ce qui
est bien remarquable en lui, c'est la sûreté de son jugement, c'est la
clarté pénétrante de sa raison; l'esprit qu'il a n'est autre chose que le
relief de son bon sens. Dans tout ce qui est injuste et mauvais, il découvre vivement le côté grotesque, et son art consiste à faire ressortir
la relation constante de l'absurde et du faux, que nous n'apercevons
pas toujours dans le monde moral, et que la passion nous cache plus
souvent encore dans l'ordre des idées politiques.

Du reste, nous ne saurions mieux définir cette nature d'esprit, en
apparence fantasque et railleuse, au fond très sérieusement appliquée
à des objets sérieux, qu'en rappelant ici ce que M. Sydney Smith lui-
même a dit de sir James Mackintosh, qui a passé à bon droit pour l'un
des hommes les plus spirituels de l'Angleterre. « Sir James, a-t-il écrit
quelque part, n'avait pas seulement de l'*humour*, il avait aussi de l'esprit (*wit*); du moins, dans ses raisonnemens, des rapports soudains
et nouveaux d'idées illuminaient sa pensée, produisaient sur l'auditoire le même effet que l'esprit, et auraient passé pour tels, si le sentiment instantané de leur valeur et de leur utilité avait laissé le pouvoir d'admirer leur nouveauté, et ne leur avait mérité le nom plus
élevé de sagesse (*wisdom*)..... La justesse de la pensée était un des
traits fortement accusés de son intelligence; sa tête était de celles où
la sottise et l'erreur ne peuvent prendre racine.... Si le talent de conversation qui le distinguait lui avait servi seulement à soutenir de
brillans paradoxes, il aurait bientôt fatigué ceux qui l'écoutaient; mais
personne ne pouvait vivre long-temps dans l'intimité de sir James sans
trouver qu'il possédait l'art de dissiper le doute, de corriger l'erreur,
enfin d'étendre les limites et de fortifier les fondemens de la vérité. »

Il semble que, pour dessiner ce portrait de sir James Mackintosh,
M. Sydney Smith se soit étudié involontairement lui-même. Ces qualités
utiles de l'esprit qu'il admirait dans l'homme célèbre dont il fut l'ami,
ce sont précisément celles qui caractérisent son talent; dans son in—

telligence non plus la sottise et l'erreur ne sauraient germer. Être utile en combattant l'erreur, voilà le but qu'il s'est proposé sans cesse, et il peut avoir l'orgueil d'y être parvenu plus d'une fois. N'est-il pas admirable qu'un homme d'esprit ait compris l'emploi sérieux qu'on peut faire d'un mérite qui paraît propre seulement à distraire et à divertir, et que, doué comme il l'était, au lieu de se laisser prendre au faux éclat des paradoxes, il ait regardé la raison et la vérité comme l'accompagnement indispensable de l'esprit, il se soit donné ce précepte pour guide, que l'esprit doit servir à quelque chose?

Voilà ce qui fait que M. Sydney Smith a pu rendre des services éminens au parti dont la *Revue d'Édimbourg* développait les nobles principes. Au lieu de se faire l'écho de ses propres caprices et de n'être qu'un de ces railleurs sans consistance et sans dignité qu'on n'écoute plus dès qu'ils cessent d'être plaisans, il a su élever la satire politique au-dessus des régions inférieures de la polémique et de l'invective, en lui donnant pour mission d'atteindre le mal par le ridicule, et, comme on l'a dit pour la comédie de mœurs, de corriger l'erreur en riant. Cette comparaison peut sembler singulière, mais je ne l'aventure point. J'ai considéré l'ensemble des écrits de M. Sydney Smith, j'ai rapproché les différens travaux auxquels il s'est dévoué pendant le cours de son honorable carrière, ses plaidoyers en faveur de l'Irlande et pour l'émancipation catholique, ses réflexions sur les méthodistes, sur la réforme des lois pénales, etc., et de cet examen attentif il m'est resté cette impression qu'en effet ce mordant écrivain n'a été inspiré que par une pensée, de détruire l'erreur en politique dans toutes ses personnifications, sous tous ses déguisemens, en tant qu'elle lui a semblé être un obstacle aux progrès de la civilisation et à la prospérité de sa patrie. Et, pour la combattre avec plus de succès, il a surtout attaqué sa forme la plus vulnérable, la sottise. Boileau dit quelque part que ce qui détermina sa vocation pour la satire, ce fut la haine d'un sot livre. M. Sydney Smith dut éprouver de bonne heure une antipathie pareille, mais plus étendue et plus féconde, la haine de la sottise politique. On se rappelle le mot de M. Royer-Collard sur un orateur qui venait de descendre de la tribune. « C'est un sot, s'était écrié quelqu'un à côté de lui. — Non, c'est le sot, » répliqua finement le spirituel député. C'est précisément le sot dans ses rapports avec la politique qui a été l'objet des constantes attaques de M. Sydney Smith. Tout paradoxe à part, il faut bien en convenir, la sottise est en quelque sorte une puissance dans les pays libres. Les passions qui ont remué les multitudes, les idées qui les ont conduites vers un but, ne disparaissent pas aussitôt qu'elles ont cessé d'être utiles; elles demeurent fixées dans les esprits médiocres, c'est-à-dire chez le plus grand nombre, long-temps après que d'autres besoins ont appelé des idées et des passions nouvelles, et y dégénèrent peu à peu en préjugés et en lieux communs. Les masses qui les ont recueillies et qui les conservent avec entêtement peuvent constituer, sous la discipline des gens habiles, une milice ennemie de toute innovation, forte de son inertie, capable même d'enthousiasme, qui compte dans les affaires humaines pour beaucoup plus que l'on ne pense. En Angleterre, où les mystères du gouvernement constitutionnel ont été, par suite d'un plus long usage, bien plus approfondis que chez nous, la puissance politique des sots n'a jamais été mise en doute. Un homme d'état qui devait s'y connaître, Charles James Fox, avait coutume de dire, toutes les fois qu'il avait pris une résolution de quelque importance : « Je voudrais bien savoir ce que lord B..... en pensera. » Ses amis, qui savaient que lord B..... était un des hommes les plus nuls des trois royaumes, ayant fini par s'étonner qu'il tînt à connaître l'opinion d'un pareil personnage : « Son opinion, leur répondit Fox, a beaucoup plus de valeur que vous ne vous l'imaginez. Il est le représentant exact de tous les lieux-communs politiques et de tous les préjugés anglais. Ce que lord B..... pense de cette mesure, soyez-en certain, la majorité du peuple anglais le pensera. » Ce sont les lord B..... de tous les rangs et de toutes les professions qui ont exercé la verve de M. Smith et lui ont inspiré ses plus divertissantes boutades. Il a inventé tout un vocabulaire à leur intention : il les appelle des vieilles femmes en culottes; leur corporation, c'est la respectable *anilité* (*anilitas*) du royaume; leur empire grotesque, c'est le *doodledom*, néologisme plaisant qu'il est impossible de traduire. Il voudrait que chaque ministre eût auprès de lui, comme Fox, un *foolometer* (comme qui dirait *sotomètre*), une sorte d'éprouvette vivante qui permît de faire sur elle, sans qu'elle s'en doutât, l'épreuve de l'espèce entière, dans toutes les grandes occasions. Sur ce chapitre, M. Smith est intarissable, et, à la vivacité de certains de ses traits, on devine l'usage dangereux qu'il aurait pu faire de son talent pour la satire, si la conscience n'arrêtait pas, si la raison ne mesurait pas ses coups.

A l'époque où M. Sydney Smith a débuté dans la *Revue d'Édimbourg*, cette puissance des sots que j'ai essayé de définir était représentée par les *squires* et les *clergymen*, les hobereaux et les gens d'église, par ceux-ci surtout, dont les autres suivaient les leçons. Les *squires* avaient bien quelques préjugés qui leur étaient propres : ils tenaient vertueusement à quelques lois barbares qui protégeaient la propriété aux dépens du menu peuple; ils trouvaient tout simple que le malheureux qui avait tué un lièvre sur leurs terres fût déporté au-delà des mers, et que les clôtures de leurs parcs fussent hérissées d'armes à feu et d'embûches mortelles. A force de les tourner en ridicule, à force d'invoquer avec l'éloquence railleuse qui lui est particulière les plus simples principes de la charité chrétienne, M. Sydney Smith finit par faire honte aux législateurs de ces odieux privilèges, et l'on peut dire qu'il en a, plus que tout autre, hâté l'abolition. Les *clergymen* étaient des adversaires plus importans et plus forts; aussi est-ce contre eux qu'il a dirigé ses plus vives satires. Il devait bien les connaître, puisque, étant lui-même dans les ordres, il avait pu voir de près l'influence que les membres de l'église établie exerçaient sur l'opinion des masses. Étroitement liés avec les tories par des intérêts communs de conservation, ils avaient été, depuis les premiers jours de la révolution française, les instrumens les plus actifs de la politique de Pitt. C'est ainsi qu'en 1802 ils déclamaient contre la paix d'Amiens et annonçaient du haut du *pulpit* que tout était perdu, si l'Angleterre ne recommençait la guerre au plus tôt. Les plus emportés formaient une espèce de coterie de prédicateurs que M. Sydney Smith a caractérisée d'un trait en la nommant la *tribu des alarmistes*. Ils vivaient des idées de Burke, qui était mort depuis cinq ans, et parlaient avec horreur de la paix régicide, comme si le règne sanglant de la terreur menaçait toujours les aristocraties et les trônes. S'ils s'étaient bornés à s'emporter en chaire contre la révolution et les révolutionnaires, M. Sydney Smith, qui leur avait répondu indirectement à Édimbourg par des sermons sur la véritable charité et sur le faux zèle, n'aurait pu les atteindre dans la *Revue d'Édimbourg;* mais ils avaient la faiblesse de vouloir être imprimés, et leurs homélies politiques, répandues en brochures, passaient dès-lors sur les terres de la critique. A peine la *Revue* établie, M. Sydney Smith se donna le plaisir de les arrêter au passage : il excella du premier coup à peindre la suffisance burlesque et les dangereux emportemens de ces prédicateurs boursouflés. De dignes *clergymen*, parfaitement oubliés aujourd'hui, un docteur Parr, un docteur Rennel, un archidiacre Nares, ont passé successivement sous son fouet satirique. Le second avait toujours à la bouche les mots de siècle mauvais, siècle adultère, siècle apostat, siècle de freluquets (*foppish age*). Le *reviewer*, s'arrêtant à cette dernière épithète, fait semblant de croire qu'il voulait parler de certains freluquets faciles à reconnaître malgré leur déguisement, « gens habillés de noir

de la tête aux pieds, qui portent de longues cannes et des chapeaux de
forme hybride, pleins d'emphase dans leurs paroles et de pédanterie
dans leur maintien, grands citateurs de Platon, s'efforçant de paraitre
vieux, affectant de mépriser les femmes et tous les agrémens de la vie,
fiers ennemis du bon sens, toujours prêts à injurier les vivans et ne faisant grace de leur blâme qu'aux morts, pourvu qu'un bon demi-siècle
eût passé sur leur tombe. » Un M. Bowles avait publié des réflexions
sur la paix d'Amiens, où il traitait assez mal la France et le premier
consul; le critique, opposant l'absurde à l'absurde, d'après le procédé
de Voltaire, rapprochait deux passages de ces réflexions, et s'écriait
avec une feinte douleur : « En effet, qui peut répondre du salut de la
constitution, quand on considère les progrès du jacobinisme et la
transparence des jupes de nos femmes! »

Ces attaques, spirituelles jusqu'à la cruauté, firent beaucoup d'ennemis à la *Revue d'Édimbourg*, et l'on a vu qu'Horner lui-même s'en
était effarouché. Il est certain que, si M. Sydney Smith s'était borné
à ce genre d'écrits, ses petits articles vifs et mordans, jetés au milieu
des pages où se déployaient les manœuvres plus mesurées de l'analyse, auraient fini par faire disparate avec le reste de la publication. Il
n'aurait pu long-temps continuer une polémique aussi personnelle,
quelque excusable qu'elle fût, sans s'écarter de la ligne commune et
nuire à la considération de ses amis. Heureusement, le talent de M. Sydney Smith s'éleva bientôt avec les sujets qu'il sut choisir. Il ne devait jamais être un *reviewer* comme on l'entend aujourd'hui en Angleterre,
depuis que Jeffrey, Mackintosh, Brougham, en ont réalisé le type,
qualités qui consistent à resserrer la substance des idées répandues
dans un livre, à les élaborer de nouveau, et à faire de nerveux résumés
avec de faibles ouvrages. Il laissa toujours un peu dériver sa plume
au gré de sa fantaisie; mais, en s'attachant moins aux choses de l'instant, en se passionnant davantage pour les questions sociales, il évita
bientôt de tomber dans les défauts du *satirist*.

Une simple phrase suffira pour justifier l'estime singulière que doivent inspirer, selon moi, le caractère de M. Sydney Smith et le noble
usage qu'il a su faire de son talent pour la satire politique : pendant
plus de vingt ans, la cause de l'Irlande et du papisme a trouvé en lui
un ardent et infatigable défenseur. Prêtre anglican, fermement attaché, quoi qu'on en ait pu dire, aux croyances protestantes, il a lutté
de tout son pouvoir contre les préventions qui fermaient toutes les
carrières publiques à ses compatriotes de la communion romaine, et
l'on peut dire que ses généreux efforts n'ont pas été sans influence

sur l'un des plus grands actes de la justice tardive de l'Angleterre,
l'affranchissement des catholiques. M. Sydney Smith est un de ces
hommes dont la raison a tant de rectitude, que toute injustice les révolte, un de ces esprits inflexibles qui ne sauraient concevoir que ce
qui est inique et cruel soit jamais utile aux états, et n'ont point de
repos qu'ils n'aient fait triompher le bon droit des opprimés. Ce sentiment de la justice a quelquefois chez lui toute la vivacité d'une passion. Il a beau être d'un tempérament rebelle à l'enthousiasme : la
première fois qu'il lui est arrivé de peindre les longues infortunes en-
durées par le pauvre peuple d'Irlande et les folies sanguinaires dont il
fut si souvent la victime, sa froide nature de critique s'est ébranlée
malgré lui ; ému comme homme, comme chrétien, comme Anglais, il
a trouvé l'éloquence de son indignation. Du reste, le premier transport passé, sa gaieté railleuse a repris le dessus, sans doute parce qu'il
s'est dit que ni la colère ni la sensibilité n'avaient gagné le procès de
l'Irlande. M. Sydney Smith prit une attitude toute nouvelle dans cette
lutte qui avait duré si long-temps, et qui semblait ne devoir jamais
finir. Il se réserva la tâche difficile de détruire les préventions que la
masse du peuple anglais nourrissait contre les catholiques, et s'attaqua
de préférence à cette puissante faction des sots, qui était le plus ferme
appui des adversaires systématiques de l'Irlande. Si jamais l'esprit
pouvait être utile, c'était dans une pareille question. Sans doute, il
faut bien se garder de combattre avec des sarcasmes les sentimens
sérieux de tout un peuple ; le dard de l'ironie s'émousse sur les fortes
croyances et ne fait qu'irriter le véritable fanatisme : il ne fait pas bon
de rire dans les révolutions ; mais lorsque les temps de trouble sont
passés, lorsqu'aux grandes passions vite éteintes ont succédé de
mesquines rancunes et des préjugés absurdes, quelle arme précieuse
que le ridicule ! que de services une satire lancée à propos peut rendre
dans une juste cause ! La logique simple et nue porte-t-elle des coups
aussi certains ? Car la sottise publique (qu'on me permette le mot) est
ainsi faite : l'entraînement du cœur, le feu de la conviction, la mettent
en défiance ; elle se cuirasse d'insensibilité dès qu'elle s'aperçoit qu'on
veut la prendre par les sentimens ; mais qu'on la poursuive de railleries, qu'on ne lui laisse point de relâche, elle finira par perdre contenance, et reculera en désordre sous le feu meurtrier de cette incessante moquerie, et quelquefois un mot qui aura rencontré le défaut
de l'armure produira un effet plus merveilleux que vingt volumes
de chaleureuses invectives et de démonstrations sans réplique n'auraient pu faire. C'est ce qui est arrivé pour la question catholique ;

certes, jusqu'au jour où M. Sydney Smith intervint dans le débat avec
sa raison satirique, l'Irlande et le papisme n'avaient pas manqué de
nobles cœurs ni de voix éloquentes pour les défendre. Cependant je ne
crois pas que, sans quelques pages signées de la manière de M. Sydney Smith dans la *Revue d'Édimbourg*, sans un pamphlet qu'il publia
en 1808, et où il a présenté les mêmes pensées sous une forme plus
plaisante, l'opinion publique en Angleterre eût été préparée aussi tôt,
je ne dis pas à écouter, mais à comprendre O'Connell.

Ce pamphlet, le plus important de tous ses écrits sur l'Irlande, ce
sont les *Lettres de Plymley*. Long-temps il s'est défendu d'en être
l'auteur; « mais voyant, a-t-il dit dans sa dernière préface, que je le
nie en vain, j'ai pensé que je ferais tout aussi bien de les joindre à la
collection de mes écrits. » Rappelons-nous ce que l'esprit peut accomplir en France, de combien d'années, par exemple, certaines phrases
de Paul-Louis Courier, qui allèrent au cœur de la branche aînée,
quelques refrains de Béranger que la bourgeoisie et le peuple fredon-
naient entre les verres, de combien de jours deux ou trois mots heureux que toute la France s'est répétés à l'oreille, ont avancé la révolution de 1830; eh bien! ces dix lettres charmantes, répandues à vingt
mille exemplaires par un autre Junius aussi insaisissable que le premier, ces feuilles à la main qui désolaient M. Perceval et lord Castlereagh, et vouaient toute une faction puissante à la risée de l'Angleterre,
occupent une place aussi considérable dans l'histoire de l'émancipation
catholique. Les *Lettres de Plymley*, pour tout dire, sont la *Satire ménippée* de la ligue anglicane.

De pareils pamphlets sont du petit nombre de ceux qui surnagent
sur l'abime où vont se perdre les journaux et les écrits de circonstance.
C'est la forme qui les sauve; malheureusement pour les lecteurs étrangers, ce mérite est le moins sensible. Les *Lettres de Plymley*, pétillantes d'esprit, mais d'un esprit tout-à-fait anglais, et remarquables
surtout par le tour particulier du style de M. Sydney Smith, qui tranche
même sur la manière habituelle des humoristes; ces lettres, dis-je,
perdraient tout à être traduites, et je ne tenterai pas d'en faire passer
dans notre langue la désespérante originalité, certain que je suis que
l'entreprise est impossible. Je me bornerai à dire, pour rappeler le
point autour duquel j'ai cru pouvoir grouper tous les travaux du critique de la *Revue d'Edimbourg*, que, caché sous le pseudonyme de
Peter Plymley, il adresse ces nouvelles *provinciales* à un révérend
pasteur, qui est bien le parfait modèle de la sottise protestante, la
quintessence des docteurs Bowles et des archidiacres Nares. Marié,

père de famille, le plus honnête homme du monde, le révérend Abraham remplit scrupuleusement les devoirs de sa profession. Bon pour le pauvre anglican, charitable envers le prochain orthodoxe, il n'a qu'un travers, le digne pasteur, c'est de croire que le pape est l'antechrist couronné, que Rome est la vieille dame écarlate qui siège sur les sept collines, que l'Irlande est un ramas d'infidèles et de bandits ; qu'il vaudrait mieux cent fois, pour le bonheur de l'Angleterre, que cette île maudite fût à cinq cents brasses au fond de la mer, et que ce qu'il y a de mieux à faire, puisqu'on ne peut s'en débarrasser, c'est de continuer les traditions du glorieux Guillaume III, c'est d'écraser l'idolâtrie papiste sous la vénérable *fabrique* de la constitution. Ainsi, M. Sydney Smith s'est donné pour adversaire le sot du temps dans toute la gloire de sa férocité et de son ineptie ; il l'a fait digne de représenter toute la famille. Tel est l'homme qu'il veut convaincre et ramener à des sentimens plus humains. Qu'il doit être malaisé de saper tant de préventions, de frayer un chemin au sens du juste et du vrai dans une intelligence ainsi faussée ! Ce sera l'affaire de dix lettres, mais de dix lettres si gaies, si spirituelles et si raisonnables en même temps, qu'après qu'on les a lues, on s'étonne d'une seule chose, c'est qu'il se soit écoulé un intervalle de plus de vingt années entre la publication de ce généreux pamphlet et l'affranchissement des catholiques. Tant l'éclair de la vérité pénètre avec lenteur jusques au fond des masses !

Depuis quinze ans, l'Angleterre protestante a enfin levé l'interdiction politique et civile qui pesait sur les catholiques ; les raisons alléguées alors en faveur de cette mesure, et que les *Lettres de Plymley* présentaient sous une forme si vive et si spirituelle, ont perdu leur plus grand intérêt. Il en est une cependant qui me semble avoir conservé toute sa force, si l'on songe aux exigences nouvelles de l'Irlande : c'est le point qui domine toute l'argumentation de M. Sydney Smith, à savoir que, dans toute guerre entreprise par l'Angleterre contre une puissance européenne, le mécontentement de l'Irlande compromet la sécurité de l'empire. La situation du continent a bien changé depuis la paix de Tilsitt ; mais n'y a-t-il aucune éventualité de l'avenir à laquelle ne puisse s'appliquer encore ce que M. Sydney Smith écrivait à cette époque ? Loin de nous la pensée de caresser des idées impies d'agression contre un peuple avide autant que nous de repos, et de contribuer à faire envisager avec moins d'éloignement la perspective d'une lutte dont les conséquences seraient toujours funestes ; mais si l'Angleterre

est à juste titre fière de sa force, il est bon de rappeler, en citant le
témoignage même de ses écrivains, que nous n'ignorons pas où est
sa faiblesse.

« Vous ne croyez pas, disait M. Sydney Smith en 1808 à ses compatriotes, vous ne croyez pas que les Français puissent entrer dans
notre île sacrée! Parce que leur armée ne peut plus être aperçue du
haut des falaises de Douvres, parce que le *Morning-Post* ne peut plus
annoncer, comme à l'époque du camp de Boulogne, la grande invasion
pour lundi ou pour mardi sans faute, le danger vous semble à jamais
éloigné! Gardez-vous de cette funeste sécurité; tant que nous aurons
à côté de nous une population disposée à se jeter dans les bras du
premier conquérant venu, il suffira d'un revers pour nous abattre.
Vous vous reposez avec confiance sur les solides murailles de bois qui
défendent notre indépendance. A quoi tient cette sécurité? Au caprice
des vents et de la mer. Dans la dernière guerre (celle de la république),
les vents, ces vieux alliés de l'Angleterre qui la servent sans subsides,
ces vents sur lesquels nos ministres comptent autant pour sauver les
royaumes que les blanchisseuses pour sécher leur linge, nous demeurèrent fidèles, et les Français ne purent pénétrer qu'en petit nombre.
Mais avez-vous oublié avec quelle facilité nos ennemis parvinrent parfois à déjouer la vigilance de nos croisières?... Vous répondez à toutes
mes raisons que l'Angleterre ne peut être conquise. Pourquoi? parce
qu'il vous semble étrange qu'elle pût l'être. Ainsi raisonnaient, dans
leur temps, les Plymleys d'Autriche, de Prusse et de Russie. Si les
Anglais sont braves, les autres peuples ne le sont-ils pas? Vous ne
pouvez vous faire à l'idée des suites terribles d'une invasion, parce
qu'il y a trois siècles qu'on n'a vu maraudeur étranger tuer un pourceau
anglais sur une terre anglaise; et puis, la vieille édition des *Grands
Hommes de Plutarque* n'a pas peu contribué à vous persuader follement que nous saurons nous conduire en Romains. J'en accepte l'augure, mais j'aime autant que l'évènement ne vienne pas mettre à
l'épreuve tous ces Romains de hasard dont il nous faudrait ensuite
récompenser l'héroïsme par des pensions très peu romaines. Quoi qu'il
en soit, l'invasion de l'Irlande suffirait pour nous perdre; si les Français y mettent le pied, toute la population de cette terre opprimée se
soulèvera contre vous jusqu'au dernier homme, et vous ne survivrez pas
trois ans à cette révolution. Si vous tardez encore à écouter les justes
griefs de l'Irlande, il ne me paraît pas impossible aujourd'hui que l'Angleterre succombe, et, sachez-le bien, nous périrons sans éveiller le

moindre sentiment de pitié sympathique, au bruit des sifflets et des huées de l'Europe entière, comme une nation d'imbéciles, de méthodistes et de vieilles femmes. »

Ces prédictions sinistres, nous ne les prenons pas à la lettre, et même en 1808 il n'est pas probable qu'elles se fussent jamais réalisées. Pour forcer les tories à être justes envers l'Irlande, l'auteur des *Lettres de Plymley* usait d'une tactique permise; il mettait en jeu un moyen qu'il faut croire infaillible, puisqu'il a réussi tant de fois en politique, la peur. Cependant les lignes qu'on vient de lire, toute exagération à part, ont encore une signification; elles prouvent que, par bonheur pour le repos des peuples, tous les empires ont leur endroit vulnérable, et sont retenus par le sentiment secret de cette faiblesse dans la carrière illimitée de l'ambition. Si notre point douloureux est l'isolement, suite inévitable de nos révolutions et de notre gloire, celui de l'Angleterre, c'est l'Irlande : toujours mécontente, l'Irlande lui lie les mains, et ses exigences croissent avec les embarras de l'empire.

Il était impossible que le spirituel membre de l'église établie, si impitoyable à l'égard des préjugés politiques de son ordre, montrât plus d'indulgence pour les travers des sectes dissidentes. Certes, celles-ci offraient encore plus de prise à ses railleries, et s'il avait voulu simplement se divertir aux dépens des mille formes bizarres que l'esprit religieux emprunte en Angleterre, les sujets ne lui auraient pas manqué. Cependant, fidèle à l'honnête principe qui l'a dirigé dans tous ses écrits, à savoir que la satire doit avoir l'utilité générale pour but suprême, M. Sydney Smith a épargné la sottise innocente, et n'est allé relancer, parmi les schismes protestans, que la sottise dangereuse. Tandis qu'il a montré presque du respect pour les puérilités des quakers, ces hommes de bien, volontaires parias de la société politique, il a été un des premiers à dénoncer les folies dangereuses du méthodisme. C'est surtout depuis le commencement du siècle que les disciples de Wesley et de Whitfield ont fixé sur eux l'attention de la presse et des hommes publics en Angleterre. M. Sydney Smith, dès les premières années de la *Revue d'Édimbourg*, a manifesté sa répugnance particulière pour cette secte entreprenante, très mystique dans ses dogmes, très profane dans sa propagande. Ce n'est pas, comme on le pense bien, les détracteurs du culte légal qu'il a poursuivis dans les nouveaux religionnaires : il lui a semblé que leur ardeur de prosélytisme, qui les jetait sur tous les rivages habités par la grande famille britannique, menaçait d'un double péril la tranquillité intérieure de l'Angleterre et la sécurité de ses possessions coloniales. Pénétré

18.

de cette pensée, il s'est hâté d'attaquer les méthodistes par le ridicule : il a fait ressortir avec sa vivacité ordinaire leurs rigueurs hypocrites, leurs graves momeries, leurs extases renouvelées des puritains
du xviie siècle. A tout prendre, le fanatisme n'est qu'une variété de
la sottise humaine; c'est la sottise passionnée. Cette définition, fût-
elle d'ailleurs trop absolue, convient du moins aux pratiques extravagantes du méthodisme. L'enthousiasme religieux, exalté jusqu'à la
démence, a quelque chose de grand à une époque de luttes et de per-
sécution, et nous admirons malgré nous le dévouement de ces religionnaires farouches qui, sous Cromwell et Charles II, vainqueurs
ou vaincus, volaient au-devant du martyre; mais, aujourd'hui que
toutes les passions se sont amorties dans la réformation, que toutes
les hérésies y vivent à l'ombre de la tolérance universelle, tenter de
ranimer l'ascétisme sombre des protestans d'autrefois, leur réprobation brutale de toutes les joies innocentes, cette prétention à communiquer avec le ciel, intolérablement impie quand elle ne part pas
d'un état d'hallucination constante, c'est entrer de gaîté de cœur dans
le domaine légitime de la satire, et je ne suis pas surpris que les méthodistes y aient rencontré M. Sydney Smith armé de ses plus plaisans sarcasmes et de son plus cruel bon sens. Il a signalé à l'attention
de l'Angleterre leur accroissement rapide, les manœuvres hypocrites
qu'ils employaient pour se substituer partout aux ministres de l'église
établie, leur mysticisme qui enveloppe les actions les plus communes
de la vie journalière, leurs publications béates, leurs auberges évan-
géliques, ces paquebots sanctifiés qui ne peuvent aller d'un bord d'une
rivière à l'autre sans l'intervention directe de la Providence, enfin tout
le jargon impertinent par lequel le *peuple élu* cherche à se distinguer
du *peuple charnel*. M. Sydney Smith a bien fait de jeter le ridicule à
pleines mains sur cette secte morose, dont ce n'est pas le moindre
crime à ses yeux d'étendre en Angleterre l'empire déjà si considérable de l'ennui : il a bien fait surtout, comme citoyen anglais, de
démontrer que la présence d'une propagande aventureuse dans les
présidences de l'Inde compromettait le repos, l'avenir même de ces
possessions magnifiques, sans avantage réel pour le christianisme.
Cependant cet esprit si juste, si habile à découvrir l'utilité latente des
hommes et des choses, avait-il bien jugé le méthodisme au vrai point
de vue national, et sa pénétration habituelle ne lui a-t-elle point fait
défaut en cette circonstance? Ou bien, par l'interruption un peu brusque de ses attaques contre les wesleyens, n'a-t-il pas avoué tacite-
ment plus tard qu'il avait mal envisagé d'abord les progrès de cette

école, moitié religieuse, moitié politique, dans ses rapports avec les intérêts de l'empire? Si les méthodistes sont ridicules et assez peu estimés dans leur patrie, comme l'a prouvé un exemple récent, s'il faut convenir avec M. Sydney Smith qu'il importait à l'Angleterre d'arrêter leurs tentatives dans la presqu'île de l'Inde et d'empêcher que par eux le dogme du fatalisme et la division par castes, qui ont façonné les disciples de Brahma et de Mahomet à l'obéissance absolue, disparussent devant la liberté chrétienne, partout ailleurs ces religionnaires remuans ne sont-ils pas les auxiliaires les plus actifs de l'ambition des Anglais et les pionniers les plus hardis de leur immense empire? Il faut bien le dire, l'anglicanisme ne peut s'en prendre qu'à sa tiédeur du zèle emporté des sectes dissidentes et du rang qu'elles ont pris comme instrumens de la grandeur nationale. Un membre du clergé orthodoxe ne saurait avouer cela tout haut, mais il doit bien reconnaître au fond du cœur que l'anglicanisme s'est laissé devancer dans toutes les grandes entreprises de réforme, de charité et de propagande chrétienne par les quakers, les méthodistes, les anabaptistes. L'église établie compte-t-elle une mistriss Fry, un Wilberforce? A-t-elle, comme les wesleyens, fondé six sociétés de missionnaires pour la conversion des païens, sans compter ici les missions américaines? Est-elle animée de leur ardeur d'expansion patriotique et religieuse, dont nous pouvons avoir à nous plaindre, mais que nous aurions mauvaise grace à déprécier? Cette vénérable église établie a épuisé tout son feu contre les catholiques, et sa puissance de propagation va bien jusqu'à édifier quelques évêchés grassement dotés, à l'abri du pavillon de la patrie, jamais à l'aller planter avec la croix sur des terres nouvelles. Le révérend Alexander venant se fixer à Jérusalem avec la *vescova* et une foule de *vescovini*, au grand ébahissement des Turcs et des catholiques d'Orient qui se figurent avec peine un pasteur sans autres ouailles que ses enfans, me semble représenter assez bien cette cérémonieuse et positive église anglicane, qui ne peut faire un pas sans son cortége de *comfort*, de bénéfices et de bagages domestiques. S'il fallait opposer à ce portrait l'activité politique, le patriotisme emporté, les rancunes anti-papistes des sectes dissidentes, je n'aurais pas de peine à en trouver dans Exeter Hall la vivante et trop célèbre personnification.

Il est difficile de croire que M. Sydney Smith n'ait pas reconnu l'affinité qu'il y a entre la propagande religieuse des méthodistes et la propagande coloniale de l'Angleterre. La réserve que lui imposait sa qualité de *clergyman* ne lui aura pas permis d'examiner ce côté de la question. Cela est fâcheux; un esprit tourné comme le sien vers l'utile

aurait tiré assurément meilleur parti d'un pareil sujet, s'il s'était cru
libre de le faire; il nous aurait montré comment on peut faire hausser
les épaules aux gens de goût de la métropole, et à deux mille lieues de
là aider au destin d'une grande nation. Peut-être même y aurait-il
trouvé la matière d'une dissertation tout-à-fait piquante sur la sottise
dans ses rapports avec la politique. Voilà un livre à faire qu'il semble
que M. Sydney Smith aurait dû écrire. C'est aux chercheurs d'excentricités littéraires à ramasser cette pensée et ce titre, que suggère
l'examen attentif des travaux du spirituel publiciste.

Je ne prolongerai pas davantage cet examen. S'il y a une entreprise
difficile au monde, c'est la critique des critiques. Qu'il me suffise de dire,
au sujet des autres écrits de M. Sydney Smith, qu'il s'y est presque
toujours attaché à détruire un abus ou un préjugé, et presque tous
ses efforts ont été heureux, tant l'esprit est un levier puissant quand
il a pour appui la raison, pour mobile la conscience. M. Smith partage
avec sir James Mackintosh et sir Samuel Romilly l'honneur d'avoir fait
disparaître des codes anglais quelques anomalies barbares que le respect des traditions y avait laissé subsister au commencement de ce
siècle. Son opinion sur la législation du paupérisme en a certainement
hâté la réforme; l'acte récent du parlement qui a interdit l'emploi des
enfans dans le nettoyage des cheminées n'est qu'une conséquence des
pages éloquentes écrites par lui sur ce sujet. En un mot, la mission de
la *Revue d'Édimbourg* était de défendre les principes whigs et de préparer tous les progrès que réclamait l'état social et politique de l'Angleterre : cette pensée n'a cessé de guider M. Sydney Smith dans toute
sa carrière de publiciste. Il a vengé la mémoire de Fox, que poursuivait encore dans son tombeau la haine de ses ennemis; quand a sonné
l'heure de la réforme parlementaire, il est venu se ranger sous le drapeau de sa jeunesse; enfin (et cette preuve de son impartialité doit
augmenter l'estime qu'il nous inspire), quoique possédé de cet amour
exclusif de la patrie que tous les fils de la vieille Angleterre, citoyens
d'une autre Rome, puisent aux mamelles de cette louve superbe, il
n'en a pas moins su être juste envers la France, envers la révolution,
envers Bonaparte, consul ou empereur, à une époque où c'était un
crime de ne pas insulter à ces noms abhorrés. Aussi, plus je regarde
de près le simple et honnête écrivain dont j'ai cherché à peindre le
talent, plus il me semble voir en lui l'image complète de l'Anglais tel
qu'il s'est personnifié lui-même dans le type de John Bull, si recon-
naissable à sa franche bonhomie, son humeur railleuse, son bon sens
un peu prosaïque, mais impitoyablement juste, et ce génie solide et
pratique qui fait avec la volonté ce que d'autres font avec la passion,

mais John Bull sans ses défauts, c'est-à-dire sans ses rogues préjugés et sa maussade sauvagerie.

La vie de M. Sydney Smith est tout entière dans ses écrits; depuis le moment où il quitta l'Écosse, elle ne fut traversée d'aucun évènement qui mérite d'être rapporté. L'adoption du bill de réforme a mis fin au rôle politique de la *Revue d'Edimbourg*, à celui du moins que, trente ans auparavant, lui avaient assigné ses fondateurs. M. Sydney Smith y a cessé dès-lors toute collaboration. Appelé par le comte Grey, son excellent patron, ainsi qu'il le nomme lui-même, à un canonicat dans l'église de Saint-Paul, à Londres, il a reçu ainsi la juste récompense de son dévouement généreux à la cause des whigs. Depuis cette époque, il n'a guère rompu le silence qu'il semble s'être imposé que dans deux occasions : une fois à propos d'une commission de réforme éclésiastique instituée sous l'administration de lord John Russell, une autre fois pour se moquer, dans le *Times*, des *répudiateurs* pensylvaniens (on sait que c'est le nom par lequel les Américains qui refusent de servir les intérêts des dettes des états se désignent eux-mêmes). Dans cette dernière circonstance, M. Sydney Smith s'est livré à un simple jeu d'esprit; dans l'autre, par un retour singulier des choses d'ici-bas dont il s'est étonné lui-même, il s'est trouvé défendre contre ses propres amis cette église établie à laquelle il avait fait jadis une si rude guerre. Son plaidoyer porte sur des détails d'innovations intérieures qui sont sans intérêt pour nous, quoique M. Sydney Smith ne s'y soit pas montré médiocrement spirituel. J'en rapporterai pourtant un passage qui concerne l'un des hommes d'état les plus éminens de l'Angleterre, lord John Russell. Peut-être ne sera-t-on pas fâché de savoir comment un critique whig juge le chef actuel du parti : « Il n'y a pas, dit-il, de meilleur homme que lord John Russell; mais il a un grand défaut, c'est de ne pas connaître la crainte morale. Il n'est rien qu'il ne se fît fort d'entreprendre : il ferait, je crois, l'opération de la pierre; il s'offrirait à bâtir la basilique de Rome; il n'hésiterait pas (pourvu qu'on lui donnât dix minutes pour se préparer, et encore !) à prendre le commandement de la flotte de la Manche, et personne, à le voir ensuite, ne se douterait que le patient est mort, que l'église a croulé, que la flotte a été réduite en atomes. Les intentions de lord John sont toujours pures, ses vues dénotent souvent une grande capacité; mais il projette sans fin et n'exécute pas avec cette prudence d'allure et d'esprit dont aucun réformateur sage et vertueux ne doit se départir. Il tient sans cesse en alarme les libéraux modérés, et il n'est pas possible de dormir tranquille quand c'est lui qui est de quart. Une autre particularité des Russells, ajoute M. Sydney Smith, c'est que jamais ils ne modifient leurs opinions; il faut les trépaner avant de parvenir à les convaincre. » La critique est gaie; mais, comme esquisse de l'homme d'état intrépide et qui ne doute de rien, elle ne parait pas invraisemblable. On se prend involontairement à regretter, quand on a lu ce passage, que M. Sydney Smith ne se soit pas appliqué à faire des portraits politiques. Il y aurait assurément réussi, car, lorsqu'il peint un personnage en passant, il saisit bien sa physionomie, il en accuse vivement les défauts, et quelquefois les caractérise d'un seul coup de pinceau, comme dans ce mot sur un théoricien qui peut s'appliquer à toute l'espèce : « M. Grote est un très digne, très honnête et très habile homme, et, si le monde était un échiquier, ce serait un politique d'importance. »

Il y avait sept ans que le nouveau chanoine de Saint-Paul avait résigné cette fonction de *reviewer* qu'il s'était créée pour lui-même (*self created office*), comme il le rappelle avec un légitime orgueil, quand il prit le parti de rassembler ses écrits détachés et de les réunir en volumes. Il semble qu'en cette occasion il ait plutôt accompli un devoir que cédé à l'ambition de publier un livre. Forcé de se relire une dernière fois, de se placer en face de lui-même, il a donné à ses propres dépens un bel exemple d'impartialité qui ne trouvera guère d'imitateurs. L'homme d'aujourd'hui a jugé l'homme d'autrefois, et plus rigoureux pour ses propres fautes qu'il ne l'avait été pour les erreurs d'autrui, contemplant de sang-froid les opinions et les idées qu'il n'avait vues jadis que dans la chaleur de la lutte, il a jeté dans quelques notes des aveux qui touchent, et, le dirai-je? qui surprennent comme tout ce qui est simple, naturel et honnête. Quoi de plus fréquent, lorsqu'on fut mêlé aux débats de la politique (et il ne faut pas l'avoir été beaucoup pour avoir attaqué vivement quelqu'un ou quelque chose), que de se dire au fond du cœur, l'heure de l'agitation passée : « J'ai été trop loin, ceci n'était pas vrai, ceci était injuste; » mais quoi de plus rare que de l'imprimer? Voilà ce que M. Sidney Smith a noblement fait. Ainsi il avait vivement raillé M. Sturges Bourne (qui fit plus tard, si je ne me trompe, partie de l'administration de Canning); lorsque, trente ans après, ses regards rencontrent une plaisanterie qu'un juge moins sévère de ses propres fautes aurait pu croire innocente, il ne peut s'empêcher de dire : « Il n'y a rien qui dépare plus les *Lettres de Plymley* que cette attaque dirigée contre M. Bourne, qui est une personne d'honneur et de talent; mais voilà où mènent les mauvaises passions de l'esprit de parti. » Castlereagh n'était pas un homme vénal, cependant M. Smith l'avait représenté comme capable de recevoir de toutes mains. « Je l'ai injustement accusé, » avoue-t-il franchement.

Il est beau d'étendre de la sorte un mot fameux et de reconnaître, en se condamnant soi-même, qu'on doit surtout la vérité à son ennemi mort.

A part ces fautes, inévitables peut-être et bien rachetées du reste par une franchise si peu commune, la conscience du publiciste est satisfaite : ce qu'il a fait, il le referait encore; ce qu'il pensait alors, il le pensera toujours. Quand il a pris la plume pour éclaircir quelques questions sociales et politiques, l'état de l'Angleterre réclamait de nombreuses et radicales réformes. Il ose se flatter que la noble hardiesse de la *Revue d'Edimbourg* n'a pas été sans influence sur la solution de ces vastes problèmes. Quant à lui, il a fait son devoir; il ne voit rien dans ses travaux dont il ait à se repentir. Si l'émancipation des catholiques n'a point produit tous les heureux résultats qu'on en attendait, il ne rétracte pas une seule syllabe de ce qu'il a dit ou écrit en faveur de cette grande mesure. Toutes les blessures de l'Irlande ne sont pas fermées; des agitations nouvelles qu'il n'avait pas prévues ont prouvé qu'il reste d'autres maux à guérir. Est-ce une raison pour regretter d'avoir été juste? A présent, il n'est plus que difficile de pacifier l'Irlande; avant l'émancipation, c'était impossible. Les suites de la réforme le troublent davantage; il a toujours été partisan de ce grand acte constitutionnel; mais de quelque nom qu'on le nomme, c'est une révolution dont on ne connaît pas encore le dernier mot, et, malgré lui, l'avenir l'inquiète. Le vieux *reviewer*, qu'irritaient autrefois les lenteurs de l'opinion, craint aujourd'hui qu'elle ne se jette avec une ardeur irréfléchie dans la carrière brûlante des innovations. « Voilà comme nous sommes, s'écrie-t-il avec quelque amertume; nous ne gardons jamais les milieux. Depuis l'adoption du bill de réforme, nous n'attendons plus rien d'un progrès prudent et graduel. La sagesse à grande vitesse et à haute pression, tel est notre unique moteur. » Il ne faut pas prendre tout-à-fait à la lettre les craintes manifestées ainsi par M. Sydney Smith. Il subit, sans s'en rendre compte, la réaction insensible qui s'opère sur les opinions et sur les sentiments chez les hommes les plus forts, aussitôt leur tâche finie, leurs désirs une fois réalisés. Sans doute la situation de l'Angleterre peut, jusqu'à un certain point, justifier ces vagues alarmes, mais il est dans la nature des hommes que toute génération qui se retire de la scène du monde se méfie de celle qui l'y remplace. En peut-il être autrement? L'une est pleine d'espoir, impatiente de marcher, entraînée vers l'inconnu; l'autre n'aspire plus qu'au repos, et l'on sait que le dégoût de toute chose accompagne presque toujours les grandes lassitudes. L'expérience est soupçonneuse et chagrine, et, en politique surtout (j'en excepte quelques rares mortels), comme l'individu est toujours plus petit que l'œuvre à laquelle il a contribué dans la mesure limitée de sa puissance, il s'en effraie aussitôt qu'il la voit s'élever sur sa tête. Parmi les esprits distingués d'une génération, il en est qui s'éloignent, comme M. Sydney Smith, comme quelques-uns des amis de sa jeunesse, après avoir apporté leur pierre à l'édifice commun, qui savent comprendre à temps que dans un siècle où les changemens sont si complets, si tranchés, si rapides, chaque époque veut ses hommes, et qu'il faut s'en aller avec les évènemens qui vous ont porté. Les autres n'aperçoivent pas le moment précis de la retraite, ils emploient le plus souvent les années qui leur restent à démentir la première partie de leur carrière, à défaire tristement leur ouvrage, plutôt que de s'avouer qu'ils ont cessé d'être utiles, et pourtant l'amour-propre ne devrait-il point être satisfait, quand on peut se dire, suivant une expression tout anglaise, et qui est de mise ici : J'ai eu mon jour?

M. Sydney Smith a eu le sien, et depuis, pour rappeler un de ses mots, ses amis de la *Revue d'Edimbourg* et lui, tous, sont bien morts. Il a noirci du papier dans son temps, il a fait crier la presse, il a été *reviewer*, pamphlétaire; maintenant il est membre du chapitre de Saint-Paul. Que fait-il de son canonicat et des 3 à 4,000 livres sterling qu'il lui rapporte? On n'est guère embarrassé d'un pareil *otium cum dignitate* quand on est chanoine et philosophe. Mais laissons-le répondre lui-même : « J'ai soixante-quatorze ans, m'écrivait dernièrement l'aimable vieillard, et comme je suis à la fois chanoine de Saint-Paul à Londres et recteur d'une paroisse de campagne, mon temps est également partagé entre la ville et les champs. Je vis au milieu de la meilleure société de la métropole; ma fortune est honnête, ma santé passable; whig modéré, homme d'église tolérant, je suis très adonné à la causerie, à la gaieté et au bruit. Je dine avec la bonne compagnie à Londres et traite les pauvres malades à la campagne, passant ainsi de la table du riche au chevet de Lazare. Je suis au total un homme heureux; j'ai trouvé ce monde un agréable monde, et je remercie du fond du cœur la Providence du lot qu'elle m'y a réservé (1).»

(1) Je ne crois pas commettre une indiscrétion en publiant quelques lignes de la réponse que M. Sydney Smith a bien voulu faire à une lettre que j'avais pris la liberté de lui adresser il y a quelque temps. Je reproduis ici le texte même, dont j'ai donné plus haut la traduction : « .... I am seventy-four years old and being canon of Saint-Paul's in London and a rector of a parish in the country, my time is divided equally between town and country. I am living amidst the best society in the metropolis, am at ease in my circumstances, in tolerable health, a mild whig, a tolerating churchman and much given to talking, laughing and noise. I

M. Sydney Smith fait bien de remercier la Providence : *ab Jove principium;* mais, après le ciel, c'est à lui-même qu'il doit ce bonheur paisible dont il sent si bien tout le prix. Homme de parti, il a connu sa mission, et il a pu l'accomplir; homme d'esprit et de caprice, il a su imposer à son talent le frein des principes et des convictions. Sa vie a été pure, son nom est honoré, son ambition satisfaite, et, retiré à temps des luttes de l'opinion publique, il a mis entre la fin de sa carrière et la tombe cet intervalle d'années tranquilles et sereines que tous les hommes publics devraient se réserver toujours, afin de ne pas mourir sans s'être connus, ce crépuscule rempli de la contemplation du monde et de soi-même, où, pendant que les nouveaux venus parlent, agissent, se fatiguent et s'égarent, on n'a plus autre chose à faire qu'à *refeuilleter sans cesse sa conscience et sa vie.*

Cette carrière de publiciste, qui commence par le combat éternel de l'homme obscur et pauvre avec sa mauvaise fortune, et que couronne, après trente ans de généreux travaux, un sort digne d'envie, ramène naturellement la pensée vers les autres fondateurs de la *Revue d'Édimbourg,* aussi inconnus que M. Sydney Smith en 1802. Tous, comme lui, ont réussi à conquérir la réputation et le repos, tous ont su atteindre l'objet de leur légitime ambition, à des distances diverses de leur point de départ, et l'on peut dire d'eux ce que M. de Talleyrand disait d'un homme célèbre de notre temps, qu'ils ne sont point parvenus, mais arrivés. L'un d'eux a été frappé par la mort au moment où s'ouvrait devant lui le plus brillant avenir : treize ans plus tard, Horner, déjà membre du parlement, Horner, dont l'opinion faisait loi déjà dans toutes les questions d'économie financière et politique, serait entré assurément dans le cabinet du comte Grey. L'on sait ce que sont devenus Jeffrey et Murray, aujourd'hui revêtus du titre de lords, qui, en Écosse comme en Angleterre, accompagne les premières fonctions de la magistrature. Quant à Henri Brougham, ce jeune *lawyer* spirituel et insouciant de 1802, qui hésitait tant à entrer dans l'arène des partis par la porte de la presse, il est aujourd'hui baron de Brougham et Vaux, pair du royaume d'Angleterre, et il s'est assis sur le sac de laine. D'où vient que tous ces jeunes gens ont eu une égale destinée? Tous étaient-ils donc nés sous des astres heureux qui se seraient rencontrés par hasard? Leurs talens, distingués à tous égards, étaient-ils aussi de ceux qui attirent irrésistiblement la lumière?

dine with the rich in London and physic the poor in the country passing from the sauces of Dives to the sores of Lazarus. I am upon the whole an happy man, have found the world an entertaining world and am heartily thankful to Providence, for the part allotted to me in it.... »

Non; quelque réel que soit le mérite de chacun, là n'est point la raison première du succès de tous. Animés d'un même courage, aspirant au même but, ces jeunes hommes ont su combiner leurs efforts; ils ont formé entre eux une association étroite, non pas à la manière des coteries, où l'on s'imagine toujours que plusieurs médiocrités réunies bout à bout peuvent faire un génie collectif, mais dans des vues d'utilité générale et pour se prémunir, en se servant les uns aux autres de conseil et d'appui, contre leur faiblesse individuelle. Isolés, ils ne seraient peut-être point sortis de la foule, ou se seraient épuisés long-temps en tentatives vaines; réunis, ils ont accompli quelque chose, ils ont éclairé des questions qui intéressaient leurs contemporains, ils ont poussé devant eux des opinions et des idées, ils ont mis en mouvement cette masse si difficile à ébranler, le public, qui n'est jamais plus immobile que quand on l'attaque, comme font les intelligences dispersées, par tous les côtés à la fois; et de l'œuvre commune, chaque jour plus éclatante, la réputation est descendue peu à peu sur les ouvriers. Ainsi, les fondateurs de la *Revue d'Edimbourg* ont donné jusqu'à l'époque du bill de réforme la preuve de ce que peut obtenir l'union des talens et des volontés : c'est là un spectacle qu'on ne saurait trop méditer dans un temps de dissolution politique et littéraire comme est le nôtre. Et cependant n'avons-nous pas vu quelque chose de semblable en France dans les dernières années du régime précédent? Combien d'hommes, éminens aujourd'hui dans les carrières politiques, sont sortis de ce *Globe* de la restauration, dont le souvenir est si vivant, quoiqu'il ait duré si peu! On s'étonne à présent que les talens n'arrivent plus par la presse; n'est-ce point parce qu'ils y sont isolés, parce qu'ils ne veulent accepter aucune direction, et n'y apportent chacun qu'une valeur et qu'une ambition personnelle? Ce n'est pas l'ardeur de se produire qui manque, ce n'est pas la publicité qui fait défaut; mais on ne songe qu'à soi, on ne compte que sur soi, on n'écoute qu'une intraitable vanité, on est dévoré enfin de la soif du lucre, et l'on ne veut point voir qu'à une époque de discussion universelle, au milieu de tant de tribunes, toutes les voix solitaires se perdent dans le bruit, les meilleures forces se consument en de stériles excentricités. Aussi le secret pour attirer l'attention et se faire écouter est bien simple : il suffit que quelques esprits se serrent autour d'un centre commun de convictions et d'idées; toujours les groupes attirent la foule. Organisée de la sorte, opérant avec ensemble, la critique peut tout accomplir, car c'est la critique (je l'entends ici dans le sens le plus vaste) qui, de nos jours, est la reine du monde; l'opinion publique n'est que sa vassale.   EUGÈNE ROBIN.

DE

L'ART DU COMÉDIEN.

ÉTUDE HISTORIQUE ET CRITIQUE.

Seconde Partie. — Critique.[1]

Le talent de l'artiste, de celui surtout qui doit payer de sa personne, comme le comédien ou le virtuose, est un composé de deux élémens : le sentiment et le savoir-faire, l'intelligence qui conçoit, et le mécanisme qui traduit. Or, la dextérité plus ou moins grande de l'exécutant, le genre d'expression dont il a contracté l'habitude, réagissent inévitablement sur sa manière de sentir. Essayons de nous rendre compte des études qui forment le comédien, et sans lesquelles les organisations les plus riches n'atteindront jamais un parfait développement. Il nous sera démontré que, si le sentiment de l'idéal s'est affaibli sur notre scène, si la confusion des styles déshonore trop souvent l'exécution de nos chefs-d'œuvre, c'est moins par inintelligence, que par impuissance physique d'atteindre un certain ordre d'effets recherchés avant tous les autres dans notre ancienne école.

[1] Voyez la précédente livraison.

I. — DE L'ÉDUCATION DE L'ACTEUR.

Lorsque Garrick vint en France, en 1763, il y eut entre nos artistes et le représentant de Shakspeare une émulation de courtoisie, bien digne des deux peuples qui, vingt ans plus tôt, s'étaient mitraillés à Fontenoy avec une politesse si parfaite. Les salons littéraires et le foyer de la Comédie-Française, qui était alors le plus littéraire de tous les salons, devinrent autant d'académies dramatiques, où l'on agita mille problèmes relatifs à l'art de l'acteur. Toutes les discussions sur le mérite relatif des écoles rivales, auraient pu se résumer, je le présume, par ce mot de Garrick, que Diderot nous a conservé : « Celui qui sait rendre parfaitement Shakspeare ne sait pas le premier mot d'une scène de Racine, et réciproquement. »

Pour vérifier l'assertion de l'acteur anglais, il suffit d'examiner une même situation dramatique en se plaçant successivement aux deux points de vue offerts à l'artiste. Représentons-nous sur la scène un jeune homme à son premier amour, étonné autant que ravi du trouble qu'il éprouve auprès de celle qu'il aime; interprète d'un poète shakspearien, l'acteur ne s'analysera pas lui-même dans la verbeuse déclaration de ses sentimens. Ce sera, pour ainsi dire, contre sa volonté, par un cri venu du cœur que son cœur parlera; si le mot suprême est accueilli sans colère, si un regard ardent et pudique lui promet le bonheur, il restera un instant immobile et sans voix, comme s'il redoutait une illusion, et puis soudainement son ame se répandra en soupirs, en phrases rapides ou inachevées; une agitation fébrile disséminera son geste. Dans ce tableau, la nature aura été prise sur le fait. Que l'amant, au contraire, se nomme Hippolyte, et que la femme adorée soit Aricie; qu'au lieu de peindre le premier désordre des sens par le désordre passionné du langage, le poète ait essayé de traduire l'émotion de l'amour naissant par un couplet poétique d'une suave mélodie, l'acteur devra chercher je ne sais quel souffle printanier dans sa voix, je ne sais quel enivrement de tendresse dans toute sa personne. La première manière sera faite pour donner au spectateur la sensation de l'amour; la seconde en éveillera le sentiment. Pour réussir dans l'une ou dans l'autre, il faut au comédien un égal génie, une souplesse d'organes, une puissance d'observation également grandes; mais on a compris, suivant le mot de Garrick, que les moyens d'exécution ne sont pas les mêmes, et que le style idéal exige un apprentissage de mécanisme beaucoup plus laborieux que la ·simple reproduction de la réalité.

Le premier et le dernier mot de·cet art qui offre un reflet fidèle de la nature, se trouvent exprimés dans cette phrase d'un critique anglais : « Pour rendre avec justesse l'action théâtrale, il faut agir exactement comme aurait fait celui qu'on représente dans les circonstances où l'acteur est placé par le poète (1). » Il n'y a pas de voie tracée devant ceux qui marchent dans cette direction : on ne peut que leur indiquer certains écueils. Bien difficilement ils concilieront la belle tenue, le parler séduisant, avec la prétention de transporter sur la scène l'exacte réalité. « Il y a une raison générale du défaut de noblesse dans notre théâtre, dit l'auteur que je viens de citer : les comédiens sont les copistes de la nature, qui, malheureusement, en fait de noblesse, nous offre peu d'originaux. » Il était beau de voir, dans *Othello*, ce Barry que craignait Garrick, rougir sous la teinte noire qui déguisait son visage, et, vrai lion du désert, lion blessé et furieux, bondir chaque fois qu'il ressentait les pointes de la douleur. « Il semblait, dit la tradition, s'élever de terre, à chaque mot qu'il prononçait. » De tels effets nous paraissent admirables, parce que nous les savons appliqués à un caractère exceptionnel. Malheureusement, on fut forcé de transporter ces mêmes effets dans la plupart des rôles, et d'abuser, comme dans nos mélodrames, de l'exagération·de l'énergie, parce que la nature, copiée exactement, ne peut être intéressante que dans les instans où la passion se manifeste. Une agitation désordonnée devint le moyen vulgaire d'animer ce drame qui admettait si difficilement la simplicité noble et sympathique. Je parle d'après la même autorité. « A tous propos jouer des bras, des jambes, et battre tous les recoins de la scène, est un art anglais. S'il plaisait à nos acteurs de prêter plus d'attention à leurs voisins, ils se corrigeraient. » Les grands acteurs de l'Angleterre n'ont échappé à cette fatalité de leur système qu'en se rapprochant du style consacré en France, en s'élevant à l'idéalisation dans toutes les parties de leur répertoire qui le permettaient. Ainsi s'expliquent les changemens et les mutilations que le·xviiie siècle osa infliger à Shakspeare, afin d'obtenir une plus grande unité de tons, en atténuant la crudité trop *réelle* de certains détails. Nous pouvons voir présentement chez nous-mêmes les acteurs qui ont établi leur répu-

---

(1) *Garrick ou les acteurs anglais*, ouvrage écrit vers le milieu du dernier siècle, et traduit en français par le comédien Sticotti.

tation dans le drame convulsif, reculer devant les mêmes écueils, et manifester des velléités de retour vers l'ancien répertoire.

Veut-on constater les résultats du *naturalisme* poussé jusqu'à ses dernières limites? qu'on observe nos scènes secondaires, où la reproduction minutieuse de la réalité semble la mesure du mérite. Je pourrais signaler plusieurs acteurs de vaudeville qui sont dans certains rôles d'une exactitude frappante. Ils excellent, hélas! à rabaisser jusqu'au trivial des compositions déjà trop communes; ils se donnent beaucoup de peine pour exprimer la pensée comme on le fait dans la vie ordinaire quand on ne s'y observe pas, c'est-à-dire par un mélange de remuemens confus et de sons inarticulés. C'est de la nature, entendons-nous dire; oui, la nature du daguerréotype, sans idée, sans couleur, sans perspective. Il ne faut pas croire que tous ceux qui font preuve de mérite dans ce genre ingrat produisent sur le public une impression proportionnée à leurs efforts. Lorsqu'ils arrivent à la popularité, c'est qu'ils ont assez de crédit pour obtenir qu'on fasse des rôles *pour eux*, qu'on les encadre dans des pièces exceptionnelles dont tout l'effet aboutisse à leur personne. Les succès qu'un seul artiste s'assure ainsi coûtent cher à bien d'autres. C'est le moyen de ruiner l'inspiration littéraire chez les écrivains, de décourager les jeunes acteurs qui se voient sacrifiés, d'affaiblir les directions théâtrales en les mettant à la merci d'une seule volonté.

Occupons-nous donc exclusivement des acteurs qui, voués à notre grand répertoire, ont à traduire poétiquement les réalités de la vie. A ceux-ci, le vague instinct de l'imitation ne suffit plus. La première de leurs qualités est peut-être l'indomptable vouloir, l'énergie du travail, tant est rude la tâche qu'ils entreprennent. Je ne veux pas dire que le travail peut suppléer le naturel; c'est une hérésie que je laisse aux pédans. L'art théâtral, à quelque degré qu'on s'y place, exige une aptitude innée, une vocation. Celui-là ne deviendra pas acteur, qui, en entendant une voix mélodieuse, un accent venu du cœur, ne s'essaie pas intérieurement à les reproduire. Il n'est pas né pour la scène celui qui, en observant dans le monde l'allure d'un beau cavalier, ou une pose caractéristique dans un tableau, dans une statue, ne sent pas son corps s'assouplir par un mouvement involontaire et se dessiner d'après ces modèles. Mais, comme il n'est pas de nature, si distinguée qu'elle soit, qui n'ait contracté des habitudes mauvaises dans les hasards de la vie commune, je ne conçois pas qu'un talent solide se forme et se conserve sans un exercice persévérant. On me citera, je le sais, ceux qu'on appelle dans les coulisses des comédiens d'instinct. On assurera, d'après le rédacteur des *Mémoires de mademoiselle Dumesnil*, que « Préville, le plus achevé des comiques, n'a jamais analysé ni décomposé un rôle. » Cette assertion est démentie par un fait, puisque Préville a laissé en manuscrit un plan et des notes pour un cours d'études dramatiques. Il faut d'ailleurs s'entendre sur les mots : l'apprentissage de la scène n'exige pas impérieusement le labeur du cabinet. Il y a des artistes heureusement doués et tellement dominés par leur art, que l'observation morale et la reproduction mimique passent chez eux à l'état d'habitude. Ils font poser tous ceux qu'ils rencontrent, et sont eux-mêmes toujours en scène : ceux-là travaillent sans s'en douter, et de la meilleure manière peut-être. Tel a dû être Préville, qui, sorti d'une bonne famille, et suffisamment instruit, fut jeté par un coup de tête dans les folles aventures, et, tour à tour maçon, colporteur, clerc de notaire et comédien ambulant, s'est rompu pour le théâtre par une assez rude pratique de la vie.

S'il était nécessaire de démontrer l'efficacité du travail pour les acteurs, il suffirait de rappeler que les plus grands d'entre eux ont eu à vaincre des défauts naturels. La touchante Lecouvreur se présentait avec un organe sourd pour succéder à Mlle Duclos, dont le débit était sonore jusqu'à l'excès. L'habile tragédienne trouva de si pathétiques accens, qu'on adora sa voix étouffée, parce qu'on la croyait voilée par les larmes. Que d'art ne fallut-il pas à Clairon, la superbe reine, pour faire oublier sa petite taille, et ce joli minois de grisette qui l'avait désignée pour l'emploi des soubrettes! La belle ame de Lekain avait une enveloppe épaisse dont le premier aspect était ignoble. Il fit des prodiges d'énergie pendant ses débuts de dix-sept mois, qui ne furent qu'une longue tempête. A peine accepté, le succès, où tant d'artistes s'endorment, développa en lui une exaltation croissante. A l'exemple des grands peintres, ou plutôt grand peintre lui-même, il se transforma jusqu'à trois fois en changeant de manières. D'abord, pour trancher avec l'irréprochable majesté du beau Dufresne, il lâcha la bride à l'inspiration, et fascina le public par une véhémence indomptée. Il ne tarda pas à s'apercevoir, comme a dit Talma, que « de toutes les monotonies, celle de la force est la plus insupportable. » En plein succès, il se condamna lui-même; il éteignit sa fougue et enchaîna sa passion. Aux yeux de la foule, l'artiste paraissait faiblir ; il méditait, il essayait. Un jour vient où le volcan en travail se rallume. Pendant les cinq ou six dernières années de sa vie, Lekain est tellement sûr de lui-même, qu'il ne craint plus les écarts de l'inspiration. « Plus de cris, dit Talma avec l'accent d'un enthousiasme sincère, plus d'efforts de poumons, plus de ces pleurs vulgaires qui amoindrissent et dégradent le personnage. Sa voix, à la fois brisée et sonore, avait acquis je ne sais quels accens, quelles vibrations qui allaient retentir dans les ames : les larmes dont il la trempait étaient héroïques et pénétrantes. » L'acteur le plus éblouissant par sa prestesse de bon goût et par ses graces enchanteresses, Molé, repoussé d'abord par le public de Paris, qui le trouvait froid, alla jouer quatre ans en province, et en revint avec un entrain irrésistible, peut-être même un peu exagéré, au jugement des fins connaisseurs. Parmi les comédiens célèbres, ceux qui ne se sont pas développés par un travail opiniâtre ne forment véritablement qu'une exception.

Les qualités nécessaires à l'acteur pour s'élever jusqu'à la peinture idéale, le dessin du geste et le coloris du langage, sont de celles que la nature ne peut pas donner complètement, si libérale qu'elle soit : il faut donc s'en assurer la pleine possession par un continuel exercice. En présentant quelques observations à ce sujet, je ne serai que l'écho des maîtres de la scène. Je me suis laissé aller au plaisir d'interroger leur expérience, en épuisant les divers moyens d'information que fournissent la tradition écrite et les souvenirs des amateurs.

II. — DE LA VOIX ET DE LA DICTION.

Pour débiter ce dialogue qui, sous prétexte de naturel, reproduit platement le langage de la vie commune, le parler ordinaire suffit. Qu'un acteur de vaudeville ou de mélodrame corrige les vices les plus choquans de sa prononciation, qu'il donne à son organe le volume convenable, et tout est fait pour lui. Interprète des grands écrivains, appelé à faire valoir cet épanouissement de la pensée, cette splendeur d'expression, ces rhythmes variés, cette chose indéfinissable qu'on appelle le style, le comédien artiste n'y parviendrait jamais sans une voix sonore, hante, bien posée, et susceptible de plusieurs nuances.

Il est un mot que Talma n'aimait pas, et qu'il regrettait de voir employé pour désigner l'art dont il était la gloire : c'est le mot *déclamation*. Notre langue ne possède pourtant pas d'autre terme pour spécifier ce caractère particulier que prend nécessairement la voix quand elle doit rendre le langage soutenu de la poésie ou de l'éloquence. Le son articulé, formé par un certain travail de la bouche, produit la parole ; le son modulé par le larynx donne ces vibrations harmoniques qui constituent le chant. La déclamation proprement dite semble résulter du double mécanisme de la parole et du chant. Comme pour répondre à cette musique intérieure qui résonne chez le poète, elle parle aux sens en même temps qu'à la pensée : c'est là qu'est son charme et sa puissance.

L'hygiène de l'organe vocal était fort compliquée chez les anciens; on le conçoit, puisque chez eux la voix, principal instrument de la publicité, accomplissait beaucoup de fonctions dont la presse, la grande voix des temps modernes, l'a destituée en partie. On serait tenté de croire que l'industrie des *phonasques* n'était qu'un charlatanisme impudent, à en juger par les indications qui nous restent. Une vingtaine de plantes, auxquelles on attribuait la vertu d'éclaircir la voix, étaient, suivant Pline et Perse, employées en cataplasmes ou en gargarismes. Au dire de Suétone, Néron se soumettait à des ordonnances que M. Purgon n'eût pas désavouées. Les chanteurs se condamnaient à un régime des plus sévères, et ne se nourrissaient que de légumes lorsqu'ils devaient se faire entendre : d'où leur était venu le sobriquet de *fabarii*, mangeurs de fèves. Les études de vocalise, décrites par Cicéron, consistaient, comme dans nos écoles, à poser, soutenir, fortifier, nuancer le son dans tous les tons de l'échelle musicale. Les acteurs s'y exerçaient chez eux chaque matin, et quelquefois même au théâtre, dans l'intervalle d'une scène à l'autre. Je me suis demandé d'abord pourquoi les anciens recommandaient à l'élève de se coucher sur le dos pendant le travail de la voix : c'est peut-être parce que, dans cette position, on obtient mieux ce relâchement musculaire, cet amortissement de tous les organes qui facilitent les vibrations sonores. Au surplus, la vocalise des anciens différait de la nôtre en ce qu'elle devait avoir pour but d'augmenter le volume de la voix, plutôt que sa qualité. Dans nos salles fermées et construites généralement dans les meilleures conditions de l'acoustique, ce n'est pas avec la plus forte voix qu'on est le mieux entendu. Le public ne se gêne pas avec celui qui crie. Un acteur qui tient bien la scène et soigne son articulation semble d'autant mieux commander le silence qu'il parle plus bas : on retient son souffle pour ne pas perdre l'émotion attachée à chaque syllabe qu'il prononce.

Bien peu de personnes se font une idée du travail que s'imposaient nos anciens acteurs pour assurer la portée de leur organe, pour perfectionner le mécanisme de chaque lettre, pour parvenir à nuancer leur débit, en obtenant des sons plus ou moins éclatans, des *sons intentionnels,* comme on disait dans la langue du métier. C'est en travaillant

19.

avec Dumarsais, le plus profond de nos grammairiens, que Mlle Lecouvreur acquit la pureté enchanteresse de son articulation. Je citerai un mot du vieux Sarrazin, le prédécesseur de Brizard, parce qu'il peint bien la féroce émulation qui régnait alors : « Viens étudier chez moi, disait-il à un débutant inquiet de la faiblesse de sa voix, et avant peu je te ferai cracher le sang. » Je ne crains pas d'avancer que l'art du tragédien, largement conçu, exige un apprentissage vocal aussi pénible que celui du chanteur. Mme veuve Talma va plus loin, dans un livre estimable qu'elle a écrit sur les *Etudes théâtrales :* elle recommande des exercices dont les musiciens conçoivent à peine la possibilité. Je transcris le passage (page 40) : « Que faut-il faire pour rendre l'organe flexible? L'exercer sans y manquer un seul jour, en parcourant tous les tons, impératifs, plaintifs, douloureux, etc... Il faut, avant tout, parvenir à satisfaire sa propre oreille. Elle doit être assez difficile pour apprécier un ton, un demi-ton, un quart de ton, un demi-quart de ton, et enfin des valeurs qui paraissent idéales aux personnes peu exercées, mais qui sont, pour la diction, de la plus grande importance. Il faut savoir élever ou abaisser sa voix dans toutes les gradations imaginables. » De pareilles études sont si pénibles qu'elles effraient l'imagination; mais on en tirait anciennement un grand avantage. C'était la facilité de tout peindre par le caractère de la voix, qui permettait à nos anciens acteurs d'économiser le geste. Ils pouvaient arriver ainsi à une simplicité d'action souvent admirable. L'auteur à qui j'ai emprunté quelques détails sur les comédiens anglais, avoue que ses compatriotes étaient surpris de voir nos artistes traduire les plus hardis mouvemens de l'ame sans efforts apparens. « Leur principal acteur, dit-il sans le nommer, semble avoir moins d'action qu'aucun des nôtres. Il demeure tranquille sur la même ligne, les bras posés gracieusement. Sans remuer un doigt, il emplit la scène de feu et de variété; il déploie dans cette posture presque immobile tous les changemens de passion qui peuvent étonner, attendrir un cœur sensible. » Sans remonter si haut dans la tradition, rappelons-nous que l'auteur des excellens principes que je viens de transcrire, Mme Talma, a renouvelé, par son organe enchanteur, les émotions produites par Mlle Gaussin, la sirène du XVIIIe siècle : c'est Mme Talma qui a inspiré cette expression, restée dans le vocabulaire des théâtres, *avoir des larmes dans la voix.*

Le mauvais parler provenant presque toujours d'un vice d'habitude, d'une manière défectueuse d'émettre le son ou d'articuler les mots, il est bien rare que le mécanisme vocal ne puisse pas être réformé.

Découvrir le vice, prescrire les exercices qui le peuvent corriger, c'est de la part d'un maître une affaire d'inspiration autant que d'expérience. C'est encore Lekain qu'il faut nommer pour citer un miracle opéré dans ce genre : sa voix, lourde et rebelle à ses débuts, acquit une sonorité si riche en nuances, si expressive, qu'elle remuait, assure-t-on, jusqu'à des étrangers incapables de comprendre les paroles. Molé établit à ce sujet un principe qu'il n'est pas inutile de rappeler : c'est que Lekain, en améliorant sa voix, évita d'altérer les tons qui lui étaient naturels, tandis que trop souvent les acteurs qui ont cherché à se faire une voix dramatique en ont faussé le timbre en sortant violemment de leurs habitudes. « Sans le médium de la voix, ajoute Molé, point de vérité, point d'illusion, point de talent de premier ordre. Ce serait un peintre qui couvrirait son dessin de couleurs toutes fausses, qu'un acteur qui couvrirait son parler d'une voix factice. » Avis aux jeunes tragédiens qui se tourmentent pour *sombrer* leur voix; avis aux débutantes de la comédie qui, souvent aujourd'hui, falsifient leur parler en cherchant la voix souriante de Mlle Mars.

Le goût régnant dans la vocalise musicale exerce une influence remarquable sur la déclamation au théâtre, et même sur les habitudes du langage dans la société. Sous Louis XIII, on blâmait dans le chant une ornementation de mauvais goût mise à la mode par des artistes venus d'Italie. Le ton du dialogue alors, à la scène comme à la ville, était cette affectation, cette *préciosité* dont Molière a fait justice. Lulli ayant créé ce beau style musical qui, sans sacrifier la saveur mélodique, tire ses principaux effets de la pureté et de la justesse de l'expression, les maîtres s'appliquèrent aussitôt à développer dans ce sens le mécanisme vocal de leurs élèves. Le fameux Lambert, sans renoncer aux agrémens du genre italien dont il abusait au point d'irriter son gendre Lulli, donna bientôt l'exemple de l'ampleur et de la précision du style. L'articulation exacte, le ton fin et *galant*, la vérité expressive, l'accord du sentiment mélodique et de la grammaire, tels sont les principaux points d'études recommandés par Bacilly, vieux maître de chant qui a laissé sur son art un livre estimable. Sous ces influences, on commence dans le monde à se piquer de belle prononciation, et sur la scène, on introduit ce système dramatique dont la principale séduction est la mélodie du langage. Au xviiie siècle, on ruine le principe en l'exagérant. Pour le public comme pour les artistes, l'idéal du chant est une déclamation plus fortement accentuée que le simple parler. On ralentit tous les mouvemens, même pour les opéras de Lulli, et les airs semblent se transformer en récitatifs. Au lieu de placer la passion dans la vocalise comme les Italiens, on la traduit par la sincérité de l'accent. Nos chanteurs en renom, Chassé, Jéliotte, Mlle Fel, Sophie Arnould, phrasent alors merveilleusement, et passent pour très habiles dans l'art de peindre le sentiment par les nuances de la voix. Ce règne de la déclamation lyrique coïncide avec la période où les tragédiens atteignent la grandeur idéale, où le monde des salons s'applique avec le plus de succès à relever les graces de l'esprit par la magie d'une énonciation parfaite. Dans l'éblouissement du succès, on pousse le système de la déclamation lyrique jusqu'au point où le ridicule commence. Un jour vient où chacun s'aperçoit que nos chanteurs d'opéra, pleins d'intelligence dramatique, très beaux à voir en scène, n'ont qu'un léger défaut, celui de ne plus chanter. Alors a lieu une révolution légitime au point de vue de l'art musical : la mélodie rhythmée, les grands airs, détrônent le récitatif. Une autre direction est donnée à l'étude de la vocalise. Persuadés à tort, j'aime à le croire, que la prétention d'articuler exactement est inconciliable avec la sonorité et la souplesse du chant, et exagérant quelques bons principes des écoles d'Italie, presque tous les maîtres développent la voix de manière à en augmenter seulement la puissance sonore et l'agilité. L'art du chanteur se réduit peu à peu au secret d'enlever bravement la difficulté. Les effets qui résultaient d'une articulation exacte et sentie sont presque généralement négligés, et il devient aussi rare de rencontrer un maitre de chant initié à la prosodie de notre langue que de trouver un compositeur respectant le sens et le timbre des paroles dans la distribution de ses accens mélodiques.

C'est sous l'influence de cette éducation musicale que la génération présente s'est accoutumée à la négligence, à l'incorrection du parler, à cet affreux grassaiement qui est devenu chez nous une infirmité contagieuse. Si notre société ne s'effraie pas de ce mal, c'est qu'elle n'en a plus même la conscience. Dans un excellent manuel de pédagogie, un inspecteur de l'Académie de Paris, M. Taillefer, a constaté que la prononciation est détestable aujourd'hui dans toutes les classes ouvertes à l'enfance. Remercions-le des énergiques paroles qu'il a trouvées pour reprocher aux maîtres leur inexcusable insouciance à cet égard : « Ce vice de l'instruction publique, a-t-il dit, est poussé à un tel degré dans nos colléges et dans nos écoles, que, si les usages et les relations de la vie commune ne venaient pas rompre les habitudes prises par les enfans dans les premières années, bientôt ils n'articuleraient plus qu'un jargon barbare et inintelligible. » Il est une remarque que chacun doit avoir faite dans nos théâtres : c'est que les acteurs s'y font d'autant mieux entendre, qu'ils sont plus avancés en âge!

Nous avons eu, en ces derniers temps, des acteurs de vive intelligence et de généreuse ambition. Pourquoi sont-ils restés inférieurs à leurs devanciers? C'est, je crois, parce qu'ils ont négligé d'acquérir par l'étude un instrument vocal assez riche pour trouver leurs effets principaux dans les nuances du langage. L'acteur qui n'a pas un organe assez souple, assez nourri pour peindre le degré de son émotion par le caractère du son qu'il émet, est obligé de presser son débit pour le passionner, de crier pour ne pas paraître froid. Lorsqu'il a le malheur d'être applaudi, fier de lui-même, il se démène, il crie de plus en plus fort, jusqu'au jour où les applaudisseurs eux-mêmes le déclarent pitoyable. Ce sont ceux dont le mécanisme vocal est insuffisant qui affirment, en s'appuyant sur les souvenirs laissés par nos plus grands tragédiens, que *la poésie dramatique doit être parlée*. Il est de la plus grande importance aujourd'hui d'établir la signification véritable de cet axiome. Baron, Lecouvreur, Talma, *parlaient*, si l'on veut, la tragédie, en ce sens qu'ils conservaient le ton vrai, le mouvement du *parlage* instinctif; mais ces accens de la nature, ils les épuraient, ils les agrandissaient, ils les trempaient de musique et de poésie. Ils parlaient, en ce sens qu'au lieu de l'ennuyeux ronflement des comédiens écoliers qui écrasent le son pour faire de la force, ils recherchaient une émission de voix facile et franche. Pour éviter cette insupportable psalmodie qui scande les vers en marquant la césure et en appuyant sur chaque rime, ils ponctuaient, non plus selon les procédés de la poétique, mais suivant la logique des passions humaines et le jeu naturel des organes. Leur art était un de ceux que la critique est inhabile à définir, et qui consistait dans une certaine manière de fondre les vers sans en altérer la sublime essence, sans en faire, comme on l'a dit, de la prose. Talma ne retrouva ce secret qu'à force de tâtonnemens. Pendant quelque temps, vers le commencement du siècle, il *parla* réellement (1) la tragédie. Il ne résulta de cet essai qu'un débit

---

(1) Il y eut au siècle dernier un acteur qui, à ce que j'entrevois, parla aussi la tragédie. Ce fut Aufresne qui débuta en 1765 par le rôle d'*Auguste*. Comme il était d'un bel extérieur et fort intelligent, malgré la tournure systématique de son esprit, il fit sensation. La curiosité excitée par un acteur ressemble beaucoup au succès. Cependant on ne put garder le débutant dont la simplicité exagérée détruisait l'ensemble traditionnel. Aufresne alla exploiter son talent dans les cours du Nord.

heurté, haché, qui cessa d'être la langue des muses sans devenir pour cela plus naturel. Averti par son propre goût autant que par les avis des bons juges, il se modifia, et tout en conservant son horreur instinctive pour le mot *déclamer*, il se rapprocha de cette manière de dire qui a toujours été la grande, la vraie déclamation tragique. Sans accuser la fin du vers par une modulation banale, sans la marquer par une pose, il en articulait la dernière syllabe, de telle sorte que la rime conservait toute sa vertu. Quant au caractère de sa voix, s'il lui avait conservé la sécheresse de la conversation réelle, s'il ne lui avait pas communiqué une certaine puissance de vibration empruntée discrètement à la voix chantante, si ses intonations, bien que puisées dans la nature, n'avaient pas eu quelque chose d'une vague et fugitive mélodie, aurait-il osé dire, ainsi qu'il avait coutume dans la maturité de son talent : Je suis musicien, avant d'être acteur et poète ?

Chose remarquable ! le travail de l'acteur dans la composition de son débit ressemble par beaucoup de points au travail du musicien-compositeur. On donne à l'un et à l'autre des paroles mortes sur le papier, et ils doivent les ranimer en traçant un dessin mélodique, en enchaînant des rhythmes divers, en distribuant des repos, des éclats, des silences. Il est difficile de trouver l'accent vrai dans les mouvemens passionnés, bien plus difficile encore de trouver une accentuation intéressante dans les choses de détail. Il y a dans les longs récits, et surtout dans ceux des pièces en vers de notre ancien répertoire, des superfluités, des chevilles, du remplissage poétique. Prêter une intention, une portée dramatique à des passages faibles ou nuls, c'est encore un secret que ne se laissent pas dérober les acteurs de génie. Les uns glissent sur les longueurs avec une négligence spirituelle qui les atténue, les autres fascinent leur auditoire en suppléant par un jeu expressif à l'insignifiance des paroles. Quant aux sujets vulgaires, on peut leur appliquer avec une variante le mot de Figaro : ce qu'ils ne savent pas *dire*, ils le *chantent*, en retombant malgré eux dans la mélopée monotone qui a déconsidéré notre vers alexandrin.

Une autre difficulté, insurmontable pour celui qui n'est pas parfaitement sûr de son mécanisme vocal, est d'approprier sa diction au style de chaque poète. Tout écrivain dramatique de quelque valeur a une manière de phraser, des mouvemens, des accens qui lui sont propres, nuances indéfinissables que l'exécutant doit sentir et faire valoir. Si la mode est toute-puissante en musique, c'est que les musiciens, les plus paresseux de tous les artistes, s'en tiennent toujours au style du maître en faveur, sans prendre la peine d'approprier leur mécanisme aux compositions antérieures qui ont eu aussi leurs jours de gloire. Rendus avec des habitudes qui en faussent le caractère, ces ouvrages des vieux maitres ne peuvent plus soutenir la comparaison avec les productions récentes, de sorte que les exécutans et les auditeurs proclament toujours avec une entière bonne foi que leur époque a dit le dernier mot de l'art musical. Les acteurs voués au drame ou à la comédie ne peuvent pas rester dans une semblable illusion. Ils ont à faire des efforts sérieux pour mettre en relief les trésors variés de leur répertoire. Mlle Clairon, dont le débit était imposant et soutenu, redoutait Corneille. Elle avait besoin, pour se mettre au niveau de ce fier génie, d'emprunter des artifices à l'art musical? « Il est si grand ou si familier, disait-elle, que sans l'extrême sûreté des intonations, on court risque de paraître gigantesque ou trivial. » Le vers de Racine, dont on doit ménager la saveur poétique, exige une mélopée grave et insinuante, toujours imprégnée, comme il le recommandait lui-même de « cette tristesse majestueuse qui fait tout le plaisir de la tragédie. » Avec Voltaire, la véhémence est presque toujours préférable à la correction. Il y a, chez Casimir Delavigne, un mélange de vulgarité systématique et de pompe racinienne, dont la transition est périlleuse. La difficulté a été surmontée par les acteurs de notre temps, et notamment par MM. Joanny et Ligier. Je ne sais si M. Hugo, si prodigue d'éloges pour les artistes qui ont été ses interprètes, confirme, *in petto*, les témoignages de satisfaction qu'il laisse tomber officiellement du haut de son trône poétique. Il me semble qu'en général il aurait doublement à se plaindre : on n'a pas toujours mis en relief ses qualités; on n'a pas assez masqué ses défauts. Il eût été possible, j'imagine, de justifier ses élans lyriques par un ton plus grandiose, et ses ingénieux caprices par le charme d'un épanouissement plus naturel. Le rhythme tourmenté et bizarre, qu'il recherche en haine du vieil alexandrin, n'a pas toujours eu sur la scène l'entrain dont il est susceptible. En somme, les comédiens comme les chanteurs de notre temps, ont à se plaindre, je crois, de rencontrer rarement des ouvrages *bien écrits pour les voix*. Les jeunes écrivains qui ont fait preuve d'imagination et de style dans le roman échouent souvent au théâtre, parce qu'ils y transportent leur période à symétrie et à métaphores, tandis qu'il faudrait à l'acteur des phrases courtes, sonores, sobres d'images et d'un tour naturel sans vulgarité.

III. — DU GESTE.

Après ce genre d'expression vocale que j'ai essayé de caractériser, le drame idéalisé se distingue du drame prétendu réel par un genre d'expression mimique, large, puissante, harmonieuse, vraie sans doute, mais de cette vérité intelligente qui explique la nature plutôt qu'elle ne la copie. C'est ce qu'on définissait dans l'école par cette locution : avoir du style dans le geste. Obligé d'éclairer ma pensée par quelques réflexions générales, je crois devoir rassurer mon lecteur en promettant de ne pas m'aventurer jusqu'aux régions nébuleuses de l'esthétique.

Le geste (je comprends, sous ce mot, le marcher, le maintien, l'action corporelle, le jeu de la physionomie, et je pourrais ajouter l'exclamation inarticulée), le geste est le langage de l'instinct : c'est le moyen d'expression le plus énergique et le plus sincère. La parole est l'analyse de l'idée ou du sentiment, et cette analyse peut être inintelligente ou menteuse. Le geste ne saurait mentir complètement : celui qui parviendrait à fausser son masque trahirait l'imposture, aux yeux d'un observateur exercé, par une inflexion en sens contraire de quelque partie de son corps. On sait fort bien dans le monde éminent que le geste est plus franc que la parole, et c'est dans la crainte de découvrir sa pensée qu'on y évite de gesticuler. Dans la vie commune, on ne se comprend le plus souvent que parce que la pantomime corrige et complète le décousu du colloque. Il n'est pas d'attitude, pas de remuement, qui ne corresponde à une sensation physique ou à un certain état de l'ame, et chaque évolution corporelle peut devenir un coup de pinceau dans la peinture d'un caractère. Je trouve la confirmation de ce principe dans une remarque de M. Saint-Marc Girardin aussi judicieuse que finement énoncée : « Dans la statuaire grecque, dit-il, l'expression, loin d'être concentrée sur le visage, comme dans la statuaire moderne, est répandue sur tout le corps, et la nudité est pour les sculpteurs grecs, non pas une habitude empruntée au climat, puisque les Grecs étaient vêtus, mais une ressource de l'art pour mieux exprimer les idées et les sentimens des personnages. »

Il y a contestation entre les professeurs de déclamation pour savoir si le geste doit être pour l'élève l'objet d'une étude théorique, d'un exercice spécial. La gesticulation dramatique chez les anciens, nous l'avons remarqué précédemment, constituait, sous le nom d'or-

chestique, un art très compliqué. Néanmoins, les critiques semblaient protester contre cet art spécial, en affirmant que toute sensation physique, tout mouvement de l'ame amène nécessairement son
geste, et qu'ainsi il est inutile de s'en occuper isolément : *ipsa secum
gestus naturaliter fundit oratio*, a dit Cicéron. Cette opinion est aujourd'hui celle de presque toutes les écoles dramatiques, et si mes
informations sont exactes, les élèves de notre Conservatoire ne recevraient d'autres observations, quant au geste, que celles qui sont
provoquées incidemment par l'étude des rôles qu'on leur fait apprendre. Ce n'est pas assez faire, selon moi. Je conviens que toute
émotion sincère se traduit forcément par une gesticulation instinctive; mais en est-il de même chez l'acteur, interprète d'un sentiment
factice? Non sans doute. Ses gestes, s'il manque d'étude et d'exercice,
seront empruntés et menteurs, comme la passion dont il fait spectacle. J'ai pu observer que les élèves, à leurs premiers essais, éprouvent une difficulté extrême à exécuter les mouvemens les plus insignifians : soit timidité, soit gaucherie, ils tiennent leurs bras collés
au corps et ne font qu'un bloc de toute leur personne, comme les
statues informes de l'enfance de l'art. Rompent-ils le charme qui les
pétrifie, c'est pour se jeter dans une gesticulation désordonnée plus
désagréable encore. Il est, je le sais, des professeurs particuliers qui
tombent dans un inconvénient contraire, en enseignant à leurs élèves
une nomenclature méthodique des gestes qui peut suffire, assurent-
ils, à la composition de tous les rôles. Entre ceux qui attendent tout
de l'inspiration et ceux qui ont le tort de la proscrire, il y a, je crois,
une mesure à garder. Le professeur intelligent doit, par la théorie,
initier l'élève à la philosophie du langage mimique; il doit, par une
pratique spéciale, assouplir le mécanisme corporel; mais il importe de
faire sentir à l'élève que ces exercices ne sont, pour le geste, que ce
qu'est la vocalise pour le développement de la voix, et qu'il faut oublier cette gymnastique en entrant en scène, de même que l'orateur
oublie la grammaire en montant à la tribune.

Si la gesticulation est vraiment une sorte de langage, les exercices
qui tendent à la régler ne doivent pas être prescrits au hasard. Les
études des modernes sur ce sujet sont bien pauvres, comparées à
celles des anciens. Appelé à la direction d'une école dramatique, Préville jeta sur le papier quelques notes qui nous sont parvenues. L'Allemand Engel, qui fut, vers le commencement du siècle, directeur du
théâtre de Berlin, a écrit, d'après Lessing, des *Idées sur le geste*, in-
voquées assez souvent à défaut d'autorités plus respectables. Des *Etudes*

sur les passions appliquées aux beaux-arts, publiées il y a dix ans par
M. Delestre (1), pourraient être aussi utiles aux comédiens qu'aux
peintres. M. Delsarte aîné, très habile professeur de déclamation lyrique, a recueilli de son côté beaucoup de remarques de la plus ingénieuse pénétration, qui trouveront un jour leur place dans le cadre
d'un grand ouvrage. Tous ces observateurs ont constaté, avec une lucidité plus ou moins grande, ce fait primordial, que les gestes venant
de l'ame, de l'intelligence ou de la sensation corporelle, changent de
caractère selon leur origine. Mais la classification de Préville n'est pas
celle de Engel. Pour simplifier ces notions, mieux vaut ramener les
gestes humains à deux espèces, les uns, qu'on peut appeler *passion-
nels*, parce qu'ils expriment instinctivement, invariablement un mouvement de l'ame ou une sensation physique, les autres qui sont *descriptifs* (2) ou intellectuels, parce qu'ils traduisent d'une manière
pittoresque ce que l'intelligence a conçu.

Le geste *passionnel* précède la parole, ou du moins l'accompagne,
lorsque la parole elle-même est instinctive comme dans l'exclamation.
Le geste descriptif vient au contraire après la parole, pour l'expliquer,
pour la compléter. Ce principe fondamental dans l'art de l'acteur a
besoin, je le sens, d'être éclairci par un exemple. La passion, je suppose, s'éveille en moi à l'aspect d'une femme que j'aime; c'est le sentiment qui entre en jeu, et qui s'exprime d'abord par une pantomime
instinctive. Mon œil s'enflamme, une aspiration ardente gonfle ma
poitrine, toute ma personne s'élance vers l'objet aimé; mes bras ouverts décrivent un mouvement moelleux et doux comme une caresse;
ces mots m'échappent : Qu'elle est belle! Dans ce premier cas, vous
le voyez, la parole est venue confirmer à mon insu ce que vous avait
déjà dit mon geste *passionnel*. Ai-je vu au contraire une femme dont
la beauté me frappe, mais qui néanmoins me laisse indifférent, ce
n'est plus mon ame qui sent, c'est mon esprit qui remarque, qui ana-

(1) Un succès honorable, d'autant plus qu'il est modeste, a récompensé l'auteur.
La première édition de ses estimables *Études* s'est épuisée à petit bruit, et j'apprends qu'une réimpression, vraiment désirée, va paraître.

(2) Cette classification, basée sur l'observation analytique, semble coïncider avec
le peu que nous savons de la mimique des anciens. Plutarque dit que, dans l'orchestique, on distinguait trois sortes de gestes : 1º le mouvement ou la transition;
2º la figure ou l'attitude; 3º la démonstration, l'indication. Les gestes de ce troisième
ordre sont assurément descriptifs. Quant à l'expression *passionnelle*, elle résulte
des deux premiers genres, c'est-à-dire qu'elle est produite ou par des poses significatives, comme celles que saisit la statuaire, ou par des mouvemens qui ont une
signification précise, comme de secouer la tête en signe de menace.

lyse. Je m'écrie au premier coup d'œil : Qu'elle est belle ! Et ensuite mon geste, calme et indifférent, achève ma pensée, en décrivant les lignes qui caractérisent les belles formes. Dans ce second exemple, mon geste *descriptif*, dessinant, *illustrant* une simple conception de mon esprit, est venu après ma parole pour lui servir de commentaire.

La confusion des deux sortes de gestes est souvent ce qui fatigue dans le jeu des acteurs médiocres. Si les pantomimes nous paraissent assez souvent ridicules, c'est qu'à défaut de dialogue on y exprime presque toujours la passion par un jeu descriptif qui n'est pas dans la nature. Bien que disposé à recevoir avec une soumission respectueuse, en fait d'art, les traditions favorables aux anciens, j'incline à croire que leurs pantomimes si vantées n'étaient pas moins défectueuses que les nôtres, qu'ils y abusaient du geste descriptif, et que même ils avaient, parmi leurs moyens d'expression, certains signes conventionnels avec lesquels on se familiarisait à la longue, par la fréquentation des spectacles. On sait que Cicéron et Roscius s'étudiaient à exprimer éloquemment certaines pensées, l'un par la parole, l'autre par son jeu muet. A plusieurs reprises, l'orateur changeait les mots en conservant toujours l'idée, et aussitôt, dit Macrobe, le comédien parvenait à traduire exactement cette même idée par des gestes différens. Évidemment, ces gestes que Roscius différenciait ainsi n'étaient pas ceux de la passion.

Les gestes descriptifs ne peuvent pas devenir un sujet d'exercices, parce qu'ils sont capricieux et accidentels. Les gestes instinctifs de la passion, qui se reproduisent constamment sous l'influence des mêmes causes, sont les seuls qu'un artiste doit observer et reproduire. Cette étude n'est autre que celle de l'ame humaine dans ses manifestations extérieures. M. Delestre, rectifiant une théorie émise par les derniers éditeurs de Lavater, expose que les gestes qui traduisent la passion correspondent aux trois états divers qui peuvent affecter l'ame humaine : excentration, état dans lequel l'individu semble se dilater, où son corps se porte en avant, où l'ame se précipite, pour ainsi dire, dans l'organe qui est en jeu; concentration, état opposé, crise douloureuse dans laquelle l'individu éprouve le besoin de se replier sur lui-même, et enfin un état intermédiaire, qui est celui du calme ou de l'impuissance. Si l'on faisait la grammaire du geste, comme les anciens l'avaient faite, j'en suis convaincu, on verrait que ces trois formes d'expression mimique correspondent aux formes active, passive et neutre du langage grammatical. Une anecdote fera comprendre la

portée de ce principe beaucoup mieux que les raisonnemens abstraits.
En disant ces deux vers :

> Tous les hommes me sont à tel point odieux,
> Que je serais fâché d'être sage à leurs yeux,

Alceste, en proie à un noir accès de misanthropie, voudrait pouvoir
se réfugier en lui-même, afin de s'isoler du reste du monde. Cette
intention est si claire, qu'il semble difficile de la démentir par le
geste. Cependant, tous les acteurs qui ont joué le *Misanthrope* jusqu'à Molé déployaient les bras par un effort excentrique, et les agitaient violemment comme s'ils avaient eu à repousser les attaques de
l'univers. Ramené à la nature par son rare instinct, Molé sentit qu'il
était plus vrai de concentrer son action en resserrant ses bras sur sa
poitrine avec une contraction douloureuse : idée qui fut saisie et applaudie à une époque où pas une intention, pas un mouvement,
n'échappaient aux juges attentifs de l'orchestre.

Je demande grace pour la métaphysique que je viens de faire : elle
m'a semblé indispensable pour définir ce qu'il faut entendre par ce
terme employé plus haut : le style dans le geste. Si la gesticulation
humaine constitue un langage naturel qui a son vocabulaire et sa logique, comme les idiomes de convention, le style résulte, dans ce
langage aussi bien que dans l'éloquence parlée, d'un puissant et mystérieux ensemble de qualités : justesse et force d'expression, enchaînement et progression logique des idées, élégance et mélodie soutenue. Observez les êtres supérieurs dans ces instans suprêmes où
débordent, pour ainsi dire, les richesses de leur nature : leur geste,
fortement accusé, s'épuise lentement. Annoncé par l'éclair de l'œil,
défini par un jeu de physionomie, il descend de là dans les membres
et jusqu'au bout des doigts, qui deviennent alors, selon l'expression
de Garrick, autant de langues qui parlent. Ainsi modulé, le geste
s'arrondit, se phrase, et acquiert cette profondeur d'intention, cette
noblesse expressive, qui nous ravissent dans les bons ouvrages de la
peinture. Mais l'acteur a plus à faire que le peintre. Il suffit à celui-ci
de prêter à des figures immobiles des attitudes significatives. L'acteur, vivante peinture, doit se renouveler continuellement, en enchaînant les aspects d'une manière logique et toujours attrayante.
L'acteur parfait, s'il pouvait exister, serait le premier des artistes.

Dans la vie commune, les gestes n'arrivent au style que lorsqu'ils
sont commandés par la passion. Ordinairement, chez presque tous

les individus, le langage muet est ce qu'est la conversation usuelle, incorrect et diffus, terne et indécis. De même à la scène. Les mauvais acteurs, qui n'ont pas le sentiment de l'éloquence muette, étalent une gesticulation babillarde et vagabonde, un bredouillement insupportable de tous les membres. Ils disent tout ce qui leur passe par les bras, et c'est pour cela qu'ils n'ont pas plus de style que n'en pouvaient avoir dans leur dialogue ces anciens improvisateurs qui disaient tout ce qui leur passait par la tête. S'il y a quelque vérité dans ce vieil adage : « La majesté n'a pas de bras, » on peut conclure que les acteurs de notre temps, une dizaine peut-être exceptée, sont les êtres les moins majestueux de la création.

Au théâtre comme dans le monde, la sobriété expressive du geste, ces mouvemens lents, précis et soutenus, qui semblent indiquer l'empire de l'ame sur le corps, sont des marques à peu près certaines de la supériorité. Rester vivant aux yeux du public, tout en observant cette réserve officielle de la bonne compagnie, indiquer le trouble intérieur, et, suivant l'expression de Molé, « laisser deviner ses nerfs » sous les apparences de l'impassibilité, c'est pour l'acteur comique une difficulté extrême. M¹¹ᵉ Contat, dont la vivacité spirituelle n'éclatait pas moins dans ses rapports avec ses collègues qu'en présence du public, se faisait un devoir de guider, d'encourager les débutantes. Une jeune personne à qui elle avait conseillé vingt fois de modérer sa gesticulation désordonnée, lui ayant avoué à une répétition que tous ses efforts pour se contenir étaient inutiles : — Il faut donc avoir recours à un moyen de rigueur, dit la souriante comédienne; et aussitôt, s'étant fait apporter un fil, elle attacha à sa protégée les bras le long du corps, en lui recommandant expressément de ne pas se dégager. Bien plus enchaînée par le respect que par le lien fragile, la débutante s'efforce à grand'peine d'observer la consigne. Son supplice augmente à mesure que la scène s'échauffe : hors d'elle-même à la fin, elle éclate, le fil casse... « A merveille! s'écrie M¹¹ᵉ Contat; voilà le fin mot de la bonne comédie! Peu ou point de gestes, jusqu'au moment où la passion fait rompre le fil des convenances. » Si la jeune actrice était, comme je l'ai ouï dire, M¹¹ᵉ Mars, on conviendra que jamais leçon n'a été mieux mise à profit. Jamais femme sur aucune scène n'a poussé plus loin la discrétion unie à la franchise des manières, le facile accord de la pensée et de l'action corporelle, la vérité diffuse qui est la grace et qui ravit.

Si l'instinct du geste n'est pas fécondé par une étude approfondie, il est bien difficile de réussir à la scène dans l'art d'écouter. Cette

nuance du talent dramatique est pourtant une des plus nécessaires à
l'illusion. Celui qui tient la parole a besoin, pour se comprendre lui-
même, de lire sur le visage de son interlocuteur les effets de son discours, de même que l'écrivain a besoin de suivre l'enchaînement de
ses propres idées sur le papier où il les jette. C'est bien souvent le
personnage qui écoute qui fait applaudir celui qui parle. Mlle Rachel
peut être citée comme modèle dans cette partie de son art. Si sa
marche n'est pas toujours assez bien caractérisée, ses attitudes, surtout dans le jeu muet, sont ordinairement irréprochables. Souvent
même l'étincelle de l'inspiration l'élève jusqu'à la beauté poétique.
Je l'admirais dernièrement dans *Bérénice*, au moment où Antiochus vient lui apprendre qu'elle doit se séparer de l'empereur son
amant. Impatiente de savoir, Bérénice craint d'apprendre; devinant
tout, elle cherche à s'abuser. Cette duplicité d'impressions était rendue
par Mlle Rachel d'une manière saisissante. Une main ouverte, et telle
qu'un peintre l'eût copiée pour exprimer l'interrogation, était tendue
vers Antiochus et le pressait de s'expliquer avec un frémissement
d'impatience. En même temps que le visage se refusait à croire, les
yeux égarés dans l'espace semblaient y chercher un refuge contre un
malheur trop certain. Ces intentions diverses étaient fondues dans
une pose aussi noble que touchante. Ce n'est pas là un de ces effets
que les applaudissemens récompensent immédiatement; c'est mieux.
De pareils traits se gravent dans les souvenirs des bons juges, et contribuent plus tard à faire vivre le nom d'un acteur.

Autre avantage de celui qui a poussé loin la science du geste. Il n'y
a plus pour lui de mauvais rôle : il donne de l'importance au plus
pauvre dialogue en *préparant* les mots par un jeu muet; d'une transition silencieuse, il fait un petit poème (1). Lekain, au rapport de
Molé et de Garrick, excellait dans ce grand art des préparations. Garrick lui-même possédait ce qu'un de ses biographes appelle le sublime
du silence. Concevoir des jeux de scène comme celui qu'il exécutait
dans *Virginie*, plate tragédie d'un auteur oublié, nommé Crisp, c'est
vraiment composer les pièces. Le peuple encombre le forum. Appius
siége au tribunal. D'un côté est Virginius (Garrick remplissait ce rôle),
de l'autre côté l'indigne client du décemvir qui ose revendiquer la
jeune vierge comme une esclave fugitive. Pendant le plaidoyer du
ravisseur, Virginius reste debout, le visage morne, la tête et les yeux

(1) Ces *temps* de silence étaient appelés, par les contemporains de Garrick,
graces additionnelles.

baissés, les bras croisés sur la poitrine, immobile et muet comme une statue sur un tombeau. Le juge inique lui défère la parole et l'engage à se défendre. On dirait que Virginius n'a pas compris. Pendant quelques instants, il conserve la même attitude. Seulement on voit sa figure s'animer : les passions dont il est agité, s'y venant peindre tour à tour, attirent sur lui tous les yeux. La foule attend; on respire à peine. Virginius lève la tête lentement, et lentement la tourne jusque dans la direction du tribunal. Appuyant alors ses regards sur ceux du chef des décemvirs avec une fierté pleine d'amertume, il garde le silence un moment encore, et enfin, de cette voix sourde et douloureuse qui échappe quand le cœur se brise : *Traître!* s'écrie-t-il, et, ce mot dit, il se tait long-temps encore en regardant son ennemi.

Les personnes qui ont vieilli dans le métier ne manqueront pas de dire que la science abstraite du geste est inutile, puisqu'elle n'existait pas lorsque nos plus grands acteurs ont illustré la scène. Il est vrai que les âges les plus heureux pour les arts sont ceux où on les discute le moins. Les grands génies arrivent au beau sans se rendre compte du travail qui s'opère en eux : l'éducation des artistes secondaires se fait sympathiquement, par l'imitation et par la pratique. A cette époque où on ne concevait pas autre chose sur notre scène qu'une large et poétique interprétation de la nature, le mot *idéal*, employé par opposition au mot *naturel*, dans le sens que lui a définitivement attribué l'esthétique allemande, n'existait peut-être pas dans le vocabulaire de l'acteur. Les définitions, les analyses, les théories sur le papier ne sont, je l'avoue, que des ordonnances pour les malades. Mais, hélas! ne sommes-nous pas un peu dans le cas d'en avoir besoin!

Ce que j'ai dit plus haut de l'influence de la diction usitée au théâtre sur le ton du parler habituel dans la société est applicable au geste et à la tenue. Au siècle dernier, l'Europe disait d'une façon proverbiale qu'un homme accompli devrait avoir les jambes d'un Espagnol, la main d'un Allemand, la tête d'un Anglais, le regard d'un Italien, le corps, la taille et le maintien d'un Français. C'était l'époque où nos acteurs se distinguaient par l'éloquence corporelle et les belles manières. Aujourd'hui que le sentiment de la distinction n'est plus propagé par les modèles que nous offre la scène, je doute qu'il nous soit permis de nous croire encore supérieurs aux autres peuples par l'élégance et la noblesse du maintien.

Il n'est pas rare de rencontrer des artistes qui, après s'être laborieusement exercés, après avoir acquis certaines qualités estimables, restent sans empire sur le public, tandis que d'autres acteurs, sans étude, sans style, doués pour tout mérite d'un vague instinct d'imitation, d'un sans-gêne presque insolent, recueillent sur les scènes inférieures tous les avantages de la célébrité. C'est que, dans les arts d'exécution, mieux vaut un entrain naturel que la raideur disgracieuse d'un talent inachevé. Ce contraste est d'un fâcheux exemple pour les natures incomplètes et vulgaires. Le découragement les saisit au milieu de leurs études : elles accusent les rigides principes au lieu de s'affliger sur leur propre pusillanimité. Elles se jettent avec passion dans l'exagéré et le trivial, et lorsqu'elles ont à leur tour rencontré de ces effets qui secouent la foule grossière, elles se déclarent, avec plus d'emportement que les autres, contre tout ce qui est digne d'une approbation réfléchie. Telle est l'histoire de la plupart des acteurs de nos petits théâtres.

Dans l'art théâtral, on ne devrait jamais se laisser aller au découragement. Cet art diffère des autres en ce que le talent et la réputation s'y accroissent ordinairement avec l'âge. La faculté de se plonger tout entier dans un personnage, de débiter les pensées d'un auteur comme l'expression d'un sentiment réel, ne s'obtient qu'à la longue. Une fois acquise, cette puissance de transformation semble éterniser le talent. Baron à soixante-quinze ans, Préville à soixante-quatorze ans, l'Anglais Macklin à quatre-vingt-quatre ans, jouaient avec tout le feu de la jeunesse. « Il a soixante-cinq ans, disait Mlle Contat de Molé, et je ne connais pas un de nos jeunes amoureux pour se jeter comme lui aux genoux d'une femme. » Les dernières années de Monvel, de Talma, de Mlle Mars, leur ont assuré leur réputation impérissable. C'est qu'il faut aux intelligences les plus vives le secours du temps pour amener à point les créations importantes. Le rôle d'Orosmane était le triomphe de Lekain : ce grand artiste avait plaisir à le jouer souvent, et cependant il avouait n'avoir dit à son gré qu'une seule fois dans sa vie le « Zaïre, vous pleurez ! » Un personnage ne se complète que par une continuité de petites trouvailles, d'imperceptibles détails qu'on s'approprie, quand on a la mémoire de l'accent et du geste, beaucoup plus rare que la mémoire des mots.

On dit et je crois que le mécanisme une fois acquis, l'étude la plus profitable est celle qu'on fait devant le public; mais combien d'années ne faut-il pas à l'acteur pour apprendre à se faire du public un miroir dans lequel il s'examine comme devant sa glace! Talma possédait cette faculté au plus haut point. Lorsqu'il sortait de la scène, reconduit jusqu'à la coulisse par ce frémissement d'émotion qui enivre l'artiste, il se tenait à l'écart, isolé dans un enthousiasme que chacun respectait. Se préparait-il à la scène suivante? Concentrait-il ses forces pour s'élever au-dessus de lui-même? Nullement. Il ne songeait qu'à la scène qui venait de finir. Il cherchait à se rendre compte des résultats obtenus, des parties défectueuses, des lacunes à remplir. Chaque représentation ajoutait au rôle quelque effet qui devait enrichir la représentation prochaine. Si Mlle George conserve, malgré le gaspillage de son talent, le prestige de la majesté royale, c'est que, dans les grands rôles de son ancien répertoire, elle n'abdique pas non plus sa souveraineté pendant les entr'actes. Elle en profite au contraire pour se rajeunir en se retrempant dans les inspirations de sa brillante jeunesse. Même fierté d'allure, même accent de physionomie derrière le rideau que devant le public : son regard haut porté ne descend jamais jusqu'au peuple de la coulisse. Elle marche silencieuse et pleine d'elle-même, indiquant seulement par un simple mouvement du doigt qu'on fasse passage. Place à Sémiramis! La foule s'écarte, la reine passe, et on s'incline.

On a long-temps divinisé la tradition. Aujourd'hui, beaucoup d'acteurs semblent se faire un point d'honneur de ne rien devoir qu'à eux-mêmes. Entre ces deux extrémités, il y a une mesure à garder. Il faut étudier les traditions théâtrales avec respect, mais sans aveuglement. La création complète d'un des grands rôles de l'ancien répertoire est une œuvre si vaste, que peu d'acteurs y parviendraient sans le secours de leurs devanciers. Les pièces de Molière, sur lesquelles tant d'hommes habiles se sont exercés, sont, je crois, les plus riches en effets traditionnels. Un comédien nommé Fierville, qui mourut, âgé de cent six ans, en 1777, avait connu, dans sa jeunesse, sinon Molière, comme on le prétendait, du moins les élèves du grand homme. « Ce Fierville, dit dans ses *Lettres* le judicieux Noverre, me dévoila une foule de beautés que les autres acteurs m'avaient dérobées. » Telles qu'elles nous sont offertes aujourd'hui, ces pièces renferment, surtout dans les scènes gaies, nombre d'intentions fines et divertissantes, dont nous serions ravis, si nos impressions n'étaient pas affaiblies par la satiété. En disant, dans *le Misanthrope*, les couplets : *Si le roi m'avait donné Paris, sa grand' ville*, etc., les acteurs chargent

20.

leur voix d'accens chaleureux et sympathiques. Ce contraste entre le sens grivois des paroles et le ton enthousiaste de l'acteur vient de Baron, qui mettait de la coquetterie à conduire, dans ce passage, les spectateurs jusqu'aux larmes. Lorsque Talma, au second vers de sa fameuse entrée du rôle de Néron, disait : « *C'est ma mère... je dois respecter ses caprices,* » on comprenait, à un frémissement d'impatience mal contenu, que le monstre serait bientôt à bout de son respect filial. On applaudissait Talma : il eût fallu admirer Lekain, premier auteur de ce trait. Voilà de ces inspirations que tout artiste doit être fier de s'approprier. Mais, combien de fois la routine, fille bâtarde de la paresse, a-t-elle usurpé les droits de la légitime tradition? Citons quelques exemples.

Pendant plus d'un siècle, il fut d'usage que le même acteur remplît les rôles de rois et de paysans, et comme Montfleury, le premier qui eût cumulé ces titres, était grand, gros, *largement entripaillé*, comme a dit de lui Molière, une forte complexion fut exigée de tous ceux qui abordèrent ce double emploi. Il se trouva quelques sujets, Lathorillière l'ancien, Brécourt, Sallé, Ponteuil, qui réussirent dans les deux nuances; mais la plupart étaient déplacés au moins dans un genre, comme le poète comique Legrand, qui, parfait dans le grotesque, usait de son droit pour faire rire dans la tragédie aux dépens de la majesté royale. Par analogie, la même actrice devait remplir les rôles de reines et de soubrettes. Mlle Desmares (1699-1721) jouait avec un égal succès dans la même soirée *Athalie* et *Lisette*, *Jocaste* et *Nérine*. Souvent les défauts, les infirmités physiques de ceux qui ont fait école, sont passés dans la tradition. Le nazillement des comiques est un héritage de ce Julien Geoffrin, qui créa, il y a plus de deux siècles, le type de Jodelet, dans la farce improvisée. Béjart, à qui s'adressait personnellement ce mot que Molière a mis dans la bouche d'Harpagon : *Chien de boiteux!* a fait boiter long-temps tous les héros de la grande livrée. Les trois excellens comiques du nom de Poisson ont eu un bredouillement contagieux. Théramène, quand il vint pour la première fois débiter à Thésée la magnifique amplification qui termine *Phèdre*, portait, comme les héros tragiques de son temps, une vaste perruque à la Louis XIV. Arrivé à ce passage : *J'ai vu, seigneur, j'ai vu votre malheureux fils*, etc., il exprimait le désordre de son désespoir en rejetant par derrière une des touffes de devant, de même qu'aujourd'hui, dans les grandes crises, on passe ses doigts dans ses cheveux. Cette tradition du bonhomme Guérin a duré autant que les perruques à la Louis XIV. Qu'on ne croie pas que les sujets ineptes se laissent aller seuls à de telles puérilités; l'imitation est tellement dans les instincts du comédien, qu'à moins d'une attention soutenue, on imite au théâtre le bien comme le mal. Dans le Pasquin de *l'Homme à bonnes fortunes*, Dazincourt, artiste décent et de bon goût, ne manquait jamais d'aller tordre son mouchoir trempé d'eau de Cologne sur la tête du souffleur. Cette grossièreté ayant attiré une fois un coup de sifflet, les spectateurs routiniers vengèrent aussitôt l'acteur en déclarant tout haut que ce jeu de scène avait toujours été pratiqué depuis un siècle. A une des dernières représentations du *Bourgeois Gentilhomme*, j'ai vu M. Jourdain, lorsque son maître d'armes lui dit : *La main à la hauteur de l'œil*, prendre l'alignement de son œil, comme s'il en tirait un fil, en écartant sa main horizontalement. Ce geste de niais, qui est un contre-sens, puisque M. Jourdain est un sot vaniteux plutôt qu'une bête, provient sans doute de la tradition : l'acteur qui s'en est rendu coupable a trop d'esprit et de finesse pour l'avoir risqué de son chef. Je pourrais citer d'autres jeux traditionnels que les gens de goût condamnaient déjà il y a un siècle, et qu'on pratique encore aujourd'hui.

De toutes les traditions du bon temps, la plus utile à notre époque serait un certain secret qui a été celui de tous les grands acteurs du siècle dernier, en Angleterre comme en France. Ils avaient le don de s'emparer des plus mauvais ouvrages, de les recomposer, d'en faire un poème dont ils devenaient les auteurs véritables, et avec lesquels ils attiraient le public. « Il y a dans chaque rôle, disait Talma, deux ou trois vers qui en sont la clé, c'est là ce qu'il faut savoir saisir. » Ces deux ou trois vers, que les acteurs de génie savaient discerner dans de misérables rapsodies, les mettaient sur la voie d'un type à établir, d'un caractère à peindre. La pièce du pauvre poète disparaissait : elle n'était plus qu'un cadre vulgaire destiné à recevoir un portrait de main de maître. C'est ainsi que Molé, que Préville, ont trouvé moyen de créer d'une manière honorable pour eux et utile pour le théâtre cinquante à soixante rôles nouveaux dans des pièces inférieures à celles qui se font communément aujourd'hui. Lorsque les comédiens français, à défaut de pièces de grand style, empruntaient des ouvrages aux petits répertoires, ils les élevaient jusqu'à eux par le style de leur exécution. Aujourd'hui, en admettant un genre inférieur, on n'évite pas assez de s'abaisser jusqu'à lui.

Un dernier mot sur les accessoires, dont on a fait sur beaucoup de scènes le principal élément du succès. Le premier réformateur des costumes, Lekain, s'écriait : « N'usons du pittoresque qu'avec ménagement. » C'était l'instinct prophétique de l'inventeur qui entrevoit avec anxiété l'abus qu'on pourra faire de sa découverte. L'art de la mise en scène est poussé assez loin aujourd'hui pour que l'illusion théâtrale soit complète. Ce progrès a l'incontestable avantage d'ouvrir un champ plus vaste aux conceptions poétiques. Je doute qu'il soit également favorable à l'art du comédien, et je crains fort que le facile prestige du pittoresque ne fasse négliger le genre de peinture qu'on voudrait admirer au théâtre, celle des passions. C'est un fait d'expérience que sur toutes les scènes connues, on a vu décroître les effets moraux et matériels en raison inverse du perfectionnement des accessoires. Quel vaudevilliste laisserait jouer la moindre de ses pièces dans les conditions qui suffisaient à Corneille? A cette époque, le principal foyer lumineux, au lieu d'être placé comme aujourd'hui dans l'enceinte réservée au public, était accroché au milieu de la scène, même lorsque la décoration représentait une forêt ou une place publique. Une scène de nuit, une poétique invocation au soleil, étaient débitées sous un buisson de puantes chandelles groupées en manière de lustre. Les bougies ne furent substituées aux chandelles, même à l'Opéra, que sous la régence, par un acte de libéralité du célèbre financier Law. On appelait alors les *balcons* des rangées de banquettes de chaque côté des coulisses d'avant-scène, où les gens du bel air se donnaient rendez-vous. L'insolent marquis entrant avec fracas au milieu d'une tirade, le jeune fat agaçant les actrices, semblaient narguer le parterre, qui ripostait souvent par des sifflets vigoureux. Quand le spectacle était attrayant, on était obligé de placer des sentinelles à l'entrée des coulisses pour contenir l'affluence des spectateurs. L'encombrement de la scène donnait souvent lieu à des incidens burlesques. A la première représentation de *Sémiramis*, la foule était si grande devant le tombeau à l'apparition de Ninus, que le factionnaire se mit à crier de toutes ses forces : « Place à l'Ombre, messieurs, s'il vous plaît! place à l'Ombre! »

Quant aux costumes de ce temps, ils étaient arbitraires et souvent même grotesques, surtout dans les allégories de l'Opéra. Voulait-on figurer les Vents? on les faisait paraître avec un petit soufflet à la main. On imagina une fois de représenter le Monde avec un habit bariolé comme une carte de géographie : sur la place du cœur, on avait écrit en gros caractères, *Gallia;* sur une jambe, *Italia;* sur le ventre, *Germania;* à l'opposé, *terra incognita.* Si les personnages de la tragédie étaient costumés d'une manière capricieuse et infidèle, ce n'était pourtant pas par ignorance, car on connaissait au moins aussi bien qu'aujourd'hui l'antiquité grecque et latine. Nos aïeux se conformaient naïvement à leur poétique, qui avait pour base l'idéalisation, et, au lieu de viser, comme nous, à cette couleur locale qui n'est souvent qu'un mensonge, ils voulaient qu'un héros éveillât au premier coup d'œil l'*idée* de son caractère moral et de sa fortune. « Il faut, dit l'abbé Dubos, donner toute la vraisemblance possible aux personnages qui représentent l'action : voilà pourquoi on habille aujourd'hui ces personnages de vêtemens imaginés à plaisir. Les habits des actrices sont ce que l'imagination peut inventer de plus riche et de plus majestueux. » En Angleterre, au rapport d'Addison, on recommandait à l'acteur chargé de traduire les infortunes d'un monarque de s'offrir au public avec un habit râpé : en revanche, le héros favorisé par le sort se présentait avec un panache si haut, que souvent « il y avait plus loin du sommet de cette parure à son menton que de son menton à la pointe des pieds. » Le costume français, sous le grand règne, était le même pour la tragédie et la haute comédie : habit à l'ancienne mode, tricorne à plume, perruque longue, gants blancs, culotte courte, bas de soie, talons rouges. Les personnages héroïques endossaient par-dessus tout cela un simulacre de cuirasse. Ce costume, réservé dans le monde aux plus hauts personnages, éveillait du moins sur la scène une idée de majesté; mais altéré peu à peu par les bizarreries de la mode et les coquetteries d'artistes, il dégénéra en accoutrement ridicule. Vers 1740, les Romains conservaient les grands cheveux; de plus, ils les poudraient. Les cuirasses tragiques furent remplacées par des corsets lacés, avec des écharpes en bandoulière. Hommes et femmes prétendaient à la finesse de la taille : les premiers portaient des *hanches*, c'est-à-dire des paquets de crin qui les élargissaient d'un demi-pied de chaque côté. Les héroïnes traînaient d'énormes paniers qui alourdissaient leur démarche et empêchaient beaucoup de jeux de scène.

Un soir que *Gustave Vasa*, proscrit et fugitif, sortait des cavernes de la Dalécarlie, en habit de satin bleu, avec des paremens d'hermine, on se prit à sourire, mais bien bas, et avec tout le respect que commandait le beau Dufresne. L'explosion du ridicule éclata un peu plus tard à l'Opéra, une fois qu'on vit Ulysse, long-temps ballotté par la tempête, sortir du sein des flots avec une perruque magnifiquement poudrée. La réforme inévitable fut entreprise par Chassé à l'Opéra, par Lekain et Mlle Clairon à la Comédie-Française. Croirait-on qu'il fallut un demi-siècle et l'influence des plus grands noms pour réduire l'esprit de routine? Lekain, osant supprimer les hanches pour *Tancrède*,

et substituer dans *Gengis-Khan* une peau de tigre véritable au taf-
fetas chiné, conserva la coiffure à la française, avec les rouleaux et la
poudre. Condamner la poudre en présence de deux mille têtes enfa-
rinées, n'était-ce pas, pour un acteur, jouer bien gros jeu? Ce que
n'avait pas osé faire Gengis-Khan, un humble chanteur l'essaya, non
pas sans une certaine prudence diplomatique. Il devait jouer Hercule.
Il se présente avec des flots de cheveux noirs répandus sur ses épaules,
portant d'une main la redoutable massue, de l'autre une perruque
poudrée à blanc. Son geste indique qu'il est tout prêt à revenir à l'ancienne mode, si le public l'ordonne. Un murmure approbateur lui
fait comprendre que sa témérité est excusée. Reprenant aussitôt sa
pose de demi-dieu, il rejette au loin la fausse chevelure, et la salle
éclate en applaudissemens en voyant le nuage blanc qui s'élève lorsque
la perruque tombe à terre. De ce jour, tout devint possible. Larive se
fit coiffer à la Titus; Talma, inspiré par le peintre David, se rapprocha
rigoureusement de la réalité, pour la forme et même pour la qualité
des vêtemens antiques : le sévère manteau de laine remplaça, chez
les vieux Romains, les étoffes de luxe dans lesquelles on aimait à se
draper. De notre temps, les études pittoresques tiennent une place
trop grande peut-être dans l'éducation théâtrale. On voit sur toutes
les scènes, même les plus infimes, des acteurs qui savent composer et
porter les costumes historiques. Je voudrais pouvoir en dire autant
des costumes du jour. Les recherches entreprises particulièrement par
chacun des artistes ont un inconvénient; ces costumes, qui peuvent
être exacts isolément, ne s'accordent parfois pas plus entre eux qu'avec
la décoration : il en résulte un bariolage disgracieux et fatigant pour
l'œil du spectateur. Les bons décorateurs d'Opéra de la fin du siècle
dernier avaient pour maxime de considérer la scène comme un tableau
mouvant où les tons doivent être assortis de même que sur la toile,
et ils sacrifiaient la réalité douteuse des détails à l'harmonie de l'ensemble.

V.

Rapprochons en peu de lignes les traits caractéristiques du tableau.
En France seulement, au XVIIe siècle, on produit des ouvrages qui
laissent entrevoir la possibilité d'approprier à la scène moderne quelques-uns des effets de la scène antique. Après un long temps passé en
expériences et en tâtonnemens, commence vers le milieu du XVIIIe siècle
une période d'environ trente ans, où nos acteurs conçoivent pleine-

ment, où ils appliquent avec supériorité le genre d'idéalisation scénique en rapport avec nos chefs-d'œuvre littéraires. C'est, je ne puis
trop le répéter, une manière d'anoblir et d'agrandir la nature qui doit
s'arrêter précisément au point où commencerait l'invraisemblance;
c'est le secret d'imprimer dans l'ame des spectateurs le sentiment ou
la pensée du poète par une indéfinissable magie de geste et de parole. A notre école nationale, on oppose cette théorie d'origine étrangère qui prétend faire de la scène le miroir de la réalité. Soutenue avec
la verve du prosélytisme, elle fait sur les esprits une impression vive,
parce qu'elle présente un des aspects de la vérité, aspect nouveau pour
notre public. Au lieu de reconnaître mutuellement leur légitimité, les
écoles se nient et se combattent. Après la bruyante mêlée commence
cette crise d'épuisement dans laquelle nous sommes. Les rangs se
trouvent confondus, les doctrines se sont altérées en se mélangeant.
Ceux qui prétendaient aborder la réalité par de franches peintures
sont sous le poids d'une sorte de défaveur. L'instant serait favorable
à l'ancienne école pour réagir; mais elle en est au lendemain d'une
déroute, amoindrie, désorganisée, obligée de concentrer presque toutes
ses espérances sur un talent dont le développement et le succès tiennent du phénomène. En somme, les seuls ouvrages qu'il soit possible
de représenter aujourd'hui avec un ensemble pleinement satisfaisant,
même à notre premier théâtre, sont ces compositions de demi-carac-
tère et d'un genre indécis qui n'exigent pas impérieusement l'élévation et la pureté du style. -

Dans la confusion présente, le point capital pour l'acteur est de se
bien pénétrer de la diversité des styles qu'exigent les ouvrages admis
sur notre scène, de diversifier en conséquence le mécanisme de son
exécution, afin de pouvoir nuancer franchement chacun de ses rôles
selon son véritable caractère. Il importe surtout d'assurer aux chefs-
d'œuvre du répertoire national une interprétation qui en conserve le
prestige. C'est dans ce but que j'ai essayé de rappeler comment les
grands maîtres comprenaient la poétique traduction des réalités de la
vie, quel rude apprentissage les initiait au sentiment de l'idéal, quel
admirable enthousiasme les soutenait dans leur carrière.

Au siècle dernier, tous les poètes qui travaillaient pour la Comédie
française, on en comptait trente à quarante, se faisaient un devoir
autant qu'un plaisir de diriger ceux qui se vouaient au théâtre; quelques-uns même, comme Laharpe, Collé, Colardeau, étaient capables,
assure-t-on, d'appuyer leurs conseils par des exemples. Pour Voltaire, on sait qu'il était de feu sur ce point. Quels sont ceux de nos au-

teurs contemporains qui ont approfondi l'art de la déclamation? Je
l'ignore. Ils ne font preuve de leur habileté qu'en traçant les évolutions matérielles de la mise en scène. Ce n'est pas seulement par leurs
conseils, c'est encore par leurs ouvrages que leur influence pourrait se
manifester utilement. Qu'ils fournissent plus souvent des rôles faits
pour exciter l'intelligence, qu'ils ne cherchent plus l'effet que dans la
puissante personnification des caractères, que la plénitude de leur
style commande une diction exacte et mélodieuse, et ils verront re-
fleurir des talens qu'on croyait épuisés; que les rôles secondaires ne
soient pas tellement sacrifiés qu'on ne puisse y faire ses preuves, et
des talens nouveaux, qu'on verra apparaitre, répondront de l'avenir.

Et le public lui-même ne semble-t-il pas avoir abdiqué? Le comédien de notre temps n'entend presque jamais que cet affreux tapote-
ment de la *claque* salariée qui sonne faux comme un mensonge. Quelle
différence entre les conditions où le place notre froideur et celles où s'é-
panouissaient les talens de ses devanciers! La clientelle de la Comédie
française, à sa plus belle époque, était peu nombreuse; mais c'était
l'élite du peuple qui donnait le ton à tous les autres. Suivant un calcul
de Lekain, le théâtre était fréquenté par quatre à cinq mille personnes
au plus, dont un dixième avait ses entrées gratuites. A ce compte, en
admettant un minimum de mille personnes par soirée, la salle se retrouvait garnie des mêmes figures tous les quatre ou cinq jours. Une
preuve de ce fait, c'est que sur une recette d'environ 400,000 livres, les
petites loges louées à l'année procuraient au moins 200,000 livres.
Ainsi, l'acteur et le spectateur se connaissaient, se comprenaient,
possédaient également bien le répertoire, les traditions, les règles
du métier, communiquaient directement par les annonces faites de
vive voix, par les discours de rentrée et de clôture, avaient, en un
mot, mainte occasion de se renvoyer mutuellement l'enthousiasme.
« Après la pièce, disait à l'âge de quatre-vingt-six ans Mlle Dumesnil;
en dictant ses *Mémoires* dans le grenier où la révolution l'avait conduite, le foyer de la Comédie française offrait l'aspect d'un des plus
beaux salons de compagnie de Paris. On ne s'y montrait que paré :
magnificence, graces, manières, élégance, politesse, galanterie, esprit,
conversation piquante, tout y était réuni pour l'instruction d'un jeune
acteur qui savait observer. Les actrices y avaient le maintien du plus
grand monde et la plus aimable décence. »

Les applaudissemens de la bourgeoisie, les cajoleries de la noblesse,
flattaient les comédiens sans les satisfaire. Il fallait à leur légitime orgueil l'assentiment d'un petit nombre d'hommes à qui la voix com—

mune attribuait l'amour de l'art et la sûreté du goût. « Lorsque je jouais, dit la fière Clairon, je cherchais à découvrir dans la salle le connaisseur qui pouvait y être, et je jouais pour lui; si je n'en apercevais pas, je jouais pour moi. » Ceux à qui les acteurs déféraient cette magistrature littéraire, la prenaient au sérieux et s'en faisaient en quelque sorte un état. Leur approbation ne s'exhalait pas en hyperboles et en métaphores, comme celle des mélomanes de notre temps; c'était par une attention soutenue, par la fréquence de leurs avis qu'ils prouvaient à l'acteur le cas qu'ils faisaient de son talent et de sa personne. La philosophie du langage, la littérature, l'histoire, les beaux-arts, la science des mœurs et de la nature, telles étaient les sources où ils puisaient sans cesse pour contribuer, par d'utiles conseils, à la composition des grands rôles; ainsi étaient-ils forcés de se tenir dans ce courant d'idées où se plaisent les intelligences supérieures, et, par un rare privilége, le plaisir se réalisait pour eux en solide instruction. Mis dans la confidence de tous les travaux du théâtre, ils entraient, pour ainsi dire, en collaboration discrète avec les artistes, et parfois il leur arrivait de participer aux émotions du triomphe, quand le trait qu'ils avaient inspiré enlevait les applaudissemens de l'auditoire.

Si les esprits distingués de notre temps pouvaient bien comprendre les fines jouissances de ceux qu'on appelait autrefois les amateurs de la Comédie, s'ils entreprenaient de faire leur propre éducation théâtrale en dirigeant celle de nos jeunes comédiens, le bel art dont l'affaiblissement devient un sujet d'inquiétude ne tarderait pas à reprendre son ancien éclat.

A. COCHUT.

CABANIS.

NOUVELLE ÉDITION DE SES ŒUVRES PHILOSOPHIQUES, PAR M. PEISSE.[1]

Parmi les hommes qui ont soutenu la cause de la philosophie du dernier siècle à ses derniers jours, aucun n'a laissé peut-être une mémoire plus justement honorée que celle de Cabanis. Ses vertus aimables, le charme de son amitié, de son commerce, de son entretien, ont pénétré d'un de ces souvenirs qui ne passent point le cœur des hommes déjà rares qui l'ont connu. Son caractère élevé, la pureté de sa vie, sa fidélité généreuse à ses opinions, l'indépendance de son ame, ont laissé de lui une haute idée aux hommes, rares aussi, qui estiment de telles qualités à leur véritable prix. Quant à la supériorité de son esprit et de ses talens, les monumens subsistent, et ses ouvrages, plus loués pourtant que cités et plus cités encore que lus, comptent parmi les livres dont la postérité doit savoir le nom.

Il était digne de M. Peisse de nous retracer la vie de ce sage d'un temps bien différent du nôtre, et de porter un jugement définitif sur le plus célèbre de ses ouvrages. M. Peisse, qui semble ne nous donner qu'à regret de trop courts écrits, mais qui n'en donne que d'excellens,

[1] Chez Baillière, rue de l'École de Médecine.

n'est étranger à aucune partie de la science de l'homme, et son esprit, profondément philosophique, est familiarisé avec les recherches du naturaliste comme avec les méditations du métaphysicien. C'est donc en toute confiance que le public doit recevoir de ses mains une vie de Cabanis et un exposé général de sa doctrine, servant d'introduction au *Traité des rapports du physique et du moral* que le nouvel éditeur éclaircit, complète ou rectifie par des notes importantes, et par les lumières d'une meilleure psychologie et d'une physiologie plus avancée. A la suite de ce *Traité* fameux, il a placé cette *Lettre sur les causes premières* que Cabanis avait laissée inédite, mais qui, imprimée déjà une première fois, est aujourd'hui le complément indispensable de sa doctrine, et qui la rachète de ses plus fâcheuses conséquences en rendant témoignage de l'étendue d'un esprit supérieur à ses ouvrages. Enfin, cette édition, préférable à toutes celles qui l'ont précédée, nous paraît l'expression complète et finale de ce qu'on peut appeler la philosophie de Cabanis.

Avant de la discuter encore une fois à l'aide des savans conseils de M. Peisse, qu'il nous soit permis de dire un mot du philosophe. Nous ne voulons point raconter sa vie, nous ne pourrions que répéter son biographe ou l'affaiblir, et refaire ou transcrire une notice qui mérite d'être lue tout entière et comme elle est; mais nous avons à cœur de louer l'homme qu'elle nous fait connaître, un de ces hommes d'élite que l'ingratitude du temps présent voudrait quelquefois oublier, un de ces hommes en qui s'est personnifiée, sous les traits les plus respectables, la pensée de nos pères et de nos maîtres. Cabanis avait été présenté à Voltaire par Turgot; il avait serré la main mourante et fermé les yeux de Mirabeau, reçu les adieux suprêmes des girondins proscrits, illustré l'Institut à sa naissance, présidé à la fondation de notre célèbre École de médecine de Paris, et il a rendu le dernier soupir entre Laromiguière et Tracy. Qui mieux que lui, qui plus fidèlement pourrait, dans l'ordre intellectuel, nous représenter la révolution? Quelle vie a dû plus fidèlement que la sienne réfléchir dans son cours tous les évènemens et toutes les idées de cette grande époque? Aussi demeura-t-il religieusement fidèle dans sa conduite et dans la science à l'esprit de son temps; il en acheva, et, bien mieux, il en pratiqua la philosophie.

Cabanis était un pur libéral. Quoiqu'il soit mort sénateur, il n'aimait point l'empire. Il accueillit avec froideur ses brillantes prémices, et s'il le jugea un moment utile, il ne le crut jamais nécessaire. Il faut le compter dans ce petit nombre d'esprits libres et persévérans qui n'accordèrent jamais que la réorganisation sociale eût besoin d'une dictature même glorieuse, et que la révolution ne possédât pas dans ses propres principes et dans ses propres forces tout ce qu'il fallait pour se sauver, sans recourir à l'onéreuse protection d'une habileté toute puissante. Jugea-t-il bien alors une question que la France, après tout, a décidée autrement que lui? Ce n'est pas le lieu de prononcer; mais il est toujours à propos d'honorer ces nobles intelligences dont les convictions opiniâtres résistèrent à la pression du malheur, aux mécomptes des évènemens, aux séductions même de la gloire et du génie. Dans un temps où tant d'esprits distingués d'ailleurs, troublés et comme abaissés par des épreuves moins rudes et de médiocres difficultés, remettent en question les croyances de cinquante années et se rendent aux tentations d'une vulgaire prudence, on se sent touché d'un respect profond pour les hommes qui, au commencement de ce siècle, sans autre engagement avec la révolution que l'honneur de leurs principes, n'ont jamais désespéré d'elle, et qui, dominant des réactions irréfléchies, ont confié le triomphe de leur cause à un avenir qu'ils savaient bien que leurs yeux ne verraient pas.

Tel fut Cabanis, et dans le portrait fidèle que nous retrace M. Peisse, nous reconnaissons parfaitement ce noble caractère qui unissait à la dignité la bienveillance, qui tempérait l'inflexibilité des convictions par une douceur captivante, heureux mélange de qualités exquises qui inspirait à l'excellent Andrieux l'idée inattendue de le nommer à côté de Fénelon (1).

Il nous convient de parler ainsi de l'homme, et de protester encore une fois de notre invariable attachement à la cause qu'il servit, quand en étudiant de nouveau son principal ouvrage nous allons accuser encore une fois les graves différences qui s'élèvent entre lui et nous. Dans la sphère de la métaphysique, nous nous séparons de Cabanis et des siens, on le sait, et cependant nous faisons profession d'être au nombre des obscurs continuateurs de la philosophie qui donna au monde la révolution française. Jaloux d'assurer à cette philosophie une autorité plus grande en l'appuyant sur des principes plus élevés et plus certains, nous essayons de la faire profiter de ce que le temps, l'expérience et la réflexion nous peuvent avoir appris; mais nous sa-

(1) Je cite de mémoire, et je ne garantis pas la parfaite exactitude de la citation. C'est, je crois, dans une pièce de vers lue a l'Institut que l'auteur parle de ceux qui un jour

Seront réunis

Avec les Fénelon, avec les Cabanis.

vons que nous venons d'elle, et aucune des puérilités comme aucun
des calculs du moment ne nous déciderait à renier notre origine. Il y
a deux manières, en effet, de se séparer d'une doctrine antérieure, la
réaction et le progrès. Nous détestons toutes les réactions, mais nous
ambitionnons le progrès, fruit des années peut-être plus que du génie.
Il nous semble que nos devanciers, s'ils revivaient, seraient avec nous,
comme nous nous persuadons que, si le sort nous eût fait leurs contemporains, nous aurions été avec eux.

Ces précautions étaient nécessaires peut-être dans un moment où rien
n'est moins tentant que de paraître, même en passant, dans les rangs
des ennemis d'une philosophie quelconque. Je sais bien que ces sortes
de gens n'en veulent plus guère à celle de Cabanis, qu'on peut la criti-
quer sans les rencontrer à côté de soi, et que même de pieux défenseurs
des causes saintes semblent quelquefois regretter le temps où elle dominait sans débat, et couvrir d'une amnistie les systèmes qui indi-
gnaient Joseph de Maistre; mais il faut peu s'attacher à ces variations,
à ces artifices de la polémique. Au fond, ce n'est point à tel ou à tel
système qu'on en veut, c'est à la philosophie même, c'est-à-dire à la
raison libre. On la cherche là où on la voit active et puissante, et délaissant les positions par elle abandonnées, on réserve toutes les attaques pour les points nouveaux où elle a planté son étendard. L'objet
permanent d'une inimitié intéressée, n'est-ce pas cette vraie puissance
spirituelle qui sous des formes diverses a, depuis le moyen-âge, affranchi le monde, et préparé ou fondé l'état nouveau des sociétés humaines?

Que ceci soit dit une bonne fois, et revenons à M. Peisse, pour
examiner avec lui les principes philosophiques de Cabanis.

On sait que c'était en France, au xviiie siècle, une maxime reçue,
un axiome, un dogme que cette proposition : *toutes les idées viennent
des sens*. Le mot d'*idées* désignait tout ce que pense l'humanité, et
les sens étaient le nom de la sensibilité. La proposition signifiait donc
que la sensibilité est l'origine de la pensée, ou que la pensée est la
sensation transformée. Or la sensation, la sensibilité, les sens, tout
cela n'existe qu'à la condition d'un appareil matériel qui est l'organisme. L'organisation ou le corps organisé, c'est le physique. Certains
phénomènes de l'organisation donnent ou paraissent donner ces affections ou modifications intérieures qui s'appellent sensations. Or la
sensation et tous ses dérivés, idées ou facultés, c'est le moral; et
comme la sensation ne va pas sans l'organisme, le moral ne va pas
sans le physique : il y a des rapports entre le moral et le physique. Telle

est, dans la doctrine de ce temps, l'expression exacte de ce fait d'expérience continuelle que l'homme vit et pense dans un système organique, qui n'est pas essentiellement la pensée ni la vie, ce que le vulgaire exprime en disant hardiment qu'il a un corps et une ame.

La nature humaine ne paraît donc pas rigoureusement simple. L'homme n'est pas un, disait Hippocrate; il est double, disait saint Paul. En quoi consiste cette duplicité? Est-elle substantielle, c'est-à-dire l'homme est-il l'union de deux substances? Est-elle seulement phénoménale, c'est-à-dire une seule substance présente-t-elle deux ordres de phénomènes qui se répondent entre eux, sans pouvoir se réduire les uns aux autres? Question profonde, quoique sainement résolue par la croyance universelle; question difficile, quoique peu douteuse, mais qui, pour la logique et l'expérience, est postérieure à cette autre question : Quels sont les rapports du physique et du moral, ou des phénomènes d'un ordre avec les phénomènes d'un autre? Et c'est, à vrai dire, cette seconde question qu'annonce le titre de l'ouvrage de Cabanis, si bien qu'il aurait, à la rigueur, pu la résoudre sans s'expliquer sur la première. Mais il faut avouer que la question des rapports du physique et du moral ne saurait être indifférente au point de savoir ce que c'est essentiellement que le moral, ce que c'est en soi que le physique. Aussi, en étudiant spécialement les rapports, Cabanis n'a-t-il eu garde de s'interdire toute vue ultérieure, et de se refuser à toute recherche, ou du moins à toute conjecture touchant la valeur et la portée de cette duplicité exprimée par le mot de *rapports;* car si les rapports sont tels que les manifestations du moral aient toujours les organes pour cause immédiate, n'est-il pas tentant de conclure que le moral, étant l'effet du physique, est de même nature, d'après cette loi de l'expérience que l'effet est homogène à sa cause?

L'affirmative sur cette question est assurément l'idée constante, bien que rarement explicite, de l'ouvrage de Cabanis, et cette idée est le fond de la doctrine qu'on est convenu de nommer le matérialisme, nom qui d'ailleurs n'est pas toujours exact, car parmi les partisans un peu pénétrans de cette doctrine, plus d'un, en niant la distinction de l'ame et du corps, est revenu sans trop s'en douter à l'idéalisme, et je ne sais si Cabanis lui-même y a toujours échappé. Mais enfin le public, qui n'entend pas finesse aux choses philosophiques, impute le matérialisme à quiconque veut que l'organisation soit tout l'homme. Or ce système, il faut bien en convenir, paraît assez naturel, dès qu'on admet que tout dans la pensée est au fond sensation. Ramener toutes les choses intellectuelles à un fait mixte qui implique nécessairement les causes externes et les phénomènes nerveux, c'est atténuer ou masquer la part des phénomènes propres de la conscience, c'est-à-dire tout ce qu'elle nous atteste, indépendamment des sens et de leurs objets, tout ce qu'il y a d'interne dans l'homme, tout ce qu'il y a de purement intellectuel dans l'intelligence. De là on en vient vite au point d'abstraire tout-à-fait la conscience et de s'en débarrasser comme d'un témoin incommode. Toute l'intelligence est sensation, mais toute sensation n'est sensiblement qu'organisation, et le matérialisme est tout près d'être justifié. Je dis tout près, car, même poussé à cette extrémité, je ne me rendrais pas. Tout le monde sait comment Leibnitz restreignait la première maxime : Tout dans l'intelligence est sensation, *excepté l'intelligence même.* Pareillement je dirais : Tout dans la sensation est organisation, *excepté la sensation même.* L'acte de la sensation comme l'acte intelligent n'est constaté ou connu que par la conscience; l'un comme l'autre est un fait de conscience, et la conscience en soi n'a point d'organes. Il y a donc un moi inorganique, je veux dire qui *n'est* point organe, quoiqu'il puisse *avoir* des organes. C'est ce qu'exprime cette phrase vulgaire : L'homme *a* un corps.

La philosophie dite des sensations, quoique tendant au matérialisme, peut être ainsi ramenée au spiritualisme. C'est ce que ne nous contestera point M. Peissè, qui a tenté, par des recherches tout autrement approfondies, de renouer les liens entre la psychologie et la physiologie. A l'intelligence, à la sensation que témoigne la conscience, M. Peisse ajoute la vie. Il y a, selon lui, une conscience de la vie qui n'est celle d'aucun acte intellectuel ou sensitif particulier; et sur cette observation qu'il rend neuve en la rendant féconde, il a fondé, lui aussi, une théorie des rapports du physique et du moral qui se laisse apercevoir dans son introduction à celle de Cabanis et que nous sommes impatiens de lui voir développer dans un ouvrage dès longtemps promis.

Mais notre point de vue, mais le sien, n'étaient pas le point de vue de Cabanis. Regardant l'étude du moi interne comme à peu près achevée par Locke et Condillac, il laissait à Tracy le soin de la terminer et de lui donner sa dernière forme sous le nom d'idéologie. Puis prenant l'idéologie comme une science faite, comme une chose convenue, il se plaçait en dehors, et il étudiait le moi organique dans celles de ses fonctions et de ses affections qui paraissent donner naissance à des phénomènes du moi moral. A ce point de vue, l'organisme est

toujours cause, et les faits intellectuels ou moraux toujours effets;
c'est le physique qui meut et le moral qui est mu, et comme le corps
de l'homme est lui-même sous l'empire des modificateurs externes, la
spontanéité, la liberté, l'activité de la personne humaine reste dans
l'ombre ou plutôt disparaît. Et c'est ainsi que, sans vouloir peut-être
annihiler l'existence propre du moi de la conscience et de la volonté,
sans en déclarer du moins l'intention, l'observateur est entraîné à de
fortes apparences de matérialisme, et la conclusion implicite de son
livre est la négation de l'esprit humain.

Il faut en effet juger l'ouvrage qui nous occupe par les impressions
qu'il produit plutôt que par les principes qu'on y trouve. Rien de moins
équivoque que le caractère et la tendance du livre; mais rien de moins
distinct et de moins saisissable que la doctrine, si l'on veut l'analyser.
Point de système, point de méthode; pas plus pour les naturalistes
que pour les philosophes, ce n'est un traité scientifique, et malgré
l'extrait raisonné qu'en a bien voulu faire M. de Tracy, il serait difficile de le soumettre à une déduction régulière. Les propositions générales y sont présentées comme des vues plutôt que comme des
théorèmes ou des conclusions; les faits plutôt comme des exemples
que comme des preuves, et ces faits allégués et non constatés n'offrent pas ces caractères de détermination et de certitude qu'exigent
aujourd'hui les sciences physiques. Cabanis semble parler en homme
de lettres instruit plutôt qu'en médecin, et sa manière est celle des
écrivains diserts du dernier siècle, non celle des expérimentateurs
sévères du nôtre. Il décrit ou raisonne sans rigueur, il paraît citer la
science plutôt que la faire. Disons-le hardiment, l'ouvrage n'est pas
philosophique. Est-il du moins sérieusement physiologique? Nous
doutons qu'il puisse y prétendre, du moins depuis que la physiologie
a reçu en France l'empreinte et la direction que lui imprima le génie
de Bichat; et si le livre paraissait aujourd'hui, je ne sais en vérité s'il
produirait dans le monde savant une sensation égale à son mérite.

Obligé pourtant d'y recueillir des pensées éparses pour en recomposer une sorte de doctrine, voici ce que j'essaierais de dire, en conservant autant que possible les expressions même de l'auteur.

L'influence du physique sur le moral est telle que la distinction
entre l'un et l'autre est nulle quant à l'origine des phénomènes de
l'un et de l'autre.

Ce principe est appuyé et éclairci par deux ordres de développemens, l'un qui appartient à la philosophie, l'autre à la physiologie.

Quoiqu'il professe en effet qu'il ne fait point de métaphysique, Ca-

banis en a une. C'est, comme nous l'avons vu, l'idéologie, et voici
comme il la rattache à sa physiologie. Il est convenu, dit-il, que la
sensibilité physique est la source de toutes les idées et de toutes les
habitudes qui constituent l'existence morale de l'homme. On sait que
de nos sensations, c'est-à-dire des impressions qu'éprouvent nos différens organes, dépendent nos besoins, et l'action des instrumens qui
nous sont donnés pour y satisfaire. Cette action se résout en mouvemens des organes. La vie est donc une suite de mouvemens qui s'exécutent en vertu des impressions reçues dans les parties sensibles.
Parmi ces mouvemens, on distingue ceux desquels résultent les opérations de l'esprit, ou pour mieux parler, les opérations de l'intelligence et celles de la volonté.

Mais ces opérations, savoir nos idées et nos déterminations, ont la
même source; elles se confondent donc à leur origine avec les autres
mouvemens vitaux, et dans l'homme, considéré sous les deux points
de vue du physique et du moral, tous les phénomènes se trouvent
ainsi ramenés à un principe unique.

Ceci s'appuie sur deux sortes de preuves :

L'une est spéciale. La ligature ou la section pratiquée sur les organes même de la sensibilité, savoir les nerfs, abolit, dans la partie
soumise à l'expérience, la faculté de tout mouvement volontaire, puis
celle des impressions, puis celle des mouvemens vagues, puis la vie.
Ainsi une partie même nerveuse, séparée du reste de l'organe ou système sensitif, devient insensible. Une atteinte matérielle portée dans
les centres principaux de ce système altère, suspend ou détruit la sensibilité, l'intelligence, la volonté.

L'autre preuve est générale; elle résulte de ce fait d'expérience universelle que la manière de sentir, et avec elle les idées, les caractères,
les habitudes, les actions, sont soumises à l'influence de l'âge, du
sexe, du tempérament, des maladies, du régime, du climat. Cette
sextuple influence est proprement le sujet de l'ouvrage.

Cette philosophie est appuyée sur une certaine physiologie. La vie
n'existe que là où se rencontrent l'organisation et la sensibilité. La
cause première de la sensibilité, de l'organisation, de la vie, est inconnue; cependant on doit la rattacher aux lois générales qui régissent
la matière, et peut-être, puisque la sensibilité se résout en mouvement, aux lois et aux causes du mouvement, source de tous les phénomènes de l'univers.

La sensibilité consiste dans la faculté que possède le système nerveux d'être averti des impressions produites sur ses différentes parties,

21.

et notamment sur ses extrémités. Elle est dans tout l'organisme, elle est l'unique source de tous les mouvemens organiques. L'irritabilité, dont on a voulu faire la propriété générale de l'organisation, n'est qu'une conséquence de la sensibilité; mais il faut distinguer la sensibilité de la conscience des impressions : elle en est indépendante. Les sensations ne sont pas seulement les impressions des sens mis en contact avec les choses extérieures. Il y a aussi des impressions internes reçues par les organes dont nous n'avons pas toujours conscience, et qui déterminent en nous des mouvemens organiques de toute sorte, aperçus ou non par le moi. Or, comme ces impressions sont dues à la sensibilité des organes, il faut bien les appeler sensations; et ce n'est qu'à la condition d'entendre ainsi le mot de sensation, que l'axiome qui dérive de la sensation toutes nos idées et toutes nos déterminations est vrai.

La sensibilité est donc répandue dans tous les organes; mais elle réside spécialement et éminemment plutôt qu'exclusivement dans les nerfs des organes. Les nerfs sentent, mais le sentiment, c'est-à-dire la perception des sensations, a des organes particuliers; c'est dans le centre commun des nerfs, c'est dans le cerveau, dans la moelle allongée, et vraisemblablement dans la moelle épinière, qu'il faut chercher les principaux organes du sentiment. L'individu se détermine en général en vertu de ses perceptions. Toutefois, l'état des autres organes intérieurs, surtout des viscères des cavités de la poitrine et du bas-ventre, les impressions qui y sont reçues, les modifications qui s'y accomplissent, agissent sur la manière de sentir, et sont la source d'un grand nombre d'idées et de déterminations. Avant la naissance même, l'enfant a reçu des impressions diverses, originaires de divers systèmes d'organes, et il en est résulté pour lui de longues suites de déterminations, et de là des penchans, des habitudes. Le cerveau est le centre commun; mais il existe et dans certaines circonstances il se forme des centres partiels, des foyers différens de sensibilité, qui ont une vie propre, où les impressions se réunissent et sont tantôt réfléchies directement sur les organes du mouvement, tantôt transmises irrésistiblement au centre cérébral; dans tous les cas, elles modifient les jugemens, les affections, les volontés. Ce qui distingue en général le cerveau ou plutôt la pulpe cérébrale et médullaire du reste du système nerveux et de l'organisme, c'est non-seulement de recevoir des impressions qui lui sont propres, mais d'avoir communication de celles des autres organes; c'est d'exercer avec intensité le pouvoir de réaction sur soi-même pour produire le sentiment, sur ses impressions pour en tirer des jugemens et des déterminations, sur les autres parties de l'organisme pour produire le mouvement. C'est dans le cerveau que ce pouvoir de réaction prend le caractère de la volonté. Son action propre sur les impressions, sa fonction caractéristique, c'est la pensée. Le cerveau est un viscère destiné à la produire, comme l'estomac à opérer la digestion et le foie à filtrer la bile. Les impressions, en arrivant au cerveau, le font entrer en activité, comme les alimens, en tombant dans l'estomac, l'excitent au mouvement propre de ses fonctions. Les impressions parviennent au cerveau par l'entremise des nerfs; le viscère entre en action, et bientôt il les renvoie métamorphosées en idées. Le cerveau digère en quelque sorte les impressions, et fait organiquement la sécrétion de la pensée.

La sensibilité est inexplicable dans la physique animale et dans la philosophie rationnelle, comme l'attraction dans la physique des masses. Le mode de communication des diverses parties du système nerveux entre elles, leur mode d'action sur les organes, sont couverts d'un voile épais; mais, sans remonter à la cause de la sensibilité, laquelle se confond avec les causes premières, on peut conjecturer que l'agent invisible qui porte les impressions des extrémités sensibles aux divers centres, et de là rapporte vers les parties motrices l'impulsion qui doit y déterminer les mouvemens, est l'électricité modifiée par l'action vitale. Et quant à l'action vitale elle-même, impénétrable dans sa cause, il semble qu'elle puisse être rattachée aux lois générales du monde. Il est possible d'entrevoir dans la matière organisée une tendance à des mouvemens de dilatation et de contraction, et dans sa formation une certaine attraction, une certaine affinité, en un mot, des phénomènes qui paraissent susceptibles d'être ramenés aux conditions primitives du mouvement et de la matière en général.

C'est de cette philosophie, appuyée sur cette physiologie, que l'auteur se croit en droit de conclure que, puisque le mot facultés de l'homme n'est que l'énoncé général des opérations produites par le jeu des organes, et que ses facultés physiques, d'où naissent ses facultés morales, constituent l'ensemble de ces opérations, le physique et le moral se confondent à leur source, ou, pour mieux dire, le moral n'est que le physique considéré sous certains points de vue plus particuliers, l'unité du principe physique correspond à celle du principe moral qui n'en est pas distinct. Et par conséquent les sciences morales rentrent dans le domaine de la physique; elles ne sont plus qu'une branche, une partie essentielle de l'histoire naturelle de l'homme. Et c'est peu que la physique de l'homme fournisse les bases de la philosophie rationnelle, il faut qu'elle fournisse encore celles de la morale; la saine raison ne peut les chercher ailleurs.

Discuter en détail ce simple résumé de ce qu'on peut appeler la doctrine générale du livre des *Rapports* serait une œuvre infinie; mais il en ressort évidemment qu'un fait a dominé la pensée de Cabanis, c'est le fait singulier et certain, mystérieux et familier, de l'influence du physique sur le moral. Ce fait que l'expérience atteste journellement tente les esprits les moins systématiques en faveur des systèmes matérialistes. On entend sans cesse dans le monde des réflexions chagrines ou moqueuses sur cet assujétissement de nos facultés à nos besoins. L'homme s'est plaint souvent d'être une machine avant que des philosophes aient imaginé de l'en vanter.

Ce fait a mille symptômes; il n'est que la généralisation d'une foule de faits particuliers. Le livre de Cabanis est un recueil descriptif des plus saillans qu'il ait pu recueillir. Il les présente avec art, avec talent sans doute, encore qu'il apporte rarement dans la description une exactitude expérimentale. Cependant une grande partie de ces faits ne peuvent donner naissance à aucune démonstration, à aucune induction, quant à l'objet qu'il semble se proposer; ce sont des renseignemens précieux pour l'histoire naturelle, et voilà tout. L'influence des âges, des sexes, des tempéramens, des maladies, du régime et des climats, sur les idées, les affections, les dispositions et les habitudes morales, peut ressortir en effet assez clairement des six mémoires que Cabanis consacre à l'établir; mais il en résulte peu de chose pour la solution des grandes questions philosophiques, et il n'a pas mis dans son ouvrage les preuves des conséquences que ses disciples en ont tirées et qu'il a l'air de désirer ou de prévoir. Au fond, on dirait qu'il cherche à complaire au matérialiste, mais qu'il n'est nullement sûr de l'être lui-même. Son ouvrage a une tendance et point de conclusion.

Parmi les circonstances qui influent sur l'état intérieur, il en est un grand nombre dont l'effet prouve seulement que l'homme est un être sensible, un être qui communique avec le monde physique. Quand, par exemple, un fait matériel agit sur le moral d'un individu à travers le physique, par le plaisir ou la douleur, même sentis confusément, c'est un phénomène qui ne prouve rien contre l'esprit. Ainsi la maladie attriste; elle rend tantôt égoïste et morose, tantôt affectueux et reconnaissant. La jeunesse donne de la confiance et de la hardiesse, parce qu'elle a force, avenir, inexpérience; la vieillesse, par des raisons opposées, inspire des dispositions contraires. Dans une saison humide, sombre et froide, l'homme sera faible, inerte et timide;

dans les climats sereins et ardens, il passera par des alternatives de vivacité et d'indolence. Le régime et le tempérament produisent aussi leurs effets, qui se rapportent au sentiment du bien-être ou de la force, de la souffrance ou de la faiblesse. Que conclure de cela, si ce n'est que l'homme est sensible, et que son être moral, son esprit, son ame, lui-même enfin, s'intéresse nécessairement, par sa constitution, à tout ce qui arrive à ses sens? Conclure que tout est corps en lui serait aussi raisonnable que tirer la même conséquence de ce qu'une perte de fortune attriste, de ce qu'une heureuse nouvelle égaie, de ce que le spectacle du malheur attendrit, en un mot, de ce qu'un fait extérieur et matériel modifie les dispositions de l'ame; car cela aussi est du physique agissant sur le moral.

Il faut donc écarter de la question les faits matériels qui sont de nature à provoquer directement des affections agréables ou désagréables, et à modifier ainsi le moral indirectement. Les effets qui en ce genre méritent surtout attention sont ceux qui paraissent n'avoir aucun rapport appréciable avec leur cause. Qu'une chose douloureuse occasionne de la douleur et trouble l'ame, rien de plus simple; mais qu'une chose indifférente, dont les effets apparens et physiques n'ont nulle analogie avec notre état intérieur, modifie, accélère, ralentisse, suspende nos opérations mentales, le problème devient plus curieux et plus difficile. L'action des substances qu'on a nommées hilarantes produit la bonne humeur. Le café donne de l'esprit, même à d'autres que Voltaire. Or, quel rapport entre le café et l'esprit? Est-ce parce que le café procure une sensation agréable? Bien des breuvages donnent des sensations agréables, qui ne profitent nullement à l'intelligence. Enfin, de tous les faits accumulés par Cabanis, aucun ne défie plus les explications que le plus simple, que le plus vulgaire, que celui dont Lucrèce disait il y a deux mille ans :

> Cor hominum quum vini vis penetravit
> Acris, et in venas discessit diditus ardor;
> Consequitur gravitas membrorum, præpediuntur
> Crura vacillanti, tardescit lingua, madet mens,
> Nant oculi; clamor, singultus, jurgia sequuntur.
> Cur ea sunt, nisi quod vehemens violentia vini
> Conturbare animam consuevit corpore in ipso?

C'est donc un fait que le physique influe sur le moral, à ce point qu'une cause physique, sans aucune signification morale par elle-même, en modifiant les organes d'une manière inaperçue de la sensibilité, peut influer, non-seulement sur la disposition morale, mais encore sur les opérations intellectuelles. Je ne m'aventure pas à dire avec Cabanis qu'elle donne des idées, qu'elle produit des jugemens, qu'elle est une source d'affections et de pensées; ce serait en dire plus que je n'en sais. Nous n'avons de certain que trois points, ou plutôt trois faits : 1° une cause extérieure, boisson, médicament, odeur, etc., mise en rapport avec les organes; 2° une affection ou modification, perçue ou non, des organes, comme l'excitation, l'engourdissement, etc.; 3° la conscience d'une modification de l'état intérieur, la tristesse ou la gaieté, l'activité ou le ralentissement de l'intelligence, etc., et entre ces trois faits un lien de succession que l'expérience autorise à ériger en lien de causalité.

Je ne fais point de scepticisme, j'adopte la liaison de causalité : je crois à l'influence dont on parle, comme je crois aussi qu'on y peut résister; mais d'une liaison de causalité ne ressort pas forcément l'identité des phénomènes portée à ce point que le moi soit nécessairement organique, et que, dans le cas de l'ivresse, il faille prendre à la lettre l'expression de Lucrèce : *Madet mens*. Si, d'ailleurs, on peut résister à cette influence, ne fût-ce qu'au plus faible degré, la présomption est que ce qui résiste diffère de l'organe qui cède. Lorsque le système nerveux, sollicité à l'engourdissement par l'approche du sommeil, en est affranchi par l'action de la volonté, comment ne pas supposer que la puissance qui l'affranchit est distincte de lui-même, appareil fatalement soumis à l'action des vapeurs du vin ou du principe des narcotiques? Autrement, où le centre nerveux prendrait-il son point d'appui pour la résistance? L'estomac, auquel Cabanis compare le cerveau, ne peut s'empêcher de digérer les alimens dès que les alimens le touchent; les poumons ne peuvent se soustraire à la fonction de respirer, le cœur à celle de battre. Le cerveau a, dites-vous, un pouvoir de réaction, et même vous étendez ce pouvoir à tout le système sensitif, par conséquent à tout le système nerveux; mais dans le cerveau seul, selon vous-même, il s'exerce avec conscience, et il est là le phénomène de la volonté. Convenez du moins que ce pouvoir de réaction volontaire, sans similitude, sans analogie avec aucune autre fonction ou faculté des autres organes, est un fait à part qui ne peut être perçu par aucun sens, manifesté par aucune expérience, expliqué par aucune comparaison. C'est un phénomène dont le monde physique ne présente ni le semblable ni l'analogue. Scientifiquement, l'explication de l'influence du physique sur le moral par l'identité du physique et du moral n'est donc encore tout au plus qu'une conjecture.

Cette influence est un rapport, et certainement entre le physique et le moral existe un rapport général qui se montre sous des formes diverses par des symptômes multipliés. Or, comment cet ordre de phénomènes a-t-il pris universellement le nom de rapports? comment est-il devenu l'objet d'une curiosité laborieuse? C'est que naturellement, spontanément, on a trouvé ces rapports singuliers, bien que constans. La diversité des phénomènes physiques et moraux, on pourrait dire leur opposition, a paru une difficile question. Pour que les hommes, témoins à toute heure, que dis-je, sujets continuels de cette relation, de cette action mutuelle du physique et du moral, se soient préoccupés des moyens de l'expliquer, il faut qu'ils aient vu quelque différence, quelque contradiction entre les deux termes de l'équation, entre les deux données du problème. Ils ont pu s'étonner à tort, mais ils se sont étonnés qu'une chose comme le physique modifiât une chose comme le moral. L'antithèse entre les noms des deux principes est triviale; elle est sans cesse dans la bouche de ceux qui voudraient ne les plus distinguer. Les médecins disent souvent : C'est le moral qui est attaqué, et alors ils ne disent pas : C'est le cervelet, ce sont les méninges, c'est telle ou telle partie du système nerveux. Ils n'entendent pas alors diagnostiquer la folie, une de ces maladies cérébrales qu'on appelle maladies mentales, car ils ne prescrivent aucun remède pour le cerveau ou pour les nerfs; mais ils s'adressent à l'intelligence, conseillent la distraction, offrent les consolations de l'amitié, les conseils de la sagesse, les plaisirs de l'esprit. D'où leur vient donc cet empirisme qui néglige le siége, la cause organique du mal, pour ne s'adresser qu'au symptôme? Tout étant physique, la souffrance et la tristesse ne sont que des symptômes, le mal du moral n'est qu'une altération nerveuse, et la vraie cause est matérielle. Pourquoi ne désignent-ils pas et n'attaquent-ils pas cette cause dans l'organe ou la portion d'organe affectée? Pourquoi n'ordonnent-ils pas à l'ambitieux mécontent, au riche ruiné, à l'amant malheureux, à la mère désolée, quelque préparation officinale, quelque dérivatif ou sédatif propre à réparer le désordre organique? Ce serait là pourtant la médecine rationnelle, celle qui s'attaque à la vraie cause de la maladie. Si tout est physique, on doit traiter tout physiquement. Ce traitement ne doit pas même se borner aux maladies. Comme toutes choses, les opinions, les sentimens, les penchans, ne sont que des états physiques, et que tous les corps de la nature sont des modificateurs de l'organisme, pourquoi ne pas essayer des remèdes contre ces sortes de symptômes organiques? Qui sait si l'on ne guérirait pas de

la cupidité par l'iode, de la haine par la belladone, et de l'erreur par
le kina? Tous les phénomènes physiques sont comparables. Dès qu'il
n'existe que le physique au monde, les effets produits par une parole
éloquente, par une boisson excitante, par une réflexion profonde, par
un révulsif puissant, sont également des modifications d'organes. En
opposant les modifications les unes aux autres, pourquoi n'aurait-on
pas l'espoir de détourner ou suspendre, d'exciter ou adoucir celles qui
paraissent morales? Avec un peu d'expérience, on convertirait bientôt
tout l'art de se conduire ou de conduire les autres en une vraie théra-
peutique. Ce serait bien là appliquer, comme Cabanis le recommande
sans cesse, la physiologie à l'art de gouverner. Que l'on ne dise point
que cette hypothèse en effet se réalise, et que plus d'une fois un médicament donné à propos a suspendu les effets désastreux d'une affection morale : les effets, oui, mais non pas l'affection. Qu'une douleur
subite et violente causée par une nouvelle affreuse détermine une apo-
plexie, on sait bien qu'une saignée pourra dissiper le mal dont l'origine est une cause morale; mais cela n'est pas assez : dans l'hypothèse
du matérialisme, il faut traiter par des agens physiques cette altération physique elle-même qu'on appelle douleur morale. Autrement on
reste, contre le vœu de la science, sous l'empire d'une vieille erreur;
on persiste à croire encore au moral. Alors, qu'est-ce que le moral?
En quoi ces phénomènes diffèrent-ils essentiellement, pour la physiologie ou la médecine, de la digestion ou de la respiration, de la
fièvre ou de la paralysie? Une définition conséquente, rationnelle,
scientifique, du moral, est impossible au matérialisme.

On peut remarquer que ceux des médecins qui sont matérialistes
en morale cessent ordinairement de l'être en médecine; cela était vrai,
surtout du temps de Cabanis. Si le moral n'est que du physique, c'est-
à-dire si les affections et les idées sont matérielles, la conséquence est
de les traiter, comme les maladies, par des médicamens, et de s'en
prendre aux organes pour redresser l'esprit ou corriger le cœur. A
cela, bien de médecins répondraient, et Cabanis peut-être aurait répondu : « Ce sont des maladies de la sensibilité; la sensibilité peut
être malade comme les forces digestives, respiratoires, vitales, comme
l'élément même de la vie, et l'action directe des médicamens sur de
tels principes est rarement possible, jamais appréciable. La pathologie
est toute remplie de faits invisibles. » D'où il suit qu'après avoir banni
de la science les abstractions ame ou esprit, on raisonne et même on
prétend agir sur les abstractions sensibilité, vitalité, innervation, exha-
lation, abstractions qu'on ne résout pas en objets matériels divers de

couleur, de forme, de densité, de mouvement. Que sont-elles alors?
Faute de se décider sur ce point et d'oser ne reconnaître dans les
phénomènes organiques que des organes se manifestant diversement,
les médecins ont long-temps mérité le reproche de voir tout à la fois
dans les facultés de l'intelligence de simples organes, et dans les organes des abstractions, et d'introduire ainsi dans la métaphysique le
matérialisme, et l'idéalisme dans la physiologie. Ce n'est pas la moindre
des contradictions dans lesquelles l'esprit humain soit tombé. Le préjugé qui admet dans l'homme une double nature est, après tout,
moins étrange.

Mais enfin, si puissant qu'il soit, et bien qu'une habitude invétérée
ou une inclination naturelle y ramène ceux qui l'avaient condamné
au nom de la science, ce peut n'être qu'un préjugé : il est possible
que la distinction des deux natures doive être abolie, soit; mais, auparavant, rendons-nous bien raison de cette suppression. Il s'agit
d'incarner dans quelques fibres, dont l'aspect est assez uniforme, tous
les sentimens, toutes les volontés, bien plus, toutes les innombrables
idées qui peuvent se rencontrer dans tous les hommes. Chacune de
ces fibres sera susceptible d'une infinité de vibrations, tensions,
flexions, mouvemens enfin, qui seront toutes les choses que nous
pensons; car on ne peut dire que, lorsque le cerveau pense, il agit
d'une certaine manière, mais toujours la même, comme l'estomac
digère toujours de la même façon, quelque substance qu'il digère. De
cette façon, la diversité des pensées serait impossible. Il faut de toute
nécessité que le cerveau ou tout autre organe pensant ne soit pas,
lorsqu'il pense à A, dans le même état que lorsqu'il pense à B; car A
diffère de B, et tous deux n'étant que des pensées, et les pensées que
des états, mouvemens ou modifications organiques, tous deux sont
représentés par deux phénomènes différens de l'organe; et comme il
y a une infinité de A, de B, de C, etc., il faut que ce télégraphe avec
conscience, qu'on appelle organe pensant, ait une infinité de signes,
actuels ou possibles, qui correspondent à chacune des idées actuelles
ou possibles qu'il peut avoir à s'exprimer à lui-même. Ne nous parlez
plus de fonctions intellectuelles organiques qui s'appliqueraient à tout,
comme le poumon à tous les gaz, ou l'estomac à tous les alimens. Ne
prétendez pas que la diversité des objets sentis est donnée par l'extérieur, et que la machine sensitive les absorbe tous, comme un moulin
broie tous les grains. Les sensations sont modifiées et converties en
idées par l'organe pensant, et ainsi converties, elles sont, suivant les
physiologistes, non des objets distincts, positifs et réels, comme les

alimens dans l'estomac, mais des états, fonctions ou modifications de l'organisme. En effet, à moins de tomber dans la réalisation la plus grossière des abstractions les plus évidentes, il faut reconnaitre que les objets intérieurs de nos pensées ne sont point des corps individuels comme les objets extérieurs; ce sont nos pensées mêmes, c'est-à-dire, dans le système où nous raisonnons, des mouvemens vitaux, des mouvemens du corps. Cela est vrai de la sensation la plus simple; à peine s'est-elle accomplie, qu'elle n'existe plus que par la mémoire, elle est devenue un souvenir. Or, un souvenir, qu'est-ce, sinon un certain froncement de membrane, une certaine vibration de fibre, je ne sais enfin, mais un phénomène organique, et tel souvenir déterminé est tel phénomène organique en particulier, et non tel autre. Ainsi, autant de phénomènes organiques différens que de souvenirs divers; et ces phénomènes différens, il ne faut pas entendre qu'ils diffèrent seulement quant au temps, quant à leur relation de succession ou de combinaison avec d'autres, mais bien qu'ils diffèrent en eux-mêmes, essentiellement. En quoi peuvent différer réellement le souvenir d'un chiffre et celui d'un vers latin, si ce n'est dans l'état physique de l'organe sensitif quand il se souvient? En quoi peuvent différer une peinture de l'imagination et un argument de la logique, si ce n'est par l'état plus ou moins injecté, plus ou moins irrité, plus ou moins tendu (encore une fois, je l'ignore, et tous les matérialistes l'ignoreront à jamais) de la portion du système nerveux qui imagine ou qui raisonne? Et telle image ne diffère de telle autre image, tel raisonnement de tel autre raisonnement, que par une circonstance qui, de sa nature, devrait être appréciable à la physiologie, si celle-ci avait des microscopes mille fois plus forts. C'est là une des conséquences nécessaires de la réduction du physique et du moral à un seul et même principe. La première difficulté de cette doctrine consiste donc dans la diversité prodigieuse d'états organiques dont elle exige la possibilité, pour que les modifications nerveuses correspondent à la variété et au nombre de nos sentimens et de nos pensées.

Une autre difficulté résulte de l'opposition qui existe, ou du moins paraît exister entre les choses morales et les choses physiques.

Considérez, en effet, nos principales facultés, la sensation, par exemple; elle a, j'en conviens, besoin du physique, au point qu'on est quelquefois près de la prendre pour une faculté physique, et de la confondre avec la fonction des organes des sens. Cependant les naturalistes eux-mêmes centralisent la sensibilité; ils ne croient pas que ce soit l'œil qui sent les couleurs, ou l'oreille les sons, mais un organe plus intérieur. Or, cet organe intérieur, ou plutôt cette sensibilité même qui réunit dans un point les émotions diverses des sens divers, diffère par là d'un phénomène physique, et dans les instructions qu'elle nous donne sur le monde extérieur, indépendamment de toute affection agréable ou désagréable, elle est, comme perceptive, une faculté de connaissance, qui n'a aucune apparence matérielle, et que nous regardons volontiers comme la traduction de l'ordre intelligent qui règne dans la création.

Quant aux affections morales, quoiqu'elles aussi aient besoin du physique, quoiqu'en général elles proviennent de causes extérieures et s'attachent à des objets sensibles, tout le monde les met à part, ou plutôt au-dessus de toutes les émotions physiques; nul ne trouve à la douleur de la perte d'un ami la moindre analogie avec la goutte ou la migraine, et ne confond le désir de la gloire avec la passion des spiritueux. Qui n'oppose sans cesse les mouvemens du cœur à ceux de l'organisation, et malgré la part que prend à nos passions toute notre nature organique, malgré le trouble qu'elles lui causent, qui n'a le sentiment que les passions dites de l'ame agissent sur le corps comme des causes étrangères, comme des puissances qui s'unissent à ce qui n'est pas elles, qui s'approprient les muscles et les nerfs, qui en usent et les détournent du but immédiat de leur organisation, savoir : la conservation de la vie par l'exercice régulier des fonctions?

Mais si la sensation et l'affection morale intéressent encore le physique, peut-on dire la même chose du raisonner et du vouloir? La pure raison ne paraît tenir en rien d'un phénomène organique. Lors même qu'elle paraît s'exercer sur des sensations, elle les demande à la mémoire, et elle agit d'après ses propres lois, lois abstraites que les philosophes ont démontrées en elles-mêmes, et qui n'ont de matériel que d'être exprimables par des mots. Le raisonnement n'a pas une seule analogie, si fugitive, si métaphorique que vous la fassiez, avec un phénomène organique. Il n'y a rien absolument dans vos perceptions de la nature extérieure ou de votre nature organique, qui soit comparable à un pur raisonnement; il paraît vrai en lui-même et par lui-même, et non parce qu'il est nerveusement perçu et matériellement sécrété par un organe. Personne ne croit naturellement qu'un raisonnement soit une combinaison d'ondulations nerveuses; la raison nous apparaît toujours comme si peu matérielle, que nous la croyons au-dessus des choses, et par conséquent hors des choses. On remarquera que je ne parle encore que de ce qui nous paraît, et non de ce qui est. Cela me suffit en ce moment.

Quant à la volonté, il me semble généralement convenu qu'elle est libre, et que, pour vaincre les appétits du corps, il suffit souvent de vouloir. Plus souvent elle est entraînée par les émotions sensuelles et les besoins organiques, mais il suffit que quelquefois elle puisse se soustraire à tout empire. Elle apparait à l'homme comme étant en lui un pouvoir indépendant par essence, quoique souvent contrarié ou dominé par accident. Elle est investie d'une force de résistance et même de contrainte, qui ne peut être rapportée à aucune cause sensible connue, et qui déroge ou s'oppose à toutes les causes de l'ordre physique. Il semble qu'une différence profonde et essentielle sépare la volonté et les organes. Une indépendance de nature les sépare; une dépendance de circonstance semble les réunir. Il faut que l'homme subtilise beaucoup pour les identifier, et il n'y parvient jamais qu'en faisant violence à ses idées pratiques et à son langage habituel.

Il est donc vrai que nous avons une disposition naturelle à distinguer en nous-mêmes un ensemble de facultés qui confinent au physique, qui empruntent de lui, transigent avec lui, qui, en un mot, sont en commerce avec lui, mais qui ne sont pas lui, et qui ne lui ressemblent pas, quoiqu'elles le touchent, et ne s'annuient pas en lui, quand même elles lui cèdent. Le système de l'identité du moral et du physique est donc : 1° fondé uniquement sur la succession constante et réciproque de certains phénomènes internes à certains phénomènes externes; 2° appuyé par une induction gratuite, non par une perception immédiate, non par une expérience directe, non par une évidence sensible; 3° compliqué par la multiplicité et la diversité infinies des phénomènes physiques qu'il suppose, et dont aucun n'a été observé, dont aucun n'est observable; 4° contraire à l'opinion commune, au langage ordinaire, à la pratique de la vie, au sentiment naturel.

Il suit que, pour qu'il soit vrai, il faut au moins qu'il soit justifié, 1° par d'autres preuves que celles que nous avons examinées jusqu'ici, 2° ou tout au moins par une théorie plus claire et plus plausible qu'aucune autre de la nature humaine. Ceci conduit à l'examen de la physiologie de Cabanis, en tant qu'elle explique l'homme moral.

Cette physiologie a deux caractères notables : le premier, c'est de ne pas admettre l'irritabilité. Cette propriété féconde, dont en général, depuis celui qu'on a appelé le grand Haller, on a fait la propriété fondamentale et distinctive de la matière animale, est annulée ou rejetée au second rang par Cabanis. Pour lui, elle résulte de la sensibilité; c'est parce que l'organe est sensible qu'il s'irrite, et la sensibilité ne suppose pas toujours la sensation.

En second lieu, et par une conséquence de l'idée que donne Cabanis de la sensibilité, celle-ci n'a pas de siége exclusif. Elle est surtout plutôt qu'elle n'est uniquement dans les nerfs; et s'il est vrai que, dans le système nerveux, elle offre ses phénomènes les plus compliqués, les plus intimes et les plus curieux, ceux qu'on attribue à l'entendement et à la volonté, ils ne sont pas du moins cantonnés dans un point de ce système, à l'origine commune de tous les nerfs, ni même dans le cerveau et ses appendices; mais une grande partie de ces phénomènes sont modifiés, déterminés ou produits par l'action que transmet irrésistiblement le cerveau, quelquefois sous forme de sentiment et de volonté, quelquefois sans qu'il en ait conscience, et sans que son entremise soit autrement indiquée que par l'analogie.

Ce ne sont pas là des idées reçues définitivement en physiologie; vagues de leur nature, elles ont été fort utiles à Cabanis pour faire passer nombre d'assertions qu'un langage plus scientifique aurait rendues insoutenables.

Ainsi, selon lui, la matière animale est partout sensible. Ceci n'est vrai qu'à la condition d'admettre qu'étant partout sensible, elle ne sente point partout, c'est-à-dire à la condition d'admettre une sensibilité qui ne sent pas. La susceptibilité particulière donnée à l'organisme, et qui consiste à manifester, dans certaines circonstances, ou à la suite de certains contacts, des changemens, des mouvemens qui ne s'expliquent point par les forces qui président à la mécanique, à la physique, à la chimie; cette propriété d'être modifiée dans sa couleur, son volume, sa structure, son état enfin, d'une manière dont la matière inanimée n'offre pas d'exemple, n'est pas encore la sensibilité. Des phénomènes pareils très saillans, très importans pour la vie ou la santé, peuvent s'accomplir dans les organes, sans qu'aucune sensation les accompagne, témoin les innombrables fonctions internes qui s'exercent dans le corps d'un homme sain. Ces phénomènes sont principalement dus à cette propriété spéciale appelée l'irritabilité. L'irritabilité est nécessaire, à ce qu'il paraît, à la sensibilité. Quelques-uns de ses phénomènes sont toujours sentis; d'autres, et c'est le plus grand nombre, accomplis dans certaines circonstances, poussés à un certain degré d'intensité, deviennent sensibles. Sous l'impression d'un corps extérieur, la sensibilité se manifeste partout; sous l'influence d'un état particulier, comme la maladie, elle naît ou s'accroît localement; mais l'irritabilité existe indépendamment de la sensibilité, puisque l'irritation peut avoir lieu à l'insu de la sensation.

Dans l'opinion contraire, la sensibilité devenant la propriété géné-

rale et indéfectible de la matière vivante, et devant être plus tard
considérée comme la somme ou le fond de toutes les opérations intellectuelles, la différence du plus vulgaire phénomène de l'organisme à
l'acte le plus rare de l'intelligence ou de la volonté n'est qu'une différence de plus ou de moins, et rien d'essentiel ne distingue la formation d'un ongle qui repousse, de la découverte du calcul infinitésimal.

A ce système, la sensibilité perdra la possession d'un organe exclusif,
et le sentiment celle d'un centre exclusif dans cet organe. La pensée
et la volonté elles-mêmes se trouveront rejetées dans la dépendance,
sous l'action immédiate et, peu s'en faut, créatrice, sous la toute-
puissance enfin d'organes qu'on a rarement destinés à tant d'honneur.
Grace à l'emploi déréglé des métaphores, on fera des viscères inférieurs
la source, si ce n'est le siége des déterminations, que le grossier vulgaire
attribuait à l'intelligence et à la volonté, et que l'esprit éclairé et sublime du philosophe imputera à la poitrine ou à l'abdomen. Il y aura
« des affections morales et des idées qui dépendront particulièrement
« des impressions internes; des dérangemens plus ou moins graves
« dans les viscères agiront d'une manière immédiate sur la faculté de
« penser; les organes de la digestion ou d'autres seront évidemment
« source de certaines déterminations; le concours des viscères abdo-
« minaux sera nécessaire à la formation régulière de la pensée. Les
« idées et les affections morales se formeront en effet par le concours
« des impressions qui seront propres aux organes internes les plus
« sensibles. Dans certains cas pathologiques, ce sera une humeur
« organique qui donnera une ame nouvelle aux impressions, aux déter-
« minations, aux mouvemens; l'énergie ou la faiblesse de l'ame, l'élé-
« vation du génie, l'abondance ou l'éclat des idées dépendront unique-
« ment et directement de l'état où se trouveront certains organes du
« bas-ventre; ceux-ci exerceront un empire étendu sur l'énergie et
« l'activité de l'organe pensant, et leur énergie sera le principe fé-
« cond des plus grandes pensées, des sentimens les plus élevés et les
« plus généreux. »

Cette dissémination des sources ou des causes génératrices de la
pensée, ou du moins de ses facteurs organiques, est assurément une
grosse nouveauté en métaphysique, et me semble même un abus du
matérialisme en physiologie. Elle nous conduit bien loin des recherches de ces naturalistes qui s'efforçaient de découvrir dans un point
du cerveau le *sensorium commune*, et la phrénologie elle-même, en
localisant dans les diverses régions de la masse intracranienne les
fonctions intellectuelles, est loin de tomber dans une absence du sen-

timent de l'unité morale comparable aux brutalités paradoxales du philosophe élégant de la physiologie académique. La physiologie ordinaire n'attribue qu'à des sympathies pathologiques entre les organes et le cerveau l'influence tout indirecte que l'état des premiers exerce sur la pensée, dont, suivant tous les systèmes, le second est le siége ou l'instrument. Il est rare que le besoin de tout matérialiser entraîne les observateurs exclusifs de la nature physique aussi loin que Cabanis. Avec lui, on serait en droit de dire qu'un érysipèle à la jambe, qui donne la fièvre, et avec la fièvre le délire, est une des sources de la pensée. Évidemment, ce ne sont là ni des observations de physique, ni des déductions rationnelles; ce sont de purs abus de mots, de véritables logomachies.

Maintenant, le système qui s'appuie sur ces représentations si imparfaites des faits fondamentaux de la sensibilité est-il prouvé, est-il clair?

La seule preuve directe est celle-ci : une partie du corps séparée du système nerveux devient insensible. Cela montre que pour être sensibles ou plutôt pour que les causes de sensations soient senties, les parties du corps sur lesquelles elles agissent ont besoin d'être en communication avec le reste du système nerveux. Ceci indiquerait, entre autres choses, que ce système a un centre, siège de la sensibilité, laquelle n'est pas diffuse dans toutes les parties, non plus qu'inhérente à la matière animale, puisqu'un lambeau de chair qui n'est même pas séparé du corps, mais dont a détruit les liens nerveux avec le corps, reste animal et devient insensible. Mais qu'est-ce que cela prouve sur la nature de l'être sentant? Tout le monde est d'accord qu'un appareil organique, le système nerveux probablement, est nécessaire à la sensibilité; les psychologistes s'unissent même avec la plupart des physiologistes pour centraliser cette propriété que possède le système nerveux d'être indispensable à la sensibilité, et par suite à la perception, aux opérations et aux connaissances qui en dépendent. Pour conclure de là que la sensibilité, la perception, les opérations subséquentes, sont tout organiques, on nous dit qu'on ne voit dans le sein du système nerveux que la substance nerveuse, savoir une substance organique, et qu'on n'y peut voir ni toucher une substance autre; donc elle n'y serait pas. Mais on ne voit dans la substance nerveuse ni la sensibilité, ni la perception, ni aucune des opérations ou connaissances qui s'y rattachent; donc elles n'y sont pas. La réponse vaut bien l'argument.

On insiste et l'on dit : « L'atteinte portée au cerveau est un trouble porté dans la pensée. » Cela doit être, puisqu'il est convenu que l'homme vivant a besoin du cerveau pour penser, et que l'ame, si elle existe, est enchaînée au corps. La solidarité entre l'état du cerveau et l'état intellectuel et moral est donc un fait naturel. Bien plus, comme le cerveau, en qualité d'organe central, est lié par de délicates sympathies avec tous les autres organes, un certain degré de dépendance de l'être intellectuel et moral par rapport à l'état accidentel des organes est une conséquence naturelle de cette solidarité incontestée; mais cette solidarité reste le fait même qu'il s'agit d'expliquer, c'est la question à résoudre. Le matérialisme retranche la question et change l'hypothèse pour éviter l'embarras de s'y placer. Une difficulté niée n'est pas détruite.

Ainsi tous les faits cités ne reviennent à prouver qu'une chose, un rapport constant et divers, quoique plus ou moins direct, entre le phénomène physique et le phénomène moral. Mais quel rapport? Rapport d'action et de passion, rapport de cause et d'effet, ou rapport d'identité, ce qui serait la suppression du rapport lui-même. Voilà la question. Or, pour se décider en faveur de l'identité, Cabanis a oublié de donner au moins une seule raison. De ce qu'une chose vient après une autre, il ne suit pas qu'elle soit la même. De ce qu'une chose est l'effet d'une autre, il ne s'ensuit pas qu'elle soit identique avec celle-ci. De ce qu'un fait se passe en un point, parce qu'un autre fait en un certain rapport avec lui s'est passé dans un autre point, il ne s'ensuit pas qu'il soit le même fait. Pour prouver l'identité, il faudrait ou en fournir une preuve directe et expérimentale, ou démontrer qu'il ne peut y avoir rapport de causalité ou d'influence, commerce enfin, entre des êtres qui ne sont pas de même nature. Or, la première preuve n'est pas fournie, et elle ne peut l'être. Il est impossible de montrer à l'expérience une pensée dans un organe, ni même un organe opérant pour la produire. En vain dites-vous résolument que le cerveau sécrète la pensée, comme on dit que le foie sécrète la bile. Je vois la bile et le foie, et quand même je ne verrais pas le foie en action, ce qui n'est pas matériellement impossible, j'établis, par une induction légitime, un rapport de cause à effet entre le foie et la bile; mais dans le cerveau je ne vois que le cerveau, jamais je ne le vois pensant; je ne le vois que figuré, coloré ou mu; je n'y puis apercevoir ni supposer que de la forme, de la couleur et du mouvement. La pensée, soit comme opération productive, soit comme produit de l'opération, aucune observation ne me la peut montrer. C'est une affirmation gratuite que celle-ci : le cerveau pense, à moins qu'on ne s'appuie sur l'autre

genre de preuve, c'est-à-dire sur l'impossibilité qu'il y ait échange
d'action entre deux natures essentiellement différentes comme l'esprit et le corps, et sur le principe que le semblable seul engendre le
semblable. Mais cet ordre d'idées, Cabanis ne l'a point abordé, et ce
principe même, s'il est vrai, réfute la doctrine des matérialistes,
comme la doctrine opposée; car si le semblable seul engendre le semblable, comment le cerveau peut-il engendrer la pensée, qui ne lui
ressemble en rien? Le cerveau est solide, visible, tangible, coloré, mobile, organisé, irritable, et il produit la pensée, qui n'est rien de tout
cela. Quoi! vous exigez que le produit soit de même nature que le
producteur, et vous me montrez un producteur accessible aux sens, à
l'expérience, auquel vous attribuez un produit qu'aucune sensation,
aucune expérience ne peut atteindre! Quel rapport d'analogie y a-t-il
entre un organe et une idée abstraite? Et lorsque vous admettez si
aisément qu'un appareil matériel peut donner un résultat immatériel,
comment pouvez-vous trouver extraordinaire que deux êtres ou natures, l'une immatérielle, l'autre matérielle, puissent non pas se produire l'une l'autre, mais influer l'une sur l'autre, et se modifier réciproquement? Il y a difficulté, mystère, dans tous les systèmes; mais
assurément le mystère du matérialisme ne coûte pas moins à la raison
que l'autre, et il est hérissé de difficultés accessoires qui répugnent
au sens commun, d'où je crois pouvoir conclure que le matérialisme
est un système qui n'est pas prouvé.

Ce système est-il plus clair? Nous ne voyons dans toute la nature
matérielle que de l'étendue et du mouvement. La nature organique
n'est également qu'étendue et mobile. Et voilà qu'il nous faut la doter
d'une force qui lui imprime la pensée, le sentiment, la volonté, choses
qui ne sont point des mouvemens. Il y a des organes rouges ou blancs
qui nous manifestent des pulsations de solides, des écoulemens de liquides, des absorptions ou dégagemens de gaz, qui vibrent, se contractent, se dilatent, s'amollissent, se durcissent, et il nous faut admettre qu'en faisant tout cela, ils font en outre, et par là même, et sous
cette forme, des réflexions, des raisonnemens, des résolutions qui ne
sont substantiellement que des masses gélatineuses, fibreuses, à tel ou
tel état d'irritation. Assurément, cela ne brille pas d'évidence, et ne
satisfait que très médiocrement le bon sens. Passons cependant. Je dis
moi, je me sens un être dans un autre être, un je ne sais quoi intérieur qui pense, compare, juge et veut, qui jouit et souffre presque en
même temps, craint ou espère; et il faut que j'admette que, sans qu'il
existe nulle part un point où tout cela converge, un centre où tous ces

rayons coïncident, un être qui ait simultanément connaissance de toutes
ces choses ; je suis en même temps, mais séparément, un organe ou
une portion d'organe qui sent, un autre qui réfléchit, un autre qui veut,
un autre qui souffre; je suis tout cela en même temps, et je suis présent à toutes ces opérations ou affections, quoique cependant il n'y
ait pas en moi quelqu'un à qui toutes ces opérations soient communes,
quelqu'un qui ne soit aucune de ces parties d'organisme, et qui soit
averti de ce qui se passe dans toutes! Ce quelqu'un, en effet, ce serait
un moi qui ne serait aucun organe en particulier, et par conséquent
un moi inorganique. Quand on dit *je*, on parle de quelqu'un qui, pardonnez une expression bien familière, fait la chouette à toutes les fonctions de la nature humaine. Or, ce quelqu'un est impossible dans l'homme
de Cabanis. Des impressions qui se communiquent entre elles, des organes qui agissent les uns sur les autres, sans un médiateur universel
qui ait connaissance de tous leurs phénomènes : c'est un système confus qui ne peut rendre raison de lui-même. Vous trouvez obscure
l'idée d'un être immatériel; vous ne comprenez pas comment l'esprit
peut être uni au corps? Moi, je comprends encore moins comment une
combinaison de solides, de liquides et de gaz peut concevoir une vérité générale, éprouver un sentiment de crainte ou d'espérance, déterminer un acte de son choix. Voilà qui est d'une impénétrable obscurité. Le sang circule, le cœur bat, l'estomac digère, la pupille se fronce :
ce sont des phénomènes singuliers que l'expérience cependant nous
force à reconnaître, et qui, après tout, ne sont obscurs que dans leur
cause; car ce sont des faits qui n'ont rien de contradictoire avec les
propriétés connues de la matière. Mais qu'il y ait dans de tels phénomènes le type ou la ressemblance du phénomène d'une grande pensée
ou d'un sentiment héroïque, c'est ce qu'il m'est impossible de comprendre; et l'on tombe dans l'erreur connue sous le nom d'*obscurum
per obscurius,* quand on veut expliquer par des changemens de forme,
de couleur et de place, seuls phénomènes possibles de l'ordre organique, la création de ce qui n'a en soi ni place, ni couleur, ni forme.

Ne sommes-nous pas en droit d'affirmer que c'est sans preuve
comme sans vraisemblance que Cabanis ramène la science de l'esprit
humain à la physiologie, qu'il n'a pour lui ni l'expérience ni l'évidence,
et qu'il n'a donné ni à sa philosophie, ni à sa physiologie, les caractères ou même les apparences de la certitude et de la clarté.

Nous nous sommes laissé aller à une discussion spéciale qui peut-être
paraîtra manquer de nouveauté et surtout d'à-propos. On ne professe
plus guère, en effet, le matérialisme; on le supprime en théorie, on le

réserve pour la pratique. Toutefois, plus d'un esprit qui ne sait que penser le garde intérieurement pour y recourir au besoin, comme quelque chose de clair et de palpable, comme le refuge qui reste au bon sens après les aventures de la spéculation. On affiche les opinions contraires, ainsi qu'on se vante d'avoir des illusions, et ce n'est nullement là le caractère d'une solide croyance. Exigeons davantage pour les principes qui fondent la dignité de l'homme et sa meilleure espérance, et ne négligeons aucune occasion de montrer que les conceptions gratuites, les hypothèses hasardées sont du côté des doctrines les plus répugnantes, et que la raison, en métaphysique comme en toutes choses, est du plus noble parti.

Ces paroles paraîtraient sévères pour Cabanis si nous en restions là, et cette sévérité serait injuste. Rappelons toujours que nous n'avons considéré dans son ouvrage qu'un point de vue : ce point de vue y domine; mais il y en a d'autres, et l'auteur est moins absolu que nous ne l'avons fait. Une analyse est toujours plus systématique que le livre qu'elle résume, et pour peu qu'on prête de méthode et d'exactitude à Cabanis, on le défigure; on le rend plus net, mais plus étroit. Cet esprit ingénieux et facile ne procède guère que par aperçus, et néglige les formes sévères, soit de la logique, soit de l'expérience. Il y a des variations dans son langage et de l'inconsistance dans ses idées, et l'on entrevoit que, si quelques principes fort connus n'étaient pour son époque et son école des articles de foi, il aurait bien pu s'en éloigner pour son compte, et qu'une sorte de sagacité flottante l'entraîne au-delà du cercle où ses contemporains l'ont enfermé. M. Peisse a parfaitement caractérisé chez Cabanis une indécision qui nuit à son livre, mais honore son esprit, dont elle prouve l'étendue, sinon la fermeté. Nous l'avons, nous, circonscrit dans une seule question; mais il n'était pas étranger aux questions plus générales qui se rattachent à l'origine du principe pensant ou touchent à la nature même des choses. Dans cette sphère plus vaste et plus élevée, ses idées ont peut-être encore moins de liaison et de clarté, rien n'est approfondi ni déduit; cependant, comme l'a remarqué déjà Frédéric Berard, elles paraissent porter bien au-delà des inductions secondaires d'un naturalisme expérimental, et mener à une doctrine spéculative d'un caractère bien différent. De même que nous l'avons vu réduire la sensibilité à une propriété vague qu'il place avant la conscience dans l'ordre psychologique, et avant l'irritabilité dans l'ordre physiologique, il n'admet entre les phénomènes les plus saillans du moi et les plus obscurs de l'organisme qu'une différence de vivacité, de clarté, d'intensité, de sorte qu'il ne voit dans l'homme que des fonctions vitales, rien qu'un mécanisme caractérisé par deux phénomènes, impression et réaction. Tout l'homme ne serait ainsi qu'un corps élastique. Ayant ainsi effacé les traits et les reliefs de la nature humaine, Cabanis est sur le point d'accorder à toute la matière la sensibilité ou quelque chose d'approchant; car, si la sensibilité n'est qu'une production de mouvemens, pourquoi ne serait-elle pas universelle? pourquoi les forces de la physique, l'attraction, par exemple, n'aurait-elle pas une sorte d'instinct, un choix, presque des sympathies? Pourquoi l'affinité, qui est élective, ne s'expliquerait-elle point par la sensibilité? Par là les distinctions entre la matière vivante et la matière sans vie s'affaiblissent. Il ne subsiste entre les êtres qu'une différence du plus au moins; livrée à elle-même, la matière s'organise et se vivifie. Ainsi Cabanis, comme on l'a remarqué, tombe peu à peu dans l'animisme de Stahl. C'est là ce qui échappe à beaucoup de lecteurs, ce qu'en l'analysant M. de Tracy semble n'avoir pas aperçu, ce que l'auteur lui-même ne s'avouait peut-être pas distinctement. La doctrine des rapports du physique et du moral, si on la pressait un peu, aboutirait donc à une espèce de panthéisme déguisé, sort commun du reste à tous ceux qui méconnaissent l'existence substantielle de l'esprit humain, et Cabanis irait se mêler à la foule des imitateurs involontaires de Spinoza.

Si l'on peut induire quelque chose de semblable du livre qui nous a occupé jusqu'ici, il faut conclure que Cabanis s'est bien moins contredit qu'on ne l'a prétendu, lorsque dans un autre ouvrage il a, délaissant les étroites recherches de l'analyse des phénomènes, donné l'esquisse d'une ontologie et substitué des êtres à des fonctions. Nous voulons parler de cette célèbre lettre *sur les causes premières* où réagissant sur ses doctrines, il a scandalisé cette secte philosophique qui fait profession d'observer des qualités sans en conclure qu'il y ait des choses. Ce n'était pas la première fois que Cabanis échappait aux liens de cette science étroite, et ce nouvel ouvrage ne diffère essentiellement du premier que par sa tendance. Nous pensons comme M. Peisse, cet écrit est d'un grand intérêt: il témoigne de la sincérité de l'auteur, il indique en lui un esprit plus large que l'esprit de son école; mais il n'a pas, comme composition philosophique, une haute importance, et il honore le savant plus qu'il ne sert la science. Nous l'analyserons en peu de pages.

Cabanis écrit à M. Fauriel, à cet homme rare qui vient de nous être si cruellement enlevé, et qui, doué d'une originalité si simple, unissait les fermes croyances de son temps à l'amour profondément in-

telligent du passé. Comme pour se mettre en intime accord avec
cet esprit éminemment historique, Cabanis commence par un éloge
animé de la philosophie ancienne; puis, retour qui n'est guère conforme au respect de l'antiquité, il attribue toutes les religions aux
philosophes, et déclare avec un grand sang-froid qu'elles ont fait aux
hommes beaucoup plus de mal que de bien; il conclut donc en général contre les religions. Cependant il se demande comment se
sont créées ces imaginations si pernicieuses, et cette fois il les dérive
d'un besoin natif chez les hommes de rattacher à des causes les objets
et les faits qu'ils observent, et de prêter à ces causes quelque chose
comme l'intelligence et la volonté par lesquelles ils produisent à leur
tour des créations et des phénomènes secondaires. Il explique ainsi la
naissance et le développement du sentiment ou plutôt de l'idée religieuse, et tout en l'accusant d'être une tentative téméraire de pénétrer l'impénétrable, il la montre naturelle et nécessaire aux hommes,
conforme à leur instinct, favorable à la morale, utile au bonheur. On
ne sait rien de l'essence de la cause universelle, rien de l'essence de
la cause qui nous rend susceptibles de sentir, c'est le nom qu'il donne
au principe intelligent; mais cette ignorance absolue est, quant à l'une,
*un faible argument contre le cri universel et constant de la nature
entière;* et quant à l'autre, la croyance à sa persistance après la destruction n'a besoin pour être établie que *de l'impossibilité de démontrer l'opinion contraire par des argumens positifs.* En d'autres
termes, point de preuves contre le déisme et le spiritualisme. Il est
vrai que la démonstration n'est pas de mise en ces sortes de questions,
et cela par une raison singulière, c'est que la démonstration n'est applicable qu'aux abstractions.

Toutefois, Cabanis croit qu'on peut exposer analytiquement i'histoire de la notion de la cause première, car il ne se permet point de
la nommer Dieu, c'est *un mot dont le sens n'a jamais été déterminé
et circonscrit avec exactitude.* Il identifie la cause première avec la
cause universelle, et, à ce double titre, elle ne peut être ni rapportée
ni comparée à rien. « Elle est parce qu'elle est, elle est en elle-même.»
Ces paroles sont vraies et belles; elles appartiennent à une irréprochable théodicée. Faisant un pas de plus dans cette voie, Cabanis déduit de la nature de l'esprit humain la croyance qui fait dans la
première cause subsister, avec la puissance, la volonté et la sagesse.
« Cette croyance réunit en sa faveur les plus grandes probabilités. »

Tout à coup il part de là pour affirmer que le principe de l'intelligence est répandu partout, et tend sans cesse *à s'organiser en êtres sensibles*. La sensibilité est distribuée dans toutes les parties de la matière, puisque nous y remarquons distinctement *l'action de causes motrices* qui, non-seulement les tiennent dans une activité continuelle, mais qui tendent à les faire passer par tous les modes d'arrangement régulier et systématique, depuis le plus grossier jusqu'à l'organisation la plus parfaite. Comme rien ne peut être observé hors de l'univers, rien ne doit être supposé hors de lui. Seulement, il faut l'animer d'intelligence et de volonté : *Jupiter est quodcumque vides*. L'intelligence se trouve rassemblée en quantité suffisante dans les organisations particulières, dans ces existences qui *sorties du réservoir commun de toute sensibilité*, y rentrent sans cesse pour en ressortir encore, et qui, pendant toute la durée de la combinaison, jouissent *de la personnalité du moi*. Nous voici, comme on le voit, en plein spinozisme.

Mais le mot de *personnalité* a été prononcé : comment le concilier avec ce panthéisme vaguement imité des stoïciens? Cabanis s'en inquiète si peu, qu'il se pose une question absurde pour le panthéisme : le système moral de l'homme, ce système dont le moi peut être regardé comme le lien, le point d'appui, partage-t-il à la mort la destinée de la combinaison organique? Ici les présomptions sont plus faibles; mais l'opinion qui considère le moi, non comme un résultat de l'organisation, mais comme le signe d'un principe actif *dont l'existence est nécessaire à l'explication rationnelle des faits*, offre, quand on la compare à l'opinion contraire, *un degré de probabilité supérieur*. De nombreuses considérations portent à regarder ce principe vital, non comme une simple propriété des organes, mais comme une *substance*, un *être réel;* et alors, indécomposable ainsi que les élémens de l'organisation, il est indestructible comme eux. Voilà le spiritualisme; mais comme ce principe est une *émanation du principe général sensible et intelligent qui anime l'univers,* il doit, dans tous les cas, *aller se réunir à cette source commune de toute vie et de tout mouvement,* en se séparant du corps organisé, et voilà encore le panthéisme.

Si l'on demande à Cabanis ce que ce principe peut être en lui-même, il répond qu'on ne le connaît que par ses effets. La sensibilité, *cause exclusive et nécessaire de l'intelligence,* est le véritable et peut-être l'unique caractère sans lequel on ne le peut concevoir. Mais puisqu'il est sensible, *la conscience du moi lui est essentielle*. Or, ce moi ne peut être que celui du système organisé qu'il anime par sa présence, et la persistance du principe vital, après que le système a cessé de vivre, entraîne celle du moi. Tels sont les motifs qui peuvent faire pencher la croyance de ce côté; mais ces raisons sont loin d'avoir pour Cabanis la même force que celles qui affirment l'intelligence de la cause première, ce qui signifie que l'immortalité de l'ame est moins prouvée que l'existence de Dieu.

Et encore cette ame, quelle est-elle? Le moi est-il inséparable de cet ensemble d'idées et de sentimens que nous regardons comme identifiés avec lui? Et quand on parle de la durée du moi après la mort, parle-t-on de la persistance de cet ensemble, qui ainsi subsiste-rait quand les fonctions organiques *dont il est tout entier le produit* ne s'exécutent déjà plus? Les probabilités de l'affirmative deviennent en nous, dit-on, plus faibles encore, et tout ce qu'on nous accorde, c'est que *la négative ne saurait se démontrer*, et serait incompatible avec la justice parfaite dont l'idée est inséparable de la cause première.

Conclusion : déduire les règles de notre conduite des lois de la na-ture et de l'ordre, regarder chaque être et surtout chaque être intel-ligent comme *un agent, un serviteur de la cause première*, et qui concourt avec elle à l'*accomplissement du but total vers lequel elle tend sans cesse avec une puissance invincible*, ce n'est pas établir la morale sur une croyance religieuse, mais c'est une religion *qui fut, est, et sera toujours la seule vraie*.

Tels sont les dogmes, ou plutôt telles sont les espérances de Ca-banis. Telle est la profession de foi ou de doute dont on a fait tour à tour un sujet de scandale ou un sujet de triomphe. Nous avouons qu'ici l'admiration comme l'indignation nous paraîtraient déplacées. Si l'on veut dire qu'après ses autres ouvrages, au milieu de son monde, la lettre *sur les causes premières* fait honneur à l'élévation et à la flexi-bilité d'esprit de l'auteur, nous en conviendrons. Si l'on ajoute qu'elle contient des idées qui s'accordent mal avec quelques assertions et la doctrine apparente du livre des *rapports,* nous ne pouvons le contester. Si l'on remarque enfin qu'elle contrarie les préjugés d'un certain ma-térialisme médical et qu'elle s'écarte des principes rigoureux de l'idéo-logie, c'est encore chose évidente. Mais il faut reconnaître que la doc-trine philosophique des autres ouvrages de Cabanis n'est pas assez nette, assez cohérente, pour que ses variations fussent un désaveu. Il n'y a pas plus ici de conversion que d'apostasie, et si l'on considère l'ouvrage en lui-même, on ne lui trouvera pas une assez grande valeur pour s'y long-temps arrêter. Les contradictions n'y manquent pas, et l'obscurité en est désespérante. Personne ne comprendra jamais ce

que c'est qu'un principe vital universel répandu dans toute la nature
sous la forme de principes vitaux individuels, comment ceux-ci s'élèvent çà et là à l'intelligence, grace à la sensibilité qui est partout,
comment cette même sensibilité, qui est leur condition essentielle,
peut persister après la destruction des organes, tout en se réunissant
au réservoir commun de l'intelligence et de la vie, comment elle peut
alors conserver la conscience du moi sans conserver nécessairement
celle du même moi moral, et comment la persistance de celui-ci, c'est-
à-dire d'un système personnel de sentimens et d'idées, est possible,
quand le principe intelligent est rentré dans le sein du principe universel. Ce mélange d'idées et d'images disparates, ce stoïcisme vague,
cet alexandrinisme superficiel ne peut assurément satisfaire la raison.
Seulement il est curieux de voir un philosophe de la France du
xviiie siècle, un médecin de l'école de Paris donnant pour couronnement à la physiologie et à l'idéologie de son temps quelque chose
comme la doctrine des émanations.

On ne saurait, au reste, trop remarquer avec quelle facilité des
philosophies fort différentes peuvent être entraînées au panthéisme.
C'est l'écueil des écoles les plus opposées. L'antiquité a su rarement
l'éviter; la scholastique s'y est brisée comme les autres; le cartésianisme passe pour avoir engendré Spinoza; la théologie elle-même est
souvent panthéiste, au moins par le langage; et, après que l'analyse
idéologique a bien soigneusement éliminé l'ame comme une abstraction ou comme une hypothèse, la physiologie restitue dans l'homme,
comme dans toute la nature, un principe d'action, d'organisation, de
mouvement, qui n'est aucune matière, aucun corps, mais une force,
une vie, une cause, abstraction non moins insaisissable assurément
que ces substances spirituelles acceptées de tout temps par la foi
commune du genre humain. Le panthéisme peut avoir des origines
diverses; nous pourrions citer telle définition de la divinité qui semble
irréprochable, mais qui y conduit, et l'athéisme même y retombe dès
qu'il essaie de raisonner. Que faut-il faire pour éviter ces déviations?
Dans la pratique, s'appuyer sur le bon sens naturel de l'humanité, et
dans la théorie, sur la philosophie psychologique, qui, par son point
de départ, son principe et sa méthode, est essentiellement incompatible avec l'idée de l'identité universelle. Rien ne prouve mieux l'ignorance des ennemis actuels de la philosophie que d'avoir choisi pour
attaquer les écoles psychologiques l'accusation de panthéisme.

Revenons à Cabanis. Malgré sa lettre *sur les causes premières*, malgré ses essais de philosophie ontologique, le caractère que lui assigne l'opinion commune dominera toujours en lui. Il sera toujours le physiologiste de l'école dont M. de Tracy est le métaphysicien. On continuera de voir dans son plus célèbre ouvrage une tendance à convertir en identité l'influence du physique sur le moral, et c'est la conséquence que tireront de cette lecture les étudians en médecine. Je ne viens point appeler de ce jugement. Ce qu'on nomme la philosophie française du xviiie siècle est marqué d'une empreinte ineffaçable, et Cabanis lui-même s'indignerait qu'on vit en lui autre chose qu'un représentant éminent de cette philosophie. Elle avait pour lui, comme pour nous encore, un double aspect; on pourrait la figurer portant comme Moïse une double table dans ses mains. Sur l'une seraient écrits ces mots : « Prééminence universelle de la sensation, incertitude ou négation de l'existence de l'ame, subordination du physique au moral ou de l'intelligence aux organes; morale fondée sur nos besoins, sur l'intérêt bien entendu, sur l'utilité générale; indifférence aux fins de l'homme au-delà de cette vie; domination du hasard et des passions sur l'histoire de l'humanité. » Et sur l'autre table on lirait : « Dignité de l'homme; droits imprescriptibles, liberté de la conscience, de la pensée, de la personne, du travail; nécessité morale pour la loi et le gouvernement d'être conformes à cette dignité et à ces droits, prééminence de la justice et de la raison sur toutes les conventions sociales, respect de la souveraineté nationale. » Voilà deux symboles presque toujours unis chez d'excellens et nobles esprits, et pourtant difficiles à joindre par un lien étroitement logique. Des deux côtés sont des principes abstraits; mais de l'un, des principes spéculatifs, et de l'autre des principes sociaux, qui par leur forme semblent appartenir à la même science, qui par leur fusion dans la croyance commune paraissent indivisibles et solidaires. Et cependant la dialectique la plus simple montrerait aisément l'impossibilité de concilier l'idée de droit imprescriptible avec la métaphysique de la sensation, et d'asseoir sur la morale de l'intérêt des notions d'éternelle justice.

Il est étrange que ceux-là qui ont témoigné le plus de doute ou d'indifférence sur les questions qui intéressent l'existence d'un principe spirituel en nous et la certitude d'un avenir après la vie soient les mêmes qui, sans contredit, aient conçu les plus pures, les plus hautes idées de la dignité humaine. Les titres du genre humain ont été retrouvés par ceux qui avaient le moins relevé sa nature, et il n'a commencé à être publiquement et systématiquement respecté que du jour

où ce qui fonde et légitime ce respect a été le plus habilement méconnu.
C'est là une étrange inconséquence, et qui doit inspirer de sérieuses
réflexions sur la valeur de notre raison. Ce serait le sujet d'un livre
que l'examen des causes et des effets de cette inconséquence, ou, si
l'on veut, de cette contradiction. On reconnaîtrait sans doute, en
écrivant ce livre, qu'elle est pour beaucoup dans les erreurs pratiques,
dans les fautes, dans les excès, qui ont compromis et quelquefois
souillé une noble cause, et la difficulté de la gagner définitivement, de
la faire triompher des obstacles que lui opposent le préjugé, le scrupule et la crainte, vient en grande partie de la mauvaise renommée de
quelques-uns des principes métaphysiques qui ont devancé la révolution; mais on expliquerait en même temps et l'on excuserait en partie
l'inconséquence que nous signalons, par les erreurs en sens inverses
que les partis contraires ont commises. On reconnaîtrait, par exemple,
dans les hommes et dans les pouvoirs qui se piquaient de spiritualisme,
une insouciance, ou plutôt un mépris étrange pour tout ce qui honore la raison et relève l'humanité; on verrait sous leur empire les
plus saintes croyances devenues stériles en nobles et précieuses conséquences, comme ces arbres qui restent debout et ne portent plus
ni de fruits ni de fleurs. A quoi sert en effet de croire que l'homme
est animé d'un esprit immortel, capable de vérité et de justice, et que
la Providence préside aux destinées des sociétés, si l'on abandonne
et l'homme et les sociétés aux caprices d'un pouvoir absolu, à l'empire des passions individuelles, au despotisme des barbares traditions?
C'est là le fait grave qui a provoqué la réaction contraire. Quand on
a vu de certaines croyances tolérer ou même favoriser les plus mauvaises pratiques, s'allier aux moins respectables systèmes de politique
et de morale sociale, on a pu leur imputer à leur tour le mal pour conséquence, et les repousser indistinctement avec tout ce qu'elles avaient
souffert et protégé. Pour arriver à des conséquences contraires, on
a invoqué des principes opposés, et tout n'est pas injuste dans cette
responsabilité qu'on a fait peser sur des théories dogmatiques frappées d'une impuissance séculaire pour le bien de l'humanité. Ainsi
les esprits sont logiquement conduits à des extrémités opposées, et
c'est par ces écarts symétriques qu'ils reviennent à un point juste et
vrai, comme les oscillations ramènent à l'équilibre.

En poursuivant l'examen que nous indiquons, on serait bientôt conduit à dégager les divers élémens qui composent chacune des doctrines que le XVIIIᵉ siècle a mises en lutte, et peut-être reconnaîtrait-

on que sous les erreurs spéculatives qui l'ont séduite, la philosophie de
cette époque n'a pas, autant qu'il le paraît, méconnu les vérités essentielles et primitives, noble apanage de la raison humaine. Elle explique
mal quelquefois ce qu'elle conçoit très bien, et donne de faux systèmes
pour appui à de vrais principes; mais il suffit d'approfondir davantage, d'employer avec plus d'attention et de persévérance sa propre
méthode, pour la rectifier, la compléter, lui rendre le trésor d'idées
précieuses qu'elle a presque volontairement perdues. C'est le travail
constant et fécond de la philosophie contemporaine. Elle se fait un
devoir et un honneur de restituer dans la science les principes même
que la science avait laissé tomber; elle n'est pas venue pour faire,
même dans la pure théorie, une contre-révolution, mais, là aussi,
pour assurer en l'épurant une révolution nécessaire, pour rétablir
entre les principes et les conséquences une parfaite harmonie, comme
la politique actuelle doit avoir pour but d'instituer un complet accord
entre les faits et les idées. De là le droit que nous croyons avoir de
juger nos devanciers en les honorant, de redresser souvent, selon nos
forces, les maîtres dont cependant nous continuons l'œuvre et respectons la mémoire. C'est dans cet esprit que M. Peisse a su peindre
et apprécier Cabanis, et nous avons imité son exemple.

CHARLES DE RÉMUSAT.

D'UNE RÉFORME

DU

RÉGIME MONÉTAIRE

EN FRANCE.

———

Le caractère et les fonctions des monnaies ont été clairement expliqués par les économistes. On sait aujourd'hui quel est l'emploi des monnaies dans les relations sociales, et ce qu'elles doivent être pour ne pas faillir à cet emploi : c'est une des parties les plus claires et les moins sujettes à controverse de toute la science économique. Ajoutons que les notions générales sur cette matière se sont assez popularisées pour qu'on n'ait plus à craindre le retour de ces fraudes coupables qui, dans les siècles précédens, en altérant la sincérité des valeurs monétaires, ont tant de fois troublé l'assiette financière des états. Il semble donc que la science n'ait plus rien à nous apprendre à cet égard, et que nous puissions nous endormir au sein de la sécurité qu'elle nous a faite. Il n'en est rien pourtant. Si tout est dit sur la théorie générale des monnaies, il reste beaucoup à dire, beaucoup à faire, quant à l'administration du capital qu'elles représentent. A cet égard, combien de principes salutaires aujourd'hui méconnus! principes non de théorie, mais d'application, et par cela même d'une importance plus haute. Quand on considère l'énormité du capital qui circule au sein des nations sous la forme de monnaies, on comprend d'ailleurs que rien de ce qui touche à l'aménagement de ce fonds social ne saurait être indifférent. Nous allons donc essayer de mettre quelques-uns de ces principes en évidence, en nous aidant des lumières de ceux qui les ont envisagés avant nous; mais comme tout se lie dans une matière semblable, qu'on nous permette de rappeler d'abord les vérités générales désormais hors de discussion.

La fonction essentielle de la monnaie, c'est de faciliter les échanges. Dans l'état actuel des sociétés, sauf quelques exceptions très rares, nul homme ne travaille pour consommer ses propres fruits : il travaille pour les autres, à condition d'obtenir d'eux, en échange des produits qu'il leur livre, tous ceux que ses besoins réclament. Les échanges sont donc devenus la loi universelle de l'industrie; cependant, en raison même de leur universalité, il est impossible que les échanges se fassent directement, produit contre produit. L'homme qui livre à un autre le fruit de son travail a rarement un produit équivalent à lui demander; c'est ailleurs que ses besoins le portent, et il faudra même souvent qu'il s'adresse à plusieurs pour trouver sous des formes diverses, et par portions inégales, cet équivalent auquel il a droit. De là la nécessité d'une marchandise commune, et en quelque sorte intermédiaire entre toutes les autres, que chacun veuille recevoir en échange de ce qu'il livre, et qu'il puisse toujours faire accepter en échange de ce qu'il demande. Telle est la monnaie. Il est nécessaire que la monnaie ait une valeur intrinsèque, valeur toujours égale à celle des produits contre lesquels elle s'échange; autrement ces relations complexes dont elle est pour ainsi dire la clé manqueraient de garantie. Nul n'oserait abandonner ses produits, incertain qu'il serait d'obtenir en retour la juste mesure de leur valeur : cette longue série d'opérations sur laquelle l'édifice industriel repose serait alors troublée dans son principe, et le mouvement s'arrêterait.

Rigoureusement parlant, toute marchandise peut servir de monnaie; il suffit pour cela qu'elle soit d'un placement général, de manière à pouvoir être donnée et reçue partout. On citerait même plusieurs denrées d'un usage ordinaire qui ont fait cet office en divers temps, comme les bestiaux, le sel, le blé et beaucoup d'autres. Bien plus, de nos jours encore, si l'on y regardait bien, on trouverait que des marchandises de diverses sortes remplissent en réalité cette fonction de simples intermédiaires dans certains cas particuliers. Toutefois, à mesure que l'usage des échanges s'est étendu et généralisé, on a adopté partout, de préférence à toute autre marchandise, les métaux, et surtout les métaux précieux, qui sont devenus la monnaie par excellence. Cette préférence s'explique par les propriétés qui les distinguent. En effet, les métaux précieux résistent mieux à l'user que la plupart des autres marchandises; ils ne sont pas sujets à s'altérer; la qualité en est uniforme, ou peut être rendue telle par l'uniformité du titre; ils peuvent facilement se mesurer et se diviser en parties aliquotes à volonté; ils représentent une grande valeur sous un petit volume, et donnent ainsi moins d'embarras dans les maniemens et les transports; enfin la valeur n'en est sujette qu'à des variations peu fréquentes et peu sensibles, et grace à cette circonstance, ils donnent, mieux que ne le ferait aucune autre espèce de marchandise, une base solide aux transactions.

Pour rendre les métaux plus propres à l'usage auquel on les destine, on a coutume de les diviser en portions ou pièces régulières et symétriques, d'un poids, d'un volume et d'un titre légalement déterminés. L'une de ces pièces est choisie pour représenter l'unité, et afin de faciliter les comptes, on a soin que toutes les autres pièces se rapportent à celle-là, de manière qu'elles en soient ou des fractions régulières, ou des multiples exacts. Il est convenu partout que c'est au gouvernement qu'il appartient de régler cette division, et même de fabriquer les pièces : non que ce soit là, comme on l'a prétendu, un attribut essentiel de la souveraineté, mais parce que la garantie du gouvernement a paru meilleure qu'aucune autre, et que son intervention conduit à un système monétaire général et régulier. Par une conséquence naturelle de cette attribution, le gouvernement marque les pièces de son empreinte; mais cette intendance qui lui est dévolue sur les monnaies n'a et ne peut avoir d'autre portée ni d'autre but que de faciliter les transactions, en établissant l'uniformité des pièces, et en dispensant les particuliers de vérifier, à l'occasion de chaque échange, leur titre et leur poids.

On considère aussi la monnaie comme une mesure de la valeur, et il est vrai qu'elle remplit cette fonction dans la pratique. C'est ainsi que pour donner une idée de la valeur d'une chose, on a coutume de la comparer à une quantité déterminée d'or ou d'argent, usage fort naturel d'ailleurs, puisque l'or et l'argent sont les marchandises communes contre lesquelles toutes les autres viennent tour à tour s'échanger. Ajoutons que cette marchandise est aussi la seule qui, en offrant des divisions régulières et fixes, se prête à des calculs précis.

Cependant cette fonction dérive moins de l'essence de la monnaie que de ses propriétés accidentelles. Avant tout, elle est l'intermédiaire nécessaire dans les échanges; voilà son caractère distinctif. Ce n'est, pour ainsi dire, qu'accessoirement, ou, pour parler comme les légistes, *subsidiairement*, qu'elle devient la mesure de la valeur. Il est bon de remarquer, au surplus, que cette mesure n'est jamais absolue, mais seulement relative; car les monnaies, bien qu'elles soient en général plus stables que la plupart des autres marchandises, sont elles-mêmes sujettes à changer de valeur selon les temps.

Tels sont les principes généraux, principes clairs, incontestables, presque universellement admis, et sur lesquels il est aujourd'hui à peu près inutile d'insister. C'est quand on sort de ces données générales pour examiner soit les combinaisons du système monétaire, soit la distribution et l'aménagement intérieur du capital métallique, qu'on rencontre partout l'incurie et le désordre. C'est alors qu'on vient se heurter contre des préjugés fâcheux qui résistent obstinément à l'application des saines doctrines. Les considérations que nous voulons présenter ici sont de deux sortes : les unes relatives à l'emploi économique de cette portion du capital social qui existe sous la forme de monnaie; les autres, aux rapports à établir entre les divers métaux dont les monnaies sont composées.

Les monnaies, disons-nous, sont une marchandise, et les métaux précieux dont elles se forment ont une valeur intrinsèque qui subsiste en elles dans son entier. Aussi un peuple n'obtient-il celles dont il fait usage que par l'échange contre d'autres marchandises; elles ne lui sont acquises qu'au moyen du sacrifice d'une portion de son capital actif. Il suit de là qu'un peuple n'a aucun intérêt à multiplier chez lui le numéraire au-delà de ses véritables besoins. Toute la somme de capital qu'il attire à lui sous la forme de monnaie, il la restitue aux autres peuples sous la forme d'autres produits équivalens. Ce n'est pas une augmentation de sa richesse, mais une simple transformation des élémens qui la constituent, transformation utile autant qu'elle répond à des besoins réels, mais fâcheuse toutes les fois qu'en excédant cette mesure, elle accumule chez un peuple une masse de numéraire qui doit rester stérile entre ses mains.

C'est encore ici une vérité assez clairement établie par les économistes, et malgré quelques apparences, quoique les lois de certains états soient encore ordonnées aujourd'hui dans un esprit différent, nous croyons que cette vérité commence à triompher partout des préjugés contraires. Autrefois, lors des premières études faites en vue de

l'industrie et du commerce, l'habitude de comparer toutes les marchandises, toutes les richesses, à ce type commun, la monnaie, ayant
fait croire que la monnaie constituait la seule ou la véritable richesse,
d'un peuple, on s'était ingénié avant tout.à trouver les moyens de multiplier, d'accumuler chez soi cette marchandise unique, ou tout au-
moins de conserver intacte toute la somme qu'on était parvenu à s'assurer. Qui pourrait dire combien de lois ont été faites en vue de ce
bienfait imaginaire? Mais le défaut seul de réflexion avait pu faire
prévaloir cette idée bizarre; un examen plus sérieux des élémens constitutifs de la richesse a suffi pour la dissiper. On n'a pas tardé à comprendre que la richesse d'un peuple ne consiste pas dans la possession
de telle marchandise plutôt que de telle autre, qu'elle se compose de
l'ensemble, de la somme totale des agens industriels et des produits
qui, sous des formes infiniment diverses, contribuent à la satisfaction
de nos besoins. On a compris en outre qu'il ne convient pas à une
nation d'affectionner telle forme de la richesse plutôt que telle autre,
et de tenter de la fixer chez elle au-delà de la mesure nécessaire, puisqu'enfin cette marchandise particulière ne peut être acquise que par
le sacrifice d'une autre plus précieuse ou plus utile.

Un examen plus attentif a bientôt conduit à une autre vérité plus
subtile ou plus haute. C'est que le résultat qu'on s'était proposé d'a-
bord est matériellement impossible à réaliser. La somme de numéraire
qu'une nation possède est nécessairement, et, pour ainsi dire, fatalement déterminée par les besoins réels de sa circulation; elle ne saurait du moins jamais l'excéder d'une manière notable et constante.
C'est qu'en effet la somme qui excéderait ces besoins ne trouverait de
placement nulle part. Quel est, parmi les individus ou les corps dont
une nation se compose, celui qui consent à garder par devers lui une
masse de numéraire inutile? Aussitôt que la quantité de monnaie qu'il
possède suffit au courant de ses affaires, il repousse l'excédant, soit
en se hâtant de lui trouver un placement utile, au lieu de le laisser
dormir dans ses coffres, soit en le convertissant en marchandises ou
en agens reproductifs. Chacun, dans un pays, raisonne et agit.dans
le même sens. Nul ne veut se charger du poids d'une monnaie qui
resterait improductive entre ses mains. Il l'accepte sans doute, quand
il la reçoit pour prix de ses labeurs ou en échange de ses produits,
mais non pour la laisser inactive; il n'en garde dans ses caisses qu'une
portion quelconque, mesurée sur ses besoins ordinaires, et se hâte de
se défaire avantageusement du reste. S'il en est ainsi de chaque individu et de chaque corps, il en est de même d'une nation entière, car

ici, du particulier au général, la conclusion est juste, puisqu'enfin la masse de numéraire qu'une nation possède se trouve nécessairement répartie dans toutes les caisses privées. Il est donc impossible d'arriver, par voie législative, par des combinaisons économiques, à faire affluer et à fixer chez un peuple une quantité de numéraire supérieure à celle que son mouvement commercial réclame; tout ce qui excède cette mesure reflue nécessairement au dehors, avec d'autant plus de rapidité que les monnaies sont d'un transport facile, et qu'elles s'échangent sans peine contre toutes sortes de produits. Aussi les lois faites en divers temps en vue de ce résultat chimérique, l'accumulation du numéraire dans un pays, lois fâcheuses à d'autres égards, n'ont jamais atteint le but qu'on s'était proposé.

Pareillement, et par des raisons semblables, un peuple ne reste jamais dépourvu des monnaies que sa circulation demande, à moins qu'il ne refuse de les payer à leur valeur. Si pauvre qu'il soit, il trouve toujours assez d'autres valeurs à donner en échange de celle-là, et le besoin même qu'il en éprouve, en donnant accidentellement à la monnaie une valeur supérieure à celle qu'elle a partout ailleurs, suffit pour la faire affluer chez lui. Au reste, loin que les pays pauvres soient à cet égard moins bien partagés que les autres, nous pouvons dire qu'ils sont en général, et toute proportion gardée, plus pourvus de numéraire que les pays riches, où un crédit mieux établi dispense plus fréquemment de son emploi.

Mais s'il est impossible de détruire législativement le rapport nécessaire qui s'établit entre la somme du numéraire et les besoins, il ne l'est pas, et nous venons de l'indiquer, de diminuer ces besoins mêmes, soit en suppléant à certains égards à l'emploi de la monnaie, soit en multipliant en quelque sorte ses services par un aménagement plus judicieux. C'est là un digne objet de l'attention des hommes d'état. Qui ne comprend en effet que la somme de numéraire dont un pays se sert pour ses échanges, ne lui étant acquise qu'à titre onéreux, c'est-à-dire au moyen du sacrifice d'une portion de son capital productif, il est du plus haut intérêt de diminuer l'étendue de ce sacrifice, autant qu'on le peut sans nuire à la facilité des transactions? Si les monnaies sont nécessaires pour les échanges, elles ne sont utiles que pour cela : à tous autres égards, elles forment un capital stérile. Que l'on consente, en vue de la facilité des échanges, à laisser improductive une portion toujours assez considérable du capital actif, c'est un calcul assurément bien entendu, puisque cette facilité des échanges est une compensation suffisante du sacrifice auquel on se soumet;

23.

cependant il n'en est pas moins très désirable et très important que le même résultat soit obtenu aux moindres frais possibles. Ainsi tout pays enlève à la culture et frappe de stérilité une portion de ses terres, même les plus fertiles, pour les consacrer à la construction de routes et de canaux, et en cela il fait bien, parce que ces routes et ces canaux, en favorisant le transport des produits, donnent aux autres terrains mis en culture un accroissement de valeur qui compense largement le sacrifice que l'on s'impose; mais il est évident que ce sacrifice doit se renfermer dans la stricte limite des besoins, et qu'il est toujours bon d'en diminuer l'étendue quand on peut le faire sans diminuer les avantages que l'on en tire. Il en est de même des monnaies.

Si l'on veut mesurer d'un seul coup-d'œil toute l'importance des économies qu'il est possible de réaliser dans cette direction, il suffit de comparer la situation respective de l'Angleterre et de la France. Quoiqu'il y ait en Angleterre moins de population qu'en France, on accordera bien sans doute que la masse des affaires qui s'y traitent est pour le moins égale, que la somme des produits n'est pas moindre, que les échanges sont aussi nombreux, aussi actifs, que par conséquent le besoin d'un *medium* circulant est aussi étendu. Cependant tous les calculs des économistes et tous les documens officiels s'accordent à établir que la masse de numéraire dont l'Angleterre fait usage dans ses transactions n'excède pas la somme de 750 millions, tandis que la France emploie, pour arriver au même résultat sans jouir de facilités plus grandes, et même, comme nous le verrons dans la suite, avec des facilités moindres, un capital qui n'est pas estimé à moins de 3 milliards et demi, c'est-à-dire que pour remplir le même service, la France emploie un capital quatre fois plus grand : circonstance fâcheuse, qui accuse un système financier très imparfait, et grève le revenu annuel de la nation d'intérêts considérables.

Le mouvement commercial de la France n'étant pas plus important en somme que celui de l'Angleterre, et il nous eût été permis de le supposer moindre, il est évident que la France pourrait, à l'aide de meilleures dispositions économiques, suffire à ses échanges avec la même somme de numéraire circulant. Au lieu de 3 milliards et demi, elle n'emploierait ainsi, comme l'Angleterre, que 750 millions dans ses échanges, et ces échanges s'accompliraient, selon notre hypothèse, avec autant de facilité qu'aujourd'hui. C'est donc une somme de 2 milliards 750 millions qu'elle pourrait sans inconvénient détourner de cet emploi stérile pour la consacrer à des travaux reproductifs.

Partant de là, voyons ce que l'imperfection de notre système nous coûte. L'intérêt de ce capital inutile, en le calculant seulement à raison de 5 pour 100, taux fort inférieur à la moyenne de l'intérêt des capitaux dans le pays, s'élève à la somme de 137 millions 500,000 francs, qui représente, à ce qu'il semble, la perte annuelle que la nation subit. Mais il ne suffit pas de calculer l'intérêt du numéraire inutile. S'il disparaissait de la circulation, comme il ne fait pas partie du revenu net du pays et qu'il constitue au contraire une portion de son capital actif, il serait converti tout entier en agens reproductifs, lesquels donneraient en moyenne, comme on a coutume de le calculer pour tous les capitaux de ce genre, 10 pour 100, c'est-à-dire le double de l'intérêt ordinaire, ou une somme totale de 275 millions par an. Voilà ce qu'en réalité la France dépense tous les ans de plus que l'Angleterre pour le service de ses échanges; somme énorme dont elle grève inutilement son revenu, ou dont elle pourrait l'augmenter par un emploi plus économique du numéraire.

Une telle dépense n'est pas assurément à dédaigner; que sera-ce donc si l'on considère que, loin de faciliter par là les échanges, la France ne fait que rendre leur service, à d'autres égards, plus onéreux? Combien de frais n'entraîne pas, en effet, le transport continuel de toute cette masse de numéraire, dont l'office est de circuler sans cesse! Ils paraissent médiocres, ces frais, quand on les considère dans chaque cas particulier; mais, si l'on tient compte de leur répétition journalière, on comprendra qu'ils doivent s'élever annuellement à des sommes énormes. Ils sont d'autant plus considérables en France, que la monnaie généralement en usage est l'argent, monnaie lourde, encombrante, en raison du bas prix auquel elle est descendue, et qui n'est déjà plus en rapport avec l'importance habituelle de nos transactions. Ajoutez à ces frais la perte de temps, qui se renouvelle aussi tous les jours, dans les paiemens, dans les recettes, dans les comptes de caisse et les liquidations. On l'a dit avec raison, le négociant anglais expédie plus d'affaires en une demi-heure que le français en un jour, et cet avantage, il le doit surtout à la différence des systèmes monétaires, tant il est vrai qu'en multipliant outre mesure l'agent des échanges, on n'a réussi qu'à les entraver. Il n'est pas permis à une nation commerçante, éclairée, de méconnaître des intérêts si graves ou de les négliger. Comment faire cependant pour remédier à cette exubérance de numéraire? Les moyens sont connus, car ils ont été déjà bien souvent exposés. Peut-être faudrait-il quelques développemens nouveaux pour montrer leur juste application en France, mais ce n'est pas l'objet

que nous nous proposons en ce moment : aussi nous bornerons-nous
à quelques indications générales.

Il faut d'abord écarter cette idée trop commune, qu'on ne puisse
diminuer la masse du numéraire en circulation dans un pays qu'en
la remplaçant en partie par des billets de banque. Nous sommes bien
loin de proscrire l'usage de ces billets, et nous avons montré ailleurs (1) les avantages qu'on peut tirer de leur émission bien entendue;
mais leur fonction essentielle n'est pas, comme on le pense à tort, de
remplacer la monnaie, et, dans tous les cas, ils n'offrent pas le seul
moyen praticable de suppléer au service utile de cette dernière. Ce
qui le prouve sans réplique, c'est que la somme des billets émis par
toutes les banques anglaises n'excède que rarement, et le plus souvent
n'atteint pas même celle du numéraire en circulation dans le pays, et
que ces deux sommes réunies n'égalent pas encore la moitié de celle
qui existe sous la seule forme de monnaie en France.

Le principal moyen d'économiser l'emploi du numéraire, c'est de
réunir dans des caisses communes toutes les réserves particulières des
négocians. Un exemple rendra cette idée sensible. Supposons que
mille négocians dans Paris tiennent chacun en réserve dans leurs
caisses une somme de 5,000 francs, par prudence, comme cela se fait
d'ordinaire, et rien que pour parer aux besoins imprévus. C'est une
somme totale de 5,000,000 qui dormira inutile, dans l'attente d'évènemens futurs. On ne saurait blâmer cette mise en disponibilité d'une
portion de numéraire, bien qu'elle la frappe accidentellement d'une
stérilité complète, car la prudence la plus vulgaire en fait une loi; pourtant il est facile de comprendre qu'en réunissant toutes ces réserves
particulières dans une caisse commune, où chacun viendrait puiser
alors seulement que ses besoins imprévus se manifesteraient, on remplirait le même objet avec une somme bien moindre. Un seul million y
suffirait. C'est donc quatre millions sur cinq dont on économiserait
l'emploi sans nuire en rien au bien du service, et cela s'applique aux
billets de banque tout aussi bien qu'au numéraire lui-même. De telles
économies ne sont pas sans exemple en France, surtout à Paris; mais
l'usage n'en est pas à beaucoup près assez fréquent, ni assez étendu.
Ce serait aux banques qu'il appartiendrait de le propager, si les banques étaient parmi nous plus nombreuses et plus libres. Au reste, ce

---

(1) *Revue des deux Mondes*, livraison du 1er septembre 1842, *le Crédit et les
Banques*.

procédé n'est pas le seul dont on puisse se servir dans le même but.
On obtiendrait des résultats semblables, en établissant, partout où il
est possible de le faire, des bureaux de liquidation, où les billets des
principaux négocians ou banquiers viendraient s'échanger les uns
contre les autres, de manière que chaque banquier y remettrait les
billets dont il est porteur en échange de ceux dont il est débiteur, et
que le numéraire n'interviendrait que pour payer les reliquats. Nous
avons déjà eu l'occasion de le dire, il existe un bureau semblable à
Londres (1), et, grace à ce bureau, des affaires colossales, presque fabuleuses, se liquident à l'aide de sommes en numéraire tout-à-fait minimes. Sans insister davantage sur ce sujet, quant à présent, qu'il
nous soit permis de répéter qu'il est digne de toute l'attention des
hommes d'état et des économistes.

Il y a un autre inconvénient pour un peuple à se servir, dans ses
transactions, d'une trop grande somme de numéraire : c'est que ce
capital est sujet à se déprécier avec le temps. La valeur des métaux
précieux, avons-nous dit, est soumise, comme toutes les autres valeurs, aux fluctuations du commerce; de plus, l'expérience a prouvé
que la production en est supérieure à la consommation, et que par
conséquent leur valeur commune ou moyenne tend d'une manière
insensible, mais constante, à diminuer de jour en jour. Cette dépréciation des métaux précieux est peu apparente sans doute, et il est
toujours fort difficile d'en mesurer l'étendue, parce qu'il n'y a point
de terme de comparaison stable et régulier; cependant elle n'est que
trop réelle, et quand on se reporte à quelques siècles en arrière, il est
impossible d'en méconnaître la portée. Est-il vrai, comme le prétendent quelques économistes, qu'elle s'est à peu près arrêtée depuis un
demi-siècle? C'est ce qu'il est aussi difficile de nier que d'affirmer. Ce
qui est sûr, c'est qu'en embrassant une période assez longue, il est
facile de constater par des faits précis une différence sensible. Supposons que la dépréciation des monnaies se soit arrêtée ou ralentie
dans ces derniers temps, il faudrait l'attribuer uniquement à la mauvaise exploitation des mines. S'il arrivait donc que les états de l'Amérique possesseurs de ces mines vinssent à prendre une meilleure assiette, à corriger les vices de leur administration intérieure, à faire
des progrès dans la carrière industrielle, à perfectionner enfin l'exploitation, il faudrait s'attendre à une nouvelle dépréciation, plus régulière et plus rapide que celle qui s'est manifestée dans aucun temps.

---

(1) *Clearing house*, bureau de liquidation ou d'apuration.

C'est alors que les peuples de l'Europe verraient s'amoindrir, et pour ainsi dire se fondre dans leurs mains cette notable partie de leur avoir, et la perte qu'ils éprouveraient serait d'autant plus forte que leur capital en numéraire serait plus grand.

Si l'on en croit la plupart des économistes, la France serait aujourd'hui le pays de l'Europe qui posséderait la plus grande somme de métaux précieux. Son capital en numéraire, or et argent, formerait, au dire de quelques-uns, le tiers de celui qui circule dans tout le continent européen : d'autres vont même plus loin, car ils n'estiment qu'à sept ou huit milliards, au plus, la somme totale du numéraire que l'Europe renferme. A ce compte, la France serait de tous les états européens le plus mal administré sous ce rapport. S'il en était ainsi, nos observations n'en auraient que plus de force, puisque le danger que nous venons de signaler serait plus particulièrement menaçant pour nous. Heureusement ces calculs paraissent reposer sur des hypothèses sans fondement.

On sait approximativement ce qu'il existe de numéraire en Angleterre et en France, parce que ces deux pays ont depuis long-temps l'excellente habitude de se rendre compte de leur situation financière, et qu'ils présentent de nombreux documens qui peuvent servir de base à ces estimations; mais qui peut dire ce que possèdent en numéraire tant d'autres peuples de l'Europe qui n'ont jamais songé à dresser leur bilan? On est d'abord parti de cette hypothèse, que les peuples les plus riches devaient être les mieux pourvus en numéraire, et c'est ainsi qu'on a placé la France et l'Angleterre hors ligne, en donnant à celle-ci, comme de raison, le premier rang. Des documens statistiques irrécusables étant venus ensuite montrer l'erreur de cette hypothèse quant aux deux peuples particulièrement en vue, on l'a redressée par rapport à eux; mais on l'a maintenue pour les autres, et, en cela, nous croyons qu'on s'est trompé. Ce ne sont pas les pays les plus commerçans qui possèdent, toute proportion gardée, la plus grande somme de numéraire : ce sont ceux qui sont privés des bienfaits du crédit, où les paiemens ne se font qu'argent comptant, où les placemens sont difficiles et les relations peu sûres. Ce sont les pays déchirés par la guerre civile comme l'Espagne, ou dévorés comme la Turquie par une administration tracassière et pillarde. C'est là que des trésors se forment, et que le numéraire s'accumule obscurément. Le personnage de l'avare entassant écu sur écu, tel que l'a dépeint Molière, pouvait être vrai de son temps, au sortir des troubles de la fronde : il ne l'est assurément pas de nos jours. Les avares n'entassent plus; loin de là, ils sont au contraire les plus prompts à faire valoir leur argent, jusqu'au dernier écu, par des placemens avantageux. On ne connaît plus les trésors cachés : cette image, autrefois si populaire, ne peut plus être empruntée par nous qu'aux souvenirs d'un autre temps. Désormais tous nos trésors brillent au soleil, ou travaillent à la lumière du jour, sous la forme d'agens reproducteurs, à nous créer de nouveaux biens. Pourtant cette image est encore vivante dans les pays dont nous parlons. C'est là que la tradition des trésors cachés se conserve, en Turquie surtout, où la monnaie est trop souvent la seule forme sous laquelle il soit possible de dérober sa fortune à l'avidité d'un pacha. Voilà pourquoi nous croyons que ces pays renferment, eu égard à leur population et à leur étendue, plus de numéraire que la France elle-même. Au reste, cette comparaison favorable n'atténue en rien la gravité du mal qui nous atteint.

Les observations qui précèdent s'appliquent aussi bien à l'or qu'à l'argent, car les deux métaux sont soumis à des lois semblables. Il est sensible toutefois que la dépréciation qu'ils doivent inévitablement subir est plus imminente pour l'argent que pour l'or, et qu'elle doit être aussi, selon toute apparence, beaucoup plus forte. Tout concourt à le faire pressentir : d'abord l'expérience du passé, qui nous montre que la valeur de l'argent a décru d'une manière plus constante et plus sensible, puisqu'autrefois, dans toute l'Europe, une livre d'or ne valait que dix livres d'argent, tandis qu'aujourd'hui elle en vaut, en moyenne, quinze trois quarts; ensuite l'état actuel des mines, où il paraît certain qu'il y a des progrès plus prochains et plus considérables à attendre dans l'extraction de l'argent que dans celle de l'or; enfin la considération des besoins futurs des peuples, qui, en suivant la tendance générale et manifeste d'une civilisation plus avancée, doivent faire de jour en jour un plus grand usage de l'or comme monnaie, et délaisser l'argent dans la même proportion. Ainsi, la demande se porterait peu à peu de préférence vers le métal le plus riche, et tendrait à soutenir son prix en dépit de l'accroissement de la production, tandis que l'autre, placé entre une production plus active et une demande sans cesse décroissante, s'avilirait rapidement. Dès-lors l'Angleterre, qui fait usage, et un usage modéré, de l'or, serait en cela fort ménagée, tandis que la France, qui regorge d'argent, aurait à subir d'incalculables pertes.

Si de ces considérations sur l'emploi des monnaies nous passons à l'examen des combinaisons du système monétaire proprement dit, nous trouverons encore dans la loi française, avec quelques mérites

incontestables, des défauts très graves à signaler. Rendons hommage
d'abord aux travaux de la convention. C'est une heureuse innovation
que celle qui a mis nos divisions monétaires en harmonie avec les combinaisons numériques, en d'autres termes, qui les a soumises aux lois
du système décimal. Tout est régulier dans ces divisions : chaque pièce
est une fraction exacte ou un multiple des autres, et de plus, le fractionnement correspond toujours à la progression établie dans la numération. De là, quelle facilité dans les comptes! quelle simplicité dans
les calculs! Rien de semblable ne se retrouve en Angleterre. Il n'y a
entre les pièces de monnaie qui circulent dans ce pays aucun rapport
symétrique; pour en former des sommes, il faut sans cesse diviser et
fractionner, et comme aucune de ces fractions ne correspond à l'agen-
cement des chiffres dans la numération, il faut en quelque sorte bouleverser les lois de cette numération dans ses calculs. C'est un travail
pénible, qu'on peut sans doute rendre plus facile par l'habitude, mais
qui n'en reste pas moins, pour le grand nombre, un embarras de tous
les jours. Ajoutez à cela que l'unité monétaire anglaise n'est pas, comme
la nôtre, sensible à l'œil. Elle n'existe pas sous une forme saisissable, et
pour se la représenter, il faut en quelque sorte la dégager par des calculs. Quelle est-elle cette unité ? C'est la livre sterling, et l'on sait que
la livre sterling ne se trouve pas dans la circulation, en ce sens qu'aucune pièce de monnaie ne porte ce titre. C'est une monnaie de compte
et non pas une monnaie réelle; c'est une dénomination usitée seulement dans les calculs, dénomination qui correspond, si l'on veut, à
une quantité d'or déterminée, mais qui ne présente aux yeux aucune
image sensible. De là une certaine confusion dans les idées quant à
l'existence de l'unité monétaire, confusion si réelle que le premier
ministre d'Angleterre a cru devoir travailler, du haut de la tribune, à
la dissiper (1).

(1) C'est dans un discours prononcé à l'occasion de la révision des statuts de la
banque de Londres que sir Robert Peel a traité cette question, sur laquelle il avait
été publié précédemment de volumineux écrits. L'objet de ce débat ne paraît pas
avoir été bien compris en France, et ne devait pas l'être. Sur la foi de quelques
plaisanteries lancées par le ministre à ses adversaires, on a cru que les objections
de ces derniers n'étaient que ridicules, et en cela l'on s'est trompé. Il est certain
que la notion de l'unité monétaire anglaise est peu saisissable et très confuse; plusieurs causes ont contribué à l'obscurcir. D'abord, comme nous venons de le dire,
cette unité n'est pas rendue sensible et palpable dans une pièce de monnaie; en
second lieu, la livre sterling, unité monétaire, représentait originairement et en
principe une certaine quantité d'argent. Les seules divisions ou subdivisions qui
s'y rapportent directement sont encore en argent, et cependant l'or est aujourd'hui

Sur tous ces points, le système monétaire français est incontestablement supérieur au système anglais, et même à celui d'aucun autre peuple de l'Europe : c'est le seul, en effet, qui soit en cela vraiment logique et régulier; mais à d'autres égards on y trouve des imperfections notables. La plus grande de toutes, c'est le rapport établi entre les divers métaux qui concourent à alimenter la circulation.

Plusieurs métaux ont tour à tour, et quelquefois en même temps, fait l'office de monnaie. Dans l'enfance des peuples, on se servait généralement de fer ou de cuivre. On sait qu'une loi de Lycurgue avait consacré à Lacédémone l'usage exclusif de la monnaie de fer. Cette loi, qu'un grand nombre de publicistes ont exaltée comme un témoignage des vues profondes de ce législateur, et qui n'était probablement que l'expression toute naturelle des besoins du temps, devait être et fut en effet méconnue plus tard, en dépit de toute la sévérité des mœurs lacédémoniennes, quand les besoins eurent changé. La monnaie de cuivre a été long-temps dominante à Rome. Il en a été de même dans tous les pays, durant ces siècles de pauvreté et de barbarie, où l'or et l'argent étaient trop rares pour être d'un usage courant. Aujourd'hui le fer et le cuivre sont abandonnés partout : du moins ils ont perdu le caractère essentiel de monnaie, et ne circulent

en Angleterre la seule monnaie légale; il faut donc, contrairement à l'idée primitive qu'elle réveille, payer la livre sterling en or. Enfin, la longue interruption du paiement des billets de banque en numéraire a achevé de brouiller toutes les idées. On indiquait sur ces billets une certaine somme en livres sterling; cependant, comme ils perdaient plus ou moins contre le numéraire, cette somme ne représentait en aucun sens une valeur fixe: c'était une valeur vague, indéterminée, flottante, qui ne se mesurait approximativement que par la quantité variable des marchandises qu'on obtenait avec elle. Aussi, à cette époque, les économistes s'étaient-ils habitués à considérer l'unité monétaire comme une abstraction. Cette cause de confusion a disparu lors du retour des paiemens en espèces; mais le sentiment qu'elle a fait naître lui a survécu. Aujourd'hui, sir Robert Peel cherche à déterminer clairement la valeur de la livre sterling, en disant qu'il faut la calculer à raison de 3 liv. 17 sh. 10 1/2 den. pour une once d'or. Cela donne-t-il une idée nette de la livre sterling? Oui, mais à condition qu'on fera une opération de l'esprit et un calcul qui n'est pas à l'usage de tout le monde. — La livre tournois, dont on se servait autrefois en France dans les calculs, n'était aussi qu'une monnaie de compte, puisqu'elle n'était sensée valoir que 20 sous, tandis que la livre réelle, la livre courante, en valait 24; mais la livre tournois était en idée, comme la livre courante, une monnaie d'argent, et, par une comparaison très simple avec cette dernière, on pouvait se la représenter nettement. — Il existe cependant en Angleterre, depuis 1818, des pièces particulières, les *souverains,* dont la valeur répond assez exactement à celle des livres sterling. Diverses raisons ont empêché de les prendre pour base des calculs.

plus que pour solder des valeurs minimes, ou pour former l'appoint
des sommes plus fortes. L'or et l'argent remplissent seuls aujourd'hui
les véritables fonctions de la monnaie. Un temps viendra sans doute,
et qui n'est peut-être pas loin, où l'argent sera réduit à son tour à ce
rôle secondaire où le cuivre est descendu depuis long-temps : le métal le plus riche prévaudra; l'or règlera seul tous les échanges. En
attendant que cet évènement se réalise, la plupart des pays de l'Europe, et particulièrement la France, admettent encore l'emploi simultané de l'or et de l'argent comme moyen régulier d'échange, et
autorisent leur circulation sur le même pied, en établissant le rapport de leurs valeurs respectives; mais qui n'entrevoit au premier
abord les difficultés et les inconvéniens dont ce concours des deux
métaux est la source?

S'il n'existait qu'une seule espèce de monnaie, un seul métal pour
la produire, la tâche du gouvernement qui la fabrique serait fort
simple. Elle consisterait uniquement à fixer le titre de la monnaie, et,
une fois l'uniformité de ce titre établie, à diviser le métal unique que
l'on aurait adopté en telles portions que l'on voudrait, pourvu qu'elles
fussent invariables, et qu'on suivît dans la division un système commode et régulier. Le choix de l'unité serait alors arbitraire, facultatif;
ce serait en effet une dénomination à adopter, et rien de plus.
Quant à la valeur relative des pièces, elle se déterminerait d'elle-
même par le rapport des poids, puisque la matière serait identique.
Mais dès l'instant que plusieurs métaux sont admis à circuler ensemble comme monnaie légale, la question se complique. Une grave
difficulté se présente, celle de déterminer le rapport de valeur entre
ces métaux; car si l'on admet que l'un et l'autre peuvent être indifféremment donnés en paiement des marchandises, ou pour acquit des
obligations antérieurement contractées, il faut bien que l'on sache
d'avance quelle quantité de l'un équivaudra à telle quantité de l'autre.
C'est ce que tous les états qui ont admis l'or et l'argent en concurrence dans la circulation ont essayé de régler; malheureusement les
rapports qu'ils ont établis ne se sont jamais trouvés long-temps d'accord avec la réalité commerciale.

En effet, par cela même que les métaux précieux sont des marchandises, ils ont une valeur commerciale dépendante des lois ordinaires
du commerce, et qui s'établit en dehors et en dépit de toutes les prescriptions de la loi. Qu'ils soient à l'état de lingots ou de monnaies, le
résultat est le même : c'est le commerce qui règle leur valeur, et il
n'est pas donné au gouvernement ni de fixer cette valeur ni de la

changer. Or toute valeur commerciale est essentiellement variable, selon les fluctuations de l'offre et de la demande, selon l'activité de la production ou l'étendue dés besoins, et les monnaies subissent la loi commune. Les variations auxquelles elles sont sujettes ne sont pas d'ailleurs toujours les mêmes pour les deux métaux employés. Il peut arriver que l'un augmente de valeur dans le même temps que l'autre baisse : d'où il suit que les rapports admis par la loi, quelque exacts qu'ils puissent être au moment où on les établit, se trouvent dès le lendemain en désaccord avec le fait commercial qui les domine. Il y a dans notre histoire financière, comme dans celle de tous les pays qui ont une histoire, des exemples frappans de cette vérité, et il est curieux d'observer les inutiles tentatives que les gouvernemens ont faites en divers temps pour atteindre ce rapport commercial, qui semble toujours leur échapper.

Au commencement du siècle dernier, le financier Law, dans son mémoire sur les monnaies, calculait que le rapport commercial de l'or à l'argent était de 15 et 49 centièmes, ou environ 15 1/2 à 1, tandis que le rapport légal dans les monnaies françaises n'était que de 15 et 24 centièmes, ou environ 15 1/4 à 1. Ainsi, tandis qu'une once d'or valait sur le marché de l'Europe, et probablement dans les relations commerciales de la France elle-même, 15 onces 1/2 d'argent, la loi monétaire n'en accordait que 15 et 1/4, donnant ainsi à l'or une valeur moindre, ou à l'argent une valeur plus forte que sa valeur réelle. Le rapport légal était donc alors trop bas. Ce qui se passa bientôt après, il est difficile de le dire, car il y a dans notre histoire financière bien des lacunes; mais il paraît que la valeur de l'or décrut en peu de temps d'une manière sensible, peut-être à la suite des opérations de la banque établie par le régent, puisqu'en 1726 on jugea à propos de changer le rapport légal, non pour l'élever, mais, au contraire, pour l'abaisser. On le fixa alors à 14 1/2 pour 1. Les choses restèrent en cet état pendant une grande partie du xviiie siècle. Sans doute le rapport commercial changea souvent; mais on ne tint pas compte de ces variations; on n'en mesura pas les conséquences, et le rapport légal resta ce qu'il était. Cependant en 1785, quand on entreprit, sous le ministère Calonne, la refonte des monnaies, on se montra plus attentif. Alors un désaccord marqué entre les règlemens monétaires et le fait commercial fut constaté, avec tout le dommage qui en était la suite, dans le préambule même de l'édit du roi (1). « L'attention vigilante que nous donnons, est-il dit, à tout

(1) Déclaration du roi, du 30 octobre 1785, régistrée en la cour des monnaies

ce qui peut intéresser la fortune de nos sujets et le bien de notre état, nous a fait apercevoir que le prix de l'or est augmenté depuis quelques années dans le commerce, que la proportion du marc d'or au marc d'argent, étant restée la même dans notre royaume, n'est plus relative aujourd'hui à celle qui a été successivement adoptée en d'autres pays, et que nos monnaies d'or ont actuellement, comme métal, une valeur supérieure à celle que leur dénomination exprime, et suivant laquelle on les échange contre nos monnaies d'argent; ce qui fait naître la spéculation de les vendre à l'étranger, et présente en même temps l'appât d'un profit considérable à ceux qui se permettraient de les fondre au mépris de nos ordonnances. » On changea donc l'ancien rapport entre l'or et l'argent monnayés, et l'on s'arrêta à celui de 15 1/2 à 1. Diverses mesures furent prises pour que le changement se fît sans trouble : on retira les anciennes pièces d'or de la circulation, et tandis qu'autrefois on ne faisait d'un marc d'or que 30 louis de 24 francs, on en fit, selon la déclaration du roi, 32 avec la même matière.

Ce rapport de 15 1/2 à 1 était sans doute exact à cette époque, et parfaitement en harmonie avec le cours commercial des deux métaux; mais il ne devait pas l'être long-temps. Franchissons toute la période révolutionnaire, où la loi monétaire fut plusieurs fois remaniée, et arrivons à l'an XI, où le régime actuel fut établi. Un étrange revirement s'était opéré dans l'intervalle. Ce rapport si soigneusement établi en 1785 se trouvait inexact, et l'on pouvait s'y attendre; mais ce n'était pas, comme on aurait pu le croire, la valeur de l'or qui s'était élevée cette fois : au contraire, elle s'était notablement abaissée, à tel point que ce métal était alors à plus bas prix qu'il ne l'était même au temps de Law. Ainsi, à peine s'était-on avancé dans un sens pour suivre le mouvement du commerce, qu'il eût fallu revenir en sens contraire, tant il est vrai qu'il n'y a point à cet égard de règle sûre à établir.

La dépréciation de l'or qui eut lieu à cette époque parait inexplicable au premier abord, si bien que de nos jours plusieurs économistes l'ont oubliée ou méconnue. Il est certain qu'elle paraît démentir ce que nous avons dit plus haut sur la tendance générale des deux métaux. Elle est cependant trop bien attestée par des témoins dignes de foi pour qu'il soit possible de la mettre en doute. Voici comment s'exprimait alors M. Lebreton, rapporteur de la loi : « Le terme moyen du rapport de l'or à l'argent en Europe est de 1 à 14

---

1. 21 novembre suivant, ordonnant une refonte des espèces d'or, afin d'en augmenter la valeur.

1/10e ou 15 au plus. C'est le terme moyen que la France, qui se trouve au centre du mouvement des métaux, qui les reçoit du Portugal et de l'Espagne, tant pour sa consommation que pour une partie de celle du nord et du midi de l'Europe; c'est, disons-nous, ce terme moyen qui devrait être adopté dans notre système monétaire. » M. Fr. Corbaux junior, auteur d'un *Dictionnaire des Arbitrages* très estimé, qui fut publié vers cette époque, atteste le même fait. Après avoir énoncé les rapports légalement établis dans les diverses monnaies de l'Europe, il ajoute : « Dans la valeur vénale et commerciale de ces métaux, il (ce rapport) n'est actuellement que de 14 1/10e pour 1. »

Pour comprendre ce changement si extraordinaire dans la valeur relative des deux métaux, il faut se rappeler que l'Angleterre, qui est depuis long-temps le principal réservoir de l'or, était alors sous l'empire de cette loi de 1797, qui avait déclaré les billets de banque non-remboursables en leur donnant un cours forcé. Ces billets perdaient dans la circulation, et comme la loi obligeait néanmoins à les recevoir pour leur valeur nominale, l'or ne s'échangeait plus contre eux que d'une manière défavorable. Il était donc forcé de sortir du pays et de refluer vers les états du continent. On se souvient encore, sur le littoral de la Manche, d'avoir vu dans ces temps-là arriver en fraude dans nos ports, particulièrement à Gravelines, des chargemens entiers de guinées, qui s'échappaient des ports d'Angleterre malgré toute la sévérité des lois prohibitives. Ainsi l'or anglais venait encombrer les marchés du continent, et de là cette dépréciation qu'il subissait, dépréciation accidentelle toutefois, et qui devait cesser plus tard avec les causes particulières qui l'avaient amenée.

Pour se mettre d'accord avec la situation, il eût donc fallu, en l'an XI, abaisser considérablement le rapport de l'or à l'argent. Pourquoi ne le fit-on pas? M. Lebreton a soin de nous l'apprendre. « Dans les motifs, dit-il, qui nous ont décidés à ne pas demander qu'une proportion mieux calculée fût établie entre l'or et l'argent, il y en a un qui semble décisif : c'est qu'il faudrait faire subir à tous. les *louis* de la refonte de 1785 la baisse qu'on opérerait dans la proportion. » Si l'on n'avait pas été arrêté par cette considération, peut-être un peu légère, on aurait donc, pour se mettre d'accord avec le taux commercial, notablement abaissé cette proportion; et que serait-il arrivé? C'est qu'un peu plus tard on se serait trouvé hors de la véritable voie beaucoup plus qu'on ne l'avait été dans un aucun temps, puisqu'en effet le rapport moyen de l'or à l'argent est estimé depuis lors s'être élevé à 15 et 3/4. C'est ainsi que chaque tentative du législateur pour atteindre cet insaisissable rapport commercial ne fait pour ainsi dire que l'en éloigner et lui préparer de nouveaux mécomptes. Vainement compterait-on aujourd'hui sur cette proportion de 15 3/4, que les financiers admettent depuis plusieurs années comme une moyenne ordinaire. Quelque régulière qu'elle nous paraisse, les variations accidentelles n'ont pas manqué. Toutes les fois, par exemple, que l'Angleterre est obligée de faire sur le continent des achats considérables et imprévus, comme ils sont toujours payés en or, le rapport baisse : c'est ce qui arrive particulièrement dans le cas, assez fréquent, d'une disette de céréales. Ainsi, en 1840, la récolte ayant manqué dans ce pays, on fit d'énormes achats de blé en Belgique et en Allemagne. Alors le numéraire anglais s'épuisa si bien, que la banque de Londres fut obligée d'avoir recours à celle de Paris pour renouveler sa réserve. Par une conséquence naturelle, le prix de l'or baissa sur le continent; mais deux ans après l'équilibre était rétabli : déjà les caisses de la banque de Londres regorgeaient d'or, et ce métal avait repris son niveau dans le reste de l'Europe. Au milieu de ces fluctuations continuelles, comment veut-on que la loi monétaire trouve, pour asseoir ses proportions, une base régulière et solide? Il est donc impossible d'établir entre les monnaies d'or et d'argent une proportion légale qui soit toujours exacte. Avec quelque soin qu'on l'ait calculée, tôt ou tard entre elle et la proportion commerciale le désaccord se manifeste. Dès-lors il arrive toujours que l'un des deux métaux est estimé et tarifé par la loi au-dessous de sa valeur réelle.

Quant aux conséquences d'un tel état de choses, il est facile de les pressentir. Celui des deux métaux auquel la loi monétaire n'a pas donné toute sa valeur, ne trouvant plus à s'échanger qu'avec désavantage dans le pays, tend naturellement à en sortir, pour aller chercher des conditions meilleures à l'étranger, tandis que l'autre vient affluer sur le marché par des raisons contraires. Il se forme sur ces métaux une spéculation en quelque sorte double. On exporte l'un et on importe l'autre. Par exemple, dans l'état présent de la législation française, où l'or n'est estimé valoir que 15 1/2 en argent, tandis qu'en réalité il vaut 15 3/4, on l'achète sur le marché français au taux fixé par la loi, et on va le replacer pour sa valeur réelle à l'étranger. Après avoir réalisé ce bénéfice, on peut encore, par une opération inverse, acheter au dehors, pour une livre d'or, 15 livres 3/4 d'argent, et, rapportant cette somme en France, l'y faire valoir pour une quantité d'or plus forte. Tout l'or se retire du marché; l'argent l'y remplace. Le pays perd la différence, dont l'étranger profite.

Ce n'est pas que la loi monétaire ait la puissance de faire prévaloir, même dans le pays où elle règne, le rapport qu'elle établit. Le commerce ne tient pas compte de ces fixations arbitraires. Ainsi, quoique la loi française ait adopté le rapport de 15 1/2 à 1, ce n'est pas à dire que le commerce français s'y tienne; il s'en écarte, au contraire, fort librement, pour suivre avec plus ou moins d'exactitude celui qui prévaut dans les états voisins. A cet égard, la loi est impuissante là même où l'on pourrait croire que son empire est absolu; mais il est facile de comprendre qu'elle gêne en cela les transactions, surtout quand elle est impérieuse et jalouse. Outre qu'elle est vraiment obligatoire dans certains cas particuliers, elle est toujours fâcheuse. Elle ne fait pas qu'un métal descende, dans le rayon où elle s'exerce, au niveau trop bas qu'elle établit, mais elle l'empêche de se placer librement, couramment, pour sa valeur réelle. C'est assez pour qu'elle en reserre la circulation, et qu'elle le force à chercher un placement plus avantageux ou plus sûr à l'étranger.

Les faits ne manquent pas pour mettre cette vérité en évidence. Avant la refonte de 1785, l'or, estimé trop bas par la loi monétaire, s'écoulait au dehors, ainsi que l'atteste la déclaration du roi que nous avons déjà mentionnée; « ce qui a fait naître, est-il dit, la spéculation de les vendre à l'étranger. » « Le préjudice qui en résulte, ajoute la déclaration, pour plusieurs genres de commerce, par la diminution déjà sensible de l'abondance des espèces d'or dans notre royaume, a rendu indispensable d'en ordonner la nouvelle fabrication, comme le seul moyen de remédier au mal en faisant cesser son principe. » Plus tard, un mouvement contraire se manifesta. Par une conséquence naturelle du revirement que nous avons signalé tout à l'heure dans le rapport des métaux, l'or revint en abondance dans la circulation française, et l'argent fut exporté à son tour. C'est ce qu'atteste encore le rapport de M. Lebreton. « Les inconvéniens de ce défaut de proportion sont que celui des deux métaux dont la valeur est trop élevée, relativement, nous est apporté par le change étranger, qui retire, par son moyen, une valeur réelle plus considérable dans l'autre métal; et comme c'est l'or qui se trouve élevé par la proportion établie depuis 1785, on retire l'argent, qui est plus utile dans la circulation, et on nous envoie de l'or. Ce vice, combiné par les changes, doit causer une perte au commerce général. » Ainsi l'or avait alors remplacé l'argent, et les hommes dont les souvenirs se reportent jusqu'à cette époque peuvent encore en rendre témoignage. Mais un nouveau changement s'est opéré dans la suite, et l'argent a si bien repris son ancienne place,

370 REVUE DES DEUX MONDES.

qu'il circule.aujourd'hui presque seul en France; qu'on juge de l'étendue des pertes que ces mutations continuelles ont entraînées pour le pays.

Il semble au premier abord que la différence qui existe depuis plusieurs années entre le rapport légal et le rapport commercial des deux métaux, différence qui n'est, après tout, que d'un 62ᵉ, ne soit pas assez importante pour faire naître la spéculation de les transporter d'un pays à l'autre, parce que les frais du transport absorberaient, dans bien des cas, le.bénéfice. Cependant il ne faut pas oublier qu'il y a toujours, entre deux pays qui commercent ensemble, une circulation nécessaire de métaux précieux. Ii en est des peuples comme des individus; leurs échanges sont rarement directs, et les monnaies sont là, comme ailleurs, des intermédiaires obligés. Il est vrai qu'on s'en passe quelquefois, grace à l'intervention du crédit, que les achats et les ventes se compensent, et que la liquidation se fait au moyen de lettres de change remises de part et d'autre; mais cela n'est vrai que dans une certaine mesure, car il y a toujours, après tout, des versemens plus ou moins considérables à faire des deux côtés en numéraire. Il n'est donc pas nécessaire de se livrer à une spéculation toute spéciale sur les métaux pour profiter de la différence dont nous parlons, au détriment du pays où elle existe; il suffit d'avoir des paiemens à lui faire, ou des créances à recevoir de lui. C'est même le cas le plus ordinaire et le plus favorable. Alors, en effet, le transport ne compte pas, puisqu'il faudrait toujours le subir. Les frais sont nuls, et la différence est acquise tout entière à l'étranger.

Pour dire la vérité, ce que nous avançons ici après tant d'autres n'est peut-être pas d'une exactitude rigoureuse et d'une application générale. Il semble difficile, en effet, qu'un peuple se laisse toujours frustrer ainsi par ses voisins. Autant qu'il nous est possible de le comprendre, cela n'est vrai que durant un certain temps, et tant que ce peuple se laisse, en quelque sorte, abuser par la loi même qui le gouverne. Dès l'abord, il accepte cette loi sans trop se rendre compte de l'erreur qu'elle consacre, et c'est alors qu'il est vraiment dupe dans ses relations avec l'étranger, car l'étranger, lui, n'acceptant sa monnaie qu'à titre de lingots, est toujours prompt à en mesurer scrupuleusement la valeur. Plus tard, cette préférence même qu'on donne au dehors à telle de ses monnaies plutôt qu'à telle autre est pour ce peuple un avertissement qui ne saurait être perdu. Ce qui reste vrai alors, c'est qu'il continue à écouler au dehors celle de ses monnaies que la loi a classée trop bas; mais il sait bien, en la donnant, se prévaloir, au moins dans une certaine mesure, de la valeur plus haute que l'étranger lui accorde. Le mal ne serait donc pas au fond aussi grand qu'on l'a souvent supposé. N'est-ce pas assez pourtant du désordre trop réel qu'un tel état de choses engendre? Songez donc aux perturbations qu'entraînent ces migrations continuelles des métaux : les frais de monnayage perdus, la base de la circulation changée, les relations du dedans mal établies, celles du dehors peu sûres, et, après tout, nul choix délibéré du système qui doit prévaloir, puisque ce sont les évènemens seuls qui en décident. Frappés de ces inconvéniens, un grand nombre de publicistes en ont cherché le remède. Ils se sont tous accordés sur ce point, qu'il faut renoncer à établir un rapport légal entre les deux métaux, que par conséquent un seul d'entre eux, soit l'or, soit l'argent, doit être adopté comme monnaie régulière et légale, tandis que l'autre ne circulerait à côté de lui que comme auxiliaire ou comme subordonné.

Cette idée n'est pas nouvelle. On la trouve dans un grand nombre d'anciens écrits, surtout en Angleterre, et il y a long-temps qu'en ce pays elle a passé dans la loi. En France même, elle s'est présentée plusieurs fois à l'examen des législateurs, et peu s'en est fallu qu'elle n'y fût adoptée, bien que sous une autre forme et dans un système différent. En l'an III, on entra si avant dans cette pensée, qu'on lui donna un commencement d'application. On décréta la fabrication de pièces d'or d'une nouvelle sorte. Le poids seul était fixé à dix grammes; la valeur restait indéterminée, et devait être établie par le commerce. Dans ce système, l'argent eût donc été, à certains égards, la seule monnaie légale; l'or n'aurait circulé qu'à l'état de lingots. Cependant cette loi, comme plusieurs de celles qui furent adoptées à cette époque, ne reçut pas d'exécution. On revint sur la même idée en l'an XI, quand on discuta la loi du 7 germinal, qui nous régit encore en ce moment. « Une question difficile, disait le rapporteur de la loi, est celle de savoir si l'or doit faire fonction de monnaie ou rester marchandise, c'est-à-dire s'il aura une valeur nominale et forcée dans les échanges, ou s'il restera soumis aux variations du commerce et agent libre? Cette question n'est point oiseuse. » Ainsi, le rapporteur de la loi de l'an XI reconnaissait dès-lors qu'un nouveau système devait prévaloir. Pourquoi n'en proposa-t-il pas l'adoption? C'est d'abord parce que l'or, qu'il eût fallu, selon lui, réduire à l'état d'agent secondaire ou libre, était alors trop abondant et trop nécessaire dans la circulation pour qu'on pût courir le risque de l'en faire sortir; c'est, en outre, parce qu'il ne faut, disait-il, toucher aux monnaies que dans

24.

les temps de tranquillité parfaite, et que la France, à peine sortie des troubles de la révolution, ne jouissait pas encore de cette tranquillité nécessaire. Ce qui ressort du moins de tout cela, c'est la nécessité, claire, incontestable, de renoncer à fixer légalement le rapport de la valeur des deux métaux, l'or et l'argent. L'inconséquence de cette fixation est palpable, et les inconvéniens en sont reconnus. En supposant que les motifs qui la firent maintenir en l'an XI fussent alors valables, ils ne le sont plus aujourd'hui : il faut donc entrer dans une nouvelle voie, en faisant un retour aux vrais principes.

Mais, la nécessité de ce changement étant admise, il reste à savoir quel système on adoptera. Il semble qu'en France on n'en ait jamais imaginé ou compris qu'un seul, celui dans lequel, l'argent étant la seule monnaie régulière, l'or ne circule qu'à l'état de lingot. Il en existe un autre cependant, aussi régulier et peut-être plus sûr, puisqu'il est déjà consacré par l'expérience de l'Angleterre : c'est celui dans lequel, l'or étant choisi de préférence pour constituer la monnaie légale, l'argent circule, non pas à l'état de lingot, mais comme une sorte de monnaie de billon. Entre ces deux systèmes on peut opter, car ils sont également praticables; mais les conditions sous lesquelles ils peuvent exister sont différentes, et il faut les envisager nettement.

Si l'on adopte l'or comme monnaie, il ne faut pas songer à faire circuler l'argent à ses côtés, seulement à l'état de lingot; il trouverait trop difficilement sa place. Les lingots ne peuvent guère avoir cours que dans le haut commerce, et être admis que pour des valeurs d'une certaine importance, qui justifient, par cette importance même, le travail de la vérification, ou le calcul assez compliqué que les lingots nécessitent toujours. Évidemment, ce n'est pas là le rôle de l'argent. Il est appelé, au contraire, à servir pour les menues dépenses journalières, à se diviser en faibles sommes, et à se répandre d'ailleurs dans toutes les classes. Pour un pareil emploi, l'usage des lingots, qu'il faudrait vérifier, ou dont il faudrait calculer la valeur à chaque paiement, serait un intolérable abus. Dans ce cas, il faudrait donc nécessairement revenir au système anglais, dont voici les principales conditions. L'or seul est admis dans les paiemens comme monnaie légale; l'argent n'intervient que pour former les appoints, ou pour solder les faibles comptes; toutefois, on l'accepte encore jusqu'à concurrence de 40 shillings, ou environ 50 francs. Dans ce système, la valeur nominale de l'argent par rapport à l'or est fixée par la loi, ce qui semble démentir ce que nous avons dit précédemment; mais ce rapport légal est purement de tolérance ou de convention. La valeur qu'on y donne à l'argent est du reste, sinon arbitraire, au moins factice, puisqu'on l'a sciemment et volontairement surélevée d'environ 8 pour 100. On a jugé avec raison que cette surélévation n'aurait pas les inconvéniens qu'elle présente ailleurs, parce que le cours de l'argent est renfermé dans d'étroites limites, qu'on ne le présente pas comme une monnaie régulière, mais comme une sorte de supplément conventionnel, soutenu par la confiance publique, et qu'enfin on évite d'abuser de cette confiance par de trop grandes émissions. C'est une condition toute pareille à celle de notre monnaie de billon, sauf la différence de la valeur. Au gouvernement seul appartient le droit de régler les émissions de la monnaie d'argent : il profite seul aussi de la différence de 8 pour 100 entre la valeur nominale et la valeur réelle. Tel est le système qui prévaut en Angleterre; tel est celui qu'il faudrait adopter.

Si c'est au contraire à l'argent qu'on attribue la fonction de monnaie légale, comme il est impossible de réduire l'or à cet état secondaire d'une sorte de monnaie de billon, il faudra lui réserver un autre rôle. On le laissera donc circuler librement à l'état de lingot, et chercher lui-même sa valeur et ses fonctions. Il s'emploiera, non dans les transactions de tous les jours, où sa valeur serait peut-être mal appréciée, mais pour les gros paiemens, dans les grandes affaires, et surtout dans les relations du pays avec l'étranger. Et quand nous disons qu'il circulera à l'état de lingot, nous n'entendons pas qu'on doive s'abstenir de lui donner une forme et une empreinte, de déterminer son poids et son titre : loin de là, ces précautions ne peuvent servir au contraire qu'à le rendre plus acceptable et d'un usage plus commode pour le public; nous disons seulement qu'il faudrait s'abstenir de déterminer sa valeur, et d'obliger à le recevoir dans les paiemens. A ces conditions, l'or deviendrait un simple auxiliaire libre de la monnaie, mais un auxiliaire élevé et puissant. Jusqu'à quel point se maintiendrait-il alors dans la circulation? c'est ce qu'il est difficile de dire, attendu qu'aucune expérience régulière n'a été faite; mais nous croyons qu'il y occuperait une place encore notable.

Dans chacun de ces deux systèmes, quels qu'en soient les mérites à d'autres égards, on peut arriver à un régime stable et exempt d'embarras, parce que l'un et l'autre est logique. Après tout, lequel des deux faut-il choisir? Est-ce l'or, est-ce l'argent qui doit être l'intermédiaire légal dans les échanges? Par ce que nous avons dit précédemment, on a déjà trop bien compris notre manière de voir sur ce sujet. Dans un pays commerçant et riche, tel que la France, c'est l'or

qui doit régner; tant de raisons militent pour ce système, qu'en prin.
cipe il est impossible d'hésiter. Selon nous, aucune objection plausible ne pourrait s'élever à cet égard, si nous étions encore, comme
en 1803, pourvus d'or abondamment, et s'il n'y avait qu'à conserver,
qu'à fortifier cette heureuse situation que les évènemens antérieurs
nous auraient faite. Malheureusement nous sommes loin de là, et pour
revenir à une situation semblable par un changement subit de système,
il faudrait traverser une période de transition : nécessité toujours fâcheuse. Il n'est pourtant pas impossible de ménager cette transition
par des mesures combinées avec sagesse. Comme les mesures à prendre
sont un détail d'exécution, et doivent varier selon les circonstances
au milieu desquelles on se trouverait placé, nous croyons devoir nous
abstenir de les indiquer ici.

En résumé, le régime monétaire français réclame impérieusement
deux réformes importantes. Par l'une, on obtiendrait sur l'emploi du
numéraire des économies notables; par l'autre, on préviendrait ces
dérangemens fâcheux, ces troubles de la circulation, que le rapport
actuellement établi entre l'or et l'argent occasionne tous les jours.
Cette dernière peut être opérée suivant deux méthodes différentes
également acceptables, sans qu'il y ait pourtant à hésiter beaucoup
sur le choix.

CH. COQUELIN.

CHRONIQUE DE LA QUINZAINE.

14 octobre 1844.

Nous ne sommes pas de ceux qui blâment le voyage du roi à Windsor. A nos yeux, ce voyage était commandé par de hautes convenances : le roi des Français devait rendre la visite reçue au château d'Eu : il était tenu d'acquitter cette dette de courtoisie. Ajoutez que le voyage avait été annoncé pendant plusieurs mois; ne pas le faire, c'eût été provoquer une rupture. Pourquoi cette offense aurait-elle été commise envers la reine Victoria? Parce que la politique de M. Guizot a été aventureuse et imprévoyante! Grace à Dieu, la gloire récente de nos armes a couvert les faiblesses de notre diplomatie, et le voyage du roi a pu se faire sans blesser la dignité de la France.

Il est pénible, dit-on, il est affligeant pour le pays de voir une amitié si vive régner entre les deux couronnes lorsque de graves dissentimens séparent les deux peuples. Nous ne poussons pas aussi loin la susceptibilité. Veut-on que la France et l'Angleterre cessent d'être divisées? Si l'on a ce désir, pourquoi verrait-on d'un œil chagrin les sentimens affectueux qui lient les deux couronnes? Ces sentimens mieux secondés ne pourront-ils pas servir un jour à unir la France et l'Angleterre dans une intimité étroite, à réparer les fautes commises par leurs gouvernemens, à fonder une politique nouvelle établie sur de meilleures bases et plus conforme aux intérêts des deux nations?

Quant à présent, il ne faut pas oublier une chose, c'est que le roi des Français a rendu sa visite à la reine Victoria, et non pas au peuple d'Angleterre. Telle a été la pensée du voyage dans l'esprit du roi. Cela ressort des déclarations qu'il a faites, des intentions qu'il a publiquement exprimées. Ainsi compris, le voyage du roi à Windsor n'a rien qui puisse froisser les susceptibilités nationales.

Plusieurs circonstances ont modifié, dit-on, le caractère privé et personnel que le roi voulait donner à sa visite. Jusqu'ici, ces circonstances nous ont paru secondaires. En réponse à des adresses présentées par les municipalités anglaises, le roi a prononcé des discours, et dans ces discours il a parlé de la paix. Pouvait-il faire autrement? Devait-il refuser d'entendre les félicitations des aldermen? Harangué par eux, devait-il garder le silence? ou bien, en leur répondant, pouvait-il témoigner autre chose que des sentimens pacifiques? Espérons que la France n'aura pas d'autres griefs à exprimer sur le voyage de Windsor, et qu'elle n'aura pas à regretter des imprudences plus graves.

Malheureusement, le ministère nous a appris depuis long-temps qu'on ne peut guère compter sur son habileté. Le cabinet du 29 octobre n'a jamais su garder une juste mesure dans ses rapports avec l'Angleterre. Toujours dominé par la pensée de l'alliance anglaise, et rattachant à cette pensée toute sa politique, combien de fois l'avons-nous vu montrer un empressement irréfléchi, fausser sa situation par des démarches indiscrètes, engager témérairement sa liberté et celle de la France sur les questions les plus délicates. Qu'on se rappelle ce qu'il a fait après la visite de la reine d'Angleterre au château d'Eu. La démarche spontanée de la jeune reine, les sentimens d'estime et d'affection nés dans le cœur des deux royales familles, ont été tout à coup transformés en un signe manifeste d'alliance entre les deux pays, et nous avons vu naître le système de l'entente cordiale. Serions-nous exposés à revoir bientôt de pareilles fautes? On pourrait le craindre en observant la presse ministérielle, et en lisant certaines relations du château de Windsor, écrites sous les yeux de M. le ministre des affaires étrangères. De ce côté, en effet, le voyage du roi prend déjà des proportions immenses : c'est l'inauguration d'une ère nouvelle; c'est le gage d'une alliance féconde entre les deux nations.

Assurément, ce n'est pas nous qui cherchons à diminuer le succès obtenu par le roi en Angleterre. Les hommes éminens de la Grande-Bretagne l'ont entouré des témoignages de leur admiration et de leur respect. La foule l'a salué avec enthousiasme. Ses qualités personnelles, les circonstances extraordinaires de sa vie, les évènemens qui ont marqué son règne, ont produit un effet puissant sur les imaginations britanniques. Cela ne nous surprend pas, et nous sommes les premiers à nous en réjouir. La France de juillet ressent un légitime orgueil en voyant les hommages rendus en Angleterre au chef qu'elle a choisi. Cependant, ces hommages ont un caractère direct et personnel qu'il faut bien se garder de dénaturer, si l'on ne veut pas s'exposer à de rudes mécomptes. De même que le roi, en abordant sur les rivages de l'Angleterre, y est venu seul, laissant derrière lui la France, non pas indifférente, mais libre et dégagée de toute solidarité dans l'acte de courtoisie qu'il venait accomplir, de même aussi l'Angleterre, en fêtant son hôte illustre, n'a fêté que lui seul. L'Angleterre elle-même n'a pas voulu qu'on s'y trompât. Lisez les feuilles de Londres, vous verrez avec quel soin le roi des Français, dans les magnifiques éloges qui lui sont adressés, est séparé de sa nation. Dans les adresses des municipalités, quelques paroles indiquent une intention semblable. Enfin, quoi de plus significatif à cet égard que les récriminations violentes des principaux organes de la presse britannique au sujet des derniers évènemens de Taïti! Dans le moment même où le roi partait pour l'Angleterre, des écrivains anglais ont osé donner à nos marins de l'Océanie le nom d'assassins, pour avoir livré le 17 avril un combat meurtrier à des indigènes qu'un fanatisme barbare et les encouragemens avoués de la marine anglaise avaient soulevés contre nous! De telles attaques, dans un pareil moment, ne prouvent-elles pas que la visite du roi n'a pas changé les sentimens du peuple anglais à l'égard de la France?

Ne perdons pas de vue l'alliance anglaise : employons, pour la rétablir, tous les moyens que permettent la dignité et la prudence; mais ne cherchons pas à la provoquer par un empressement maladroit et par des exagérations qui ne trompent personne. Ce système a échoué depuis quatre ans; il est usé aujourd'hui. Nous regrettons de voir que la presse ministérielle n'y ait pas encore renoncé.

Ce n'est pas tout. La presse ministérielle commet une autre faute non moins grave dans sa discussion sur le voyage de Windsor. Elle fait de ce voyage un triomphe pour le cabinet. C'est le plus sûr moyen de rendre la démarche du roi impopulaire et de compromettre le succès qu'on en attend. Comment ne voit-on pas que si quelqu'un est intéressé à s'effacer dans cette question, c'est le ministère? Qu'a fait M. Guizot pour qu'on le couvre de gloire à l'occasion du voyage de Windsor? Il a failli rendre ce voyage impossible, et il en a diminué le caractère par la situation où ses fautes ont placé la France. Sans lui, sans sa politique imprudente, sans les embarras qu'elle a créés dans l'Océanie, sans l'irritation qu'elle a jetée entre les deux peuples, sans les concessions qu'elle a entraînées à sa suite, concessions si lourdes et si stériles, sans cette paix du Maroc, œuvre de précipitation ou de complaisance, qui a mis en danger les intérêts de la France, le voyage du roi en Angleterre aurait pris un tout autre aspect. La nation aurait pu s'associer librement aux vœux, aux espérances, aux sympathies de son représentant couronné. L'Angleterre, en accueillant le roi, n'eût pas écarté la France. Nous aurions vu des dispositions franchement amicales entre les deux pays, au lieu de cette situation équivoque qui n'aurait pas permis au roi de débarquer en Angleterre sans l'éclat récent des victoires de notre flotte et de notre armée. Le canon de Tanger et de Mogador, la bataille d'Isly, voilà ce qui a permis au roi d'aller à Windsor. Si son voyage amène des résultats utiles, la France les devra d'abord au prince de Joinville et au maréchal Bugeaud. Quant au ministère, son intérêt est de se montrer modeste dans cette question; ses véritables amis ne devraient songer qu'à le faire oublier.

Avant de partir pour l'Angleterre, le roi a signé une amnistie qui rend la liberté à cinquante prisonniers politiques. La royauté a rattaché cet acte de clémence aux divers évènemens de la côte d'Afrique. On ne peut qu'applaudir à ce noble usage de la prérogative royale Quant à l'importance politique de la mesure, il serait ridicule de s'en occuper sérieusement. Le ministère en a réclamé sa part : personne ne songe à la lui disputer. Il fut un temps où la politique de pardon exigeait du courage et de la hardiesse dans les conseils du gouvernement. Un homme d'état, en 1837, proposa d'arborer le drapeau de la conciliation: il voulut mettre un terme à la politique de résistance et de rigueur; il eut la grande pensée de montrer la force de la révolution de juillet par une amnistie. On sait quels furent les hommes qui l'accusèrent alors d'imprévoyance et qui repoussèrent sa solidarité. M. le ministre des affaires étrangères ne doit pas avoir oublié le rôle qu'il joua à cette époque. Aujourd'hui, l'expérience est faite; chacun est rassuré. On peut sans grand péril se donner le relief de la clémence et de la générosité; cela, d'ailleurs, peut être utile devant les chambres. On viendra leur dire qu'on a montré au dedans comme au dehors la force du gouvernement, qu'on a remporté la bataille d'Isly, et qu'on a ouvert les prisons politiques de la France : voilà les magnifiques argumens que le ministère prépare pour conquérir sa majorité

Bien que les chambres ne soient pas encore près de se rassembler, l'opinion commence à se préoccuper des débats qui s'agiteront dans leur sein. Là en effet sera jugée la politique du cabinet et s'éclairciront au grand jour de la tribune plusieurs questions que la presse ne peut résoudre sûrement, faute de documens authentiques. Le système du ministère jusqu'ici a été de se renfermer dans un silence absolu sur les sujets les plus graves; il n'a publié aucune pièce officielle, il n'a rien livré à la discussion. Sa défense s'est bornée aux communications incomplètes qu'il a faites à ses journaux. Sans doute la plupart de ses argumens sont connus, mais on ne connaît pas tous ceux qui peuvent être employés contre lui. Ce système de défense sera nécessairement changé devant les chambres. Aussi on attend avec un vif intérêt l'ouverture de la session prochaine. De son côté, le ministère consulte l'opinion. Des rapports destinés à faire connaître l'état des esprits lui sont adressés par les préfets, par des procureurs-généraux, par des émissaires envoyés dans les départemens. Le ministère ne s'est pas contenté de ces documens administratifs. Des notes officieuses ont été demandées à plusieurs députés et à des pairs de France. Si nous sommes bien informés, le cabinet du 29 octobre n'aurait pas à se réjouir des confidences qui lui sont faites. Sa politique est accusée de fournir des armes dangereuses aux ennemis du gouvernement de juillet, et de répandre de vives inquiétudes chez les véritables amis de l'ordre et de la paix. Ces derniers reprochent surtout au ministère d'avoir abandonné depuis quatre ans la vraie politique du gouvernement de juillet dans les affaires extérieures, c'est-à-dire la politique du juste-milieu, dont les principes sont tout aussi applicables aux affaires du dehors qu'à celles du dedans. La ligne que le ministère devait suivre au dehors avait été nettement tracée par la majorité des chambres. Son rôle, à l'égard des alliances, était d'agir avec réserve, de garder sa liberté sur tous les points, de ne montrer aucune préférence exclusive; au lieu de cela, il s'est porté aveuglément vers une alliance unique; il a joué, pour ainsi dire, toute la politique de la France sur une seule carte. Dans les difficultés diplomatiques, son rôle était de concilier la dignité avec la prudence et la justice. Il devait se montrer pacifique, mais sans démonstrations indiscrètes. Au lieu de garder cette mesure, il s'est compromis par des avances irréfléchies; il a été imprudent et faible, et ses fautes ont amené cette paix peu digne et peu respectée, cette paix inquiète, sur laquelle il éprouve lui-même à chaque instant le besoin de nous rassurer. Les vrais amis du gouvernement de juillet déplorent cette politique et les griefs qu'elle amasse contre le pouvoir. Enfin, ils sont frappés des périls que présenterait une situation si critique au moment des élections. Que deviendraient les membres du parti conservateur, abandonnés du ministère, dont ils ne pourraient plus approuver la marche, et de l'opposition, dont ils ne partageraient pas les principes? Le parti conservateur serait-il sacrifié? sur quelle base s'appuierait désormais le gouvernement de juillet? — Telles sont les réflexions que présentent, dit-on, plusieurs des rapports dernièrement adressés au ministère ? On assure qu'elles ont produit une assez vive impression sur son esprit.

A peine reposé des émotions et des fatigues que lui auront données les fêtes de Windsor, M. le ministre des affaires étrangères se trouvera aux prises avec des difficultés nombreuses. En premier lieu se présenteront les nouvelles complications de Taïti, si funestes au système du protectorat, puis l'affaire du lieutenant Rose, puis celle de Malte, nouvel exemple d'un conflit entre la France et l'Angleterre. Cette affaire de Malte a passé inaperçue dans la presse; cependant elle a vivement inquiété M. le ministre des affaires étrangères, qui a recommandé sur ce point le plus profond secret dans ses bureaux. Espérons que ce nouveau différend, né sous les auspices du voyage de Windsor, sera facilement aplani. En Orient, l'influence française a reçu un grave échec dans l'affaire de la famille Shehab; il faut que cet échec soit réparé. L'isthme de Suez, malgré les railleries de la presse ministérielle, appelle toujours une attention sérieuse. Les entreprises récentes de l'Angleterre sur le continent américain, l'occupation du royaume de Mosquitos, et le blocus du port de Saint-Jean de Nicaragua, montrent qu'elle n'est pas très scrupuleuse sur les moyens, dès qu'il s'agit d'assurer le monopole de son commerce. On parle d'un traité commercial dont les bases seraient déjà posées entre l'Angleterre et le Brésil. Lors du mariage du prince de Joinville, on nous faisait espérer que le Brésil serait une terre privilégiée pour notre commerce : cette espérance va-t-elle nous échapper? Au Mexique, une affaire grave commence. On sait que plusieurs Français, impliqués à tort ou à raison dans les démêlés intérieurs du pays, ont été immolés à Tabasco, sans jugement, sans une instruction régulière qui ait établi leur culpabilité. On connaît les détails horribles de cet assassinat, commis par des bêtes féroces. Notre ministre plénipotentiaire à Mexico, M. le baron Alley de Ciprey, a déployé dans cette circonstance une louable énergie. Il a cessé toutes relations avec le gouvernement mexicain. De son côté, le président Santa-Anna accuse, dit-on, M. de Ciprey devant notre gouvernement. Quelle sera l'issue de ce conflit? M. de Ciprey sera-t-il désavoué? ou bien le ministère du 29 octobre prendra-t-il des mesures vigoureuses contre le Mexique? Le ministère est embarrassé. Tout annonce que M. de Ciprey a dignement représenté la France, et que les autorités mexicaines ont commis un acte infame. Il faudra donc sévir contre le Mexique, à moins que le président Santa-Anna ne fasse les réparations convenables. Mais l'Angleterre protége le gouvernement mexicain : devant cette considération, M. Guizot hésite; il hésitera peut-être long-temps encore. En attendant, les atrocités les plus révoltantes se commettront tous les jours à Mexico; le pays sera la proie des brigands et des assassins; notre commerce sera l'objet de spoliations iniques, et nos compatriotes, menacés dans leur vie et leur fortune, imploreront vainement l'envoi d'une escadre française chargée de renouveler la prise de Saint-Jean-d'Ulloa.

Le bruit court que la question du droit de visite serait au moment de recevoir une solution. L'exercice de ce droit serait abandonné. On chercherait à obtenir la répression de la traite par des moyens nouveaux, moins dispendieux, plus sûrs et plus conformes à la dignité de chaque nation. La France et l'Angleterre se chargeraient de réprimer la traite sous leurs pavillons respectifs. Des garanties seraient offertes à l'Angleterre sur ce point. Tel est, dit-on, le grand avantage que la politique de M. Guizot vient de remporter à Windsor. Nous avons, quant à nous, des renseignemens opposés. Nous croyons savoir qu'en effet la solution dont il s'agit a été proposée par M. Guizot, mais que le cabinet anglais n'a fait encore aucune réponse satisfaisante. Il se pourrait bien que M. le ministre des affaires étrangères se leurrât ici d'un vain espoir.

D'ici à peu de jours, la liste des nouveaux pairs sera discutée en conseil. Il est à désirer, dans l'intérêt de la chambre des pairs, que cette liste ne soit pas trop longue, que le mérite et les services déterminent principalement les choix, que l'on écarte les considérations secondaires, que toutes les candidatures, enfin, soient attentivement discutées. La chambre des pairs, pour exercer sa légitime influence, n'a pas besoin d'être nombreuse. Ce qui importe avant tout, c'est qu'elle brille par l'éclat des talens et des illustrations. Après les nominations à la pairie, quelques mouvemens auront lieu, dit-on, dans le corps diplomatique. On connaît les préférences du

M. le ministre des affaires étrangères pour la jeune diplomatie. Ces préférences ont éveillé déjà bien des craintes.

Les questions extérieures, depuis trois mois, ont fait tous les frais de la politique; les questions intérieures ont complètement disparu. La loi sur l'enseignement, la dotation, ont été pour ainsi dire oubliées. Nous pensons que ces questions graves seront bientôt remises sur le tapis. D'abord, en ce qui concerne la dotation, il est permis de supposer que le projet si singulièrement annoncé il y a trois mois, loin d'être abandonné aujourd'hui, est devenu au contraire l'objet d'une prédilection plus vive. En s'y prêtant un peu, la gloire de nos armes dans le Maroc et le voyage de Windsor ne peuvent-ils pas servir d'argumens? Il faudra donc bientôt que le *Moniteur* ouvre ses colonnes à une série d'articles sur la dotation, et que M. Guizot se prépare à lutter contre la polémique des journaux. Nous avons déjà dit ce que nous pensons de ce merveilleux système de discussion; nous n'y reviendrons pas aujourd'hui. La discussion de la loi sur l'enseignement sera une affaire plus sérieuse. Le cabinet a songé un instant à la retirer. C'eût été le moyen le plus commode de terminer le débat; mais la prudence a fait écarter ce dessein arbitraire. Nous verrons donc le ministère du 29 octobre soutenir son projet de loi sur l'enseignement contre les opinions de la majorité, défendues par M. Thiers. Nous assisterons aux perplexités de M. le ministre de l'instruction publique, heureux en secret de voir triompher sa cause, et malheureux de ne pouvoir la soutenir lui-même. Nous verrons enfin M. le garde des sceaux et M. Villemain forcés de s'entendre et d'accorder en apparence leurs convictions pour répondre aux argumens de l'ancien chef du 1er mars. Ce sera sans doute un spectacle fort divertissant pour M. Guizot.

La reine d'Espagne a ouvert le 10 la session des cortès. Leur composition offre un ensemble remarquable. Elles renferment des hommes éminens, des orateurs et des écrivains célèbres, des citoyens qui ont rendu de grands services au pays. Les diverses classes de la société espagnole y sont représentées; on y voit des généraux, des nobles, des propriétaires ruraux, des avocats, des fonctionnaires, des savans et des gens de lettres. On y compte fort peu d'industriels, de commerçans et de banquiers. L'immense majorité des nouvelles cortès appartient au parti modéré, pour lequel va commencer une redoutable épreuve. Jusqu'ici, depuis le rétablissement du régime constitutionnel, tous les partis vainqueurs, en Espagne, se sont divisés. Tous ont perdu promptement, par des dissensions intestines, les avantages de leur position. Les modérés de 1844 sauront-ils former un parti compact, homogène, capable de seconder l'action du gouvernement, et de lui prêter un énergique appui dans toutes les mesures nécessaires à la régénération de l'Espagne? Il est permis d'en douter, ou du moins de croire que ce résultat se fera attendre long-temps. Déjà, avant même que les cortès fussent assemblées, les réunions préparatoires ont montré les petites passions, les jalousies, les ambitions mesquines, les rivalités égoïstes, qui ont travaillé

jusqu'ici tous les corps politiques de l'Espagne constitutionnelle. Ces divisions, réagissant sur le ministère, ont failli le désunir et le dissoudre. Heureusement le patriotisme et la sagesse de la plupart des membres qui le composent ont résisté à cette première secousse. Il est facile de prévoir que les
atteintes de ce genre se renouvelleront.

Le parti progressiste s'est isolé. Ses chefs ne figurent pas dans le congrès.
Leur abdication politique est un fait regrettable. Nous aurions voulu, dans
l'intérêt de leur pays, les voir reprendre leurs anciennes places dans ces assemblées parlementaires où ils ont brillé par leurs talens. Membres de la minorité, ils auraient pu éclairer la majorité de leurs conseils sur des questions
d'affaires. Organes d'une opposition légale, leur lutte avec la majorité eût pu
produire souvent des résultats utiles. Toutefois, ce que nous disons de certains membres du parti progressiste, hommes sincères, qui ont pu commettre
des erreurs, mais dont le patriotisme ne peut être mis en doute par personne,
nous ne le dirons pas à l'égard d'un exilé trop célèbre, qui semble aujour-
d'hui se lasser de l'oubli où il est tombé, et chercher, sous un masque hypocrite, les moyens de retrouver quelques débris d'une puissance à jamais
perdue. Espartero vient d'adresser un manifeste au peuple espagnol. C'est
l'apologie de ses actes. C'est une protestation contre l'arrêt qui l'a si justement frappé. L'ex-régent fait une tentative inutile. L'Espagne constitutionnelle n'a rien à lui offrir. Son rôle est fini.

Le Portugal présente depuis quelque temps un spectacle digne d'intérêt.
Un jeune ministre, M. da Costa-Cabral, soutenu par sa fermeté et par de
grands talens politiques, lutte avec succès contre des ennemis acharnés, au
nombre desquels est l'Angleterre Le gouvernement anglais lui demande le
renouvellement de l'ancien traité de Methuen; M. da Costa-Cabral se refuse
à sacrifier les intérêts commerciaux de son pays. Quelle sera l'issue de ce
combat inégal? Jusqu'ici, le ministre portugais tient tête à l'orage. Il a une
majorité assez forte dans les cortès, et il dispose de moyens puissans. Cependant, les forces soulevées contre lui sont menaçantes. Dans le sénat, M. Pal-
mella lui fait une opposition dangereuse; l'université, la magistrature, l'armée, qu'il a frappées par des décrets arbitraires, excitent l'opinion contre
lui. Les finances de l'état sont épuisées, le déficit est énorme, le trésor
est à bout d'expédiens. Pour sortir de cette crise, quelques partisans du ministre lui conseillent de changer le système du gouvernement, de révoquer
toutes ses mesures arbitraires, de fonder un régime franchement constitutionnel. M. da Costa-Cabral voudra-t-il se prêter à cette combinaison? Il
exerce en ce moment une sorte de dictature; voudra-t-il l'abdiquer?

Les ratifications du traité signé le 1er septembre, entre la Prusse et la Belgique, n'ont pas encore été formellement échangées; mais on peut considérer comme désormais aplanies les difficultés qui avaient retardé la conclusion définitive de l'arrangement. Le ministre prussien à Bruxelles en est
tellement convaincu, qu'il a provoqué et qu'il a même déterminé, malgré la

répugnance du gouvernement belge, une démonstration à la fois populaire et officielle, afin d'inaugurer (c'est le mot d'ordre) la jonction du Rhin avec l'Escaut. Cette fête, indiquée pour le 13 octobre, vient d'être célébrée, en grande pompe, dans la ville d'Anvers. Tous les ministres belges y assistaient, en regard de M. d'Arnim, qui semblait prendre possession du pays. On fait circuler à Bruxelles une médaille de grand module, frappée en commémoration de cet évènement, et qui porte les écussons réunis d'Anvers et de Cologne, union naturelle, union heureuse, si elle devait s'accomplir sous un autre drapeau que le drapeau prussien.

Le traité du 1er septembre a reçu quelques modifications, qui ont toutes été introduites à la demande de la Prusse. On a défini avec plus de précision les clauses qui assimilent, pour les arrivages directs dans les ports de la Belgique, les navires prussiens aux navires nationaux. En même temps, on a réservé expressément au gouvernement prussien la faculté de diminuer ou de supprimer les droits établis sur les fers étrangers, sans tenir compte du privilège conféré aux Belges par le traité. Ainsi, le cabinet de Berlin, en ratifiant un arrangement qui lui était déjà bien assez favorable, a trouvé moyen d'obtenir davantage et de donner moins.

Les vues de M. d'Arnim et de son gouvernement allaient encore plus loin. On imaginerait difficilement jusqu'où ces prétentions ont été poussées. La Prusse a demandé que l'assimilation de son pavillon au pavillon national dans les ports belges fût étendue jusqu'aux arrivages indirects, c'est-à-dire que l'on permît à sa marine d'aller chercher à Londres, à Rio-Janeiro ou à New-York, les produits dont la Belgique aurait besoin. Le cabinet de Bruxelles, comprenant qu'on lui proposait la suppression pure et simple de la marine belge, a trouvé pourtant le courage de résister. Une autre proposition encore plus étrange a été mise en avant, sous la forme inoffensive, en apparence, d'un règlement de douanes, par un fonctionnaire supérieur que le gouvernement prussien vient d'envoyer à Bruxelles pour y représenter les intérêts du *Zollverein*. Ce fonctionnaire a offert de recevoir des douaniers belges à Cologne, à condition d'installer des douaniers prussiens à Anvers; mais l'usurpation a paru trop flagrante, et cette fois encore le gouvernement belge a répondu par un refus.

On voit comment la Prusse mène les négociations. L'humeur conquérante de ce cabinet ne se dément pas. En traitant avec la Belgique, il ne se proposait d'abord que d'alarmer les villes libres de l'Allemagne, et de les obliger ainsi à entrer dans le *Zollverein*, politique qui lui a réussi, car il est déjà question de l'accession de Hambourg; mais, trouvant la Belgique de facile composition, la Prusse a voulu pousser sa pointe : ce qu'elle demandait n'était rien moins que la réunion de la Belgique à l'association allemande. Anvers, qui n'est déjà plus ni un port belge ni même un port franc, allait devenir, comme on le dit avec raison, un port prussien. Ce que la Prusse vient d'oser nous donne la mesure de ce qu'elle peut entreprendre; il fau-

drait une main plus ferme que celle de notre gouvernement pour l'arrêter
dans cette carrière de succès.

On avait annoncé l'envoi de M. le baron Deffaudis à Bruxelles, avec mission de reprendre des négociations qui n'auraient pas dû être interrompues.
Nous croyons que le gouvernement français a manifesté en effet des dispositions conciliantes; mais dans les préoccupations qu'entraînait le voyage
de Windsor, il s'en est malheureusement tenu là. M. le ministre des affaires
étrangères ne rentre en France que demain; M. le ministre du commerce
se repose, depuis quinze jours, dans ses foyers, des émotions que lui donne
toute perspective d'un arrangement commercial avec les pays voisins. Les
négociations ne seront donc pas reprises immédiatement, et voilà ce que
nous déplorons. La politique entreprenante du cabinet de Berlin devrait nous
servir de leçon. Du moment où la lutte des influences, au lieu de s'établir
sur le Rhin, se porte sur l'Escaut, nous ne sommes plus libres de nous
abstenir, car il y aurait péril pour nous dans cette immobilité.

— Il vient de paraître une brochure assez singulière à Leipzig. Cette publication, qui a pour titre : *La Russie envahie par les Allemands,* ne nous
semble surtout digne d'attention que parce qu'elle émane évidemment du
gouvernement russe. L'auteur anonyme de la brochure, quoiqu'il se prétende Français, est bien un sujet de l'empereur Nicolas, qui ne dit que ce
qu'il a reçu l'ordre de dire. C'est précisément là ce qui fait la valeur de cet
opuscule, assez mal écrit du reste; on y voit avec quelle ténacité de dessein
le gouvernement russe s'attache à rallier la grande famille des Slaves autour du trône du czar. Dans les principautés du Danube circulent des
chansons écrites par des poètes moscovites qui rappellent aux Serbes, aux
Valaques, leur commune origine. C'est par des pamphlets qu'on attaque les
provinces slaves soumises à la Prusse et à l'Autriche; mais, comme ces deux
puissances ont déjà pris ombrage des menées sourdes de leur formidable
voisin, les publicistes russes cherchent à donner le change aux Allemands,
en les accusant à leur tour de vouloir envahir la Russie. Tel est le but de
la nouvelle brochure; aussi a-t-elle déjà fait sensation de l'autre côté du Rhin.
Il est probable que le teutonisme ne laissera pas sans réponse cette attaque
nouvelle du *panslavisme* impérial.

V. DE MARS.

ESQUISSES

DE

MŒURS POLITIQUES.

—

LA QUESTION DE CABINET.[1]

———

PERSONNAGES.

Le Vicomte C...		Un Ministre.
Le Général K...		L'Abbe N.. , journaliste.
M. Martin.		Un Inconnu.
Le Marquis de ***. } Députés.		Madame B...
Henri de L...		M. Durand
Ernest M...		Plusieurs Députés.
Le Président B...		Un Huissier de la chambre
		Domestiques, etc.

———

PREMIER TABLEAU.

Chez le vicomte C... Un cabinet gothique, meubles de la renaissance. Une bibliothèque dans le fond. Le portrait de M. Guizot sur un des panneaux; celui du roi en face.

SCÈNE PREMIÈRE.

LE VICOMTE, LE GÉNÉRAL.

LE VICOMTE.

(Il tient à la main la liste des députés et un crayon.) Calcul peu rassurant ! 170 voix certaines, 150 opposans déclarés et 60 douteux. Aurons-nous la majorité ? La situation est critique. On a posé la question de cabinet.

(1) Voyez dans la livraison du 15 octobre 1842, *la Matinée d'un ministre.*

LE GÉNÉRAL.

Au diable vos questions de cabinet! C'est à recommencer tous les jours.

LE VICOMTE.

Ce n'est pas au ministère actuel que vous pouvez faire ce reproche... Le résultat semblait certain.

LE GÉNÉRAL.

Fiez-vous-y! la chambre est si capricieuse... Heureusement le ministre n'a pas perdu la tête; il s'est opposé au vote, et nos amis se sont levés en masse malgré le président, qui ne fait jamais rien à propos. Cet ajournement nous donne le moyen de nous reconnaître. Hier soir, je n'aurais répondu de rien.

LE VICOMTE.

Il faut concerter notre action. J'ai suivi attentivement les impressions de la chambre et les mouvemens de nos amis.

LE GÉNÉRAL.`

N'appelez pas ainsi les faux frères.

LE VICOMTE.

C'est surtout en politique que l'on a les trois sortes d'amis que vous savez : ceux qui nous aiment, ceux qui ne nous aiment point et ceux qui nous détestent. Nous-mêmes, tous les deux étroitement liés au ministère, nous le servons dans des sentimens différens : vous, par dévouement au roi; moi, par affection pour des hommes dont j'ai toujours suivi la fortune.

LE GÉNÉRAL.

Depuis 1830, je n'ai jamais quitté les bancs ministériels; les choses sont assez pleines de difficultés sans que les personnes s'en mêlent.

LE VICOMTE.

Sagesse trop rare!

LE GÉNÉRAL.

Quand vos amis sont ministres, car vous avez été dans l'opposition....

LE VICOMTE.

Il vous est bien arrivé aussi deux ou trois fois...

LE GÉNÉRAL.

C'était bien malgré moi... Aujourd'hui, nous votons ensemble, voilà l'essentiel... Je ne puis croire que la chambre se prononce contre le ministère; elle lui a donné tant de fois une majorité...

LE VICOMTE.

Compacte, si l'on compte les voix. Il faut bien voter blanc ou voter noir, il n'y a pas de boules grises; mais, en dehors du scrutin, quel pêle-mêle!

LE GÉNÉRAL.

Nos bancs sont les plus homogènes

LE VICOMTE.

Dieu merci! Mais encore cent voix au plus se donnent au ministère sans arrière-pensée et par goût.

LE GÉNÉRAL.

La raison, le devoir, lui assurent le reste.

LE VICOMTE.

La raison est bien froide, le devoir bien abstrait. Tant de gens veulent jouer à l'indépendance, tremblent devant leur collége électoral, et sont tout prêts à se passer la fantaisie d'une boule noire.   .

LE GÉNÉRAL.

Leur chef me répond de tout son monde.

LE VICOMTE.

Leur chef!... parce qu'il les réunit chez lui!... Il mesure son importance sur la capacité de son salon, et se croit le chef du parti parce qu'il en est l'amphitryon.

LE GÉNÉRAL.

Le corps de bataille ira bien.

LE VICOMTE.

J'y compte. Ils murmurent parfois; ils se permettent des propos; de guerre lasse, ils nous reviennent toujours, faute de mieux...

LE GÉNÉRAL.

Ou crainte de pis.

LE VICOMTE.

Je redoute seulement nos amis qui nous détestent.

LE GÉNÉRAL.

L'aile gauche et l'aile droite.

LE VICOMTE.

Les uns nous accusent de ne pas faire assez, les autres de faire trop. Il en est qui, nommés par l'opposition, ont appuyé le cabinet et sentent le besoin de faire leur paix avec les électeurs : ils sont toujours prêts à nous échapper. Ailleurs, des importans qui veulent jouer un rôle croient que tout ministère dont ils ne font point partie est une insulte à leur mérite; ils sont volés, s'ils ne sont pas ministres; ils se parent de leur dévouement au parti pour flatter la majorité, de quelques votes contre le ministère pour flatter l'opposition, prennent de toutes mains, au pouvoir des cordons et des ambassades, aux journaux des éloges et de la popularité, et se composent une existence douce et brillante avec les profits de la complaisance et la gloire du désintéressement.

LE GÉNÉRAL.

Un grand danger rallierait tous les incertains...

LE VICOMTE.

Et même ceux qui ne font d'opposition qu'aux personnes; mais le pays est calme, la prospérité règne, et chacun croit pouvoir suivre impunément son caprice.

LE GÉNÉRAL.

Il faut que le ministère parle haut et soit ferme; nous l'aiderons à les mettre à la raison.

25.

LE VICOMTE.

Mon cher général, permettez-moi de vous le dire, vous n'entendez pas bien encore notre régime parlementaire. Point de violence, surtout de votre part. Un aide-de-camp du roi! vous nous feriez de belles affaires! J'entends déjà les puritains de la gauche qui crient à la camarilla. L'Herbette jurerait qu'on va faire un 18 brumaire...

LE GÉNÉRAL.

Savez-vous bien que le 18 brumaire...

LE VICOMTE.

Général, ne touchons pas à une question sur laquelle nous ne serions pas d'accord.

LE GÉNÉRAL.

Trop de ménagemens encouragent la faiblesse.

LE VICOMTE.

Trop de raideur irrite les esprits; il faut s'y prendre plus doucement.

LE GÉNÉRAL.

Dirigez-moi donc.

LE VICOMTE.

Trouvez-vous à la chambre de bonne heure, et engagez la conversation avec ceux dont vous doutez. Parlez peu de la question qui s'agite; choisissez un terrain plus solide. Insistez sur les suites d'une crise ministérielle. Déjà la rente a baissé hier; les actions de chemins de fer ont subi une dépression considérable... Revenez souvent sur les actions de chemins de fer... Aux esprits politiques ou qui croient l'être, montrez nos adversaires divisés, éparpillés, déconcertés; faites sonner bien haut l'impossibilité de former un autre cabinet...

LE GÉNÉRAL.

Hier soir, dans le salon de la reine, j'ai vu un grand personnage radieux, et tout prêt, laissait-il entendre, à prendre la succession. Des députés du centre gauche annonçaient qu'en deux fois vingt-quatre heures un autre ministère...

LE VICOMTE.

Votre grand personnage est un comédien qui joue son rôle ou un présomptueux qui s'abuse; quant aux députés du centre gauche, je voudrais bien les y voir... Mais il ne s'agit que de ce qu'il faut dire... Prenez le *Journal des Débats* de ce matin, votre thème est tout fait...

SCÈNE II.

LES PRÉCÉDENS, M. MARTIN.

M. MARTIN.

Je vous gêne, mes chers collègues.

LE VICOMTE.

En aucune façon; nous parlons de nos affaires, et vous n'êtes pas de trop.

M. MARTIN.

La partie est fortement engagée. Dans quelques heures....

LE GÉNÉRAL.

Dans quelques heures, l'opposition sera battue : en doutez-vous?

M. MARTIN.

Je remarque beaucoup d'hésitation.

LE GÉNÉRAL.

Cela se dit toujours avant le vote; mais au scrutin, notre vieille majorité se retrouve.

M. MARTIN.

Ne vous flattez pas trop.

LE VICOMTE, à part.

Ces méfiances cachent quelque chose. Il était hier soir chez un de nos principaux adversaires. Voudrait-il nous fausser compagnie? (Haut.) Y a-t-il longtemps que vous n'avez vu le comte ***.

M. MARTIN.

J'ai passé hier la soirée chez lui. N'allez pas en prendre ombrage.

LE VICOMTE.

Quelle idée!

M. MARTIN.

Une circonstance étrangère à la politique nous a rapprochés. Le comte *** veut me marier.

LE VICOMTE.

(A part.) Ah! monsieur le comte, vous vous chargez de l'établissement de nos amis. (Haut.) Je vous en fais bien mon compliment.

M. MARTIN.

La jeune personne est charmante.

LE GÉNÉRAL.

Vous la connaissez depuis long-temps.

M. MARTIN.

Je ne l'ai jamais vue.

LE VICOMTE.

Riche?

M. MARTIN.

Vingt mille livres de rente par le contrat, et des espérances; le père et la mère vivent encore et sont fort âgés.

LE GÉNÉRAL.

C'est magnifique... La famille vous désire?

M. MARTIN.

La famille veut un député considéré à la chambre, en crédit, encore jeune.

LE VICOMTE.

Voilà qui est à merveille; vous n'avez pas quarante ans, vous êtes de la commission du budget, le ministère n'a rien à vous refuser....

M. MARTIN.

Reste une difficulté. La mère ne veut pas se séparer de sa fille. La fille ne peut pas supporter la province, et j'y suis retenu par mes fonctions.

LE GÉNÉRAL.

Il faut venir à Paris.

M. MARTIN.

Précisément. On en a parlé au ministre des finances; un siége à la cour des comptes, et tout était dit. Il a fait la sourde oreille. Je suis trop fier pour insister. Nous verrons plus tard.

LE GÉNÉRAL.

Nous ne l'entendons pas ainsi. J'en parlerai au roi.

LE VICOMTE, en riant.

Général, cela n'est pas constitutionnel.

LE GÉNÉRAL.

C'est ce que le roi dit lui-même à tous les solliciteurs, mais il vous.... recommandera. Je ne sache pas que le régime parlementaire de ces messieurs s'y oppose.

M. MARTIN.

Je ne pensais pas à rien demander, je vous assure. C'est le comte *** qui en a eu l'idée; il croit que, dans des circonstances données, le succès serait certain.

LE VICOMTE.

(Bas au général.) Il faut lui souffler cette négociation. (Haut.) Mon cher collègue, voulez-vous me charger de vos intérêts?

M. MARTIN.

Ils ne peuvent pas être en de meilleures mains.

LE VICOMTE.

Je réponds du succès; mais il faudra patienter un peu. Les vacances sont rares, les engagemens nombreux....

M. MARTIN.

Si je suis assuré de la bonne volonté du ministre....

LE VICOMTE.

Que le ministère vive, et la conclusion sera prompte. Cela dépend de vous et de vos amis.

M. MARTIN.

Je n'accepte pas....

LE VICOMTE.

Ce n'est pas une condition, mais un conseil. Un autre ministère vous imposerait de longs délais. Tout cabinet qui se forme plie sous le poids d'un lourd arriéré; l'opposition n'a pour monnaie que des promesses. Avec le succès arrivent à la fois toutes les échéances : c'est le quart d'heure de Rabelais.

M. MARTIN.

Vous savez que j'ai toujours été des vôtres. Je n'ai besoin d'aucune considération personnelle pour persévérer.

LE VICOMTE, bas au général.

Le voilà lié pour le reste de la session.

M. MARTIN, à part.

Quoi qu'il arrive, avec le comte ou avec eux, j'aurai la place, la dot et l'héritière.

LE VICOMTE.

Voyez vos amis; notre cause est la vôtre à présent.

M. MARTIN.

Je cours à la salle des conférences, où j'en rencontrerai plusieurs. Adieu, messieurs, nous nous retrouverons à la séance. (Il sort.)

SCÈNE III.

LE VICOMTE, LE GÉNÉRAL.

LE GÉNÉRAL.

Ils se ressemblent tous.

LE VICOMTE.

Nous n'y pouvons rien, ni vous ni moi; il faut prendre les hommes comme Dieu les a faits, avec leurs vices et leurs faiblesses.

SCÈNE IV.

LES MÊMES, LE MINISTRE.

LE MINISTRE.

Eh bien! mes chers amis, je vous savais ici, je viens voir....

LE VICOMTE.

Nous vous attendions.

LE GÉNÉRAL, au ministre.

Vous avez bien fait de demander l'ajournement de la discussion. Vous allez répondre à Billault?

LE MINISTRE.

Non.

LE GÉNÉRAL.

Vous annonciez des pièces nouvelles.

LE MINISTRE.

Vous avez mal entendu; voyez le *Moniteur*.

LE VICOMTE, en riant.

Considérablement corrigé....

LE MINISTRE.

Et diminué... J'avais besoin de vingt-quatre heures.... Je ne compte plus parler.

LE VICOMTE.

Je suis de l'avis de M. le ministre. S'il rouvre le débat, Barrot répliquera, d'autres encore, et nous voilà livrés à tous les hasards d'une improvisation qui peut tourner contre nous; la tribune est si chanceuse.

LE MINISTRE.

Je viens de m'assurer que tout est en règle. Le travail des bourses est fait, les nouvelles succursales sont distribuées, toutes les poches sont pleines de secours pour les vieux militaires recommandés; mais on se remue beaucoup : on nous attaque de tous côtés. Je sais bien ce que dit l'opposition; mais nos amis, que nous reprochent-ils ?

LE GÉNÉRAL.

Ils se laissent prendre à tout le verbiage de la gauche, l'honneur national, le patriotisme...

LE MINISTRE.

Demandez-leur s'ils veulent la guerre.

LE GÉNÉRAL.

Ils disent qu'un peu plus de fermeté...

LE MINISTRE.

La guerre.

LE GÉNÉRAL.

Ils prétendent que résister quelquefois....

LE MINISTRE.

La guerre, toujours la guerre.

LE GÉNÉRAL.

Cependant...

LE MINISTRE.

Je vous comprends. Je n'y crois pas plus que vous; mais l'argument est décisif, vous pouvez vous en rapporter à moi. Les hommes sont toujours les esclaves de leurs instincts les plus grossiers. Lisez l'histoire des gouvernemens représentatifs. Certaines gens ont la simplicité de se croire chefs de majorité; les majorités ont pour chefs, pour *leaders,* comme disent les Anglais, la peur, l'intérêt et la vanité. Qu'un gouvernement se mette à dos les poltrons, les ambitieux et les hommes d'argent, et je ne lui donne pas un an à vivre.

LE GÉNÉRAL.

Ce n'est pas à vous, monsieur le ministre, de nier la puissance de la parole.

LE MINISTRE.

Je ne le fais pas non plus. La tribune est l'honneur des gouvernemens libres. Elle captive les masses, qui sont généreuses et honnêtes, mais elle doit avoir pour auxiliaires les séductions individuelles. Il faut appeler les intérêts au secours des convictions. La politique se sert des mauvaises passions pour diriger les hommes, comme la médecine des poisons pour guérir les maladies. L'art consiste à donner à chacun sa dose.

LE VICOMTE.

Si la gauche vous entendait...

LE MINISTRE.

Je le lui dirais à elle-même; quand les hommes seront tous désintéressés, prompts aux sacrifices, libres d'ambition, la tâche de l'homme d'état sera plus morale et peut-être moins facile. En attendant, ne nous payons pas d'illusions... Qu'avez-vous fait depuis hier?

LE GÉNÉRAL.

Nous venons de voir Martin, qui hésitait. Il est tout-à-fait revenu.

LE VICOMTE.

Vous aurez à dire deux mots à votre collègue des finances.....

LE MINISTRE.

Que veut-il? Nous avons une direction générale vacante...

LE VICOMTE.

Elle est déjà promise à trois de mes amis.

LE MINISTRE.

Ce sera le quatrième. Cela ne grève pas le budget... Après le vote, nous règlerons nos comptes; on distribuera les récompenses...

LE VICOMTE.

Les prix Monthyon de la politique.

LE GÉNÉRAL.

Il faut que vous parliez au gros *** qui nous boude.

LE MINISTRE.

C'est fait. Ces gens qui n'ont besoin de rien sont d'une vertu... Je l'ai fait venir, comme pour le consulter sur une grave complication extérieure... Je ne sais plus ce que j'ai inventé... Il m'a promis le secret. J'ai adopté gravement son avis, et je vous garantis qu'il ne votera pas contre un cabinet dont il est le conseiller intime.

LE VICOMTE.

Vous savez qu'il a un parent, un brave homme dont on ne sait que faire? Il aurait bien envie d'en être débarrassé.

LE MINISTRE.

Je n'ai pas attendu qu'il m'en parlât. Je lui ai fait donner une mission. On l'envoie à Madagascar pour étudier le système pénitentiaire.

LE VICOMTE.

On a écrit à tous nos amis; ils sont si négligens! Je vous signale certain procureur-général qui ne vient jamais les jours de vote. C'est l'affaire du garde-des-sceaux. Vous savez qui je veux désigner?

LE MINISTRE.

Parfaitement. Il veut entrer à la cour de cassation. L'inamovibilité le rendrait exact, à nos dépens. S'il veut être directeur-général...

LE VICOMTE.

Et de cinq

LE MINISTRE.

Mais je ne le ferai point inamovible; je le connais. C'est un de ces hommes qui vous remercient d'une faveur par des hostilités, et qui prennent l'ingratitude pour de l'indépendance. Nos successeurs pourront lui faire ce cadeau. Aussi bien, je crois qu'il s'est mis en règle avec eux... Il en est plus d'un qui pactise avec l'ennemi... Je ne suis pas sans inquiétude. Je ne le dis qu'à vous.

LE VICOMTE.

Le succès est probable. Pourtant, je ne réponds de rien.

LE MINISTRE.

Au besoin, ne pourrions-nous pas trouver des voix chez nos adversaires?

LE VICOMTE.

La gauche s'est réunie ce matin chez Barrot, et votera comme un seul homme.

LE MINISTRE.

Peut-être... Mais, je ne parle pas de la gauche; on m'assure que dans l'extrême droite...

LE GÉNÉRAL.

Des carlistes qui ne reconnaissent pas le roi!

LE MINISTRE.

Il ne s'agit pas de leurs opinions, mais de leurs boules... Je me rappelle qu'un jour, peu après la révolution de juillet, Berryer, qui touche au banc des ministres et qui ne s'y asseoira jamais, s'il plaît à Dieu, se félicitait devant moi d'être le seul de son parti à la chambre. « Du moins, disait-il, il ne s'y fait rien sans mon aveu. S'il faut parler, se taire, voter, je parle, je me tais, je vote, et le parti entier a parlé, voté, s'est tu, comme j'ai voulu et sans division. » Ce temps n'est plus. On m'assure que le marquis de *** n'est pas inébranlable. Candidat à l'Académie des Inscriptions, il est venu m'apporter sa carte. J'ai un prétexte pour me présenter chez lui, je le verrai.

LE VICOMTE.

Il s'est jeté dans l'industrie. Son homme d'affaires est le mien. Je lui ferai parler.

LE GÉNÉRAL.

Nous avons condamné l'alliance des libéraux et des carlistes.

LE MINISTRE.

Qu'importe, si nous assurons notre majorité? Ce que Vespasien disait des impôts, je le dis des majorités : il ne faut voir que le produit net. Le succès est la loi des hommes d'état, et le pouvoir leur vie. Nos adversaires n'y font pas tant de façons. Nous serions bien dupes... Je crois que nous pouvons espérer aussi quelques voix de l'extrême gauche. (Au vicomte.) Ceci vous regarde; vous êtes le camarade de collège de Henri de L...., l'un des plus ardens du parti radical. Il faut tâter le terrain.

LE VICOMTE.

Je m'en charge. L'idée est excellente. Déjà le *National* a parlé dans ce sens. J'en fais mon affaire.

LE MINISTRE.

Général, vous connaissez la femme du président B...

LE GÉNÉRAL.

Je la vois quelquefois; elle est de mon département.

LE MINISTRE.

Allez sur-le-champ chez elle. On dit qu'elle mène la maison : son mari hésite; il serait important de l'avoir.

LE GÉNÉRAL.

Faut-il lui proposer la direction générale?

LE MINISTRE.

Vous allez révolter le vicomte...

LE GÉNÉRAL.

Pure plaisanterie. Comptez sur moi; j'y vais à l'instant.

LE MINISTRE.

J'oubliais. (Au général.) Vous avez dû voir quelqu'un aux Tuileries ce matin. Vous comprenez.

LE GÉNÉRAL.

Il m'a fait un quolibet en passant. Ai-je deviné?

LE MINISTRE.

C'est cela. Hier, pendant toute la séance, il a fait rire ses voisins de la gauche; je vous promets qu'il nous épargnera aujourd'hui ses sarcasmes.

LE VICOMTE.

S'il pouvait parler pour nous, ce serait encore mieux.

LE MINISTRE.

Pourquoi pas? Mais le temps nous presse. Je vais chez le marquis, et vous, messieurs, chez L... et chez B...., et n'oublions pas notre vieille maxime : *aide-toi, le ciel t'aidera.*   (Ils sortent.)

DEUXIÈME TABLEAU.

Chez le marquis de ***. Une bibliothèque élégamment meublée. Deux fenêtres ouvertes sur un jardin. Le portrait de Henri V. Une vue d'Holyrood.

SCÈNE PREMIÈRE.

LE MARQUIS seul.

(Il est assis devant un grand bureau et tient une lettre à la main.) C'est de mon homme d'affaires. On m'a remis cette lettre hier au soir; je n'ai pas encore eu le temps de l'ouvrir, et l'on nous appelle des gens de loisir! (Il lit). « Monsieur le « marquis, j'ai regretté de n'avoir point eu l'honneur de vous rencontrer ce « matin à votre hôtel; vous étiez déjà parti pour la chambre. Je voulais vous « entretenir de plusieurs affaires importantes. Vos terrains du clos Saint-

« Lazare sont en hausse; on dit que l'embarcadère du chemin de fer du
« nord sera placé tout auprès. Le *Moniteur* publiera demain l'ordonnance
« qui autorise la compagnie d'assurances où vous avez cent actions. J'ai pris
« 50,000 francs chez votre banquier pour payer le premier dividende. Ces
« actions sont déjà cotées à la Bourse avec primes. Agréez, etc. » Ce Durand
est plein de zèle et d'intelligence; il a un discernement! Voilà plusieurs affaires excellentes qu'il me fait faire, et dans lesquelles j'ai intéressé tous mes
amis... Je puis m'en rapporter entièrement à lui et me livrer à des travaux
plus importans... (Il dépose la lettre et prend un papier sur le bureau.) Je suis
content de la fin de cet article. (Il lit.) « Ce gouvernement né dans le dé-
« sordre périra par le désordre. Depuis cinquante ans, la France se débat en
« vain contre une loi fatale. La restauration avait tenté l'alliance de l'ordre
« et de la liberté. La licence a levé la tête; les saines doctrines ont été foulées
« aux pieds. Puisse la Providence nous préserver des plus effroyables catas-
« trophes! » Journaliste et spéculateur! qui me l'eût dit, il y a quinze ans,
quand je déclamais contre la presse et l'industrie? Mais M. de Châteaubriand
a travaillé au *Journal des Débats,* et tout le faubourg Saint-Germain prend
des actions dans les chemins de fer. Pourquoi me montrer plus sévère que les
autres? Cependant cet article ne paraîtra pas sous mon nom; je ne veux pas
compromettre ma candidature à l'Institut.

UN LAQUAIS en livrée.

M. l'abbé N... demande à voir monsieur le marquis.

LE MARQUIS.

Qu'il entre.

SCÈNE II.

L'ABBÉ, LE MARQUIS.

LE MARQUIS.

Bonjour, mon cher abbé; je travaille pour vous.

L'ABBÉ.

Ce sera une bonne fortune pour mes abonnés, monsieur le marquis.

LE MARQUIS.

Je n'ai pas pu hier aller à notre conférence d'ouvriers. La chambre n'a
fini qu'à sept heures, et je dînais en ville.

L'ABBÉ.

Monsieur le marquis a beaucoup perdu. Une leçon fort belle, des cantiques chantés d'une manière ravissante. Ces braves gens sont d'un recueillement qui me touche chaque jour davantage.

LE MARQUIS.

Je l'ai bien regretté. J'aime à me trouver avec eux. Monsieur le curé a eu
une bien bonne idée en ouvrant son église à ces exercices. Il y a profit pour

la religion, pour les mœurs, et ce sont des appuis que nous attachons à la bonne cause.

LE MARQUIS.

LE MARQUIS.

Je viens vous demander des nouvelles du ministère.

LE MARQUIS.

Il est bien malade. Si vous étiez plus de ses amis, je vous engagerais à l'administrer.

L'ABBÉ.

J'espère bien que tous les royalistes s'entendront cette fois.

LE MARQUIS.

J'en doute : la division est dans nos rangs. Nous ne sommes pas trente, et nous ne savons pas nous accorder. Les avis diffèrent et sur le passé et sur l'avenir; on ne s'entend pas davantage dans le présent. Les uns attendent tout du temps et des convictions publiques, les autres conspirent, rêvent encore la guerre civile et ne craindraient pas de s'aider de l'étranger. Sur un banc, on appelle le pouvoir absolu et l'on déteste toute constitution; sur un autre, on imagine une démocratie royale, alliance étrange des élémens les plus disparates. Sous l'influence de ces opinions contraires, on vote pour et contre le ministère, au hasard et sans système.

L'ABBÉ.

Il faut consulter la nation : elle fera cesser ces divisions.

LE MARQUIS.

Ce n'est pas tout encore. La trahison.....

L'ABBÉ.

Anathème aux traîtres!

LE MARQUIS.

Mon cher abbé, vous vous laissez emporter. L'Évangile défend de dire anathème.

L'ABBÉ.

J'ai tort; mais je ne puis voir de sang-froid l'impiété dans le temple.

LE MARQUIS.

Je partage votre indignation contre de honteuses apostasies. Qu'on déserte notre cause pour un vil salaire, c'est méprisable. Vous devriez dénoncer ceux qui courent aux Tuileries pour gagner l'hermine, ceux qui trafiquent de leur vote pour des priviléges de théâtres.

L'ABBÉ.

Indignité! Des théâtres....

LE MARQUIS.

Aimeriez-vous mieux qu'ils se vendissent pour des évêchés?

L'ABBÉ.

La récompense est digne de l'action.

LE MARQUIS.

Cependant je demande grace pour les esprits sincères qui cèdent à d'honnêtes convictions, qui, sans renoncer à leurs principes, se lassent d'ébranler le pouvoir.

L'ABBÉ.

Est-ce que monsieur le marquis ne serait pas décidé à voter contre le ministère?

LE MARQUIS.

Êtes-vous bien sûr qu'une crise ministérielle nous profite?

L'ABBÉ.

Il faut prouver au pays que toute stabilité est impossible sous le régime actuel, et que tant que la nation n'aura pas été consultée...

LE MARQUIS.

Cette instabilité n'est que trop évidente. Est-ce à nous de la perpétuer?

L'ABBÉ.

Ainsi, nous laisserons debout l'autel de Baal!

LE MARQUIS.

Eh! mon Dieu, Baal n'a rien à faire en ceci. Très probablement, je voterai contre le ministère, si c'est lui que vous appelez de ce nom. Je ne me fais point son avocat. Je cherche, en dehors de toute question personnelle, les moyens les plus propres à assurer le triomphe de nos opinions.

L'ABBÉ.

Les plus prompts sont les meilleurs... Hâter la chute d'un régime odieux est un devoir. La nation se prononcera, elle retrouvera ses anciennes constitutions...

LE MARQUIS.

Dites tout simplement ses rois légitimes. C'est mon vœu comme le vôtre; mais je ne consens point à tremper dans les désordres qui prépareraient leur retour.

L'ABBÉ, à part.

Il faiblit. Ne le laissons pas échapper. (Haut.) Il ne s'agit pas aujourd'hui de ces extrémités improbables. Ne cherchons point à devancer les décrets de la Providence; songeons au présent.

LE MARQUIS.

A la bonne heure. Eh bien! je me concerterai avec mes amis. Vous savez que j'agis au grand jour. Je ne suis pas un royaliste d'emprunt, légitimiste dans son arrondissement, ministériel à la chambre. Mais nous avons à compter avec les vanités et les prétentions : il y en a dans tous les partis; le nôtre n'en est point exempt.

L'ABBÉ.

Je vous quitte, monsieur le marquis. Je vais dire ma messe et corriger les épreuves de mon journal; vous m'excusez... Je compte toujours sur votre article. Ne me le faites pas trop attendre.

LE MARQUIS.

Vous l'aurez bientôt.   (L'abbé sort.)

SCÈNE III.

LE MARQUIS, seul.

Toujours sur son dada, le pauvre abbé! Il en serait bien embarrassé de ses assemblées de la nation, si on le prenait au mot; ces journalistes ne s'occupent jamais du lendemain; ils vont tout droit devant eux, poussant leur pointe, selon leur humeur ou les passions de leur public, et quand ils se sont fourré une idée dans la tête....

UN LAQUAIS.

M. le ministre de....

LE MARQUIS.

Le ministre! je vais au-devant de lui....

SCÈNE IV.

LE MINISTRE, LE MARQUIS.

LE MINISTRE.

J'ai trouvé votre carte chez moi, monsieur le marquis, et je viens...

LE MARQUIS.

C'est le candidat à l'Académie qui a visité son juge.

LE MINISTRE, souriant.

Chacun des deux aujourd'hui désire la voix de l'autre.

LE MARQUIS.

Ma nomination dépend de votre excellence, mais le ministère...

LE MINISTRE.

Le ministère n'est point inquiet, c'est vrai; il serait flatté seulement que sa majorité pût compter des voix comme les vôtres.

LE MARQUIS.

La discussion est engagée; vous avez demandé qu'elle continuât aujourd'hui, nous vous écouterons. Mes amis attendent; cependant M. Berryer...

LE MINISTRE.

Il a parlé avec talent, et je ne m'étonne point de l'effet qu'il a produit; pourtant j'ai peine à croire que vous le preniez pour guide.

LE MARQUIS.

C'est un orateur puissant; il n'a jamais fléchi.

LE MINISTRE.

Je vais vous étonner : cette inflexibilité est ce que je lui reproche. Les chefs de parti y sont condamnés; ils ont des engagemens personnels qu'ils traînent avec eux comme un boulet au pied. La vraie politique sait mieux se plier aux temps et aux évènemens. Vous avez trop d'expérience et de sagesse, monsieur le marquis, pour ne pas en convenir.

LE MARQUIS.

Vous voulez mettre mon amour-propre au service de votre cause.

LE MINISTRE.

Quand les grandes puissances ont reconnu la révolution de juillet, croyez-vous qu'elles ne cédassent point à la nécessité? M. de Talleyrand exprimait la pensée de tous, lorsqu'il disait dans la conférence de Londres : « Je représente une révolution que nous n'avons ni souhaitée ni faite; mais personne au monde ne peut empêcher qu'elle ne soit. » Moi qui vous parle, je n'ai pas approuvé toutes les concessions de la charte de 1830. Moi et mes amis, nous ne les trouvions ni prudentes ni opportunes; nous nous sommes soumis. M. Barrot lui-même, dont nous honorons tous les deux le caractère et la loyauté, a proclamé à la tribune la loi des faits accomplis.

LE MARQUIS.

Nos souvenirs, nos sentimens, la reconnaissance, nous lient à la famille proscrite en 1830.

LE MINISTRE.

Monsieur le marquis, permettez-moi de vous faire une question. Si vous étiez Anglais et qu'un de vos aïeux eût servi le roi Jacques, tiendriez-vous encore pour les Stuarts ?

LE MARQUIS.

Quelle différence!

LE MINISTRE.

Celle du temps, et pas une autre. Le temps est le titre de la légitimité; toute royauté descend de l'usurpation.

LE MARQUIS.

Nos petits-fils pourront faire leur choix.

LE MINISTRE.

Les amis de la vieille monarchie ont été plus pressés sous l'empire. La plupart, et des plus considérables, ont accepté le régime nouveau.

LE MARQUIS.

Ne se sont-ils point trompés?

LE MINISTRE.

Non certainement. Il y a deux choses dans la conduite des partis : les sentimens et les principes. Ces deux mobiles ne sont pas toujours d'accord. Le cœur et la raison peuvent se contrarier; le cœur fait des paladins; la raison, des hommes d'état. Votre parti représente de grands principes; il serait coupable de les sacrifier à ses souvenirs, à ses attachemens personnels.

LE MARQUIS.

Nous ne sommes pas condamnés à cette alternative.

LE MINISTRE.

Je le nie. Quelle est en ce moment la conduite des légitimistes? Leurs journaux font appel aux passions les plus insensées. Une alliance qui n'est un mystère pour personne rapproche des hommes que tout sépare. Nos archives judiciaires révèlent chaque jour cet indigne amalgame. N'ai-je pas raison de dire qu'on sacrifie les principes aux passions?

LE MARQUIS.

Nous ne sommes pas responsables des fautes de quelques têtes ardentes. Ces écarts nous affligent.

LE MINISTRE.

Je veux qu'ils soient désapprouvés par ce qu'il y a d'honnête dans le parti; mais à la chambre, monsieur le marquis, avec qui votez-vous? Vous aimez l'ordre, vous avez une juste horreur des mouvemens populaires. Ces sentimens, qui les partage plus, du ministère que vous combattez ou de l'opposition qui a votre appui?

LE MARQUIS.

Si l'opposition arrivait aux affaires, nous la combattrions plus vivement encore. En ce moment, nous votons avec elle, non pour elle.

LE MINISTRE.

Ainsi, tout ministère qui se formera hors de vos rangs vous aura pour adversaires? Savez-vous quel nom je donne à cette conduite? Je l'appelle une abdication. Vous poursuivez une chimère. Je ne connais d'opinion vraie que celle qui acquiert, conserve ou rend le pouvoir et l'influence.

LE MARQUIS.

L'avenir nous appartient.

LE MINISTRE.

Pouvez-vous en répondre? Tous les partis rêvent l'avenir, Dieu seul en dispose. Renoncez à ces illusions d'émigrés. On nie la solidité de l'établissement fondé en juillet. Cette royauté qu'on disait si frêle, qui devait renouveler l'éclair des cent jours, elle dure, elle prospère, en dépit de tous les pronostics de ses ennemis. Soyez-en sûr, monsieur le marquis, vos amis ont tort de bouder. Qu'ils se joignent aux nôtres; nous leur faciliterons l'entrée des conseils-généraux, de la chambre même; nous l'avons déjà fait... En ce moment, une direction générale est vacante...

LE MARQUIS.

Fi donc!

LE MINISTRE.

Ils se préparent des regrets. Mais je veux que personnellement ils se tiennent, ainsi que vous, en dehors des affaires : avez-vous le droit d'étendre cet ostracisme volontaire à la génération qui vous suit? Le gouvernement est prêt à l'accueillir. Le conseil d'état, l'administration, la diplomatie, lui sont ouverts. Qu'elle y vienne servir le pays et suivre l'exemple de ses pères.

LE MARQUIS.

C'est une amnistie que vous nous proposez.

LE MINISTRE.

Non, c'est votre place dans la grande famille nationale.

LE MARQUIS.

Vos amis eux-mêmes nous repousseront.

LE MINISTRE.

Nous vous défendrons contre eux.

LE MARQUIS.

Nos opinions seront livrées au mépris.

LE MINISTRE.

L'opposition les traite-t-elle avec tant de déférence? Venez à nous; le gouvernement trouvera dans votre concours une force qui lui manque. Vous vous plaignez du débordement des esprits; aidez-nous donc à les contenir. Nous avons beaucoup fait pour la religion, nous ferons plus encore. Nous lui donnerons des représentans officiels dans la pairie, dans le conseil d'état... Vous serez la digue que nous opposerons au flot populaire.

LE MARQUIS.

Quelle sera notre place dans votre gouvernement de bourgeois et de parvenus?

LE MINISTRE.

La plus considérable de toutes. Vous pouvez y jouer le rôle de cette aristocratie anglaise qui a porté si haut la gloire de la Grande-Bretagne. Vous serez les tories de notre jeune monarchie, le vrai parti conservateur. Le pays, après tant d'agitations, inquiet, découragé, las de vaines expériences, ne demande que le repos. C'est à vous d'asseoir la paix publique sur des bases durables. Une grande place vous est offerte. Pour moi, ce parti serait celui de mes préférences, s'il se constituait loyalement. J'ai cru un instant que M. de Lamartine songeait à en prendre le commandement; je lui portais presque envie. Tout l'y appelait; il a préféré une gloire moins solide. A son défaut, les chefs ne vous manqueraient point.

LE MARQUIS.

Monsieur le ministre, le temps vous donnera raison peut-être; quant à moi, je demande à réfléchir...

LE MINISTRE.

Je m'en rapporte entièrement à votre bon sens, à votre loyauté, et je vous prie d'y songer un peu quand vous mettrez aujourd'hui votre main dans l'urne. Nous en reparlerons plus d'une fois à l'Académie.

LE MARQUIS.

Je pourrais espérer...

LE MINISTRE.

Ma voix et celle de mes amis. Je veux le premier donner l'exemple des rapprochemens. Vous viendrez bientôt à la séance?

LE MARQUIS.

Je vous suis dans un instant.   (Le ministre sort.)

LE MARQUIS seul.

Si je n'avais à écouter que mon inspiration personnelle, je cèderais à ses conseils; mais un homme politique est-il jamais libre ? Il subit le joug des engagemens de partis, des influences extérieures, de la presse. Je ne veux point me séparer de mes amis. Ah ! s'ils pouvaient m'entendre...

SCÈNE V.

LE MARQUIS, M. DURAND.

M. DURAND.

J'entre sans me faire annoncer, monsieur le marquis; je sais que vous allez sortir. Un mot seulement; ma lettre d'hier soir pourrait vous tromper, j'ai voulu vous avertir. Je viens de passer devant Tortoni. L'agitation est extrême. Les bruits de changement de ministère ont jeté l'alarme. On dit que le baron R... se flatte d'obtenir alors que le chemin du nord aboutisse à l'embarcadère de la compagnie de Saint-Germain. La rente est en baisse.

LE MARQUIS.

Je vous remercie bien , mon cher Durand. Du reste, vous savez que mon vote sera toujours indépendant de toute considération intéressée.

M. DURAND.

Je connais trop monsieur le marquis pour en douter.

LE MARQUIS, se parlant à lui-même.

Ce changement de ministère, que nous regardons d'un œil si indifférent, aurait de graves conséquences. Combien de fortunes dérangées ! quel aliment pour l'agiotage !

M. DURAND, à part.

Le vicomte C.... avait raison. Il est troublé...

LE MARQUIS, continuant.

Ce n'est pas pour moi, certainement... que m'importe la hausse ou la baisse de quelques valeurs industrielles ?... mais ceux qui ont suivi mes conseils, à qui j'ai fait prendre des actions... ils me reprocheront... (à Durand.) Vous avez bien fait de me tenir au courant.

M. DURAND.

Monsieur le marquis n'a pas d'ordre à me donner?

LE MARQUIS.

Pas en ce moment; bien obligé.   (Durand sort.)

LE MARQUIS seul.

(Il se promène dans une grande préoccupation , puis il va prendre sur son bureau le papier dont il a fait lecture et le déchire.)

Tout considéré, je ne sais pas si le ministère aura ma voix; mais l'abbé n'aura pas mon article.

26.

TROISIÈME TABLEAU.

Chez M. Henri de L.... Une salle de billard, entourée de canapés. Des armes accrochées au mur. Le buste de Lafayette au fond.

SCÈNE PREMIÈRE.

UN DOMESTIQUE, UN INCONNU.

(L'inconnu entre le chapeau sur la tête. Il a une longue barbe et des moustaches)

L'INCONNU.

M. Henri de L.... est-il chez lui?

LE DOMESTIQUE.

Non, il est au bois.

L'INCONNU.

Au bois?

LE DOMESTIQUE.

Il est allé se promener à cheval avec un de ses amis au bois de Boulogne.

L'INCONNU.

Il paraît qu'il en prend à son aise. Doit-il bientôt revenir?

LE DOMESTIQUE.

Je l'attends.

L'INCONNU.

Alors je reste.

LE DOMESTIQUE.

Monsieur ne reçoit pas aujourd'hui.

L'INCONNU.

Il me recevra, moi.

LE DOMESTIQUE.

Je ne sais pas s'il en aura le temps; il faut qu'il aille à la chambre.

L'INCONNU.

Il ira plus tard, j'ai besoin de lui parler.

LE DOMESTIQUE.

Qui aurai-je l'honneur de lui annoncer?

L'INCONNU.

Mon nom ne lui apprendrait rien.

LE DOMESTIQUE.

Je l'entends. Voici ces messieurs qui rentrent.

SCÈNE II.

LES MÊMES, HENRI DE L..., ERNEST M.

HENRI, au domestique.

Quel est cet homme? Je vous avais dit...

LE DOMESTIQUE.

Il n'a pas voulu m'écouter, monsieur. (Le domestique sort.)

HENRI, à l'inconnu.

Qu'y a-t-il pour votre service, monsieur?

L'INCONNU.

Citoyen, je viens vous apporter les plaintes des patriotes sur la conduite de la chambre. Nous ne savons pas pérorer, nous autres, mais nous savons agir, et toutes ces discussions qui ne mènent à rien nous fatiguent et nous déplaisent.

HENRI.

C'est par ces discussions que la cause démocratique triomphera.

L'INCONNU.

Il y a long-temps qu'on nous dit cela. On se moque de nous. Que faites-vous pour le peuple?

HENRI.

Nous défendons ses droits.

L'INCONNU.

Belle défense vraiment! Les pauvres sont livrés à l'exploitation des riches, les ouvriers à la tyrannie des maîtres. Il faut que vous le sachiez bien, messieurs, car dans vos hôtels, au milieu du luxe, vous ne pouvez pas vous faire une idée de ces souffrances. Le bourgeois s'est emparé de tout; il a les jouissances, et le peuple les misères. Qui a fait la révolution de juillet, dites? Le peuple. Qui se bat en Afrique et défend la France, quand elle a besoin de bras? Le peuple encore. Le peuple est tout. Il a pour lui le nombre, la force et le droit. Prenez garde que la patience ne lui échappe.

HENRI.

Personne ne désire plus que moi que vos justes plaintes soient entendues.

L'INCONNU.

Il faut que la chambre mette un terme à ce régime de déceptions et de priviléges.

HENRI.

Vous savez bien que nous n'avons pas la majorité.

L'INCONNU.

Si la chambre ne veut pas nous entendre, nous nous passerons d'elle.

HENRI.

Que voulez-vous dire?

L'INCONNU.

Vous me comprenez bien. Nous renverserons le gouvernement : ce ne sera pas le premier.

HENRI.

Gardez-vous de ces tentatives. Vous êtes les plus faibles; les lois sont sévères. Le pouvoir, par ses gendarmes et ses tribunaux, aura bientôt raison de vous.

L'INCONNU.

On disait aussi cela en 1830, et nous n'avons pas été les plus faibles. Si l'on nous y force, nous nous remettrons à l'œuvre, et cette fois nous ne serons pas si dupes, nous ne permettrons pas les escamotages.

HENRI.

Attendez tout du temps. Nos doctrines sont en progrès; l'avenir est à nous.

L'INCONNU.

L'avenir, toujours l'avenir! c'est le présent qui nous touche. Vous en parlez bien à votre aise!

HENRI.

Ma voix vous a-t-elle jamais manqué?

L'INCONNU.

Nous y voilà. Vous croyez tout fini quand vous avez fait un discours à la chambre et que vos journaux vous ont applaudi. Ce ne sont pas des phrases qu'il nous faut. J'ai à vous entretenir d'objets plus positifs. (Il regarde autour de lui avec un air inquiet.) Puis-je parler devant monsieur?

HENRI.

Il est mon collègue à la chambre et vote comme moi.

L'INCONNU, avec mystère.

Nous avons formé une société qui a juré la perte de cet infame gouvernement. Il a cru nous arrêter avec sa loi des associations. Ah! bien oui; on s'en soucie comme de cela, de sa loi! Nos affiliés sont répandus dans les ateliers, dans les corps d'ouvriers. Nous avons notre mot d'ordre, nos règlemens intérieurs, des armes. Quand le moment sera venu, nous descendrons dans la rue. Je viens vous proposer d'être des nôtres.

HENRI.

Jamais. Je ne conspire point; je défends mes principes au grand jour. Les lois mauvaises, je les combats; les fautes du pouvoir, je les flétris.

L'INCONNU.

(A part.) Il a peur. Il ne vaut pas mieux que les autres. (Haut.) Pardon, je croyais vous rendre service en vous proposant de défendre notre cause. Je suis fâché de vous avoir fait perdre votre temps.

HENRI.

Je voudrais vous détourner d'un projet qui vous perdra. C'est un ami qui vous parle; écoutez mes conseils.

L'INCONNU.

Je n'en ai pas besoin, merci. Puisque c'est là tout ce qu'il faut attendre de vous, je vous salue. Mes amis sauront à quoi s'en tenir. (Il s'éloigne.)

ERNEST M...

(Il s'approche de l'inconnu et lui parle à l'oreille.) Demain matin, avant onze heures, je vous attendrai.

L'INCONNU, en sortant.

A la bonne heure, celui-là a l'air d'un bon enfant.

SCÈNE III.

ERNEST M..., HENRI DE L...

HENRI.

Vous lui avez donné rendez-vous?

ERNEST.

Oui. On ne sait pas ce qui peut arriver. Il ne faut pas se brouiller avec ces gens-là. A certains jours donnés, on peut en avoir besoin.

HENRI.

Prenez garde.

ERNEST.

Je n'écris jamais.

HENRI.

Si c'était un mouchard.

ERNEST.

Il serait plus attrapé que moi.

HENRI.

Ces patriotes de la rue m'inspirent une répugnance! Ils sont grossiers, malpropres....

ERNEST.

Mais, mon cher, un chef du parti radical...

HENRI.

Je plaide leur cause, je soutiens leurs principes; je ne suis pas obligé de leur donner la main. Il faudrait bientôt les embrasser.

ERNEST.

Il y a d'illustres exemples... Vous êtes un patriote amateur.

HENRI.

J'appartiens de bonne foi au parti que j'ai embrassé; c'est le plus brillant de tous. J'ai pris sérieusement en main les intérêts des classes les plus nombreuses contre le despotisme des riches.

ERNEST.

C'est de l'abnégation, quand on a soixante mille livres de rentes.

HENRI.

Vous faites toujours la guerre à mon patrimoine.

ERNEST.

Fâchez-vous donc! Je voudrais bien être exposé au même reproche.

HENRI.

Il y a des gens qui s'endorment dans l'opulence, qui dépensent leur vie dans les plaisirs, à la chasse, aux courses, au jockey-club. Misérable et stérile existence! Mais occuper de soi l'opinion, se constituer l'avocat d'un peuple presque entier, obtenir les applaudissemens de la foule, je ne connais pas de plus noble jouissance. Aucune gloire ne surpasse celle d'un homme comme O'Connell.

ERNEST.

Il parle à des masses, à la clarté du soleil , mais votre tribune...

HENRI.

Ne m'en parlez pas. J'ai eu bien des efforts à faire pour ne pas y échouer tout-à-fait.

ERNEST.

Pour moi , cette tribune me terrifie; cette assemblée incrédule et rieuse me glace. Ils accueillent avec des ricanemens tous les sentimens élevés et généreux; ils nous les refoulent au fond du cœur. Personne n'a leur confiance. De guerre lasse, j'ai fini par y renoncer.

HENRI.

Vous êtes né pour l'action.

ERNEST.

Comme vous pour la parole, et cette disposition diverse a déterminé notre rôle respectif. Siégeant tous les deux sur les mêmes bancs et votant presque toujours ensemble, nous appartenons pourtant à des principes, je dirais presque à des religions politiques différentes. Vous attendez tout de la discussion, et la discussion à moi m'inspire peu de confiance. Vous préparez , j'aiderai à exécuter.

HENRI.

Je désire que ce soit le plus tard possible. Je ne souhaite pas une révolution : ma situation me plaît; j'attends l'avenir avec patience.

ERNEST.

Vous le pouvez.

HENRI.

Vous ne comprenez pas. J'avoue que je préfère l'opposition au pouvoir. Une influence réelle sans responsabilité, de la popularité, la faculté de choisir son jour et son sujet : le pouvoir n'offre aucun de ces avantages.

ERNEST.

Il en a de bien supérieurs. De l'opposition au gouvernement, il y a toute la distance de la critique à l'art. Qui peut considérer sans envie la position d'un ministre, d'un chef de gouvernement quelconque? Il commande aux hommes; il attache son nom aux destinées de son pays. Il peut appliquer ses théories, réaliser ses projets, réformer les institutions et les lois. J'aime mieux être Pitt que Fox.

HENRI.

Mon cher ami, une seule chose m'étonne, c'est qu'au lieu d'appartenir à l'opposition radicale, vous ne soyez pas ministre ou au moins ministériel en attendant. Vous n'avez pas pris le chemin le plus court.

ERNEST.

Eh! je m'en suis moi-même étonné quelquefois; mais sommes-nous toujours libres dans nos choix? La moitié de nos collègues siègent par hasard plus que par goût sur les bancs qu'ils occupent. On cède aux influences de famille; on est ministériel par besoin, opposant par humeur. Une fois enrôlé dans un parti, on y reste par fidélité, par habitude, par mauvaise honte. Certains députés ne sont ministériels que parce que leur concurrent aux élections ne l'était pas; on a vu des candidats s'offrir le même jour à l'opposition dans un collège, au ministère dans un autre. Cela n'est pas bien glorieux et n'atteste pas des convictions énergiques; mais notre pays est ainsi fait : quand je réfléchis à cette mollesse universelle, à cet effacement des caractères, il me prend parfois d'amers découragemens. J'ai vu Carrel en proie à cette maladie de l'ame quelque temps avant sa mort.

HENRI.

Jouissons du présent, nous avons la popularité.

ERNEST.

C'est le pouvoir qu'il nous faut.

HENRI.

Serions-nous en état de gouverner les autres, quand nous ne sommes pas maîtres de notre propre parti? Aujourd'hui même, nous allons nous diviser; on dit que plusieurs des nôtres sont décidés à voter pour le cabinet...

ERNEST.

Ils m'ont expliqué cela. Ce n'est pas par amour pour lui, mais par aversion pour ceux qui le remplaceraient...

HENRI.

C'est de l'opposition par prévoyance; ils s'y prennent de bonne heure.

SCÈNE IV.

LES MÊMES, LE VICOMTE.

HENRI.

Ah! voilà C... qui vient nous demander nos voix.

LE VICOMTE.

Vous pourriez dire plus vrai que vous ne pensez.

HENRI.

La plaisanterie est bonne, et la proposition d'un nouveau genre.

LE VICOMTE.

Écoute, mon cher ami, veux-tu parier que je te fais voter pour le ministère?

HENRI.

Il a toujours aimé les paradoxes.

LE VICOMTE.

Non; j'ai la prétention d'être un esprit juste et pratique.

ERNEST.

Je tiens la gageure. Vous serez bien fin si vous attrapez ma boule.

LE VICOMTE.

Promettez-moi seulement de ne pas mettre des boules noires pour gagner votre pari.

ERNEST.

Notre conscience...

LE VICOMTE.

C'est vrai, je n'y pensais pas... écoutez-moi donc... je suppose...

HENRI, l'interrompant.

Si nous fumions un cigare.

ERNEST.

Il a raison.

HENRI, au vicomte.

N'as-tu pas peur de te compromettre?

LE VICOMTE, d'un ton solennel.

J'ai vu M. de Villèle priser dans la tabatière de Benjamin Constant.

HENRI, appelant son domestique.

Jean, des cigares... tu sais, de ceux que le vicomte Siméon m'a procurés.

LE VICOMTE.

Ah! je vous y prends. Dites qu'on ne fait rien pour l'opposition.

HENRI.

J'en conviens, j'ai du crédit... à la manufacture des tabacs.

(Ils se mettent à fumer.)

LE VICOMTE.

Or, donc, je fais une supposition qui ne vous engage à rien, ni vous, ni moi. Je me suppose un des vôtres, et je raisonne en conséquence. Nous sommes les ennemis du gouvernement de juillet. Tout ce qui peut lui nuire, nous avons résolu de le faire, et nous appelons sa chute de tous nos vœux.

ERNEST.

Cependant...

LE VICOMTE, continuant.

Nous ne le disons pas par prudence. Il ne faut pas se compromettre, et nous ferions peur à bien des gens; nous gémissons même publiquement sur ses fautes. Nous pleurons sur sa prochaine destruction; mais, au fond du cœur, nous sommes tout consolés d'avance.

ERNEST, à Henri.

Nous pouvons lui accorder ce premier point, mais c'est une véritable concession.

HENRI.

Il faut être généreux.

LE VICOMTE.

Cela posé, quelle est la question? Elle se réduit à des termes bien simples. Est-il bon que le ministère actuel soit conservé? Or, le ministère actuel est détestable.

HENRI.

Nous serions de bien mauvaise foi si nous te le contestions.

LE VICOMTE.

Il est impopulaire. L'opinion publique s'est prononcée unanimement contre lui. A l'étranger, il traîne la France dans la boue; il a condamné notre diplomatie à reculer partout et toujours, et nous a fait descendre au rang de puissance secondaire.

ERNEST.

Bravo, vous parlez à merveille.

LE VICOMTE.

Je n'ai pas encore tout dit. Vous voyez que je fais les choses en conscience. A l'intérieur, il se joue de toutes les libertés. Il applique les lois avec partialité et violence. Il sème la corruption. Toutes les consciences sont soulevées contre la direction immorale qu'il imprime aux affaires publiques.

HENRI.

Vicomte, mon ami, vous lisez *le National.*

LE VICOMTE.

Oui, et il m'amuse beaucoup. Mais les interruptions sont défendues... Voilà donc mon second point. Maintenant, nous croyons qu'un autre ministère vaudrait mieux.

ERNEST.

Non; ils se ressemblent tous.

LE VICOMTE.

Laissez-moi parler. Je suis arrivé au point le plus délicat de ma harangue... Voulez-vous qu'un autre ministère ne vaille pas mieux? je vous l'accorde; vous voyez qu'à mon tour je suis généreux... Il ne sera pas moins détestable; mais, vous le savez par expérience, tout ministère nouveau est un répit donné à l'opinion; c'est un relai, selon l'expression de quelqu'un que je ne nommerai pas à des personnages aussi irrévérencieux que vous. Le passé est oublié, il est soldé, comme dirait mon ami M. Jacques Lefebvre (je dis mon ami et non pas le nôtre). C'est à recommencer sur nouveaux frais. L'arriéré de fautes commises et de colères amassées est perdu : c'est une vraie banqueroute. Nous pouvons bien encore jeter les hauts cris, mais nous n'avons plus devant nous aucun visage à souffleter. Je vous le demande, messieurs, que gagnons-nous à un changement de ministère? Il nous a fait perdre du terrain, à moins que les successeurs ne soient encore plus ennemis de nos libertés, plus disposés à avilir la France, et cela est de toute impossibilité, n'est-il pas vrai? J'ai dit.

HENRI.

Mon cher ami, il est impossible de parler mieux. Tu as été si éloquent, que je ne veux pas prendre une résolution immédiate. (En riant.) Tu m'as fasciné. Nous allons tous à la chambre, et nous nous engageons à te dire la couleur de nos boules. Si le ministère a nos voix, tu gagnes le pari.

LE VICOMTE.

J'aurais mieux aimé savoir tout de suite...

ERNEST.

Ah! n'abusez point... Du reste, mon cher collègue, personne n'attaque le ministère mieux que vous.

LE VICOMTE, en riant.

J'aime le paradoxe.　　　　— (Ils sortent.)

QUATRIÈME TABLEAU.

Chez le président B... Une chambre d'hôtel garni, mal meublée. Des papiers, des
livres confusément jetés sur les meubles, avec des châles et des chapeaux de
femme.

SCÈNE PREMIÈRE.

MADAME B..., SEULE.

Si j'avais su, mon mari ne serait point député. Je ne puis m'habituer
à cette vie d'isolement et d'ennui. Autrefois, quand il avait présidé son tribunal, six heures par semaine, il était tout-à-fait libre. Il pouvait s'occuper
de ses enfans... de moi. A présent, du matin au soir, entièrement absorbé :
les séances de la chambre, des commissions, des réunions politiques... S'il
rentre, il est distrait, il s'empare d'un journal, d'une brochure; il m'écoute
à peine, il bâille, et finit toujours par s'endormir dans son fauteuil... Et dans
quelle auberge nous a-t-il logés! Au lieu de ma petite maison, de mon jardin, de mes fleurs, de cet asile de paix où je vivais en famille, le troisième
étage d'un hôtel garni, une rue bruyante, pas un domestique, aucuns soins,
et ce désert de Paris, où les meilleurs amis passent des années sans se voir,
où l'intérêt et la vanité font et rompent toutes les liaisons! Ah! ma province,
que je te regrette! (On frappe à la porte.) Encore quelqu'un, et personne pour
introduire. —Entrez!

SCÈNE II.

MADAME B..., LE GÉNÉRAL K...

LE GÉNÉRAL.

Mille pardons, madame; on m'avait dit en bas que M. le président B...
était chez lui. Je ne me serais pas permis de me présenter chez vous de si
bonne heure...

MADAME B...

Général, je suis charmée de ce malentendu, et votre visite n'a rien d'indiscret. Nous autres provinciales, c'est ainsi que vous nous appelez à Paris,
nous sommes visibles de bonne heure. Vos dames de Paris ne se montrent
pas si tôt. Ce sont des soleils qui se lèvent tard.

LE GÉNÉRAL.

Le monde, les soirées, les bals ..

MADAME B...

Cette excuse manque aux pauvres femmes de députés.

LE GÉNÉRAL.

Permettez-moi, madame, de réclamer au nom de l'hospitalité parisienne.
La reine a déjà donné plusieurs bals.

MADAME B...

Une fois, j'y ai été invitée. Malheureusement une indisposition...

LE GÉNÉRAL.

Plusieurs ministres, le préfet de la Seine, réunissent chez eux le monde le plus brillant, et la chambre y est dignement représentée.

MADAME B...

Vous me l'apprenez.

LE GÉNÉRAL.

Comment! M. le président n'a pas été invité!...

MADAME B...

Il a le tort de ne s'être pas jeté à la tête du ministère...

LE GÉNÉRAL.

Vous interprétez mal... M. B... se sera tenu éloigné... Il ne vous aura point présentée... D'ailleurs, est-ce qu'il est de l'opposition?

MADAME B...

Non pas précisément. Il veut, dit-il, rester indépendant. Il vote sur chaque question selon sa conscience. Il étudie la chambre, il observe...

LE GÉNÉRAL.

On commence toujours ainsi. Tout député nouveau se révolte contre le joug des partis; une session suffit pour montrer qu'on n'est quelque chose qu'en s'associant à quelqu'un. Le président se corrigera; mais, puisqu'il néglige vos plaisirs, permettez-moi, madame, d'y songer à sa place. Je veux vous faire inviter à toutes les soirées des Tuileries.

MADAME B...

Ah! général, que de bonté... Mais si l'opinion de mon mari...

LE GÉNÉRAL.

Le bal est de tous les partis. Aux Tuileries, opposans et ministériels obtiennent le même accueil. Les salons de la reine sont un pays neutre où la politique n'a point accès. M. B... votera selon sa fantaisie; mais vous, madame, je veux que vous soyez avec nous. Conspirons ensemble contre l'indocilité de M. le président; aidez-moi à le guérir de ses irrésolutions.

MADAME B..., sans lui répondre.

Vous croyez, général, que vous pourrez m'obtenir une invitation?...

LE GÉNÉRAL.

Si je le crois! j'en réponds...

MADAME B...

Même pour les soirées privilégiées?

LE GÉNÉRAL.

Même pour les soirées privilégiées.

MADAME B...

Il y a déjà long-temps que M. B .. me paraît faire fausse route; mais je lui parlerai...; nous le ramènerons...

LE GÉNÉRAL.

Le sucès est assuré, si vous voulez bien vous en donner la peine... Je vous

quitte... une affaire m'appelle; mais je reviendrai bientôt. Je veux aussi
entretenir M. B... Veuillez agréer mes hommages respectueux. (Il sort.)

SCÈNE III.

MADAME B..., seule.

Une invitation à toutes les soirées des Tuileries, même aux concerts privilégiés! Le général est bien aimable... Il pourra sans doute aussi me faire
inviter à l'Hôtel-de-Ville... Bon gré, mal gré, M. B... sera obligé de m'accompagner... Avec toutes ses hésitations, il aurait fini par m'enfermer tout
l'hiver dans ce tombeau... Il ne sait se décider à rien; il trouve toujours
vingt raisons pour prendre une résolution et autant pour s'en abstenir.

SCÈNE IV.

MADAME B..., LE PRÉSIDENT B...

LE PRÉSIDENT.

Quel métier! voilà quatre heures que je passe dans les bureaux des ministères à faire les affaires de mon arrondissement! Toutes les communes demandent des écoles, tous les hospices des secours; on s'adresse au député,
on le met en mouvement, on l'oblige à tendre la main à tous les ministres,
et puis on veut qu'il soit indépendant!

MADAME B...

Le général K... sort d'ici; il va revenir. Il veut causer avec vous de la
chambre, de la séance d'aujourd'hui.

LE PRÉSIDENT.

Encore un qui veut m'enrôler. Ils me persécutent de tous côtés : votez
pour le ministère, votez pour l'opposition; soyez de la droite, de la gauche,
du centre gauche. Des invitations à dîner, des poignées de main, des complimens... On ne sait à qui entendre... C'est un véritable embauchage.

MADAME B...

Votre choix doit être arrêté, depuis que vous étudiez les partis, comme
vous dites...

LE PRÉSIDENT.

Franchement, plus j'observe et plus j'hésite; je ne suis pas décidé.

MADAME B...

Comment! vous n'avez pas su découvrir encore...

LE PRÉSIDENT.

Pour en juger, suivez-moi dans mes pérégrinations politiques... Vous savez
que j'ai été nommé par l'opposition...

MADAME B...

C'est-à-dire que sans nos deux familles vous ne passiez point. Les trois
quarts des électeurs ne connaissaient pas votre opinion, pas plus...

LE PRÉSIDENT.

Pas plus que moi, voulez-vous dire?

MADAME B...

Je dis que vous êtes tout-à-fait libre de voter comme vous voudrez : on a nommé le président et non l'homme politique.

LE PRÉSIDENT.

C'est un peu vrai; mais enfin j'ai été désigné comme opposant, et *le Siècle* m'a appuyé. En arrivant à Paris, je me suis trouvé naturellement en rapport avec les députés de la gauche, et j'ai fait mon début dans leur réunion; elle n'a point démenti ce qu'on m'en avait promis. Les députés qui la composent sont pleins de patriotisme et de vertu; des intentions droites, du désintéressement, un éloignement profond pour la ruse et la corruption. Leur chef a l'estime de tous les partis; son talent est aussi élevé que son caractère.

MADAME B..., avec dépit.

Ces qualités sont faites pour vous attirer; que ne vous donnez-vous à ces messieurs!...

LE PRÉSIDENT.

Je ne dis pas non, mais je ne suis pas décidé; j'éprouve des doutes. L'amour de l'indépendance donne à ces hommes l'horreur de la règle. Ils se préoccupent trop de l'opinion extérieure. J'ai vu les décisions emportées par quelques esprits plus ardens que sages. On regrettait le soir la résolution prise le matin, et les conseils les plus politiques étaient rarement les plus écoutés... Je ne suis pas satisfait.

MADAME B...

Ce n'est que votre première halte; continuons.

LE PRÉSIDENT.

J'ai voulu voir et comparer; on m'a conduit à une réunion du centre gauche. Un homme y règne presque sans partage, seul il a parlé; tous les autres, même les plus habiles, semblaient accepter avec empressement cette domination absolue. Aussi, quelle séduction! Il a tout ensemble de l'originalité et du bon sens, de la grace et de la force; il est impérieux et d'humeur facile, prolixe et précis, sérieux et amusant. Je n'ai jamais entendu personne avec plus de plaisir, d'intérêt et de profit. La moitié des membres présens compte parmi les plus distingués de la chambre; plusieurs ont été ministres : les opinions qui prévalaient sont les miennes.

MADAME B...

Que voulez-vous de plus?

LE PRÉSIDENT.

Laissez-moi achever. Le lendemain, j'en causais avec un de mes voisins à la chambre. Vous avez assisté en effet, me dit-il, à une réunion du centre gauche; mais ce n'est pas la bonne, nous en avons fondé une autre qui représente bien mieux cette opinion. Si vous voulez, je vous y mènerai ce soir.

Cette offre piquait ma curiosité, j'acceptai. La réunion était peu nombreuse. Un des membres les plus respectés de la chambre, un de ses jouteurs les plus puissans, occupait le fauteuil de la présidence. Il parla peu, mais avec force et conviction. On y soutint les mêmes opinions, on y prit les mêmes résolutions que dans la réunion de la veille, et je ne comprenais point que des esprits qui s'accordaient si bien eussent pu se diviser. J'ai appris depuis que le pouvoir trop exclusif de l'orateur que j'avais entendu à la première réunion avait fait ombrage à quelques caractères inquiets, et qu'au lieu de le soutenir ou de le contenir, selon le besoin, ils avaient mieux aimé fuir la discussion, qui est l'ame des partis, et planter leur tente ailleurs, avec quelques amis qui ne se rapprochaient d'eux et ne se distinguaient du reste que par leurs défiances.

MADAME B...

Choisissez entre les deux réunions...

LE PRÉSIDENT.

J'y penche, mais je ne suis pas décidé; ce fractionnement m'inquiète, j'ai peur de perdre pied; je crains que le flot ne m'emporte, si je me jette dans une mer si troublée.

MADAME B...

Tous ces jugemens sont des exclusions. Comme vous ne voulez être ni carliste ni républicain, entrez dans le parti ministériel.

LE PRÉSIDENT.

J'ai peu de penchant pour lui; il n'a point de principes. Il veut conserver, dit-il, mais conserver est un intérêt et non un principe. C'est un composé de tous les hommes usés et blasés; pas une opinion, pas un régime qui ne lui ait fourni son contingent : des signataires du compte-rendu et des défenseurs de l'état de siége, des bonapartistes et des humanitaires, des légitimistes et des républicains. La vie n'y est point; on dirait un lieu de passage où tous les dévouemens épuisés viennent attendre qu'on les envoie au palais du Luxembourg, comme au champ du repos. Ce parti n'a point de jeunesse.....

MADAME B...

On m'a assuré qu'au dernier bal costumé de l'ambassade d'Angleterre un quadrille de bergers était conduit par un de ces messieurs. L'autre jour, à l'Opéra, on m'a montré une loge qui en était pleine; les plus belles barbes...

LE PRÉSIDENT.

Vous ne me comprenez point; je parle de l'esprit qui anime le parti, et non des hommes qui le composent. Les plus jeunes sont quelquefois les plus entichés d'antiques préjugés. J'en ai remarqué plusieurs qui ont déjà tout le scepticisme de la vieillesse sans en avoir la rude expérience, et je ne connais rien de plus triste. Ils font les roués; ils affectent un dédain profond pour toute idée libérale; ils se croient de profonds diplomates parce qu'ils se rient de tout. Je ne me soucie guère de ces alliés; cependant...

Cependant?

MADAME B...

LE PRÉSIDENT.

Je ne suis pas décidé... Je trouverais là une force que je désire. Le parti ministériel est compacte, puissant..... Tout considéré, je continuerai à me tenir en dehors de tout engagement, et je voterai selon mon inspiration.

MADAME B...

Prenez-y garde; je n'entends rien à tout cela, mais je doute que vos collègues voient avec plaisir ces chassez-croisez perpétuels. Dans toutes les réunions où vous avez passé, on a pris votre présence pour une adhésion. Vos dissidences vous seront imputées à trahison; vous finirez par blesser tout le monde. Passez-moi une comparaison de femme. Il me semble voir ces coquettes qui font des avances à tous les hommes et ne s'attachent à aucun. C'est un jeu qui finit toujours mal. Mais voici quelqu'un qui vous éclairera bien mieux que moi.

SCÈNE V.

LES PRÉCÉDENS, LE GÉNÉRAL.

LE GÉNÉRAL.

Enfin je vous trouve, mon cher président.

LE PRÉSIDENT.

Je suis très flatté, général...

LE GÉNÉRAL.

Je voulais causer avec vous avant la séance. Le vote sera décisif; l'existence du ministère y est engagée.

LE PRÉSIDENT.

Mon opinion n'est pas encore faite; j'attends la suite du débat. Je ne suis pas décidé.

LE GÉNÉRAL.

C'est votre droit; mais, permettez-moi de vous le dire, ces questions doivent être résolues par des idées générales. Un homme politique se propose un but principal, auquel il subordonne toutes les considérations secondaires.

LE PRÉSIDENT.

Il n'y a donc plus qu'à fermer la chambre, à se classer en ministériels et en opposans, et à déposer, une fois pour toutes, une boule noire ou blanche.

LE GÉNÉRAL.

N'exagérons rien. A Dieu ne plaise que je veuille attenter à votre liberté d'examen! mais, si chacun se mettait comme vous à voter isolément et à sa fantaisie, il n'y aurait plus de partis, plus de chambres, plus de gouvernement représentatif.

LE PRÉSIDENT.

Il y aurait des consciences honnêtes qui s'éclaireraient par la discussion.

LE GÉNÉRAL.

Vous êtes bien nouveau dans la chambre, mon cher collègue, et vous me le prouvez. Permettez à un de vos anciens de vous donner quelques conseils, et croyez qu'ils ne sont inspirés que par l'intérêt que je vous porte.

LE PRÉSIDENT.

Je les écouterai toujours avec reconnaissance.

LE GÉNÉRAL.

Parlons à cœur ouvert et sans détours. Les journaux ne nous entendent pas, et nous pouvons tout dire. Vous ne comptez pas sans doute rester toujours président d'un tribunal; la magistrature vous offre une large carrière, de nombreux degrés à franchir.

LE PRÉSIDENT.

Je ne sacrifierai jamais mon devoir à mon avancement.

LE GÉNÉRAL.

C'est ainsi que je l'entends, et la loyauté de votre caractère rend d'autant plus importante la décision que vous allez prendre. Vous avez évité jusqu'ici de vous enrôler dans aucun parti, mais vous sentirez bientôt la fausseté de cette position. Aujourd'hui même le vote sur la question ministérielle vous classera malgré vous. J'aurais voulu que vous fussiez des nôtres....

LE PRÉSIDENT.

Si l'affection personnelle pouvait déterminer une si grave résolution, je ne me séparerais jamais de vous.

LE GÉNÉRAL.

Pas de sentiment; il n'en faut point faire dans la politique. Vous préférez l'opposition, j'y consens. Cela séduit un homme nouveau. Appuyer le pouvoir n'est pas populaire dans ce pays-ci : je n'ai rien à dire; mais au moins vous ne voudrez certainement vous attacher qu'à un parti qui ait de l'avenir. Vous n'entendez pas vous condamner à l'opposition pour toute la vie, vous n'êtes pas un brouillon....

LE PRÉSIDENT.

Je serai heureux le jour où un ministère selon mes opinions pourra obtenir mon appui.

LE GÉNÉRAL.

Eh bien! examinons la question à ce point de vue. Vous avez assisté aux réunions de la gauche, parlons-en d'abord. Je n'ai rien à dire contre ses membres; mais ce parti manque de ce qui donne et fait conserver le pouvoir. Il n'a pas l'esprit de gouvernement. Toute autorité lui est à charge. Il prend toutes les questions par le côté étroit. Si les factions menacent la constitution, il ne trouve pas un mot pour la venger de ces attaques. Si le préfet de police arrête sans droit un forçat libéré, il n'a pas assez d'éloquence pour réclamer en faveur de cette victime de l'arbitraire. La gauche pourra faire une alliance accidentelle avec le pouvoir; elle ne l'aura jamais; elle se ferait de l'opposition à elle-même.

LE PRÉSIDENT.

Ces jugemens sont trop absolus. Le passé proteste contre vos accusations. Des hommes nouveaux sont entrés dans la gauche, et y apportent de la science, des lumières, l'expérience des affaires.

LE GÉNÉRAL.

Vous voulez parler de la jeune gauche; ceux qui sont désignés sous ce nom ne me rassurent pas encore. Esprits dogmatiques, imitateurs de l'étranger, doctrinaires à leur façon, ils entendent la liberté d'enseignement comme l'archevêque de Malines et les franchises municipales comme le peuple de Philadelphie. Les pouvoirs publics qu'ils élèveraient ne seraient qu'un château de cartes que jetterait par terre le plus léger souffle des factions.

LE PRÉSIDENT.

Aucune de ces critiques ne saurait atteindre le centre gauche. Il a ce que vous appelez l'esprit de gouvernement; il comprend les nécessités du pouvoir, il aime la liberté, et il renferme des hommes que vous avez probablement appuyés de votre vote, quand ils étaient aux affaires.

LE GÉNÉRAL.

Certainement, et, s'ils y revenaient, ils auraient encore ma voix. Je n'ai rien à retirer des éloges que vous en faites; mais il manque au centre gauche des qualités sans lesquelles aucun parti politique ne peut grandir et triompher, je veux dire l'union et la persévérance. Comprenez-vous qu'un parti qui, en faisant un faisceau de tous ses membres, n'aurait pas encore la majorité, se fractionne et permette à la discorde d'entrer dans ses rangs? Si les opinions différaient, je trouverais cela tout naturel; mais on s'entend sur toutes les bases générales de la politique, et on se divise sur les personnes. C'est de la folie. Grace à cette division, j'aperçois encore des individus, la plupart fort distingués pour le caractère et le talent, je ne vois pas un parti politique; je trouve des ministres pour faire un appoint, je ne trouve pas un ministère.

LE PRÉSIDENT.

Les circonstances rapprocheraient les hommes. La faveur publique est au centre gauche; la France partage les opinions de ce parti.

LE GÉNÉRAL.

Je sais qu'on a dit, sous la restauration, que la France était centre gauche, et le mot a fait fortune. Pourtant, dites-le-moi, quels sont les efforts du centre gauche pour entretenir ces sympathies, pour conquérir le pouvoir? Il compte dans ses rangs des orateurs, des publicistes, des philosophes, des administrateurs. Par quels travaux politiques se signalent-ils? On pourrait les voir dans toutes les discussions tenir une place importante; ils s'en abstiennent. A peine quelques rares apparitions à la tribune les rappellent

27.

au pays. Les uns s'endorment dans une indolente oisiveté; d'autres, plus actifs, préparent des livres, écrivent dans les journaux, se livrent à des études solitaires. Qu'arrive-t-il? On les accuse d'intrigues, on suppose qu'ils préfèrent les cabales de couloirs aux luttes de la tribune. La réputation du parti en est atteinte.

LE PRÉSIDENT.

Vous conviendrez que ces reproches ne sont pas bien graves; ils n'affectent ni l'esprit ni le caractère.

LE GÉNÉRAL.

Ils portent sur la conduite, et l'esprit de conduite est, pour les partis comme pour les individus, la première condition du succès.

LE PRÉSIDENT.

Les torts que vous imputez au centre gauche peuvent se réparer.

LE GÉNÉRAL.

J'en conviens : l'avenir du centre gauche est dans ses mains, il n'a qu'à s'entendre et à vouloir; mais quand s'effaceront de tristes dissentimens, quand se réveillera l'énergie qui sommeille?.. Nul ne saurait le dire, et, en attendant, je vous engage à y réfléchir. Permettez-moi un dernier mot, et n'en soyez pas blessé. Du vote d'aujourd'hui dépend peut-être toute votre carrière. Si vous vous jetez dans l'opposition, vous ne voudrez pas accepter les faveurs du ministère; vous le voudriez, qu'on ne vous le permettrait pas. Les partis sont jaloux et exigeans. Si vous venez avec nous, vous pouvez honorablement suivre votre destinée. C'est dans la chambre que se font les choix pour les hauts emplois de la magistrature. La cour de cassation s'y recrute. Le roi connaît déjà votre nom et vos services passés. Je ne suis chargé de faire ni promesse, ni menace, mais je vous devais cet avertissement.

LE PRÉSIDENT.

Les considérations personnelles ne régleront pas mon choix. Je ne suis pas encore décidé.

LE GÉNÉRAL.

Il est des intérêts qu'on peut écouter sans honte; mais je ne veux pas insister davantage. Adieu, et, quoi qu'il arrive, comptez toujours sur moi.

LE PRÉSIDENT.

Je vous retrouverai bientôt.

(Le général s'approche de Mme B., qui est restée à broder auprès d'une table.)

LE GÉNÉRAL, à Mme B.

Je ne vous oublie point, madame.

MADAME B..., bas, en montrant le président.

Vous serez content, général. Je réponds de lui.

CINQUIÈME TABLEAU.

Dans la salle de marbre de la chambre des députés; au fond, la statue du roi. Sur les côtés, les statues de Casimir Périer, Foy, Mirabeau et Bailly. Deux portes adjacentes conduisent dans la salle des séances.

SCÈNE PREMIÈRE.

DEUX DÉPUTÉS de l'opposition.

PREMIER DÉPUTÉ.

Mauvaise séance; hier, les choses allaient si bien. Nos orateurs avaient triomphé, et les ministres ne savaient plus où donner de la tête; il fallait les voir sur leurs bancs, confus, décontenancés : leur audace ordinaire avait disparu.

DEUXIÈME DÉPUTÉ.

Aujourd'hui, pas un des nôtres n'a bien parlé. Les armes sont aussi journalières à la tribune que sur les champs de bataille... L'impatience m'a fait quitter la séance... J'ai fui un discours assommant.

PREMIER DÉPUTÉ.

C'est un de nos amis.

DEUXIÈME DÉPUTÉ.

Voilà ce qui me désole. De quoi se mêle-t-il ? Comment ne point comprendre que ce n'est point là sa place? Il s'impose à la chambre pour répéter tout ce qui a déjà été dit. Il fallait laisser voter.

PREMIER DÉPUTÉ.

Ah bien! oui. De nos bancs, tous les bras lui faisaient signe de retourner à sa place, toutes les voix lui criaient de se taire; il n'a voulu rien voir, rien entendre. Les centres, qui assistaient à nos angoisses, le pressaient de parler; ils savaient bien ce qu'ils faisaient.

DEUXIÈME DÉPUTÉ.

On devrait au moins écouter ses amis; malheureusement il n'y a pas de discipline. Chacun tire de son côté : l'extrême gauche vient brocher sur le tout avec ses discours, qui font peur à la majorité; les centres ont une bien autre tactique : ils restent cloués sur leurs bancs, et laissent défiler nos orateurs sans leur répondre. Toute leur éloquence se compose de deux mots et de sept lettres : « aux voix! aux voix! » De cette façon, ils ne se compromettent pas. Quant à nous, si nous continuons ainsi, nous serons toujours battus.

(On entend un grand bruit de voix, des cris, des éclats de rire, et la sonnette du président.)

PREMIER DÉPUTÉ.

Voilà qu'il se fait huer. Il l'a bien mérité. Les centres se seront impatientés et auront demandé la clôture.

UN HUISSIER, traversant la salle.

Le scrutin est ouvert, messieurs; vous êtes invités à voter.

DEUXIÈME DÉPUTÉ.

Nos propres amis nous créent chaque jour des difficultés. On vient encore de déposer une proposition sur laquelle aucun de nous n'a été consulté, et qui va nous gêner beaucoup.

PREMIER DÉPUTÉ.

Il faut la faire retirer.

DEUXIÈME DÉPUTÉ.

Obtenez cela d'un bel esprit qui veut y attacher son nom! Songe-t-il au parti, à la question? Il veut faire du bruit.

PREMIER DÉPUTÉ.

Toujours le défaut de discipline... Aujourd'hui pourtant j'ai confiance. Beaucoup de membres des centres nous ont promis leurs voix : ils sont fatigués du ministère; ils veulent en finir.

DEUXIÈME DÉPUTÉ.

Je m'y connais, et j'y ai été pris plus d'une fois. Notre forme de gouvernement a d'étranges retours : qui sait où seront l'influence et la faveur dans quelques minutes? Le chef de l'opposition aujourd'hui sera peut-être premier ministre demain. La prudence du père de famille dirige et contient l'homme politique; on donne sa parole à la gauche, sa boule au ministère : cela satisfait à tout. Quelques-uns promettent de bonne foi; mais au moment décisif leur cœur faiblit.

PREMIER DÉPUTÉ.

Je viens de voir des députés qui n'étaient pas hier à la séance.

DEUXIÈME DÉPUTÉ.

Le ministère a convoqué le ban et l'arrière-ban. Le télégraphe ne s'est pas arrêté depuis trois jours. Un député de Bordeaux, qui s'était sauvé pour faire l'école buissonnière, a trouvé en descendant de la malle-poste l'ordre de repartir sur-le-champ; il n'a pas seulement eu le temps de se raser.

SCÈNE II.

LES MÊMES. (Un troisième Député de l'opposition vient se mêler à la conversation.)

TROISIÈME DÉPUTÉ.

Le scrutin avance, et il nous manque bien des nôtres; on leur a pourtant écrit. I... est encore à la cour de cassation, A.... à l'Académie des Sciences; ils n'arriveront pas à temps.

DEUXIÈME DÉPUTÉ.

T... préside les assises à Chartres; c'est un tour du garde-des-sceaux.

TROISIÈME DÉPUTÉ.

Voilà ce que c'est que les fonctionnaires publics!

PREMIER DÉPUTÉ.

Taisez-vous, puritain. Si le ministère tombe, vous pourrez bien grossir cette liste impure.

TROISIÈME DÉPUTÉ.

Je vous jure...

PREMIER DÉPUTÉ.

Il ne faut jamais jurer de rien.

DEUXIÈME DÉPUTÉ.

Hav... a pris un cabriolet et est allé chercher ce pauvre Br... qui est à la mort, mais qui a exigé qu'on le prévînt. Il viendra, quoi qu'on fasse. Quel dévouement! C'est toujours le vieux soldat de l'empire.

PREMIER DÉPUTÉ.

J'espère bien que Hav... a voté avant de partir.

DEUXIÈME DÉPUTÉ.

Je crois bien.

PREMIER DÉPUTÉ.

Vous vous rappelez ce qui est arrivé au marquis de M... lors du vote de la loi de disjonction? Il était allé, sans déposer sa boule, chercher Mag... qui était malade. Il le prend au lit, lui laisse à peine le temps de s'habiller, le pousse dans une voiture de place, promet 10 francs au cocher, et le ramène en triomphe... Quelle joie! c'étaient deux voix pour le ministère... Il apprend, en traversant le pont, que la loi était rejetée à une voix de majorité!

TROISIÈME DÉPUTÉ.

Avez-vous remarqué le général K... et le vicomte C...? Comme ils se démènent! Depuis le commencement de la séance, ils courent sur tous les bancs, ils parlent à l'oreille à ceux des leurs qu'ils rencontrent. La journée coûtera cher au ministère, en cas de succès. Si j'étais des centres, je voterais contre le cabinet, rien que par économie.

UN HUISSIER.

Le scrutin va être fermé; ceux de MM. les députés qui n'ont pas voté...

DEUXIÈME DÉPUTÉ.

Allons voter. Surtout ne vous trompez pas.

PREMIER DÉPUTÉ.

Ne craignez rien. C'est une boule noire qu'il faut, et je n'en mets jamais d'autre.   (Ils rentrent dans la salle des séances.)

SCÈNE III.

DEUX DÉPUTÉS des centres, puis le VICOMTE C...

PREMIER DÉPUTÉ.

Les ministres ont peur.

DEUXIÈME DÉPUTÉ.

Ils ont bien tort; le résultat est certain.

PREMIER DÉPUTÉ.

Je n'ai pas encore voté.

LE VICOMTE, qui a entendu ces mots, s'approche.

Vous n'avez pas encore voté, mon cher collègue? Allez bien vite.

DEUXIÈME DÉPUTÉ.

Nous avons le temps. On n'a pas commencé le réappel. (S'adressant au vicomte.) Dites-moi, vous êtes bien sûr que l'on présentera la loi des chemins de fer?

LE VICOMTE.

Il y a deux choses dont je suis sûr et que je vous affirme : la première, c'est que le ministère présentera la loi; la seconde, c'est que, si le ministère est renversé, il ne faut pas songer de toute la session à un kilomètre de chemin de fer.

PREMIER DÉPUTÉ.

La ligne de Lyon est comprise dans le projet?

LE VICOMTE.

La ligne de Lyon y est comprise.

PREMIER DÉPUTÉ.

C'est tout ce qu'il me faut. Que voulez-vous? je n'ai eu qu'une voix de majorité aux dernières élections, et je dois prendre mes précautions. Si je rapporte un chemin de fer à mon arrondissement, l'opposition elle-même sera pour moi.

LE VICOMTE.

Allez donc voter, allez donc voter! vous laisserez fermer le scrutin!

(Le premier député sort.)

SCÈNE IV.

LE DÉPUTÉ MINISTÉRIEL, LE VICOMTE.

UN HUISSIER,

Le scrutin est fermé.

LE DÉPUTÉ.

Nous allons savoir bientôt à quoi nous en tenir.

LE VICOMTE.

Comment a voté ***? Vous l'a-t-on dit?

LE DÉPUTÉ.

Contre nous.

LE VICOMTE.

Je l'avais prédit : on n'a pas voulu donner une préfecture à son fils. Les ministres ont parfois d'étranges caprices; ils passent toute l'année à faire des nominations selon les besoins de la politique, et dans les occasions importantes ils reculent. C'était un mauvais choix, mais on en a fait bien d'autres... La poltronnerie nous perd.

LE DÉPUTÉ.

Nous avons eu la voix de ***.

LE VICOMTE.

Êtes-vous sûr? L'opposition comptait sur lui.

LE DÉPUTÉ.

Justement, il s'était compromis avec elle, et on lui a fait comprendre...

LE VICOMTE.

Je doute encore... Je l'ai vu déposer sa boule; il a enfoncé son bras jusqu'au coude.

LE DÉPUTÉ.

Il m'a dit qu'il avait voté pour le ministère.

LE VICOMTE.

Je doute plus que jamais.

LE DÉPUTÉ.

C'est de l'entêtement.

LE VICOMTE.

Non; c'est de l'expérience. Aux scrutins des bureaux, il a toujours deux bulletins écrits dans les poches de son gilet, l'un pour l'opposition, l'autre pour le ministère. Il vous conduit mystérieusement dans un coin, vous montre le bulletin qui doit vous plaire et vous promet de le déposer. Que fait-il ensuite? Je ne réponds point qu'il le sache lui-même.

(On entend la sonnette du président; puis un grand silence.)

LE VICOMTE.

On va proclamer le résultat du scrutin; allons entendre...

(Tous les députés rentrent dans la salle et en sortent presque aussitôt dans une grande agitation.)

SCÈNE V ET DERNIÈRE.

TOUS LES PERSONNAGES PRÉCÉDENS.

M. MARTIN.

220 voix contre 170. Il s'en est fallu de bien peu que nous ne fussions encore 221. 50 voix de majorité pour le ministère; on peut marcher avec cela.

LE VICOMTE, s'approchant de M. Martin.

J'ai parlé au ministre des finances, mon cher collègue. Votre affaire est convenue. La première place est donnée depuis long-temps à un journaliste; la seconde était promise à un pair de France, vous l'aurez.

M. MARTIN.

Je n'ai pas attendu cette assurance...

LE VICOMTE.

J'en suis bien sûr. Vous voyez que nous savons nous souvenir de nos amis.

M. MARTIN (à part).

J'ai bien fait. Le comte *** me paraît hors de combat pour quelque temps.

LE MARQUIS DE ***, s'approchant du ministre.

Votre excellence pourra-t-elle me recevoir demain?

LE MINISTRE.

Je serai à votre disposition toute la matinée... Vous avez pris les devans, monsieur le marquis; j'ai contracté une dette qui sera acquittée exactement.

LE MARQUIS.

Je n'ai suivi que la voix de ma conscience.

HENRI DE L..., au vicomte.

Mon cher ami, tu as gagné ton pari.

LE VICOMTE.

Je te l'avais bien dit. Ce n'était pas tant un paradoxe.

LE GÉNÉRAL, s'approchant du président B...

Voulez-vous bien, mon cher président, vous charger de ce billet pour Mme B...? Vous pouvez le lire; c'est une invitation au concert des Tuileries pour mercredi prochain.

LE PRÉSIDENT.

Je vous remercie pour elle... Vous allez la rendre bien heureuse; mais, entre nous, vous lui devez bien quelque chose.

LE GÉNÉRAL.

Je n'en veux pas savoir davantage. Croyez-moi, restez avec nous; vous verrez que je ne vous ai pas si mal conseillé.

LE PRÉSIDENT.

Je ne suis pas décidé.

UN DÉPUTÉ, parlant très haut dans un groupe.

Quelle infamie! Nous avons été trahis de tous les côtés : les carlistes ont voté pour le ministère, et les radicaux lui ont donné des voix! On a trafiqué des consciences. Dieu sait tout ce qui s'est fait depuis vingt-quatre heures! Nous dénoncerons ces indignités à l'opinion; nous publierons la liste des votans.

LE VICOMTE, s'approchant du groupe.

Mon cher collègue, vous ne savez jamais être battu. Vous criez à la corruption; moi, je crois à l'autorité des bonnes raisons. Si, depuis hier, les choses vous paraissent avoir changé de face, c'est que, depuis hier, il s'est passé une nuit, et, comme vous savez:

LA NUIT PORTE CONSEIL.

LE
MONDE GRÉCO-SLAVE.

DU MOUVEMENT UNITAIRE DE L'EUROPE ORIENTALE.

La Grèce, L'Illyrie, la Bohême, la Pologne, la Russie.[1]

———◦◦◦◦———

I.

HARMONIES NATURELLES ET MORALES DES PAYS GRÉCO-SLAVES.

S'il est un grand spectacle, s'il est un fait qui promette au monde de vastes conséquences politiques, c'est à coup sûr l'avénement des Slaves et des Grecs à la puissance et à la nationalité. Le monde gréco-slave embrasse aujourd'hui plus de la moitié de l'Europe et une énorme portion de l'Asie; il s'étend de la Prusse à la Chine, de la mer Glaciale au Turkestan et à l'Arabie. Tout le nord non scandinave lui appartient, au sud il a franchi le Caucase, et ne reconnaît d'autres limites naturelles que l'Himalaya, la Méditerranée et le nord-est de

(1) La *Revue* a déjà publié sous ce titre une suite d'études consacrées à la partie du monde gréco-slave qui se trouve placée sous la dépendance de l'empire turc. M. Cyprien Robert, qui est de retour d'un nouveau voyage dans les pays gréco-slaves, reprend aujourd'hui la série de ses travaux, non plus sur une partie, mais sur l'ensemble du monde immense dont il s'est proposé de faire connaître les tendances et les ressources.

l'Italie. Toutes les Alpes orientales jusqu'au Tyrol sont encore aujour-
d'hui habitées par les plus antiques tribus slaves; leurs rejetons couvrent
l'Autriche presque entière, et les quelques millions d'Allemands de
cet empire sont de plus en plus entraînés dans le mouvement slave.
Ce mouvement a pénétré jusque dans la Prusse, dont il agite les provinces orientales; il s'empare irrésistiblement des Moldo-Valaques; la
race ottomane, avec ses trois millions d'hommes, se perd comme une
goutte d'eau dans cet océan de nations, et le sultan ne règne plus, on
peut le dire, que par la grace des Gréco-Slaves.

Les qualités si diverses de ces peuples permettent d'en dire les
choses en apparence les plus contradictoires. Ce sont les plus mobiles
et les plus persistans, les plus durs et les plus doux, les plus indomp-
tables et les plus dociles des hommes. Grace à ce caractère complexe,
la race gréco-slave est peut-être de toutes les races la plus capable de
mener à bien les entreprises de colonisation; aussi n'en est-il pas qui
occupe une aussi vaste étendue de terre. De tous les Européens, le
Gréco-Slave est l'homme qui peut supporter le plus de fatigues, le
plus de souffrances sans en être accablé. Voyez en Pologne et en
Orient avec quelle noble sérénité il endure des tourmens et des privations inouïes. Les plus grandes diversités de climat, les changemens
les plus brusques de température, lui sont chose familière. Depuis la
mer de glace du pôle jusqu'aux mers de sable ardent de la Syrie, le
Gréco-Slave respire à l'aise. Et, ce qui est plus étonnant, le Sibérien,
ce Slave *polaire*, qui a sa hutte aux limites de la nature vivante, quoiqu'établi à plusieurs mille lieues du Bosphore, comprend néanmoins
son frère le Bulgare de la Thrace beaucoup mieux que le Provençal
ne comprend son frère d'Italie.

Kiöv, la première capitale des Russes libres, et Athènes, la nouvelle
capitale des Grecs affranchis, sont assises aux deux extrémités d'une
même chaîne de montagnes : sous mille noms divers, le groupe des
Karpathes, berceau des Gréco-Slaves, après avoir lancé en Macédoine
et en Bulgarie ses plus hautes cimes, franchit le Danube, et va répandre
sur la Volhynie, la Gallicie, la Podolie, l'Ukraine, ses dernières rami-
fications septentrionales, qui correspondent dans le sud aux chaînes
brisées des Thermopyles, de l'Attique et de la Morée. Ainsi les mêmes
montagnes qui, dans le nord, aboutissent aux campemens des Kosaques, vont au sud expirer sous les murs de Lacédémone. Quelle unité,
et en même temps quels contrastes infinis dans le développement
physique du monde gréco-slave!

Quoi de plus délicieux que le climat grec? Quel plus doux milieu entre la torpeur de la zône glacée et l'inertie de la zône brûlante? Quels horizons plus parfaitement beaux, quels paysages plus achevés que ceux de l'Hellénie? L'Italie même n'en a pas de comparables. Comment décrire les grands aspects, la quiétude éternelle, la plénitude de vie, dont on jouit dans l'Archipel? Samos, Chio, la Troade, Pathmos, toutes les îles grecques, nagent dans une atmosphère tellement éthérée, tellement dégagée de vapeurs grossières, que l'œil nu les découvre d'une distance presque fabuleuse. De loin, leurs contours se dessinent si fuyans, si aériens, qu'on dirait des nuages d'azur, bercés par la brise dans la lumière du ciel. Vues de près au contraire, ces belles îles ont des contours si précis, des couleurs et un teint en quelque sorte si vivant, qu'on les dirait animées d'une vie mystérieuse. Là on comprend les demi-dieux et les héros d'Homère. Dans ce milieu d'une transparence si pure, l'homme paraît physiquement plus qu'un homme, et ceux qui ont vu les femmes grecques, ceux qui ont pu contempler tant de charmes, s'enivrer de tels regards, s'étonnent moins que les anciens aient adoré en elles le type accompli de la beauté.

A ces divinités assises dans le paradis gréco-slave comparez les habitans slaves du septentrion : vous vous croirez transporté dans une autre planète, tant les hommes et les climats diffèrent. A Pétersbourg ou en Finlande, le ciel est tellement abaissé, qu'il semble peser sur la terre comme une voûte; on craint à chaque instant d'en atteindre les limites. A quelques pas devant soi, on ne distingue plus les objets; tout est vague, terne, lugubre. Tandis que dans l'Archipel grec les écueils même se dessinent avec grace, et qu'en mugissant contre eux les vagues harmonieuses semblent la voix des sirènes, les rochers des côtes russes, au contraire, se dressent comme de sombres géans aux yeux des matelots, et la mer y hurle, même sans être en fureur. La nuit, qui en Grèce a des lueurs si mystiques, qui dort comme Diane près d'Endymion, pleine de calme et d'amour, la nuit est en Russie pleine de terreurs et de gémissemens. Le bouleau, cet olivier des steppes, cet arbre populaire qu'on pourrait appeler le père du peuple russe, apparaît de loin, avec son feuillage blanc, comme un fantôme dans son linceul. Et le roi de la nature, l'homme, comme il semble accablé! comme ses gestes se soulèvent avec effort! comme son regard terne, sa démarche pesante, diffèrent du regard inspiré, de l'allure superbe des Hellènes! C'est surtout la femme qui subit, dans ces contrées, une pénible transformation. Ainsi qu'une fleur éclose en serre chaude, la beauté russe est frêle et dure peu; son visage s'arrondit en lignes vagues, sa taille manque de contours précis, la fraî-

cheur même de son teint semble ne pouvoir résister aux rayons du
soleil. Brillant de l'éclat de la neige, elle est molle et pesante comme
elle. Son regard humide exprime le plaisir, mais non la passion de la
vie. Quelle différence entre ce pied charnu qui se pose indécis et lent,
et le pied de la beauté grecque, aux mouvemens si vifs, si précis, qui
marche sans peser sur la terre! Ces Junons moscovites, mises en regard des Vénus de l'Archipel, semblent à peine être du même sexe.
Qui refusera cependant aux femmes russes les plus nobles qualités de
l'épouse et de la mère, une douce égalité d'humeur, un caractère supérieur, et la plupart des vertus qui caractérisent la Grecque?

Regardez-y de près, sous le voile funèbre de la nature hyperbo-
réenne, vous reconnaissez de toutes parts les caractères ineffaçables
du monde hellénique. Entre ces contrées si diverses, vous découvrirez
des harmonies secrètes et les liens d'une parenté primitive; il vous
sera révélé pourquoi les Russes sont Orientaux, pourquoi ils tendent
au Bosphore, pourquoi ils sont de rite grec plutôt que de rite latin, et
vous avouerez alors que le monde gréco-slave a été créé un et indivisible. C'est surtout durant l'hiver qu'on est frappé de cette physionomie hellénique de la Russie. Quand le froid a bien pris possession
de la nature, quand il a condensé les brouillards et fait tomber en
neige les derniers nuages, alors tout change d'aspect : le ciel se revêt
d'un azur magnifique; le voyageur, dont le regard était borné naguère à un étroit horizon, découvre avec étonnement des perspec-
tives si lointaines et si pures, qu'il se rappelle Athènes et Smyrne,
et peut se croire un moment transporté aux régions de la lumière.
Tout ce qui caractérise les horizons grecs au printemps et en été se
reproduit en hiver, presque avec le même éclat, sous le ciel russe.
C'est sous la glace et la neige le même calme grandiose de la nature,
le même silence des forêts, le même repos de la vie animale, la même
simplicité homérique dans les rapports sociaux : partout cet air de méditation profonde et de mélancolie rêveuse qu'on admire chez les Hellènes du sud. Il n'est pas jusqu'aux aurores boréales qui, par la féerie
de leur illumination, ne fassent souvenir des soleils couchans du mont
Athos et de l'Olympe.

Un voyage d'hiver dans la *polé* ou les steppes offre des scènes analogues à celles des déserts de l'Arabie; seulement, au lieu du sable,
c'est la neige qui étincelle à vos yeux, et répercute de toutes parts
la clarté d'un ciel d'azur. Ces immenses forêts de la Pologne et des
Kosaquies, où l'on voyage des jours entiers sans voir remuer le plus
mince rameau, sans entendre soupirer le plus léger bruit, où chaque

sapin, chargé de glaçons pendans, figure un arbre en stalactite, où la sève végétale elle-même s'est laissée, comme les fleuves, arrêter dans son cours par la congélation, ces étranges solitudes du nord rappellent à l'esprit celles de l'extrême midi. La mort semble les remplir, mort féconde d'où découle la vie du globe. Et dans ce vaste sépulcre, voyez l'homme, seul être qui sache échapper à la prostration universelle; voyez le Russe en hiver. Quelle brûlante activité! Remarquez-vous cette caravane de chariots moscovites qui porte aux cités chinoises les étoffes et les produits de l'Europe? A voir cheminer en chantant et d'un pas rapide les *izvostchiks* à travers les steppes silencieuses des indolens Tatars et des Mongols assoupis, ne diriez-vous pas des Hellènes? Ne semble-t-il pas voir le Grec d'Anatolie faisant le voyage de Stambol à Damas à travers ces populations asiatiques couchées, pour ainsi dire, dans leur inertie, et dont il est par son activité la providence sociale?

Le Russe, c'est le Grec émigré au nord; il a, comme son frère du sud, le goût des entreprises et des aventures lointaines, joint à un ardent amour du lieu natal. Il est naturellement diplomate, mais plus encore poète, marchand, et surtout citoyen. Affaibli, à la vérité, par les influences de son climat, découragé par l'habitude de souffrir, il n'a point su encore traduire en réalité ses ardentes aspirations vers la liberté civique. La nature est pour lui un ennemi inflexible qui le tient courbé sous un joug de fer; mais terrassé chaque jour par ce tyran jaloux, le Russe se relève incessamment pour recommencer la lutte contre les entraves physiques et les chaînes morales dont il se sent accablé. Respectons cet Hellène asservi; s'il aime tant la liberté, pourquoi ne l'obtiendrait-il pas enfin? Pourquoi refuser sympathie à ses efforts, à ses douleurs?

La Russie offre, comme les pays grecs, les plus frappans contrastes et la plus grande inégalité de développement entre ses classes sociales, ses tribus, ses peuples : on y trouve la vie de la nature à l'état le plus élémentaire auprès de la vie moderne avec ses exigences les plus excentriques. Visitez, par exemple, aux bouches du Volga, la grande Astrakhan : toute l'élégance de l'Europe, mêlée aux plus voluptueux raffinemens du luxe asiatique, éclate dans ses murs; mais sur les steppes qui l'entourent errent les sales Kalmouks au visage difforme, et les Bachkirs demi-nus. Leurs villages mobiles, composés de chariots, roulent, suivant les saisons et les besoins de leurs troupeaux, d'un pâturage à l'autre; ils ont le même genre de vie que les Tsiganes de la Romélie, les Nogaïs des plaines bulgares, et les Vlaques nomades des

montagnes de la Grèce. Parcourez la steppe, vous y serez assaillis par
des tempêtes de sable comme dans les déserts de la Syrie; des trombes
s'y élèvent qui changent subitement l'aspect des lieux, dérobent à
d'énormes distances la vue des chaussées impériales, et enterrent
même des caravanes sous leurs monceaux de sable. Les phénomènes
du mirage se reproduisent dans la steppe comme autour de Palmyre;
enfin les lacs salins de la Caspienne ne sont pas moins merveilleux que
le Méroë et les plaines de sel de l'Égypte.

Enfoncez-vous dans le nord russe : vous trouverez au-delà du Volga
une nature aussi vierge que la nature américaine. Quoi de plus poétiquement sauvage que la Finlande? Ses montagnes noires et dépouillées de toute verdure n'ont pas sans doute le charme de celles de
la Suisse, mais elles les surpassent par leur majestueuse horreur.
Ces roches irrégulières croisant partout le cours des eaux produisent
des milliers de cataractes effrayantes. Celle d'Imatra, formée par la
chute d'un fleuve plus large que la Seine à Paris, se précipite d'une
hauteur de 300 toises. Des torrens dont les eaux noires, chargées
d'une écume verte, tourbillonnent au fond des abîmes, des bruits de
cascade mêlés aux hurlemens confus des ours et des loups qui s'en-
tredévorent, une terre qui a la couleur du fer, des granits qui ont la
dureté du diamant, un ciel composé de vapeurs grises, une végétation
écrasée par la violence des vents : tels sont les sites finlandais.

L'aspect de la Sibérie est encore plus étrange. Ce pays, qui, à lui
seul, est dix-sept fois grand comme la France, renferme des horreurs
et des beautés naturelles semblables à celles que M. de Châteaubriand
a idéalisées dans *les Natchez* et dans *Atala*. D'immenses forêts primitives, où le sauvage seul a quelquefois mis le pied, couvrent les montagnes. A la base de ces plateaux dépouillés se déroulent des savanes
à perte de vue, sans aucun habitant, et des marais vastes comme des
mers, peuplés seulement d'oiseaux aquatiques, dont une foule sont
encore inconnus au naturaliste. Le lac Baïkal, qui a 175 lieues de
long sur 30 de large, offre le long de ses rives des scènes aussi imposantes que celles du Canada et du fleuve Saint-Laurent. Autour de
ce beau lac se sont accomplies jadis des révolutions inconnues, dont
tout le pays a conservé un vague et formidable souvenir : on peuple
les forêts qui l'entourent de tout une race de génies invisibles; leurs
exploits et leurs malheurs ont inspiré une longue série de chants populaires. Les Sibériens appellent le Baïkal la *mer sainte;* il est pour
eux ce qu'est pour les Grecs et les Vlaques de l'Épire le terrible lac
Averne. L'indigène n'aborde qu'avec une religieuse terreur l'un et

l'autre de ces lacs : il craint sans cesse de troubler les mystères qui se célèbrent dans leurs abîmes, car, quand la tempête y gronde, on y entend la voix des aïeux. Le Baïkal est encaissé entre des rochers perpendiculaires qui plongent sous l'eau jusqu'à 2 ou 300 mètres. Ce lac est d'une telle profondeur, qu'à quelques pas du rivage on ne peut plus le sonder. La capitale de la Sibérie, Irkoutsk, se trouve presque aux limites de la vie végétale, et cependant le colon gréco-slave a porté jusque-là les arts d'Europe, aussi bien que les usages de la Grèce. Dans les rues d'Irkoutsk, la calèche parisienne se croise en roulant avec le char grec antique, devenu le *drochki* russe, et les Chinois, qui entretiennent avec cette ville un commerce actif, s'étonnent de voir l'Europe et ses mœurs transplantées si près de leurs frontières.

Plus loin encore, vous trouvez le Kamtchatka, presqu'île tellement dévastée par les brumes éternelles et les vents de la mer Glaciale, que toute culture y est presque impossible; mais le feu souterrain que la glace refoule y réagit avec d'autant plus de fureur. Comme la Sicile, cette péninsule a son Etna qui l'ébranle tout entière et lui déchire incessamment les entrailles. Là, du milieu des neiges s'élancent des gerbes enflammées; là, un fleuve entier d'eau thermale coule en formant des cascades, et ses rives, respectées par les vents du pôle, étalent tout le luxe d'une végétation méridionale; là enfin, durant leurs longues chasses, le Tongouse et l'Iakout à demi gelés peuvent, en passant, se réchauffer au feu des cratères. Si l'on voulait comparer les deux îles extrêmes du monde gréco-slave : Candie, près de l'Égypte, et la Nouvelle-Zemble, près du pôle, quelle foule de contrastes jailliraient de ce rapprochement! Comment peindre les magnificences des trois règnes de la nature dans ce monde immense, depuis Irkoutsk jusqu'à Damas en Syrie?

Dans cette Syrie des Séleucides, où l'hellénisme alexandrin eut ses plus célèbres écoles, les Grecs aujourd'hui ne forment plus, il est vrai, qu'une population peu nombreuse. Néanmoins ils en cultivent encore les plus beaux districts; à eux appartiennent les plus féconds plateaux de l'anti-Liban, à eux la plaine embaumée de Naplouse, avec ses forêts de limoniers et de palmiers. Unis aux Maronites, ils mettent ce peuple de laboureurs en rapport avec la mer. Damas elle-même leur doit en grande partie les félicités dont elle jouit, et qui l'ont fait surnommer en Orient la *maison de délices*, *l'odeur du Paradis*. De la voluptueuse Damas jusqu'à Constantinople s'étend une ligne non interrompue de villes grecques, et ces villes unissent aux plus belles positions maritimes du monde le charme d'un climat qui en fait des asiles enchantés.

Il n'y a pas dans l'échelle de la civilisation de degré où ne se rencontre assise quelque tribu rattachée par l'origine ou par un lien moral au monde gréco-slave. On retrouve toutes les superstitions de l'Indostan et des antiques Parsis chez les Bachkirs de la steppe et les Guèbres de la Caspienne. Le Sibérien idolâtre qui a laissé ses rennes du côté de Tobolsk se croise, dans les capitales russes, avec le Tchernomortse musulman qui a laissé ses chameaux endormis au pied des mosquées du Caucase. Pendant que les Samoïèdes et les Tongouses vivent encore à peu près comme les sauvages d'Amérique, voyez lutter et gémir, au sein d'une civilisation comparable à la nôtre, la grande victime des rois et de la diplomatie, la généreuse Pologne. Opprimée, foulée aux pieds, cette France gréco-slave est encore plus belle, plus riche d'enthousiasme, plus patriotique, plus fière même que ses oppresseurs. Celui qui visite Varsovie, qui voit son mouvement littéraire et commercial, la grace exquise de ses femmes, l'élégance et la distinction des plus simples ouvriers, se croit transporté à Dresde ou à Florence.

Quels contrastes de mœurs, et cependant quelle ressemblance intime entre la race chevaleresque des Polonais et les Grecs, ces philosophes de la mer et du commerce, qui unissent le génie positif et calculateur des races marchandes au mystique enthousiasme des peuples artistes : doux et caressans comme des femmes, obstinés et tenaces comme des lions! Quelques points de la terre gréco-slave, comme Syra, Chio, Samos, Candie, sont à ranger parmi les lieux les plus fréquentés du globe, tandis qu'au fond des continens se cachent des royaumes tellement écartés de toutes les grandes routes du commerce, qu'ils peuvent à peine connaître l'état du reste du monde. Voyez le royaume de Gallicie, encaissé au milieu de ses montagnes, et de plus séquestré par des lignes de douanes inflexibles : ne dirait-on pas un prisonnier dans son cachot? Et la Bohême, qu'enveloppe de tous côtés le rempart de granit des Sudètes et de l'Erzgebirge, cette Bohême solitaire ne semble-t-elle pas une cellule d'ermites, une retraite de philosophes? Aussi, malgré la richesse de son développement intellectuel, malgré son industrie immense et la profondeur métaphysique de ses pensées, le peuple, en Bohême, se ressent de l'isolement contemplatif où il vit. Allez plus loin, cherchez le Finnois acculé aux solitudes éternelles de la zône glaciale; placez cet homme austère, qui vit, souffre et meurt dans ses brouillards sans presque rien connaître du reste du globe, placez-le en face du Slave danubien qui a sa hutte au bord du grand chemin continental ouvert par la nature entre l'Eu-

rope et l'Asie, ou mieux encore en face du Grec de Smyrne ou de la
Canée, qui voit chaque année passer sous ses yeux les flottes de
toutes les nations. Rapprochez dans un même tableau l'héroïque Pologne, la savante Bohême, la noire Moscovie, la brillante Ionie, et vous
aurez une idée des antithèses, des harmonies gréco-slaves.

II.

LES GRECS, LEUR RÔLE VIS-A-VIS DES SLAVES.

Forte de plus de cent millions d'hommes, la race gréco-slave se
compose d'une foule de tribus, qui se divisent en plusieurs groupes
ou nationalités. Plusieurs de ces groupes n'ont pas encore, il est vrai,
atteint un assez haut développement et n'éprouvent pas un sentiment
assez vif de leur mission spéciale, de leurs besoins civils, pour qu'on
puisse les considérer comme des nations. Parmi ces sociétés endormies, dont la Providence prépare lentement le réveil politique, pour
délivrer peut-être un jour l'Occident des terreurs que lui inspire la
Russie, il faut nommer les Bulgares, les Kosaques, les Sibériens. Outre
ces sociétés encore indécises dans leur marche, le monde gréco-slave
renferme des nationalités historiques, permanentes, et, on peut le
dire, indestructibles : tels sont les Grecs, les Illyriens ou Slavo-Ma-
ghyares, les Tchéquo-Slaves ou Slaves de Bohême, de Moravie et de
Silésie, les Polonais et les Russes. Passer en revue ces cinq grandes
nationalités, indiquer leurs rapports, leur rôle et leurs tendances, c'est
apprécier en même temps les forces et l'avenir social de cette moitié
de l'Europe que d'intimes analogies de langage, de rites et d'institutions désignent à notre attention comme formant un monde à part,
une grande unité morale.

Quoique les moins nombreux d'entre ces cinq grands peuples, les
Grecs méritent d'être cités les premiers pour l'ancienneté de leur
origine et l'avantage de leur position géographique. Cette position en
effet est telle qu'elle les fera de plus en plus intervenir, comme acteurs indispensables, dans les débats des puissances au sujet de l'O-
rient. On ne connaît point le chiffre, même approximatif, de la population grecque; la plus haute évaluation est celle qui la porte à trois
millions. Disséminés comme les Juifs à travers le monde, les Grecs
sont partout, à l'opposé des Juifs, ardens patriotes, et prêts aux plus
grands sacrifices pour la gloire de leur pays. Tels ils se montrent en
Syrie, en Égypte, sur le Bosphore, et jusque dans la Russie méridio-

nale, où ils ont émigré par milliers et remplissent des cités entières.
Réduit peut-être au dixième de ce qu'il était dans l'antiquité, le peuple
grec a du moins l'avantage d'être resté le seul habitant de ses principaux foyers et le cultivateur fidèle des champs où vivaient ses aïeux.
Les provinces grecques ont pu être dévastées, et les populations renouvelées cent fois par les barbares; il est cependant toujours resté
assez d'Hellènes pour protester contre la conquête, continuer le règne
moral de la race indigène, et fondre en eux-mêmes toutes les colonies étrangères venues pour les remplacer. Si l'on mesurait le territoire où les Grecs forment encore la majorité de la population, l'Archipel, les îles Ioniennes, la Morée, la Romélie, le littoral de l'Asie
mineure, on trouverait que ce territoire est fait pour une nation d'au
moins trente millions d'individus. Avec l'aide du temps, la nature ne
peut manquer de réaliser un jour, pour les pays grecs, ce nombre
d'habitans; mais, réduisit-on ce chiffre de moitié, on aurait encore
une nation imposante.

De frivoles touristes vont répétant que la Grèce est morte, que les
anciens Hellènes ne peuvent renaître, que le Grec moderne est un
barbare. Ce sont là des jugemens sans base. Si l'on se donnait la peine
de sonder le fond de la nature grecque, on verrait entre la Grèce
ancienne et la Grèce actuelle moins de différences que d'analogies.
Je dirai plus, le génie grec a gardé, avec ses antiques défauts, toutes
les qualités qui firent sa gloire. Les plus nobles types de héros et de
citoyens des âges classiques se retrouvent parmi les chefs populaires
de l'Hellade. Il n'y a pas jusqu'à la beauté physique qui ne se soit
conservée sans altération. Les Thésées, les Apollons, toutes les statues, tous les idéals célèbres de nos musées vivent encore dans ces
îles. Le front, le profil, le regard du Grec, sont toujours les plus nobles et les plus spirituels du monde. La Grecque elle-même n'a rien
perdu de cette beauté à la fois céleste et terrestre, de cette grace enivrante et chaste, dont Praxitèle donna au marbre l'impérissable empreinte.

Le dédain affecté des touristes ne fait tort qu'à eux-mêmes; il est
d'autres assertions qu'il faut discuter plus sérieusement, car elles trahissent la pensée secrète d'une politique envahissante. La *slavisation*
des Grecs modernes a beaucoup préoccupé les publicistes russes et les
écrivains allemands dévoués à la Russie. Il est un fait qu'on pourrait
soutenir avec la même apparence d'impartialité : c'est l'*hellénisation*
des Slaves. D'où émanent toutes les antiques institutions slavonnes,
sinon de Byzance? d'où les provinces slaves de Turquie tirent-elles le

peu d'industrie qui les anime, si ce n'est de l'infatigable activité des Grecs? Sans eux que serait l'Albanie? la Serbie, si jalouse du *Roméos*, que deviendrait-elle sans lui? En Serbie, les meilleures maisons de commerce, les meilleurs *hanes*, les meilleures écoles, sont tenus par des Grecs. Le Grec est le *mens agitans molem* de tout l'Orient : où il manque, il y a barbarie.

Sans doute on ne peut nier que les invasions slaves du moyen-âge n'aient rempli d'étrangers toutes les anciennes provinces de Byzance. Que s'ensuit-il, si ces étrangers aujourd'hui parlent grec, sentent et vivent à la grecque? Loin de rougir de ces souvenirs, l'Hellène doit en être fier. N'est-il pas étonnant en effet qu'un aussi petit peuple, sans cesse inondé, envahi par des millions de barbares, les fonde peu à peu dans sa propre unité, et, vaincu par la force brutale, réussisse, par la supériorité de sa pensée, à subjuguer ses maîtres au point de leur faire perdre l'usage de leur propre langue? Au lieu de chercher avec les érudits allemands les traces de l'action slave chez les Grecs, on devrait plutôt chercher par quels chemins inconnus, par quelle force mystérieuse l'hellénisme a pu s'étendre comme un fluide électrique jusqu'aux terres slaves les plus lointaines. Le principe hellénique est le lien commun, le génie fécondant de la moitié de l'Europe; sans lui, les Slaves auraient été privés de l'influence vivifiante qui a maintenu et fortifié leur originalité; sans lui, l'Europe ne connaîtrait que des Germains plus ou moins latinisés, l'uniformité romaine régnerait partout. Dans l'ordre religieux, examinez les croyances, les pratiques, les cérémonies des Slaves; ne sont-elles pas toutes grecques? En quoi la messe et le symbole de Pétersbourg diffèrent-ils de ceux d'Athènes? — Les costumes slaves, malgré leur variété, trahissent presque tous leur origine byzantine. Le vêtement serbe est jusqu'à cette heure presque entièrement grec : ce sont la coiffure, le spencer du palicare, et ses bottines d'étoffe brodées, diaprées pour ainsi dire de vives couleurs. La blanche tunique grecque a passé des Illyriens aux Kosaques et à tous les Russes. Le *kakochnik*, dont les femmes de Moscou chargent leur tête, semble détaché d'une mosaïque d'Anatolie. Comme le paysan du Péloponèse, le moujik de Pétersbourg recherche surtout pour vêtement les blanches fourrures de ses agneaux, dont il retourne en dedans la chaude toison pour l'hiver. — Dans les arts, la soumission du Slave au génie grec n'est pas moins évidente. Si je vais contempler le *grad* ou *kremle* de Prague, de Cracovie, de Kiöv, de Moscou, de Novgorod, je n'y vois que des copies successives de l'acropolis d'Athènes. Toutes les cathédrales slaves répètent la Sainte-Sophie du Bosphore, et le plus souvent en portent le nom. Les mœurs et les superstitions des Serbes, des Bulgares, des Valaques, sont en tout celles des Grecs. Les Slaves ont pris des Hellènes jusqu'à leur musique religieuse et profane. C'est ainsi que les Slaves ont envahi la Grèce! c'est ainsi que la Grèce est *slavisée!*

Loin de porter la trace d'une influence étrangère, le génie grec atteste son indépendance par la variété même de ses manifestations. Aucun pays n'offre autant de contrastes que l'Hellénie. Chacune des tribus qui l'habitent, tout en se conformant au caractère général, a ses traits spéciaux, sa physionomie à part. Ces familles diverses peuvent se rapporter à trois grands types : le *Roméos*, l'Hellène proprement dit, et l'insulaire. Les *Roméi* ou Roméliotes, répandus depuis l'Épire jusqu'à Constantinople, tendent au Bosphore. Les Hellènes proprement dits, ou ceux du royaume actuel, furent de tout temps groupés autour d'Athènes et de l'antique Lacédémone. Enfin, les insulaires, tribus nées du sang grec mêlé au sang franc, africain et asiatique, se tournent pour la plupart vers l'Occident. Ce sont les plus actifs, mais aussi les plus turbulens d'entre les Grecs, et, par un engouement trop aveugle soit pour la France, soit pour l'Angleterre, ils ont plus d'une fois compromis les destinées de l'Orient.

La vaste Romélie recèle dans son sein tous les extrêmes. Cette terre des palicares a gardé dans ses asiles montagneux les mœurs homériques avec leur grandiose simplicité, tandis que ceux de ses enfans établis sur le Bosphore ont toutes les idées de l'Europe moderne, et transportent dans leurs salons les raffinemens les plus exquis de l'élégance parisienne. Dans la vie et les institutions actuelles des Roméliotes, on retrouve l'empreinte de tous les âges du monde. Tandis que les mœurs byzantines règnent encore dans les bas quartiers du Fanar, les mœurs rudes, l'allure superbe de l'hellénisme païen, se sont conservées chez les montagnards. La vie manufacturière et quasi-anglaise de quelques tribus des vallées thessalo-macédoniennes contraste avec la vie simple de certains districts agricoles, qui ont conservé jusqu'à la charrue pélasgique décrite par Hésiode. A l'aristocratie militaire des guerriers de l'Agrapha et de l'Olympe, on peut opposer la démocratie primitive des *Vlaques* (Βλαχοι), tribus nomades, qui, suivant les saisons, montent ou descendent avec leurs troupeaux de la base aux sommets du Pinde. Telles sont les diverses peuplades qui forment, sous le nom de Roméliotes, le premier élément de la nationalité hellénique. A côté de ces nombreuses tribus, le mélange continuel du Bulgare et du Serbe avec le Roméos a produit en Romélie un peuple mixte, les Tsintsars, qu'on évalue à six cent mille individus. Parlant à la fois grec et slave, appartenant par ses mariages, ses liaisons, ses intérêts de commerce, aux deux races, ce peuple métis, qui parcourt toute l'Europe, a contribué beaucoup à y décréditer les Grecs, dont il n'a guère que les défauts, sans les qualités. Le Tsintsar et le Fanariote sont les deux génies funestes de la Romélie : l'un, par ses liaisons d'argent et d'amitié avec les marchands d'Autriche, l'autre, par sa servilité vis-à-vis de la Porte, ont constamment paralysé les efforts tentés par les Roméi pour conquérir la liberté. Eux seuls prolongent la durée du joug turc. Le royaume actuel de l'Hellade comptait jusqu'en 1833 peu de Fanariotes et de Tsintsars parmi ses habitans; c'est là une des causes auxquelles il doit son indépendance.

Le second élément de la nationalité hellénique est représenté par le royaume d'Athènes. Ce petit état a chèrement payé les garanties diplomatiques assurées par l'Europe à son gouvernement. L'intervention des trois puissances en sa faveur réduisit à huit cent quarante mille citoyens la population d'un état qui comptait plus de deux millions d'habitans, et s'étendait de Candie jusqu'en Macédoine et en Épire. On répondra que cette Hellade officielle, dont on a posé les limites tellement en-deçà des frontières véritables de l'Hellénie, présente néanmoins une superficie de onze à douze cents milles géographiques carrés. Ce territoire, dit-on, pourra nourrir un jour de six à huit millions d'habitans, même en ne le supposant peuplé que dans la proportion où l'est l'Europe occidentale, proportion qu'il est facile d'atteindre dans un pays aussi fécond, aussi merveilleusement situé que l'Hellade. — Cette observation n'est pas entièrement juste : sans doute l'Hellade devra prospérer avec une grande rapidité dès qu'elle sera constituée dans ses limites naturelles; mais le peut-elle, tant qu'elle sera séparée de la Thessalie, de l'Épire et de la Macédoine méridionale? Ces trois provinces, essentiellement agricoles, où languissent sept cent mille laboureurs grecs de race pure, sans compter les Vlaques et les Tsintsars, ces provinces sont les greniers de l'Hellade. De tout temps, elles ont fourni les matières premières à la Grèce manufacturière et maritime. Retenir sous le joug turc ces provinces nourricières, c'est donc interdire à l'Hellade de prospérer. On veut qu'elle ait une grande industrie, qu'elle se couvre de fabriques, et elle ne peut se procurer en quantité suffisante des matières brutes pour la fabrication. Si l'Europe craint d'augmenter outre mesure les forces de l'Hellade en lui accordant les trois provinces qu'elle réclame,

on pourrait du moins, sans les séparer de la Porte, les unir douaniè-
rement au royaume.

C'est toutefois sur les îles, il faut le reconnaître, que repose principalement la puissance de la Grèce; la population insulaire, qui forme
le troisième élément de la nationalité hellénique, en est, on peut le
dire, le bras droit. Cette dernière branche du peuple, représentée vis-
à-vis de l'Europe par la république septinsulaire de Corfou et le petit
état de Samos, est sans doute trop éparpillée pour agir avec force;
mais quel incalculable élan n'imprimerait pas aux îles grecques leur
réunion politique avec les provinces continentales! Il suffit, pour s'en
convaincre, de penser à la position qu'occupent Candie vis-à-vis de
l'Égypte, Chypre vis-à-vis de la Syrie, Rhodes et Chio vis-à-vis de l'Anatolie. Prenez seulement ces quatre îles, dont chacune pourrait former un florissant royaume; unissez-les avec la Morée et l'Épire, avec
Athènes et Corfou, puis cherchez s'il y aurait dans le monde une puissance maritime comparable à celle-là. Une preuve irrécusable de la
prospérité croissante du commerce hellénique, c'est l'état de sa marine
marchande, qui ne comptait, avant l'insurrection, que 600 barques
armées, et s'élève aujourd'hui à plus de 3,500 voiles, sans compter
la marine de guerre.

Oui, la Grèce sera grande sur mer comme sur terre. L'apparente
léthargie où languit ce pays depuis qu'il est devenu royaume ne saurait
inspirer des craintes sérieuses aux amis de sa cause. Le *statu quo* des
Hellènes ne vient pas d'eux, mais de la diplomatie; il s'explique par
les désirs secrets de l'Europe, qui cache sous le culte de l'immobilité
politique l'intention mal déguisée de partager l'Orient. Les puissances intéressées se gardent bien de laisser se rejoindre les parties
démembrées du monde oriental. C'est pourquoi elles maintiennent la
division de la Grèce en trois parties sous trois gouvernemens distincts. Destinée à conserver une harmonie nécessaire entre la souveraineté hellénique et les empires si divers qui l'entourent, cette division n'a de réalité que dans le monde des formes et des mœurs; elle
n'est que la triple manifestation d'un même principe social, d'un même
intérêt de race. En dépit des efforts de la diplomatie européenne, les
trois Hellénies ne formeront jamais qu'une triade indivisible. Corfou,
Athènes, la Romélie, ne resteront séparées qu'autant que subsistera
la force étrangère qui les tient à distance, et même sous la pression
de cette force, qui n'est rien moins que le concert européen tout entier, une partie de la Grèce maintient encore sa souveraineté, et la

maintiendra toujours. Comment pourrait-elle périr, cette Grèce qui s'adosse du côté de la terre aux gorges impénétrables de l'Olympe et de l'Agrapha, et qui a devant elle, comme autant d'alliés terribles contre l'attaque des grandes flottes, les innombrables écueils de ses mers? Cette Grèce, aujourd'hui si calme, peut au besoin lancer contre ses ennemis des nuées sans cesse renaissantes d'intrépides corsaires; même conquise, elle peut, à l'aide de ses klephtes, harceler, décimer, épuiser enfin l'armée conquérante la plus nombreuse. L'Hellade ne montre aujourd'hui aucune impatience, aucune précipitation, elle attend l'avenir avec confiance, car elle n'ignore pas que ses destinées ne peuvent lui échapper.

Les provinces habitées par le peuple grec doivent à leur admirable position de pouvoir regarder comme auxiliaires, et pour ainsi dire comme annexes fédérales, de grandes régions adjacentes plus étendues que la Grèce elle-même. Ces vastes régions, par le désavantage de leur situation géographique, resteront privées à jamais de débouchés commerciaux et d'influence politique dans le monde, si elles ne s'unissent à la Grèce. En tête de ces états, associés naturels de l'état grec, il faudrait placer l'empire du sultan, si, réduit à ses limites naturelles, il n'embrassait plus que les provinces musulmanes de l'Anatolie et la Thrace, seule partie de l'Europe réellement habitée et exploitée par le peuple osmanli. Cette enceinte *sacrée* de la race turque serait encore politiquement imposante, encore impériale, puisqu'elle aurait l'étendue de la France, et renfermerait les villes de Stambol, Broussa et Andrinople, qui valent à elles seules de riches provinces. La seconde annexe fédérale du futur état grec est la Dacie ou *Roumanie*, composée des deux principautés moldave et valaque coalisées ensemble. Placée au confluent des deux races slave et grecque, la Roumanie est le nœud qui doit les unir, le champ neutre où elles peuvent se donner rendez-vous. Dès à présent, une union intime avec Constantinople, et plus tard avec la Grèce tout entière, est la seule issue laissée aux deux principautés pour échapper au blocus politique et commercial de l'Autriche et de la Russie. Outre les deux états osmanli et moldo-valaque, pour qui l'union douanière avec la Grèce est presque une nécessité d'existence, il y a encore deux grands pays où le commerce et le génie grecs n'ont pas cessé, depuis la plus haute antiquité, d'exercer une influence prépondérante; ces deux pays sont l'Anatolie et la Syrie, habitées par deux nations chrétiennes, les Arméniens et les Syriens. Impuissans les uns et les autres à se maintenir comme nation isolée, ils ne sortiront de l'esclavage qu'en devenant les *protégés*, c'est-à-dire les sujets de l'Occident, ou les *confédérés*, c'est-à-dire les égaux du peuple grec.

Ainsi les annexes politiques de la Grèce s'étendent, dans le nord, de la Roumanie à l'Ararat, et, dans le sud, des montagnes mirdites de l'Albanie jusqu'aux districts maronites du Liban, c'est-à-dire qu'elles aboutissent à deux montagnes libres, à deux champs d'asile chrétiens. En résumé, toutes ces annexes de la Grèce embrasseraient, sans y comprendre les Slaves de Turquie, douze à quinze millions d'hommes, dont les trois quarts sont chrétiens; le reste est Turc. Telle serait l'étendue possible de l'union panhellénienne. On voit qu'embrassant des peuples si divers, rapprochés seulement par la communauté d'intérêts, cette union ne pourrait être que fédérale; toutefois la puissance grecque, maîtresse des principaux débouchés maritimes, exercerait par là même sur les états associés une force d'attraction irrésistible, que l'assentiment du congrès fédéral changerait sans peine en force de contrainte pour les cas de danger commun.

III.

PEUPLES ILLYRIENS.

Après la nationalité grecque, la première place dans le monde gréco-slave semble devoir tôt ou tard appartenir à ce groupe de peuples désignés dans l'histoire sous le nom de nation illyrienne, et représentés vis-à-vis de la diplomatie européenne par le royaume slavo-maghyare de Hongrie et la principauté serbe. Les Illyriens, avant Jésus-Christ, formaient une vaste confédération de petits rois et de républiques qui couvraient tout le nord de la péninsule d'Orient depuis l'Attique et l'Épire jusqu'au Danube et au Pont-Euxin. On verra bientôt que cet état primitif de la *Grande-Illyrie* est celui auquel tend de nouveau l'Illyrie moderne.

Les Illyriens, qui sont incontestablement les plus anciens des Slaves, forment peut-être la plus antique souche humaine qui existe à cette heure en Europe. L'Albanie, *terre blanche* ou terre d'hommes libres, paraît avoir été long-temps leur forteresse naturelle, le rempart derrière lequel ces peuples terribles mettaient en sûreté les riches trophées de leurs victoires, le refuge où ils se retranchaient dans la défaite. Il semble même que ce soit au fond des vallées albanaises qu'il faille chercher le berceau commun de la race slave et de la race hellénique. L'histoire a constaté les combats acharnés que dut livrer la république romaine aux corsaires d'Illyrie pour les réduire au repos. On sait l'influence que ces peuples ont de tout temps exercée sur le sort de l'Italie; mais ce qu'on ne sait pas et ce que la vanité des historiens grecs a peut-être tenu à dessein dans l'oubli, c'est la part des Illyriens aux triomphes militaires des Hellènes. Quand la guerre séculaire des rois de Macédoine contre ces peuples eut amené leur incorporation à l'empire macédonien, Philippe devint le maître de la Grèce, et Alexandre alla conquérir le monde.

Malheureusement pour la Grande-Illyrie, elle fut, à cause de son étendue même, occupée dès l'origine par une foule de races hétérogènes, et l'on peut dire d'elle ce que d'autres ont dit du Nord, que c'est *une fabrique de nations*. Outre les Pelasges, pères des Grecs, et les Vlaques, qui semblent être la souche des tribus latines d'Occident, l'Illyrie renfermait une masse nomade de Scythes de toute langue. Tel est le chaos d'où se dégagèrent enfin la langue et la société slaves, destinées à personnifier l'Illyrie. Ainsi, c'est comme nation slave que l'Illyrie se montre dans les temps modernes; mais parce que l'élément slave a dans ce pays la majorité numérique, s'ensuit-il que l'Illyrie doive rejeter de son sein et exclure comme étranger tout élément qui ne serait pas slave? Le Maghyar, qui habite comme le Slave l'ancien *Illyricum*, ne doit-il pas aussi être considéré politiquement comme Illyrien? En un mot, la nouvelle nationalité illyrique n'est-elle pas, comme l'ancienne, formée d'élémens complexes? Nul doute qu'elle ne fût comprise ainsi par l'homme qui conçut le premier le dessein de la rappeler à la vie, et cet homme n'est autre que Napoléon.

Cherchant ce qu'on pourrait mettre à la place de ce flottant empire d'Autriche, dont la politique vacillante déconcertait toutes ses prévisions et déjouait tous ses plans de réorganisation européenne, Napoléon, dans un de ces momens d'illumination qui n'appartiennent qu'à lui, lança de Milan, en 1809, son fameux édit aux populations illyriennes. Il les conviait à former un grand peuple, et leur accordait tous les priviléges nécessaires pour atteindre à ce but glorieux. C'était la vaste Illyrie des Romains qui se ranimait à la voix de César. Borné d'abord au littoral slave de l'Adriatique, à la Carinthie, à la Carniole, à la Croatie, le nouveau royaume slave devait s'étendre avec les événemens : il devait absorber la race maghyare, entamer l'empire turc et grandir en face de la Russie. Ce nom terrible d'Illyriens qui rappelait tant de dévastations, tant de migrations de hordes et de tribus armées, offrait à Napoléon un favorable augure, impatient qu'il était d'aller anéantir les trônes vermoulus de l'islamisme, pour créer à leur place des états et une civilisation plus dignes de l'Orient. Il préparait cette grande entreprise, quand la fortune, lassée de lui obéir, le lança malgré lui contre l'empire du tsar. Après la chute de Napoléon, l'Illyrie retourna à ses anciens maîtres : la rouerie administrative de l'Autriche releva toutes les petites divisions, toutes les petites frontières qui parquent ses différens états, et la Grande-Illyrie, quoique en restant royaume, fut restreinte à deux provinces, qui ont pour chefs-lieux Trieste et Laibach. Toutefois, ceux des Illyriens qui se trouvaient exclus de ce royaume ne cessèrent pas pour cela de se regarder comme enfans de l'Illyrie. Fidèles à l'idée de Napoléon, ils l'ont développée de plus en plus, et aujourd'hui c'est la race entière des *Iugo-Slaves* (Slaves du sud) qui se désigne politiquement sous le nom générique d'Illyriens.

Le centre du mouvement illyrique est la Croatie. Ne comptant pas plus de 800,000 individus, le peuple croate ne mériterait de la part de l'Europe qu'une médiocre attention, s'il n'était pas l'avant-garde avouée d'un corps de bataille formé par des millions d'hommes. Parmi ces populations asservies, dont la Croatie presque libre s'est faite l'organe politique, il faut nommer surtout les *Ilires* ou *Sloventsi* qui habitent l'Istrie, toute la Carniole, le littoral maritime hongrois, et qui, sous le nom de *Vendes* ou *Venedes*, remplissent les environs de Venise et de Trieste, une partie du Frioul, de la Carinthie et de la Styrie. Leur nombre est d'à peu près 1,200,000. Ilires et Croates réunis forment donc 2 millions d'hommes; mais, placés immédiatement sous la police autrichienne, les Ilires ne peuvent se mouvoir ni s'exprimer aussi librement que les Croates, qui forment en Hongrie un royaume à part ou plutôt une espèce de république avec les droits municipaux les plus étendus.

Plus libre encore que les Croates s'élève au milieu de l'Illyrie le peuple serbe, dont une partie est déjà entièrement indépendante sous un prince de son sang qu'elle s'est choisie elle-même. Ces Serbes qui forment, parmi les Slaves du sud, la branche la plus nombreuse et la mieux douée, la branche en quelque sorte royale, sont au nombre de 5,300,000, dont 2,600,000 sous le sceptre autrichien, et le reste en Turquie. La force numérique des Serbo-Illyriens s'élève donc à 7,300,000 individus. La nation serbe, déjà considérable, peut regarder comme son annexe naturelle la nation bulgare, dont la langue diffère si peu du serbe, que les deux peuples se comprennent réciproquement en parlant chacun son idiome. Les rayas de langue bulgare sont évalués à quatre millions et demi. Ainsi la population slave de l'ancien *Illyricum* n'offre pas moins de 11,300,000 ames. Les Bulgares peuvent, il est vrai, se considérer tout aussi bien comme annexes de la Grèce que comme annexes de l'Illyrie. Néanmoins, quoi qu'il arrive, ils resteront Slaves, et solidaires par conséquent des destinées de la race qui occupe la majorité du territoire illyrien. Par leur position intermédiaire, habitant les deux côtés du Balkan, tournés les uns vers le Danube, les autres vers la mer Égée, les Bulgares tendent à s'annexer commercialement, moitié à l'Illyrie, moitié à la Grèce. La Bulgarie pourrait, de cette manière, devenir le nœud qui relierait le système illyrique au système panhellénien.

Habité, comme on voit, par 11,300,000 Slaves, l'ancien Illyricum renferme en outre la nation maghyare, nation d'une énergie formidable, en qui paraît s'être incarné de nouveau l'ancien génie de l'Illyrie, également propre à la conquête et à la résistance. Il serait difficile de préciser le nombre exact des Maghyars, car ils se sont trop disséminés dans les vastes provinces qu'ils se croient appelés à gouverner; mais élevât-on ce nombre même à 4 millions, en y comprenant les amis et les cliens des Maghyars, qu'est-ce que ce chiffre auprès de celui des Slaves, nous ne dirons pas de toute l'Autriche, mais du seul royaume de Hongrie? L'incroyable ascendant que le Maghyar exerce sur les peuples du Danube ne peut s'expliquer que par l'état déplorable de désorganisation politique où se trouve la race indigène de l'Illyricum. Les conquérans s'en sont fait trois grandes parts : il y a l'Illyrie turque, l'Illyrie hongroise et l'Illyrie autrichienne; chacune est administrée, ou plutôt opprimée d'une façon essentiellement différente. En outre, chacune de ces trois grandes fractions se subdivise presque à l'infini. En Turquie, il y a la Croatie turque, la Bosnie, la Serbie, le Monténégro, l'Hertsegovine. En Hongrie, il y a le royaume de Slavonie, qui a ses droits particuliers isolément du banat de Temesvar; il y a le royaume croate et la Croatie militaire, puis une autre petite Croatie soumise aux Maghyars, et comptant 145,000 habitans. Sous la police immédiate de l'Autriche, il y a la Styrie, qui est séparée de la Carinthie par des lois spéciales; il y a les Ilires, il y a enfin la Dalmatie, où 400,000 Serbes sont forcés de vivre à part, et investis presque malgré eux de priviléges exclusifs. Partout c'est une profusion incroyable de prérogatives et de chartes, une comédie constitutionnelle complète. Nulle part le machiavélisme de l'esprit de conquête ne s'offre plus à nu.

Cependant, en dépit de tant d'obstacles, les Slaves de l'Illyricum sont parvenus, après trente ans d'efforts, à se frayer par l'unité de langage un large chemin vers l'unité sociale. Toutes ces populations sont unies aujourd'hui par une même langue littéraire, qui est celle de la branche la plus nombreuse des Illyriens, la langue serbe, idiome vulgaire de toute la côte de l'Adriatique depuis Capo-d'Istria jusqu'aux bouches de la Boïana, en Albanie, et des rivages du Danube depuis Vidin jusqu'aux approches de Pesth. Quand on se rappelle la prodigieuse anarchie de langues qui régnait, à l'entrée de ce siècle, parmi les Slaves du sud, quand on pense à ces systèmes d'orthographe, à ces littératures microscopiques qui se disputaient chaque coin de l'Illyrie,. on ne peut s'empêcher d'admirer la constance déployée par les chefs de ce mouvement unitaire. Que de dégoûts, que d'obstacles il fallait surmonter ! Comment répondre à toutes les niaises objections du provincialisme et des intérêts de clocher ? Le succès a cependant couronné les efforts des unitaires, et on s'étonnera davantage encore de ce succès inattendu, quand on saura qu'il est dû presque entièrement à un seul homme, à Liudevit Gaï (1).

N'est-il pas naturel que, sortis vainqueurs d'un tel combat, les unitaires illyriens, dans l'ivresse de leur triomphe, en aient exagéré les conséquences? Représentant en politique l'école française ou centralisatrice, ils devaient être portés à l'esprit d'exclusion; cette tendance, poussée à l'extrême, a fait leur malheur. A force de tout rapporter à un principe unique, de condenser pour ainsi dire en une seule famille tous les peuples d'Illyrie, ils ont fini par s'aliéner quiconque n'était pas membre de ce peuple élu, et un jour ils se sont trouvés seuls en face des Allemands et des Maghyars conjurés. Sur un champ de bataille, ils n'auraient pas fléchi; dans les chancelleries, que pouvaient-ils contre toute la noblesse et la bureaucratie de l'empire? Ils ont dû, en vrais Slaves, faire comme le roseau, et ils attendent, la tête courbée, que l'orage passe.

L'orage passera, et l'avenir verra l'Illyrie se relever avec des forces nouvelles. Ses émancipateurs n'oublieront plus surtout que, destinée à remplacer la race allemande à la tête de l'empire d'Autriche, la nationalité illyrienne doit, comme cet empire, présenter des élémens complexes. Tout en défendant leur race contre d'injustes et absurdes projets d'absorption, ils ne parleront plus de se séparer des Maghyars,

(1) Fondateur et directeur de la *Danitsa*, une des plus intéressantes revues slaves, et du journal politique d'Agram. On a trop ignoré jusqu'à ce jour les progrès remarquables faits par les littératures de l'Europe orientale depuis un demi-siècle. Nous nous proposons de consacrer plus tard quelques études à ce riche et vaste sujet.

avec lesquels la nature parait les avoir indissolublement unis. Comment, en effet, exclure ce peuple qui habite au centre même du pays, au bord du grand fleuve de l'Illyrie, avec Pesth pour capitale? C'était se mutiler soi-même. Aussi, du moment que les Maghyars purent supposer chez les patriotes croates l'intention, même la plus vague, de se séparer d'eux pour former un empire à part, une grande Illyrie slave, un choc terrible entre les deux races fut imminent. Pour la race maghyare, cette séparation eût été le coup de la mort. Elle, si ambitieuse dans ses projets, mais restreinte à un si petit nombre d'hommes, comment pourrait-elle, séparée des Slaves, atteindre les destinées qu'elle rêve? Comment se maintiendrait-elle souveraine en face de l'Allemagne qui l'écrase et de la Russie qui la menace? Ce noble Maghyar, si justement fier des magnifiques priviléges qu'il a su conserver et défendre, en dépit des maîtres allemands de la Hongrie, ne devait-il pas être indigné en voyant son compatriote le Slave repousser avec dédain des institutions hongroises, pour se tourner vers ces Ilires qui sont de pauvres opprimés, enclavés dans les états héréditaires des Habsbourg? On pouvait prévoir que l'aristocratie souveraine des Maghyars chercherait à s'assurer par des mesures légales l'ascendant politique; c'est ce qu'a prouvé la diète dernière. Quant à ce que les magnats appellent la *maghyarisation* des Slaves, ce coup d'état, cru nécessaire pour effrayer le parti dit *illyrien*, est d'une exécution aussi impossible que l'était chez les Slaves la pensée de se séparer des Maghyars. L'exagération du patriotisme a jeté les uns et les autres dans l'extrême; une seule chose restera vraie, c'est que la Hongrie est à la fois maghyare et slave.

Le Maghyar doit donc renoncer à persécuter les Slaves; sa vaste ambition lui prescrit elle-même une conduite fraternelle vis-à-vis des autres Illyriens. Ils sont passés, ces temps de conquête brutale qui voyaient une horde de Turcs ou de Huns partis de la steppe subjuguer d'immenses populations. S'il s'aliène les Slaves et les pousse à se retrancher dans leurs inaccessibles montagnes, le Maghyar se trouvera réduit à un petit et impuissant royaume. Veut-on rendre la Hongrie de plus en plus imposante, qu'on la maintienne fédérale; qu'elle cesse de s'appeler exclusivement *Magyar orszak* (royaume maghyar); qu'elle devienne un état slavo-maghyar, c'est-à-dire que la souveraineté y soit justement répartie entre les deux races. A cette condition, la Hongrie doit finir par attirer à elle et par s'associer tous les peuples de cette Grande-Illyrie, dont l'avenir pend, comme un glaive de Damoclès, sur l'Autriche aussi bien que sur la Turquie. Quoique bien plus forte que les Maghyars, l'Illyrie slave ne pourra les absorber; mais elle pourrait, si elle leur était hostile, paralyser tous leurs efforts. Au contraire, fraternellement réunis, tous ces peuples formeront, comme l'Allemagne, un puissant faisceau d'états, représentés par une diète suprême. Là, le Maghyar verra sa langue librement acceptée, parce qu'il aura accepté et appris lui-même la langue de ses voisins; là, il pourra faire briller aux yeux du monde entier l'éloquence dont il est doué. Son union avec les Croates poussera les limites de sa puissance morale jusqu'au-delà de Trieste, jusque chez les Ilires de Carinthie et du Frioul. Cette union iliro-maghyare sera en Occident le contrepoids de l'union orientale des Bulgares et des Serbes, étendue jusqu'à la mer Noire. Déjà forte de 13 millions d'hommes, la puissance hongroise atteindrait le chiffre de 20 millions en s'associant les Bulgaro-Serbes, dont les positions géographiques sont stratégiquement, après celles des Grecs, les plus belles de l'Europe.

L'obstacle principal à la réunion politique et à la centralisation morale de tous ces peuples sera la différence de religion. Les Maghyars, étant latins, ne se laisseront pas facilement persuader d'avoir pour le rite grec le respect et la sympathie qu'il mérite. Leur antagonisme ardent et chevaleresque contre la Russie les égare sous ce rapport, et leur fait trop souvent confondre ce qui est gréco-slave avec ce qui n'est que russe. Quoique différente, la position des Croates n'est guère plus avantageuse. Ces Slaves latins forment une telle minorité, qu'ils doivent renoncer à exercer une influence décisive sur les mœurs générales et la marche politique de l'Illyrie. Sans doute l'Illyrie ne peut être exclusive : essentiellement médiatrice, elle tend par ses enfans serbes une main à la Grèce, et l'autre à l'Allemagne par ses Ilires et ses Croates. Toutefois, l'énorme majorité de la nation étant orientale, l'intérêt bien entendu des Maghyars, autant que des Croates, doit les porter à faire dominer les tendances orientales dans leur politique. Ils devraient, non-seulement favoriser le libre épanouissement du rite grec-uni partout où il subit des restrictions locales, mais encore se rapprocher eux-mêmes de ce rite, autant que peut le permettre la fidélité à la foi de leurs pères. Ils doivent surtout ne jamais dénaturer le côté si richement oriental de leurs institutions politiques.

Puissans par leur nombre et plus encore par leur courage héroïque, les Illyriens, tant slaves que maghyars, manquent encore d'un levier indispensable pour toute grande émancipation, le levier du commerce. Il leur faut de larges débouchés extérieurs, et leur place comme nation maritime dans la Méditerranée. Cette place, ils ne la conquerront qu'avec l'aide de la Grèce. Sous peine de rester une nation secondaire, ils devront se confédérer avec l'Hellade. Cette nécessité, les Serbes l'ont déjà reconnue; c'est au Maghyar de la reconnaitre à son tour, et de combiner en silence son mouvement révolutionnaire avec celui des Hellènes encore asservis de l'empire ottoman. Le Maghyar et le Serbe avec leur ardeur guerrière et politique, et l'Hellène avec ses instincts profonds de diplomate et de commerçant, se complètent mutuellement, et peuvent devenir par leur union les arbitres de l'Orient. Une fois mise en état d'écouler tous ses produits par son union douanière avec les états danubiens et la Grèce, cette féconde Hongrie, qui nourrit déjà 13 millions d'habitans, en compterait, dans un demi-siècle, au-delà de 30 millions, qui, unis par tous leurs intérêts aux populations de l'Orient grec et turc accrues en proportion, présenteraient une masse d'hommes supérieure, même numériquement, aux masses entassées de la Russie.

IV.

LES BOHÈMES.

De même que du côté du sud la Grande-Illyrie confine à la Grèce, dont elle est l'alliée et la sœur primitive, de même par le nord elle tend la main à la Bohême, qu'elle considère comme une émanation de son sein. En effet, les plus anciennes légendes illyriques célèbrent *Krapina* (*la forteresse*) comme l'asile sacré où *Iliria* allaitait ses trois fils, Tchekh, Lekh et Rouss, pères des trois grandes nations tchéquoslave, lèque et russe. Les ruines de Krapina existent encore sur des rochers, au-dessus d'une petite ville, dans la Zagorie croate. C'est là, disent les mythes politiques de l'Orient, qu'Iliria, néophyte de Cadmus, initiée par lui aux mystères phéniciens et à toutes les sciences asiatiques, éleva Tchekh, Lekh et Rouss, et quand elle les eut instruits dans tous les arts de la vie civile, elle les envoya coloniser le nord encore vide d'habitants. Ils y donnèrent naissance aux trois grandes nations slaves d'au-delà du Danube, rattachées par leur mère, la classique Illyrie, à l'hellénisme et à Cadmus.

Combien cette généalogie, d'un caractère si biblique, ne diffère-t-elle pas des idées intronisées en Europe par les savans d'Allemagne! Combien de longues et systématiques histoires écrites pour prouver l'invasion de l'Illyricum par les Slaves du nord, à la chute de l'empire romain! On suppose, toujours sans preuves, que cette invasion fut la

première ; on ne soupçonne même pas qu'avant cette époque, l'Illyricum pût être déjà habité par des Slaves opprimés, qu'avait refoulés
la conquête romaine, mais qui, renforcés par leurs frères du nord,
relevèrent alors contre Rome leur tête indomptée. Qui prouvera que
cette prétendue émigration des Slaves du nord au sud ne fut pas une
restauration des Slaves latinisés, la délivrance des Illyriens primitifs
par leurs frères puînés du septentrion ? Ces farouches tribus qu'on
voit, sous le nom de Croates blancs et de Croates rouges, sortir des
montagnes tchèques de la Moravie, des steppes de la Russie et de la
Léquie primitive, puis franchir le Danube, volaient peut-être vers l'Illyrie comme vers leur mère, pour briser les chaînes dont l'avait chargée
l'ambition des césars. Qui sait s'ils n'allaient pas à l'Adriatique, comme
vont au Balkan les Russes actuels, sous prétexte de délivrer leurs
frères, et de relever *Krapina*, la sainte forteresse d'Illyrie ?

Actuellement encore des liens intimes existent entre les Croates et
les Tchéquo-Slaves. Les deux peuples sont restés unis dans le bassin
du Danube sur une assez longue étendue de frontières. Cette portion
des pays tchèques qui confine à l'Illyrie, et se trouve enclavée dans le
royaume maghyar, est la Slovaquie. Entre la Slovaquie et la Tchéquie
proprement dite ou le royaume de Bohême, s'étend le duché de Moravie, qui, avec plusieurs districts de Silésie, fait également partie intégrante du territoire des Tchéquo-Slaves. Cette nationalité se trouve
donc scindée comme celle des Illyriens en trois grandes parties. On
évalue le nombre des Tchèques à 3,016,000 pour la Bohême, 1,400,000
pour la Moravie et la Silésie, 2,753,000 pour la Slovaquie, ce qui donne
un total de plus de 7 millions d'hommes, et dans ce chiffre ne sont
pas compris 104,000 Juifs, ni 1,748,000 Allemands, établis en Bohême
et en Moravie.

Des trois fractions du peuple tchèque, la plus ancienne est celle
des Slovaques, qui occupent presque à eux seuls tout le nord-ouest
de la Hongrie et une partie des comitats du sud-ouest, et ont formé
des colonies nombreuses jusque dans le centre de ce royaume. Bien
différens de leurs superbes et belliqueux voisins d'Illyrie, les Slovaques sont d'humbles et timides laboureurs. Peut-être faut-il expliquer
par leur caractère inoffensif l'oppression extrême qui pèse sur eux,
et qui fait presque désespérer de les voir se soutenir comme nation,
vis-à-vis des Maghyars, acharnés à les dénationaliser. La Slovaquie
renferme les districts les plus montagneux et les moins fertiles de
toute la Hongrie, et néanmoins ce sont les plus peuplés et les mieux
cultivés. On peut dire que le Slovaque remplit en Hongrie le même

rôle que le Bulgare en Turquie : il est le père nourricier de la race dominante. Partout où l'on voit de grands travaux d'agriculture, on peut affirmer sans crainte qu'ils sont dus aux Slovaques. Il n'y a pas jusqu'aux fameux vignobles de Tokay pour la culture desquels le Maghyar n'emploie les mains de ces hommes laborieux.

Quand la neige, en couvrant leurs montagnes, leur interdit le tra-- vail des champs, les infatigables laboureurs de la Slovaquie se font tis- serands, et fabriquent une quantité incroyable de pièces de toile. Le printemps revenu, ils vont colporter et vendre ces marchandises dans toute l'Allemagne, en Pologne, en Roumanie, en Turquie et jusqu'au fond de la Russie. Partout ils portent leur costume national, ne s'expriment presque jamais que dans leur dialecte ; avec leur rustique simplicité, ils s'imaginent retrouver des Slovaques dans tous ceux qui parlent une langue slave, et les considèrent comme leurs concitoyens. Nous laissons à juger quel parti la Russie saura tirer d'une telle igno- rance, si l'Autriche ne vient pas elle-même réveiller chez ce peuple le sentiment endormi de son individualité.

L'histoire des Slovaques fut long-temps belle et glorieuse, et il serait plus facile qu'on ne pense de leur rendre la conscience de leur dignité nationale. Le grand empire morave avait été fondé par leurs ancêtres, qui comprirent les premiers la nécessité d'opposer à l'omnipotence de l'Occident germanique un contre-poids oriental qui permît aux nations encore trop barbares pour admettre la civilisation romaine d'accueillir au moins le christianisme. Dans ce but, ils donnèrent naissance à une grande église qui, sans être latine, était cependant catholique, et à un grand empire qui, sans être ni latin ni germanique, était pourtant eu- ropéen. Ce fut chez eux que les apôtres slaves Kyrille et Méthode bâ- tirent, au IXe siècle, les premiers temples de l'église gréco-slave. Cette église unie à Rome, et protégée long-temps d'une manière toute spé- ciale par les papes, se répandit vite en Bohème et dans toute l'immense Moravie (la Russie méridionale actuelle); mais héritier de la prétendue universalité politique des Romains, l'empire allemand d'alors ne vou- lait pas de rival. C'est pourquoi, ne pouvant à eux seuls subjuguer ces Slaves indépendans, les Allemands, sous l'empereur Arnulf, appelèrent à leur aide la horde maghyare, issue des Huns d'Attila; cette horde accourut d'Asie sur ses chevaux sauvages, et mit en pièces l'empire morave. Complètement terrassés dans une dernière bataille sous Pres- bourg, en 907, les Slovaques sont depuis lors esclaves des Maghyars.

La Tchéquie (Bohème) et la petite Moravie, fortes de leur union fédérative, continuèrent néanmoins, après la chute des Slovaques, de

29.

former un royaume à part; mais ce royaume slave, pour se maintenir contre la nouvelle monarchie des Huns, dut se faire feudataire de l'Allemagne, et en recevoir par conséquent la religion et les idées. De là le latinisme désormais ineffaçable des Tchéquo-Slaves. Cette direction sociale, dont ils sentent aujourd'hui tous les inconvéniens, leur fut très avantageuse tant que régna en Occident la barbarie féodale. En paix alors avec leurs fanatiques voisins, grace à leur religion et à leurs mœurs latines, ils atteignirent à un précoce épanouissement de civilisation. Dès le xive siècle, l'université de Prague était une des lumières de l'Europe, et rivalisait avec celle de Paris. Dépositaire d'une foule de trésors scientifiques, la langue tchèque était étudiée par les savans étrangers. Ce développement intellectuel alla grandissant chez les Tchéquo-Slaves jusqu'à l'entrée du xviie siècle; alors l'esprit national commença à fléchir. La savante Bohême, enivrée d'elle-même, après avoir la première éveillé dans le monde, par la voix de Jean Huss, l'esprit du protestantisme, ne consacra plus son génie qu'aux querelles théologiques, et sa force qu'aux guerres religieuses. Aucun peuple du monde ne combattit jamais pour sa croyance avec autant d'acharnement. Les Tchèques tinrent quelque temps contre l'Allemagne entière. Aussi, quand l'épuisement eut mis fin à cette lutte à la fois sublime et infernale, la Bohême n'était plus qu'un désert. Un peuple de plusieurs millions d'hommes se trouvait réduit à huit cent mille individus. Dès-lors l'Allemagne dut tendre à *germaniser* les pays tchèques, ne fût-ce que par la nécessité de les repeupler avec des colonies venues du dehors. Ce travail d'assimilation fut poursuivi avec une persistance, souvent même avec une cruauté incroyables, et cependant il tourne aujourd'hui contre ses propres auteurs. Parmi les quatre millions et demi d'habitans actuels de la Bohême et de la Moravie, ceux qui sont Allemands d'origine deviennent chaque jour plus fiers de leur titre de Bohêmes et du sang slave infusé dans leurs veines. On pourrait presque dire que les plus chauds défenseurs de la nationalité tchéquo-slave sont des Allemands. La prétendue germanisation des Bohêmes peut donc continuer, car, en dépit de ceux qui la propagent, elle porte de nobles fruits et fournit aux opprimés des auxiliaires pour la lutte.

Cette lutte, espérons-le, ne se fera point par les armes; elle continuera sur le terrain des idées; elle se poursuivra comme elle a commencé, par la discussion, par l'organisation morale, par les manifestations populaires. C'est à ces moyens pacifiques qu'elle devra ses triomphes. L'Autriche est trop habile pour ne pas faire, quand il en sera temps, les concessions nécessaires; mais jusqu'à ce que la Bohême soit arrivée à avoir une constitution, et à se gouverner comme la Hongrie, combien ne faut-il pas d'années encore! En attendant, les sociétés patriotiques se multiplient : confiantes dans l'avenir, sûres de la légitimité de leurs vœux, elles travaillent au grand jour. C'est dans les bals, dans les concerts publics, dans les académies, sur les théâtres, que se manifeste, par les acclamations les moins équivoques, le progrès de l'esprit national. Un gouvernement sage ne peut laisser de pareils résultats sans réponse. Il faudra que le cabinet de Vienne reconnaisse bientôt une nation de plus dans son empire, ou bien il augmentera de sept millions d'hommes le nombre de ses ennemis intérieurs.

On ne peut nier cependant que le peuple tchéquo-slave ne soit une trop faible minorité; pour se soutenir politiquement, seul en face de toute l'Allemagne, il lui faut un appui, un levier au sein du monde slave. Voilà pourquoi la Bohême se préoccupe tant du sort de la Pologne. En effet, réunies ensemble, ces deux nations n'auraient plus rien à craindre ni de l'Allemagne, ni de la Russie. La Pologne donnerait aux Tchèques les débouchés maritimes qui sont indispensables à tout grand état, et la Bohême enrichirait ses alliés polonais des fruits de sa puissante industrie. Il y a déjà un pays où les deux nationalités latines du monde slave se trouvent presque confondues : c'est la Silésie. Cette malheureuse province si indignement exploitée par ses maîtres, cette Silésie, qu'on croyait devenue tout allemande, s'est réveillée slave. Moitié tchèque et moitié polonaise par son langage, elle lit maintenant les journaux des deux peuples, et se mêle avec ardeur aux questions débattues par eux. Appuyée sur Prague et sur Posen, la Silésie commence à vivre d'une vie nouvelle. Tous ces résultats sont dus à la dernière révolution de Pologne. Les malheurs qui ont accablé la nation polonaise, loin d'affaiblir sa puissance morale, n'ont fait que la grandir, et aujourd'hui le plus persécuté d'entre les peuples slaves est celui qui exerce parmi eux la plus active influence.

V.

LES POLONAIS.

Les Lèques ou Polonais sont évalués, dans les statistiques russes, à neuf millions et demi d'individus, dont 5,000,000 dans la *tsarie* de Pologne, la Volhynie, la Podolie, l'Ukraine, 2,341,000 en Autriche, 2,000,000 en Prusse, enfin 130,000 dans l'état de Cracovie. C'est à ce chiffre que l'oppression a fait descendre un peuple qui comptra jadis 25 millions de sujets. S'il ne dut autrefois à des moyens factices qu'une élévation passagère, ses ennemis ne pourront pas non plus, par des moyens factices, l'entraîner dans une irrévocable décadence. Ne mesurons pas du reste les forces et l'avenir de la Pologne au petit nombre de ses enfans, mais à leur courage et à leur patriotisme.

Si l'on compare la position géographique des provinces polonaises avec celle de la Bohême, de la Grèce, des pays illyro-serbes, on ne peut se défendre d'une triste impression à la vue des obstacles matériels qui pèsent sur cette nationalité, et l'on admire davantage encore le peuple qui n'a pu maintenir son existence que par une lutte incessante contre la nature. Quelle position en effet que celle des Polonais, entièrement découverts au milieu des steppes, entre la mer et les montagnes! Si du moins ils avaient gardé la Baltique! mais dans son héroïque et orgueilleuse imprévoyance, l'ancienne *szlachta* (noblesse de Pologne) a cédé toutes ses côtes aux émigrations germaniques, sans même se réserver les embouchures de son fleuve national. A partir de Thorn, c'est-à-dire du lieu où elle présente le plus d'avantages à la navigation, la Vistule est presque entièrement allemande, et la côte maritime n'est proprement polonaise que sur un court espace, entre Hela et Schmolsin. Nous ne rappellerons pas ici la race grecque, restée en possession de toutes ses mers; prenons seulement la nation illyro-serbe : occupant à la fois et la mer et les montagnes, combien n'est-elle pas mieux placée que la race lituano-polonaise, pour développer sa richesse et son indépendance! Cependant qu'ont fait les Illyro-serbes, et quelle place occupent-ils dans l'histoire comparativement aux Polonais? Qui dans le monde parle de l'Illyrie? et quel est au contraire sur le globe l'écho qui n'ait pas répété le nom de la Pologne ?

Si la position géographique des provinces lèques, sans montagnes et sans mers, est évidemment une position malheureuse, leur position morale est bien plus malheureuse encore. Dans ce monde gréco-slave, essentiellement oriental de mœurs, de lois, de rites, au point que religion slave et religion grecque sont deux mots synonymes, la Pologne, quoique slave, pense et agit en latine. Ce latinisme des Polonais a peut-être plus encore que leur position géographique contribué à leur ruine, en les faisant envisager presque comme étrangers par la majorité des Gréco-Slaves. Souvent dans leurs propres foyers les Polonais vivent séparés de mœurs et de sympathies d'avec les indigènes. Ainsi dans la Volhynie, la Podolie, l'Ukraine, la Lituanie, la Biélo-Russie, le paysan est de rite grec-uni, tandis que les seigneurs et les bourgeois des villes sont de rite latin.

Évidemment l'avenir de la Pologne dépend de sa réconciliation avec les idées orientales, qu'elle a jusqu'ici combattues. C'est en s'appuyant sur la nombreuse nation des Russines et sur les Kosaques qu'elle pourra renaître. Pour le prouver, il suffit d'un coup d'œil jeté sur les divers élémens de la nationalité polonaise. Comme la Russie, comme l'Illyrie, comme la Tchéquie, la Pologne se compose de trois parties distinctes : la Léquie proprement dite, ou Grande-Pologne, avec Posen pour capitale; la Petite-Pologne, unie à la Polésie (*pays des Polés*), à la Podlaquie, à la Mazovie, et dont le centre est Varsovie; enfin la Lituanie, dominée par Vilna. De ces trois parties, la moins latine par ses mœurs et sa religion est la Lituanie. Quant à la Petite-Pologne, adossée à la Volhynie et à la Gallicie (Russie-Rouge), elle est dominée dans toutes ses positions par les Russines, Slaves de rite grec. Seule, la Grande-Pologne ou le duché de Posen peut se considérer comme ayant des intérêts latins et une organisation occidentale d'une certaine force, puisque cette organisation dérive de ses rapports internationaux. Aussi cette Pologne prussienne est-elle le centre de résistance le plus redoutable contre la Russie; mais elle ne compte que 2 millions d'habitans. Les autres provinces polonaises sont, on peut le dire, complètement envahies par le génie oriental. La Pologne autrichienne, ou le royaume *très catholique* de Gallicie et Lodomérie, ne fait pas sous ce rapport exception, puisque la majorité de ses habitans est grecque-unie.

Ce n'est que dans la Prusse, nous le répétons, que la nation polonaise peut continuer de se regarder comme latine politiquement; dans le reste de ses provinces, elle ne doit plus professer que des mœurs et des sympathies gréco-slaves. Les patriotes du grand-duché de Posen se trouvent vis-à-vis de leur nation dans les conditions sociales où se trouvent en Illyrie les Croates vis-à-vis des Serbes. Nés latins et remplis d'idées latines qu'ils ne peuvent plus abdiquer, ils doivent subordonner leur marche politique aux tendances orientales de leur race, à peu près comme chez les peuples catholiques d'Occident les protestans se subordonnent, pour l'ensemble de la législation, à leurs concitoyens catholiques.

Quelles que soient du reste les mesures adoptées par les Polonais pour mettre un terme aux souffrances de leur patrie, on ne peut se refuser à la conviction que ces souffrances cesseront un jour. Puisque, malgré tant d'obstacles, tant de causes de mort en apparence irrésistibles, cette nationalité vit toujours, n'est-il pas clair que sa conservation se rattache à des vues secrètes de la Providence? Oui, sans doute, un peuple dont l'histoire fut si grande ne peut périr sous les efforts insensés des puissances qui ont juré sa perte : le supplice qu'il endure actuellement n'est qu'une expiation pour un triste passé et une préparation pour un glorieux avenir.

VI.

LES RUSSES.

Nous voici devant la nationalité russe, la plus grande, la seule de toutes les nationalités gréco-slaves qui soit redoutable pour le repos de l'Europe. Les statistiques donnent à l'empire des tsars une population de 65 millions d'individus, dont 5 millions de Polonais, 1 million et demi de Finlandais, autant de montagnards du Caucase, et 2 millions de Transcaucasiens. Sur ces 65 millions d'hommes, 51 millions 184,000 parlent russe et sont de rite gréco-slave.

De même qu'il y a une triple Hellénie, trois Polognes, trois Illyries, de même aussi l'histoire nous montre l'empire russe divisé en trois zones, blanche, rouge et noire, qui sont la Biélo-Russie, la Crasno-Russie, la Tcherno-Russie. Ces trois groupes de tribus diffèrent entre eux, non-seulement par leur origine, leur histoire et leur existence politique, mais encore par les mœurs et le langage, au point qu'on peut les considérer comme trois peuples.

Le vrai noyau de l'empire est la Russie-Noire (*Tchernaïa Rossia*) ou la *Grande-Russie*, appelée aussi Moscovie, du nom de sa capitale. Composée de 35 millions d'individus, cette grande race s'est tellement imposée aux deux autres races slaves de l'empire, aux Biélo-Russes et aux Malo-Russes, que l'idiome moscovite est partout aujourd'hui l'idiome des actes civils, des écoles, de la vie sociale et de la littérature. Dans la vaste enceinte que forme la Russie-Noire se trouvent comprises, il est vrai, quelques tribus étrangères, finnoises, tatares, tcheremisses et mordvines, et surtout des colonies allemandes comme celles de Sarepta et de Saratov sur le Volga, celles du Dniepre, de la Crimée et des environs de Pétersbourg; mais toutes ces populations diverses forment, même réunies, un chiffre trop insignifiant auprès de la masse compacte du peuple moscovite, et leur assimilation prochaine avec la Russie ne peut manquer d'être le résultat des derniers oukases relatifs à l'instruction publique. Il n'y a pas jusqu'aux Tatars des gouvernemens de Perm, Viatka, Kasan et Orenbourg, qui, entamés par le passage continuel des marchands de Moscou, ne perdent rapidement leur physionomie propre et leurs mœurs, pour prendre celles de la Moscovie.

Cette Russie-Noire est si bien regardée comme le sanctuaire de la nationalité russe, que c'est elle qui porte par excellence le surnom de *Sainte* (*Svataia-Rossia*). C'est qu'aux yeux de tout l'Orient chrétien cette terre est vraiment sainte, car elle fut le pays des martyrs. Sous le joug écrasant des Tatars, qui, en pesant sur elle durant deux siècles, lui valut le nom de *Noire* ou d'esclave, cette partie de la nation russe endura tous les maux plutôt que d'apostasier. Son admirable constance dans ces jours mauvais mérite assurément toutes les sympathies de l'histoire; et quand l'affaiblissement de la horde mongole eut enfin permis aux Russes noirs de lever l'étendard d'une sainte et généreuse révolte, leur courage dans les combats fut aussi grand que l'avait été leur constance dans les supplices. Alors, comme un fanal dans une nuit profonde, la *blanche* Moscou (*Bielaia Moskva*) s'éleva du sein de la Russie-Noire, et, par l'habileté de ses princes, elle ne tarda pas à devenir la capitale de toute la race. Pendant que les Moscovites traversaient ces deux périodes d'esclavage et de lutte, les Russes blancs, alliés de la Pologne, florissaient par leur commerce. Civilisés presque dès l'origine, ils formaient, sous la présidence de la grande Novgorod, une confédération de tribus libres et républicaines. C'est pour ces tribus que fut composé, dès le XIᵉ siècle, le code russe (*pravda ruskaia*). Elles ont toujours gardé, même encore aujourd'hui, des penchans républicains; de tous les Russes, il n'en est pas qui soient plus portés vers l'Europe. On compte 3 millions 230,000 Russes blancs, tous de religion gréco-slave. Ils s'étendent de Smolensk à Pétersbourg, et ont conservé leur ancien dialecte, le *biélo-russe*, qui est aussi très répandu en Lituanie, royaume autrefois uni à la Russie-Blanche. Ainsi les Lituaniens, qui ne sont pas des Slaves, servaient et servent encore de lien entre le Biélo-Russe et le Polonais. Ils comblent en quelque sorte par leur caractère mixte l'abime, sans eux infranchissable, qui existe entre deux nations aussi profondément différentes de génie et de mœurs que les Russes et les Polonais.

Un phénomène social analogue se produit dans le midi de l'empire. Là se trouve pour la Pologne une autre espèce de confédérés, les Russes rouges ou Malo-Russes, race belliqueuse et turbulente, qui s'est mêlée à presque toutes les révolutions de l'Orient. La capitale de ce peuple, Kiov, fut durant des siècles la capitale de toutes les Russies, enfin les ravages des Mongols l'obligèrent de se soumettre aux Polonais; mais, malgré tous les maux que lui faisait endurer le grand-khan de l'*orde d'Or*, le peuple malo-russe refusa constamment de suivre l'exemple de sa capitale et de s'incorporer à la Pologne. Préfé-

rant à une servitude civilisée une indépendance sauvage, il se fit kosaque, c'est-à-dire brigand dans la steppe. Enfin ces terribles Kosaques,
flattés par la Pologne, consentirent à s'unir fédéralement avec elle.
Les Kosaques étaient de rite gréco-slave; les prélats latins de Pologne
virent dans cette circonstance une occasion de montrer leur zèle : la
noblesse, par raison politique, soutint leur propagande. De grands priviléges et la préséance sur leurs concitoyens furent partout assurés à
ceux des Kosaques qui adoptaient le rite latin. L'Ukraine, indignée,
courut aux armes, et alors commença entre les Slaves grecs et les
Slaves latins cette longue guerre qui, sous mille formes, s'est prolongée
jusqu'à nos jours, et dont le résultat le plus évident a été d'assurer
à la Russie, protectrice du rite opprimé, sa suprématie actuelle.

Contraints par l'intolérance de la Pologne de s'annexer à l'empire
des tsars, les Kosaques n'ont pas cessé d'être la principale force militaire de cet empire. Sans eux, il ne saurait subsister. La vivacité enjouée, l'audace, les mœurs aventureuses de ces guerriers forment une
transition naturelle entre le caractère grave et flegmatique, la vie ca-
sanière du Moscovite, et le caractère ardent des nomades et des peuples enfans de l'Asie. Si depuis trois siècles la Russie ne cesse pas de
refouler chaque jour plus avant dans la steppe l'élément asiatique,
elle le doit aux courses lointaines, à l'esprit de colonisation des aventureux Kosaques. N'est-ce pas un Kosaque qui a livré la Sibérie aux
tsars? n'est-ce pas ce peuple qui couvre comme d'un réseau de lignes
militaires tous les pays tatares, et les force au repos, en même temps
que par son exemple il leur enseigne la vie agricole? Le secret de l'unité
russe s'explique par les Kosaques. Ces cavaliers infatigables savent se
porter en corps nombreux, et avec la rapidité de l'éclair, d'un point à un
autre; ils volent du Caucase à l'Altaï, ou du Dniepre au Volga, comme
un régiment se porterait chez nous du Jura aux Pyrénées ou de la Seine,
à la Loire. Le Kosaque ne fait pas seulement la police dans ses immenses déserts contre les nomades et les barbares, il la fait encore
dans toutes les provinces et jusque dans les capitales. Le Kosaque est
l'*omnis homo* des tsars.

Eh bien! veut-on savoir comment les tsars ont traité cet utile serviteur, cet être nécessaire qui les a faits tout ce qu'ils sont? Lorsque
l'intolérance et l'ambition politique du clergé polonais, soutenu par
l'oligarchie des magnats, eurent contraint les tribus kosaques de
s'annexer à la Moscovie, ces tribus ne le firent néanmoins qu'à la
condition de rester libres chez elles et de continuer à se gouverner
elles-mêmes par leurs diètes et leurs *atamans*. Ces priviléges leur fu-

rent garantis à perpétuité : qu'en reste-t-il aujourd'hui? Le souvenir;
mais ce souvenir ne périra pas chez les fils de la steppe, toujours libres
au fond du cœur.

Les tribus kosaques se confondent politiquement avec le peuple
malo-russe, dont elles sont comme l'expression militaire. Les Malo-
Russes ou Russes rouges, qui se nomment dans leur langue Russines
ou Russniaques, s'élèvent à 13,150,000 ames, dont 2,774,000 en Autriche. Ils habitent presque toute la Russie méridionale. On rencontre
dans leurs villages quantité de Polonais auxquels appartiennent la
plupart des châteaux, et leurs villes sont remplies de Grecs qui s'y
trouvent établis de temps immémorial pour y faire le commerce. Ainsi
les deux peuples gréco-slaves les plus avides d'indépendance nationale,
les Hellènes et les Polonais, se rencontrent au foyer hospitalier du
Kosaque, et les trois opprimés peuvent conspirer ensemble sur les
moyens de réduire à ses limites naturelles cette Russie-Noire, qui est
devenue toute la Russie et menace de devenir le monde.

Placé entre les chrétiens de la Turquie et les Moscovites, entre les
Tatars et les Polonais, le Russniaque par sa position peut servir d'intermédiaire à tous les peuples gréco-slaves. Devenu agriculteur en
Ukraine, en Volhynie, en Podolie, il a subi, à la vérité, dans ces provinces le joug de la glèbe ; mais sur le Don, le Volga et la mer Noire,
il a gardé son caractère primitif, sa nature indomptée et ses goûts
nomades, qui en font l'Arabe du monde slave. Ces fils libres de la
steppe, ces Slaves d'Asie sont encore aujourd'hui ce qu'étaient leurs
aïeux, les confédérés de la Pologne. Ils forment la partie mouvante,
révolutionnaire de l'empire, et ils ne désespèrent point de reconquérir un jour les droits dont on les a frustrés. Leur langue, l'idiome
russniaque, est, conformément à la nature du peuple qui la parle, une
espèce de moyen terme entre les dialectes slaves de la Turquie et la
langue russe. Cet idiome offre surtout d'étonnans rapports avec le
serbe. Ainsi, même par sa langue, ce peuple tend vers les Slaves libres.

Si le tsar peut se vanter d'avoir sous ses ordres la plus nombreuse
armée du globe, si elle atteint presque l'effectif d'un million et demi
de combattans, il en est redevable aux goûts belliqueux des Kosaques,
pour qui la vie sous le drapeau est un besoin; mais une grande partie
de ces guerriers, dans une lutte entre les nations slaves, ne soutien-
drait pas le tsar : elle profiterait de l'occasion favorable pour rendre
aux différentes kosaquies les priviléges et la liberté dont elles ont été
dépouillées. On conçoit maintenant que les patriotes de Pologne se
confient dans l'avenir, puisqu'ils peuvent gagner à leur cause plus de

la moitié de l'armée russe. Pour renaître, la Pologne n'a besoin que
d'obtenir des Kosaques, par une conduite plus fraternelle, l'oubli des
injures passées.

L'empire russe, on le voit, se compose d'élémens très divers. Issu
de l'Asie, il n'est, comme tous les états asiatiques, qu'une réunion de
contrastes. De vastes provinces s'y vouent à l'industrie et aux fabriques,
pendant que d'autres sont agricoles et produisent les matières premières. Aux laboureurs moscovites se mêlent des colonies d'artisans
teutons; aux Finnois pêcheurs et marins sont associées des tribus
exclusivement marchandes ; le timide Livonien s'appuie sur l'altier
Courlandais, et les Kosaques soldats se complètent par les Mongols
pasteurs. Cette multiplicité de formes sociales, cette variété de populations, est ce qui fait la force morale de la Russie, ce qui la rend au
plus haut degré apte à résumer toutes les idées, tous les siècles, et à
représenter, comme le demandent ses diplomates, l'Asie en Europe et
l'Europe en Asie. Cependant cette haute mission que le cabinet russe
arroge à son pays, c'est précisément ce cabinet lui-même qui rend la
Russie incapable de l'accomplir. En effet, par suite de sa nature militaire, le gouvernement russe a pris aux états européens la centralisation administrative et cet esprit d'absolutisme égalitaire qui tend à
tout niveler sous une loi unique. La cour de Russie, par ses idées,
qu'elle décore du titre de *napoléoniennes*, s'éloigne donc essentiellement du système oriental, qui admet toutes les franchises municipales
et le plus large provincialisme. Privé ainsi de l'avantage de représenter
l'Asie en Europe, le cabinet russe aurait-il plus de droits à représenter
l'Europe en Asie? On peut également en douter, car l'Europe, que
sa maturité intellectuelle rend nécessairement absolue sur le terrain
des idées, est libérale dans ses institutions. La Russie au contraire,
sous le système qui la gouverne actuellement, a perdu la plupart des
institutions libres, dont elle était autrefois abondamment pourvue.
C'est ainsi qu'un grand peuple se trouve réduit par son gouvernement à un rôle purement militaire, et perd entièrement sa haute destinée sociale.

VII.

DE L'AVENIR SOCIAL DES GRÉCO-SLAVES.

Les cinq grandes nationalités qu'on vient d'examiner donnent, en
y comprenant leurs annexes, un ensemble de 110 millions d'individus.
Qu'on réfléchisse qu'il y a cinquante ans, le monde gréco-slave ne
présentait peut-être pas la moitié de ce chiffre, que chaque année il

s'accroît par sa propre fécondité de plus d'un million d'ames, dont 500,000 pour la Russie seule, tandis qu'au contraire l'Occident latin ne s'accroît plus que faiblement, et alors on ne pourra s'empêcher de reconnaître qu'aujourd'hui, comme à la chute de l'empire romain, il s'entasse à l'Orient et au Nord de formidables masses d'hommes, qui, étant à la fois pauvres et opprimés, ont tout à gagner et n'ont rien à perdre à de grandes révolutions dans le système général du monde. On est même forcé de reconnaître qu'en supposant un moment comme possibles de nouvelles invasions d'Orientaux, l'Occident actuel n'aurait pas pour se défendre l'avantage du monopole de la civilisation et de l'unité politique, qui défendit si long-temps l'empire romain. En effet, les Gréco-Slaves ne sont point, comme l'étaient les Germains et les Scythes, étrangers à la civilisation. Quant à l'unité politique, les Gréco-Slaves ont sans doute répudié jusqu'à présent celle que leur présente chaque jour la flatteuse Russie; mais ils forment nécessairement une grande unité morale, puisque les mêmes mœurs, la même origine, et presque partout la même religion les unissent. Les Osmanlis eux-mêmes en Turquie, et les Maghyars en Hongrie, bien qu'ils ne soient pas Slaves de langage, ne se distinguent pas des Slaves par les mœurs et les tendances sociales.

On parle d'organiser un antagonisme entre le Nord et l'Orient, en mettant d'un côté la Russie, de l'autre la Turquie et l'Autriche. Cette dualité ne pourra jamais exister que dans les intérêts; quant aux relations morales, le Serbe de l'Adriatique en a de moins grandes avec son voisin le Slave latin de Trieste qu'avec le Russe de Pétersbourg. Il n'y a pas chez les Slaves d'autre antagonisme moral que celui qui naît de la diversité des principes entre l'Orient et l'Occident; encore qu'est-ce que ce dualisme représenté par les Slaves grecs et les Slaves latins? Voyons la puissance des uns et la puissance des autres.

Au parti grec appartiennent d'abord tous les Grecs, toute la nation roumane, la majorité des Syriens, un nombre considérable d'Arméniens, en tout plus de 10 millions; ensuite, parmi les Slaves illyriens, la presque totalité des Bulgares et des Serbes, puisque ceux même qui sont unis à Rome ont gardé la plupart le rite gréco-slave; ces 9 millions d'Illyriens, joints au chiffre précédent, donnent, pour la Turquie, la Grèce et l'Autriche, 19 millions de chrétiens orientaux. Viennent ensuite les trois Russies : 35 millions de Moscovites, 2 millions 500,000 Biélo-Russes, 13 millions de Russines, dont, à la vérité, 3 millions reconnaissent le pape, mais gardent les rites grécoslaves; total pour la race russe : 50 millions 500,000. L'église orien

tale compte donc parmi les trois plus nombreuses nations gréco-
slaves 69 millions 500,000 croyans. Quand on déduirait de ce chiffre
30,000 Grecs, 56,000 Bulgares, 350,000 Biélo-Russes limitrophes
de la Pologne, 801,000 Croates, et 1 million 200,000 Ilires qui professent le rite latin, cette fraction est évidemment trop faible pour
empêcher de considérer comme orientales les trois principales nations
gréco-slaves. Quelles forces le parti latin oppose-t-il donc chez les
Slaves à son colossal adversaire? Il lui oppose, dira-t-on, les deux plus
civilisées d'entre les nations slaves, les Bohêmes et les Polonais.
Voyons quelles garanties de résistance offrent ces deux peuples, dont
certes on ne peut nier la haute importance politique. Réunis, ils présentent un chiffre de 16 millions 674,000 individus; mais le protestantisme a gagné à ses doctrines plus de 1 million de Tchéquo-Slaves
et 500,000 Polonais. Voilà déjà une cause de faiblesse qui ne manquerait pas de se faire sentir dans une révolution, quelque réduit
qu'on suppose le rôle politique de l'église chez les peuples civilisés du
monde latin. Cet élément de discorde n'existe point chez les Slaves
orientaux. En outre, les Polonais et les Tchèques vivent morcelés, sans
lien commun, et obéissent à des princes étrangers. La Prusse, l'Autriche et la Saxe en tiennent sous leur sceptre le plus grand nombre,
qu'elles s'efforcent de *germaniser*. Les autres languïssent en Russie,
et n'échappent que par un continuel prodige de patriotisme à une
absorption qui semble toujours imminente.

Quel avenir politique peut-on donc assigner au génie latin dans le
monde gréco-slave? Aucun, puisque les Slaves latins, qui se trouvent
vis-à-vis des Gréco-Slaves dans le rapport d'un à quatre, subissent
partout l'oppression de la conquête, et que l'Europe latine, comme
pour les punir de s'être faits latins, semble les avoir voués à jamais au
joug allemand et moscovite. Leur position géographique, qui a jusqu'ici
protégé les Slaves orientaux contre toutes ces causes de désorganisation morale, leur assure pour l'avenir un autre genre d'avantage : celui
d'une multiplication plus libre et plus rapide. En effet, jetés, pour ainsi
dire, au désert, régnant sur d'immenses contrées presque vides d'habitans, ils peuvent y croître encore pendant des siècles, avant d'avoir
atteint proportionnellement le degré de population de la Bohême et
de la Pologne prussienne. Le rapport d'un à quatre, assigné aux
Slaves latins vis-à-vis de leurs frères d'Orient, devra donc être au moins
d'un à cinq au bout de quelques générations. Notez que dans ce calcul on ne tient pas compte de l'influence victorieuse du gouvernement
russe, qui, avec son esprit de centralisation, ne néglige rien pour ab-

sorber dans l'unité moscovite ses provinces d'Occident. Ainsi, tan
que les Slaves orientaux, favorisés par la nature vierge de leur sol c
par l'indépendance politique, iront en grandissant, les Slaves latins,
au contraire, resserrés dans des provinces déjà très peuplées, et limi-
tés, sinon entamés, à la fois par la Russie et par l'Allemagne, ne peuvent plus augmenter beaucoup.

Le dualisme qu'on voudrait voir se conserver dans le monde gréco-
slave n'est donc plus qu'un rêve du passé. L'antique rivalité entre les
Slaves grecs et les Slaves latins, après avoir causé tous les malheurs
des uns et des autres, après les avoir fait plier sous le germanisme,
et avoir retenu la Pologne dans une perpétuelle anarchie, cette rivalité s'est enfin terminée par la mise en tutelle des défenseurs de l'Occident. Aujourd'hui leur minorité est trop marquée pour qu'ils puissent jamais redevenir dominateurs vis-à-vis de leurs frères orientaux.
Il n'y a donc plus d'antagonisme au sein de la race gréco-slave; elle
est arrivée à son unité morale; elle est devenue la personnification de
l'Orient chrétien. Cet Orient sera désormais grec et slave, comme l'Occident est latin et germanique.

Concluons que, si les différences de climat, de position géographique, de développement industriel, rendent nécessaires, chez les
Gréco-Slaves, des nationalités distinctes et des gouvernemens indépendans, ces états divers appartiennent cependant tous plus ou moins
au même système. S'ils peuvent encore avoir entre eux des guerres
d'intérêt, des querelles de frontière, ils ne pourront plus se faire de
ces guerres d'idées, comme celles que le latinisme fomenta si long-
temps entre la Pologne et la Russie. Beaucoup d'esprits s'en affli-
geront, parce qu'ils verront dans cette impossibilité démontrée le
triomphe de l'idée russe. Nous y voyons le contraire. Dès que la Pologne renoncera à sa politique latine, et agira comme gréco-slave,
elle aura pour alliés tous ceux des Gréco-Slaves dont l'intérêt national
n'est pas la grandeur du tsar. On objectera l'infériorité relative de
toutes ces nations vis-à-vis de la nation russe. Cette infériorité n'est
pas telle qu'on voudrait le faire croire. En se tournant à l'Orient, en
confondant leur cause avec celle de l'émancipation des peuples orientaux, les Bohêmes et les Polonais détacheraient par là même de la nationalité russe les 13 millions de Russines qui les entourent, et qui,
par leurs souvenirs, leurs goûts, leurs tendances sociales, sont aussi
hostiles à l'autocratie que la Pologne elle-même. En outre, la Hongrie,
jointe à la Turquie slave, renferme 20 millions d'hommes; la Grèce et
ses annexes, 10 à 12 millions. Ces diverses nations, prises ensemble,

sont beaucoup plus nombreuses que la nation russe, et toutes ont contre la Russie des intérêts communs. Sans prétendre l'exterminer, comme le voulait la Pologne, toutes pensent à la restreindre en ses limites naturelles, et veulent réduire à de justes bornes ses prétentions.

C'est précisément parce que le monde gréco-slave forme une grande unité morale, que l'autocratie russe est sans avenir, car dans cette unité, qui est désormais l'unité orientale, les nations gréco-slaves veulent toutes être représentées, chacune avec ses besoins, avec son génie propre, et elles ne le seraient pas en se laissant incorporer à la Russie. Cette unité orientale, qui, tant qu'elle était opprimée, garantissait à la Russie, sa seule protectrice, une espèce de pouvoir dictatorial, devra reprendre au tsar une grande partie de son pouvoir, du moment qu'elle sera reconnue par l'Europe, comme un pupille retire ses biens des mains de son tuteur, dès qu'il a atteint sa majorité. En vertu de leur unité morale, les peuples gréco-slaves, entraînés tous par un même désir de liberté glorieuse et d'influence sur les destinées du monde, s'entendront pour réagir contre la prétendue unité de l'autocratie. Ces peuples ont tous juré de reconquérir leur indépendance. Un tel concert d'efforts ne finira-t-il pas par entamer la Russie elle-même? Ne faudra-t-il pas alors qu'elle se décentralise, et reconnaisse jusque dans son propre sein les nationalités qu'elle prétend absorber? Quand on pense que de tels résultats seraient le fruit d'un simple appui moral prêté par l'Europe aux Gréco-Slaves, on ne peut s'empêcher de gémir sur l'indifférence obstinée avec laquelle on a contemplé jusqu'à ce jour les luttes glorieuses de ces peuples. N'est-ce donc rien que ces nationalités démembrées qui, en Turquie, en Autriche, en Prusse, en Russie, s'agitent pour reprendre leur place dans le monde? Il serait temps qu'on tournât les regards vers ces régions encore si peu connues où semble devoir se vider la question d'équilibre pendante entre la Russie et les puissances d'Occident. En écartant même l'intérêt politique, ce réveil d'une race jeune et puissante, que ses destins appellent à rendre à la civilisation orientale ses splendeurs évanouies, présenterait encore assez de grandeur pour captiver nos regards et mériter nos sympathies.

CYPRIEN ROBERT.

LE MISSOURI.

Deux grandes questions d'accroissement territorial préoccupent aujourd'hui les hommes politiques des États-Unis d'Amérique, l'adjonction du Texas aux états de l'Union et l'occupation du territoire de l'Orégon. L'adjonction du Texas, que le Mexique ne saurait empêcher, rencontre dans l'opposition même de ceux auxquels elle semble devoir profiter l'obstacle le plus considérable. Dans les deux assemblées de l'Union, mais surtout dans le sénat, le parti abolitioniste la repousse avec énergie. Le Texas est un pays à esclaves comme les états voisins du sud, et les états libres du nord, où l'abolition a tant de partisans, ne peuvent tolérer son accession sans contre-poids. L'équilibre est établi de telle sorte dans les états de l'Union, qu'aucune adjonction de cette nature ne paraît possible de long-temps. Les états libres du nord repoussent le Texas, les pays à esclaves du sud repousseraient le Canada. Les États-Unis d'Amérique paraissent condamnés par la force des choses à rester stationnaires ou à se diviser. Il est donc probable que l'adjonction du Texas sera forcément ajournée. La question de l'Orégon est plus pressante, et réclame une prompte solution.

L'Orégon est cette vaste et magnifique partie de l'Amérique septentrionale comprise entre les Montagnes Rocheuses et l'Océan Pacifique d'un côté, et bornée, d'autre part, par la Californie vers le sud,
et la Nouvelle-Bretagne vers le nord. L'Orégon est la seule partie de
l'Amérique du Nord par laquelle les États-Unis touchent à l'Océan
Pacifique, et s'il existe dans l'Union une cause nationale, c'est celle
qui reporte, des Montagnes Rocheuses où l'Angleterre voudrait les
poser, les limites du territoire américain aux rives du grand Océan.
L'Angleterre, dont les colonies commerciales ont occupé sans façon
le territoire en litige, a élevé de sérieuses difficultés, et combat avec
ténacité les prétentions des États-Unis; mais l'Angleterre devra céder,
surtout si, comme les nouvelles les plus récentes paraissent l'indiquer, les États-Unis consentent à une sorte de partage, dans lequel,
il est vrai, ils se feraient la part du lion.

L'Orégon a été souvent exploré. Un travail intéressant, qui a été
publié dans cette *Revue* (1), offre un tableau fort exact de cette contrée. La question politique de l'occupation et les avantages qu'elle
pourrait apporter à l'Union américaine y sont judicieusement discutés.
Peut-être n'a-t-on pas, toutefois, assez tenu compte des difficultés que
les États-Unis trouveraient à tirer tout le parti possible de leur acquisition. Ces difficultés sont de diverses natures. D'une part, l'immense
étendue des pays qui séparent de l'Orégon les derniers établissemens
que la civilisation a formés vers les prairies de l'ouest, et la constitution
physique de ces contrées ; d'autre part, l'hostilité sourde ou déclarée
des tribus indiennes qui de temps immémorial habitent ces solitudes,
ou qui, chassées par la civilisation, y ont trouvé un refuge, hostilité
politiquement entretenue par des rivaux de commerce, ajourneront
long-temps encore les résultats avantageux que promet l'occupation.
Quoique relié par les Montagnes Rocheuses au territoire du haut
Missouri, l'Orégon, pendant bien des années, peut-être même à tout
jamais, devra être considéré plutôt comme une lointaine colonie
des États-Unis sur l'Océan Pacifique que comme un des états de
l'Union.

Ces vastes contrées du centre de l'Amérique septentrionale, qui
s'étendent sur une largeur de quatre à cinq cents lieues, à partir des
grands lacs jusqu'au golfe du Mexique, et sur une profondeur égale,
à partir des derniers établissemens vers l'ouest jusqu'aux Montagnes
Rocheuses, ne sont guère parcourues que par les agens de la compa-

(1) Voyez, dans la livraison du 15 mai 1843, *le Territoire de l'Orégon.*

gnie américaine des pelleteries, par les traqueurs de castors ou par l'Indien encore libre. Le sol de ces régions, de la nature la plus variée, présente une succession de vastes plaines beaucoup plus élevées que les savanes marécageuses de l'Amérique du Sud, et coupées de distance en distance de collines argileuses, calcaires, ou de grès alternant avec la houille; ces plaines, assez improprement nommées les *prairies*, sont traversées par le Missouri, la plus considérable des rivières de l'Amérique du Nord, et par ses innombrables affluens. Le Missouri, étant navigable jusqu'aux environs de ses cataractes, au pied des Montagnes Rocheuses, sur un espace de près de 1,000 lieues, est en quelque sorte la grande route du pays.

Depuis le temps où Lewis et Clarke le parcoururent pour la première fois, l'aspect de ce vaste pays, un des moins peuplés qui soient au monde, a peu changé. On a calculé que le flot de la colonisation européenne s'avançait vers l'ouest sur une ligne d'environ trois cents lieues, dans la proportion d'un demi-degré de longitude chaque année, calcul qui, jusqu'à présent, a pu être exact; mais le jour approche où la marche de la population devra singulièrement se ralentir. Les derniers établissemens américains touchent en effet aux limites extrêmes de l'immense forêt qui, des bords de l'Océan Atlantique, s'étend au cœur du continent américain. Les prairies et les hauts plateaux du Missouri sont loin de présenter les mêmes ressources à la colonisation que les pays occupés jusqu'à ce jour. Si jusqu'à présent les nouveaux arrivans ont pu pousser devant eux, choisissant le sol le plus fertile et la situation la plus favorable, et ont laissé debout derrière eux les dix-neuf vingtièmes de la forêt, il est probable que, plutôt que de dépasser la stérile contrée des Montagnes Noires, et de s'étendre à travers d'immenses plaines nues vers les pays situés par-delà la rivière de la Roche-Jaune, et le vingt-sixième degré de longitude, ils retourneront en arrière, s'établissant dans les portions de territoire de l'Union négligées jusqu'alors et incomparablement plus fertiles que les vastes prairies de l'ouest ou que ces contreforts avancés des Montagnes Rocheuses qui ont reçu la dénomination significative de *pays des mauvaises terres*.

Le dernier voyageur qui ait parcouru la partie du territoire de l'ouest située par-delà la limite des établissemens, dans un but d'observation scientifique, est le prince Maximilien de Wied-Neuwied. Profondément versé dans les sciences naturelles, le noble voyageur ne s'est pas contenté de traverser le pays comme maints touristes américains; il y a séjourné, et il a consacré les années 1832, 1833 et 1834 à

20.

l'exécution de ce voyage, dont il vient de publier la relation, joignant à un journal fort intéressant un magnifique atlas composé de quatre-vingts planches dessinées sur place par M. Charles Bodmer, et gravées à la manière noire par les plus habiles artistes de Paris et de Londres.

Cet ouvrage, traité avec luxe et conscience, nous fait parfaitement connaître le cours du Missouri, et nous donne les renseignemens les plus complets sur ces vastes contrées, qui semblent devoir servir de limites aux progrès de la civilisation américaine. Là végètent les seules tribus aborigènes un peu considérables que l'occupation n'ait ni déplacées ni détruites, indépendantes de l'Américain du nord qui se considère comme le possesseur du sol, momentanément à l'abri de ses entreprises, mais décimées par les terribles maladies auxquelles le contact de la civilisation a donné naissance, et par l'état de guerre perpétuel dans lequel ces tribus vivent entre elles.

Le prince de Wied-Neuwied s'est proposé surtout, par la curieuse relation de son voyage dans l'ouest, de nous faire connaître la nature sauvage et primitive des vastes contrées qu'il a parcourues, et de nous donner un tableau fidèle des mœurs si singulières des peuplades qui les habitent, et que la civilisation n'a pas encore complétement altérées. Cette race complexe, ce peuple né d'hier, dont l'accroissement annuel et en quelque sorte quotidien semble presque fabuleux, les gigantesques progrès de cette demi-civilisation européenne, sans le trouver indifférent, l'ont moins préoccupé; il a évidemment recueilli dans son journal les paysages du désert, les tableaux de la vie indienne, de préférence aux détails de statistique rebattus et singulièrement variables. Tout en se livrant à ses recherches de botanique et d'histoire naturelle, tout en formant les riches collections qu'il a rapportées, le voyageur n'a donc perdu aucune occasion de se mettre en rapport avec la population indienne. L'étude de ces peuplades aborigènes de l'Amérique septentrionale semble même parfois le but principal où tendent ses recherches; il s'indigne de l'oubli dans lequel ces races sont laissées; il sent qu'il n'y a pas de temps à perdre, plusieurs de ces peuplades n'ayant que peu d'années à passer sur la terre pour aller rejoindre ces grandes tribus naguère florissantes, les Delawares, les Natchez, les Hurons, que la race conquérante a en quelque sorte effacées du sol, et dont, grace à la haine, au dédain et à la négligence du vainqueur, il serait impossible aujourd'hui non-seulement d'écrire l'histoire, mais même de retracer avec quelque précision le caractère physiologique.

On ne saurait croire, en effet, à quel point ces races primitives sont haïes ou méprisées par les nouveaux possesseurs du sol. Le prince de

Wied-Neuwied, durant son séjour dans les principales villes des états de l'Union, n'a pu trouver une seule gravure quelque peu caractéristique qui retraçât d'une manière satisfaisante l'image des principaux chefs de ces peuplades. Les ouvrages d'Edward James, de Say, de Schoolcraft, de Mackenney et de Washington Irving nous donnent, sans nul doute, des détails assez circonstanciés, souvent intéressans, sur les tribus aborigènes de l'ouest, mais aucun atlas ne les accompagne. Le major Long lui-même, dans ses hasardeuses excursions, a négligé de s'adjoindre un dessinateur habile. L'ouvrage dont nous nous occupons aujourd'hui a donc comblé cette lacune; les nombreux dessins que M. Bodmer a exécutés, d'après nature, dans son long séjour parmi les peuplades du centre de l'Amérique septentrionale, en s'attachant à reproduire les traits caractéristiques de chacune des races et de chacun des individus, hommes, femmes, chasseurs ou grands chefs, qui ont posé devant lui, ces dessins forment la collection la plus complète qui ait été publiée. Ces documens, d'autant plus précieux qu'ils étaient jusqu'alors d'une extrême rareté, seront surtout d'un haut intérêt pour tous ceux qui s'occupent de l'étude des diverses races humaines.

Les États-Unis, dans le livre du prince de Wied-Neuwied, ne doivent être considérés que comme un point de départ. L'exploration du cours supérieur du Missouri, à partir de Saint-Louis jusqu'au pied des Montagnes Rocheuses, c'est-à-dire la seule route ouverte à la civilisation vers l'ouest et le territoire de l'Orégon, a été l'objet principal de son voyage. Nous allons le suivre dans cette excursion si intéressante; mais jetons préalablement un rapide coup d'œil sur les districts civilisés qu'il traverse, et où la nature règne encore par endroits dans toute sa puissante majesté.

Ce fut le 4 juillet 1833, anniversaire du jour où les états américains avaient proclamé leur indépendance, que le prince Maximilien mit pied à terre à Boston. Toute la ville était en mouvement. La foule bigarrée qui remplissait les rues présentait un tableau des plus intéressans. L'auteur remarqua que, dans ces grandes villes de l'Amérique septentrionale, le caractère originaire de la physionomie anglaise a déjà disparu sous l'influence d'un climat nouveau. Les hommes ont le corps plus élancé, la stature plus élevée. Les traits du visage et l'expression de la physionomie manquent absolument de ce caractère tranché qui n'appartient qu'aux races simples et primitives. La singularité, pour ne pas dire la rudesse, de certains usages frappa vivement notre voyageur. Il décrit d'une manière assez plaisante les dîners de table d'hôte où chacun, au coup de cloche, se précipite confusément dans la salle à manger, cherchant à gagner son voisin de vitesse. Les premiers arrivés s'emparent à la hâte des mets qu'ils trouvent à leur portée; en dix minutes, tout est dévoré. L'auteur s'étonne que, dans ces occasions, les Américains consentent à déposer leurs chapeaux, que d'ailleurs ils ne quittent que lorsqu'ils se trouvent dans la société des femmes. Toutefois, si les formes sont grossières, l'enveloppe est propre et soignée; les gens du peuple même sont vêtus avec élégance. Les petites bourgeoises qu'on voit aux fenêtres ou devant les portes, s'occupant des soins du ménage, sont habillées à la dernière mode. Les femmes de la campagne viennent vendre leur lait en robes de soie et en grands chapeaux de paille recouverts d'un voile. Ce goût pour la parure, qui caractérise, du reste, toutes les races mélangées, prouve à la fois l'aisance dont le peuple jouit et le sentiment d'égalité qui l'anime. S'habiller moins bien que le voisin serait lui reconnaître une certaine suprématie qu'avec une fortune médiocre on peut encore lui disputer. On se résignera, s'il le faut absolument, à être moins élégamment et moins commodément logé, mais on ne renoncera pas si aisément à lutter avec lui de recherche dans la parure. Le besoin d'égalité, dans cette occasion, peut se satisfaire à moins de frais.

La campagne, aux environs de Boston, a généralement le caractère européen; si les arbres étaient moins nombreux et si les espèces à feuilles aciculaires ne dominaient pas, on pourrait se croire en Angleterre. Les oiseaux, d'espèces variées, qui habitent les bois, sont néanmoins tout-à-fait différens de ceux d'Europe, et suffiraient seuls pour donner au paysage une physionomie nouvelle et tranchée. Le tangara pourpre, le baltimore couleur de feu, le troupial noir et rouge, voltigent d'un arbre à l'autre; l'écureuil strié court sur les haies ou s'élance de branche en branche avec la rapidité de la flèche, et anime singulièrement le paysage.

La description du musée de Boston, *New England Museum*, nous donne une idée assez exacte de l'indifférence de ce peuple de spéculateurs et de planteurs pour tout ce qui touche aux arts et aux sciences naturelles. « Cet établissement ne répond nullement à l'attente des étrangers, nous dit le voyageur. Tous les prétendus musées des grandes villes des États-Unis, à l'exception peut-être de celui de Peale à Philadelphie, ne sont que des ramassis de toutes sortes de curiosités hétérogènes dont le choix est souvent fort étrange. Dans celui-ci, on trouve à la fois des productions naturelles, des figures en cire horriblement mal faites, des instrumens de mathématiques et autres, de mauvais tableaux, des caricatures, et jusqu'aux planches coloriées des journaux de mode de l'Europe, le tout exposé ou suspendu pêle-mêle.

Parmi les animaux, il y en a quelques-uns de fort intéressans, mais sans aucune étiquette ou explication quelconque. Cette collection occupe plusieurs étages d'une maison très élevée et remplit une foule de petites chambres, de cabinets, de corridors et de recoins, auxquels on arrive par plusieurs escaliers, tandis que, pour amuser le public, un homme joue du clavecin pendant toute la durée de l'exposition. »

Les collections d'art proprement dites ne sont guère mieux ordonnées. Pour bien des Américains, un tableau est un morceau de toile manufacturé d'une certaine façon. Un homme de goût faisait observer à un riche Américain qu'un de ces morceaux de toile attaché contre un mur salpêtré menaçait de se détruire; c'était un magnifique paysage de Claude Lorrain. — J'ai de l'argent, j'en achèterai un autre, répondit l'Américain. Il y a certainement chez ces gens-là quelque chose de la rudesse des Romains du temps du consul Mummius.

Dans le trajet de Boston à Providence, le voyageur admire la richesse et la vigueur de la végétation américaine, que la civilisation n'a fait en quelque sorte que modérer. De Providence, le prince se rendit à New-York, et de là, par New-Brunswick, Taunton et Bordentown, à Philaphie, où le choléra venait d'éclater. Il traversa ensuite les districts allemands de Freiburg, visita la colonie des frères moraves de Bethléhem, où il fit la connaissance des directeurs, MM. Von Schweinitz, botaniste distingué, Anders et Seidel. Le prince, se trouvant au milieu de compatriotes aimables et instruits, prolongea quelque temps son séjour dans la colonie, dont il décrit les charmans paysages. De Bethléhem, il se rendit à Easton sur le Delaware; de là, franchissant le *Delaware-Gap*, espèce de coupure par laquelle cette rivière s'échappe des monts Alleghanys, il s'engagea au milieu de ces montagnes couvertes de forêts qui prennent à l'horizon les couleurs de l'azur le plus foncé, d'où vient leur nom de *Montagnes Bleues*. Le voyageur, toujours chassant, herborisant et ne faisant que de courtes haltes dans les *loghouses* des montagnards, franchit successivement les chaines secondaires, et gravit le Pockono, la crête la plus élevée de ces montagnes, que couvrent d'épaisses forêts de pins et de chênes nains, où vivent encore en grand nombre les cerfs, les lynx, les renards gris ou rouges, et où le serpent à sonnettes se montre assez communément. Ces districts étaient autrefois occupés par la puissante nation des Indiens Delawares, les *Loups* et les *Abenaquis* des Français. Dans le principe, ils habitaient la Pensylvanie et la Nouvelle-Jersey; ils se retirèrent ensuite dans l'Indiana, près de la Rivière-Blanche. Par suite du contact des blancs et de collisions perpétuelles avec leurs voisins, leur nombre était déjà fort diminué en 1818. A cette époque, ils furent

donc contraints de céder au gouvernement des États-Unis le territoire
qu'ils occupaient et de se retirer au-delà du Mississipi, où on leur as-
signa des terres, et où végètent encore quelques misérables restes de
la grande tribu.

La vaste forêt qui couvre les Montagnes Bleues est défrichée par
places. Les champs sont séparés par des clôtures en bois et servent de
pâturages à de grands troupeaux dont les clochettes sont disposées
en accords parfaits, comme dans les collines de la Thuringe. Les habitans étant presque tous d'origine allemande et ne s'exprimant qu'en
allemand, le voyageur, plus d'une fois, put se croire dans sa patrie.
Certains cantons solitaires des montagnes qui entourent le Pockono
sont couverts d'une végétation admirable. Les cèdres de Virginie, entremêlés de diverses espèces d'arbres à feuilles nervées, châtaigniers
et marronniers gigantesques ou frênes énormes, forment une magnifique futaie sous laquelle croît un épais taillis de rhododendron aux tiges
plus grosses que le bras, de kalmia et de fougères arborescentes. C'est
là que se sont réfugiés l'ours et le cerf de Virginie; la panthère, que
mistress Trollope appelle emphatiquement la *terreur de l'ouest*, tandis
qu'il est sans exemple que cet animal ait jamais attaqué l'homme, ne
s'y montre plus qu'accidentellement. Le bruit de la crecelle du serpent à sonnettes et les coups répétés du pic des bois interrompent
seuls le silence de ces forêts primitives.

Après avoir exploré ces montagnes et visité les districts houillers de
Mauch-Chunk, si précieux pour les états du centre, et sur lesquels
il donne de curieux détails, le voyageur se rendit à Pittsburgh, sur
l'Ohio, et descendit ce fleuve jusqu'à Mount-Vernon, traversant rapidement Cincinnati et Louisville, où le choléra venait d'éclater. Toutes
les villes et toutes les bourgades de l'Ohio et de l'Indiana étaient en
proie à une affreuse panique. La population assiégeait les boutiques
des pharmaciens; chacun se couvrait le ventre de flanelle et d'emplâ-
tres de poix. Les apothicaires ne pouvaient suffire aux demandes de
camphre et de menthe poivrée; c'était absolument comme chez nous.
Les routes étaient couvertes de fuyards et les bateaux à vapeur encombrés de passagers. La maladie faisait, du reste, de grands ravages; à
Cincinnati, il mourait quarante personnes par jour. Sur le *steamer* qui
transporta le prince Maximilien de Louisville à Mount-Vernon, un
homme succomba en quelques heures. Le terme de cette première
partie du voyage du prince était New-Harmony, sur le Wabash; la
saison étant trop avancée pour continuer sa route vers l'ouest, il se
décida à passer l'hiver dans ce district retiré. Là du moins il échappait
aux villes et aux coutumes européennes, et il se trouvait à même d'é-

tudier les mœurs des habitans à demi sauvages qui ont remplacé les tribus des Indiens Musquitons, Muskoghules, Uitanons et autres, et qui, servant au milieu de ces forêts d'avant-garde à la civilisation, sont comme la transition entre le sauvage et l'Européen.

Appelés *back-woodsmen* parce qu'ils demeurent au fond des bois les plus solitaires, ces hommes grossiers et vigoureux, d'origine anglaise ou irlandaise pour la plupart, ont commencé à défricher les grandes forêts qui couvrent le territoire de l'Indiana. Les *back-woodsmen* n'apparaissent dans les villes que quand leurs affaires les y appellent. Dans ces occasions, le whiskey, qu'ils aiment de passion, coule à grands flots, ce qui rend le retour fort difficile. Comme l'Indien de la prairie, les *back-woodsmen* sont excellens cavaliers; leurs femmes elles-mêmes sont d'intrépides amazones. Il n'est pas rare de voir une famille entière revenir de la ville montée sur le même cheval. Le costume des *back-woodsmen* n'a rien de caractéristique; c'est un composé ridicule de toutes les modes des villes anglaises, qui produit un contraste fort bizarre au fond de ces bois retirés. Souvent, quand viennent les journées brumeuses de l'automne, l'ennui les saisit dans leurs solitudes, qu'ils abandonnent pour le cabaret de la ville la plus voisine. Si quelques-uns d'entre eux observent le dimanche, c'est en se livrant à toute espèce de jeux bruyans et en s'enivrant un peu plus que de coutume: mais la plupart d'entre eux continuent ce jour-là à vaquer à leurs occupations. Les seuls jours fériés sont les jours d'élection. Qu'il s'agisse de choisir un président, un gouverneur ou un simple magistrat municipal, aucun d'eux ne manque à l'appel et ne voudrait pour rien au monde renoncer à la part de souveraineté que lui confère l'élection. Ils lisent d'ordinaire assidûment les gazettes, se croient de grands politiques, et pour eux l'homme d'état est moins celui qui fait les lois ou qui les applique que celui qui fait les législateurs. Tant que dure l'élection, leurs troupes remplissent la ville. Pendant que leurs chevaux, attachés à la porte des auberges, restent des journées entières exposés à la pluie ou à la neige, les cabarets à whiskey retentissent de leurs bruyantes conversations. Chaque électeur exalte à haute voix son candidat, dont ses adversaires discutent les qualités. La discussion amène nécessairement la dispute, et souvent des rixes tumultueuses où les coups de poing et les coups de bâton remplacent les coups d'épée des diètes polonaises.

L'Ohio, à Mount-Vernon, est plus large que le Rhin; il coule entre deux rideaux d'épaisses forêts qui, à l'horizon, se perdent dans des vapeurs bleuâtres, et sur les premiers plans se réfléchissent dans le magnifique miroir des eaux du fleuve, que sillonnent les roues de nombreux pyroscaphes. C'est à bord de l'un de ces bâtimens que monta le prince Maximilien pour descendre l'Ohio et se rendre à Saint-Louis en remontant le Mississipi. Ces deux grandes rivières, à leur confluent, sont d'égale largeur. Leurs rives, couvertes de forêts à demi renversées par les tempêtes et la crue des eaux, présentent un spectacle fort agreste. Des plantes rampantes s'enroulent autour des arbres couchés comme le fil autour d'un fuseau. Ces arbres renversés encombrent le lit des deux fleuves au point que dans certaines parties on ne peut voyager que de jour. Ces troncs arrêtés dans la vase s'appellent *snags*, et sont un des plus sérieux obstacles que présente la navigation de ces grandes rivières. Aussitôt qu'on est entré dans le Mississipi (1), les rives se couvrent de rideaux de grands peupliers. Tous ces arbres, d'une hauteur parfaitement égale, caractérisent les paysages du Mississipi et du Missouri inférieur, dont la civilisation n'a fait que modifier la physionomie sauvage et magnifique. Des rochers de forme singulière alternent avec les forêts, et les villages, les établissemens (*settlemens*), n'apparaissent qu'à d'assez grands intervalles.

Aux approches de Saint-Louis, le pays se dépouille et perd son caractère pittoresque. Centre du commerce de l'Ohio, du Mississipi et du Missouri, cette ville est en progrès et tend nécessairement à acquérir une grande importance. En 1764, ce n'était qu'un fort construit par les Français, à la limite du désert; en 1806, elle renfermait 2,000 habitans, aujourd'hui elle en compte 8,000, et sa population s'accroît rapidement chaque année. C'est à Saint-Louis que se trouve le bureau des affaires indiennes de l'ouest. Lorsque le prince Maximilien de Wied-Neuwied s'y arrêta, le directeur de cet établissement était le célèbre Clarke, qui, dans les années 1804 et 1805, fit, d'après les ordres du président Jefferson, et en compagnie du capitaine Lewis, un voyage à l'embouchure de la Colombia, ou Orégon, traversant le continent américain sur une étendue de quatre mille cent trente-trois milles, remontant le Missouri jusqu'à ses sources, et franchissant le premier la chaine des Montagnes Rocheuses. Le général Clarke accueillit avec la plus franche hospitalité le prince voyageur, et l'engagea, peu de jours après son arrivée, à assister aux conférences qu'il devait avoir avec les députations des Indiens *Sakis* et *Fox*. Ces députés venaient intercéder en faveur du grand chef *Black Hawk*, le Faucon Noir, alors détenu dans les casernes de Jefferson près de Saint-

(1) *Missi*, grand; *sibi* ou *sipi*, fleuve.

Louis. Mais laissons parler le prince Wied-Neuwied : « On avait logé ces Indiens dans un grand magasin situé non loin du port; nous nous y rendîmes sur-le-champ. Le peuple s'y était rassemblé en foule, et nous reconnûmes de loin, au milieu des curieux, ces étranges figures basanées enveloppées dans des couvertures de laine, rouges, blanches ou vertes. Leur premier aspect, qui me causa une assez grande surprise, me convainquit immédiatement qu'ils étaient alliés de près aux Brésiliens, et je les tiens par conséquent pour être absolument de la même race. Ce sont des hommes forts, bien faits, d'une taille généralement au-dessus de la moyenne, musculeux et charnus. Leur physionomie est expressive; ils ont les traits fortement marqués, les pommettes saillantes, les côtés de la mâchoire inférieure larges et anguleux, les yeux noirs, vifs, pleins de feu, et l'angle intérieur un peu rabaissé, surtout dans la jeunesse, mais moins toutefois que chez les Brésiliens. Une de ces conférences eut lieu dans la maison du général Clarke. Les Indiens, qui étaient au nombre d'environ trente, s'étaient parés et peints de leur mieux. Leurs chefs étaient assis ensemble sur la droite; leur maintien était grave et solennel; le général leur fit d'abord dire par l'interprète pour quel motif il les avait rassemblés dans ce lieu; après quoi leur chef Kiokuck se leva, tenant le calumet de la main gauche, et faisant de la droite des gestes appropriés à ses pensées; il parla à très haute voix, par sentences entrecoupées et qu'interrompaient de courtes pauses. Le général Clarke nous avait présentés aux Indiens en disant que nous étions venus de fort loin, par-delà les mers, pour les voir, et toute l'assemblée indienne exprima sa satisfaction par le cri prolongé de : *Hé! ehé!* Avant et après la séance, tous les Indiens défilèrent devant nous, et chacun d'eux nous tendit la main droite en nous regardant fixement dans les yeux; ils se retirèrent après cela, ayant leurs chefs à leur tête. »

A la suite de ces conférences, le Faucon Noir fut mis en liberté. Dans sa captivité, il n'était pas resté entièrement oisif. Comme tous les grands hommes du siècle, il éprouva le besoin d'écrire ses mémoires. En 1834, une auto-biographie du guerrier indien, dictée par lui-même à l'interprète Antoine Leclair, a été publiée à Boston sous ce titre : *The Life of Mal-ka-tai-me-she-kia-kiak or Black Hawk dictated by Himself.* Nous ne citerons qu'un seul passage de ce livre extrêmement curieux, c'est celui où le guerrier indien raconte son premier exploit. Il avait alors seize ans. « Comme je me tenais auprès de mon père, je le vis tuer son antagoniste et enlever le scalp de sa tête. Cet exemple me remplit d'une ardeur singulière. Je me jetai en

fureur sur un autre ennemi, je le couchai à terre d'un coup de tomahawk, je le traversai de part en part d'un coup de lance, j'enlevai son
scalp et je retournai triomphant auprès de mon père. Il ne me dit
rien, mais il parut content. » Ce dernier trait est bien indien.

Le voyageur qui se propose de visiter l'intérieur des régions occi-
dentales de l'Amérique du Nord doit, ou remonter le Missouri, celle
des rivières du pays qui est navigable sur la plus grande étendue de
son cours, c'est-à-dire jusqu'au pied des Montagnes Rocheuses, et
qu'on peut regarder comme le seul chemin praticable ouvert vers
l'ouest aux entreprises de la civilisation, ou bien il doit se joindre aux
caravanes qui se rendent à Santa-Fé, à travers les prairies de l'Arkansas et du Bojo. Cette dernière route embrasse une bien moins grande
étendue de pays, mais elle est de beaucoup la plus pénible. Des difficultés de toute espèce attendent le voyageur, qui ne peut ni se livrer
aux observations qui sont l'objet de ses explorations, ni réunir aucune
collection d'histoire naturelle de quelque importance. En lutte continuelle avec les tribus indiennes, dont il traverse le territoire, il ne rencontre ces hommes singuliers que les armes à la main, et ne peut acquérir qu'une connaissance très imparfaite de leurs mœurs. Le cours
du Missouri est, au contraire, une sorte de terrain neutre, où l'Européen et l'Indien viennent conclure leurs échanges et se rencontrent
sans se combattre. Quelques petits forts, jetés à d'immenses intervalles sur les rives de cette grande rivière, plutôt comme des comptoirs et des lieux de refuge que comme des établissemens capables de
contenir les populations hostiles, permettent au voyageur de prendre
un peu de repos après de longues fatigues, et de rassembler des collections en lieu sûr. C'est là qu'il se trouve, en outre, dans de continuels rapports avec l'Indien, dont les tribus se groupent, à certaines
époques, aux environs de ces établissemens, qu'elles ne visitent habituellement que comme amies. Le prince Maximilien se décida donc à
suivre cette dernière route et à remonter le Missouri. Il s'aboucha avec
les directeurs de la compagnie américaine des pelleteries de Saint-
Louis, et il obtint facilement le passage sur l'un des bateaux à vapeur
qui remontent annuellement le Missouri jusqu'au Fort-Union.

La compagnie américaine des pelleteries, maîtresse autrefois du
commerce de toute la contrée de l'Amérique septentrionale, a vu diminuer peu à peu ses relations commerciales. Battue sur l'Orégon par
une compagnie rivale, malgré les expéditions de M. Astor de New-
York et son établissement à l'embouchure du fleuve Colombia, elle
lutte sur les limites nord du Missouri et des Montagnes Rocheuses

avec la compagnie anglaise du nord-ouest, réunie à celle de la baie d'Hudson, qui font de grands sacrifices pour séduire les tribus indiennes et attirer à elles tout le commerce d'échange. Jusqu'à ce jour, la compagnie américaine a soutenu la lutte avec avantage sur ce dernier point. Ses forts servent de points de ralliement aux diverses tribus du centre de l'Amérique du Nord ; ses employés et ses agens entretiennent avec elles, et souvent au prix de leur vie, des relations non interrompues. Mais ce qui assure la prépondérance de la compagnie américaine, c'est la navigation du Missouri, que ses bateaux à vapeur remontent jusqu'au Fort-Union, au confluent de la rivière *Yellow-Stone* (la Roche-Jaune), c'est-à-dire sur une étendue de près de 2,000 milles, et qui est praticable pour les bateaux plats appelés *keelboats* jusqu'au fort Mackenzie, à peu de distance des Montagnes Rocheuses. Le prince Maximilien avait obtenu un passage sur un des pyroscaphes de la compagnie, qui s'appelait le *Yellow-Stone*, par l'entremise de M. Pierre Chouteau, qui dirige les affaires de la compagnie à Saint-Louis, et de M. Mackenzie, qui réside sur le haut Missouri. Ce dernier se proposait de se rendre par le même pyroscaphe au Fort-Union, à l'embouchure du Yellow-Stone.

L'équipage du *Yellow-Stone* se composait de cent personnes environ, quand il partit de Saint-Louis, le 10 avril, pour remonter le Missouri. Un grand nombre de passagers étaient des engagés de la compagnie de pelleteries. Ces engagés, la plupart originaires du Canada, sont armés jusqu'aux dents et forment une race d'hommes vigoureux, résolus et à demi sauvages. C'est la transition des *back-woodsmen* aux races aborigènes. Accoutumés aux privations, ils savent au besoin vivre en compagnie de l'Indien, couchant comme lui sur la dure et ne vivant que du produit de leur chasse. Ils portent à la ceinture un large couteau, comme les guerriers indigènes; ils ont comme eux le sac à plomb et le cornet à poudre attachés par-dessus l'épaule à une courroie, et ne quittent jamais leur fusil. Leurs mœurs participent de la férocité des mœurs indiennes. Un des engagés embarqués sur le *Yellow-Stone* portait à sa ceinture le *scalp* ou la peau du crâne d'un Indien *Pied-Noir* qu'il avait tué d'un coup de fusil et scalpé de sa propre main. Au moment du départ, ces engagés et les gens de l'équipage, échauffés par de copieuses libations de whiskey, firent un feu roulant de leurs fusils, qu'ils renouvelèrent quand le bâtiment quitta le Mississipi pour remonter les eaux jaunes du Missouri, dont le cours est bien autrement considérable, et qui cependant, au-dessous du confluent des deux rivières, perd à la fois son caractère et son nom.

Les bords de cette grande rivière présentent une suite de tableaux singulièrement sauvages. Ses rives, sur lesquelles pendent des forêts ou des rochers de forme bizarre, sont dégradées par l'action des débordemens. Les troncs d'arbres, déracinés et entraînés par les eaux, s'accumulent sur les bas fonds et obstruent le cours du fleuve, qu'on ne peut remonter qu'avec les plus grandes précautions. Ces bois flottés, entassés sur ces rives vaseuses, forment des tours, des cavernes, et donnent un caractère d'extrême désolation à ces rivières de l'Amérique septentrionale. La crue du Missouri a lieu en juin; la rivière coule alors avec un grand murmure et une rapidité effrayante. Ses bords, rongés par les eaux, s'abîment, entraînant avec eux des arbres énormes qui tombent dans le fleuve, dont ils descendent impétueusement le courant. Tout dans le paysage a un aspect sauvage et primitif. Les plantes rampantes enveloppent les troncs renversés que les eaux n'ont pas emportés; des cygnes, des oies sauvages et des grues volent par bandes; des vautours planent dans les airs, et d'innombrables troupes de perroquets sont perchées sur les taillis et les hautes tiges des maïs.

Au-dessous du confluent du Missouri et de la rivière Kansas sont situés le Fort-Osage et la petite ville de Lexington, aux environs desquels commencent ces longs espaces découverts appelés les *prairies*. Les prairies des environs de Lexington étaient habitées, il y a trente ans, par les Indiens Osages (Wasaj); quelques chasseurs français y avaient seuls dressé leurs cabanes. Aujourd'hui les débris de la tribu des Osages ont été repoussés dans les prairies de l'Arkansas, et les limites des états de l'Union et du territoire libre des Indiens ont été reportées au confluent des deux rivières. Là sont situés les derniers cantonnemens américains destinés à *protéger* la frontière indienne. Quatre compagnies du 6me régiment de ligne, fortes d'environ cent vingt hommes, et cent *rangers* ou soldats de milice, armés, montés et exercés à la guerre indienne, composent le poste militaire de Leavenworth, et suffisent pour tenir en respect les peuplades indigènes de l'ouest. Un poste de douane, établi dans les mêmes cantonnemens, visite avec soin les bateaux à vapeur qui remontent le fleuve pour veiller à ce qu'ils ne transportent pas d'eau-de-vie, l'importation de cette liqueur sur le territoire indien étant sévèrement interdite. La prohibition ne peut toutefois s'exercer que sur de grands quantités; il y a plus, elle est en quelque sorte illusoire; des colons qui ont pénétré à 15 ou 16 milles dans l'intérieur du territoire indien préparent du whiskey et le vendent à très bas prix : aussi les tribus voisines des frontières trouvent-elles facilement à s'en procurer et en font-elles le plus déplorable abus. Le second jour de l'entrée du pyroscaphe sur les terres des Indiens, les voyageurs furent témoins d'une de ces scènes étranges auxquelles l'usage immodéré des liqueurs spiritueuses donne souvent naissance. Des Indiens Ayoways avaient fait une incursion sur le territoire de leurs voisins, les Omahas ; ils avaient égorgé six personnes et enlevé une femme et son enfant qu'ils avaient mis en vente. Le major Dougherty, chef de l'agence des tribus des Omahas et des Ayoways et chargé d'une sorte de police officieuse sur ces peuplades, débarqua sur-le-champ pour recueillir du moins les prisonniers. M. Bodmer et le major Beau l'accompagnaient. Ils trouvèrent tous ces Indiens ivres, leurs prisonniers étaient dans le même état et l'on n'en put rien tirer. Les Ayoways avaient troqué leurs couvertures de laine contre de l'eau-de-vie dont ils s'étaient gorgés, sûrs de cette façon d'échapper aux reproches qu'on pourrait leur faire.

Les premières tribus indiennes que les voyageurs rencontrèrent furent celles des Indiens Omahas, Otos et Puncas. Les tentatives de colonisation faites dans le district des Omahas n'ont pas été heureuses. Le fort de *Council-Bluffs*, qu'on y avait établi en 1819 et qui pouvait contenir un millier d'hommes, a été abandonné, et ses ruines servent d'habitation à des amas de serpens à sonnettes. Le scorbut enleva dans un seul hiver 300 hommes de la garnison de ce poste militaire. C'est à peu de distance de ce fort ruiné que se trouve le poste de commerce ou comptoir, dirigé par M. Chabanné, agent de la compagnie américaine des pelleteries, qui jouit d'une certaine influence sur les Indiens du voisinage, les plus laids, les plus lâches et les plus indolens de tous ceux du Missouri.

La tribu des Omahas donna une fête aux voyageurs, qui les intéressa singulièrement, et qui avait du moins le mérite de la nouveauté. Vingt Omahas, dirigé par un coryphée d'une stature colossale, portant sur la tête un de ces immenses panaches qui traînent jusqu'à terre, et tenant à la main un arc et des flèches, vinrent exécuter une de leurs danses nationales sous le balcon du comptoir. Les danseurs, réglant leurs mouvemens sur le bruit du tambour, secouaient leurs armes en mesure et agitaient leurs massues garnies de sonnettes, tandis que toute la compagnie, dont la plupart des membres étaient peints en blanc, chantait : *Hai! hai! hai!* ou bien : *hé! hé! hé!* interrompant de temps en temps son chant par une grande acclamation. La danse consistait à pencher le corps en avant et à sauter en l'air avec les pieds joints, sans pourtant s'éloigner beaucoup de terre ; la sueur inondait le front des danseurs. Ils ne s'arrêtèrent toutefois que lorsqu'on eut jeté par terre, devant eux, un paquet de tiges de tabac, présent accoutumé dans ces occasions. Le spectacle de cette danse, exécutée par une magnifique soirée, sur les bords du Missouri, était des plus intéressans. Un clair de lune resplendissant illuminait ces vastes solitudes, dont les jeux bruyans de l'Indien et les cris du *tête-chèvre* interrompaient seuls le silence.

M. Washington Irving, dans les conclusions du curieux ouvrage qu'il a publié sous le titre d'*Astoria*, reconnaissant sans doute combien la colonisation du territoire de l'ouest offrait de difficultés, propose d'établir à travers ces vastes contrées une grande route commerciale qui franchirait les Montagnes Rocheuses, et qui relierait au territoire de l'Union l'Orégon et les rives de l'Océan Pacifique. Cette route, qu'il proclame comme la plus directe entre l'Europe et la Chine, serait défendue par une ligne de postes fortifiés, commandant le cours des fleuves, les passages et les défilés des montagnes, et se protégeant mutuellement. Si la route de M. Washington Irving est un jour ouverte, nous doutons qu'elle soit jamais très fréquentée, surtout par les commerçans européens qui se rendent en Chine. Toujours est-il que plusieurs des forts qui pourraient la défendre existent dès à présent. A partir des limites du territoire des Indiens libres jusqu'aux cataractes du Missouri, c'est-à-dire sur un espace de plus de 1,500 milles, six de ces forts ont été en effet successivement construits sur les rives du Missouri. Le camp de Leavenworth et les forts Lookout, Pierre, Clarke, Union et Mackenzie, seront peut-être un jour les principales stations de la grande route commerciale de M. Washington Irving. Nous verrons tout à l'heure quelle est aujourd'hui la nature et l'importance de chacun de ces établissemens.

Du camp de Leavenworth au fort Lookout, la distance est d'environ 450 milles. Quatre grandes tribus se partagent cette partie des prairies de l'ouest, les Otos, les Omahas, les Puncas et les Dacotas. Les Omahas, avec lesquels nous avons déjà fait connaissance, sont, après les Dacotas, la plus importante de ces tribus. A mi-chemin du camp de Leavenworth au fort Lookout, et au centre du district des Omahas, s'élève sur le sommet d'une colline qui domine le fleuve un *tumulus* de forme conique, où l'un des plus fameux chefs du pays, *Wha-Schinga-Sabas*, l'Oiseau-Noir, a été enterré. Ce chef, dévoué aux blancs, passait pour sorcier et régnait par la terreur. L'arsenic, qu'il employait d'une façon mystérieuse et terrible, était son unique sortilége. Au moyen de doses habilement préparées, il se débarrassait à temps de tout rival et de tout ennemi. Enlevé, avec une partie de sa tribu, par une de ces terribles épidémies de petite-vérole qui déciment les populations indiennes, on l'enterra debout, sur un mulet vivant, au sommet d'un monticule de verdure, le visage tourné vers la terre des blancs, ainsi qu'il en avait donné l'ordre. Wha-Schinga-Sabas était tellement craint des siens, qu'on n'osait le réveiller quand il dormait : on le chatouillait sous le nez avec un brin d'herbe (1). Au-delà de la tombe de *l'Oiseau-Noir* et à partir du confluent du Missouri et d'un de ses principaux affluens, la Rivière-Plate, le terrain perd de sa fertilité, et la végétation n'a plus la même vigueur que sur les rives du Bas-Missouri. La nature argileuse du sol, qui, lors des chaleurs de l'été, prend la dureté de la pierre, frappe de stérilité une partie de ces immenses prairies. Les troupeaux de bisons ne s'y montrent que durant l'hiver, quand la rigueur du froid les chasse des districts avoisinant les Montagnes Rocheuses.

Comme le *Yellow-Stone* arrivait à la hauteur du district des Indiens Puncas, dont la tribu habite la contrée qui s'étend au sud du Missouri, au-dessus du confluent de cette rivière et de la rivière *Qui-Courre*, une troupe d'indigènes visita les voyageurs. Leur chef exprima le désir que leur grand-père (c'est ainsi qu'ils appellent le président des États-Unis) leur envoyât des instrumens aratoires. « Dans cette occasion, la pose de l'orateur était belle. Il avait l'épaule et le bras droit nus, et gesticulait de la main. Sa noble figure avait beaucoup d'expression. » A Cedar-Island, sur les limites du territoire des Indiens Puncas et des Indiens Dacotas, les voyageurs rencontrèrent les premiers bisons, ainsi que des troupeaux d'antilopes. Des couches de houille commençaient aussi à se montrer par places, alternant avec le sable et l'argile des collines. Une de ces couches régnait sur les deux bords de la rivière, à la même hauteur. Elle s'étendait aussi loin que la vue portait, et pouvait être suivie sur un espace de plusieurs centaines de milles. Lors des incendies des prairies, ces houilles, qui sont à découvert, s'enflamment; le feu s'étend souterrainement et dure souvent plusieurs années. D'ailleurs rien ne croît sur ces collines d'argile, dont les sommets semblent calcinés par la flamme, et ont la couleur et la dureté de la brique.

Sioux-Agency, ou fort *Lookout*, deuxième station du Missouri, où le *Yellow-Stone* s'arrête, est un poste de la compagnie américaine des pelleteries, agréablement situé sur une pelouse entourée de collines boisées, et derrière lesquelles s'étend la vaste prairie dans toute sa

---

(1) Voyez, dans l'*Astoria* de Washington Irving, l'histoire de ce chef.

triste nudité. Dans les environs du fort, les Indiens Dacotas avaient dressé leurs tentes de cuir en forme de pains de sucre très effilés. La tribu des Dacotas, les Sioux des Français, occupe sur les deux rives du Missouri un vaste territoire qui s'étend des Montagnes Noires, vers le sud, aux rives du Mississipi. Elle compte vingt et quelques mille ames, possède deux à trois mille tentes, et peut mettre huit à dix mille hommes en campagne. Cette tribu est la plus nombreuse de celles de l'ouest après les Assiniboins, qui occupent le territoire limitrophe de la Nouvelle-Bretagne. Les Indiens Dacotas ont en général les os de la face plus saillans et les traits du visage moins agréables que les autres peuplades du Missouri. Ce sont des peuples chasseurs, suivant le gibier dans ses émigrations et couchant sous des tentes faciles à transporter. Deux de leurs tribus font exception à la règle et habitent des villages stables. L'une d'elles, les *Wahk-Pe-Kuteh*, confinée sur les rives du Mississipi, y cultive le maïs et d'autres plantes qui servent à sa nourriture. Les Indiens Dacotas possèdent un grand nombre de chevaux et de chiens qu'ils mangent volontiers. Ces Indiens passaient autrefois pour être très dangereux. Bradbury les appelle *blood thirsty savages*, des sauvages qui ont soif de sang; mais aujourd'hui, à l'exception de la tribu des Yanktoàns, ils vivent en bonne intelligence avec les blancs.

« Un des hommes les plus estimés parmi eux, et qui se montrait le plus dévoué aux blancs, était celui qu'on appelait *Big-Soldier*, le gros soldat (*Wahktégueli*); c'était un homme de haute taille et de bonne mine, ayant dix à onze pouces, mesure prussienne, âgé de soixante ans, avec un nez fortement aquilin et de grands yeux vifs... » M. Bodmer voulait, dès son arrivée, peindre le *Big-Soldier* en pied. Celui-ci se présenta en grande toilette, le visage peint en rouge avec du cinabre et de courtes raies noires parallèles sur les joues. Sur la tête, il portait des plumes d'oiseaux de proie, placées sans ordre; c'étaient des trophées de ses exploits et notamment des ennemis qu'il avait tués... Ses oreilles étaient parées de longs cordons de grains de verre bleus, et sur sa poitrine pendait, à un cordon passé autour du cou, la grande médaille d'argent des États-Unis. A la main, il tenait son tomahawk ou hache d'armes. Il paraissait très flatté de servir de modèle à M. Bodmer, et il garda pendant toute la journée la position qui lui avait été indiquée, ce qui est en général fort difficile pour les Indiens.

Le fort Pierre, troisième station du Missouri, est situé à quelques journées seulement du fort Lookout, au confluent du grand et du petit Missouri. C'est un des établissemens les plus considérables de la compagnie des pelleteries. Au moment du passage du prince Maximilien, il renfermait pour 80,000 dollars (450,000 francs) en marchandises, sans compter les sommes reçues en échange des Indiens. Au-delà de ce fort, construit au centre du district des Indiens Dacotas, la physionomie du pays se modifie profondément. De tous côtés se dressent des monticules à pans aigus et verticaux, à travers lesquels le fleuve a peine à se frayer un passage; puis ces monticules font place à des collines de forme conique et aux sommets arrondis. En examinant ces collines isolément, on reconnaît dans chacune d'elles un petit volcan avec son cratère, ses laves et ses scories argileuses. Il est évident que ces monticules boueux ont été lancés de bas en haut par les feux souterrains dont toute cette contrée dénote l'action. Ces monticules, dénués de végétation, alternent avec des prairies également nues. Le bord des rivières est seul garni de taillis et de rares futaies qui renferment une quantité d'elks aux bois énormes, de loups blancs et de cabris, tandis que de grands troupeaux de bisons parcourent les prairies. C'est là que vivait naguère la puissante tribu des Indiens Aricaras, qui avait construit plusieurs villages, abandonnés aujourd'hui. Les habitans, hostiles aux blancs, ont fui leur vengeance et se sont enfoncés dans le désert, entre Saint-Louis et Santa-Fé. Le chef des Aricaras, lors de l'émigration, s'appelait *Starapat* (*la main pleine de sang*); les femmes de cette tribu étaient les plus belles du Missouri.

Dans les fragmens de son *Voyage en Amérique*, et dans son poème des *Natchez*, M. de Châteaubriand a vivement retracé quelques scènes de la vie indienne, dont il paraît n'avoir étudié que le côté pittoresque. L'imagination d'un grand poëte n'embellit qu'à la charge d'ennoblir; elle relève le côté vulgaire des choses. Tout en laissant aux scènes de la vie sauvage leur énergique grandeur, l'illustre écrivain a rejeté dans l'ombre les teintes crues et discordantes, les détails prosaïques et grossiers, qui auraient pu nuire à l'effet peut-être un peu trop pompeux de ses tableaux. Washington Irving dans son *Astoria*, et le prince de Wied-Neuwied, dans son intéressant voyage, sont restés plus fidèles à la vérité. Historiens et dessinateurs précis plutôt que poètes, ils se sont bien gardés de négliger ces particularités vulgaires, mais intéressantes, qui, après tout, sont la vie. Tous deux ont dessiné le modèle qu'ils avaient sous les yeux, ils ne l'ont pas fait poser. Leurs tableaux sont donc, avant tout, des restitutions; ils sont essentiellement vrais. Nous doutons qu'aucun écrit puisse mieux nous initier aux occupations et aux émotions si variées de la vie indienne que quelques-uns des chapitres de l'*Astoria* de Washington Irving. Sa description d'un

31.

village, Aricara, est un de ces tableaux complets auxquels rien ne manque, ni la couleur héroïque ni le trait familier. Washington Irving nous montre l'Indien dans toutes les situations de la vie. Infatigables dans leurs chasses, intrépides dans les combats, mais peut-être plus bruyans encore que braves, ces enfans de la nature sont, hormis ces deux occasions, d'une paresse qui passe toute croyance. Quand l'abondance et la paix leur permettent de rester au logis, tandis qu'ils sommeillent couchés à l'ombre, ou qu'accroupis sur les toits de terre de leurs cabanes ils causent de leurs chasses ou de leurs combats, leurs femmes sont chargées de tous les travaux du ménage, et se livrent aux occupations les plus pénibles. Loin de se plaindre de leur lot, elles revendiquent le travail comme un droit. La plus grave injure qu'une de ces femmes puisse adresser à une autre dans leurs disputes, c'est de lui dire — Malheureuse! j'ai vu ton mari qui portait du bois dans sa cabane pour allumer son feu; où était donc son épouse, pour qu'il fût obligé de faire lui-même la femme!

Le récit de la première entrevue du prince de Wied-Neuwied avec un grand rassemblement d'Indiens aux environs des villages des Meunitarris rappelle les peintures les plus animées de Washington Irving. Le pyroscaphe aborda près d'un bois de saules, et le prince se trouva immédiatement entouré par une troupe nombreuse composée des Indiens les plus élégans des bords du Missouri. Les Meunitarris sont, sans contredit, les plus grands et les mieux faits de tous les Indiens qui vivent près de ce fleuve; sous ce rapport, ainsi que sous celui de l'élégance des costumes, il n'y a que les Indiens *Corbeaux* que l'on puisse leur comparer; peut-être même ces derniers les surpassent–ils pour le luxe des habits. Leurs visages étaient en général peints en rouge avec du cinabre, usage commun aux Américains du nord, aux Brésiliens et à d'autres peuples de l'Amérique méridionale; leurs cheveux retombaient sur leur dos, partagés en tresses ou en queues; ils portaient de longs cordons de grains de verre blancs ou azurés, entremêlés de coquilles de *dentalium*, et leur coiffure consistait en plumes fixées dans leurs cheveux. Leurs physionomies singulières trahissaient leur étonnement avec une remarquable mobilité d'expression. Tantôt c'était un regard froid et égaré, tantôt une curiosité sans bornes, tantôt une bonté naïve. La plupart de ces Indiens étaient nus jusqu'à la ceinture, et la belle peau brune de leurs bras était ornée d'éclatans bracelets de métal blanc. Ils tenaient à la main leur fusil, leur arc et leur tomahawk, et sur le dos ils portaient un carquois de peau de loutre, élégamment orné. Leurs *leggings* ou culottes de peau étaient garnies de mèches de cheveux des ennemis qu'ils avaient tués, ou bien de crins peints de différentes couleurs. Ces hommes beaux et forts faisaient connaître les sentimens dont ils étaient agités en riant et en montrant leurs dents d'ivoire, car les modes disgracieuses et contraires à la nature, ainsi que les costumes variés des hommes blancs, n'étaient que trop faits pour offrir matière à des remarques plaisantes, que les Indiens, tout simples qu'ils paraissent, formulaient d'une manière très énergique et très piquante. Ces sauvages avaient revêtu leurs plus beaux habits, et cherchaient à paraître dans tous leurs avantages. Des hommes de taille athlétique montaient des chevaux fougueux que le bruit de la machine du pyroscaphe effarouchait, mais qu'ils domptaient facilement à l'aide de petits fouets. Les voyageurs ne pouvaient se lasser de contempler ces grands et fiers cavaliers au visage peint en rouge, et qui ressemblaient beaucoup aux Circassiens. Ces sauvages dompteurs de chevaux portaient en sautoir le précieux collier de longues griffes d'ours. Leurs robes de bisons, peintes avec élégance, étaient retenues autour du corps par une courroie. La plupart montaient sans étriers, ce qui ne les empêchait pas d'être très solidement assis; d'autres se servaient de selles qui ressemblaient au *bock* hongrois. Parmi les femmes qui faisaient partie de ce rassemblement, il en était quelques-unes de fort jolies, dont les yeux noirs, pleins de feu, brillaient comme des éclairs dans leur visage rouge. On a souvent comparé ces tribus indiennes aux peuplades grecques contemporaines de la guerre de Troie. La solennité dans les conseils et la férocité dans les combats, l'exaltation de certains sentimens généreux, l'héroïsme sauvage entretenu par cette guerre perpétuelle, propre à l'état de nature dans lequel vivent ces tribus, constituent seuls une analogie peu frappante, que le trait le plus distinctif du caractère indien, l'enfantillage, suffit d'ailleurs pour détruire. Ces fiers guerriers, ces discoureurs sentencieux sont, avant tout, de grands enfans qu'un rien distrait, préoccupe ou amuse. Ils ont tous les vices et toutes les fantaisies du premier âge, et s'ils sont cruels, vindicatifs et colères, c'est qu'à l'exemple du méchant de Hobbes, ce sont des *enfans robustes.*

On voit, par ces curieux détails, l'intérêt qui s'attache à la relation du prince voyageur. L'ouvrage de M. Washington Irving, qui contient le récit des premiers voyages entrepris vers l'ouest à travers l'immense continent américain, soit par Clarke et Lewis, soit plus tard par MM. Hunt, Bradbury et Nuttall, a tout le charme d'un roman. L'expédition du major Long aux Montagnes Rocheuses et le voyage du prince de Wied-Neuwied complètent heureusement ces curieuses explorations. Le major Long a pu pénétrer au cœur de la grande chaîne centrale qui continue à travers l'Amérique septentrionale les Cordillières et les Andes; il a vu plus de pays que le prince, mais ses observations portent sur moins d'objets et sont plus superficielles. Les montagnes qu'il a visitées, comme toutes celles du continent américain, ne présentent pas une chaîne régulière et uniforme, et quoique leurs cimes dépassent souvent la limite des neiges éternelles et atteignent à une hauteur de onze à douze mille pieds, elles ne paraissent pas d'une élévation extraordinaire. C'est que chacun des petits groupes ou des pics détachés qui composent ce système s'élèvent du milieu de hautes plaines étagées à plusieurs milliers de pieds au-dessus du niveau de l'océan. L'aspect de ces sommités granitiques et de ces plaines formées par leurs détritus est singulièrement désolé; pas un arbre, pas un brin d'herbe n'égaie la teinte morne et plombée du sol, que dévorent pendant l'été les rayons d'un soleil de feu, et que pendant l'hiver la neige enveloppe d'une couche épaisse. Cette zone de désolation et de stérilité s'étend à plusieurs centaines de milles sur les deux versans nord et sud de la chaîne. Washington Irving appelle cette région le *grand désert américain.*

Nous ne voulons ni analyser le livre de M. Washington Irving, ni suivre le prince de Wied-Neuwied dans sa navigation de plus de mille lieues sur le Missouri. Il nous suffira d'indiquer ici les résultats principaux du voyage. Durant son excursion au cœur de cette vaste contrée, la moins peuplée de la terre, le prince a trouvé constamment de quoi occuper son observation. Les animaux, à défaut de l'homme, couvrent les bords de la grande rivière, qui, aux environs des villages des Meunitarris, à mille huit cents milles de son confluent avec le Mississipi, a encore un demi-mille de largeur. Les monstrueux bisons, les elks aux cornes rameuses, les cabris et les antilopes, réunis par grandes troupes, parcourent les prairies. Le castor ronge les bois du rivage pour en former sa demeure; les cignes, les oies sauvages et une foule d'oiseaux aquatiques couvrent les eaux du fleuve. D'énormes amas de serpens remplissent les interstices des rochers et les cavités des collines qui dominent ses rives, et par momens, quand vient le soir, le grand ours noir (*grizzly bear*), l'ours gris et le loup blanc, apparaissent comme des fantômes sur la lisière des forêts.

Le *Yellow-Stone* avait quitté Saint-Louis depuis soixante-quinze jours, quand les voyageurs atteignirent le Fort-Union, la cinquième grande station du Missouri. Ce fort situé au-dessus du confluent du

Yellow-Stone-River et du Missouri a été bâti par M. Mackenzie dans l'automne de 1829. Cet établissement, le plus important de la compagnie américaine des pelleteries, est le centre du commerce qui se fait avec les peuplades des Montagnes Rocheuses au moyen de deux postes avancés : le fort Cass, situé à deux cents milles plus haut sur le Yellow-Stone-River, et le fort Mackenzie, construit à six cent cinquante milles plus haut sur le Missouri. Le premier de ces forts sert à entretenir des relations avec les Indiens Corbeaux; le fort Mackenzie met la compagnie en rapports directs avec les trois grandes tribus des Indiens Pieds-Noirs. Plus de cinq cents employés ou engagés sont entretenus dans ces forts du haut Missouri; les uns, tels que les *engagés* ou *voyageurs*, servent de bateliers, de chasseurs, de colporteurs, et comme tels se mêlent aux Indiens, qu'ils vont chercher chez eux, et dont à la longue ils prennent les habitudes. Ce sont les plus utiles et les plus exposés des agens de la compagnie. Armés jusqu'aux dents, ils sont souvent obligés de combattre des partis d'Indiens hostiles, et il ne se passe pas de printemps qu'il n'en tombe un certain nombre sous les armes qu'eux-mêmes ont fournies à ces Indiens. Les rives du Missouri étant devenues moins giboyeuses, ils sont maintenant obligés de se hasarder davantage dans l'intérieur du pays, et de pousser leurs expéditions jusqu'au cœur des Montagnes Rocheuses, où souvent ils hivernent. Ils se retranchent alors dans de petits postes appelés *loghouses*, qui servent de points de ralliement aux Indiens qui y apportent les fourrures qu'ils ont recueillies. Lors du voyage du prince Maximilien, ces postes étaient au nombre de vingt-trois. La compagnie les fait ravitailler pendant l'été par des détachemens bien armés, conduits par ses agens les plus résolus. Ils portent aux engagés stationnaires les marchandises, munitions, vêtemens et piéges dont ils ont besoin, et rapportent les fourrures échangées (1).

(1) On peut juger de l'importance du commerce des pelleteries par le tableau de la quantité moyenne des peaux rapportées annuellement de l'intérieur, que nous extrayons de l'ouvrage du prince de Wied-Neuwied.

Les animaux dont on recueille les fourrures sont : le castor, fournissant environ 25,000 peaux; — la loutre, 200 à 300 peaux; — le bison, de 40,000 à 50,000 peaux; — le *fisher* (*mustela canadensis*), 500 à 600 peaux; — la martre, même nombre; — le lynx du nord (*felis canadensis*), de 1,000 à 2,000 peaux; — le lynx du midi (*felis fulva*), même nombre;—le *renard fauve*, 2,000 peaux;—le renard argenté, 20 à 30 peaux; — le *cross fox* (*canis decussotus*), de 200 à 300 peaux; — le vison, (*mustela vison*), environ 2,000 peaux; — le rat musqué (*ondathra*), de 1,000 à 100,000 peaux (d'après le capitaine Back, on importe à Londres un demi-million de ces peaux tous les ans, cet animal étant répandu et fort nombreux jusqu'aux

La prairie aux environs du Fort-Union est interrompue vers le nord par une chaîne de collines d'argile et de grès arénacé aux sommets arrondis. Ces collines, nues comme la prairie, sont couvertes d'un gazon ras ou hérissées par places des touffes épineuses du *cactus ferox*. Les arbres d'apparence chétive ne se rencontrent que dans quelques ravins profonds ou au bord des rivières. Le climat aux environs du Fort-Union, ainsi que dans tout le haut Missouri, est très variable et donne dans les extrêmes. L'hiver, souvent fort rude, se prolonge jusqu'en mai, puis viennent tout à coup des chaleurs excessives interrompues par des tempêtes et des coups de vents glacials. Ces bourrasques amènent la saison sèche, qui commence en juillet et dure jusque en octobre. La prairie, à cette époque, présente l'aspect d'un désert poudreux et nu. Les collines se nuancent de teintes roussâtres; leur sol d'argile, d'un gris-bleu, prend la dureté de la pierre et ne se laisse entamer que par les racines du cactus ou de quelques arbustes épineux. Les ruisseaux tarissent; le Missouri lui-même ne présente plus qu'un mince volume d'eau qui suffit à peine à porter les bateaux plats appelés *keelboath*. Les troupeaux de bisons, qui galopent à travers la prairie cherchant un peu d'herbe fraîche, soulèvent d'énormes nuages de poussière, et ne tardent pas à s'enfoncer vers le nord. A la fin de la saison sèche, tout semble frappé de mort et de stérilité.

L'hiver sévit avec la même rigueur. Dès le milieu d'octobre, la campagne se couvre de neige, et vers le commencement de décembre le thermomètre descend à 10 et 12 degrés au-dessous du point de congélation. En janvier il tombe à 25 et même à 30 degrés Réaumur. Ces froids excessifs sont d'ordinaire accompagnés d'ouragans de neige que le vent soulève au point de remplir l'atmosphère et d'amener une complète obscurité. Si l'air est calme, le froid est plus terrible encore. L'horizon paraît trouble et comme vaporeux; l'air, qui semble composé de particules solides et brillantes, se remplit d'iris et de parhélies; l'eau des chutes et des cascades, que la gelée ne peut solidifier, fume comme si elle était chaude. La neige durcie se brise et rend un son clair. Les Indiens appellent le mois de janvier le mois des sept nuits froides. S'ils ont fait bonne chasse et que les vivres soient abondans, ils passent des journées entières couchés sous leurs tentes, enveloppés de fourrures et de couvertures. Si les vivres manquent, ils

bords de la mer Glaciale); — enfin les cerfs (*cervus virginianus et macrotis*), de 20,000 à 30,000 peaux. — Les peaux d'elk (*cervus canadensis*) et les peaux de loups sont les moins estimées; on ne s'en sert que pour des usages locaux.

se mettent courageusement en campagne, chassant, en compagnie de leurs femmes, les cerfs et les bisons; à défaut de gibier, ils mangent leurs chiens. Dans ces chasses d'hiver, obligés parfois de passer les nuits dans la forêt, par une température de 30 degrés Réaumur au-dessous de zéro, les moins valides succombent, et les plus robustes reviennent souvent avec un membre gelé. Quant aux animaux, ils se cachent et disparaissent absolument. Les corbeaux seuls, d'ordinaire si sauvages, se montrent aux environs des habitations et se laissent approcher.

Les grandes sécheresses d'été et les froids rigoureux de l'hiver frappent donc de stérilité le sol de ce grand plateau central de l'Amérique du Nord. Ces causes, jointes à la rareté du bois, pour peu qu'on s'éloigne des rivières, mettront toujours obstacle au défrichement et à la colonisation des prairies par les blancs. Si dans certaines localités l'argile et le sable se recouvrent d'une couche de terre végétale de plusieurs pieds d'épaisseur, les vents violens et presque continuels dessèchent ce sol fertile et enlèvent le peu d'humidité qu'y répandent des pluies et des rosées insuffisantes. Le fumier qu'on dépose sur ces terres se réduit, comme elles, en poussière, et ne tarde pas à être emporté par le vent. Quelques tribus indiennes, comme les Mandans et les Meunitarris, s'adonnent, il est vrai, à la culture, et récoltent d'assez beaux maïs. C'est que leurs champs sont placés sur le bord des rivières, dans des endroits abrités par des hauteurs; et d'ailleurs, ces cultivateurs sont si peu nombreux, qu'ils n'ont pas besoin d'une grande étendue de terres arables; mais que les établissemens des blancs se dirigent de ce côté, ce serait tout autre chose : les terres susceptibles de produire manqueraient aussitôt. L'espace intermédiaire entre cette dernière zone des prairies et les Montagnes Rocheuses, et qui est aujourd'hui occupé par les tribus errantes des Assiniboins et des Indiens *Pieds-Noirs*, *Gros-Ventres* et *Corbeaux*, semble également, par sa seule configuration, repousser toute tentative de colonisation. L'argile et le sable font place à la craie, au grès et aux schistes. De tous côtés se dressent des collines et de hautes montagnes aux formes les plus singulières. Les cimes de ces montagnes figurent des châteaux, des tables, des colonnades, des buffets d'orgues avec leurs tuyaux, des clochetons, des boules ou des cornes recourbées; parfois, évidées par les pluies, elles présentent des portiques, ou se dressent plus étroites à la base qu'au sommet, comme autant d'énormes champignons; souvent même elles se découpent plus étrangement encore. Le voyageur compare ces rocs suspendus et bizarrement déchirés au glacier des

Bossons, dans la vallée de Chamouni. A partir du défilé des *Châ-teaux blancs*, cette contrée prend le nom caractéristique de pays des *mauvaises terres*. Le bighorn, espèce de mouton sauvage, et le corbeau vivent seuls dans ces montagnes escarpées que l'Indien évite, et, à travers lesquelles le Missouri a peine à se frayer un passage.

C'est de l'autre côté de ces collines, premier chaînon des Montagnes Rocheuses, et à la sortie de l'étrange défilé des *Stone wals*, où la formation du grès blanc affecte les formes les plus extraordinaires, qu'est situé le fort Mackenzie, dernier établissement vers l'ouest de la compagnie américaine. Ce fort, que M. Michel fonda en 1832 dans une étroite prairie, à une journée des chutes du Missouri et à cent milles environ de la grande chaîne des Montagnes Rocheuses, sert d'entrepôt au commerce des pelleteries avec les Indiens Pieds-Noirs, Gros-Ventres, Assiniboins, Sassis et Koutanés. Ces dernières tribus habitent par-delà les sources du Maria-River, sur l'autre versant des Montagnes Rocheuses. Tandis qu'à la suite d'un traité conclu avec les tribus du haut Missouri on construisait le fort Mackenzie, 10 à 12,000 de ces Indiens bloquaient le *keelboath* où l'expédition se retirait chaque soir. Ce fort est le plus exposé de ces établissemens formés par les blancs, où la cupidité de l'Européen est en lutte perpétuelle avec le caractère perfide, rapace et sanguinaire de l'Indien.

Pendant son séjour au fort Mackenzie, le prince de Wied-Neuwied vit éclater une de ces petites guerres de tribus à tribus. Une troupe de 600 guerriers assiniboins attaqua, sous les piquets du fort, un parti d'Indiens Pieckaus qui s'y était réfugié. Les engagés et les Européens habitans du fort furent obligés d'intervenir et de se mêler aux combattans, car les Pieckaus étaient les alliés des blancs. L'action fut vive, mais peu sanglante, et l'on pourrait inférer du récit du voyageur, ou que cette réputation de singulière bravoure que l'on a faite aux Indiens est tout-à-fait usurpée, ou qu'en fait de courage ils sont très journaliers. Ces combats présentent d'ailleurs un spectacle des plus pittoresques, et qui nous reporte aux temps héroïques. Cavaliers et fantassins, groupés confusément, combattent sans ordre, s'apostrophant comme les héros d'Homère, poussant d'effroyables cris et tiraillant à de grandes distances. Pour peu qu'un parti soit plus nombreux et fasse mine de se porter en avant, ses adversaires se replient aussitôt, emportant les morts et les blessés. Il est rare, à moins de surprise, que le combat ait lieu corps à corps. Les cavaliers sont chargés de toutes sortes d'armes et d'ornemens. Ils portent l'arc et le carquois sur le dos, le bouclier au bras, et tiennent à la main leur fusil et leur tomahawk. Ils se couvrent la tête de plumes d'aigles noires ou blanches, et laissent retomber en arrière et pendre jusqu'à terre de magnifiques panaches. Afin d'avoir une entière liberté de mouvemens, ils gardent le haut du corps nu, sauf un baudrier de peau de loup passé en sautoir. Assis sur des housses de peaux de panthères doublées d'écarlate, ils lancent au galop leurs chevaux couverts d'écume, qu'ils dirigent plutôt avec le fouet qu'avec la bride. La prairie couverte de ces sauvages combattans présente le spectacle le plus frappant et le plus original.

La guerre soudaine qui venait d'éclater entre les tribus qui occupaient tout le territoire compris entre le fort Mackenzie et les Montagnes Rocheuses en rendait l'accès fort difficile. Un parti d'Indiens hostiles, campé dans la direction des chutes du Missouri, fermait, de ce côté, la route des montagnes. Le prince de Wied-Neuwied se vit donc contraint de renoncer au projet qu'il avait formé de passer l'hiver au cœur de la grande chaîne des Montagnes Rocheuses. C'eût été s'exposer à d'excessives fatigues et à une mort presque certaine, car, une fois échappé aux Indiens Assiniboins, on devait tôt ou tard rencontrer les partis d'Indiens *du sang* qui couraient le pays entre les trois sources du Missouri, et qui sont en état de guerre perpétuelle avec les blancs, dont ils estiment les *scalps* avant tout. L'année précédente, ces Indiens avaient tué cinquante-six blancs, traqueurs de castor ou chasseurs isolés; ils en avaient tué jusqu'à quatre-vingts dans une saison; cette année, plusieurs engagés avaient déjà succombé sous leurs coups. Le prince Maximilien se décida donc à ne pas pousser plus loin et à redescendre le Missouri. Le froid commençait à sévir quand il arriva au fort Clarke, quatrième station du Missouri, où il s'arrêta pour passer l'hiver. Cette saison, sur le haut Missouri, est, comme nous l'avons dit, fort rigoureuse. Dès le 16 décembre, le thermomètre de Réaumur tomba à 15 degrés au-dessous du point de congélation; l'eau gelait dans les chambres, près du feu, et le Missouri ne présentait plus qu'une masse de glaces. Dans le lit, on n'osait éloigner les mains du corps, de peur qu'elles ne gelassent. Les Indiens revenaient de leurs incursions à demi perclus, et l'on était obligé, pour les ranimer, de les coucher devant le feu, enveloppés de couvertures. Le 2 janvier, le thermomètre indiquait 25 degrés de froid, et le 21 janvier, 27 degrés. A la même époque, au Fort-Union, situé à quatre cents milles plus haut sur le Missouri, le thermomètre marqua 34 degrés au-dessous du point de congélation.

Ces froids excessifs et les privations de toute espèce altérèrent gravement la santé du prince Maximilien, qui fut sur le point de suc-

comber sous les atteintes du scorbut. L'usage d'une espèce d'oignon (1)
qu'on recueille dans la prairie le tira d'affaire. Si l'hiver avait été rude,
le printemps fut précoce. Dès le 7 avril, le Missouri s'était débarrassé
de ses glaces. Le 18 avril, le prince put continuer son voyage en descendant le fleuve. Cette année-là, les bisons avaient manqué dans les
prairies du Missouri inférieur, et les tribus indiennes souffraient d'une
affreuse disette. A son passage au fort Pierre, on régala le voyageur
avec un chien indien qui avait coûté 12 dollars (60 francs). Ces hivers
rigoureux, joints au manque de gibier, déciment les tribus indiennes.
La dégoûtante avidité avec laquelle ces malheureux se gorgent de la
chair à demi pourrie des bisons noyés, qu'au printemps le Missouri
ramène sur ses glaces brisées, engendre des maladies contagieuses,
qui, jointes aux épidémies de petite-vérole, les enlèvent par milliers.

De retour à Cincinnati, le prince de Wied-Neuwied se rendit au lac
Érié par le canal de l'Ohio. Il visita les chutes du Niagara, et gagna
New-York par le canal Érié et le fleuve Hudson. Le 8 août 1834, il
était de retour en Europe, après une absence de trois années, ayant
parcouru dix mille milles anglais, ou quatre mille lieues de poste sur
le continent américain.

Le prince de Wied-Neuwied consacre plusieurs chapitres de son
ouvrage à décrire les mœurs, coutumes et religion des diverses tribus
indiennes du Missouri. Ces mœurs sont héroïques quelquefois, mais
toujours barbares. Les coutumes de ces tribus sont très variées, surtout les coutumes qui naissent des préjugés. Leur religion n'est qu'un
assemblage de superstitions grossières. Ils croient à l'existence d'une
foule d'êtres surnaturels qui habitent les corps célestes; ils les adorent, les implorent, leur offrent des sacrifices, et s'imposent de longs
jeûnes et de cruelles pénitences pour se rendre ces esprits favorables.
Ohmahank-noumakchi, le seigneur de la vie, *Numanck-machana*,
le premier homme, *Ohmahank-ciké*, le vilain de la terre, *Ché héque*,
le loup menteur des prairies, espèce de juif errant qui parcourt continuellement la terre sous le visage de l'homme; *Rokanka-tauihanka*,
l'habitant de l'étoile du jour (Vénus), sont les plus puissantes de ces
divinités mystérieuses qu'adorent les tribus de l'ouest, et particulièrement les Mandans et les Meunitarris. Ils font aussi des offrandes
au soleil, qu'ils regardent comme la demeure du seigneur de la vie,
et à la lune, la demeure de la vieille qui ne meurt jamais, dont la puissance est également fort grande. Quelques-unes de ces superstitions

(1) *Allium reticulatum.*

sont vraiment poétiques. Les Mandans, par exemple, regardent les étoiles comme les ames des hommes morts. Quand une femme met un enfant au monde, une étoile tombe du ciel sur la terre et anime l'enfant qui vient de naître; après la mort de l'enfant ou de l'homme, l'étoile retourne au ciel.

Les Indiens croient aux songes et aux maléfices : chose singulière, on retrouve chez certaines tribus du Missouri, les Mandans et les Meunitarris, par exemple, l'envoûtage, tel qu'il existait en Europe au XVe siècle. Ces Indiens sont persuadés qu'une personne à qui l'on veut du mal doit infailliblement mourir, si on introduit une aiguille ou un piquant de porc-épic à l'endroit du cœur d'une figurine en bois ou en argile représentant cette personne.

Il existe dans chaque tribu plusieurs sociétés ou bandes dont les membres se distinguent par des marques extérieures, et sont unis entre eux par des lois maçonniques. Ces bandes se réunissent, à certaines époques, pour exécuter leurs danses symboliques ou guerrières, telles que la danse des bisons, des chiens et du scalp. Dans ces circonstances, les figurans se livrent à toutes sortes de récréations et de jeux, et au libertinage le plus effréné, tant avec les filles et les femmes, qui durant cette fête appartiennent à tous, qu'avec ces hommes-femmes qu'on rencontre dans toutes les tribus indiennes de l'Amérique du Nord. On ne retrouve plus dans ces occasions aucune trace de la jalousie qui porte l'Indien à mutiler sa femme adultère et à lui arracher le nez; tout au contraire, c'est le mari qui provoque l'infidélité de sa femme et qui la remet à son soi disant *père*. La musique et les chants qui accompagnent ces danses sont tout-à-fait barbares. Les jongleurs se mêlent à ces fêtes, et leur adresse est quelquefois extraordinaire. Les jongleurs aricaras sont les plus habiles; voici un de leurs tours. Un homme armé d'un sabre détache d'un seul coup la tête de son camarade; on ramasse la tête et on l'emporte. Le tronc saignant du mort se relève au bout de quelques instans et se met à danser sans tête. On rapporte la tête coupée, qu'on replace sur les épaules du décapité, sens devant derrière. L'homme continue sa danse jusqu'à ce que la tête reprenne d'elle-même sa position naturelle, et que le danseur, se retrouvant au complet, puisse apostropher l'auditoire comme avant le coup de sabre. Il n'est pas surprenant que les colons canadiens aient regardé les Aricaras comme des sorciers, sachant faire des miracles.

M. de Châteaubriand, en décrivant les mœurs des Indiens, leurs cérémonies religieuses, leurs fêtes, leurs chasses, leurs guerres et leurs jeux, nous a présenté la vie sauvage sous un aspect presque séduisant. Si l'on compare aux pages brillantes de l'illustre écrivain les relations des derniers voyageurs qui ont séjourné parmi les peuplades de l'Amérique septentrionale, on trouvera que l'influence de la civilisation a gravement altéré les mœurs dont M. de Châteaubriand trace une peinture si éclatante. L'Indien n'est plus le guerrier fameux; roi libre de sa forêt, c'est un trafiquant sans bonne foi et un mendiant sans pudeur. On ne peut plus compter ni sur son dévouement ni sur sa loyauté, et ses vertus hospitalières peuvent même être mises en doute. En contact perpétuel avec le rebut de la civilisation, il n'a pris à l'Européen que des maladies et des vices. Tout, dans ces vastes contrées de l'ouest, semble donc se réunir pour repousser la colonisation, la stérilité du sol, la rigueur du climat, l'astuce et la méchanceté des habitans. Et ces habitans eux-mêmes, quel peut être leur sort probable dans un avenir plus ou moins rapproché? M. Washington Irving remplace les tribus indiennes actuelles par une race moitié pastorale, moitié vagabonde et pillarde, vivant, comme l'Arabe, de rapine, et, comme le Tartare, de la chair et du lait de ses cavales. « L'Espagnol, en naturalisant le cheval chez les Indiens de Santa-Fé, et par suite dans l'intérieur de l'Amérique du Nord, doit, dit-il, opérer dans les mœurs de la race indigène une révolution complète. » Cela peut être vrai pour les grands plateaux de l'Amérique centrale ou de l'Amérique du Sud; mais la nature du sol traversé par le Missouri, la rivière de la Roche-Jaune ou la Rivière-Plate, n'est pas la même que dans le Chili ou à Tucaman, et s'opposera toujours à ce que l'Indien ressemble à l'habitant des pampas. Nous croyons donc plutôt à l'extinction de la race indienne qu'à sa transformation; le gibier, sa principale nourriture, a diminué annuellement, en butte à une stupide et incessante destruction. Avant cinquante ans, cette ressource manquera, et la race indienne devra périr, la dernière tribu suivant le dernier troupeau de bisons. Il est donc fort probable que vers la fin du siècle toute cette vaste contrée du Missouri, déjà la moins peuplée du continent américain, eu égard à son étendue, ne présentera plus qu'une immense solitude, où l'action puissante de la nature effacera jusqu'aux traces passagères que la cupidité de l'Européen laisse derrière elle.

FRÉDÉRIC MERCEY.

SIMPLES ESSAIS

D'HISTOIRE LITTÉRAIRE.

———•—•———

VII.
LE GROTESQUE EN LITTÉRATURE.

———•—•———

Dans les spirituels caprices de ses causeries, ce pauvre Nodier aimait à dire qu'en littérature l'art de ne pas vieillir consiste, malgré l'apparence, à savoir ne pas s'obstiner dans la jeunesse. Sous un air de paradoxe, l'assertion cache une vérité, et cette vérité me revient toujours au souvenir quand il s'agit de certains *romantiques à tous crins* (comme dit M. Gautier), qui, au sein des générations survenantes, ont gardé toutes les fantasques allures du temps d'*Hernani* et de la *Ballade à la Lune*. La châtelaine précisément de ce feuilleton où M. Gautier prodigue et gaspille chaque lundi tant de verve et de couleur, Mᵐᵉ de Girardin laissait naguère échapper de sa plume je ne sais plus quelle élégie coquette sur ces charmans bonnets de l'an passé, qui régnaient hier, qui sont surannés aujourd'hui; n'est-ce pas un peu, je le demande, l'image des écoles poétiques, quelles qu'elles soient, qui s'obstinent à tout jamais dans une théorie exclusive et tranchante? Il deviendrait piquant que le romantisme à son tour eût ses *perruques,* pour parler avec l'historien des *Grotesques* (1). As-

---

(1) Deux vol. in-8°, chez Desessart, rue des Beaux-Arts, 8.

surément, vis-à-vis des préceptes régnans de Le Batteux et des tragédies de l'empire, l'émeute poétique de la restauration fut parfaitement légitime; toutefois, dans la calme impartialité d'aujourd'hui,
l'hyperbolique persistance de quelques *radicaux* littéraires ne semble-
t-elle pas une gageure où il se dépense sans aucun doute beaucoup
d'esprit, mais où il pourrait aussi se perdre beaucoup de talent?
Prendre le rôle de ligueur le lendemain de l'édit de Nantes, se déclarer frondeur en plein règne de Louis XIV, aurait été sans aucun
doute un moyen bruyant de se faire remarquer; peut-être n'eût-ce
pas été un moyen de succès durable.

Certes, ces réflexions moroses ne s'appliquent pas, dans toute leur
dureté, au trop spirituel auteur de *Fortunio*, à un poète dont je sais
apprécier, pour ma part, la plume tout-à-fait brillante et la palette
colorée; pourtant le dernier et tout récent ouvrage de M. Gautier
sur *les Grotesques* est bien propre, il en faut convenir, à confirmer
la critique dans ses regrets, je voudrais pouvoir dire dans ses vœux.
A la vérité, en cherchant aujourd'hui à réhabiliter la littérature de
Louis XIII aux dépens de celle de Louis XIV, en donnant raison à
Théophile et à Saint-Amant contre Boileau, M. Gautier n'a pas quitté,
je le soupçonne, ces domaines de la fantaisie où sa muse hasardeuse
se joue quelquefois avec bonheur; mais, comme l'a dit un grand poète,
dont l'historien des *Grotesques* ne saurait récuser l'autorité :

> L'idéal tombe en poudre au toucher du réel.

Le vers de M. Victor Hugo exprime merveilleusement ce que je veux
dire; le contact des faits, le voisinage de l'histoire, sont dangereux
aux utopistes en littérature comme aux utopistes en politique. C'est
un contrôle fatal, c'est surprendre les secrets de la vie dans la mort,
in anima vili. Supposez quelque partisan du communisme faisant
l'apologie des anabaptistes; ce sera à peu près le pendant du néo-
romantisme replaçant sur le piédestal l'école poétique du temps de
Louis XIII. Provoquer de pareilles comparaisons est au moins imprudent : en montrant vos préférences dans le passé, vous attirez
la lumière sur le présent. Étrange moyen de nous faire croire à vos
victoires actuelles, que de nous étaler les défaites de ceux que vous
proclamez (un peu à tort, il est vrai) vos précurseurs et vos aïeux
directs! Certes, il serait souverainement injuste de traiter M. Gautier
sur le ton que M. Gautier lui-même n'hésite pas à prendre à l'égard
de l'*ignorant* Boileau et du *filandreux* Malherbe; mais cette indépendance absolue de jugemens, ces airs délibérés à l'égard de toute

théorie reçue et de tout nom accrédité, semblent autoriser ici une liberté d'examen qu'on se croit d'autant plus permise, que les remarques s'adresseront bien moins au talent qu'au parti pris, bien moins aux dons de l'écrivan qu'à ses procédés.

Une des choses qui me frappe le plus dans l'histoire du romantisme (car le romantisme, hélas! a déjà son histoire), c'est comment, tout en brisant en visière à la tradition, il a toujours senti le besoin impérieux d'un lien avec le passé, le désir de se rattacher à certains antécédens. La Muse est aristocratique, et on ne saurait dire d'elle le mot qu'elle dictait au poète :

...prolem sine matre creatam.

Lorsque Dante, au milieu des ténèbres du moyen-âge, ouvre à l'art une nouvelle ère, il a bien soin de renouer la chaîne des temps; il prend Virgile pour guide dans son pèlerinage infernal. En cela, le romantisme est resté fidèle au bon instinct poétique. Quand on entre sans engouement comme sans prévention dans notre histoire littéraire, telle qu'elle était avant la venue des *Méditations* de Lamartine et des *Odes* de Victor Hugo, on est aussitôt frappé d'une lacune que l'éclat de tant d'autres perfections ne fait que rendre plus manifeste. Cette lacune évidente, c'est la poésie lyrique; les chœurs délicieux d'*Esther* ne suffisent pas seuls à constituer un genre. Je ne m'étonne donc pas qu'avec son goût d'innovation à tout prix, l'école romantique ait réussi d'une façon éclatante sur ce point, tandis qu'elle échouait ailleurs. Au théâtre, en effet, la place était prise; il n'était guère facile de surpasser tant de maîtres glorieux. Et d'autre part, pour innover dans la prose, après tant d'immortels chefs-d'œuvre, il fallait s'attaquer (la méthode est dangereuse) au fond même, et comme au tissu de l'idiome. De là tant d'essais monstrueux à la scène; de là cette langue bariolée et métaphorique dont les termes font saillie sur l'idée et l'enveloppent si bien, que la forme prédomine sur le fond, et que le sentiment est moindre que l'expression. Dans la poésie lyrique, comme les antécédens manquaient, on n'eut pas besoin de tous ces vains efforts pour atteindre l'originalité : l'inspiration y suffit.. J'avoue que, malgré mes réserves contre les imperfections des poètes et les excès de leurs imitateurs, ma vive sympathie suit sur ce terrain l'école romantique. Ici, je serais désolé de paraître suspect, même à M. Théophile Gautier; mais, plus loin, mon bon sens fait le rétif, et je m'arrête sans passer le Rubicon. Voyons de la rive si César (plus d'un prétend à ce rôle) arrivera jusqu'à Rome sans coup férir, ou bien s'il se perdra dans les maremmes.

En 1828, M. Sainte-Beuve, dans un livre célèbre, rattachait le nouvel et brillant essor de la poésie lyrique aux tentatives souvent charmantes et si vite interceptées de *la pléiade* du XVIᵉ siècle; cet hommage à des prédécesseurs trop oubliés était, même par le point où le rapprochement semblait moins exact, un instinct heureux de M. Sainte-Beuve et comme un symptôme de la séparation qui ne pouvait manquer de s'établir plus tard entre ce que j'appellerai les girondins de la première génération et les *sans-culottes* de la seconde, entre ceux qui ont posé hardiment des principes et ceux qui les ont poussés à bout, comme si la littérature procédait avec une logique absolue, comme si les matières de goût pouvaient jamais se passer des nuances et des tempéramens! Pour la délicate ciselure du rhythme, pour les graces de l'image, pour les hardiesses lyriques de la diction, l'auteur de *Joseph Delorme* triomphait contre J.-B. Rousseau, en évoquant le souvenir de Baïf et de Desportes; il avait raison. Mais une différence profonde, qui ne fut pas d'abord mise dans tout son jour, séparait pourtant l'école de la pléiade de la nouvelle école romantique : la pléiade a péri par l'idolâtrie de la tradition, le romantisme, au contraire, échoue par le dédain de la tradition. C'est que l'abime est aux deux pôles. Si, dans la première vivacité des débuts, M. Sainte-Beuve n'était pas assez sévère peut-être pour ces reproducteurs gracieux et par trop païens des Grecs, qui n'avaient su innover que dans la forme et comme dans l'enveloppe poétique, il trouvait d'ailleurs, en cet excès même de la pléiade, un exemple de respect pour les modèles inspirateurs de l'antiquité, exemple excellent qui, corrigé par un esprit original, eût suffi à le tenir loin des excès qui ont suivi, quand même son sens délicat et sûr ne l'eût pas mis naturellement en défiance. C'est un refuge préservateur que la pratique de ces vieux maîtres qui étonnent toujours et ravissent par une perfection si accomplie et une simplicité si sobre; on se retrempe merveilleusement à cette source, qui rend plus fort et qui laisse comme une odeur divine aux génies qui s'en empreignent. C'est ce parfum qu'on retrouve à toutes les pages de ces esprits créateurs : Dante, Molière, Milton. J'oserai dire que la culture sérieuse de la beauté antique (elle n'est guère arrivée à la jeune génération littéraire qu'à travers André Chénier) eût garanti de certains écarts et contenu plus d'une échappée malheureuse. Sans doute, au milieu de la petite recrudescence néo-romantique de ces derniers mois, quelques jeunes Sicambres du feuilleton se sont imaginé avoir *découvert* le théâtre grec; on nous a même démontré le plus sérieusement du monde que les tragédies de Sophocle n'étaient pas des tragédies, et qu'on se trompait là-dessus depuis bientôt trois mille ans. L'auteur de l'*Œdipe roi* transformé en précurseur d'*Hernani!* l'assertion restera comme un spécimen bouffon de cette outrecuidance littéraire qui versifie tant bien que mal la prose des traducteurs de collége, et fait des admirables canevas grecs de vrais revers de tapisserie. Vous figurez-vous Scarron rimant Virgile sur l'insipide version de Perrin? Mieux vaut qu'il travestisse tout bonnement *l'Enéide.* C'est plus sincère; je n'aime pas les déguisemens.

Scarron nous ramène à ces *Grotesques* de la première moitié du xviiᵉ siècle dont M. Gautier parle avec une prédilection qui se prend quelquefois à sourire d'elle-même, mais qui, au fond, est réelle, et par conséquent caractéristique. Il y a là, en effet, des analogies que je n'aurais osé indiquer, et qu'avoue sans vergogne l'admiration audacieuse, d'autres diraient effrontée, de l'auteur de *Fortunio.* De tous les noms assurément de la littérature française, il n'y en avait pas de plus universellement décriés que ceux de cette école bâtarde des contemporains de Richelieu, de cette cynique génération du *Parnasse satirique* qui ne sut garder de l'art capricieux des Valois que l'esprit de turbulence, sans rien pressentir des grands et sévères desseins de l'art de Louis XIV. Ce groupe bigarré des Cyrano, des Saint-Amant et des Théophile peut se définir une sorte d'émeute de matamores contre Malherbe, une émeute dont Boileau réprimera bientôt les derniers fermens; c'est une *fronde,* cette fois de bas étage, entre le Richelieu et le Louis XIV non pas de la poésie peut-être, mais certainement de la prosodie. Sans doute les exécutions faites par Despréaux furent sans pitié, et quelques-uns des méchans auteurs qu'il fustigea si durement ne méritaient pas le ridicule immortel qu'impriment quelques vers bien frappés et sus de tous. On dirait ces squelettes de pendus que Louis XI laissait attachés aux potences pour faire peur à ses voisins de Plessis-lès-Tours. On doit cependant avoir un peu d'entrailles pour les vaincus, et, sans réhabiliter Cinq-Mars aux dépens du cardinal, il faut le savoir apprécier avec moins de rigueur que ne firent les juges impitoyables d'alors. J'ai souvent pensé qu'un travail étudié et sans passion sur cette période mal connue de transition littéraire pourrait devenir, en de bonnes mains, une œuvre piquante. Une critique équitable trouverait là l'occasion fréquente d'exercer

sa justice distributive et de redresser quelques-unes des assertions
dédaigneuses que se permet volontiers la morgue un peu imperti-
nente des vainqueurs. En résumé, toutefois, il faudrait bien conclure que, si cette école de Louis XIII eût décidément triomphé,
Jodelet demeurait possible, mais qu'*Athalie* ne l'était pas. Peut-être
est-ce là précisément ce qui vaut à Théophile et à Saint-Amant la reconnaissance des néo-romantiques. C'est un point que je ne m'avi-
serai point de contester. Voyons seulement en fait où cela menait.

Et d'abord, pour avoir le droit de donner tort aux vers *ridicules* et
coriaces de *Nicolas* Boileau, il faudrait avoir le courage d'accepter
tout entière l'école qu'il a détrônée, car vraiment il serait trop commode de puiser des objections dans un éclectisme arbitraire qui isolerait quelques talens de leur grossier entourage, et qui détacherait
çà et là quelques fragmens heureux du maussade fatras où ils sont
enfouis. Osez donc aller au bout! Donnez raison au marinisme quin-
tessencié des ruelles contre les graces discrètes de Mme de Sévigné, aux
dix tomes de *l'Astrée* contre le petit volume de *la Princesse de Clèves*,
à l'afféterie de Voiture contre la sobriété forte de La Bruyère, au
style chamarré des gongoristes contre le tour naturel des écrivains de
Louis XIV, aux tragi-comédies, enfin, contre ce méticuleux et froid
Racine, qui, mutilant la nature humaine, abandonnait à Molière la peinture de l'autre moitié de la vie. Voilà où pousserait une franche logique.
Certes Mme de Rambouillet avait autant d'esprit que Théophile de
verve, et l'imagination ne faisait pas plus défaut à d'Urfé que l'humour
à Saint-Amant; je ne vois aucune raison de s'arrêter. Pourquoi donc
M. Gautier, qui se moque lui-même sans trop de façon des Scudéry et
des Colletet, lesquels furent des grotesques sans le vouloir, traite-t-il
sérieusement de *très grands poètes* Théophile et Saint-Amant, lesquels
furent des grotesques de parti pris? N'y aurait-il pas dans une adhésion
si complète quelque chose de ce que Bentham appelle l'intérêt bien
entendu? L'égoïsme littéraire est le plus raffiné de tous. Cette apologie
ne serait-elle qu'un ouvrage avancé, une sorte de fort détaché qu'on
voudrait construire dans les gorges de la vieille littérature pour couvrir des constructions modernes maintenant battues en brèche, et qui
menacent ruine? Voyons un peu.

La tentative, à vrai dire, n'est pas malhabile, seulement il faudrait
qu'elle réussît. L'effort du romantisme a été double : il y a eu ce que
j'appellerai l'innovation lyrique et l'innovation grotesque; la première
a réussi, la seconde a avorté. Tel est du moins l'avis de la critique,
et c'est ici qu'elle se trouve en dissentiment complet avec les obstinés

du temps de *Cromwell* comme avec les jeunes recrues qui, ressaisissant la tâche spirituellement délaissée par M. de Cassagnac lui-même, font du feuilleton une salle d'armes, et, la flamberge au poing, espadonnent avec plus de colère que jamais contre ce malheureux Racine, auquel les triomphes de Mlle Rachel valent de nouvelles avanies. Voilà des néo-révolutionnaires un peu moins redoutables que leurs prédécesseurs; ce sont les tardives folies de Babeuf.... après le 9 thermidor. Au fond, aucune idée neuve, aucune vue propre, aucune intervention originale; c'est toujours la vieille théorie de la préface de *Cromwell* qu'on reprend, qu'on délaie, qu'on badigeonne d'images, qu'on noie dans les métaphores. Je ne crois pas être suspect de prévention contre le génie si admirablement doué de M. Victor Hugo; c'est la sympathie qui doit faire le fond de toute critique généreuse, et il faudrait être dépourvu de l'amour du beau pour marchander chichement la sienne aux élans lyriques de celui qui a écrit *la Prière pour Tous* et *la Tristesse d'Olympio*. M. Hugo est, avec M. de Lamartine, l'un des plus grands poètes, non pas seulement de notre temps et de la langue française, mais de la moderne Europe. Cela dit, j'aurai bien le droit de faire mes réserves et d'exprimer toute ma pensée. Il est bien entendu que je mets à part la poésie lyrique.

Si quelque chose caractérise de notre temps, c'est assurément le retour vers les cimes du spiritualisme. Le XVIIIe siècle, qui a fait de si grandes choses et qui gardera l'éternelle reconnaissance de tous ceux qui ont le culte de la liberté, le XVIIIe siècle s'était enfermé dans la sphère inférieure du phénomène et de la contingence; sous les liens de ce sensuel empirisme, il n'avait pu s'élever vers les sereines régions atteintes par Descartes et par Pascal. C'est là sa tache au milieu de tant d'éclat; ce sera sa honte dans l'avenir et comme le rachat de sa gloire. Le retour si décidé de ces dernières années vers les incomparables monumens du XVIIe siècle, le dégoût croissant au contraire pour tous les écrits frelatés et surfaits du mauvais romantisme, ce double mouvement, en un mot, n'a pas coïncidé pour rien avec les récentes conquêtes de la doctrine spiritualiste. Je suis convaincu, pour ma part, qu'en pratiquant au théâtre et dans le style sa théorie matérialiste du grotesque, de la métaphore à tout prix et de la couleur exclusivement locale, l'école moderne s'est mise en contradiction avec ce goût de l'idéal apporté par une philosophie nouvelle, et si bien servi d'ailleurs par les poètes eux-mêmes dans ce grand mouvement lyrique qui s'est ouvert par les *Méditations*, et qui s'est continué par *les Feuilles d'Automne* et *Jocelyn*. Ce qui, dans notre conviction, a le plus nui au maître, ce qui a perverti à l'entour une foule de jeunes talens, c'est la mise en pratique de la trop célèbre poétique de la préface de *Cromwell.* Certainement, M. Victor Hugo, avec sa prose éloquente, vigoureuse, mais trop tatouée et blasonnée d'images, avait écrit là des pages où se retrouve quelquefois la couleur effrénée de Rubens. Par malheur, ces belles théories nous ont valu la littérature débraillée dont tout le monde est las; elles ont fait de l'art une sorte de mascarade à paillettes et à oripeanx écarlates, comme au temps de ces *grotesques* de Louis XIII que M. Gautier nous vante aujourd'hui, dans un moment de bonne humeur rétrospective.

C'était la théorie du grotesque aussi qui était le côté le plus saillant de la préface de *Cromwell.* Quelle était, à dire le vrai, l'origine psychologique de cette idée qui s'est systématiquement reproduite dans presque toutes les œuvres de M. Victor Hugo, et qui a contribué plus que tout le reste à gâter les essais de ses disciples? Si on décompose le précepte si solennellement énoncé, on arrivera vite à le rapporter à deux penchans tout-à-fait natifs chez M. Victor Hugo, à son goût extrême de la réalité matérielle, et à sa passion si marquée pour l'antithèse. Qu'est-ce, en effet, que le grotesque ainsi entendu? D'un côté, la reproduction littérale dans l'art des défauts de la nature: voilà bien le goût de la réalité; de l'autre, l'opposition cherchée de ce qui est mal et de ce qui est bien, de ce qui est beau et de ce qui est laid: voilà bien la passion de l'antithèse. Appliquez cela à la création des types littéraires, vous aurez Han d'Islande, Quasimodo, Bug-Jargal, tous ces personnages monstrueux, rachitiques, bossus, contournés, repoussans, toute cette famille que le poète a cru faire vivre, et qui n'est, au fond, que le même être impossible toujours reproduit, toujours essayé en vain. Dans Shakspeare, l'admirable Falstaff n'est pas la doublure de Caliban, comme Triboulet est celle de l'Angely: tous deux vivent, au contraire; on les connaît, on les voit, on les entend, on rit d'eux. Les *grotesques* de M. Victor Hugo n'ont rien de cette aisance que donne la vraie vie de l'art : ils amènent le sourire sur les lèvres, mais ce n'est pas celui de la gaieté; c'est le triste sourire du critique qui aperçoit la ficelle du mannequin. Malgré quelques mots assez pantagruéliques et goguenards de son César de Bazan, on peut dire que M. Victor Hugo n'a en aucune façon ce don du génie comique qui nous intéresse aux drôleries de Panurge, à l'optimisme bouffon de Pangloss, à l'étincelante ironie de Figaro. Sans nul doute, de pareilles créations sont naturelles à l'esprit français, et ce n'est pas dans le pays des trouvères, de *Patelin* et de *la Satire ménippée,* que la veine comique pourrait se tarir; mais M. Victor Hugo est de la lignée de Pindare et de Byron: il n'est pas de celle d'Aristophane et de Molière. Ses *grotesques* me font toujours l'effet de quelque silhouette mal venue de Callot qu'on collerait, sans plus de façon, au beau milieu d'une toile de Rembrandt. Rien de plus alambiqué et de plus faux que ce comique d'antithèse, que cette contre-partie de la beauté morale toujours montrée dans la laideur matérielle, que cette opposition factice et toujours *faite homme* des élémens contraires de notre nature. C'est en grand le procédé des macaronées.

Tout cela, d'ailleurs, n'est pas aussi neuf qu'on le voudrait faire croire, et de pareilles peintures n'ont pas été le moins du monde *étrangères à l'antiquité*. On a encore un petit drame grotesque d'Euripide, et il me semble qu'en fait de fantaisie, les nuages parlans et les grenouilles railleuses d'Aristophane ne laissent pas plus à désirer que les matamores poltrons ou les parasites borgnes et ventrus de la scène latine. L'histoire est donc là pour démentir ces assertions pompeuses et frivoles. Voici même Pline qui vous renvoie à cet artiste grec, à ce *peintre de chiffonniers* (1), dont les ouvrages étaient d'*un prix exorbitant*. Par le temps qui court, ce dernier détail ne gâte rien, et il absoudra quelque peu, je l'espère, aux yeux des modernes *grotesques* la prétendue pruderie des anciens. Rien n'est moins vrai, au surplus, que de faire coïncider l'intervention de l'élément grotesque dans l'art avec le christianisme; l'art chrétien, au contraire, garda cela des païens comme un élément d'opposition contre son propre idéalisme, comme une protestation persistante de la chair contre l'esprit. Ces figurines bizarres qui grimacent sous les porches des églises, la fête de l'âne, la danse macabre, toutes les folles et cyniques gausseries du moyen-âge ne sont pas autre chose.

Appliquée non plus au drame lui-même, c'est-à-dire à l'invention des personnages, mais au détail du style, au procédé, au *faire* de l'écrivain, je ne saurais croire que cette doctrine de M. Victor Hugo soit meilleure. Elle a produit des effets déplorables. On a eu l'orgie des mots après l'orgie des idées, et le mot, une fois maître, a voulu tenir le sceptre. Voilà comment l'idée a été oubliée pour l'expression, qui bientôt l'a surchargée et écrasée. Dans cet enivrement de la forme, dans ce magnétisme fascinateur du langage, l'art de la plume est de-

---

(1) C'est ainsi que traduit Wieland, et il traduit bien. Voyez, dans ses *Mélanges*, le court et judicieux morceau sur la peinture grotesque chez les Grecs.

venu un art d'atelier. On a écrit comme on peint, avec la couleur.
Beaucoup de verve sans doute et de talent a été dépensé dans ces arabesques multipliées de la métaphore, dans ces bigarrures diaprées de
la période, dans cette prodigalité d'images enluminées, dans cette
complication toute byzantine de ciselures. Toutefois un sensualisme
si raffiné du style peut-il, je le demande, être accepté comme méthode? M. Victor Hugo, par la fougue de sa pensée, brise souvent ses
liens; mais la ressource du génie n'est pas celle de tout le monde.
Aussi, à côté de cette muse qui sait, à l'occasion, rejeter sa lourde
tunique pour prendre son essor dans le bleu de l'espace, la muse moins
robuste des imitateurs s'est trouvée comme empêchée sous ce surcroît de pierreries et de bandelettes.

De tous les jeunes écrivains sur lesquels le joug de ces idées systématiques a laissé sa fatale empreinte, M. Théophile Gautier était peut-
être celui qui avait les dons les plus heureux. Ce qui a égaré M. Gautier, ç'a été à la fois la passion de l'indépendance et le manque d'indépendance : je ne joue pas sur les mots. L'auteur des *Grotesques* a
reçu sans contrôle, a accepté sans restriction les préceptes de la préface de *Cromwell;* puis, la voie du maître une fois adoptée, il a pris
sa revanche et s'est permis (dans ce sens) les plus fantasques équipées.
C'était se venger par toutes sortes de licences envers le public de la
dictature subie. Un académicien dont les romantiques eux-mêmes ne
nient pas la malice appelait cela assez joliment *une orgie dans une
prison.* Il y a, je veux le dire tout de suite, peu de plumes plus spirituelles et plus éveillées que celle de M. Théophile Gautier. Avec lui,
il faut s'attendre à mille témérités et à mille boutades, aux plus cyclo-
péennes énormités comme aux mignardises les plus raffinées. Ne diriez-vous pas les bergères attifées de Boucher, assises avec leur minois rose et leur nez retroussé, au beau milieu du monstrueux festin
de Balthazar peint par la brosse titanesque de Martinn? Mais prenez
garde, voilà les phrases de l'auteur de *Fortunio* qui défilent avec leurs
bannières bariolées, comme celles d'un clan écossais ou d'une procession espagnole. C'est un vrai carnaval de Venise : il y a des empereurs chamarrés de pourpre et des lazzaroni déguenillés, plus fiers
encore que les empereurs. Surtout, si vous portez par hasard cette
perruque de Louis XIV qu'on avait autrefois le mauvais goût d'appeler le bon goût, fuyez bien vite ou vous serez berné. C'est pour cela
qu'accourt à vous ce polichinelle couvert de diamans et de topazes,
suivi d'un arlequin damasquiné de toutes les pierreries des *Mille et
Une Nuits.* Ils vont vous enfariner de sable d'or ou vous donner des

nazardes avec une batte de nacre incrustée. Je me risquerai en simple observateur dans la mêlée, sauf à recevoir quelque bon horion ou même à dérider tout bonnement, comme un classique en culotte courte et à queue poudrée, le très spirituel capitan de la littérature grotesque et les jeunes matamores de *l'art pour l'art* qui croient marcher à sa suite en jouant de la rapière contre le bon sens et contre la langue dans certains recoins du feuilleton et des petites *revues*.

Le grotesque est un *élément indispensable*, c'est la moitié de l'art; voilà le plus clair de l'esthétique de M. Gautier. Par malheur, cette grande part faite à un élément si secondaire procède bien moins encore d'une théorie outrée ou fausse que de cette prédilection pour les splendeurs de la réalité matérielle comme pour les nudités de la laideur physique, qui tenait déjà tant de place chez M. Victor Hugo, mais qui ici a pénétré, envahi, d'autres diraient recouvert le talent tout entier. Il y a là, qui le nierait? un vif et fougueux sentiment de certaines beautés, surtout de la beauté sensuelle. Quand il s'agit, par exemple, de peindre les grains d'une peau délicate que trahit l'échancrure de la robe, cette plume insiste voluptueusement et se joue sur les contours avec toute sorte de gentillesses. Personne peut-être n'a su prodiguer à ce degré le luxe des variantes pittoresques, pour décrire des tresses de cheveux enroulés, une prunelle noyée et éperdue, les chairs mattes d'une épaule découverte, la danse penchée d'une bayadère demi-nue, toutes les pompes orientales des mosquées ou des pagodes, toutes les clochettes ciselées d'un belvéder chinois, tous les mille bras entrelacés d'une idole indienne. Quelquefois ce sont des phrases d'un travail merveilleux, des périodes ouvrées comme une ogive, des métaphores à jour comme une flèche de cathédrale, partout des délicatesses de style infinies, ou, pour parler encore avec le poète des *Fantômes :*

> Des tissus plus légers que des ailes d'abeille.

Je crois retrouver ce vent tissé, *ventum textilem*, dont Apulée parle quelque part avec sa grace maniérée. Le vocabulaire est pour M. Th. Gautier un véritable sérail où il commande en maître. Par malheur, cet amour aveugle et véhément de la forme fait rejeter l'idée sur le second plan; le sentiment n'est plus qu'un vassal de cette langue opulente et expressive qui s'enivre d'elle-même et se contemple comme Narcisse. C'est ainsi que peu à peu l'homme disparaît sous l'artiste.

L'alliance mystérieuse de l'esprit et du corps chez l'homme a littérairement son analogue dans les rapports de la pensée et du langage.

Chez M. Gautier, c'est le langage qui a le pas : il est vrai qu'ici ce tyran plein de magnificence ne se sert que de liens d'or et de chaînes éclatantes. Cette domination de l'image, cette suprématie de l'expression ont bien leur inconvénient sensible quand il s'agit de la beauté; mais du moins la beauté donne à ces peintures je ne sais quel reflet idéal qui fait illusion. Dans les sujets *grotesques*, il n'y a plus ce correctif, et le défaut alors apparaît avec toute sa saillie. Est-il en effet question de magots, de guivres, de gargouilles ou de djinns, de quelque nain hideux accroupi dans un angle humide, de quelque bossu à la grimace informe, M. Gautier se montre reproducteur si complaisant et si exact, qu'on est tenté de trouver trop de ressemblance entre le portrait et le modèle. C'est l'extrême excès de la couleur locale. Non pas que je veuille contester le moins du monde à l'auteur de *Fortunio* le tour comique, ou plutôt ce qu'il appellerait lui-même, avec son style sans gêne, l'humeur hilariante et jubilatoire. M. Gautier a quelquefois des pages tout-à-fait récréatives et gaillardes. Personne n'établit mieux sur ses jambes un capitaine Fracasse, avec ses airs éventés, son espadon colossal et ses moustaches extravagantes; personne ne retrace plus au vif quelque pauvre diable de poète juché fièrement dans une mansarde et faisant de sa bouteille un chandelier, de sa rapière une broche, de son drap une nappe. Ce sont là des goguettes de style que je n'aurai pas la pruderie de blâmer : je ne suis pas du tout de l'avis de Boileau sur le sac de Scapin. Seulement c'est le goût (*vieillard stupide*, comme dans *Hernani!*) que M. Gautier a mis à la place du père Géronte et qu'il fustige d'importance. La question est de savoir si le bonhomme, se doutant du tour, finira par se fâcher. Sans doute, si ces joyeusetés ne prétendaient pas à autre chose qu'à être des *charges* spirituelles et des caricatures amusantes, il n'y aurait pas le plus petit mot à dire; mais c'est autre chose, c'est l'application d'une théorie, c'est le burlesque mis à côté du sublime, c'est Quasimodo enfin aux pieds de la Esmeralda. Je préfère le comique franc et sans grimace de *Sganarelle* et de *Turcaret*; c'est un faible.

Tout à l'heure, les mots de palette et de pinceau revenaient malgré moi sous ma plume : c'est que le style de l'écrivain chez M. Gautier a tant d'analogie avec le style des peintres, qu'on ne saurait le caractériser qu'en l'imitant et en accumulant aussi les tons tranchés et voyans. Il faut se décider à écrire avec l'ocre et l'outre-mer. On dit que la jeunesse de M. Gautier s'est passée dans un atelier : cela m'explique sa manière. Ce n'est pas que le *rapin* d'autrefois, pour employer un mot familier et cher à M. Gautier, ne soit devenu un vrai

poète; mais enfin le poète a gardé de ce temps-là plus d'habitudes et
de souvenirs que je n'eusse voulu. On le surprend presque toujours à
écrire sur un chevalet. Je conviens qu'il y avait là un rôle à prendre.
Après le faux genre descriptif de la poésie impériale, on concevait
effectivement un. retour vers la franchise du dessin et la vivacité des
touches. Dès l'origine, M. Gautier semblait avoir tout ce qu'il fallait
pour cette tâche, c'est-à-dire un sentiment profond des éternels
spectacles de la nature, et aussi cette mélancolie qu'amène le contraste de l'ironique permanence des choses et de la fugitive mobilité
de nos impressions. La place n'était pas à dédaigner, et, pour la
prendre, il suffisait de substituer à la misérable versification de Saint-
Lambert et d'Esménard quelques-uns de ces accens que Goethe avait.
su dérober à Lucrèce. Le désir de l'innovation, toujours louable en
soi, mais un peu exagéré chez M. Gautier, qui se permet tout pour
l'atteindre, eût été ainsi satisfait dans une juste mesure. Par malheur, la mesure est précisément ce qui manque au plus grand nombre
des écrivains d'à présent. A-t-on un don, on en abuse; a-t-on une
faculté, on en fait un défaut en l'exagérant. Horace a raison cette fois :
Pictura, poesis, ce sont ici de véritables synonymes. Le voisinage de
la brosse et de la toile n'a que trop encouragé M. Gautier dans son
goût exclusif pour la forme, dans son penchant à l'épicuréisme, tranchons le mot, au matérialisme littéraire. Sans doute ce matérialisme
est avenant, je lui trouve des graces ravissantes, des poses du plus bel
air; ses héros ont une encolure superbe, des muscles irréprochables,
de splendides draperies; rien aussi n'est plus suave que le profil des
femmes qu'il évoque; rien n'est plus provoquant que leurs airs pen-
chés, leur taille fuyante, le duvet qui ombre leur cou sinueux. L'ame
seule a été oubliée. C'est pour cela que les personnages des romans
de M. Gautier vivent par les sens, et ne vivent pas par le cœur. Les
chatoiemens sans fin du style (que l'auteur ne manquerait pas de
nommer un style zébré et tigré) peuvent éblouir l'œil un instant;
mais on s'aperçoit vite qu'au fond la vie véritable, la vie que donne
l'art, n'est pas dans ces singularités, dans ces raffinemens tourmentés
de la diction. Aux grandes époques, les maîtres se contentent de
reproduire en une langue sobre et forte les passions ordinaires de
notre nature, l'amour dans le sein d'une fille, la foi dans l'ame d'une
épouse, le dévouement dans le cœur d'une mère, Chimène, Pauline,
Andromaque. C'est l'immortelle alliance des sentimens vrais et du
style simple, laquelle fait les chefs-d'œuvre. A l'heure qu'il est, au
contraire, on peut distinguer deux écoles également fausses, l'une

(celle de M. Sue et de M. Soulié) qui invente des sentimens et ne se
préoccupe plus du style; l'autre (celle des adeptes les plus *avancés* de
M. Victor Hugo) qui invente un style et ne se préoccupe plus des sentimens. Il y a beaucoup plus d'esprit dans la seconde que dans la première; est-ce une raison pour qu'elle dure davantage?

Il faut passer beaucoup de choses aux poètes, et cet aimable démon
que Platon leur donne pour confident autorise de leur part bien des
libertés; c'est pour cela que les allures excentriques de M. Théophile
Gautier choquent moins dans ses vers que dans sa prose. Laissons
donc l'hippogriphe qui a remplacé Pégase se permettre les ruades les
plus aventureuses, les *zigzags* les plus fantasques. Que la muse de *la
Comédie de la Mort* dorme à plaisir sur l'édredon de la rime, ou qu'elle
se prélasse dans un palanquin doré en se servant des métaphores comme
d'éventails, on en sourira peut-être, mais sans trop se plaindre; les
poètes sont rois, et ils aiment à se permettre toutes les fantaisies impériales. M. Gautier peut avoir le caprice de jeter ses idées en proie à
l'insatiable image, comme le Romain précipitait ses esclaves dans les
viviers pour servir de pâture aux murènes : je m'amuserai à le contempler, et je dirai seulement qu'il est dommage de gaspiller à plaisir
un talent si vivace et si brillant. Du reste, bien des strophes vraiment
belles et dictées par cette fée ineffable de l'art, qui a souvent mur-
muré à l'oreille de M. Gautier, se détachent çà et là dans *la Comédie
de la Mort*. La facture alors est souple et stricte, le tour heureux,
l'image éclatante : on s'oublie avec charme à suivre du regard ces
méandres capricieux de la poésie; mais bientôt quelque bizarrerie
voulue, quelque boutade paradoxale, quelque expression hérétoclite,
viennent couper court à la séduction, et vous rappeler du charmant
pays des chimères au triste métier d'éplucheur de mots. Le détestable
et l'exquis s'entremêlent sans cesse; on ne saurait dire lequel domine,
ou plutôt on le devine trop.

Puisque M. Gautier a fait de l'exception son rôle et presque sa
carrière, je m'empresserai de convenir que, comme ses qualités, ses
défauts aussi me paraissent rares et originaux. Le premier venu ne
les attraperait pas. Dans la prose pourtant, ce genre intempérant et
excessif me semble accessible, par le pastiche, à des plumes bien
moins consommées que celle de M. Gautier. Par exemple, l'amusante
mascarade de son feuilleton hebdomadaire serait peut-être possible à
d'autres, et qui sait si le public ne s'y méprendrait pas? Voilà l'inconvénient d'avoir une *manière*, un parti pris, et des habitudes invétérées
dans le style. C'est un pli qui ne vous quitte plus et comme une sen-

teur qui vous trahit tout d'abord. Ajoutez qu'une certaine uniformité
se glisse ainsi à la longue, et que la nécessité oblige, pour varier et se
rajeunir, d'exagérer encore le procédé dont on est l'esclave. Habitué
au gros trait, on perd le tact, et le crayon appuie encore davantage.
Il ne faudrait pas cependant exagérer ici un reproche qui s'applique
bien plutôt au style de l'écrivain qu'aux conceptions du romancier. Si
délurées, en effet, que puissent paraître aux lecteurs timides les dernières compositions de M. Gautier, nous le féliciterons sincèrement
d'être revenu, dans ces derniers temps, à des œuvres d'une morale
moins risquée et moins ouvertement païenne. Sans doute, l'auteur de
Fortunio aurait bien à faire encore pour voir ses volumes donnés en
prix dans les pensionnats de jeunes personnes; mais c'est là un succès
auquel il ne vise pas, je pense, et qu'il abandonne très volontiers aux
lauréats de l'Académie. Si le romantisme a eu sa constituante et sa
convention, comme on le disait hier (1) en termes très spirituels et à
l'occasion même du livre des *Grotesques*, on peut ajouter qu'il a eu
aussi son directoire. *Les Jeune-France* et *Mademoiselle de Maupin*,
qui furent le début, un peu scandaleux, de M. Théophile Gautier,
marquent la nuance la plus osée de ce retour heureusement momen-
tané de la nouvelle école au genre déchu des Laclos et des Crébillon.
Je doute même que l'auteur des *Liaisons*, dont la plume ne passe
cependant pas pour prude, eût risqué une donnée aussi repoussante
que celle de *Mademoiselle de Maupin*. Tout ce qu'on a le droit d'en
dire, c'est que le livre eût pu sans inconvénient être dédié à la mémoire de Sapho, avec le mot trop connu d'Horace. Dans ses romans
postérieurs, M. Théophile Gautier n'a pas eu une aisance plus pimpante et une verve plus drolatique, il n'a pas trouvé plus de montant
et de couleur, il n'a pas jeté au vent plus d'humour et déployé un
plus fabuleux mauvais goût; mais au moins sa muse à présent se
range, et n'est plus tout-à-fait sœur de celle de ces *libertins* de
Louis XIII, qu'il vient, en jovial complice, proposer aujourd'hui à
notre sympathique admiration. Dans *Fortunio* et dans *une Larme du
Diable* se rencontrent çà et là des pages heureuses où l'esprit pétille,
où le poète l'emporte sur le peintre, et où la rêverie ne disparaît plus
sous un surcroît d'enluminures. Malheureusement l'ensemble est
sacrifié au luxe et à la profusion des détails. Chaque idée de M. Gautier me fait l'effet de ce qu'on appelait *une lance* dans les armées du
XVIe siècle; c'était un simple chevalier suivi de nombreux varlets ca-

---

(1) *Revue de Paris* du 31 octobre. — Article de M. Sainte-Beuve.

paraçonnés qui portaient chacun leur part de l'armure du maitre. Cela faisait bel effet aux revues, et n'était qu'une gêne dans la mêlée. Le lecteur aussi s'enchevêtre dans cette synonymie d'images, dans ces groupes sans fin de métaphores. Ajoutez que l'œil ébloui par ce scintillement de facettes, par toutes ces broderies historiées, chérche en vain à se reposer sur des sentimens vrais, sur quelque émotion venue du cœur. Malheureusement les personnages du poète sont des personnages d'atelier; la Nyssia de son *Roi Candaule* n'est pas plus une femme que la Musidora de son *Fortunio* : ce sont les créations chimériques et flottantes d'un rêve d'opium.

> Rien d'humain ne battait sous son épaisse armure,

a écrit Lamartine de Napoléon. On en pourrait dire autant de presque toutes les héroïnes de M. Gautier; l'*épaisse armure* ici, c'est le corps voluptueusement décrit qu'il leur prête, ce sont les riches draperies dont il les couvre; l'ame est comme noyée sous la chair. A un endroit de ses *Lettres Parisiennes*, Mme de Girardin parle de ces mouchoirs si jolis qu'au moment de pleurer, on se console en les regardant; il en est de même des femmes de M. Gautier : je m'oublie à considérer combien elles sont belles, et leur taille m'empêche de penser à leur cœur. Aussi trouvé-je que la fantaisie descriptive de M. Gautier est bien plus à l'aise et bien mieux appropriée à son vrai cadre dans les récits de voyage, où son imagination est un peu contenue par ses souvenirs. Son excursion en Espagne, publiée sous le titre un peu baroque de *Tra los Montes*, peut être citée comme un cavalier et piquant exemple de ce genre leste et aimable. L'abus des couleurs tranchées y est encore très sensible, mais ici au moins il sert à l'exactitude pittoresque du paysage. Si l'insurmontable goût de M. Gautier pour les trivialités brutales et les plus impossibles chimères arrêtent encore çà et là et choquent les timorés, tant de vie et de bonne humeur courent à travers ces pages fringantes, qu'on est bien vite désarmé. Il y a dans tout ce style une certaine saveur de Panurge, et Panurge (La Bruyère en convient) a toujours eu le don de dérider même les dégoûtés et les délicats. Ce filon de Rabelais, qu'on retrouve souvent chez M. Gautier, est un don heureux et rare.

L'imagination du romancier et du touriste peut tout se permettre; mais il semble que l'histoire littéraire et la critique voudraient au moins quelque exactitude et quelque vérité de couleur. Vous vous doutez trop que le poète a laissé dédaigneusement ces babioles aux *pauvres diables* d'érudits. Au surplus, nous ne le chicanerons pas de ce côté (1). Si cette simple remarque : que la fantaisie serait mieux placée dans un roman que dans une notice est mise hors de litige, la critique se tiendra pour satisfaite. On me permettra d'être très court sur les deux volumes des *Grotesques ;* j'en ai déjà trop dit en caractérisant le genre lui-même.

C'est à l'époque dite de *Louis XIII* que se rapportent la plupart des portraits ou plutôt des spirituelles *charges* littéraires recueillies aujourd'hui par M. Gautier. Comme M. Gautier admire beaucoup notre littérature contemporaine, et comme il trouve certains rapports entre la poésie d'à présent et la vieille poésie des Cyrano et des Saint-Amant, sa bienveillance n'hésite pas à se déclarer ouvertement, et il amnistie de tout son cœur les précurseurs oubliés. Hélas! cette fraternité et ces analogies sont trop vraies, plus vraies que ne se l'imagine M. Gautier lui-même. Sans y mettre de malveillance ou de malice, on pourrait pousser le parallèle fort loin : ainsi la tragi-comédie était absolument le drame romantique *mêlé de grotesque et de sublime* (2), et, pour passer aux noms propres, Varillas n'avait pas

---

(1) Il y aurait quelque pedanterie à relever exactement toutes les légèretés, toutes les étourderies du spirituel auteur des *Grotesques.* M. Sainte-Beuve n'a pu s'empêcher déjà de noter les plus fortes, et on doit renvoyer à ses judicieuses remarques. J'ajouterai, entre cent, deux ou trois objections aux siennes. Il faut bien donner une idée du procédé par trop espiègle de M. Gautier. Dès les premières pages, il est question de *Donat* le grammairien du moyen-âge si souvent cité; M. Gautier l'appelle toujours *Donnait.* Plus loin, je lis que *le Pédant joué* de Cyrano a été la première comédie écrite en prose... Et *Patelin* donc, et les joyeuses farces de Larivey! Cela est élémentaire en littérature française. Mais ceci n'est rien. M. Gautier va jusqu'à écrire, à un endroit, qu'il n'y avait « rien d'abondant, d'ample, de flottant, » dans le style de Balzac; il ajoute même en termes plus formels : « Le vêtement de l'idée est trop court pour elle, et il le faut tirer à deux mains pour l'amener jusqu'aux pieds. » (Tome II, page 165.) Un pareil jugement critique confond : c'est le contraire précisément qu'il fallait dire. L'idée de Balzac disparaît toujours sous les plis sans fin de la phrase; ce n'est pas un écrivain sec, chiche et compassé, comme vous l'avancez à tout hasard, mais bien un rhéteur peu amusant, sous lequel la langue française (quelqu'un l'a dit spirituellement) a doublé sa rhétorique. On peut voir, dans les *Dissertations* de Balzac, la xixe, sur le *style burlesque,* où les écrivains de ce genre sont impertinemment comparés « aux grimaciers des carrefours. » M. Gautier n'a certainement jamais lu un seul mot de cet auteur, puisqu'il en parle comme on l'a vu; mais il y a du pressentiment dans sa rancune. — Je borne là mon *erratum* de pédant; on a le ton, et cela suffit.

(2) Scudéry, il est piquant de le remarquer, dit en propres termes dans ses *Observations sur le Cid :* « La tragi-comédie, qui n'a presque pas été connue de l'antiquité, est un composé de la tragédie et de la comédie. » Voilà bien l'alliance du grotesque et du sublime que proclamait, il y a dix-huit ans déjà, la préface de

moins de fécondité que M. Capefigue, l'évêque Camus n'était pas un romancier moins édifiant que M. Veuillot. Je compte précisément autant de volumes dans *la Clélie* qu'il y en aura dans *le Juif Errant*. L'opinion même de donner le pas à Scarron sur Boileau n'est pas si neuve qu'on voudrait le faire croire (1). Il serait puéril de prolonger ces rapprochemens et de les préciser dans leurs nuances. Il y aurait trop à faire. Mais qu'on me laisse encore tirer quelques lumières de deux livres tout-à-fait oubliés d'un auteur qu'on ne cite jamais, et que n'a probablement pas lu M. Gautier : je veux parler de Gombauld, ce vieux poète qui vécut près de cent ans, et qui, presque contemporain de la pléiade, s'attarda très avant dans le siècle de Louis XIV. C'était un écrivain assez agréable, mais trop infecté des fadeurs de l'hôtel Rambouillet : comme Boileau l'a maltraité, Gombauld se trouve tout recommandé à l'historien des *Grotesques*. Profitons de l'autorité.

Je furetais donc l'autre jour dans les *Épigrammes* et dans les *Lettres* de Gombauld : le moindre rayon sur le passé fait revivre aussitôt des milliers d'atomes. Ce monde littéraire de Louis XIII, tel que le judicieux Gombauld l'a peint, offre vraiment mille similitudes singulières avec ce qui se passe sous nos yeux. Et d'abord c'était la même abondance confuse d'auteurs sans vocation :

> Chacun s'en veut mêler, et pour moi je m'étonne
> De voir tant d'écrivains et si peu de lecteurs.

Cromwell. Ainsi Scudery définissait la tragi-comédie dans les mêmes termes précisément que l'école romantique définit le drame. Cela nous replace avant *le Cid*, au temps des grandes aventures sans vraisemblance et des imbroglios sans caractères. On a pu montrer plus de génie aujourd'hui; mais a-t-on plus de bon sens?

(1) Charles Perrault, au troisième volume de son *Parallèle des Anciens et des Modernes*, s'exprime sur le genre grotesque de façon presque à satisfaire M. Gautier; le passage s'approprie si directement à notre sujet, qu'il faut le citer. Le voici : « Dans l'ancien burlesque, le ridicule est en dehors et le sérieux en dedans; dans le nouveau, qui est un burlesque retourné, le ridicule est en dedans et le sérieux en dehors... Je veux vous donner une comparaison là-dessus. Le burlesque du *Virgile travesti* est une princesse sous les habits d'une villageoise, et le burlesque du *Lutrin* est une villageoise sous les habits d'une princesse; et comme une princesse est plus aimable avec un bavolet qu'une villageoise avec une couronne, de même les choses graves et sérieuses, cachées sous des expressions communes et enjouées, donnent plus de plaisir que n'en donnent les choses triviales et populaires sous des expressions pompeuses et brillantes. » — Je demanderai de ne pas souscrire à la spécieuse métaphore de Perrault; mais M. Gautier conviendra qu'on était assez *hardi* en plein siècle de Louis XIV. On y préférait déjà Scarron à Boileau; rien n'est plus suranné que certains paradoxes et plus neuf que certaines vérités : c'est que le paradoxe vieillit et que la vérité n'a pas d'âge.

Il y avait aussi des excentriques, auxquels il fallait bien à la longue s'habituer. « Nous sommes continuellement exposés aux vaines illusions et aux raisons extravagantes de certains esprits fertiles en chimères, que la seule coutume nous rend supportables, et nous imitons en cela ces peuples qui demeurent auprès des cataractes du Nil et qui deviennent insensibles au bruit dont les étrangers seraient étourdis en un moment (1). » Voilà bien l'effet assourdissant que produit, à la première audition, notre bruyante littérature. Ailleurs Gombauld est plus vif encore et touche à la crudité :

> Il n'est que de vivre à la mode.
> Je vous en dirai la méthode :
> Soyez toujours bien habillé,
> Mais soyez toujours débraillé.
> Courbez-vous et portez l'image
> D'un infame libertinage.
> Faites gloire d'être ignorant,
> Ne parlez jamais qu'en jurant.
> Que votre brutale arrogance
> Choque partout la complaisance;
> En méprisant jusqu'à l'honneur,
> Faites le maraud en seigneur.

Voilà une recette excellente. Cette peinture des *libertins* de Louis XIII ne s'applique-t-elle pas merveilleusement à la muse à la fois *bien habillée* et *débraillée* d'aujourd'hui, à tous ces dévergondages insolens de la plume, à toute cette littérature industrielle qui cache ses allures de sacripant sous l'aristocratie des dehors? Hélas! on avait déjà tout inventé dans ce temps-là, et le lecteur d'alors avait commencé son rôle de dupe. On le faisait même, tout comme en 1844, croire à des réimpressions imaginaires. Lisez plutôt ce dialogue piquant que je rencontre dans le *Carpenteriana :*

M. DE FRÉDEVILLÈ.

Pour en faire six éditions consécutives, il n'y a qu'à changer le premier feuillet.

LE LIBRAIRE.

Ah! ah! monsieur, vous savez tous nos secrets.

M. DE FRÉDEVILLE.

Oui, je sais tous les secrets dont les auteurs se servent pour établir leur

(1) *Lettres de Gombauld;* Paris, 1647, in-8°, p. 34.

réputation. J'ai bu autrefois à l'auberge avec un auteur qui avait été grand ami de Théophile, et qui m'a appris bien d'autres tours.

En somme, on le voit, c'est une époque d'anarchie et de corruption, où le goût était aussi aventureux que les évènemens. Il fallait bien à la fin que le calme rentrât dans les intelligences troublées comme dans la société turbulente. Richelieu, Descartes, Boileau, se correspondent à merveille : leur tâche, il est vrai, est constituante et non révolutionnaire; mais cette gloire ne vaut-elle pas l'autre? Avec eux, la politique émeutière de la ligue, le scepticisme ivre du xvi⁰ siècle, l'art aussi irrégulier qu'impuissant des successeurs rebelles de Malherbe (1), s'ordonnent et préparent cette magnifique unité du règne de Louis XIV, qui offrit au monde le plus majestueux spectacle. Les irrévérentes ironies de M. Gautier contre Despréaux peuvent être spirituelles; elles ne changeront rien aux choses. C'est là de l'histoire.

Un délicieux et paradoxal morceau de Charles Nodier sur Cyrano (2) (que M. Gautier ne paraît pas avoir connu, mais que nous n'avons pas oublié), une judicieuse et fine notice de M. Bazin sur Théophile de Viau, plusieurs articles très brillans et étudiés de M. Philarète Chasles, dont les lecteurs de la *Revue* se souviennent, nous avaient mis en goût de cette période *Louis XIII*, sur laquelle l'auteur des *Grotesques* revient aujourd'hui avec toute sorte de brusqueries inattendues et divertissantes. On n'a pas besoin, il est vrai, de *se faire cercler les côtes* à force de rire, comme l'auteur le propose; mais l'hilarité, je n'en disconviens pas, est franchement provoquée à plus d'un endroit. M. Gautier, par exemple, est impayable quand il montre le poète crotté dont les semelles usées pétrissent la boue à crû, quand il peint le pédant avec sa soutane moirée de graisse et ses grègues faites d'une thèse de Sorbonne. Scudery sur les échasses de son style, l'*ancillaire* Colletet aux genoux de sa Claudine, Chapelain avec ses rimes criardes, Saint-Amant charbonnant les cabarets de vers admirables, le rodomont Cyrano dans ses duels avec la raison, frétillent et

_____

(1) Je ne me sens pas disposé à défendre contre M. Gautier les façons rogues et acariâtres de Malherbe, qui fut cependant un vrai poète; mais je suis heureux de pouvoir le renvoyer à l'opinion de ce même Théophile de Viau, si surfait par lui, et qui a dit plus équitablement : « Malherbe, qui nous a appris le français, et dans les écrits duquel je lis avec admiration l'immortalité de sa vie. » On se doute bien que M. Gautier a dissimulé cette phrase.

(2) *Revue de Paris*, 1831, tome XXIX.

chatouillent sous le pinceau jovial du plaisant critique. M. Gautier
excelle dans ce genre à demi bouffon, et sa verve est si gaie qu'on
lui pardonne de descendre à chaque instant sur le pré pour donner
des taillades aux idées reçues. J'aurais bien eu envie de taquiner un
peu l'historien si approprié des *Grotesques* sur son admiration sans
bornes pour Viau, que ses citations ne justifient guère; mais, que
voulez-vous? on lit dans la notice de ce poète mal famé ces propres
mots : « Tout le mal que l'on disait de Théophile me semblait adressé
à Théophile Gautier. » Que dire à cela, sinon qu'on pense infiniment
plus de bien de M. Gautier que de son homonyme d'il y a deux siècles? Dans son enthousiasme, l'auteur des *Grotesques* va jusqu'à faire
de la Corinne de Théophile une sœur d'Elvire. Si c'est un compliment
adressé à M. de Lamartine, je doute qu'il charme l'illustre poète.

Au fond, M. Gautier n'a qu'une foi très factice dans l'école excentrique à laquelle il semble avoir voué jusqu'ici un esprit et un talent
faits pour de meilleures causes. A un endroit même, il lui échappe
de dire : « Hélas! quel est celui de nous qui peut se flatter qu'une
bouche prononce son nom dans cent ans d'ici, ne fût-ce que pour
s'en moquer? Les plus grands génies de maintenant n'oseraient l'espérer. » Un pareil aveu trahit le découragement. Est-ce que Boileau,
par hasard, aurait raison contre Théophile? Mais je n'hésite pas à
dire que M. Gautier calomnie la littérature contemporaine et se calomnie lui-même en désespérant à ce degré de l'avenir. Vous plaignez le sort des écrivains de Louis XIII, vous regrettez la venue d'un
régulateur aussi sévère que Despréaux; pourquoi alors faire comme
ces vaincus et les reproduire? Des moyens semblables amènent en
général une fin pareille. C'est la loi de l'histoire.

Soyez sûr qu'on goûte votre talent, qu'on apprécie votre plume
effilée et savante. Vous êtes même aimé... comme l'enfant prodigue;
mais pourquoi ne pas croire à vous-même et ne pas vous prendre au
sérieux? Pourquoi vous complaire toujours à des *pochades*, quand
vous pourriez faire des tableaux? Jusqu'à présent, l'imagination a tenu
chez vous le dé en souveraine, et a fait de la raison son esclave. Tout
votre secret, ou plutôt toute votre erreur, c'est de toujours faire passer le mot qui peint avant le mot qui fait sentir. Est-ce là, je le demande, le procédé des grands écrivains? La forme ne peut pas être
indépendante du sentiment; le sentiment, au contraire, dès qu'il est
grand, emporte avec lui son expression, et est, pour ainsi parler, sa
forme à lui-même. Tel humble mot du cœur, telle situation simple et

33.

immortelle, Werther contemplant Charlotte, Virginie serrant la main de Paul, valent mieux, selon nous, que tout le glossaire métaphorique de l'école pittoresque. Qu'on y songe, ni l'inspiration ni le style n'ont manqué à notre temps; ce qui a fait défaut, c'est tout simplement le bon sens et le naturel, lesquels ne font pas les grandes littératures, mais peuvent seuls les consacrer. M. Gautier est jeune; il est encore temps pour lui de se soustraire aux enchantemens de la sirène. Son talent original et plein de sève se régénérerait par des doctrines plus saines, par une pratique assidue et sérieuse. Dès-lors, nous le croyons, une place tout-à-fait brillante et peut-être durable lui serait réservée dans la littérature d'aujourd'hui. Nous espérons que M. Gautier verra là de notre part un vœu plutôt encore qu'un conseil; il nous répugnerait trop de penser que dans cette histoire rétrospective des grotesques oubliés le spirituel écrivain n'aurait réussi qu'à être un prophète.

CH. LABITTE.

MADEMOISELLE

DE LA SEIGLIÈRE.

—

————•◦◦•————

VIII.

Des semaines, des mois s'écoulèrent. Toujours prêt à partir, Bernard ne partit pas. La saison était belle; il chassa, monta les chevaux
du marquis, et finit par se laisser aller au courant de cette vie élégante et facile qui s'appelle la vie de château. Les saillies du marquis
lui plaisaient; bien qu'il conservât encore auprès de Mme de Vaubert
un sentiment de vague défiance et d'inexplicable malaise, il avait subi
cependant, sans chercher à s'en rendre compte, le charme de sa distinction, de sa grace et de son esprit. Les repas étaient gais, les vins
étaient exquis; les promenades, à la nuit tombante, sur les bords du
Clain ou sous les arbres du parc effeuillé par l'automne, les causeries
autour de l'âtre, la discussion, les longs récits, abrégeaient les soirées
oisives. Lorsqu'il échappait au marquis quelque aristocratique boutade qui éclatait comme un obus sous les pieds de Bernard, Hélène,
qui travaillait sous la lueur de la lampe à quelque ouvrage d'aiguille,

(1) Voyez les livraisons des 1er et 15 septembre, et du 1er octobre.

levait sa blonde tête et fermait avec un sourire la blessure que son
père avait faite. Mlle de la Seiglière, qui continuait de croire que ce
jeune homme était au château dans une position pénible, humiliante
et précaire, n'avait d'autre préoccupation que de la lui faire oublier,
et cette erreur valait à Bernard de si doux dédommagemens, qu'il supportait avec une héroïque patience dont il était étonné lui-même les
étourderies de l'incorrigible vieillard. D'ailleurs, quoiqu'ils ne s'enten-
dissent sur rien, Bernard et le marquis en étaient arrivés à se prendre
d'une espèce d'affection l'un pour l'autre. Le caractère ouvert du fils
Stamply, sa nature franche et loyale, son attitude ferme, sa parole
brusque et hardie, l'exaltation même de ses sentimens toutes les fois
qu'il était question des batailles de l'empire et de la gloire de son empereur, ne répugnaient pas au vieux gentilhomme. D'un autre côté,
les chevaleresques enfantillages du grand seigneur agréaient assez au
jeune soldat. Ils chassaient ensemble, couraient à cheval, jouaient au
billard, discutaient sur la politique, s'emportaient, bataillaient, et
n'étaient pas loin de s'aimer. — Ma foi! pensait le marquis, pour un
hussard, fils de manant, ce brave garçon n'est vraiment pas trop mal.
—Eh bien! se disait Bernard, pour un marquis, voltigeur de l'ancien
régime, ce vieux bonhomme n'est pas trop déplaisant. — Et le soir en
se quittant, le matin en se retrouvant, ils se serraient cordialement la
main.

L'automne tirait à sa fin; l'hiver fit sentir plus vivement encore à
Bernard les joies du foyer et les délices de l'intimité. Depuis son installation au château, on avait cru devoir éloigner par prudence la
tourbe des visiteurs. On vivait en famille : les fêtes avaient cessé.
Bernard, qui avait passé le précédent hiver dans les steppes hyper-
borées, ne songea plus à résister aux séductions d'un intérieur aimable
et charmant. Il reconnut qu'en fin de compte ces nobles avaient du
bon et qu'ils gagnaient à être vus de près; il se demanda ce qu'il serait devenu, triste et seul, dans ce château désert; il se dit qu'il manquerait de respect à la mémoire de son père en agissant de rigueur
contre les êtres qui avaient égayé la fin de ses jours, et que, puisqu'on
ne lui contestait pas ses droits, il devait laisser au temps, à la délicatesse et à la loyauté de ses hôtes, le soin de terminer convenablement cette étrange histoire, sans secousses, sans luttes et sans déchiremens. Bref, en s'abandonnant mollement à la dérive du flot qui le
berçait, il ne manqua pas de bonnes raisons pour excuser à ses propres yeux et pour justifier sa faiblesse. Il en était une qui les valait
toutes; ce fut la seule qu'il ne se donna pas.

Le temps fuyait, pour Hélène, léger et rapide; pour Bernard, rapide et léger. Il n'était pas besoin d'une bien grande perspicacité pour prévoir ce qui s'allait passer entre ces deux jeunes cœurs; mais notre gentilhomme, qui s'entendait en amour comme en politique, ne devait pas aborder l'idée que son sang pût s'éprendre pour celui de son ancien fermier. D'une autre part, Mme de Vaubert, qui, avec toutes les finesses de l'esprit, n'avait jamais soupçonné les surprises de la passion, ne pouvait pas raisonnablement supposer que la présence de Bernard dût éclipser l'image de Raoul. Mlle de La Seiglière ne le supposait pas davantage. Cette enfant se doutait si peu de l'amour, qu'elle croyait aimer son fiancé; et, se reconnaissant devant Dieu l'épouse de M. de Vaubert, vis-à-vis de Bernard croyant n'être que généreuse, elle s'abandonnait sans défiance au courant mystérieux qui l'entraînait vers lui.

Elle comparait bien parfois la jeunesse héroïque de celui-ci à l'existence oisive de celui-là; parfois, à la lecture des lettres de Raoul, songeant aux lettres de Bernard, elle s'étonnait bien de trouver la tendresse de l'amant moins brûlante et moins exaltée que ne l'était la tendresse du fils; quand, l'œil étincelant, le front illuminé de magiques reflets, Bernard parlait de gloire et de combats, ou qu'assis auprès d'elle il la contemplait en silence, Hélène sentait bien remuer dans son sein ému quelque chose d'étrange qu'elle n'avait jamais éprouvé en présence de son beau fiancé; mais comment aurait-elle pu deviner l'amour aux tressaillemens de son être, elle qui, jusqu'alors, avait pris pour l'amour un sentiment tiède et paisible, sans trouble et sans mystère, sans douleur et sans joie? Enfin, Bernard lui-même s'enivrait à son insu du charme qui l'enveloppait, et c'est ainsi que ces deux jeunes gens se voyaient chaque jour, en toute liberté comme en toute innocence, s'efforçant de se faire oublier l'un à l'autre leur position respective, Hélène redoublant de grâce, Bernard d'humilité, et ne comprenant pas l'un et l'autre que, sous ces adorables délicatesses, l'amour s'était déjà glissé. Cependant il arriva qu'un jour ils en eurent simultanément une vague révélation.

Peu de temps avant l'arrivée de Bernard, par une de ces fantaisies de jeunesse assez familières à la vieillesse du marquis, celui-ci avait fait l'acquisition d'un jeune cheval pur sang limousin qui passait pour indomptable, et que nul encore n'avait pu monter. Hélène l'avait appelé Roland, par allusion sans doute au Roland furieux. Un pauvre diable, qui se donnait pour un centaure, s'étant avisé de vouloir le soumettre, Roland l'avait désarçonné, et le centaure s'était cassé les ieins. Dès-lors, personne n'avait osé se frotter au rude joûteur, qu'on vantait d'ailleurs à dix lieues à la ronde pour sa merveilleuse beauté et pour la pureté de sa race. Un jour qu'il en était question, Bernard se fit fort de le mater, de le soumettre, et de le rendre en moins d'un mois doux et docile comme un mouton bridé. Mme de Vaubert l'encouragea à le tenter; le marquis s'efforça de l'en dissuader; Hélène le supplia de n'en rien faire. Piqué d'honneur, Bernard courut aux écuries et parut bientôt sous le balcon où se tenaient la baronne, M. de La Seiglière et sa fille, en selle sur Roland, magnifique et terrible. Indigné du frein, la bouche écumante, les naseaux en feu et les yeux sanglans, comme une cavale sauvage qui sentirait la sangle et le mors, le superbe animal bondissait avec une incroyable furie, se cabrait, pirouettait et se dressait debout sur ses jarrets d'acier, le tout à la visible satisfaction de Mme de Vaubert, qui semblait prendre le plus vif intérêt à cet exercice, et aux applaudissemens du marquis, qu'émerveillaient la grace et l'adresse de l'écuyer.

— Ventre-saint-gris! jeune homme, vous êtes du sang des Lapithes, s'écriait-il en battant des mains.

Quand Bernard rentra dans le salon, il aperçut Hélène plus pâle que la mort. Le reste de la journée, Mlle de La Seiglière ne lui adressa pas un mot ni un regard; seulement, à la veillée, comme Bernard, qui craignait de l'avoir offensée, se tenait auprès d'elle triste et silencieux, tandis que le marquis et Mme de Vaubert étaient absorbés par une partie d'échecs :

— Pourquoi jouez-vous follement votre vie? dit à voix basse et froidement Hélène, sans lever les yeux et sans interrompre son ouvrage de broderie.

— Ma vie? répondit Bernard en souriant; c'est un bien pauvre enjeu.

— Vous n'en savez rien, dit Hélène.

— Croyez que nul ne s'en soucie, répliqua Bernard d'une tremblante voix.

— Vous n'en savez rien, dit Hélène. D'ailleurs c'est une impiété de disposer ainsi d'un don de Dieu.

— Échec et mat! s'écria le marquis. Jeune homme, ajouta-t-il en se tournant vers Bernard, je vous répète que vous êtes du sang des Lapithes.

— A la façon dont il s'y prend, dit à son tour Mme de Vaubert, je veux qu'avant huit jours monsieur Bernard soit maître de Roland et le mène comme un agneau.

— Vous ne monterez jamais ce cheval, dit d'un ton de froide et calme autorité Mlle de La Seiglière, les yeux toujours baissés sur son ouvrage et de manière à n'être entendue que du jeune homme, qui se retira presque aussitôt pour cacher le trouble de son cœur.

IX.

Les choses en étaient là, et rien ne faisait présumer qu'elles dussent prendre de long-temps ni jamais une face nouvelle. Carrément établie, la position de Bernard paraissait inattaquable, et tout ce que le marquis pouvait raisonnablement espérer, c'était qu'il plût à ce jeune homme de n'y rien changer et de s'y tenir. A parler net, le marquis était aux champs. Instinctivement entraîné vers Bernard, il l'aimait ou plutôt il le tolérait volontiers, toutes les fois qu'emporté par la légèreté de son naturel, il oubliait à quel titre le fils Stamply s'asseyait à sa table et à son foyer; mais aux heures de réflexion, aussitôt qu'écrasé sous le sentiment de sa dépendance, il retombait dans le vrai de la situation, le marquis ne voyait plus en lui qu'un ennemi à domicile, une épée de Damoclès suspendue par un fil et flamboyant au-dessus de sa tête. Il y avait pour lui deux Bernard, l'un qui ne lui déplaisait pas, l'autre qu'il aurait voulu voir s'abîmer à cent pieds sous terre. Il n'avait plus, quand il en parlait avec Mme de Vaubert, ces jolies colères et ces charmans emportemens que nous lui voyions autrefois. Ce n'était plus ce marquis pétulant et fringant, rompant à chaque instant son attache, et s'échappant par sauts et par bonds dans les champs de la fantaisie. La réalité l'avait dompté, et si parfois encore il essayait de se dérober, la rude écuyère l'arrêtait court en lui enfonçant dans les flancs ses éperons de fer. Mme de Vaubert était loin elle-même de cette mâle assurance qu'elle avait montrée d'abord. Non qu'elle eût abandonné la partie : Mme de Vaubert n'était point femme à si tôt se décourager; mais, quoi qu'elle pût dire pour le rassurer, le marquis la sentait hésitante, incertaine, troublée, irrésolue. Le fait est que la baronne n'avait plus cette confiante intrépidité qui l'avait long-temps soutenue, et qu'elle était long-temps parvenue à faire passer dans le cœur du vieux gentilhomme. En étudiant Bernard, en l'observant de près, en le regardant vivre, elle avait su se convaincre que ce n'était là ni un esprit ni un caractère avec lesquels il fût permis d'entrer en accommodemens; elle comprenait qu'elle avait affaire à une de ces

ames susceptibles et fières qui imposent des conditions, mais qui
n'en reçoivent pas, qui peuvent abdiquer, mais qui ne transigent
jamais. Or, comme il s'agissait ici d'une abdication d'un million, il
n'était pas vraisemblable que Bernard s'y résignât aisément, quelque
désintéressé qu'on le supposât. Mlle de La Seiglière pouvait seule
tenter d'accomplir un pareil miracle; elle seule pouvait consommer
l'œuvre de séduction qu'avaient, à l'insu d'elle-même, commencée victorieusement sa beauté, sa grace et sa jeunesse. Malheureusement
Hélène n'était qu'un esprit simple et qu'une ame honnête. Si elle
avait le charme qui fait les lions amoureux, elle ignorait l'art de leur
limer les dents et de leur rogner les griffes. Par quels détours, par
quels enchantemens amener ce noble cœur à devenir, sans qu'il s'en
doutât, l'instrument de la ruse et le complice de l'intrigue? Tel était
le secret que tout le génie de Mme de Vaubert s'épuisait vainement à
chercher. Ses entretiens avec le marquis n'avaient plus la verve et
l'entrain qui les animaient naguère. Ce n'étaient plus ce haut dédain,
ce mépris superbe, cette verte allure qui, plus d'une fois peut-être,
ont fait sourire le lecteur. Quand le chasseur part le matin, aux premières blancheurs de l'aube, rempli d'ardeur et d'espérance, il aspire
l'air à pleins poumons, et trempe avec délices ses pieds dans la rosée
des champs et des guérêts. A le voir ainsi, le fusil sur l'épaule, escorté de ses chiens, on dirait qu'il marche à la conquête du monde.
Cependant, sur le coup de midi, quand les chiens n'ont fait lever ni
perdreaux, ni lièvres, et que le chasseur prévoit qu'il rentrera, le soir,
au gîte, le carnier vide, sans avoir brûlé une amorce, à moins qu'il ne
tire sa poudre aux linots : à travers les ronces qui déchirent ses guêtres, sous le soleil en feu qui tombe d'aplomb sur sa tête, il ne va plus
que d'un pas boudeur, et s'assied découragé sous la première haie
qu'il rencontre. C'est un peu là l'histoire du marquis et de la baronne.
Ils en sont à l'heure de midi sans avoir pris le moindre gibier; plus
à plaindre même que le chasseur, c'est le gibier qui les a pris.

— Eh bien! madame la baronne? demandait parfois le marquis en
secouant la tête d'un air consterné.

— Eh bien! marquis, répondait Mme de Vaubert, il faut voir, il faut
attendre. Ce Bernard n'est pas précisément le drôle sur lequel nous
avions compté. Feinte ou réelle, ça ne manque ni d'une certaine élévation dans les idées ni d'une certaine distinction dans les sentimens.
Aujourd'hui tout le monde s'en mêle. Grace aux bienfaits d'une révolution qui a confondu toutes les classes et supprimé toutes les lignes

de démarcation, la canaille a la prétention d'avoir le cœur au niveau
des nôtres; il n'est pas de gens si piètres qui ne se crussent désho-
norés, s'ils n'affichaient la fierté d'un Rohan et l'orgueil d'un Mont-
morency. Cela fait pitié, mais cela est. Ces gens-là finiront par bla-
sonner leur crasse et par avoir des armoiries.

— Toujours est-il, madame la baronne, ajoutait le marquis, que
nous jouons un vilain jeu, et que nous n'avons même pas la chance
pour excuse; grace à vos conseils, je suis en passe de perdre du même
coup ma fortune et mon honneur. C'est trop de deux! Comment finira
cette comédie? Vous me répétez sans cesse que nous tenons notre
proie; c'est, par Dieu! bien plutôt notre proie qui nous tient. C'est
un rat que nous avons emprisonné dans un fromage de Hollande.

— Il faut voir, il faut attendre, répétait Mme de Vaubert. Henri IV
n'a pas conquis son royaume en un jour.

— Il l'a conquis à cheval, à la pointe d'une épée sans tache.

— Vous oubliez la messe.

— C'était une messe basse; celle que j'entends dure depuis trois
mois, et je n'en suis encore qu'à l'*Introït.*

Quoi qu'il lui en coûtât de mettre des étrangers dans le secret de
cette aventure, qui n'était d'ailleurs un secret pour personne, quelque
répugnance qu'il éprouvât à se commettre avec des gens de loi, le
marquis en était arrivé à un tel état de perplexité, qu'il se décida à
prendre l'avis d'un célèbre jurisconsulte qui florissait alors à Poitiers,
où il passait pour le d'Aguesseau de l'endroit. M. de La Seiglière doutait encore de la validité des droits de son hôte; il se refusait à croire
qu'un législateur, fût-il Corse, eût poussé l'iniquité au point d'encourager et de légitimer des prétentions si exorbitantes. Au risque de
perdre sa dernière espérance, il fit appeler un matin dans son cabinet
le d'Aguesseau poitevin, et lui expliqua nettement la chose, à cette
fin de savoir s'il était un moyen honnête de se débarrasser de Bernard,
ou du moins de l'amener forcément à une transaction qui ne compromettrait ni l'honneur ni la fortune de sa race. Ce célèbre jurisconsulte, il se nommait Des Tournelles, était un petit vieillard fin, spirituel et goguenard, d'une bonne noblesse de robe, à ce titre estimant
peu la noblesse d'épée et n'aimant point en particulier les La Seiglière,
qui avaient de tout temps traité de bourgeoisie les fourrures et les
mortiers. En outre, il avait gardé mémoire d'une rencontre dans laquelle notre gentilhomme l'avait reçu du haut en bas, incident sans
portée qui remontait à plus de trente ans, depuis plus de trente ans

oublié de l'offenseur, mais dont le souvenir saignait encore au cœur
de l'offensé. M. Des Tournelles fut secrètement charmé de voir le
marquis dans un si mauvais cas. Après avoir approfondi l'affaire,
après s'être assuré qu'aux termes mêmes de l'acte de donation passé
entre le vieux Stamply et son ancien maître, les droits du donataire étaient révoqués dans leur intégrité par le seul fait de l'existence du fils du donateur, il prit un malin plaisir à démontrer au
gentilhomme que non seulement la loi ne lui offrait aucun moyen
d'expulser Bernard, mais encore qu'elle autorisait celui-ci à le mettre,
lui et sa fille, littéralement à la belle étoile. Le vieux renard ne s'en
tint pas là. Sous forme d'argumentation, il défendit le principe qui
réintégrait Bernard dans la propriété de son père; il développa la
pensée du législateur; il soutint qu'en ceci, loin d'être inique, ainsi
que l'affirmait M. de La Seiglière, la loi n'était que juste, prévoyante,
sage et maternelle. Vainement le marquis se récria, vainement il accusa la république d'exaction, de violence et d'usurpation, vainement
il essaya d'établir qu'il tenait ses biens non de la libéralité, mais de la
probité de son ancien fermier, vainement enfin il tenta encore une
fois de s'esquiver par les mille et un détours qu'il connaissait si bien;
le légiste lui prouva poliment qu'en s'appropriant les biens territoriaux
des émigrés, la république n'avait fait qu'user d'un droit légitime, et
qu'en lui restituant le domaine de ses pères, son ancien fermier n'avait
fait qu'accomplir un acte de munificence. Sous prétexte d'éclairer la
question, il écrasa complaisamment le grand seigneur sous la générosité du vieux gueux. Doué d'une inépuisable faconde, les paroles
s'échappaient de sa bouche comme d'un carquois une nuée de flèches,
si bien que le pauvre marquis, criblé de piqûres et pareil à un homme
qui se serait jeté étourdiment dans un essaim d'abeilles, suait à grosses
gouttes et s'agitait dans son fauteuil, maudissant l'idée qu'il avait eue
de faire venir cet impitoyable bavard, et n'ayant même pas la ressource
de l'emportement et de la colère, tant le bourreau s'y prenait avec
grace, politesse et dextérité. Il y eut un instant où, poussé à bout :

— Assez! monsieur, assez! s'écria-t-il; ventre-saint-gris! vous abusez, ce me semble, de l'érudition et de l'éloquence. Je suis suffisamment instruit, et ne désire pas en savoir davantage.

—Monsieur le marquis, répliqua sévèrement le madré vieillard, qui
prenait goût au jeu et ne devait lâcher la partie qu'après s'être gorgé
du sang de sa victime, je suis ici le médecin de votre fortune et de
votre honneur, et je me croirais indigne de la confiance que vous

m'avez témoignée en ce jour, si je n'y répondais par une franchise pour le moins égale. Le cas est grave; ce n'est ni avec des restrictions de votre part, ni avec des ménagemens de la mienne, que vous pouvez espérer en sortir.

Ces derniers mots tombèrent comme une rosée bienfaisante sur le cœur ulcéré du marquis.

— Ah ça! monsieur, demanda-t-il d'un air hésitant et soumis, tout n'est donc pas désespéré?

— Non sans doute, répondit en souriant le rusé Des Tournelles, pourvu toutefois que vous vous résigniez à tout avouer et à tout entendre. Je vous le répète, monsieur le marquis, vous ne devez voir en moi qu'un médecin venu pour étudier votre mal et pour tenter de le guérir.

Amolli par la crainte, alléché par l'espoir, encouragé d'ailleurs par l'apparente bonhomie sous laquelle le vieux serpent cachait ses perfides desseins, le marquis se laissa aller à des épanchemens exagérés. Pour nous en tenir à la comparaison du jurisconsulte, il lui arriva ce qui arrive aux gens qui, après avoir passé leur vie à se railler de la médecine, se jettent aveuglément entre les bras des médecins aussitôt qu'ils ont cru sentir à leur chevet le souffle glacé de la mort. A part quelques détails qu'il crut devoir omettre, il dit tout, son retour, l'arrivée de Bernard, et de quelle façon ce jeune homme était installé au château. Poussé par le diabolique Des Tournelles, qui l'interrompait çà et là en s'écriant : — Très bien! c'est très bien! c'est moins grave que je ne l'avais d'abord imaginé; du courage, monsieur le marquis! cela va bien, nous en sortirons, — il mit sa position à nu et se déshabilla, c'est le mot, tandis que, le menton appuyé sur le bec à corbin de sa canne, le vieux roué étouffait de joie dans sa peau de voir l'orgueilleux gentilhomme étaler ses infirmités et découvrir sans pudeur les plaies de son égoïsme et de son orgueil. Quand celui-ci fut au bout de ses confidences, M. Des Tournelles prit un air soucieux et hocha tristement la tête.

— C'est grave, dit-il, c'est très grave; c'est plus grave que je ne le croyais tout à l'heure. Monsieur le marquis, il ne faut pas vous dissimuler que vous êtes dans la plus fâcheuse position où se soit jamais trouvé gentilhomme d'aucun temps et d'aucun pays. Vous n'êtes plus chez vous. Ce n'est pas vous qui tolérez Bernard, c'est lui qui vous tolère. Vous êtes à sa merci; vous dépendez d'un de ses caprices. Ce garçon peut, d'un jour à l'autre, vous signifier votre congé. C'est grave, c'est très grave, c'est excessivement grave.

— Je le sais pardieu bien que c'est grave! s'écria le marquis avec
humeur; vous me répéterez cela cent fois, que vous ne m'apprendrez
rien de nouveau.

— Je n'ignore pas, poursuivit tranquillement M. Des Tournelles
sans s'arrêter à l'interruption du marquis, je suis loin d'ignorer que
ce jeune homme a tout intérêt à vous conserver sous son toit, vous et
votre aimable fille; je sais qu'il se procurerait difficilement des hôtes
aussi distingués et qui lui fissent plus d'honneur. Je vais plus loin : je
prétends qu'il est de son devoir de chercher à vous retenir; je soutiens que la piété filiale lui commande impérieusement de vous enchaîner à sa fortune. Vous avez été si bon pour son père! On a dit
avec raison que ce vieillard s'était enrichi en se dépouillant, tant vous
l'avez entouré, sur la fin de ses jours, d'attentions, de soins, de tendresse et d'égards! Spectacle charmant! Il est beau de voir ainsi la
main qui donne vaincue en générosité par la main qui reçoit. Quoique
je n'aie pas l'avantage de connaitre M. Bernard, je ne doute point de
ses pieuses dispositions; jusqu'à présent, tout révèle en lui un noble
cœur, un esprit élevé, une ame reconnaissante. Mais, outre qu'il ne
convient pas qu'un La Seiglière accepte une condition humiliante,
la vie est semée d'écueils contre lesquels viennent nécessairement se
briser tôt ou tard les intentions les plus pures et les résolutions les
plus honnêtes. Bernard est jeune; il se mariera, il aura des enfans.
Monsieur le marquis, je vous dois la vérité : c'est tout ce qu'on peut
imaginer de plus grave.

— Que diable! monsieur, s'écria M. de La Seiglière, qui sentait son
sang lui chauffer les oreilles, je vous ai fait venir, non pour calculer
la profondeur de l'abîme où je suis tombé, mais pour m'indiquer un
moyen d'en sortir. Commencez par m'en tirer, vous le mesurerez
ensuite.

— Permettez, monsieur, permettez, répliqua M. Des Tournelles;
avant de vous tendre une échelle, il est bon pourtant que je sache de
quelle longueur il vous la faut. Monsieur le marquis, l'abime est profond... Quel abîme!... Si vous en revenez, vous pourrez vous flatter,
comme Thésée, d'avoir vu les sombres bords. Et quelle histoire,
monsieur, que la vôtre! quels bizarres jeux du sort! quelles étranges
vicissitudes! Le marquis de La Seiglière, un des plus grands noms de
l'histoire, un des premiers gentilshommes de France, rappelé de l'exil
par un de ses vieux serviteurs! Ce digne homme qui se dépouille pour
enrichir son seigneur d'autrefois! Ce fils qu'on croyait mort et qui
revient un beau matin pour réclamer son héritage! C'est un drame,

c'est tout un roman; nous n'avons rien de plus intéressant dans les
annales judiciaires. Convenez, monsieur le marquis, que vous avez
été bien surpris en voyant apparaitre devant vous ce jeune guerrier,
tué à la bataille de la Moskowa! Quoique son retour dût jeter quelque
trouble dans votre existence, je jurerais que ça ne vous a pas été désagréable de voir vivant et bien portant le fils de votre bienfaiteur.

— Au fait, monsieur, au fait! s'écria le marquis, près d'éclater
et plus rouge qu'une pivoine. Savez-vous un moyen de me tirer de là?

— Vertu-dieu! monsieur le marquis, s'écria l'impitoyable vieillard, il faudra bien que nous en trouvions un. Vous ne pouvez pas
rester dans un si cruel embarras. Il ne sera pas dit qu'un marquis de
La Seiglière et sa fille auront vécu à la charge du fils de leur ancien
fermier, exposés chaque jour à se voir renvoyés honteusement,
comme des locataires qui n'auraient pas payé leur terme. Cela ne doit
pas être, cela ne sera pas.

A ces mots, M. Des Tournelles parut se plonger daus une méditation savante. Il resta bien un bon quart d'heure à tracer avec le bout
de sa canne des ronds sur le parquet, ou, le nez en l'air, à regarder
les moulures du plafond, tandis que le marquis l'examinait en silence
avec une anxiété impossible à décrire, mais facile à comprendre, cherchant à lire sa destinée sur le front de ce diable d'homme, et passant
tour à tour du découragement à l'espoir, selon l'expression inquiète
ou souriante que le perfide Des Tournelles donnait au jeu de sa physionomie.

— Monsieur le marquis, dit-il enfin, la loi est formelle; les droits
du fils Stamply sont incontestables. Cependant, comme il n'est rien
en droit qui ne puisse être contesté, j'ai la conviction qu'avec beaucoup de ruse et d'adresse vous pourrez réussir à faire débouter le fils
Stamply de ses prétentions. Mais voici le diable! pour en venir là, il
faudra recourir aux subtilités de la loi, et vous, marquis de La Seiglière, vous ne consentirez jamais à vous engager dans les détours de
la chicane.

— Jamais, monsieur, jamais! répliqua le marquis avec fierté; mieux
vaut sauter par la fenêtre que d'essuyer la boue des escaliers.

— J'en étais sûr, reprit M. Des Tournelles. Ces sentimens sont trop
chevaleresques pour que je veuille les combattre. Permettez-moi seulement de vous faire observer qu'il s'agit du domaine de vos ancêtres,
d'un million de propriétés, de l'avenir de votre fille et des destinées
de votre race. Tout cela est à prendre en quelque considération. Je

ne parle pas de vous, monsieur le marquis; vous avez le cœur le plus désintéressé qui ait jamais battu dans une poitrine humaine, et la ruine vous effraie moins qu'une tache à votre blason. La misère ne vous fait pas peur; vous vivriez au besoin de racines et d'eau claire. C'est noble, c'est grand, c'est beau, c'est héroïque! Je vous vois déjà reprenant sans pâlir le chemin de la pauvreté. A ce tableau, mon cœur s'émeut et mon imagination s'exalte, car, on l'a dit avec raison, le plus magnifique spectacle qui se puisse voir, est la lutte de l'homme fort aux prises avec l'adversité. Mais votre fille, monsieur, votre fille, car vous êtes père, monsieur le marquis! s'il vous plaît d'accepter le rôle d'OEdipe, imposerez-vous à cette aimable enfant la tâche d'Antigone? Que dis-je! aussi impitoyable qu'Agamemnon, la sacrifierez-vous, nouvelle Iphigénie, sur l'autel de l'orgueil, à l'égoïsme de l'honneur? Je conçois qu'il vous répugne de traîner votre nom devant les tribunaux, et d'arracher par ruse à la justice la consécration de vos droits. Cependant, songez-y, un million de propriétés! Monsieur le marquis, vous êtes bien ici, ce luxe héréditaire vous sied à ravir et vous va comme un gant. Et puis, voyons, entre vous et moi, est-il plus honteux de chercher à frapper son adversaire au défaut de la loi, qu'il ne l'etait autrefois, entre chevaliers, de se viser, la lance au poing, au joint de la visière et au défaut de la cuirasse?

— Allons, monsieur, dit le marquis après quelques instans d'hésitation silencieuse, si vous croyez pouvoir répondre du succès, par dévouement aux intérêts de ma chère et bien-aimée fille, je me résignerai à vider jusqu'à la lie le calice des humiliations.

— Triomphe de l'amour paternel! s'écria M. Des Tournelles. Ainsi, c'est convenu, nous plaidons. Il ne nous reste plus qu'à trouver par quelles délicatesses nous arriverons à dépouiller légalement de ses droits légitimes le fils du bonhomme qui vous a donné tous ses biens.

— Ventre-saint-gris! monsieur, entendons-nous! s'écria le vieux gentilhomme, qui, en moins d'une seconde, rougit et pâlit de honte et de colère. Ce n'est point là ce que je demande. Je crois qu'il est de mon devoir de transmettre intact à ma fille le domaine de ses ancêtres; mais, vive Dieu! je ne prétends pas dépouiller ce jeune homme : je lui ferai un sort; rien ne me coûtera pour lui assurer une existence honorable et facile.

— Ah! noble, noble cœur! dit M. Des Tournelles avec un attendrissement si parfaitement joué, que M. de La Seiglière en fut tout attendri lui-même. Voici pourtant ces grands seigneurs qu'on accuse d'égoïsme et d'ingratitude! Allons, puisque vous l'exigez, nous ferons quelque chose pour le hussard. D'ailleurs, nous dirons cela en plein tribunal; pour peu que notre avocat sache en tirer parti, ça produira un bon effet sur l'esprit des juges.

A ces mots, M. Des Tournelles, ayant demandé quelques instans de réflexion pour trouver, ainsi qu'il l'avait dit lui-même, le défaut de la loi, parut encore une fois s'abîmer dans une méditation profonde. Au bout de dix minutes, il en sortit radieux, le visage épanoui et la bouche souriante : ce que voyant, M. de La Seiglière ressentit la joie d'un homme qui, sous le coup d'un arrêt de mort, s'entend condamner aux galères à perpétuité.

— Eh bien! monsieur? demanda-t-il.

— Eh bien! monsieur le marquis, répondit M. Des Tournelles en prenant tout d'un coup un air piteux et consterné, vous êtes perdu, perdu sans ressource, perdu sans espoir. Tout considéré, tout pesé, tout calculé, plaider serait un pas de clerc : vous y compromettriez votre réputation sans y sauver votre fortune. Je me ferais fort de tourner la loi et de vous arracher aux étreintes de l'article 960 du chapitre des donations; avec le code, il y a toujours moyen de s'arranger. Malheureusement, les termes de l'acte qui vous a réintégré dans vos biens sont trop nets, trop précis et trop explicites, pour qu'il soit permis, avec la meilleure volonté du monde, d'en altérer et d'en dénaturer le sens; un avoué lui-même y perdrait sa peine et son temps. Le vieux Stamply ne vous a fait don de sa fortune qu'avec la conviction que son fils était mort; le fils vit : donc, le père ne vous a rien donné. Tirez-vous de là. — Mais je voudrais bien savoir, s'écria-t-il d'un air vainqueur, pourquoi nous nous amusons, vous et moi, à chercher si loin un dénouement fâcheux, s'il n'était impossible, lorsque nous en avons un là, tout près, sous la main, honorable autant qu'infaillible. Pour peu que vous possédiez nos auteurs comiques, vous n'êtes pas sans avoir remarqué sans doute que toutes les comédies finissent par un mariage, si bien qu'il semble que le mariage ait été spécialement institué pour l'agrément et pour l'utilité des poètes. Le mariage, monsieur le marquis! c'est le grand ressort, c'est le *Deus ex machinâ*, c'est l'épée d'Alexandre tranchant le nœud gordien. Voyez Molière, voyez Regnard, voyez-les tous : comment sortiraient-ils de leurs inventions, s'ils n'en sortaient par un mariage? Dans toutes les comédies, qui rapproche les familles divisées? qui termine les différends? qui clôt les procès, éteint les haines, met fin aux amours?

Le mariage, toujours le mariage. Eh! vertu-dieu! s'il est vrai que le
théâtre soit la peinture et l'expression de la vie réelle, qui nous empêche, nous aussi, de finir par un mariage? Mlle de La Seiglière est
jeune, on la dit charmante; de son côté, M. Bernard est jeune encore,
et, dit-on, passablement tourné. Mariez-moi ces deux jeunesses :
Molière lui-même, à cette aventure, n'eût pas cherché un autre dénouement.

A ces mots, malgré la gravité de la situation, le marquis fut pris
d'un tel accès d'hilarité, qu'il resta près de cinq minutes à se tenir les
côtes et à se tordre dans son fauteuil en riant aux éclats.

— Par Dieu! monsieur, s'écria-t-il enfin, depuis deux heures que
vous me tenez sur la sellette, vous me deviez ce petit dédommagement.
Répétez-moi cela, je vous prie.

— J'ai l'honneur de vous répéter, monsieur le marquis, repartit
le malin vieillard avec un imperturbable sang-froid, que le seul moyen
de concilier en cette affaire le soin de votre réputation et celui de vos
intérêts est d'offrir Mlle de La Seiglière en mariage au fils de votre
ancien fermier.

Pour le coup, le marquis n'y tint plus. Il se renversa sur son fauteuil, se leva, fit deux fois le tour de la chambre, et vint se rasseoir, en
proie aux convulsions de ce rire maladif qu'excite le chatouillement.
Quand il se fut un peu calmé :

— Monsieur, s'écria-t-il, on m'avait bien dit que vous étiez un habile homme, mais j'étais loin de vous soupçonner de cette force-là.
Ventre-saint-gris! comme vous y allez! Quel coup d'œil prompt et
sûr! quelle façon d'arranger les choses! Pour en être, à votre âge,
arrivé à ce point de savoir et d'érudition, il faut qu'on vous ait envoyé bien jeune à l'école. Monsieur votre père était sans doute procu-
reur. Vous auriez rendu des points à Bartole, et maître Cujas n'eût pas
été digne de serrer le nœud de votre catogan. Vive Dieu! quel puits
de science! Mme Des Tournelles, quand vous la promenez le dimanche
à Blossac, doit porter un peu haut la tête. — Monsieur le jurisconsulte,
ajouta-t-il en changeant brusquement de ton, vous avez oublié que je
vous ai fait appeler pour vous demander une consultation, et non pas
un conseil.

— Mon Dieu! monsieur le marquis, reprit sans s'émouvoir M. Des
Tournelles, je comprends parfaitement qu'une pareille proposition
révolte vos nobles instincts. Je me mets à votre place; j'accepte toutes
vos répugnances, j'épouse toutes vos rébellions. Cependant, pour peu

que vous daigniez y réfléchir, vous comprendrez à votre tour qu'il est
des nécessités auxquelles l'orgueil le plus légitime est obligé parfois
de se plier.

— Brisons là, monsieur, dit le marquis d'un ton sévère qui n'admettait pas de réplique, ce qui n'empêcha pas le vieux fourbe de répliquer.

— Monsieur le marquis, reprit-il avec fermeté, le sincère intérêt,
les vives sympathies que m'inspire votre position, le respectueux attachement que j'ai voué de tout temps à votre illustre famille, la franchise et la loyauté bien connues de mon caractère, tout me fait une
loi d'insister; j'insisterai, dussé-je, pour prix de mon dévouement, encourir vos railleries ou votre colère. Je suppose qu'un jour le pied
vous manque et que vous tombiez dans le Clain : ne serait-il pas criminel devant Dieu et devant les hommes, celui qui, pouvant vous
sauver, ne vous tendrait pas une main secourable? Eh bien! vous êtes
tombé dans un gouffre cent fois plus profond que le lit de notre
rivière, et je croirais faillir à tous mes devoirs, si je n'employais, au
risque de vous blesser et de vous meurtrir, tous les moyens humainement possibles pour essayer de vous en arracher.

— Eh! monsieur, s'écria le marquis, si c'est leur bon plaisir, laissez
les gens se noyer en paix. Mieux vaut se noyer proprement dans une
eau pure et transparente que de se retenir au déshonneur et de se
cramponner à la honte.

— Ces sentimens vous honorent; je reconnais là le digne héritier
d'une race de preux. Je crains seulement que vous ne vous exagériez
les dangers d'une mésalliance. Il faut bien reconnaître qu'à tort ou à
raison, les idées se sont singulièrement modifiées là-dessus. Monsieur
le marquis, les temps sont durs. Quoique restaurée, la noblesse s'en
va; sous le factice éclat qu'on vient de lui rendre, elle a déjà la mélancolie d'un astre qui pâlit et décline. J'ai la conviction qu'elle ne
pourra retrouver son antique splendeur qu'en se retrempant dans la
démocratie, qui déborde de toutes parts. J'ai mûrement réfléchi sur
notre avenir, car, moi aussi, je suis gentilhomme, et ce qui prouve à
quel point je suis pénétré de la nécessité où nous sommes de nous
allier à la canaille, c'est que je me suis résigné tout récemment à
marier ma fille aînée à un huissier. Que voulez-vous? Il en est aujourd'hui de l'aristocratie comme de ces métaux précieux qui ne peuvent
se solidifier qu'en se combinant avec un grain d'alliage. Dans notre
époque, une mésalliance n'est autre chose qu'un pare-à-tonnerre.

Déroger, c'est prendre un point d'appui, c'est se prémunir contre la tempête. Il se prépare à cette heure un jeu de bascule curieux à observer : avant qu'il soit vingt ans, le gentilhomme bourgeois aura remplacé le bourgeois gentilhomme. Voulez-vous, monsieur le marquis, connaître toute ma pensée?

— Je n'y tiens pas, dit le marquis.

— Je vais donc vous la dire, reprit avec assurance l'abominable petit vieillard. Grace à votre grand nom, à votre grande fortune, à votre grand esprit, grace enfin à vos grandes manières, il se trouve naturellement que vous êtes peu aimé dans le pays. Vous avez des ennemis : quel homme supérieur n'en a pas? Plaignons l'être assez déshérité de la terre et du ciel pour n'en point avoir au moins deux ou trois. A ce compte, vous en avez beaucoup; pourrait-il en être autrement? Vous n'êtes pas populaire : quoi de plus simple, la popularité n'étant en toutes choses que le cachet de la sottise et la couronne de la médiocrité? Bref, vous avez l'honneur d'être haï.

— Monsieur!...

— Trêve de modestie! on vous hait. Vous servez de point de mire aux boulets ramés d'un parti cauteleux dont l'audace grandit chaque jour, et qui menace de bientôt devenir la majorité de la nation. Je me garderai bien de vous rapporter les basses calomnies que ce parti sans foi ni loi ne se lasse point de répandre, comme un venin, sur votre noble vie. Je sais trop quel respect vous est dû pour que je consente jamais à me faire l'écho de ces lâches et méchans propos. On vous blâme hautement d'avoir déserté la patrie au moment où la patrie était en danger; on vous accuse d'avoir porté les armes contre la France.

— Monsieur, répliqua M. de La Seiglière avec une vertueuse indignation, je n'ai jamais porté les armes contre personne.

— Je le crois, monsieur le marquis, j'en suis sûr; tous les honnêtes gens en sont convaincus comme moi; malheureusement les libéraux ne respectent rien, et les honnêtes gens sont rares. On se plaît à vous signaler comme un ennemi des libertés publiques; le bruit court que vous détestez la charte; on insinue que vous tendez à rétablir dans vos domaines la dîme, la corvée et quelque autre droit du seigneur. On assure que vous avez écrit à sa majesté Louis XVIII pour lui conseiller d'entrer dans la chambre des députés éperonné, botté, le fouet au poing, comme Louis XIV dans son parlement; on affirme que vous fêtez chaque année le jour anniversaire de la bataille de Waterloo;

on vous soupçonne d'être affilié à la congrégation des jésuites; enfin on va jusqu'à dire que vous insultez ostensiblement à la gloire de nos armées en attachant chaque jour à la queue de votre cheval une rosette tricolore. Ce n'est pas tout, car la calomnie ne s'arrête pas en si beau chemin : on prétend que le vieux Stamply a été victime d'une captation indigne, et que, pour prix de ses bienfaits, vous l'avez laissé mourir de chagrin. Je ne voudrais pas vous effrayer; cependant je dois vous avouer qu'au point où en sont les choses, si une seconde révolution éclatait, et Dieu seul peut savoir ce que l'avenir nous réserve, il faudrait encore une fois vous empresser de fuir, sinon, monsieur le marquis, je ne répondrais pas de votre tête.

— Savez-vous bien, monsieur, que c'est une infamie? s'écria M. de La Seiglière, à qui les paroles du satanique vieillard venaient de mettre la puce à l'oreille; savez-vous que ces libéraux sont d'affreux coquins? Moi, l'ennemi des libertés publiques! Je les adore, les libertés publiques; et comment m'y prendrais-je pour détester la charte? je ne la connais pas. Les jésuites! mais, ventre-saint-gris! je n'en vis jamais la queue d'un. Le reste à l'avenant; je ne daignerai pas répondre à des accusations qui partent de si bas. Quant à une seconde révolution, ajouta gaiement le marquis comme les poltrons qui chantent pour se rassurer, j'imagine, monsieur, que vous voulez rire.

— Vertu-dieu! monsieur, je ne ris point, répliqua vivement M. Des Tournelles. L'avenir est gros de tempêtes; le ciel est chargé de nuages livides; les passions politiques s'agitent sourdement; le sol est miné sous nos pas. En vérité, je vous le dis, si vous ne voulez être surpris par l'ouragan, veillez, veillez sans cesse, prêtez l'oreille à tous les bruits, soyez nuit et jour sur vos gardes, n'ayez ni repos, ni trêve, ni répit, et puis tenez vos malles prêtes, afin de n'avoir plus qu'à les fermer au premier coup de tonnerre qui partira de l'horizon.

M. de La Seiglière pâlit, et regarda M. Des Tournelles avec épouvante. Après avoir joui quelques instants de l'effroi qu'il venait de jeter dans le cœur de l'infortuné :

— Sentez-vous maintenant, monsieur le marquis, l'opportunité d'une mésalliance? Commencez-vous d'entrevoir qu'un mariage entre le fils Stamply et Mlle de La Seiglière serait, de votre part, un acte de politique haute et profonde? Comprenez-vous qu'ainsi faisant, vous changez la face des choses? On vous soupçonne de haïr le peuple; vous donnez votre fille au fils d'un paysan. On vous signale comme un ennemi de notre jeune gloire; vous adoptez un enfant de l'empire. On

vous accuse d'ingratitude; vous mêlez votre sang à celui de votre bienfaiteur. Ainsi, vous confondez la calomnie, vous désarmez l'envie,
vous ralliez à vous l'opinion, vous vous créez des alliances dans un
parti qui veut votre ruine, vous assurez contre la foudre votre tête
et votre fortune; enfin, vous achevez de vieillir au sein du luxe
et de l'opulence, heureux, tranquille, honoré, à l'abri des révolutions.

— Monsieur, dit le marquis avec dignité, s'il en est besoin, ma fille
et moi, nous monterons sur l'échafaud. On peut répandre notre sang;
mais on ne le souillera pas, tant qu'il coulera dans nos veines. Nous
sommes prêts; la noblesse de France a prouvé, Dieu merci! qu'elle
savait mourir.

— Mourir n'est rien, vivre est moins facile. Si l'échafaud était
dressé à votre porte, je vous prendrais par la main et vous dirais :
Montez au ciel! mais d'ici là, monsieur le marquis, que de mauvais
jours à passer! Songez...

— Pas un mot de plus, je vous prie, dit M. de La Seiglière en
tirant du gousset de sa culotte de satin noir une petite bourse de filet
qu'il glissa furtivement entre les doigts de M. Des Tournelles. — Vous
m'avez singulièrement diverti, ajouta le marquis; il y a long-temps
que je n'avais ri de si bon cœur.

— Monsieur le marquis, répliqua M. Des Tournelles en laissant
tomber négligemment la bourse sur le parquet, je suis suffisamment
récompensé par l'honneur que vous m'avez fait en me jugeant digne
de votre confiance; d'ailleurs, s'il est vrai que j'aie réussi à vous faire
rire dans la position où vous êtes, c'est mon triomphe le plus beau,
et je reste votre obligé. Toutes les fois qu'il vous plaira de recourir à
mes faibles lumières, sur un mot de vous je viendrai, trop heureux
si, comme aujourd'hui, je puis faire descendre dans votre esprit
quelque confiance et quelque sérénité.

— Vous êtes trop bon mille fois.

— Comment donc! vous avez beau ne plus être ici chez vous, et
n'avoir désormais en propre ni château, ni parc, ni forêt, ni domaine,
pas même un pauvre coin de terre à vous où vous puissiez dresser
votre tente, vous êtes encore et serez toujours pour moi le marquis
de La Seiglière, plus grand peut-être dans l'infortune que vous ne
le fûtes jamais au faîte de la prospérité. Je suis fait ainsi; l'infortune
me séduit, l'adversité m'attire. Si mes opinions politiques me l'avaient
permis, j'aurais accompagné Napoléon à Sainte-Hélène. Veuillez

croire que mon dévouement et mon respect vous suivront partout, et que vous trouverez en moi un fidèle courtisan du malheur.

— De votre côté, monsieur, soyez persuadé que votre respect et votre dévouement me seront d'un bien précieux secours et d'une bien douce consolation, répondit le marquis en tirant le cordon d'une sonnette.

M. Des Tournelles s'était levé. Près de se retirer, il s'arrêta à promener autour de lui un regard complaisant et à considérer dans tous ses détails le luxe de l'appartement où il se trouvait.

— Séjour délicieux! réduit enchanté! murmura-t-il comme en se parlant à lui-même. Tapis d'Aubusson, damas de Gênes, porcelaine de Saxe, meubles de Boule, cristaux de Bohême, tableaux de prix, objets d'art, fantaisies charmantes... Monsieur le marquis, vous êtes ici comme un roi. Et ce parc! c'est un bois, ajouta-t-il en s'approchant d'une croisée. Vous devez, au printemps, du coin de votre feu, entendre chanter la nuit le rossignol.

En cet instant, la porte du salon s'ouvrit, et un valet parut sur le seuil.

— Jasmin, dit M. de La Seiglière en poussant du pied la bourse qui gisait encore sur le tapis et laissait voir le jaune métal, reluisant à travers les mailles du filet comme les écailles d'un poisson doré, ramassez ceci; c'est un présent que vous fait M. Des Tournelles. Adieu, monsieur Des Tournelles, adieu. Mes complimens à votre épouse. Jasmin, reconduisez monsieur; vous lui devez une politesse.

Cela dit, il tourna le dos sans plus de façon, s'enfonça sous un double rideau dans l'embrasure d'une fenêtre, et colla son front sur la vitre. Il croyait déjà le Des Tournelles hors du château, quand tout d'un coup l'exécrable vieillard, qui s'était glissé comme un aspic, se dressa sur la pointe des pieds, et la bouche à fleur d'oreille :

— Monsieur le marquis... dit-il à demi-voix et d'un air mystérieux.

— Comment, s'écria M. de La Seiglière en se retournant brusquement, monsieur, c'est encore vous!

— Un dernier avis, il est bon. Le cas est grave : voulez-vous en sortir? mariez votre fille à Bernard.

Là-dessus, envoyé par le marquis à tous les diables, M. Des Tournelles fit volte-face, et suivi de Jasmin, qui se confondait en salutations, la canne sous le bras, souriant et se frottant les mains, il s'esquiva, joyeux comme une fouine qui sort d'un poulailler enivrée de carnage et se pourléchant les babines.

Ainsi, tout en ayant l'air de n'y pas toucher ou de n'y toucher que pour les guérir, le Des Tournelles n'avait fait qu'envenimer et mettre à vif les blessures de sa victime; ainsi M. de La Seiglière, qui aupara- vant se sentait déjà bien malade, venait d'acquérir la certitude que sa maladie était mortelle et qu'il n'en reviendrait pas. Tel fut le beau résultat de cette consultation mémorable : un marquis se noyait; un jurisconsulte qui passait par là lui prouva qu'il était perdu et lui mit une pierre au cou, après l'avoir durant deux heures, sous prétexte de le sauver, traîné et roulé dans la vase.

Or, le cœur du marquis n'était pas le seul tourmenté dans la vallée du Clain. Sans parler de Mme de Vaubert, qui n'était pas précisément rassurée sur le dénouement de son entreprise, Hélène et Bernard avaient, chacun de son côté, perdu le repos et la sérénité de leur ame. Depuis long-temps déjà, Mlle de La Seiglière s'interrogeait avec inquié- tude. Pourquoi dans aucune de ses lettres à M. de Vaubert n'avait-elle osé parler de la présence de Bernard? Sans doute elle avait craint de s'attirer les railleries du jeune baron, qui n'avait jamais pu tolérer le vieux Stamply; mais pourquoi vis-à-vis de Bernard, toutes les fois qu'il s'était agi du fils de la baronne, n'avait-elle jamais osé parler de son union prochaine avec lui? Parfois il lui semblait qu'elle les trompait l'un et l'autre. D'où venait ce vague effroi ou cette morne indiffé- rence qu'elle ressentait depuis quelque temps à la pensée du retonr de Raoul? D'où venait aussi que ses lettres qui l'avaient distraite d'a- bord, sinon charmée, ne lui apportaient plus qu'un profond et mortel ennui? D'où venait enfin le sentiment de lassitude qui l'accablait chaque fois qù'il fallait y répondre? A toutes ces questions, sa raison s'égarait. Ce n'était pas seulement ce qui se passait en elle qui la trou- blait ainsi; elle comprenait instinctivement qu'il s'agitait autour d'elle quelque chose d'équivoque et de mystérieux. La tristesse de son père, le brusque éloignement de Raoul, son absence prolongée, l'attitude de la baronne, tout alarmait cette conscience timorée qu'un souffle au- rait suffi à ternir. L'éclat de ses joues pâlit : ses beaux yeux se cernè- rent; son aimable humeur s'altéra. Pour s'expliquer le trouble et le malaise qu'elle éprouvait auprès de Bernard, elle s'efforça de le haïr; elle reconnut que c'était depuis l'arrivée de cet étranger qu'elle avait perdu le calme et la limpidité de ses jeunes années; elle l'accusa dans son cœur d'accepter trop humblement l'hospitalité d'une famille que son père avait dépouillée; elle se dit qu'il aurait pu chercher un plus noble emploi de son courage et de sa jeunesse, et regretta de ne lui point voir plus d'orgueil et de dignité. Puis, se rattachant à M. de Vaubert de toutes ses forces et de tout son courage, prenant ainsi sa conscience pour de l'amour et son amour pour de la haine, elle s'éloigna peu à peu de Bernard, renonça aux promenades dans le parc, cessa de paraître au salon, et vécut retirée dans son appartement. Réduit à l'intimité du marquis et de la baronne, depuis que Mlle de La Seiglière n'était plus là pour couvrir de sa candeur, de son innocence et de sa beauté les ruses et les intrigues dont il avait été le jouet, Bernard devint sombre, bizarre, irrascible, et c'est alors que le marquis, par une résolution qui mériterait d'être couverte de toutes les épithètes qu'entasse pêle-mêle Mme de Sévigné à propos du mariage d'une petite-fille d'Henri IV avec un cadet de Gascogne, se décida brusquement à passer sous les fourches caudines que M. Des Tournelles lui avait indiquées comme la seule voie de salut qui lui restât en ce bas monde.

JULES SANDEAU.

(*La fin au prochain n°.*)

REVUE LITTÉRAIRE.

Si les études historiques sont tant en faveur, ce n'est pas que nous soyons en quête de leçons, et bien désireux de demander conseil aux générations disparues; ce n'est pas non plus par un mouvement de piété filiale que nous nous jetons avec empressement sur les traces des ancêtres, et que nous nous plaisons à les suivre pas à pas, *insistere vestigiis*. Nous sommes trop orgueilleux pour chercher des conseils ou des leçons ailleurs qu'en nous-mêmes, et nous ne sommes pas assez pieux pour aller nous agenouiller dévotement sur des tombeaux. Aujourd'hui, on ne consulte pas l'histoire comme on allait consulter l'oracle, et l'on ne remonte pas vers le passé comme on fait un pèlerinage à la Mecque. Le plus grand nombre de ceux qui se poussent vers les études historiques, et encombrent maintenant des avenues naguère assez peu fréquentées, obéissent plutôt à un besoin de l'esprit qu'à un instinct du cœur, plutôt à une vocation littéraire qu'à un sentiment religieux ou à une passion philosophique. On a beau avoir proclamé de toutes parts l'avènement de la philosophie de l'histoire, arboré haut ce pavillon, inscrit la devise sur toutes les banderoles; dès qu'on aborde les travailleurs l'un après l'autre, on aperçoit beaucoup plus d'érudits et de peintres que de philosophes et d'hommes d'état.

Est-ce un grand mal? je crois le contraire. A moins d'être un de ces talens souverains qui savent tout ramener à un centre commun avec une irrésistible puissance, qui rayonnent naturellement et jettent de la lumière sur tout ce qu'ils touchent, même en suivant un faux système, car leurs erreurs sont des coups d'audace du génie où il y a encore à profiter; à moins d'être un de ces hommes privilégiés, il vaut mieux être un simple historien qui se borne à bien voir et à bien peindre. En histoire, avec des prétentions philosophiques, si vous n'êtes pas un grand philosophe, il y a à parier que vous serez un pauvre sophiste, et que vous offrirez le triste spectacle d'un écrivain de parti pris, qui, d'une main cruelle et maladroite, torture et déchire les entrailles du passé pour en extraire son système, mort ou vivant. Je n'ignore pas qu'un simple érudit peut être un sophiste, et un peintre de genre, un charlatan : je n'ai qu'à ouvrir les yeux pour m'en convaincre. Il est certain cependant qu'avec la prétention philosophique de moins, on a plus de chances d'être impartial et de bonne foi. N'est-il pas vrai d'ailleurs que, plus que tout le reste, le goût de l'érudition et l'amour de la couleur invitent à remonter aux sources ? Or, comme la divinité du fleuve, la vérité historique réside à sa source; là seulement on peut la poursuivre avec l'espoir de l'atteindre. Si le siècle dernier l'a laissé échapper tant de fois, c'est qu'il ne voulait pas remonter assez haut, et qu'il croyait pouvoir la saisir au passage. Aujourd'hui, sous ce rapport, le progrès est évident, et notre supériorité incontestable. Le moindre historien s'arme de courage, et, prenant son urne d'argile, va la remplir à la source bouillonnante, tandis que Voltaire se contentait souvent d'aller remplir la sienne à la fontaine du coin.

M. Audin, auteur d'une *Histoire de Léon X,* n'a pas voulu se soustraire aux nécessités de son temps, et ce n'est qu'après avoir remué beaucoup de documens et visité la plupart des bibliothèques d'Italie qu'il a écrit son livre. Ce que nous venons de dire de l'absence ordinaire, chez nos historiens, de la préoccupation philosophique ou religieuse, ne s'applique pas précisément à M. Audin. L'auteur de *Léon X* professe des croyances religieuses, il le dit hautement; mais c'est un esprit honnête et modéré, incapable d'emportemens à la de Maistre où d'une pieuse fraude. Dès qu'il serait tenté d'aller trop loin, une sentinelle crie holà! c'est sa conscience. Son livre est donc un livre sincère; s'il n'est pas meilleur, s'il est médiocre, ce n'est pas la faute de l'écrivain, qui a fait évidemment de son mieux.

Après avoir tracé l'histoire de *Luther* et celle de *Calvin,* M. Audin arrivait naturellement à Léon X. Ce sont là de bien grands sujets, Rome et la réforme, l'Italie et la renaissance, et qui doivent écraser l'historien, s'il n'est pas doué de qualités hautes et rares; il faut qu'il sache comprendre au même degré l'art et la politique, Machiavel et Michel Ange, les Médicis et l'Arioste, Guichardin comme Saint-Pierre de Rome et la Transfiguration. L'esprit humain est à un de ses plus heureux momens : le génie surgit de tous côtés, et le soleil de l'Italie éclaire pour la seconde fois une moisson de chefs-d'œuvre. D'autre part, toute la politique de l'Europe est en feu, et jamais plus mémorables intérêts ne turent agités dans le monde. Il faut donc, pour que le tableau soit complet, que l'historien puisse déployer toutes les magnificences de l'art et de la poésie, pénétrer en même temps les ruses de la

politique, et commenter les hasards de la guerre. Ce n'est pas tout encore :
il faut qu'il ait un coup d'œil qui domine l'ensemble, et une main qui imprime l'unité.

M. Audin a souvent péché par le détail et surtout par l'ensemble : son livre
manque complètement d'unité; on dirait une suite de biographies peu habilement liées entre elles. Encore, si chaque biographie en particulier offrait
des choses nouvelles, un document inconnu, la moindre perle long-temps
enfouie et enfin retrouvée, ou un jugement original, un mot qui reste dans
la mémoire! Il n'en est pas ainsi malheureusement; M. Audin n'écrit que des
lieux communs assez élégans sur Paul Jove, Guichardin; il est faible sur l'A-
rioste, et en général ses jugemens littéraires sont du Ginguené en raccourci.
— Il n'y a que deux bonnes manières d'écrire la biographie : il est permis
d'être long, à la condition d'être instructif, ou bref, à la condition d'être original; mais si vous êtes abondant sans faits nouveaux, ou concentré sans
frapper fort, vous n'aurez pas le prix du genre. Or, M. Audin est à la fois
concis et commun, on ne peut s'empêcher de le lui dire tout en le louant
d'être équitable. Il ne l'est pas toujours pourtant; ainsi, à l'égard de Machiavel, il est d'une sévérité qui est voisine de l'injustice. Tout le monde connaît cette lettre si souvent citée où Machiavel, exilé des affaires et pauvre,
raconte sa vie et ses travaux à la campagne. Peut-on lire sans émotion cette
page où l'homme de génie, écrasé par les circonstances, raconte sa chasse
aux grives, ses conversations au cabaret avec des meuniers et des charbon-
niers, et, le soir, ses graves entretiens avec les grands hommes de l'antiquité? Il sourit d'abord au récit de ses misères; mais, à la fin, il laisse
échapper un cri, il étouffe, il demande de l'air; l'oisiveté le tue. Qu'on m'emploie, s'écrie-t-il, dût-on m'employer à retourner des pierres! Ce cri de désespoir poussé par un homme de génie qui sent sa force et qui se consume dans
l'abandon et l'oubli, M. Audin ne le comprend pas et le flétrit amèrement. Il
n'a pas d'expressions assez dures pour stigmatiser l'obséquiosité de ce courtisan! Une rencontre ne lui suffit pas pour exhaler sa colère; il redouble
dans un autre endroit du livre, et termine sa violente sortie par ces mots :
« Le génie commet des fautes que le simple bon sens sait éviter. C'est que le
génie n'est peut-être que de la folie. » Cette dernière pensée n'est pas d'un
esprit sérieux.

Le style de M. Audin est ce qu'il y a de moins défectueux dans l'ouvrage;
sans être original ni saisissant, il est parfois coloré et le plus souvent correct. Le défaut capital, j'y reviens, après le manque de nouveauté, c'est le
défaut d'ensemble. Le point de soudure n'existe nulle part, et quand une
chose vient en sa véritable place, c'est par hasard. L'auteur commence une
biographie, l'abandonne, la reprend; il anticipe sur les évènemens, revient
sur ses pas, et cela sans motif. On marche par soubresauts dans ce livre, et
on aura une idée du décousu qui règne dans ces douze cents pages sur Léon X,
lorsqu'on saura que le dernier chapitre de l'ouvrage est intitulé : *L'Homme
intime*, c'est-à-dire que la figure qui devait dominer de haut l'œuvre entière

arrive à la fin et comme par grace. Évidemment M. Audin ne possède pas
la science de la composition, il est tombé dans le défaut d'un intendant
peu habile qui, dans un repas où figureraient d'ailleurs d'assez bons mets,
servirait d'abord le dessert.

La réforme et la renaissance attendent encore leur historien. Les essais
estimables de M. Audin sont loin d'être un dernier mot sur ces deux éclatantes periodes, et les concurrens ne doivent pas être désarmés du coup.
En voici déjà un qui se présente. A la vérité celui-ci est aguerri de longue
main, il n'est pas facile à intimider, d'autant que je le soupçonne de s'avancer à la légère, de se faire volontiers illusion sur les obstacles, et de ne pas
avoir l'idée du danger; il entre dans l'histoire comme dans ses domaines, et,
quelles que soient les difficultés qu'il rencontre sur sa route, il va un train
de prince, sans s'arrêter, s'inquiétant peu des accidens; on ne sera pas étonné
de ce que j'en dis quand j'aurai nommé M. Capefigue. Cela devait arriver :
toute l'histoire de France y passera; bientôt même le monument va être
complet et dans de vastes proportions. Sera-t-il aussi durable que colossal ?
Je le souhaite et n'ose l'espérer en présence du jugement que porte M. Capefigue dans sa préface sur M. Gaillard, son devancier, *dont les volumes
enflés ne contiennent rien que quelques réflexions boursouflées dans le beau
style du temps.*

François Ier et la Renaissance, tel est le titre de la nouvelle production
de M. Capefigue. Les évènemens qui, dans la première partie de l'ouvrage,
se déroulent sous la plume de l'infatigable improvisateur, sont les mêmes
qu'a retracés M. Audin; seulement, l'un voit de Paris, l'autre voit de Rome.
Dans le concert que le premier nous a donné, c'est Léon X qui est le chef
d'orchestre, et dans le concert du second, c'est François Ier qui tient la baguette. A cette différence près, le sujet est le même dès le début, car toute
l'Europe alors se mêle, s'entrechoque, tout mouvement est électrique; ce
qui éclate ici retentit partout, et l'écrivain, pour peu qu'il veuille pénétrer la
raison des choses, est forcé d'avoir l'œil en même temps sur l'Espagne,
l'Italie, l'Allemagne, la France et l'Angleterre. Léon X, Charles-Quint,
Maximilien, Henri VIII, François Ier, jouent dans le même drame, sont les
héros d'une même pièce; ils valent et s'expliquent l'un par l'autre, de telle
sorte que le peintre qui fait le portrait d'un de ces personnages doit, pour la
ressemblance, lui donner tous les autres pour galerie. M. Capefigue s'est
donc trouvé au milieu des mêmes hommes et des mêmes péripéties que l'auteur de *Léon X;* il a jugé à propos de s'en tirer autrement que lui : a-t-il
mieux fait? Après avoir constaté un échec, avons-nous à enregistrer une
victoire?

Certes, je ne veux pas diminuer M. Capefigue, et je ne suis pas de ceux,
—il y en a, et des meilleurs,—qui ne lui reconnaissent aucune qualité; mais
j'aurais été fort surpris qu'il nous eût donné un vrai tableau de la renaissance, au lieu d'une esquisse superficielle et incomplète. Il ne suffit pas,
pour être un historien irréprochable, d'avoir visité les archives d'Augsbourg,

de Vienne, de Munich, de Venise, de Florence, de Gênes, de Milan, du Va-
tican, comme on s'en vante avec complaisance, et de jeter sur le tapis quelque petit document, ce qui est bien peu après tant de voyages et de fatigues.
Il ne suffit pas non plus d'avoir visité, pour votre plaisir, les champs de bataille
d'Italie et d'Allemagne; je ne vous demande qu'une chose, c'est de les décrire
de telle façon que je ne les oublie pas. Or, les descriptions de M. Capefigue
sont diffuses et chargées, comme son récit est prolixe et prétentieux. Et comment posséderait-il un bon style? Quand on improvise avec un tel abandon,
quand les volumes naissent des volumes avec une si prodigieuse rapidité, on
doit écrire sans goût, à moins qu'on n'ait un goût infaillible : on doit avoir la
phrase ambitieuse, pléthorique ou triviale, à moins qu'on n'ait la phrase
toujours limpide de Voltaire; mais Voltaire n'eût pas écrit que Monstrelet et
Juvénal des Ursins *étaient des penseurs à travers la robe naïve de leurs*
impressions. La *robe naïve des impressions* n'est peut-être pas tout-à-fait
du style historique, ni d'aucun style, c'est peut-être du jargon, comme *Milan
qui est une escarboucle*, et bien d'autres définitions aussi simples et aussi
claires. On pourrait, à la rigueur, pour ne pas se montrer trop puriste, pardonner à M. Capefigue toutes ces vétilles, s'il rachetait les défectuosités de
détail par la profondeur et la nouveauté des vues, et s'il éclairait d'une lumière inattendue le règne fécond de ce François Ier, qui ressemble à un grand
roi, quoiqu'il n'eût que d'heureux instincts sans hautes pensées. M. Capefigue
ne rachète pas le détail par l'ensemble, tant s'en faut, et je ne puis mieux
comparer son livre qu'à une *dictée* qui porte à chaque ligne les traces de la
précipitation, et qui attend un second travail qui fera disparaître les mutilations du style et de la pensée. Il y a pourtant plus d'une page d'une touche
assez brillante, et ces quatre volumes, malgré les observations qui précèdent,
sont peut-être ce que l'auteur a écrit de moins incomplet dans ces dernières
années. Il y aurait donc progrès; pourquoi pas ? M. Capefigue nous apprend
dans sa préface qu'il ne sépare pas dans ses études Guichardin et Tacite. Il
les lit donc ! Qu'il les lise davantage, qu'il sache retirer un meilleur profit
de leur commerce, et qu'on ne puisse pas douter, à son prochain livre, qu'il
hante une aussi bonne et aussi illustre compagnie. Jusqu'ici, le doute sur ce
point était presque autorisé.

Si je m'écoutais, je ne laisserais pas ainsi le livre de M. Capefigue; je me
promènerais à plaisir autour de François Ier; je le suivrais volontiers à Pavie,
où, il y a quelques années, comme M. Capefigue, j'ai cherché ses traces;
j'arrêterais au passage la reine de Navarre et Amyot, Le Primatice et Léonard de Vinci; je saluerais mon compatriote Marot : mais le temps me presse,
je me sauve; un paquebot m'attend, je pars; nous perdons de vue les côtes
de France, et nous voici en Angleterre. Je prends un bon guide : c'est le livre
d'un homme qui a su voir, juger; qui regarde les choses de près, y met le
temps; et comme il se souvient à merveille, il raconte tout *in extenso*, il veut
que le lecteur touche le moindre détail du doigt. Les souvenirs du *Voyageur
solitaire* sont pleins de faits, de renseignemens curieux, sans compter les

réflexions judicieuses que l'auteur sème à propos et avec un certain charme, quoiqu'il ne se pique pas d'être un écrivain de profession, ni même un bon écrivain. Institutions, finances, commerce, marine, état militaire, rien n'est omis. Les mouvemens du port de Londres, les richesse de la compagnie des Indes, les usages de la Cité, les clubs, les *meetings*, John Bull, jusqu'aux cottages, on trouve tout dans les deux volumes du *Voyageur solitaire*, et les renseignemens exacts sont toujours précédés ou accompagnés d'idées utiles, sérieuses, qui laissent deviner un esprit pratique, un homme qui sans doute a touché de près aux affaires. Les journaux, comme on le pense, occupent une place dans les souvenirs du *Voyageur*, et ce que je remarque surtout dans ce tableau de la presse britannique, c'est qu'il y a des journaux qui ne vivent qu'en spéculant sur le scandale. A notre honneur, pareille chose n'existe pas encore chez nous, et si quelques tentatives ont été faites en ce genre, elles sont bientôt tombées sous le mépris public. A Londres, une feuille a osé s'intituler *Criminal conversations Gazette;* elle met à prix ses services; elle parle ou se tait pour de l'argent, et pour dix guinées déshonore une femme et trouble à jamais le repos d'un honnête homme. On se souvient que M. Bulwer a mis en scène, sous le nom de *Sneak* (reptile), un folliculaire de cette trempe. Par bonheur, ces forbans sont rares parmi les sept cents journalistes qui fleurissent sur le pavé de Londres, et dont un grand nombre, dit notre guide, ne savent pas la veille pour quelle entreprise ils travailleront le lendemain, absolument comme nos romanciers-feuilletonistes. En attendant, l'Angleterre est à son apogée; l'industrie y multiplie ses prodiges, la puissance matérielle de l'homme y atteint ses dernières limites, et s'y développe dans des proportions inconnues. Jamais on n'assista à un plus étonnant spectacle; mais il me semble cependant que ce spectacle, qui frappe et captive d'abord, doit finir par attrister, et qu'après avoir vu un peuple qui se rue sur le monde extérieur et borne ses triomphes à se jouer de la matière, on doit être heureux de rencontrer sur ses pas quelque touchant exemple de vie intime et de grandeur morale.

La grandeur morale! il ne faut pas la chercher autour de nous; nous courrions risque de ne pas la trouver, car tout se rapetisse étrangement. Pour rencontrer les ames fortes et grandes unies à de hautes intelligences, il faut remonter d'un siècle et demi; alors on n'a qu'à choisir vraiment, les belles ames sont partout : il y en a dans des palais, il y en a à Port-Royal-des-Champs. C'est là qu'était Jacqueline Pascal, la sœur de l'auteur des *Pensées,* jusqu'à présent ensevelie dans l'ombre et le silence, et dont M. Cousin vient de se faire l'historien éloquent. On sait le service qu'il a rendu au frère; il l'a rétabli tout entier dans ses débris immortels. Aujourd'hui, il sauve la sœur de l'oubli. M. Cousin est l'exécuteur testamentaire des Pascal. Avec quelle ardeur sérieuse il poursuit son œuvre! et comme il réussit à attirer l'intérêt sur la figure de son héroïne, de même que, dès le premier moment, il alluma le feu autour des *Pensées!* L'éloquence agite toujours et souvent

entraîne. Jacqueline Pascal ne sera plus séparée de son frère, et leurs mémoires vont être unies comme le furent leurs cœurs.

On connaît l'enfance de Pascal; celle de sa sœur ne fut pas moins extraordinaire. A huit ans, elle faisait des vers; à onze ans, elle composait une
comédie en cinq actes; à quatorze ans, elle remportait le prix de poésie à
Rouen. Quand son nom fut proclamé, elle était absente; mais un ami de la
maison se leva au nom de la jeune Jacqueline pour remercier l'assemblée :
c'était Corneille. Dans un âge très tendre, comme la muse poussait Jacqueline de tous côtés, elle se prit un jour à rimer une idylle où un berger disait
à sa bergère, en refrain :

> Je vous aime bien plus, sans doute, que ma vie.

Elle préludait ainsi aux austérités du cloître, comme Rancé en traduisant
Anacréon. Elle était belle et fort recherchée dans le monde. Lorsque la
petite vérole eut laissé des traces, elle ne fut pas moins aimée, et elle-même
plaisantait de l'accident avec un enjouement plein de grace. Toujours fort
pieuse, elle laissa sa dévotion croître de plus en plus, et, vers sa vingt et
unième année, elle rompit avec le monde, tomba dans une dévotion absolue,
et renonça même aux consolations de la poésie, sur le conseil de la mère
Agnès, qui lui écrivait : *C'est un talent dont Dieu ne vous demandera
point compte, il faut l'ensevelir.* Enfin, à vingt-sept ans, elle prit l'habit
religieux à Port-Royal, où elle vécut en véritable sainte, répandant des
lumières et des vertus jusqu'à l'âge de trente-six ans.

Telle est, en deux mots, la vie de Jacqueline Pascal, et cette existence
n'a pour nous un prix si élevé que parce que nous savons à n'en pas douter,
d'après le récit sincère de sa sœur Gilberte, d'après ses lettres, d'après tout
ce que M. Cousin a recueilli avec tant de soin sur son compte, que Jacqueline était une haute intelligence et une ame de forte trempe. Cela ressort
admirablement du livre de M. Cousin, lorsqu'elle parle elle-même, et lorsque
le philosophe prend la parole, comme un chœur grave et doux, pour achever
la pensée et donner le mot. M. Cousin déploie à ce jeu un art charmant;
mais, à la fin, il s'élève à une grande hauteur, lorsqu'il veut tirer la moralité
profonde de son récit, et que, s'adressant à Pascal et à sa sœur, qu'il admire
plus que personne, il leur déclare qu'ils n'ont pas compris la vie humaine,
avec une fermeté de langage et un style qu'ils reconnaîtraient, car M. Cousin
est presque leur contemporain par la plume D'ailleurs, son talent n'a jamais
été en meilleure position; son style, sans rien perdre de sa noblesse et de
son ampleur, devient pénétrant : il s'anime de plus en plus, et annonce une
maturité généreuse et féconde de l'imagination qu'il faudrait fixer en belles
œuvres.

Le vent est à Port-Royal, et ce retour vers les stoïciens du catholicisme
est dû en grande partie au beau livre de M. Sainte-Beuve. Quelques jours
avant que Jacqueline Pascal sortît de son tombeau, un vieil ami de son frère
et le sien, Nicole, avait fait une apparition au milieu de nous, allégeant son

bagage et n'apportant que le meilleur de son esprit. Certes, Nicole est un des plus grands noms de Port-Royal. « Nous perdons Nicole, écrivait Mme de Sévigné, c'était le dernier des Romains. — Lisez Nicole, disait-elle; ce livre est de la même étoffe que Pascal. » N'en déplaise à Mme de Sévigné, elle se trompe sur la qualité de l'étoffe. Nicole est un Pascal, si l'on veut, mais un Pascal qui écrit sur une cire molle, tandis que l'autre grave sur du marbre. Et voilà bien la différence que le style établit entre deux hommes; l'un laisse des lambeaux, de quoi faire un volume tout au plus, et il est immortel, il est lu et relu, parce que la magicienne a passé par-là; l'autre laisse plus de trente volumes composés avec un soin scrupuleux, et la postérité ne soulève pas la première page; quelques curieux seulement s'aventurent, prennent l'air du lieu et rebroussent chemin sans aller jusqu'au bout. Ce n'est pourtant pas un esprit ordinaire, et plus d'une fois il a appliqué au beau milieu du visage de l'homme, l'éclairant tout entier, sa lanterne de moraliste. Esprit souple, ingénieux, plein de bon sens, il n'a pas de vocation prononcée, et, à vrai dire, c'est là le défaut de la cuirasse; mais comme il supplée à la vocation autant que possible, comme, à force de zèle et d'intelligence, il accomplit la rude mission qu'on lui confie sans le consulter! Il était peu partisan des luttes, et il a passé sa vie à combattre; il était doux, accommodant, jusqu'à se soumettre aux observations de Bouhours, et sa polémique a de l'énergie et même de la rudesse. Les *Lettres à un Visionnaire* ne brillent pas par la modération; ce pauvre abbé Saint-Sorlin, avec ses romans, ses comédies, et son *Traité sur l'Apocalypse*, y est malmené; il est traité d'*empoisonneur public* en sa qualité de dramaturge. Le coup porta plus loin que Saint-Sorlin, il alla frapper Racine, qui le prit pour lui, et rompit avec Port-Royal.

Le choix des écrits de Nicole qu'on vient de publier en un volume est fait avec soin et connaissance de cause. Qui lirait attentivement ce volume saurait à peu près son Nicole. Les *Pensées* sont justes, quelquefois profondes, il ne leur manque que le tour original, et ce tour, elles l'ont quelquefois, par hasard, dans un membre de phrase qui se trouve au commencement ou au milieu, et qu'il faudrait extraire et mettre en saillie : « Il y a des personnes qui ont des ébullitions d'esprit, comme il y en a qui ont des ébullitions de sang, c'est-à-dire que leur esprit paraît partout. — Il y a des gens qui cavent ce qu'ils manient. » Ce n'est pas Nicole. « L'éloquence ne doit pas seulement causer un sentiment de plaisir, mais elle doit laisser le dard dans le cœur. » Cela est bien dit, mais Nicole donne le précepte et ne le suit pas, il ne laisse jamais le dard.

Il est bien de faire revivre Port-Royal et de renouer connaissance avec ces nobles solitaires qui s'égaraient avec tant de vertu et de génie, mais il ne serait guère raisonnable de les imiter et de prêcher comme eux le renoncement absolu. M. Cousin vient de le dire avec une conviction pleine d'autorité; une jeune femme du monde pense le contraire, elle emploie un véritable talent à soutenir, à propager le renoncement au monde, et, quoique dans une autre communion que Port-Royal, arrive exactement au même but. Cette dame prêcha sa doctrine, l'année dernière, dans un ouvrage en trois volumes, et elle la resserre aujourd'hui dans une brochure à laquelle elle a donné la forme du roman. Moraliste, Mme de Gasparin a plus de mérite que dans ses fictions romanesques. Son premier livre avait au moins de belles pages, et rappelait quelquefois d'illustres modèles, tandis que sa nouvelle est froide, sans invention, sans le moindre trait. Pour le coup, il n'y a rien ici de *Corinne* : le méthodisme a glacé la plume et jeté sur les épaules de la jeune femme une chape de plomb, ce qui est dommage quand on porterait si bien une gracieuse parure.

Mme de Gasparin, dans sa nouvelle méthodiste, veut mater l'ambition et flétrir l'amour de l'argent; le sujet était beau, et un esprit énergique et modéré aurait pu en tirer un admirable parti, en réservant les droits raisonnables de chacun, les prétentions légitimes, et en ne flétrissant que les excès. Le champ était vaste; en quel temps a-t-on couru à la fortune avec une audace plus cynique? à quelle époque le culte du dieu-argent a-t-il été plus fervent et plus répandu? L'art et les lettres, qui avaient échappé jusqu'ici à la contagion ignoble et dévorante, ne sont-ils pas infestés? Ne voyons-nous pas des hommes de talent, dans un marché léonin, funeste toujours pour eux, quoiqu'il soit brillant en apparence, aliéner leur imagination, comme dans le moyen-âge on vendait son ame? Et, pour égayer ce sombre tableau, n'apercevons-nous pas la face bouffie de quelque Turcaret qui vend des phrases comme son aïeul vendait des coupons, et qui se vante d'avoir des romanciers à ses gages, et de sa suite? L'amour immodéré de l'argent et l'ambition égoïste abaissent et dégradent les ames; sous cette double influence, la vie intime est troublée, et la vie publique se rapetisse. En présence de pareilles calamités, le devoir du moraliste est tracé mille fois, il n'a pas à hésiter, il faut qu'il flétrisse les mauvaises passions avec toute l'énergie dont il dispose; mais, en luttant contre ce qui nuit à la société, il doit prendre garde prudemment de ne pas blesser ce qui la sert. Or, c'est ce que font les moralistes qui ne mesurent pas leurs coups; ils tirent en même temps sur ce qui est bon et sur ce qui est mauvais. Ainsi Mme de Gasparin, dans sa fiction, après avoir touché à des plaies vives, conclut à faux, elle conclut contre toute ambition, veut que chacun reste à la place où il a été mis, quelles que soient ses aptitudes, quel que soit son génie; elle demande alors une société caste, elle veut l'immobilité de la Chine! Un homme célèbre, dont Mme de Gasparin ne déclinera peut-être pas l'autorité, voyait autrement les choses, et dans un discours mémorable où il exposait tout le bien que peut faire l'ambition servie par une belle intelligence et un noble cœur, il s'écriait : « Ayons de l'ambition! » Entre Mme de Gasparin et M. Guizot, le débat. Sans être égale, la lutte peut être brillante.

La vieillesse est indulgente : pendant que Mme de Gasparin pose des principes inflexibles, un académicien au front blanchi émet de douces et con-

solantes *pensées sur le christianisme*. M. Droz se souvient encore qu'il a
écrit autrefois *l'Art d'être heureux*, et il n'établit pas, comme le méthodisme, des fourches caudines sous lesquelles tous les fronts doivent se cour-
ber. C'est un écrivain plein de sagesse, de modération, dont le petit livre,
sans être profond ni bien neuf, est plein d'attrait, et a été écrit sous un ciel
pur, devant de larges horizons, non à une fenêtre qui donne sur une rue
étroite de Genève. J'oubliais de dire que la nouvelle de Mme de Gasparin est
intitulée : *Allons faire fortune à Paris*. On comprend combien un tel livre
pourrait être utile, ne sauvât-il du danger qu'une personne, n'empêchât-il
qu'un seul nom d'être ajouté à cette liste funèbre qui commence à Malfilâtre
et où un nom nouveau vient d'être inscrit récemment : *Marie-Laure*.

Une jeune fille quitte sa mère et son village, et parce qu'elle a entrevu,
par une matinée de printemps ou une soirée d'automne, un pan de la robe
flottante de la poésie, elle se croit appelée à la gloire et vient à Paris avec
une grande espérance au cœur, quelques vers dans son sac à ouvrage, et un
peu d'argent dans sa bourse. Elle se loge dans une petite chambre, vit de
peu, écrit beaucoup, noircit page sur page, en prose, en vers. Si elle sort,
c'est pour courir d'éditeur en éditeur, de journal en journal; mais elle ne
rencontre que des mécomptes et rentre triste d'abord, et plus tard désespérée. Quelquefois cependant, comme elle a l'imagination ardente, et que, si
elle est prompte à l'abattement, elle est prompte à l'espérance, au moindre
bon accueil, à la moindre bienveillante parole, elle est heureuse, presque
transportée, et la mansarde voit rentrer l'essaim des illusions. Joie de courte
durée! les semaines passent, les mois, l'année, et rien ne vient, ni argent
ni gloire : l'éditeur est sourd, le journal n'a pas de place; au lieu de l'argent, c'est la maladie qui arrive; au lieu de la gloire, c'est le désespoir. La
jeune fille n'y tient plus, la muse d'ailleurs s'est déjà envolée, et Marie-
Laure, mourante, quitte Paris et va retrouver sa mère pour mourir dans ses
bras. — *Allons faire fortune à Paris!*

Marie-Laure est une sœur d'Élisa Mercœur, et son recueil publié après sa
mort annonce un talent sans force, non sans grace; mais je n'ose toucher à
ces vers gracieux et maladifs, éclos dans une mansarde, tracés d'une main
que la souffrance affaiblissait et que le triste pressentiment d'une fin prochaine
poussait en avant. J'aime mieux m'adresser à l'œuvre poétique d'un homme
de loisir, d'un heureux du monde, de M. Ulric Guttinguer, qui, ayant beaucoup rimé autrefois en faisant l'amour, continue aujourd'hui un peu par vocation, un peu par habitude. *Les deux Ages du Poète* sont les œuvres complètes de M. Guttinguer; les œuvres complètes ont cela de bon que pour peu
qu'on soit curieux de noter les transformations qui s'opèrent dans une imagination et dans un cœur avec les années, l'examen est facile. Les uns deviennent graves à mesure qu'ils s'avancent dans la vie : ils prennent au sérieux peu à peu ce que d'abord ils regardaient en riant; les autres au contraire
rajeunissent avec les années et se dissipent en vieillissant. Il y en a qui sont

35.

tout d'une pièce et ne se transforment pas le moins du monde; mais l'auteur d'*Arthur* s'est transformé, et je dois dire avec regret qu'il n'a pas gagné en gravité. On se souvient que, lorsque M. Uluric Guttinguer publia *Arthur*, une haute bienveillance lui donna asile dans une des niches dorées de ce gracieux monument de critique littéraire qui a été élevé ici même d'une main si délicate et si sûre. A-t-il toujours fait bonne contenance depuis ce temps-là?

La poésie de M. Guttinguer est une poésie de reflet, ce qui nous aurait autorisé à lui donner une place dans nos *poetæ minores*, comme il semblait le prévoir déjà; mais j'ai lu dans une lettre de Machiavel un passage qui me fait réfléchir et va me rendre bien circonspect : « Je prends mes petits poètes, Catulle, Ovide, Tibulle. » Mes petits poètes! vous l'entendez. Tibulle, un *petit poète, poeta minor;* me voilà bien embarrassé, car je ne sais plus lequel de nos contemporains mérite le nom de *petit poète.* Eh bien! n'importe, que M. Guttinguer le prenne pour lui, et qu'il m'en sache gré au moins; qu'il n'aille pas me traiter comme il a traité M. Delatouche.

Avec le sourire sur les lèvres, M. Guttinguer a des ongles sous ses gants, et ses vers nonchalans ont plus d'une épine. M. Delatouche avait pris une épigramme de Millevoye et en avait fait un vers assez heureux :

> Publiez-les, vos vers, et qu'on n'en parle plus.

Le vers courut la ville, il eut une fortune sans pareille, et tout le monde le sut par cœur. M. Guttinguer le mit à son chapeau comme un ruban; mais les petites dettes entre amis se paient tôt ou tard, et l'auteur des *Deux Ages* a pris sa revanche.

> Publiez-les, vos vers, et qu'on n'en parle plus.

Ainsi commence une épître qui finit ainsi :

> J'ai pu, cédant trop vite à de trompeurs penchans,
> Faire de méchans vers, jamais des vers méchans.

Qui donc a fait des vers méchans? —Il y a aussi ce vers qui a été remarqué :

> En ce temps d'envieux, je marche exempt d'envie.

Qui donc est envieux? Ce n'est pas M. Guttinguer, je le reconnais. Dans sa poésie, malgré ses défauts, ses prétentions, on sent un cœur honnête, et l'on regrette d'autant plus qu'il ne se réfugie pas dans un travail sérieux, au lieu de s'émietter en bagatelles. Au reste, il doit se sentir gêné; il n'est pas à sa place. Arthur passant du sanctuaire au feuilleton me produit l'effet d'un séminariste qui se mêle à une émeute.

Le théâtre, depuis long-temps sans mouvement, sans vie, a paru se ranimer ces jours derniers. Thalie a eu déux figures, comme Janus; la comédie classique d'une part, et de l'autre la comédie de la nouvelle école, nous ont souri fort agréablement, quoique ce sourire ressemblât tant soit peu à une grimace. Les deux genres se sont montrés avec leurs mutuels avantages. Leurs représentans étaient d'un côté M. Casimir Bonjour, et de l'autre M. Ferdinand Dugué. *Le Bachelier de Ségovie* et *le Béarnais* sont la double expression de deux systèmes poétiques qui se traînent maintenant plutôt qu'ils ne marchent, ce qui ne les empêche pas de se draper avec superbe dans leur dernier linceul. M. Bonjour a poursuivi sa vieille idée de *l'Éducation,* et a fait une satire en cinq actes. Quelque intérêt dramatique d'abord, l'ennui ensuite, des vers gorgés d'épithètes oiseuses et qui fléchissent d'ordinaire à la rime, un imbroglio, force remplissages, des traits piquans clair-semés, un ensemble glacial, telle est à peu près la comédie de M. Bonjour. Celle de M. Dugué est une fantaisie en trois actes renouvelée de M. Hugo, et entremêlée de traits assez vigoureux qui appartiennent en propre à l'auteur. Gringoire, Saltabadil, Maguelonne, Taillebras, ont prêté chacun quelque chose à M. Dugué, qui est jeune. Or, quand on est jeune, on a presque le droit d'emprunter, on a si bien le temps de rendre! Ce que M. Dugué a cru faire de nouveau, c'est son matamore. Malheureusement ce matamore est partout, et surtout à l'enfance de l'art; mais enfin, Corneille a mis un capitan à la scène. Il est vrai qu'après *l'Illusion comique* Corneille fit *le Cid.* Voilà un grand exemple qu'il serait beau de suivre, même de très loin, et que nous indiquons à une jeune ambition. On a dit que *le Béarnais* était la vive expression d'une poésie d'avenir, il me semble que c'est plutôt un dernier effort d'un système vieilli. — La pièce a réussi; les acteurs ont joué de leur mieux et très bien.

Les écoles finissent; dépouillons-nous des préjugés, des vieux systèmes d'autrefois et des vieux systèmes d'hier; étudions les maîtres de tous les temps, et, rentrant dans notre ame, tâchons d'avoir un style qui en soit le reflet.

PAULIN LIMAYRAC.

CHRONIQUE DE LA QUINZAINE.

1er novembre 1844.

On commence à parler de la session prochaine. Plusieurs membres influens des deux chambres sont déjà de retour dans la capitale. Les salons politiques vont bientôt se rouvrir. Paris va reprendre cette physionomie animée que lui donnent les discussions du parlement, jointes au mouvement des affaires et à la vie bruyante de ce qu'on appelle le monde. On se demande dès à présent quelle sera l'attitude des hommes que les diverses fractions parlementaires regardent comme leurs chefs; on se demande surtout quelle sera la conduite de plusieurs membres éminens des deux chambres, appartenant aux rangs conservateurs ou à la nuance modérée du centre gauche, et connus pour avoir désapprouvé jusqu'ici la politique du cabinet. Quel sera leur rôle? Resteront-ils isolés? s'éloigneront-ils de la tribune? La crainte de passer pour impatiens, après quatre années de silence ou de neutralité généreuse, les tiendra-t-elle écartés de la lutte? ou bien croiront-ils que le moment est venu d'exprimer leurs convictions devant le pays, et de montrer à la majorité une alliance sincère entre des opinions communes, alliance que le parti conservateur souhaite vivement, car elle est son seul refuge contre une politique qui n'est pas la sienne, et qu'il n'aurait pas laissée vivre depuis quatre ans, si le cabinet du 29 octobre n'avait eu la singulière fortune d'être protégé par les scrupules même ou les hésitations de ses plus redoutables adversaires?

D'ici à fort peu de jours, on saura à quoi s'en tenir sur ces graves questions. Nous ne voulons rien préjuger à cet égard quant au moment; nous craindrions de gêner, par des paroles prématurées ou indiscrètes, la liberté des hommes dont nous parlons. Laissons-les prendre conseil de leur patriotisme et de leurs lumières. Nous savons que leurs intentions sont excellentes; espérons qu'elles amèneront un résultat désiré par le pays.

Si nous sommes assez rassurés sur ce point, il n'en est pas de même du ministère. Naturellement, ses plus vives alarmes sont de ce côté. Aussi, depuis la fin de la dernière session, il n'a rien négligé pour connaître les moindres démarches de certains personnages considérables qui ont le malheur de lui porter ombrage, même sans le vouloir. Son imagination inquiète et soupçonneuse les a suivis partout. A la ville, à la campagne, en voyage, ils ont partout rencontré sur leurs pas cette surveillance officieuse qu'il est de bon goût de tolérer dans un certain monde, et que les gens d'esprit supportent d'autant plus volontiers, qu'elle prend quelquefois pour se dissimuler à leurs yeux les formes les plus gracieuses et les plus séduisantes. Nous ne dirons pas là-dessus les choses curieuses que nous savons. Parmi les particularités du monde politique, ce ne seraient pas assurément les moins piquantes; mais c'est un sujet qu'il faut à peine effleurer. Nous nous hâtons d'en sortir.

Depuis le retour du roi, plusieurs affaires ont été discutées dans le conseil. Une des plus importantes est la création des nouveaux pairs. Dans l'origine, on avait promis la pairie à plusieurs membres de la chambre des députés; il paraît que la crainte d'enlever quelques voix à la majorité empêchera le ministère de remplir ses promesses. Les députés désappointés seront-ils tous des partisans bien chauds? Il est permis d'en douter. Du reste, si la résolution que prend le cabinet a pour résultat de diminuer le nombre des nouveaux pairs, nous sommes sûrs qu'elle plaira au Luxembourg. Une autre affaire a occupé plusieurs fois le conseil, c'est la question de l'emprunt, liée à celle de la conversion. Dans le monde financier, on est certain que, si l'emprunt a lieu, la conversion ne se fera pas. Or, comme on connaît les graves obstacles qui s'élèvent contre la conversion, on croit généralement à l'émission de l'emprunt. Aussi la Bourse s'agite. La perspective d'un emprunt de 300 millions, jointe à celle de l'emprunt de la Hollande et aux actions des chemins de fer, exalte les cerveaux de la finance. L'emprunt se fera-t-il ou ne se fera-t-il pas? Sera-t-il en 3 pour 100, sera-t-il en 4? Voilà ce que l'on entend de tous les côtés à la Bourse. D'où vient le retard qu'éprouve l'accomplissement de cette mesure? est-ce M. Laplagne, est-ce le conseil qui hésite? M. le ministre des finances est connu pour l'extrême circonspection qu'il met en toutes choses. Nous avons loué plus d'une fois sa sagesse administrative. Cependant nous ne voudrions pas qu'on pût l'accuser avec raison de pousser ici la prudence trop loin. Il est bon de réfléchir, mais il faut aussi savoir prendre un parti. Le moment n'est-il pas favorable à l'émission de l'emprunt? Que peut-on gagner à attendre?

Deux questions épineuses ont occupé le conseil : l'arrangement avec l'Angleterre sur le droit de visite, et la dotation. L'approche de la session appelle sur ces deux objets un intérêt très vif. Ce sont des points sur lesquels le ministère est diversement engagé, ici avec la couronne, là avec les chambres. Comment remplira-t-il ses engagemens? Comment parviendra-t-il à concilier ses intérêts et son honneur? On parle déjà de dissentimens provoqués dans le conseil par ces deux questions; mais rien n'a transpiré sur la solution qu'elles ont reçue, ou plutôt il est douteux qu'elles aient reçu une solution. Quant au droit de visite, il est certain qu'une modification a été demandée à l'Angleterre. M. Guizot, accablé sous le poids des concessions de Taïti et du Maroc, n'aura certainement pas laissé échapper l'occasion des épanchémens de Windsor pour demander une compensation à sir Robert Peel et pour stimuler sa reconnaissance; il aura fait valoir les exigences des chambres et les périls de sa situation. D'un autre côté, les deux couronnes auront probablement abordé ce sujet délicat, et si les difficultés qu'il comporte sont heureusement résolues, nous pouvons dire dès à présent, sans manquer aux règles constitutionnelles, que la France devra en grande partie ce dénouement à l'impression produite en Angleterre par la royauté de juillet. L'évidence des faits nous met ici à couvert contre le soupçon de flatterie. Si le ministère trouve cette explication peu légitime, on pourra lui dire qu'elle est au moins honorable pour la France, tandis qu'il serait humiliant pour elle d'être forcée de s'avouer qu'elle doit aux faiblesses de son gouvernement un procédé juste et équitable de l'Angleterre. Entre une explication honorable et une explication humiliante, la France aura bientôt fait son choix. Quoi qu'il en soit, si une modification a été demandée à l'Angleterre sur le droit de visite, l'Angleterre n'a pas encore répondu. Ce que l'on a dit de ses intentions, de ce qu'elle exigerait en retour de son procédé, ou bien du genre de modifications qu'elle proposerait, tout cela est inexact ou hasardé. L'Angleterre a gardé le silence jusqu'ici. Du reste, si le cabinet de Londres, au lieu de rendre purement et simplement la liberté au cabinet français, propose une transaction, on peut croire que notre ministère ne se pressera pas de conclure. Ne faut-il pas qu'avant de prendre son parti, il tâte la majorité? Ne faut-il pas que M. Duchâtel ait compté toutes les voix, et que l'on consulte M. Lefebvre et M. Fulchiron?

Pour ce qui regarde la dotation, il est certain qu'on s'en occupe; il est certain aussi que l'on n'a point de parti pris. M. Muret de Bord et ses amis ne se sont pas encore prononcés. On pourrait se demander pourtant d'où vient le silence des journaux ministériels sur cette grave question, soulevée il y a quatre mois par le ministère avec tant d'apparat, de présomption, d'imprudence et de perfidie. Puisque le *Moniteur* ne parle pas, puisqu'il ne profite pas des argumens du voyage de Windsor, pourquoi la presse ministérielle, délivrée des périls et des ennuis de la concurrence, ne cherche-t-elle pas à convertir ces esprits rebelles de la majorité, ces conservateurs scrupuleux et timides, qu'elle a promis d'instruire et de ramener dans la bonne voie? Ce serait assurément plus vif et plus piquant que ses articles, fort instructifs d'ailleurs, sur les lins, sur les cotons, sur les laines, sur l'industrie des fers, sur la Chine, sur les travaux publics de l'union américaine, et sur l'émancipation des noirs, auxquels personne ne songe en ce moment, pas même M. le duc de Broglie. En vérité, nous ne comprenons rien à ce silence de la presse ministérielle sur la dotation. Vous verrez que le ministère, pour réveiller son zèle et son courage, sera forcé d'ouvrir lui-même dans le *Moniteur* le feu de la polémique. Au surplus, cette résolution ne nous étonnerait point; le ministère a pris l'engagement de parler, il faut qu'il parle. Il a des argumens, des chiffres à faire valoir; il a promis de les publier; il est tenu de remplir sa promesse. Le danger d'ailleurs ne sera pas pour lui. Que la dotation expire sous le coup des attaques dont la polémique officielle sera l'objet, que la dynastie soit livrée dans le *Moniteur* aux injures des républicains et des légitimistes, qu'au lieu d'avoir devant elle, pour juger ses réclamations, une assemblée d'hommes graves, contenus par la loi, par le respect du lieu, par leur caractère, dans les bornes d'une discussion convenable, elle soit placée devant un tribunal où l'ignorance et la passion dominent; qu'au lieu de débattre paisiblement ses intérêts dans une enceinte où le dévouement pour elle ne saurait être légalement suspecté, on vienne exposer son bilan aux yeux de la foule, où la lie des révolutions fermente encore à côté des préventions haineuses des partis vaincus; qu'on substitue ainsi à un débat régulier, normal, exempt de tout péril pour la dynastie, un débat inconstitutionnel, aussi dangereux qu'affligeant; que la dotation y périsse et que la couronne en souffre, qu'importe, si le ministère est sauvé?

Pour être véridiques, nous devons déclarer qu'aucun bruit sérieux n'est encore parvenu jusqu'à nous sur les intentions réelles du ministère, soit au sujet de la polémique du *Moniteur* sur la dotation, soit au sujet de la présentation du projet de loi devant les chambres. Le ministère, et pour cause, garde prudemment le silence sur ces deux points. Si nous lui supposons l'idée de commencer la polémique du *Moniteur* avant le retour des chambres, idée que nous trouvons d'ailleurs funeste, et que nous sommes bien loin de conseiller, c'est tout simplement parce que le ministère peut y trouver son intérêt. On conçoit, en effet, qu'au point de vue ministériel le plan ne serait pas mal conçu. La polémique du *Moniteur* irritera et indignera les sages amis du trône, cela est vrai; mais la question aura été débattue. Si l'effet des articles du *Moniteur* n'est pas favorable, si M. Muret de Bord n'est pas converti, cela dispensera de courir les chances d'un débat parlementaire. Reste à savoir si les amis éclairés de la royauté de juillet pardonneront au ministère de l'avoir si perfidement et si imprudemment conseillée. Sur ce point, le ministère paraît éprouver une confiance que bien certainement tous ses amis ne partagent pas.

Le ministère du 29 octobre commence sa cinquième année. Il fête son anniversaire avec ses intimes; il adresse dans ses journaux un défi superbe à ses adversaires, et en même temps il est plein de malice et d'ironie. Il se demande humblement comment il a pu vivre ayant contre lui une association d'hommes éminens comme M. Thiers, M. de Rémusat, M. Billault, M. Dufaure, M. Duvergier de Hauranne! Il s'étonne d'avoir pu résister à toutes les oppositions réunies, à l'opposition déclarée et à l'opposition couverte, qu'il dit être la plus dangereuse. Tout cela est spirituel et d'assez bonne guerre. Nous convenons facilement qu'en fait d'argumens ministériels, une existence de quatre années vaut quelque chose; seulement il faudrait que le ministère eût plus de franchise. En nous rappelant qu'il a vécu quatre ans, il faudrait qu'il n'oubliât point pourquoi et comment il a vécu. Nous voudrions lui voir un peu moins d'ingratitude à l'égard des hommes qui ont poussé plus d'une fois la modération à son égard jusqu'à l'oubli de leurs propres intérêts et jusqu'à lutter contre des convictions impérieuses. On paraît se vanter d'un éclatant triomphe remporté contre toutes les oppositions réunies, et en particulier contre l'alliance des membres du centre gauche avec plusieurs hommes considérables qui siègent dans les rangs conservateurs! Nous désirons vivement, quant à nous, cette alliance; mais depuis quand s'est-elle montrée? Ces hommes que l'on accuse de se donner des airs d'impartialité pour porter des coups plus dangereux, et de se placer dans la majorité afin de la diviser plus sûrement, quels coups ont-ils portés au ministère? Dans quelles circonstances ont-ils parlé ou même voté contre lui? Avant de les déclarer vaincus, il faudrait au moins attendre qu'ils aient fait la guerre. Cela pourra bien arriver, grace aux fautes toujours croissantes du cabinet; mais jusqu'ici on ne peut que les remercier de leur longanimité, ou tout au plus leur dire qu'ils n'ont pas osé se déclarer. On se vante d'avoir vaincu M. Thiers! On oublie donc le discours sur la régence! on oublie que depuis bien des années, toutes les fois qu'un ministère est en péril dans une question dynastique, M. Thiers s'empresse de lui apporter le secours désintéressé de son éloquence et de sa grande position dans le pays. Ces fortifications que le ministère se vante d'achever, est-ce M. Guizot, est-ce M. Thiers qui les a fait voter? Dans peu de mois, une question d'un intérêt immense, le projet de loi sur l'instruction secondaire, sera discuté au Palais-Bourbon; le projet soutenu par une commission dont M. Thiers est l'organe sera adopté par la chambre, contre l'opposition avouée ou secrète du cabinet : soyez sûrs que le lendemain, si le cabinet du 29 octobre existe encore, on dira qu'il a remporté une victoire éclatante contre M. Thiers! Ainsi se passent les choses dans ce bas monde, c'est-à-dire dans ce pays de sincérité et de gratitude que l'on nomme le monde ministériel. On parle de l'opposition de M. Dufaure! Combien de discours M. Dufaure a-t-il prononcés contre le cabinet? Combien de fois a-t-il voté contre lui? On parle de l'opposition persévérante, déclarée, active de M. de Rémusat et de M. Duvergier de Hauranne! Quelle modération n'ont-ils pas au contraire montrée tous les deux! M. Duvergier de Hauranne est-il donc un homme si violent, toujours empressé de faire et de défaire des cabinets? C'est un homme de révolution et d'intrigue, dit-on. Qu'on lise son dernier écrit sur la Grèce. Qu'on nous dise où sont dans cet écrit les doctrines, le système, le langage, les intentions que la majorité pourrait reprocher à l'honorable publiciste? Dans ce vaste coup d'œil sur la politique de l'Orient, où est la pensée qui ne pourrait s'accorder avec les vrais intérêts et les vrais principes du gouvernement de juillet? Y a-t-il beaucoup d'amis du ministère, de bons députés, ennemis déclarés des changemens de cabinet et des intrigues, qui emploient ainsi leurs loisirs pendant l'intervalle des sessions, et qui cherchent, avec l'aide des faits et des connaissances locales, à établir sur des bases solides la politique extérieure de la France? On parle de l'opposition de M. Billault. Oui, voilà un orateur pressant, incisif, véhément, qu'il est plus facile de calomnier que de réfuter. M. Billault n'a pas renversé le cabinet : cela est vrai; mais M. Billault s'est contenté de parler, il n'a pas agi. Tout le monde sait que l'honorable député s'est tenu jusqu'ici en dehors de toutes les combinaisons que pourrait amener la chute du ministère. M. Billault a fait comme tous les adversaires de la politique du 29 octobre, qui l'ont attaquée isolément, sans un plan concerté, et sans avoir imaginé une seule fois cette redoutable tactique dont le ministère prétend avoir triomphé. On voit donc pourquoi le ministère a vécu; quant à la manière dont il a passé sa vie, ballotté et irrésolu au dedans, faible et imprévoyant au dehors, n'observant jamais une juste mesure, n'étant jamais d'accord avec les véritables sentimens de la majorité, nous n'entreprendrons pas ce chapitre aujourd'hui : il serait trop long à raconter.

Pour lutter contre toutes ces oppositions réunies que le ministère prétend avoir rencontrées devant lui jusqu'ici, et qui pourraient bien finir par le prendre au mot, ne fût-ce que pour essayer leurs forces, le ministère s'armera, dit-on, du voyage du roi. Ce sera là son grand argument. Examinons donc avec quelque développement cette question importante. Puisque ce sera le terrain du ministère, il faudra que l'opposition l'y suive. Voyons ce que le ministère pourra dire et ce que l'opposition pourra lui répondre.

Nous commencerons par déclarer que nous ne partageons pas, sur le voyage du roi, toutes les idées émises par les journaux de l'opposition. Nous croyons que beaucoup d'exagérations ont été commises de part et d'autre dans ce débat. Si le voyage du roi n'a pas toujours été adroitement défendu, il a été attaqué par des moyens que nous sommes loin d'approuver. A des apologies imprudentes on oppose des critiques passionnées; à ceux qui disent que le voyage du roi est un évènement inouï, un succès extraordinaire, qui glorifie la politique du cabinet, on répond que c'est un évènement funeste, humiliant pour la France. D'un autre côté, pour éviter ces deux écueils, des gens prétendent que toutes les circonstances du voyage sont des incidens vulgaires, qui ne méritent pas de fixer l'attention des esprits sérieux. Essayons de démêler la vérité à travers ces opinions contradictoires.

Nous avons déjà dit ce que nous pensions du voyage en lui-même, indépendamment de ses résultats. Cette démarche était commandée par de hautes convenances; la couronne de France devait acquitter la dette contractée par elle au château d'Eu. D'ailleurs, un voyage à Windsor n'avait rien de blessant pour la dignité de notre pays; la visite du roi s'adressait à la reine Victoria et non à l'Angleterre : le roi abordait seul sur les rivages de la Grande-

Bretagne, la France ne le suivait pas. Au moyen de cette explication naturelle, que justifient les premières paroles prononcées par S. M. devant Portsmouth, le voyage du roi n'était pas une avance indiscrète, ni un démenti
imprudemment donné à des ressentimens légitimes; c'était une démarche
convenable qui ne présentait pas de graves inconvéniens, et qui de plus pouvait avoir des résultats utiles.

Or, qu'est-il arrivé? Le roi allait à Windsor, le peuple anglais l'a reçu avec
enthousiasme; la foule, empressée sur son passage, l'a salué par des acclamations unanimes. Il a trouvé partout un accueil digne de lui, digne de la
nation dont il est le représentant couronné; puis, à ces hommages directement adressés à l'hôte illustre que recevait la gracieuse souveraine de l'Angleterre, sont venus se joindre des témoignages d'une affectueuse estime
pour la France. Le lord-maire de la Cité de Londres, parlant au nom de ses
concitoyens, a fait un noble appel à des sentimens d'union entre les deux
pays. Le même vœu, exprimé par des officiers de la marine anglaise, a retenti dans le banquet de Portsmouth. La reine, enfin, comme pour s'associer
à ces démonstrations publiques qui réunissaient dans un même accueil le roi
et sa nation, est venue recevoir, sur *le Gomer,* l'hospitalité franche et cordiale du pavillon français.

Certes, nous n'aimons pas les exagérations; nous avons peu de goût pour
la politique enthousiaste et lyrique. Nous ne dirons pas que l'alliance entre
la France et l'Angleterre est déjà rétablie, que les rivalités des deux peuples
sont éteintes, que leurs démêlés vont cesser, que l'âge d'or va renaître parmi
les nations sous les auspices d'une confraternité étroite entre les deux capitales du monde civilisé; nous ne pousserons pas l'hyperbole de l'admiration
pour nos voisins et de la passion pour la paix jusqu'à prétendre que la France
doit se montrer reconnaissante envers la reine Victoria de ce qu'elle a bien
voulu accepter une collation sur un vaisseau français. Un pareil langage tenu
en France par les organes du pouvoir n'est pas fait pour donner à l'Europe
une haute idée de notre caractère national et de notre bon sens, ni pour
populariser chez nous l'alliance anglaise. Nous ne sommes pas de ceux qui
veulent oublier en ce moment la conduite de l'Angleterre dans les affaires de
Taïti et de Maroc, l'attitude provocante de son gouvernement, le langage injurieux de ses orateurs et de ses journaux; nous nous souvenons aussi que
les démonstrations de l'enthousiasme britannique, quoique très vives, et
d'autant plus précieuses qu'elles viennent d'un peuple naturellement flegmatique, ont été cependant plus d'une fois stériles. Qui ne se rappelle l'ova-
tion reçue à Londres par le maréchal Soult en 1838? Deux ans après ces magnifiques hommages adressés au lieutenant de Napoléon, l'Angleterre signait
le traité du 15 juillet, et se séparait ouvertement de la France. Oublier de
pareils faits, ce serait s'exposer à de rudes mécomptes. La prudence veut
qu'on s'en souvienne.

Mais une défiance absolue ne vaut pas mieux qu'une confiance aveugle.

Ni l'une ni l'autre ne sont la vraie sagesse. Il n'y a d'ailleurs aucun profit à lutter contre l'évidence. Ce n'est ni de l'habileté, ni de la justice. Nous avouons, pour notre part, n'avoir pas cru d'abord que le voyage du roi aurait une importance politique. Ne connaissant encore que les félicitations des aldermen, l'empressement de la foule, la réception cordiale et splendide du château de Windsor, les marques de respect prodiguées au roi par les personnages les plus illustres de l'Angleterre, nous avons dit que ces témoignages ne s'adressaient pas directement à la France. L'union entre les deux couronnes éclatait, l'estime de l'Angleterre pour le chef constitutionnel de la France était visible; mais les sentimens du peuple anglais pour la nation française n'étaient pas connus. Rien de grand, rien de significatif, n'avait encore été exprimé sur ce point. La démarche du lord-maire, les paroles qu'il a prononcées, les manifestations du banquet de Portsmouth, la réception de la reine Victoria sur *le Gomer,* ont fait cesser nos incertitudes. Sans contredit, la Cité de Londres n'est pas l'Angleterre, les officiers anglais qui ont donné le banquet de Portsmouth ne sont pas l'armée britannique, et *le Gomer* n'est pas la France; mais il y a dans ces démonstrations qui ont terminé le voyage du roi un caractère de nouveauté et de grandeur qu'on ne saurait méconnaître. Ces représentans de la métropole de l'Angleterre qui sortent de l'enceinte de leur ville pour complimenter un prince étranger, cet hommage inusité chez un peuple libre, ces graves paroles du lord-maire en faveur de la paix, le ton sincère et convaincu dont il proclame l'utilité d'un bon accord entre les deux pays, gage de repos et de bien-être pour l'humanité, ces sympathies pour la nation française si dignement et si chaleureusement exprimées; ces protestations amicales, ces nobles suffrages adressés à la France par de braves officiers de la marine anglaise, empressés de saisir l'occasion de désavouer publiquement d'indignes outrages, qui ne sont pas sortis de leurs rangs; la jeune souveraine d'un grand peuple sanctionnant par son royal exemple ces témoignages d'estime et d'affection en venant recevoir, sous le pavillon de la France, l'hospitalité des officiers français : toutes ces démarches également honorables pour la nation qui en est l'objet et pour celle qui en prend l'initiative, tout cela porte en soi une signification réelle. C'est un spectacle qui émeut, qui élève, et qui fait naître de légitimes espérances. Sans aucun doute, il est bon de se prémunir contre des illusions dangereuses; mais ce serait pousser la prudence un peu trop loin que de considérer de semblables démonstrations comme une suite d'incidens vulgaires, qui ne sauraient influer sur les relations politiques des deux pays. Nous ne portons pas jusque-là l'esprit de circonspection et de réserve.

Pourquoi les partisans sincères du gouvernement de juillet repousseraient-ils les nobles avances adressées à la nation française par le peuple qui partage avec nous dans le monde le sceptre des idées libérales et constitutionnelles? Pourquoi les amis de la dynastie de juillet ne verraient-ils pas avec joie les hommages rendus dans un pays libre au chef de cette dynastie, au

roi qu'une révolution légale a couronné? Les partisans du gouvernement et
de la dynastie de juillet sont-ils donc les ennemis de l'Angleterre? Ont-ils
jamais repoussé l'alliance anglaise? Sont-ils les partisans de l'alliance russe?
ou bien ont-ils jamais réclamé l'isolement absolu, l'indépendance exclusive
et chagrine de la France au milieu des nations? Ceux qui veulent sincèrement l'alliance anglaise, ceux qui la croient conforme aux intérêts de la
France et aux principes de son gouvernement, ceux qui sont d'avis que cette
alliance doit être recherchée par des moyens honorables et dignes, ceux-là,
disons-nous, doivent se réjouir d'un évènement qu'une politique habile,
élevée et prévoyante peut utiliser au profit de la France. Vouloir l'alliance
anglaise et s'indigner contre le voyage du roi, c'est entrer, bien involontairement sans doute, dans la voie ouverte par les ennemis du gouvernement
de juillet, c'est combattre sa propre cause, c'est parler comme les républicains et les légitimistes, sans penser comme eux.

Mais on nous dit : L'accueil fait au roi par l'Angleterre est dû à la politique du 29 octobre; c'est le fruit des concessions et des faiblesses de notre
gouvernement; voilà pourquoi la France doit repousser les démonstrations
amicales de l'Angleterre. Il y a ici, selon nous, une confusion. Qui a dit, en
premier lieu, que l'accueil fait au roi par la nation anglaise était dû à la politique de notre cabinet? Ce sont les journaux du ministère. Qui a fait entendre que, sans les concessions obtenues de notre gouvernement dans les
affaires de Taïti et du Maroc, l'Angleterre n'eût témoigné aucun empressement pour la France? C'est le ministère lui-même. Or, parce que le ministère, cherchant un nouvel appui pour sa fortune ébranlée, trouve bon de
rattacher sa politique aux circonstances heureuses qui ont signalé le voyage
du roi, l'opposition modérée, l'opposition dynastique et constitutionnelle, se
laisse entraîner sur ce terrain perfide, et, confondant à son tour le voyage du
roi avec la politique ministérielle, se met à déclarer que les démonstrations
amicales de l'Angleterre, puisqu'elles sont le fruit de nos concessions et de
nos faiblesses, ne peuvent être acceptées par la France! Il y a là un grave
malentendu. L'opposition dynastique commet une erreur où elle n'aurait
pas dû tomber. Le voyage du roi et la politique du ministère n'auraient jamais dû être confondus. Ce sont deux choses distinctes, et dont le rapprochement ne peut profiter qu'à des intérêts étrangers au bien du pays.

Non, il ne faut pas croire que l'Angleterre, en faisant au roi un magnifique
accueil, en témoignant pour la France des dispositions amicales, n'a eu d'autre but que de seconder la politique du 29 octobre et d'adresser à la nation
française un remerciement ironique. Il faut avoir de l'Angleterre et de nous-
mêmes une plus haute opinion. Il faut croire que les démonstrations d'un
grand peuple sont nobles et sincères. Il ne faut pas croire qu'il honore en
public ce qu'il n'estime pas en secret. Il ne faut pas lui supposer le misérable
calcul de faire de la diplomatie en plein air et dans les rues. A qui s'adressaient les acclamations de la foule sur le passage du roi? A qui s'adressoit

l'hommage de la Cité de Londres? Est-ce au roi et à la France? Est-ce à M. Guizot? L'Angleterre avait devant elle, d'un côté, le noble représentant d'une grande révolution, le chef d'un pays vraiment constitutionnel, où l'accord si difficile de la liberté et des lois présente au monde, depuis quinze ans, un admirable spectacle; de l'autre côté, l'Angleterre avait devant elle la politique du 29 octobre, avec ses concessions il est vrai, mais aussi avec le peu d'estime qu'inspirent ses faiblesses, avec ses vues timides, incapables d'unir les deux gouvernemens dans une association glorieuse. Placée ainsi devant la politique du 29 octobre, devant le roi couronné par la révolution de juillet, devant la France libérale et constitutionnelle, l'Angleterre a-t-elle pu préférer la politique du 29 octobre à la France?

L'évidence démontre à tous les esprits justes, à tous les hommes sans passion, que deux sentimens très vifs, très puissans en Angleterre, ont particulièrement influé sur la réception qui a été faite au roi, et sur les démonstrations importantes qui l'ont signalée. Premièrement, malgré de longues rivalités, malgré des luttes sanglantes, et en dépit de tous les intérêts qui divisent les deux peuples, la Grande-Bretagne a de profondes sympathies pour notre pays. L'Angleterre libérale et réformiste aime la France constitutionnelle. Avant que l'empereur de Russie et le roi de Prusse reçoivent en Angleterre l'accueil qui vient d'être fait au roi des Français, de grands changemens se seront opérés dans le monde. En second lieu, l'Angleterre industrielle, commerciale et politique désire la paix. Elle ne dissimule pas le besoin qu'elle en éprouve; elle sait que la guerre ne lui offrirait pas les mêmes chances qu'autrefois. Par disposition d'esprit, de caractère, par l'élévation des sentimens, par le goût des progrès moraux et matériels, les classes éclairées de l'Angleterre veulent aussi la paix. Une estime affectueuse pour la France, et un besoin généreux de la paix, tel est donc le véritable sens de la réception qui a été faite au roi en Angleterre.

Du reste, le ministère du 29 octobre se trouve placé devant ce dilemme : ou bien l'accueil fait au roi par l'Angleterre est dû à la politique du cabinet, c'est-à-dire à ses faiblesses, à ses concessions dans les affaires de Taïti et du Maroc; alors le langage des journaux de l'opposition est juste; le voyage du roi, au lieu de réjouir la France, doit l'indigner. C'est un triste évènement pour la dynastie de juillet, une triste gloire pour le cabinet. Ou bien les démonstrations de l'Angleterre, exemptes de ce dessein humiliant qu'on leur prête, s'adressent au roi, à la France, et signifient que l'Angleterre veut la paix, une paix honorable et digne, avec un peuple qu'elle aime et qu'elle estime. Alors on doit demander au ministère du 29 octobre quel parti il a su tirer de ces dispositions favorables. Comment a-t-il utilisé cette situation? D'où vient qu'elle a si peu servi à sa politique, et qu'elle est devenue si souvent entre ses mains une situation compliquée, difficile, source de graves mécomptes pour la France?

Voyez en effet l'habileté, les inspirations heureuses du ministère! Voilà deux peuples qui se portent une estime et une affection réciproques, qui ont posé leurs épées après des luttes sanglantes où ils ont appris à s'honorer l'un l'autre, qui veulent maintenant la paix, nécessaire à leur grandeur et au repos de l'humanité. A la tête de ces deux peuples, voilà deux souverains sincèrement unis, qui proclament leur intimité à la face de l'Europe. Que fait le ministère du 29 octobre? Va-t-il inaugurer avec le cabinet anglais un grand système, une grande politique fondés sur l'intérêt commun des deux pays? Non. Il se rapproche à la vérité du cabinet anglais, il s'accorde avec lui, il sollicite même cet accord avec un empressement extraordinaire; mais c'est uniquement pour obtenir de lui qu'il vienne en aide à ses intérêts ministériels. Les deux cabinets s'entendent; mais c'est tout simplement pour se prêter secours dans leurs luttes avec des majorités inquiètes et flottantes.

Tous les moyens sont mis en œuvre vers ce but. La presse ministérielle de Londres fait l'éloge du ministère français, la presse ministérielle de Paris fait l'éloge du ministère anglais. A Londres, soit à la tribune, soit dans la presse, M. Guizot est le plus grand des hommes d'état; à Paris, les journaux et la tribune rendent à sir Robert Peel cet adroit compliment. Pour exalter le mérite des deux ministres, et pour les rendre nécessaires l'un et l'autre, on invente des difficultés qui n'existent pas; au risque de créer des périls sérieux, on invente des périls imaginaires. On fausse les sentimens des deux pays, on dénature leur situation respective. A Londres, on dit que M. Guizot, qui veut la paix, se trouve aux prises avec un formidable parti qui veut la guerre, et à Paris on nous représente sir Robert Peel comme faisant d'héroïques efforts pour retenir le lion britannique. On apporte aux deux tribunes des documens concertés dans le but d'accréditer ces déplorables erreurs. On entretient deux correspondances : l'une secrète, c'est celle de la véritable entente cordiale, qui consiste à préparer les meilleurs moyens de soutenir simultanément les deux cabinets; l'autre publique, c'est celle où l'on parle un langage convenu, arrêté d'avance, où l'on donne le change aux deux pays, et où les grands intérêts qui se rattachent à la communauté des deux peuples sont sacrifiés à des expédiens vulgaires. Voilà ce qu'on a appelé l'entente cordiale; voilà cette politique de la paix que M. Guizot a célébrée tant de fois devant les chambres : paix stérile, alliance mensongère où les peuples, abusés sur leurs sentimens réciproques, égarés par de coupables manœuvres, auraient pu en venir aux mains, si leur sagesse ne les avait pas éclairés; politique égoïste qui aurait pu devenir funeste, si des démonstrations populaires n'avaient déchiré le voile dont elle cherchait à se couvrir aux yeux des deux pays.

Tout l'effort du ministère français, dans les embarras de sa politique, a été de persuader aux chambres que l'Angleterre est irritable, et que ses intérêts, comme ses sentimens, la poussent à la guerre. On lui a dit cent fois : Mais s'il en est ainsi, qu'avez-vous donc été faire à Taïti, où l'intérêt de la France est nul, et où les intérêts anglais peuvent devenir si exigeans? Voulez-vous donc chercher les occasions d'une lutte avec l'Angleterre ? Puis on ajoutait : Ces craintes de guerre que vous soulevez devant nous, vous ne les avez pas; c'est un fantôme; vous préparez quelque faiblesse; vous savez bien au fond que l'Angleterre n'est pas irritée. Votre imprudence peut se réparer sans compromettre la dignité du pays; ayez confiance dans les bons sentimens du peuple anglais, dans l'estime qu'il porte à notre nation, dans cette noble intimité qui lie les deux couronnes. Point de présomption, point d'impatience, point de procédés violens, point de refus injustes, mais aussi point de concessions inutiles, point d'abandon irréfléchi de vos droits; montrez de la modération et de la force. Si, dans un moment d'oubli, on vous insulte, contenez-vous; ne portez pas la main à votre épée, mais aussi ne jetez pas votre épée à terre; c'est l'épée de la France ! Nous avons dit cela cent fois : le voyage du roi est venu nous donner raison. Non, pour calmer le peuple anglais, pour réparer la faute de Taïti, le désaveu si prompt et si impolitique de l'amiral Dupetit-Thouars n'était pas nécessaire. Non, pour terminer l'affaire Pritchard, il n'était pas nécessaire que la France blâmât un officier qui a fait courageusement son devoir, et indemnisât un missionnaire fanatique qui a fait verser le sang français. Non, pour ménager la susceptibilité de l'Angleterre, il n'était pas nécessaire que la France, attaquée par le Maroc, prît conseil du cabinet anglais avant de venger son offense. Non, il n'était pas nécessaire que notre cabinet mît dans les mains de sir Robert Peel les instructions données aux commandans de notre flotte et de notre armée. Le peuple anglais, plein d'estime pour la France, n'exigeait pas ces communications humiliantes et dangereuses. Non, pour épargner l'amour-propre de la marine anglaise, il n'était pas nécessaire que le prince de Joinville reçût l'ordre de ne pas occuper la ville de Mogador après l'avoir prise. Enfin, pour préparer au roi un accueil digne de lui, digne de la France, il n'était pas nécessaire de conclure à la hâte avec un ennemi vaincu et consterné une paix sans garanties, qui blesse l'orgueil de nos marins et de nos soldats, et qui diminue l'effet de nos victoires. Rien de tout cela n'était nécessaire. L'accueil reçu par le roi en Angleterre, l'expression spontanée des sympathies du peuple anglais pour la France et pour la royauté de juillet, ses sentimens pacifiques si nettement exprimés par les adresses des corporations et si conformes aux véritables intérêts de la nation britannique, tout cela prouve évidemment que le ministère français, dans ses rapports avec le gouvernement de Londres, eût pu, sans exposer la paix un seul instant, ne pas exposer comme il l'a fait la dignité et l'intérêt de la France.

En résumé, le voyage du roi, au lieu de fortifier le ministère devant les chambres, fournit de nouveaux argumens contre lui. Le ministère essaiera de persuader à la majorité que le voyage du roi est une victoire contre toutes les oppositions réunies. En effet, M. Thiers, M. de Rémusat, M. Dufaure, M. Duvergier de Hauranne, M. Billault, ne veulent-ils pas la guerre avec l'Angleterre ? Les feuilles anglaises ne nous ont-elles pas appris, il y a trois mois, que M. Molé s'était mis dans le parti de la guerre? Heureusement ces calomnies sont usées. Elles ont fait leur temps. Vous ne persuaderez pas à la France que ces hommes honorables, dont le parti conservateur estime le caractère et les talens, puissent s'affliger d'un évènement heureux pour la dynastie de juillet, d'un résultat qu'une politique habile peut tourner au profit de la France. Seulement, ils font entre le voyage du roi et la politique ministérielle une distinction légitime. Si c'est le ministère du 29 octobre qui a reçu le bon accueil de l'Angleterre, si ce sont les concessions de Taïti et du Maroc qui ont provoqué l'enthousiasme britannique, ils déplorent cet humiliant triomphe; mais si c'est le roi, si c'est la France que l'Angleterre a salués de ses acclamations, si les témoignages d'estime et d'affection du peuple anglais se sont adressés à la royauté constitutionnelle de juillet et à la France libérale des quinze années, les hommes que l'on calomnie, que l'on outrage aujourd'hui dans les journaux du ministère, les personnages émineus que l'on dit ligués par une intrigue contre le ministère et la couronne, déclareront que le voyage du roi est un grand évènement, qui trace le chemin de l'avenir en dévoilant toutes les fautes du passé. On ne dira pas pour cela que le ministère est une réunion d'hommes incapables. C'est un vieil argument qu'il faut laisser dans le recueil des attaques très peu parlementaires de 1838 et de 1839. M. Martin du Nord et M. Laplagne ont dû recevoir là-dessus quelques explications amicales de M. Guizot. On ne dira pas que M. Villemain, M. Dumon sont des hommes sans talent, que M. Duchâtel manque de tact et ignore les ressources de la stratégie parlementaire. On ne dira pas certainement que M. Guizot manque d'éloquence, et de ce merveilleux aplomb de tribune qui masque admirablement les situations équivoques et mesquines. Mais on dira que la politique suivie depuis quatre ans a été une politique d'expédiens, peu fructueuse au dedans, stérile au dehors, fâcheuse pour la dignité et les intérêts extérieurs du pays; on dira qu'avec les meilleurs élémens de succès, le ministère a commis plusieurs fautes très graves; on dira que le voyage du roi est la preuve de tout cela, et l'on aura raison.

La décision de la chambre des lords qui a cassé la condamnation de M. O'Connell semble avoir ouvert une phase nouvelle à l'agitation irlandaise. Dès sa sortie de prison, M. O'Connell donna à son langage une modération inusitée. On put d'abord attribuer sa réserve à l'influence des vigoureuses poursuites du gouvernement, qui venaient de le priver pendant plusieurs mois de la liberté. Aujourd'hui, décidément, la prudence est devenue une tactique pour l'agitateur irlandais. Il ne renonce plus seulement à rassembler le fabuleux *meeting* de Clontarf et à demander la mise en accusation de ses juges, il fait un pas en arrière du rappel. Telle est la portée du manifeste qu'il a lancé de Derrynane-Abbey, où il est allé prendre un mois de repos et donner de l'occupation à ses meutes oisives. Dans la longue lettre qu'il a écrite à l'association du rappel, il assigne désormais pour but à l'agitation l'établissement d'une union fédérale entre l'Irlande et la Grande-Bretagne, au lieu de la séparation législative qu'il avait réclamée jusqu'à présent. A nos yeux, le nouveau plan de M. O'Connell n'est pas plus réalisable que l'ancien; aussi nous paraîtrait-il puéril d'en discuter l'économie. Cependant nous ne sommes pas de ceux qui regardent cette feinte retraite comme une faute, ou tout au moins comme un aveu forcé de faiblesse. On dit que la nouvelle attitude de M. O'Connell décourage les membres les plus ardens de l'agitation; il est vrai en effet que M. Duffy, le rédacteur en chef de *la Nation*, qui passe pour l'organe de cette extrême gauche des *repealers* qu'on appelle la *jeune Irlande,* a protesté contre l'adhésion de M. O'Connell au fédéralisme. Mais nous sommes sûrs que des protestations de ce genre ne donnent pas beaucoup d'inquiétude au libérateur; elles ne compromettent pas un instant son influence sur l'Irlande. Nous croyons que l'Irlande ne se fait pas plus d'illusions que M. O'Connell sur la possibilité du rappel ou de l'union fédérale; elle laisse son chef choisir le terrain et le mot d'ordre du combat. La grande tactique de M O'Connell est d'entretenir par tous les moyens dans l'Irlande le sentiment vif et profond de sa nationalité, malgré l'union politique qui l'attache à l'Angleterre. C'est dans ce sentiment qui anime et discipline l'Irlande, que M. O'Connell cherche et trouve sa force de chef de parti. La manifestation qu'il vient de faire en faveur du fédéralisme lui a été inspirée par cette tactique. Il a vu que des membres de l'aristocratie whig hésiteraient moins à se rallier à l'agitation, si elle était couverte de ce drapeau, et il s'est empressé de l'arborer. On dit même qu'il y a eu sur ce point des pourparlers et une sorte de concert entre M. O'Connell et un membre de l'ancien ministère whig, lord Monteagle. Les toriés irlandais eux-mêmes, les anciens orangistes, étonnés, ébranlés, refroidis d'ailleurs envers le ministère actuel, semblent incliner vers un arrangement qui flatterait aussi leur vanité d'Irlandais; c'est de leurs rangs qu'est sorti le plan fédéraliste si vivement adopté par M. O'Connell. M. Grey-Porter, shériff d'un comté où la majorité de la population est protestante, a pris parmi eux l'initiative de ce mouvement. Quant à nous, nous voyons dans ces dispositions des symptômes de force plutôt que des présages d'affaiblissement pour la cause des griefs de l'Irlande que défend M. O'Connell. Cette situation obligera certainement sir Robert Peel à tenir les promesses qu'il a faites à l'Irlande à la fin de la dernière session.

La puissance de ces agitations que tolèrent les mœurs politiques du royaume-uni se fait sentir immédiatement sur le terrain électoral. Ces grandes associations organisées et conduites comme des armées emploient habilement les moyens d'action considérables dont elles disposent à surveiller la confection des listes électorales, la *registration.* L'un des chefs du mouvement irlandais, M. Smith O'Brien, prétendait dernièrement que les efforts des *repealers* doubleraient aux prochaines élections le nombre des représentans que l'Irlande libérale compte aujourd'hui à la chambre des communes. Il vient de se passer en Angleterre un fait remarquable qui montre ce qu'il y a de redoutable pour le gouvernement dans l'influence de ces agitations disciplinées. La ligue qui demande l'abrogation des lois des céréales vient d'ouvrir sa campagne d'hiver à Manchester par un *meeting* monstre. Il y avait près de trois mois que cette ligue ne donnait aucun signe de vie. Les journaux conservateurs demandaient ironiquement de ses nouvelles; mais la ligue n'avait pas perdu son temps pendant sa létargie apparente : elle s'était exclusivement appliquée au travail des listes électorales, et le président du *meeting* de Manchester a pu annoncer avec triomphe les résultats qu'elle a obtenus. Elle s'est occupée des listes électorales de cent cinquante villes, et elle assure que dans soixante-dix elle a augmenté sur les listes le nombre des *free-traders;* mais c'est surtout dans le comté de Lancastre que ses efforts ont été efficaces. Le Lancashire envoie vingt-six représentans à la chambre des communes, dont douze seulement appartiennent aux *free-traders*. Eh bien! la ligue se vante, en citant d'ailleurs le chiffre des électeurs qu'elle a fait inscrire, que, si des élections avaient lieu sur les listes de cette année, le Lancashire enverrait au parlement vingt-un *free-traders,* au lieu de douze. Malgré cette influence, qui sans doute pourrait infliger de rudes échecs à sir Robert Peel dans des élections générales, il n'est pas vraisemblable que l'*anti-corn law league* obtienne cette année des modifications aux lois des céréales. La prospérité dont jouissent cette année l'industrie et le commerce anglais, les bonnes récoltes de l'agriculture, permettront au gouvernement de ne pas se relâcher sur ce point de son attitude conservatrice.

AFFAIRES D'ESPAGNE.

Le ministère espagnol vient de présenter aux cortès un projet de réforme, auquel ni en France, ni dans la Péninsule même, aucun de ses amis ne se pouvait attendre, il y a un mois seulement. Sur ce projet, nous devons franchement exprimer notre opinion. Dans la constitution de 1837, qu'il s'agit de refondre, il y a des articles que, pour notre compte, nous voudrions voir modifier et d'autres que l'on n'en peut retrancher sans inspirer de réelles inquiétudes aux partisans sincères de la monarchie constitutionnelle; mais nous croyons, si l'on considère la réforme dans son ensemble, que le moment n'était point venu de chercher à la réaliser. Les hommes qui aujourd'hui la proposent n'ont pas été constamment unis d'intentions ni d'espérances; bien long-temps, récemment encore, les uns, et c'est le plus grand nombre, l'ont combattue avec énergie; les autres, ceux qui depuis un an n'ont pas cessé de la vouloir en secret, et qui enfin l'ont ouvertement demandée, ont eu à lutter eux-mêmes contre leurs propres hésitations. Il suffira de bien établir comment ceux-ci ont surmonté leurs incertitudes, comment ceux-là ont sacrifié leurs scrupules, pour démontrer que les uns et les autres se sont trop pressés de soulever les discussions périlleuses qui vont s'ouvrir aux cortès.

Les *pronunciamientos* anti-espartéristes ont eu lieu au nom de la constitution de 1837. C'est pour avoir dissous les cortès, qui se proposaient de réorganiser le pays en vertu de cette constitution, que M. Olozaga est tombé. Plus tard, quand les plus anciens membres du parti modéré ont renversé M. Bravo, ils avaient pour principal grief que le jeune président du conseil était demeuré trop long-temps en dehors de la charte. C'est assez dire qu'au mois de mai dernier, la pensée ne pouvait venir à Narvaez ni à ses collègues de refaire l'œuvre des cortès constituantes de 1837. Il faut ici rectifier une erreur qui a jusqu'à ce jour empêché de bien apprécier, de bien comprendre les premières déterminations, les premiers actes du cabinet de Madrid. Au mois de juin, quand M. le marquis de Viluma se vit obligé de renoncer au portefeuille des affaires étrangères immédiatement après en avoir pris possession, le bruit s'est répandu en Europe que M. de Viluma avait tout simplement proposé de substituer l'*estatuto real* à la constitution de 1837. Non, si à Barcelone l'ancien ambassadeur à Londres avait de prime abord émis une telle opinion, nous doutons fort que l'on eût fait venir tout exprès MM. Mon et Pidal de Madrid, pour la discuter en plein conseil. M. de Viluma ne proposait aucune modification à la loi fondamentale de l'Espagne; le débat ne porta que sur les mesures projetées par MM. Mon et Pidal pour la réorganisation de la Péninsule. M. de Viluma entendait que ces mesures fussent promulguées par décrets, sauf à obtenir plus tard l'assentiment des cortès. C'était, en un mot, le système de M. Gonzalez-Bravo, auquel on comprenait bien que l'on ne pouvait revenir.

Quoi qu'il en fût cependant, ce n'étaient pas seulement les intentions présentes, mais, si l'on peut ainsi parler, les intentions ultérieures de M. de Viluma, qui jetaient l'alarme parmi les jeunes membres du parti modéré. Au fond, il ne s'en cache point, M. de Viluma est un pur *estatutiste*; on ne doutait pas que, de proche en proche, il n'en vînt à se déclarer ouvertement en faveur de la charte octroyée à l'Espagne par M. Martinez de la Rosa. Voilà pourquoi, dans la Péninsule, sa retraite excita une joie vive et profonde, à laquelle, en France et dans le reste de l'Europe, s'associèrent les vrais amis de l'Espagne et du régime constitutionnel. Il y eut alors, au-delà des Pyrénées, comme une recrudescence de libéralisme. Pour la première fois depuis dix ans on respirait à l'aise, car la guerre civile avait suscité la dictature d'Espartero, et à la dictature du comte-duc avait, ou peu s'en faut, immédia-

tement succédé celle de M. Gonzalez-Bravo. En vain les journaux de l'opposition exaltée, qui à ce moment-là reparurent, accusaient-ils le gouvernement de méditer une réaction. Sur tous les points où l'*Eco del Comercio* et
le *Clamor publico* soulevèrent la discussion, l'*Heraldo* leur fit subir une réfutation péremptoire. La tâche de l'*Heraldo* était extrêmement facile : elle
consistait, ni plus ni moins, à déclarer que le cabinet Narvaez, jaloux de
suivre une politique toute différente de celle du cabinet Bravo, voulait scrupuleusement se renfermer dans les strictes limites du régime représentatif;
on éprouvait de si grands scrupules qu'on ne voulut avoir rien de commun
avec les cortès qui avaient soutenu M. Gonzale'z-Bravo, et de nouvelles chambres furent aussitôt convoquées. Durant les mois qui s'écoulèrent entre le
décret de dissolution et l'ouverture de la session actuelle, les jeunes hommes
qui, pendant les *pronunciamientos* de juin ou pendant les dernières luttes parlementaires, s'étaient produits sur la scène politique, vinrent en grand nombre
visiter la France et les autres pays constitutionnels de l'Europe, la France
surtout. A Paris même, nous avons vu quelques-uns d'entre eux, ce ne sont
pas les moins considérables, étudier sérieusement nos mœurs politiques et
le jeu normal de nos institutions. Quel que soit le parti qu'ils ont depuis
adopté, que pour eux notre témoignage soit aujourd'hui un éloge ou une
sorte de reproche, peu importe, nous devons le dire, nous qui avons reçu la
confidence de leurs projets ou de leurs vœux : rien dans ces vœux, rien dans
ces projets n'était encore le moins du monde hostile à la loi fondamentale
qu'à cette heure ils ont, pour la plupart, résolu de renouveler.

Il faut s'entendre pourtant; nous ne parlons ici que des dispositions essentielles de la loi fondamentale. Alors déjà, la révision de cette loi était décidée; mais si l'on veut voir combien on était loin de songer à la réforme
actuellement proposée, il nous suffira de rappeler sur quelles questions le
débat politique portait dans les journaux de Madrid. Tout entiers encore
sous l'impression des abus qui, en Espagne, ont de tout temps signalé les
élections générales, et des intrigues par lesquelles se sont compromises les
dernières législatures, les publicistes de Madrid n'étaient frappés que des
vices de la loi électorale; c'était la constitution du congrès et du sénat qu'ils
se proposaient de changer. Comme aujourd'hui, au sénat élu en vertu de la
charte de 1837 ils voulaient substituer un sénat à vie; comme aujourd'hui,
ils voulaient porter de trois ans à cinq la durée des législatures; ce n'est pas
tout, sur ce terrain ils voulaient aller encore un peu plus loin qu'aujourd'hui.
Sous le régime de la constitution de 1837, la nomination des députés a lieu
par provinces, et l'on peut hardiment affirmer qu'en toutes les provinces
les sections diverses dans lesquelles sont obligés de se répartir les votans
ont semblé jusqu'ici prendre à tâche de l'emporter les uns sur les autres par
les violences et les illégalités. Pour en finir avec de tels excès, on était décidé fermement à substituer l'élection par arrondissemens ou par districts à
l'élection par provinces; c'est là précisément que, de la part des journaux

modérés, s'est durant long-temps concentré tout l'effort de la polémique. Vers la fin cependant et, pour ainsi dire, du soir au lendemain, ces journaux cessèrent de demander que sous ce rapport la constitution fût modifiée. Il ne faut pas que l'on s'en étonne : leurs principaux rédacteurs arrivaient de France et d'Angleterre, où ils avaient pu voir les inconvéniens de l'élection par districts, inconvéniens trop saillans et, si l'on peut ainsi parler, trop peu contestables pour qu'il convienne de s'arrêter ici à les définir. Au demeurant, à ce moment-là, il ne s'agissait ni de promulguer, en dehors des chambres, des lois organiques, question immense où tous les principes constitutionnels sont à la fois engagés, — ni d'enlever au jury le jugement des procès de presse; — on eût voulu d'abord réformer la magistrature civile et criminelle, du moins en ce qui touche les juges de première instance, qui prochainement devront connaître de ces procès. Il ne s'agissait pas non plus de supprimer les gardes nationales, on n'avait pas oublié que durant sept ans c'étaient les *urbanos* et les *milicianos* qui avaient le plus contribué à dompter les factieux; par eux encore, on espérait contenir le très grand nombre de soldats et d'officiers carlistes que la convention de Bergara a introduits dans l'armée. Encore moins songeait-on à revenir sur la vente des biens du clergé ou sur les dispositions précises qui, à vrai dire, avaient retranché de la famille régnante l'infant don Carlos et tous les princes de sa race. On se souvient peut-être que le ministère ayant été formellement accusé par les journaux progressistes de vouloir, non pas rétablir les ordres monastiques pour les réintégrer dans leurs immenses propriétés territoriales, non pas restituer au clergé séculier ceux de ses biens déjà vendus, mais tout simplement suspendre la vente de ceux qui n'étaient pas encore aliénes, les journaux du gouvernement s'indignèrent; tous ensemble crièrent à la calomnie. M. Mon lui-même déclara que le cabinet n'avait pu penser à prendre une telle mesure, par la seule raison que la situation des affaires et les dispositions de l'esprit public la rendaient complètement inexécutable. Chaque matin, la *Gazette de Madrid* publiait la liste des domaines de main-morte, des biens nationaux, qui, en dépit des rumeurs alarmantes, continuaient à se vendre; on conviendra que, pour ôter jusqu'aux dernières inquiétudes, on ne pouvait pas s'y prendre d'une plus sûre façon.

A la même époque, on s'en doit souvenir, le bruit courut, comme naguère encore, que le parti dominant préparait les voies à un mariage entre la reine Isabelle et le fils de don Carlos. Dans les journaux modérés, cette imputation souleva une colère véritable, qui fut long-temps à se calmer; l'*Heraldo* publia des protestations éloquentes qui, en Espagne et en dehors de la péninsule, produisirent une impression si grande, que sur-le-champ l'accusation fut abandonnée. Qu'on veuille bien se rappeler le réel dédain qui, en pleine chambre des lords, fit justice des propositions que don Carlos avait transmises à lord Aberdeen; qu'on se rappelle surtout avec quels transports de joie on vit en Espagne, dans les journaux modérés, que sir

Robert Peel refusait de prendre au sérieux les ouvertures du prétendant. Les chances matrimoniales du prince des Asturies parurent alors tellement désespérées, que toutes les conjectures en Europe se portèrent d'un autre côté; un instant, le bruit s'accrédita qu'un prince napolitain, appelé par sa tante, Marie-Christine, se rendrait incognito à Barcelone, et la reine régente lui devait, disait-on, brusquement donner la main de sa fille, sans même prendre l'avis de ceux des ministres demeurés à Madrid. Nous ne voulons pas scruter les intentions de Marie-Christine; ce que nous savons bien, c'est que, de la part de Narvaez et de ses journaux, la répugnance contre le mariage de la reine Isabelle avec le prince des Asturies n'était pas alors et aujourd'hui même, nous le voulons croire, n'est pas le moins du monde affectée. A cette époque précisément, quelques-uns des publicistes influens qui rédigent ces journaux se trouvaient à Paris, et par eux-mêmes nous avons entendu parfaitement déduire les raisons péremptoires qui devaient empêcher toute transaction avec la famille du prétendant. Assurément, si jamais le fils du prince que l'on a sept ans combattu en Navarre s'assied sur le trône à côté de la reine Isabelle, ce n'est point se montrer pessimiste que de prédire de nouveaux périls à l'immense majorité des membres du parti modéré. Il y a trois mois, c'est notre conviction, on n'eût pas songé à leur demander un vote en vertu duquel le gouvernement pourra marier la reine sans même les consulter.

Le projet de réforme que le ministère a présenté aux cortès sera tout entier combattu par une fraction considérable du parti modéré, à la tête de laquelle se sont placés déjà MM. Isturiz, Pacheco, Olivan, Concha, etc., que secondera la parole puissante de M. Alcalá-Galiano, si le premier orateur de l'Espagne consent à venir occuper son siége aux nouvelles cortès. Tous les articles de ce projet ne seront pas défendus avec la même fermeté par le cabinet Martinez de la Rosa; il en est deux pourtant, s'il en faut croire des informations qui ne nous ont jamais trompés, qu'à toute force il imposera aux chambres, et ce sont précisément ceux qui, dans le pays et au sein même du parti conservateur, soulèvent les plus grandes répugnances : l'article par lequel le gouvernement pourrait marier la reine sans prendre l'avis des cortes, et celui qui, chargeant l'état d'une façon vague et générale de subvenir aux besoins du clergé, pourrait l'enhardir à réintégrer le clergé dans la possession de ses biens à vendre ou déjà vendus, sinon même à lui conférer des priviléges spéciaux incompatibles avec les mœurs et les idées de ce temps. Nous constatons toutes les craintes, même celles qui nous paraissent le plus exagérées. Nous sommes loin, on le voit, des déclarations de Barcelone; ici commence pour le ministère une phase absolument nouvelle : c'est M. Martinez de la Rosa, — nous ne voulons parler que de personnages portant la responsabilité de leurs actes, — qui l'a déterminée par son retour à Madrid. Dès le lendemain de son arrivée, M. Martinez de la Rosa s'est mis en devoir de surmonter les hésitations de Narvaez et les résistances de MM. Mon et Pidal. Un si complet changement de front imprimé à la politique du gouvernement jeta une perturbation profonde parmi les journaux ministériels, qui prirent parti selon que, par leurs principes ou par leurs intérêts, ils se rapprochaient de tel ou tel autre membre influent du cabinet.

A ce moment, si Narvaez avait trop long-temps hésité, nous sommes sûrs, — car là-dessus nous avons des renseignemens positifs, — que son existence politique eût été sérieusement menacée. Narvaez céda, et dès-lors, avec plus d'énergie que M. Martinez de la Rosa lui-même, il combattit au conseil les répugnances anti-réformistes de MM. Mon et Pidal. Dans les journaux du cabinet, la polémique devint plus blessante et plus personnelle. Cette fois, ce ne furent plus les idées des ministres, mais bien leurs sentimens particuliers, qui la défrayèrent; sans ménagement, sans détour, l'*Heraldo* attaquait M. Mon, au nom duquel le *Globo* reprenait vigoureusement l'offensive contre le général Narvaez. Les divisions des membres du cabinet avaient désuni les principaux écrivains de la presse ministérielle : il n'est pas étonnant qu'à son tour la polémique de ceux-ci ait réagi dans le sein du conseil; elle y excita des transports de colère qui enfin aboutirent au plus fâcheux éclat. Un journal de Paris a raconté que, le jour où M. Mon publia ses derniers décrets de finance, Narvaez en conçut un si grand dépit, qu'en plein conseil il jeta la *Gazette de Madrid* à la tête de M. Mon. Au fond, ce récit ne manque point d'exactitude; mais le journal français se trompe, et c'est là le point capital, sur la cause des emportemens de Narvaez. Ce ne furent point les réformes financières de M. Mon qui mirent ainsi hors de lui-même le général Narvaez, mais bien les attaques incisives et pénétrantes dont celui-ci était l'objet dans le *Globo,* le journal de M. Mon; ce n'est point la *Gazette de Madrid,* mais le *Globo,* qu'il jeta à la tête du ministre des finances. Sur un autre point, le journal auquel nous faisons allusion nous permettra de rectifier encore son récit. Il n'est pas exact de prétendre que M. Mon, dont la Péninsule entière apprécie le caractère ferme et résolu autant que l'habileté financière, ait dévoré en silence une si grave insulte; qu'il nous suffise de dire qu'entre lui et Narvaez la médiation des autres ministres s'est exercée de telle manière, que sa considération personnelle n'en a pas le moins du monde souffert. Au reste, cette violente scène produisit au palais une si vive impression, qu'on se décida un instant à ne point soulever les discussions politiques aux cortès, et à ne s'occuper d'abord que des lois d'intérêt positif. Une pareille détermination ne fut pas de longue durée; c'est à peine si les journaux eurent le temps de la rendre publique. Vingt-quatre heures plus tard, M. Martinez de la Rosa était remis de ses alarmes, ou, si l'on veut, de son émotion, car le lendemain le projet de réforme fut apporté au congrès. Cette fois, comme Narvaez avait cédé à M. Martinez de la Rosa, M. Mon, à son tour, craignant sans doute qu'à un tel moment sa retraite n'entraînât de funestes conséquences pour la monarchie même, céda au général Narvaez.

M. Martinez de la Rosa est un homme de bonne foi; de tous ceux qui l'ont pu connaître, il n'en est pas un qui, sous ce rapport, ne lui rende justice. Il était de bonne foi en 1814, quand ses démonstrations vraiment libérales lui valurent une condamnation aux présides d'Afrique; en juillet 1822, quand, sans le savoir, il seconda les plans réactionnaires du roi Ferdinand VII; en 1834, quand il octroya à l'Espagne le timide et incomplet *estatuto real;* en décembre 1837, le jour où il déclara, dans les premières cortès élues en vertu de la charte qu'on va refondre, que, s'il n'avait point voté cette charte, il pouvait du moins affirmer qu'on l'avait faite avec ses idées. Maintenant enfin qu'il propose de remanier la constitution de 1837, M. Martinez de la Rosa, nous en sommes pleinement convaincus, est animé des meilleures intentions. Les imprudences de M. Martinez de la Rosa ont pour cause l'exagération d'un principe auquel nous-mêmes nous sommes profondément dévoués. Le membre dirigeant du cabinet de Madrid s'imagine qu'à l'époque où nous sommes, il faut avant tout se préoccuper de donner le plus de force possible au pouvoir monarchique; c'est pour cela sans doute qu'il se croit autorisé à changer, non pas précisément d'opinion, mais de langage, selon que changent les circonstances. En 1837, à la constitution de 1812 proclamée par une soldatesque en délire, il préférait tout naturellement la charte nouvelle; mais pour M. Martinez de la Rosa les préférences varient suivant les termes de comparaison. Aujourd'hui, en sacrifiant la constitution de 1837 à une loi fondamentale beaucoup moins avancée, il ne croit pas, nous en sommes sûrs, se montrer inconséquent. M. Martinez de la Rosa est de ceux qui pensent que, le roi Philippe V ayant très illégitimement introduit la loi salique en Espagne, le roi Ferdinand VII la pouvait très légitimement abolir, et que, par cette raison, la vraie, la *légitime* souveraine de l'Espagne, c'est la reine Isabelle, à l'exclusion formelle de l'infant don Carlos. M. Martinez de la Rosa se trompe : ce n'est pas la pragmatique de Ferdinand VII, mais bien la révolution de 1833 qui a fait la réelle force de la reine Isabelle; dans le cas même où Ferdinand VII n'eût point fait cette pragmatique, il est plus que douteux qu'en 1833 l'Espagne eût accepté pour roi le chef du parti apostolique. Il est donc impolitique, si peu d'années après 1833, de toucher au préambule d'une constitution qui place la volonté nationale non pas au-dessus, mais tout à côté de la monarchie, pour constater son origine populaire, sa véritable légitimité; il est impolitique d'alarmer, à quelque degré que ce soit, l'opinion publique, au sujet d'un rapprochement entre la reine constitutionnelle et le prince exclu du trône, non pas tant par le testament de son frère que par les invincibles répugnances de la nation. Il nous semble que sur ce dernier point sept ans de guerre civile devraient suffire pour former toutes les convictions. Vers le milieu de 1837, don Carlos parvint, avec son armée, jusqu'aux portes de la capitale. Ouvert de toutes parts, Madrid était sans troupes; sur les hauteurs qui avoisinent les faubourgs, on pouvait voir les bandes de Biscaye et de Navarre. A un moment si critique, il ne vint à l'esprit de personne que le prince rebelle pénétrât en maître dans la capitale de la monarchie : c'est que dans toutes les rues, sur toutes les places publiques, le peuple entier était descendu en armes, décidé à se faire tuer plutôt que de le reconnaître pour son roi; c'est que les députés eux-mêmes, qui précisément venaient de le déclarer incapable de succéder à la couronne, parcouraient la ville nuit et jour, organisés en bataillon, le fusil en main, conduits par M. Isturiz, par M. Olozaga, par M. Madoz, par M. Castro y Orozco, par des hommes appartenant à toutes les fractions de l'opinion constitutionnelle. Parmi eux, il n'en était pas un qui ne fût prêt à mourir sous les premières balles des factieux. Au nom de sa fille, Marie-Christine témoignait alors pour un tel enthousiasme d'une sincère et vive reconnaissance. Se pourrait-il que dans son palais on pensât aujourd'hui à une transaction avec le prétendant?

Cette question est la plus grave qui, au-delà des monts, agite les esprits. A diverses reprises, le bruit s'est répandu en Europe qu'une influence que nous ne voulons pas définir, mais qui, en dernier résultat, se doit exercer profondément et sur le présent et sur l'avenir de l'Espagne, prépare de longue main entre la jeune reine et le fils du prétendant une alliance dont se trouveraient mal infailliblement les principes de la révolution. Par ses journaux, le gouvernement oppose à cette imputation d'énergiques démentis que nous croyons parfaitement sincères. Les ministres eux-mêmes, comme vient de le faire au sénat M. Martinez de la Rosa, affirment qu'elle n'a pas le moindre fondement. Nous acceptons la déclaration de M. Martinez de la Rosa, et nous lui conseillons, pour notre compte, de la renouveler, en termes plus nets et plus précis, à la tribune du congrès. Nous désirons vivement que cela suffise pour rassurer l'opinion. Jusqu'ici, il faut bien le dire, déclarations et démentis ont été impuissans à lui ôter ses inquiétudes; un instant apaisées, les alarmes se sont reproduites aussi vives que jamais, toujours de nature à compromettre la paix publique. Nous le demandons encore une fois, est-il bien politique de solliciter en ce moment des cortès un vote par lequel elles abandonnent au gouvernement le soin exclusif de marier la reine? Au fond, ce ne sont point ici les dispositions particulières de tel ou tel ministère qui importent; depuis qu'on s'inquiète jusque dans le sein du parti modéré de l'influence dont nous venons de parler, combien de ministères se sont succédé en Espagne, différant tous les uns des autres par les principes et par les intentions! Que M. Martinez de la Rosa soit, en effet, hostile à un projet d'alliance entre la reine Isabelle et le prince des Asturies, est-ce là pour l'avenir une garantie suffisante? M. Martinez de la Rosa peut-il se porter caution pour le libéralisme ou le patriotisme du ministère qui tôt ou tard remplacera celui qu'il dirige? Peut-il répondre, en un mot, que ce ministère n'abusera pas du vote de confiance qu'il va demander aux cortès?

Nous ne sommes pas les adversaires des hommes qui gouvernent l'Espagne; que les cortès leur accordent la réforme de la charte de 1837 ou la leur refusent, nous faisons des vœux sincères pour qu'ils se maintiennent au pouvoir et s'y affermissent. On se rappelle sans doute avec quelle énergie nous nous sommes prononcés contre les espartéristes; assurément, ce n'est pas aujourd'hui que nous voudrions revenir sur leur compte à d'autres sentimens. Le parti progressiste ne nous paraît pas en état de gouverner la Péninsule; en formant aux cortès une opposition constitutionnelle, ses chefs auraient pu rendre au pays de réels services, et nous leur avons reproché d'avoir manqué à une telle mission. Le parti modéré est le seul qui, à notre avis, soit capable de régénérer l'Espagne : voilà pourquoi nous regrettons qu'au lieu de procéder, de concert avec les chambres, à une œuvre de réorganisation sur laquelle, par delà les Pyrénées, tous les esprits éclairés s'entendent, il soulève des débats où vont se produire encore et s'exalter les passions politiques. Ce n'est pas tant de la réforme elle-même qu'en ce moment nous nous préoccupons, que des périls qu'elle peut susciter. Voici dix ans déjà qu'en Espagne tous les esprits sont en proie à une surexcitation excessive. Pour les calmer, il suffirait de prouver, nous le croyons, qu'on veut enfin réaliser les réformes d'intérêt positif qui feront descendre le bienêtre dans les dernières classes de la population. Il y a quelques mois à peine, tout le monde pensait, en Europe, que le parti dominant était sur le point d'entreprendre et de mener à bonne fin ces réformes. Pourrait-on en dire autant aujourd'hui?

V. DE MARS.

LA RÉVOLUTION

ET

LES RÉVOLUTIONNAIRES EN ITALIE.

—

PREMIÈRE PARTIE.

I. — LES RÉPUBLIQUES DU DIRECTOIRE.

Engagée depuis cinquante ans dans la carrière révolutionnaire, l'Italie se trouve encore sous la domination de l'Autriche et du saint-siége. Durant cette période d'un demi-siècle, elle a présenté les plus étranges contrastes, elle a traversé les phases les plus diverses. L'Italie a reçu les lois françaises sans tenter un effort pour les repousser, et les a perdues sans faire un pas pour les défendre; des insurrections ont éclaté sans rencontrer aucun obstacle, de terribles réactions les ont étouffées sans provoquer la résistance. A diverses époques, on a désespéré du sort de l'Italie : d'abord après la bataille de Waterloo, ensuite en 1821, puis en 1831, on a cru voir commencer l'agonie politique de la péninsule. Aujourd'hui même, le langage de quelques révolutionnaires respire le désespoir : « Conspirons, disent-ils, insurgeons-nous; ce sera sans succès, nous succomberons, et au moins de nouvelles victimes serviront à entretenir la haine des peuples contre

les gouvernemens. » Malgré ces cris de détresse, malgré ces sinistres
paroles, toujours on a fini par renaître à l'espoir, toujours les conspirations ont recommencé, et avec elles de nouveaux combats, de nouvelles réactions auxquelles les populations ont assisté avec la même
indifférence. L'apathie des peuples italiens, l'activité malheureuse des
conspirateurs, la cruauté infatigable des gouvernemens, l'héroïsme des
victimes, la faiblesse des combattans, tout étonne au-delà des Alpes.
L'Italie est un pays d'exception. Pour l'expliquer et pour apprécier les
forces actuelles du parti libéral, il faut remonter à l'époque où il a été
légalement constitué par la révolution française.

Avant 1789, il y avait en Italie quatre espèces de gouvernemens :
la domination autrichienne dans les duchés de Milan et de Mantoue, la
théocratie dans les États Romains, la république du moyen-âge à Venise, à Gênes, à Lucques et à Saint-Marin; le reste de l'Italie était
soumis à des princes indépendans. De là quatre influences distinctes
qui se croisaient sur tous les points de la péninsule. L'Autriche, au
commencement du XVIIIe siècle, avait essayé de ressusciter en Italie
toutes les prétentions impériales des anciens temps; plus tard, Joseph II
fondait la bureaucratie autrichienne, se déclarait le premier employé
de l'état, et se mettait ainsi à la tête d'un mouvement hostile à la féodalité et au clergé. Suivant une impulsion qui d'ailleurs venait de la
France, les ducs de Parme et de Modène combattaient les prétentions
de l'église et les privilèges de l'aristocratie; le grand-duc de Toscane
donnait un code à ses états, et soutenait l'évêque de Pistoie contre le
saint-siége. Dans les républiques, le patriciat s'était emparé du gouvernement, identifié avec l'état, et la démocratie ne trouvait pas
même l'appui douteux du despotisme éclairé. Venise avait acquis la
conscience qu'il ne lui était possible, ni de se réformer, ni de durer,
et qu'elle devait périr avec l'inquisition et le conseil des Dix. Gênes
restait immobile après le violent effort de ses plébéiens contre les
troupes impériales; Lucques était encore protégée par des juges étrangers et par la censure antique du Discolat, sorte d'inquisition demi-
politique, demi-religieuse. Les deux monarchies italiennes faisaient
exception, même parmi les princes italiens. La monarchie piémontaise,
en opposition à l'Autriche, se piquait d'être dévote et féodale : sa population ne voulait être ni italienne, ni française; son roi, Charles-
Emmanuel, faisait plus de cas d'un tambour que d'un savant, et le
Piémont ne conservait son attitude militaire qu'au prix d'une dette
publique de 120 millions. Le gouvernement de Naples résumait tous
les extrèmes de la civilisation et de la barbarie : on le voyait, d'une

part, supprimer les dimes, les couvens, les priviléges du clergé, expulser les jésuites, séculariser d'un seul coup l'enseignement, au grand scandale des évêques, et de l'autre, décréter la peine de mort contre les francs-maçons, interdire la lecture de Voltaire sous peine de trois ans de galères, et punir par six mois de prison la lecture de la *Gazette de Florence.* Tandis que le ministre Tanucci forçait les nobles à se fixer à la cour, projetait des codes, protégeait Filangieri, la vingt-septième partie seulement du royaume était affranchie, en 1789, des liens de la féodalité; on comptait encore mille trois cent quatre-vingt-quinze droits féodaux sur les choses et les personnes; la justice était livrée au désordre de douze législations toutes vivantes, et dont l'une remontait à la conquête normande. La Sicile ne se distinguait de Naples que par une barbarie plus profonde : en 1724, les trois inquisiteurs de Palerme avaient encore brûlé deux victimes en présence de vingt-six prisonniers de l'inquisition. Quant à la théocratie romaine, affaiblie, attaquée dans toute l'Europe, décréditée en Italie, elle conservait toutes les idées, les mœurs, les prétentions du moyen-âge. Dans les vingt-cinq dernières années du xviiie siècle, les tribunaux avaient enregistré dix-huit mille assassinats; la législation romaine se composait de quatre-vingt-quatre mille lois. Aux yeux de la cour de Rome, Naples, Milan, Gênes, Parme, Modène, la Toscane, étaient des états révolutionnaires, et Pie VI n'épargnait ni conseils, ni remontrances, ni démarches, pour exciter une réaction religieuse sur tous les points de l'Italie.

Telle était la situation du pays, livré à une crise lente, irrégulière, pleine d'incidens et de contrastes. Partout les idées du xviiie siècle pénétraient, et partout elles formaient des opinions, des tendances, sans constituer un parti politique. Le libéralisme des encyclopédistes se traduisait par des réformes administratives, et ne réveillait pas la bourgeoisie; il protégeait le tiers-état contre la noblesse et le clergé, mais ne lui donnait ni force, ni action politique; exploité dans les cours comme moyen de popularité, il était persécuté dans les livres et frappé de mort dans les sociétés de francs-maçons avant d'avoir tenté le moindre mouvement politique. Bon nombre d'écrivains et de poètes s'étaient ralliés aux principes libéraux, mais leur influence était à peu près nulle, et ils étaient vaincus par la littérature vide et sonore des faiseurs de sonnets et de chansons. A cette époque, l'Italie était encore le pays aux quatre-vingt mille moines, la terre d'adoption des sigisbées et des bandits : des armées d'aventuriers représentaient sa puissance militaire, et la direction morale appartenait à des gouver‐

nemens qui se fondaient sur l'inquisition politique, en tolérant quelquefois l'assassinat. L'élan des républiques était vaincu depuis cinq
cents ans, la tyrannie brillante des seigneurs avait cessé depuis deux
siècles : il ne restait plus des anciens temps que la division, la ruse,
le despotisme, et ces ressources gouvernementales qui avaient été
mises en œuvre pour étouffer les grandes révolutions du moyen-âge
et de la renaissance. Au reste, il n'y avait point d'unité, point d'Italie,
point de haine nationale contre la domination étrangère, et la plus
profonde dépravation régnait dans les habitudes politiques de la péninsule.

A l'apparition de l'armée française, la scène change : le despotisme
éclairé des princes recule dans la voie des réformes, il s'empresse
de rendre à la cour de Rome les droits qu'il lui avait enlevés. D'un
autre côté, la bourgeoisie s'empare des idées nouvelles pour réclamer
une transformation complète du système des gouvernemens, et comme
tout lui est refusé, le libéralisme devient républicain. A peine Bonaparte était-il entré en Piémont, que des milliers de jacobins se jetaient
dans les conspirations : en 1798, on comptait six mille exilés piémontais prêts au combat; les prisons regorgeaient de révolutionnaires, et
l'insurrection avortée de Domodossola livrait aux autorités piémon-
taises cent victimes qu'on faisait passer par les armes. Priocca, ministre
de l'intérieur, s'efforçait de conjurer l'orage : il fanatisait quelques
bandes de paysans, il accordait l'impunité aux assassins des Français
et des jacobins; mais ces tristes moyens ne pouvaient prolonger la
lutte, et bientôt le roi de Piémont se voyait forcé d'abdiquer.

La victoire avait été plus rapide en Lombardie : les Autrichiens
vaincus, le duché succomba sans résistance; la république cisalpine
triompha, grace à une génération nouvelle de révolutionnaires complètement inconnus en 1789. Bergame, Bresse, Crema, Vicence, ne
tinrent pas devant le mouvement général, et se soulevèrent d'elles-
mêmes contre le patriciat de Venise. Vérone voulut résister; un capucin provoquait le peuple à délivrer l'Italie des barbares; la populace
se jetait sur les Français, sur les juifs, n'épargnait pas les hôpitaux,
et tentait le pillage du trésor public. Cette échauffourée ne fit qu'attirer la vengeance de Bonaparte sur Venise, et bientôt la république
se trouva à la merci des démocrates, qui la livrèrent aux troupes françaises le 12 mai 1797. L'aristocratie de Gênes succombait dix jours
plus tard, le 22 mai de la même année. Soutenue d'abord par la populace, elle avait dû céder ensuite à Bonaparte, et n'opposa plus aux
armées françaises que les rassemblemens des paysans d'Abaro et de

Polcevera, dispersés facilement par le général Duphot. Lucques, à son tour, fut conquise à la démocratie en 1799. Trois ans auparavant, la révolution avait pénétré à Reggio, et de là elle passait à Modène, déjà abandonnée par le duc. Les États Romains avaient déjà perdu Bologne et Ferrare, qui s'étaient révoltées contre le gouvernement pontifical, lorsqu'en 1799 l'armée française arriva sous les murs de Rome, et proclama la république sans rencontrer d'autre opposition qu'une émeute de Transteverins. A Naples, les conspirations des libéraux avaient commencé en 1791, et avaient pris un développement considérable en 1795. En 1799, la police dressait une liste de vingt mille suspects. En présence des manifestations libérales, le roi se jeta dans une réaction théocratico-féodale, ordonna des persécutions, pilla les banques publiques pour lever une armée, et crut que le moment était bien choisi pour écouter les conseils de l'Angleterre et provoquer l'armée française dans les États Romains. A la première rencontre, cinquante mille Napolitains se débandèrent; le roi s'enfuit à Naples, puis en Sicile, et le général Championnet marcha sur Naples avec un corps de huit mille hommes. La populace de Naples, plus royaliste que le roi et que les fonctionnaires, voulut résister aux Français; elle fut héroïque, mais les libéraux napolitains, dont la cause était celle de la France, la foudroyèrent avec les batteries du fort Saint-Elme, et la populace, prise entre deux feux, dut céder. La soumission de Naples entraîna peu à peu celle des provinces, et ainsi fut achevée l'invasion de la péninsule. .

Le résultat apparent de cette première révolution fut d'établir en Italie le régime démocratique. Toute la péninsule se couvrit de républiques, tous les états se réorganisèrent sur le modèle de la république française. C'était à Naples la république parthénopéenne; les États Romains formaient la république romaine; dans la Haute-Italie, on constituait les républiques cisalpine, cispadane, transpadane, ligurienne, vénitienne; le Piémont s'unissait à la France. Le résultat réel et décisif de l'invasion fut de changer les données de la politique italienne, et de séparer nettement les trois partis qui depuis cinquante ans se développent et se combattent en Italie.

Le plus fort de ces trois partis était alors, comme aujourd'hui, celui des anciens gouvernemens. Il ne lui avait manqué que d'agir avec ensemble pour comprimer l'essor révolutionnaire et combattre avec succès l'invasion française; mais les princes, les républiques et la cour de Rome, en résistant à Bonaparte, n'avaient écouté que les conseils de la vieille politique italienne. Rien n'était plus contraire à l'unité que cette politique. La cour de Rome se croyait au moyen-âge; Venise, fidèle à ses vieilles traditions, préférait la neutralité; le gouvernement de la Toscane cherchait des alliances, selon sa constante habitude, et s'alliait avec la France; le Piémont suivait ses penchans militaires et livrait des batailles; Naples flottait entre la violence et la peur. On avait tenté plusieurs fois de concilier entre elles ces tendances diverses. Le cardinal Orsini avait proposé à Rome une ligue exclusivement italienne : en 1791, la cour de Turin insistait pour l'étroite union du Piémont, de l'Autriche, de Venise et des autres puissances de l'Italie; en 1793, le même projet d'une ligue universelle était proposé par la reine Caroline, au point de vue des intérêts napolitains : toutes ces tentatives échouèrent, et les gouvernemens étant restés dans leur isolement, l'Autriche seule livra des combats sérieux. Si on avait agi avec ensemble en secondant l'Autriche, si partout on avait immédiatement imité la cour de Naples, qui armait les basses classes, l'Italie, qui se trouvait défendue du côté de la mer par l'Angleterre, pouvait opposer à Bonaparte une armée de trois cent mille hommes soutenue par les bandes de paysans, et c'est à peine si les révolutionnaires italiens auraient pu se montrer; mais les gouvernemens, nous le répétons, agirent sans concert et furent renversés. Toutefois, une chance leur restait de reprendre l'avantage : on pouvait tenter une croisade contre-révolutionnaire et réaliser, n'importe à quel prix, cette ligue italo-autrichienne que Naples et le Piémont avaient si vivement sollicitée. On profita de cette chance, et la ligue se réalisa : la vieille Italie oublia ses dissensions intestines; les royalistes s'unirent entre eux et donnèrent la main aux patriciens des républiques, aux prélats du saint-siége. Le patronage de l'Autriche, appuyée par l'Angleterre et la Russie, fut accepté sans réserve. Ainsi, bien qu'ils fussent les vaincus en apparence, les royalistes demeurèrent les plus forts en réalité. Ils pouvaient compter sur ces nobles que la république insultait, sur ces prêtres qu'elle scandalisait, sur ces masses qui s'étaient soulevées à Vérone, à Pavie, à Binasco, à Lugo, à Rome, à Naples, sur ces paysans du Piémont et des autres parties de l'Italie où les soldats français étaient assassinés. La Sardaigne appartenait encore à Charles-Emmanuel, la Sicile à Ferdinand IV; l'Autriche se préparait à la lutte, et l'Europe se liguait contre la France.

Tandis que le parti absolutiste s'appuyait sur la coalition européenne, le parti démocratique avait pour allié le directoire. Un singulier bonheur avait marqué l'avènement de ce parti. En trois ans, on l'avait tiré du néant pour lui livrer la domination de l'Italie; il était le

maître du champ de bataille; les couvens, les priviléges de la noblesse,
la domination temporelle de l'église, les institutions de l'absolutisme,
l'influence de l'Autriche, tout avait été remplacé par une confédération démocratique qui enveloppait la péninsule. C'était trop de
bonheur : évidemment les républicains avaient plus de pouvoir que
de force réelle; les masses restaient indifférentes ou hostiles aux nouvelles institutions; quelques fêtes civiques ne pouvaient pas changer
en peu de jours les anciennes croyances, souvent même elles les irritaient au lieu de les vaincre. D'ailleurs, pour se maintenir, il fallait
de l'argent et des soldats : les républicains pouvaient-ils créer d'un
seul coup les finances et l'esprit militaire? Bref, leurs ressources se
réduisaient à l'enthousiasme révolutionnaire et à l'appui de l'armée
française. Or, l'enthousiasme les aveuglait sur leurs propres forces;
disposés à tous les sacrifices, ils ne pouvaient croire qu'on ne partageât
point leur héroïsme et qu'on préférât sincèrement la tyrannie à la liberté. Quant à l'armée française, c'était une armée étrangère; à son
arrivée, elle avait frappé d'énormes contributions sur toutes les villes,
et, plus tard, elle subordonnait tous les intérêts italiens à ceux de la
France. En 1798, Trouvé et Riveau altéraient de vive force la constitution de la république cisalpine, puis le parti français enlevait le Piémont à l'Italie; enfin, Bonaparte, en sacrifiant Venise, avait humilié
tous les patriotes et soulevé l'indignation de huit millions d'Italiens.
Chaque jour, l'influence française blessait ceux mêmes qu'elle protégeait. Là était la faiblesse du parti démocratique, là aussi le germe
d'une tendance nouvelle défendue par un nouveau parti. A côté des
absolutistes et des démocrates, il y avait les hommes sincèrement attachés à l'indépendance italienne, également opposés à l'influence
française et à l'influence autrichienne, également hostiles à la démocratie pure et à l'absolutisme.

Le parti national italien s'était déjà manifesté en 1796 par l'association de la *ligue noire*, dont Bologne était le centre. La ligue noire
comptait de nombreux adhérens dans les administrations, elle s'étendait à Rome et dans la Basse-Italie; mais elle ne produisit d'autre effet
que d'effrayer les polices des anciens gouvernemens. La *société des
Rayons*, qui se forma en 1798, exerça une influence plus active et
plus étendue; son but était d'obtenir l'indépendance de l'Italie et de
tempérer les excès démocratiques par l'ascendant d'un patriciat républicain comme celui de Gênes et de Venise. Cette fois encore,
l'impulsion partait de Bologne, et se propageait dans l'Italie centrale
et dans le royaume de Naples. A Naples, il y eut bientôt un club anti-

français; en Lombardie et en Piémont, le parti italien combattit ouvertement les patriotes du parti français. Toutefois ces efforts devaient rester stériles. La ligue noire, la société des Rayons, les partisans de la modération et de l'isolement national, ne pouvaient jouer aucun rôle dans la lutte qui allait s'ouvrir. Au fort de la mêlée, il n'y a pas de modération possible. Quel fut le sort des partisans de l'indépendance? Les uns moururent dans les rangs des Autrichiens, les autres se retrouvèrent plus tard dans les rangs du parti français.

Ainsi l'Italie, en 1799, était partagée entre des royalistes soumis à l'Autriche et aux alliés, des démocrates placés sous la protection de la France, et des partisans de l'indépendance italienne qui n'avaient aucun appui. Les républiques ne se maintenaient que grace à la présence de l'armée française. Tel était cependant l'aveuglement des démocrates, qu'ils attendaient avec impatience le moment où les Français repasseraient les Alpes. Les républicains de Naples voyaient avec joie Macdonald quitter cette ville; ils croyaient que toutes les vertus napolitaines se manifesteraient dès que le pays serait délivré de la présence des troupes étrangères. Ces illusions généreuses furent bientôt dissipées.

A la retraite des armées françaises, la Haute-Italie tomba au pouvoir des Autrichiens unis aux Russes; la Basse-Italie fut envahie par les Russes et les Anglais. Le roi de Sardaigne remonta sur le trône au milieu des pillages et des massacres; un moine, nommé Branda, avait réuni des bandes de paysans qui s'appelaient *l'armée chrétienne,* et dans ses prières, il appelait la protection de la sainte Trinité sur la Russie, l'Autriche et la Turquie, alliées de Charles-Emmanuel. Les Russes ravageaient les villes de la Lombardie, les Autrichiens détruisaient la république cisalpine, et l'empereur François II condamnait d'un seul coup quatre cents patriotes à traîner les barques aux bouches de Cattaro. En Toscane, les prêtres et les paysans donnaient la chasse aux jacobins. Le pape rentrait dans ses états, appuyé par une armée russo-napolitaine et par les *briganti,* qui massacraient sans pitié les partisans de la république. Les réactions de la cour de Naples prirent, on le sait, des proportions gigantesques. Le cardinal Ruffo, à la tête d'une troupe de paysans et de brigands soutenus par les forces de l'Angleterre et de la Russie, bloquait dans la capitale tous les partisans de la république parthénopéenne. Les républicains capitulaient avec Ruffo, et la capitulation était violée. Trente mille personnes étaient emprisonnées, trois cents victimes illustres trouvaient la mort sur l'échafaud; six mille républicains périssaient dans les combats ou les supplices; sept mille suspects se voyaient condamnés à l'exil ou réduits à la fuite; on bannit jusqu'à des enfans de douze ans. Pendant quelques jours, la populace avait poursuivi les jacobins dans les maisons; plusieurs d'entre eux s'étaient réfugiés dans les égouts, et on les y avait traqués. Pour exciter la rage de la populace, on accusait les libéraux d'avoir voulu pendre tous les lazzaroni; ceux-ci firent d'innombrables visites domiciliaires, et massacrèrent tous ceux chez qui ils trouvaient un bout de corde. La peur seule ramena le roi Ferdinand à la clémence. On apprit que Bonaparte était revenu d'Égypte, et dèslors Ferdinand, effrayé de sa propre cruauté, fit brûler les archives de tous les procès politiques.

C'est ainsi que se termina la première période de la révolution italienne : le mouvement rétrograde des gouvernemens effrayés par la révolution française, les victoires de Bonaparte, la réaction révolutionnaire des patriotes contre les gouvernemens, l'union du parti démocratique avec l'armée française qui occupait de cette manière toute la péninsule, la fondation des républiques, enfin l'avénement d'un parti national voulant accomplir la réforme sans l'appui de la France, voilà le mouvement italien de 1791 à 1799. N'oublions pas que le libéralisme n'avait auparavant presque aucune représentation officielle : comment avait-il triomphé? Par les conspirations; les conspirations de Naples, de Venise, du Piémont, de Gênes, voilà quelle était sa première ressource nationale. Or, les patriotes qui avaient triomphé par surprise, une fois laissés à eux-mêmes, malgré l'action des lois révolutionnaires, se trouvaient à l'état de faction. L'enthousiasme républicain n'enfanta pas des armées, il ne tint pas devant les alliés, et les patriotes, hardis dans les conspirations, impuissans sur le terrain des affaires, condamnés à commettre toutes les fautes d'un parti faible qui veut rester modéré, furent entourés, enveloppés et emprisonnés comme des conspirateurs, et enfin livrés aux brigands qui appuyaient les sbires. Cette fois au moins ils furent sublimes dans le martyre. En France, c'était la démocratie, la convention qui régnait par la terreur; en Italie, les républiques étaient inoffensives : c'est l'absolutisme qui s'imposa par les massacres. Ainsi, d'un côté des conspirateurs, de l'autre des inquisiteurs et des bandits : nous voilà bien en Italie.

II. — NAPOLÉON ET LE ROYAUME D'ITALIE.

Cette hideuse restauration de 1799 déconsidéra les gouvernemens italiens, et, à la seconde invasion, l'armée française ne rencontra sur

son passage que les troupes de l'Autriche. Le Piémont fut incorporé
de nouveau à la France; la république cisalpine devint le royaume
d'Italie; la Toscane et les autres parties de l'Italie centrale se trans-
formèrent en principautés de l'empire français; Venise fut reprise à
l'Autriche en 1806; dans la même année, Joseph soumettait le royaume
de Naples, et ne trouvait de résistance nulle part; Fra Diavolo et les
autres chefs des bandes napolitaines ne pouvaient plus recruter de
nouveaux partisans pour combattre l'invasion; enfin, en 1809, Napoléon n'eut qu'à prononcer la déchéance du pontife pour transformer
sans secousse la capitale du monde chrétien en un chef-lieu de département français.

Pendant la période napoléonienne, la révolution pénétra au cœur
de l'Italie. A l'époque du directoire, la liberté n'avait guère inspiré
que de vagues protestations. Napoléon fit passer la liberté du domaine
de la théorie dans celui des faits, il l'organisa en établissant la libre
concurrence dans l'armée, dans l'administration, dans les fonctions
publiques; partout le talent fut cherché et mis à sa place. L'égalité à
son tour fut protégée par le code, par la nouvelle organisation des
tribunaux, de l'administration, par toutes les lois qui favorisaient le
commerce et l'industrie, et qui devaient décupler les forces de la bourgeoisie. La révolution avait appris aux Italiens la fraternité, car toutes
les républiques avaient les mêmes principes, les mêmes auxiliaires et
les mêmes ennemis. Jamais jusqu'alors la Lombardie n'avait sympa-
thisé avec Naples, et, après la révolution, les émigrés de la république parthénopéenne étaient accueillis comme des frères dans la
Haute-Italie. Cette fraternité politique fut fortifiée par l'uniformité
des lois; à dater de 1808, il n'y eut plus qu'un seul code en Italie, une
seule organisation judiciaire, un seul système de finances, un seul
mode d'instruction publique; les brigands disparaissaient, la sûreté
était rendue aux grands chemins, la fusion des mœurs et le mélange
des intérêts hâtaient l'œuvre de la nationalité. En même temps, l'activité était imprimée à tous les esprits, la péninsule se couvrait de
nouveaux monumens, on achevait les anciens édifices, on traçait de
vastes routes, l'agriculture faisait d'immenses progrès, et les arts, les
sciences, la littérature, la langue italienne elle-même, n'avaient jamais
été plus vivement encouragés que sous le règne de Napoléon. Enfin
la fondation du royaume d'Italie, qui s'étendait jusqu'à Ancône, était
plus qu'un engagement pris pour l'unité et l'indépendance du pays.
Tous les partis se trouvaient à moitié satisfaits, à moitié contenus.
L'empire français relevait les formes aristocratiques, et une grande

partie de la noblesse italienne se consolait de la perte de ses priviléges à la cour de Beauharnais, de Murat et de la reine d'Étrurie. Quant à la portion de l'aristocratie qui ne se ralliait pas à Napoléon, elle était écrasée par l'action salutaire de la concurrence, qui appelait le talent aux premiers emplois de l'état. Le parti démocratique avait disparu sans bruit, absorbé par l'administration éminemment populaire de Napoléon. Il sentait que, si la liberté et l'égalité n'étaient plus dans les mots, elles passaient dans les choses. Eût-il d'ailleurs voulu agir, la lutte était impossible. Aussi il se contentait des réunions inoffensives de la maçonnerie, et là encore il rencontrait les princes de la famille impériale. Restaient les partisans de l'indépendance nationale; mais ceux-ci avaient foi dans les armées italiennes, complètement régénérées par Napoléon, dans le royaume qu'il avait fondé, et dans les guerres de l'empire, qui pourraient offrir une occasion pour obtenir l'affranchissement de l'Italie. Ils se montraient pour la première fois amis de la France.

Le calme semblait donc rétabli, mais on ne pouvait se dissimuler qu'il ne tenait qu'à la dictature militaire de Napoléon. Aux premiers revers de l'empire français, les trois partis devaient reparaître et s'agiter de nouveau sur la scène politique. Les royalistes purs n'avaient jamais cessé de professer le plus souverain mépris pour ce gouvernement de parvenus imposé par un soldat. Pour eux, le code français était une tyrannie, l'administration napoléonienne une usurpation, les nouveaux ministres des jacobins, les nouveaux rois des proconsuls. La cour de Vienne entretenait toujours des correspondances dans la Haute-Italie; la Basse-Italie était sans cesse travaillée par les agens de la cour de Palerme. Le saint-siége était devenu naturellement le centre de l'absolutisme italien. Dès les guerres de 1805, l'agitation recommença. La Polésine se déclara en faveur de l'Autriche, la commune de Crispino (Bas-Pô) marchait au-devant de l'armée allemande; en même temps, Parme se soulevait pour le pape (1806), tandis que les royalistes napolitains, vaincus par Joseph, s'alliaient avec les brigands des Calabres (1807), pour continuer la résistance. Les symptômes de l'hostilité royaliste se renouvellent en 1809; toute l'Italie s'émeut à la seconde insurrection tyrolienne. Dans la Haute-Italie, la police de Beauharnais arrête un émissaire autrichien, le comte de Göess, dont les papiers compromettent plusieurs nobles lombards, et Beauharnais doit supprimer ces papiers, car il y a trop de coupables. Un montagnard du lac de Côme veut se mettre à la tête d'une bande, il est fusillé. En Toscane, les paysans d'Arezzo s'arment, le clergé orga-

nise une insurrection, la populace rêve des massacres, on désigne les
victimes; les unes doivent être jetées dans l'Arno, les fonctionnaires
plus indulgens seront seulement coulés dans l'Arnino. L'alerte est vive
à la cour de la princesse Elisa, tout le monde est sous les armes; heureusement sept gendarmes suffisent à contenir toute une commune
absolutiste. A la même époque, Lugo devient le centre d'une association *théocratico-antinapoléonienne*, vrai conciliabule d'assassins où
l'on n'est admis qu'à la condition d'avoir tué un franc-maçon ou un
bonapartiste. A la première tentative, le coupable surpris en flagrant
délit révéla trente complices, qui furent tous exécutés d'après une
sentence du tribunal ordinaire de Lugo. La conspiration s'étendait
d'un côté à Rome, de l'autre à Padoue, à Ferrare, avait des intelligences en Tyrol et correspondait avec le cabinet de Vienne. Comprimé
en 1810, le parti royaliste devait une dernière fois renouveler ses tentatives en 1813 au moment où il apprenait les désastres de la Russie.
Ses ressources étaient toujours les mêmes qu'en 1799; il avait pour
lui l'Autriche, la lie du peuple et les brigands, avec la différence que
cette fois il conspirait avec l'appui des sociétés catholiques, et qu'il
ralliait sous son drapeau les démocrates persécutés par Napoléon.

Quand Napoléon avait restauré les formes aristocratiques, quelques
démocrates s'étaient réfugiés dans les sociétés secrètes; de là les *carbonari*. Le ministre de la police de Naples, Menghella, les avait introduits
en 1808 dans les Calabres. Ce pays était prêt à l'insurrection, exposé
aux intrigues de la cour de Palerme, aux menées des royalistes, et le
roi Joachim fut conduit à tolérer la présence des *carbonari* dans les
Calabres, pour y contrebalancer l'influence de Ferdinand IV et de la
reine Caroline. Les carbonari n'étaient encore qu'une secte d'illuminés; ils attendaient le règne du Christ, une république religieuse, la
délivrance de l'Italie, la régénération de l'église. A l'époque de la république parthénopéenne, une partie du clergé napolitain avait expliqué la démocratie par les Écritures; on avait traduit les Évangiles en
patois, pour enseigner aux lazzaroni que le Christ était l'apôtre de la
liberté. Nos modernes socialistes ne disent pas autre chose. Il paraît
que cette courte prédication n'avait pas été perdue : les jacobins et
les curés qui s'unissaient dans les ventes des carbonari calabrais considéraient tous Napoléon comme une puissance athée ennemie de la
liberté, parce qu'elle était ennemie de l'église. Les sociétés catholiques attaquaient la révolution dans la personne de Bonaparte; les
sociétés démocratiques attaquaient la contre-révolution dans la dictature militaire de Napoléon. La nécessité du combat rapprocha les

deux partis; en 1812, l'insurrection d'Espagne les unit, elle montrait aux royalistes qu'ils pouvaient tourner la révolution contre Napoléon, et aux démocrates qu'ils pouvaient marcher sous le drapeau des anciens maîtres.

Une circonstance particulière amena la Sicile à prendre alors l'initiative révolutionnaire. La tyrannie de Ferdinand IV et de Caroline d'Autriche avait exaspéré la population. C'est à Messine que l'on conspira d'abord; la cour se livra à d'atroces réactions; le duc d'Artali, délégué à Messine, soumit des centaines de détenus à d'épouvantables tortures; dès-lors l'indignation fut universelle. On sait comment, grace à l'appui de lord Bentinck, la révolution triompha de la cour. Le général anglais, exposé avec ses troupes à de nouvelles vêpres siciliennes, se rangea du côté du peuple, relégua Ferdinand et Caroline à la campagne, leur imposa la constitution d'Espagne et transforma l'ancien parlement sicilien en un parlement constitutionnel. Ferdinand et Caroline s'efforcèrent encore de lutter par un coup d'état et par un massacre : Bentinck contint le roi par une démonstration militaire et fit expulser la reine de la Sicile. Devenu populaire, le général anglais se mit à la tête de la propagande royaliste et révolutionnaire contre Napoléon. Ses émissaires agitèrent les Calabres; le carbonarisme était évangélique; transformé par l'influence anglaise, il se fit constitutionnel; soutenu par la cour de Palerme, il entraîna les prêtres, il exalta les dévots; on promit le paradis à ceux qui prenaient les couleurs de la secte, et le mouvement devint redoutable. Murat, irrité, fit exécuter en 1813 le chef des carbonari, Capobianco; mais ce châtiment rigoureux n'empêcha point la secte de pénétrer à Naples, puis à Rome, et jusque dans les rangs de l'armée napolitaine. Quinze généraux voulurent changer la direction du mouvement; ils conspirèrent en 1814 pour imposer une constitution à Murat et s'emparer de la Romagne. Le général Pepe proclama la constitution à Sinigaglia : il était le premier et le seul *murattiste* ouvertement constitutionnel. Ses tentatives restèrent sans effet.

La propagande de lord Bentinck, mieux servi par les circonstances, se continuait avec plus de succès. Lord Bentinck promettait l'ancienne république aux Génois. Le mouvement révolutionnaire gagnait le centre même du royaume d'Italie, Milan. Là le parti libéral, très faible, se ralliait aux partisans de l'Autriche; plus tard, les négocians de Milan devaient envoyer secrètement M. Azimonti et un autre émissaire à Gênes auprès de lord Bentinck, pour l'assurer de leur adhésion à la propagande libérale de l'Angleterre. Les alliés secondaient le général anglais; ils inscrivaient sur leurs drapeaux les trois mots de *liberté*, *unité et indépendance*, avec l'emblème de deux mains qui se serraient.

Le parti de l'indépendance italienne, ce parti qui voulait combattre en 1799 les Français et les Autrichiens, les démocrates et les royalistes, était représenté dans cette nouvelle période par les deux gouvernemens de Naples et de Milan. Malheureusement Murat et Beauharnais étaient deux étrangers, deux rivaux, divisés par des intérêts personnels et politiques. Napoléon avait mesuré l'indépendance qu'il voulait donner à l'Italie; la rivalité du vice-roi de Milan et du roi de Naples entrait dans ses calculs, et il fut impossible de renverser l'œuvre de sa politique. C'est en vain que les Italiens plus d'une fois avaient cherché à réunir les deux princes pour que l'Italie pût, à l'exemple de la Suède, conquérir son indépendance. Murat s'isolait; Beauharnais, fidèle à la France, devait perdre toute autorité à l'abdication de Napoléon, et l'indépendance du royaume d'Italie se trouvait livrée à la merci du sénat de Milan. Chose étrange! le royaume d'Italie était le centre politique de la péninsule; il réunissait six millions d'habitans, il avait une armée, un sénat, un ministère composé d'Italiens; Milan avait été élevée inopinément au rang de capitale, elle avait vu tous les hommes d'élite de la péninsule se réunir dans son enceinte, et Napoléon n'avait oublié personne. Livrer Milan, c'était livrer le royaume, c'était livrer l'Italie. Eh bien! tout ce brillant édifice péchait par la base. La bourgeoisie lombarde avait été si peu initiée à la vie politique, qu'en 1814, après avoir profité de tous les avantages de la domination française, elle n'avait pas encore compris cette grande pensée du royaume d'Italie; une partie de la noblesse, qui aurait anéanti le pays plutôt que de consentir à la perte de ses priviléges, appelait l'Autriche à son aide; les libéraux s'égaraient dans les rangs de la noblesse, et au moment du danger, les fonctionnaires, seuls intéressés à l'indépendance, se trouvaient sans appui, sans influence; le royaume d'Italie n'était plus qu'une machine administrative qui devait succomber au premier choc.

Dès qu'on apprit l'abdication de l'empereur, une conspiration austro-libérale tenta de soulever l'armée italienne contre Beauharnais, qui était à Mantoue. La conspiration, ayant échoué à Mantoue, prit Milan pour théâtre. Le 20 avril 1814, le palais du sénat fut entouré par la foule, les sénateurs bonapartistes qui arrivaient pour régler les affaires courantes se virent accueillis par des huées. On demandait la révocation d'un message qui reconnaissait le gouvernement de Beauharnais et la convocation des colléges électoraux pour disposer de la souveraineté. Les émeutiers, pris dans la dernière classe du peuple, étaient di-

rigés par un groupe nombreux d'ignobles personnages armés de para-
pluies. Le sénat faiblit, il accorda tout; au même instant, la salle de
ses délibérations fut envahie, les meubles furent jetés par les fenêtres, on se rua sur le ministère des finances, on découvrit le ministre
Prina dans les combles du palais, et on le descendit avec les cordes du
grenier dans la rue, où des misérables l'assommèrent à coups de pa-
rapluie. Le palais du comte Prina fut pillé et rasé, son cadavre traîné
dans la ville; l'émeute menaçait de saccager les palais des bonapartistes. Hâtons-nous de dire que le parti libéral, aveuglé, trompé dans
cette circonstance, était entraîné et dominé par la noblesse, qui avait
lancé la populace et les paysans contre le sénat. La noblesse exploita
les causes du mécontentement public, en imputant les impôts, les
conscriptions, toutes les mesures qui avaient soulevé la colère du peuple, aux ministres, aux fonctionnaires, qu'elle traitait d'intrigans et de
concussionnaires. Les hommes de l'administration étaient tous italiens;
ils venaient de Modène, de Bologne, de Venise, des autres provinces
du royaume d'Italie, et elle les représenta comme une masse de brigands étrangers. L'émeute, dispersée dans la rue grace à l'attitude
énergique de la bourgeoisie, triompha au sein des corps électoraux
grace aux manœuvres de l'aristocratie milanaise. Sans que les colléges
fussent en nombre, sans convoquer le corps des savans dont on supprima les droits poliques, sans convoquer les commerçans des provinces que l'on excluait ainsi de la députation, sans admettre à voter
les électeurs des provinces conquises qui se trouvaient à Milan, on
imposa au royaume d'Italie la décision de cent soixante-dix électeurs
du duché de Milan, qui prononcèrent la déchéance de Napoléon, et
on s'empressa d'envoyer des commissaires au camp des alliés pour
faire ratifier la révolution.

Les commissaires qui se rendirent auprès de l'empereur François
devaient réclamer : 1° l'indépendance du royaume d'Italie, 2° la plus
grande étendue possible du royaume, 3° une monarchie constitutionnelle, 4° un nouveau prince autrichien, 5° et une déclaration tendant
à proclamer que la religon catholique, apostolique, romaine, serait
désormais la religion de l'état. On fit des promesses, le général autrichien Bellegarde alla à Milan, dirigea la régence, et au bout d'un an
la Lombardie n'était plus qu'une province de l'empire autrichien.
C'est ainsi qu'une émeute de populace soudoyée par l'aristocratie termina la période napoléonienne. En d'autres termes, le vieux duché de Milan, qui contenait à peu près un million d'habitans, s'était
insurgé contre le royaume d'Italie, qui avait le tort de ne pas parler

le pur patois de Milan et d'être quatre fois plus grand. La victoire resta aux partisans des vieilles institutions, et l'antique duché retomba, avec ses nobles, ses grandesses d'Espagne et ses dévots, sous le protectorat de la maison d'Autriche. Par là triomphaient les menées du comte Goess et l'agitation de 1809 ; le royaume se trouvait dans le cas de cette petite commune de Crispino qui avait marché en 1806 au-devant des Autrichiens. Napoléon l'avait punie en lui rendant les lois autrichiennes, qui substituaient la bastonnade à la prison.

Le prince Eugène Beauharnais avait abandonné le royaume dès l'explosion des troubles de Milan. Murat resta seul à la tête du parti national italien. On sait que son plan, arrêté dès 1810, était de s'emparer de l'Italie, qu'en 1813 il conspirait avec Bentinck, que plus tard il pactisait avec l'Autriche, et qu'en se rapprochant de Napoléon, il n'avait su s'assurer ni l'appui ruineux de la France ni l'appui douteux des alliés. En 1815, il s'avançait dans la Romagne, en proclamant l'indépendance de l'Italie. Que pouvait-il sur les populations? Obéissant ou rebelle à Napoléon, Murat n'était pour les Italiens qu'un étranger, un lieutenant de l'empereur, et par conséquent il personnifiait la guerre avec ses impôts écrasans, ses conscriptions violentes, sa dictature militaire. Murat pouvait-il fortifier sa cause en se présentant comme le défenseur des institutions napoléoniennes? Ces institutions appartenaient désormais à l'Italie, et personne ne prévoyait qu'on pût les détruire. S'annonçait-il comme protecteur de l'indépendance italienne? on le traitait de comédien ; il était trop évident que cette indépendance se réduisait à la domination du roi de Naples sur toute la péninsule, ce qui ne séduisait personne dans l'Italie centrale. Parlait-il enfin de liberté? ce mot n'avait de valeur en Italie qu'allié à la constitution de 1812, et Murat la refusait, ne donnait aucun gage et ne faisait aucune concession. Quelques volontaires de la Romagne accoururent seuls sous ses drapeaux; la Lombardie, déjà soumise à l'Autriche, ne répondit à l'appel que par une conspiration militaire ; Murat fit des prodiges de valeur sur les champs de Macerata, et après avoir couru de faute en faute il perdit son royaume. Le parti de l'indépendance italienne, assassiné à Milan dans la personne du comte Prina, fut achevé à Pizzo dans la personne de Murat.

Avec Murat finit la seconde période de la révolution italienne, période sévère et glorieuse où la réflexion remplace l'enthousiasme et où les succès des armées de la péninsule donnent l'espérance de réaliser le projet de l'unité de l'Italie. Cependant le despotisme impérial avait amorti l'élan démocratique, la guerre avait épuisé toutes les forces : on demandait la paix, et les royalistes la promettaient. Si l'Autriche inspirait des craintes, l'attitude de lord Bentinck, la constitution sicilienne, l'influence de l'Angleterre, les promesses des princes italiens et celles des alliés, devaient rassurer les populations. D'ailleurs la dynastie de Napoléon ne pouvait survivre à Napoléon, il fallait de nouveaux rois à l'Italie; aussi des révolutionnaires même demandaient à l'empereur d'Autriche des rois, *n'importe lesquels*. Le congrès de Vienne ne laissa pas la liberté du choix. Tous les princes légitimes rentrèrent en Italie sans exciter ni enthousiasme ni répugnance; on les avait oubliés, et l'indifférence fut pour eux une amnistie.

III. — L'AUTRICHE ET LA RESTAURATION.

De 1814 à 1820, la révolution et la contre-révolution se développent en même temps. Bien que la contre-révolution ne fût point précisément dans la pensée de la sainte-alliance, la restauration de l'Autriche en Italie n'en était pas moins une violente réaction contre les idées libérales. Le premier soin de l'empereur François fut de détruire peu à peu les souvenirs de la France et du royaume d'Italie : Naples fut occupée par les troupes autrichiennes; la Romagne et le Piémont se virent placés sous la surveillance du cabinet de Vienne. L'Angleterre retira ses troupes et cessa d'exercer son influence. Ainsi tous les états italiens tombèrent sous le protectorat officieux de la puissance autrichienne. Le roi Victor-Emmanuel, à peine rentré en Piémont, proclama par son premier édit que les états sardes étaient replacés dans la situation où ils se trouvaient en 1770. On feuilleta l'almanach royal, et on rendit leurs fonctions aux employés de 1796 en remplaçant par des royalistes zélés ceux qui étaient décédés. Gênes perdit sa liberté. En Toscane, on ferma les écoles d'arts, les monts de piété, on rétablit l'ancien régime et les vieilles lois de Léopold. Les partisans de Murat, le carbonarisme et l'occupation autrichienne donnèrent un caractère plus étrange à la réaction napolitaine. La sainte-alliance avait imposé à Ferdinand de respecter les bonapartistes, et Ferdinand s'efforçait de dénaturer peu à peu toutes les lois françaises, et d'affaiblir les bonapartistes qu'il était condamné à garder aux emplois. L'Angleterre avait imposé de vive force la constitution sicilienne : la constitution fut supprimée en 1816, et cette suppression entraîna avec elle la perte des garanties de l'ancien parlement sicilien. Ferdinand avait encouragé les carbonari, et le prince Canosa, nommé à la police de Naples en 1816, opposa aux carbonari une secte de royalistes exaltés, les *calderari* (chaudronniers) : on en vint aux mains, des massacres semblèrent imminens. Heureusement qu'une injonction des deux cours de Vienne et de Saint-Pétersbourg réclama la destitution de Canosa : on évita ainsi les troubles, et le calme fut d'ailleurs assuré par la présence des troupes autrichiennes. Par le concordat de 1819, la cour de Naples rendit tout d'un coup à l'église sa censure, ses redevances, tous les droits abolis dans le royaume par le travail d'un siècle. Désormais l'influence du parti ultra-catholique devait peser sur tous les états italiens. Le gouvernement pontifical était rendu à ses tendances rétrogrades. Pie VII supprima le code français pour faire revivre les 84,000 lois en vigueur avant la révolution; les anciens tribunaux ecclésiastiques remplacèrent la cour de cassation, les cardinaux succédèrent aux préfets : le monopole des prélats, l'inquisition, tout fut rétabli à peu de chose près, même la torture. Les brigands reparurent dans le royaume de Naples et dans la Romagne à la suite des gouvernemens légitimes; le roi de Naples dut capituler avec la bande des Verdarelli (1817); le pontife ordonna en 1819 la démolition de la ville de Sonnino, et néanmoins les brigands continuèrent à défier les troupes pontificales.

Les passions révolutionnaires ne tardèrent pas à se réveiller en présence de la réaction absolutiste. Les violences de l'église avaient ramené le voltairianisme, les excès de l'aristocratie avaient ranimé dans la bourgeoisie la haine de la noblesse. Les révolutionnaires, après avoir protesté contre le joug de Napoléon, se voyaient soumis à la maison d'Autriche; après avoir demandé des institutions libres, ils attendaient encore les promesses de 1814; après avoir réclamé la diminution des impôts, ils supportaient encore toutes les charges de la guerre au profit des classes privilégiées. Aigrie par de telles déceptions, la bourgeoisie se déclarait contre l'Autriche et les gouvernemens italiens. La censure, la police et la force armée lui défendaient toute manifestation politique, et les hommes les plus ardens se soulageaient de cette contrainte dans les séances des sociétés secrètes. Les bonapartistes et les carbonari, ennemis en 1814, maintenant enveloppés dans une même proscription, se donnaient la main sur tous les points de la péninsule. Les carbonari, entraînés par les promesses des alliés dans la guerre contre Napoléon, se voyaient trop mystifiés pour ne pas chercher une vengeance, et leur propagande devenait franchement révolutionnaire. Les bonapartistes, après la bataille de Waterloo, avaient vu une scission s'opérer dans leur parti. Les uns avaient accepté la restauration ou pris leur retraite; plusieurs jétaient entrés dans l'armée autrichienne; quelques-uns s'étaient condamnés à une sorte de mort politique. D'autres, qui étaient attachés plutôt à la pensée qu'à la personne de Napoléon, n'avaient hérité du gouvernement impérial que les principes de la révolution, l'expérience des affaires et les habitudes militaires. Ceux-ci se jetèrent dans les conspirations. Ils représentèrent au sein des sociétés secrètes le parti de l'indépendance italienne. A Milan, on les voit conspirer, dès 1815, pour relever le royaume d'Italie. A Lecce, dans le royaume de Naples, ils prennent les armes en 1817, au moment de l'évacuation des troupes autrichiennes. Dans la Haute-Italie et dans l'Italie centrale, les sociétés libérales des *Adelchi* et des *Adelfi*, enfantées par le libéralisme bonapartiste, se multipliaient chaque jour, tandis que les loges maçoniques qui avaient appuyé Napoléon se tournaient contre les gouvernemens légitimes et surtout contre la cour de Rome, qui les persécutait.

En 1818, le carbonarisme avait pénétré dans toutes les classes du royaume de Naples; dans les Calabres, des communes entières étaient organisées en ventes. En 1819, les ventes s'étendaient dans la Romagne, en Piémont, en Lombardie, enveloppaient Modène, embrassaient toute l'Italie. Plusieurs loges maçoniques, les bonapartistes révolutionnaires, les conspirateurs lombards de 1815, les *adelchi*, les *adelfi*, les *apofasimeni*, d'autres sociétés secrètes furent entraînées dans le mouvement du carbonarisme. Les carbonari purs ne pouvaient parler de liberté sans rappeler les idées napoléoniennes, et les affiliés bonapartistes ou partisans de l'indépendance italienne ne pouvaient agir sans faire appel à la liberté : les carbonari étaient à l'avantgarde, tandis que les bonapartistes n'étaient pas libres de choisir leur route; seulement, par leur autorité, ils doublaient l'action des ventes. Ce fut alors la belle époque du carbonarisme, ce fut le moment des voyages mystérieux, des correspondances occultes, des conversions politiques, des avis effrayans donnés aux gouvernemens. On put juger à l'œuvre les sociétés secrètes, qui se montrèrent tour à tour imprudentes et puériles. De temps à autre, quelques sbires disparaissaient comme par enchantement, et ces essais devaient aboutir plus tard à l'assassinat de Besini, le chef de la police de Modène. Le prince royal de Sardaigne, le jour de ses noces, voyait arriver dans son palais une confrérie de capucins qui chantaient la prière des morts; les bons pères, croyant, sur un faux avis, que la fiancée du prince était morte subitement, allaient porter la consternation au milieu d'une fête de la cour. Des négocians, également trompés, envoyaient au palais du drap noir pour les funérailles. Des plaisanteries non moins lugubres se répétaient sur d'autres points; à Modène, des mains invisibles glissaient des proclamations révolutionnaires dans les gibernes de tous les soldats : mille symptômes jetaient l'alarme dans les cours d'Italie. La constitution espagnole était le mot d'ordre des révolutionnaires italiens. Le sens de ce mot variait dans les divers états : dans la Romagne, on voulait la suppression du gouvernement temporel de l'église; à Gènes, la restauration de la république; en Lombardie, l'expulsion des Autrichiens; la Sicile et les Calabres en étaient à réaliser de nouveau le projet d'insurrection de 1812.

La propagande révolutionnaire des sociétés secrètes et le mouvement contre-révolutionnaire des gouvernemens devaient amener une catastrophe. En 1813, la révolution italienne avait été encouragée par l'Espagne; en 1820, elle fut encore provoquée par l'insurrection espagnole. Un jour, quelques régimens napolitains casernés à Nola désertent pour se joindre aux carbonari de Foggia et d'Avellino; les Calabres se déclarent pour la constitution. Le général Pepe, très influent parmi les carbonari des Calabres, quitte Naples pour éviter une arrestation, et il entraîne avec lui le général Napoletani, un régiment de cavalerie, et quelques troupes d'infanterie. Le général Carascosa, chargé par la cour d'arrêter le mouvement, parlemente, temporise, et n'agit pas : il fraternisait avec les bonapartistes. Sur ces entrefaites, quatre carbonari se présentent au palais royal de Naples à une heure après minuit; ils demandent à parler au roi, et ils lui intiment d'accorder la constitution espagnole, lui laissant deux heures de réflexion, la montre à la main. Le lendemain, la révolution était accomplie; le 1ᵉʳ octobre 1820, le roi Ferdinand IV prêtait serment à la constitution; le général Pepe, et les autres personnages de l'armée qui avaient provoqué ou accepté le mouvement, furent remerciés à la cour pour le *grand service qu'ils venaient de rendre au pays*. On convoquait le parlement : toutes les villes envoyaient à Naples leurs députés; l'élan des provinces était unanime. Girgenti et Palerme seules faisaient exception, et demandaient un parlement sicilien. A Palerme, où les fonctionnaires napolitains résistaient à ces réclamations fédéralistes, le peuple se souleva, tua le prince de la Cattolica, se jeta sur l'artillerie, massacra les troupes napolitaines, et se rendit maître de la ville. Les prêtres et les moines combattaient avec les ouvriers et les citoyens; on les voyait monter la garde le fusil sur l'épaule, sans quitter leurs habits ecclésiastiques. Le moine Valmica, nommé colonel, portait les épaulettes sur sa robe de capucin.

Palerme ordonna immédiatement l'armement des guerillas, et un emprunt de 2 millions et demi. Ainsi, l'impulsion était donnée : Palerme voulait son parlement de 1813; d'un autre côté, Ponte-Corvo et Benevento s'agitaient dans les États Romains. Malheureusement la propagande ne pouvait pas soulever Parme, Modène, la Toscane, les quatre Légations : en Lombardie, le comte Confalonieri ne pouvait pas non plus réunir assez de forces pour s'insurger. Le Piémont fut seul à répondre à l'appel quatre mois plus tard, quand les Autrichiens marchaient déjà sur Naples. En Piémont, les carbonari et les bonapartistes avaient un point de ralliement; le prince de Savoie-Carignan, de la maison cadette, s'entourait de tous les représentans de la *fédération italienne;* il avait accepté le rôle de libérateur de l'Italie, et les fils des conspirations de Gênes et de Milan se réunissaient entre ses mains. La révolution d'Espagne, celle de Naples, l'occasion qui se présentait de tomber sur les derrières de l'armée impériale engagée dans la Basse-Italie, la haine contre l'Autriche, le besoin de forcer le gouvernement piémontais à donner des garanties, tout concourait à soulever les esprits. Le général autrichien Bubna insistait auprès de la cour de Turin pour occuper quelques places fortes du Piémont, et la nécessité d'éviter une seconde occupation autrichienne ne laissait pas le choix entre l'action et l'inaction. Le 11 janvier, il se formait à Turin des rassemblemens d'étudians, et la garde royale les sabrait dans les salles de l'Université : l'irritation augmentait, et le mot d'ordre était donné. Tout à coup le prince de Carignan hésite, recule : le mouvement fut contremandé; mais il était trop tard. Le 10 février, Alexandrie s'insurge; le régiment de Gênes, les carbonari et les étudians s'unissent et proclament le royaume d'Italie. Asti, Pignerol, d'autres villes se soulèvent aux cris de *guerre à l'Autriche, vive la constitution.* Turin est entraîné par un coup de main qui livre la forteresse aux fédérés. Pendant quelques heures, le peuple était resté indifférent; les fédérés et l'armée étaient en présence, personne n'osait engager le combat, et la ville assistait en silence à ce spectacle. A une heure après midi, trois coups de canon de la citadelle annoncèrent que la garnison fraternisait avec les carbonari, et la population se décida pour la révolution. Le prince de Carignan, député par la cour à la citadelle pour rétablir l'ordre, retourna vers le roi; il le somma d'accorder la constitution d'Espagne, et de déclarer la guerre à l'Autriche. Le roi abdiqua en faveur de son frère, Charles-Félix, et comme le nouveau roi était absent, on confia la régence au prince de Carignan. Ce fut là le dernier succès de la révolution.

Quelles étaient les forces des insurgés? A Palerme seulement, la révolution avait le caractère d'un mouvement populaire; mais ce mouvement était dirigé contre le parlement napolitain. A Naples, la révolution était un coup de main des carbonari secondés par les bonapartistes. Les premiers, inconnus, sans représentation officielle, vrais conspirateurs du moyen-âge, se trouvèrent isolés devant le peuple comme les républicains de 1799. Les bonapartistes revinrent au pouvoir appuyés sur les idées de Murat. Ils gouvernèrent comme si la guerre n'eût pas été imminente et comme s'ils ne se fussent pas trouvés à la tête d'une insurrection. L'Italie centrale et la Lombardie ne comptaient pas; l'insurrection piémontaise avait pour chef le prince de Carignan, qui l'acceptait malgré lui, et, par une de ces bizarreries qu'on rencontre à chaque pas sur la terre italienne, Gênes et Turin ne conspiraient ensemble que dans le but de se séparer après la victoire.

Après un premier moment de trouble, les absolutistes n'eurent pas de peine à reprendre l'avantage. Le roi de Naples se servit des bonapartistes napolitains, séduits par ses démonstrations libérales, pour réduire Palerme, contenir les carbonari, arrêter la propagande dans le royaume, et obtenir du parlement la mission de plaider au congrès de Laybach la cause de l'insurrection napolitaine. A Laybach, la sainte-alliance, avec l'adhésion de Louis XVIII et de l'Angleterre, chargea l'Autriche de combattre la révolution italienne. L'armée impériale, forte de quarante-deux mille hommes, commandée par le général Frimont, marcha sur Naples en ramenant Ferdinand IV dans ses états. Ce fut alors que l'insurrection napolitaine, réduite à combattre pour se défendre, put comprendre quelles étaient ses forces. Le peuple napolitain aimait mieux voir Ferdinand IV persécuter des libéraux que de se battre contre les Autrichiens pour une constitution : il s'expliqua à sa manière. Conduit à la guerre malgré lui, en présence de l'ennemi, il reçut les proclamations de Ferdinand IV, qui lui demandait d'accueillir les Autrichiens comme des frères. Les désertions se multiplièrent au point que le général Pepe crut devoir quitter une forte position pour hâter le combat. On se battit à Rieti; la déroute fut complète. Le général Carascosa n'eut pas un meilleur sort : on assure que ses soldats déchargeaient leurs fusils sur les officiers qui voulaient les retenir sous les drapeaux. Vaincue à Naples, la révolution se réfugia à Messine, où le général Roussaroll proclamait la république et prenait le titre de général en chef de Sicile et des Calabres. Roussaroll tenta un débarquement dans les Calabres, et on lui défendit de mettre pied à terre; il retourna à Messine, et on lui défendit de rentrer dans la ville en braquant le canon sur ses troupes. L'armée autrichienne occupa bientôt tout le royaume.

La tâche de réduire le Piémont, confiée au comte Bubna et à une armée de douze mille hommes, ne fut pas accomplie moins aisément. La nouvelle de la débandade de Rieti consterna le parti libéral piémontais. Le nouveau roi rejetait la constitution; son refus avait refroidi la junte de Turin, et le prince de Carignan, qui avait été entraîné malgré lui, restait dans l'inaction. Santa-Rosa et ses amis partirent d'Alexandrie pour le presser de déclarer la guerre à l'Autriche. Il ne voulut pas les recevoir; puis, les voyant soutenus par l'opinion, Carignan nomma Santa-Rosa au ministère de la guerre, et dans la nuit il consomma sa trahison en quittant Turin pour se réfugier au quartier-général du comte Bubna. Santa-Rosa se trouva alors seul responsable de la révolution piémontaise. Le sort de Naples, la débandade de Rieti, la volte-face de Carignan, tout tournait contre lui; les carabiniers de Turin menaçaient de se soulever; une partie de l'armée piémontaise, cantonnée à Novare et commandée par le général Latour, se joignait aux régimens autrichiens du comte Bubna; enfin les succès de l'Autriche, le calme de la Lombardie, l'attitude de la sainte-alliance, ne laissaient plus d'espoir. Jamais situation plus déplorable n'avait été léguée à un ministre. Il fallait d'abord ranimer le courage de la junte. Santa-Rosa promit l'appui de la France et de la Lombardie. On refusa de croire à cette téméraire assurance. La cause du Piémont étant désespérée, Santa-Rosa aurait voulu accepter la médiation de la Russie, que le chargé d'affaires du czar présentait comme favorable : cette médiation fut repoussée avec énergie par les carbonari d'Alexandrie. Pour contenir les carabiniers de Turin, le ministre de l'insurrection était réduit à faire venir à la hâte de Savoie deux régimens dévoués à la révolution, au risque de provoquer une collision dans les rues entre les soldats du gouvernement et ceux de la propagande. Enfin il fit partir les généraux Ferrero, Marzoni et Saint-Marsan, pour combattre à Novare l'armée austro-piémontaise de Bubna et de Latour, et le 9 avril l'armée constitutionnelle était en déroute, vaincue par le nombre, après avoir fait bonne contenance pendant quelques heures. Latour rentra dans Turin avec les régimens piémontais. Alexandrie et les autres places furent occupées par les troupes du comte Bubna. Santa-Rosa, dont une plume éloquente a retracé dans cette *Revue* même la vie errante et agitée (1), fut le seul

(1) Voyez l'article de M. Cousin sur Santa-Rosa, dans la livraison du 1er mars 1840.

parmi ses compatriotes qui sut donner à l'échauffourée piémontaise les allures d'une révolution. '

Ainsi l'insurrection des Calabres avait provoqué la révolte de Naples, et cette révolte prématurée faisait éclater l'imprévoyance et la faiblesse des insurgés. Le soulèvement de Naples hâtait le mouvement du Piémont, qui, cette fois encore, éclatait avant l'heure et ne trouvait aucun appui dans la Lombardie. La Lombardie, ayant manqué à l'œuvre, laissait pleine liberté aux Autrichiens, et l'Italie centrale, malgré ses ventes de carbonari et ses griefs contre les gouvernemens, ne sortait pas de l'inaction. Naples et le Piémont se trouvaient seuls, aux deux extrémités de l'Italie, en face de l'Autriche, soutenue par la sainte-alliance, par l'Angleterre, et aidée d'un subside de 36 millions payés par le gouvernement français. Le triomphe de l'Autriche ne pouvait être douteux; la cour de Vienne profita de l'indécision des Lombards, de la faiblesse du Piémont, de la déroute des Napolitains, du calme de l'Italie centrale, et la révolution, anéantie dans le Piémont, à Naples, en Sicile, fut indéfiniment ajournée dans le reste de la Péninsule.

Cette révolution dissipa beaucoup d'illusions et montra les faits sous leur vrai jour; elle fit surtout comprendre combien l'Autriche était forte en présence des partis politiques de l'Italie. Les carbonari avaient compté sur l'appui de la France, et ils voyaient l'Autriche, soutenue par le concours de toutes les puissances, imposer son patronage aux princes italiens. Les libéraux n'avaient vu dans la restauration du clergé, de la noblesse et des anciennes cours, qu'une situation transitoire imposée par la guerre et dont il était facile de sortir par l'insurrection; partout ils se trouvèrent en présence de l'armée autrichienne, peu redoutable sur le champ de bataille, mais irrésistible en présence d'une population mécontente qu'il suffisait de surveiller et de contenir. Personne n'avait cru, avant cette crise déplorable, à la force et à l'habileté du gouvernement autrichien; on avait accueilli avec le plus profond dédain ses fonctionnaires, aveugles exécuteurs d'instructions dictées à Vienne; on avait insulté les soldats, les sentinelles, et parodié leur langage. On croyait le gouvernement de l'Autriche incapable d'un acte de vigueur. Les conspirateurs étaient pleins de confiance dans leurs propres forces, pleins de mépris pour leurs ennemis. En 1821, il se trouva tout à coup que les carbonari ne pouvaient pas soulever un seul village du royaume lombardo-vénitien; arrêtés, condamnés, envoyés au Spielberg, ils ne voyaient pas une émeute témoigner de l'indignation publique; entourés de sympathies, ils ne voyaient pas un bras se lever pour les défendre.

Même inertie dans les autres états, à Naples, en Piémont, malgré les proscriptions qui pesaient sur les révolutionnaires et malgré l'insulte de l'occupation militaire de l'Autriche : une fois l'insurrection dispersée, le pays était resté calme. Quelle était donc la puissance invisible qui contenait cette Italie si agitée dans les dernières années de l'empire? Ce n'était pas la puissance des princes italiens, tous également menacés, également incapables de se maintenir; ce n'était pas la force de l'aristocratie italienne, qui avait perdu son influence; ce n'était pas l'église, dont le prestige avait disparu; ce n'était pas non plus la force matérielle de l'armée autrichienne, qui ne surpassait pas le chiffre de quatre-vingt mille hommes : c'était la pensée du congrès de Vienne, représentée par l'Autriche, qui résistait également à la révolution et à la contre-révolution. La cour de Vienne avait compris à merveille qu'il fallait éviter les troubles à tout prix, et qu'une seule émeute dans une ville lombarde compromettrait son autorité aux yeux des princes et des peuples de l'Italie. Elle se plaça entre l'aristocratie et les révolutionnaires, empêchant toutes les violences, prévenant tous les excès. Loin de relever les priviléges de la noblesse lombardo-vénitienne, elle les sacrifia, en admettant dans le code civil tous les résultats de la révolution. Le clergé italien penchait vers l'ultra-catholicisme; l'Autriche le contint avec fermeté. En toute conquête, le principal danger pour le vainqueur est dans l'insolence des fonctionnaires et de l'armée d'occupation. Or l'armée autrichienne, composée de serfs et courbée sous une brutale discipline, est assurément la première milice du monde en temps de paix, et jamais elle n'a provoqué les populations. Quant aux fonctionnaires, le rôle de tout employé autrichien est si limité, si humble, il y a tant d'appels dans l'administration et dans les tribunaux, que, malgré le secret des procédures judiciaires, malgré l'absence de toute publicité, la bureaucratie autrichienne, soumise à cette chambre aulique qui a fait son apprentissage en combattant la féodalité de l'empire germanique, est certes la plus sûre garantie de bonne administration que puisse offrir un gouvernement absolu. L'Autriche avait ainsi identifié sa cause avec tous les intérêts de la paix, et en même temps qu'elle imposait aux nobles le respect des faits accomplis, elle prévenait de nouvelles tentatives libérales en proscrivant les principes de la révolution. Les deux élémens de trouble, les prétentions aristocratiques, les doctrines des libéraux, étaient ainsi également combattus. La libre concurrence était interdite dans l'armée, dans l'administration; toutes les municipalités étaient asservies au point que pas une commune dans le royaume lombardo-vénitien ne pouvait prendre l'initiative révolutionnaire. La littérature fut dédaignée, la pensée méprisée, l'enseignement réduit à un apprentissage mécanique. Les avocats, qui, à Milan et à Venise, avaient pris une part active aux évènemens politiques, n'étaient plus que des avoués ou plutôt des fonctionnaires nommés par le gouvernement (1).

On ne pouvait mieux prévenir les tentatives du libéralisme : l'Autriche lui ôtait ses chefs au barreau, son influence dans l'enseignement, son initiative dans les municipalités; elle lui ôtait même sa force vis-à-vis des classes pauvres en assurant un certain bien-être à la population, et ses griefs vis-à-vis des classes élevées en contenant le clergé et la noblesse. Le libéralisme, ainsi désarmé, n'était plus qu'une sorte d'enthousiasme poétique mêlé de folie. A l'exaltation révolutionnaire, devenue impuissante, l'Autriche opposait le flegme administratif de ses fonctionnaires et les baïonnettes d'une armée de serfs allemands. Sa police faisait le reste. Elle défendait les associations, quel qu'en fût le prétexte; elle défendait les voyages aux hommes qui pouvaient jouer un rôle politique; elle contrôlait toutes les polices italiennes de manière à être la mieux informée dans l'intérêt de tous les princes. Un tel système, appliqué avec persévérance, devait assurer à la longue le triomphe de la domination autrichienne. Encore aujourd'hui le cabinet de Vienne poursuit sa lutte contre les principes révolutionnaires avec une habileté qui ne se dément pas. Des tracasseries, des persécutions incessantes, font peser sur l'Italie une terreur préventive qui démoralise le parti libéral et pervertit l'opinion. Parler politique dans un salon de Milan ou de Venise, c'est commettre une grande inconvenance; demander les nouvelles du jour, c'est de l'indiscrétion; médire du gouvernement, c'est se compromettre; il est des mots qu'on ne prononce qu'à l'oreille des intimes, et on se garde même des intimes. — Mon fils, me disait un Lombard avec satisfaction, mon fils est studieux et prudent; *il n'a pas un ami.*

Les princes italiens, faibles et violens, ne pouvaient se passer de la protection de l'Autriche, et celle-ci, en les modérant, en les dirigeant, doublait à la fois son crédit et sa puissance. Le roi de Naples, en rentrant dans ses états après la défaite des révolutionnaires, signait une centaine de condamnations capitales et replaçait Canosa au ministère

(1) L'avocat, sous le régime autrichien, n'exerce ni l'influence de la parole, car la parole lui est interdite en public, ni celle du patriotisme, puisqu'il ne doit pas se compromettre, s'il veut une nomination, ni même l'influence de la probité civique, car, pour avancer, il doit se déplacer de ville en ville, comme un juge, et quitter successivement les lieux qui ont pu l'apprécier.

de la police; toutes les persécutions étaient autorisées contre les carbonari; on les exilait en masse. En présence de ces excès, le cabinet de Vienne resta fidèle à son rôle; ici encore il avait à combattre la révolution et la contre-révolution. C'est le général Frimont qui faisait des remontrances à la cour, c'est l'empereur d'Autriche qui recommandait la clémence. Le roi Ferdinand voulut persévérer dans son système d'intimidation, et alors il fut convenu que l'occupation autrichienne durerait trois ans. L'année suivante (1822), on fusillait neuf Siciliens; il y avait 16,000 personnes dans les prisons de la Sicile; les conspirations se multipliaient sous le régime de Ferdinand. La sainte-alliance fit alors destituer Canosa une seconde fois, et imposa un nouveau ministère au roi. Malgré les remontrances de l'Autriche, les procès de la révolution duraient encore à Naples en 1824; les conspirations se renouvelaient, et le gouvernement ne songeait pas à licencier les troupes napolitaines qui avaient fait la révolution. Aussi l'armée impériale dut-elle différer son départ. Quand l'évacuation commença, en 1826, le roi nommait deux commissions militaires en permanence pour juger les crimes de haute trahison. L'évacuation des troupes fut terminée en 1827, et le roi n'eut rien de plus pressé que de congédier en même temps la garde nationale. La police ne tarda pas à découvrir un nouveau complot, et fit vingt-six arrestations sans trouver aucune preuve après un procès de deux ans. Enfin, en 1828, quand le royaume était libre et tranquille, la cour gouvernait encore par les moyens de la terreur. Des conspirateurs profitèrent du mécontentement causé par la maladresse du gouvernement, et la révolution de 1821 fit sa dernière tentative, que le ministre de la police étouffa par les exécutions de Bosco. Les trois frères Capozzoli, anciens propriétaires dans les deux communes de Bosco et de Monforte, se soutenaient dans les montagnes en faisant de temps à autre quelques incursions dans la province. Ils entretenaient des relations avec les habitans des deux communes, et un jour le curé de Bosco, qu'ils avaient séduit, proclama la constitution dans l'église. Bosco, Centola, Camerata, Licusati, Rocca-Gloriosa, se soulevèrent; le mouvement s'arrêta à San-Giovanni-à-Piro. C'était là une émeute de village assez innocente. Del Carreto, actuellement ministre de la police à Naples, fit exécuter vingt individus, en condamna quinze à perpétuité, quarante-trois à terme : les biens des accusés furent confisqués, Bosco fut rasé, et on éleva une colonne sur le lieu du supplice pour perpétuer les souvenirs de la terreur dans les communes qui avaient pris part à l'insurrection.

Quant aux autres états italiens, plus ou moins soumis à l'influence de l'Autriche, ils prenaient tous des mesures contre la propagande. Dans la Haute-Italie, le carbonarisme était complètement anéanti par les trente-quatre condamnations du tribunal extraordinaire de Venise, par l'expulsion des réfugiés italiens de la Suisse (1823), et par la cruelle réaction du Piémont. Cependant le nouveau roi Charles-Félix accordait des réformes (1822), et au bout d'un an l'évacuation des Autrichiens s'effectuait sans troubles. Dans l'Italie centrale, la propagande révolutionnaire fut contenue par les répressions de la Toscane (1821), par le supplice de l'abbé Andréoli de Modène, et par la réaction modénaise de 1826. Le duc promit à cette époque une amnistie pleine et entière à tous les francs-maçons, ainsi qu'aux carbonari qui dénonceraient les projets des ventes, les noms de leurs complices, et feraient une confession générale de leurs péchés politiques et de ceux de leurs amis. C'était là un jubilé politique pour faire suite au jubilé de l'église de 1825. La délation était recommandée par les prêtres dans les chaires et dans le confessionnal; de graves châtimens menaçaient les coupables qui se seraient méfiés de la clémence du prince. Les uns acceptèrent, les autres refusèrent, tout fut révélé, de sorte que les uns perdirent l'honneur, les autres la liberté; le jubilé du duc de Modène fut une trahison universelle.

Ainsi, de 1821 à 1830, le système autrichien, approuvé au congrès de Vérone, triomphe dans toute l'Italie, excepté dans les États Romains : moins rude en Lombardie, à Venise et en Toscane, il est appliqué avec un surcroît de terreur chez les autres princes italiens, que la faiblesse entraîne à la violence. Au fond, les mouvemens de 1820 se réduisaient à des émeutes militaires qui échouaient en passant des casernes à la place publique. La bourgeoisie applaudissait sans agir, le peuple était plus qu'indifférent. La France appuyait l'Autriche, l'exemple de l'Espagne ne pouvait rien sur les masses, et la seconde insurrection italienne avait moins de succès que la seconde insurrection espagnole. Le parti bonapartiste ou national, vaincu à Macerata en 1815, était humilié à Rieti et à Novare en 1821; le parti démocratique, trompé dans les Calabres, à Gênes et à Milan en 1814, était vaincu avec Roussaroll à Messine en 1821; dans le centre et au sud de l'Italie, le carbonarisme survivait à la réaction, mais il était réduit à l'impuissance la plus absolue.

IV. — LA COUR DE ROME ET LA RÉVOLUTION DE JUILLET.

L'influence du système autrichien expirait aux confins des États Romains; là, point de réformes, point de concessions; le gouvernement pontifical était la contre-révolution complète, et c'est sur ce nouveau terrain que devait se poursuivre la révolution italienne, sous le coup des évènemens de juillet. Le pape, en 1814, n'avait rien accepté du gouvernement napoléonien, si ce n'est les impôts, qu'il percevait à sa manière, avec la perte de 30 pour 100. Pour combattre la révolution, il n'avait pas même les ressources de l'absolu:isme; pouvait-il assurer le bien-être à un pays où régnait le monopole des prélats? Des troupes incapables de contenir les brigands auraient-elles pu combattre les insurrections? A défaut de toute autre ressource, le pape fit appel aux ultras du saint-siége, à la dévotion, aux hommes des sociétés catholiques, aux complices de la conspiration *théocratico-antinapoléonienne;* bref, il opposa le *sanfédisme* au carbonarisme.

La secte des sanfédistes rêvait depuis long-temps la domination temporelle de l'église sur toute l'Italie et la propagation de la foi dans le monde. A son origine, elle se recrutait dans la haute aristocratie et se composait de cardinaux, d'évêques, d'ambassadeurs italiens, de jésuites, d'inquisiteurs. En rapport, sous Napoléon, avec les carbonari, la secte se tourna, en 1815, contre les libéraux, et en 1821 elle ouvrit ses rangs aux classes moyennes, pour exciter par cet intermédiaire le peuple contre les bonapartistes et les carbonari. De là un double mouvement de sociétés secrètes dans toutes les villes de la Romagne; les sanfédistes se réunissaient chez les dévots et les curés, les carbonari chez des nobles, chez des négocians, des propriétaires. Pie VII, après avoir lancé de nombreux anathèmes contre les partisans de Bonaparte et les carbonari, pouvait mourir avec la consolation d'avoir tout préparé pour la guerre civile. Léon XII (1823) poussa plus loin la réaction; il se posa en réformateur. Pendant son règne, on vit reparaître le latin dans les tribunaux, les curies et les écoles; une touchante sollicitude pour les brigands rendit le droit d'asile à quelques églises; les juifs, persécutés, durent émigrer; le commerce fut écrasé d'impôts. C'était partout un redoublement de tyrannie théocratique et féodale. Les sanfédistes, officieusement encouragés, s'exaltaient, par conséquent les libéraux s'agitaient; la dévotion attira les pèlerins des sociétés catholiques à Rome, et le carbonarisme y envoya ses *pèlerins blancs.* Il avait ses *ermites,* il faisait circuler ses *épîtres de saint Paul aux Romains.* Dans les quatre Légations, les querelles éclatèrent bientôt entre les sanfédistes et les carbonari; à Frosinone, l'anarchie était complétée par la présence des brigands, qui s'accordaient avec les communes; à Rome, la vie du pontife était menacée par une conspiration. Le supplice de Montanari, les folles

cruautés du cardinal Pallotta à Frosinone, les édits du cardinal Rivarola, dictateur dans les quatre Légations, voilà les moyens avec lesquels
Léon XII lutta contre le mouvement révolutionnaire.

Le gouvernement de Rivarola, dans la Romagne, mérite de fixer
notre attention; il a ouvert une nouvelle période dans l'histoire de ce
pays. Les carbonari et les sanfédistes des basses classes de Faenza prenaient le nom de *chiens* et de *chats* pour exprimer leurs antipathies,
et se battaient tous les soirs dans les rues à coups de couteau; les assassinats se multipliaient. Rivarola commença par défendre aux habitans de sortir le soir sans *lanternes allumées,* sous peine de sept ans de
galères : un coup de vent qui éteignait la lumière jetait ainsi les honnêtes gens entre les mains de la police. Il va sans dire que la police de
Faenza, pleine de tendresse pour les *chats,* ne sévissait que contre les
chiens, et les querelles continuaient. Alors Rivarola imagina de fondre
les deux partis au moyen de vingt mariages : il proposa vingt dots, se fit
entremetteur de mariages, et il célébra les noces des *chiens* et des *chats*
avec la plus grande solennité. Au bout de quelque temps, la prime des
dots fut dissipée en orgies, les vingt couples se séparèrent à coups de
poings, et les deux partis étaient plus exaspérés que jamais. C'était
bien pis à Ravenne. La sentence de juillet 1825 du cardinal Rivarola
proclamait en toutes lettres que la ville, depuis quelques années, était
déchirée par les partis. Le cardinal, afin de la pacifier, condamna d'un
seul coup tous les carbonari, c'est-à-dire, 30 nobles, 156 propriétaires et négocians, 2 prêtres, 74 employés, 38 militaires, 62 médecins, avocats, ingénieurs, etc, 246 ouvriers; en tout, 508 personnes.
Deux individus furent exécutés, quelques centaines envoyés aux galères, les autres soumis à la plus stricte surveillance de la police. Parmi
les obligations imposées aux derniers, on trouve celles de *transmettre*
tous les mois à la police un certificat de confession signé par un con-
fesseur approuvé, et de communier tous les ans, après trois jours de
retraite dans un lieu indiqué par l'évêque, sous peine de trois ans de
travaux forcés. Après avoir sévi, Rivarola publia une amnistie. Voici
l'amnistie du cardinal, *interprète des douces dispositions du cœur pa-*
ternel de Léon XII. On pardonne aux carbonari qui *n'ont pas été re-*
marqués (c'est-à-dire à ceux qu'on n'avait pas découverts); on excepte
de ce pardon tous ceux qui *seraient gravement soupçonnés,' ou que l'on*
découvrirait mandans ou mandataires, ou auteurs spontanés des faits
déjà accomplis; on excepte également les complices connus ou inconnus
des troubles.qui ont donné lieu aux procès encore pendans de Pesaro
et de Rome. — Afin de pourvoir dans l'avenir au maintien du bon

ordre, d'après les facultés gracieusement accordées par sa sainteté, le cardinal ordonne dans le même édit d'amnistie la mort de tous les chefs et des membres gradués des sociétés secrètes, il prononce sept ans de galères contre les libéraux convaincus du crime de *non-révélation,* etc. Enfin il recommande aux autorités d'être *inexorables,* leur donnant le pouvoir de condamner d'après *la simple vérification du fait, per inquisitionem.* Ainsi, pour *le bon ordre* et par un trait *lumineux de clémence,* la police pouvait signer des arrêts de mort sans aucune forme de procès, et les quatre Légations étaient soumises au régime de la terreur.

On conçoit qu'au milieu d'un pays si cruellement persécuté, la vie de Rivarola fût en danger. En 1828, un coup de pistolet tiré contre lui blesse à ses côtés un prêtre qui se trouvait dans sa voiture. La fureur du cardinal ne connut dès-lors plus de bornes : les arrestations furent multipliées à tel point qu'il fallut transformer en prisons de vieux couvens et de vastes palais. Tous les carbonari suspects furent saisis, chargés de chaînes, privés de tout secours; les juges faisaient pendre cinq personnes en une fois. L'alarme fut jetée au sein même de la population innocente, et on émigrait pour fuir le gouvernement de Rivarola. Léon XII avait été chasseur dans sa jeunesse : les Romains disaient qu'après avoir chassé les animaux, il chassait les hommes.

Pie VIII montra moins d'intelligence politique encore que Léon XII. Comme ses prédécesseurs, il tenta la réforme du gouvernement, et il publia un tarif de douane si ruineux, que des cardinaux et des évêques refusèrent de le faire exécuter. Le saint-père dépouilla le port d'Ancône de ses franchises, et cet édit souleva un mécontentement si profond, qu'il fallut le révoquer au bout de trois jours. On touchait à 1830, et le gouvernement pontifical n'avait rien fait ni pour prévenir un soulèvement, ni pour fortifier le pouvoir; le sanfédisme, institué pour étouffer les libéraux, ne faisait que les provoquer par ses violences contre-révolutionnaires.

La révolution de juillet releva les espérances des patriotes; le principe de la non-intervention dissolvait la sainte-alliance, séparait l'Italie de l'Autriche, réduisait au néant le patronage de la cour de Vienne et laissait les princes à leurs propres forces. Que pouvait devenir le gouvernement pontifical? Cette fois, la tentative de 1821 devait se renouveler dans l'Italie centrale, et l'interrègne du conclave la favorisa dans les derniers jours de 1830. Le duc de Modène, effrayé de son isolement, tendait la main aux carbonari, conspirait avec Ciro Menotti; on l'annonçait comme un libérateur, et sans doute il au-

rait mieux aimé régner constitutionnellement sur l'Italie centrale que
de perdre son modeste duché par excès de fidélité à l'absolutisme et
à l'Autriche. Cet épisode n'eut aucune suite; bientôt Ciro Menotti se
vit trahi par le duc, et lorsqu'il se soulevait le 3 février, à la tête de
trente conspirateurs, il était canonné, enveloppé par les troupes
ducales. Le 4 février 1831, la révolution, préparée par les carbonari,
éclate à Bologne, se propage avec la rapidité de la foudre dans les
Légations, dans les Marches, dans l'Ombrie; vingt villes s'insurgent.
Le duc de Modène s'enfuit à Mantoue avec un escadron de cavalerie, il emmène Ciro Menotti prisonnier; le 6 février, la révolution
atteint Modène; le 14, elle éclate à Parme, et la duchesse se retire à
Plaisance. On s'attendait à une insurrection de la Toscane, du royaume
de Naples et du Piémont. Malheureusement la révolution n'était forte
qu'à Bologne et dans les quatre Légations; l'unique pensée du ministère révolutionnaire de Bologne, présidé par l'avocat Vicini, fut de
s'appuyer exclusivement sur le principe de la non-intervention au-delà
des limites de la Romagne. Le gouvernement provisoire ne songea
donc pas à agiter la Toscane; il envoya, au contraire, un ambassadeur
pour entretenir de bonnes relations avec le grand-duc; il refusa de
secourir Modène , attaquée par les Autrichiens, car, disait-il, la cause
des Modenais n'est pas la nôtre : il ne voulut pas même se jeter sur
Rome; à son avis, Rome formait un état séparé de l'ancienne république de Bologne. Enfin il ne voulut intervenir nulle part , il arrêta
la propagande, il amortit l'élan des campagnes en renvoyant les paysans qui offraient leurs bras, il contint les jeunes gens qui frémis-
saient d'impatience, il désarma le général Zucchi, qui arrivait avec
sept cents Modenais pourchassés par les Autrichiens, et il ne songea
pas même à fortifier Ancône, comme s'il s'était héroïquement décidé à
ne pas se défendre. A l'approche de l'armée autrichienne, forte de
douze mille hommes, on se rallia autour de Zucchi : il était trop tard.
A Rimini, les insurgés acceptèrent le combat avec courage, mais le
ministre de la guerre ordonnait presque aussitôt le désarmement définitif. Pendant les quarante jours de la crise de 1831, le cardinal Bernetti ordonnait au cardinal Benvenuti de lancer les sanfédistes sur le
gouvernement provisoire et de prêcher le massacre des libéraux. La
lettre ayant été interceptée, on avait emprisonné Benvenuti. Le gouvernement provisoire, réfugié à Ancône, capitula avec le prisonnier
et se rendit ainsi au représentant du sanfédisme et du brigandage
pontifical. La capitulation fut violée, comme on pouvait le prévoir,
et une partie des insurgés fut écrouée dans les prisons de Venise.

Grégoire XVI venait à peine de monter sur le trône quand il apprit la révolte de Bologne : son premier mouvement fut d'appeler les Autrichiens et d'exciter les sanfédistes. Le cabinet français profita de l'alliance anglaise pour exiger la retraite des Autrichiens : l'Autriche demandait à son tour à la diplomatie d'étouffer la révolution dans les États Romains. On tomba d'accord sur ce point; la question réduite à ces termes n'étant plus qu'une affaire diplomatique, il ne restait qu'à arrêter les mesures anti-révolutionnaires, et de concession en concession la France et l'Angleterre étaient amenées à demander au gouvernement pontifical de rentrer dans le système autrichien, à l'exemple des autres états de l'Italie. On vit alors les cinq cours signer d'un accord unanime un mémorandum par lequel elles réclamaient de Grégoire XVI les réformes administratives nécessaires pour apaiser le libéralisme. Le congrès de Vienne n'aurait pas agi autrement, et sous une apparence plus libérale, c'étaient encore les vues du congrès de Laybach sur Naples; mais la contre-révolution avait jeté de si profondes racines dans les États Romains, le gouvernement pontifical se trouvait tellement séparé de tous les gouvernemens modernes, que la diplomatie, presque à son insu, donnait par cet acte raison aux révoltés, et son mémorandum ne conduisait à rien moins qu'à une sécularisation du saint-siége. Grégoire XVI accorda tout : la libre élection des conseils municipaux, l'institution des conseils provinciaux, de nouveaux codes, la réforme des tribunaux, de l'administration, des finances, l'admission des séculiers dans les hauts emplois, dans le conseil d'état; en un mot, le nouveau pape, d'après ses propres expressions, promettait *une ère nouvelle* à ses sujets. Au départ des Autrichiens, les promesses étaient formellement rétractées (5 juillet 1831); les libéraux se soulevaient une seconde fois, et de son côté le sanfédisme prenait les armes pour les contenir. Le cardinal Albani marcha à la tête des bandes pontificales et battit les libéraux à Césène; ses soldats saccagèrent la ville, violèrent les femmes, pillèrent les églises. A Forli, les troupes du cardinal ne rencontrèrent aucune résistance, et cependant elles commirent des assassinats de sang-froid. On craignait de nouveaux massacres à Ravenne et à Bologne; ce fut alors que la bourgeoisie bolonaise accueillit avec joie les Autrichiens, qui revenaient pour une seconde occupation et empêchaient au moins les assassinats. La France riposta par l'occupation d'Ancône; mais ici encore, malgré l'hostilité diplomatique de Paris et de Vienne, le langage libéral de Casimir Périer se conciliait au fond avec la pensée du cabinet autrichien. Quelle fut la conduite du gouvernement pontifical? Sous

les yeux de l'ambassadeur de France, du général Cubières, de toute la
diplomatie, des généraux autrichiens, le saint père, tout en promettant des réformes, donna libre essor à la politique sanfédiste de ses
prédécesseurs. Le cardinal Albani commença les procès de Bologne;
les juifs d'Ancône durent payer 600,000 francs *pour avoir vu avec
plaisir* la révolution de 1831; les habitans de Bologne et d'Ancône qui
demandaient par une pétition l'accomplissement des promesses faites
par le pape à la diplomatie furent excommuniés par sa sainteté;
Rivarola était dépassé. Les sanfédistes, enrégimentés par les prêtres
de Faenza, dirigés par le duc de Modène et par Canosa, l'ancien ministre de la police de Naples, se montrèrent au grand jour, étalant
une devise, des médailles à l'effigie du duc de Modène et du saint
père, des lettres-patentes au nom de la congrégation apostolique, des
priviléges, des indulgences et des promesses d'argent. Ils prêtaient
serment d'*élever le trône et l'autel sur les os des infames libéraux, et
de les exterminer sans pitié pour les cris des enfans et les larmes
des vieillards et des femmes* (1). Les désordres commis par ces brigands passaient toutes les limites, et la cour de Rome, régularisant
l'anarchie, organisait les sanfédistes en corps de volontaires, auxquels
on accordait une solde assurée et de nouveaux priviléges. C'étaient
les volontaires qui, en 1834, ensanglantaient les rues de Faenza,
Imola, Lugo : la population invoquait contre ces violences la protection des tribunaux; le cardinal Bernetti donnait l'ordre aux présidens
des tribunaux de protéger les volontaires, et les tribunaux obéissaient.

Le résultat de l'intervention franco-autrichienne dans la Romagne
fut, à l'intérieur, de faire sortir le sanfédisme et le carbonarisme des
sociétés secrètes pour mettre ces deux tendances ouvertement en
présence; à l'extérieur, de montrer la différence qui existe entre
la politique du saint-siége et celle des états modernes. Sans doute il
y a des conseils municipaux dans la Romagne, on a fondé des conseils
provinciaux pour satisfaire la diplomatie; mais le gouvernement nomme
les conseillers, et il se sert précisément de ces conseils provinciaux
pour aggraver l'impôt et pressurer les communes. La dette publique
augmente tous les ans, la sûreté personnelle est menacée par l'inquisition, par les évêques, par la police et par les carabiniers; le désordre
et la confusion règnent dans les tribunaux, les peines sont toujours
arbitraires, et la guerre civile est toujours imminente.

---

(1) « *Senza avere compassione delle grida de' fanciulli, de' pianti de' vecchi e
delle donne.* » Nous copions une formule imprimée.

. La révolution de la Romagne a modifié par contre-coup la situation de tous les partis italiens. Une scission s'est manifestée dans le parti royaliste. Pendant la restauration, il était aveuglément soumis à l'Autriche : l'occupation d'Ancône a rendu difficiles ces franches interventions de 1821, créé un nouveau centre révolutionnaire en Italie, ouvert une sorte de procès à la papauté devant l'Europe. Ce ne sont là, pour l'Autriche, que des embarras diplomatiques compensés par la chance d'une nouvelle conquête ou par un accroissement d'influence sur le saint-siége. Cependant, à mesure que le désordre des États Romains a promis de nouveaux avantages à la cour de Vienne, tous les princes italiens se sont rapprochés de la cour de Rome : que deviendraient-ils, si l'Autriche possédait une troisième province dans les quatre Légations? Par un mouvement analogue, tandis que les sanfédistes, sous la restauration hostiles à l'empereur, adoptaient en 1831 les couleurs de l'Autriche, toutes les sociétés catholiques de la Haute-Italie s'opposaient fortement à l'influence autrichienne: que deviendraient-elles, si l'Autriche était toute puissante dans les États Romains? Aussi Modène, Parme, Naples, le Piémont, même la Toscane, sont de plus en plus entrés dans le système guelfe. En 1839, le cabinet de Vienne proposait pour la troisième fois de légaliser son protectorat par une confédération austro-italienne, et, comme en 1819 et en 1825, il échouait, surtout par la résistance de la cour guelfe de Turin. Les princes ont prodigué les faveurs au parti guelfe dans le but d'opposer la dévotion à la révolution, de remplacer les baïonnettes absentes par un renfort de jésuites; on voudrait se passer de l'Autriche et invoquer la ressource nationale de l'ultra-catholicisme. En cas de malheur, l'appui de l'Autriche reste d'ailleurs assuré, car la cour de Vienne est intéressée, condamnée même à secourir ses alliés pour éviter la révolution dans ses provinces. Quel besoin a-t-on de se ménager son intervention par une condescendance gênante? Les faveurs accordées au parti guelfe et ultra-catholique ont porté leurs fruits. En Piémont, le clergé reconnaissant correspond, par l'entremise de plusieurs évêques, avec le chef de la police de Turin, et le tient au courant de l'état des consciences. Pendant la restauration, l'hostilité du parti guelfe contre l'Autriche était occulte et gouvernementale; aujourd'hui, elle est ouverte et nationale. Le système autrichien se trouve ainsi affaibli par la résistance religieuse, par le foyer révolutionnaire de la Romagne, par l'atteinte diplomatique de l'occupation d'Ancône, par l'effet de la double révolution de la Grèce et de l'Espagne, tandis que l'opposition qu'il rencontre dans les provinces slaves diminue sa force militaire et détruit lentement la fidélité de son armée.

Le parti national, sous la restauration, était bonapartiste ou militaire; depuis 1831, il a perdu toutes ses velléités belliqueuses, et il est devenu réformiste. C'est lui qui dirigeait la révolution de l'Italie centrale, se fiant exclusivement au principe de la non-intervention : quand il fut abandonné, il passa de l'extrême confiance à l'extrême découragement. On l'accusa dans toute l'Italie d'avoir trahi la cause de la révolution par son incapacité : bientôt justifié par l'impuissance du parti démocratique, il s'est relevé depuis 1834. Ne pouvant pas espérer une insurrection, il contemple en silence, avec un naïf orgueil, les deux armées nationales de Naples et du Piémont; ne pouvant pas espérer des constitutions octroyées par des princes italiens, il se tourne vers l'industrie, le commerce, la littérature. On l'a vu encourager les études classiques, prodiguer les sympathies aux hommes de lettres, s'exposer dans les dangers du choléra-morbus, s'intéresser aux chemins de fer comme à une œuvre politique. Les congrès scientifiques italiens tiennent à ce mouvement réformiste. Subissant l'empire de l'opinion, le gouvernement piémontais accordait des codes, améliorait la situation de la Sardaigne (1836-37), protégeait une littérature terne, officielle, inoffensive, d'où sortent cependant, par un hasard exceptionnel, les travaux philologiques et scientifiques de MM. Plana, Peyron, Gorresio, Gazzera. Le duc de Modène et le roi de Naples ont accueilli des savans; l'Autriche elle-même renouvelait en 1838 l'institut de Milan, et fondait l'institut de Venise. Pourquoi les princes s'opposeraient-ils aux réformistes? Le libéralisme est tenu en laisse par ces lentes et pacifiques innovations; il dépense une violente énergie en de petites choses et oublie les soulèvemens. Au reste, les réformistes prêchent contre l'émeute, et se contentent de détester l'Autriche; ils voudraient se rapprocher à tout prix des princes italiens, et ne demandent qu'à les voir indépendans de la cour de Vienne; mais le clergé et la noblesse entraînent sans cesse l'absolutisme italien à de nouvelles violences, et les réformistes, malgré leurs aspirations vers un despotisme national et éclairé, malgré leur modération éprouvée en 1831, malgré toutes leurs idées pacifiques et bourgeoises, sont jetés sans cesse dans les conspirations. Néanmoins, si le parti se dissolvait à force de se rapprocher des gouvernemens, il se reconstituait, d'un autre côté, par une nouvelle génération de conspirateurs, plus jeune, plus ferme, instruite par l'échec de 1831, prête également à défendre ou à prévenir, selon que l'exigerait la prudence, une insurrection constitutionnelle. Ce parti a renouvelé depuis 1831 le carbonarisme, il a réformé ses principes, ses grades et ses emblèmes.

Le parti démocratique a été relevé tout d'un coup par la révolution de juillet. C'est avec effort que le gouvernement provisoire de Bologne pouvait le contenir; la jeunesse de l'Italie centrale demandait à grands cris la propagande et le combat. Après la reddition d'Ancône, elle cherchait à organiser une insurrection républicaine dans les sociétés secrètes. Buonarotti, l'ami de Babeuf, vivait encore, et il fonda en Toscane la société des *Vrais Italiens;* à la Saint-Jean de 1831, on tentait déjà le soulèvement de Florence. La police toscane, stimulée par le duc de Modène, arrêtait plusieurs suspects; les conspirateurs usaient de représailles en jetant des sbires dans l'Arno et en donnant des sérénades aux détenus politiques; les arrestations se multipliaient, l'*Anthologie* de Florence fut supprimée : enfin le grand-duc céda à l'opinion, et le calme se rétablit. En 1832, M. Mazzini fonde la *jeune Italie.* La propagande s'étend rapidement en Piémont, à Gênes, en Lombardie, à Naples; mais le roi Charles-Albert arrête le mouvement par les douze exécutions de 1833, et l'expédition de Savoie l'anéantit en 1834. En même temps les fils du général Roussaroll, le dernier qui eût résisté parmi les révolutionnaires de 1821, attentent à la vie du roi de Naples; Ricci est exécuté à Modène; l'Autriche envoie de nouveaux conspirateurs au Spielberg. Trois ans après l'expédition de Savoie, au moment du choléra-morbus, Penne se soulève dans le royaume de Naples, Syracuse en Sicile : on passe par les armes cinquante-cinq personnes à Syracuse, et le roi profite de l'émeute pour fondre ensemble les deux gouvernemens de Naples et de Sicile. L'unité administrative pouvait être un bienfait, on en fit un fléau : on avait à désarmer la révolution en civilisant la Sicile, qui ne possède ni routes, ni instruction primaire, ni agriculture, ni commerce, et on ne songea qu'à profiter de l'incorporation de l'île pour augmenter les impôts. Il en résultait que cette terre sicilienne si fertile, et où le peuple meurt de faim, redevenait un foyer révolutionnaire. Les Calabres mécontentes se prêtaient de leur côté à la propagande, et les révolutionnaires exaltés cherchaient à ressusciter l'ancienne alliance insurrectionnelle de 1812 entre les Calabres et la Sicile. Cette fois, la Romagne venait ajouter un troisième centre révolutionnaire à l'alliance; impatiente du combat depuis la double évacuation franco-autrichienne (1838), elle était libre d'agir. Faible sur les trois points des Calabres, de la Sicile et de la Romagne, le parti pouvait se trouver fort par l'insurrection combinée des trois pays : la haine de la Sicile pour Naples, des Calabres pour le gouvernement du roi Ferdinand, des Romagnols pour la cour de Rome, la nécessité impérieuse d'une réforme, voilà les élémens qu'une conspiration active, persévérante, déterminée à tout et pourtant impuissante à pénétrer dans les masses, s'efforça d'exploiter. Cette conspiration se forma en 1840, à l'instant même où l'on apprit que l'Europe provoquait la France à la guerre. De 1831 à 1840, les exaltés et les modérés s'étaient séparés : les uns se réunissaient dans le *carbonarisme réformé*, les autres composaient les bandes de la *jeune Italie*, des *amis des peuples*, des *vengeurs du peuple*. L'espoir d'une guerre rapprocha les deux partis. La *jeune Italie* portait la propagande à bord de la flotte autrichienne, dans les troupes impériales; les comités de Malte et de Londres redoublaient d'efforts; le parti démocratique avait des compagnies volantes sur tous les points de l'Italie. D'un autre côté, le parti modéré, c'est-à-dire tous les Siciliens qui se souvenaient de la constitution de 1813, les Calabrais disposés à renouveler la tentative de 1821, les Romagnols décidés à revenir sur celle de 1831, se préparaient à l'action : ici les forces tenaient aux intérêts même du sol; la propagande du parti modéré, moins aventureuse que celle du parti démocratique, était plus sûre et beaucoup plus redoutable. En 1841, Aquila se révolte inopinément, et ce malentendu ne fait que jeter cent trente-neuf accusés devant une commission militaire, qui en condamne cinquante-six et en fait fusiller quatre. Cependant la révolte conçue au moment du traité du 15 juillet devait éclater en 1843. On sait qu'au moment de l'action les Calabres restèrent immobiles. Dès-lors le parti modéré tout entier se retira de la conspiration, et le parti démocratique, réduit à ses compagnies volantes, se trouva dans l'impossibilité d'agir. Les plus hardis (bien que M. Mazzini lui-même voulût les contenir) marchèrent au combat : ils ne rencontrèrent que le martyre. Cette année, les commissions militaires de Naples et de Bologne ont déjà condamné cent soixante personnes et ordonné vingt et une exécutions. Le nom des frères Bandiera s'ajoutait, il y a quelques mois, au martyrologe de la liberté italienne. Les procès sont ouverts à Venise. Nous devons respecter les victimes, nous devons respecter aussi le secret de cette conspiration, qui s'étendait depuis Venise jusqu'en Sicile; mais on ne peut s'empêcher de reconnaître dans cette dernière crise l'adresse et la fermeté du parti modéré : uni, compact, il agissait comme s'il avait des chambres et des électeurs. Son chef dans la Romagne préparait l'insurrection, et quand il se vit abandonné par les Calabrais, il prévint, en la contremandant, un immense désastre. Il avait poussé à la révolte un peuple irrité, et il le contenait avec non moins de bonheur, appuyé sur les ressources même de la conspiration, pour réserver les forces révolutionnaires. Le gouvernement pontifical en a été réduit à ordonner un massacre dans

le bas peuple, et à témoigner naïvement toute sa frayeur sur l'étendue
du danger qu'il venait de courir, tandis qu'il devait, en réalité, la tranquillité publique aux libéraux. Le mouvement contremandé de 1843 a
été la plus vaste conspiration italienne depuis 1821, le chef-d'œuvre des
sociétés secrètes, le dernier effort de l'alliance des modérés et des exaltés, la plus habile manœuvre de cette opposition occulte et permanente
qui essaie ses forces depuis 1814 en Italie. La persuasion intime et profonde que toutes les ressources de la modération ont été épuisées en
1821 et en 1831, qu'il faut un combat, que le temps des transactions est
passé, qu'il faut imiter la république française, voilà ce qui atteste encore aujourd'hui dans le parti démocratique italien l'influence persistante des traditions de 1793 et de 1830. D'un autre côté, la conviction non moins intime et profonde que les moyens extrêmes de la
démocratie n'ont pas de force en Italie, qu'ils ne peuvent pas soulever
les masses, qu'il faut chercher un point d'appui dans la diplomatie,
qu'il faut ajourner la conquête de la liberté pour obtenir avant tout
l'indépendance du pays, telle est aujourd'hui la profession de foi du
parti modéré, qui résume les traditions de la *ligue noire*, de la *société des Rayons*, du carbonarisme et du bonapartisme. Ce parti voudrait se rapprocher de la cour de Turin; il n'a jamais oublié que le fils
d'Eugène Beauharnais est à la cour de Saint-Pétersbourg.

Ainsi le congrès de Vienne triomphait, en 1814, de l'Italie libérale,
et la révolution protestait, en 1821, par les soulèvemens militaires de
Naples et du Piémont. Le congrès de Laybach dispersait les soulèvemens, et, dix ans plus tard, ils se reproduisaient dans la Romagne.
Le mémorandum des cinq cours rentrait d'une manière détournée
dans le système du congrès de Vienne, et aujourd'hui une conspiration invisible plane sur toute l'Italie, depuis Venise et Bologne jusqu'en Sicile. Un guerillero hardi, une émeute à Cosenza, une bande
dans la Romagne, ne sont pas des évènemens; ce sont des symptômes. L'exaspération conduit quelques jeunes gens au martyre, et
malheureusement les causes de l'exaspération subsistent. Le système
autrichien a pu vaincre jusqu'à ce jour la révolution, parce qu'elle
n'était pas dans les masses, parce qu'elle pouvait se concilier passagè-
rement avec l'administration de Joseph II, parce que le mouvement
spontané des peuples ne conduisait qu'à la publication des codes.
L'Autriche, en 1814, a donc publié des codes, et les révolutionnaires
qui demandaient plus, faibles, isolés comme en 1791, étaient forcés de
se cacher comme en 1796. Plus tard, ils obéissaient à l'impulsion
étrangère de la seconde insurrection espagnole et des journées de

juillet. Par là, les mouvemens des Italiens se réduisaient à des insurrections artificielles élaborées dans les comités secrets; quand ils se
déclaraient, ils ne faisaient que démasquer des conspirateurs, et l'inquisition italienne, fortifiée par la gendarmerie impériale, renouvelait en 1831 les sacrifices de 1799. La révolution ne devenait populaire
et partant redoutable que dans la Romagne, qui réclame des codes et
des lois modernes. Toutefois la publication d'un code ne peut pas
être la dernière conquête de la révolution en Italie : le code conduit
à des institutions libres, et le bien-être qui en résulte favorise les tendances libérales; mais la révolution ne peut être admise dans les intérêts sans se produire dans les idées. C'est pourquoi, en Italie, les
sociétés secrètes se renouvellent avec les générations; il faut chaque
jour des sacrifices sanglans pour les contenir; l'Autriche ne peut garder
le juste milieu, elle doit prêter ses forces à la contre-révolution, elle
a dû revenir sur le libéralisme de Joseph II; son système s'use : on
gouverne par la terreur, et la terreur n'a rien résolu. Après des efforts
multipliés, les deux partis de la révolution et de la contre-révolution
sont encore en présence. La contre-révolution se personnifie surtout
dans le gouvernement temporel de l'église, dans les jésuites qui envahissent la Haute-Italie, dans les royalistes du Piémont, de Modène,
qui se rapprochent tous les jours du gouvernement pontifical. Invariable dans ses allures, la contre-révolution compte toute une série de
tristes souvenirs : les massacres de Vérone, de Lugo, les assassinats des
briganti, les pillages de l'armée chrétienne du Piémont, les excès de
Fra Diavolo, de Mammone, la vie de Ferdinand IV, de Caroline d'Autriche, de Canosa, du duc de Modène, de Ruffo, les capitulations violées de Saint-Elme et d'Ancône. Elle agit par la police, par les sanfédistes, par les commissions militaires, se maintient à force d'exécutions:
elle a brûlé à Palerme, par la main du bourreau, le code Napoléon, et
quatre fois elle a appelé les armées de l'Autriche sur tous les points de
l'Italie. La révolution s'est personnifiée à son tour dans les mille victimes que le parti libéral a données à l'exil, à la prison, à l'échafaud; elle
ne peut oublier ni l'uniformité des lois italiennes, bienfait du règne de
Napoléon, ni la promesse du royaume d'Italie; elle se souvient aussi des
républiques du directoire. La contre-révolution a désarmé les citoyens,
armé les populaces, favorisé l'espionnage, ranimé en Italie les mœurs
impures de la décadence. La révolution a protégé l'agriculture, le
commerce, l'industrie, la pensée; depuis 1814, elle a gagné à sa cause
la littérature tout entière: le talent, quelle que soit la forme sous laquelle il se manifeste, est considéré aujourd'hui comme une espérance

du parti libéral. L'opinion trahit ses inquiétudes par une vague attente d'évènemens imprévus; on s'aperçoit que dans la péninsule rien n'est assis. Dès 1831, la fièvre révolutionnaire avait gagné toute l'Italie supérieure, et aujourd'hui encore on ne saurait jouer ni *Guillaume Tell* à Milan, ni la *Norma* à Palerme, ni *la Vestale* à Rome, sans que le public y découvre des allusions sanglantes pour les cours absolutistes. Si on représente à Turin le *Philippe Visconti*, on y voit un hommage à l'ancienne indépendance de la Lombardie; si Manzoni écrit *les Fiancés*, on y cherche à tout prix la satire de la cour de Vienne; si M. Amari donne l'histoire des *Vêpres siciliennes*, il est contraint de se réfugier en France, car son travail de simple érudit acquiert en Sicile le sens ,d'un pamphlet incendiaire. La lutte des deux partis a divisé jusqu'aux villes italiennes. La révolution a établi ses foyers à Gênes, impatiente de secouer le joug du Piémont; à Alexandrie, le centre des insurgés de 1821 et de 1832 ; à Brescia, gagnée au carbonarisme en 1821; à Bologne, la première à l'attaque en 1796 et en 1831; dans les Calabres, toujours prêtes à l'émeute; à Palerme, admirable dans l'élan de 1821. On peut considérer comme les centres de la contre-révolution Turin, le siége du gouvernement piémontais; Naples, la ville des lazzaroni, tous royalistes; Messine, heureuse de ses priviléges et hostile à Palerme; Vérone, qui insultait en 1821 les prisonniers du Spielberg; Lugo, la cité de la ligue *théocratico-antinapoléonienne;* Faenza, le centre du sanfédisme; Rome enfin, la ville des papes. On le voit, l'Italie est livrée à des causes d'agitations toujours renaissantes. En présence d'une telle situation, ce n'est point la violence qui peut affermir les gouvernemens de la péninsule : l'intelligence des besoins des populations, une sollicitude active pour leur bien-être, donneraient à ces gouvernemens une force qu'ils ont trop négligée. Pour être justes, nous devons reconnaître que le cabinet de Naples est entré, depuis quelques années, dans une voie d'améliorations matérielles et de sages réformes administratives.

Assurément, si l'on considère l'Italie au point vue diplomatique, on n'y trouvera qu'une seule question, celle de la Romagne. Le gouvernement pontifical a donné son adhésion au mémorandum et l'a violé sur tous les points, de l'aveu même de l'ambassadeur anglais. Grégoire XVI n'a accordé aucune liberté, aucune garantie, aucun soulagement, et il a épuisé toutes les ressources de la théocratie. Il avait promis à la diplomatie de déraciner la révolution par les réformes, et il la contient par les fusillades; il avait promis une *ère nouvelle* à ses sujets, et il les pousse à la guerre civile. Le gouvernement pontifical,

réduit au monopole des prélats, forcé de multiplier les emprunts, soutenu tour à tour par les baïonnettes de l'Autriche, des Suisses et des
volontaires, entretient l'esprit révolutionnaire au centre de l'Italie
et compromet la sécurité de tous les princes italiens. La violation du
mémorandum de 1831, voilà la question italienne telle que peut la
poser la diplomatie, et cette question, ainsi envisagée, paraît insoluble. Appliquer le mémorandum, réformer le gouvernement pontifical, c'est le séculariser, c'est le détruire. Est-il un gouvernement
qui propose de séculariser la papauté? Peut-on imposer au pape deux
chambres et des ministres responsables? Non; avec les données actuelles de la politique, il n'y a pas de solution possible au problème
italien. Il faut s'élever plus haut et se demander, non pas si on peut
éteindre un foyer d'agitations dans la Romagne, mais si l'Italie peut
sortir d'un état violent qui ne dure que par la terreur. Il ne faut pas
prétendre supprimer la révolution; il s'agit de la satisfaire dans ce
qu'elle a de légitime, et cette tâche ne peut être accomplie ni par la
France ni par l'Autriche : elle doit l'être par l'Italie elle-même. Le
parti libéral au-delà des monts a donné assez de sang pour réclamer
sa place dans le mouvement nouveau de l'Europe. Quel que soit l'avenir de la péninsule, on peut dès à présent reconnaître que l'avantage
doit rester aux principes que ce parti a défendus au prix de tant de
sacrifices. C'est à cette conclusion que nous a conduits l'histoire des
tentatives révolutionnaires au-delà des Alpes; c'est à cette conclusion
que nous serons ramenés encore en interrogeant une autre fois la
littérature politique de l'Italie.

PRESSE LÉGITIMISTE

DEPUIS 1789.

Les causes de la révolution française furent profondes et lentement amassées par le temps; mais l'explosion fut soudaine, et les phases diverses de cette grande péripétie eurent quelque chose d'imprévu et de fatal. Les évènemens surprirent et menèrent les hommes. Quelques mois, quelques jours suffisaient alors pour changer les rôles, pour briser les partis, pour élever quelques hommes obscurs sur les ruines de ceux qui la veille étaient pour le peuple des idoles et des chefs. Quand, le 5 mai 1789, Louis XVI ouvrit les états-généraux à Versailles, la royauté paraissait puissante et populaire; l'année ne s'était pas écoulée, qu'on put voir la royauté compromise, puis désarmée, enfin perdue. Tout était entraîné, enveloppé, les amis comme les adversaires de l'indomptable révolution, qui cependant rencontra, dès le début, d'éloquens et courageux ennemis. C'est la destinée des grandes causes d'exciter la haine au même point que l'enthousiasme; aux idées nouvelles et fortes s'attachent toujours des passions ardentes, soit pour les propager, soit pour les combattre.

Il est possible aujourd'hui de jeter un regard tranquille sur la succession des écrivains politiques qui résistèrent aux principes nouveaux. Les tourmentes dont furent battus nos pères sont bien loin, et nous pouvons en parler comme nous ferions des temps de Marius et de Sylla. Quant à la polémique des légitimistes contemporains, nous ne saurions lui reconnaître la puissance de nous rendre la justice difficile.

C'est avec l'esprit de Voltaire que la cause des anciennes institutions fit face aux premières nécessités de la défense et de l'attaque. Nous n'énonçons pas ici un paradoxe, mais un fait. La dictature intellectuelle de l'auteur de l'*Essai sur les mœurs et l'esprit des nations* était dans toute sa force quand, à la fin du dernier siècle, les passions politiques s'allumèrent si vivement parmi nous. Voltaire régnait partout, à la cour non moins que dans la bourgeoisie : il avait fait des idolâtres jusque dans le clergé. La moitié de la noblesse était imbue des opinions de Voltaire, qui n'avait jamais attaqué ni le trône ni l'aristocratie, mais seulement l'église. Dans les rangs des novateurs, Voltaire était une autorité souveraine pour tous ceux que n'avait pas subjugués Jean-Jacques. L'esprit de Voltaire planait donc à la fois sur les deux camps ennemis de l'ancien régime et de la révolution : c'est une gloire assez piquante.

L'arme dont Voltaire s'était si puissamment servi contre l'église, de jeunes écrivains voulurent la tourner contre la révolution. On entreprit de ruiner la liberté par le ridicule. Il y avait alors dans les salons de Paris un jeune auteur auquel ne manquaient ni la réputation ni les ennemis : c'était Rivarol, causeur étincelant, plume ingénieuse. Il s'était déjà moqué de tous ses contemporains indistinctement dans un écrit satirique qu'il avait intitulé *Le petit Almanach de nos grands hommes;* il s'était aussi fait connaître par des essais plus sérieux et dignes d'estime, de façon que les évènemens imprévus de 1789 le trouvèrent armé pour la lutte, ayant un talent exercé, et une verve de malice qui cherchait partout des victimes. Rivarol se disait de sang noble; mais on murmurait autour de lui qu'il était le fils d'un cabaretier. Il voulut peut-être prouver sa noblesse en se jetant avec ardeur, dès les premiers jours, dans les rangs des ennemis de la révolution. C'était aussi une vive séduction pour un talent qui avait conscience de sa vigueur, que l'audacieuse entreprise de lutter contre l'impulsion commune qui paraissait irrésistible. Un jour, Diogène entrait au théâtre quand le peuple en sortait; on s'étonnait de sa conduite, et il répondit « qu'il ne faisait là que ce qu'il avait fait toute sa vie. » Il allait contre la foule. Or, parfois ces réactions courageuses ne tentent pas moins l'ambition des gens d'esprit que celle des grands caractères.

Rivarol a revendiqué l'honneur d'avoir été, dans la presse, le premier adversaire de la révolution. « On sait en France, a-t-il écrit quelque part, que j'ai attaqué l'assemblée constituante sur la fin du mois de juin 1789, près d'un an avant tous ceux que ses excès ont convertis, près d'un an avant M. Burke, comme il l'a reconnu lui-même dans une lettre imprimée à Paris en 1791. » En effet, dans le *Journal politique et national*, Rivarol se fit l'historien des évènemens de la révolution à mesure qu'ils s'accomplissaient. Les articles réimprimés de Rivarol forment un volume qui se termine par le récit des journées des 5 et 6 octobre. Le style de Rivarol est clair, rapide, véhément. C'est avec passion que l'historien journaliste caractérise les faits et les hommes; il met sous les yeux de Paris le tableau quotidien de ses actes et de ses excès. Il prend la capitale à partie; il lui dit qu'elle a agi contre ses intérêts en adoptant des formes républicaines, qu'elle a été aussi ingrate qu'impolitique en écrasant cette autorité royale à qui elle doit et ses embellissemens et son accroissement prodigieux. Voici comment Rivarol peint le Palais-Royal de 1789 : « La postérité demandera peut-être ce que fut ce Palais-Royal dont nous parlons si souvent, et qui entretient aujourd'hui des communications si intimes et si sanglantes avec la place de Grève. Nous dirons en peu de mots que le Palais-Royal fut le berceau du despotisme sous Richelieu, le foyer de la débauche sous la régence, et que, depuis cette époque, tour à tour agioteur et politique, il est devenu comme la capitale de Paris. Dans une ville corrompue, ce jardin s'est distingué par la corruption. Telle a été son influence dans la révolution actuelle, que si on eût fermé ses grilles, surveillé ses cafés, interdit ses clubs, tout aurait pris une autre tournure. En ce moment, ses galeries sont des *chambres ardentes*, où se prononcent des sentences de mort, et ses arcades, où l'on étale les têtes des proscrits, sont les *gémonies* de la capitale. La liberté, si elle est le fruit de la révolution, ne pouvait avoir de berceau plus impur. » Violent contre les passions révolutionnaires, Rivarol jugeait avec sévérité les fautes de la cour et les longs excès du gouvernement monarchique. Il s'abandonnait à toute l'indépendance de sa verve, et c'est de la meilleure foi du monde qu'il écrivait un pamphlet ardent, coloré, qui à plus de cinquante ans de distance vous émeut et vous entraine par l'impétueuse décision de ses allures.

Il est des esprits heureux qui savent mêler l'enjouement à la gravité. Ils servent leurs opinions non-seulement par des travaux sérieux, mais par une gaieté inépuisable; ils combattent en riant. Tel était Rivarol. Il ne lui suffisait pas d'écrire l'histoire contemporaine avec cette rapidité lumineuse qui est une des meilleures qualités de l'école de Voltaire; il avait aussi quelque chose de la puissance facétieuse de l'auteur de *Candide,* et il avisa comment il pourrait lancer contre le parti de la révolution tous les traits mordans et cruels que lui fournissait sa verve. Il avait d'ailleurs des amis tout prêts à mettre en commun leur colère et leurs bons mots. Un pamphlet collectif reçut le titre assez irrévérencieux d'*Actes des Apôtres.* Les royalistes imitèrent Voltaire : à leurs yeux, la révolution française était comme une religion dont ils voulurent faire une critique railleuse. Les *Actes des Apôtres* eurent pour principaux rédacteurs, avec Rivarol, le chevalier de Champcenetz, officier aux gardes françaises, maniant avec la même audace la plume et l'épée, Peltier de Nantes, le vicomte de Mirabeau, qui s'était fait du sarcasme une étude pour pouvoir se défendre contre la monstrueuse supériorité de son frère. Les rédacteurs des *Actes des Apôtres,* qui ne signaient point leur feuille, mais dont Paris savait les noms, s'annoncèrent plaisamment comme voulant défendre l'assemblée constituante contre les aristocrates. Ayant une fois pris ce tour ironique, ils se mirent à tout attaquer dans la cause de la révolution, les doctrines et les hommes, les talens et les réputations, non moins que les principes. Dans cette immolation universelle, les têtes les plus illustres furent les plus frappées. Lafayette, Mirabeau, Barnave, eurent l'honneur des plus rudes atteintes. Que de pasquinades à l'adresse de Target et de Chapelier ! On peut juger si on épargnait l'abbé Sieyès et l'évêque d'Autun. Tout ce que les mœurs nouvelles, si brusquement improvisées par notre régénération sociale, pouvaient avoir d'étrange, d'impoli, de ridicule, devenait l'objet d'une raillerie impitoyable. Toutes les formes étaient employées : tantôt c'étaient des lettres trouvées dans la poche d'un aristocrate, et qu'on publiait pour avertir la nation des périls qui la menaçaient; tantôt les facétieux rédacteurs parodiaient des scènes de Racine et de Voltaire, des vers de Gilbert et de Boileau. C'était un déluge d'impromptus et d'épigrammes, par lesquels ces tirailleurs royalistes harcelaient l'armée révolutionnaire.

La philosophie du siècle avait tellement pénétré partout, que nous trouvons dans les *Actes des Apôtres* non-seulement l'empreinte de Voltaire, mais aussi l'apologie de Rousseau. Parfois, aux diatribes plaisantes qui faisaient le fond du recueil, on mêlait des morceaux sérieux. C'est dans un de ces derniers fragmens que Rousseau est défendu avec chaleur. On y soutient qu'il serait injuste d'imputer à l'auteur du *Contrat social* les fautes de l'assemblée constituante et les excès de la révolution. C'est, au contraire, l'infidélité des nouveaux législateurs aux leçons de liberté données par Jean-Jacques qui les a précipités dans tant d'écarts. « Quelle éternité prépare-t-on à Rousseau, s'écrie son apologiste, en le faisant passer à la postérité comme chef d'une révolution de sang et comme fondateur d'un gouvernement absurde! Et quel est celui qui désirera vivre dans le souvenir des hommes, si le crime peut impunément se couvrir du nom sacré de la vertu, et l'ineptie en délire donner ses rêves pour des arrêts du génie? » Ainsi, Rousseau était pour des écrivains royalistes une autorité souveraine, tant alors le parti qui combattait l'esprit nouveau marchait au hasard! Il n'y avait pas du côté des royalistes d'école politique, mais des talens variés suivant des directions souvent contraires. L'unité de doctrines et la conséquence dans les principes étaient plutôt chez les novateurs que chez leurs adversaires.

Il était naturel qu'en face des opinions extrêmes de l'assemblée constituante les royalistes cherchassent à les réfuter en s'autorisant de l'exemple de l'Angleterre. Depuis qu'on avait lu l'admirable esquisse qu'avait tracée Montesquieu de la constitution anglaise, beaucoup d'esprits cultivés et pénétrans s'étaient mis à étudier la pratique que faisaient nos voisins de la liberté, et, sans trop se rendre compte de l'avenir, ils caressaient l'espérance de voir la France un jour s'initier à la vie politique par d'utiles emprunts à l'expérience des Anglais; mais, commencée par le peuple, la révolution de 1789 ne pouvait, dès les premiers momens, se limiter et se pondérer elle-même, et l'imitation de l'Angleterre fut dédaigneusement repoussée. C'est alors que les royalistes se firent de la constitution anglaise une arme contre les théories exclusivement démocratiques. « Le grand art de la constitution anglaise, sa grande force, écrivait-on dans les *Actes des Apôtres*, vient de ce qu'on a tellement organisé tous les pouvoirs, qu'ils se balancent au point qu'il est impossible que l'un puisse dominer l'autre. » C'est aussi les yeux fixés sur l'histoire d'Angleterre que Bergasse censurait la constitution nouvelle. Dans *le Mercure politique*, Mallet-Dupan s'était attaché, dès 1788, à démontrer l'excellence du gouvernement anglais; il défendait avec la plume du publiciste les opinions que Mounier et Mallouet soutenaient à la tribune. Enfin, en Angleterre même, un orateur et un écrivain de génie, Edmond Burke, se mit à attaquer notre révolution, la *grande charte* à la main, et, par une polémique pleine d'éclat, il fit comprendre à l'Europe entière quel génie différent les deux peuples portaient dans leurs expériences politiques.

Cependant la cause de la vieille monarchie française n'était pas défendue en vertu des principes qui en étaient le fondement. Louis XVI avait trouvé de courageux avocats jusqu'au pied de l'échafaud, et le gouvernement séculaire dont il avait été le dernier représentant s'écroulait sans qu'une voix s'élevât afin d'en tenter l'apologie. Pour l'honneur de la nature humaine, ce silence ne dura pas. Il y a dans les catastrophes historiques, dans la chute des grands établissemens, dans le spectacle de leurs ruines, quelque chose qui agite l'esprit, le remue, le féconde. Il est frappé, mais non pas accablé. Deux hommes, au moment où la civilisation monarchique de la France périssait au milieu des tempêtes, se prirent d'enthousiasme pour elle; ils voulurent venger tout ce passé, et en célébrer la sagesse antique et profonde. En 1796, M. de Bonald publia à Constance un traité politique en trois volumes ayant pour titre : *Théorie du Pouvoir politique et religieux*. En 1797 paraissaient à Bâle et à Londres les *Considérations sur la France*, de M. de Maistre, livre d'une brièveté éloquente. Presque toute l'édition de l'ouvrage de M. de Bonald fut envoyée en France et saisie par la police du directoire, qui la mit au pilon. Tandis que M. de Bonald se voyait privé aussi cruellement d'une publicité qui eût été utile à sa cause et à sa gloire, les *Considérations* de M. de Maistre étaient entre les mains de tous les hommes d'élite de l'Europe, et commençaient la réputation de cet énergique penseur. Elles sont trop connues pour que nous songions à en parler ici, et il est juste d'ailleurs de réserver toute notre attention à l'ouvrage de M. de Bonald, qui, on peut le dire, paraît en ce moment pour la première fois. En 1796, la *Théorie du Pouvoir* n'eut guère que deux ou trois lecteurs, M. Necker, Laharpe et M. de Châteaubriand.

L'histoire de l'ancienne monarchie française est peut-être celle qui a le plus inspiré de théories aux publicistes et aux écrivains politiques. Il suffit de citer les noms de Boulainvilliers, de l'abbé Dubos, de Mably et de Montesquieu, pour rappeler les principaux systèmes que jusqu'en 1789 avait enfantés notre histoire. Dans nos annales, les faits constitutifs de l'ordre social, l'église, la monarchie, les parlemens, la noblesse, se produisent sous des formes si saillantes, qu'ils ont pu tour à tour

devenir le point central d'une explication systématique des évènemens. Toute révolution témoigne que le peuple chez lequel elle éclate
est arrivé à mépriser son histoire et son passé. Ce mépris inexorable
provoque à son tour un enthousiasme qui ressemble au fanatisme et
dont les vieilles institutions sont l'objet. C'est ce dernier sentiment
qui fut, pour ainsi parler, en 1796, la muse de M. de Bonaid, et cette
fois la prédilection de l'écrivain ne s'attacha pas seulement à telle ou
telle partie de notre ancien ordre social; M. de Bonald embrassa l'ensemble pour l'élever à la valeur d'un système parfait, de la vérité absolue.

Le gouvernement monarchique royal, pour employer les expressions même de l'auteur, voilà le type que lui fournit le passé de la
France et auquel il compare toutes choses. Il tire de notre ancienne
histoire des principes dont il s'arme pour contrôler les institutions et
les annales des autres peuples. La science historique de M. de Bonald
en 1796 était assez restreinte. Quand il parle de la monarchie française, il cite presque toujours le président Hénault, et c'est appuyé
uniquement sur l'autorité de Bossuet qu'il juge les Juifs, les Grecs,
et les Romains. Le mérite de M. de Bonald n'est donc pas l'érudition,
son originalité est tout entière dans la logique mordante et forte avec
laquelle il commente les faits que lui livrent deux ou trois historiens.
M. de Bonald institue aussi volontiers des discussions avec Montesquieu; il aime beaucoup à croiser le fer avec l'auteur du *Contrat social*.
C'est un hardi lutteur.

« Je reconnais en politique une autorité incontestable, qui est celle
de l'histoire, » dit à la fin du second volume de la *Théorie du Pouvoir*
M. de Bonald, et il déclare se soumettre aux principes établis par les
faits. Cette méthode est excellente; seulement il faut l'appliquer dans
toute son étendue. Or, l'erreur dans laquelle tombe ce vigoureux esprit est de scinder l'histoire et de n'en prendre que ce qui convient
à ses passions. Depuis bientôt quatre siècles, quel est le fait fondamental qui sépare de plus en plus du moyen-âge l'Europe moderne,
si ce n'est l'empire toujours croissant de la réflexion et de la théorie
appliquées au gouvernement des sociétés? Auparavant l'esprit de l'humanité se traduisait presque uniquement par la naïveté des mœurs,
des coutumes et des instincts; plus tard, par une évolution nouvelle, il
fit le double effort de se replier sur lui-même, et d'employer les forces
qu'il avait ainsi recueillies à la recherche du bonheur et de la liberté :
labeur immense signalé depuis plusieurs siècles par de grandes chutes

et de cruels revers, mais labeur qui fait la gloire de l'homme, dût-il
n'avoir pas épuisé pour l'avenir ses disgraces et ses fautes. C'est ce
travail que méconnaît entièrement M. de Bonald. Les faits nouveaux
qui ont été la conséquence de ce mouvement de l'esprit humain ne
sont à ses yeux que crimes et folies. Il triomphe des écarts et des erreurs dans lesquels sont tombées des 'nations libres comme l'Angleterre et la France, pour condamner les principes qui les ont inspirées.
Cependant tout ce qui émeut si fort la bile de M. de Bonald n'est pas
moins partie intégrante de l'histoire que les vieilles institutions qu'il
idolâtre. C'est le devoir de l'écrivain politique de juger avec fermeté
les effets de l'intervention de l'esprit philosophique dans les affaires
humaines. Si son intelligence a toute la hauteur et toute l'intégrité
nécessaires, il tiendra compte des difficultés du débụt, il fera la part
de l'inexpérience inséparable de la première explosion des théories, il
marquera les causes des succès et des naufrages, afin que l'avenir profite de la leçon, afin que ceux qui viendront après nous puissent, dans
les voies qu'ils trouveront tracées, s'amender et s'affermir.

Tel n'était pas le but de M. de Bonald. Il voulait en 1796 persuader
à la France que la philosophie conduit infailliblement à l'athéisme,
comme le gouvernement philosophique, c'est–à–dire la division et
l'équilibre des pouvoirs, ou le gouvernement représentatif, aboutit
nécessairement à l'anarchie. A l'entendre, la France, si elle voulait
échapper à une ruine irréparable, devait rejeter violemment les principes nouveaux pour retourner au culte de la monarchie pure. L'inflexible écrivain n'admet pas de tempérament; en dehors de la monarchie, il ne reconnaît pas de société politique vraiment constituée,
pas plus qu'à ses yeux il n'y a de religion là où l'église catholique ne
domine pas. Les idées principales qui conduisaient M. de Bonald à de
telles conséquences sont fort simples. Dieu et l'homme, les esprits et
les corps, sont les êtres sociaux, élémens de toute société. Dieu est
volonté, amour et force; l'homme, comme Dieu, est intelligence et
volonté, amour, force ou puissance. Il y a société entre Dieu et
l'homme : leurs rapports constituent les lois fondamentales, qui sont
une religion publique, un pouvoir unique, des distinctions sociales
permanentes. Sous ces formules générales, nous retrouvons le catholicisme, la monarchie et la noblesse. M. de Bonald définit la société
civile la réunion de la société politique et de la société religieuse. La
société politique vraiment constituee ou la monarchie est conforme
aux vues de la religion, qui ne se sert du pouvoir que dans l'intérêt

le plus général, car elle ne veut pas que l'homme se préfère à son semblable. En d'autres termes, comme le dit expressément M. de Bonald, la monarchie est l'instrument de la religion.

Considérons un moment comment l'auteur de *la Théorie du Pouvoir* établit la religion à la tête de toutes les affaires et de toutes les idées humaines. A ses yeux, la plus grande force de la religion, son véritable titre, est d'être un sentiment et non pas une opinion. C'est parce qu'elle est un sentiment qu'elle se traduit en faits et en habitudes, et, selon M. de Bonald, ce sont les habitudes et non les opinions, les souvenirs et non les raisonnemens, les sentimens et non les pensées, qui constituent l'homme religieux et politique, le gouvernement et la religion. Aussi loue-t-il Bernardin de Saint-Pierre d'avoir dit : « Je suis parce que je *sens* et non parce que je *pense*. » Il y a dans tout cela un mélange d'aperçus justes et de jugemens faux qu'il importe de débrouiller. Oui, la religion se manifeste d'abord chez l'homme par le sentiment; un instinct irrésistible pousse l'homme à chercher quelque chose qu'il puisse aimer et vénérer. Quand il croit avoir fait cette conquête, il s'y attache avec amour, et, suivant une parole d'Origène, ce que l'homme aime par-dessus toute chose devient Dieu pour lui. Voilà le fondement de la puissance de la religion; elle s'empare du cœur, et c'est par là qu'elle règne long-temps sans contradiction sur les volontés humaines. Cependant ce long acte de foi n'épuise pas l'activité de l'homme : après avoir satisfait le cœur, il éveille l'esprit, et c'est alors qu'on voit se produire non-seulement les opinions, comme le pense M. de Bonald, mais les idées. La vérité est l'éternelle ambition de l'intelligence. Ni les émotions du cœur, ni les enchantemens de l'imagination, ne sauraient distraire ou apaiser cet insatiable désir qui pousse l'homme à la recherche des principes et des causes. Savoir est un besoin qui n'est ni moins vif ni moins profond que croire et aimer. Pour l'homme comme pour le genre humain, il arrive un moment où ils portent un œil sévère sur les objets offerts à leurs affections et à leur foi. Ils veulent voir les choses à nu; ni les affirmations les plus triomphantes, ni les dogmes les plus impérieux, ne les persuadent ou les intimident; ils entreprennent de tout juger par eux-mêmes. Il serait bien imprudent de prétendre que cette maturité de l'homme et du genre humain est mortelle à la religion. Telle est cependant la conclusion où nous conduit M. de Bonald, quand il nous montre la société religieuse et politique compromise et menacée par la pensée et le raisonnement. M. de Bonald ne s'en est pas aperçu,

40.

mais il a en partie élevé son système sur cette boutade de Rousseau : *L'homme qui pense est un animal dépravé.*

L'histoire jusqu'au XVIᵉ siècle est, aux yeux de l'auteur de la *Théorie du Pouvoir*, le développement régulier des principes qu'il a posés. Il esquisse à grands traits, et avec une notable vigueur, la mission et les destinées du christianisme, la venue de Jésus-Christ, les progrès de la religion. Il a des pages énergiques sur les croisades, sur le mahométisme, sur les ordres monastiques, sur les effets de l'autorité des papes. Nous remarquerons en passant qu'en 1796 M. de Bonald n'avait pas sur le pouvoir pontifical les opinions d'un ultramontain, mais celles d'un gallican. Après avoir établi que l'infaillibilité n'appartient pas au pape, mais à l'église en corps, il ajoutait : « Ce sont les vrais principes, et c'est la doctrine de l'église de France. Aussi il est essentiel d'observer que les justes droits du saint-siége sont plus affermis en France que dans aucun autre royaume de la chrétienté, parce que son autorité y est renfermée dans de justes bornes. » Trente-trois ans plus tard, en 1289, M. de Bonald ne jugeait plus avec la même rectitude les rapports de l'église et de l'état : à cette époque, il écrivait à M. de Frenilly que les libertés de l'église gallicane, *qu'on a exhumées de la poussière des écoles*, ont toujours merveilleusement servi à ceux qui ont voulu opprimer l'église, à la magistrature, à Bonaparte. En 1829 comme aujourd'hui, il était de bon goût dans un certain monde d'excommunier les libertés de l'église gallicane : temps de vertige au reste pour le parti royaliste non moins que pour le clergé, temps où l'on voyait des archevêques imprimer dans leurs mandemens que, combattre le ministère Polignac, c'était ne vouloir ni monarchie ni christianisme.

Dès que Luther paraît dans l'histoire, la colère de M. de Bonald s'allume, et elle l'emporte jusqu'à la comparaison du réformateur avec Mahomet. Comme le prophète des Arabes, l'apôtre de Wittenberg a répandu sa doctrine par l'intérêt, la volupté et la terreur. Le divorce, introduit par le protestantisme, est déclaré par le publiciste catholique une polygamie plus funeste, plus destructive de la société religieuse et politique que celle de l'Orient. Ne nous étonnons pas de sa haine contre la réforme; il y voit la cause de la révolution. Or les principes de 1789, la réforme et la philosophie, ne peuvent qu'engendrer l'anarchie et l'immoralité. Devant ces exagérations, devant ces colères, une réfutation sérieuse est inutile. Il y a cinquante ans qu'écrivait M. de Bonald, et, depuis cette époque, les faits ont ré–

pondu à tous ces anathèmes. C'est une excellente polémique que l'action du temps. Nous ne prétendons pas que la réponse soit complète, car, à nos yeux, la civilisation sortie de la réflexion et de la philosophie moderne est jeune et non pas décrépite. Aussi là où plusieurs signalent d'irréparables naufrages, nous ne voyons que des chutes dont on se relève. Seulement ni les malédictions des uns, ni l'impatience des autres, ne sauraient retarder ou accélérer d'un jour la course marquée du genre humain.

Quand un livre a reçu l'empreinte profonde des passions de l'époque où il a été conçu, il offre un intérêt puissant qui le fait vivre. L'ouvrage de M. de Bonald a ce mérite avec plusieurs autres. Théoricien vigoureux, l'auteur anime ses abstractions par l'ardeur de ses sentimens. C'est en face de la démocratie triomphante qu'il célèbre les vieilles institutions et en tire tout un système; au fanatisme républicain il oppose le culte monarchique avec audace, avec enthousiasme : exaltation généreuse, car elle avait ses périls. Lorsque plus tard, sous l'empire et sous la restauration, M. de Bonald développera les mêmes opinions et les mêmes théories, il n'aura plus cette impétuosité originale. La *Théorie du Pouvoir,* le premier en date des ouvrages de M. de Bonald, doit prendre et garder son rang à la tête de ses œuvres. Elle est supérieure à la *Législation primitive;* elle est écrite avec autant de logique, avec moins de sécheresse, avec plus de mouvement et de passion. La *Législation primitive* n'est, sous beaucoup de rapports, qu'une transformation de la *Théorie du Pouvoir.* Nous préférons la première forme, où la pensée de l'écrivain, son énergie, ses exagérations, ses injustices sur les hommes et sur les choses, ont un caractère plus naturel et plus naïf. Plus tard, le style de M. de Bonald sera souvent dur et terne. Ici, plus flexible même dans ses violences, il a en maint endroit un éclat qui est le reflet et la récompense des convictions inflexibles et ardentes dont était possédé l'écrivain.

C'était pendant les deux premières années du directoire que M. de Bonald et M. de Maistre se plaçaient comme des chefs, comme des maîtres, à la tête de la presse royaliste, et lui imprimaient un caractère d'élévation philosophique. A peu près à la même époque, des talens inférieurs, comme l'abbé Barruel (1) et le comte Ferrand (2),

---

(1) *Histoire du Jacobinisme.*

(2) Il préludait par quelques brochures politiques à l'*Esprit de l'Histoire,* qui parut en 1809, et a la *Théorie des Révolutions,* qui fut publiée en 1817.

attaquaient aussi les principes nouveaux avec des armes qu'ils empruntaient tant à la religion catholique qu'à l'ancien droit de la monarchie française. Mais le moment arrivait où le parti royaliste ne devait plus tant s'occuper d'écrire que de conspirer; les intrigues eurent alors le pas sur les théories. La clôture de la convention avait relevé les espérances de la cause monarchique : on crut dans les rangs des royalistes à une restauration prochaine. La liberté de la presse existait alors sans limites, mais aussi sans garanties : les royalistes purent s'en servir pour travailler au rétablissement des princes, et la révolution à son tour put d'un seul coup abattre ses ennemis audacieux ou perfides. Tel fut en effet le dénouement du 18 fructidor. Plus de cinquante journaux, dont les plus connus étaient *la Quotidienne, le Véridique, l'Éclair, le Postillon,* etc., attaquaient la révolution et s'autorisaient des excès de 93 pour calomnier les principes de 89. « Les journalistes conspirateurs, disait Bailleul au conseil des cinq cents, dans le rapport qu'il rédigea deux jours après le 18 fructidor, ont été le fléau de la république : ils ont prêché, soufflé dans tous les cœurs l'insubordination aux lois, la destruction de toute morale et des réputations les mieux établies, la soif des vengeances, l'exaspération des haines, l'horreur pour la république, le désir criminel de la royauté; ils ont constamment travaillé à la dissolution du corps social. » Les écrivains royalistes de cette époque avaient entrepris de se servir de la liberté pour tuer la révolution, qui, au moment du péril, retrouva toutes ses forces et toutes ses colères. La presse avait conspiré, le pouvoir se fit proscripteur.

En s'ouvrant, le XIXe siècle vit la France entrer en possession des deux plus grands biens dont puisse jouir une société, l'ordre et la gloire. La révolution s'enracinait tant en France qu'en Europe par des institutions régulières, des lois excellentes et des victoires décisives. A ce spectacle, il y eut chez les royalistes une méprise singulière. Ils prirent un moment Bonaparte pour un autre Pichegru, ils s'imaginèrent avoir trouvé dans le premier consul un puissant instrument de restauration. Il est vrai que l'illusion dura peu, et elle était déjà bien dissipée quand le principal rédacteur de *la Quotidienne,* M. Michaud, écrivit les *Adieux à Bonaparte.* C'était à ses espérances que disait adieu le royaliste déçu. Il gémissait de voir que le rôle de Monck était déjà trop petit pour le glorieux général qui habitait aux Tuileries la chambre de Louis XVI, et il reconnaissait enfin qu'au 18 brumaire ce n'était pas l'ancienne monarchie qui s'était relevée, mais la république qui s'était faite homme.

Il n'y eut donc pas alors de restauration politique, mais il y eut, ce qui valait mieux, une restauration sociale. L'œuvre fut entreprise par sa base. Le consulat et l'empire organisèrent une société nouvelle et forte où furent remises en honneur et en harmonie avec l'esprit de notre siècle des choses impérissables et toujours nécessaires, comme la propriété et la religion. Alors, parmi ceux qui regrettaient le passé, les plus intelligens comprirent quel parti on pouvait tirer d'une reconstruction pareille : ils se rallièrent au pouvoir nouveau, afin de travailler sous sa tutelle à rendre aux idées qui leur étaient chères une grande autorité. Le *Journal des Débats* fut le centre de ces efforts ingénieux. Là on combattait pour la religion, là on attaquait Voltaire; là enfin, à l'ombre de la pourpre impériale, on restaurait l'ancienne monarchie dans ce qu'elle avait de meilleur, à savoir la grandeur littéraire et morale du XVIIᵉ siècle. Quant à la race de Louis XIV, qui eût osé en souhaiter hautement le retour en face de Napoléon victorieux? On pouvait dans l'intimité médire du conquérant; il circulait même dans quelques salons des épigrammes contre le triomphateur. C'était tout : on n'allait pas plus loin. Il y avait dans l'empereur je ne sais quoi de redoutable qui glaçait le courage des plus hardis.

Mais aussi, quand César fut tombé, quel déchaînement! que d'injures, que de calomnies accompagnèrent sa chute! Il est triste de lire les journaux de 1814 et de 1815 et d'y voir toutes les misères, toutes les bassesses qui les remplissent. Les grandes catastrophes, en accablant le génie, précipitent aussi une foule d'hommes dans un étrange avilissement. Ces hommes s'acharnent sur celui qu'ils avaient adoré, et ils ne savent par quels outrages expier leur idolâtrie. Joignez à cette explosion d'invectives et de colères les folies de certains royalistes, l'intention avouée de rétablir les priviléges de la noblesse et de revenir un jour sur la vente des biens nationaux, la proscription des protestans dans le midi, la création de suspects divisés en catégories, la fureur des réactions, et vous aurez une faible image tant de la presse légitimiste que de l'état du pays à cette funeste époque. Enfin Louis XVIII prononça la dissolution de la chambre de 1815. Il était temps : les cabinets étrangers s'effrayaient eux-mêmes de la démence de ces forcenés qui, au lieu de rétablir l'ordre en France, y jetaient des fermens de guerre civile.

L'ordonnance du 5 septembre 1816 inaugura pour les divers partis une époque régulière où ils purent lutter les uns contre les autres avec les armes que leur fournissait la constitution. Quelques jours après l'apparition de cette ordonnance, M. de Châteaubriand publia son livre *de la Monarchie selon la Charte,* qui, dit-il, lui a fait prendre rang parmi les publicistes. Assurément cet écrit valait mieux que le triste pamphlet de *Buonaparte et des Bourbons :* là du moins aux passions les plus vives de son parti l'éloquent royaliste associait des instincts généreux et quelques notions de liberté; il commençait ainsi la campagne qu'allaient faire l'un contre l'autre le parti de la légitimité et le parti libéral. Le premier eut pour interprète *le Conservateur,* le second *la Minerve.* M. de Châteaubriand était à la tête des royalistes; Benjamin Constant brillait parmi les libéraux : notable lutte de principes et de talens, qui ouvrait une carrière nouvelle à la littérature politique.

Les royalistes n'eurent pas à regretter de s'être essayés à la pratique des institutions nouvelles, tant à la tribune qu'à la presse, car ils durent en partie leur retour au pouvoir à la tactique parlementaire de M. de Villèle et à la plume de M. de Châteaubriand. C'est ici le lieu de parler de quelques intrigues ourdies dans l'ombre. Les chefs du côté droit et même les hommes le plus en faveur auprès du frère de Louis XVIII avaient compris qu'il leur serait impossible de se saisir du gouvernement, s'ils continuaient d'être suspects au roi. Louis XVIII ne les aimait pas; ils avaient à ses yeux le tort d'être plus royalistes que lui, et de prétendre savoir mieux que le roi comment il fallait affermir la monarchie. Toutefois plusieurs fautes du parti libéral, l'éclat jeté par la presse royaliste, l'attitude de la chambre des pairs qui se montrait effrayée des progrès de l'opinion démocratique, l'âge enfin et des infirmités croissantes, avaient insensiblement modifié les dispositions et l'humeur du roi. Aussi, au milieu de l'été de 1821, le moment fut trouvé favorable pour travailler activement à substituer aux anciennes opinions du roi d'autres opinions, à ses vieilles sympathies d'autres préférences, pour le réconcilier enfin tant avec son frère qu'avec les royalistes les plus éminens. Il se joua alors autour de Louis XVIII une sorte de comédie politique dont les principaux personnages furent un courtisan, un prêtre et une favorite.

M. le vicomte de La Rochefoucauld avait, sous la restauration, une position triomphante. Favori de M. le comte d'Artois, idole du faubourg Saint-Germain, ce jeune seigneur n'arrêtait pas là sa visée : il voulait devenir un homme politique et diriger la monarchie. Il se donna un mouvement infini pour faire monter au pouvoir M. de Villèle, qu'il eut la prétention d'inspirer quand le député de la Haute-Garonne fut devenu président du conseil. M. de La Rochefoucauld ne se proposa aussi rien moins que d'absorber toute la presse au profit de la cause royaliste; les plus hardis projets ne lui faisaient pas peur : malheureusement, on pensait autour de lui qu'il avait plus de zèle que d'adresse, et de son côté l'ambitieux vicomte put crier à l'ingratitude. Mais revenons en 1821. A cette époque, il s'agissait de reconstruire par ses fondemens la fortune du parti royaliste, en changeant le cœur du roi. Pour atteindre ce but, on revint aux traditions de la cour de France; on donna au roi une amie. Quand Mme la comtesse du Cayla vit pour la première fois Louis XVIII, c'était à propos d'affaires de famille dans lesquelles, d'après les conseils de ses amis, elle réclamait la haute intervention du roi. Bientôt ce fut pour des affaires politiques qu'on travailla à établir la faveur de la comtesse auprès du monarque, qui prit facilement goût à la conversation et à la grace d'une femme aimable et douce. Mme du Cayla était conduite et appuyée dans cette situation délicate par M. le vicomte de La Rochefoucauld, qui lui garantissait la bienveillance de Monsieur. Seulement il fallait la mériter en rapprochant les deux frères. Mme du Cayla sut y réussir, et dès-lors elle put compter sur la protection de M. le comte d'Artois, qui la défendit même contre quelques attaques parties de la petite cour du pavillon Marsan. Après ce premier succès, on demanda de nouveaux efforts à la comtesse; il fallait convaincre Louis XVIII de la nécessité de confier le pouvoir aux chefs du parti royaliste. C'était cette fois trancher ouvertement de la femme politique, et Mme du Cayla était effrayée de tant d'audace. Dans une démarche aussi importante, elle fut encouragée par un prêtre habile, l'abbé Liautard, qui possédait toute la confiance de M. de La Rochefoucauld. Du fond du collège Stanislas, M. Liautard exerçait sur les intrigues et les déterminations du parti royaliste une sorte de puissance occulte. Dans le parti, l'ardeur de son dévouement et de ses convictions n'était mise en doute par personne; beaucoup estimaient ses lumières, plusieurs craignaient ses témérités. C'est plein d'une sincérité fanatique que l'abbé Liautard confondait la cause de la religion avec celle du parti royaliste; à ses yeux, pour anéantir les principes de la révolution, pour renverser les libéraux, pour ôter toute influence aux doctrinaires comme M. Royer-Collard, et aux politiques modérés comme M. Pasquier, tout devenait légitime, tout s'épurait, les moyens les plus violens comme les plus profanes. Après avoir adressé une longue lettre à Louis XVIII, où elle avait fidèlement exprimé tout ce qu'on lui avait suggéré, Mme du Cayla tremblait à la pensée de revoir le roi. Pour la rassurer, M. Liautard lui écrivait : « Vous serez grondée, madame; baissez la tête, humiliez-vous profondément, donnez-vous tous les torts possibles; l'orage passera, la vérité restera, et la vérité por-

tera ses fruits. » Ne semblerait-il pas un autre Mardochée disant à une
nouvelle Esther :

Dieu parle, et d'un mortel vous craignez le courroux !

Nous ne saurions encourir aucun blâme de tracer en passant ces
détails, puisque nous les trouvons consignés dans les papiers d'un
prêtre publiés par un autre prêtre (1). Nous ignorons si en consultant
les souvenirs de l'ancienne monarchie l'abbé Liautard avait devant les
yeux le père La Chaise et Mme de Maintenon, mais il est évident, par
sa conduite et par ses discours, que les intrigues dont il était, pour
ainsi parler, le directeur n'éveillaient dans sa conscience aucun scrupule. C'est ainsi que de 1821 à 1824 on imitait de fort loin aux Tuileries le Versailles de la fin du XVIIe siècle.

Le nom de M. Liautard appartient à l'histoire de la presse légitimiste;
il lui appartient par la haine et par les projets que M. Liautard nourrissait contre l'indépendance de la pensée. Mettre l'éducation de toute
la jeunesse entre les mains du clergé et détruire la presse, telles étaient
les deux idées dont il poursuivait sans relâche l'exécution auprès du
gouvernement royal. L'Université n'eut pas, sous la restauration, d'adversaire plus persévérant et plus vif : les défenseurs de ce grand corps
pourront puiser d'utiles renseignemens dans les papiers de M. Liautard; ils y verront qu'aux yeux du fondateur du collége Stanislas, les
petits séminaires sont un glaive à deux tranchans, qu'ils sont tout à la
fois des colléges déguisés et des écoles préparatoires aux études sacer-
dotales. C'était surtout par les petits séminaires que M. Liautard proposait au gouvernement de régénérer l'éducation. Par le clergé, tout
est en vos mains, ne cessait de répéter aux royalistes M. Liautard; ne
voyez dans le clergé que des auxiliaires dévoués. Il pensait aussi qu'avec
quelques millions bien répartis devaient s'aplanir tous les obstacles qui
s'opposaient au développement des bonnes œuvres. « C'est ainsi, nous
citons ici textuellement, que vous préviendrez et rendrez valnes pour
une longue suite de siècles les tentatives des Luthers nouveaux, des
nouveaux Voltaires, de ces hérésiarques, de ces philosophies borri-
blement nuageuses qui ne paraissent dans le monde que pour la ruine
et le malheur des intelligences et des ames. » Quant à la presse,
M. Liautard conseillait au gouvernement de faire une guerre savante
aux imprimeurs, aux libraires, aux étalagistes et aux colporteurs : il

(1) *Mémoires de l'abbé Liautard*, recueillis et mis en ordre par M. l'abbé
A. Denys.

faut surveiller ces derniers, par eux la police peut découvrir des secrets importans; elle doit aussi fondre à l'improviste chez les libraires et les étalagistes; enfin, l'administration doit diminuer successivement le nombre des imprimeurs. Cependant les bibliothèques privées pourraient rester l'asile des ouvrages impies; on tâchera de corriger un inconvénient aussi grave en établissant qu'aucun livre ne sera vendu après décès sans un contrôle et un droit. Le gouvernement fera aussi acheter chez les libraires tous les exemplaires des œuvres de Voltaire; *on en chauffera, s'il est possible, les bains Vigier*. Pour les écrivains contemporains, M. Liautard a différentes recettes, des places, de l'or, ou la prison : eux–mêmes choisiront et décideront de leur sort. M. Liautard n'est pas cruel pour les gens dociles; il ne se montre impitoyable que dans les cas de récidive. Voilà cependant où le zèle politique emportait un prêtre honorable, dont les vertus et l'esprit élevé ont été loués justement par tous ceux qui l'ont pratiqué, tant il est vrai qu'en dehors des voies du sanctuaire il n'y a pour le sacerdoce que des occasions de chute. Il est juste, au reste, de remarquer qu'en 1827 M. l'abbé Liautard était revenu à des idées de modération politique; il voulait, pour succéder à M. de Villèle qu'il n'aimait pas, et qui d'ailleurs était alors impossible, un ministère pris dans les deux nuances du parti royaliste, et modifié par un pair et par un député du centre gauche. A cette époque, M. Liautard s'apercevait enfin du mal que faisaient à la monarchie les exagérations ardentes, et nous trouvons dans une de ses lettres un mot piquant et judicieux sur M. de Lamennais, qui, disait-il, *jette tout son feu, pour n'en plus posséder bientôt*. Trois ans plus tard en effet, c'était un autre feu qui commençait à brûler dans l'ame du prêtre breton.

M. de Villèle, dès son avènement au ministère, avait divisé profondément le parti royaliste. Loin de témoigner le désir de placer dans des postes importans les royalistes les plus notables, comme MM. Delalot, de Berthier, de Labourdonnaye, il s'était plutôt éloigné d'eux, et il avait cherché sa force ailleurs que dans leur appui. M. de Villèle avait une antipathie naturelle non–seulement pour l'exaltation dans les sentimens, mais pour l'indépendance dans les idées, et il n'aimait que les royalistes qui, soumettant leur raison à la sienne, exécutaient ses plans sans les discuter. Cependant il ne put éviter d'appeler près de lui au pouvoir M. de Châteaubriand, qui, outre l'incomparable éclat de sa renommée d'écrivain, s'était peu à peu approché du ministère par l'ambassade de Londres et par sa participation au congrès de Vérone. Cette association ne dura pas dix-huit mois : ces deux

hommes ne pouvaient tendre qu'à s'exclure. M. de Villèle tenait
M. de Châteaubriand pour un esprit indisciplinable et chimérique, et
lui-même n'était aux yeux de son illustre collègue qu'un homme
d'expédiens et d'affaires.

Le jour où M. de Châteaubriand, repoussé violemment dans l'opposition, redevint journaliste, la cause royaliste reçut une atteinte
mortelle. Le système suivi par le gouvernement royal était donc mauvais, puisqu'il avait pour censeur celui qui avait écrit la brochure *de
Buonaparte et des Bourbons?* N'était-il pas aussi prouvé qu'on pouvait
entrer dans les rangs de l'opposition sans être un factieux, puisqu'on
y rencontrait M. de Châteaubriand? La détermination que prit l'auteur de *la Monarchie selon la Charte* de combattre vivement M. de
Villèle priva les Bourbons des forces que leur auraient prêtées l'expérience d'hommes non moins dévoués qu'habiles et l'ardent enthousiasme d'une partie de la jeunesse. Entre M. de Villèle et M. de
Châteaubriand, les directeurs du *Journal des Débats*, MM. Bertin,
n'hésitèrent pas, ils firent cause commune avec l'écrivain de génie,
et lui livrèrent leur feuille. M. de Châteaubriand s'y surpassa; son
style s'y montra plus pur, plus empreint de l'esprit des affaires et
toujours aussi vivant. D'un autre côté, la nouvelle attitude de M. de
Châteaubriand avertissait la jeunesse royaliste de ne pas se dévouer
aveuglément à la politique ministérielle. Les poètes nouveaux avaient
célébré avec abandon, avec franchise, les souvenirs et les espérances
qui se rattachaient à la monarchie des Bourbons; la muse lyrique de
M. Victor Hugo avait été naïvement vendéenne; M. de Lamartine
avait chanté la naissance du duc de Bordeaux et le sacre de Charles X.
Devant les fautes commises par le gouvernement royal, cette ardeur
tomba bientôt. Les poètes royalistes de la restauration, nous parlons
des meilleurs, M. de Lamartine, M. Victor Hugo, M. Alfred de Vigny, n'eurent plus de culte que pour l'art; ils perdirent insensiblement
leurs anciennes passions politiques dans le commerce des principaux
représentans de l'école philosophique et critique dont *le Globe* était la
tribune; on se rapprochait, on échangeait des inspirations et des idées,
on se fortifiait par le contraste même des travaux et des tendances.
Cependant l'antique monarchie ne s'apercevait pas qu'elle s'aliénait
le cœur de ses vieux et de ses jeunes amis, et qu'entre elle et toutes
les forces vives de la France l'abime s'agrandissait.

Pendant les cinq dernières années de la restauration, la presse légitimiste fut malhabile, violente et médiocre. M. de Châteaubriand
n'était plus à la tête des écrivains qui défendaient le gouvernement;

le talent de M. de Bonald faiblissait; c'était dans *le Conservateur* qu'il avait jeté son dernier éclat. Quant à M. de Lamennais, comment le ranger parmi les défenseurs de la monarchie des Bourbons, lui qui écrivait en 1825 : « Qu'est-ce que la religion pour le gouvernement? que doit être à ses yeux le christianisme? Il est triste de le dire, une institution formellement opposée aux siennes, à ses principes, à ses maximes, un ennemi... L'état a ses doctrines, la religion a ses doctrines essentiellement opposées... Il y a donc entre elle et l'état une guerre continuelle... (1). » Étrange langage dans la bouche d'un soutien de la monarchie! M. de Lamennais était un ligueur qu'on prenait pour un royaliste, et, en vérité, ce n'était pas sa faute, car l'éloquent écrivain, si extrême alors dans son zèle pour la théocratie romaine, ne déguisait ni ses sentimens ni ses théories. Il y eut un moment où dans la presse monarchique on eût cherché en vain des royalistes considérables par leur talent et leur renommée. C'est ce dénûment si triste que signalait M. de Châteaubriand quand il s'écriait avec une amertume qui montrait un cœur profondément blessé : « On enrôle, pour soutenir un ministère royaliste (celui de M. de Villèle), des libellistes qui ont poursuivi la famille royale de leurs calomnies. On recrute tout ce qui a servi dans l'ancienne police et dans l'antichambre impériale, comme chez nos voisins, lorsqu'on veut se procurer des matelots, on fait la *presse* dans les tavernes et les lieux suspects. Ces chiourmes d'écrivains *libres* sont embarqués dans cinq à six journaux achetés, et ce qu'ils disent s'appelle l'opinion publique chez les ministres! » Voilà quel terrible usage faisait de la liberté de la presse l'ancien collègue de M. de Villèle; ni Benjamin Constant, ni Paul-Louis Courier, n'étaient si implacables; ils n'avaient pas été ministres.

Le gouvernement des Bourbons alla de maladresse en maladresse jusqu'à la plus folle des témérités. « Jeune homme, dit à la journée des Dunes le grand Condé au duc de Glocester, vous n'avez jamais vu perdre de bataille? Eh bien! vous allez le voir. » Les hommes vieillis dans les catastrophes politiques ont pu dire aussi en 1829 aux générations nouvelles : Jeunes gens, vous n'avez jamais vu crouler de monarchie? Vous aurez bientôt ce spectacle. Enseignement qui préservera les héritiers de la restauration des mêmes fautes et de la même destinée.

En 1830 comme en 1789, les écrivains royalistes furent surpris par une soudaine tempête, et peut-être le coup fut plus grand encore,

(1) *De la Religion considérée dans ses rapports avec l'ordre politique et civil.*

car ce n'était plus en quelques années, mais en trois jours, que s'abî-
mait l'antique royauté par une nouvelle et irrémédiable chute. Aussi,
dans le camp royaliste, on passa bientôt d'une stupeur douloureuse à
tous les mouvemens de la colère; dans les premières années qui suivirent 1830, les discussions de la presse présentèrent le spectacle
d'une mêlée ardente et d'alliances singulières; le langage des légitimistes différait peu de celui des démocrates; les passions des premiers
étaient si vives, qu'elles fraternisaient presque avec les théories des
seconds. Rien ne recommanderait aujourd'hui cette époque à notre
souvenir, si M. de Châteaubriand n'eût pas alors écrit quelques pages:
*C'est un bon parti, quand on aime la gloire, que de s'attacher au
malheur.* Cette pensée de M. de Châteaubriand a été la règle de sa
conduite, et nous dirions volontiers, pour parler avec Montesquieu;
qu'en examinant ses actes et ses écrits politiques depuis quatorze ans,
on voit qu'il a tout tiré de ce principe. Ceux qui, encore aujourd'hui,
s'autorisent de quelques démarches pour voir dans l'illustre écrivain
un royaliste enthousiaste s'abusent fort; à travers sa longue carrière,
M. de Châteaubriand n'a jamais eu qu'un souci, qu'un culte, sa propre gloire. Aujourd'hui, sa fidélité à d'anciens souvenirs est un dernier éclat dont il veut illuminer sa tombe; aujourd'hui, il songe peu
aux vivans, quels qu'ils soient, mais il songe beaucoup à ce qu'on dira
de lui dans la postérité. Laissons donc de côté ce grand nom, en nous
occupant de ce qu'a fait dans ces dernières années la presse légitimiste, et parlons plutôt de M. de Genoude.

Après avoir prêté un appui sans restriction à M. de Villèle, après
avoir donné une adhésion presque entière à l'administration de M. de
Polignac, il ne paraissait guère possible pour un journal, pour un
parti, d'attaquer le gouvernement de 1830 sur ce fondement, qu'il
n'était pas assez libéral. C'est cependant ce qu'entreprit la *Gazette de
France*. Il n'y a qu'un parti en France qui ait aimé et connu la vraie
liberté, et qui puisse en doter le pays, c'est le parti royaliste : telle
est la thèse que la *Gazette de France* développe et soutient depuis
douze ans avec un imperturbable aplomb. Quel en est l'inventeur?
Est-ce M. Lourdoueix ou M. de Genoude? Question grave que nous
ne pouvons résoudre. Nous savons seulement que M. de Genoude
s'est approprié cette thèse par l'infatigable ténacité avec laquelle, depuis douze ans, il la reproduit sous toutes les faces. A vrai dire, la
Gazette n'existe que par M. de Genoude; c'est lui qui la représente et
la constitue. Il importe donc de peser les titres et d'apprécier la valeur de ce chef de parti.

Dans cet examen, il y a d'autant plus d'à-propos qu'en ce moment
M. de Genoude ne néglige rien pour appeler sur lui l'attention générale. Il y a quelques mois, il briguait la députation avec fracas, mais sans
succès; il vient de publier la collection de ses œuvres; enfin, il entreprend aujourd'hui une histoire de France en vingt volumes : le premier
tome a paru. C'est poursuivre la gloire par tous les sentiers. Après être
monté dans la chaire chrétienne, M. de Genoude veut briller à la tribune : en attendant l'instant où il lui sera permis de se montrer orateur politique, il sera historien et déroulera nos annales. La France
peut être tranquille, M. de Genoude ne lui manquera pas; elle le retrouvera partout, aspirant à toutes les palmes, ayant toutes les ambitions, et marchant à l'immortalité à travers une publicité perpétuelle
d'annonces et d'affiches. Cette soif insatiable de la renommée n'est pas
un crime; nous sommes loin de blâmer l'ardeur qui pousse un homme
à se rendre célèbre, car de cette façon il peut devenir utile. Cherchons
donc si, parmi les titres que nous présente aujourd'hui M. de Genoude,
il y en a de solides; nous serons ainsi conduit à nous expliquer sur son
but politique.

Les éditeurs des œuvres de M. de Genoude nous apprennent, dans
une introduction, qu'ils ont voulu soumettre sa vie intellectuelle et
politique à une grande épreuve, en réunissant ses principaux écrits.
M. de Genoude doit nous apparaître toujours fidèle à lui-même et au
culte des trois principes, la religion, la royauté et la liberté, depuis
les *Réflexions sur quelques questions politiques*, qu'il publia en 1814,
jusqu'à la *Gazette de France* de 1844. Ces *Réflexions* sont peu profondes; elles sont l'œuvre d'un jeune homme qui prend des réminiscences et des lieux-communs pour des découvertes. Nous y trouvons
des généralités honnêtes et peu neuves sur la patrie, l'opinion, l'éducation, la noblesse, la religion, la propriété. Il y règne, il est vrai,
une modération que M. de Genoude a souvent oubliée depuis. A cette
époque, il n'injuriait pas la philosophie, et il disait que les rois doivent
être soumis aux lois décrétées en commun par l'autorité royale et une
représentation nationale. Ces sentimens sont louables, mais c'est se
moquer que de vouloir y attacher une valeur politique. Après les *Réflexions* viennent des *Voyages*. M. de Genoude a parcouru la Suisse
en 1814, la Vendée en 1819, le midi de la France en 1820; il a visité
Rome et Londres en 1840; à chaque époque, il a écrit des fragmens ou
des lettres pour peindre les impressions qu'il avait éprouvées dans ces
diverses courses; ces fragmens et ces lettres sont réimprimés aujour-
d'hui. De tous ces récits, le meilleur est incontestablement celui qui

roule sur la Vendée; quant au voyage de Rome, il n'a été entrepris
par M. de Genoude que pour avoir une audience de M. le duc de Bordeaux, qui, sans presque ouvrir la bouche, a écouté l'exposition de
son système. Nous avons lu tout cela dans la *Gazette de France*. Nous
retrouvons aussi cette *Histoire d'une ame*, qui a paru dans les colonnes de la *Gazette*. Quelle ame? l'ame de M. de Genoude. Il nous
l'ouvre tout entière; il appelle la France à y lire. On tremble à la vue
des périls qu'a courus la jeunesse de M. de Genoude, alors qu'il cherchait la religion, pendant que M. de Lamartine cherchait la poésie :
c'est M. de Genoude qui fait ce rapprochement modeste. Un jour,
revenant de Saint-Nizier, M. de Genoude avait le Drac à traverser
pour rentrer à Grenoble; il était sur le bateau, et il se sentit saisi du
désir de mettre fin à son supplice en se jetant dans le torrent. *Voilà*,
dit-il, *où l'avait conduit son enthousiasme pour Voltaire*. C'est la
première fois qu'on accuse Voltaire de donner aux gens le vertige et
le transport au cerveau. Heureusement, M. de Genoude ne se jette
pas dans le Drac; mais *il étouffait*, toujours pour avoir lu Voltaire,
quand un jour il ouvrit l'*Émile*. La scène change, et voici une contrefaçon du vicaire savoyard. Un pauvre et bon vicaire a appris à Émile
les principes de la religion naturelle et la morale du christianisme.
C'est aussi un prêtre, le curé de Saint-Fergus, qui prépare le cœur de
M. de Genoude à recevoir les vérités chrétiennes. C'est sur une haute
colline, au-dessous de laquelle passait le Pô, en face d'un paysage
couronné par l'immense chaîne des Alpes, que le vicaire fait à Émile
son éloquente confidence; les entretiens du curé et de M. de Genoude se passent au pied des Alpes françaises, sur les bords de l'Isère.
Les œuvres spirituelles de Fénelon furent au nombre des lectures
que le curé de Saint-Fergus conseillait à son jeune ami, et l'archevêque de Cambrai eut la gloire d'achever la conversion commencée
par le curé. M. de Genoude fait en général à Fénelon l'honneur de le
citer souvent, sans doute parce que le précepteur du duc de Bourgogne s'est beaucoup occupé de politique. Nous doutons cependant
que Fénelon eût donné son approbation à la complaisance avec laquelle M. de Genoude se met en scène; Fénelon n'aimait pas cette
humilité menteuse qui vous fait trouver mille beaux prétextes pour
parler de soi; il est meilleur, disait-il, de se taire humblement. On
peut se rappeler que la plus grande louange qu'il donnait à saint Augustin, c'était d'être arrivé, à travers toute sa science, à la simplicité
d'un enfant.

Personne de moins simple et de moins humble que M. de Genoude.

Il a pour les moindres choses sorties de sa plume une estime singulière. A-t-il eu occasion de s'expliquer devant le jury au sujet de ses opinions, il donne aux paroles qu'il a prononcées une publicité nouvelle et les décore du titre pompeux de *discours politiques*. Il transporte aussi des colonnes de la *Gazette de France* dans la collection de ses œuvres les lettres qu'il a imaginé d'écrire soit à de notables personnages comme M. Casimir Périer, M. Dupin aîné, soit aux rédacteurs de quelques journaux. Dans une de ces lettres, il nous donne à entendre qu'il a une mission analogue à celle de Joad que *l'attachement aux lois de son pays rend sublime*. Si l'on objecte à M. de Genoude que dans de pareilles prétentions il y a peu d'humilité, il vous répond que l'humilité doit être magnanime et non pas sotte et niaise. Aussi M. de Genoude n'a pas la sottise et la niaiserie de pratiquer obscurément des vertus modestes; il a un bien autre dessein, il se dévoue à l'entreprise de *refaire l'unité nationale dans un pays qui a été bouleversé par cinquante ans de révolution*. Ne demandez donc plus à M. de Genoude d'être humble : ne vous suffit-il pas qu'il soit magnanime?

Cependant, pour marcher à un aussi grand but, il faut des forces, il faut des titres. C'est un bagage bien léger pour un chef de parti, pour un général annonçant de tels projets, que quelques articles de journaux, même en y joignant des mélanges littéraires et plusieurs sermons. M. de Genoude l'a reconnu lui-même, puisqu'aussitôt après son échec électoral il nous a promis la publication d'une histoire de France en vingt volumes. Il a senti le besoin de se recommander au pays par un monument, et s'il ne peut pas encore nous dire comme Horace qu'il l'a élevé, il nous assure fièrement qu'il l'élèvera. Voici sur-le-champ un premier volume : les fondemens de l'édifice ont été posés comme par enchantement; examinons si la solidité répond à la promptitude de l'exécution.

Associer à une érudition patiemment puisée aux sources un vrai talent d'écrivain et d'artiste, tel est l'engagement que prend celui qui ambitionne de nous raconter d'histoire de France. De nos jours, plusieurs parties de la science historique ont été renouvelées par des esprits de premier ordre; outre les travaux éminens que nous leur devons, nous possédons en ce moment sur les annales de notre pays deux ouvrages considérables. Une histoire de France a été laissée presque entière par M. de Sismondi, une autre est en voie d'exécution sous la plume de M. Michelet. Nous ne saurions vouloir apprécier en passant deux livres importans qui se font remarquer et aussi valoir l'un l'autre par des qualités contraires; nous ne les citons ici que pour rappeler au

prix de quels labeurs persévérans doit s'acheter l'honneur de prendre
rang parmi les historiens de la France. Peut-être M. de Genoude ne
s'est-il pas rendu un compte exact de la grandeur de l'œuvre qu'il vient
d'aborder avec une sorte d'exaltation. En effet, il dédie son livre à la
France elle-même. « Je vous dédie ce livre, ô ma patrie, ô noble France. »
Et à la fin de sa dédicace, M. de Genoude s'écrie : « J'ai essayé pour
vous, ô ma patrie, *ce que nul écrivain n'avait tenté jusqu'ici.* On vous
a donné l'histoire de vos rois, de vos guerriers, de vos hommes d'état;
j'ai entrepris de publier la vôtre, celle de vos principes, de vos sentimens et de vos mœurs. » N'est-il pas bizarre que M. de Genoude oublie la glorieuse initiative prise, il y a vingt-quatre ans, par M. Augustin
Thierry pour renouveler l'histoire de France? Mais il a tant d'enthousiasme, qu'il en perd la mémoire. Cet accès ne dure point, il est vrai.
Dès les premiers pas, cet écrivain qui entreprend *ce que nul n'avait
tenté avant lui* appelle à son secours toutes les autorités connues en
matières d'histoire de France : c'est passer rapidement d'un extrême
orgueil à une modestie édifiante. A la fin de sa préface, M. de Genoude cite les paroles que Rollin adressait au public quand il fit paraître son *Histoire romaine :* « Je n'ai point dissimulé, disait Rollin,
que je faisais beaucoup d'usage du travail de ceux qui sont venus avant
moi, et je m'en suis fait honneur. Je ne me suis jamais cru savant, et
je ne cherche point à le paraître, je n'ambitionne même pas le titre
d'auteur. » A quoi songe M. de Genoude de s'approprier une pareille
simplicité? Elle pouvait convenir à ce bon Rollin, qui ne songeait qu'à
se rendre utile à la jeunesse : au premier moment, elle nous a surpris dans un homme dénonçant à la France qu'il se lance dans des
voies nouvelles. Toutefois nous n'avons pas tardé à comprendre pourquoi M. de Genoude changeait si complètement de ton. Il a fait dans
le volume qu'il nous donne aujourd'hui un emploi si fréquent de ses
devanciers, qu'il a cru devoir s'expliquer sur ce point. C'est à cette occasion qu'il s'appuie de l'exemple de Rollin, mais ici même la fierté
native de M. de Genoude reparaît, et avant de citer le passage du digne
recteur, il écrit pour son compte cette phrase altière : « Tout ce qu'ont
fait mes devanciers m'appartient, puisque tous ont voulu qu'il existât
une histoire de France complète et digne du sujet. » C'est en vertu
de cette maxime qu'une préface de soixante-seize pages se compose
pour moitié de citations empruntées à M. Augustin Thierry, à
M. Guizot, à M. de Sismondi, au président Henrion de Pansey, à
Target, à d'Éprémesnil, à Mirabeau, à l'*Encyclopédie*, à l'*Histoire
des Francs* de M. de Peyronnet, à l'*Introduction au Moniteur de* 89.

On s'aperçoit que depuis quelque temps M. de Genoude a fait des lectures sur l'histoire de France.

Les invasions germaniques, le conflit des races barbares avec la civilisation romaine sur le sol de la Gaule, les premiers temps de la monarchie franque, tout cela forme un sujet sévère et difficile que M. de Genoude n'a pas encore osé aborder. Il a préféré remplir son premier volume par un tableau de la société gauloise pour lequel il a mis largement à contribution un estimable et savant ouvrage de M. Amédée Thierry, qui a écrit l'*Histoire des Gaulois* depuis les temps les plus reculés jusqu'à l'entière soumission de la Gaule à la domination romaine. C'est avec le secours de M. Amédée Thierry que M. de Genoude se sert des commentaires de César; il cite deux ou trois fois M. Thierry, mais il l'exploite beaucoup plus souvent. Ainsi, il lui emprunte, entre autres choses, la traduction du passage où Orose trace une éloquente peinture des misères de la Gaule après qu'elle eut été broyée par la main puissante du rival de Pompée. D'autres auteurs sont aussi conviés à faire les frais du récit de M. de Genoude : nous rencontrons M. Ampère avec sa remarquable *Histoire littéraire;* nous retrouvons M. Guizot, que suit de près M. de Châteaubriand. Si M. de Genoude n'apprend rien de nouveau à ses lecteurs, au moins il renouvelle leurs meilleurs souvenirs.

Le rédacteur en chef de la *Gazette de France* ne se borne pas à user ainsi sans façon de ses devanciers, qui lui appartiennent, comme on sait; c'est à lui-même qu'il fait aussi des emprunts. Dans le troisième livre, qu'il a intitulé *le Christianisme dans les Gaules,* notre étonnement n'a pas été médiocre de tomber sur environ cent pages que M. de Genoude avait consacrées ailleurs à la peinture des deux premiers siècles de l'église. Ces pages se trouvent de cette façon publiées pour la troisième fois. En effet, elles ont d'abord paru dans une traduction des *Pères de l'Église;* puis elles ont été reproduites dans la collection des œuvres de M. de Genoude; enfin, nous les retrouvons dans le premier volume de l'*Histoire de France.* Voilà ce qui s'appelle ne pas laisser la lumière sous le boisseau. En faut-il davantage pour montrer avec quelle précipitation M. de Genoude a procédé? Il a été surtout poussé par le désir d'expédier le plus tôt possible un volume à ses souscripteurs, et il s'est métamorphosé en historien avec une rapidité magique. C'est un changement à vue.

Si M. de Genoude veut écrire sérieusement l'histoire de France, chose qu'il n'a pas encore commencé de faire, même après la publication de son premier volume, il faut qu'il se résigne à consacrer des

41.

années à des études qu'il paraît croire ne demander que quelques mois. M. de Genoude a une ardeur qui dénote sans doute sa bonne foi, mais qui, en se portant sur mille objets, l'empêche de laisser nulle part une trace qu'on puisse vraiment remarquer. Tour à tour théologien, littérateur, orateur sacré, et en dernier lieu historien, le rédacteur en chef de la *Gazette de France* s'est attaqué à bien des sujets, depuis sa traduction de la Bible jusqu'à la *Raison monarchique*. Il serait injuste de dire qu'il écrit mal, mais on ne saurait dire non plus qu'il écrive bien. Enfin, si M. de Genoude avait autant de mérite que de zèle, autant de force que d'activité, ce serait un grand homme.

Quand on compare l'état actuel de la presse légitimiste à son passé, on peut mesurer toute la profondeur de sa décadence. Son histoire se partage en trois époques principales. A la fin du dernier siècle, en 1796 et en 1797, MM. de Bonald et de Maistre relevèrent avec hardiesse et génie la cause et l'image de l'antique monarchie en face de la révolution victorieuse. En 1816, M. de Châteaubriand, par *la Monarchie selon la Charte*, et deux ans plus tard par *le Conservateur*, rendit aux principes légitimistes l'insigne service de montrer qu'ils n'étaient pas incompatibles avec la liberté et l'opposition constitutionnelles : ce fut l'apogée de la presse royaliste. Depuis 1830, cette presse, sans direction, sans boussole, sans unité, ne s'est plus guère signalée que par des colères et des inconséquences, et elle a pour principal représentant M. de Genoude.

Se mettre sur le terrain de la révolution pour mieux la combattre a paru au rédacteur en chef de la *Gazette de France* une idée heureuse, un coup de parti, et tel est le plan de campagne qu'il suit opiniâtrément depuis plusieurs années. Mais qu'en est-il advenu? Les démocrates ardens ont trouvé dans ces concessions la preuve qu'ils avaient eu complètement raison dans le passé, et qu'ils n'avaient pas besoin des amis de la *Gazette de France* pour l'avenir. D'un autre côté, les légitimistes les plus convaincus ont refusé de suivre M. de Genoude dans une tactique qui leur paraissait une véritable abjuration de leurs principes. Ainsi la doctrine si laborieusement échafaudée par la *Gazette* est la risée des démocrates et le scandale des plus purs royalistes.

Pour l'immense majorité constitutionnelle, quel intérêt pourrait-elle prendre à toute cette politique? M. de Genoude demande la périodicité des états-généraux : nous avons deux chambres qui s'assemblent tous les ans; il réclame l'affranchissement des communes et la répartition de l'impôt par des assemblées provinciales : nous avons une organisation municipale et départementale sagement combinée avec le haut patronage de l'état. M. de Genoude sera-t-il plus écouté du pays parce qu'il prêche le droit héréditaire et le vote universel? Mais le pays, il y a quatorze ans, a replacé l'hérédité monarchique à la tête de ses institutions, et quant au suffrage universel, il n'a pas le moindre penchant pour ce système non moins erroné que périlleux. Les fautes irréparables de la branche aînée des Bourbons auraient perdu pour toujours le principe social de l'hérédité monarchique, si la sagesse du pays ne l'eût relevé et ne lui eût assuré, dans l'intérêt de tous, un nouvel avenir en le transplantant. Sur ce point, des faits récens peuvent convaincre les plus incrédules. Quand M. le duc d'Orléans a si funestement disparu, tous les yeux se sont portés sur son fils, et le principe de l'hérédité monarchique n'a paru ni chose éteinte, ni lettre morte. En 1830, la révolution française ne s'est pas égarée dans les théories et les rêves d'une démocratie extrême; elle s'est affermie, elle s'est éternisée en se modérant, en attirant à elle, en s'appropriant tous les principes nécessaires et vitaux que contenait encore le passé.

C'est ce que ne sauraient trop comprendre les personnes qui à des sentimens légitimistes joignent une haute probité politique et un sincère amour du pays. L'autorité incontestable des faits et la marche irrésistible du temps ont désarmé les légitimistes, nous parlons du parti et non des individus. Comme parti, quel rôle peuvent-ils jouer qui ne soit mieux rempli par d'autres? Prétendent-ils se distinguer comme défenseurs des principes d'ordre et de stabilité, ils trouvent la place prise par un parti conservateur nouveau et considérable que la révolution et la monarchie de 1830 ont mis au monde. S'ils veulent au contraire se recommander au pays comme les champions de la liberté et des réformes politiques, peuvent-ils avoir l'ambition de mieux dire et de mieux faire sur ce point que l'opposition constitutionnelle, qui à gauche est puissante par la sincérité de ses sentimens populaires, et au centre gauche par l'ascendant de ses talens politiques? Nous ne saurions supposer, quand nous songeons au passé et aux intérêts positifs des légitimistes, qu'ils puissent jamais, en désespoir de cause, arborer l'étendard des réformes sociales; au surplus, ici encore, ils arriveraient trop tard : la révolution française a enfanté des sectes qui, en matière d'utopies, ne laissent rien à désirer, rien à ajouter. D'ailleurs, il est des contre-sens monstrueux devant lesquels doivent reculer les partis et les hommes les plus intrépides; tracer la route à une troisième restauration à travers une révolution nouvelle qui ne saurait être qu'un bouleversement social est une énormité dont nul homme, nul parti en France, nul gouvernement en Europe n'oserait vraiment se charger la conscience. Mais, en se tournant vers les personnes, le thème change. Nous trouvons dans les rangs légitimistes une société d'élite, élégant débris d'un illustre passé. Nous y trouvons les grandes influences de la propriété, de nobles traditions domestiques, des noms à soutenir, à perpétuer dignement. Ceux qui les portent, ces noms, ne doivent pas hésiter à accepter l'état social qu'ont fait à la France la volonté nationale et les décrets de Dieu. Toutes les fois que le pays les trouvera enfans dévoués, il s'en servira non-seulement sans déplaisir, mais avec orgueil. L'armée et la diplomatie ont gardé un bon souvenir des services de la noblesse. De nouvelles carrières s'ouvrent encore aux héritiers des noms historiques. Dans les conseils-généraux, dans les chambres, ils peuvent être utiles au pays. Quand l'aristocratie romaine eut abdiqué l'empire du monde entre les mains des Césars, elle garda le prestige des souvenirs et cette autorité indéfinissable dont se trouve investi ce qui a long-temps duré. La noblesse française tombe de moins haut, et en même temps ce n'est pas entre les mains d'un maître, mais entre celles d'un pays libre qu'elle doit abdiquer non plus ses priviléges depuis long-temps perdus, mais certains préjugés désormais sans application possible. Elle ne saurait en vérité se plaindre. Corps politique, elle n'a été vaincue que par le temps, et quant aux personnes, elles ont pour dédommagement un avenir où l'association de la fortune et du talent est certaine de conquérir l'influence politique.

LERMINIER.

LE

TRAVAIL DES ENFANS

A PARIS.

———

    Une loi qui pose des limites au travail des enfans dans les manufac-
tures et dans les grands ateliers sera long-temps d'une application très
difficile en France; mais nulle part l'observation de ces règles ne doit
rencontrer plus d'obstacles qu'à Paris. Dans les villes qui ont une industrie spéciale, telles que Rouen, Lille, Sédan, Mulhouse ou Reims,
la difficulté diminue en quelque sorte par sa simplicité même. Lorsque
la nature et la durée des travaux sont uniformes pour tous les ouvriers,
et lorsque l'émulation des manufacturiers s'exerce dans un seul ordre
de combinaisons, un règlement industriel devient presque une affaire
de famille; il ne s'agit plus que de savoir quels sacrifices peut s'imposer
l'intérêt particulier, soit des parens, soit des maîtres, au profit de cet
intérêt général que représente la tutelle de l'état invoquée en faveur
de la génération qui est déjà l'espoir et qui doit être un jour la force
du pays.
    C'est la diversité des industries juxtaposées qui complique le pro-
blème. Il faut que la loi les embrasse toutes, sous peine de consacrer
une injustice et de donner une prime à celles que son contrôle n'at-

teint pas; mais il faut aussi que le législateur, qui ordonne, et l'administration, qui exécute, tiennent compte des conditions attachées à l'exercice de chaque industrie. Telle manufacture admet des restrictions que telle autre ne comporte pas, et, dans certains cas, huit heures de travail fatiguent plus l'ouvrier qu'une journée de douze heures.

A cette variété des arts industriels, qui est infinie à Paris, vient s'ajouter la division des capitaux, et, par conséquent, celle de la production. Les ateliers se multiplient, mais ils se fractionnent; par leurs dimensions autant que par leur nombre, ils semblent défier le contrôle des pouvoirs publics. Partout où la fabrication agglomère les ouvriers, la discipline, qui s'introduit nécessairement parmi ces masses enrégimentées, facilite au plus haut degré la surveillance. Le moteur mécanique, eau ou vapeur, est en outre un moyen d'ordre puissant. En réglant l'action des machines, on agit indirectement sur les ouvriers qui les desservent; car la vapeur, intervenant dans le travail de l'homme, a les mêmes effets que la mesure dans le chant.

Mais que peuvent les règlemens et quelle prise a l'inspection de l'autorité sur ces myriades de petits ateliers qui pullulent à tous les étages, au milieu des quartiers les plus populeux, perchés dans les mansardes ou se cachant dans les caves, composés de deux ou trois ouvriers et d'un nombre égal d'apprentis, où le travail tantôt se relâche complètement et tantôt se tend à l'excès, fait de la nuit le jour, et ne garde ni mesure ni régularité? Pour que le travailleur, ouvrier ou fabricant, conçoive et observe volontairement les prescriptions légales, il faut d'abord qu'il ait appris à se respecter lui-même et à mettre de l'ordre dans sa vie. Les individus sont comme les nations, qui ont besoin d'une préparation assez longue pour s'élever à l'intelligence des nécessités sur lesquelles repose le gouvernement.

Les difficultés inhérentes à l'organisation de l'industrie dans la capitale seraient encore très sensibles en présence d'une loi bien faite; elles paraîtront à peu près insurmontables avec les dispositions imprévoyantes et équivoques qui régissent le travail des enfans dans les manufactures et dans les grands ateliers. La loi du 22 mars 1841, exécutoire six mois après sa promulgation, est en vigueur depuis plus de trois ans; on peut la juger sur cette épreuve. Examinons les résultats qu'elle a produits.

Toute l'économie de la mesure peut se ramener à quelques points principaux, qui sont : l'âge de l'admission dans les manufactures, la durée du travail, l'instruction rendue obligatoire, enfin les moyens de contrôle et de surveillance donnés à l'état. Dans ces élémens divers de la réforme, le législateur s'est notablement écarté des principes admis en Angleterre. Le domaine de la loi française a beaucoup plus d'étendue; il ne s'arrête pas aux manufactures mues par la vapeur ou par une force hydraulique, et il embrasse encore les ateliers où plus de vingt ouvriers se trouvent réunis. L'âge de l'admission est huit ans, comme dans l'acte voté cette année même par le parlement britannique; mais les Anglais n'accordent que six heures et demie de travail par jour aux enfans de huit à douze ans, tandis que la loi de 1841 leur alloue huit heures. De douze à seize ans, la durée du travail est de douze heures, la même dans les deux pays. Les enfans de la première catégorie doivent fréquenter une école publique ou privée; ceux de la seconde sont tenus de prouver qu'ils ont reçu l'instruction primaire ou de suivre, dans le cas contraire, une école que la loi ne désigne pas. Quant à la surveillance exercée par le gouvernement, la loi se borne à déclarer qu'il nommera des inspecteurs qui pourront visiter les ateliers et dresser procès-verbal des contraventions.

Il y a deux systèmes d'inspection : l'inspection gratuite qui, ne pouvant être confiée qu'à des hommes de loisir, semble promettre plus d'impartialité et plus d'indépendance, et l'inspection salariée qui, impliquant une responsabilité plus entière, enchaîne davantage le fonctionnaire public à l'accomplissement de ses devoirs. Le gouvernement britannique, dans une contrée où l'aristocratie est cependant prépondérante, n'a pas cru pouvoir confier une mission aussi laborieuse que le patronage industriel des enfans pauvres à des agens qui seraient vis-à-vis de l'état sans autre lien que leur dévouement, et dans un pays essentiellement démocratique comme la France, où la division des fortunes rend ce genre de sacrifice à peu près impossible, on a le courage de faire de l'inspection des manufactures un mandat sans rétribution!

Il est vrai que l'administration cherche à suppléer à la qualité par le nombre. Le département de la Seine a compté, dès le principe, cinquante-deux inspecteurs, dont trente-deux pour la seule ville de Paris et vingt pour les arrondissemens situés *extrà muros*. Chacun de ces fonctionnaires doit visiter tous les mois les manufactures de son ressort; mais combien en trouverait-on qui remplissent cette formalité, tout insignifiante qu'elle est? combien qui connaissent, qui aient vu même les ateliers sur lesquels leur droit de contrôle s'étend?

Un recensement général des manufactures et des ateliers sujets à la surveillance de l'état aurait dû précéder la mise à exécution de la loi. Il paraît que l'on n'a rien fait de semblable; l'administration s'en est rapportée aux renseignemens recueillis à la hâte par les commissaires de police, et de là l'inexactitude des listes que chaque inspecteur a reçues. Ceux qui prenaient leurs fonctions au sérieux ont dû recommencer le travail eux-mêmes, et aller de porte en porte pour constater quelles étaient les manufactures qui comptaient plus de vingt ouvriers et celles qui, en comptant moins de vingt, pouvaient décliner leur juridiction.

Cette première difficulté aplanie, et la reconnaissance du terrain étant faite, il restait à déterminer dans quelle mesure les prescriptions de la loi se modifieraient selon le caractère propre à chaque industrie. Le législateur avait laissé sur ce point à l'administration une latitude absolue; l'administration n'en a point usé : elle s'est bornée à déléguer aux inspecteurs le droit de prendre en considération des cas individuels, et elle n'a jamais procédé par voie de règlement. Soit défaut d'expérience, soit absence de volonté, le pouvoir discrétionnel que les chambres avaient entendu établir comme le correctif nécessaire de la loi du 22 mars demeure encore aujourd'hui sans emploi.

Quelle peut être l'utilité de l'inspection ainsi livrée à elle-même? L'administration supérieure, en apportant un concours purement passif à cette grande œuvre, n'encourage-t-elle pas sans le vouloir la résistance des intéressés? Faut-il beaucoup attendre du zèle de fonctionnaires amateurs qui ont en main une loi défectueuse, devant eux des obstacles sans nombre et derrière eux un gouvernement à peu près indifférent? En un mot, la réforme de 1841 a-t-elle complètement échoué dans la capitale, ou bien, la force des principes suppléant à la négligence des hommes, est-elle par quelque côté en voie de succès? Voilà ce qu'il m'a paru important de rechercher. Un arrondissement d'inspection était cité à Paris comme présentant le type des résultats possibles; j'ai accepté la proposition que l'on venait me faire d'en visiter les manufactures et les ateliers principaux.

Ce district manufacturier embrasse le quartier Saint-Antoine et celui des Quinze-Vingts, c'est-à-dire le faubourg le plus industrieux et le plus nécessiteux à la fois. Il y a là une population de quarante à cinquante mille ames, avec six à sept mille pauvres inscrits. Les ouvriers habitent les rues sales et étroites qui longent le canal, ou les taudis groupés autour des rues artérielles du faubourg Saint-Antoine, de Charonne, de Montreuil et de Charenton. Les fabriques et les usines, recherchant l'espace, s'étagent sur les dernières pentes des coteaux qui dominent Paris de ce côté. C'est l'histoire de toutes les villes manufacturières : on réserve pour les machines le luxe des constructions et l'étendue; les hommes s'entassent, comme ils peuvent, dans quelque coin infect, privé d'air et de soleil. Dans un faubourg où les terrains ont comparativement peu de valeur, les classes laborieuses vivent aussi misérablement logées que dans les bas quartiers de la rue Saint-Denis et des Arcis. Par une conséquence nécessaire, on y rencontre, avec la même abondance, les maisons de prostitution et les cabarets. Pas plus que la santé de l'homme, la vertu ne peut se passer d'un air libre et pur.

Le plus grand nombre des ateliers échappent, par leur division même, à l'action de la loi qui règle le travail des enfans. Une industrie tout entière, une industrie importante, une industrie essentiellement parisienne et qui a pris domicile dans ces quartiers, l'ébénisterie par exemple, en est affranchie. Le chiffre des fabriques soumises à l'inspection varie entre trente et quarante; elles ne comptent jamais moins de 350 enfans de huit à seize ans, ni plus de 600 sur 2,000 à 2,500 ouvriers. Ce sont des manufactures de papier peint, des fabriques de bronze, des filatures de coton, des fabriques de châles et de tapis. La loi ne s'appliquant qu'aux ateliers qui renferment plus de vingt ouvriers, et le nombre des ouvriers employés augmentant ou diminuant selon la saison, il arrive fréquemment que l'accès de certaines fabriques s'ouvre à l'inspection pendant l'hiver et se ferme pendant l'été. Les enfans se trouvent ainsi protégés durant la moitié de l'année et abandonnés durant l'autre moitié. L'instruction devient pour eux tantôt obligatoire et tantôt facultative; la durée du travail s'abrége ou s'étend; l'exercice du droit attribué à l'état dépend entièrement du hasard, et suit en quelque sorte les oscillations du marché.

Pour obvier à cet inconvénient, il suffirait que l'administration, interprétant la loi dans le sens le plus large, déclarât que tout atelier qui aurait réuni à un jour donné plus de vingt ouvriers doit rester soumis à l'inspection alors même que ce niveau viendrait plus tard à baisser. Mais le vice le plus radical de la loi tient à la limite même qu'elle a posée. Ce partage de l'industrie en agrégations de plus de vingt ouvriers et en agrégations de moins de vingt ouvriers ne répond à rien. Les choses ne se passent pas ainsi dans la réalité. Tout ce qui est travail de fabrique hors de Paris agglomère les hommes et les enfans par centaines; à Paris, un atelier de quinze à vingt ouvriers est déjà une manufacture, et sort de l'humble sphère de l'artisan pour s'élever aux proportions de l'ordre industriel. Le législateur s'est préoccupé ici sans nécessité des analogies empruntées à la loi pénale;

il n'a pas cru pouvoir étendre les mesures de prévoyance au-delà du point où commençaient naguère, pour les réunions publiques, les mesures de répression. Cependant si l'on veut sérieusement régler la petite industrie comme la grande, il faudra soumettre à l'inspection tous les ateliers qui compteront plus de dix ouvriers. Au-dessous de ce nombre, le travail est purement domestique; au-dessus, il prend le caractère d'une spéculation et il exige l'avance d'un certain capital.

Dans l'état actuel, rien n'est plus facile que d'éluder la loi. Un enfant qui se trouve trop pressé par l'inspecteur quitte l'atelier pour se réfugier dans un autre; il se fait une émigration constante des ateliers inspectés aux ateliers que l'autorité n'a pas le droit d'inspecter. La mobilité naturelle à l'ouvrier parisien s'accroît sous l'empire des restrictions qu'on lui impose. Quand l'enfant voudrait se fixer, ses parens ne le permettraient pas. Le personnel des manufactures change donc, pour ainsi parler, d'heure en heure. Il y a des enfans qui ne font que traverser un atelier, d'autres qui séjournent une semaine, d'autres qui vont jusqu'au bout du mois. Communément, le livret que le manufacturier a demandé pour tel ouvrier âgé de moins de seize ans lui parvient après que l'enfant l'a quitté. J'ai vu jusqu'à neuf livrets à la fois rendus ainsi inutiles dans les mains d'un seul fabricant.

Une loi partielle et partiale, comme celle du 22 mars 1841, pourrait encore obtenir quelque succès dans un centre d'industrie où l'offre du travail excéderait habituellement la demande. Partout où les ateliers qui ne relèvent pas de l'inspection présentent peu de surface, il faut bien que les ouvriers se rejettent sur ceux où l'inspecteur a le droit de pénétrer; mais à Paris, malgré le nombre immense des habitans, il y a tant d'issues ouvertes à l'activité de l'homme, la production déborde avec une telle abondance et la variété des industries est si grande, que les bras sont incessamment en réquisition et que l'ouvrier par conséquent reste maître du marché. On le voit bien à l'élévation des salaires : dans les quartiers que j'ai visités, ceux des adultes sont en moyenne de 3 fr. 50 c. à 5 fr. par jour, ceux des femmes de 1 fr. 25 c. à 2 fr.; ceux des enfans de 1 fr. à 1 fr. 50 c. entre douze et seize ans, et de 75 c. à 1 fr. au-dessous de douze ans. Je ne parle pas des industries de luxe, dans lesquelles la journée rend souvent huit à dix francs à l'ouvrier expérimenté. Le fait qui domine, c'est qu'un laboureur dans les campagnes de la France gagne généralement moins qu'une femme à Paris, et à peine autant qu'un enfant au-dessus de douze ans.

L'ouvrier dans la capitale fait la loi au fabricant, et l'enfant fait la loi à l'ouvrier. On ne saurait croire à quel point ces embryons de travailleurs sont devenus nécessaires. « Il n'y a que trois mille *lanceurs* à Paris, me disait un ouvrier en châle, et nous sommes à leur merci. » Dans les manufactures de papiers peints, on a beaucoup de peine à se procurer les jeunes auxiliaires appelés vulgairement *tireurs*. Ceux-ci, après avoir traité de leur salaire, entrent dans l'atelier, travaillent souvent comme par grace une demi-journée et se retirent ensuite : ouvriers et maîtres m'ont déclaré qu'un imprimeur sur papier changeait souvent de *tireur* jusqu'à trois fois par jour. Cette inconstance d'humeur et cette irrégularité de conduite n'empêchent pas les jeunes élèves de la manufacture parisienne de trouver de l'emploi quand ils le veulent; les fabricans, ayant besoin d'eux, les acceptent malgré leurs défauts.

Mais ce qui aggrave principalement les difficultés, c'est que le manufacturier, que le législateur a rendu responsable de la durée du travail et du degré d'instruction, n'a pas de rapport direct avec les enfans employés dans ses ateliers. L'enfant dépend, non du maître qui le reçoit, mais de l'ouvrier auquel il sert d'auxiliaire; celui-ci le connaît seul et le choisit : le fabricant, s'il voulait faire ce choix lui-même, ne saurait où le trouver. Le salaire de l'enfant est imputé en entier sur le salaire de l'ouvrier, qui, travaillant à façon, rémunère son aide selon la valeur de l'assistance qu'il reçoit de lui. C'est l'ouvrier qui fait le contrat et qui le résilie; le maître n'a pas à intervenir. Dans ces arrangemens bizarres, la seule prérogative que le fabricant se réserve, c'est la police des ateliers, et quelle police encore! Avant la loi du 22 mars, les chefs de manufacture ne connaissaient pas même de nom les enfans qui travaillaient chez eux; les fabriques de Paris étaient des espèces d'hôtelleries où, moyennant un prix de façon débattu, venait occuper un établi qui voulait. Depuis que la loi le commande, il faut bien que le manufacturier cherche du moins à savoir quels sont ceux qui peuplent son usine; mais cela se fait généralement avec la plus grande négligence. Il se passe quelquefois huit jours avant que l'ouvrier donne au fabricant le nom de l'enfant ou des enfans qu'il a engagés : ce nom est alors couché sur un registre; mais on attend communément la visite de l'inspecteur pour demander un livret à la préfecture et pour exiger, soit la fréquentation de l'école, soit un certificat qui constate le degré d'instruction.

Je n'ignore pas qu'en abandonnant aux ouvriers le soin de traiter avec les jeunes apprentis, les chefs de manufacture simplifient la ges-

tion de leurs intérêts. Je sais aussi que cet usage n'est particulier ni
à Paris ni à la France, et qu'il semble consacré par une apparente nécessité. En y regardant de près cependant, on reconnaît tout ce qu'un
pareil ordre de choses a de faux et de fragile. La tutelle de l'enfant est
déléguée ainsi à l'homme le moins capable de l'exercer, et il en résulte
pour le jeune ouvrier tantôt une servitude étroite, tantôt, ce qui ne
vaut pas mieux, une indépendance absolue.

Rien n'est plus facile, à mon sens, que de donner un autre cours
aux habitudes. Il suffit que la loi impose au fabricant qui emploiera
de jeunes enfans le devoir de traiter directement avec les parens. Les
ouvriers s'entendront ensuite avec lui pour le choix des auxiliaires
qui leur seront attribués. Le fabricant fournit les métiers, les matières
premières, le local et le moteur; pourquoi ne serait-il pas chargé de
procurer les enfans qui servent d'appoint à l'homme ou aux machines?
Quand il sera connu que l'admission des enfans dépend, comme celle
des adultes, de la volonté du manufacturier, les parens, qui s'adressaient aux ouvriers faute de mieux, viendront faire inscrire leurs
demandes à l'avance dans ses bureaux, et le recrutement des ateliers
s'opérera ainsi sans obstacle; quant aux ouvriers, la certitude de trouver dans le personnel de la fabrique des auxiliaires plus réguliers et
assujettis à une discipline constante les dédommagera promptement
de la dictature contestée et dans tous les cas précaire qu'ils ont usurpée jusqu'à présent. Sans cette réforme dans les attributions respectives du maître et de l'ouvrier, il n'y a pas d'ordre possible. Lorsque
le travail associe directement l'enfant à l'adulte, celui-ci est toujours
tenté d'abuser de sa supériorité pour opprimer ou pour corrompre;
bâtons-nous de modifier des rapports dont la morale a si souvent
à gémir.

La loi du 22 mars, sans atteindre le but qu'elle poursuivait, a pourtant exercé une influence salutaire sur l'industrie à Paris. Dans les
arrondissemens d'inspection, où le contrôle n'est pas purement no-
minal, en obligeant les manufacturiers à ne pas faire travailler les enfans de douze à seize ans au-delà de douze heures par jour, elle a
réduit généralement la durée du travail à douze heures pour tous les
ouvriers. Dans les ateliers de papier peint et dans les filatures, la
journée commence à six heures et demie du matin pour finir à huit
heures du soir; là-dessus, une heure et demie est accordée aux ouvriers pour leurs repas. Seulement, les adultes profitent de cette amélioration beaucoup plus que les enfans, au bénéfice desquels on pensait l'avoir stipulée. En effet, dans l'intervalle donné à la récréation,

les ouvriers obligent leurs auxiliaires à laver les planches ou les outils et à préparer les matériaux du travail, ce qui laisse à peine à ceux-ci le temps de manger. Quelques manufacturiers contraignent encore les enfans à nettoyer le dimanche matin les ateliers et les cours de la fabrique. Cette opération, que la loi anglaise prescrit de terminer le samedi soir, empiète ainsi sur le jour du repos, et cela sans qu'un pareil sacrifice obtienne la moindre rémunération. Dans d'autres établissemens, l'article qui interdit les travaux du dimanche aux ouvriers âgés de moins de seize ans n'est point observé; pour justifier cette infraction à la loi, on allègue que les commandes pressent, et que les adultes chargés de les exécuter ne sauraient se passer du concours des enfans. Quand les enfans ne sont pas employés le dimanche dans la manufacture, leurs parens se servent d'eux pour confectionner ou pour vendre sur la voie publique des articles de fantaisie; c'est ce que les Anglais appellent *job work*.

L'industrie parisienne, dépendant des caprices du luxe et des variations de la mode, n'a pas la même régularité que celles qui fournissent les produits de grosse consommation. Elle travaille par saccades, plus laborieuse qu'aucune autre ou plus inactive, selon la saison. L'ouvrier de Paris demeure des mois entiers sans occupation et sans salaire; le reste de l'année, on l'emploiera quinze à dix-huit heures par jour, quelquefois le jour et la nuit sans interruption. Accoutumé à ces efforts extraordinaires, il demande souvent lui-même à prolonger le travail pendant la nuit du samedi et la matinée du dimanche, afin de se livrer à l'oisiveté et de vivre dans les cabarets jusqu'au mardi suivant. Voilà les habitudes dont les enfans sont victimes; voilà les désordres qu'il faut réprimer, sinon dans le sanctuaire même de la famille, tout au moins dans les ateliers ouverts à l'action de la loi. Si la machine industrielle, dans les momens où l'on en force les rouages, ne peut pas se passer de l'assistance des enfans, eh bien! que le mouvement s'arrête : il vaut mieux condamner les adultes au repos dans l'intérêt des enfans que d'aller, dans l'intérêt bien ou mal entendu des adultes, en priver les jeunes ouvriers.

Mais si la clause limitative qui détermine la durée du travail pour les jeunes ouvriers des manufactures est plus ou moins respectée dans son application aux enfans de douze à seize ans, on peut affirmer que les enfans de huit à douze ans n'en ont pas, jusqu'à cette heure, éprouvé le bienfait. Dans les fabriques de papiers peints, ou les enfans au-dessous de douze ans ne sont pas admis, ou bien quand le fabricant les admet, ils travaillent tout autant que les adultes. Dans les manufactures de châles, le seul répit qu'on leur accorde est le temps nécessaire à l'ouvrier pour mettre l'ouvrage en train, ce qui n'arrive pas tous les jours, ni même toutes les semaines. Dans les filatures de coton, les femmes sont employées à rattacher les fils de la *mule-jenny*, à la place des enfans; les seuls que l'on occupe sont des bobineurs, qui se croisent les bras la moitié du jour, mais dont la présence est nécessaire tant que le travail dure, et qui ne reçoivent par conséquent aucune espèce d'enseignement.

En interdisant aux chefs d'atelier d'occuper les enfans de huit à douze ans plus de huit heures par jour, le législateur avait entendu à la fois ménager leurs forces et pourvoir au soin de leur éducation. Ni l'un ni l'autre objet de la loi ne se trouve rempli. Dans le petit nombre de manufactures où le travail est réduit à huit heures pour cette catégorie d'ouvriers, une assiduité de douze heures continue à être exigée: c'est une trêve qui sert peut-être à développer le corps, mais qui ne profite pas à l'intelligence, et qui ne fait aucune diversion au régime abrutissant de l'atelier. Malheureusement, la plupart des manufacturiers excluant les enfans de cet âge, ceux-ci n'ont de refuge que l'apprentissage dans les petites fabriques, où le travail est absolument sans limites et l'instruction sans garantie. Ce sont des esclaves qui changent de maîtres, mais dont l'esclavage s'appesantit.

On accusera peut-être les mœurs; je n'accuse que la loi. Toute réforme doit rencontrer, soulever même des résistances, et il est dans l'ordre que les intérêts privés ne se rendent pas sans combat. Les ouvriers et les fabricans de Paris témoignent, je le sais, plus que de l'indifférence pour les mesures destinées à régulariser le travail des enfans dans les manufactures; leur mauvaise volonté éclate en toute circonstance, et se signale tantôt par un refus de concours, tantôt par une opposition déclarée. Il fallait le prévoir, et ne pas donner aux opposans, par les combinaisons de la loi, un prétexte auquel ils pussent s'accrocher. La limite de huit heures assignée au travail des plus jeunes enfans ne répond à aucune division de la journée, et de là son impossibilité pratique. On peut donner à un ouvrier deux auxiliaires et partager ainsi la journée en deux moitiés égales : c'est le système des relais; mais si l'ouvrier n'a qu'un enfant pour l'assister, la durée du travail sera nécessairement pour l'enfant la même que pour l'ouvrier.

L'Angleterre, après bien des tâtonnemens, vient d'adopter le système des relais; le dernier acte sur le travail des enfans rend ce système obligatoire, en décidant que les enfans ne seront pas employés dans les manufactures plus de six heures et demie par jour, que ceux qui auront travaillé le matin ne pourront pas travailler l'après-midi, et réciproquement que les enfans occupés dans l'après-midi devront s'être reposés dans la matinée. L'étude des faits conduit en France aux mêmes conclusions. Il faut réduire à six heures et demie la durée légale du travail pour les ouvriers les plus jeunes; joignez à cela quatre heures passées dans les écoles et dans les exercices gymnastiques, et vous aurez l'emploi le plus rationnel de la journée.

Sans doute, les enfans qui ne travailleront que la moitié du jour ne devront pas recevoir le même salaire, et dans l'état de détresse où vivent habituellement les classes laborieuses, c'est là une considération à peser. Cependant, si l'on pouvait examiner tous les cas individuels, on arriverait probablement à constater que ce travail excessif et ces salaires élevés des enfans servent bien plus souvent à entretenir la paresse et l'ivrognerie des parens qu'à soulager des infortunes réelles. A Paris et à Rouen, comme à Manchester et comme à Birmingham, il n'est pas rare de rencontrer des ouvriers qui, lorsqu'ils ont trois fils ou trois filles dans les manufactures, vont faire la sieste au soleil et prennent domicile dans les lieux de débauche. Ils appellent cela avoir des rentes, et vivent comme ces *petits blancs* de l'île de France au dernier siècle, que deux ou trois esclaves nourrissaient de leur industrie.

Au reste, la loi du 22 mars a déjà eu pour effet d'éloigner des manufactures les enfans au-dessous de douze ans, et de les reléguer dans les ateliers d'un ordre inférieur, où on les exploite davantage et pour une plus mince rétribution. La diminution des salaires, pour cette catégorie d'ouvriers, est donc un fait aujourd'hui accompli. En ramenant vers les manufactures la population des plus jeunes ouvriers, le système des relais n'aura d'autre résultat que de leur procurer, pour six heures et demie de travail, dans les grandes industries, un salaire au moins égal à celui que l'industrie parcellaire leur accorde pour la journée. J'ajoute que des enfans occupés seulement pendant la moitié du jour, libres de consacrer pendant l'autre moitié quelques heures à leur instruction, acquerront bientôt plus d'intelligence et de vigueur, que l'ouvrage qu'ils feront ira plus vite et sera mieux fait, et que, la qualité du travail s'améliorant, la quotité du salaire devra s'élever. Dans les filatures de Paris, une femme employée à rattacher gagne 20 francs par quinzaine, pendant qu'un rattacheur de dix ou douze ans est payé à raison de 10 francs. Dans les manufactures de papiers peints, entre deux *tireurs* du même âge, mais d'inégale force, la différence du salaire est souvent de moitié.

Les enfans qui remplissent les ateliers sont pâles, faibles, de petite stature, et lents à penser aussi bien qu'à se mouvoir; à quatorze ou quinze ans, ils ne paraissent pas plus développés que des enfans de neuf à dix ans dans l'état normal. Quant à leur développement intellectuel et moral, on en voit à Paris aussi bien que dans le comté de Lancastre, qui, à l'âge de treize ans, n'ont pas la notion de Dieu, qui n'ont jamais entendu parler de leurs devoirs, et pour qui la première école de morale a été la prison. Il n'y a donc pas une grande témérité à penser qu'une génération plus vigoureuse et plus intelligente obtiendrait dans les ateliers des conditions plus favorables, et que la réduction du salaire ne serait bientôt plus proportionnée à la réduction des heures accordées au travail; mais ce changement en entraînerait d'autres, et d'abord il faudrait remanier les catégories établies par la loi du 22 mars.

La loi part de deux hypothèses également inexactes; elle suppose qu'un enfant de douze ans peut supporter un travail de douze heures, et qu'un enfant qui a plus de seize ans peut désormais se passer de protection. Le code civil, d'accord avec la raison publique, fixe à dix-huit ans révolus l'âge auquel un mineur est apte, dans certaines circonstances, à disposer de ses biens. Les mêmes motifs de prévoyance militent en faveur d'une clause légale qui ne permettrait pas au jeune ouvrier, avant l'âge de l'émancipation, avant d'avoir pris, pour ainsi dire, la robe prétexte, de travailler plus de douze heures par jour; mais en même temps il convient d'élever au moins d'une année l'âge auquel cette tâche d'homme pourra être imposée à l'enfant. A douze ans, l'on n'est pas capable d'un travail de douze heures : les membres n'ont pas assez grandi, les muscles n'ont pas contracté assez de solidité, et l'éducation, si imparfaite qu'on la veuille, n'est pas assez avancée. De douze à quatorze, la voix mue, la taille croît, et la transition de l'enfance à l'adolescence s'accomplit. Attendons que ces premiers symptômes de la virilité aient commencé à poindre; que le travail des enfans marche jusque-là, si j'ose le dire, à la longe, et que l'on ne puisse plus assujétir les jeunes ouvriers à une journée de douze heures avant l'âge de treize ans.

Passons à la question de l'enseignement. La loi sur l'instruction primaire et la loi sur le travail des enfans devraient procéder d'une même pensée et conspirer au même but. Rien de plus divergent cependant que leurs dispositions, rien de plus opposé que leur principe. La première, appelant aux écoles de jour tous les enfans de six à quinze ans, traite la France comme une nation composée d'hommes de loisir; la seconde, absorbant les enfans du matin au soir dans le travail des fabriques dès l'âge de douze ans, termine de fait l'éducation au moment où les semences de l'enseignement pourraient devenir fécondes. La loi de 1833 n'admet que deux catégories, les·enfans et les adultes; la loi de 1841 comprend, outre ces deux classes, celle des adolescens, catégorie nouvelle pour laquelle aucun moyen d'instruction n'a été réservé. En effet, les adolescens ne peuvent pas fréquenter les écoles de jour, car leur journée appartient à la manufacture, et il leur est tout aussi impossible de se rattacher aux écoles du soir, attendu que ces écoles ne s'ouvrent qu'aux adultes, et qu'il faut avoir au moins quinze ans pour y être reçu.

Dans une société dont l'industrie forme le caractère essentiel, la loi qui pourvoit aux besoins de l'enseignement devrait le régler en vue du travail. Il n'est pas possible que l'enfant se traîne sur les bancs de l'instruction primaire jusqu'à l'âge de quinze ans, si voisin de l'âge d'homme, et il n'est pas bien que, depuis l'âge de douze ans jusqu'à celui de quinze, on laisse une lacune complète dans son éducation. Des asiles jusqu'à six ans, des écoles de jour jusqu'à treize, des écoles du soir et du dimanche jusqu'à dix-huit, et au-delà des cours spéciaux, voilà les institutions qui conviennent à un peuple occupé; voilà le moyen de mener de front la culture de l'intelligence avec les soins matériels de la vie.

La ville de Paris entretient quatorze classes d'adultes, classes du soir, dont six sont dirigées par les frères de la doctrine chrétienne; aucune n'admet des enfans de moins de quinze ans. Et de là l'inexécution complète de l'article 5 de la loi sur les manufactures qui veut qu'un enfant de douze ans, lorsqu'il ne saura pas lire, écrire et compter, soit tenu de suivre une école. Au surplus, le zèle des particuliers ne se montre ici ni plus éclairé ni plus actif que celui des communes et de l'état. Il n'existe qu'une seule école privée à l'usage des adolescens dans la capitale : c'est celle que les frères de la doctrine ont établie rue de Charonne, et qui reçoit tous les soirs, de huit à dix heures, deux cents enfans de douze à quinze ans.

Dans cette situation, que peut faire un inspecteur des manufactures? S'il n'exige pas des jeunes ouvriers complètement illettrés l'assiduité à une école quelconque, il enfreint et laisse enfreindre la loi; s'il insiste au contraire avec rigueur, il s'expose à tenir une conduite inhumaine et inique, car il devra expulser, priver de travail et vouer au vagabondage des malheureux qui avaient peut-être bonne envie de s'instruire, mais à la portée desquels l'instruction n'a pas été placée.

42.

La loi ferme l'atelier et n'ouvre pas l'école : pouvait-on se montrer moins prévoyant et plus inconséquent à la fois?

M. le préfet de police, dans le zèle sincère qui l'anime, a voulu mettre un terme à ce désordre légal. Frappé de l'abandon intellectuel dans lequel vivaient les jeunes ouvriers de Chaillot, il a d'abord provoqué dans ce quartier pauvre la création d'une école du soir. Bientôt il a senti la convenance d'étendre le même bienfait aux autres quartiers industriels, et il a sollicité le conseil municipal d'établir dix écoles du soir où l'on recevrait spécialement les enfans de douze à quinze ans.

Les intentions du conseil ne sont pas douteuses. Il consacre annuellement un million de francs à doter l'instruction primaire; la construction des maisons d'école figure en outre pour une somme importante dans son budget; il a introduit dans l'enseignement le dessin et le chant, et il est à la veille d'y introduire la gymnastique; en un mot, il dépense beaucoup, et dépense avec discernement. La proposition de M. Delessert devait donc éveiller ses plus vives sympathies; cependant, après une enquête sérieuse dont on a soumis les résultats à une longue discussion, la demande du préfet a été repoussée. Je comprends cette détermination sans l'approuver. Le conseil municipal de Paris s'est retranché dans le texte et dans l'esprit de la loi sur l'instruction primaire (1). Il a craint d'énerver l'enseignement diurne en instituant pour les enfans un enseignement du soir : on lui a persuadé que les écoles de jour, les seules où l'instruction se puisse donner sur une grande échelle, seraient bientôt désertées pour ces écoles auxiliaires; que les parens, ayant la facilité de faire instruire leurs enfans à la dernière heure, ne se gêneraient plus pour les surcharger de travail pendant la journée, et qu'il allait offrir ainsi une prime à cette horrible exploitation de l'enfance qui dégrade physiquement et moralement la population de Paris. Néanmoins, et par exception, le conseil municipal a cru devoir fonder à Chaillot une école du soir exclusivement destinée aux enfans de douze à quinze ans; encore cette exception est-elle motivée sur l'état misérable de ce quartier, dans lequel aucun instituteur privé ne viendra s'établir.

Je suis loin de présenter les écoles du soir, qu'elles reçoivent des adultes ou des adolescens, comme une institution normale. Après avoir travaillé douze heures dans un atelier, l'ouvrier a besoin de respirer à l'air libre et de détendre son esprit. Il est bien temps alors de

_____

(1) Quand je parle du conseil municipal, cela doit s'entendre du comité central d'instruction primaire qui représente le conseil.

rentrer dans la famille, et de goûter ce repos serein que donne l'échange des affections. L'enseignement, venant à la suite d'un travail pénible, n'est qu'une fatigue de plus; l'intelligence en profite mal, et n'en profite en tout cas qu'au détriment de la santé. Entrez vers neuf heures du soir dans une école de ce genre, et vous trouverez qu'un cinquième des enfans s'endort, pendant que les autres font effort sur eux-mêmes pour se tenir éveillés. Pour se soumettre à ces tortures quotidiennes, il faut être dévoré de la soif de connaître, ou sentir l'aiguillon pénétrant de la nécessité. Les écoles du soir sont un expédient transitoire, le correctif d'une société relativement ignorante, mais elles ne sont pas absolument un bienfait; si l'instruction primaire se généralise en France, dans trente ans nous n'aurons plus besoin de cet enseignement supplémentaire; aujourd'hui, nous ne pouvons pas nous en passer.

Ces exigences du temps présent, ces lacunes d'un enseignement à peine fondé depuis dix années, voilà ce que le conseil municipal a méconnu. Il a raisonné comme si tous les enfans au-dessous de douze ans recevaient ou pouvaient recevoir à Paris l'instruction primaire, et comme si tous ceux qui ont dépassé cet âge l'avaient vue s'établir à leur portée. Or, il n'y a place dans les écoles communales que pour trente-six mille enfans des deux sexes, depuis six ans jusqu'à quinze, fraction bien minime assurément du million d'habitans qui peuple la métropole. Je n'examine pas dans quelle proportion est le nombre des enfans admis, s'il représente le quart, le tiers ou la moitié des enfans de cet âge dans Paris; mais il est avéré que les instituteurs communaux repoussent chaque année de nombreuses demandes d'admission, soit à cause de l'insuffisance du local, soit faute de personnel; ceci posé, je demande de quel droit le conseil refuserait un asile dans les écoles du soir à tous les petits malheureux qui se sont trouvés exclus par son fait des écoles de jour? N'y aurait-il pas là un véritable déni de justice? Et quelle autorité, après tout, peut se croire assez innocente des désordres qui éclatent dans la société, pour être dispensée de travailler à cicatriser ces plaies?

La crainte, que le conseil municipal paraît avoir conçue, de nuire à l'enseignement de jour en créant un enseignement le soir, est au surplus de tout point chimérique. Les deux systèmes ne s'adressent pas à la même classe d'enfans. Il est bien rare que les élèves de l'instruction primaire fréquentent les écoles de jour passé l'âge de douze ans. A cette époque, ils font leur première communion, entrent dans un atelier, et, bien ou mal instruits, ils cessent d'apprendre. L'âge auquel on quitte l'école du jour est précisément celui auquel on vient se faire inscrire dans les écoles du soir. En fondant ces classes auxiliaires et en les réservant aux enfans de douze à quinze ans, le conseil municipal n'aurait donc recueilli que ceux qui sans cela vont manquer d'instruction; et puisqu'il a jugé l'exception opportune pour le quartier de Chaillot, il ne lui en aurait pas coûté beaucoup plus de l'étendre aux dix quartiers dans l'intérêt desquels M. le préfet de police l'avait sollicitée.

Le conseil municipal n'a pas d'ailleurs à s'enquérir des dispositions qui ont ou n'ont pas été prises pour assurer l'exécution de la loi sur le travail des enfans. Le devoir de faire respecter les restrictions que cette loi établit pèse sur d'autres têtes. Ce qui le concerne, lui, c'est de veiller à ce qu'aucune classe de travailleurs, dans quelque circonstance que le sort les ait placées, et quel que soit l'âge auquel ils appartiennent, ne vienne frapper à la porte des écoles sans être admise à l'instant. Il n'y a pas d'institution dont on ne puisse abuser; mais la possibilité de l'abus est-elle une raison suffisante pour interdire l'usage? Les écoles du soir deviennent indispensables aux enfans de douze à quinze ans, qui travaillent durant le jour dans les fabriques; ne serait-il pas insensé de les condamner à l'ignorance, sous prétexte que l'instruction qu'ils implorent pourrait profiter à des enfans moins âgés qu'eux? Eh! pour Dieu, enseignez toujours, et acceptez des écoliers de toutes mains; le nombre des hommes ayant une éducation quelconque n'est pas tel dans notre société que l'on doive regarder aux titres de ceux qui demandent à prendre leur part de ce bien commun.

Lorsque le travail des enfans dans les manufactures sera réglé sur des bases plus rationnelles, et que les pouvoirs locaux, de concert avec l'état, auront libéralement pourvu aux besoins de l'instruction primaire, ne restera-t-il rien à faire pour donner plus de force à la loi? Dans ce monde de passions et d'intérêts, les principes ne cheminent pas sans assistance; si l'on veut qu'ils soient respectés à toute heure, il faut les appuyer de mesures préventives ainsi que de moyens de répression. Toute grande institution a sa police particulière et ses tribunaux; il en est ainsi de l'administration, de l'université, du clergé lui-même. Pourquoi l'industrie s'affranchirait-elle de la règle générale? pourquoi l'état, quand il entreprend de sauver les enfans de la classe laborieuse des excès du travail et des suites de l'ignorance, craindrait-il d'invoquer, pour la tutelle qu'il exerce, cette énergie d'organisation?

La loi du 22 mars a pour instrument préventif une inspection gratuite, volontaire, et partant inefficace, pour instrument répressif la juridiction ordinaire, juridiction incompétente dans plusieurs cas, lente et coûteuse dans tous. Cette réforme, aujourd'hui purement nominale, ne prendra un aspect sérieux que du jour où l'on aura substitué à l'inspection gratuite l'inspection salariée, et la juridiction des conseils de prud'hommes à celle des juges de paix.

La surveillance des manufactures en Angleterre, en ce qui touche le travail des enfans, avait d'abord été confiée à quatre inspecteurs principaux, lesquels se faisaient assister par quinze surintendans. Chaque inspecteur recevait 1,000 livres sterling par an (25,000 francs), y compris les frais de tournée; les surintendans, pris dans une condition plus humble et n'ayant pas à se déplacer, touchaient 350 livres sterling (près de 9,000 francs). Les inspecteurs n'avaient pas de communications entre eux, et le seul lien qui les rattachât au ministère de l'intérieur (*home office*) était l'obligation d'adresser tous les trois mois, sans préjudice des communications accidentelles, leurs rapports au secrétaire d'état.

Une loi récente a modifié cet état de choses. Le traitement des sous-inspecteurs a été élevé, et l'on a institué, près du ministère de l'intérieur, un bureau central où les inspecteurs doivent se réunir périodiquement, afin de conférer entre eux et avec le ministre et de mettre, par suite de ce concert préalable, plus d'unité dans leur action. Le bureau des inspecteurs, servant de dépôt pour les documens qui concernent les manufactures, ne tardera pas à renfermer les archives de l'industrie. Il y a là un véritable mais timide essai de centralisation, tel qu'il pouvait être dans un pays où chaque localité, comme la couronne elle-même, prétend ne relever que de Dieu et de son droit.

La centralisation n'est pas à créer en France. Il existe au ministère du commerce un bureau des manufactures, auquel on pourrait rattacher, en l'élevant au rang d'une direction générale, toutes les dispositions nécessaires pour l'exécution de la loi; mais l'inspection, devant embrasser, soit que l'on s'arrête aux ateliers qui renfermeront vingt ouvriers, soit que l'on descende jusqu'à ceux qui en contiendront plus de dix, une surface beaucoup plus étendue que le terrain délimité par la loi anglaise, exigerait aussi un personnel plus nombreux.

J'ai déjà indiqué la convenance de combiner les dispositions de la loi qui règle le travail des enfans avec celles de la loi qui organise l'enseignement primaire. Il ne me parait pas moins indispensable de lier à la surveillance des écoles celle des ateliers. C'est une seule question sous deux faces diverses, auxquelles peut et doit suffire le même personnel. La France comptait en 1840, suivant le rapport au roi de M. le ministre de l'instruction publique, 168 inspecteurs ou sous-inspecteurs des écoles primaires. Que l'on double ce nombre, s'il le faut, mais qu'on les charge en même temps d'inspecter cette autre partie de l'éducation du peuple qui est le travail dans les ateliers. L'Université envoie chaque année dans les départemens des inspecteurs généraux qui contrôlent et vérifient les résultats de l'inspection locale; voilà pour le côté de l'enseignement. On prendra les mêmes garanties pour le côté industriel, et le bureau des manufactures déléguera des inspecteurs généraux qui visiteront une ou deux fois par an les fabriques de leur ressort, avec mission de résoudre, chemin faisant, les difficultés que la surveillance locale aurait rencontrées.

Cette combinaison se présente si naturellement à l'esprit, que je ne serais pas étonné de la voir adoptée dans quelque pays voisin et similaire, la Belgique par exemple, avant que l'administration française ait consenti à s'en occuper. Chaque ministère en France tend à s'isoler dans la grande unité du gouvernement; chacun d'eux s'attribue le monopole exclusif des fonctionnaires qu'il emploie. Le ministère de l'instruction publique considérerait comme un malheur d'avoir des points de contact avec le ministère du commerce, et le ministère du commerce se prêterait difficilement peut-être à ce partage d'attributions.

L'opinion publique fera violence, je l'espère, à des scrupules aussi peu fondés en raison. Les préfets correspondent bien avec plusieurs ministres, sans que le principe de la hiérarchie administrative en soit affecté. Les fonctionnaires de l'Université auraient mauvaise grace à se montrer plus difficiles, et ce n'est pas d'eux assurément que la résistance viendrait, car ils savent que la milice universitaire est un clergé civil qui doit, dans toute amélioration sociale, prendre l'initiative et donner l'exemple du dévouement. Ajoutons que le choix ici nous semble forcé. L'assiduité à l'école étant le véritable moyen de contrôler la durée du travail dans les manufactures, il faut bien que l'inspecteur, qui a l'entrée de l'école, ait aussi l'entrée des ateliers.

L'exécution de la loi sur le travail des enfans deviendrait ainsi d'une grande simplicité. Chaque année, les prud'hommes feraient le recensement des ateliers, et tous les mois la liste des enfans employés serait dressée par l'inspecteur, qui recevrait en même temps des instituteurs de l'arrondissement l'état nominatif des écoliers admis à l'enseignement primaire. Le rapprochement de ces listes dirait tout; il ne resterait plus qu'à dresser procès-verbal des contraventions.

C'est dans la répression de ces délits que la juridiction des prud'hommes exercerait une salutaire influence. Les différends auxquels peut donner lieu le travail des manufactures entre les enfans et les ouvriers, entre les parens des enfans et les chefs de fabrique, seraient ainsi aplanis sur l'heure, et ne franchiraient pas, dans la plupart des cas, l'enceinte du *bureau de conciliation*. Si la procédure devait monter jusqu'au *bureau général*, ils y seraient du moins jugés sommairement, sans frais et sans appel. En prenant les querelles à leur origine, on ne laisserait pas aux parties le temps de les envenimer. Faute d'une institution de ce genre, l'industrie parisienne reste et se meut dans l'anarchie. A Lyon, à Rouen, à Lille, à Mulhouse, partout, en un mot, où les conseils de prud'hommes ont été institués, ils ne rendent que la moitié des services qu'ils pourraient rendre, tant qu'on ne les fait pas intervenir dans les mesures de protection que réclame le travail des enfans.

On le voit, la loi du 22 mars n'est pas observée à Paris, et ne peut pas l'être. Pour atteindre le but que le législateur s'est proposé, il ne faudra rien moins qu'une refonte complète de l'institution; mais ce cadre une fois rempli, en supposant qu'il le soit, le gouvernement aura-t-il le droit de se reposer dans la contemplation de son œuvre? N'y a-t-il de travail oppressif et énervant que celui des manufactures? et l'ignorance, ainsi que l'immoralité, sont-elles l'apanage exclusif des enfans admis dans les grands ateliers?

L'industrie parcellaire domine en France; l'industrie agglomérée n'y est encore qu'une exception. On peut considérer comme des privilégiés, malgré la rude corvée qui pèse sur eux, les enfans que la manufacture admet à l'aumône de ses salaires. Une loi qui ne va pas au-delà de cette classe d'ouvriers est donc par cela même très limitée dans ses effets. Le plus grand nombre des enfans, dès que les parens se fatiguent de les nourrir oisifs ou qu'ils veulent tirer parti de leurs services, trouvent un asile dans le grenier du petit fabricant, dans l'échoppe de l'artisan ou dans la boutique du marchand en détail : à quelles conditions y sont-ils reçus? Si le jeune ouvrier des fabriques est une espèce de paria que l'on enrégimente, du moins la discipline à laquelle il se voit soumis n'a rien de particulièrement arbitraire, et c'est quelque chose que d'avoir une règle, si dure qu'elle soit. Ajoutez qu'il n'appartient au manufacturier, qui le paie, que pour un certain nombre d'heures; la journée finie, il reprend une liberté dont ses parens lui abandonnent trop souvent la direction. L'apprenti, au contraire, est livré au maître qui le reçoit, corps et ame; il entre dans cette famille étrangère, non pour y apprendre un métier en donnant par compensation quelques années de son travail, mais pour y remplir les plus humbles, les plus pénibles et les plus dégoûtantes fonctions de la domesticité.

Autrefois l'apprentissage était l'objet d'un contrat : le père de famille déléguait son droit de tutelle, et le maître prenait en retour certains engagemens dans l'intérêt de l'enfant; aujourd'hui cette transaction, dépouillée de son aspect moral, n'a plus que le caractère d'un marché, et pour que rien n'y manque, au lieu de recevoir une prime, le maître paie souvent au père une somme d'argent. C'est le prix de la servitude, prix qui se paie en secret à Paris et ouvertement à Londres; il y a même dans cette ville un *marché aux enfans*, comme ailleurs un marché aux chevaux ou un marché aux porcs.

Sans doute le maître ne traite pas toujours l'apprenti comme un esclave. On pourrait citer des chefs d'atelier qui montrent une sollicitude vraiment paternelle pour les enfans qui leur sont confiés; mais plus généralement ceux-ci sont négligés de toutes les manières : on les exploite, on ne songe pas à les former. Aucune espèce d'éducation ne leur est réservée; ils ne reçoivent ni habitudes religieuses, ni instruction primaire, ni instruction professionnelle; on ne s'occupe ni d'en faire des hommes ni d'en faire des ouvriers. Encore, si les soins physiques les dédommageaient de cette mise en jachère de l'intelligence; mais les apprentis n'obtiennent qu'une nourriture grossière et à peine suffisante : il en est que l'on sature de pommes de terre tout le long de l'année. On les couche dans des soupentes sans air ou dans des greniers à rats, et les vêtemens qu'on leur donne, n'étant jamais appropriés aux saisons, ne les soulagent pas de la chaleur et ne les défendent pas du froid; trop heureux lorsque la brutalité des maîtres n'aggrave pas cette misère par des châtimens quotidiens administrés le plus souvent sans cause et habituellement sans modération!

Pour les enfans employés dans les manufactures, qui sont les élèves externes de l'industrie, le travail, si impitoyable qu'il soit, a des bornes; pour les apprentis, qui sont les élèves internes de l'industrie, le travail ne s'arrête pas même à l'épuisement des forces, et ne connaît ni règle ni frein. A Paris surtout, où la difficulté de vivre irrite l'âpreté du gain, le maître, ne s'épargnant pas, épargne encore moins ses jeunes ouvriers. Il faut être debout dès cinq heures du matin, et prolonger la veillée bien avant dans la nuit. On va jusqu'à ce qu'il n'y ait plus de sang dans les veines, et que la nature vaincue ne se sente plus vivre; si elle succombait avant l'heure, on la ranime à force de coups. Tout enfant du peuple a ainsi les galères en perspective, depuis l'âge de neuf ans jusqu'à l'âge de seize ou dix-huit.

Le principal siége de ces tortures, l'enfer de Paris, est l'énorme bloc de rues étroites et de hautes maisons compris, d'une part, entre la ligne tracée par les rues Montmartre et de la Monnaie, et la ligne marquée par la rue du Temple; de l'autre, par le boulevard et par les quais. Il y a là une multitude de fabricans en chambre, et chez eux plus de vingt mille apprentis. Si l'on veut connaître à quel point ces malheureux enfans semblent abandonnés de Dieu et des hommes, que l'on se reporte aux souvenirs du procès Granger.

Vers la fin de septembre 1839, la clameur publique obligeait l'autorité judiciaire à pénétrer dans un atelier de bijouterie, situé rue des Rosiers. Le juge d'instruction y trouva trente-sept apprentis réduits à l'état le plus déplorable, et il constata des sévices que l'on croirait à peine possibles de nos jours. Le fabricant allait recruter ces enfans dans les hospices et dans les campagnes, afin de posséder sur eux un pouvoir plus absolu. Dès leur entrée dans l'atelier, ceux-ci n'avaient plus de communication avec le monde extérieur. A six heures du matin, la journée de travail commençait pour eux, et durait jusqu'à onze heures du soir, sans autre repos que deux intervalles d'une demi-heure chacun, pour le déjeuner d'abord, et ensuite pour le dîner. La chambre commune où les apprentis prenaient leurs courtes heures de sommeil était un grenier ouvert à la pluie en hiver, et au soleil en été; ils y couchaient sur de la paille humide, qu'un long usage et le défaut de propreté avaient peu à peu convertie en fumier. Le pain qu'on leur donnait pour réparer leurs forces était mêlé de nénuphar; on y ajoutait des légumes cuits à l'eau, que leur estomac délabré se refusait quelquefois à digérer, mais auxquels la faim et les coups les forçaient de revenir. Si quelqu'un d'entre eux se ralentissait dans l'exécution de sa tâche accablante, la mégère du lieu le frappait jusqu'au sang. Par un raffinement inouï de cruauté, ses petits camarades devenaient souvent les instrumens du supplice. Tel apprenti avait reçu jusqu'à cent trente coups de nerf de bœuf ou de bâton en un jour; tel autre avait été plongé dans un baquet d'eau froide; tel autre, attaché, pendant toute la nuit, à un poteau dans une cave humide; tel autre, marqué avec un fer rouge comme un pourceau; tel autre, contraint, il faut bien le dire, d'avaler ses excrémens. Pour cicatriser les plaies de ces malheureux, le bourreau domestique employait le sel et le vinaigre; pour les consoler de leur esclavage, il les envoyait, le dimanche, à la barrière apprendre le monde avec les ivrognes et avec les filous. Après les mauvais traitemens venait la dégradation; le système était complet.

Certes le régime de tous les petits ateliers ne ressemble pas à cette horrible histoire; mais on peut la considérer comme un type, quoique dans l'excès. Le trait le plus général de l'industrie parcellaire, c'est l'oppression des apprentis. Cet état de choses se prouverait au besoin par le nombre des plaintes sur lesquelles les juges de paix de la capitale sont chaque jour appelés à prononcer; mais il se révèle bien plutôt par les égaremens dans lesquels tombe la jeunesse à Paris. Les enfans du peuple, maltraités de tant de manières, prennent en dégoût l'atelier et le travail. Le vagabondage, avec sa liberté qui console de sa misère, devient pour eux une séduction irrésistible. Ceux qui ne meurent pas à la peine et qui sont las de souffrir vont battre le pavé; le jour, ils se groupent autour des marchés et des théâtres; la nuit, ils dorment dans la baraque de quelque étalagiste, dans les carrières ou sous l'arche d'un pont. En fin de compte, c'est la prison qui les reçoit, et voilà comment le département de la Seine compte à lui seul près de six cents jeunes détenus.

La responsabilité du législateur est intéressée à faire cesser de pareils désordres. On a voulu limiter le travail et assurer l'instruction des jeunes ouvriers dans les manufactures; la même sollicitude doit se porter sur les enfans employés dans les petits ateliers et chez les artisans. Une loi qui détermine les conditions générales de l'apprentissage est peut-être le besoin le plus impérieux de l'industrie. Ces conditions restent encore en blanc dans nos codes; la loi du 22 germinal an XI, la seule qui s'en occupe, se borne à déclarer que le contrat peut être résolu soit par les mauvais traitemens du maître, soit par le refus de travail de la part de l'ouvrier; elle laisse au père ou au tuteur de l'enfant le soin de stipuler ses intérêts, même ceux qu'aucun gouvernement civilisé n'abandonne au libre arbitre des individus; je veux parler de la morale et de l'enseignement.

Il serait difficile de préciser dans une loi tous les devoirs de l'apprenti à l'égard du maître et ceux du maître à l'égard de l'apprenti. Heureusement cela n'est pas nécessaire. Il suffit de déclarer à quelles conditions le père de famille pourra désormais déléguer à un étranger l'autorité qu'il exerce de droit naturel sur ses enfans. La loi sur l'instruction primaire prend ces garanties pour les parens en faisant passer l'instituteur par certaines épreuves et en lui donnant un caractère public. La loi d'apprentissage atteindra le même but, en ordonnant que tout engagement de ce genre soit libellé par écrit, et que les clauses du contrat soient soumises à l'approbation du juge de paix. L'intervention de ce magistrat aura pour objet de s'assurer que la maître présente les garanties désirables, et qu'il adopte l'enfant au lieu de l'acheter comme une marchandise. De cette manière, le contrat d'apprentissage sera une véritable transmission de tutelle, consacrée par la présence du juge et revêtue du sceau de la loi. Il faudra exiger en outre que tout apprenti, pendant la durée de l'apprentissage, fréquente une école publique au moins deux heures par jour. A Lille, une classe spéciale est ouverte aux apprentis de midi à deux heures; le même usage s'étendrait sans difficulté à toutes les villes industrieuses, et l'assiduité à l'école deviendrait ainsi, dans les petits ateliers comme dans les manufactures, le correctif le plus sûr du travail.

M. le préfet de police a ordonné un recensement général des ateliers de toute nature dans Paris, en vue d'une loi sur l'apprentissage et pour en fournir les élémens. La même mesure, appliquée à la France entière, préparerait d'excellentes bases de discussion. Il n'y a pas de temps à perdre. Nous n'avons que trop négligé l'éducation publique, ce devoir qui est le premier de toute société. Nous avons combattu, par les armes et par la pensée, pour affranchir les hommes; mais qu'avons-nous fait pour les enfans? L'instruction primaire, abandonnée à ses propres forces sous l'empire, à demi proscrite sous la restauration, n'est dotée aux frais de l'état et des pouvoirs locaux que depuis la révolution de juillet. Encore la dotation a-t-elle été mesurée avec tant de parcimonie, que l'enseignement du peuple, qui devrait attirer les hommes capables, demeure le lot et le pis-aller de ceux qui n'ont pu trouver accès à un poste plus lucratif. Quant à l'enseignement professionnel, les enfans qui sont réduits à l'acheter par leurs services ne l'obtiennent qu'au prix de leur santé et de leur moralité. Nous formons des sociétés pour travailler à l'abolition de l'esclavage dans nos colonies, et nous oublions, dans nos efforts, ces malheureux serfs de la famille, ces enfans du pauvre, condamnés, presque dès leur naissance, à une existence qui étouffe en eux le germe de la vigueur physique et du bien moral! Comment s'étonner, après cela, de ce que le crime et la misère débordent? et à quoi nous servent les progrès combinés de la richesse et des lumières, tant que la moitié d'une population comme celle de Paris aboutit à la prison ou à l'hôpital?

LÉON FAUCHER.

CHARLES GOZZI.

Lorsqu'un poëte aimé de son vivant tombe après sa mort dans un oubli profond, il est rare que cet oubli soit injuste. On a d'ailleurs tant de plaisir à redresser les torts du public, qu'il se trouve toujours des critiques disposés à s'en charger; on pousse même souvent le zèle jusqu'à vouloir réhabiliter de vieux noms sur lesquels l'oubli s'était légitimement assis, et que la poussière ne tarde pas à recouvrir en dépit des efforts qu'on a faits pour la secouer. Charles Gozzi a le malheur de figurer parmi ces flambeaux éteints, et c'est assurément une fâcheuse présomption contre son mérite; cependant tout homme éclairé qui jettera les yeux sur une page de cet écrivain original, le reconnaîtra pour un des esprits les plus distingués de l'Italie, et même pour l'une des sources inconnues où la littérature actuelle a puisé tout un monde d'idées. Il suffira de dire, pour justifier cette opinion, que Hoffmann, à qui nous avons tant emprunté, devait à l'étude de Gozzi une partie de son talent. Lorsqu'on a cru que Charles Nodier s'inspirait de Hoffmann, c'était dans Gozzi qu'il prenait son bien, car Nodier savait trop où se cachaient les bonnes sources pour s'arrêter aux ruisseaux qui en sortaient. N'est-il pas curieux de voir aujourd'hui les Italiens nous emprunter souvent les mêmes choses que nous tenons des Allemands, et que ceux-ci avaient dérobées aux Italiens, il y a moins de cent ans; ne pas reconnaître leur propriété à cause des changemens opérés par le travail d'assimilation, et revenir ainsi à eux-mêmes après trois métamorphoses successives? Le genre fantastique, parti de Venise en 1750, avec le train d'un fils de bonne famille, y rentrera quelque jour en haillons, comme l'enfant prodigue, et si défiguré que ses compatriotes ne le reconnaîtront plus. Gozzi est mort au moment où Venise s'éteignait; il n'est pas étonnant que dans le naufrage d'une république un poète se trouve submergé. Entraîné par les circonstances à faire de la satire, Gozzi s'est jeté ensuite dans la fantaisie avec encore plus de succès; il faut bien que la littérature française rende au Vénitien ce qu'elle lui doit, en l'avouant au moins pour un de ses créanciers.

Il y a peu de satires mauvaises et qui manquent leur but, soit parce que les vices, les ridicules et le mauvais goût donnent toujours beau jeu à qui veut les attaquer, soit parce qu'on n'écrit guère une satire que dans un moment de colère et de passion. Gilbert n'était qu'un déclamateur ennuyeux dans ses odes; un jour, il jette un regard d'envie et d'amertume sur le siècle des madrigaux, des petits soupers et de la philosophie, et aussitôt il trouve en lui une veine poétique qui ne se serait jamais ouverte sans le dépit et la misère. Régnier, malade, querelleur et chagrin, fit asseoir la poésie sur les bancs des cabarets, mais elle ne lui fut jamais si docile que lorsqu'il s'irrita contre lui-même et contre les tristes lieux où il avait usé sa santé. De toutes les formes que peut prendre la satire, la plus énergique et la plus agréable est assurément la comédie. Aristophane, bravant Cléon en plein théâtre, et jouant lui-même le rôle du Paphlagonien, qu'aucun acteur n'ose accepter, devient une puissance capable de faire trembler le chef de la république; il fallait toute la liberté d'Athènes pour qu'un tel spectacle fût permis, et que l'auteur mourût dans son lit. Molière, avec l'appui de Louis XIV, se retrouve dans les heureuses conditions d'Aristophane; la cour, les faux dévots, les médecins et les précieuses s'en sont aperçus. Certes, il y a loin d'Aristophane et de Molière au Vénitien Gozzi; mais la liste des comiques satiristes est tellement bornée, que le nom de Gozzi arrive bientôt après ces deux grands noms, ce qui prouve que la comédie n'a pas eu souvent son franc-parler. Avec son esprit ironique, ses locutions vigoureuses, cet emporte-pièce que la nature lui avait mis au bout de la langue, son cœur naïf et bon, son caractère taciturne, signe distinctif du génie comique, Gozzi n'eût pas demandé mieux que de jouer sur le théâtre de San-Samuel les doges, le conseil des dix, l'inquisition politique, et tous les traficans orgueilleux du livre d'or; une petite difficulté l'a retenu, c'est qu'au premier mot un peu hasardé, on l'eût étranglé à soixante pieds au-dessous du sol, ou donné en pâture aux *zanzares* des plombs du palais ducal. On ne lui abandonnait que deux ennemis, le mauvais goût de la littérature et le débordement des mœurs. Il abattit le premier; quant au second, c'était un mal chronique dont Venise ne pouvait plus guérir.

On ne doit pas s'étonner si le portrait du comte Gozzi n'est pas flatté, puisqu'il a été tracé par ses ennemis dans les prologues de leurs comédies : « Voyez-vous là-bas un homme qui se chauffe au soleil sur la place de Saint-Moïse? Il est grand, maigre, pâle, et un peu voûté. Il marche lentement, les mains derrière le dos, en comptant les dalles d'un air sombre. Partout on babille à Venise, lui seul ne dit rien; c'est un signor comte encore plus triste du plaisir des autres que de ses procès. Oh! que cela est généreux de languir parce que nous savons divertir la foule qui honore tous les soirs notre théâtre! » — « Oui, répondit Gozzi, je me promène dans les coins solitaires. Je ne cours pas, comme vous autres, dans tous les cafés de la place Saint-Marc pour mendier des applaudissemens et démontrer aux garçons limonadiers l'excellence de mes systèmes. Il faut bien aller au spectacle le soir, et comme vous avez empoisonné la scène de vos drames larmoyans, il est vrai que je languis, car vous donnez de l'ennui aux colonnes même du théâtre... »

Au ton qui règne dans l'attaque et la riposte, on voit que les poètes vénitiens se disaient assez crûment leurs vérités. Aujourd'hui que la guerre est finie et oubliée, il nous importe peu que les lois de la politesse n'aient pas été observées; cette façon hardie et personnelle de s'exprimer en présence d'un public intelligent, comme l'était celui de Venise au milieu du siècle dernier, a précisément quelque chose d'antique et d'aristophanien. Les allusions en sont plus faciles à saisir, le commentaire plus simple et moins arbitraire, ce qui dispense heureusement le biographe et le critique de faire effort d'imagination.

La famille de Gozzi était noble et originaire du Frioul. Il y a eu des Gozzi à Pordenone, à Udine, à Padoue, et même en Dalmatie. Si on voulait absolument expliquer pourquoi cet écrivain avait dans la plaisanterie une tournure d'esprit gauloise, avec l'*humour* du Nord dans les momens d'émotion et une imagination tout-à-fait orientale, on pourrait dire que ces qualités opposées lui venaient du sang dalmate souvent mêlé à celui des croisés de tous pays qui allaient en Palestine. On ferait ainsi au génie de Gozzi une généalogie hétérogène, où Dervis Moclès se trouverait allié à Rabelais et à Shakspeare, mais on risquerait de tomber dans des aperçus plus ingénieux que vrais, et comme la vérité mérite quelques égards, je laisse les parallèles à d'autres plus hardis ou plus exercés. Jacques Antoine, père de Charles Gozzi, homme instruit, d'un caractère bizarre, menait à Venise le train d'un grand seigneur. Il fit construire dans son palais une salle de spectacle où il donna des représentations qui lui coûtèrent beaucoup d'argent. Ses onze enfans montaient sur ce théâtre et composaient de petites pièces auxquelles on les reconnut pour de jeunes prodiges. Ce père prodigue dissipa ainsi somptueusement son bien et celui de sa femme, Angela Tiepolo, dernier rejeton de cette noble race qui donna tant de sénateurs et de doges distingués à la république. Jacques-Antoine eut bientôt des affaires embarrassées; il ne conserva de son ancienne fortune que de faibles débris encore disputés par les créanciers. Toute la famille avait réuni ses ressources pour vivre en commun. Les demoiselles Gozzi étaient aimables, gaies et bien élevées, les garçons savans et spirituels. Malgré la pauvreté, on passait le temps dans une intimité pleine de charmes.

En voyant ses camarades du lycée, qui avaient appris comme lui la grammaire et la rhétorique, « devenir les uns ivrognes, les autres marchands de châtaignes, » Gozzi admira les bons fruits de l'éducation. L'exemple de son studieux frère aîné Gaspard l'empêcha d'imiter les paresseux du collège. Il se prit de passion pour l'étude de la langue toscane, et il eut toujours du mépris pour les grands personnages qui faisaient des fautes d'orthographe. Gaspard, beaucoup plus puriste que son frère, devint un des critiques les plus judicieux de l'Italie. Comme chef de la famille, il aurait dû s'occuper des intérêts de la communauté; mais il s'enferma dans son cabinet de travail sans vouloir entendre parler d'affaires, et un mariage d'inclination l'obligea bientôt à se séparer de ses frères et sœurs. Le second des garçons, François Gozzi, se chargea des procès et de l'administration des biens. Charles entra dans une école militaire, d'où il passa dans un régiment qui partait pour Zara. Pendant ses heures de loisir, Gozzi perfectionna encore ses études, car celles du lycée sont toujours incomplètes; quant à ce que lui avait enseigné son premier précepteur, jeune prêtre mauvais sujet qui faisait la cour aux femmes de chambre de sa mère, il ne le portait pas en ligne de compte.

A Zara, Gozzi trouva de bons compagnons de régiment, piliers de mauvais lieux, et qui lui firent comprendre combien il était honteux pour un militaire de vivre sagement. Il avoua ses torts, mais il y persista tant qu'il put. Venise n'avait alors que des troupes mercenaires. Les régimens étaient composés de soldats morlaques, illyriens et dalmates, gens féroces et indisciplinés dont on ne pouvait tirer que des révoltes ouvertes ou des coups de poignard. Les officiers jouaient la comédie entre eux. Charles Gozzi, âgé de dix-sept ans, sans barbe et d'une mine un peu efféminée, prit les rôles de *Colombine* et de *Lucie*. Il eut un succès d'improvisation si grand, que le provéditeur l'exempta d'une partie de son service pour lui laisser le loisir d'organiser les représentations. Une petite aventure lui fit à la fois une réputation d'homme d'esprit et de militaire courageux.

La ville de Zara est partagée en deux par une rue large où viennent aboutir des ruelles étroites. Une de ces ruelles était le chemin le plus court pour aller du quartier de cavalerie aux fortifications. Un soir, des officiers qui voulaient prendre ce chemin trouvèrent au coin de la rue un grand homme masqué, enveloppé d'un manteau, qui leur présenta une espingole à bout portant et leur cria d'une voix de stentor : On ne passe pas! Les officiers tournèrent bravement les talons et se résignèrent à prendre le chemin le plus long. Dans la ruelle demeurait une courtisane appelée Tonina, fille d'une beauté extraordinaire. On allait chez elle pour charmer les ennuis de la garnison. L'homme à l'espingole était un Dalmate amoureux de cette courtisane et qui avait imaginé ce moyen d'écarter la concurrence. Ces allures de jaloux Dalmate réussissaient parfaitement avec les Vénitiens. La ruelle était déserte le soir, personne ne se souciant de vérifier si l'espingole était chargée. Le sage et pudibond Gozzi déclara publiquement dans un café que l'honneur du régiment ne permettait pas de supporter cette tyrannie, et que, pour lui, il était résolu à se présenter le soir même chez la Tonina, armé de ses pistolets. Plusieurs officiers, soit par bravoure ou par respect humain, promirent de l'accompagner, et une ligue de six personnes se forma contre l'homme à l'espingole. Après la conférence du café, Gozzi se sentit frapper doucement sur l'épaule. Un grand gaillard qui avait écouté la conversation le salua poliment :

— Signor comte, lui dit l'inconnu, c'est moi qui suis l'homme à l'espingole; vous êtes un brave gentilhomme; renoncez à votre projet, car, au lieu d'un, nous serons six au coin de la rue, et nous massacrerons tout ce qui passera.

— Quand vous seriez vingt, répondit Gozzi, j'irai chez la Tonina ce soir; nous verrons qui restera maitre du terrain.

Le jeune Vénitien tourna le dos au Dalmate colossal et s'en alla préparer ses armes. Le soir arrivé, on ne trouva personne au coin de la rue. Les officiers soupèrent avec la courtisane, et Gozzi, n'ayant plus de coups de pistolet à tirer, s'en retourna sagement chez lui.

Peu de temps après, à l'occasion du dimanche gras, la garnison de Zara donna un spectacle public et un souper à toutes les jolies femmes de la ville. Les officiers jouaient une pièce dans laquelle Charles Gozzi remplissait le rôle de *Lucie*, femme délurée du vieil avare Pantalon. A la fin d'un monologue, Gozzi avait répété plusieurs fois la réplique convenue d'avance, sans que le Pantalon fît son entrée; obligé d'improviser, en attendant que l'acteur parût, il regarde dans la salle et aperçoit la célèbre Tonina parmi les spectateurs. Afin de tirer la scène en longueur, dona Lucia prend dans ses bras sa petite fille au maillot, lui donne à téter et lui adresse une leçon maternelle, en l'appelant Tonina : « *Poveretta Tonina*, dit la mère Pantalone, plutôt que de te voir un jour faire le métier de coureuse d'aventures, guigner les cavaliers à travers tes persiennes, et te couvrir de dentelles et de bijoux si mal gagnés, j'aimerais mieux que le ciel coupât tout de suite le fil si menu de tes jours enfantins; j'aimerais mieux que tu fusses laide comme le diable et noire comme une poêle à frire, plutôt que de briller comme tant d'autres *Tonine* resplendissantes de graces perfides et de beautés funestes. Mais si tu devais, contre tous mes désirs, devenir une Tonina comme j'en connais, au moins ne va pas prendre pour amoureux des Lestrigons sauvages qui tirent sur les passans à coups d'espingole. » A cette botte inattendue, la véritable Tonina se lève et sort de sa loge, au milieu des applaudissemens frénétiques du parterre. Après le spectacle, Gozzi court chercher la courtisane et l'amène au bal par la main; il la fait danser, s'assied auprès d'elle au souper.

— Quel dommage! lui dit Tonina en tournant vers lui avec tendresse ses yeux magnifiques; quel dommage qu'un gentilhomme aussi aimable soit mon ennemi!

A la fin du souper, les têtes s'échauffent, et le jeune officier sent que ces yeux redoutables vont l'enflammer; mais il comprend le danger et connaît trop la vengeance vénitienne pour s'exposer à la vengeance dalmate. Je croirais volontiers que Tonina n'était pas aussi méchante que Gozzi le supposait, car, malgré les espingoles et les poignards dont elle disposait, elle n'envoya point ses Lestrigons à celui qui l'avait attaquée publiquement.

On ne connaît pas bien un poète si on n'a pas quelque idée de ses amours. Gozzi a fort heureusement écrit lui-même l'histoire de ses *Trois Amours principales*. Les deux premières, qui eurent Zara pour théâtre, ne sont que des aventures; la troisième est un petit roman dont la scène est à Venise. On a tant fait de romans vénitiens qu'il est bon

43.

d'avoir un récit véritable à leur comparer. Avant de dire comment Gozzi devint poète comique, ouvrons un peu les *Trois Amours principales* de l'auteur. Il n'y a qu'à traduire, et ces histoires montrent clairement où en étaient les mœurs à Venise et à Zara dans le XVIIIᵉ siècle.

Pendant ses fraîches années, Gozzi avait auprès des femmes une retenue extrême, mais sans timidité, puisqu'elles ne l'effrayaient pas et qu'il recherchait leur compagnie. Ce qui lui nuisait le plus était l'habitude de *métaphysiquer*, dont apparemment le beau sexe dalmate ne s'accommodait pas, et qui le fit souvent passer pour un niais. A Zara, il fallait qu'un officier allât vite en besogne, et Gozzi perdait son temps dans les phrases et les sentimens délicats. En face de lui habitaient trois sœurs orphelines, pauvres comme Job et belles comme des astres. L'aînée était malade, la plus petite faisait le ménage, et la cadette lançait des œillades incendiaires au jeune voisin, qui fermait sa fenêtre avec une cruauté dont Joseph et Scipion-l'Africain l'auraient beaucoup loué. La jeune fille lui fait remettre un œillet par sa blanchisseuse; il renvoie l'œillet. Enfin, après plusieurs traits semblables de barbarie, Gozzi est appelé chez une respectable dame, épouse d'un notaire et patronne de *casa* d'un officier supérieur. Cette vieille et honnête dame gronde sévèrement le signor comte : il est fort mal à lui de repousser les avances d'une jeune fille qui lui veut du bien; c'est une rusticité indigne d'un gentilhomme. Pendant le sermon, l'officier supérieur répète dix fois : « Ah! que ne suis-je à votre place; que n'ai-je votre figure et vos dix-sept ans! » Là-dessus la bonne dame ouvre une porte, et amène par la main la jolie voisine, le visage empourpré, le sein palpitant, les mains tremblantes et les yeux baissés. On cause avec un malaise insupportable.

— Allons, dit la femme du notaire, donnez votre bras à cette charmante fille, *seigneur sauvage*, et reconduisez-la chez elle.

Gozzi offre son bras à la voisine, et ces enfans, qui n'ont pas trente-quatre ans à eux deux, se promènent ensemble pendant trois heures. La jeune fille avoue naïvement qu'elle s'est prise d'une passion violente pour Gozzi, en le voyant jouer au ballon avec ses camarades

— A la bonne heure! s'écrie le poète en riant, voilà du moins une passion fondée sur la juste connaissance des qualités de mon esprit et de mon cœur.

La belle Dalmate fond en larmes à cette réponse cruelle. Gozzi cherche à la consoler, et lui donne avec douceur des leçons de morale que la pauvre fille écoute avec une complaisance amoureuse, mais dont les mœurs perdues de ce siècle et les mauvais exemples qu'elle a sous les yeux ne lui permettent pas de profiter. Après d'autres promenades du même genre, le philosophe de dix-sept ans finit par sentir le feu qui dévore la voisine gagner son cœur. Il s'en va errer tout seul sur les remparts de la ville, partagé entre les scrupules et l'amour qui devient tous les jours plus fort. Au moment où il prend avec courage la résolution de rompre cette liaison, la jeune Dalmate lui demande la permission de visiter son appartement de garçon, et, une fois entrée, elle n'en sort plus que le lendemain. L'imagination de Gozzi prête aussitôt à sa maîtresse des vertus et des mérites que l'œil du philosophe n'avait pas vus. Un beau jour, notre poète est obligé de se rendre, pour une opération de recrutement, en Illyrie. Il s'embarque fort navré de la séparation, mais plein de confiance dans les sermens solennels de fidélité que lui prodigue son amie. Au bout de quarante jours, il revient; on lui raconte alors que sa belle reçoit en cachette des visites du secrétaire du provéditeur. Il rentre chez lui furieux, et s'enferme dans sa maison. La jeune Dalmate veut qu'on s'explique; elle force la consigne, et pénètre jusqu'à son amant.

— Malheureuse! lui dit Gozzi au désespoir, vous n'êtes plus digne de ma tendresse! Que venez-vous faire ici, puisque vous recevez le signor secrétaire du provéditeur?

— *Ahimè!* répond la Dalmate avec volubilité. Ce diable d'homme m'a ensorcelée; il a gagné mes sœurs en leur donnant deux boisseaux de farine. Tout le monde conspirait contre moi. Ah! maudites sœurs! maudite indigence! maudite farine!

La pauvre fille pleurait à chaudes larmes. Gozzi tira de sa poche une bourse remplie de sequins qu'il jeta dans le giron de son infidèle, et il se sauva dans les rues, pleurant aussi de tout son cœur et répétant : « Maudites sœurs! maudite indigence! maudite farine! » Ainsi finirent ses premières amours, dont on retrouve une réminiscence dans sa pièce de *Zobeïde*.

La seconde aventure, moins édifiante que la première, ressemble tout-à-fait à un conte de Boccace. Charles Gozzi était lié d'une étroite amitié avec un jeune officier appelé Massimo. Afin de voir plus souvent son ami, il va demeurer avec lui chez un négociant, auquel il paie pension pour le logement et la table. Ce négociant, n'ayant pas d'enfans, avait adopté une pauvre fillette, blonde, frêle, et d'une figure pudique, comme un ange de lumière; elle n'avait que treize ans, mais treize ans de Zara en valent seize de Venise et vingt de France. Le bonhomme paraissait aimer tendrement sa *fille d'ame*. Gozzi s'intéressait à la belle *fanciulla*; il admirait sa douceur, et lui

donnait des conseils paternels qu'elle écoutait en baissant modestement les yeux. Un soir qu'il jouait le rôle de *Lucie* chez le provéditeur, Gozzi se faisait coiffer par la jeune fille. Elle badinait et riait de
son accoutrement de femme : tout à coup elle le saisit par les cheveux,
et lui applique de gros baisers sur les joues. Le philosophe la gronde
doucement de cette liberté qu'il attribue à l'excès d'innocence; mais
la petite, pour-qui la métaphysique et la morale sont de l'hébreu, lui
fait sur le prétendu père adoptif des révélations que Boccace eût
trouvées comiques, et qui sont fort tristes dans la réalité.

Malgré le chagrin que lui inspire cette découverte, le sage Gozzi
est si bien battu en brèche par ce follet nocturne, qu'il n'a pas le
courage de lui résister. Cependant le *père d'ame*, qui était fort jaloux,
se défiait d'un étudiant dont la mansarde avait une fenêtre sur les
gouttières de la maison voisine. Une lucarne de l'escalier pouvait
donner passage à un amoureux, pour peu qu'il eût des intelligences
dans la citadelle. Le vieux Bartholo imagine d'attacher une grosse
bûche à la lucarne, en manière de trébuchet. Au milieu d'une nuit,
la bûche roule dans l'escalier avec fracas; le père accourt en chemise,
tenant un flambeau d'une main, une épée de l'autre; Gozzi et le seigneur Massimo paraissent dans le même costume, et on trouve la
jeune fille et l'étudiant tremblans et stupéfaits. Le négociant, changé
en Roland furieux, voulait tuer la coupable; elle tombe à genoux devant l'épée menaçante, et fait une confession générale aussi belle que
celle du Scapin de Molière : elle avoue que, depuis long-temps, elle
ouvrait la lucarne pour le voisin; que, de plus, elle recevait des visites
de plusieurs autres *signori* dans le vestibule de la maison, et qu'elle
donnait ainsi l'hospitalité à une demi-douzaine de garçons, de peur
que l'air de la rue ne les enrhumât; mais elle ajoute qu'elle en est
bien honteuse et qu'elle ne le fera plus, et on lui pardonne.

Cette aventure avait laissé dans l'ame de Gozzi une impression pénible. Les trois années de son service à Zara expiraient dans trois
jours, et il était libre ou de servir encore ou de retourner à Venise. Il
prit ce dernier parti, afin d'échapper au souvenir fâcheux de ses relations avec la Messaline de treize ans. Arrivé à Venise, Gozzi court tout
palpitant à la maison paternelle. C'était un grand palais situé dans la
rue San-Cassiano, d'un extérieur magnifique, avec un escalier de
marbre blanc. Le palais est désert, et dans un état de délabrement affreux. Les vitres brisées donnent accès à tous les vents de la boussole;
des lambeaux de tapisserie pendent aux murailles; pas un meuble qui
ne soit rompu ou déchiré. Deux portraits, peints par Titien, semblent

regarder ce désastre avec des yeux courroucés. En fouillant dans ses vieux papiers, Gozzi retrouve une quittance d'imposition de quatre cents ducats, payés à l'état par son grand-père, ce qui annonce un revenu de plus de soixante mille livres de France. Le concierge du palais lui apprend que toute la famille est à Udine, dans une petite maison de campagne, où l'on tâche de faire quelques économies. Les créanciers ont été impitoyables; les procès ont mal tourné; ceux qui sont encore en suspens ne promettent rien de bon. Les mariages des deux sœurs aînées, que l'on croyait avantageux, n'ont pas tenu ce qu'on en espérait.

— Allons, s'écrie le poète avec courage, le travail seul ne trompe pas, comme la fortune et les procès. Dans ma tête est le patrimoine qui soutiendra frères, sœurs et neveux.

Gozzi choisit sous le toit du palais une petite chambre, où il met des livres et quelques meubles moins ruinés que les autres. Il s'installe avec plaisir dans ce cabinet d'étude et se prépare à écrire. Une voix fraîche, qui chante une chanson mélancolique, vient le distraire; il ouvre sa fenêtre et aperçoit en face de lui une jolie femme de dix-huit ans, bien parée, coiffée avec soin, et qui travaille à sa broderie. La rue est si étroite et l'on se voit de si près, qu'il serait malhonnête de ne point se saluer.

— Pourquoi donc, dit Gozzi, chantez-vous toujours des airs lugubres et languissans?

— C'est qu'il est dans mon tempérament d'être toujours triste, répond la dame.

— Mais cette tristesse ne s'accorde pas avec votre âge.

— Si j'étais un homme, dit la voisine avec un sourire angélique, je saurais quelles sont les sensations et les idées des hommes; et comme vous n'êtes pas femme, vous ne savez pas quelles impressions les choses de ce monde produisent sur l'esprit d'une femme.

Ce n'est pas une Dalmate qui aurait répondu ainsi. Gozzi, ayant trouvé pour la première fois une personne capable de le comprendre, entame des dialogues interminables, et s'abreuve des poisons anodins de l'amour platonique. Après un grand mois de conversations par la fenêtre, il voit un jour la jeune voisine se troubler en le regardant.

— D'où vient, lui dit-elle, que vous ne me parlez pas de ma lettre et de mon portrait?

— Je n'ai reçu ni lettre ni portrait.

— Grand Dieu! s'écrie la dame, quel est ce mystère?

Au bout d'un moment, elle jette dans la chambre de Gozzi un billet où il trouve ces mots : « Soyez à vingt-une heures au pont Storto; vous verrez une gondole fermée, avec un mouchoir blanc sur le bord de la fenêtre; entrez dans cette gondole, j'y serai. » Gozzi arrive au rendez-vous et se glisse dans la gondole. On baisse les stores et la couverture; le barcarole, habitué à mener des couples amoureux, s'enfonce dans les canaux sinueux de Venise.

— Voilà ce qui s'est passé, dit la dame avec un air agité : dans ma maison habite un pauvre homme à qui mon mari donne par charité un petit logement. Cet homme m'a remis une lettre signée de votre nom, une lettre charmante et flatteuse. Vous me demandiez mon portrait, et comme j'en avais un dans mon tiroir, je vous l'ai envoyé. Que sont devenus ce portrait et ma réponse? Mais d'abord lisez ce que vous m'avez écrit.

La dame tire de son sein un billet d'une écriture inconnue; Gozzi devient rouge de honte en lisant un pathos ridicule d'adulations outrées, d'hyperboles grossières, le tout assaisonné de citations de Métastase.

— Est-il possible, dit le poëte humilié, que vous m'ayez cru l'auteur d'un galimatias aussi absurde?

La belle rougit à son tour, puis elle se met à rire, en convenant de bonne foi de l'aveuglement de sa vanité. On cause ensuite fort longuement des moyens de se tirer de ce mauvais pas, et on se sépare en prenant jour et heure pour se revoir dans la gondole au mouchoir blanc, près du pont Storto. L'affreux mystère s'éclaircit tout de suite. L'hôte logé par charité est un coquin qui a inventé cette ruse pour voler le portrait orné de perles. Il commet un autre vol dans la maison, et le mari le chasse. Rien n'empêche plus le couple platonicien de reprendre la dernière conférence interrompue; mais on s'est habitué à aller au pont Storto et à circuler ensemble en gondole, sans préjudice des entrevues par la fenêtre. Ce manége dure pendant six mois. On se tutoie, on se dit qu'on s'aime, et on demeure volontairement, de part et d'autre, dans les régions les plus éthérées du sentiment, exemple rare et peut-être unique sous le ciel de Venise. Cependant un jour on va à Murano faire une collation sous la treille dans une *locanda;* on est au mois d'avril, et la dame est vêtue de rose. Lorsqu'on rentre sur la brune, Platon s'en retourne à Athènes chercher d'autres amans plus philosophes. Gozzi aimait tendrement sa belle voisine; mais le sort rompit le fil de sa passion à l'improviste et par un incident comique dont le plus fin romancier ne s'aviserait pas. Un jour, Gozzi est embrassé par un de ses camarades de Zara;

l'ami jette un coup d'œil sur le cabinet de travail, les livres, les papiers épars, les portraits de famille du Titien, puis il arrive à la fenêtre et aperçoit la voisine penchée sur sa broderie. Cette découverte lui fait comprendre la patience de son ami et son goût pour une solitude si agréablement ¡partagée. Gozzi oppose à la plaisanterie un air très sérieux. Il avoue le plaisir qu'il trouve à causer de temps en temps avec une femme spirituelle; mais il repousse avec indignation les commentaires et conjectures de son camarade.

— Eh bien! lui dit l'officier, ne te fâche pas. Puisque la voisine est aussi sage que belle, et que tu es trop vertueux pour lui faire la cour, je vais essayer, avec ta permission, de lui dire deux mots de galanterie.

Là-dessus, le militaire se met à la fenêtre, salue la dame, engage la conversation, en commençant par un éloge pompeux de son cher Gozzi, dont il se dit le meilleur, l'inséparable ami. A la grande surprise de notre poète, la voisine répond avec coquetterie, fait des mines à l'officier, sourit de son jargon militaire et même de ses équivoques de garnison. L'ami propose aussitôt une partie de spectacle pour le soir. Il a, dit-il, une loge pour la comédie, et si la dame veut inviter quelqu'une de ses amies, on se divertira tous quatre ensemble. La proposition est acceptée. La voisine vient, flanquée d'une sienne compagne, grosse blonde qui ne dit mot, dont Gozzi se trouve chargé, tandis que l'officier s'empare de sa maîtresse et l'entretient à voix basse avec un feu toujours croissant. Gozzi est au supplice.

— Qu'as-tu donc? lui dit son traître ami. Puisque tu m'as juré sur l'honneur que ta belle voisine ne te tient pas au cœur, ton air sombre ne peut pas venir de mes assiduités.

Après le spectacle, l'officier entraîne toute la compagnie chez un traiteur. On soupe. La grosse blonde dévore, boit comme un chanoine, et garde le silence. Gozzi a des barres de fer dans le gosier qui ne laissent passer ni un morceau ni une parole. Enfin, il voit son camarade et sa maîtresse entrer dans une chambre dont la porte se referme au verrou. Lorsque les dames sont rentrées chez elles et que les deux amis se trouvent face à face, l'officier dit brusquement à Gozzi :

— C'est ta faute; tu l'as voulu. Jamais je n'irais sur les brisées d'un ami confiant. Tu devais m'avouer que tu aimais ta voisine. C'est ta faute. Souviens-toi de la leçon.

Voilà comment Gozzi découvre qu'il a *métaphysiqué* pendant plus de six mois avec une Vénitienne délurée, parfaitement digne de figurer sur la liste de ses bonnes fortunes à côté des beautés de Zara.

II.

Sur un être sensible et intelligent comme Gozzi, ces trois décep_
tions amoureuses ne pouvaient manquer d'exercer une grande influence. La bonne opinion qu'il voulait avoir des femmes recevait une
atteinte profonde. Son chagrin une fois calmé, il riait de lui-même en
songeant que dans ses affaires de cœur lui seul avait fait tous les frais
de délicatesse. L'imagination dégoûtée regrettait ses trésors jetés au
vent, et demandait au poète un meilleur emploi de ses forces. A l'âge
de vingt ans à peine, Gozzi jurait de ne jamais s'exposer aux chances
du mariage et de se consacrer uniquement aux lettres. Ce parti étant
bien arrêté, il s'enferme dans son cabinet, rassemble ses sonnets et
chansons, les met au net sur du papier fort beau; il relie le tout en
un livret couvert de maroquin cramoisi; puis il s'en va chez un riche
sénateur et lui présente ses vers ornés d'une dédicace.

— Merci, lui répond son excellence, merci, mon petit ami. Je pourrai prouver à ceux qui en douteraient que vous avez fait vos études.

En 1750, Venise n'était plus la reine des mers. Le gouvernement
affaibli n'avait conservé de son ancien nerf politique qu'une humeur
ombrageuse et perfide. Des vieilles institutions, il ne restait que les
inconvéniens : l'inquisition d'état, les délations et le système déplorable de fermer les yeux au peuple en l'avilissant. Le commerce était
ruiné depuis long-temps par la découverte du cap de Bonne-Espérance,
et les mœurs étaient tombées dans un relâchement extrême. La police regardait de travers les jeunes gens sérieux. Pour se faire bien
voir, il fallait déguiser le goût innocent de l'étude sous les formes de
la bouffonnerie, du plaisir ou de la licence. On devait paraître ne songer qu'à rire et faire l'amour. Le peuple, poussé dans cette voie, adop-
tait volontiers cette manière de vivre en paix avec son gouvernement.
On employait les nuits en fêtes et en débauches, la moitié du jour à
dormir, le reste à courir après des intrigues galantes, et on ne manquait pas le soir d'aller au spectacle pour causer et prendre des sor-
bets. Ce public évaporé, intelligent et civilisé, ne demandait qu'à se
divertir, applaudir, juger les différends entre les poètes, et donner le
prix à qui trouvait le meilleur moyen de lui plaire.

Il y avait alors à Venise une académie nouvellement fondée, qui,
sous les apparences d'une réunion consacrée à la folie et au burlesque,
cachait un but littéraire utile et sage, le perfectionnement de la langue
et le culte du toscan. Le gouvernement lui passait ses travaux sérieux

à cause de l'extravagance de son nom et de ses statuts. Elle s'appelait académie des *Granelleschi*, c'est-à-dire des· amateurs d'*âneries*. Gaspard Gozzi faisait déjà partie de cette réunion; il lut à ses confrères plusieurs morceaux légers de Charles Gozzi, qui fut élu membre de l'académie. Un vieux seigneur maniaque, infatué de lui-même et grand rimailleur, comme on en voit beaucoup en Italie, fut choisi pour président par une élection ironique. A chaque séance, ce président, monté sur un trône festonné, lisait d'une voix de fausset quelque pièce de vers toujours applaudie, et ces succès de ridicule, qu'il prenait pour bons, lui méritèrent le titre glorieux d'*arcigranellone*, ce qui veut dire littéralement archi-imbécile. Les autres membres de cette académie étaient des savans, des bibliophiles, des poètes et des écrivains distingués. On était en rapports avec l'académie de la Crusca, on introduisait à Venise les bons livres florentins, et on y répandait le goût du style pur et naturel, que le *ribombo* et le galimatias avaient détrôné depuis long-temps.

Tout le bien que les *Granelleschi* avaient fait se trouva détruit un beau jour par Goldoni, écrivain barbare, qui n'avait d'esprit qu'en parlant les patois de Venise et de Chioggia. Goldoni, pénétré de la lecture de Molière, avait adopté ce poète pour son modèle; mais comme il traduisait aussi les continuateurs de Molière, il se croyait sur les traces du plus grand comique du monde, tandis qu'il suivait à la piste Destouches et tous les auteurs de troisième ordre. Jusqu'alors la comédie italienne n'avait pas observé de règles. Les acteurs italiens ayant au plus haut degré le don précieux de l'improvisation, la moitié de la pièce était écrite, l'autre moitié abandonnée à l'inspiration des acteurs. La portion écrite était en toscan, l'autre en dialecte. Ce genre existe encore à Naples, où il jouit d'une faveur méritée. A Venise, quatre masques bouffons et improvisateurs revenaient dans toutes les pièces : le Tartaglia, bredouilleur; le Truffaldin, caricature bergamasque; le Brighella, représentant les orateurs de places publiques et d'autres types populaires; et enfin le célèbre Pantalon, le bourgeois vénitien personnifié avec tous ses ridicules, et dont le nom a une étymologie digne d'un commentaire. Ce mot vient de *pianta-leone* (plantelion); les anciens marchands de Venise, dans leur fureur d'acquérir des terres au nom de la république, plantaient à tout propos le lion de Saint-Marc sur les îles de la Méditerranée; et comme ils venaient se vanter de leur conquête, le peuple se moquait d'eux en les baptisant *plante-lions*. Ce démocratique sobriquet rappelle l'aventure de Cicéron, poursuivi par les enfans de Rome, qui criaient derrière lui :

Reperttt, invenit! parce que Cicéron n'arrivait jamais au sénat sans assurer qu'il avait trouvé et découvert une conspiration nouvelle. Le titre
de *piantaleoni* du xix⁰ siècle pourrait être justement décerné aujour-
d'hui à une autre nation qui plante le lion sur les iles de toutes les mers
avec encore plus de constance que les anciens marchands de Venise.

Les quatre rôles à caractère étaient joués en 1750 par des acteurs
d'un grand talent, si on en croit Gozzi qui les aimait passionnément.
Le Brighella, nommé Zanoni, et le Truffaldin, Sacchi, directeur de la
troupe, étaient surtout des improvisateurs délicieux. Ce genre prêtait
singulièrement à la satire, puisque les quatre masques jouissaient du
privilége de faire rire le parterre aux dépens de qui ils voulaient. C'est
cet art déréglé, mais piquant, animé et original, que Goldoni résolut
d'anéantir au nom de Molière, qui avait emprunté à l'Italie les Shri-
gani et les Scapins, dont le théâtre français s'était fort bien accommodé. Goldoni voulut remplacer la comédie italienne par un genre
froid et dégénéré auquel Gozzi donnait le nom de *flebile,* ce qui veut
dire à volonté *plaintif* ou *déplorable.* De peur de heurter trop brusquement le goût du moment, Goldoni donna d'abord sa petite pièce
de *l'Enfant d'Arlequin,* qui eut du succès, même en France. C'était
une manière de s'introduire en traître dans le camp ennemi. A peine
eut-il assuré son crédit sur le public de Venise qu'il abandonna la
troupe de Sacchi pour celle du théâtre Sant' Angelo, où l'on jouait
des traductions. Il prit l'engagement de faire représenter seize pièces
nouvelles dans un hiver, et il tint parole en imitant à la hâte tout ce
qui paraissait en France. Il passa du genre bouffon à la comédie prétentieuse de Destouches, puis au drame larmoyant, qui devenait à la
mode à Paris, et il crut avoir sauvé et régénéré le théâtre. L'abbé
Chiari, écrivain ampoulé, traduisait aussi de son côté les pièces françaises en phébus ultramontain, si bien qu'en peu de temps la comédie
nationale disparut, et que la troupe de Sacchi sortit de Venise pour
aller chercher fortune en Portugal.

L'académie des Granelleschi ne savait trop que penser de cette révolution subite. Trompée par le titre de *régulière* qu'on donnait à la
comédie nouvelle, et par l'autorité du nom de Molière dont on abusait adroitement, elle hésitait à se prononcer. Goldoni écrivait fort mal,
mais ne fallait-il pas excuser le vice de la forme en faveur du fond? En
résultat, le théâtre avait-il perdu ou gagné? Telles furent les questions
qui s'agitèrent dans le sein de l'académie. Gozzi se promenait dans un
coin, la tête baissée, les bras derrière le dos, comptant les dalles d'un
air mélancolique, comme le lui reprocha Chiari dans ses prologues.

On trouvait beaucoup de raisons favorables au genre nouveau; Gaspard Gozzi lui-même se laissait égarer par les grands mots de *règles classiques*. Daniel Farsetti seul plaidait pour la comédie nationale. Charles Gozzi prit la parole.

— *Signori miei*, dit-il avec son sourire plein de malice, j'avais pensé, en demandant à entrer dans votre académie, que le nom de *Granelleschi* était un badinage; j'étais loin de soupçonner que ce fût une réelle définition de nos rares mérites; mais je vois que nous sommes bien nommés. *Granellesco* je suis à jamais si vous approuvez cette comédie à la mode que les vents glacés du nord ont apportée ici un jour de bise et de neige. Il est beau à vous de vous apercevoir que le style de ces pièces est une boucherie de mots où la grammaire et le bon goût sont mis à la torture. Quant au fond, avorton bâtard et larmoyant, qui a volé au grand Molière ses papiers de famille, regardez-le du haut du campanile de Saint-Marc, et les plus myopes le reconnaîtront pour une imposture littéraire. Ces gens-là font de l'italien un mélange si barbare que je me crois à Babylone. Apprêtez-vous à parler leur langage si vous voulez encore être compris. Ce que j'admire pardessus tout, c'est de voir confondre dans la même catégorie Goldoni et Chiari, absolument comme si on ne savait pas distinguer le dôme de Saint-George-Majeur d'une marmite. Les comédies de Goldoni, *signori miei*, sont un grand amas de bonnes scènes et de matériaux utiles qui pourrait servir de manuel comique à d'autres talens plus cultivés et plus éveillés que le sien. Le manque de culture et la nécessité de produire servilement trop d'ouvrages sont les bourreaux de ce bon esprit italien que j'aime en le plaignant. Ses rapines, ses plagiats et ses imitations, tout blâmables qu'ils sont, révèlent un génie comique mal employé. Mais Chiari, ce pédant sentencieux plus obscur qu'un astrologue, qui délaie les pièces françaises en les assaisonnant d'immoralités! l'appeler le réformateur du théâtre, c'est comme si on disait, en voyant répandre du vin et remplir les bouteilles avec l'eau des lagunes : voici une cave heureusement réformée. Les potions goldoniennes et chiaristes ont endormi la jeunesse spirituelle de Venise; le sommeil vous gagne; vous étendez vos membres engourdis, et dans votre somnolence vous murmurez en bâillant : « Il me semble que la comédie est devenue régulière. » Il n'y a rien au contraire de plus irrégulier pour des Italiens qu'un genre anti-national, mêlé de trivialités et de barbarismes. Laissons passer quelque temps, et ensuite c'est à nous qu'il appartiendra d'appliquer au public les sinapismes qui secoueront sa léthargie.

Toutes les incertitudes sont à l'instant fixées, et les yeux dessillés par ce discours. Le poète rentre ensuite dans son silence taciturne qui lui a fait donner le surnom de *solitaire*; il laisse ses confrères censurer le théâtre nouveau, ce qui n'arrête pas le cours de la vogue; mais, au bout de cinq ans, les fruits sont mûrs : Gozzi arrive un beau jour à l'académie, un rouleau de papier sous le bras, et demande la parole :

—Seigneurs *granelleschi*, j'ai une provision de bagatelles à vous communiquer. Vous savez qu'il y a deux cents ans est mort à Florence un vieux poète un peu sorcier appelé Burchiello. J'ai eu le bonheur de retrouver un de ses manuscrits posthumes chez la marchande de tabac. Ce beau poème est intitulé *la Tartana degl'influssi* (la Tartane des influences pernicieuses pour l'année bissextile 1756), et voyez comme la rencontre est heureuse! ce manuscrit tombe précisément dans mes mains peu de jours avant que l'année 1756 soit commencée.

Gozzi fait sa lecture, et les académiciens, à qui le règlement prescrit le plus grand sérieux en matière de badinage, admirent comment le vieux Burchiello a savamment deviné l'état des mœurs, des lettres, du barreau et même de la chaire, en cette année bissextile. Il a passé en revue les ridicules de la société vénitienne, l'hypocrisie des coureurs de sermons, les bavardages philosophiques des avocats, et le théâtre dit régulier. Il a deviné Chiari et Goldoni; ô profond Burchiello! L'académie éclate en applaudissemens à ce passage qui définit la comédie larmoyante : « Ces spectacles sont une omelette battue... On mélange ensemble des morceaux incomplets, des caractères que la nature ne pourrait pas seulement rêver, des figures méconnaissables, des homélies, des métaphores et du patois de gondoliers; il pleut des argumens de pièces à la douzaine, et puis on se redresse, les joues enflées, le pied en dehors, et on dit : nous avons réformé le théâtre... Autrefois on faisait tout simplement de la poésie; aujourd'hui il faut des vers *martelliens* (1), si longs, si durs à fabriquer, d'une matière si coriace, qu'on y va des dents, des pieds et des mains, comme les cordonniers cousent leurs souliers. On se donne beaucoup de peine, mais on a réussi à faire parler hébreu aux muses. »

Burchiello avait bien deviné. Regardez le pauvre public de Venise : en quel état il est tombé! N'ayant plus d'endroit où il puisse se divertir honnêtement, il va dans les tavernes et perd ce qui lui restait encore de respect pour les bonnes mœurs. Cependant reprenons un peu d'espérance, car le poète sorcier nous prédit pour la fin de l'année

(1) Le vers martellien répond à l'alexandrin français.

le retour de Sacchi et de Zanoni, ces acteurs inimitables qui ramèneront avec eux les plaisirs, la gaieté italienne, et la pantalonnade plus profonde qu'on ne le croit à voir son air innocent. Goldoni, enflé par un succès éphémère, proclame dans ses préfaces son dessein « d'arracher à la comédie nationale ses masques de cuir, » expression choquante et cruelle dont il se repentira; ainsi l'a dit Burchiello. « Continuez donc, poètes nouveaux, à sonner vos cloches de bois qui appellent les papillons au consistoire. Tout cela aura une fin, et alors que ferez-vous? Vous vendrez de l'onguent, vous direz la bonne aventure en plein air, et vous débiterez de ces marchandises qu'on ne donne qu'au comptant. »

L'académie des *Granelleschi* demandait l'impression de *la Tartane*. Gozzi refuse de la donner au libraire; mais il en accorde une copie à son ami Daniel Farsetti, qui l'envoie imprimer en France et en répand dans Venise un millier d'exemplaires sans la permission de l'auteur. Les Vénitiens, rieurs et inconstans, ne se faisaient aucun scrupule de berner le poète qu'ils avaient accablé hier de caresses et de sérénades. Les journaux de Florence prirent feu pour la comédie nationale, et le célèbre P. Calogerà fit un grand éloge de *la Tartane* dans ses mémoires littéraires. Chiari voulut répondre, et prouva en vers détestables combien les critiques de Burchiello étaient fondées. Goldoni en appelait encore à l'auditoire nombreux qui venait chaque soir à San-Salvatore. Les amis de Gozzi lui représentèrent que le silence n'était plus possible, que la satire ne suffisait pas, et que le public avait le droit d'exiger une pièce meilleure que celle du genre critiqué : « César, répond Gozzi, a pris son temps pour passer le Rubicon, et vous autres vous m'y poussez la tête la première en répandant ma satire dans les cafés; il faut à présent que je nage ou que je me noie. » Sur ces entrefaites, le tremblement de terre de Lisbonne ayant chassé Sacchi du Portugal, Gozzi n'eut plus aucun prétexte de retard. Un matin, le petit théâtre de San-Samuel, fermé depuis cinq ans, est nettoyé avec soin, et sur la porte on voit une grande affiche qui annonce : *l'Amour des Trois oranges*, fable en cinq actes, imaginée exprès pour ramener les quatre masques nationaux, et soumettre au public quelques allégories peu déguisées.

Le *signor* Prologue est un petit enfant qui se glisse entre la toile et la rampe pour faire trois saluts et dire d'un air naïf que l'auteur, par grand extraordinaire, va faire représenter une pièce nouvelle qui n'a été jouée nulle part. La troupe demande pardon aux spectateurs de ne pas leur donner un ouvrage vieux, traduit, usé, paré des plumes

du paon, embelli par de grosses sentences. Là-dessus l'enfant se retire, et la pièce commence.

Silvio, puissant roi de Carreau, pleure et se lamente dans le sein de
son ministre Pantalon; son fils unique, Tartaglia (le peuple en personne), périt d'ennui et de consomption. Le malheureux! on l'a tant
abreuvé de drames pleureurs, de comédies empruntées aux étrangers,
et d'ouvrages dits réguliers, qu'il se meurt dans les règles, soigné par
deux médecins en bonnets pointus. C'est la méchante fée Morgane qui
lui a envoyé ces potions achérontiques. Que pourrait-on lui administrer? Léandre penche pour l'opium, Truffaldin opine pour une infu-
sion de vers *martelliens;* mais Clarice assure que les vers martelliens
et l'opium sont une seule et même drogue. L'oracle déclare que le
prince ne sera guéri que si on vient à bout de le faire rire. Hélas!
comment faire rire un pauvre enfant qu'on a tant ennuyé pendant si
long-temps? Truffaldin prend les tasses, les potions noires, les fioles
empoisonnées de la médecine nouvelle, et jette le tout par la fenêtre.
« Amusons le prince, dit-il, soyons gais, jouons-lui quelque farce italienne. Majesté, donnez une fête à votre fils. » On ouvre les portes au
peuple; les bonnes gens entrent dans le palais. On boit, on fait de la
musique : le prince n'en est que plus sombre. On se masque, on danse :
le prince ne se déride pas. La fée Morgane, déguisée en vieille femme,
s'approche, une cruche à la main, d'une fontaine qui verse du vin.
Truffaldin l'attaque, se moque d'elle, fait des gambades en disant
mille lazzis qui irritent la vieille. Elle veut le battre, il la pousse; elle
tombe sur le dos, les jambes en l'air, au milieu des débris de sa cruche
cassée. Le prince éclate de rire, et l'enchantement est rompu. Comme
le parterre riait aussi, Truffaldin (Sacchi) lui disait avec attendrissement : « Hélas! chers souverains de mon cœur, si le pauvre Truffaldin
avait su que vous l'aimiez encore, il ne serait pas allé jouer en Portugal. » Cependant la fée, furieuse, se tournait vers le prince et lu
lançait une horrible malédiction : « Sois donc guéri de l'ennui, mais
sois amoureux des trois oranges d'or. Point de repos pour toi jusqu'à
ce que tu les possèdes. Tu seras comme le quadrupède dans l'eau et
le poisson dans un parterre de fleurs jusqu'à ce que tu aies conquis
les trois oranges. » — « Eh bien! disait Pantalon, courons après les
oranges d'or. Ce n'est pas assez que d'être guéri de l'ennui, des comédies régulières et des vers *martelliens;* il faut reconquérir aussi
l'ancienne comédie, les bonnes fables de nourrices, la verve éteinte
des masques nationaux, et les amusemens oubliés de notre jeunesse. »
Après cette introduction satirique commençait la poursuite des oranges

ensorcelées, véritable conte de nourrice que le public écoutait en palpitant de plaisir, mais dont le lecteur ne se soucierait guère et que Gozzi appelait une baliverne magique propre à ressusciter la comédie *dell' arte*.

Tout en riant d'un succès populaire gagné à si peu de frais, Gozzi n'entend pas précisément raillerie sur l'article des féeries orientales. *L'Amour des Trois oranges* le captive lui-même à la représentation; il s'émeut devant sa propre invention. Cette première pièce n'était qu'un canevas, il faut aller plus loin, restaurer ce que Goldoni a détruit, tracer des règles à la comédie *dell'arte*, et créer en même temps un genre nouveau, le genre *fiabesque*. Cette résolution épouvanta la coalition Chiari et Goldoni. Les *prologues* de San-Salvatore et de Sant'Angelo mirent leurs bonnets de travers, et attaquèrent ouvertement Gozzi; mais il était trop tard, le coup avait porté. La foule désertait, on courait aux fables de nourrice.

Le *solitaire* continuait à se promener sur la place de Saint-Moïse, les mains derrière le dos, roulant dans sa tête des *imbroglio*, des sortiléges dramatiques, et des allégories contre les faiseurs de traductions. On vit paraître sur l'affiche divertissante de la troupe Sacchi *le Corbeau*, tiré d'un conte napolitain « pour l'amusement et l'instruction des petits enfans, et particulièrement destiné à la guérison des nombreux hypocondriaques de Venise. » Après *le Corbeau* arriva bientôt *le Roi cerf*, pièce à transformations « où l'on verra un monarque changé en bête passer dans le corps de plusieurs animaux, et rentrer à propos dans son véritable corps, toutes choses qui paraîtront si vraisemblables, qu'elles pourraient bien être possibles. » Ce titre bouffon trahit l'inclination de Gozzi pour le fantastique, où il va bientôt se plonger si profondément qu'il se croit le jouet des puissances occultes.

Il y avait à Venise un vieil orateur de place publique appelé Cigolotti, qui faisait des sonnets de mariage, de naissance, de baptême, voire même des épitaphes pour vingt sous, et qui racontait au peuple d'anciens romans et des histoires merveilleuses. Zanoni, le Brighella de la troupe, imitateur des types populaires, singea le bonhomme Cigolotti avec son costume rapiécé, ses gestes emphatiques et son parler nazillard. Le *signor* Prologue se présenta sous cette forme grotesque. Il débita quelques traits satiriques et fit une exposition qui sans lui aurait pu sembler un peu longue. La critique trouva dans *le Roi cerf* une foule de beaux exemples et de conseils adressés aux rois, auxquels Gozzi n'avait peut-être pas songé. Quoi qu'il en soit, le genre *fiabesque* était définitivement adopté.

Voilà donc l'édifice péniblement élevé par Goldoni et Chiari renversé en trois jours. Une flottille de trois barques vénitiennes avait suffi pour chasser ou couler à fond cent gros navires amenés des pays étrangers. Goldoni, voyant son théâtre désert, partit brusquement pour la cour de France, qui lui faisait des offres brillantes. *L'Enfant d'Arlequin* avait plu à Louis XV; on voulait avoir à Versailles des comédies *da ridere*, et Goldoni donna *le Bourru bienfaisant!* On ne se plaignit pas de la surprise. Pendant ce temps-là, Gozzi héritait non-seulement de la vogue de ses rivaux, mais même de leur théâtre, car la troupe de Sacchi passa de San-Samuel à San-Salvatore. En employant un terme consacré dans les arts, on peut dire qu'à cette époque finit la première manière de Charles Gozzi. Il y aurait tout un parallèle à faire entre la guerre des deux écoles vénitiennes et celle à laquelle notre génération a pris part en 1829. Comme en France, on reprochait à l'une des écoles de Venise l'ennui et la froideur, à l'autre le mépris des règles. Gozzi a eu gain de cause, mais plus tard on le négligea complètement. Les ouvrages dits classiques furent repris, ce qui a amené la décadence irrémédiable de la comédie italienne en lui ôtant son génie national.

La victoire de Gozzi aurait pu être définitive, s'il n'avait pas eu lui-même quelques-uns des défauts de ses antagonistes. Son style n'était pas exempt de reproches. Par haine des alexandrins et de l'emphase, il écrivait avec un abandon fâcheux. La rime est si facile en italien, que ce n'est guère la peine d'adopter un rhythme pour ne faire que des vers blancs, et Gozzi ne voulait décidément pas rimer, excepté dans les occasions où son sujet devenait tout-à-fait poétique. Il érigeait la négligence en système, et se glorifiait de renverser le pathos *martellien* en écrivant *par-dessous la jambe*. Ces irrégularités, qui se supporteraient en anglais, produisent un effet déplorable dans l'idiôme coulant et mélodieux de la Toscane; aussi les classiques vénitiens, indignés de leur déconfiture, s'écriaient-ils douloureusement : « Au moins, nos barbarismes rimaient ensemble ! »

Charles Gozzi fut un peu étonné de n'avoir plus personne à combattre. Les sonnets admiratifs pleuvaient chez son concierge. On l'appelait l'Aristophane de l'Adriatique; le public demandait encore des *fables*, sans songer que, les allégories n'étant plus de saison, la moitié de l'intérêt s'était évanoui. Plus de genre *flebile*, plus de phébus, ni de vers soporifiques, ni de dialectes barbares; plus de contre-révolution à faire, et partant plus de satire possible. Gozzi se tourna un peu inquiet vers le sévère et judicieux Gaspard.

— *Carlo mio*, lui dit son frère, prends garde à toi. Avec la colère s'en va l'inspiration satirique. C'est quand on n'a plus de rivaux qu'on tombe. Iras-tu sans passion te créer des motifs de guerre ? Si tu t'avises de toucher aux grands ou à la politique, on te fera jouer le premier rôle dans une tragédie dont la dernière scène sera un monologue dans une prison. Prends garde à toi; redeviens simple *granellesco*, ou bien brise les flèches et les armes pointues; puise dans ta seule fantaisie, et si tu réussis, tu sauras que le ciel t'a fait véritablement poète.

Le conseil de Gaspard était bon. Charles Gozzi s'enferma pendant deux mois dans son cabinet. Il oublia les querelles poétiques et se jeta dans la fantaisie. C'est de là que sortit la charmante et puérile *Turandot*, qui a eu l'honneur d'être traduite par Schiller, représentée dans toutes les grandes villes d'Allemagne, et commentée sérieusement par Hoffmann, qui avait de bonnes raisons pour admirer Gozzi, comme on le verra tout à l'heure.

III.

Si *Peau d'Ane* m'était contée, j'y prendrais un plaisir extrême, disait le bonhomme La Fontaine. Je le crois bien, car *Peau d'Ane* est un fort joli conte; mais l'histoire de Turandot est bien plus belle encore. On peut la lire dans le recueil de Dervis Moclès, traduit par M. Pétis de La Croix. Gozzi, en l'ornant des charmes du dialogue et des masques comiques, en a fait son œuvre capitale. Calaf, fils de Timur, roi d'Astracan, battu par ses ennemis et dépouillé de ses états, arrive errant et inconnu aux portes de Pékin. Il remarque un grand mouvement dans le peuple, et demande s'il se prépare une fête; mais on lui apprend que la foule s'assemble pour voir une exécution sanglante. Turandot, unique enfant de l'empereur de la Chine, jeune fille d'une beauté incomparable, d'un esprit profond et ingénieux, a l'ame noire et sauvage. Son père voudrait la marier avant de lui laisser l'empire; mais elle déteste tous les hommes. L'empereur Altoun-Kan a vainement employé les menaces et les prières pour la fléchir; il est faible et adore sa fille. Tout ce qu'il a pu obtenir d'elle, c'est de conclure avec lui un traité bizarre dont il a juré sur l'autel d'observer les conditions. Les princes qui aspirent à la main de Turandot doivent paraître au divan, en présence des docteurs. La princesse leur proposera trois énigmes. Celui qui les devinera toutes trois épousera Turandot et héritera de l'empire, mais ceux qui ne réussiront pas auront la tête tranchée. Tels sont les termes du traité; on est libre de n'en point courir les risques. L'orgueilleuse jeune fille espère que ces conditions effrayantes écarteront les amoureux. Cependant plusieurs princes ont déjà péri, et ce matin même on va décapiter le fils du roi de Samarcande, qui n'a pas pu deviner les énigmes.

En effet, une marche funèbre résonne au loin. Le bourreau dépose sur la porte de la ville la tête du malheureux prince : « Si j'étais le père de cette fille barbare, s'écrie Calaf indigné, je la ferais mourir dans les flammes. » Aussitôt arrive le gouverneur du jeune homme décapité; il jette par terre le fatal portrait de Turandot, le foule aux pieds, et sort en pleurant. Calaf ramasse le portrait. Les bonnes gens chez qui il loge le supplient de ne pas regarder cette peinture dangereuse; mais il se moque de leur frayeur. Il regarde le portrait, et tombe dans une rêverie profonde, frappé au cœur subitement. Il parle à l'image de Turandot, et lui demande s'il est vrai qu'un visage si beau cache une ame cruelle; puis il s'écrie qu'il veut tenter la fortune, et répond aux larmes de son hôtesse par ce raisonnement d'amoureux : « Si je ne réussis pas, je trouverai un terme à ma vie misérable, et j'aurai du moins contemplé avant de mourir la beauté la plus rare qui soit au monde. » Calaf n'écoute plus rien, et marche tout droit au palais impérial.

Altoun-Kan est le plus benin des empereurs. Il pleure de tout son cœur en faisant couper la tête d'une foule de charmans princes auxquels il aimerait bien mieux donner sa fille; il se lamente avec son secrétaire Pantalon. Calaf est introduit, et on tâche de le faire renoncer à son projet; mais l'amoureux inébranlable répond :

> Morte pretendo, o Turandotte in sposa.

« Je prétends mourir ou épouser Turandot. » On assemble donc le divan. La princesse paraît au milieu de ses femmes et voilée : « Voici la première fois, dit-elle à ses confidentes, que je sens de la pitié pour un homme. » La suivante Adelma éprouve plus que de la pitié, car elle s'enflamme tout à coup pour Calaf. L'orgueilleuse Turandot commande au prétendant de s'apprêter à mourir; puis elle prend le *tuono academico* pour débiter sa première énigme, que Calaf devine tout de suite, à la grande stupéfaction du divan. La seconde énigme, celle de *l'arbre dont les feuilles sont noires d'un côté et blanches de l'autre*, n'était pas encore connue du temps d'Altoun-Kan; cependant Calaf devine que cet arbre est l'année avec ses jours et ses nuits. « Il a touché le but, dit Pantalon, qui ne comprend rien aux énigmes. — Du premier coup et dans le milieu, ajoute Tartaglia, qui n'y voit que du feu. — Princesse, dit Adelma, cet homme est votre maître; il sera votre époux. — Tais-toi, répond Turandot indignée; que le monde s'écroule plutôt. Je déteste cet homme, et je mourrai avant d'être à lui. »

Cette exclamation fournit à Calaf l'occasion de montrer son amour et sa grandeur d'ame en assurant qu'il n'épousera jamais la princesse par force; mais le bon Altoun-Kan déclare qu'il faudra bien qu'on se marie, et il engage même sa fille à prendre ce parti sans aller plus loin : « *Sposa sua fia la morte!* répond Turandot : que son épouse soit la mort! » Elle se lève et, d'une voix plus forte qu'auparavant, débite la troisième et dernière énigme :

« Dis-moi quelle est la terrible bête féroce, à quatre pieds et ailée, bonne pour qui l'aime, et altière avec ses ennemis; qui a fait trembler le monde, et qui vit encore orgueilleuse et triomphante? Ses flancs robustes reposent solidement sur la mer inconstante; de là, elle embrasse avec sa poitrine et ses serres cruelles un immense espace. Les ailes de ce nouveau phénix ne se lassent jamais de couvrir de leur ombre heureuse la terre et les mers. »

Après avoir prononcé le dernier vers, Turandot soulève le voile qui cachait son visage et fixe ses yeux sur Calaf. Ce coup de théâtre réussit. Le pauvre prince, étourdi par la beauté de l'artificieuse jeune fille, reste confondu et sans voix. Profitons du moment de trouble de Calaf pour remarquer la flatterie que l'énigme adresse à la seigneurie de Venise. Turandot aurait dû retourner toute la dernière moitié de son discours, et dire : « Elle a fait jadis trembler le monde; mais, hélas! aujourd'hui elle n'est plus ni orgueilleuse, ni triomphante, et les ailes de l'ancien phénix, fatiguées et repliées tristement, ne couvrent plus de leur ombre la terre ni les mers. » Calaf se remet enfin de son étourdissement, et, malgré l'inexactitude de la proposition, il devine que la bête féroce est le lion juste et terrible de l'Adriatique. Tout le divan bat des mains; l'empereur embrasse son gendre, et la princesse tombe en faiblesse au milieu de ses femmes. En vain Turandot demande une nouvelle épreuve; le débonnaire Altoun se met en fureur et la menace de sa malédiction. Alors Calaf s'interpose; il supplie l'empereur d'avoir pitié du chagrin de sa fille; il ne peut supporter l'idée d'avoir fait couler les larmes de Turandot, et renoncera plutôt à elle, et même à la vie, que de lui déplaire. On se décide à un accommodement. A son tour, Calaf proposera une énigme à la princesse, et lui donnera jusqu'au lendemain pour la deviner; mais si elle ne trouve pas la réponse à la prochaine séance du divan, elle se résoudra au mariage. Turandot accepte ces conditions. Voici l'énigme de Calaf : « Quel est le prince qui a été réduit à mendier son pain, à porter de vils fardeaux pour soutenir sa vie, et qui, parvenu tout à l'heure au comble de la félicité, retombe en ce moment, plus malheureux qu'il n'a jamais été? » Calaf, inconnu de tout le monde à Pékin, éloigné de ses états perdus, pense que Turandot ne pourra jamais savoir son nom; mais il a affaire à la plus rusée des femmes. La nuit vient. Calaf, retiré dans un appartement que l'empereur lui donne, s'endort sur une ottomane. L'eunuque Truffaldin, dévoué à Turandot, arrive à pas de loup, tenant à la main une branche de mandragore qu'il pose sous l'oreiller du dormeur afin de le faire parler en rêvant. Calaf s'agite, change souvent de posture. Truffaldin attribue ces mouvemens à la vertu de la mandragore. Il imagine d'interpréter chaque geste par une lettre de l'alphabet, et compose ainsi un nom ridicule qu'il court bien vite porter à sa maîtresse.

Après la sortie de Truffaldin, Adelma parait. Elle réveille Calaf et lui déclare son amour avec une délicatesse mêlée de passion que Gozzi pouvait mieux exprimer qu'un autre, étant plus habitué à recevoir des déclarations d'amour qu'à en faire. Son séjour en Dalmatie l'avait exercé à traiter une scène de ce genre. La défiance de Calaf s'endort; il compatit à la faiblesse d'Adelma : « Vous êtes perdu, lui dit la perfide créature; Turandot a ordonné votre mort, et demain, au point du jour, vous serez assassiné. » A ces mots, le prince, au désespoir d'avoir inspiré tant de haine à sa maîtresse, s'écrie : « O malheureux Calaf! ô Timur, mon père! voilà le dernier coup de la fortune! » En vain Adelma offre au pauvre amoureux de fuir avec elle. Il n'a plus la force de vouloir sauver sa vie.

> Sol d'amore e di morte son capace.

« Je ne suis plus capable que d'aimer et de mourir. » Adelma possède le grand art familier aux femmes de mêler le faux et le vrai. Ses mensonges sont accompagnés de larmes brûlantes et sincères. Cependant elle échoue, et ne songe plus qu'à perdre Calaf en dévoilant à Turandot le secret qu'elle vient de surprendre.

Le jour paraît. Dans son impatience d'avoir un gendre, l'empereur a déjà peigné sa barbe. On assemble le divan. Turandot arrive environnée de ses femmes. Elle est en larmes, et se cache le visage de son mouchoir, ce qui remplit de joie le vieil Altoun : « Le mariage, dit-il, la distraira. » On apporte l'autel sur lequel brûlent les restes d'un sacrifice. Aussitôt que Turandot aura avoué sa défaite, on l'unira au vainqueur. — « Il n'est pas encore temps, dit l'orgueilleuse princesse avec un air de triomphe, vous pouvez éteindre le feu sacré. Si j'ai laissé à cet étranger son espérance, c'était pour mieux me venger en le faisant passer plus cruellement du plaisir à la peine. Écoutez-moi tous : Calaf, fils de Timur, je te connais. Sors de ce palais; cherche ailleurs une autre femme, et apprends jusqu'où va la pénétration de Turandot. » A ces mots, la désolation est générale. Calaf reste sans mouvement. L'empereur pleure; Pantalon s'arrache les cheveux, et Tartaglia bégaie trois fois plus qu'auparavant. Enfin Calaf, dans le transport de sa douleur, tire son poignard et s'avance jusqu'aux marches du trône : « *Tiranna*, dit-il à sa maîtresse, ton triomphe est encore incomplet; mais je vais te satisfaire. Ce Calaf que tu connais, et que tu détestes, va mourir à tes pieds. » Le cœur de la superbe Turandot s'amollit enfin; elle s'élance au bas du trône, et retient le bras du jeune prince prêt à se frapper, en lui disant avec tendresse :

Viver devi per me; tu m' hai vinta.

« Tu dois vivre pour moi; je suis vaincue. » L'empereur et le divan se remettent bien vite à pleurer de plaisir; Adelma, seule, voyant que le prince est perdu pour elle, saisit le poignard tombé des mains de Calaf et veut se tuer; heureusement elle prononce auparavant un petit discours qui donne le temps à Turandot de s'opposer à son dessein. On se prépare à marier les amans, et la jeune première, qui est une Chinoise du XVIIIe siècle, s'approche de la rampe, regardant le parterre avec des yeux en coulisse pour assurer qu'elle est revenue de ses préventions injustes contre les hommes; elle déclare qu'elle voit là-bas une réunion de garçons pour qui elle se sent de l'amitié : « Donnez à mon repentir, leur dit-elle, quelque signe bénévole de votre pardon »; et le parterre applaudit.

On ne peut se le dissimuler, *Turandot* aurait pour nous le défaut d'être un ouvrage puéril. Un de ces spectateurs prosaïques et raisonnables dont Hoffmann avait une si grande horreur serait en droit de trouver que l'empereur est trop faible de céder aux caprices de cette princesse extravagante, et que les grands airs d'une petite fille orgueilleuse mériteraient une bonne correction, et non pas l'honneur de fournir matière à une comédie héroïque. Le reproche ne manquerait pas absolument de vérité; mais combien y a-t-il dans les vieux sujets tirés de l'antiquité de fables invraisemblables et un peu puériles? Elles sont consacrées et viennent de la Grèce, au lieu de venir des Arabes. Euripide et Sophocle leur ont fait des vêtemens divins; mais ajoutez

à la froide raison et au prosaïsme impassible du spectateur haï d'Hoffmann une ignorance complète des traditions antiques, supprimez ce
que l'éducation a enfoncé à grands coups de marteau dans cette tête
dure, et soumettez Racine et Corneille à son rare jugement. Vous verrez
Mithridate amoureux à soixante ans d'une jeune fille devenir un vieux
fou; Bajazet un garçon trop léger qui écrit des billets compromettans,
Bérénice une femme importune que le roi est trop bon de ne pas
faire mettre à la Bastille. Quant aux personnages de Corneille, il n'y
en aurait pas un qui ne fût un homme à chapitrer vivement pour l'empêcher d'agir sans cesse d'une façon diamétralement opposée soit aux
convenances du monde, soit à ses véritables intérêts.

Sans aucun doute, le parterre français rirait quand Turandot se lè-
verait pour réciter ses énigmes avec le *tuono academico*, et cependant
le mouvement du voile rejeté en arrière, et qui déconcerte Calaf, est
éminemment dramatique; et Hoffmann, en parlant de cette scène, dit
qu'il ne l'a jamais vu représenter par une jolie actrice sans s'écrier avec
enthousiasme, comme le désespéré Calaf : « *O bellezza ! ó splendor !* »
Je souhaite aux gens qui appelleront Hoffmann un enfant l'intelligence et le goût de l'auteur du *Pot d'Or*. Combien les auteurs comiques français devraient envier à Gozzi la liberté dont il jouissait et la parfaite latitude que lui laissaient les Vénitiens ! Quelle aisance! quelle
variété d'invention ! quel laisser-aller entre le public et lui ! D'une part,
on ne vient que pour s'amuser; de l'autre, on ne cherche qu'à trouver
toutes sortes de moyens de divertir les gens. Dans *la Femme serpent*,
pièce, il est vrai, fort compliquée, le poète a besoin de placer une exposition nouvelle entre le troisième et le quatrième acte, afin de préparer le dénouement. Rien de plus simple : le Truffaldin Sacchi, habillé
en vendeur de *relazioni*, se présente avec le manteau court et troué,
le chapeau râpé, la barbe en désordre : « Gentilshommes et gentilles
dames, voici la nouvelle, remarquable et authentique relation de la
grande bataille qui a été livrée pendant cet entr'acte. Vous y verrez
comment le géant Morgon, accompagné de deux millions de Maures
farouches, a donné l'assaut à la ville de Téflis; comment, avec le secours du ciel, la forteresse a résisté aux efforts des infidèles... etc.
Cela vient de paraître. On ne le vend que la bagatelle d'un *soldo*. »

— Maître Sacchi, disait l'auteur dans la coulisse, vous distribuerez
ce papier pour rien.

— Bah! répond l'impresario, je serais donc un plus mauvais vendeur de *relazioni* que les crieurs des rues, si on ne me payait pas? Je
prétends qu'on me donne autant de sous qu'il y a de spectateurs.

Et le public de rire et de payer. En France, Truffaldin, avec sa relation et son manteau troué, eût essuyé une bourrasque de sifflets, et le lendemain l'auteur se serait mis en travail de quelque pièce d'un irréprochable ennui.

Laissons de côté la *Donna Serpente*, les *Gueux heureux*, la *Zobéide*, le *Mostro Turchino* et l'*Oiseau vert*, qui composent le répertoire *fiabesque* de Gozzi, pour suivre de préférence l'homme pendant cette période remarquable de son génie. A force d'exercer sa fantaisie et de voir représenter devant lui ses conceptions originales, notre poète vivait entouré de magiciens arabes, de nécromans thessaliens, de derviches et de faquirs dangereux par leurs ruses. A force de faire le métier de providence et de fatalité avec toutes ces créations bizarres, Gozzi entra jusqu'au cou dans le monde fantastique; les puissances occultes dont il s'était servi se tournèrent un beau jour contre lui, et se mirent à le tourmenter. Elles rendaient son café bouillant au moment même où il portait la tasse à ses lèvres; s'il y avait sur la place de Saint-Moïse une mare d'eau, elles y conduisaient malignement son pied. Les passans prenaient des figures inusitées : les uns paraissaient avoir sept pieds de haut, les autres lui venaient au genou. Le bon seigneur N... N..., ancien ami de son père, avait toujours quelque nouvelle folie en tête lorsque Gozzi allait le voir. Un jour, ce digne vieillard rassemblait dans son salon de vieilles bottes de formes diverses, depuis la mode du temps de l'archevêque Turpin jusqu'à l'époque actuelle, et il soutenait que ses aïeux avaient chaussé tout cela pour défendre la république contre les Turcs. Un autre jour, le bonhomme se croyait en relations avec les souverains de l'Europe, et Gozzi devenait un envoyé diplomatique qu'on recevait confidentiellement. N'était-ce pas quelque mauvais génie *fiabesque* attaché à Gozzi qui lui jouait ces mauvais tours? Oui, évidemment. Cependant, au rebours d'Hoffmann, qui s'est cru plus tard affligé du même malheur, Charles Gozzi ne tremblait point devant ses ennemis invisibles. Il s'irritait avec l'exagération italienne, et gardait son sérieux pour faire rire les autres. Ouvrons un peu les *Contratempi :*

« Oui, je suis né avec une étoile contrariante, dit Charles Gozzi. Si je voulais raconter toutes les malices dont cette étoile sardonique m'a assassiné, il me faudrait un gros volume. Pendant une certaine époque de ma vie (celle des féeries et des fables), quelque magicien m'avait ensorcelé, car mes *contretemps* allaient jusqu'à devenir aussi dangereux que ridicules. Je n'ai pas un physique qui ressemble à celui de tout le monde. D'où vient donc que dix personnes à la fois s'obstinaient à me prendre pour un autre? A coup sûr j'étais ensorcelé.

« Un jour, à Saint-Paul, je rencontre un vieil ouvrier qui accourt à moi, se prosterne à mes pieds, embrasse ma culotte, et me soutient avec un déluge de larmes que j'ai sauvé son fils de la prison. Il m'assomme de ses bénédictions et me poursuit jusqu'à ma porte en me disant que je suis le patricien Paruta, qui ne me ressemble en aucune façon.

« Qui ne connaît pas Michel dell'Agata, ce. fameux *impresario* de l'opéra de Venise? Qui ne sait qu'il est moins haut que moi d'une palme et plus gros de deux palmes; qu'il s'habille autrement que moi et jouit d'une autre physionomie? Cependant, un beau jour et tout à coup, chanteurs, chanteuses, danseurs, figurans, peintres, machinistes, maitres de chapelle et tailleurs, ne me rencontrent plus sans m'adresser leurs complimens et sans m'appeler le signor Michel dell'Agata, me regardant en face et s'indignant que Michel ne veuille plus être Michel. Je me sauve à Padoue. Je vais voir la bonne et sage danseuse Maria Canzani, mon excellente amie, qui était près d'accoucher. La servante m'annonce : « Signora, voici le signor Michel dell'Agata qui demande à vous parler. » En sortant de chez la danseuse, je vais sur le pont San-Lorenzo; je rêvais à ces méprises effrayantes. A côté de moi passe le célèbre professeur d'astronomie Toaldo, qui me connaît parfaitement. Je le salue; il me regarde, ôte son chapeau avec gravité, et me dit : Adieu, Michel! puis il s'éloigne comme une apparition.

« Un soir, il faisait très chaud; une lune resplendissante éclairait la place Saint-Marc; je me promenais avec le patricien François Gritti. Une voix crie derrière moi : « Que fais-tu ici à cette heure? Que ne vas-tu dormir, âne que tu es? » En même temps je reçois deux coups de pied sur l'échine. Je me retourne furieux, et je vois le bon chevalier André Gradenigo, qui se confond en excuses, et s'écrie : « Ah! ciel! pardonnez-moi, seigneur Gozzi; j'aurais juré que vous étiez Daniel Zanchi. — Pourquoi faut-il, lui dis-je, que vous me preniez pour un Daniel quelconque, et comment avez-vous de pareilles confidences à lui faire? » Non, cela n'est pas naturel.

« Carlo Andrich est un de mes meilleurs amis. Nous discourions ensemble devant Saint-Marc par un jour fort serein. Je vois un Grec portant moustaches, vêtu de long, avec la barette rouge, et tenant par la main un enfant habillé comme lui. Cet homme court à moi, tout joyeux, et veut m'embrasser : « Allons, petit, dit-il à l'enfant, baise « la main à ton oncle Constantin. » Et Andrich crève de rire, tandis que je reste glacé d'horreur : « Quoi! reprend le traître de Grec; est-ce « que vous ne seriez pas mon ami Constantin Zucalà? » — Non, répondis-je tout en colère, je ne suis pas Constantin, je ne veux pas l'être; je m'appelle Carlo Gozzi, et qui plus est, je n'embrasserai pas le petit. Il fallait pourtant éclaircir cet affreux mystère. Je vais chez un marchand grec, et je lui demande s'il connaît un homme nommé Constantin Zucalà. « Oui, signor, me répond ce marchand. Zucalà est un « honnête négociant du quai des Esclavons, ici tout près. » — Eh bien, regardez-moi; trouvez-vous qu'il me ressemble? — « Ah! signor, « vous voulez rire. Zucalà est haut comme cette table, et vous avez « cinq pieds six pouces! »

« Cela n'est rien encore. J'étais allé dans le Frioul pour la *villegiatura*. Je reviens en novembre, et je rentre enfin dans Venise, après une nuit et un jour passés en voiture, dans la neige, par un vent du diable; j'arrive accablé de froid, de faim, de fatigue et de sommeil. — *Gondoliere, porte-moi* à San-Cassiano, au palais Gozzi. — Ma paisible petite rue se trouve encombrée de gens du peuple qui crient comme des aigles. — Qu'y a-t-il donc? — C'est le seigneur Bragadino, qui a été créé ce matin patriarche de Venise; il fait des largesses au peuple. Cela ne durera que trois jours. — Je frappe à ma porte, un maître d'hôtel vient m'ouvrir, la serviette sous le bras. — « Que faut-il « vous servir, signor? Nous donnons le régal et l'hospitalité à tout le « monde indistinctement. » — Je le crois bien, je suis chez moi ici; je m'appelle Charles Gozzi, cette maison est la mienne. — « C'est la « vôtre en effet, signor, tout le monde est chez nous comme chez soi « pendant ces trois jours. » J'entre dans ma maison. Partout il y a des gens attablés, des hommes ivres qui dorment, d'autres qui jouent, chantent, se querellent et vocifèrent. Le veau, le bœuf et les chapelets de dindons embrochés rôtissent dans ma cuisine. Gamache faisait ses noces dans ma chambre. Il me faut déserter avec *facchino* et gondolier, pour chercher un logement à l'auberge pendant trois jours. A qui est-il jamais arrivé rien de pareil? qui pourrait encore nier que je suis ensorcelé? Non, jamais le patriarche Bragadino n'aurait eu l'idée de s'emparer d'une autre maison que la mienne pour faire cuire ses dindons. »

Tous les caprices de l'étoile contrariante ne sont pas aussi fâcheux que celui-ci; mais Gozzi attache une extrême importance au moindre détail du chapitre, hélas! trop court, des *Contratempi*. Si on l'en croyait, la pluie tomberait pour lui seul, aussitôt qu'il met le nez dehors, et rien ne lui arriverait comme à tout le monde. Cependant tout le monde est en droit d'en dire autant que lui. Chacun a son chapitre des *Contratempi*, orné de méprises effrayantes, de personnages bizarres et de fatalités imprévues dont on a le droit de faire des monstres. Qui ne connaît pas cette disposition d'esprit dans laquelle tout change d'aspect et s'éclaire d'une lumière fantastique? Alors la queue du diable passe entre les basques de tous les habits, et si quelqu'un vous appelle d'un autre nom que le vôtre, vous êtes au pouvoir de l'enfer. Dans les mains de Gozzi, le fantastique, soutenu par la pantalonnade vénitienne, prend des proportions énormes. L'auteur a bien l'air de croire à la vertu des paroles cabalistiques par lesquelles l'ame de Tartaglia passe dans le corps du roi, son maître, tandis que l'imprudent monarque s'amuse à entrer dans le corps d'un cerf; mais il exagère assez les choses pour vous faire entendre que cela n'est pas parfaitement croyable! Hoffmann, au contraire, est effrayé réellement, et veut vous forcer à partager son épouvante.

Transportez la scène des *Contratempi* en Allemagne : n'avez-vous pas l'écolier Anselmus, qui ne peut jamais saluer un grand personnage sans renverser une chaise; le petit Zacharie avec ses transformations; et le conseiller Tussmann, qui voit une tête de renard sur les épaules de son voisin l'horloger, et tout ce monde de gens qui se *fantasmatisent* dans les cabarets de Berlin ou de Nuremberg? Assurément, il est impossible de nier l'originalité d'Hoffmann, mais jusqu'à quel point s'est-il approprié celle de Gozzi? Combien le poète vénitien l'a-t-il aidé à s'exalter, à se mettre en dehors de lui-même, pour se voir agir, penser et se faire manœuvrer comme les masques de la comédie *dell' arte?* Combien Charles Nodier a-t-il emprunté à Gozzi, qu'il a suivi de près dans ses voyages en Dalmatie? A quel degré *la Fée aux Miettes, Trilby,* et tant d'autres ouvrages, sont-ils parens des comédies *fiabesques* et du chapitre des *Contratempi? Turandot* et *l'Amour des trois Oranges* ont engendré les *Tribulations d'un directeur de Spectacle* et les articles sur les marionnettes. Néophobus est le neveu de Burchiello, et ses diatribes sont venues à Paris avec un bon vent sur la *Tartane des influences,* long-temps après l'année bissextile 1756.

Tandis que d'autres ont passé leur vie entière dans le fantastique, Gozzi, trop fort pour s'y arrêter, n'y demeure qu'un instant; il prend la chose comme un badinage, dont son air fâché fait tout le charme, et en conscience le fantastique ne devrait jamais être pris autrement. Le reste est de la folie ou de l'affectation. N'oublions pas surtout que le chapitre des *Contratempi* est une production du XVIIIe siècle.

IV.

C'est une existence heureuse et variée que celle de Gozzi, surtout dans son époque *fiabesque.* Qui n'a envié le sort du poète comique jeté dans le tourbillon de la vie d'artiste, au milieu d'une troupe d'acteurs intelligens et d'actrices jolies, qui doivent à ses travaux et à ses conseils leur gloire et leur pain quotidien? Qui n'a désiré connaître la vie aventureuse décrite par Goethe dans *Wilhelm Meister?* Charles Gozzi faisait mieux que de jouir du pittoresque et de la liberté du monde des coulisses; il exerçait le rôle de génie du bien dans ce conflit perpétuel de passions : il refusait de voir le mal, et souvent, de peur d'être blâmé par lui, on n'osait pas commettre une mauvaise action. C'est Gozzi lui-même qui parle dans sa *Peinture de la comique compagnie de Sacchi.* « Sans nul doute il y avait, dit-il, dans notre troupe comique sept artistes excellens, soutiens solides de la comédie *dell' arte.* Ce genre, bien exécuté, est à mon sens la plus agréable et la plus innocente récréation; mal exécuté, il est insupportable, j'en conviens; c'est tout ce que je puis accorder aux petits esprits persécuteurs de notre comédie, et qui, avec leur sérieux affecté, sont plus ridicules encore que les arlequins sans talent.

« Outre le rapport certain de mes capricieuses allégories avec le génie de ces acteurs, outre leur *bravoure* comique, la bonne odeur d'honnêteté qu'on respirait parmi eux m'engagea à fraterniser philosophiquement avec cette compagnie. L'union, la bonne harmonie, la discipline, les règlemens sévères sur la conduite des femmes, me séduisirent. Je me flatte d'avoir été utile à la troupe et au genre, qui était avant moi plus ampoulé qu'il ne l'est. Quant au désintéressement et au zèle que j'ai montrés envers mes protégés, je n'en dirai rien. Qui pourrait compter tout ce que je leur ai fait par complaisance de prologues, d'adieux en vers, combien de chansons à intercaler, de quêtes de complimens pour les jolies actrices de passage, combien de milliers d'additions aux farces, combien de soliloques, de désespoirs, de menaces, de reproches, de prières! Combien de fils j'ai morigénés, combien de pères j'ai suppliés, dans toutes ces pièces où les débutans timides ne savaient s'ils auraient la force d'improviser! J'étais de fondation le compère, le parrain, le conseiller, le médiateur, le *cher poète,* aux baptêmes, aux noces, aux querelles, toujours en badinant et toujours avec succès, car je les aimais tous.

« Aucune de nos jeunes actrices n'était laide, aucune sans dispositions pour son art. Elles s'y exerçaient en me priant de les secourir dans un moment de besoin, de leur donner des leçons la veille d'un rôle créé. Avec leurs grands yeux, leurs airs patelins, caressans et coquets, elles obtenaient de moi ce qu'elles voulaient, preuve qu'elles jouaient bien la comédie. Et quand la troupe courait le pays dans la

saison des pèlerinages! bon Dieu! quelle quantité de lettres! Milan,
Turin, Gênes, Parme, Mantoue, Bologne! *ahimé!* C'étaient des récits, des chagrins, des souvenirs, des demandes d'arbitrages, des tendresses. Les lettres exercent une comédienne.

« Celui qui s'imagine qu'on peut mener des actrices sans faire l'a-
mour est dans l'erreur. On le fait ou on feint de le faire. Ces pauvres
filles sont pétries de pâte d'amour. L'amour est leur premier guide
aussitôt qu'elles peuvent s'aider à marcher en s'appuyant de la main.
A six ans elles en parlent et le connaissent tant bien que mal. L'austérité de la compagnie existait... en paroles. La jeune comédienne est
extrême en tout : amitié est un mot fabuleux; nous lui substituons
l'amour et point de nuances. Une comédienne dit bien à une autre
qu'elle a de l'amitié pour elle, mais quand elle veut la tromper ou lui
jouer un mauvais tour. Du moins, dans notre compagnie, on faisait
l'amour décemment, sans scandale. Jamais je n'ai vu nos actrices dépouiller les jeunes gens, se vendre à l'enchère, ni surtout, ce qui a de
graves conséquences, mal parler ou ruiner celles qui se conduisaient
bien. Jamais une basse vénalité n'a été remarquée; on se serait fait
bannir de la troupe. Après cela, on était amoureuse par choix, discrètement, en suivant le bon exemple qu'on avait reçu de ses père et
mère, quand on en avait. Toutes les femmes disaient : « Quand j'aurai
un mari, je quitterai la scène; » mais on se mariait à condition de ne
point la quitter, car celle qui a vécu heureuse sur la scène ne peut
plus vivre ailleurs. Nous sommes passionnés à Venise, et la passion
respire dans les coulisses; elle passe sa tête par le trou du souffleur,
on l'avale avec la fumée des quinquets. Hors des planches le néant.

« Ces pauvres jeunes filles! que d'esprit et de traits comiques dans
leurs amours! Quelquefois elles m'attaquaient et me perçaient d'œillades, car j'étais garçon, je pouvais prendre femme, et on serait restée
sur les planches. Quelquefois j'ai su leurs colères, leurs querelles, leurs
jalousies, et même leurs pleurs à propos de moi; elles croyaient m'aimer parce que j'étais le *signor poetà* et célibataire, en un mot une
planète adorable dont une invention scénique pouvait encore les porter
au triomphe. Sous ce rapport je faisais de mon mieux, leur gloire était
la mienne; quant à l'*hyménée*, j'ai toujours mis fin aux chimères en
déclarant mon parti pris de rester garçon; mais bah! on recommençait au bout de huit jours.

« A chaque rentrée en ville, après une tournée, je les questionnais
d'un air indifférent. On ne voulait rien avouer. On avait tant pensé à
moi! *ó Dio!* et enfin les confessions arrivaient peu à peu, et on avait

eu des boisseaux d'amourettes! Mais on protestait et on prouvait, clair comme la nuit, par des témoignages, par des lettres, que les galans étaient tous de bons partis, des époux presque assurés. Ah! si on était restée un jour de plus dans telle ville, on serait une dame bien établie! C'étaient de riches particuliers de Turin, qui est une ville *noble*, de Milan, une capitale; tous avaient les intentions les plus honorables, mais tous étaient malheureusement obligés d'attendre la mort, qui d'un oncle, qui d'un père, qui d'une mère, qui d'une femme, le tout apoplectique, étique ou hydropique, ainsi cela ne pouvait tarder : « Tenez, lisez plutôt, me disait-on. » Je lisais fort placidement des expressions de tendresse, et je voyais des regards furtifs qui lisaient aussi dans mes yeux, pour y chercher de la jalousie...... Qu'il est difficile pour un philosophe de vivre parmi de jeunes comédiennes! Elles ont dans l'ame six livres écrits sur l'art d'aimer, sans compter celui d'Ovide.

« On ne reverra plus de Truffaldin comme Sacchi, plus de Brighella comme Zanoni, plus de Tartaglia comme Fiorilli, ce Napolitain plein de feu, justement célèbre dans toute l'Italie, plus de Pantalon comme Darbès, ce comique à volonté contenu ou impétueux, majestueusement bête, et si vrai que le bourgeois vénitien croit se mirer sur la scène quand il voit ce modèle parfait de ses ridicules. La Smeralda était un ange pour la grace, une mouche pour la légèreté. Avec trois mots, ces gens-là auraient su faire toute une scène à mourir de rire. Jamais ils n'auraient souffert qu'une pièce tombât du premier coup. Ils en auraient plutôt fabriqué une autre sur le moment, et il fallait qu'on eût ri pour son argent, car ils étaient honnêtes, et du diable s'ils voulaient rendre le prix des billets. J'ai vécu avec eux pendant dix ans, au milieu du bruit, des querelles, des tempêtes, des injures, et avec tant de plaisir que je ne donnerais pas ces dix années pour tout le reste. Hors des affaires du théâtre, ces pauvres comédiens se seraient mis au feu les uns pour les autres; ils auraient brûlé Venise pour moi. Hélas! tout a une fin, l'extinction et la dispersion de la troupe a été un de mes grands chagrins. Goldoni s'est appuyé sur un mot imposant et trompeur, et un mot est tout puissant sur les esprits bornés; ses pièces reviendront peut-être sur l'eau, comme un vieux sac à procès embourbé au fond des lagunes, et qu'un coup de rame détache, en passant, de la vase où il dormait, tandis que mes pauvres fables, si on les oublie une fois, ne reverront plus la lumière. »

Le temps, qui détruit tout, laissa Charles Gozzi vivre heureux et tranquille pendant quatorze ans, au milieu de ces acteurs qu'il aimait et qu'il avait perfectionnés. Cette belle époque ne fut qu'une suite de succès, de relations gaies et cordiales, de bonne harmonie et de recettes copieuses. On se réunissait deux fois par semaine chez le compère Sacchi; le vin de Chypre échauffait les conversations; la jeunesse et la beauté des actrices, leur coquetterie, leurs folles espérances de mariage, mettaient Gozzi dans la plus douce position dont puisse jouir un auteur. Tout alla le mieux du monde tant que le patron de la troupe n'eut de préférence marquée pour personne; mais un beau jour, une œillade plus meurtrière que les autres et mieux ajustée pénétra jusqu'à son cœur : ce fut le signal de la discorde, de la désorganisation, et même de la décadence du poète comique.

Une actrice qu'il vit à Padoue, la signora Teodora Ricci, captiva tout à coup Charles Gozzi, à tel point qu'il négligea ses anciennes amitiés et ses intérêts pour être plus entièrement à son amitié nouvelle. Jamais il ne voulut avouer qu'il y eût de l'amour en jeu, et cependant il fit pour la signora Ricci plus que l'amitié seule n'oserait entreprendre. Cette jeune femme n'était nullement appelée par vocation à entrer dans la troupe de Sacchi. La comédie *fiabesque* et plaisante ne convenait pas à son physique sérieux, à sa diction déclamatoire, ni à son caractère violent et passionné. Dans l'idée que la faiblesse du poète pour elle lui serait avantageuse, elle accepta les propositions que Sacchi voulut bien lui faire à l'instigation de Gozzi. Comme si le public de Venise eût deviné le tort que cet élément nouveau pouvait causer à la compagnie, il accueillit très froidement cette actrice à son début. La pièce de *l'Amoureuse tout de bon,* composée exprès pour elle, se ressentit de la mauvaise volonté du parterre. Gozzi s'obstina; il aima mieux changer de genre que d'abandonner sa favorite, et donna une traduction du *Comte d'Essex* et une autre de *Gabrielle de Vergy.* On avait eu de la peine à monter ces deux ouvrages, si contraires aux habitudes de la troupe. Peut-être l'exécution fut-elle manquée; le public demeura muet pour l'actrice et pour les deux ouvrages, qu'il fallut laisser de côté après six représentations. Le quatrième essai fut plus heureux. Gozzi, ayant étudié l'esprit et le caractère de son amie, trouva un rôle qu'elle pouvait jouer. *La Princesse Philosophe* plut beaucoup au public, et la signora Ricci se vit enfin applaudie et acceptée par les Vénitiens. Cette réhabilitation porta le coup de la mort à la compagnie Sacchi. Toutes les actrices jalouses se liguèrent contre la nouvelle favorite; une fois l'espoir perdu de convertir le poète en *marito felicissimo,* l'envie et la haine ne gardèrent plus de ménagemens. Les quatre masques tournèrent leurs regards de tous côtés pour chercher de l'emploi; la spéculation se mettant de la partie, les directeurs de Sant'Angelo, du théâtre de Mantoue, et même celui de la Comédie-Italienne de Paris, leur firent des propositions. Darbès et Fiorilli, gagnés à force d'argent, quittèrent San-Salvatore pour entrer dans la troupe rivale, de sorte que Gozzi se trouva en peu de temps sans Tartaglia et sans Pantalon. Par une transformation subite, il donnait des pièces sérieuses tandis que ses concurrens héritaient de son genre et de ses acteurs comiques. Comme dans *le Roi cerf*, l'amour lui avait fait imprudemment laisser son corps pour passer dans celui d'un autre, qui avait pris immédiatement sa place. Heureusement, si Darbès et Fiorilli emportaient la gaîté avec eux, ils ne donnaient point le génie *fiabesque* aux mauvais et obscurs faiseurs du théâtre Sant'-Angelo; mais la décadence et la dispersion de la troupe Sacchi n'en étaient pas moins inévitables. Truffaldin prenait de l'âge et perdait ses jambes. Pour surcroît de complication, ce vieux fou s'avisa d'être amoureux de la Ricci, et malgré ses soixante-dix ans il donna de l'ombrage à notre poète, qui voulait bien se contenter du titre d'ami, à condition de ne point voir d'amant en titre. Un jour Gozzi trouva sa belle occupée à tailler du satin blanc pour faire une robe. C'était un cadeau de Sacchi, et la jeune première, avec la naïveté italienne, aurait bien voulu conserver à la fois les aunes de satin et sa vertu. La chose étant décidément impossible, elle garda le satin.

Avant l'arrivée de cette actrice, Gozzi, sans prédilection dans la troupe, également sévère et juste pour tout le monde, dressait ses artistes et les pliait à ses fantaisies. Une fois amoureux, il se laissa mener et se plia lui-même aux caprices d'une femme sans intelligence. Teodora n'entendait rien à la comédie *dell'arte*, ni aux conceptions poétiques, encore moins au merveilleux mauresque ou persan, pas davantage aux allégories. Elle suivait des routines de déclamation, s'habillait du manteau piqué des vers de la tradition, et ne jouait bien que les drames compilés et empruntés. Gozzi emprunta et compila pour lui plaire. Il traduisit le *Gustave Vasa* de Piron, *la Chute de doña Elvira*, pièce espagnole, *la Femme vindicative*, etc. Le public applaudissait par complaisance, mais il ne reconnaissait plus le père original, hardi et volontaire de *Turandot* et des *Trois Oranges*. Gozzi, mécontent, bouda contre les Vénitiens pendant quelques années. Il laissa la Ricci jouer son antique répertoire d'ouvrages classiques et usés. Ce temps de repos ne fut pas inutile à cet esprit dérouté. Le poète se retrempa dans le silence. On le revit comme autrefois se promener à Saint-Moïse, dans les coins et les petites rues, le menton incliné, comp-

tant les dalles, et justifiant son sobriquet de *solitaire*. Il recommençait à parler tout seul et à murmurer des vers d'un air sombre et distrait. L'été de la Saint-Martin ranima encore une fois sa verve. Il eut
un retour vers la satire, non pas comme dans sa jeunesse, contre de
fausses locutions, des drames traduits, le patois chioggiote, ou d'autres bagatelles indignes d'échauffer la bile d'un homme mûr. Les ridicules ne lui arrachaient plus que des sourires, ce fut sur les vices qu'il
fixa son regard pénétrant. Le débordement des mœurs était parvenu
à un degré d'effronterie tout-à-fait révoltant. Le génie satirique de
Gozzi ne pouvait voir de tels excès sans leur dire un mot, et comme le
sujet en valait la peine, l'émotion se mêlant à la plaisanterie, il trouva
une quatrième manière, non plus gauloise comme dans *la Tartane,* ni
orientale comme dans les *fables* et les allégories, ni italienne comme
dans les pantalonnades; l'indignation et le chagrin lui inspirèrent cette
ironie amère et touchante que Shakspeare avait mise dans la bouche
du prince Hamlet. Trois satires seulement, et très courtes, sortirent de
ce dernier jet, mais ce furent les meilleurs fruits qu'ait portés cet
arbre si fécond. Prenons celle de ces pièces de vers qui termine le recueil.

Une pauvre femme du peuple, jeune et jolie, appelée Betta, était
devenue folle de douleur de ce qu'on avait tué son mari dans une
querelle de taverne. Comme elle ne faisait de mal à personne, et que
sa folie était au contraire tendre et bienveillante, on la laissait courir
les rues et demander l'aumône. Son nom était devenu proverbe : faire
comme Betta la folle signifiait aller trop loin dans ses affections et
être dupe de son cœur. Gozzi s'empara de ce personnage intéressant,
et c'est Betta qui parle ainsi aux femmes vénitiennes, en stances de
huit vers :

« Belles dames, si je vous demandais qui je suis, vous me répondriez :
Passe ton chemin; nous savons que tu es Betta la folle. — J'en conviens :
je m'appelle Betta; mais pour que vous jugiez de l'état de mon esprit, je
vous dirai quelques paroles un peu brusques. Je vous prouverai que nous
sommes toutes sœurs, et que nous nous ressemblons comme Louis et Lu-
dovic.

« Et qu'arriverait-il si, notre procès une fois jugé, nous allions changer
de nom ? Parce que je cours seule au milieu des rues, vous vous accordez
pour dire : Elle est folle! — Vous êtes donc sages, parce que vous courez
dans la ville, accompagnées de tous les mâles de Venise, excepté de vos
maris ?

« Mes promenades sont innocentes; les saluts et les sourires que j'adresse aux passans n'offensent pas les mœurs; mais que dit-on de vous par derrière, de vos circuits dans les ruelles détournées, de vos minauderies, de vos clignemens d'yeux et de votre démarche lascive?

« Quand je suis maussade et que je garde le silence, c'est que je n'ai rien à répondre à qui me parle; et vous autres, vous tournez le dos aux gens, et vous faites les revêches pour tâcher de rendre fou qui vous aime.

« Il est vrai que, si quelque polisson porte les mains sur moi, je lui donne une rebuffade. Aussitôt vous dites : Le mal est dans sa cervelle. — Mais vous, vous acceptez l'insolente caresse, et apparemment vous avez raison, puisque vous êtes sages et moi folle.

« Quand il me plaît d'avoir un amoureux, je lui fais les yeux doux au milieu de la place publique. Aussitôt vous criez : Betta la folle va commettre quelque inconvenance! — Si j'étais sage comme vous, je saurais que, dans un coin obscur, ou quand les rideaux de la gondole sont fermés, on peut sans crainte... Épargnez-moi le reste.

« J'aime bien à mettre de belles plumes de coq sur ma tête. Mes bracelets de gousses d'ail sont jolis. Sur mon pauvre sein, voyez ce riche morceau d'un vieux mouchoir déchiré. Tantôt je mêle et je noue mes cheveux, tantôt je les éparpille. Quelquefois je me coiffe avec soin d'une corbeille, signes certains de mon incurable démence!

« Mais celui qui a le temps d'examiner vos crinières y verra passer en un mois trente guirlandes. Vos cheveux changent à tous momens, à présent à la française, tout à l'heure à l'anglaise. Vite des fleurs de tous les pays! O les étranges formes de tête que vous vous donnez! On voit bien qu'il y a dans ces têtes-là un grand jugement.

« Sotte'que je suis! je loge pour rien chez le jardinier ou la pauvre fruitière. A ceux qui m'abordent je ne coûte jamais plus d'un denier. Ce n'est pas savoir se conduire. On ruine son mari, on ruine ses enfans. Eh quoi! point de viande à dîner! le rôti reste chez le boucher? Voilà le moment de ruiner un amant.

« Le désespoir de voir mon mari mort, c'est là ce qui m'a rendue folle : honteuse faiblesse! Si j'avais été forte comme vous autres, je me serais reconfortée en apprenant mon veuvage. Une folle pleure son mari parce qu'elle l'aime. Heureusement cela est rare; la sage rit, et tôt s'amourache d'un autre quand ce n'est pas fait d'avance.

« Oh! qu'il est beau de comprendre bien ce que dit le monde! Les brebis qui sortent de l'étable ne savent pas distinguer le faux du vrai, le vrai descend dans les abîmes, le faux est là qui leur crève les yeux; la renommée tourne autour du troupeau avec sa trompette, choisit une brebis sans cervelle, et crie : Je te salue, ô Salomon!

« Enfin, il faut que je vous le dise, et faites attention, car je sens en moi le souffle de la sibylle : les grimaces de mon corps sont le miroir de vos ames; je vous enseigne ainsi à modérer le bouillonnement de vos cervelles. Voulez-vous être sûres de votre raison? Faites avec votre cœur et votre es-

prit le contraire de ce que fait ma personne. Alors vous serez sages. Adieu,
femmes! »

Dans sa dernière pièce, *les Drogues d'amour*, imitée de Tirso de
Molina, Gozzi avait mis un rôle de fat ridicule et impertinent. Le public, habitué aux allusions satiriques, voulut absolument que ce personnage fût le seigneur Gratarol, connu à Venise pour sa sottise et sa
fatuité. La pièce n'était pas même achevée que ce bruit se répandait
déjà, et qu'on se promettait quand même de reconnaître Gratarol. Ce
jeune homme, averti par ses amis, voulut empêcher la représentation.
Une querelle interminable commença, d'abord selon les lois du point
d'honneur, ensuite par devant des arbitres et des tribunaux. Gozzi,
pour mettre fin à ces ennuis, retira sa pièce; mais Sacchi s'attendait à
de bonnes recettes, précisément à cause du scandale, et fit tout au
monde pour avoir *les Drogues d'amour*. Gratarol était parti pour la
Suède, comme attaché à l'ambassade de Stockholm; Gozzi se laissa
arracher sa comédie. On ne manqua pas de trouver la ressemblance
frappante et d'applaudir le Gratarol. Une nouvelle guerre de mémoires,
de justifications, d'assignations et d'arbitrages, recommença au retour
de l'ambassade. Les détails en sont fort ennuyeux, et Gozzi en a fait
un gros volume où sa verve lutte en vain contre un sujet ingrat.
Au milieu de ces débats, l'année 1797 était arrivée. Les armées républicaines et les graves évènemens qu'elles apportèrent à leur suite
éteignirent tous les petits intérêts. On ferma tous les théâtres, et la
politique régna seule à Venise. Gozzi assista à la chute de son pays,
aux trahisons, aux folies de la magnifique seigneurie, à l'abandon
méprisant du général français, à l'entrée des baïonnettes allemandes,
à l'élection dérisoire du doge Manino, son ami. Dieu sait ce qu'étaient
devenus dans ce conflit les Pantalons et les Truffaldins! On n'en entendit plus jamais parler, et l'année de la mort de Charles Gozzi n'est
pas même connue. On ne savait pas non plus l'année de sa naissance.
Ce génie bizarre passa comme une de ces comètes dont on n'a pas eu
le temps d'étudier la marche. Aussitôt qu'on ne le vit plus, on l'oublia, et on revint à Goldoni par la pente inévitable de la routine.

A quel point cet injuste oubli a été poussé en Italie, et particulièrement à Venise, c'est ce que j'aurais refusé de croire si je ne l'avais vu
par moi-même. Au mois d'octobre 1843, étant à Venise, je cherchais
sur les affiches de théâtre une pièce qui ne fût pas traduite du français. On joua un soir, au théâtre *Apollo*, une comédie de Goldoni,
et je pris un billet. Au premier mot, je reconnus *le Dépit amoureux*,
grossièrement transformé. Dans mon désappointement, je sortis en

disant qu'il n'y avait pas moyen de voir en Italie une pièce italienne, et que Gozzi avait eu bien raison de se moquer des plagiaires. Mes voisins se mirent en fureur contre moi, et me soutinrent en face que leur Goldoni était trop riche pour voler les autres, et que *les Amans querelleurs* ne devaient rien à personne, ce qui ne me persuada point. Le lendemain, je demandai chez plusieurs libraires les comédies de Gozzi; à peine si on savait ce que je voulais dire. Enfin, dans une petite boutique, on me tira de la poussière un vieil exemplaire oublié sur un rayon depuis quarante ans, et on me donna les dix volumes pour le prix du papier.

Lorsque Gozzi, jetant un regard inquiet sur ses œuvres, s'était effrayé de leur originalité, le pressentiment qui lui représentait ses *fables* oubliées et les oripeaux de Goldoni sortant de l'eau n'était pas un effet du hasard. Il sentait que le mot de *régulière* attaché à l'œuvre de Goldoni serait un jour le morceau de liège qui devait l'arracher du fond des lagunes. Les véritables poètes, les hommes de fantaisie, « qui ne vivent pas d'emprunt et ne se parent point des plumes du paon, » n'auront jamais pour eux que la minorité des gens intelligens et éclairés. Cette minorité leur fait rarement défaut; mais une immense majorité se prononcera toujours pour ceux qui suivent les chemins battus; elle reviendra là où est l'ornière, et laissera ceux qui ne marchent sur les traces de personne se perdre dans l'oubli. Le sort du poète de fantaisie sera donc, non-seulement d'être oublié, mais encore de reparaître, au bout d'un certain temps, comme une nouveauté sous le nom d'un autre. Certes, lorsque Hoffmannn se mit à imaginer ses personnages bizarres, on ne douta pas qu'il n'eût puisé ces excellentes folies dans sa cervelle : cependant on ne peut nier qu'il se soit inspiré de Gozzi. Le portrait de Crespel, celui de maître Abraham avec sa redingote couleur *fa bémol*, celui de Jean Kreissler avec son archet à la ceinture en guise d'épée, ne sont pas plus hardis que celui du patricien N..., avec ses armes de la bataille de Lépante. Les bottines étonnantes du *joueur d'échecs* cèdent encore le pas à celles de l'archevêque Turpin. Qui eût osé soupçonner *la Vie d'Artiste* de ne pas être un souvenir de jeunesse raconté par Hoffmann avec tous ses détails les plus exacts? Cependant on ne sait plus qu'en penser en voyant que Gozzi trente ans auparavant écrivait un chapitre semblable dans sa peinture de la compagnie Sacchi. La chanteuse Teresa aurait-elle été aussi capricieuse dans ses amours avec le maître de chapelle, si la Teodora Ricci n'eût pas fait damner le poète comique vénitien? Le chagrin et les déceptions d'Hoffman se sont bien augmentés de ceux de

Gozzi. Quant aux méprises de *L'enchainement des Choses*, du *Pot d'Or* et de *Zacharie*, ce sont absolument des amplifications du chapitre des *Contratempi*. Hoffmann a beaucoup loué Gozzi et vanté ses pièces *fiabesques*, sa poésie, les caractères comiques de son théâtre, et tout ce qui n'avait aucun rapport avec les *contes fantastiques;* mais il s'est bien gardé de parler du reste, et cependant comment croire que l'histoire de l'oncle Constantin Zucalà, le portrait du sénateur botté à la Turpin, et l'aventure du palais envahi par les cuisiniers, n'aient pas frappé Hoffmann bien plus vivement que les autres morceaux? — Ajoutons que, sans le poète astrologue Burchiello, il n'y aurait pas eu de Néophobus; que si *la Tartane* n'eût pas coulé à fond les faiseurs de galimatias et les novateurs vénitiens, nos fabricateurs de mots n'eussent pas essuyé sous cette forme la fine et terrible bordée que Nodier leur envoyait il n'y a que deux ans. Gozzi a encore sur ses imitateurs l'avantage d'avoir écrit en vers. Il n'est ni juste ni décent que ses inventions soient introduites en France de seconde main, tandis que le véritable créateur d'un genre original et applaudi n'est qu'à peine connu de nous.

Si je n'ai pas réussi à donner de ce poète aimable l'opinion qu'il mérite, ses ouvrages sont là, le lecteur peut les ouvrir sans avoir à craindre d'y trouver de l'ennui, car Gozzi écrivait pour un public bien plus léger et plus impatient que nous. On ne s'inquiétait guère à Venise des lois du bon goût, ni des leçons sur la dépravation des mœurs, ni des colères de l'académicien *solitaire* contre les patois barbares; il fallait d'abord amuser son monde. Une minute d'ennui eût tout perdu et renvoyé les spectateurs immédiatement d'un théâtre à l'autre. Charles Gozzi savait cacher son but moral ou littéraire sous l'apparence du plaisir et de la récréation; derrière la nourrice racontant des histoires aux petits enfans, on reconnaît sans peine le philosophe. Cet alliage de la force satirique, du bon sens critique, du merveilleux oriental, du fantastique et de la pantalonnade italienne, a quelque chose d'étrange et de surprenant, comme l'existence de Venise elle-même. C'est bien de la ville féerique des lagunes que ce génie complexe devait sortir, et le public français, qui a le privilége de distinguer et d'aimer ce qui se fait de bon en tous pays, ne refusera pas à Charles Gozzi une place dans son estime.

PAUL DE MUSSET.

FANTAISIES HISTORIQUES

DE LA JEUNE ANGLETERRE.

———

I. — *ENGLAND'S TRUST AND OTHER POEMS*,
BY LORD JOHN MANNERS, M. P

II. — *HISTORIC FANCIES*,
BY THE HONORABLE GEORGE SYDNEY SMYTHE, M. P.

———

Je saisis avec plaisir l'occasion que m'offre la publication des *Historic Fancies* de M. Smythe pour parler une fois encore de la jeune Angleterre. Je rattachais récemment ici le mouvement intellectuel, l'école politique qui a pris ou accepté cette dénomination, au *Coningsby* de M. d'Israeli, et, je l'avoue, ce n'était pas sans une sorte de répugnance. Je ne pouvais me persuader que j'étais bien en présence de la jeune Angleterre devant le dernier roman de l'auteur de *Vivian Grey*; je ne pouvais me résoudre à voir dans M. d'Israeli le représentant légitime d'une génération qui se dit nouvelle. M. d'Israeli est à coup sûr un élégant et spirituel écrivain : telle page brillante de ses livres m'ordonne très agréablement de le reconnaître. M. d'Israeli est un esprit qui porte des fleurs à l'époque où dans la sérieuse carrière qu'il parcourt a déjà commencé ordinairement la saison des fruits; je n'ai aucune raison de le contester. Mais il ne me paraît pas moins

évident que si M. d'Israeli a jamais pu être l'organe naturel d'une génération nouvelle, c'est au moment de ses débuts littéraires, moment
vieux à cette heure de dix-sept années, *magnum œvi spatium!* Je
ne crois pas qu'il puisse arriver à des esprits élevés et généreux de
ne passer qu'avec indifférence ou dédain devant les tentatives de
jeunes gens distingués par l'intelligence et par le caractère. Dans les
premiers essors de la jeunesse, dans cette fraîcheur de sentimens et
d'idées, dans cette sainte candeur d'enthousiasme, dans cette adorable
promptitude à s'éprendre de tout ce qu'un rayon de beauté illumine,
dans cette magnifique témérité qui sur tous les champs de bataille
jette son bâton de commandement au point le plus difficile de l'action, il y a quelque chose dont la vue doit faire battre encore les cœurs
mêmes où le regret a déjà remplacé l'espérance et où ne retentissent
plus que les plaintifs échos du souvenir. C'est ce je ne sais quoi, qui
est tout simplement la jeunesse, que je cherche et qui m'intéresse dans
la jeune Angleterre : cette franche verdeur, difficile à retrouver en
effet chez ceux qui sont jeunes depuis plus de dix-sept ans, je n'ai pu
la rencontrer dans M. d'Israeli, et voilà pourquoi je me suis refusé à
prendre *Coningsby* pour la véritable jeune Angleterre, voilà pourquoi
je n'ai voulu voir dans *Coningsby* que le chaperon de la *new genera-
tion :* chaperon aimable, il est vrai, mais qui trahissait bien sa maturité mondaine au jeu de sa cravache satirique et à la dextérité savante
avec laquelle il butinait le scandale pour semer la médisance.

La jeunesse est de bon aloi au contraire dans les poésies de lord
John Manners et dans les caprices historiques de M. Smythe. Le plus
âgé des deux nobles écrivains n'a pas vingt-huit ans. Entrés ensemble, il y a trois ans, à la chambre des communes, c'est bien
eux qui ont eu l'honneur de marquer dans la sphère politique l'adhésion de la jeunesse aux tendances qui sont aujourd'hui indiquées
sous la désignation de *jeune Angleterre.* Ils appartiennent tous deux
à l'aristocratie. M. George-Sydney Smythe est le fils aîné du vicomte
de Strangford; lord John Manners est un des fils du duc de Rut-
land. Unis par une de ces étroites amitiés que l'on ne peut former
qu'au début de la vie, ayant lié leurs carrières et entrelacé pour ainsi
dire leurs opinions, ils ont fait des prémisses de leurs plumes un mutuel échange qui nous défend de les séparer ici : l'*England's Trust*
est dédié à M. Smythe; les *Historic Fancies* sont dédiés à lord John
Manners.

Le volume de lord John Manners a devancé de trois années celui
que M. Smythe vient de publier. Sa date est ici un titre de pré-

séance. C'est qu'en effet, à travers les pages de ce petit volume, on peut observer plus près de la source, dans la limpidité du premier flot, la pensée inspiratrice des deux amis. Lord John Manners a écrit en vers; est-ce par ambition littéraire? Non. Si haute et si grande que soit l'ambition littéraire, lord John Manners a évidemment obéi à une préoccupation qu'il considère comme plus élevée encore. Dans son ode au tombeau de Burns, Wordsworth remercie le poète écossais « d'avoir révélé à sa jeunesse comment les vers peuvent dresser un trône royal à une humble vérité. » Si cette brillante image eût été présente à la mémoire de l'auteur de l'*England's Trust*, elle eût peut-être effarouché sa modestie; il eût craint peut-être de n'élever, lui, qu'un piédestal trop humble à des vérités décorées, à ses yeux, d'un caractère sublime. Lord John Manners aura écrit en vers parce que c'est la langue préférée de ces émotions que le cœur aime à laisser librement et sans calcul s'épandre et s'exhaler. La poésie anglaise, on le sait, se prête plus volontiers que la nôtre à cette disposition, à ce véritable besoin du cœur; elle permet une familiarité de ton qui échappe au théâtral et au guindé, sans tomber dans la vulgarité, une simplicité discrète qui sied à une mélancolie tendre sans afféterie, et méditative sans emphase. Aussi, moins que nous, les Anglais sont-ils exposés à se tenir éloignés de la poésie, dans la crainte délicate de lui faire injure. Puisque je ne dois pas insister sur le caractère littéraire de l'*England's Trust*, pourquoi donc ne le dirais-je pas tout de suite? Envers cette muse d'accès plus facile, lord John Manners me semble avoir gardé les bienséances par l'observation desquelles on fait en littérature ses preuves de gentilhomme. Lorsqu'on n'a pas mesuré ses efforts à des prétentions plus altières, ce simple mérite n'est-il pas encore un suffisant honneur?

Une seule pensée anime les poèmes de lord John Manners : c'est une pensée religieuse, mais avec une nuance particulière à l'Angleterre, et qui distingue surtout la jeune école. La poésie de lord John Manners n'est pas précisément, en effet, ce que nous appellerions une poésie religieuse. L'auteur des *Martyrs* et l'auteur des *Harmonies* nous ont montré, de façon à ne pas nous permettre de l'oublier, ce qu'est, ce que peut être une poésie de cette nature. Depuis *le Paradis perdu* jusqu'aux *Ecclesiastical sonnets*, depuis Milton jusqu'à Wordsworth, des œuvres assez nombreuses et suffisamment belles l'ont appris aussi à la littérature anglaise. Les éblouissantes splendeurs des mystères, les sublimes accidens du drame divin d'où le christianisme est sorti, le langage que parlent à l'imagination les rites sacrés, l'ame

humaine jaillissant parmi ses douleurs et ses joies, du milieu de ses
triomphes et de ses misères, vers l'infini que les révélations surnatu-
relles lui ouvrent au-dessus de la terre et au-delà de la mort : là sont,
à nos yeux, les grandes inspirations de la poésie religieuse ; il ne faut
pas s'attendre à rencontrer celles-là dans le livre de lord John Manners.
Lord John Manners n'a pas demandé à la religion ce que les poètes
cherchent naturellement en elle, l'ivresse des extases, la magnificence
des hymnes, les sanglots s'apaisant dans des prières, les douleurs acceptées par la résignation et consolées par l'espérance. C'est que lord
John Manners s'est moins adressé à la religion qu'à une institution
religieuse : il s'est moins préoccupé de ce qu'il y a d'intime dans la
religion que de la forme extérieure qui lui sert d'enveloppe politique
en Angleterre. Lord John Manners, et je ne dis pas cela pour déprécier sa tentative, mais pour l'expliquer, a fait surtout une démonstration en faveur de ce que les Anglais appellent l'église établie, *the
church*. Pour lui, l'*England's Trust* (l'*Espérance de l'Angleterre*), c'est
l'église. Chez nos voisins (et ne va-t-il pas en être bientôt de même
chez nous?), une manifestation semblable est une manifestation politique, un acte de parti, et tel est le trait original de l'*England's
Trust.*

Malgré le caractère militant de ce livre, quoiqu'on y trouve plutôt
des témoignages en faveur de l'église que les sentimens religieux dans
leur pureté désintéressée et dans leur spontanéité, la situation d'esprit
dans laquelle lord John Manners l'a écrit se rattache à des circonstances morales où la religion touche en effet à la poésie. C'est une véritable et chaleureuse conviction religieuse qui anime lord John Manners à se porter le champion de l'église ; mais cette ardeur semble
s'être allumée à de poétiques impressions. C'est du moins ce que donne
assez clairement à entendre dans ses poésies un ami de lord John Manners, le révérend William Faber, auteur déjà de deux volumes de
vers assez distingués, le *Cherwell water lily* et le *Styrian lake*. A en
juger par ces confessions délicates, l'année 1838 aurait marqué une
ère importante et décisive dans la vie psychologique de ces jeunes gens.
Ils passèrent l'été de cette année avec plusieurs de leurs amis d'université dans les montagnes et aux bords des lacs de Westmoreland :
c'était au milieu des paysages qui ont versé sur la muse de Wordsworth
leurs reflets attendris et mélancoliques. « J'y étais venu, dit lord John
Manners, pour m'enivrer des enchantemens de la nature, pour y puiser à pleines mains aux vieilles sources les purs breuvages de l'amour.
Il y a certainement un charme secret dans ces petits ruisseaux mys-

térieux; un esprit plane sur ces collines sombres et solennelles. Oh!
s'il y a encore sur la terre des traces des jours écoulés; si la foi aux
doux yeux et la paix ne se sont pas envolées au ciel, c'est ici qu'elles
ont cherché un refuge, ici qu'elles se plaisent à demeurer, envelop-
pant de leur douce influence les montagnes, les eaux, les vallées. »
Au milieu de cette nature où leurs sentimens se purifiaient en s'exaltant, les questions religieuses soulevées depuis quelques années à Oxford, et qui excitent un si grand émoi en Angleterre, saisirent fortement leurs esprits. Ces jeunes ames passionnées pour les nobles études,
éprises d'idées élevées, et tout imprégnées de sève poétique, allaient
bondissantes au-devant de l'enthousiasme; elles s'attachèrent avec ardeur aux doctrines des nouveaux théologiens d'Oxford qui rallumaient
un saint prestige autour de la religion de la patrie. Ce fut ainsi que
lord John Manners s'enrôla dans la chevaleresque croisade prêchée
autour de cette église d'Angleterre qui cherche dans le catholicisme
des titres de noblesse oubliés, et qui se retrempe en une jeunesse
nouvelle. « Je me doutais peu, dit lord John Manners lui-même dans
la jolie pièce de vers où il rappelle ce souvenir qu'il unit au nom de
Windermere, lieu doublement poétisé par le séjour de Wordsworth,
je me doutais peu, lorsque je vins pour la première fois parmi ces
puissantes montagnes, que ces flots de hautes pensées dussent y jaillir; je me doutais peu que ces lacs bleus, si calmes à mes pieds, m'en-
gageraient dans une cause que je n'abandonnerai jamais. »

Je crois pouvoir signaler là avec précision l'origine des tendances
qui sont entrées dans l'agitation politique avec la jeune Angleterre.
On voit clairement, ce me semble, dans les poésies de lord John Manners, que la jeune Angleterre est en politique une dérivation du mouvement religieux qui prenait naissance, il y a douze ans, à l'université d'Oxford. Cette école catholique d'Oxford, autour de laquelle
rayonne aujourd'hui avec éclat la vie intellectuelle de l'Angleterre, a
elle-même reçu des circonstances politiques l'impulsion qui l'a portée
si loin. La situation morale de l'église d'Angleterre, comparée à ce
qu'elle était il y a douze ans, présente aujourd'hui un remarquable
contraste. On était alors sous le coup de l'émancipation des catholiques; les idées utilitaires et le libéralisme philosophique, victorieux
par le triomphe du bill de réforme, poursuivaient une marche ascen-
dante; les vieux priviléges de l'église, déjà entamés, voyaient s'a-
masser contre eux des menaces plus redoutables encore; une commission parlementaire créée pour veiller aux affaires ecclésiastiques,
mais dans laquelle les laïques étaient en majorité, semblait porter

atteinte à l'Indépendance spirituelle de l'église en touchant à son établissement temporel. La situation intérieure de l'église anglicane n'offrait pas un aspect plus rassurant. La vie morale qui éclatait avec tant de vigueur et de confiance dans les rangs de ses adversaires se retirait peu à peu et avait comme disparu de son sein. M. Gladstone a tracé de l'état du clergé à cette époque une peinture d'une vérité sévère et qu'il peut être intéressant de reproduire ici. « Les mœurs du clergé devenaient, dit-il, de plus en plus séculières. Sauf des exceptions individuelles, elles étaient au-dessous du niveau qu'exige sa vocation élevée. Les jeunes gens destinés à recruter ses rangs ne se soumettaient à aucune retenue. Ils passaient, à l'époque de leur ordination, d'une vie indifférente ou dissipée à des habitudes plus décentes, comme s'ils obéissaient plutôt à un intérêt mondain qu'à une émotion religieuse et à un entraînement réel vers les fonctions les plus sacrées. Le type du prêtre dans sa sainteté était presque effacé. L'église d'Angleterre arrivait avec une effrayante rapidité à devenir ce qu'un énergique écrivain a brutalement appelé une comédie. C'était une vaste organisation ayant pour but apparent de communiquer à tous les membres du pays les graces et les vérités divines; mais en réalité elle ne semblait pas avoir d'autre portée que d'assurer à des cadets de famille, à des précepteurs, à des hommes incapables, les moyens d'une existence indépendante et une position dans le monde. »

Dans cet état de choses, contre l'inflexible audace de l'esprit philosophique, contre les infatigables assauts des sectes dissidentes, il eût été impossible à l'église d'Angleterre de tenir long-temps, uniquement appuyée sur les ais vermoulus de l'utilité politique. Ce fut dans ce moment où le danger était plus menaçant encore au dedans qu'au dehors qu'eut lieu ce qu'on pourrait appeler la renaissance catholique d'Oxford. Une même pensée réunit quelques *clergymen* de cette université, MM. Pusey, Palmer, Williams, Newman, des hommes chez lesquels les adversaires qu'ils se sont plus tard attirés n'ont jamais contesté la sincérité de la foi et la charité des intentions; ils voulurent tenter de sauver l'église par elle-même, de relever ses principes oubliés, de lui rendre le prestige des traditions sur lesquelles se fonde l'église d'Angleterre, qui, pour être séparée de la communion romaine, ne prétend pas moins à conserver les caractères fondamentaux du catholicisme. Ils écrivirent d'abord de petits traités où étaient exposés les principaux points de la foi et de la constitution de l'église anglaise; ces brochures publiées modestement sans nom d'auteur, mais qui laisseront un long souvenir sous la désignation générale de *Tracts for the Times*, eurent un vaste retentissement et une prompte influence. Au milieu des controverses qui éclatèrent autour d'elles, l'esprit qui les avait inspirées se répandit avec ardeur dans l'élite de la jeunesse des universités, dans le jeune clergé, dans les classes élevées d'Angleterre. D'ailleurs, le sillon, une fois ouvert, a été vivement et largement labouré. La religieuse ferveur inspirée par la vieille foi a appelé de pieuses investigations vers les plus anciens monumens du christianisme. Les écrits des premiers théologiens de l'église anglicane, où l'on retrouve plus vivant l'esprit du catholicisme, à mesure qu'on remonte plus près de l'époque du schisme d'Henri VIII, ont été réimprimés et répandus avec profusion. On a donné des éditions des œuvres des anciens pères de l'église; en ce moment même, on publie des vies des saints appartenant à l'époque où l'Angleterre était en communion avec Rome, et écrites dans les sentimens des siècles les plus croyans. Ainsi ont été promptement ramenées dans l'église d'Angleterre la sève, la chaleur et la force morale qu'elle avait perdues. Le mouvement d'Oxford l'a replacée dans la position ferme et assurée d'où les sectes dissidentes l'avaient peu à peu refoulée. La cause de l'église n'a pas seule profité à cette renaissance; celle des intérêts conservateurs a retiré d'incontestables avantages de la restauration morale qui relevait et fortifiait la partie la plus menacée de la voûte antique du *church and state*. N'en voit-on pas un symptôme remarquable chez les jeunes hommes qui depuis quelques années sont entrés avec distinction dans la vie politique? ils ont pris position dans le parti conservateur, en même temps qu'ils se rangeaient du côté des idées d'Oxford, et il semble que pour eux le mot de Southey redevienne aussi vrai qu'il l'ait jamais été : « Qui n'est pas dévoué à l'église n'est que la moitié d'un Anglais. »

Parmi les livres qu'ont fait éclore ces nobles controverses, il en est peu où se montre mieux que dans les poésies de lord John Manners l'influence qu'elles ont exercée. Le poème principal du volume de lord John, *l'Espoir de l'Angleterre*, n'est, je le répète, qu'une manifestation en faveur de l'église. Un lecteur français trouverait assurément quelque chose d'imprévu, quelque chose d'étrange dans les effusions que l'église inspire ainsi, non pas à un prêtre, mais à un homme qui appartient à la première aristocratie du royaume-uni, à un jeune homme. Les quatre fragmens qui composent le poème de *l'Espoir de l'Angleterre* n'enferment pas dans un cadre logique les pensées ou les sentimens auxquels l'auteur s'abandonne. Il est évident néanmoins que l'attachement enthousiaste de lord John Man-

gers à l'église peut se ramener à un double motif, à un double élément, à une double forme. Lord John Manners aime dans l'église
la gardienne féconde des nobles et saintes vertus que le sentiment
religieux alimente, et qui vont toutes se fondre dans la charité; il
aime l'église pour les bienfaits qu'elle a répandus sur son pays, comme
par reconnaissance patriotique, avec une sorte d'orgueil national.
Cette dernière nuance, qui domine peut-être les sentimens de lord
John Manners, jette sur son culte pour l'église une couleur historique; lord John Manners porte volontiers ses yeux sur le passé de
l'église. Je vois là, pour ma part, un sentiment intelligent, élevé,
légitime. Il me semble naturel que le patriotisme sache franchir ainsi
les limites du présent pour aller rechercher ses mobiles jusque dans
le passé. Une nationalité se forme, se développe sous l'action d'un
petit nombre d'élémens qui, par cela même qu'ils ont été essentiels à
son existence, doivent durer autant qu'elle. L'histoire dit quels ont
été ces agens, et quelle part chacun a prise à l'œuvre admirable d'où
sortent l'unité, le caractère et la vie d'une nation. Le patriotisme qui
ne sait pas les découvrir et les comprendre tous, les respecter et les
aimer tous, n'est qu'un patriotisme incomplet et faux. Lord John
Manners n'a pas à se reprocher cet oubli du passé dans son dévouement à l'église d'Angleterre. Ce n'est même que dans le passé qu'il
en trouve le type le plus parfait, le plus pur, celui qu'il voudrait voir
reparaître aujourd'hui dans son ancien éclat. Cette piété envers le
passé suggère à lord John Manners un langage qui peut paraître
étrange à ceux qui s'attendraient à rencontrer en Angleterre la rigidité protestante dans son intolérance primitive. Il est bon d'en donner
une idée pour montrer la direction que prennent les idées religieuses
dans une partie considérable de l'Angleterre.

Par exemple, lord John Manners et ses amis sont loin d'adopter
le jugement que les protestans portent sur le moyen-âge religieux; ils
voient dans cette époque les beaux temps du christianisme. Pour eux,
la décadence et la corruption de la foi suivent la réforme d'Henri VIII,
au lieu de la précéder. « Ces trois siècles n'ont-ils pas assez montré,
dit lord John Manners, les tristes effets de la rapine royale? Ne souf-
frons-nous pas encore du péché de celui qui osa accomplir une confiscation impie, et, méprisant la vengeance inévitable de Dieu, ne
craignit pas de jeter à la bande rapace de ses courtisans les richesses
dont les siècles croyans avaient ceint le front de la fiancée du ciel?
Ah! ce ne fut pas la charité qui lui inspira de porter une main tyran-
nique sur une proie sans défense! » Si lord John Manners invoque

les saints de sa foi, les noms de saint Anselme et de saint Thomas de Cantorbéri, celui même de Wolsey, devancent sous sa plume le nom de Laud. Aussi ses vœux n'appellent-ils pas seulement le retour de la splendeur de l'église; il désire hautement l'union des églises qui ont conservé dans l'épiscopat la tradition apostolique. « Tout vrai chrétien aspire, dit-il, à voir rétablir dans l'église l'unité sainte. » Il espère que sa foi régénérée placera l'Angleterre à la tête des communions catholiques; il envie pour elle « un nom plus sacré que celui de maîtresse des mers, le nom que Rome porta dans sa florissante jeunesse et que la foi répéta de rivage en rivage, le nom de mère des églises. » Dans des vers écrits à Rome même, il adresse à la papauté des reproches qui certes, dans la bouche d'un Anglais, nous semblent le plus significatif des hommages. « Rome sans cœur! grand est ton péché de n'avoir pas encore révoqué l'arrêt cruel sous lequel nous gémissons dans les terres étrangères... En des jours plus purs, les enfans de l'église, semblables dans leur union à la robe sans couture de leur maître, demeuraient fermes contre le schisme et l'hérésie. Et maintenant, que mon cœur est attristé de te voir infidèle au commandement de ton Seigneur! » Après cela, lord John Manners n'a été que conséquent avec lui-même, lorsqu'à la chambre des communes il a invité le gouvernement à rétablir les relations diplomatiques avec Rome.

Les idées religieuses de lord John Manners avaient sur ses sentimens politiques une influence qui ne nous paraît pas justifiée, à l'époque déjà éloignée, il est bon de le remarquer, à laquelle remontent ses poésies. En prenant parti pour les principes catholiques de l'église anglicane, lord John Manners a pris aussi parti pour les hommes politiques qui se firent les défenseurs de ces principes. Aussi, dans l'histoire de son pays, il se range vaillamment du côté des Stuarts contre les révolutionnaires de 1640 et de 1688. Lord John Manners avoue à cet égard ses sympathies et ses antipathies avec une verte franchise. Il a contre les *têtes rondes* la vive haine d'un compagnon de Montrose ou d'un *cavalier* du prince Rupert. Dans des pièces de vers datées d'Avignon et de Rome, il donne à l'infortune des Stuarts de pieux regrets; il a écrit, au contraire, sur Guillaume de Nassau d'amères paroles. Ce sont de ces caprices de sentimens que la réflexion et la maturité corrigent bien vite dans ce qu'ils ont de faux, mais qui, oserai-je le dire? honorent presque la première jeunesse, car la générosité palpite au travers. Qui de nous, par le cœur, n'a pas été républicain en lisant Démosthène ou Tacite, ou n'a porté, par l'imagination,

les couleurs jacobites avec Flora Mac-Ivor et Diana Vernon? Lord
John Manners n'a pas été seulement loyaliste dans le passé. Lorsqu'il
quitta l'université, au moment où il dut faire ce voyage sur le continent qui est le complément de l'éducation anglaise, les Basques dé-
pensaient pour Don Carlos les derniers efforts d'un héroïsme qui ne
devait pas tarder à se lasser : lord John Manners alla passer un mois
en Navarre, dans l'armée du prétendant, au milieu de ces montagnes
« où, dit-il, la chevalerie pâlissante a conservé sa dernière forteresse. »
Je ne sais pourquoi lord John Manners n'est pas demeuré plus long-
temps parmi les jacobites espagnols; son séjour a été trop court pour
donner des couleurs intéressantes aux poésies qu'il a consacrées à ses
souvenirs de la guerre carliste.

Dois-je aborder le livre de M. Smythe avec les vers que lord John
Manners, au retour de son voyage du continent, adressait à son ami?
Après avoir rappelé les principales impressions qu'il eût voulu partager
avec lui, dans ses courses à travers l'Europe; « mais maintenant, lui
dit-il, presser ta main, lire l'amitié qui rayonne dans ton œil bleu, te
souhaiter la bienvenue, est l'heureux lot de celui dont la tendresse
voit déjà dans un plus noble avenir ton nom briller d'un lustre immortel. » Il y a bien dans ces vers un des aimables parfums de la jeunesse, de cette heureuse saison où l'admiration jaillit de l'amitié avec
tant de confiance et de naturel; mais ne serait-il pas dangereux pour
M. Smythe qu'on prît au mot l'amical enthousiasme de lord John
Manners? N'y aurait-il pas trop de sévérité à chercher déjà, dans les
Historic Fancies, la réalisation d'une promesse d'impérissable renommée? Je le craindrais. Le livre de M. Smythe donne de belles
espérances, mais l'éclat ineffaçable n'y est pas. Il annonce chez l'auteur un talent élevé, un esprit attrayant, un caractère plus attrayant
encore peut-être; mais M. Smythe lui a laissé à dessein, il me semble,
des allures de jeunesse qui, on le sait bien, pour des œuvres de littérature politique, sont tout le contraire d'une garantie d'immortalité.
Je ne parle encore que de la forme des *Historic Fancies*. A coup sûr,
elle ne ment pas au titre de l'ouvrage : rien ne saurait être plus capricieux. M. Smythe voulait saisir, retenir, arrêter avec la plume celles
de ses impressions historiques qui lui paraissent devoir influer sur ses
principes politiques. Il a mis dans le choix de ses procédés une fantaisie, une variété dont le désordre n'est pas d'abord sans agrément,
dont, à la première vue, l'intention paraît originale et élégante;
M. Smythe emploie indifféremment les vers et la prose pour exprimer
sa pensée. A une étude sérieuse et brillante sur une grande question

historique, sur l'aristocratie française par exemple, succédera une ballade, la dernière prière de Marie Stuart. Ici M. Smythe consacre au souvenir d'un grand homme, Mirabeau s'il vous plaît, une étude biographique; ailleurs, pour rendre la couleur d'une époque, le règne de Charles II si vous voulez, c'est dans une scène de courses, à New-Market, qu'il peindra d'imagination la cour dissipée et voluptueuse du fils du roi martyr. De même, s'il veut crayonner le portrait de Robert Walpole, il le fait poser dans une de ces débauches de table auxquelles le ministre corrupteur s'abandonnait avec ses familiers : il oppose à ce tableau celui de Bolingbroke, et c'est en vers, dans une scène dialoguée, que le grand rival de Walpole développe ses éloquentes théories. Puis, çà et là, à travers les fragmens sérieux de son livre, M. Smythe, comme pour marquer la signature de la jeunesse, jette, fleurs charmantes et suaves d'ailleurs, un mélancolique sonnet, un joli chant d'amour. Je ne saurais mieux comparer les bigarrures de ce livre qu'aux capricieuses ébauches d'un album : un trait, une teinte, quelques vers sur le vélin, vous suffisent pour conserver l'impression d'un moment et l'évoquer à votre gré dans sa gracieuse fraicheur. Quelques lignes vous rendent le paysage et le font revivre comme par un charme de fée dans votre imagination; vous revoyez les purs contours des collines bronzées par la lumière, vous suivez la voile latine sur les vagues endormies du golfe, vous entendez encore les mélodies que sifflent les brises de mer à travers les aiguilles frémissantes des pins. Telles doivent être pour M. Smythe ses *Historic Fancies*. Parcourant l'histoire comme on fait un voyage, M. Smythe a fixé les points de vue qui le frappaient le plus par un dessin d'une négligence élégante et docile aux boutades de l'imagination. Aussi son livre, sauf quelques morceaux, n'est-il qu'une suite d'esquisses inachevées et tout individuelles. Je n'aurai rien à redire à ce système si, pour M. Smythe, ce volume n'est guère qu'un album que l'on prêterait à des amis, comme on ferait une confidence.

M. Smythe n'attache pas, en effet, une plus haute idée à ses essais; il réclame l'indulgence avec une si gracieuse modestie, qu'on aurait tort de lui reprocher trop sévèrement les « les incohérences de forme » dont il se reconnaît lui-même coupable. Je ne serais pas moins injuste si je ne disais que ces incohérences, qui nuisent à l'harmonie d'une œuvre littéraire vraiment digne de ce nom, laissent voir pourtant avec éclat de remarquables mérites d'écrivain. Le style de M. Smythe a des manières tout-à-fait distinguées. Il va parfaitement à la noblesse, à la sérénité, à la généreuse ardeur, à la délicate pureté de sa pensée; il a cette sincérité transparente à travers laquelle, comme dans le vivant langage de la physionomie et du geste, l'intelligence du cœur reconnaît une de ces natures élégantes et chevaleresques qui commandent tout de suite la sympathie.

Bien que sortie évidemment de la même source religieuse et conservatrice que celle de l'*England's Trust*, la pensée des *Historic Fancies* a plus de largeur, plus de développement et plus de force. M. Smythe aspire ouvertement à une sorte d'éclectisme politique, à une conciliation des grandes opinions qui se combattent dans son pays et dans le monde. Pour cette œuvre d'harmonie, il prendrait sa base sur les intérêts conservateurs, il emprunterait aux intérêts démocratiques le but qu'ils se proposent en faveur des classes populaires, et c'est du sentiment religieux et des idées de devoir et de dévouement qui en découlent qu'il ferait descendre le feu sacré sur cette union. L'initiative de ce dessein n'appartient pas à M. Smythe : il est né de la situation même du royaume-uni et des récentes épreuves que l'Angleterre a traversées; il s'est déjà réalisé par les progrès croissans de ce torysme religieux et dévoué au patronage des classes pauvres, dont le groupe de la jeune Angleterre ne forme que l'avantgarde; mais, pour accélérer ces progrès, c'est une heureuse idée que celle dont les *Historic Fancies* sont l'expression. Pour opérer cette fusion, il est naturel de chercher à comprendre ce qu'il y a de noble et de bon dans les opinions et dans les partis les plus contraires. Où peut-on se préparer à cet éclectisme, se former à cet esprit de tolérance politique, si ce n'est dans l'étude de l'histoire? M. Smythe le croit, et il faut avouer qu'il ne saurait apporter à cette étude des dispositions plus convenables que celles qui lui ont dicté cette phrase : « Je n'ai jamais oublié que même chez les hommes les plus pervers, il y a plus encore à aimer qu'à haïr. »

Il y a d'ailleurs dans la direction que M. Smythe a donnée à ses études historiques quelque chose qui nous touche de plus près, quelque chose qui mérite bien notre attention et notre intérêt. M. Smythe est venu choisir principalement en France, dans notre histoire récente surtout, les enseignemens qu'il cherchait. M. Smythe a fait des efforts dont nous ne pouvons ne pas lui être reconnaissans pour comprendre notre civilisation et nos grands hommes. Je l'avoue, cette curiosité sympathique manifestée à l'égard de notre patrie me paraît aujourd'hui importante à plus d'un titre. Dans un moment où des fautes regrettables ont provoqué entre la France et l'Angleterre de si tristes conflits, je regarde comme un symptôme de bon augure

les bons sentimens que nous témoigne un jeune membre de l'aristocratie anglaise qui est dans son pays à la tête d'un généreux mouvement politique; n'est-ce pas une chose digne en effet d'être remarquée que les paroles par lesquelles un membre de la chambre des
communes placé dans les rangs du torysme exprime si vivement l'intérêt que notre pays lui inspire? « Ce n'est pas sans dessein, dit
M. Smythe dans sa préface, que j'ai fait de si fréquentes allusions à la
France; en appréciant les partis et les opinions qui ont divisé ce pays,
j'ai pu parler sans préjugé et sans partialité. J'ai pu admirer en France
le génie des grands hommes sans être obligé de partager leurs haines
et leurs passions. Je puis avouer ici, sans craindre que mes sentimens
soient mal interprétés, que j'ai reconnu la grandeur des principes contraires, que je me suis laissé émouvoir par tous les glorieux souvenirs,
qu'ils appartiennent à l'ancienne monarchie, à la république ou à
l'empire. Je me suis attendri sur l'infortune du duc de Bordeaux. J'ai
pleuré la mort du duc d'Orléans; j'ai gémi sur la tombe d'Armand
Carrel. Mais ce n'est pas seulement dans le désir d'apprendre et de
dire la vérité sur tous les partis que je me suis adressé à la France. Il
m'était naturel, en portant mes pensées sur l'histoire moderne, de
me tourner vers ce grand peuple dont l'histoire récente est un vaste
panorama, où les couleurs sont plus brillantes et les groupes plus
frappans, les nuances plus variées et les contrastes plus abruptes; où la
lumière est plus belle et les ombres sont plus noires que dans toutes
celles que j'eusse pu étudier ailleurs. C'est en France que nous avons
vu la théorie la plus parfaite de l'absolutisme; c'est en France que
nous avons vu la théorie la plus parfaite d'une république; c'est là
que le grand compromis entre ces deux principes sera soumis à l'é-
preuve la plus large, au contrôle le plus sévère, à la discussion la plus
vive. Je n'ai pas poursuivi non plus ce dessein sans espérer que je
pourrai faire quelque chose, si peu que ce soit, pour amener une connaissance plus intime, un esprit plus conciliant, des sentimens meilleurs entre les deux grandes sœurs de la civilisation. »

La France occupe en effet les deux tiers des *Historic Fancies*. Une
étude sur l'aristocratie française ouvre le volume; des vers sur Armand Carrel le terminent. Une longue série de portraits biographiques des principaux hommes politiques de la révolution occupe
la plus grande partie de ces esquisses. Barnave, Mirabeau, Dumouriez, Hoche, Marat, Hébert, Brissot, Barbaroux, Tallien, Lou-
vet, Saint-Just et Robespierre se succèdent dans cette galerie, ouverte par deux pièces de vers, où M. Smythe a voulu exprimer les

sentimens du *royaliste de Vendée* et *du jacobin de Paris*, et fermée par la peinture d'une soirée chez la citoyenne Tallien, où l'on entrevoit au milieu des dissipations du directoire cette tête « aux longs cheveux flottans, aux yeux étincelans de génie, aux traits réguliers comme ceux d'un Antinoüs, aux lèvres serrées et dédaigneuses, » qui va bientôt être immortalisée par le jeune général de l'armée d'Italie.

Je ne me plains pas de l'admiration que M. Smythe professe pour notre aristocratie historique. Les dehors splendides, le côté imposant et fastueux des vieilles et illustres familles de la monarchie captivent M. Smythe. Malgré les révolutions qui leur ont enlevé en France la constitution et l'influence d'un corps politique, M. Smythe persiste à voir en elles la plus brillante aristocratie du monde. Cette illustration est une des gloires, une des supériorités de la France, et nous n'avons garde de la contester. Il n'y a plus chez nous d'aristocratie fondée sur les institutions; mais tant que durera l'orgueil naturel des races, et je dirais presque la piété des traditions de famille, il y aura une noblesse. Ce magnifique privilége du sang, qui fait que l'on porte en soi pour ainsi dire plusieurs siècles de l'histoire de sa patrie, ces souvenirs des aïeux, ces images des ancêtres devant lesquels le patricien romain sentait l'amour de la gloire brûler en son cœur comme une flamme, exalteront toujours les ames assez grandes pour les comprendre et s'en pénétrer. La France doit en grande partie à sa noblesse cette suzeraineté du goût, de l'esprit et des manières, qui force à devenir Français et Parisien tout ce qu'il y a d'éminent en Europe. Quand les anciennes familles qui ont survécu aux révolutions n'auraient encore d'autre rôle que de nous conserver avec cette royauté délicate un des élémens les plus réels de l'influence et de la grandeur de notre pays, leur illustration ne serait pas même aujourd'hui tout-à-fait stérile. J'aurais aimé cependant que M. Smythe abordât avec moins de timidité la question intéressante que soulève la position d'une partie considérable des grandes familles historiques de la France; j'aurais voulu que M. Smythe combattît plus nettement les répugnances qui les retiennent dans une opposition oisive à l'ordre nouveau fondé depuis quinze années. Il a bien indiqué ce qu'il y a de pénible et de contradictoire dans l'attitude de cette portion de notre ancienne aristocratie qui refuse de s'associer à nos destinées politiques. « C'est une chose triste, dit-il, que des hommes dont les sympathies sont nécessairement du côté de l'autorité soient amenés, par la fausseté de leur position, à l'affaiblir et à la combattre. Quelle situation déplorable! Hommes de pouvoir, ils jouent le jeu de la démocratie; conservateurs,

ils provoquent les troubles; loyalistes, ils poussent à une révolution.
Leurs principes peuvent-ils justifier une telle conduite? Les principes
ne sont-ils pas indépendans de toutes les vicissitudes humaines, des
changemens de dynasties et de personnes? Sinon, à la merci de quels
accidens ils varieraient! Supposez que les Guise eussent montré plus
de décision, les Bourbons ne seraient que les premiers gentilshommes
de France. » Malgré ces paroles, M. Smythe ne conseille pas assez vivement à cette partie de la noblesse d'abandonner une attitude si incon-
séquente. Il ne lui suggère pas les raisons vraiment politiques qui
devraient la décider. On n'a pas assez remarqué, à mon avis, que si la
révolution a enlevé à la grande noblesse des avantages de fortune et de
vanité, nos institutions actuelles lui ouvrent une carrière bien digne de
tenter les ambitions viriles, et qui lui était fermée autrefois. Sous l'ancienne monarchie, sous Louis XIV et même après lui, il était plus facile
à un homme de naissance médiocre, ou même sans naissance, de devenir ministre et de gouverner qu'à un duc et pair. La grande noblesse pouvait bien se disputer les tabourets et les préséances, le conseil lui était fermé. Plus d'un grand seigneur a dû ressentir l'irritation
frémissante de Saint-Simon contre cette politique de la royauté qui
livrait les grandes affaires et le gouvernement à la roture ou à la petite robe. Que la douleur et presque la honte de cette exclusion devaient leur être poignantes, en présence de l'ironique dédain qu'elle
inspirait à l'aristocratie britannique, devant ce sarcasme de lord Bolingbroke, par exemple, qui disait que notre noblesse n'était élevée
qu'à faire l'amour, à chasser et à se battre! Mais aujourd'hui, et c'est
le contraste que j'aurais demandé à M. Smythe d'indiquer, l'activité
publique, la véritable ambition politique, ne sont plus interdites à personne. Dans cette lutte ouverte à tous, chacun peut se servir de ses
avantages naturels; les membres des anciennes familles y emploieront quand ils le voudront ceux qui sont leur propriété inaliénable;
là ils pourront utilement et glorieusement déployer ces qualités de
caractère que M. Smythe loue plusieurs grandes maisons d'avoir per-
pétuées en elles. M. Smythe aurait pu signaler ici comme enseignement un nom auquel il rend lui-même, parmi d'autres vivans exemples de l'hérédité des nobles mérites, un hommage spécial, le nom
de celui qui, suivant ses expressions, « a apporté dans la vie politique
les vertus courageuses qui faisaient écrire d'un de ses ancêtres par le
cardinal de Retz : « Si ce n'était pas une espèce de blasphème de dire
« qu'il y a quelqu'un dans notre siècle plus intrépide que le grand

« Gustave et M. le Prince, je dirais que ç'a été le premier président
« Molé. »

Les études biographiques de M. Smythe sur la révolution française
lui font doublement honneur; elles montrent qu'il s'est approprié avec
un soin remarquable chez un étranger, et surtout chez un Anglais,
cette grande période de notre histoire, et elles prouvent que son esprit sait dominer les passions de parti et les préjugés nationaux. Les
portraits de Mirabeau, de Saint-Just et de Robespierre sont tracés
avec une fidélité scrupuleuse et une justesse très intelligente; celui de
Mirabeau annonce que M. Smythe a fait une étude attentive du talent oratoire de notre magnifique tribun; on y rencontre des traits
qui indiquent une connaissance très familière du sujet, cette observation entre autres : « On suppose trop généralement que Mirabeau
n'était supérieur que dans la violence, dans l'énergie de Démosthènes.
Ses discours renferment pourtant des morceaux où la pensée est con-
densée avec un art aussi exquis, sous une forme aussi achevée que
dans aucun de ceux que prononcèrent jamais M. de Serres ou M. Canning. » Et M. Smythe en cite plusieurs exemples très heureusement
choisis. L'étude sur Robespierre est la plus complète; c'était peut-être
pour M. Smythe la plus périlleuse à tenter. Toucher au nom de Robespierre, discuter froidement ses paroles et sa conduite, c'est presque du courage chez un Anglais. M. Smythe me paraît avoir d'autant
mieux réussi, que la tâche était plus difficile. Après avoir reproduit
avec impartialité la carrière politique de cet homme sinistre, M. Smythe est amené à une appréciation que les esprits bien faits et les
cœurs honnêtes de tous les pays et de tous les temps seront toujours
forcés d'accepter. « Robespierre, dit-il, appartenait à cette espèce de
monstres que Scaliger a appelée les monstres sans vice. On a voulu tirer
une sorte d'indemnité pour ses barbaries de la pureté de ses mœurs
et de l'austérité de son caractère... Le motif de la cruauté de Robespierre fut l'intensité de son amour-propre, il était l'incarnation de l'orgueil; mais ce n'était pas chez lui, comme dans le caractère anglais,
une confiance en soi franche et assurée : c'était plutôt un sentiment
chagrin, soupçonneux, craintif, une ombre flottante de cette préoccupation de soi qui fut la maladie de Rousseau. Ce fut à ce démon
qui le possédait qu'il sacrifia ses hécatombes de victimes. » M. Smythe
cite ensuite les jugemens portés sur Robespierre par Mirabeau et Napoléon : « L'enseignement de sa vie, ajoute-t-il, est le même que
celui que l'Angleterre put tirer de la politique des successeurs immé-

diats de M. Pitt. C'est un malheur public que des commis deviennent
ministres, que des hommes nés pour compiler des statistiques prennent le rôle d'hommes d'état, que les petits hommes usurpent l'héritage des grands. Que la médiocrité s'affuble des inspirations du génie,
que Robespierre se fasse l'exécuteur des rêves de Rousseau, qu'un
mortel se place dans le char du soleil, et le monde est sur le point
d'être plongé dans les ténèbres, et la civilisation est retardée dans sa
haute et radieuse carrière. » M. Smythe n'a pas bien saisi, au contraire,
dans ses stances sur Armand Carrel, le caractère véritable du républicain de l'école américaine trempé par l'esprit militaire de l'empire.
Armand Carrel n'était pas le paladin de philanthropie que M. Smythe
a vu à travers ses idées anglaises de dévouement aux classes pauvres.
Nous ne pouvons pas cependant nous dispenser de tenir compte à l'auteur des *Historic Fancies* des sentimens bienveillans pour la France
dont cette poésie est l'expression. M. Smythe rend encore l'affectueuse sympathie que la France lui inspire dans les vers qu'il a écrits
sur la mort du duc d'Orléans. M. Smythe se trouvait à Paris peu de
temps avant cet effroyable malheur. Les élections générales venaient
d'avoir lieu : elles s'étaient faites dans un sentiment d'antipathie à
la politique du ministère, accusée de faiblesse à l'égard de l'Angleterre, et ce sentiment n'était pas loin de ressembler à de l'hostilité contre la nation anglaise. En apprenant la mort du duc d'Orléans,
M. Smythe mêla un vœu à ses douloureux regrets : « Adieu, cher
Paris! disait-il. Permets-moi, avant de m'éloigner, d'adresser une
prière à ton malheur : au nom de ces belles pensées d'antique alliance
que nous devrions accepter de maîtres plus sages; au nom des espérances de Saint-John et du lien qui nous unit autrefois à Utrecht; au
nom de cette dernière perte que nous pleurons ensemble! et depuis
cette heure où d'Orléans a cessé de respirer; au nom du triste spectacle devant lequel la France en deuil a ajouté une autre couleur aux
couleurs de son drapeau; au nom des larmes que notre Angleterre
elle-même a versées sur cette jeune tombe, que la haine cesse désormais entre nous, que deux nations rivales sortent amies d'un malheur
commun! »

M. Smythe n'a donné qu'un petit nombre de pages à l'histoire de
son pays. Les seules même qui puissent avoir une signification politique actuelle sont celles qu'il a appelées : *Un Dîner de cabinet* et *Une
Scène d'opposition au siècle dernier.* Par ces deux dessins, qui se correspondent et font contraste, M. Smythe accuse légèrement l'antagonisme de sir Robert Walpole et de lord Bolingbroke. La fantaisie de

M. Smythe place la figure de Walpole dans une débauche de table, et celle de Bolingbroke dans un entretien avec ses amis de l'opposition, sir W. Wyndham et Pulteney. A un certain point de vue, M. Smythe a assez bien choisi ses fonds de tableau. On ne pouvait mieux saisir le sensualisme brutal de Walpole, l'aridité de cœur, la petitesse et la bassesse d'instinct de ses amis, qu'en les réunissant dans une grossière orgie. M. Smythe s'est contenté d'indiquer le sujet; il n'y a mis ni le mouvement du dessin ni la vie de la couleur. L'histoire est plus libérale sur ce point que l'imagination de l'auteur des *Historic Fancies;* elle a gardé le souvenir des bruyans scandales de Houghton. Là, dans le magnifique château qu'il s'était fait construire, Walpole rassemblait chaque année, à la saison des chasses, ses alliés des deux chambres. Ces réunions d'automne duraient de six semaines à deux mois. C'était, de la part de l'amphitryon, une profusion et un gaspillage je ne dirai pas de prince, mais de financier, et, dans le troupeau de ses parasites, des scènes de confusion et de désordre qui scandalisaient les meilleurs amis de Walpole. Lord Townshend, un parent, un collègue du premier ministre, quittait par pudeur son manoir voisin de Rainham pendant la durée de ces excès, qu'il appelait des bacchanales. M. Smythe a donc pu justifier le dégoût qu'il ressent pour Walpole sans le calomnier; mais si l'honnêteté des mœurs est la condition de ses sympathies politiques, je ne vois pas pourquoi ses préférences iraient se fixer sur Bolingbroke, à moins qu'à ses yeux la recherche de l'élégance dans le plaisir et le raffinement dans les voluptés ne couvrissent la faute. Lord Bolingbroke ressemble en effet à ces hommes de l'antiquité qui, au milieu des folies païennes de leur conduite, ont gardé des séductions de physionomie dont la perspective historique augmente encore l'attrait. Peu d'hommes, dit Swift dans le portrait qu'il a laissé de Bolingbroke, entrèrent dans la vie avec d'aussi brillans avantages. Il descendait d'une des meilleures familles d'Angleterre, il devait hériter d'un grand patrimoine, il était doué d'une constitution robuste et de l'extérieur le plus gracieux. Tout cela était peu de chose devant les dons de son intelligence, devant la puissance de sa mémoire, la netteté de son jugement, la verve de son esprit, l'abondance de son imagination, la pénétration perçante de ses vues, et la fascination de sa parole. Il avait cultivé ses talens par les voyages et par l'étude. Il n'avait jamais négligé celle-ci, même dans l'entraînement des plaisirs, auquel il s'abandonnait avec une fougue ardente. Il aimait en effet à mêler les plaisirs aux affaires et à passer pour exceller dans les deux. Aussi prisait-il beaucoup les caractères d'Alcibiade et de Pétrone, surtout ce dernier, dont Saint-Évremont dut laisser le goût à ces seigneurs libertins d'Angleterre comme il l'avait donné au grand Condé, Pétrone avec lequel il eût été flatté qu'on lui eût trouvé de la ressemblance. Au parlement, il fut le premier orateur de son temps. Les débats étaient secrets alors; mais son éloquence, que l'on peut deviner encore à la grande manière de son style, a laissé des souvenirs éclatans dans les traditions léguées par ses contemporains. On parlait un jour devant Pitt des trésors littéraires qui nous ont été ravis; l'un regrettait les livres perdus de Tite-Live, un autre ceux de Tacite, un troisième aurait voulu retrouver une tragédie latine : Pitt dit que, pour lui, ce qu'il regrettait le plus, c'étaient les discours de Bolingbroke.

La lutte de Walpole et de Bolingbroke est un de ces magnifiques duels que l'on ne rencontre que dans l'histoire des peuples libres. On y retrouve même des péripéties antiques, la proscription par exemple. Walpole fut vainqueur presque dès le début du combat, et il usa de sa victoire avec une impitoyable cruauté. Les infatigables efforts de Bolingbroke, durant sa longue défaite, l'ont vengé pourtant de son ennemi dans l'histoire, et ont laissé sur la renommée de Walpole des teintes douteuses qui la ternissent encore. Bolingbroke accusé d'avoir travaillé à ramener le prétendant, à la mort de la reine Anne (j'ai des raisons de croire que les archives de notre ministère des affaires étrangères contiennent des preuves suffisantes pour le laver de cette imputation), ses rivaux saisirent ce prétexte pour le dépouiller de ses droits politiques, et même, lorsqu'une amnistie ironique lui permit de rentrer en Angleterre, les portes du parlement lui furent inexorablement fermées. Mais ses ressentimens furent l'ame de l'opposition ardente qui combattit le ministre pendant tant d'années et finit par le renverser. C'était Bolingbroke qui inspirait Wyndham et Pulteney, et qui les lançait contre Walpole à la chambre des communes. M. Smythe a choisi l'épisode le plus remarquable de cette lutte, la discussion de l'acte des parlemens septennaux, une des roueries politiques les plus audacieuses de Walpole. La durée des parlemens était de trois années; Walpole, craignant que les prochaines élections ne lui envoyassent une chambre tory et peut-être jacobite, proposa à la chambre des communes de prolonger de quatre années la durée de ses pouvoirs. Il eut à essuyer un choc si rude, que, poussé à bout, il fit passer sa défense au-delà des adversaires qu'il avait devant lui, et qu'il porta contre son ennemi invisible, contre Bolingbroke, des coups écrasans. L'effet de son discours fut tel, que Bolingbroke jugea prudent de

quitter l'Angleterre, comme Cicéron eût fui devant une harangue de
Clodius. Abattu, désespéré, il écrivait alors à sir William Wyndham :
« Je suis toujours le même proscrit, entouré des mêmes difficultés,
exposé aux mêmes humiliations; je n'ai plus à me mêler aux affaires
publiques. Mon rôle est fini, et celui qui demeure sur la scène lorsque
son rôle est terminé mérite d'être sifflé. »

L'intérêt que M. Smythe prend à l'antagonisme de Walpole et de
Bolingbroke donne la clé des idées politiques autour desquelles la
jeune Angleterre se rallie. Walpole tirait sa force de deux instrumens
que lui avait fournis la situation même au milieu de laquelle il entra
aux affaires. Ces deux instrumens étaient l'influence des alliances aristocratiques et la corruption. Depuis la révolution de 1688 jusqu'à
Pitt, depuis surtout l'avénement de la maison de Hanovre, le gouvernement de l'Angleterre appartint à une véritable oligarchie. Quelques
grandes maisons, les Cavendish, les Lennox, les Fitzroy, les Bentink,
les Conway, les Manners, les Grenville, les Russell, pour ne citer que
les plus importantes, disposaient par leurs coalitions des destinées de
l'Angleterre. Ces grandes familles étaient whigs; Walpole et ses successeurs les Pelhams comptaient les principales parmi leur clientèle politique. Cette oligarchie devait sa puissance à la prépondérance qu'elle
exerçait sur les élections. Prêtant son influence, moyennant des compromis d'intérêt, elle érigeait la corruption politique en règle nécessaire de gouvernement et la propageait par son exemple dans toutes
les classes. La simplicité et la candeur avec lesquelles Bubb Dodington
raconte dans ses mémoires le trafic qu'il faisait des sept voix dont il
était propriétaire à la chambre des communes, donne de curieuses
ouvertures sur les mœurs politiques de cette époque. Le sentiment
national, l'opinion publique, n'agissaient que très faiblement sur les
décisions du pouvoir et du parlement, pour deux raisons : d'abord il
leur était impossible de secouer l'influence aristocratique, et d'ailleurs
les débats des chambres demeuraient secrets; les paroles et la conduite des hommes politiques échappaient à la connaissance du public;
le gouvernement parlementaire, comme une cause scandaleuse, se
tenait à huis clos. Bolingbroke, pour briser cet état de choses, pour
rompre ce faisceau aristocratique, qui prêtait un appui si robuste à
son ennemi, ne voyait d'autre moyen de salut que l'initiative énergique de la royauté. Il voulait une couronne puissante, il voulait qu'un
roi patriote fît de sa prérogative un vigoureux usage pour délivrer le
pays et se délivrer lui-même du joug oligarchique qu'il subissait
comme la nation. Telle fut l'idée qui lui dicta les articles qu'il publia

dans un journal de l'époque, le *Craftoman,* et qui sont réunis dans
ses œuvres sous le titre de *Dissertation upon the parties;* telle fut la
pensée qu'il développa surtout dans son pamphlet du *Roi patriote.*

Les idées de Bolingbroke sont aujourd'hui reprises par la jeune
Angleterre. Quels sont les motifs qui ont engagé le nouveau parti à
recueillir ainsi l'héritage d'un autre siècle? y a-t-il quelque analogie
entre la situation actuelle et celle contre laquelle Bolingbroke soutint
une lutte si infructueuse? La jeune Angleterre l'assure. Dans une
revue, et par une main qui me paraît bien être celle de M. Smythe
lui-même, elle développait récemment à ce sujet ses raisons et ses
vues. Le second Pitt semblait avoir porté un coup mortel à cette
oligarchie du xviiie siècle en acceptant le pouvoir de la main de la
royauté contre la majorité de la chambre des communes, et en le
conservant par l'appui des classes moyennes, dont il servit avec une
admirable intelligence les intérêts industriels et commerciaux. Cependant, suivant la jeune Angleterre, des hommes nouveaux dont la politique de Pitt a fait la fortune, des rangs supérieurs de ces classes
moyennes qu'il a élevées, se serait formée, unie aux restes de l'ancienne oligarchie, une sorte d'aristocratie plébéienne. La jeune Angleterre reproche à ce patriciat bourgeois que le bill de réforme n'aurait pas suffisamment affaibli à son gré des tendances non moins
mesquines, aussi peu nationales que celles de l'aristocratie dont Walpole et le duc de Newcastle furent les chefs au siècle dernier; elle
trouve que le gouvernement appartient encore à des combinaisons
exclusives, à des coalitions d'intérêts privés; elle voudrait que les
affaires fussent conduites au point de vue des intérêts les plus généraux de la nation, et c'est pour cela qu'elle réhabilite l'ancien torysme
de l'époque de Bolingbroke, le torysme de Pitt durant l'ère pacifique
de son ministère, le torysme qui avait les sympathies de la majorité de la nation sous les deux premiers rois de la maison de Hanovre,
quoiqu'il ne pût parvenir alors à arracher le pouvoir à l'aristocratie
whig. A en croire la jeune Angleterre, l'ère des oligarchies vénitiennes et des aristocraties plébéiennes ne devrait plus avoir une longue
durée dans le royaume uni, et les convictions et les sentimens du
pays seraient préparés à se rallier bientôt autour d'une église populaire et d'une monarchie démocratique.

S'il ne faut voir dans ces assertions que des prévisions et des vœux,
je n'y trouve rien à reprendre; je crois qu'en effet la prédominance
des intérêts industriels et commerciaux, la gravité toujours croissante
des misères de la classe laborieuse, et l'Irlande finissant par recon-

quérir tous ses droits, ne sauraient manquer de diminuer considérablement en Angleterre l'influence politique de l'aristocratie. Il est fort vraisemblable que le mécanisme du gouvernement du royaume-uni arrivera à subir une impulsion démocratique, et il est certain que le jour où l'on en sera arrivé là, le pouvoir centralisé, la couronne, auront considérablement agrandi leur action. Nous sommes charmé, pour notre part, que des esprits jeunes, que des hommes qui s'appuient sur de vieilles traditions, et qui sont tories de naissance, prévoyant un changement qui amènera l'Angleterre à une constitution politique analogue à celle de la France, s'en applaudissent; mais s'ils voulaient faire de ces idées une arme d'attaque contre la situation actuelle, contre le ministère à la tête duquel sir Robert Peel est placé, nous ne leur accorderions pas la même valeur. Tandis qu'en France quelques personnes sont portées à se plaindre de la trop grande influence de la royauté, c'est un piquant contraste assurément de voir en Angleterre des hommes, frappés d'un inconvénient opposé, demander pour la royauté une part d'influence plus grande; cependant ni l'une ni l'autre de ces préoccupations ne nous touche beaucoup. Dans les monarchies représentatives, l'initiative de la couronne a deux limites pratiques qui rendent ces vœux ou ces regrets également superflus. Ces limites sont la capacité du souverain ou des hommes politiques auxquels le souverain confie son autorité, et la volonté électorale exprimée par la majorité de la chambre populaire. Si la royauté est assez intelligente et assez habile pour imprimer une direction qui obtienne le concours de la représentation nationale, on n'aurait le droit de s'en plaindre que s'il avait été auparavant décrété qu'il ne saurait être permis à un roi constitutionnel d'être intelligent ou habile. De même, si l'impulsion à laquelle le parlement s'associe émane d'une influence supérieure, par le talent ou par les intérêts qu'elle représente, à celle de la royauté, protester contre cette impulsion, c'est contester les principes du gouvernement représentatif, c'est glisser vers la pente du despotisme. La grande question n'est pas de savoir d'où vient la pensée qui gouverne, mais de savoir si le gouvernement est dirigé dans le sens des véritables intérêts du pays. Voilà le débat qu'il faut engager et soutenir devant l'opinion publique, persuadé d'avance de la justice de tous ses arrêts constitutionnellement rendus, et dans la confiance que les peuples sont suffisamment éclairés sur leurs intérêts par l'instinct conservateur que la Providence a donné avec la vie à toutes ses créatures.

Je dois reconnaître que la jeune Angleterre paraît ne pas vouloir négliger cet appel à l'opinion publique. Elle s'est adressée à elle avec assez d'éclat par *Coningsby* et par les *Historic Fancies*. Plus récemment encore, le mois dernier, elle se servait d'un moyen de retentissement particulier à l'Angleterre : elle haranguait brillamment des *meetings*. M. d'Israeli, lord John Manners, M. Smythe, présidaient l'assemblée annuelle de l'Athénée de Manchester; M. d'Israeli et lord John Manners s'associaient à la réunion de Bingley. C'étaient deux solennités significatives et tout-à-fait conformes aux sentimens et aux idées de la jeune Angleterre. A Manchester, on célébrait les efforts tentés par les classes laborieuses pour fonder un institut littéraire. Les discours de M. Smythe, de M. d'Israeli, de lord John Manners, auxquels s'était joint dans cette circonstance le chef de l'*anti-cornlaw League*, M. Cobden, ont dignement salué le succès de cette généreuse entreprise, qui est comme un monument élevé aux lettres par la plus grande cité industrielle, par la ville la plus affairée du royaume-uni. Le dîner de Bingley n'avait pas une intention moins remarquable; il s'agissait encore des intérêts des classes laborieuses : c'était une fête en l'honneur de l'*allotment system*. Parmi les adoucissemens que l'on a cherchés récemment au paupérisme en Angleterre, l'*allotment system* est un de ceux qui ont obtenu le plus de faveur. On s'est souvenu qu'un vieux statut de la reine Élisabeth défendait d'élever une maison qui ne fût entourée d'un jardin; on a pensé que si cette prescription était encore observée, les ouvriers, les pauvres, trouveraient dans la culture de ce jardin quelques élémens de bien-être. On a essayé d'y revenir : plusieurs grands manufacturiers, plusieurs grands propriétaires ont donné à chacun de leurs ouvriers un quart d'acre ou un demi-acre de terre à cultiver autour de leurs chaumières; l'expérience a réussi : les propriétaires ont retiré un loyer suffisant des terres qu'ils avaient ainsi morcelées, et les ouvriers ont été soulagés. C'est une de ces expériences que l'on a fêtée le mois dernier à Bingley. Un chef de manufacture y donnait à dîner à ses ouvriers, et les bienfaits de l'*allotment system* y ont été préconisés à grand bruit par M. d'Israeli, par lord John Manners et par les ouvriers eux-mêmes.

L'attention que la jeune Angleterre a attirée sur elle, cette année, est-elle la promesse assurée de succès plus considérables? Cette école réussira-t-elle à allier les aspirations libérales, les vœux des intérêts les plus généraux du royaume-uni, aux anciennes traditions conservatrices, à ce que l'on appelait enfin jusqu'à présent la vieille Angleterre? Chassera-t-elle l'aride inflexibilité des économistes devant des sentimens de charité chaleureuse et expansive? Culbutera-t-elle les intérêts égoïstes de classes, les coalitions d'influences privées, avec ces forces homogènes, compactes, démocratiques, nationales, dans le plus large sens du mot, dont elle proclame l'avènement? Ce n'est pas notre affaire de le prédire; mais nous n'avons pas de scrupule à le souhaiter. De toute manière, il me semble que cette école méritait d'être signalée à la France : par la générosité de ses intentions, par l'admiration et la sympathie qu'elle témoigne à la civilisation française, par l'effort qu'elle tente pour assimiler la constitution politique de l'Angleterre à celle que le travail différent de notre histoire nous a donnée, je crois que cette école est digne d'exciter en France quelque intérêt. Cependant, pour ma part, s'il m'était permis de lui adresser des avis, je lui donnerais deux conseils : je l'inviterais à montrer plus de ménagemens et plus d'indulgence au gouvernement actuel de l'Angleterre, au ministère de sir Robert Peel, qui dépense tant d'habileté à maintenir l'équilibre entre les intérêts compliqués qui pèsent aujourd'hui sur le pouvoir. Je conseillerais ensuite à la jeune Angleterre de moins se complaire dans les sphères de la politique contemplative, de ne pas dédaigner les plus minutieux détails des affaires. C'est sans doute un noble et attrayant emploi de ses loisirs de poursuivre des deux ailes de l'imagination et de la pensée de prestigieuses théories : il y a dans la tâche de l'action quotidienne, avec ses résultats souvent imperceptibles et continuellement disputés, une œuvre plus grande et une plus mâle poésie. Combien le capitaine du champ de bataille, celui que la nécessité force à demander conseil avant tout aux inspirations du génie, qui brave les fatigues et la mort, et qui tient les destinées de sa patrie suspendues à la moindre de ses résolutions, n'est-il pas supérieur au stratégiste de cabinet! Vainement les jeunes gens dont je parle allègueraient-ils leur âge, dont les ondoyantes fantaisies se prêtent si bien à la politique contemplative : les fraîches facultés de la jeunesse sont plus puissantes encore dans la politique d'action. Un maitre l'a dit. A la dernière page du *Prince*, Machiavel se demande si la circonspection est préférable à l'énergie dans la conduite des affaires, lequel vaut mieux en somme de ménager ou de rudoyer la fortune. Le Florentin se décide pour l'action hardie, et il en donne cette poétique raison que la fortune est une femme qu'il faut prendre de force; puis il ajoute, dans sa langue mélodieuse : *Però sempre, come donna, è più amica de' giovani perchè sono meno rispettivi, più feroci e con più audacia la commandano.* « Aussi, en femme qu'elle est, ses préférés sont toujours les jeunes gens, parce qu'ils sont moins méticuleux, parce qu'ils sont plus fiers, et qu'ils la commandent avec plus d'audace. »

E. FORCADE.

MADEMOISELLE

DE LA SEIGLIÈRE.

—

CINQUIÈME PARTIE.[1]

———•◆•———

X.

Depuis son entrevue avec l'abominable Des Tournelles, notre marquis avait perdu le sommeil, le boire et le manger. Grace à la frivolité
de son esprit et à l'étourderie de son caractère, il avait pu garder jusqu'alors quelque espoir et nourrir quelques illusions. Ce n'étaient
déjà plus, il est vrai, ces vives allures, ces vertes saillies, ces folles
équipées qui nous égayaient autrefois; mais encore parvenait-il à
s'échapper de loin en loin et retrouvait-il çà et là l'entrain, la verve et
la pétulance de son aimable et bonne nature. C'était un papillon
blessé, mais qui battait encore de l'aile, quand, sous prétexte de le
tirer de peine, l'affreux jurisconsulte, le saisissant délicatement entre
ses doigts, l'avait fixé vivant sur le carton d'airain de la réalité. Dès-
lors avait commencé pour le marquis un martyre non encore éprouvé.

(1) Voyez les livraisons du 1er et 15 septembre, du 1er octobre et 1er novembre.

Que devenir? à quel parti se vouer? Si l'orgueil lui conseillait de se
retirer tête haute, l'égoïsme était d'un avis contraire, et si l'orgueil
avait de bonnes raisons à mettre en avant, l'égoïsme en avait dans
son sac d'aussi bonnes, sinon de meilleures. Le marquis se faisait
vieux; la goutte le travaillait sourdement; vingt-cinq années d'exil et
de privations l'avaient guéri des héroïques escapades et des chevaleresques exaltations de la jeunesse. La pauvreté lui agréait d'autant
moins, qu'il avait vécu dans son intimité; il sentait son sang se figer
dans ses veines rien qu'au souvenir de ce morne et pâle visage qu'il
avait vu pendant vingt-cinq ans assis à sa table et à son foyer. Pour
tout dire enfin, quoiqu'il n'aimât rien autant que lui-même, il adorait sa fille, et son cœur se serrait douloureusement à la pensée que
cette belle créature, après s'être acclimatée dans le luxe et dans l'opulence, pourrait retomber dans l'atmosphère terne et glacée qui avait
enveloppé son berceau. Il hésitait : nous en savons plus d'un qui, en
pareille occurrence, y regarderait à deux fois, sans avoir pour excuse
une fille adorée, soixante ans passés et la goutte. Que faire cependant?
De quelque côté qu'il se retournât, M. de La Seiglière ne voyait que
la ruine et la honte. Mᵐᵉ de Vaubert, qui ne répondait à toutes ses
questions que par ces mots : — Il faut voir, il faut attendre, — n'était
rien moins que rassurante. Le gentilhomme en voulait secrètement à
sa noble amie du rôle très peu noble qu'ils jouaient tous deux depuis
six mois. D'une autre part, la nouvelle attitude qu'avait prise tout d'un
coup Bernard glaçait le marquis d'épouvante. Depuis qu'Hélène ne
les charmait plus de sa présence, les journées se traînaient tristement,
les soirées plus tristement encore. Le matin, après le déjeuner où
Mˡˡᵉ de La Seiglière avait cessé de paraître, Bernard, laissant le marquis à ses réflexions, montait à cheval et ne revenait que le soir, plus
sombre, plus taciturne, plus farouche qu'il n'était parti. Le soir, après
dîner, Hélène allait presque aussitôt s'enfermer dans son appartement, et Bernard restait seul au salon, entre le marquis et Mᵐᵉ de
Vaubert, qui, ayant épuisé les ressources de son esprit et profondément découragée d'ailleurs, ne savait qu'imaginer pour abréger le
cours des heures silencieuses. Bernard avait de temps en temps une
certaine façon de les regarder tour à tour qui les faisait frissonner
des pieds à la tête. Lui si patient tant qu'Hélène avait été là pour le
contenir ou pour l'apaiser avec un sourire, sur un mot du marquis ou
de la baronne, il se livrait à des emportemens qui les terrifiaient l'un
et l'autre. Il avait remplacé le récit par l'action; il donnait des batailles au lieu d'en raconter, et lorsqu'il s'était retiré, le plus souvent

pâle et froid de colère, sans avoir, comme autrefois, serré la main du
vieux gentilhomme, demeurés seuls au coin du feu, le marquis et la
baronne se regardaient l'un l'autre en silence. — Eh bien! madame
la baronne? — Eh bien! monsieur le marquis, il faut voir, il faut attendre, disait encore une fois Mme de Vaubert; et le marquis, les pieds
sur les chenets et le nez sur la braise, s'abandonnait à de muets désespoirs, d'où la baronne n'essayait même plus de le tirer. Il s'attendait
d'un jour à l'autre à recevoir un congé en forme. Ce n'est pas tout.
M. de La Seiglière savait, à n'en pouvoir douter, qu'il était pour le
pays, ainsi que l'avait dit M. Des Tournelles, un sujet de risée et de
raillerie, en même temps qu'un objet de haine et d'exécration. Les
lettres anonymes, distraction et passe-temps de la province, avaient
achevé d'empoisonner sa vie, imbibée déjà d'absinthe et de fiel. Il ne
s'écoulait point de jour qui ne lui apportât à respirer quelqu'une de
ces fleurs vénéneuses qui croissent à l'ombre et foisonnent dans le fumier des départemens. Les uns le traitaient d'aristocrate et le menaçaient de la lanterne; les autres l'accusaient d'ingratitude envers son
ancien fermier, et de vouloir déshériter le fils après avoir lâchement et
traîtreusement dépouillé le père. La plupart de ces lettres étaient en-
richies d'illustrations à la plume, petits tableaux de genre pleins de
grace et d'aménité, qui suppléaient avantageusement ou complétaient
agréablement le texte. C'était, par exemple, une potence ornée d'un
pauvre diable, figurant sans doute un marquis, ou bien le même personnage aux prises avec un instrument fort en usage en 93. Pour
ajouter à tant d'angoisses, la gazette, que le marquis lisait assidûment
depuis son entretien avec le d'Aguesseau poitevin, regorgeait de prédictions sinistres et de prophéties lamentables; chaque jour, le parti
libéral y était représenté comme un brûlot qui devait incessamment
faire sauter la monarchie, à peine restaurée. Ainsi se confirmaient
déjà et menaçaient de se réaliser toutes les paroles de l'exécrable vieillard. Épouvanté, on le serait à moins, M. de La Seiglière ne rêvait
plus que bouleversemens et révolutions. La nuit, il se dressait sur son
séant pour écouter la bise qui lui chantait la *Marseillaise*, et lorsque
enfin, brisé par la fatigue, il réussissait à s'endormir, c'était pour voir
et pour entendre en songe le hideux visage du vieux jurisconsulte,
qui entr'ouvrait ses rideaux et lui criait : — Mariez votre fille à Bernard! Or, le marquis n'était pas homme à long-temps se tenir dans
une position si violente et qui répugnait à tous ses instincts. Il n'avait
ni la patience ni la persévérance qui sont le ciment des ames énergiques et des esprits forts. Inquiet, irrité, humilié, exaspéré, las d'at-

tendre et de ne rien voir venir, acculé dans une impasse et n'apercevant point d'issue, il y avait cent à parier contre un que le marquis sortirait de là brusquement, par un coup de foudre; mais nul, pas même Mme de Vaubert, n'aurait pu prévoir quelle bombe allait éclater, si ce n'est pourtant M. Des Tournelles, qui en avait allumé la mèche.

Un soir d'avril, seule avec le marquis, Mme de Vaubert était silencieuse et regardait d'un air visiblement préoccupé les lignes étincelantes qui couraient sur la braise à demi consumée. Il eût été facile, en l'observant, de se convaincre qu'une sourde inquiétude pesait sur son cœur comme une atmosphère orageuse. Son œil était vitreux, son front chargé d'ennuis, et les doigts crochus de l'égoïsme aux abois pinçaient et contractaient sa bouche, autrefois épanouie et souriante. Cette femme avait, à vrai dire, d'assez graves sujets d'alarmes. La situation prenait de jour en jour un caractère plus désespérant, et Mme de Vaubert commençait à se demander si ce n'était pas elle qui s'allait trouver enveloppée dans ses propres lacets. Décidément Bernard était chez lui, et bien qu'elle n'eût pas encore perdu tout espoir, quoiqu'elle n'eût point encore jeté, comme on dit, le manche après la cognée, prévoyant cependant qu'une heure arriverait peut-être où M. de La Seiglière et sa fille seraient obligés d'évacuer la place, la baronne dressait déjà le plan de campagne qu'elle aurait à suivre dans le cas où les choses se dénoueraient aussi fatalement qu'il était permis de le craindre; n'admettant pas que son fils épousât Mlle de La Seiglière sans autre dot que sa jeunesse, sa grace et sa beauté, elle cherchait déjà de quelle façon elle devrait manœuvrer pour dégager vis-à-vis d'Hélène et de son père la parole et la main de Raoul. Tel était depuis quelques semaines le sujet inavoué de ses secrètes préoccupations.

Tandis que Mme de Vaubert était plongée dans ces réflexions, assis à l'autre côté du foyer, le marquis, silencieux comme elle, se demandait avec anxiété de quelle façon il allait engager la bataille qu'il était sur le point de livrer, et comment il devait s'y prendre pour dégager vis-à-vis de Raoul et de sa mère la parole et la main d'Hélène.

—Ce pauvre marquis! se disait la baronne en l'examinant de temps en temps à la dérobée; s'il faut en venir là, ce lui sera un coup terrible. Je le connais : il se console en pensant que, quoi qu'il arrive, sa fille sera baronne de Vaubert. Il m'aime, je le sais; voici près de vingt ans qu'il se complaît dans la pensée de resserrer notre intimité, et de la consacrer en quelque sorte par l'union de nos enfans. Excellent ami! où puiserai-je le courage d'affliger un cœur si tendre et si dévoué et de lui arracher ses dernières illusions? Je m'attends à des luttes acharnées, à des récriminations amères. Dans ses emportemens, il ne manquera pas de m'accuser d'avoir courtisé sa fortune et de tourner le dos à sa ruine. Je serai forte contre lui et contre moi-même : je saurai l'amener à comprendre qu'il serait insensé de marier nos deux pauvretés, inhumain de condamner sa race et la mienne aux soucis rongeurs d'une médiocrité éternelle. Il s'apaisera; nous gémirons ensemble, nous confondrons nos pleurs et nos regrets. Viendront ensuite la douleur d'Hélène et les révoltes de Raoul : hélas! ces deux enfans s'adorent; Dieu les avait créés l'un pour l'autre. Nous leur ferons entendre raison. Au bout de six mois, ils seront consolés. Raoul épousera la fille de quelque opulent vilain, trop heureux d'anoblir son sang et de décrasser ses écus. Quant au marquis, il est trop entiché de ses aïeux et trop ancré dans ses vieilles idées pour consentir jamais à s'enrichir par une mésalliance. Puisqu'il tient aux parchemins, eh bien! nous chercherons pour Hélène quelque hobereau dans nos environs, et j'enverrai ce bon marquis achever de vieillir chez son gendre.

Ainsi raisonnait Mme de Vaubert, en mettant les choses au pire. Toutefois, elle était loin encore d'avoir lâché sa proie. Elle connaissait Hélène, elle avait étudié Bernard. Si elle ne soupçonnait pas ce qui se passait dans le cœur de la jeune fille, — Mlle de La Seiglière ne le soupçonnait pas elle-même, — la baronne avait su lire dans le cœur du jeune homme, elle était plus avant que lui dans le secret de ses agitations. Elle comprenait vaguement qu'on pouvait tirer parti du contact de ces deux nobles ames : elle sentait qu'il y avait là quelque chose à trouver, un incident, un choc à susciter, une occasion à faire naître. Mais quoi? mais comment? Sa raison s'y perdait, et son génie vaincu, mais non rendu, s'indignait de son impuissance.

— Cette pauvre baronne! se disait le marquis en jetant de loin en loin sur Mme de Vaubert un regard timide et furtif; elle ne se doute guère du coup que je vais lui porter. C'est, à tout prendre, un cœur aimable et fidèle, une ame loyale et sincère. J'ai la conviction qu'en tout ceci elle n'a voulu que mon bonheur; je jurerais qu'en vue d'elle-même, elle n'a pas d'autre ambition que de voir son Raoul épouser mon Hélène. Quoi qu'il arrivât, elle s'empresserait de nous accueillir, ma fille et moi, dans son petit manoir, et s'estimerait heureuse de partager avec nous sa modeste aisance. Que son fils épouse une La Seiglière, ce sera toujours assez pour son orgueil, assez pour sa félicité. Chère et tendre amie! il m'eût été bien doux, de mon côté, de réaliser un rêve si charmant et d'achever mes jours auprès d'elle. En apprenant que nous devons renoncer à cet espoir si long-temps ca-

ressé, elle éclatera en reproches sanglans, hélas! et mérités peut-être.
Cependant, en bonne conscience, serait-il raisonnable et sage d'exposer
nos enfans aux rigueurs de la pauvreté, et de nous enchaîner de part
et d'autre par un lien de fer qui nous blesserait tôt ou tard et que nous
finirions par maudire? La baronne est remplie de sens et de raison; les
premiers transports apaisés, elle comprendra tout et se résignera, et,
comme les Vaubert ne plaisantent pas sur les mésalliances, eh bien!
Raoul est beau garçon; nous trouverons aisément pour lui, dans nos
alentours, quelque riche douairière qui s'estimera trop heureuse de
mettre, au prix de sa fortune, un second printemps dans sa vie.

Ainsi raisonnait le marquis, et, s'il faut tout dire, le marquis était
dans ses petits souliers, et se fût senti plus à l'aise dans un buisson
d'épines qu'en ce moment sur le coussin de son fauteuil. Il redoutait
Mme de Vaubert autant qu'une révolution; il avait la conscience de ses
trahisons, et, à la pensée des orages qu'il allait affronter, il sentait
son cœur défaillir et s'éteindre dans sa poitrine. Enfin, par une résolution désespérée, prenant son courage à deux mains, il engagea l'affaire en tirailleur, par quelques coups de feu isolés et tirés à longs intervalles.

— Savez-vous, madame la baronne, s'écria-t-il tout d'un coup en
homme peu habitué à ces sortes d'escarmouches, savez-vous que ce
M. Bernard est un garçon vraiment bien remarquable? Ce jeune
homme me plaît. Vif comme la poudre, prompt comme son épée,
emporté, même un peu colère, mais loyal et franc comme l'or! Il
n'est pas précisément beau; eh bien! j'aime ces mâles visages. Quels
yeux! quel front! Il a le nez des races royales. Je voudrais savoir
où ce gaillard a pris un pareil nez. Et sous sa brune moustache, avez-
vous observé quelle bouche fine et charmante? Dieu me pardonne,
c'est une bouche de marquis. De l'esprit, de la distinction; un peu
brusque encore, un peu rude, mais déjà dégrossi et presque transfiguré depuis qu'il est au milieu de nous. C'est ainsi que l'or brut
s'épure dans le creuset. Et puis, il n'y a pas à dire, c'est un héros; il
est du bois dont l'empereur faisait des ducs, des princes et des maré-
chaux. Je le vois encore sur Roland : quel sang-froid! quel courage!
quelle intrépidité! Tenez, baronne, je ne m'en cache pas : je ne suis
point humilié quand je sens sa main dans la mienne.

— De qui parlez-vous, marquis? demanda nonchalamment Mme de
Vaubert, sans interrompre le cours de ses réflexions silencieuses.

— De notre jeune ami, répondit le marquis avec complaisance, de
notre jeune chef d'escadron.

— Et vous dites....

— Que la nature a d'étranges aberrations, et que ce garçon aurait dû naitre gentilhomme.

— Le petit Bernard?

— Vous pourriez, pardieu! bien dire le grand Bernard, s'écria le marquis en enfonçant ses mains dans les goussets de sa culotte.

— Vous perdez la tête, marquis, répliqua brièvement Mme de Vaubert, qui reprit son attitude grave et pensive.

Encouragé par un si beau succès, comme ces prudens guerroyeurs qui, après avoir déchargé leur arquebuse, se cachent derrière un arbre pour la recharger en toute sécurité, le marquis resta coi, et il y eut encore un long silence, troublé seulement par le cri du grillon qui chantait dans les fentes de l'âtre et par les crépitations de la braise qui achevait de se consumer.

— Madame la baronne, s'écria brusquement M. de la Seiglière, ne vous semble-t-il pas que j'ai été un peu ingrat envers le bon M. Stamply? Je dois vous avouer que là-dessus ma conscience n'est pas parfaitement tranquille. Il paraît que, décidément, cet excellent homme ne m'a rien restitué, et qu'il m'a tout donné. S'il en est ainsi, savez-vous que c'est un des plus beaux traits de dévouement et de générosité que l'histoire aura à enregistrer sur ses tablettes? Savez-vous, madame, que ce vieux Stamply était une grande ame, et que ma fille et moi, nous devons des autels à sa mémoire?

Enfoncée trop avant dans son égoïsme pour pouvoir seulement s'inquiéter de savoir où le marquis voulait en venir, Mme de Vaubert haussa les épaules et ne répondit pas.

M. de La Seiglière commençait à désespérer de trouver le joint, lorsqu'il se souvint fort à propos de la leçon de M. Des Tournelles. Il tendit la main vers un guéridon de laque, prit une gazette, et tout en ayant l'air d'en parcourir les colonnes :

— Madame la baronne, demanda-t-il d'un air distrait, avez-vous suivi en ces derniers temps les papiers publics?

— A quoi bon? répliqua Mme de Vaubert avec un léger mouvement d'impatience; en quoi voulez-vous que ces sottises m'intéressent?

— Par l'épée de mon père! madame, s'écria le marquis en laissant tomber le journal, vous en parlez bien à votre aise. Sottises, j'en conviens; sottises, tant que vous voudrez; mais, vive Dieu! je ne m'y connais pas, ou ces sottises nous intéressent, vous et moi, beaucoup plus que vous ne paraissez le croire.

— Voyons, marquis, que se passe-t-il? demanda Mme de Vaubert d'un air ennuyé. Sa majesté daigne jouir de la santé la plus parfaite;

nos princes chassent, on danse à la cour; le peuple est heureux, la canaille a le ventre plein; que voyez-vous en tout ceci qui doive nous alarmer?

— Voici trente ans, nous ne tenions pas un autre langage, dit le marquis en ouvrant sa tabatière et en y plongeant délicatement le pouce et l'index; la canaille avait le ventre plein, nos princes chassaient, on dansait à la cour, sa majesté se portait à merveille : ce qui n'empêcha pas, un beau matin, le vieux trône de France de craquer, de crouler, de nous entraîner dans sa chute, et de nous ensevelir, morts ou vivans, sous ses décombres. Vous demandez ce qui se passe? Ce qui se passoit alors : nous sommes sur un volcan.

— Vous êtes fou, marquis, dit Mme de Vaubert, qui, tout entière à ses préoccupations et médiocrement convaincue d'ailleurs de l'opportunité d'une discussion politique entre onze heures et minuit, ne crut pas devoir prendre la peine de relever et de combattre les opinions du vieux gentilhomme.

— Je vous répète, madame la baronne, que nous sommes sur un volcan. La révolution n'est pas morte; c'est un feu mal éteint qui couve sous la cendre. Vous le verrez au premier jour éclater et consumer les débris de la monarchie. Il est un antre où se réunissent un tas de vauriens qui se disent les représentans du peuple; c'est une mine creusée sous le trône et qui le fera sauter comme une poudrière. Les libéraux ont hérité des sans-culottes; le libéralisme achèvera ce qu'a commencé 93. Reste à savoir si nous nous laisserons encore une fois écraser sous les ruines de la royauté, ou si nous chercherons notre salut dans le sein même des idées qui menacent de nous engloutir.

— Eh! marquis, dit la baronne, c'est bien de cela qu'il s'agit. Vous vous préoccupez d'un incendie imaginaire, et vous ne voyez pas que votre maison brûle.

— Madame la baronne, s'écria le marquis, je ne suis point égoïste, et je puis dire hautement que l'intérêt personnel ne fut jamais mon fait ni ma devise. Que ma maison brûle ou non, cela importe peu. Ce n'est pas de moi qu'il s'agit ici, c'est de notre avenir à nous tous. Qui se soucie, en effet, que la race des La Seiglière s'éteigne silencieusement dans l'oubli et dans l'obscurité? Ce qu'il importe, madame, c'est que la noblesse de France ne périsse point.

— Je suis curieuse de savoir comment vous vous y prendrez pour que la noblesse de France ne périsse point, répliqua Mme de Vaubert, qui, à cent lieues de soupçonner le but où tendait le marquis, n'avait pu s'empêcher de sourire en voyant ce frivole esprit aborder étourdiment des considérations si ardues et si périlleuses.

— Grave question que j'ai pu soulever, mais qu'il ne m'appartient pas de résoudre, s'écria M. de La Seiglière, qui, se sentant enfin dans la bonne voie, avança d'un pas plus assuré et prit bientôt un trot tout gaillard. Cependant, s'il m'était permis d'émettre quelques idées sur un sujet si important, je dirais que ce n'est point en s'isolant dans ses terres et dans ses châteaux que la noblesse pourra ressaisir la prépondérance qu'elle avait autrefois dans les destinées du pays; peut-être oserais-je ajouter — bien bas — que nos vieilles familles se sont alliées trop long-temps entre elles, que, faute d'être renouvelé, le sang patricien est usé, et que pour retrouver la force, la chaleur et la vie près de lui échapper, il a besoin de se mêler au sang plus jeune, plus chaud et plus vivace du peuple et de la bourgeoisie. Enfin, madame la baronne, je chercherais à démontrer que, puisque le siècle marche, nous devons marcher avec lui, sous peine de rester en chemin ou d'être écrasés dans l'ornière. C'est dur à penser, mais il faut avoir pourtant le courage de le reconnaître : les Gaulois l'emportent et les Francs n'ont de salut à espérer qu'à la condition de se rallier au parti des vainqueurs et de se recruter dans leurs rangs.

Ici, Mme de Vaubert, qui, dès les premiers mots de ce petit discours, s'était tournée peu à peu du côté de l'orateur, s'accouda sur le bras du fauteuil dans lequel elle était assise, et parut écouter le marquis avec une curieuse attention.

— Voulez-vous savoir, madame la baronne, reprit M. de La Seiglière, triomphant de se sentir maître enfin de son auditoire, voulez-vous savoir ce que me disait un jour le célèbre Des Tournelles, un des esprits les plus vastes et les plus éclairés de notre époque?— Monsieur le marquis, me disait ce grand jurisconsulte, les temps sont mauvais; adoptons le peuple pour qu'il nous adopte; descendons jusqu'à lui pour qu'il ne monte pas jusqu'à nous. Il en est aujourd'hui de la noblesse comme de ces métaux précieux qui ne peuvent se solidifier qu'en se combinant avec un grain d'alliage. — Pensée si profonde que j'en eus d'abord le vertige; à force d'y regarder, je découvris la vérité au fond. Vérité cruelle, j'en conviens; mais mieux vaut encore, au prix de quelques concessions, nous assurer la conquête de l'avenir, que de nous coucher et de nous ensevelir dans le linceul d'un passé qui ne reviendra plus. Eh! ventre-saint-gris! s'écria-t-il en se levant et en marchant à grands pas dans la chambre, voici assez long-temps qu'on nous représente aux yeux du pays comme une caste incorrigible, repoussant de son sein tout ce qui n'est pas elle, infatuée de ses titres, n'ayant rien appris ni rien oublié, remplie de morgue et d'insolence, ennemie de l'égalité. L'heure est venue d'en finir avec ces basses calomnies et ces sottes accusations; mêlons-nous à la foule, ouvrons-lui nos portes à deux battans, et que nos ennemis apprennent à nous respecter en apprenant à nous connaître.

A ces mots, M. de La Seiglière, épouvanté de sa propre audace, regarda timidement Mme de Vaubert et prit l'attitude d'un homme qui, après avoir allumé la traînée de poudre qui doit faire sauter une mine, n'a pas eu le temps de s'enfuir, et se prépare à recevoir un quartier de roc sur la tête. Il en advint tout autrement. La baronne, qui avait une assez pauvre opinion de son vieil ami pour ne point suspecter sa candeur et sa probité, était bien d'ailleurs trop préoccupée d'elle-même pour soupçonner qu'en ce bas monde il pût exister à cette heure un autre moi que son moi, un autre intérêt que le sien. Sans songer seulement à se demander d'où lui venaient des aperçus si nouveaux et si incongrus, Mme de Vaubert ne vit d'abord et ne comprit en ceci qu'une chose, c'est que le marquis venait lui-même d'entr'ouvrir la porte par laquelle Raoul pourrait un jour s'échapper, s'il en était besoin.

— Marquis, s'écria-t-elle avec un empressement plein d'urbanité, ce que vous dites là est plein de sens, et quoique je n'aie jamais douté de votre haute raison, quoique j'aie toujours soupçonné sous la grace de vos apparences un esprit sérieux et réfléchi, cependant je dois convenir que je suis aussi surprise que charmée de vous trouver dans un ordre d'idées si élevées et si judicieuses. Je vous en fais mes complimens.

A ces mots, le marquis releva la tête et regarda Mme de Vaubert de l'air d'un homme à qui l'on vient de jeter une poignée de roses à la face, au lieu d'une volée de mitraille qu'il s'attendait à recevoir. Trop égoïste de son côté, pour rien supposer en dehors de lui-même, loin de chercher à se rendre compte des suffrages de la baronne, il ne songea qu'à s'en réjouir.

— C'est un peu notre histoire à tous, répliqua-t-il gaiement en se caressant le menton avec une adorable fatuité. Parce qu'il nous est échu quelque grace et quelque élégance, les pédans et les cuistres se vengent de la supériorité de nos manières en nous déniant le génie de l'intelligence. Quand nous daignerons nous en mêler, nous prouverons que tous les champs de bataille nous sont bons, et l'on nous verra jouer de la parole et de la pensée comme autrefois du glaive et de la lance.

— Marquis, reprit Mme de Vaubert, qui tenait à conserver à l'entretien le tour qu'il avait pris d'abord, pour en revenir aux considérations auxquelles vous vous livriez tout à l'heure, il est certain que c'en est fait de la noblesse, si, au lieu de chercher à se créer des alliances, elle continue, comme vous l'avez dit excellemment, de s'isoler dans ses terres et de s'enfermer dans son orgueil. C'est un édifice chancelant, qui croulera d'un jour à l'autre, si nous n'avons l'art et l'habileté de transformer les béliers qui l'ébranlent en arcs-boutans qui le soutiennent. En d'autres termes, passez-moi l'image peut-être un peu crue, pour nous préserver des atteintes du peuple, il ne nous reste plus qu'à nous l'inoculer.

— C'est, par Dieu! bien cela, s'écria M. de La Seiglière, de plus en plus joyeux de ne point rencontrer l'opposition qu'il avait redoutée. Décidément, baronne, vous êtes admirable! Vous comprenez tout; rien ne vous surprend, rien ne vous émeut, rien ne vous étonne. Vous avez l'œil de l'aigle; vous regarderiez le soleil en face sans en être éblouie. Cette pauvre baronne! ajouta-t-il mentalement en se frottant les mains; elle s'enferre, avec tout son esprit.

— Ce bon marquis! pensait de son côté Mme de Vaubert; je ne sais quelle mouche le pique, mais l'étourdi me fait la partie belle : il vient lui-même de jeter le filet dans lequel, au besoin, je le prendrai plus tard. Marquis, s'écria-t-elle, voici bien long-temps que j'avais ces idées; mais j'avoue que je craignais, en vous les communiquant, d'irriter vos susceptibilités et de m'aliéner votre cœur.

— Par exemple! répliqua le marquis; quelle opinion, baronne, aviez-vous de votre vieil ami! D'ailleurs, outre qu'en vue de notre sainte cause, il n'est point d'épreuve à laquelle je ne puisse me soumettre et me résigner, je dois vous dire que je ne sentirais, pour ma part, aucune répugnance à donner l'exemple en m'aventurant le premier dans l'unique voie de salut qui nous soit offerte. J'ai toujours donné l'exemple; c'est moi qui émigrai le premier. Autres temps, autres mœurs! Je ne suis pas un marquis de Carabas ,moi! je marche avec mon siècle. Le peuple a gagné ses éperons et conquis ses titres de noblesse. Il a, lui aussi, ses duchés, ses comtés et ses marquisats; c'est Eylau, c'est Wagram, c'est la Moscowa : ces parchemins en valent d'autres. Au reste, madame la baronne, j'excuse vos scrupules et j'admets vos hésitations, car moi-même, si j'ai tardé si long-temps à m'ouvrir à vous là-dessus, c'est que je craignais d'effaroucher vos préjugés et de me mettre en guerre avec une amie si fidèle.

—C'est étrange, se dit Mme de Vaubert, qui commençait à dresser

les oreilles; où le marquis veut-il en arriver? Effaroucher mes préjugés! s'écria-t-elle; me prenez-vous pour la baronne de Pretintailles?
M'a-t-on jamais vue refuser de reconnaître ce qu'il y a chez le peuple
de grand, de noble et de généreux? M'a-t-on jamais surprise à déni-
grer la bourgeoisie? et ne sais-je pas bien que c'est au sein de la roture
que se sont réfugiés aujourd'hui les sentimens, les mœurs et les
vertus de l'âge d'or?

— Oh! oh! oh! se dit le marquis, à qui la réflexion commençait de
venir, tout ceci n'est pas clair; il y a quelque serpent sous roche.

— Quant à vous mettre en guerre avec moi, sérieusement, marquis,
l'avez-vous craint? ajouta Mme de Vaubert: c'est qu'alors vous présumiez
de mon cœur tout aussi mal que de mon esprit. Vous savez bien, ami,
que je ne suis pas égoïste. Que de fois n'ai-je pas été sur le point de
vous offrir de reprendre votre parole, en songeant qu'en échange de
l'opulence que lui apporterait votre fille, mon fils ne donnerait qu'un
grand nom, le plus lourd de tous les fardeaux!

— Ah! ça, se dit le marquis, est-ce que cette rusée baronne, pressentant ma ruine prochaine, chercherait à dégager la main de son fils?
Pour le coup, ce serait trop fort. Madame la baronne, s'écria-t-il, c'est
absolument comme moi. Bien souvent je me suis accusé d'entraver
l'avenir de M. de Vaubert; je me demande bien souvent avec effroi
si ma fille ne sera pas un obstacle dans la destinée de ce noble jeune
homme.

— Ah! ça, se dit Mme de Vaubert, qui voyait apparaître peu à peu
et se dessiner dans la brume le rivage vers lequel le marquis dirigeait
sa barque, est-ce que ce retors de marquis aurait la prétention de me
jouer? Comblé de mes bontés, ce serait vraiment trop infame! Certes, marquis, répliqua-t-elle, il m'en coûterait de rompre des liens
si charmans; cependant, si votre intérêt l'exigeait, je saurais vous immoler le plus doux rêve de ma vie tout entière.

— Le tour est fait, pensa le marquis, je suis joué; mais ça m'est
égal. Seulement, devais-je m'attendre à un pareil trait de perfidie de
la part d'une amie de trente ans? Comptez maintenant sur le désintéressement des affections et sur la reconnaissance des femmes! Baronne, reprit-il avec un sentiment de résignation douloureuse, s'il fallait renoncer à l'espoir d'unir un jour ces deux aimables enfans, mon
cœur ne s'en relèverait jamais; rien qu'en y songeant, il se brise.
Toutefois, en vue de vous, noble amie, en vue de votre bien-aimé fils,
il n'est point de sacrifice qui ne soit au-dessous de mon abnégation
et de mon dévouement.

Mme de Vaubert étouffa dans son cœur un rugissement de lionne blessée, puis, après un instant de farouche silence, fixant tout d'un coup sur le vieux gentilhomme un œil étincelant :

— Marquis, dit-elle, regardez-moi en face.

Au ton dont furent dits ces trois mots, comme un lièvre trottant sur la bruyère, et qui, en levant le nez, aperçoit à dix pas devant lui le chasseur qui le couche en joue, le marquis tressaillit, et regarda Mme de Vaubert d'un air effaré.

— Marquis, vous êtes un fourbe.

— Madame la baronne...

— Vous êtes un traître.

— Ventre-saint-gris, madame!...

— Vous êtes un ingrat.

Attéré, foudroyé, M. de La Seiglière resta muet sur place. Après avoir joui quelques instans de sa stupeur et de son épouvante :

— J'ai pitié de vous, dit enfin Mme de Vaubert; je vais vous épargner l'humiliation d'un aveu que vous ne pourriez faire sans mourir de honte à mes pieds. Vous avez résolu de marier votre fille à Bernard.

— Madame...

— Vous avez résolu de marier votre fille à Bernard, répéta Mme de Vaubert avec autorité. Cette résolution, je l'ai vue germer et fleurir sous l'engrais de votre égoïsme : voici près d'un mois que j'assiste, à votre insu, au travail qui se fait en vous. Comment vous êtes-vous avisé de vouloir jouer avec moi au plus fin et au plus habile? comment n'avez-vous pas compris qu'à pareil jeu vous perdriez à coup sûr la partie? Ce soir, au premier mot qui vous est échappé, vous vous êtes trahi. Depuis un mois, je vous observais, je vous guettais, je vous voyais venir. Convenez que j'ai été bonne et plus généreuse qu'Ariane, qui du moins ne fut abandonnée qu'après : sans moi, vous couriez risque de ne jamais sortir du labyrinthe de vos propres discours. Ainsi, monsieur le marquis, tandis que mon esprit, qui répugne aux détours, s'épuisait pour vous seul en combinaisons de tout genre, tandis que je sacrifiais au soin de vos intérêts mes goûts, mes instincts, jusqu'à la droiture de mon caractère, vous, au mépris de la foi jurée, vous tramiez contre moi la plus noire des perfidies; vous complotiez de livrer à votre ennemi la fiancée de mon fils et la place que je défendais; vous méditiez de porter un coup de Jarnac au champion qui combattait pour vous!

— Vous allez trop loin, madame la baronne, répliqua le marquis, confus comme un pêcheur qui se serait pris dans sa nasse. Je n'ai rien résolu, je n'ai rien décidé : seulement, j'en conviens, depuis que je sais que le bon M. Stamply ne m'a rien restitué et qu'il m'a tout donné, je me sens ployer sous le poids de la reconnaissance, et comme, nuit et jour, je me creuse la tête et le cœur pour trouver de quelle façon nous pourrions, ma fille et moi, nous acquitter envers la mémoire de ce noble et généreux vieillard, il est possible que la pensée me soit venue....

— Vous, monsieur le marquis, vous, ployé sous le poids de la reconnaissance! s'écria Mme de Vaubert en l'interrompant avec explosion. A moins que vous ne vouliez rire, ne venez pas me conter de ces choses-là. Je vous connais, vous êtes un ingrat. Vous vous souciez de la mémoire du vieux Stamply tout juste autant que vous vous êtes soucié de sa personne. D'ailleurs, vous ne lui deviez rien; c'est à moi que vous devez tout. Sans moi, votre ancien fermier serait mort sans même s'inquiéter de savoir si vous existiez. Sans moi, vous et votre fille, vous grelotteriez à cette heure au coin de votre petit feu d'Allemagne. Sans moi, vous n'auriez jamais remis le pied dans le château de vos ancêtres. Que vous le savez bien! mais vous feignez de l'ignorer, parce qu'encore une fois vous êtes un ingrat. Tenez, marquis, jouons cartes sur table. Ce n'est pas la reconnaissance, c'est l'égoïsme qui vous tient. Cela vous enrage, de marier votre fille au fils de votre ancien fermier; vous en avez pâli, vous en avez maigri, vous en dessécherez. Vous haïssez le peuple, vous exécrez Bernard; vous ne comprenez rien, vous n'avez rien compris au mouvement qui s'est fait et qui se fait encore autour de nous. Vous êtes plus fier, plus orgueilleux, plus entêté, plus arriéré, plus infesté d'aristocratie, plus incorrigible en un mot qu'aucun marquis de chanson, de vaudeville et de comédie. Marquis de Carabas, c'est vous qui l'avez dit; mais vous avez encore plus d'égoïsme que d'orgueil.

— Eh bien! ventre-saint-gris! vous en penserez tout ce que vous voudrez, s'écria le marquis en jetant pour le coup son bonnet par-dessus les moulins. Ce que je sais, moi, c'est que je suis las du rôle que vous me faites jouer; c'est que depuis long-temps le cœur m'en lève, c'est que je suis indigné de tant de ruses et de basses manœuvres, c'est que j'en veux finir à tout prix. Morbleu! vous l'avez dit, ma fille épousera Bernard.

— Prenez garde, marquis, prenez garde!...

— Accablez-moi de vos mépris et de vos colères; traitez-moi de fourbe et d'ingrat, jetez-moi au visage les noms d'égoïste et de traître;

vous le pouvez, vous en avez le droit. Vous êtes si désintéressée, vous, madame! Dans toute cette affaire, vous vous êtes montrée si franche et si loyale! Sur la fin de ses jours, vous avez été si bonne pour le pauvre vieux Stamply! Vous avez entouré sa vieillesse de tant de soins, de tendresse et d'égards! En bonne conscience, vous lui deviez cela, car c'est vous qui l'avez amené à se dépouiller vivant de tous ses biens.

—C'était pour vous, cruel!

— Pour moi! pour moi! dit le marquis en hochant la tête; madame la baronne, à moins que vous ne vouliez rire, il ne faut pas venir me conter de ces choses-là.

— Il vous sied bien d'ailleurs de m'accuser d'ingratitude, reprit avec hauteur Mme de Vaubert, vous, donataire, qui avez abreuvé d'amertume le donateur!

— Je ne savais rien, moi; mais vous qui saviez tout, vous avez été sans pitié.

— C'est vous, s'écria la baronne, qui avez chassé votre bienfaiteur de sa table et de son foyer!

— C'est vous, s'écria le marquis, vous qui, après avoir capté la confiance d'un vieillard crédule et sans défense, l'avez repoussé du pied et laissé mourir de chagrin.

—Vous l'avez relégué à l'antichambre!

— Vous l'avez plongé au tombeau!

— C'est la guerre, marquis!

—Eh bien! va pour la guerre, s'écria le marquis; je ne mourrai pas sans l'avoir faite du moins une fois.

— Songez-y, marquis! la guerre impitoyable, la guerre sans trêve, la guerre sans merci!

—Une guerre à mort, madame la baronne, dit le marquis en lui baisant la main.

A ces mots, Mme de Vaubert se retira menaçante et terrible, tandis que le marquis, resté seul, cabriolait de joie, comme un chevreau, dans le salon. De retour au manoir, après avoir long-temps marché à grands pas dans sa chambre, se frappant le front et se pressant la poitrine avec rage, elle ouvrit brusquement la fenêtre, et, comme une chatte qui guette une souris, tomba en arrêt devant le château de la Seiglière, dont la lune faisait en cet instant étinceler toutes les vitres. Malgré la fraîcheur de la nuit, elle demeura bien près d'une heure, accoudée sur le balcon, en contemplation muette. Tout d'un coup son front rayonna, ses yeux s'illuminèrent, et, comme Ajax menaçant les

dieux, jetant au château un geste de défi, elle s'écria : — Je l'aurai !
Cela dit, la baronne écrivit à Raoul ce seul mot : « Revenez, » puis,
s'étant couchée, elle s'endormit en souriant de ce sourire que doit
avoir le génie du mal lorsqu'il a résolu la perte d'une ame.

XI.

A partir de cette soirée mémorable, Mme de Vaubert ne reparut plus
au château, et le château s'en trouva bien. Durant le peu de jours qui
s'écoulèrent jusqu'au dénouement de cette petite et trop longue histoire, il s'établit entre Bernard et le marquis des relations plus douces
que ne l'avaient été les premières. N'étant plus irrité par la présence
de la baronne, contre qui Bernard avait toujours nourri, en dépit de
lui-même, un vague sentiment de défiance et de sourde colère, ce
jeune homme redevint plus familier et plus traitable; de son côté,
depuis quelques semaines, le marquis avait affecté peu à peu, vis-à-
vis de son hôte, une attitude plus cordiale, plus affectueuse, presque
tendre. Tous deux paraissaient avoir modifié, pour se complaire, leurs
opinions et leur langage. Le soir, au coin du feu, réduits au tête-à-
tête, ils causaient, discutaient, et ne disputaient plus. D'ailleurs, depuis la disparition de Mme de Vaubert, leurs entretiens avaient pris
insensiblement un tour moins politique et plus intime. Le marquis
parlait des joies de la famille, des félicités du mariage, et parfois
il laissait échapper des paroles qui faisaient frissonner Bernard et passaient sur son cœur comme de chaudes bouffées de bonheur. Il arriva qu'un soir M. de La Seiglière exigea doucement que sa fille restât
au salon, au lieu de se retirer dans sa chambre. La contrainte des
premiers instants une fois dissipée, cette soirée s'écoula en heures en-
chantées : le marquis s'y montra spirituel, aimable, étourdi; Bernard,
heureux et triste; Hélène, rêveuse, silencieuse et souriante. Le lendemain, les deux jeunes gens se rencontrèrent dans le parc, et le charme
recommença, plus inquiet, il est vrai, qu'il ne l'avait été d'abord, plus
voilé, partant plus charmant.

Cependant, comment aborder la question vis-à-vis d'Hélène? Par
quels sentiers détournés et couverts l'amener au but désiré? Pour rien
au monde, le marquis n'aurait consenti à lui révéler la position humiliante dans laquelle ils se trouvaient depuis six mois, elle et lui, vis-
à-vis de Bernard. Il connaissait trop bien la noble et fière créature, il
savait trop bien à quelle ame il avait affaire. C'était pourtant cette ame

honnête et simple qu'il s'agissait de rendre complice de l'égoïsme et de la trahison.

Un jour, M. de La Seiglière était plongé dans ces réflexions, lorsqu'il sentit deux bras caressans s'enlacer autour de son cou, et, en levant les yeux, il aperçut, comme un lis penché au-dessus de sa tête, le visage d'Hélène qui le regardait en souriant. Par un mouvement de brusque tendresse, il l'attira sur son cœur, et l'y tint longtemps embrassée, en couvrant les blonds cheveux de caresses et de baisers. Lorsqu'elle se dégagea de ces étreintes, Hélène vit de larmes rouler dans les yeux de son père, qui ne pleurait jamais.

— Mon père, s'écria-t-elle en lui prenant les mains avec effu vous avez des chagrins que vous cachez à votre enfant. Je le j'en suis sûre; ce n'est pas d'aujourd'hui que je m'en aperçois. M père, qu'avez-vous? dans quel cœur, si ce n'est dans le mien, ve serez-vous les afflictions du vôtre? ne suis-je plus votre bien-aimée fille? Quand nous vivions tous deux au fond de notre pauvre Allemagne, je n'avais qu'à sourire, vous étiez consolé. Mon père, parlezmoi. Il se passe autour de nous quelque chose d'étrange et d'inexplicable. Qu'est devenue cette aimable gaieté qui faisait la joie de mon ame? Vous êtes triste; Mme de Vaubert paraît inquiète; moi-même je m'agite et je souffre, parce que sans doute je sens que vous souffrez. Mais pourquoi souffrez-vous? si ma vie n'y peut rien, ne me le dites pas.

En voyant ainsi la victime s'offrir d'elle-même sur l'autel du sacrifice, le marquis ne se contint plus; à ces accens si vrais, à cette voix si charmante et si tendre, le vieil enfant fondit en larmes dans le sein d'Hélène éperdue.

— Oh! mon Dieu! que se passe-t-il? de tous les malheurs qui peuvent vous atteindre, en est-il donc un seul qui soit plus grand que mon amour! s'écria Mlle de La Seiglière, qui se jeta dans les bras de son père en éclatant elle-même en sanglots.

Quoique sincèrement ému et véritablement attendri, le marquis jugea l'occasion trop belle pour être négligée et l'affaire assez bien engagée pour mériter d'être poursuivie. Un instant, il fut sur le point de tout dire et de tout avouer : la honte le retint, et aussi la crainte de venir échouer contre l'orgueil d'Hélène, qui ne manquerait pas de se révolter au premier aperçu du rôle qu'on lui réservait dans le dénouement de cette aventure. Il se prépara donc encore une fois à tourner la vérité, au lieu de l'aborder de front. Ce n'est pas que cette façon d'agir allât précisément à la nature de son caractère : bien

loin de là; mais le marquis était hors de ses gonds. Mme de Vaubert
l'avait engagé dans une voie funeste d'où il ne pouvait désormais se
tirer qu'à force de ruse et d'adresse. Une fois hors de la grand'route,
on ne peut y rentrer qu'en prenant à travers champs, ou par les chemins de traverse. Après avoir essuyé les pleurs de sa fille et s'être remis lui-même d'une si vive émotion, il débuta par répéter, avec quelques variantes, la scène qu'il avait jouée devant la baronne, car, il faut
bien le reconnaître, ce n'était pas, comme Mme de Vaubert, une imagination fertile en expédiens; toutefois, grace aux leçons qu'il avait
reçues en ces derniers temps, le marquis avait déjà plus d'un bon tour
dans sa gibecière. Il se lamenta donc sur la rigueur et sur l'inclémence
des temps; il gémit sur les destinées de l'aristocratie qu'il représenta,
image neuve autant qu'originale, comme un navire incessamment battu
par le flot révolutionnaire. Profitant de l'ignorance d'Hélène, qui avait
vécu toujours en dehors des préoccupations de la chose publique, il peignit avec de sombres couleurs, qu'il savait exagérer lui-même, l'incertitude du présent, les menaces de l'avenir. Il employa tous les mots du
vocabulaire alors en usage; il fit défiler et parader tous les spectres
et tous les fantômes que les journaux ultrà-royalistes expédiaient sous
bande, chaque matin, à leurs abonnés. Le sol était miné, l'horizon
chargé de tempêtes : l'hydre des révolutions redressait ses sept têtes;
le cri, guerre aux châteaux! allait retentir d'un instant à l'autre; le
peuple et la bourgeoisie, comme deux hyènes dévorantes, n'attendaient qu'un signal pour se ruer sur la noblesse sans défense, se
gorger de son sang et se partager ses dépouilles. On n'était pas sûr
que M. de Robespierre fût bien mort; le bruit courait que l'ogre de
Corse s'était échappé de son île. Enfin il mit en jeu et entassa pêle-
mêle tout ce qu'il pensa devoir effrayer une jeune imagination. Lorsqu'il eut tout dit :

— N'est-ce que cela, mon père? demanda Mlle de La Seiglière avec
un sourire plein de calme et de sérénité. Si le sol est miné sous nos
pieds, si le ciel est noir, si la France, comme vous le dites, nous
exècre et veut notre ruine, que faisons-nous ici? Partons, retournons
dans notre chère Allemagne; allons-y vivre comme autrefois, pauvres,
ignorés et paisibles. Si l'on crie guerre aux châteaux! on doit crier
aussi paix aux chaumières! Que nous faut-il de plus? Le bonheur vit
de peu, l'opulence ne vaut pas un regret.

Ce n'était pas l'affaire du vieux gentilhomme, qui savait heureusement un chemin plus sûr pour arriver à ce noble cœur.

— Mon enfant, répliqua-t-il en branlant la tête, ce sont là de beaux sentimens : voici quelque trente ans, je n'en avais pas d'autres. Je fus un des premiers qui donnèrent le signal de l'émigration; patrie, château, fortune héréditaire, domaine des aïeux, j'abandonnai tout, et rien ne me coûta pour offrir cette preuve de dévouement et de fidélité à la royauté en danger. J'étais jeune alors et vaillant. Aujourd'hui, je suis vieux, mon Hélène; le corps trahit le cœur; le sang ne sert plus le courage; la lame a usé le fourreau. Je ne suis plus qu'un pauvre vieillard, mangé de goutte et de rhumatismes, criblé de douleurs et d'infirmités. Par crainte d'alarmer ta tendresse, j'ai soigneusement caché jusqu'ici les souffrances et les maux que j'endure. Le fait est, ma fille, que je n'en puis plus. On me croit frais et vert, ingambe et bien portant; à me voir, il n'est personne qui ne me donnât hardiment encore un demi-siècle à vivre. Trompeuses apparences! de jour en jour, je décline et m'affaisse; regarde mes pauvres jambes, si l'on ne dirait pas des fuseaux! ajouta-t-il en montrant d'un air piteux un mollet vigoureux et rond. J'ai la poitrine bien malade! Ne nous faisons pas illusion : je ne suis plus qu'un rameau de bois mort qu'emportera bientôt un coup de bise.

— Oh! mon père, mon père, que me dites-vous-là! s'écria Mlle de La Seiglière en se jetant tout éplorée au cou du nouveau Sixte-Quint.

— Va, mon enfant, ajouta le marquis avec mélancolie, quelque force morale qu'on ait reçue du ciel, il est cruel à mon âge de reprendre le chemin de l'exil et de la pauvreté, alors qu'on n'a plus ici-bas d'autre espoir ni d'autre ambition que de s'éteindre tranquillement et de mêler ses os à la cendre de ses ancêtres.

— Vous ne mourrez pas, vous vivrez, dit Hélène avec assurance, en le pressant contre son sein. Dieu, que je prie pour vous dans toutes mes prières, Dieu, juste et bon, vous doit à mon amour; il me fera la grace de prendre sur ma vie pour prolonger la vôtre. Quant à l'autre péril qui nous menace, mon père, est-il si grand et si pressant que vous semblez l'imaginer? Laissez-moi vous dire que vous vous alarmez peut-être hors de propos. Pourquoi le peuple nous haïrait-il? Vos paysans vous aiment, parce que vous êtes bon pour eux. Quand je passe le long des haies, ils interrompent leurs travaux pour me saluer avec bienveillance; du plus loin qu'ils m'aperçoivent, les petits enfans viennent à moi, joyeux et bondissans; plus d'une fois, sous le toit de chaume, les mères ont pris ma main pour la porter doucement à leurs lèvres. Ce n'est point là le peuple qui nous hait. Vous parlez de sol miné, de bruits sinistres, de sombre horizon? Regardez, la terre fleurit et verdoie, le ciel est bleu, l'horizon est pur; je n'entends d'au-

tres cris que le sifflement du pinson et le chant éloigné des bouviers
et des pâtres; je ne vois d'autre révolution que celle que le printemps
vient d'accomplir contre l'hiver.

— Aimable jeune cœur, qui ne voit et n'entend sur cette terre de
méchans que les images de la nature et les harmonies de la création!
dit le marquis en baisant le front d'Hélène avec une émotion sincère.
Mon enfant, ajouta-t-il après un instant de silence, voici bientôt
trente ans, les choses ne se passaient pas autrement. Comme aujour-
d'hui, les champs se paraient de verdure et de fleurs; les pâtres chantaient sur le flanc des collines; les pinsons sifflaient sous la feuillée
naissante, et ta mère, ma fille, ta belle et noble mère était comme toi
l'ange béni de ces campagnes. Pourtant il fallut fuir. Crois-en ma
vieille expérience, l'avenir est sombre et menaçant. C'est presque toujours sous ces ciels sereins et limpides que s'agite la colère des hommes
et qu'éclate la foudre des révolutions. Supposons cependant que le
péril soit loin encore; admettons que j'aie le temps de mourir sous le
toit de mes pères. Puis-je espérer de mourir en paix, avec l'idée que
je te laisserai seule, sans soutien, sans appui, au milieu de l'orage et
de la tourmente? Quand je ne serai plus, que deviendra ma fille bien-
aimée? Est-ce M. de Vaubert qui te protégera en ces temps d'épouvante et d'horreur? Malheureux enfans! vous avez tous deux un nom
qui attire le tonnerre; vous n'aurez fait, en vous unissant, que doubler vos chances funestes; vous ne serez l'un pour l'autre qu'une charge
et qu'un danger de plus; chacun de vous aura contre lui deux fatalités
au lieu d'une; vous vous dénoncerez l'un l'autre à la fureur des haines
populaires. J'en causais l'autre soir affectueusement avec la baronne,
et, dans notre sollicitude alarmée, nous nous demandions s'il était
bien prudent et sage de donner suite à ces projets d'union.

A ces mots, Hélène tressaillit et tourna vers son père un regard de
biche effarouchée.

— Et même j'ai cru entrevoir, ajouta M. de La Seiglière, que la
baronne ne serait pas éloignée de me rendre ma parole et de reprendre
la sienne en échange. — Marquis, me disait-elle avec cette haute raison qui ne l'abandonne jamais, unir ces deux enfans, n'est-ce pas
vouloir que deux vaisseaux en perdition essaient de se sauver l'un
l'autre? Isolés, ils ont encore, chacun de son côté, chance de s'en
tirer; ils sombrent, à coup sûr, en mariant leurs fortunes. — Ainsi
parlait la mère de Raoul; je dois ajouter que c'est aussi l'avis du célèbre Des Tournelles, vieil ami de notre famille, et qui, sans t'avoir
jamais vue, te porte le plus vif intérêt. — Marquis, me disait un jour

ce grand jurisconsulte, un des plus vastes esprits de notre époque, donner votre fille au jeune de Vaubert, c'est l'abriter, par un temps d'orage, sous un chêne en rase campagne; c'est appeler sur sa tête le feu du ciel.

— Mon père, répondit la jeune fille avec une froide dignité, M. Des Tournelles n'a rien à voir ici, et c'est à peine si je reconnais à Mme de Vaubert elle-même le droit de dégager ma main de celle de son fils. M. de Vaubert et moi, nous sommes devant Dieu engagés l'un à l'autre. J'ai sa parole, il a la mienne. Dieu, qui a reçu nos sermens, pourrait seul nous en délier.

— Loin de moi la pensée, s'écria le marquis, de vouloir te prêcher la trahison et le parjure! Je crains seulement que tu ne t'exagères la gravité et la solennité des engagemens qui t'enchaînent. Raoul et toi, vous êtes fiancés, rien de plus; or, comme on dit dans le pays, fiançailles et mariage font deux. Tant que le sacrement n'a point passé par là, on peut toujours, d'un mutuel accord, se dégager sans faillir à Dieu ni forfaire à l'honneur. Avant d'épouser ta mère, j'avais été fiancé neuf fois, la neuvième à treize ans, la première à sept mois. Ensuite, mon Hélène, je me garderai bien de contrarier tes inclinations. Je conçois que tu tiennes au jeune de Vaubert. Vous avez été élevés tous deux dans l'exil et dans la pauvreté; il peut vous sembler doux d'y retourner ensemble. A votre âge, mes chers enfans, il n'est point de si triste perspective que la passion n'égaie, n'enchante et n'illumine. Être deux à souffrir et s'aimer, c'est le bonheur de la jeunesse. Cependant j'ai remarqué qu'en général ces liaisons qui se sont formées si près du berceau manquent du je ne sais quoi qui fait le charme de l'amour. Je ne me donne pas pour expert en matière de sentiment; toutefois j'ai fini par découvrir qu'on aime peu ce qu'on connaît beaucoup. Notre jeune baron est d'ailleurs un aimable et gracieux cavalier, un peu froid, un peu compassé, faut-il dire le mot? un peu nul, mais blanc comme un lis et rose comme une rose. Celui-là ne s'est pas durci les mains au travail, et le feu de l'ennemi ne lui a pas bronzé le visage. Il a surtout une façon d'arranger ses cheveux qui m'a toujours ravi.

— Monsieur de Vaubert est un galant homme, mon père, répliqua gravement Hélène.

— Je le crois, pardieu bien! et un digne garçon qui n'a jamais fait parler de lui, et un héros modeste qui n'ennuiera jamais personne du récit de ses victoires. Ventre-saint-gris! ma fille, s'écria le marquis en changeant brusquement de ton, c'est triste à dire, mais il faut le dire : nos jeunes gentilshommes d'aujourd'hui ont l'air de croire qu'il ne

48.

sied qu'aux petites gens de faire de grandes choses. De mon temps, la jeune noblesse en agissait autrement, Dieu merci! Moi qui te parle... je n'ai point fait la guerre, c'est vrai; mais, par l'épée de mes aïeux! lorsqu'il a fallu se montrer, je me suis montré, et l'on me cite encore à la cour comme un des premiers fidèles qui s'empressèrent d'aller protester par leur présence à l'étranger contre les ennemis de notre vieille monarchie. Voilà, ma fille, voilà ce que ton père a fait; et si je ne me suis pas couvert de lauriers dans l'armée de Condé, c'est qu'il m'en coûtait trop d'aller cueillir des palmes arrosées du sang de la France.

— Mais mon père, dit Hélène d'une voix hésitante, ce n'est pas la faute de M. de Vaubert, s'il a vécu jusqu'à présent dans l'inaction et dans l'obscurité; eût-il un cœur de lion, il ne peut pourtant pas donner des batailles à lui tout seul.

— Bah! bah! s'écria le marquis; les ames altérées de gloire trouvent toujours moyen d'étancher leur soif. Moi, lorsque j'émigrai, j'étais sur le point de partir pour m'aller battre chez les Mohicans; si je gagnai l'Allemagne au lieu de l'Amérique, c'est qu'à l'heure du danger je compris que je me devais à notre belle France. Regarde ce jeune Bernard. Ça n'a pas encore vingt-huit ans; eh bien! ça vous a déjà un bout de ruban à la boutonnière; ça s'est promené en vainqueur dans les capitales de l'Europe; ça s'est fait tuer à la Moscowa. Il comptait vingt ans à peine, quand l'empereur, qui, quoi qu'on dise, n'était pas un sot, le remarqua à la bataille de Wagram. Ce que je t'en dis, mon enfant, n'est pas pour te détacher de Raoul. Je ne lui en veux pas, moi, à ce garçon, de n'être rien du tout. D'ailleurs, il est baron; à son âge, c'est déjà gentil. Il ne faut pas non plus être trop exigeant.

— Mon père, dit Hélène de plus en plus troublée, M. de Vaubert m'aime; il a ma foi, et pour moi c'est assez.

— Pour ça, il t'aime, je le crois d'autant mieux que je m'en suis rarement aperçu; les feux cachés sont les plus terribles. Seulement, je sais bien qu'à sa place je ne serais point parti pour aller faire à Paris la belle jambe, précisément le lendemain du jour où ce jeune héros s'est installé sous notre toit.

— Mon père!... dit Hélène en rougissant comme une fleur de grenadier.

— Il est vrai que Raoul t'envoie chaque mois une lettre. Je n'en ai lu qu'une seule : joli style, papier ambré, bonne orthographe, ponctuation exacte; mais, vive Dieu! ma fille, je te prie de croire que, de notre temps, ce n'est point ainsi que nous écrivions au tendre objet de notre flamme.

— Mon père !... répéta Mlle de La Seiglière d'une voix suppliante, en souriant à demi.

Ici, jugeant la place suffisamment démantelée, l'insidieux marquis revint à ses premières batteries. Il démontra qu'en ces temps d'épreuve, la noblesse n'avait de chances de salut qu'en se créant des alliances au-dessous d'elle. Il joua vis-à-vis de sa fille le rôle que le malin Des Tournelles avait joué quelques mois auparavant vis-à-vis de lui. Il se peignit encore une fois, pauvre, exilé, proscrit, mendiant comme Bélisaire et mourant loin de la patrie. Encore une fois il mouilla les beaux yeux d'Hélène. Puis, par une transition habilement ménagée, il en vint à parler du vieux Stamply; il s'attendrit sur la probité de l'ancien fermier, et regretta de ne l'en avoir point suffisamment récompensé de son vivant. Il sut éveiller les scrupules du jeune cœur, sans toutefois éveiller ses soupçons. Du père au fils, il n'y avait qu'un pas. Il exalta Bernard, et le représenta tour à tour comme une digue contre la fureur des flots, comme un abri durant la tempête. Bref, de détours en détours, pied à pied, pas à pas, il en arriva tout doucement à ses fins, c'est-à-dire à se demander tout haut, sous forme de réflexion, si, par ces mauvais jours, une alliance avec les Stamply n'offrirait pas aux La Seiglière plus d'avantage et de sécurité qu'une alliance avec les Vaubert. Le marquis en était là de son discours, lorsqu'il s'interrompit brusquement en apercevant Hélène si pâle et si tremblante, qu'il pensa l'avoir tuée.

— Voyons, voyons, dit le marquis en la prenant entre ses bras, tu n'as point affaire au bourreau. Ai-je parlé, comme Calchas, de te traîner au sacrifice et de t'immoler sur les marches de l'autel? Que diable! tu n'es pas Iphigénie, je ne suis pas Agamemnon. Nous causons, nous raisonnons, voilà tout. Je comprends qu'au premier abord, une La Seiglière se révolte et s'indigne à l'idée d'une mésalliance; mais, mon enfant, je te le répète : songe à toi, songe à ton vieux père, songe au dévouement de Mlle de Sombreuil. Ce jeune Bernard n'est pas un gentilhomme; mais qui est gentilhomme aujourd'hui? Avant qu'il soit vingt ans, on ne se baissera même pas pour ramasser un titre. Je voudrais que tu pusses entendre M. Des Tournelles causant sur ce sujet. Qui sert bien son pays n'a pas besoin d'aïeux, a dit le sublime Voltaire. D'ailleurs, de tout temps on s'est mésallié; les grandes familles ne vivent et ne se perpétuent que par des mésalliances. Pour en finir avec les Normands, un roi de France, Charles-le-Simple, maria sa fille Ghisèle à un certain Rollon, qui n'était qu'un chef de vauriens, prouvant bien par ceci qu'il était moins simple que l'histoire ne devait le prétendre. Tout récemment, un soldat de fortune a épousé la fille des Césars. Et puis cela fera bon effet dans le pays, que tu épouses un Stamply; on verra que nous ne sommes point ingrats; on se dira que nous savons reconnaître un bon procédé, et, pour ma part, lorsque je me trouverai là-haut, nez à nez avec l'ame de mon vieux fermier, eh bien! j'avoue qu'il ne me sera pas désagréable de pouvoir annoncer à ce brave homme que sa probité a reçu sa récompense sur la terre, et que nos deux familles n'en font plus qu'une désormais. Ça lui fera plaisir aussi à ce bonhomme, car il t'adorait, mon Hélène; vous étiez une paire d'amis. Est-ce que parfois il ne t'appelait pas sa fille? à ce compte, il prendrait rang parmi les prophètes.

Le marquis parlait ainsi depuis un quart d'heure, déployant, pour vaincre les répugnances de sa fille, tout ce qu'il avait appris de finesse, de ruse et d'astuce à l'école de la baronne, quand tout d'un coup Hélène, qui s'était dégagée peu à peu des bras de son père, s'échappa, vive et légère comme un oiseau, et le marquis resta bouche béante au milieu d'une phrase, à la voir courir sur les pelouses du parc, et disparaître à travers les rameaux.

Après l'avoir long-temps suivie des yeux : — Est-ce que par hasard, se demanda le marquis en se touchant le front d'un air pensif et réfléchi, est-ce que par aventure ma fille aimerait le hussard? Qu'elle l'épouse, passe encore; mais qu'elle l'aime... ventre-saint-gris!

JULES SANDEAU.

(*La fin au prochain n°.*)

CHRONIQUE DE LA QUINZAINE.

14 novembre 1844.

En public, le ministère fait bonne contenance; il paraît trouver sa situation excellente. A le voir et à l'entendre, on le croirait plein de confiance dans la session qui va s'ouvrir. Lisez ses journaux : ils vous diront que son triomphe est assuré. On provoque l'opposition; on lui porte le défi de renverser le cabinet. Que M. Molé, que M. Thiers, abordent la tribune; ils seront vaincus. M. Billault, M. de Rémusat, M. Dufaure, n'auront pas trois mots à dire. Pauvre opposition! elle brille par le talent et l'éloquence, elle possède un nombre infini de journaux et d'orateurs, elle renferme dans son sein les hommes d'état les plus illustres, et malgré tout cela, elle n'a pas fait un pas depuis quatre ans! Qu'elle monte au pouvoir, et avec la moitié des forces dont elle dispose, il ne faudra pas six mois pour la renverser.

Ainsi parlent les journaux du ministère. Voilà ce qu'on dit tout haut; mais on tient en secret un autre langage. Ces rodomontades sont bonnes pour amuser le public, mais il faut dire la vérité à ses amis, et alors quels aveux! quelles confidences! Cette opposition si impuissante, comme on la redoute! Cette majorité que l'on dit si nombreuse et si sûre, comme on en parle avec anxiété! comme on compte les voix! comme on examine un à un les députés ministériels, en ayant soin de les classer par catégories, selon le degré de leur attachement présumé et selon les garanties qu'ils présentent! Ces hommes d'état, ces orateurs, que l'on provoque publiquement, comme on les surveille avec inquiétude! Cette alliance du centre gauche avec les membres dissidens du centre droit, alliance si dédaignée, si menaçante, que de petits moyens on imagine pour l'empêcher!

En effet, la situation du ministère est de nature à lui inspirer de sérieuses réflexions. Les chambres ne sont pas encore assemblées, et déjà des symptômes significatifs annoncent les difficultés graves que le ministère du 29 octobre rencontrera dans le parlement. En butte à de nouvelles accusations, il ne trouvera cette fois, pour le sauver du péril, ni le secours des circonstances, ni les fautes , ni la générosité imprudente de ses adversaires. Les circonstances actuelles sont favorables à une opposition modérée, qui, sans vouloir changer les bases du gouvernement, reconnaît la nécessité d'imprimer à sa politique une direction plus ferme au dehors, plus fructueuse au dedans, plus conforme aux sentimens et aux besoins de la nation. Le pays est mécontent, mais il est calme : peut-on craindre de le troubler en attaquant une politique qu'il réprouve, et que les élections de 1842 ont condamnée? Est-ce la couronne que l'on peut craindre d'ébranler? Grace à Dieu, la cause de la couronne, pas plus que celle de la paix ou de l'alliance anglaise, n'est liée à la fortune du cabinet, et nous ne voyons pas aujourd'hui de catastrophe du 13 juillet qui puisse faire oublier la politique ministérielle au milieu de la douleur publique. Privé du secours des circonstances, le ministère se trouvera donc face à face avec l'opposition; or, cette opposition, quelle est-elle? quelle sera son attitude, sa marche, sa conduite? Sera-ce une opposition désunie, portant ses coups à l'aventure, parlant pour le plaisir de parler, n'ayant d'autre but que l'attaque, ne sachant pas même ce qu'elle doit faire du succès? Sera-ce une opposition silencieuse? ou bien sera-ce une opposition exagérée, violente, une de ces oppositions qui raffermissent les ministères ébranlés en leur procurant des triomphes oratoires et en effrayant la majorité? S'il en devait être ainsi, le ministère du 29 octobre aurait peu de chose à craindre; il pourrait se tenir tranquille dès à présent. Mais, non; tout annonce au contraire que l'opposition de la session prochaine ne ressemblera pas à celle des années précédentes; elle sera unie, elle aura un plan arrêté, elle agira de concert et dans une pensée commune. Tout indique chez les hommes que l'opinion désigne comme devant être les chefs de cette opposition nouvelle l'intention de combiner leurs efforts et de marcher dans la même voie. Leurs principes sont les mêmes; ils font au ministère les mêmes reproches; ils désirent pour le pays la même politique : pourquoi ne s'entendraient-ils pas? Cet accord aura-t-il lieu dans l'ombre? Non. Tout démontre que, s'il a lieu, il éclatera à la tribune; tout prouve aussi que le langage de cette opposition sera calme et modéré comme ses principes : ce sera le langage d'une opposition conservatrice. On verra quels sont ces ennemis de la paix, ces adversaires de l'alliance anglaise, ces chefs du prétendu parti de la guerre, si traîtreusement désignés par notre cabinet aux défiances et aux ressentimens britanniques; on verra quels sont ces amis douteux de la royauté, calomniés depuis plusieurs mois par les journaux du pouvoir !

Certes une semblable opposition, naturellement amenée par les évènemens et sortie des entrailles même du parti conservateur, n'est pas faite pour rassurer le ministère. Aussi voyez comme il laisse percer ses craintes, en dépit des provocations ironiques de ses journaux. Il avait annoncé une promotion de pairs. La liste devait paraître ces jours derniers. Elle avait été débattue vingt fois par le conseil; chaque nom avait été l'objet d'un examen prolongé; chaque ministre était venu défendre ses sympathies privées ou ses combinaisons politiques. Des discussions interminables avaient eu lieu devant le roi. Enfin, après des hésitations sans nombre, la liste est arrêtée; elle va paraître au *Moniteur!* et voilà que tout à coup on annonce qu'elle ne paraîtra pas ! Pourquoi? Parce que le ministère craint de perdre deux ou trois voix dans la chambre des députés! la pairie avait été promise à plusieurs membres de la chambre. Les nommer, c'était courir le risque de les voir remplacés par des députés hostiles au cabinet; ne pas les nommer, c'était s'exposer à leur ressentiment. Dans cette alternative, qu'a fait le ministère ? Il s'est abstenu, il n'a nommé personne. Tout le travail est annulé! En bonne conscience, ce n'est pas nous qui déplorerons ce résultat. Nous sommes persuadés que la liste projetée eût révélé de singulières préférences. Nous sommes peu disposés à plaindre certaines célébrités, ou, si l'on veut, certaines illustrations mécontentes, que ce contre-temps cruel forcera de prendre patience et d'attendre pendant quelques mois encore, pendant une année peut-être, à la porte du Luxembourg. Nous sommes convaincus que beaucoup de notabilités très contestables se seraient glissées dans la foule des nouveaux élus, et le chancelier, nous en sommes sûrs, n'est point fâché de ce dénouement. La pairie n'y perdra rien, ou peu de chose; mais que penser de la situation d'un ministère qui, après avoir formellement promis le manteau de pair à quelques membres de la chambre, n'ose pas remplir sa promesse, de peur de rencontrer dans les élections nouvelles deux ou trois colléges hostiles? Que penser de la force d'un cabinet qui, la veille d'une session, se déclare perdu, si quatre ou cinq voix de sa majorité lui échappent?

Qu'on vienne nous dire maintenant que le ministère du 29 octobre ferait heureusement les élections, que le pays est pour lui, que sa politique a une immense majorité dans les colléges! Quoi! le ministère actuel serait chargé de faire les élections générales, et il n'ose s'aventurer dans quelques élections partielles! Il recevrait, dans un an ou deux, la redoutable mission de faire un appel universel au pays, et aujourd'hui, lorsqu'il se proclame vainqueur de toutes les oppositions réunies, lorsqu'il nage dans la joie de son triomphe de quatre ans, lorsqu'il peut exploiter sur des imaginations crédules les heureux effets du voyage du roi, lorsque la discussion parlementaire n'a pas encore dévoilé ses fautes, lorsqu'enfin sa politique est, suivant lui, à l'apogée de sa gloire, il n'ose tenter la fortune électorale dans cinq ou six arrondissemens! Les dangers d'une situation pareille ont-ils besoin d'être démontrés ? Les chambres et la couronne n'ont-elles pas ici de graves devoirs à remplir?

Nous ne parlerons aujourd'hui que pour mémoire de la dotation. Dites-nous si c'est là une affaire qui ait prouvé jusqu'à présent la force et la confiance du cabinet! Tous les jours, la question est agitée, et l'opinion de la veille n'est plus celle du lendemain. Le projet sera-t-il présenté ou non? Le

Moniteur, qui a promis de parler, remplira-t-il, oui ou non, ses engagemens? On voudrait bien prendre un parti; mais que résoudre? Si le projet
est présenté, que fera la chambre? S'il ne l'est pas, que deviendra l'honneur
du cabinet? Si le *Moniteur* parle, quel effet produira ce débat inconstitutionnel? S'il se tait, à quoi tiendra désormais l'existence du ministère? Au
milieu de ces difficultés qu'il s'est créées lui-même, quel parti prend ce cabinet que l'on nous dit si résolu, si ferme dans ses convictions? Il trouve
commode de n'en prendre aucun. Tenez pour certain qu'il ne sait pas encore lui-même ce qu'il fera. Ou plutôt, s'il a une préférence, c'est pour la
solution qui gênera le moins sa responsabilité, et qui pourra sauver sa
vie, au risque de ne pas sauver son honneur. Nous croyons que sans les représentations énergiques de quelques amis dévoués de la couronne, le *Moniteur* aurait déjà repris la série de ses articles. La discussion dans le *Moniteur* n'engage à rien, et ne peut faire de mal qu'à la royauté. Aussi, nous
doutons encore que le ministère laisse échapper cet honnête et estimable
moyen de terminer ses embarras.

Dirons-nous un mot de certains expédiens qu'emploie en ce moment le
ministère pour conquérir des voix dans la chambre, ou même pour conserver
celles de quelques amis intéressés? Nous n'aimons pas à entamer ce chapitre :
nous reconnaissons les tristes nécessites du gouvernement représentatif,
nous trouvons d'ailleurs que l'administration n'a pas toujours à se plaindre
d'être envahie par la politique : nous ne voulons donc pas faire de puritanisme aux dépens du ministère; mais, puisque le ministère prétend avoir
une grande confiance dans la session prochaine, il est bon de voir si cette
prétention peut s'accorder avec plusieurs faits qui se passent en ce moment
dans l'administration.

Personne n'ignore qu'il y a aujourd'hui tel ministère où plusieurs emplois
supérieurs sont vacans depuis quelques mois. On assure que depuis long-
temps le chef de ce ministère est fixé sur les nominations qu'il doit soumettre
à l'ordonnance royale. Son travail est prêt; pourquoi ne paraît-il pas? Parce
que les places vacantes ont été promises à une foule de candidats, parce que
chaque ministre, de son côté, a pris des engagemens en vue de la session
prochaine, parce qu'on juge utile, provisoirement, de tenir ces places disponibles, comme une sorte d'appât offert à des fidélités chancelantes ou à de
nouveaux dévouemens. En attendant, le service souffre; l'opinion se répand
dans le public que tel emploi est bien peu nécessaire, puisqu'on le laisse vaquer si long-temps, et les ministres, assaillis de continuelles demandes, donnent à chaque candidat des espérances mensongères. Cela s'appelle gouverner! Quand on gouverne ainsi, ne prouve-t-on pas que l'on a une extrême
défiance de la majorité?

Il y a dans les différens ministères plusieurs bureaux où de graves affaires
attendent vainement depuis plusieurs années une solution. Il s'agit d'intérêts privés; mais ces intérêts privés ont pour adversaires ou pour défenseurs

des hommes politiques. Pourquoi l'administration tarde-t-elle à se prononcer? Parce que, soit qu'elle se décide dans un sens ou dans un autre, elle est exposée à rencontrer devant sa décision un député conservateur qui pourra, si elle le blesse, s'en venger au scrutin. On dira que cela prouve les inconvéniens du régime représentatif; non : cela prouve tout simplement la faiblesse du ministère. Que les députés soient exigeans, indiscrets; qu'ils fassent irruption dans les bureaux, qu'ils y témoignent des prétentions excessives, l'administration n'en doit pas moins suivre la marche commandée par les affaires. Fort ou faible devant les chambres, un ministère doit avant tout administrer. Il manque à ses devoirs, s'il décline sa responsabilité.

Le ministère, poursuivi par des solliciteurs impatiens, se résigne de temps en temps à faire un choix; mais il n'a pas toujours la main heureuse. Que serait-ce s'il pouvait toujours faire ce qu'il veut? Heureusement, les choix arbitraires du pouvoir rencontrent souvent de légitimes obstacles dans la force même de nos institutions administratives, et surtout dans l'indépendance des corps judiciaires. Lorqu'un ministre, aveuglé par des intérêts égoïstes, ose violer des droits acquis, des traditions long-temps respectées, il se trouve des voix courageuses qui sortent du sein même de l'administration pour s'élever contre lui, et l'arrêter dans ses projets par la menace d'une opposition publique. Nous connaissons plusieurs nominations étranges qui ont ainsi échoué dans ces derniers temps par suite des honorables résistances qu'elles ont soulevées. Le ministère nous saura gré sans doute de ne pas publier là-dessus ce que nous savons. La seule chose que nous nous permettrons de lui dire, c'est qu'en considérant certains choix qu'il a voulu faire, et que des réclamations énergiques ont empêchés, choix ridicules, préférences absurdes, auxquelles il a voulu sacrifier les convenances et la justice, on est porté nécessairement à lui refuser cette foi robuste dans sa destinée, et cette tranquillité dédaigneuse qu'il s'attribue. Assurément, pour s'incliner devant de pareilles ambitions, il faut éprouver un grand besoin de recruter des voix dans le parlement, et avoir terriblement peur de la majorité.

Après tout, quand le ministère a-t-il véritablement montré de la confiance et de la résolution? N'a-t-il pas vécu dans des transes continuelles? n'a-t-il pas toujours cherché à dissimuler par l'audace du langage l'humilité et les périls de sa situation? Il est aujourd'hui ce qu'il a toujours été depuis quatre ans, faible, indécis, disposé à faire bon marché de ses propres opinions, si l'intérêt de sa conservation l'exige, et couvrant cette conduite pusillanime par de grands mots, qui bientôt ne feront plus d'illusion à personne.

Tout bien considéré, que la confiance du ministère soit jouée ou non, l'opposition, si elle exécute fidèlement son rôle, a de belles chances à courir dans la session prochaine. On sait ce que nous entendons par le rôle de l'opposition. A nos yeux, combattre le ministère du 29 octobre, ce n'est pas combattre le parti conservateur; c'est, au contraire, prendre la défense de ce parti, et venir au secours de ses plus chers intérêts, compromis par une politique inhabile. Combattre le ministère, ce n'est pas repousser le système de la paix ni l'alliance anglaise; c'est, au contraire, demander pour la paix des garanties plus sûres, et réclamer un système de conduite qui rende l'alliance plus digne et plus féconde. Combattre le ministère, ce n'est pas attaquer la royauté; c'est vouloir, au contraire, que la royauté soit plus sincèrement protégée, c'est vouloir que sa cause ne soit point perfidement confondue avec celle du ministère; c'est vouloir qu'elle reçoive, au sujet des évènemens de Londres, la part d'éloges et de reconnaissance qui lui revient. Combattre le ministère, ce n'est pas attaquer la gloire de nos marins et de nos soldats; c'est, au contraire, blâmer les fautes qui l'ont rendue stérile, et qui ont arraché de nos mains les avantages conquis par nos armes. Enfin, combattre le ministère, ce n'est pas soulever la question des réformes; loin de là, c'est préserver la constitution même contre les dangers que pourrait présenter, dans des circonstances difficiles, une politique capable d'irriter le pays, et d'enlever au parti conservateur la majorité des colléges. Le drapeau de l'opposition nouvelle est donc un drapeau conservateur. Ceux qui se rangent autour de lui sont les partisans sincères de la paix, de la dynastie et de la constitution; leur seul but est de ramener le gouvernement dans les voies d'une politique de sagesse, de dignité et de force, que les chambres ont inutilement conseillée au ministère depuis quatre ans.

Que l'opposition se rappelle le passé, elle verra quelles sont ses chances pour l'avenir. Jusqu'ici, le ministère n'a pas été sérieusement combattu. Toléré plutôt que soutenu par la majorité, il n'a trouvé du côté de l'opposition que des adversaires isolés, souvent même indulgens, qui ont pris plus d'une fois sa défense dans de grandes occasions. Nous ne parlons pas des partis extrêmes qui lui ont fait l'aumône de leurs voix dans quelques circonstances mémorables. Les grandes questions sont justement celles où le ministère a été le plus épargné. Il suffit de rappeler la discussion sur la régence, où le ministère a été si généreusement protégé par M. Thiers, et la discussion du droit de visite, où M. Dupin, inspiré par un sentiment national, éleva le débat au-dessus des têtes ministérielles et entraîna la chambre dans un vote unanime où disparut la question de cabinet. Les fonds secrets ont soulevé, il est vrai, plusieurs luttes dans lesquelles le ministère a triomphé; mais quels combats a-t-il soutenus? Qu'on se rappelle la discussion de 1843. M. Passy et M. Dufaure venaient de se séparer du ministère; tous les regards étaient fixés sur eux; ils étaient le lien d'une combinaison nouvelle, les garans de la transaction qui devait rapprocher les centres. Le débat commence. Presque aussitôt M. Passy, puis M. Dufaure, se déclarent impossibles par les raisons que tout le monde sait. Ce n'est pas tout; M. de Lamartine lance une formidable harangue contre la politique du gouvernement de juillet, et fournit une éloquente réplique à M. Guizot. Voilà comme on a combattu jusqu'ici le ministère. Et cependant, quel a été le résultat de cette singulière bataille livrée sur les fonds secrets? Une différence de vingt voix eût constitué le ministère en minorité! Aujourd'hui, grace à Dieu, nous ne voyons plus d'orateurs qui soient disposés à tenir le langage de M. Dufaure et de M. Passy. Nous croyons même que ces deux hommes honorables, instruits par l'expérience, jaloux de rendre au pays les services qu'il attend de leur patriotisme et de leurs lumières, ne céderaient pas maintenant aux scrupules excessifs qu'ils ont montrés autrefois. Au lieu d'une opposition platonique, nous voyons une opposition sérieuse qui portera dans la lutte cette ambition légitime et nécessaire sans laquelle il serait insensé d'attaquer un cabinet. Au lieu d'une opposition sans discipline et sans but, nous voyons les germes d'une opposition vraiment parlementaire qui présentera, comme l'opposition dans les chambres anglaises, un parti de gouvernement. Tout cela est fort peu de chose, si l'on veut; mais tout cela fait supporter patiemment les airs de fierté et d'assurance que se donne le cabinet.

Le gouvernement s'est enfin décidé à émettre l'emprunt. M. le ministre des finances a eu, dit-on, de longs combats à soutenir pour vaincre les irrésolutions du conseil. 200 millions seront demandés au crédit; 100 millions seront réservés pour réduire la portion de la dette-flottante qui provient des caisses d'épargne. L'emprunt sera adjugé le 9 décembre.

Le public financier savait depuis long-tems que l'emprunt ne serait pas effectué par souscription. Consultés par M. Laplagne, les receveurs-généraux avaient déclaré ce système peu praticable. Suivant eux, les petits capitaux n'auraient pas répondu à l'appel de l'emprunt, soit que les entreprises industrielles leur semblent préférables à la rente, soit que le crédit public n'ait pas encore poussé d'assez fortes racines pour permettre au gouvernement de se passer du secours des banquiers. Ces considérations ont entraîné M. Laplagne, qui d'ailleurs, on doit le reconnaître, avait réservé toute sa liberté en acceptant l'amendement de M. Garnier-Pagès. Voilà donc l'emprunt livré à la spéculation. S'il est vrai que plusieurs compagnies se sont déjà réunies pour l'exploiter, et qu'une maison puissante dirige cette coalition, le système adopté porte déjà ses fruits Toute concurrence sérieuse est étouffée, et les loups-cerviers, comme dit M. Dupin, se préparent à dévorer le trésor.

Pendant que M. Laplagne termine, comme il le peut, cette périlleuse affaire de l'emprunt, son collègue de la guerre, M. le maréchal Soult, vient de résoudre une question difficile, qui lui a causé de graves soucis. L'ordonnance qui réorganise l'École polytechnique a paru. D'accord avec la commission instituée pour préparer ce travail, le ministre n'a pas voulu procéder à une réforme complète. Il a mis de côté tout ce qui regarde le plan et la direction des études. Il n'a changé en rien la constitution des différens conseils chargés de l'instruction, de la discipline et de l'administration de l'École. Les dispositions principales de l'ordonnance du 30 octobre 1832 ont été maintenues, sauf une seule, celle qui concerne le mode de nomination aux divers emplois. Ce respect du ministre pour l'ordonnance de 1832 a été

sévèrement critiqué. On lui reproche d'avoir agi trop timidement. On eût
voulu une réforme scientifique en même temps qu'une réforme administrative. Le maréchal a pensé qu'une réforme scientifique n'était pas nécessaire.
Nous croyons, comme lui, qu'il est bon d'attendre l'épreuve d'une discussion approfondie avant de toucher aux bases d'une institution consacrée par
le temps, et de changer les élémens qui ont fait jusqu'ici sa prospérité et sa
grandeur.

Pour le moment, l'objet le plus pressé était de mettre un terme à ces
regrettables conflits, dont le dernier a entraîné au mois d'août le licencie-
ment de l'école. Tout le monde sait que ces conflits ont pris leur source
dans le mode de nomination aux places de directeur, de professeurs et d'exa-
minateurs. Sur ce point, l'ordonnance de 1832 renfermait un vice capital.
En cas de vacance d'emploi, deux candidats étaient présentés au ministre,
l'un par l'Académie des sciences, l'autre par le conseil d'instruction de l'école.
Quand les deux corps présentaient des noms différens, le ministre pouvait
choisir; mais quand ils s'accordaient pour présenter le même candidat, ce
qui arrivait fréquemment par la raison que la plupart des membres du conseil d'instruction faisaient également partie de l'Académie des sciences, l'intervention du ministre devenait illusoire : son choix était forcé, et sa responsabilité s'annulait devant les ordres émanés d'un pouvoir irresponsable.
L'ordonnance du 30 octobre a fait cesser cette anomalie. Désormais le conseil
de perfectionnement sera seul chargé de la présentation des candidats, et sa
liste portera deux noms. De la sorte, le choix du ministre sera toujours
libre. L'Académie des sciences conservera d'ailleurs une juste part d'influence
dans les nominations; trois de ses membres, désignés par elle, feront partie
du conseil de perfectionnement, et de plus elle sera représentée dans ce conseil par ceux des fonctionnaires de l'école qui sont en même temps académiciens. Ainsi se trouvent conciliés dans la nouvelle ordonnance le principe des
candidatures, qu'il était utile de maintenir, l'intervention de l'Académie des
sciences, toujours précieuse pour l'école, et l'autorité du gouvernement, condition nécessaire de sa responsabilité.

Personne ne doute que cette ordonnance ne soit bientôt suivie d'une autre
qui rouvrira les portes de l'école aux élèves licenciés il y a quatre mois. Tous
les organes de la presse ont conseillé à M. le maréchal Soult cet acte d'indulgence qui serait justifié par des circonstances exceptionnelles, et ne pourrait, par ce motif, porter atteinte à la discipline. Espérons que le maréchal
ne se fera pas prier trop long-temps.

La querelle de la magistrature et du barreau est heureusement terminée.
On ne peut qu'applaudir aux différentes manifestations qui ont mis fin à cette
déplorable lutte. Les paroles du procureur-général ont été fermes en même
temps que conciliantes. Celles du président Séguier, sans cesser d'être dignes, ont accordé une juste satisfaction à des susceptibilités légitimes. Le
conseil de l'ordre a tenu jusqu'au bout une conduite qui lui fait honneur. En
se rendant à l'audience solennelle de rentrée, il a témoigné de son respect

pour la loi et pour le corps vénérable qui en est l'organe. Il a su remplir ses devoirs envers la magistrature et envers lui-même. Il a donné un noble exemple de modération et de fermeté. Dans l'intérêt de la justice, et aussi dans l'intérêt de cette bonne harmonie qui doit toujours régner entre les principaux corps de l'état, nous sommes heureux de constater ce dénouement, dont tout le monde doit se féliciter.

Tandis que nos députés arrivent l'un après l'autre à Paris, et que nous agitons, un mois d'avance, les problèmes de notre future session parlementaire, d'autres peuples sont déjà rentrés avant nous dans la saison de l'activité politique. Les États-Unis procèdent en ce moment à l'élection du président. Leur immense scrutin, qui renferme plus de deux millions de votes, est ouvert. Deux partis sont en présence, mais avec des chances inégales. Les whigs, livrés à des rivalités implacables, divisés par des jalousies mesquines, perdent, par le défaut d'union et d'ensemble, les avantages qu'ils tiennent de la supériorité incontestable de leurs talens et de leurs lumières. Les radicaux, au contraire, forment un parti compact. Ils sont étroitement liés par des haines et des passions communes. La question du Texas est l'objet de la lutte. L'ambitieuse démocratie des États-Unis discute cette question avec son âpreté et sa violence ordinaires. Elle veut l'incorporation immédiate, au risque de susciter une guerre sanglante Une fraction des whigs dirigée par un homme éminent, M. Clay, repousse l'incorporation immédiate, et veut que l'on attende, pour prendre un parti, le consentement unanime de tous les états. M. Polk, ce candidat improvisé du parti radical, ce héros populaire qui doit bien s'étonner de sa fortune, paraît avoir jusqu'ici le plus de chances pour être élu.

Les chambres néerlandaises et les chambres belges sont déjà rassemblées depuis près d'un mois. Le discours du roi des Belges ne mentionne, en fait de négociations, que le traité conclu avec l'union allemande et la convention postale passée avec l'Angleterre. En Portugal, le ministère, fortement attaqué, a obtenu de la chambre des députés un bill d'indemnité pour les mesures qu'il a prises pendant la suspension des cortès. La Grèce procède lentement à ses premiers travaux parlementaires. Dans la chambre des députés, la majorité est acquise au ministère. Il n'en est pas de même au sénat, dont les membres, pour la plupart, semblent rester fidèles à M. Maurocordato, qui les a nommés; mais le ministère, dès qu'il le voudra, pourra s'assurer facilement une majorité dans le sénat par le moyen d'une promotion. On a beaucoup parlé d'une division sourde entre M. Coletti et M. Metaxas. Néanmoins, tout fait espérer qu'ils uniront sincèrement leurs efforts dans une œuvre commune, celle de l'organisation administrative du pays.

Les évènemens qui viennent de se passer en Espagne ont vivement ému l'Europe. S'il faut en croire les récits des journaux et les correspondances, une vaste conspiration, dont le gouvernement tient aujourd'hui les fils entre ses mains, s'étendait sur tout le territoire. Le manifeste d'Espartero coïncidait avec les projets des révolutionnaires. Ces projets ont avorté partout.

D'abord, sur les frontières de la Catalogne et de l'Aragon, l'arrestation d'A-metler et de ses complices a déconcerté le plan de la conspiration. Une autre tentative a échoué à Sarragosse. A Barcelone, le capitaine-général, le baron de Meer, a échappé aux coups des assassins. Le même jour enfin, dans Madrid, le maréchal Narvaez devait périr sous les balles des conspirateurs, et sa mort devait être le signal de la révolte d'un bout à l'autre de la Péninsule. Des révélations suivies de mesures promptes et énergiques ont épargné à l'Espagne d'incalculables malheurs.

La France s'est réjouie de voir l'Espagne échapper, comme par miracle, à cet immense danger. Toutefois, c'est avec douleur que sur la liste des arrestations opérées après la découverte d'un attentat si énorme, elle a vu le nom du général Prim, du brillant comte de Reuss, du jeune capitaine connu dans toute l'Espagne pour sa bravoure et sa franchise, du commandant intrépide qui a donné le signal du soulèvement contre Espartero. L'étonnement s'est mêlé à la douleur, quand on a vu l'étrange procédure suivie contre le prévenu : point de preuves, point d'aveux, et la peine de mort requise sur de simples indices! Mais les vices de cette instruction ont été reconnus, il en sera fait une autre, et la cause sera jugée ultérieurement. Espérons que l'honneur du général Prim sortira pur de ce malheureux débat. Dieu veuille, dans l'intérêt de l'Espagne, que son innocence éclate au grand jour!

Cependant, cette nouvelle tentative révolutionnaire, si miraculeusement comprimée, a raffermi le ministère espagnol en ralliant autour de lui le parti modéré, et en faisant cesser des dissidences qui commençaient à inquiéter les esprits. Le début du ministère n'avait pas été très heureux. Son projet de réforme avait été plus hardi que sage; mais les évènemens lui ont donné gain de cause. Dans le sénat et dans le congrès, la pensée d'une réforme constitutionnelle a reçu l'appui d'une forte majorité. Au congrès, 133 voix contre 25 se sont prononcées pour la réforme. Le projet, livré à une commission, a reçu, d'accord avec le ministère, plusieurs modifications, dont la plus importante concerne l'interdiction de mariage entre la reine et la branche de don Carlos. Bref, la situation du ministère est forte en ce moment. Pour conserver ses avantages, il n'a qu'à rester fidèle à son origine. Qu'il se défende de tout esprit de réaction; qu'il entre franchement dans la voie des institutions libres. La nouvelle constitution une fois votée, qu'il en fasse une application libérale et sincère; qu'il songe surtout à réformer l'administration, là est la plaie de l'Espagne. Qu'il organise l'armée, la marine, la justice, les finances; qu'il encourage le commerce, l'industrie, l'agriculture; qu'il donne l'élan aux travaux publics. En un mot, qu'il régénère ce beau pays et qu'il le fasse sortir de l'ornière des révolutions. C'est en France surtout que l'on applaudira à ses efforts, car c'est la France qui fait les vœux les plus sincères pour la régénération de l'Espagne.

V. DE MARS.

LE

PAS-DE-CALAIS.

La question entre les diverses directions à donner au chemin de fer de Paris à Londres a été posée pendant plusieurs sessions devant les chambres; la loi du 26 juillet 1844 lui a donné la solution la plus simple et la plus conforme à l'intérêt de la nation; la ligne tracée par Amiens, Abbeville et Boulogne est la plus courte qui pût unir les deux premières villes de l'Europe. Écartant les moyens termes, les demi-conciliations entre des contrées rivales, la loi a placé les unes et les autres dans les conditions les plus favorables au développement des élémens de prospérité propres à chacune d'entre elles, et désormais dégagées de tout conflit, des forces qui se seraient réciproquement usées à se combattre, ne s'emploieront qu'à la fécondation paisible du seul champ où elles puissent s'exercer utilement. Il reste maintenant à tirer les conséquences des résolutions qui ont été prises, à en compléter les effets, à préparer les moyens d'en faire recueillir à notre pays tous les avantages. Engagé dans le débat par suite d'un travail présenté à la chambre en 1843, entrevoyant des faits considérables qui pouvaient modifier les opinions précédemment admises et par le gouvernement et par les commissions parlementaires, j'ai voulu voir les choses par moi-même. J'ai visité les deux rivages du Pas-de-Calais, en cherchant à me faire une idée exacte des élémens de notre force et des causes de notre faiblesse, sur le point où le contact est le plus fréquent entre la France et l'Angleterre. Sans mettre dans ces observations d'autre ordre que celui dans lequel les objets se sont présentés sous mes pas, je conduirai successivement le lecteur à Calais, à Douvres, à Folkstone, à Boulogne, sur la baie de la Canche; je ferai passer sous ses yeux les circonstances qui affectent le plus particulièrement l'état matériel des rapports entre les deux pays et les conditions de notre établissement maritime dans ces parages; mais l'influence dominatrice du voisinage de Londres sera certainement ce qui le frappera le plus : c'est une force dont on ressent les effets sans en aller toucher le foyer, et en reconnaissant sans aucun détour qu'il y aurait folie à prétendre la balancer, nous devons nous fortifier sur ce rivage de manière à profiter de tout ce qu'elle a de bienfaisant, à nous mettre à l'abri de ce qu'elle a d'hostile.

L'adoption du tracé par Boulogne a renversé bien des espérances et porté un profond découragement dans une partie de la population de Calais; elle n'a pourtant fait que sanctionner les effets de circonstances irrésistibles.

Avant la révolution, les relations entre la France et la Grande-Bretagne étaient exclusivement établies par Calais. A la paix continentale, tout ce qu'il y avait en Angleterre d'opulent, d'ennuyé, d'affamé de voyages sur le continent, a débordé sur cette ville. Les habitudes de locomotion rapide d'aujourd'hui n'étaient point alors prises; la malle, qui franchit en moins de dix-sept heures la distance de Paris à Calais, n'en employait pas moins de trente-huit en 1815, de vingt-sept en 1820. On arrivait fatigué d'une marche lente sur une route inégale, ou d'une traversée pénible et contrariée sur un bâtiment à voile. Nul voyageur ne passait à Calais sans y coucher, et si les vents étaient contraires, force était d'attendre qu'ils fussent changés. Le Calais de ce temps était une opulente auberge sur laquelle tombait une pluie de guinées. L'amélioration des routes, de la navigation, a progressivement abrégé la durée des stations : les princesses d'Angleterre attendent aujourd'hui sur le paquebot qui les amène les chevaux de poste qui vont les entraîner, et les chemins de fer sont à la veille de diminuer encore le peu de motifs de faire halte qui restent aux princesses et aux commis-voyageurs. Cette révolution dans les habitudes aurait suffi pour imprimer un mouvement rétrograde à la prospérité de Calais; elle n'est pas venue seule. Avec des bâtimens à voile, les vents d'ouest, qui soufflent les deux tiers de l'année et battent perpendiculairement la côte de Boulogne, mettaient un obstacle insurmontable à la régularité des passages en Angleterre par cette ville, tandis que Calais, abrité de ces vents par le cap Gris-Nez, jouissait d'un avantage incontesté. Le premier bateau à vapeur qui est entré à Boulogne a marqué la fin du règne capricieux du vent. Plus rapproché de Paris de 35 kilomètres, presque aussi voisin de Douvres, le port de Boulogne a, de ce jour, commencé à détacher quelques voyageurs des voitures de Calais; puis les voitures elles-mêmes se sont arrêtées; enfin, le courant s'est définitivement divisé, s'épanchant chaque année de plus en plus vers Boulogne, et voici comment, depuis 1830, se sont partagés entre les deux villes les voyageurs qui ont traversé le Pas-de-Calais.

	BOULOGNE.	CALAIS.	TOTAUX.
1831.	11,131	38,566	49,727
1832.	10,427	36,136	46,563
1833.	15,933	41,412	57,345
1834.	18,516	44,504	63,020
1835.	25,837	38,279	64,116
1836.	54,973	35,133	90,106
1837.	56,015	28,843	84,858
1838.	61,867	26,224	88,091
1839.	56,495	23,135	79,630
1840.	52,604	20,293	72,897
1841.	47,959	21,017	68,976
1842.	48,254	20,728	68,982
1843.	56,868	19,079	75,937

Ainsi, le port de Calais, qui la première année de cette période s'appropriait 77 passagers sur 100, n'en comptait plus que 25 à la dernière, et cette progression décroissante d'une constance si significative continue en 1844.

Le mouvement des marchandises a suivi celui des voyageurs.

Tels sont les faits accomplis sous le régime des routes de terre.

L'ouverture si ardemment réclamée du chemin de fer de Paris à Calais, par Arras et Béthune, les aurait-elle changés? Il eût fallu pour cela interdire à jamais l'établissement de celui d'Amiens à Boulogne, plus court de 65 kilomètres, c'est-à-dire d'un cinquième. Sans cette précaution, chaque relation nouvelle établie entre Paris et Londres, chaque accroissement signalé dans la circulation des voyageurs ou des marchandises eût compromis la possession de ce privilège; l'état des passages par Calais eût donné chaque jour la mesure des charges imposées au public par l'allongement abusif du parcours et des avantages assurés au chemin de Boulogne. Calais n'aurait pu faire aucun progrès qui ne fût un appel à une concurrence écrasante, un pas vers une chute inévitable. Sous l'imminence de cette conclusion, quels capitaux se seraient engagés, quels hommes sérieux auraient associé leur avenir à celui de l'entreprise? En promenant d'un port à l'autre le transit entre Paris et l'Angleterre, on eût ruiné Boulogne aujourd'hui, Calais demain, et un présent sans sécurité eût préparé un avenir calamiteux.

Le classement des lignes directes d'Amiens à Boulogne et de Lille à Calais a fermé le champ de ces débats funestes; il a mis chacun des deux ports aux prises avec les élémens naturels de sa prospérité et fait à tous une position stable et définitive. C'est sur de pareilles bases que se fondent les établissemens durables.

Calais se trouve, il est vrai, par cette combinaison, à 378 kilomètres de Paris, quand Boulogne en est à 272; mais qu'importe, quand on est distancé, de l'être de 65 kilomètres ou de 106? Calais ne s'éloigne d'ailleurs de Paris que pour se rapprocher d'autant de Lille, de Bruxelles, de Liége, de l'Allemagne; une lutte désespérée avec Boulogne le détournait d'en soutenir une plus égale avec Ostende, et même à certains égards avec Anvers. Son lot, c'est aujourd'hui de desservir les relations entre l'Angleterre d'un côté, et de l'autre nos provinces septentrionales, la Belgique et l'Allemagne.

L'hospitalité à donner aux voyageurs n'est d'ailleurs pas la seule ressource de cette ville; elle en possède de plus réelles dans l'industrie manufacturière qui a transformé, en vingt-cinq ans, son pauvre faubourg de Saint-Pierre en une ville de 9,000 habitans, dans les canaux qui s'embranchent sur son port, et surtout dans l'exploitation agricole du territoire qui l'environne.

Les Pays-Bas, si l'on veut appeler ainsi cette zône de terrains dont le niveau est inférieur à celui de la haute mer, supérieur à celui de la mer basse, et qui s'étend le long de la mer du Nord jusqu'à la pointe du Jutland, les Pays-Bas commencent en réalité à deux lieues O. de Calais, au cap Blanc-Nez. Dans leur état naturel, ces terrains présentaient d'immenses marécages, alternativement submergés et découverts à chaque marée. Sur une partie de ces côtes, des dunes ou des bourrelets de vases accumulées formaient au milieu des flots, quand la mer montait, de longues et étroites bandes, les unes isolées, les autres rattachées à des plateaux insubmersibles. L'industrie humaine a fermé les intervalles existans entre ces obstacles naturels, et c'est ainsi que les territoires de Calais et de Dunkerque sont devenus habitables. Plus loin, les points d'appui manquaient; des digues artificielles en ont tenu lieu; elles ont seules contenu les envahissemens diurnes des flots, et la Hollande a été conquise sur la mer. Dans toute cette région, des écluses munies de portes d'èbe et de flot, s'ouvrant du côté du large, sont placées à l'issue des émissaires des eaux intérieures; la marée montante les ferme par les courans qu'elle établit et les maintient par sa pression; quand elle redescend, les eaux douces, pesant à leur tour sur la concavité des portes, les font céder et s'épanchent sur la plage jusqu'à ce que le flux la couvre de nouveau. Les digues construites, on a fait travailler la mer elle-même à attérir, à limoner les surfaces soustraites à son action; les eaux troubles admises en arrière des digues, par les portes ouvertes des écluses, ne lui ont été rendues qu'après avoir déposé les parties terreuses dont elles étaient chargées. De véritables provinces ont été de la sorte créées, et l'art persévérant de l'homme a couvert de moissons, de troupeaux, d'habitations, le domaine de l'Océan refoulé.

Calais est situé sur le point de la France où ce territoire conquis a le plus de profondeur : si les hautes marées de vive-eau s'y répandaient librement, elles atteindraient le voisinage de Saint-Omer. Les eaux douces de cette vaste étendue s'écoulent par le canal de Saint-Omer, qui débouche dans le port de Calais. Tout ce système d'inondation est maîtrisé par l'écluse de garde du canal; en l'ouvrant à la mer montante, en la fermant aux eaux douces, on noierait également le pays.

Par une bizarrerie dont il serait instructif d'étudier les causes, l'admirable agriculture de la Flandre s'arrête à la limite méridionale du département du Nord, et, malgré la similitude des terrains, la facilité des débouchés, ses procédés n'ont presque point passé sur la rive gauche de l'Aa. La nature n'a pas doté l'arrondissement de Dunkerque d'un sol préférable à celui des cantons de Guines, d'Ardres, d'Audruick, de Calais, et la culture est d'un côté la plus florissante, de l'autre la plus misérable qui se puisse voir. Calais est le débouché de ce vaste district, et ses habitans, après avoir négligé dans leur prospérité les ressources de l'agriculture, y trouveraient des moyens sûrs de relever leur pays de sa décadence actuelle. En suivant la route de Calais à Saint-Omer, on ne rencontre que prairies marécageuses, pacages aigres, bétail rare et chétif, et les terres éloignées des communications ne sont certainement pas en meilleur état; on reconnait néanmoins, à la vigueur de végétaux disséminés de place en place, combien ce terrain maraîcher est disposé à payer avec usure les soins de l'homme. Il n'y en a pas, en arrière de Calais, moins de quarante mille hectares qui, cultivés comme les terres voisines de l'arrondissement de Dunkerque, donneraient en denrées ou en bétail un produit brut d'une quinzaine de millions. Pour rendre cette vaste étendue aussi féconde que les meilleures parties de la Flandre, il faudrait y creuser de nouveaux canaux de dessèchement servant, comme en Hollande, à l'exportation des produits et au transport des engrais et des amendemens. Limitée au nord par l'Aa, elle est intérieurement desservie :

Par le canal de Calais à Saint-Omer, dont la longueur est de, .   29 kilom.
Par l'embranchement d'Ardres   9
Par celui de Guines.   6
                                  40 kilom.

Ces 40 kilomètres de navigation sont de niveau. Le calcaire dont se compose la masse montueuse qui borne au sud cette Hollande française, la vase argileuse que la marée apporte par le chenal de Calais, sont des élémens d'amélioration puissans, et ils s'offrent en quantités indéfinies. Leur emploi, combiné avec l'ouverture des embranchemens navigables, serait ce qu'il y a de plus aisé et de moins coûteux; il quadruplerait progressivement la valeur du sol, et élèverait, dans une proportion beaucoup plus forte, celle de son produit brut. Nulle part l'amélioration ne serait plus facile et plus considérable que dans le voisinage immédiat de Calais. Là, le sol n'est pas partout tourbeux et humide; au sud de la ville, la plaine est une alluvion de sable et de petits galets; mais au milieu de ces maigres terrains pénètre l'inondation de la place, et le polder qui s'est formé à l'ouest de la citadelle, par les soins du génie, sur un terrain jadis militaire, montre à quel tribut on peut assujettir les eaux vaseuses de la marée. Des chenaux embranchés sur l'inondation principale se creuseraient à moins de 25 cent. le mètre cube dans ces terres arides et légères, et y porteraient la fécondité.

La prospérité de beaucoup de petites villes n'a pas d'autre base que le voisinage d'une population agricole, laborieuse et riche. A Calais, port de commerce et ville industrieuse, il y a quelque chose de plus.

Malgré la décadence dont on se plaint, les campagnes environnantes sont fort en arrière des progrès de la ville : on s'en aperçoit à la cherté des subsistances, surtout dans ce grand atelier qui s'appelle Saint-Pierre. La fabrication du tulle emploie très-peu de matières premières, beaucoup de main-d'œuvre. Les industries qui se trouvent dans ce cas ne peuvent se maintenir et s'étendre que par la modération du prix du travail, et par conséquent des vivres consommés par les ouvriers. Celles auxquelles manque cette condition sont bientôt atteintes par des concurrens éloignés. C'est donc à la culture du bassin de Calais à consolider les bases de la précieuse conquête qu'a fait le pays dans la fabrication du tulle.

La principale importance maritime de Calais est due à la petite pêche : celle-ci entretient un personnel naval d'une vigueur et d'une intrépidité peu communes. La culture des terres basses du voisinage fournirait à la marine un élément de travail peut-être aussi considérable que la pêche. Le bon marché des subsistances pour la population manufacturière de Saint-Pierre n'a rien d'inconciliable avec une large exportation de denrées pour l'Angleterre; l'un et l'autre seraient les conséquences du développement de la production agricole. A l'aspect des ressources inertes du territoire de Calais, des besoins du marché de Londres, du peu de distance qui les sépare, on s'étonne que l'association d'une famille de jardiniers avec une famille de marins n'ait point encore commencé à exploiter cette réunion de circonstances favorables. Et qu'on ne dédaigne pas, à cause de sa vulgarité, cet aliment que la culture offrirait à la navigation : une valeur d'un million occupe cent fois plus de matelots en denrées agricoles les plus communes qu'en bijoux ou en étoffes précieuses : ce sont les matières encombrantes qui font l'activité de la navigation, et partout où se trouvent des chargemens nombreux, toujours prêts, se trouve aussi une marine locale énergique et vivace.

Les travaux de dessèchement et de canalisation nécessaires pour la mise en valeur complète du territoire de Calais veulent être exécutés dans des vues d'ensemble auxquelles doit présider l'administration. Sa haute direction est d'autant plus indispensable, que ces travaux se rattachent aux plus précieux intérêts de la navigation et à l'aménagement des tourbières, richesse dont la reproduction exige de si longs espaces de temps, que l'exploitation en est, pour les générations qui s'y livrent, l'équivalent d'un anéantissement complet. Malheureusement l'administration semble n'avoir pas embrassé ici toute l'étendue de sa mission; exécutant de grandes choses, elle les a laissées incomplètes et par conséquent stériles. Le canal de Saint-Omer débouche dans le port de Calais, qui communique ainsi avec tout le département du Nord, avec Arras, le canal de Saint-Quentin et Paris; les bateaux de l'intérieur partagent le bassin avec les navires, et les chargemens s'échangent entre eux avec une économie et une promptitude autrefois inconnues : on a compris avec raison dans les travaux du port la construction d'une très belle écluse qui isole de l'action des marées le système hydraulique du canal; mais, sous les murs mêmes de la ville, on a laissé subsister, avec une écluse trop étroite et une hauteur d'eau insuffisante, une ligne de 700 mètres, en avant et en arrière de laquelle le canal s'élargit et s'approfondit. L'interposition de cet obstacle neutralise les avantages que l'agriculture et le commerce sont en droit d'attendre de l'ensemble des travaux. Les entreprises utiles sont celles qu'on achève, et l'administration fait à une vaine popularité un sacrifice peu honorable de ses lumières lorsqu'elle éparpille sur la surface du pays des travaux interrompus, donnant partout pour consolation, à ceux qui attendent, le spectacle d'un voisinage qui n'est pas mieux traité.

L'orgueil national qui nous enferre, à la grande satisfaction des Anglais, dans tant de sottises transatlantiques, aurait dû nous faire compléter depuis long-temps l'établissement maritime et militaire de Calais, sur l'état duquel nous jugent tous les jours nos voisins.

La restauration, malgré les transports qui saluèrent à Calais la paix qu'elle apportait avec elle, s'est bornée à doter cette ville de réparations insuffisantes aux jetées du port et d'un bassin d'échouage d'un hectare. Le gouvernement de juillet a fait davantage. Au retour d'un voyage en Angleterre, M. Legrand, alors directeur général des ponts et chaussées, fut blessé de la comparaison entre le port de Calais et celui de Douvres, et des crédits furent demandés aux chambres. Le chenal, allongé de 260 mètres, est allé chercher une plus grande profondeur de mer; une magnifique écluse de chasse de 18 mètres de débouché a été construite, pourvue de retenues, et, aux moindres marées, un million de mètres cubes d'eau, lancé d'une hauteur de 5 mètres 50 centimètres, balaie les sables amoncelés et rend au chenal sa profondeur : en attendant mieux, les bateaux de pêche peuvent aujourd'hui se réfugier à la mer basse entre les jetées. Entre le bassin des chasses, qui s'étend au loin dans la campagne, et les murs de la ville, s'étend parallèlement à ceux-ci un avant-port de 450 mètres de long; il se prolonge par un bassin à flot de deux hectares. Ces travaux de Romains ont été fondés sous des couches de sable, et leur solidité défie, comme s'ils l'étaient sur le roc, l'effort d'une des plus grandes puissances de destruction qui soient dans la nature. Projetés par feu M. Raffeneau de Lisle, ils ont été exécutés par MM. Néhou, ingénieur en chef, et Pouilly, conducteur des ponts et chaussées. Je mets ici ces deux noms ensemble, parce que M. Néhou

n'a jamais voulu entendre parler de l'honneur que lui font ces travaux, sans le faire partager à l'humble collaborateur qui, dit-il, en a
levé, par son énergie et son génie inventif, les principales difficultés.
On ne rencontre et ne conserve de pareils subalternes que quand on
est digne de les commander.

Ce port, qui peut devoir à l'amélioration des canaux qui s'y rattachent, à celle de la culture locale, à l'ouverture des chemins de fer,
une nouvelle ère de pacifique prospérité, ce port serait, pendant une
guerre maritime, de nos meilleures places d'armes sur la Manche; nos
plus intrépides corsaires s'y donneraient rendez-vous; il se couvrirait
d'un matériel naval aussi précieux que redoutable, et deviendrait nécessairement l'objet des entreprises incessantes de l'ennemi. Calais
possède de vastes fortifications, mais elles n'enveloppent pas le port:
il est en dehors des remparts, et quand les portes sont fermées, tout
est en sûreté, hors ce qu'il faudrait garder. La place est forte; son
véritable arsenal est à côté. Le port est parallèle aux remparts du
nord; une batterie ennemie placée à l'ouest l'enfilerait, sans aucun
obstacle, dans toute sa longueur, et battrait nos vaisseaux comme en
rase campagne, moins sûrement pourtant que notre propre artillerie,
qui ne pourrait tirer du front sous lequel ils seraient placés qu'au
travers de leur mâture. Dans son isolement actuel, le fort Risban,
placé près de l'écluse de chasse, empêcherait difficilement une poignée de hardis mineurs, qu'un bateau à vapeur jetterait la nuit sur la
côte, de venir faire sauter cette écluse, qui maintient les inondations
dont la place se couvre à l'ouest, ou d'incendier les bâtimens qui gar-
niraient le port.

Le front de la place qui regarde la mer est aujourd'hui tel que l'a
fait établir le cardinal de Richelieu; il était de son temps suffisant et
bien entendu. Quand le cardinal devint en 1616 secrétaire d'état de la
guerre, il n'y avait que cinquante-huit ans que les Anglais avaient été
chassés de Calais, après l'avoir possédé deux cent onze ans; la France
et l'Angleterre se faisaient alors la guerre sur le continent plutôt que
sur mer, et le but était atteint du moment où un point territorial toujours menacé était mis en sûreté. Calais n'a plus aujourd'hui d'importance militaire que comme place maritime : ce n'est pas à ses murailles, à son sol qu'en voudraient les Anglais, mais bien aux moyens
d'agression contre leur marine qu'elle renfermerait. Ce sont ces objets
de leurs attaques qu'il faut défendre, et dans des circonstances analogues, le grand cardinal, dont on peut proposer l'exemple aux minis-

tres de nos jours sans faire injure à nul d'entre eux, n'eût certainement pas laissé prise sur un port si bien placé. Nous recherchons
avec une louable sollicitude les moyens de former dans le commerce
une forte réserve de bateaux à vapeur. Si Calais est un des points où
il est le plus désirable d'en avoir une, l'état lui doit de la sécurité pour
des circonstances que Dieu veuille écarter, mais qu'il faut prévoir et
ne pas craindre.

Pour envelopper tout l'établissement maritime, il ne s'agirait que
de reporter à environ 300 mètres en avant, sur le sommet de la dune
qui lui est parallèle et s'élève au niveau de ses parapets, le front sep-
tentrional de la place. Ce serait environ 1,200 mètres de développement de fortifications à établir; le moindre fort détaché des dehors
de Paris en a davantage, et le périmètre actuel des remparts ne serait
pas augmenté de beaucoup plus de 300 mètres. Au moyen de ce travail, le port serait à l'abri de toute insulte. Ces nouvelles fortifications
de Calais seraient entièrement établies sur des terrains domaniaux;
l'emplacement de la partie inutile des fortifications actuelles et les
terrains aujourd'hui nus qui avoisinent le port deviendraient ainsi
disponibles. Tout cela est aussi domanial. Un nouveau bassin pourrait
être creusé sur l'esplanade de la citadelle; les gares, les embarcadères
du chemin de fer se développeraient à l'aise le long des quais, et la
vente des terrains auxquels ce voisinage donnerait une grande valeur
couvrirait avec usure les dépenses imposées au génie militaire.

Il n'est pas de population qui tienne dans notre histoire militaire
un rang plus honorable que celle de Calais, qui ait donné de plus grands
exemples de fidélité courageuse, de dévouement à la patrie. Sans
remonter aux dates glorieuses de 1347 ou de 1558, il n'a manqué,
pour devenir illustres pendant la guerre continentale, à tels pauvres
matelots qui se réchauffent ignorés au soleil des quais de Calais, qu'un
historien dont le talent fût au niveau de leur courage. Le culte que
garde la ville pour la mémoire d'Eustache de Saint-Pierre, de François
de Guise, du cardinal de Richelieu, témoigne du sentiment profond
de nationalité de la population. Ce sentiment est l'ame d'une place
de guerre, et c'est une raison de plus de donner à celle de Calais de
quoi remplir le rôle auquel peut l'appeler l'honneur de notre pays.

Les paquebots anglais et français, qui font le service des postes
entre Calais et Douvres, sont tous les jours les uns à côté des autres
dans les bassins de ces deux villes. La comparaison était, il y a quelques années, à notre avantage; mais les bateaux à vapeur sont comme

les chevaux de course, et les nôtres ont perdu de leur vitesse en vieillissant : ils sont aujourd'hui battus par *la Princesse Alice*, dont les traversées durent moyennement sept quarts d'heure. Grace à la loi du 4 août dernier, nous allons porter à 540,000 fr. la dépense d'un service qui n'en coûte que 180,000. Sans avoir besoin de beaucoup de place, ni de beaucoup de vitesse, nous aurons des paquebots spacieux et rapides, et la vanité nationale sera satisfaite, si ce n'est sous le rapport des résultats, au moins sous celui de la dépense. La dimension des paquebots devrait se régler sur les masses à transporter : or, sur 393,349 passagers, embarqués ou débarqués à Calais de 1834 à 1843, les malles françaises n'en ont transporté que 50,983, ou un peu plus d'un sur huit : il n'y a pas lieu d'espérer qu'après l'ouverture du chemin de fer de Boulogne, qui s'appropriera toutes les provenances de Paris, ce rapport change à notre profit. Il résulte, en effet, d'observations faites depuis vingt ans, que sur vingt passagers entre la France et l'Angleterre, seize sont Anglais, trois Français, et un étranger : les Anglais, alors même que nos paquebots sont préférables, prennent invariablement ceux de leur nation, et entraînent avec eux presque tous les étrangers; il est donc à craindre que nos paquebots de 150 chevaux ne portent, comme par le passé, que six ou sept personnes par traversée, et qu'un contraste fâcheux ne règne entre leur étendue et leur solitude. Quant à la vitesse, il n'est pas nécessaire de se presser beaucoup pour arriver avant le départ de la poste anglaise : nos malles partent de Calais à une heure après-midi; elles sont à Douvres vers quatre heures, et remettent immédiatement les dépêches à l'agent du maître de poste général : celui-ci ne les expédie pour Londres qu'à une heure du matin. Si ce retard de huit heures est indispensable pour l'exercice d'une faculté à laquelle, d'après des aveux récemment faits au parlement, le cabinet de Saint-James paraît beaucoup tenir, cela fait peu d'honneur à la dextérité des gens de police britanniques.

Suivant le traité du 14 octobre 1833, les dépêches partent de chaque pays sur des bâtimens de l'état qui ne chargent pas d'autres marchandises que les bagages des passagers. Cette restriction est toute à l'avantage du commerce anglais; le nôtre, il est triste de le dire, n'a pas un seul navire à vapeur qui fasse les transports au travers du détroit.

Nos paquebots dépendent de l'administration des postes, sont inspectés par les inspecteurs des finances, et fort bien commandés par des officiers de la marine marchande. Les paquebots anglais appartiennent à la marine royale. L'amirauté entretient sur le Pas-de-Calais une escadrille de huit bâtimens à vapeur légers (1) qui fait le service des postes de Douvres à Calais et à Ostende, et remplit les missions qui lui sont données dans la Manche ou la mer du Nord. Nous n'avons dans ces parages ni les mêmes intérêts, ni les mêmes besoins que les Anglais, et il est naturel que leur escadrille soit plus forte que la nôtre; mais il n'y a pas de raison pour maintenir une organisation inférieure, sous un double rapport, à la leur. Emprisonnée dans un service unique, notre administration des postes est obligée d'avoir des frais généraux pour ses trois bateaux, et de les employer, bons ou mauvais, comme elle fait depuis six ans; la marine royale, détachant les siens des arsenaux où ils ont à recevoir des destinations très diverses, les approprierait avec plus d'économie au service spécial du détroit; elle ne serait jamais embarrassée pour tirer ailleurs parti des navires vieillis: mais le principal avantage serait pour elle de familiariser son personnel militaire avec une des navigations les plus difficiles du globe. Le flot arrivant dans le canal par le nord et par le sud, le conflit ou la disjonction des courans qui se heurtent, puis se renversent, les font varier de force et de direction suivant l'âge de la lune, l'heure de la marée, le gisement de la côte et des bancs sous-marins : il en résulte une complication d'accidens nautiques à la connaissance desquels aucune science ne peut suppléer; avoir pour ou contre soi, dans une pareille mer, des courans qui changent à chaque heure, c'est la vitesse ou la lenteur, c'est la victoire ou la défaite. L'amirauté anglaise sait combien la pratique de ces détails aurait d'importance pour la guerre, et se conduit en conséquence.

Nous faisions ces réflexions, d'autres Français et moi, en nous éloignant de Calais; mais bientôt, de même que dans une longue navigation, la présence des oiseaux annonce le voisinage de la terre, le nombre croissant des navires dont nous traversions la route nous si-

(1) Ces bâtimens étaient au mois de juin dernier :

Swallow.	54 tonneaux.	70 force en chevaux.
Chazon.	54	80
Ariel.	61	80
Beaver.	57	80
Widgean.	67	90
Dover.	94	90
Princess Alice.	112	120
Myrthe.	49	50
	448	560

gnalait, au milieu d'une légère brume, l'approche de la côte d'.,
gleterre.

Ma bonne fortune m'a fait rencontrer, au débarqué sur le quai de
Douvres, M. William Cubitt, l'illustre ingénieur des chemins de fer
du sud-est : il voulait bien me faire voir lui-même les prodigieux travaux qu'il a exécutés entre Douvres et Folkstone; nous avons commencé par la galerie qui passe sous le fort Archcliffe et la belle. terrasse suspendue qui se trouve dans le rayon des fortifications. Il avait
à s'entendre sur quelques ouvrages mixtes avec le génie militaire, et
cette circonstance m'a procuré l'avantage de faire connaissance avec
M. le colonel Jones, directeur des fortifications de la division. J'ai pu
admirer la simplicité avec laquelle se règlent chez nos voisins les
affaires du génie, et, le lendemain, j'ai dû à l'obligeance du colonel
la faculté de visiter à l'aise l'établissement militaire de Douvres. Cette
faveur ne m'a point été accordée sur l'opinion que la qualité de bourgeois de Paris pouvait donner au colonel de mon ignorance; nos officiers les plus clairvoyans reçoivent, à cet égard, en Angleterre, l'accueil le plus libéral.

L'entrée du port de Douvres est suffisamment défendue par le fort
Archcliffe assis, à l'ouest, sur un contre-fort de la montagne qui
s'avance dans la mer. Des terrasses du fort, un Anglais peut contempler, avec un légitime orgueil, un spectacle toujours magnifique et
toujours varié. Les navires qui vont de la Manche dans la Tamise et
la Medway, ou qui naviguent en sens inverse, serrent la côte pour
abréger leur route ou pour prendre des pilotes à Douvres; ceux qui
viennent de la mer du Nord ou qui s'y rendent font la même manœuvre, parce que, de ce côté, le canal est plus profond et moins
tourmenté des vents d'ouest que de l'autre. Le resserrement du détroit, le voisinage de Londres, le gisement des côtes les plus com-
merçantes du continent, déterminent sur ce point la plus active circulation maritime du globe; une flotte qui se renouvelle à chaque
heure y est perpétuellement en vue. A ce moment, nous ne comp-
tions pas devant nous moins de soixante-quatorze voiles; les unes
annonçaient, par leurs dimensions, l'Inde ou les régions équinoxiales
dont elles rapportaient les richesses; les autres portaient à la Méditerranée les tributs de la Baltique; nos grands caboteurs de Dunkerque et de Bordeaux se distinguaient dans la foule; la Hollande, les
villes anséatiques, l'Amérique du Nord, n'y étaient pas les moins bien
représentées; mais, il faut l'avouer, Londres était le but ou le point

de départ de la plupart de ces navires, et les autres ·semblaient n'être
là que pour faire cortége à la grandeur britannique.   ·

Le fort Archcliffe est le seul ouvrage voisin de la mer : la ville elle-
même est ouverte; mais les hauteurs qui l'environnent sont occupées
par un camp retranché d'une centaine d'hectares, où les·ingénieurs
ont tiré un habile parti des avantages naturels du terrain.

Cet espace montueux et accidenté est tapissé d'un de ces verts gazons
que le continent envie aux îles Britanniques; plusieurs pavillons séparés
et de grandeur médiocre s'élèvent au milieu de la pelouse; ce sont les
casernes. Il est impossible d'en imaginer de plus champêtres : point
de cours fermées, point de longues murailles, point de factionnaires
à chaque porte, comme chez nous. Une musique, fort bonne·pour des
Anglais, répétait aux échos des airs de Rossini, et, sans les·vestes
rouges des habitans de ce séjour, on aurait pu s'y croire en Arcadie.
La tenue des chambrées, beaucoup moins sévère que chez nous, ne
fait point contraste avec le reste : j'y ai trouvé, entre autres choses
que je ne m'attendais pas à rencontrer, des femmes qui semblaient
être chez elles. Cette liberté d'intérieur, ce négligé du chez soi, dont
nos soldats abuseraient peut-être, sont une juste et intelligente compensation des rigueurs de la discipline anglaise : plus l'action est
violente, plus le repos veut être complet. Il n'y a de bonnes troupes
que celles qui sont contentes de leur sort, et si le soldat qui manque
à ses devoirs encourt ici des châtimens terribles, celui qui les remplit
est fort doucement traité. Il est rare qu'il hésite long-temps dans cette
alternative. J'ai été frappé de l'air calme et satisfait qui régnait sur
les visages.

Je ne me donnerai point le ridicule de prétendre m'être fait, dans
cette circonstance et dans quelques autres non moins fugitives, une
idée exacte de l'organisation de l'armée anglaise; mais dans un temps
où les points de contact sont si multipliés entre la France et la Grande-
Bretage, c'est un devoir pour les moindres d'entre nous de signaler
les circonstances saillantes qui donnent à cette organisation un avantage sur la nôtre.

Les troupes anglaises se recrutent exclusivement par des enrôlemens
volontaires que l'état favorise par des primes variables suivant les temps
et les circonstances; elles·sont aujourd'hui de quatre livres sterling
(101 francs). Aucun homme·âgé de plus de vingt-cinq ans n'est admis
dans l'armée, et l'engagement est contracté pour la vie, ou du moins
pour les vingt années qui donnent droit à la retraite. J'ai entendu, en

Angleterre même, parler avec dédain de ces gens qui aliènent leur liberté pour si peu, et justifier par là le maintien de pénalités militaires qui révolteraient nos soldats. Peut-être serait-il plus juste de ne voir dans la modération de la prime qu'une preuve que les coups de fouet, s'il faut appeler les choses par leur nom, sont distribués aux soldats anglais avec une sage économie, et que les châtimens corporels ne répugnent pas au caractère de la nation; les étrangers seraient dès-lors très mal venus d'y trouver à redire; la femme de Sganarelle n'entendait pas qu'on lui contestât le droit d'être battue par son mari. Le prolétariat étant d'ailleurs la condition commune du peuple anglais, l'engagement à vie n'a pas pour lui les inconvéniens qu'y trouverait une nation de propriétaires comme est la nôtre. Cela dit, la longue durée du service a d'incontestables avantages pour une armée. Le maniement des armes, au lieu d'être un accident dans la vie du soldat, devient pour lui une profession exclusive; l'esprit de corps est bien plus ferme et plus énergique entre hommes passant ensemble toute leur existence, n'ayant qu'une fortune et qu'un avenir; mais c'est surtout dans la perfection et la stabilité de l'instruction que se manifeste la supériorité de ce régime : grace à lui, les recrues, qui sont le quart de notre infanterie, s'aperçoivent à peine dans celle de nos voisins; il en résulte pour la troupe un accroissement de force très considérable, et pour les officiers une condition beaucoup plus heureuse; ils n'épuisent pas leur temps et leurs forces à dresser des conscrits destinés à quitter le corps dès qu'ils sont devenus des soldats.

La durée du service n'est pas le seul avantage de l'infanterie anglaise; elle l'emporte aussi sur la nôtre par l'élévation de taille des hommes et surtout par la justesse du tir.

Le minimum de la taille d'admission y est de cinq pieds six pouces anglais (1 mètre 677); c'est, à deux millimètres près, ce que nous exigeons pour les troupes du génie, la garde municipale à pied (1 mètre 679), et nous n'avons peut-être pas dans la ligne une seule compagnie de grenadiers dont tous les hommes remplissent cette condition. Les soldats anglais, bâtis de roast-beef et de bière, sont surtout plus gros et plus forts que les nôtres; cependant je ne les crois pas aussi bien constitués pour la marche et les fatigues. L'armée anglaise est d'ailleurs esclave de ses habitudes de bien-être, et si je voulais faire ici autre chose que d'indiquer ce qu'il peut y avoir de bon à lui emprunter, j'ajouterais que la circonstance de guerre qui la priverait de son opulente administration lui ôterait probablement une grande partie de sa valeur.

Ce que nous avons à lui envier sans compensation, ce que nous devrions nous appliquer sans relâche à nous approprier, c'est la justesse de tir de son infanterie. Il n'y a sous ce rapport aucune comparaison entre celle-ci et la nôtre. Le fantassin anglais tire à la cible trois cents balles dans l'année; le nôtre, j'excepte les corps d'élite, n'en tire pas plus de trente, et si, après cela, l'on tient compte du sang-froid et de l'aplomb que donne la durée du service, on s'expliquera des succès dont la mémoire pèse douloureusement sur nos cœurs. Ce ne sont pas les coups qui partent, ce sont les coups qui portent qui font le gain des batailles, et l'adresse des soldats vaut mieux que le nombre. C'est par là qu'à Waterloo, dans ses positions admirablement choisies, l'infanterie anglaise a pu, avec deux rangs, tenir tête à la nôtre, qui en avait trois. On ne saurait remettre trop souvent sous les yeux de l'armée et de la nation des défauts qu'il est facile de corriger. Il est d'autant plus indispensable de donner à nos troupes la justesse de tir, que nous ne pouvons ni adopter le service à vie, ni élever les tailles du contingent : l'un nous est interdit par notre état social, l'autre par l'état physique de notre population. Un heureux dédommagement nous est offert dans l'adresse naturelle de nos hommes, dans leurs sentimens d'émulation; il n'en est pas au monde de mieux disposés à devenir excellens tireurs, et nous serions coupables de ne pas cultiver un pareil moyen de supériorité. L'Afrique serait depuis long-temps soumise, si nos soldats étaient, sous ce rapport, aussi exercés que les Anglais. Trois cents cartouches valent 15 francs : pour les donner à chacun de nos deux cent mille hommes d'infanterie, il en coûterait trois millions par an. Quelle dépense militaire est plus efficace que ne le serait celle-là? Doubler les effets du feu d'une troupe, c'est bien mieux que d'en doubler l'effectif.

Je n'ai vu à Douvres que de l'infanterie et une compagnie d'artillerie. Les corps de cavalerie que j'ai rencontrés ailleurs m'ont paru parfaitement beaux; ils sont surtout magnifiquement montés; mais les soldats n'ont pas la tournure martiale et dégagée des nôtres, et dans un combat à l'arme blanche, le rapport des coups reçus serait peut-être l'inverse de celui qui s'établirait d'infanterie à infanterie. On dit que M. le duc de Wellington professe une estime particulière pour la cavalerie française, qu'il lui reproche seulement d'être montée trop bas, et prétend qu'environnés de peuples plus riches que nous en chevaux, nous devrions nous attacher davantage à compenser par la perfection de cette arme l'infériorité du nombre. Les moindres observations d'un si judicieux adversaire méritent d'être soigneusement recueillies, et c'est pour cela que je me permets de consigner ici celle que je lui ai entendu attribuer.

La perfection de l'artillerie anglaise est connue; elle se multiplie par sa mobilité, et il n'en est aucune au monde qui l'emporte à cet égard sur elle.

Le génie est à peu près réduit à l'état-major : il n'a de troupes que quelques compagnies d'ouvriers d'art fort bien payées.

Dans son ensemble, la constitution de l'armée anglaise est admirablement appropriée à l'état social du pays, à la force de sa population, à celle de ses finances. Avec sa condition insulaire, l'Angleterre n'est jamais engagée dans les querelles du continent qu'autant qu'il convient aux intérêts anglais; elle est toujours à temps de s'en retirer, après y avoir compromis et ses rivaux et même les alliés qu'elle craint de voir trop en état de se passer d'elle. Attentive à n'appauvrir sa marine, qui est son meilleur instrument de domination, d'aucune des ressources qui lui sont nécessaires en hommes ou en argent, elle a limité la force de son armée de terre à ce qu'il en faut pour atteindre ce qu'elle peut raisonnablement se proposer, ni trop ni trop peu. Sachant la différence entre la bonne infanterie et la médiocre, elle a surtout fait preuve de sagesse en donnant à cette arme toute la perfection dont elle est susceptible, et s'est ainsi dispensée de donner un développement abusif à des armes spéciales beaucoup plus coûteuses, moins efficaces, et, chose importante pour une nation qui ne fait la guerre que hors de chez elle, plus embarrassantes à transporter. C'est aujourd'hui dans l'armée anglaise comme il y a dix-huit cents ans parmi les Bretons de Galgacus : *In pedite robur* (1).

Son administration militaire est fort simple, et cela tient principalement à ce que peu de fournitures se font en nature; le mode d'abonnement est fort usité, et l'on s'en remet la plupart du temps à la troupe sur l'emploi des fonds qui lui sont livrés. Ce régime a sans doute des inconvéniens, mais ses avantages pratiques ne permettent pas de le condamner légèrement.

L'opinion que, dans la force militaire de la Grande-Bretagne, il n'y a de bons emprunts à faire qu'à la marine est assez répandue partout ailleurs que dans notre artillerie. Je la crois complètement erronée. Les Anglais ont porté dans l'organisation de leur armée de terre le bon sens pratique qui les sert si bien dans leur industrie, leur agriculture, leur navigation, et ce qui, dans cette organisation, frappe

---

(1) Tac., *Agricola*, XII.

par ses avantages les yeux les moins exercés fait présumer ce qu'y découvriraient, par une étude approfondie, des hommes capables d'en pénétrer les détails et d'en résumer les résultats.

Le port de Douvres a plus de réputation que d'importance; c'est le bénéfice de sa position. Il n'est plus aujourd'hui qu'à trois heures et demie de Londres; mais le chemin de fer du sud-est, qui lui procure cet avantage, lui a créé une redoutable concurrence en faisant sortir celui de Folkstone de son obscurité. Ce sera néanmoins toujours par Douvres que Londres correspondra avec le système de chemins de fer de Calais et de la Belgique. Le port de Douvres a reçu depuis quinze ans diverses améliorations. La plus considérable est l'établissement d'une écluse de chasse destinée à repousser les galets que déposent à l'entrée de la passe les courans qui se forment, par les vents d'ouest, le long de la côte. Les chasses, étant faiblement alimentées, risquaient de ne point arriver avec assez de force au bout du chenal; on les a rendues efficaces en les conduisant par un tuyau sous-marin au point à dégager. On agrandit en ce moment d'un hectare le bassin à flot (*inner harbour*), et l'on se propose de lui donner à l'est, dans le rentrant de la côte, une nouvelle entrée. Si le port, en effet, est souvent vide par les beaux temps, il est trop étroit quand les vents contraires y accumulent les navires obligés de stationner dans la Manche. Dans sa prévoyance attentive, l'amirauté dispose d'ailleurs ce poste avancé pour le rôle nouveau auquel l'appellerait, en cas de guerre maritime, l'emploi des bâtimens à vapeur. L'Angleterre aurait alors à protéger cette immense navigation à voile dont l'embouchure de la Tamise est le foyer; elle aurait à intercepter la nôtre, et Douvres, projeté dans la mer comme le saillant d'un bastion, est également propre à la défense et à l'attaque.

C'est probablement en raison de ces circonstances plutôt que des titres de la ville à la protection du lord des cinq ports, qu'au risque de ruiner la compagnie du chemin de fer du sud-est, M. le duc de Wellington a mis une ténacité particulière à l'obliger de pousser ses rails jusqu'à Douvres. Ces exigences seraient, du reste, pleinement justifiées, si l'on exécutait des projets que l'amirauté fait étudier depuis quatre ans. Il s'agit de créer devant Douvres, par l'établissement de 2,500 mètres de digues semblables à celles de Cherbourg, entre lesquelles on pénétrerait par trois passes de 210 mètres d'ouverture, une rade artificielle de 180 hectares, dont 128 auraient à mer basse de 4 à 11 mètres de profondeur, et 52 moins de 4 mètres (1), asile hospi-

---

(1) *Report on the Survey of the harbours of the South-Eastern Coast*, 1840.

talier pendant la paix, place d'armes formidable pendant la guerre. Ce projet n'a pas encore, il est vrai, l'appui du chancelier de l'échiquier, qui reproche au devis de s'élever à deux millions sterling; mais cette résistance peut s'affaiblir, et elle ne nous dispense pas d'aviser à ce qui reste à faire à Calais et à Boulogne pour que le constraste ne soit pas trop choquant.

J'ai quitté M. William Cubitt, qui est pourtant un des hommes de l'Angleterre avec lesquels il y a le plus à apprendre, pour conduire le lecteur dans les casernes et sur le port de Douvres. Je reviens au chemin de fer. Il s'embranche à angle droit sur la ligne de Brighton, à 33 kilomètres de Londres, et le parcours total de cette ville à Douvres est de 140 kilomètres : c'est 28 de plus que par la route de terre, mais les montagnes du pays de Kent s'opposaient à un tracé direct, et il fallait en tourner le massif.

La distance de Douvres à Folkstone est de 10 kilomètres. La seule pensée de lutter avec les obstacles accumulés sur ce court espace honore le génie anglais, et la victoire qu'il y a remportée est une de celles qui témoignent le mieux de cette hardiesse opiniâtre et réfléchie à laquelle ses entreprises doivent si souvent leur caractère de grandeur.

Les montagnes du comté de Kent et celles du Boulonais semblent avoir constitué, dans un autre âge, une chaîne continue; elles ont du moins été formées par le même soulèvement; les arêtes des unes et des autres sont placées sur un alignement continu; la nature et la stratification de leurs roches sont identiques : on dirait que, dans une des convulsions de la nature qui ont donné sa forme actuelle à la surface du globe, un brusque affaissement ait séparé l'Angleterre du continent, et que le cap Gris-Nez de ce côté de la Manche, les falaises de Douvres et de Folkstone de l'autre, soient, avec leurs escarpes verticales, les points extrêmes de cette rupture. C'est au travers de ce bouleversement que M. W. Cubitt a ouvert un chemin de fer. Ici, la lame déferle sous une longue terrasse en charpente, qui se défend contre les attaques de la mer par le peu de prise que leur donne la légèreté de sa construction; là, le chemin s'enfonce dans le contrefort de la montagne et la traverse par des voûtes, dont l'une a 2 kilomètres de longueur; plus loin, il passe dans des tranchées prodigieuses, ou domine des roches couvertes de mousse et battues par les vents, où pourtant des familles de troglodytes se sont réfugiées dans des huttes de terre et de varechs; là enfin, un fourneau de 10,000 kilogrammes de poudre a, d'un seul coup, renversé dans la mer une falaise de 150 mètres de hauteur, dont la chute eût menacé la sûreté des convois. On débouche par une galerie souterraine sur le joli vallon de Folkstone, et on le traverse, à 800 mètres au-delà du débarcadère, sur un viaduc de 30 mètres 50 de hauteur, porté sur neuf arcades de 9 mètres 15 d'ouverture. Cette grande construction est toute en briques, et elle est creuse; les piliers sont intérieurement renforcés par deux murs de refend. Je n'ai pas aperçu un quartier de pierre de taille dans les travaux d'art du chemin de fer. La brique, que les ouvriers anglais manient avec une adresse parfaite, suffit à tout, et il en résulte une immense économie. Toutes celles qui sont employées ici ont été fabriquées sur place, et l'on peut conclure de l'analogie des terrains qu'on en ferait d'également bonnes dans tout le Boulonais.

A partir de Douvres, le chemin de fer monte de près de 0. 004, et la station de Folkstone est à 42 mètres au-dessus du niveau de la mer. Folkstone n'était, il y a quelques mois, qu'un gros bourg habité par des pêcheurs et par d'anciens *smogglers*, auxquels la douane reprochait de trop fréquens retours vers leur premier métier. Un port de près de six hectares, à entrée facile, bien défendu du large, gisait au pied de cet assemblage de masures; mais l'éloignement des routes neutralisait les avantages maritimes de la situation, et les travaux faits par les propriétaires du port (1), au moyen d'un prêt obtenu de la trésorerie, n'avaient eu d'autre résultat que de donner à l'administration le droit de les exproprier pour dettes. C'est dans ces circonstances que M. Baxendale, président du conseil des directeurs du chemin de fer de Londres à Douvres, s'est convaincu que le port de Folkstone devait inévitablement devenir le point de passage de la circulation entre Paris et Londres. En effet, la distance de Folkstone à Boulogne est de 28 milles, 3 seulement de plus que de Douvres à Calais, et pour cet allongement insensible du trajet par mer, on gagne sur le trajet par terre 118 kilom., dont 10 en Angleterre et 108 en France. Cet avantage n'est pas le seul qui assure la préférence au port de Folkstone; avec une dépense modérée, on peut, comme nous le verrons plus loin, le rendre praticable à basse mer, et par conséquent épargner aux voyageurs les inconvéniens des embarquemens et des débarquemens sur rade ou les retards de plusieurs heures souvent imposés par les variations des marées, résultat de la plus haute im-

---

(1) C'est le cas de rappeler ici que la plupart des ports de commerce de la Grande-Bretagne sont des propriétés particulières.

portance et qui ne saurait être atteint à Douvres qu'au prix de sacrifices exorbitans. Sur la proposition et les calculs de son président, la
compagnie du chemin de fer est devenue propriétaire du port de
Folkstone pour une somme de 450,000 fr., et immédiatement elle en
a employé 150,000 en travaux de curage. Il n'y avait dans le voisinage
que des tavernes à matelots; la compagnie a consacré 500,000 fr. à la
construction d'un hôtel admirablement tenu, et où chaque classe de
la société peut se procurer, à des prix gradués, les commodités de la
vie qui sont à sa portée. Une route magnifique a été ouverte de la
station à l'hôtel; elle est desservie par des omnibus établis par la compagnie. Une double branche de chemin de fer de 1,200 mètres de
longueur descend hardiment par une pente de 0. 032 vers le port;
elle aboutit à un vaste embarcadère en charpente garni de rails, de
plaques tournantes, de grues, et s'avançant au milieu même du port;
les flancs des navires s'appliquent aux siens, et les wagons en reçoivent ou y versent directement les chargemens, sans retards et sans
intermédiaires dispendieux. La compagnie achetait le port, non-seulement pour l'améliorer, mais aussi pour l'affranchir des droits de navigation et lui donner ainsi un nouveau degré de supériorité sur les
bassins en concurrence. Ce calcul intelligent et généreux a porté ses
fruits; Folkstone reçoit aujourd'hui toutes les houilles nécessaires à
l'approvisionnement de la partie du comté de Kent que traverse le
chemin de fer, et la compagnie gagne sur ces transports beaucoup
au-delà de ce que lui rendraient les droits de navigation auxquels elle
a renoncé. Ce n'était pas assez d'avoir appelé sur cette voie une active
circulation de marchandises; il fallait la doter de tous les accessoires
qui pouvaient y attirer les voyageurs; un service de paquebots sur
Boulogne a été organisé; deux départs et deux arrivées ont lieu chaque jour, et ces bâtimens vont et viennent habituellement dans la
même marée. Voilà pour le présent; voilà l'état de choses à la création
duquel ont suffi quelques mois : il sera complété par l'établissement
d'une jetée circonflexe de 400 mètres de longueur, s'embranchant parallèlement au rivage sur la digue extérieure actuelle, et d'un brise-
lame isolé, perpendiculaire, de 90 mètres, laissant deux passes, l'une
du côté de la jetée, l'autre du côté de la terre. L'avant-port compris
entre ces digues aura 10 hectares, et sur la moitié de son étendue il y
restera à basse mer au-delà de 4 mètres d'eau. La création de cet établissement permettrait peut-être d'ajourner les grands travaux projetés pour Douvres. Ceux de Folkstone coûteraient vingt fois moins,
c'est-à-dire 2,500,000 fr.

Je suis entré dans ces détails pour faire fonctionner devant le lecteur les ressorts les plus énergiques et les plus sûrs des succès des grandes entreprises anglaises. Dans cette combinaison entre l'action du chemin de fer et celle de la navigation, rien n'est oublié de ce qui peut les rendre fécondes : plusieurs entreprises se groupent et s'étaient réciproquement, apportant chacune un produit qui lui est particulier, mais surtout développant, par les facilités qu'elle apporte ou par les débouchés qu'elle ouvre, les produits de celles qui l'ont précédée. Tout s'exécute avec rapidité; rien ne reste incomplet ou isolé; l'achat du port accompagne l'ouverture du chemin de fer; le curage, la construction de l'embarcadère et sa jonction avec la ligne de fer principale suivent immédiatement; l'affranchissement des droits d'entrée achalande l'établissement naissant; les paquebots y amènent les voyageurs; l'hôtel les reçoit, et tandis que ces faits s'accomplissent, on étudie les projets d'agrandissement du port qui doivent couronner l'œuvre. Quand on songe que c'est au plus fort de mécomptes dont le plus profond découragement aurait été la suite dans d'autres pays, que la vivification d'un chemin de fer tombé dans le discrédit du public a été abordée avec cette énergie et cette intelligence, on comprend qu'une nation habituée à voir conduire ainsi les affaires se croie appelée à la conquête du commerce du monde. Il est peu de grandes entreprises qui arrivent à leur terme sans vicissitudes. S'arrêter dans un pas malheureux, c'est tout perdre. Il est rare en Angleterre que l'esprit d'association recule devant une disgrace; il se raidit contre la mauvaise fortune, s'accroche à la chance de succès qu'il découvre au fond d'un revers, ne se préoccupe des difficultés du moment que pour étudier les moyens de les vaincre, et n'abandonne ses entreprises qu'après avoir épuisé ses dernières ressources et renoncé à ses dernières espérances. Cette persévérance donne souvent aux circonstances favorables le temps de se produire. Dans l'espèce, l'établissement des chemins de fer de Boulogne et de Calais, prolongeant la ligne de Londres à Douvres, d'un côté jusqu'à Paris, de l'autre jusqu'à Lille et au Rhin, va finir ce que les travaux de Folkstone ont si bien commencé, et récompenser la compagnie du chemin de fer du sud-est de sa constance.

On croira sans peine que, sous le rayonnement de Londres, cette côte ignorée change d'aspect à vue d'œil. La démolition des masures du vieux Folkstone va faire de la place pour des constructions élégantes, et déjà le parlement, qui considère avec raison l'embellissement des villes comme un travail d'utilité publique, a autorisé l'expropriation du quartier qui donne sur le port : bientôt on débarquera sur une place demi-circulaire formée de bâtimens à façades symétriques. De tous côtés, on voit des divisions de terrains préparées à recevoir des *villas* jouissant de vues également agréables sur la terre et sur la mer. Leurs heureux habitans seront à trois heures de Londres, à neuf de Paris, et pourront'à leur gré aller déjeuner dans West End ou diner sur le boulevard des Italiens. Folkstone et ses environs appartiennent à lord Radnor, et nul ne peut y bâtir sans lui. Il parait se prêter de bonne grace à une transformation qui va quadrupler au moins les revenus de son fief. Son intendant a multiplié tout autour de la ville les écriteaux portant offre de concessions de terrains moyennant une rente, et'à charge de retour avec les constructions au bout de quatre-vingt-dix-neuf ans; c'est un mode de jouissance fort usité en Angleterre, et il y a trente ans, personne n'eût songé à le discuter : on dit que ces offres sont aujourd'hui reçues avec quelque froideur, et qu'on demande des ventes pures et simples, comme celles qui se font de l'autre côté du détroit. Le peuple anglais semble aspirer à la propriété foncière, qui est encore le privilége de son aristocratie. Rien ne serait plus sage et plus rassurant pour l'avenir de l'Angleterre que la satisfaction graduelle de ce vœu : un jour viendra, si l'aristocratie n'y prend garde, où la propriété, telle qu'elle est constituée, n'aura pas assez de défenseurs; il est temps d'augmenter le nombre de ceux-ci, de rendre la propriété du sol moins inaccessible aux masses, et de prévenir, par la perspective d'une admission équitable et régulière à cette jouissance, les dangers de l'impétuosité de leurs vœux.

Peu de Français ont vu Folkstone, et les échappés des pontons d'Angleterre qui ont pu autrefois y confier leur liberté à l'aventureuse cupidité d'un *smoggler* auraient aujourd'hui peine à s'y reconnaître. Bientôt la transformation sera complète, et l'une des plus gracieuses petites villes de l'Angleterre sera assise en face de Boulogne. La multiplicité des communications entre Paris et Londres nous la rendra bientôt familière; d'un autre côté, les efforts heureux qu'a faits la compagnie du chemin de fer pour attirer dans le port les houilles de Newcastle feront que beaucoup d'affaires, pour lesquelles on allait jusqu'à présent dans cette ville ou à Londres, se traiteront à Folkstone; il y a donc double raison pour que nous y ayons un agent consulaire. Cette nécessité est comprise au ministère des affaires étrangères, et il parait qu'il y sera bientôt pourvu.

J'ai eu besoin de beaucoup de force de volonté pour tenir à la résolution que j'avais prise de ne me laisser détourner par aucune séduction du but restreint de mon voyage, et ne pas accompagner à.

Londres M. W. Cubitt, qui voulait m'y emmener. Dans la moindre course en Angleterre, il y a beaucoup à voir, beaucoup à apprendre; j'éprouvais d'autant plus de regret à m'éloigner si vite que, dans mes voyages précédens, je ne m'étais jamais trouvé en contact aussi intime avec cette race d'hommes à conceptions vigoureuses, à esprits calmes, à résolutions persévérantes, qui fait la force principale du pays, se mêlant peu de sa direction politique, mais comptée pour beaucoup, en raison de son poids, par ceux qui tiennent le timon des affaires, et leur rendant en force plus qu'elle n'en reçoit en protection. Des devoirs pressans me rappelaient à Paris; j'ai donc dit adieu à Folkstone, bien résolu à y revenir par les premiers wagons qui partiront de Paris pour Boulogne.

Au soleil levant, *l'Orion* accostait la côte de France, et bientôt nous entrions dans le chenal du port de Boulogne. Cet attérage n'est pas de ceux qui promettent plus qu'ils ne tiennent; on n'aperçoit du large que des falaises grisâtres surmontées d'un peu de verdure, mais elles enveloppent la fraîche vallée de la Liane, et la perle est sous l'écaille. Le chenal, avec la courbe gracieuse de ses longues jetées en charpente, semble s'avancer entre deux profondes colonnades; un large quai, garni de belles constructions, se développe le long du port; la ville s'étage au-dessus avec un encadrement de grands arbres; elle ressort au milieu de coteaux verdoyans, et les montagnes du haut Boulonais ferment au loin l'horizon; une ceinture de quinze redoutes, batteries ou forts détachés, construits par les soldats du camp de l'an XII, défend les approches de la ville et du port, et sur la hauteur voisine la colonne de la grande armée domine cet ensemble et le couronne de glorieux souvenirs. L'intérieur de la ville répond à son aspect extérieur; tout s'y ressent de son excellente administration municipale; les rues sont larges, bien alignées, proprement tenues; une active circulation les anime; Boulogne, enfin, annonce dignement la France à l'étranger, soit qu'il vienne en ami, soit qu'il se présente en ennemi.

Boulogne est une des villes de France qui ont le plus grandi depuis la révolution. Sa population était aux recensemens

De 1789, de.	. .	8,414 habitans.
De 1801, de.	. .	11,300
De 1811, de.	. .	13,474
De 1821, de.	. .	16,607
De 1831, de.	. .	20,856
De 1841, de.	. .	27,402

et la progression n'a jamais été si forte qu'aujourd'hui; l'achèvement du port, l'établissement du chemin de fer, doivent l'accélérer encore. Ces accroissemens ne sont point obtenus aux dépens des campagnes environnantes; de 1826 à 1841, la population des communes rurales du canton a passé de 5,137 ames à 7,967, et celle de l'arrondissement de 92,317 à 113,143. Ainsi, dans ces quinze années, l'une a gagné 55 pour cent, l'autre 22. Au dénombrement de 1801, l'arrondissement ne comptait que 66,588 habitans; il a presque doublé en quarante années. A la population fixe s'ajoute, dans la ville, une masse flottante qui pourrait se mesurer à la quantité d'hôtels et de maisons garnies qu'elle renferme, aux capitaux qu'emploie l'art d'héberger les étrangers, aux fortunes qu'il accumule. Le mouvement régulier s'accroît, pendant la belle saison, par l'usage plus répandu d'année en année des bains de mer, pour lesquels la ville possède un fort bel établissement, et par l'habitude de beaucoup de familles anglaises d'y venir en *villegiatura*.

Les économistes du pays remarquent qu'il résulte de cet état de choses une consommation équivalente à celle de beaucoup de villes de 50,000 ames, et que l'agriculture n'a pas encore pris, dans le rayon d'approvisionnement, un essor proportionné au débouché qui lui est ouvert. La nature des objets qui lui sont demandés, les besoins et même les conseils et les capitaux des Anglais qui se fixent à demi dans le pays, doivent néanmoins l'élever à un haut degré de perfection. La réaction de cette prospérité locale s'étend fort au-delà des limites du département du Pas-de-Calais, et si les vinicoles tenaient un compte impartial des vicissitudes de leur industrie, ils avoueraient que la ville de Boulogne dédommage à elle seule la Champagne et Bordeaux des mauvais procédés de plusieurs petits états du nord de l'Europe. Aux Anglais, il faut être juste, revient la part principale dans cet honneur.

Le nombre d'Anglais qui se trouve à Boulogne ou dans les environs flotte entre trois et quatre mille. Les uns ne font que traverser le pays; d'autres y font de courts séjours, satisfaisant, au meilleur marché possible, ce besoin de fouler le sol du continent qui tourmente tout enfant de la Grande-Bretagne : on vient de Londres en partie de plaisir à Boulogne; et c'est ainsi qu'au début de son service, la compagnie du chemin de fer du sud-est a procuré, à moitié prix, à un millier de commis de boutique de la Cité, la satisfaction de passer un dimanche en France. Quelques-uns viennent chercher un refuge contre les exigences du fisc et, si j'ose le dire, de leurs créanciers; mais les plus nombreux de beaucoup appartiennent à d'honnêtes familles de fortunes médiocres, qui vivraient de privations en Angleterre, et trouvent à se procurer, chez nous, toutes les aisances de la vie de province. Ces familles forment une colonie qui n'est pas sans

quelque adhérence à notre sol; beaucoup d'entre elles y sont attachées par la naissance, par l'éducation de leurs enfans; quelques-unes
même y sont devenues propriétaires, et tendent à y acquérir, par
prescription, une sorte de naturalisation. Les Anglais s'assimilent peu
aux populations étrangères parmi lesquelles ils vivent; ils s'en tiennent isolés, et conservent soigneusement les goûts et les habitudes
de leur pays : néanmoins, il est permis de voir dans ces établissemens anciens et nombreux, dans ces préférences réfléchies, un indi-
dice d'affaiblissement des préjugés nationaux. Dans ces transpositions
d'hommes, des familles de la classe moyenne qui sont chez elles à peu
près exclues des jouissances de la propriété territoriale, des individus
réduits à la pauvreté par l'excès d'inégalité du partage des successions,
font, entre les institutions de la Grande-Bretagne et les nôtres, des
comparaisons qui ne sont certainement pas désavantageuses à la
France. Cette population qui se détache du sol britannique ne nous
appartient sans doute pas : avant de se fixer, elle doit éprouver de
nombreuses oscillations; mais elle doit finir par s'établir au milieu de
nous, ou par aller inoculer à l'Angleterre les idées nouvelles de notre
Code civil, charte de la famille bien autrement importante que les
chartes des gouvernemens. La prévision de cette alternative expliquerait peut-être le peu de sentimens affectueux du cabinet de Saint-
James pour la colonie anglaise de Boulogne; il la regarde comme un
enfant émancipé dont les intérêts se sont séparés de ceux de la maison
paternelle.

Parmi ces familles étrangères que la douceur et le bon marché relatif de la vie attirent à Boulogne, il en est beaucoup qui viennent
y chercher pour leurs enfans une éducation que l'état de leur fortune
ou le caractère des institutions ne permettrait pas de leur faire donner
en Angleterre. Dans ce pays du privilége ne reçoit pas une éducation
littéraire qui veut. Voici l'état des enfans anglais qui sont en ce moment élevés dans les établissemens secondaires de Boulogne, et, pour
le rendre complet, j'y comprends les jeunes filles.

	GARÇONS.	FILLES.
Collége communal.	48	»
Pensionnat de plein exercice ecclésiastique. . .	25	»
Établissemens français laïques	47	140
Établissemens français religieux.	»	46
Établissemens anglais religieux.	179	154
	299	340

De ces enfans, les uns reçoivent sur notre sol une éducation toute britannique; l'élève et le maitre nous sont également étrangers : les autres entendent les mêmes leçons que nos enfans, parlent le même langage, s'impreignent des mêmes idées. Ceux qui recherchent particulièrement l'éducation ecclésiastique, Irlandais la plupart, ont, comme co-religionnaires et comme opprimés, des droits particuliers à nos sympathies; les plus nombreux adoptent, sans acception de sectes, notre instruction universitaire.

A Dieu ne plaise que la moindre gêne soit jamais imposée aux familles anglaises qui, confiantes dans notre hospitalité, font donner en commun, au milieu de nous, à leurs enfans, l'éducation qu'ils recevraient dans leur pays! Il suffit pour la police de l'état que ces institutions étrangères ne puissent admettre que des Anglais; à cette condition, nous n'avons point à nous occuper de leur régime, et nous leur devons, dans cette limite, une liberté d'autant plus entière, que jamais aucun pensionnat anglican ne devra obtenir en France le caractère d'établissement public. En Angleterre comme en Russie, la religion, toujours subordonnée à la politique, est souvent réduite vis-à-vis d'elle au rôle d'instrument; quand le missionnaire anglican ou le pope russe font une conversion, ils font un sujet anglais ou russe, et la profession de leurs dogmes est un acte de suzeraineté qui n'est à sa place que parmi les nationaux.

Quant aux familles anglaises qui acceptent pour leurs enfans l'éducation des nôtres, il est d'une bonne politique d'élargir pour elles l'accès de nos établissemens. Les liens qui unissent deux grandes nations sont quelquefois resserrés par des affections de personnes, et il n'en est pas de plus durables que celles qui se contractent dans l'enfance; mais c'est là le petit côté de la question, et ce qui se passe à Boulogne a une autre portée. Ecclésiastiques ou autres, les colléges de Boulogne sont des colléges de propagande française : les jeunes Anglais y sucent ces principes de la révolution française qui sont destinés à faire le tour du monde, et ils les reporteront au milieu de leurs compatriotes. L'aristocratie anglaise pourra perdre à cette propagation le profit de quelques abus; mais le peuple anglais y gagnera beaucoup, et la paix du monde y gagnera davantage. Depuis cinquante ans, nos guerres avec nos voisins ont surtout tenu à ce que l'Angleterre est restée le pays du privilége, tandis que la France devenait celui du droit : que les principes se rapprochent, et ce qui n'est qu'une paix armée pourra devenir une alliance cordiale. ⁓

Dans de pareilles circonstances, la mission de l'instruction secondaire s'élève, s'agrandit, et le gouvernement lui doit une organisation qui la mette au niveau de sa tâche. Les deux principaux établissemens de Boulogne sont un collége communal et un pensionnat de plein exercice fort nombreux, dirigé par un ecclésiastique qui, au lieu de chercher de mauvaises querelles à l'Université, lui fait une concurrence active et intelligente. Il n'est pas de ville où un nouveau collége royal reçût de plus nombreux élèves, fût mieux placé pour se perfectionner et exerçât une plus heureuse influence. La multiplicité des relations établies entre Boulogne et l'Angleterre initierait les professeurs de l'établissement aux méthodes employées chez nos voisins, à la direction donnée aux études dans leurs meilleurs colléges, aux réformes qu'ils introduisent dans les systèmes d'éducation. Si, dans ces rapprochemens, l'Université apprenait à mieux approprier l'instruction qu'elle donne à la destination des jeunes gens qui lui sont confiés, le collége de Boulogne lui rendrait de très grands services. Le personnel devrait en être choisi avec un soin particulier, et pour soutenir la comparaison avec celui des établissemens anglais, et surtout en raison de la tâche qu'il aurait à remplir. L'infériorité où nous sommes à beaucoup d'égards dans le Pas-de-Calais, vis-à-vis de nos voisins, tient surtout à ce que, des grands foyers de lumière qui éclairent les deux pays, l'un est rapproché de la côte et est la première ville maritime du monde, tandis que l'autre en est éloigné et ne porte sur les affaires de la mer qu'une attention secondaire. Nous n'avons qu'un moyen d'atténuer ce désavantage : c'est de grouper en faisceau sur le littoral des intérêts assez puissans, des ressources assez nombreuses et assez fécondes pour constituer une sorte de métropole locale pourvue d'une force et exerçant une influence qui lui soient propres. Boulogne réunit déjà une grande partie des conditions à rechercher pour un pareil objet, et un grand établissement d'instruction publique en est le complément le plus indispensable : il faut s'occuper beaucoup de la jeunesse dans un pays auquel on veut assurer un grand avenir. Si d'ailleurs nous voulons fortifier la puissance navale de notre pays, qu'avons-nous de mieux à faire que de familiariser l'enfance avec le spectacle de la mer et d'éveiller ses goûts par la perspective des jouissances et des dangers de la navigation ? Cette considération devrait suffire à elle seule pour faire placer sur la côte plutôt que dans l'intérieur des terres le collége royal que le département, malgré ses 685,000 ames de population, ne possède pas encore : à une époque où tout ne fut pas mal fait, l'école centrale du Pas-de-Calais avait été établie à Boulogne (1), et la ville, au lieu d'être, comme aujourd'hui, la première

(1) Décret du 3 brumaire an IV.

du département par sa population, n'en était encore que la troisième : il semble qu'on pressentit dès-lors son agrandissement actuel.

Il est à Boulogne un établissement d'instruction spéciale dont l'insuffisance frappe les yeux; c'est l'école d'hydrographie. On a peine à comprendre qu'avec un beau port, un grand mouvement de navires, de vastes projets d'avenir, le chef-lieu d'un quartier d'inscription qui compte 2,402 marins n'ait, comme Saint-Valéry-sur-Somme, l'aimpol, le Croisic, Saint-Jean-de-Luz, Collioure ou Saint-Tropez, qu'une école de quatrième classe. L'organisation de moyens d'instruction complets est une des bases essentielles du développement de l'établissement maritime, et aucune des ressources nécessaires à l'art nautique en livres, en cartes, en instrumens, ne devrait manquer dans un port où naîtront tant d'occasions d'en faire un bon usage.

Si c'était ici le lieu de s'étendre sur le passé, je rappellerais combien Boulogne, située sur la mer la plus étroite et la plus fréquentée qui baigne notre territoire, a dans tous les temps frappé l'attention des hommes qui ont pesé dans la balance des destinées de notre pays. Les premières routes qui sillonnèrent la contrée furent l'ouvrage de César et d'Agrippa; Constantin séjourna deux fois à Boulogne, en 307 et en 311; Attila en fit infructueusement le siége en 449; Charlemagne y vint lui-même organiser le système de défense de la côte, et ses successeurs ne surent pas la préserver des ravages des Normands et des Sarrasins; François Ier, Henri IV, le cardinal de Richelieu, Louis XIV, visitèrent la ville; Napoléon y séjourna long-temps, et le sol y porte partout l'empreinte de ses pas. Prononcer ces grands noms, c'est dire que les plus hauts intérêts de la France et du monde se sont plus d'une fois réglés sur cette côte. Entre ces hommes dont l'apparition fait époque se range une foule de personnages recommandables, les uns par leur courage, les autres par leurs talens, mais qu'on n'aperçoit pas d'aussi loin, bien que leur importance ait été grande sur les lieux auxquels se rattache le souvenir de leurs services.

La ville de Boulogne a donc une histoire locale pleine d'intérêt à conserver. C'est peut-être à cette circonstance qu'elle doit le grand nombre d'hommes distingués dans les sciences et les lettres qu'elle a produits : une étude en amène une autre, et toutes les connaissances humaines s'enchaînent. Elles n'ont pas cessé d'être cultivées dans le pays, et la ville en offre comme témoignage une bibliothèque de vingt-cinq mille volumes formée, depuis la révolution, sous la direction d'un de ses plus illustres enfans, de Daunou, et très remarquable par le bon choix des livres dont elle se compose; un cabinet d'histoire naturelle et d'antiquités locales dont aucune de nos grandes villes de province ne possède peut-être l'équivalent; une nombreuse collection de plâtres d'après l'antique, et une galerie de tableaux qui sans doute s'enrichira. Ces établissemens ont, si j'ose parler ainsi, le luisant que donne l'usage journalier. Les plâtres antiques servent de modèle à l'école de dessin; les livres sont feuilletés; le grand nombre de curiosités exotiques que renferme le cabinet atteste le goût de la population pour les voyages, et la bonne direction du patriotisme local se montre dans des collections où l'on peut faire une étude complète de la géologie du pays, ou suivre à travers une série d'armes, de monnaies, d'instrumens divers trouvés sur le sol, l'histoire des vicissitudes dont il a été le théâtre à partir de la domination romaine. La Boulogne d'aujourd'hui fait bien de conserver avec un respect filial ces souvenirs de l'antique Morinie; ils prouvent que son importance actuelle n'est point un accident, mais une conséquence des avantages de sa position géographique, et ceux-ci sont bien éloignés d'avoir produit tous les effets qu'il est permis d'en attendre.

Le port de Boulogne s'est fort amélioré depuis quinze ans. Les lois des 29 juin 1829, 30 juin 1835, 17 juillet 1837, 9 août 1839, ont affecté à l'exécution de projets hardis, et dont le succès a été complet, une somme de 3,750,000 francs. Les travaux conçus et exécutés par l'habile ingénieur M. Marguet pourvoient aux nécessités actuelles de la navigation, et se coordonnent avec les projets plus étendus dont son développement à venir pourra déterminer l'adoption. Dans son état actuel, Boulogne a sur les autres ports du Pas-de-Calais un précieux avantage : le plan d'équilibre des marées; c'est-à-dire celui qui tient le milieu entre la haute et la basse mer, y est plus élevé d'un mètre; le chenal en est par conséquent plus long-temps praticable à chaque marée. Les bateaux à vapeur tirant deux mètres d'eau, sont ceux qui desservent principalement ces ports, et il leur faut, à cause du tangage et de l'agitation des flots, de 50 à 60 centimètres d'eau sous la quille. Pour ces navires, le port de Boulogne est abordable à chaque marée, en moyenne, pendant sept heures trente-cinq minutes, tandis que ceux de Calais, de Douvres, de Folkstone, ne le sont que pendant six heures quinze minutes. Il suit de là que de deux bâtimens de même marche, effectuant dans une même marée le double passage du détroit, celui qui partira de Boulogne disposera d'une heure vingt minutes de plus que celui qui partira d'Angleterre. Cet avantage considérable est atténué par l'exposition de la côte à l'action directe des vents d'ouest, les plus fréquens et les plus dangereux qui soufflent dans ces parages; les bâtimens à voile en sont surtout affectés, et les bateaux à vapeur peuvent rarement, quand ces vents fraîchissent, faire un service de rade comme à Calais. Du reste, tout profitables que sont les travaux exécutés depuis quinze ans, ils n'ont point mis le port de Boulogne au niveau des ports anglais avec lesquels il correspond : il n'a ni bassin à flot, comme celui de Douvres, ni embarcadère de marchandises, comme celui de Folkstone, et il est plus éloigné qu'aucun des deux d'être accessible à toute marée.

Le chemin de fer s'ouvrant, le port de Boulogne peut-il rester dans son état actuel? Quiconque étudiera les intérêts que touche cette question la résoudra négativement.

Une politique élevée voit dans l'entrelacement des intérêts et la multiplicité des liens sociaux entre Paris et Londres la base la plus large et la plus solide qui puisse être donnée à la paix du monde, le concours le plus fécond qui puisse être établi pour le développement de l'intelligence humaine ; elle veut que, sans altérer leurs caractères spéciaux, ces deux foyers de civilisation puissans, l'un par le rayonnement des idées, l'autre par la création de la richesse et l'empire sur la matière, s'échauffent mutuellement aux lumières qu'ils projettent. Ce résultat semble être le prix de la course : pour l'atteindre, il faut que, d'un soleil à l'autre, les habitans des deux villes puissent se voir et se parler, que la lettre partie le soir de Paris soit distribuée à Londres à la même heure que celle qui serait adressée à Saint-Cloud. Or, que servirait de franchir en sept heures la distance de Paris à Boulogne, en cinq heures celle de Boulogne à Londres, si, toutes les fois que la mer serait basse, il fallait attendre sur les quais de Boulogne qu'elle montât (1)? Le chemin de fer et le port sont deux parties d'un même tout; ils se complètent réciproquement, et la perfection de chacun est

---

(1) Dans l'hypothèse posée à la page 794, le port de Boulogne serait inabordable dans l'année pendant :

			heures.	min.		heures.	min.
23 basses mers de	. . .		5	8	—	118	4
113	—	. . .	4	58	—	561	14
130	—	. . .	4	50	—	870	»
168	—	. . .	4	41	—	786	48
118	—	. . .	4	26	—	656	8
74	—	. . .	4		—	296	
706						3,288	14

Ce qui donne en moyenne, pour la perte de temps d'une marée à l'autre, 4 h. 39 m. Je dois ces calculs à l'obligeance de M. Chazelon, ingénieur hydrographe de la marine, l'un des auteurs des cartes de la Manche.

indispensable au service de l'autre. Qu'on ne s'arrête donc pas à quelques millions de plus ou de moins pour achever le port; l'établissement des communications entre Paris et Londres implique la nécessité d'une régularité parfaite, et le mot de Francklin, que le temps est de l'argent, semble avoir été dit pour cette circonstance.

Les travaux des ports, quand ils sont bien entendus, sont pour l'état des placemens avantageux. Les progrès du commerce de Boulogne ont marché depuis quinze ans parallèlement à ceux de l'amélioration de l'atterrage (1); ils ont fait rentrer au trésor, par les douanes et les autres contributions dont ils ont affecté le produit, au-delà de ce que les travaux en ont fait sortir, et ce n'est pas sous ce point de vue positif, mais étroit, qu'il faut calculer les résultats des dépenses publiques : ce qui mérite la première mention est ce qu'elles procurent au peuple de travail, d'aisance, de bonheur. Les nouvelles avances à faire au port de Boulogne seront bientôt couvertes par le mouvement d'affaires déterminé par le chemin de fer. Le développement des relations dépassera ici la progression ordinaire que lui imprime tout perfectionnement des communications : les villes de Paris et de Londres s'agrandissent déjà sensiblement sous l'influence des lignes de fer qui condensent l'espace autour d'elles, et l'attraction réciproque qu'exercent entre elles les agglomérations d'hommes sont, comme celles des corps célestes, proportionnelles à leurs masses. Il est d'ailleurs probable que les relations existantes ne seront pas long-temps seules à ressentir l'influence du chemin de fer; il en amènera bientôt de nouvelles : une grande partie de celles que nous entretenons par le Hâvre avec la mer du Nord et la Baltique se transporteront à Boulogne. La différence des distances par terre est peu de chose; il n'y a de Paris au Hâvre que 42 kilomètres de moins que de Paris à Boulogne, et, par un si faible allongement de la route de terre, on épargnera les frais, les lenteurs et les

(1) Les travaux ont commencé en 1829, et l'état du produit des droits de douane et de navigation perçus à Boulogne donne une mesure irrécusable du mouvement des affaires. Voici cet état :

1829.	341,055 fr.	—	1837.	781,645 fr.
1830.	314,028	—	1838.	1,176,380
1831.	261,788	—	1839.	1,056,103
1832.	272,766	—	1840.	1,557,518
1853.	290,366	—	1841.	1,803,765
1834.	353,160	—	1842.	2,210,402
1835.	447,200	—	1843.	1,927,274
1836.	675,685			

dangers de la navigation du Hâvre au Pas-de-Calais. Ce mouvement du commerce sera sollicité par la force d'attraction du port de Londres. Dans la multitude de navires du Nord dont il est le but ou le point de départ, un grand nombre viendront compléter leurs chargemens à Boulogne, qui se résoudraient difficilement à venir en faire autant au Hâvre. Un effet analogue se produira même par rapport aux relations avec les mers de l'Inde et les États-Unis. Des bâtimens faisant le commerce entre l'Amérique et Londres auront évidemment avantage à toucher à Boulogne, au lieu de s'exposer à être affalés par les vents de nord sur les côtes de Normandie. La portée d'un fait si simple ne peut guère se calculer, surtout si l'on songe que tout bâtiment en charge dans le port de Londres saura, dans la journée de son appareillage, s'il y a des marchandises à prendre à Boulogne. Les différences de fret qui s'établiront entre cette ville et le Havre éclairciront bientôt cette question; mais il est, dès ce moment, évident que nos manufactures trouveront au moins dans ces combinaisons l'élargissement d'un débouché, et que, si le Hâvre perd quelque chose, Boulogne gagnera beaucoup davantage.

L'établissement du chemin de fer implique donc à lui seul la nécessité d'améliorations très considérables dans le port de Boulogne. Ces nouvelles dépenses ne seront pas moins bien justifiées que celles dont nous recueillons déjà les fruits. Mais n'avons-nous aucune autre raison de fonder une grande position navale dans cette mer étroite, où s'associent tant d'intérêts, où se mesurent tant de rivalités?

De l'embouchure de la Seine à la frontière de Belgique, la côte de France est une des plus mauvaises de l'Europe : sur ses alignemens uniformes s'ouvrent, il est vrai, plusieurs ports; mais leurs étroites entrées sont toutes d'un difficile accès, et par les gros temps si fréquens dans ces parages, le navire qui les manque est en danger de perdition. Ce long espace n'offre pas à nos bâtimens ou à ceux des nations amies un seul de ces abris où l'on entre en tout temps à pleines voiles. La côte d'Angleterre, au contraire, ouvre à la mer sur toutes ses faces de profondes échancrures. Ces conditions si différentes ont produit des deux côtés du détroit leurs effets naturels. Dans les rades abritées de l'Angleterre, les grandes constructions navales se sont multipliées; en France, où la côte n'offre de sûreté complète qu'aux petites embarcations, les bateaux de pêche seuls sont très nombreux, et l'on n'a presque pas de forts bâtimens : ainsi, le tonnage moyen des navires du port est à Calais de 24 tonneaux, à Boulogne de 21, à Étaples de 11.

S'il s'ouvrait en avant du port de Boulogne une rade, cet état de choses changerait complètement. Cet atterrage deviendrait un grand rendez-vous de navires, et il s'y formerait une puissante marine locale. Or, le port de Boulogne peut être abrité des vents d'ouest, il peut y être annexé une rade vaste, sûre, commode, et la réalisation d'une entreprise si féconde n'est au-dessus des ressources ni de la persévérance de la nation. La nature, qui a traité d'une manière si inégale la côte de France et la côte d'Angleterre, a elle-même posé des bases sur lesquelles il dépend de nous de rétablir une sorte d'équilibre.

La Bassure de Baas est un banc sous-marin qui commence à environ dix-huit milles à l'ouest de la baie de l'Authie, et se rapproche de nos côtes en se dirigeant, du sud-ouest au nord-est, vers le cap Gris-Nez; il se termine, au nord-ouest de Boulogne, à 3,600 mètres de la terre; son extrémité septentrionale est sa partie la plus élevée. Sur une longueur de 4,700 mètres, elle forme une crête presque parallèle à la côte, et dont la profondeur moyenne n'est que de 7 mètres au-dessous des basses mers de vive eau; cette digue sous-marine reçoit les coups de mer du large, et forme la rade foraine d'Ambleteuse, qui, toute mauvaise qu'elle est, offre aux grands bâtimens compromis dans ces parages un mouillage tenable par certains vents (1). Le complément de cet ouvrage de la nature remédierait aux désavantages de notre établissement maritime sur la Manche. Il s'agirait d'élever sur cette crête de la Bassure, qui offre pour cela une base suffisamment large, une digue insubmersible de 4,000 mètres de longueur. La hauteur de cet ouvrage serait de 18 mètres, dont 7 mètres au-dessous de la basse mer, 9 pour atteindre le niveau de la haute mer de vive eau, et 2 pour le dominer. Avec 90 mètres de base et 6 de couronnement, sa section transversale serait de 864 mètres carrés : c'est à peu près la moitié de celle de la digue de Cherbourg. Le cube de matériaux employés serait d'environ 3,400,000 mètres cubes, et la dépense de 34 millions de francs. L'extrémité méridionale de la digue serait à 4,000 mètres de celle du chenal de Boulogne, et l'espace abrité serait d'une lieue carrée : l'ancrage y est excellent, et les plus grandes flottes pourraient y mouiller à l'aise. Il est superflu de remarquer que l'effet utile des tra-

(1) Voir : *Pilote français*, partie des côtes septentrionales de France comprise entre la pointe de Barfleur et Dunkerque, in-4°. I. R. 1842. — *Cartes des côtes de France*, levées par les ingénieurs hydrographes de la marine sous les ordres de M. Beautems-Beaupré : 1° partie comprise entre la pointe Saint-Quentin et Calais (1841); 2° partie comprise entre Dannes et Ambleteuse (1840); 3° port de Boulogne et ses environs (1840). *Dépôt général de la marine.*

vaux commencerait à se faire sentir dès qu'ils auraient pris quelque consistance, et s'accroîtrait à mesure qu'ils avanceraient.

Je ne m'abuse pas sur la gravité des objections auxquelles ne manquera pas de donner lieu l'élévation de la dépense : on dira qu'avec les charges que nous imposent la construction des chemins de fer, nos victoires en Algérie, le protectorat d'O-Taïti, les frais courans de la marine royale elle-même, le pays n'est pas en état de s'engager dans de pareilles entreprises. Je ne parle pas de l'opinion de l'Angleterre, qui trouverait peut-être la chose un peu plus sérieuse que la conquête des îles Marquises. Si nos pères s'étaient arrêtés à des obstacles de cet ordre, ils n'auraient pas entrepris la digue de Cherbourg, qui, beaucoup moins avantageusement placée, doit coûter 80 millions; ils l'ont fondée cependant, et qui oserait les en blâmer? Avant de condamner le projet d'établissement d'une rade dans le Pas-de-Calais, il faudrait examiner si, dans nos dépenses maritimes, aucune somme de 30 à 40 millions ne reçoit un emploi moins profitable à la puissance navale de notre pays. On pourrait soutenir, sans trop de désavantage, que la rade de Boulogne, précisément à cause de sa situation à sept heures de Paris, à trois heures de l'embouchure de la Tamise, serait un assez bon moyen de défense de nos possessions les plus lointaines. Les bonnes positions militaires sont celles où l'on est à la fois à portée de ses ressources et des parties vulnérables de l'ennemi ; les avantages qu'on obtient, les défaites qu'on essuie dans les autres, ne sont jamais que secondaires, et peu importe d'être en forces au loin si l'on est faible chez soi. En nous fortifiant sur la Manche, nous nous dispenserions peut-être de faire ailleurs des dépenses de beaucoup supérieures. Ainsi, nos possessions et nos protectorats dans l'Océan Pacifique nous coûteront annuellement beaucoup au-delà de l'intérêt du capital nécessaire pour la construction de la digue de la Bassure : protégeront-ils jamais autant d'intérêts français? Tiendront-ils au même degré nos ennemis en échec? Les marchands de Londres n'aimeraient-ils pas mieux, en temps de guerre, savoir nos escadres dans la rade de Nouka-Hiva que dans celle de Boulogne? Les avantages d'une position ne sont pas tous dans ce qu'elle a de menaçant : le rôle de la France est d'être à la tête des marines secondaires de l'Europe, et en alliance intime avec les marines du Nouveau-Monde : notre importance aux yeux des unes et des autres, leur confiance en notre appui, leur opinion de l'efficacité de notre médiation, se mesurent à l'étendue des services que nous sommes en état de leur rendre; or, que pouvons-nous faire de mieux pour elles que de leur assurer un refuge dans les parages où les appellent leurs plus grands intérêts, où elles risquent le plus d'être compromises, où elles sont le plus éloignées des ressources qui leur sont propres?

A considérer sous ce point de vue notre établissement maritime dans le Pas-de-Calais, l'horizon s'agrandit et les intérêts de localité disparaissent devant les intérêts français et européens. Ce n'est plus pour favoriser Calais, Boulogne ou Dunkerque que s'organisent de grands travaux; c'est pour ouvrir un abri large et sûr aux navires du Hàvre, de Nantes, de Bordeaux, de Marseille, qui se rendent dans la mer du Nord; c'est pour donner une hospitalité digne de la France aux bâtimens anglais, hollandais, allemands, suédois, russes, américains, qui se croisent en vue de nos côtes; et si la guerre s'allume sur la mer, c'est pour ne point être au dépourvu à son foyer le plus ardent, c'est pour avoir, aux lieux où se décideront les grandes questions, un bassin où s'organise la victoire, où se répare la défaite.

Ceci ne serait pas plus une menace contre l'Angleterre que les projets de ports de refuge que l'amirauté fait étudier, par suite des délibérations de la chambre des communes, pour Beachy-Head, Douvres et Foreness ne sont une menace contre la France (1). Nos voisins

(1) *Report on the Survey of the Harbours of the South-Eastern coast.* On a vu, page 782, la conclusion du rapport en ce qui se rapporte à Douvres.

Le second port de refuge serait établi au cap Beachy, au nord de Fécamp et à l'est de Portsmouth : il consisterait en un brise-lame curviligne de 3,060 mètres de longueur, établi à 2,000 mètres du rivage, par des profondeurs variables de 9 à 12 mètres à la basse mer de vive eau, avec des marées de 6 mètres 40 centimètres. Les passes ouvertes à l'est et à l'ouest auraient 1,800 mètres de largeur, et la digue serait opposée aux vents du sud, comme celle de la Bassure aux vents d'ouest.

Enfin à Foreness, près Margate, sur le prolongement de la rive droite de la Tamise et à l'exposition du nord, deux digues enracinées au rivage, l'une, droite et longue de 1,190 mètres, l'autre, brisée à angle droit et longue de 2,810 mètres, embrasseraient un espace de 186 hectares. Une seule entrée ouverte au nord-ouest aurait 152 mètres de largeur. La ligne septentrionale serait fondée sur une longueur de 1,838 mètres à 10 mètres 50 centimètres au-dessous de la basse mer.

L'exécution de chacun des trois ports de refuge est évaluée à 2 millions sterling, non compris les fortifications et les établissemens accessoires : ce serait en tout une dépense d'au moins 160 millions de francs.

Indépendamment de ce qui se rapporte spécialement à ces grands établissemens, le rapport contient des observations intéressantes sur les ports de Margate, de Broadstairs, de Ramsgate, de Deal, de Sandwich', de Douvres, de Folkstone, de Rye, d'Hastings, de Cuxmere, de Newhaven, de Shorcham, de Littlehampton, de Pagham, qui font tous face aux côtes de France, et ont été visités par les commissaires

Une traduction de cette pièce importante a été insérée dans les *Annales Maritimes* du mois d'octobre 1844.

ont raison d'ouvrir de tous côtés des abris à leur immense commerce maritime, et nous savons, sans qu'ils prennent la peine de le rappeler, que c'est un caractère commun à toutes les entreprises navales bien conçues que ce qu'elles ont de bon pour la paix est en même temps une force pour la guerre. Quand l'amirauté a chargé des commissaires choisis parmi les militaires, les marins et les ingénieurs les plus expérimentés, « de visiter la côte entre l'embouchure de la Tamise et Selsea-Bill, d'examiner les ports intermédiaires sous le point de vue de leur aptitude à devenir pour les bâtimens qui naviguent dans la Manche des abris contre les tempêtes, et pour la marine marchande des lieux de refuge contre des croisières ennemies, *mais plus spécialement à devenir en temps de guerre des stations de navires à vapeur armés* pour la protection du commerce anglais dans cette partie du canal » (Ordre du 25 juillet 1839); quand il a été rendu compte à la chambre des communes de l'exécution de ces instructions (5 juin 1840), personne en France n'a songé à faire une observation sur ces combinaisons. Si l'on n'avait pas à notre égard la même discrétion en Angleterre, ce ne serait pas une raison de renoncer à des choses bonnes pour notre pays, et d'oublier notre histoire. Dans toutes nos guerres avec les Anglais, Boulogne a été un des principaux objets de leurs attaques; il n'en pouvait pas être autrement; un point vulnérable situé en face de leurs plus formidables arsenaux devait recevoir leurs premiers coups. La ville a triplé depuis trente ans, et l'établissement du chemin de fer lui promet une prospérité dont son passé n'autorisait pas l'espérance. Est-ce lorsque la proie devient plus riche, lorsque l'application de la vapeur à la navigation a multiplié les moyens d'agression, qu'il faut épargner sur les moyens de défense?

Mais revenons à la digue de la Bassure.

En raison de la largeur de ses entrées, cet établissement sera plus propre aux opérations de la paix qu'à celles de la guerre. Comme rade de commerce, il remplirait parfaitement sa destination. En effet, les vents du nord et du sud, auxquels il serait ouvert, ne sont jamais dangereux à Boulogne; les vents d'ouest y pousseraient les navires, et il deviendrait, par l'extrême facilité de son accès, par l'affranchissement des droits de relâche si élevés dans les ports anglais, le rendez-vous général des bâtimens que les vents contraires retiennent si souvent dans la Manche. Comme station militaire, il laisserait quelque chose à désirer : la distance de la digue à la côte serait de près de 4,500 mètres du côté de Boulogne, et de 3,500 de celui d'Ambleteuse; cela ne ressemble malheureusement que de loin au goulet de Brest ou aux passes de Cherbourg, qu'une

escadre ennemie ne saurait tenter de forcer qu'en passant à portée de
pistolet des batteries de terre : néanmoins, avec les progrès qu'a faits
l'artillerie depuis vingt ans, on pourrait établir sur la côte et sur la
digue des batteries dont les feux se croiseraient sur toute l'étendue de
la rade. Un système de défense plus complet consisterait à établir, en
travers de chacune des deux entrées de la rade, des forts reposant sur
des îlots artificiels; mais la dépense serait considérable, la profondeur de la basse mer allant jusqu'à seize mètres. Tels seraient les
côtés faibles de la rade de la Bassure. Sans chercher à les atténuer,
il est permis de remarquer ici que la valeur d'un établissement naval
tient encore plus à sa position géographique qu'à ses qualités propres. Les rades les plus sûres sont sans aucune importance quand elles
ne sont pas sur les routes ordinaires de la navigation; la Sardaigne, la
Grèce, en possèdent plusieurs qui sont dans ce cas; la moindre anse
acquiert, au contraire, une valeur inestimable quand elle donne prise
sur un ennemi, ou ménage un refuge dans des parages dangereux, témoin Gibraltar, que personne ne daignerait occuper s'il était sur une
mer ouverte. Si ces considérations sont fondées, les avantages de position de l'établissement de Boulogne peuvent lui faire pardonner quelques-uns de ses défauts intérieurs. L'utilité d'une rade se mesure à
la quantité de navires qu'elle reçoit, à la nature des dangers dont elle
les préserve, et aux échecs dont elle menace l'ennemi; sous ce triple
rapport, celle de la Bassure aurait, malgré ses imperfections, peu de
comparaisons à redouter.

En tout état de cause, il resterait à rendre le chemin de fer de Boulogne accessible à mer basse, et ce ne serait point chose aisée. Dans le
système de l'établissement de la digue, on pourrait construire, à l'abri
qu'elle donnerait, un embarcadère sur lequel se dirigerait un embranchement de rails : ce serait une solution simple et peu dispendieuse,
si ce n'est parfaite, de la difficulté. La digue elle-même exercerait peut-
être une influence heureuse sur l'état de la plage à l'ouverture du chenal du port. Des courans de trois à quatre milles à l'heure s'établissent
aujourd'hui du sud au nord par le flot, du nord au sud par le jusant,
entre la Bassure et la côte. La résistance de la digue les fortifierait et
les pousserait probablement vers la terre; elle déterminerait en ce cas,
comme il est arrivé à Cherbourg, de légères érosions de la plage, et
l'eau viendrait chercher les jetées, ce qui serait bien préférable à l'allongement de celles-ci. De nombreux emplois de ce dernier moyen ont
été faits dans nos ports de la Manche et dans ceux des Pays-Bas : à
Dieppe, à Dunkerque, à Ostende, à Helvoet-Sluys, il a reculé les ob-

stacles et ne les a point détruits. Plus un chenal est long, moins les chasses données pour le dégager ont de puissance; leur efficacité ne s'étend pas au-delà d'une certaine distance, et souvent elles n'ont d'autre effet que de reporter à l'extrémité des jetées les barres qui en obstruaient l'intérieur. Il en serait autrement à Boulogne si l'action de la marée et celle des chasses venaient l'une à la rencontre de l'autre.

Quand Grotius eut fait son livre de *la Liberté des Mers*, il le dédia aux princes et aux peuples du monde chrétien : *Ad principes populosque liberos orbis christiani*. Nous pourrions mettre cette inscription sur la digue de Boulogne, en regard de la colonne de la grande armée. De ces deux monumens, l'un marque le commencement de la lutte entamée par Napoléon pour l'affranchissement des mers; l'autre témoignerait que, dans ses fortunes diverses, au plus fort de ses revers comme au faite de la gloire, dans la paix comme dans la guerre, la France n'a jamais cessé de travailler à la consécration de ce droit des peuples et de la civilisation.

De graves objections s'étaient élevées, dans les commissions de la chambre et dans la commission supérieure des chemins de fer, sur la proposition d'établir celui de Boulogne le long des dunes qui bordent la côte, entre l'embouchure de la Liane et celle de l'Authie. J'avais contribué à donner de la consistance à ces objections; une discussion dans laquelle elles pouvaient se reproduire allait s'engager; j'étais sur les lieux; c'était le cas d'examiner les parties du tracé les plus exposées à l'action des vents de mer et des sables. J'étais d'ailleurs curieux de comparer les dunes de la Manche avec celles du golfe de Gascogne, quoique peu inquiet de leur résistance aux moyens par lesquels on dompte celles-ci. M. Adam, maire de Boulogne, et M. Lans, conducteur des ponts-et-chaussées, qui a fait sous les ordres de M. Valée tout le travail matériel du tracé du chemin de fer dans le département du Pas-de-Calais, ont bien voulu faire avec moi cette course, et je ne pouvais pas souhaiter de meilleurs guides. Du reste, l'emplacement du chemin est si nettement déterminé, surtout dans le voisinage des dunes, par le relief du sol, qu'il n'y a nulle part à se tromper sur sa direction.

Les dunes de la Manche sont, comme celles du golfe de Gascogne, le résultat de l'action combinée des marées, du soleil et des vents d'ouest sur des plages basses et sablonneuses où viennent expirer les vagues de l'Océan. Du cap d'Alprech près Boulogne à l'embouchure de la Somme, l'estran, c'est-à-dire la partie du rivage découverte à la basse mer, présente une bande de 500 à 1000 mètres de largeur, et son in-

clinaison générale est d'un centième environ de sa base : la partie supérieure de ce talus n'est atteinte par le flot que dans les grandes marées de la nouvelle et de la pleine lune; elle a dans ces intervalles le
temps de se sécher aux rayons du soleil, et alors les vents se jouent
de sa surface mouvante : ceux de l'ouest poussent le sable sur les
terres; ceux de l'est le rendent à la mer, et s'il y avait équilibre entre ces
deux forces, l'état du rivage éprouverait peu de changemens : malheureusement il n'en est pas ainsi; les vents du large règnent dans ces
parages les deux tiers au moins de l'année et sont beaucoup plus forts
que ceux de terre; la mer montante remplace continuellement le sable
dont ils dépouillent l'estran, et ce travail obstiné, repris sans cesse,
accumule ces montagnes de sable qu'on appelle des dunes. Le sommet
de celles-ci n'en est pas la partie qui donne le moins de prise aux vents;
dans les temps secs, ils font voler à la surface de la dune des sables qui
se déposent sur son revers intérieur, à l'abri qu'elle forme elle-même.
Cette progression constitue ce qu'on appelle la marche des dunes; le
vent les fait, en effet, marcher devant lui, comme une ligne de bataille, à la conquête des terres cultivées. Celles du golfe de Gascogne
s'avancent de 20 mètres par an, sauf les parties fixées, sur un front
de 240 kilomètres; elles envahissent par conséquent, chaque année,
près de 500 hectares, et si les procédés employés pour les arrêter étaient
abandonnés, on pourrait calculer à quelle époque les territoires les
plus précieux des départemens de la Gironde et des Landes seraient
ensevelis sous le sable.

Si c'était ici le lieu de faire un traité de la fixation des dunes, je
prendrais les mémoires et les manuscrits de Brémontier, qui, aidé par
M. de Néville, intendant de Guyenne, commença cette grande entreprise en 1788 sur les bords du bassin d'Arcachon; j'en extrairais l'histoire des prodiges de constance par lesquels ont été vaincues les premières difficultés; je montrerais les procédés se simplifiant, gagnant
en efficacité en même temps qu'en économie, et pour cela je n'aurais
qu'à prier M. Goury de me laisser copier les curieuses notes qu'il a
rédigées, comme ingénieur en chef des Landes, sur les travaux de ses
prédécesseurs et sur les siens propres. Il suffit ici de constater que
partout où ces procédés sont mis en pratique, les sables sont maîtrisés
et n'avancent plus.

On fixe les dunes en les boisant. Le début et la plus grande difficulté de l'entreprise sont d'imposer au sable un repos qui permette
aux plantes d'y prendre pied; la nature a donné aux dunes de Gascogne le gourbet (*arundo arenaria*), qui remplit promptement cette

condition. A l'abri de ce roseau des sables, on sème des genêts, des ajoncs, et parmi eux des pins, dont ils protègent la jeunesse. La perméabilité du sable, l'humidité constante qu'y entretient la capillarité, favorisent la rapide extension des racines qui lui sont confiées; et la forêt d'arbres verts s'élève. L'une des plus belles de France est celle dont sont aujourd'hui couvertes les dunes qui blanchissaient, il y a soixante ans, l'horizon à l'ouest de la Teste de Buch : c'est là que Brémontier a fait ses premiers essais; ces arbres ont été semés par lui, et leurs troncs robustes, leurs cimes verdoyantes disent mieux que tous les discours à quel état on peut porter les 120,000 hectares de dunes du golfe de Gascogne. Du moment où la dune est garnie des plantes les plus humbles, les tempêtes les plus furieuses n'entament plus sa surface; le sable pesant trop pour être soulevé comme la poussière, court rarement à plus de 50 centimètres de terre, et, aux premiers obstacles que présentent des clayonnages artificiels, des semis ou des plantations, le vent qui l'emporte est forcé de le déposer. Le sol, s'élevant ainsi sur les végétaux qui le couvrent, finit par former un talus rapide sur la pente duquel les nouveaux sables fournis par l'estran glissent et redescendent vers la mer. Un entretien peu dispendieux des plantations suffit pour maintenir cet équilibre, et dès-lors, si la dune s'élargit, c'est aux dépens de la mer et non pas des terres dont elle la sépare; le vent n'agit plus que comme Sisyphe, et le grain de sable qu'il a remonté retombe pour opposer une barrière aux flots. Les champs et les villages menacés d'être engloutis sont sauvés, la dune elle-même devient féconde, et, partout où elle est accessible, ses produits en résine et en bois atteignent, s'ils ne les surpassent, ceux des terres labourables. Elle n'arrive, il est vrai, à cet état que lorsque les plantations sont âgées de trente ans.

Aux yeux de quiconque a observé ces phénomènes dans leur généralité, des dunes seront pour une ligne de fer un voisinage inquiétant. Indépendamment de la marche régulière par laquelle celles du Pas-de-Calais menaceront le chemin de Boulogne, il faudra, disait-on, le chercher parfois sous ces nuages de sable que les tempêtes soulèvent et déposent au loin; les sables dont les rails seront saupoudrés par les vents ordinaires augmenteront le frottement sous les roues des convois, et ceux qui s'insinueront entre les pièces mobiles des machines et des voitures en accéléreront la destruction : les vents d'ouest exerceront d'ailleurs, en travers des convois, une pression qui nécessitera un notable accroissement de force, et travaillera sans cesse à la désorganisation de la voie : ainsi la voie sera compromise, et les frais d'entretien seront excessifs. Voici ce qu'oppose à ces craintes la nature même des lieux.

Placées sous un ciel plus humide, sous un soleil moins vif et peut-être aussi sous des vents moins violens que les dunes du golfe de Gascogne, celles du Pas-de-Calais sont beaucoup moins mobiles; la sécheresse n'a, vers Boulogne, ni la durée ni l'intensité de celle de Bayonne, et les sables calcaires de la Manche ont plus d'adhérence que des sables siliceux. Sur le tracé même du chemin de fer est un exemple frappant de la portée de ces différences. Les faibles ruisseaux qui coulent sous les villages de Neufchâtel, de Danne et de Camiers, descendent à la mer au travers des dunes, et leur cours n'est jamais intercepté que momentanément. Dans les dunes de Gascogne, des courans bien plus puissans, refoulés par l'amoncellement des sables, forment les étangs de Cazaux, de Biscarosse, de Soustous. Ici, ces filets d'eau ramènent à la mer presque tout le sable que le vent jette dans leur lit, et, pour les faire servir de barrières contre les dunes, il suffirait d'un travail d'entretien plus attentif que dispendieux. A Neufchatel et à Danne, où le chemin de fer se rapproche des dunes, la marche des sables est trop lente, fussent-ils abandonnés à eux-mêmes, pour qu'ils l'atteignissent de cent ans; entre Camiers et Étaples, on pourrait les éviter en l'infléchissant à l'est, mais il a été jugé plus sûr de traverser, par un souterrain d'environ 1,200 mètres, l'espace exposé, et ce parti ne laisse pas place à la moindre inquiétude. Entre la Canche et l'Authie, le tracé marche sur une longueur de 16 kilomètres parallèlement à un autre groupe de dunes; mais il en est séparé par l'humide et fertile vallée de Cuq et de Merlimont. Quant aux vents d'ouest, partout ailleurs qu'au travers de la vallée de la Canche, les convois en seront préservés par les dunes elles-mêmes, qui dominent de 60 à 80 mètres le plan sur lequel ils rouleront. Le voisinage des dunes n'a donc, pour le chemin de fer, d'autre inconvénient que d'étendre un désert stérile là où l'on aimerait à voir des campagnes fécondes, des villages populeux alimenter une active circulation.

C'est quelque chose que la sécurité des actionnaires et des voyageurs du chemin de fer; mais ce n'est pas tout ce dont il y ait à se préoccuper ici. Si les dunes n'y avancent pas de 20 mètres par an, comme entre la Gironde et l'Adour, au lieu de marcher sur des landes stériles, elles touchent aux terres cultivées; si l'envahissement est moins étendu, le sol à défendre est cent fois plus précieux. Dans le midi, la difficulté d'aborder les dunes au travers de solitudes sablonneuses, de marais et de lacs, enlève tous les profits de l'exploitation;

desservies ici par le meilleur des systèmes de communication, voisines de populations nombreuses et riches, tous les travaux y seront faciles, toutes les entreprises profitables. Enfin, la face des dunes qui regarde la mer change perpétuellement de forme sous l'action des vents dont elle est battue, des lames qui la sapent, des pluies qui la ravinent; il suffit d'une tempête pour rendre certaines parties de la côte méconnaissables, et les naufrages si fréquens qui en font l'effroi des navigateurs n'ont souvent d'autre cause que les erreurs où les jettent ces changemens d'aspect. Ce n'est pas là le moindre motif de travailler à la fixation des dunes de la Manche; il n'y a pas d'autre moyen d'effectuer le balisage de la côte, et cette opération n'importe guère moins à la marine que l'établissement des phares.

Il y a déjà des graces à rendre à l'administration du département du Pas-de-Calais pour les encouragemens qu'elle accorde à la plantation, si ce n'est au boisement des dunes. De vastes espaces ont perdu depuis quelques années leur désespérante blancheur et ont pris une teinte verdâtre; c'est l'effet des plantations d'oyats, qu'on récompense par des primes. L'oyat est une plante de la famille des graminées; ses racines traçantes, pourvues de milliers de radicules latérales, s'étendent comme un filet dans le sol, et ses tiges percent les couches de sable dont le couvre quelquefois le vent. Il ne ressemble pas au gourbet des dunes de Gascogne, qui manque à celles du nord. Le gourbet, dont les racines s'enfoncent en faisceau dans le sable, a la précieuse propriété de réussir surtout près de la mer et de se nourrir de son écume; mais pour les lieux élevés il ne paraît pas valoir l'oyat. L'alliance de ces deux plantes, dont les effets se compléteraient réciproquement, résoudrait les plus grandes difficultés de la fixation des dunes. Les plants d'oyat se placent en quinconce, à environ 0^{m}60 les uns des autres; ils n'affermissent pas seulement le sol par le réseau de leurs racines; le balancement de leurs tiges suffit pour troubler la marche du vent et le dépouiller des grains de sable en suspension dans la couche où elles s'agitent : aussi voit-on l'oyat se chausser naturellement, et c'est un fait populaire dans le pays qu'une dune plantée s'exhausse. Il ne reste donc plus qu'à couvrir les dunes de semis d'arbres résineux pour les fixer définitivement et décupler leur valeur en quelques années. Leur largeur moyenne est de trois kilomètres, et elles forment trois groupes principaux :

Le premier, au nord de la Canche, a une étendüe de 4,100 hectares.
Le second, entre la Canche et l'Authie, a . . . 3,700 —
Le troisième, entre l'Authie et la Somme, . . . 2,500 —

Les bois fournis par ces 10,300 hectares pourvoiraient à l'un des principaux besoins de la marine locale et des villes environnantes; la preuve en est dans les immenses importations de bois de Suède, de Norvége et de Russie, qui se font sur le littoral. Le boisement des dunes peut-il s'effectuer sans le concours de l'administration et sans l'application des principes de solidarité qui sont la base de la législation sur le dessèchement des marais et les endigages? C'est une question dont l'examen nous conduirait trop loin, mais que l'expérience a jusqu'ici résolue négativement.

Au débouché du vallon creusé dans la dune par l'émissaire de l'étang de Camiers, se découvre une vaste plage grisâtre bornée au sud-ouest par un autre rideau de dunes. C'est la baie d'Étaples à mer basse. Rien n'est sinistre comme l'aspect de cette plaine de sable humide, encadrée dans des montagnes de sable sans habitans et sans verdure, enveloppées la moitié de l'année dans une brume épaisse. Aucune côte n'a vu plus de naufrages que celle derrière laquelle se replie l'embouchure de la Canche. En arrivant à la limite de la haute mer, nous nous heurtâmes contre une pièce de la carcasse du *Conqueror*, qui attend là qu'un autre naufrage jette auprès d'elle le complément du chargement d'une chaloupe. Le *Conqueror* était un magnifique vaisseau de la compagnie des Indes; il revenait de Calcutta chargé des plus riches produits de l'Asie, et touchait au terme d'un si long voyage. Le 15 janvier 1843, avant le jour, le canon d'alarme se fit entendre à Étaples, au milieu du bruit de la pluie et des vents. La population, guidée par les coups qui se succédaient, se porta vers la pointe du Touquet, et l'on aperçut à la sombre clarté du jour naissant un navire dont l'avant avait donné dans le sable; la dunette s'élevait seule au-dessus des flots, et cent cinquante malheureux s'y pressaient, tendant les bras, les uns vers la terre, les autres, mieux instruits, vers le ciel. Nos gens firent des efforts inouis pour établir des moyens de sauvetage. Cependant la mer montait, le vent d'ouest roulait d'énormes lames, et chacune balayait un rang des naufragés; il en vint une plus forte que les autres, et, quand elle s'étala, le groupe avait disparu, la dunette était déserte. Un seul être fut jeté vivant sur la plage, c'était un domestique. Le 11 novembre précédent, le *Reliance*, autre navire de 800 tonneaux, appartenant aussi à la compagnie des Indes, périt de même au même lieu, et le maître charpentier avec trois matelots malais furent seuls sauvés. Ils rapportèrent que lorsque le capitaine avait reconnu les feux de la Canche, il avait dit à voix basse qu'il ne restait plus qu'à périr. C'est qu'en effet ces feux d'échouage, qui sont pour des bateaux de pêche un signal de salut, n'annoncent aux grands bâtimens que leur perte. Les navires qui gouvernent du sud sur le Pas-de-Calais mettent le cap au nord sur Dangeness, la pointe sud-est de la côte d'Angleterre; mais s'ils tombent dans les courans de la Bassure de Baas, ils sont poussés en dérive sur la côte de l'Authie et de la Canche, et, s'ils tardent à s'en apercevoir, ils sont perdus sans ressource. Les fanaux de la Canche vont être remplacés par deux phares de premier ordre à feux fixes, dont la portée de lumière sera de vingt milles. Distans l'un de l'autre de deux cent cinquante mètres, ils seront, comme la côte, orientés nord et sud. Cette disposition mettra les navires en état d'estimer du large leur situation avec une précision parfaite, et long-temps avant que le danger commence pour eux.

Étaples est à sept kilomètres en amont de l'embouchure de la Canche. Devant le bourg, la marée s'élève de trois à cinq mètres, et la rivière devient, à la nouvelle et à la pleine lune, navigable jusque sous les murs de Montreuil; il serait facile de la rendre constamment telle jusques à Hesdin. En remontant la vallée, une continuité de terres bien cultivées et de rians coteaux dédommage les yeux de la tristesse de l'aspect de la baie. Le bourg n'a point de quais; les maisons y sont modestes, mais bien tenues : une jolie église avec un chœur garni de boiseries du XVIᵉ siècle d'une bonne sculpture et soigneusement conservées témoigne qu'Etaples a jadis eu ses artistes, et que leurs œuvres n'ont pas cessé d'y être goûtées.

Au moment où nous arrivions sur la grande place, les bannières d'une procession paraissaient à l'autre bout. Toute la population d'Étaples était là; sur 1,900 habitans qu'elle compte, 600 sont compris dans l'inscription maritime, et le curé, le juge de paix, le notaire, y sont presque les seuls qui ne soient pas marins. Je ne me souviens pas d'avoir vu de plus belle et plus forte population. Les hautes statures, les larges poitrines, les traits mâles et bronzés des hommes, la décence de leur tenue, contrastent avec l'abâtardissement de l'espèce dans les villes manufacturières les plus voisines; les femmes ne sont pas moins remarquables par leur force et leur fraîcheur. Depuis le mois de mars jusqu'au mois de novembre, la plupart d'entre elles vont par bandes faire, à chaque marée, la pêche aux crevettes; elles partent chargées de leurs filets, entrent dans la mer, et, marchant contre le flux, puis contre le reflux, elles ramassent avec leur filet les crevettes qui suivent le mouvement de la marée, les rejettent dans une hotte, et rapportent au logis le produit de leur pêche. Avec un peu de bonheur, on gagne de la sorte jusqu'à 5 francs par jour; aussi une femme *bonne aux crevettes* est-elle un trésor. Ces dames n'hésitent pas à attribuer à la pratique de cet exercice leur merveilleuse santé, et, s'il en est ainsi, la faculté ne fera jamais, en faveur des bains de mer, de livre qui vaille une promenade à Étaples. Elles sont, dit-on, aussi sages et aussi fidèles que laborieuses, et professent un parfait dédain pour tout ce qui n'est pas homme de mer et du pays : elles ont raison; c'est ainsi que se conservent le bonheur des familles, la beauté des races, et, s'il faut tout dire, il leur serait difficile de ne pas perdre au change. Le port, ou plutôt la plage, possède aujourd'hui trente-quatre bateaux de pêche fort bien construits, et semblables, au tonnage près, à ceux de Boulogne. Chaque bateau est monté par huit hommes, et la pêche se fait à la part; elle fournit par an de deux à trois cent mille kilogrammes de poisson frais à l'approvisionnement de Paris; le surplus se consomme sur les lieux et dans les villes environnantes. Les bateaux d'Étaples vont aussi pêcher au loin le hareng dans la Manche. A en juger par l'air de contentement de la population, bien habillée, bien nourrie, le métier n'est pas mauvais. Telle est l'heureuse et honorable obscurité dans laquelle Étaples se repose entre son ancienne illustration et l'avenir que lui promet le chemin de fer.

La baie de la Canche était, sous les Romains, une des stations de la flotte préposée à la garde des côtes de la Morinie et de la Bretagne. Sous la seconde race, le commerce d'Étaples s'étendit beaucoup; Charlemagne y établit un intendant pour la perception des impôts, et l'on y battit monnaie (1). Le traité de paix entre Henri VII d'Angleterre et Charles VIII y fut signé en 1492; mais tous ces souvenirs sont effacés par celui de Napoléon, qui, en 1804, pendant le camp de Boulogne, vint plusieurs fois visiter à Étaples la division de gauche de la flottille et le corps d'armée du maréchal Ney, laissant pour traces de son passage la route de Boulogne et l'embarcadère de la Canche.

Le chemin de fer de Boulogne dotera encore mieux Étaples. Un pont de 200 mètres d'ouverture va le mettre en contact avec les riches campagnes de la rive gauche de la Canche; les endiguages accessoires à cette grande construction amèneront nécessairement la formation de nouveaux polders, semblables à ceux qui existent déjà, et dont le prix atteint 6,000 francs l'hectare. Si la surface inerte des dunes se couvre de bois, la création de cette richesse réagira sur le voisinage bien long-temps avant l'époque de son exploitation régulière. Étaples, devenant par la convergence de la navigation et de la voie de fer le foyer

(1) Bertrand, *Histoire du Boulonnais.*

du mouvement local, le marché d'exportation, attirera à soi les forces vives éparses dans la contrée, et elles s'accroîtront en se combinant.

Probablement, quand cette révolution sera accomplie, au lieu de deux petites villes, l'une de 1,900 ames, l'autre de 3,700, situées à trois lieues l'une de l'autre, on verra, à l'entrée de la vallée de la Canche, un port de 8 ou 10,000 ames. Le déplacement de la circulation fera tomber à Montreuil la plupart des établissemens formés sur la route de Paris à Calais, et qui retiennent cette ville sur le penchant d'une ruine depuis long-temps commencée. Ces effets douloureux de l'établissement des chemins de fer sont malheureusement inévitables. La population de Montreuil semble l'avoir compris : exclue par le relief du terrain de toute participation directe aux avantages de la nouvelle voie, elle n'a cherché à entraver ni à ralentir la marche fatale des choses et s'est retranchée dans une résignation silencieuse et digne; mais ces sortes de revers ne frappent que les capitaux immobiliers : les hommes vont où les appellent les circonstances, et retrempés dans les torts de la fortune, l'énergie qu'ils y puisent les dote souvent d'un avenir préférable à leur passé.

Il reste à ajouter à cette esquisse de notre établissement maritime sur le Pas-de-Calais un trait malheureusement fort triste; c'est l'état de la navigation internationale dans nos ports. En voici le mouvement par pavillons, entrées et sorties comprises, pendant l'année 1843 :

	CALAIS.		BOULOGNE.	
	Navires.	Tonneaux.	Navires.	Tonneaux.
Français.	938	44,562	78	4,260
Anglais.	1,265	100,474	2,069	192,147
Autres.	297	53,195	66	7,266
	2,500	198,231	2,213	203,773

Notre pavillon ne couvre à Calais que le huitième, à Boulogne que le cinquantième de la navigation, et encore la plus grande partie de notre tonnage à Calais tient-elle aux entrées et aux sorties quotidiennes des paquebots de l'état qui font le service des postes. Boulogne n'a pas un seul bateau à vapeur; Calais n'en a qu'un de 26 chevaux. Le matériel naval de Douvres et de Folkstone ne l'emporte peut-être pas sur celui de Calais et de Boulogne; mais en arrière des deux villes anglaises se trouvent la Tamise et Londres, le plus grand atelier de construction de machines et de navires qui soit dans l'univers. Satellites de ce grand corps, Folkstone et Douvres vivent de la vie qu'il leur

communique; les bâtimens qui desservent leurs bassins appartiennent
à la métropole et pourraient se perdre sans que celle-ci l'aperçût, tant
ses ressources sont vastes. Elle peut envoyer ou recevoir presque
indéfiniment des navires. Boulogne et Calais, au contraire, doivent
subsister exclusivement de leur propre fonds : nul réservoir inépuisable ne fait couler sa sève dans leurs canaux; au point de vue maritime, ces villes n'ont ni points d'appui, ni réserves. L'effectif en navires, y compris les bateaux de pêche, est dans la première de 2,856
tonneaux, dans la seconde de 4,499. Le port de Londres possède à lui
seul 3,058 bâtimens jaugeant 619,717 tonneaux (1). C'est une force
supérieure à celle de notre marine marchande tout entière, qui
compte dans l'Océan et la Méditerranée 13,301 bâtimens et 579,760
tonneaux (2).

Ces rapprochemens pénibles sont bons à faire pour contre-peser les
suggestions de cette confiance aveugle, conseillère d'imprudentes fantaisies, qui est un des principaux défauts de notre nation. Faute de
connaître et de mesurer les forces avec lesquelles il peut avoir à lutter,
soit dans la paix, soit dans la guerre, un pays s'expose quelquefois à
de cruels mécomptes. Reconnaissons donc, sans illusion et sans découragement, la disproportion qui existe dans le Pas-de-Calais entre
la condition navale de la Grande-Bretagne et la nôtre; heureux si ce
retour sur nous-mêmes nous empêche d'engager dans des entreprises
inconsidérées des forces que la prévoyance la plus vulgaire réserverait
pour un meilleur usage, et nous fait entrer, d'un pas ferme et mesuré, dans une série de travaux qui, tout en nous laissant loin d'une
égalité impossible à atteindre, nous placera dans une situation suffisamment rassurante.

L'inscription maritime des quartiers de Boulogne et de Calais comprend aujourd'hui en capitaines, maîtres, pilotes, marins et novices,

Dans la marine royale.	544 hommes.
Dans la marine marchande ou la pêche. .	2,427
En inactivité.	364
	3,335 hommes.

C'est peu sans doute; mais ce personnel compense par une vigueur
et une intelligence, dont le commerce de Londres a souvent fait l'é-

(1) *Documens publiés par le ministère de l'agriculture et du commerce.*
(2) *Tableau génér l du commerce extérieur de la France,* publié par l'administration des douanes.

preuve pendant la guerre, la faiblesse du nombre. La petite pêche est son occupation principale. L'habitude de braver sur de légères embarcations les écueils et les tempêtes, d'être à la fois la tête et le bras dans la manœuvre, d'avoir tantôt à ne compter dans le danger que sur soimême, tantôt à se dévouer pour ses amis et ses frères, donne à l'ame des pêcheurs une trempe d'une énergie remarquable; leur esprit d'observation s'exerce avec leurs autres facultés dans la poursuite de leur proie; les parages qui les font vivre n'ont point de courans ni d'écueils qui ne leur soient familiers. Nous n'avons donc à souhaiter, pour cette brave population, que l'élargissement d'une carrière qu'elle saura toujours remplir.

Mais la force navale ne consiste plus uniquement aujourd'hui dans le nombre des matelots; la houille en est le générateur le plus puissant, et, sous ce rapport encore, l'Angleterre a sur nous d'incontestables avantages. Le combustible fossile abonde sur toutes les parties de son territoire; les mines de Newcastle, du pays de Galles, de l'Écosse, versent, pour ainsi dire sans intermédiaire, leurs charbons dans les navires, tandis que nous n'avons à portée de la côte que les mines d'Anzin, bien moins riches et bien plus coûteuses à exploiter. Il est question dans le monde industriel de procédés faits pour diminuer beaucoup cet état d'infériorité. Des expériences au moins dignes de la plus sérieuse attention ont été faites sur la compression de la tourbe, et il semble que, par l'emploi de la puissance mécanique, on pourrait condenser à très peu de frais, sous un faible volume d'une compacité supérieure à celle de la houille, le calorique contenu dans le combustible végétal. L'annonce de ces sortes de découvertes ne doit jamais être reçue qu'avec défiance; cependant, quand on considère les prodiges enfantés depuis trente ans par l'application de la chimie et de la mécanique à l'industrie, on reconnaît que dans cette période les limites du possible ont beaucoup reculé, et que dans un temps où les intelligences sont si fortement tendues vers ces sortes de combinaisons, le résultat qui vient d'être indiqué n'aurait rien de surprenant. En fait, la tourbe est un réservoir de calorique qui n'est exclu d'un grand nombre d'emplois que par son trop de volume et de friabilité, et il n'y a aucune raison grave de désespérer qu'on puisse remédier à ces deux inconvéniens : l'industrie est aujourd'hui accoutumée à répondre, comme ce courtisan, aux appels qui lui sont adressés, que ce qui est possible est fait, et que ce qui est impossible se fera. Si l'on parvenait à carboniser la tourbe par condensation, nous aurions peu de chose à envier aux mines de l'Angleterre. Les départemens du Pas-de-Calais, de la Somme et du Nord sont un des pays de l'Europe les plus riches en tourbières; la plupart de leurs basses vallées sont des dépôts inépuisables de combustible végétal, et si celui-ci devenait propre à la navigation à vapeur, le port de Calais en particulier acquerrait, par la nature du sol qui l'environne, une importance égale à celle des ports de la Tyne et de la Wear. La recherche des moyens de condensation de la tourbe est donc une des plus dignes d'occuper les esprits réfléchis; elle ferait sortir de notre sol une masse de richesse et de puissance qui nous rapprocherait de cet équilibre que l'éloignement du combustible ne nous permet guère aujourd'hui d'ambitionner.

L'ouverture des chemins de fer de Lille à Calais et d'Amiens à Boulogne fortifiera notre navigation de plusieurs manières; elle fera refluer sur ces deux villes les capitaux de la Flandre et de Paris; elle y naturalisera la construction des machines. Ce ne sera pas infructueusement qu'elles seront placées à quelques heures de ce foyer d'intelligence et d'activité que le grand Frédéric appelait la Mecque du monde civilisé. La navigation à vapeur, d'un autre côté, ne pouvait pas alimenter à elle seule les ateliers de construction de machines, dont le voisinage est la condition de son existence; mais quand ceux des chemins de fer seront établis, elle en complétera la clientelle, et nous n'aurons sans doute plus sous les yeux le spectacle affligeant de ports français dont notre pavillon semble exclu.

Pour résumer ce qui précède, il est permis de réclamer, comme un complément de l'ouverture des chemins de fer du Nord indispensable à notre marine, l'achèvement des ports de Calais et de Boulogne. Des projets sont rédigés par des ingénieurs qui ont fait leurs preuves sur ces mêmes lieux; la jonction à opérer entre les lignes de fer et les bassins à flot apporte dans ces études quelques données nouvelles et implique de certaines modifications; mais elle ajoute en même temps à la nécessité d'entreprendre et à l'utilité des travaux.

Il n'est pas moins nécessaire d'étendre la protection des fortifications aux bassins de Calais et aux jetées de Boulogne. Le bateau à vapeur, qui devient aujourd'hui, dans les mers rétrécies, le grand instrument de la guerre et du commerce, facilite des attaques soudaines contre lesquelles il faut se prémunir : le nouveau matériel naval étant d'ailleurs très-supérieur en valeur à l'ancien, il importe d'autant plus de lui ménager des lieux de refuge devant des forces supérieures, et la sécurité qui lui sera garantie pour les temps de guerre est une des conditions auxquelles il se formera pendant la paix.

L'agriculture, qui alimente les équipages et fournit aux navires des objets d'exportation, est la meilleure base de l'industrie maritime comme de l'industrie manufacturière; elle paiera avec usure les dépenses de canalisation dont le dessèchement du territoire de Calais sera la conséquence.

Il n'y a dans ces travaux rien que de simple et de facile, et ils ont été, pour ainsi dire, votés avec ceux qui viennent d'être exécutés et qui, sans ce complément, demeureraient imparfaits.

Il en est autrement de la digue de la Bassure. Cette entreprise est de celles dont l'exécution n'est bonne, sûre et rapide que lorsqu'elle a été préparée par des études profondes; mais ces études, il est urgent de s'y livrer. Les beaux travaux de nos ingénieurs hydrographes ont mis à découvert la base sur laquelle peuvent s'élever les défenses d'une rade de Boulogne, et d'un autre côté le parlement et l'amirauté d'Angleterre nous ont avertis par leurs exemples; ils ont pris sur nous les devans par les projets de leurs ports de refuge. Résignons-nous, s'il est impossible qu'il en soit autrement, à voir la supériorité de nos voisins grandir encore dans ces parages; ne nous résignons cependant que quand cette impossibilité sera démontrée : alors l'inertie sera un malheur et ne sera pas une honte. Mais, si la nature même des lieux nous convie à établir une rade à sept heures au nord de Paris, hâtons-nous de rendre grace à la Providence et de mettre ses dons à profit; en quelques années, nous triplerons nos relations avec les mers du nord, nos côtes septentrionales deviendront hospitalières pour nos amis, respectables pour nos adversaires, et, protégée par Cherbourg et par Boulogne, l'embouchure de la Seine n'aura rien à envier, en sûreté, à celle de la Tamise.

J.-J. BAUDE.

POÈTES

ET ROMANCIERS

DE LA FRANCE.

—

L.

PARNY.

———

Ce serait vraiment une trop sotte pruderie que celle qui m'empêcherait d'oser parler à ma guise d'un charmant poète qui a eu, en
son temps, de très vives légèretés et de graves torts, mais qui a occupé
une grande place dans la littérature de son siècle et du commencement du nôtre, dont les élégies ont été réputées *classiques* en naissant, que les plumes les plus sérieuses ont long-temps salué le premier des modernes en ce genre, et dont la mort a été pleurée par nos
plus chers lyriques comme celle d'un Anacréon. J'ai autrefois parlé de
Millevoye, et il m'est arrivé même d'écrire sur Léonard; oublier après
eux, ou bien omettre tout exprès Parny, c'est-à-dire, le maître, ce
serait dureté et injustice. Plusieurs questions intéressantes et sur le
goût et sur la morale sociale se rattachent, d'ailleurs, de très près aux
variations de sa renommée, et peuvent relever, agrandir même un
sujet qui semblerait périlleux par trop de grace.

Les très nombreuses notices biographiques consacrées au poète, notamment celles de M. de Jouy son successeur à l'Académie, de M. Tissot son éditeur (1827) et son ami, laissent peu à désirer; nous y puiserons et aussi nous y renverrons pour plus d'un détail, en y ajoutant seulement en deux ou trois points. Évariste-Désiré Desforges de Parny naquit, comme on sait, à l'île Bourbon, le 6 février 1753. Ce fut probablement, nous dit-on, la petite ville de Saint-Paul qui lui donna naissance; depuis nombre d'années, la famille des Parny a été connue à Bourbon pour habiter ce quartier, et il est à présumer que c'est de ce centre que, par la suite, elle a *rayonné* sur les divers autres quartiers de l'île, tels que Saint-Denis, Sainte-Marie, où se trouvent maintenant des personnes du même nom et de la même origine. « Dans un voyage que je fis à Saint-Paul, nous écrit un élé-
« gant et fidèle narrateur, j'allai visiter l'ancienne habitation du mar-
« quis de Parny, père du poète; elle appartient aujourd'hui à M. J. Le-
« fort. Ce devait être dans le temps une maison de plaisance dans le
« goût français du xviiie siècle. Adossée à la montagne du Bernica,
« cette propriété conserve encore un petit bois étagé sur les flancs de
« la *montée*, ses plate-formes en amphithéâtre, quelques restes de
« canaux et de petits jets d'eau, curiosités de l'époque; elle domine
« fort agréablement la plaine dite de l'*Etang*, couverte de rizières et
« coupée d'irrigations; ces filets d'irrigation, après avoir fait leurs
« tours et détours, se rejoignent en nappe étendue à l'entrée de la
« ville (du côté de la *Possession*), et vont se jeter à la mer, à une lieue
« et demie environ de la *ravine* du Bernica. On appelle ainsi la gorge
« étroite et pittoresque formée par la montagne qui domine l'habita-
« tion : c'est un des sites les plus charmans de l'île. Bernardin y eût
« sans doute bâti de préférence la cabane de Virginie, si un heureux
« hasard l'avait tout d'abord porté en ce beau lieu, et l'Ile-de-France
« n'aurait pas tant à vanter ses Pamplemousses. Après les trois pre-
« miers petits bassins qu'on rencontre à l'entrée de la colline, si l'on
« persiste et qu'on pénètre à travers les plis de plus en plus étroits de
« la montagne, on arrive à un bassin parfaitement circulaire, bien
« plus vaste, d'une eau claire et profonde, réservoir alimenté sans
« doute par des sources cachées et de toutes parts entouré de ro-
« chers escarpés et nus, du haut desquels tombe la cascade dite du
« Bernica. Ces masses rocheuses, d'un aspect sévère, sont animées
« seulement du vol des ramiers sauvages qui s'y sont retirés; les
« chasseurs y arrivent rarement et avec assez de peine. »

Voilà un beau cadre, nous dira-t-on, un cadre grandiose, et que

Parny ne saura pas remplir; car, s'il eut en luï du ramier, ce ne fut
certes pas du ramier sauvage, et son vol ne s'éleva jamais si haut; on
peut douter que, dans sa paresse, il ait songé à gravir au-delà des
trois petits bassins. Quoi qu'il en soit, et quoique lui-même il ait
trop négligé de nous faire admirer en ses vers cette charmante solitude, dont il a parlé en un endroit assez légèrement (1), c'est là, c'est
à l'entrée que la nature plaça son nid mélodieux, et jeune, de retour dans l'île à l'âge de vingt ans, surtout vers la fin de son séjour,
aux heures inquiètes où l'infidélité d'Éléonore le désolait, il dut quelquefois promener vers ces sentiers écartés ses rêves, ses attentes ou
ses désespoirs de poète et d'amant (2).

A l'âge de neuf ans, Parny fut envoyé en France et placé au collége
de Rennes; il y fit ses études avec Ginguené, lequel plus tard a publiquement payé sa dette à ses souvenirs par une agréable épître de 1790,
et par son zèle à défendre *la Guerre des Dieux* dans *la Décade.* Le
jeune créole, à peine hors des bancs, trahit son caractère vif, enthousiaste et mobile; il songea d'abord, assure-t-on, à prendre l'habit religieux chez les Pères de la Trappe, et il finit par entrer dans un régiment. Venu à Paris, à Versailles, il y rejoignit son compatriote et
camarade Bertin, qui sortait également des études; ils se lièrent étroitement, et dans ces années 1770-1773 on les trouve tous deux membres de cette joyeuse et poétique confrérie qui s'intitulait l'*Ordre de
la Caserne* ou de *Feuillancour :* « Représentez-vous, madame, écrivait

(1) Dans une lettre à Bertin, de janvier 1775.

(2) George Sand a célébré et, s'il en était besoin, poétisé, à la fin d'*Indiana*,
le site magnifique du Bernica; c'est au bord de ce ravin, au haut et en face de
la cascade, que l'éloquent romancier dispose la scène, le projet de suicide de Ralph.
et d'Indiana; je ne répondrais pas qu'il n'y ait quelque fantaisie dans une description faite ainsi par oui-dire. Voici quelques vers dont on me garantit l'exactitude
et qui ont l'avantage d'être nés sur les lieux; on y reconnaît tout d'abord, à l'accent, l'école qui a succédé à celle de Parny :

> Ondes du Bernica, roc dressé qui surplombes,
> Lac vierge où le cœur rêve à de vierges amours;
> Pics où les bleus ramiers et les blanches colombes
> Ont suspendu leur nid comme aux créneaux des tours;
>
> Roches que dans son cours lava le flot des âges,
> Lit d'un cratère éteint où dort une eau sans voix,
> Blocs nus, ondes sans fond, site âpre, lieux sauvages,
> Salut! salut à vous, etc. . . . .
>   (LACAUSSADE.)

Enfin, nous citerons encore la riche peinture de cette même vue, d'après nature,
par M. Théodore Pavie (*Revue des Deux Mondes* du 1er février 1844, p. 433.)

« Bertin dans son *Voyage de Bourgogne*, une douzaine de jeunes mi-
« litaires dont le plus âgé ne compte pas encore cinq lustres; transplan-
« tés la plupart d'un autre hémisphère; unis entre eux par la plus
« tendre amitié; passionnés pour tous les arts et pour tous les talens,
« faisant de la musique, griffonnant quelquefois des vers; paresseux,
« délicats et voluptueux par excellence; passant l'hiver à Paris, et la
« belle saison dans leur délicieuse vallée de Feuillancour (1); l'un et
« l'autre asile est nommé par eux *la Caserne...* » Et Parny, au moment où il venait de se séparer de cette chère coterie, écrivait à son
frère durant les ennuis de la traversée : «... Mon cœur m'avertit que
le bonheur n'est pas dans la solitude, et l'Espérance vint me dire à
l'oreille : Tu les reverras, ces épicuriens aimables, qui portent en
écharpe le ruban gris de lin et la grappe de raisin couronnée de myrte;
tu la reverras cette maison, non pas de plaisance, mais de plaisir, où
l'œil des profanes ne pénètre jamais... » C'est ainsi, je le soupçonne,
si l'on pouvait y pénétrer, que commencent bien des jeunesses, même
de celles qui doivent se couronner plus tard de la plus respectable
maturité; mais toutes ne s'organisent point aussi directement, pour
ainsi dire, que celle de Parny pour l'épicuréisme et le plaisir. Son
prétendu *Fragment d'Alcée*, confesse ouvertement quelques-unes des
maximes les plus usuelles de ce code relâché :

> Quel mal ferait aux Dieux cette volupté pure?
> La voix du sentiment ne peut nous égarer,
> Et l'on n'est point coupable en suivant la nature...
> Va, crois-moi, le plaisir est toujours légitime,
> L'amour est un devoir, et l'inconstance un crime (2)....

Les murs de *la Caserne* pouvaient être couverts et tapissés de ces
inscriptions-là comme devises. Dans *la Journée champêtre*, l'un des
premiers poèmes qu'il ait ajoutés à ses élégies, Parny n'a fait probablement que traduire sous un léger voile une des journées réelles,
une des formes de passe-temps familiers en ces délicieux réduits : les
couples heureux se remettaient à pratiquer l'âge d'or à leur manière
et sans trop oublier qu'ils étaient des mondains (3). Ces jeunes créoles,

---

(1) Feuillancour, entre Marly et Saint-Germain.
(2) On lit dans la première édition (1778) ce vers beaucoup plus conforme à la
pensée du poète :

> L'amour est un devoir, *l'ennui seul* est un crime.

(3) Cette interprétation très vraisemblable de *la Journée champêtre* se trouve
dans la belle et excellente édition des *OEuvres choisies* de Parny, de Lefèvre,

plus ou moins mousquetaires, se montraient fidèles en cela aux habitudes de leur siècle comme aussi aux instincts de leur origine.

Le créole de ces deux îles, où notre élégie et notre idylle ont eu leur berceau, offre en effet des caractères d'esprit et de sensibilité très reconnaissables. Pour peu que l'éducation et la culture l'aient touché, il est (à en juger par la fleur des générations aimables et distinguées que nous en avons pu successivement connaître), il est ou devient aussitôt disposé à la poésie, à une certaine poésie, de même encore qu'il l'est naturellement à la musique. Son oreille délicate appelle le chant, sa voix trouve sans art la mélodie. Indolent et passionné, sensible et un peu sensuel, il se fût long-temps contenté de Parny sans doute, mais Lamartine, en venant, lui a enseigné une rêverie qui complète le charme et qui ressemble, par momens, à la tendresse. Plus porté aux sentimens qu'aux idées, la jeunesse lui sied bien et devrait lui durer toujours, le créole est comme naturellement épicurien. M. de Chateaubriand, qui visita Parny vers 1789, a dit du chantre d'Éléonore, dans une simple image qui reste l'expression idéale de ce genre de nature et d'élégie : « Parny ne sentait point son auteur; je n'ai point connu d'écrivain qui fût plus semblable à ses ouvrages : poète et créole, il ne lui fallait que le ciel de l'Inde, une fontaine, un palmier et une femme (1). »

Tel était Parny, ou du moins tel il aurait dû être, s'il n'avait suivi que ses premiers penchans et si l'air du siècle ne l'avait pas trop pénétré. Mais la nature voluptueuse du créole s'imprégna en lui de bonne heure de la philosophie régnante, et tout d'abord cette philosophie semblait, en effet, n'être venue que pour donner raison à cette nature; l'accord entre elles était parfait. Tandis pourtant que la nature, sans arrière-pensée, n'aurait eu que sa mollesse, sa tendre et gracieuse nonchalance, la philosophie avait son venin; il se déclara chez Parny en avançant. Un judicieux critique l'a remarqué, avant nous, en des termes excellens : « Les traces des principes à la mode, dit M. Dussault (2), parurent s'approfondir en lui par le progrès des ans; et, sans avoir jamais été peut-être pour M. de Parny des règles bien arrêtées, elles devinrent d'insurmontables habitudes. Quand son cœur fut épuisé, il ne trouva plus qu'elles dans son esprit... » Oui, il vient un

1827; on croit y reconnaître à mainte page la plume exacte et exquise qui, dit-on, y a présidé (M. Boissonade).

(1) C'est un souvenir des *Mémoires* que j'ose placer là; quoiqu'il y ait des années que j'aie entendu ce passage, je ne crois pas citer trop inexactement.

(2) *Annales littéraires* de Dussault, t. IV, p. 392, notice sur Parny.

âge où ce qui n'avait été à nos lèvres que le sourire aimable et flottant de la jeunesse se creuse sensiblement et devient une ride : oh! du moins que ce ne soit jamais la ride et le rire du satyre!

N'anticipons point sur les temps et jouissons avec Parny de ces premières et indulgentes années. A ses débuts donc, on le trouve dans toute la vivacité des goûts et des modes d'alors, très imbu de cette fin de Louis XV et vivant comme vivaient la plupart des jeunes gentils-hommes de Versailles, contemporains ou à peu près de cette première jeunesse du comte d'Artois. Si Parny n'avait continué que sur ce ton, écrivant vers et prose mélangés comme dans ses lettres de 1773 et de 1775 à son frère et à Bertin, il aurait été plus naturel encore que Dorat et Pezay, mais il ne se serait guère distingué des Boufflers et des Bonnard; il n'aurait point mérité la louange que lui décernent unanimement tous les critiques de l'époque, d'avoir ramené, introduit l'émotion simple et vraie dans la poésie amoureuse. Écoutons Ginguené, par exemple :

> L'esprit et l'art avaient proscrit le sentiment;
> L'ironique jargon, l'indécent persiflage
> Prenaient, en grimaçant, le nom de bel usage;
> L'Apollon des boudoirs (1), d'un maintien cavalier,
> Abordait chaque belle en style minaudier,
> Et, tout fier d'un encens brûlé pour nos actrices,
> Infectait l'Hélicon du parfum des coulisses.
> Ce fut à qui suivrait ce bon ton prétendu :
> En écrivant chacun trembla d'être entendu;
> Nos rimeurs à l'envi parlaient en logogriphes,
> Nos Saphos se pâmaient à ces hiéroglyphes;
> Nos plats journaux disaient : *C'est le ton de la Cour!*
> Tu vins, tu fis parler le véritable amour...

Ainsi Ginguené dit presque de Parny, comme on a dit de Malherbe, qu'il fit *évènement;* et encore :

> Le bel esprit n'est plus; son empire est fini :
> Qui donc l'a détrôné? la Nature et Parny.

Et ce n'est pas seulement Ginguené, c'est-à-dire un ancien camarade de collége qui s'exprime ainsi, notez-le bien, c'est plus ou moins tout le monde, c'est l'*Année littéraire* (2), c'est Palissot, c'est Fontanes, c'est Garat, et Garat bien avant le discours académique par lequel il reçut Parny, mais dans ses jugemens tout-à-fait libres et des plus

---

(1) Dorat.
(2) Année 1778, t. II, p. 261.

sincères. Dans un fort agréable *Précis historique* de lui *sur la vie de
M. de Bonnard* (1), on lit : « C'était le moment où presque tous les
« jeunes talens, et même ceux qui n'étaient plus jeunes, voulaient·
« mériter la gloire par des *bagatelles*; par des *caprices*, par des *fan-*
« *taisies*, et semblaient croire que, pour se faire un nom immortel, il
« n'y avait rien de tel que des poésies fugitives : les poètes n'étaient
« plus que des petits–maîtres qui parlaient, en vers gais, des femmes
« qu'ils avaient désolées, des *congés* qu'ils avaient donnés, et quel-
« quefois même, pour étonner par le merveilleux, de ceux qu'ils avaient
« reçus; des maris qu'on trompait pour les rendre heureux, et qu'on
« priait en grace d'être un peu plus jaloux que de coutume... » Au·
nombre des ouvrages qui contribuèrent à ramener la poésie à la nature, Garat met en première ligne les poèmes de Saint-Lambert, de·
Delille et de Roucher sur la campagne, et les élégies amoureuses des
chevaliers de Bertin et de Parny. Il y a là, selon nous, bien du mélange; mais enfin l'impression des contemporains était telle, et Voltaire, qui avait salué le traducteur des Géorgiques du nom de *Virgi-
lius-Delille*, avait le temps, avant de mourir, et dans son dernier
voyage de Paris, de donner l'accolade à Parny en lui disant : *Mon
cher Tibulle!*

C'est de cette gloire, un moment consacrée, qu'il s'agit aujourd'hui
de nous rendre bien compte. Il serait vraiment fâcheux pour nous
que ce qui a paru une nuance si délicate et en même temps si vive aux
contemporains de Parny nous échappât presque tout entier, et qu'en
le refeuilletant après tant d'années, nous eussions perdu le don de discerner en quoi il a pu obtenir auprès des gens de goût ce succès d'abord
universel, en quoi aussi sans doute il a cessé, à certains égards, de
le mériter.

Parny avait vingt ans; rappelé par sa famille à l'île Bourbon, il quitte
à regret ses compagnons de plaisir et ne semble pas se douter que ce
qu'il va trouver là-bas, c'est une inspiration plus naïve et plus franche
d'où jaillira sa vraie poésie. Doué d'un goût musical très vif et très
pur, comme l'atteste assez la mélodie toute racinienne de ses vers,
mais de plus ayant cultivé ce talent naturel, il devint le maître de
musique de la jeune créole qu'il a célébrée sous le nom d'Éléonore :

> O toi qui fus mon écolière,
> En musique, et même en amour...

Dans ce temps, il y avait à Bourbon une très grande disette de professeurs en tout genre; on était réduit à faire apprendre à lire et à

---

(1) Paris, de l'imprimerie de Monsieur, 1785.

écrire aux jeunes gens, même aux jeunes filles, par quelque lettré de régiment. Le fils du marquis de Parny, brillant, aimable, nouveau-venu de Versailles, dut être une bonne fortune pour la société de Saint-Paul; sa condition lui ouvrait toutes les portes, ses talens lui ménagèrent des familiarités. La jeune personne, l'Héloïse nouvelle auprès de laquelle on l'accrédita imprudemment en qualité de maître de musique amateur, n'avait que de treize à quatorze ans. Le début de cette liaison, telle qu'elle se traduit même en poésie, ne paraît différer en rien de la marche de tant d'autres séductions vulgaires. La surprise des sens a tout l'air d'y devancer celle du cœur. Ce n'est qu'avec le temps que la passion se prononce, se dégage, et, sans jamais s'ennoblir beaucoup, se marque du moins en traits énergiques et brûlans. On a beaucoup discuté sur le vrai nom d'*Éléonore;* son nom de baptême était, dit-on, *Esther;* quant à son nom de famille, on l'a fait commencer par *B*, et l'auteur de la notice de l'édition Lefèvre (1827) se borne à dire que la première syllabe de ce nom n'est point *BAR*, comme on l'avait avancé. Puisque nous en sommes à cette grave et mystérieuse question qui a autant occupé les tendres curiosités d'autrefois que le nom réel d'*Elvire* a pu nous occuper nous-même, nous donnerons aussi notre version, qui diffère des précédentes. Selon nous, et d'après des renseignemens puisés aux sources, *Éléonore* était Mlle Tr.......le, un nom assez peu poétique vraiment. Son père, bien que descendant d'une ancienne famille de l'île, n'avait point à faire valoir de titres de noblesse. Aussi, quand on eut l'éveil, quand les conjectures malicieuses et peut-être aussi, nous assure-t-on, *l'état de la jeune personne*, amenèrent les parens d'Éléonore à presser le chevalier de Parny de s'expliquer ou de rompre, celui-ci sollicita en vain de son père la permission d'épouser. C'est ainsi qu'il a pu dire en une élégie :

> Fuyons ces tristes lieux, ô maîtresse adorée!...
> Non loin de ce rivage est une île ignorée...
> Là je ne craindrai plus *un père inexorable.*

Et ailleurs :

> Ici je bravai la colère
> *D'un père indigné contre moi;*
> Renonçant à tout sur la terre,
> Je jurai de n'être qu'à toi.

L'amant désespéré, contraint sans doute de quitter pour un temps le pays, fit un voyage, soit peut-être dans l'Inde, soit plus probablement en France (1). Quoi qu'il en soit, ce fut pendant cette absence qu'on maria Mlle T.......... à un médecin français arrivé depuis peu dans la colonie. Mais, avant la célébration de ce mariage, et pendant l'éloignement de Parny, Éléonore, nous assure-t-on (et ceci devient un supplément tout-à-fait inédit à l'*Eléonoriana*), eut une fille, fruit clandestin de ces amours si célébrés. Cette enfant, dont la naissance a été entourée de mystère, et dont le sort a pu rester ignoré de Parny, fut enlevée à sa mère par les intéressés, et secrètement confiée aux soins d'une dame *Germaine*, mulâtresse, et mère elle-même de plusieurs enfans. Cette dame vint s'établir à Saint-Denis; elle eut pour sa fille adoptive des soins vraiment maternels, et se conduisit toujours de manière à passer aux yeux de tous pour la véritable mère. « J'ai particulièrement connu, « nous écrivait un de nos amis créoles, la personne qu'on dit être la « fille de Parny : déjà d'un certain âge quand je la vis, elle a dû être « fort jolie, sinon belle; de taille moyenne, blonde avec des yeux bleus, « elle passe pour avoir eu quelque ressemblance avec Éléonore, dans « la mémoire, peut-être complaisante, de quelques anciens du pays.

« La fille présumée de Parny, vivement sollicitée par moi à l'endroit « de ses souvenirs d'enfance, m'a dit, ainsi qu'à plusieurs, se rappeler « que dans son plus jeune âge une dame belle et bien mise, étrangère « aux personnes de la maison, venait quelquefois la voir, et la com-« blait alors de petits présens et de caresses. De plus, elle a ajouté « que la dame Germaine, quelque temps avant sa mort, lui avait con-« fessé n'être pas l'auteur de ses jours, mais qu'ayant eu pour elle les « soins d'une mère, elle lui demandait, avec le secret de cet aveu, « l'amitié et les sentimens d'une sœur pour ses enfans, en retour de « ce qu'elle avait eu pour elle de tendresse et d'affection. »

Après ce tribut largement payé au chapitre des informations personnelles, je me hâte de revenir à l'élégie; notez bien que, chez Parny, elle serre toujours d'assez près la réalité pour qu'on puisse passer, sans trop d'indiscrétion, de l'une à l'autre. De retour en France, après ces trois ou *quatre années*, comme il les appelle, *d'inconstance et d'er-*

(1) J'incline tout-à-fait pour cette dernière supposition, et je crois que ce voyage obligé de Parny, qui amena la rupture, fut tout simplement son retour en France en 1775 ou 1776. Il n'apprit sans doute que plus tard, et peut-être à Paris même, le changement de destinée de celle qu'il avait quittée; en effet, dans les premières éditions de ses poésies (1778-1779), l'on ne trouve rien ou presque rien encore de ce qui forme le quatrième livre des élégies, c'est-à-dire celui qui vient après le mariage et l'infidelité consommée d'Éléonore. Ce ne dut être que vers 1779-1781 que ce quatrième livre fut composé pour être définitivement clos et complété dans l'édition de 1784. Nous y reviendrons tout à l'heure.

reurs, on le voit, en 1777, publier ou laisser courir son *Epître aux Insurgens* de Boston, qui rend à merveille les engouemens républicains de cette galante jeunesse. On ne risquait plus alors d'être mis à la Bastille pour de telles échappées; on raconte seulement que ces vers :

> Et vous, peuple injuste et mutin,
> Sans pape, sans rois et sans reines,
> Vous danseriez au bruit des chaînes
> Qui pèsent sur le genre humain!

que ces vers, disons-nous, ou du moins ces mots *sans reines,* arrachèrent une larme à la noble Marie-Antoinette, jusque-là si peu éprouvée : ce fut toute la punition du poète. L'année suivante, en 1778, paraissaient les *Poésies érotiques,* petit in-8° de 64 pages, ne contenant pas encore les plus belles et les plus douloureuses élégies, celles qui formeront plus tard le livre quatrième; mais le petit volume est déjà assez rempli d'Éléonore pour que ce nom domine ceux des *Aglaé* et des *Euphrosine,* qui s'y trouvent mêlés. Il est à croire que le succès de ses vers éclaira l'auteur lui-même; l'intérêt que le public se mit aussitôt à prendre à Éléonore, et que vinrent entretenir d'autres pièces à elle adressées dans les *Opuscules poétiques* de l'année suivante (1779), acheva de décider le choix du poète-amant, et lui indiqua le parti qu'il lui restait à tirer de sa passion : dans les éditions qui succédèrent, les *Aglaé,* les *Euphrosine,* furent sacrifiées; *l'inconstance devint un crime,* tandis qu'auparavant on ne voyait que *l'ennui* de criminel; en un mot, Parny s'attacha à mettre de *l'unité* dans ses élégies, et à pousser au roman plus qu'il n'avait songé d'abord. Ce fut alors seulement qu'il distribua ses pièces avec gradation et selon l'ordre où elles se présentent aujourd'hui : dans le premier livre, la jouissance pure et simple; dans le second, une fausse alarme d'infidélité; dans le troisième, le bonheur ressaisi, d'autant plus vif et plus doux; dans le quatrième, l'infidélité trop réelle et le désespoir amer qu'elle entraîne. Il ne composa qu'après coup ce quatrième livre dans lequel il sut combiner les sentimens vrais qu'il retrouvait au dedans de lui avec quelques circonstances peut-être fictives ou du moins antérieures (1). Cette por-

---

(1) Il se rencontre ici plus d'une petite difficulté de *chronologie* qu'il est presque pédantesque de venir soulever en matière si légère. Voyons pourtant. Parny dit qu'il revint dans Paris *après quatre ans d'inconstance et d'erreurs;* il dit cela positivement dans une lettre de 1777 adressée à M. de P. du S. Parti de France à la fin de mai 1773, ces quatre années le conduiraient à 1777 comme date du retour; mais il paraît qu'il était revenu auparavant, vers la fin de 1775 ou au commence-

tion d'art et de réflexion appliquée à des souvenirs encore tout brûlans
et à des émotions toutes naturelles, est ce qui a fait de ce dernier livre
de Parny son chef-d'œuvre, la production qu'il n'a plus jamais sur-
passée ni égalée.

Au début de ses élégies, Parny n'est que le poète de l'éveil des sens
et de la puberté, de cet âge et surtout de ces climats

> Où l'amour sans pudeur n'est pas sans innocence.

Il est le poète de dix-huit ans, non de vingt-cinq. Ce n'est que lorsqu'il avance et que la douleur l'éprouve à son tour, qu'il s'élève par
degrés et qu'il rencontre de ces accens dont toute ame sensible peut
se ressouvenir, à tout âge, sans rougeur. Lamartine, c'est-à-dire le
grand élégiaque qui a détrôné Parny, sait encore par cœur cette élégie désespérée :

> J'ai cherché dans l'absence un remède à mes maux;
> J'ai fui les lieux charmans qu'embellit l'infidèle.
> Caché dans ces forêts dont l'ombre est éternelle,
> J'ai trouvé le silence, et jamais le repos.
> Par les sombres détours d'une route inconnue
> J'arrive sur ces monts qui divisent la nue;
> De quel étonnement tous mes sens sont frappés!
> Quel calme! quels objets! quelle immense étendue!...

On le voit, la douleur a rendu Parny sensible à la grande nature; pour
la première fois, peut-être, il gravit la ravine du Bernica, et visite les
sommets volcanisés de l'île; il s'écrie :

> Le volcan dans sa course a dévoré ces champs;
> La pierre calcinée atteste son passage.
> L'arbre y croît avec peine; et l'oiseau par ses chants

ment de 1776. Ce qui est certain, c'est que dans une lettre à Bertin, datée de
Bourbon janvier 1775, il parle de son retour comme prochain; et de plus une lettre
de Bertin à lui (en supposant la date exacte) nous le montre revenu en France et
plus que revenu en juin 1776, pleinement rendu aux plaisirs de la confrérie, et
n'ayant pas du tout l'air d'un amant désolé. Il est à supposer que Parny n'apprit
que plus tard le mariage d'Éléonore, résultat de son absence. Serait-il donc, par
hasard, retourné à Bourbon vers 1778-1779, dans le temps où paraissaient à Paris
les premières éditions de ses poésies? Ce voyage, dont je ne vois d'ailleurs aucune
trace, concilierait tout. Quoi qu'il en soit, dans les belles élégies qu'il ajouta durant ces années suivantes, et qui sont celles du quatrième livre, Parny fit comme
s'il était retourné en effet à Bourbon, et comme s'il avait appris son infortune sur
les lieux mêmes. N'était-ce là, de sa part, qu'une pure combinaison poétique? Avec
ces hypocrites de poètes, on n'est jamais sûr de rien. Dans tous les cas, l'effet littéraire fut à merveille.

N'a jamais égayé ce lieu triste et sauvage.
Tout se tait, tout est mort : mourez, honteux soupirs,
    Mourez, importuns souvenirs
    Qui me retracez l'infidèle;
    Mourez, tumultueux désirs,
    Ou soyez volages comme elle!...

Tout ce mouvement est d'une vérité profonde et d'une vraiment durable beauté; il contraste admirablement avec l'invocation toute reposée, toute radoucie, d'une des élégies suivantes, et avec ce début enchanteur :

    Calme des sens, paisible indifférence,
    Léger sommeil d'un cœur tranquillisé,
    Descends du ciel; éprouve ta puissance
    Sur un amant trop long-temps abusé!...

Ainsi toute cette fin se gradue, se compose; mais c'est le cri de tout à l'heure qui domine et qu'on emporte avec soi. Rien que par ce seul cri Parny mériterait de ne point mourir. Millevoye, qui souvent nous offre comme la transition de Parny à Lamartine, et de qui l'on a dit avec bonheur « qu'il faisait doucement dériver la poésie vers les plages nouvelles où lui-même n'aborda pas (1), » Millevoye, au milieu de ses vagues plaintes, n'a jamais de tels accens qui décèlent énergie et passion. On chercherait d'ailleurs vainement dans l'élégie de Parny quelque rapport avec ce que le genre est devenu ensuite chez Lamartine, quelques vers peut-être çà et là, des traces de loin en loin qui rappellent les mêmes sentiers où ils ont passé :

    Fuyons ces tristes lieux, ô maîtresse adorée,
    Nous perdons en espoir la moitié de nos jours!

Lamartine a presque répété ce dernier vers (2). Et dans l'élégie dernière de Parny, qu'on relise cet adieu final si pénétré :

    Le chagrin dévorant a flétri ma jeunesse;
    Je suis mort au plaisir, et mort à la tendresse.
    Hélas! j'ai trop aimé; dans mon cœur épuisé,
    Le sentiment ne peut renaître.

(1) M. Vinet, *Discours sur la Littérature française,* tome III de sa *Chresto-mathie* (1841).
(2) C'est dans une élégie des *secondes Méditations :*

    Aimons-nous, ô ma bien-aimée...
    La moitié de leurs jours, hélas! est consumée
    Dans l'abandon des biens réels.

Non, non, vous avez fui pour ne plus reparaître,
Première illusion de mes premiers beaux jours,
Céleste enchantement des premières amours !
O fraîcheur du plaisir !. . . . .

En lisant ces vers, nous sentons s'éveiller et murmurer au dedans de
nous cet écho du *Vallon :*

J'ai trop vu, trop senti, trop aimé dans ma vie...

On peut dire qu'en général l'élégie de Lamartine commence là où
celle de Parny se termine, à la douleur, à la séparation, au désespoir;
mais le poète moderne a su rajeunir, revivifier tout cela par les espérances d'immortalité et par l'essor aux sphères supérieures : ainsi les
plus beaux sonnets de Pétrarque sont ceux qui naissent après la mort
de Laure. L'Éléonore de Parny, naïve et facile, manque d'élévation,
d'avenir, d'idéal, de ce je ne sais quoi qui donne l'immortelle jeunesse; elle n'a jamais eu d'étoile au front. Il n'est peut-être pas un
nom de femme, parmi les noms amoureux célébrés en vers, dont on
ait plus parlé en son temps, dont on se soit plus inquiété, avec une
curiosité romanesque. Cinquante années n'étaient pas encore écou-
lées que lorsqu'on prononçait simplement le nom d'Éléonore, on ne
se souvenait plus de celle de Parny, on ne songeait qu'à la seule et
unique Éléonore, à celle de Ferrare et du Tasse : il n'y a que l'idéal qui
vive à jamais et qui demeure.

Si touchés que les contemporains aient pu être des graces vives et
naturelles de Parny, et de ses traits de passion, il ne faudrait pas
croire que certains défauts essentiels leur aient entièrement échappé.
Le *Mercure de France* (8 janvier 1780) sait très bien regretter, par
exemple, que l'expression de la tendresse ne se mêle pas plus souvent
chez le poète à celle de la volupté, et que l'amour n'anime pas de couleurs plus riches son imagination et sa veine (1). Dans les *Annales politiques* de Linguet (tome V, page 104), on fait remarquer très jus-

(1) Cet article du *Mercure* est de plus assez sévère pour le style. Il est vrai que
Parny avait eu un tort d'irrévérence en disant à la fin de son premier recueil :

Dans les sentiers d'Anacréon
Égarant ma jeunesse obscure,
Je n'ai point la démangeaison
D'entremêler une chanson
Aux écrits pompeux du *Mercure.*

L'*Année littéraire* (année 1778, t. II), en rendant compte très favorablement des
poésies de Parny, n'avait eu garde d'omettre ce petit trait contre le journal ad-
verse.

tement que, si ce n'est pas la pudeur, c'est au moins la délicatesse, que M. de Parny a blessée, en disant à sa maitresse dans sa pièce de *Demain* :

> Dès demain vous serez moins belle,
> Et moi peut-être moins pressant.

Et en effet, ce n'était pas à son Éléonore, mais à une certaine Euphrosine, que le poète tenait d'abord ce langage si leste et si peu amoureux. On trouverait enfin dans les diverses critiques du temps la preuve qu'une foule d'expressions courantes et déjà usées, telles que *les charmes arrondis, les plaisirs par centaine,* les *chaînes* et les *peines* accouplées invariablement à la rime, et autres lieux-communs érotiques, ne satisfaisaient pas les bons juges. Mais, malgré les réserves de détail que l'on savait faire, personne alors ne se rendait bien compte de ce qui manquait foncièrement à ce style, et comment il péchait par la trame même.

Dans une lettre touchante de Français (de Nantes), que j'ai sous les yeux, cet homme excellent, ce bienfaiteur véritable des dernières années de Parny l'appelle ingénument *le premier poète classique du siècle de Louis XVI.* Oui, Parny était bien cela, il l'était dans son genre à meilleur titre que Delille; mais le malheur, c'est que l'époque de Louis XVI n'avait rien de ce qui constitue un *siècle;* ce n'était qu'un *règne* d'un goût passager et d'un jargon poétique aimable. Parny sut se préserver mieux qu'aucun autre de la contagion, il sut s'en préserver à sa manière tout autant que Fontanes; il ramena et observa suffisamment le goût et le naturel dans l'élégie, mais il ne créa pas le style. Or, il aurait fallu le retremper alors tout entier. Convenons qu'un poète élégiaque n'est pas nécessairement tenu à de tels frais d'originalité; il chante dans la langue de son temps, heureux et applaudi quand il y chante le mieux, et il n'a pas charge de refaire avant tout son instrument. Voilà ce qu'il faut dire pour rester juste envers Parny; mais les circonstances n'en furent pas moins pour lui un malheur irréparable. Avec son organisation délicate et fine, avec ses instincts de simplicité et de mélodie, il est permis de conjecturer que, nourri à une meilleure époque, plus loin de Trianon, et venu du temps de Racine, il aurait été un élégiaque parfait.

Pour apprécier autant qu'il convient le mérite naturel et touchant des élégies de Parny, il suffit de lire celles qu'a essayées Le Brun, si sèches, si fatiguées et si *voulues.* Pour apercevoir d'autre part ce qu'il y aurait eu à tenter d'indispensable et de neuf dans la forme et dans la trame, il suffit de se rappeler les élégies d'André Chénier. Bertin, dont le nom ne saurait être omis dans un article sur Parny, l'intéressant et chaleureux Bertin, semble avoir mieux entrevu un coin de la tâche qu'il eût fallu entreprendre; mais son louable, son généreux effort d'émulation à la Properce est resté inachevé.

Parny touchait à peine à l'âge de vingt-cinq ans, et il semblait déjà embarrassé de sa très jeune muse d'hier; il disait à la fin de sa *Journée champétre* :

> Il n'est qu'un temps pour les douces folies,
> Il n'est qu'un temps pour les aimables vers:

Mais, quand les vingt-cinq ans furent loin, ce dut être bien pis. Tout le monde lui parlait d'Éléonore, et il sentait que pour lui le souvenir même s'enfuyait, s'effaçait déjà dans le passé. Combien de fois il dut répondre, non sans un mouvement d'impatience, aux admirateurs et questionneurs indiscrets :

> Ne parlons plus d'Éléonore;
> J'ai passé le mois des amours!...

Au fond, il pensait toujours comme lorsqu'il avait dit dans sa riante peinture des *Fleurs :*

> Pour être heureux, il ne faut qu'une amante,
> L'ombre des bois, les fleurs et le printemps.

C'était le printemps qui lui faisait défaut désormais. On a remarqué que certaines natures poétiques, voluptueuses et sensibles, se flétrissent vite; la première fleur passée, elles ne donnent qu'un fruit peu abondant, après quoi ce n'est plus qu'une écorce mince et sèche, à laquelle, s'il se peut, s'attache un reste de l'ancien parfum. La forme même des traits change; ce qui était le nerf de la grace devient aisément maigreur, la finesse du sourire tourne à la malice. Je ne veux pas dire que Parny ait jamais subi toute la métamorphose, ni même qu'il en ait donné signe tout d'abord. Il y eut bien des années intermédiaires; ces années-là sont difficiles à passer. J'ai souvent pensé qu'un poëte élégiaque, qui, son amour une fois chanté, se tairait à jamais et obstinément, comme Gray, par exemple, agirait bien plus dans l'intérêt de sa gloire; il se formerait autour de son œuvre je ne sais quoi de mystérieux, de conforme au genre et au sujet. Son chant, comme celui de ces oiseaux qui ne chantent que durant la saison des amours, s'en irait mourir vaguement dans les bois. Mais que voulez-vous? il faut bien faire quelque chose de son talent, lorsqu'une fois on l'a développé; il vous reste et vous sollicite, même après que la fraîcheur où l'ardeur première du sentiment s'est dissipée; car, tout poète élégiaque l'a dû éprouver amèrement, ce n'est pas tant la vie qui est courte, c'est la jeunesse.

En 1784, Parny sentit la nécessité d'une pause, et sembla vouloir mettre le signet à sa poésie; il publiait la quatrième édition de ses *Opuscules*, édition corrigée et *augmentée pour la dernière fois :* « Nous pouvons assurer, disait l'avertissement, que ce Recueil restera désormais tel qu'il est. » Puis il quitta la France, retourna en passant à l'île Bourbon, et fit le voyage de l'Inde, où on le trouve attaché, en qualité d'aide-de-camp, au gouverneur. Mais cet exil occupé lassa bientôt sa paresse; il donna sa démission du service et de toute ambition, et, revenu à Paris, publia, en 1787, son choix agréable de *Chansons madecasses* recueillies sur les lieux, et qu'on peut croire légèrement arrangées. Cette attention inaccoutumée qu'il accordait à des chants populaires et primitifs nous avertit de remarquer que les *Études de la Nature* avaient paru dans l'intervalle et cinq ou six ans après la publication de ses élégies. La couleur locale, que Parny n'avait pas eu l'idée d'employer en 1778, lui souriait peut-être davantage depuis qu'il en avait vu les brillans effets et le triomphe (1). A la suite des chansons en prose, on lisait en un clin d'œil, dans le mince volume, les dix petites pièces intitulées *Tableaux*, simple jeu d'un crayon gracieux et encore léger, mais où déjà l'on pouvait voir une redite, la même image toujours reprise et caressée, une variante affaiblie d'une situation trop chère, dont l'imagination du poète ne saura jamais se détacher.

La révolution éclata, et Parny, malgré les pertes de fortune qu'il y fit successivement et qui atteignirent sa paresse indépendante, ne paraît, à aucun moment, l'avoir maudite, ni, comme tant d'autres

---

(1) Un de nos amis qui s'est sérieusement occupé de Madagascar, et qui a pris la peine de recueillir quelques chansons malegaches authentiques, nous confirme d'ailleurs dans notre doute, et nous assure que les *Chansons madecasses* de Parny sont tout-à-fait *impossibles :* « Il a inventé, nous dit-on, les nuances de sentiment, les caractères qu'il prête à cet état de société, et jusqu'aux noms propres; c'est du Parny enfin, du sauvage très agréablement embelli. » La comparaison de quelques pièces du vrai cru avec celles de Parny, et les considérations piquantes que pourrait suggérer ce rapprochement, nous mèneraient ici trop loin; nous espérons en tirer matière un jour à un petit chapitre supplémentaire. On n'en a pas besoin, en attendant, pour conclure que Parny entendait le primitif un peu comme Macpherson; et pas du tout comme Fauriel.

plus timorés, plus inconséquens ou plus sensibles, l'avoir trouvée en
définitive trop chèrement achetée : la ligne littéraire qu'il y suivit invariablement atteste assez qu'elle comblait à certains égards ses vœux
encore plus qu'elle ne décevait ses espérances. On raconte qu'il avait
composé un poème sur les *Amours des reines de France*, et qu'il le
brûla par délicatesse à l'époque où ce poème aurait pu, en tombant
entre des mains parricides, devenir une arme d'infamie contre d'illustres victimes. L'esprit humain enferme de telles contradictions et
de telles partialités qu'au moment où, par un sentiment généreux,
Parny jetait au feu son poème galant sur les reines de France, parce
qu'alors on les égorgeait, il se mettait à composer à loisir et sans le
moindre remords cet autre poème où il *houspillait*, selon son mot,
les serviteurs de Dieu, tandis qu'ils étaient bien *houspillés* en effet
au dehors, c'est-à-dire égorgés aussi ou pour le moins déportés. Nous
touchons ici à son grand crime, à son tort vraiment déplorable, irréparable, et qui souille une renommée jusque-là charmante. Ah! que
Parny n'est-il mort comme son ami Bertin au sortir de la jeunesse, à
la veille des tempêtes sociales qui allaient soulever tant de limon! On
se prend pour lui à le regretter. Quel gracieux souvenir sans tache il
eût laissé alors, et quel libre champ ouvert au rêve! Cet aimable éclat
s'est à jamais terni. Je ne crois faire, dans tout ceci, aucun puritanisme exagéré, aucune concession à des doctrines et à des croyances
qu'il n'est pas nécessaire d'ailleurs de partager soi-même pour avoir
l'obligation de les respecter dans la conscience de ses semblables, et
surtout pour devoir ne pas les y aller blesser mortellement, lascive-
ment et par tous les moyens empoisonnés. Dussault a très bien dit
de *la Guerre des Dieux* que ce poème figurera dans l'histoire de la
Révolution, encore plus qu'il ne marquera dans celle de la littérature,
et à ce titre il réclame quelque considération sérieuse. Parny le composa depuis l'an III environ jusqu'à l'an VII, époque de la publication;
dans l'intervalle, divers morceaux et même des chants tout entiers
avaient été insérés dans *la Décade*, principal organe du parti philosophique. Au moment de l'apparition du volume, Ginguené, ancien camarade
de collége de Parny, mais poussé surtout par son zèle pour la bonne
cause, donna dans *la Décade* jusqu'à trois articles favorables (1), analyses
détaillées et complaisantes, dans lesquelles il étalait le sujet et préco-
nisait l'œuvre : « L'auteur, disait-il, l'a conçue de manière que les
uns (les dieux) sont aussi ridicules dans leur victoire que les autres

(1) Voir les numéros du 30 pluviose, du 10 ventose et du 10 germinal an VII.

dans leur défaite, et qu'il n'y a pas plus à gagner pour les vainqueurs
que pour les vaincus. » Après toutes les raisons données de son admiration, le critique finissait par convenir qu'il se trouvait bien par-ci
par-là, dans les tableaux, quelques traits « qu'une décence, non pas
bégueule, mais philosophique, et que le goût lui-même pouvaient
blâmer; » il n'y voyait qu'un motif de plus pour placer le nouveau
poème à côté de celui de Voltaire, de cet ouvrage, disait Ginguené,
« qu'il y a maintenant une véritable tartufferie à ne pas citer au
nombre des chefs-d'œuvre de notre langue. » Le succès de *la Guerre
des Dieux* fut tel, que trois éditions authentiques parurent la même
année, sans parler de deux ou trois contrefaçons. Les petits vers anodins, comme du temps du *Mercure*, les madrigaux philosophiques
pleuvaient sur Parny pour le féliciter. Quant à la rumeur soulevée
chez les *rigoristes*, Ginguené n'y voyait que des cris suscités, soufflés
aux simples par *l'adroit fanatisme* et par *le royalisme rusé*. C'est le
même critique qui allait bientôt se montrer si sévère dans cette même
Décade contre le *Génie du Christianisme* de son compatriote Chateaubriand. Ainsi, d'honnêtes esprits, de recommandables écrivains
ont leurs impulsions acquises, des directions presque irrésistibles, et
se laissent emporter sans scrupules au courant d'une opinion, sous
prétexte qu'elle est la leur (1).

L'année même où parut *la Guerre des Dieux*, et qui fut celle où
s'exhalait le dernier soupir du Directoire, vit paraître une série de
publications de même nature qui montrent à quel point la littérature
alors n'avait pas moins besoin que la société d'un 18 brumaire, je veux
seulement dire de quelque chose d'assainissant et de réparateur.
C'est à cette date de l'an VII que naquirent aussi *les Quatre Métamorphoses* de Lemercier; les *Priapeia* de l'abbé Noël n'avaient précédé
que de quelques mois (an VI); je mentionne à peine *le Poète* de Desforges, et je passe sous silence le De Sade; mais une simple liste des
ouvrages publiés en cette fin d'orgie est parlante et déclare assez le
progrès d'une contagion dont les hommes honorables n'avaient plus
toujours la force de se préserver. Parny lui-même autrefois, dans un
joli dialogue qu'il avait trop oublié, et qui eût été ici bien plus à propos, avait pu dire :

> Quel est ton nom, bizarre enfant? — L'Amour. —
> Toi l'Amour? — Oui, c'est ainsi qu'on m'appelle. —

(1) Voir encore, si l'on est curieux de suivre l'engagement, *la Décade*, an VIII,
troisième trimestre, p. 554, et quatrième trimestre, p. 47.

Qui t'a donné cette forme nouvelle? —
Le temps, la mode, et la ville et la Cour (1).—
Quel front cynique! et quel air d'impudence!

. . . .

Mais qu'aperçois-je? un masque dans tes mains,
Des pieds de chèvre, et le poil d'un satire?
Quel changement! . . . .

J'ai quelquefois pensé·que, si le Directoire avait pu se prolonger un
peu honnêtement, il serait sorti de là une littérature ·plus originale,
plus neuve que la plupart des soi-disant classiques du moment n'é-
taient à même de le soupçonner. Selon Lemercier, qui s'en rendait
mieux compte, il s'agissait, par certains essais, de *repoétiser* notre
langue, devenue trop timide (2). Mais ce· qui aurait toujours·nui à·la
valeur de ces tentatives, c'est que l'époque était trop· relâchée, trop
gâtée pour rien engendrer de complet et qui fît ensemble. Je le répète, sur ce point littéraire aussi, il fallait un 18 brumaire. Bonaparte n'eut garde de s'y·tromper·: il étendit la main à la littérature
comme aux autres vices de la société, et ne tarda pas à y ramener
la décence, la··régularité, et par malheur aussi le mot d'ordre qu'il
imposait en toute chose. Le début du Consulat s'ouvre dans·une assez
belle proportion encore d'ordre et de liberté, et on sait·qu'elles œuvres
brillantes ont honoré cette·date glorieuse. L'Empire· y coupa court,
et pécha par excès de police littéraire, ·comme le·Directoire avait péché par le contraire. Quant à Parny en·particulier, Bonaparte le con-
sidéra toujours un peu comme un des vaincus du 18 brumaire; il ne
lui pardonna guère plus qu'aux idéologues. Pour lui, c'était un idéo-
logue surpris un jour en gaieté et qui avait fait esclandre.

Le succès de *la Guerre des·Dieux* ne fit que mettre Parny en verve,
et il continua sur le· même ton dans divers chants restés inédits·et
dans d'autres petits poèmes qui· parurent sous le titre de *Portefeuille
volé* en 1805. Pour ne pas avoir l'air d'éluder le· jugement·littéraire,
même en telle matière où la question morale et sociale domine·tout,
nous dirons une bonne fois que, n'avoir lu la Bible, comme le fit Parny,
que pour en tirer des parodies plus ou moins indécentes, c'était se
juger soi-même et (religion à part) donner, comme poète, la mesure
de son élévation, la limite de son essor. Après cela, nous ne ferons

---

(1) Ce mot *la Cour* indique une date antérieure; le dialogue est en effet de 1788;
mais qu'il s'appliquait bien mieux encore dix ans plus tard!
(2) *Décade* de l'an VII, troisième trimestre, p. 100.

aucune difficulté de reconnaître qu'il développe en cette carrière nouvelle plusieurs des qualités épiques, un art véritable de composition,
des agrémens de conteur, et qu'il y rencontre, dans le genre gracieux, bien des peintures fines et molles, telles qu'on peut les attendre
de lui : l'épisode de *Thaïs et Élinin* a mérité d'être extrait du poème
dont il fait partie et de trouver place dans les *OEuvres choisies,* où,
ainsi détaché, il peut paraître comme un malicieux fabliau.

Le grand écueil des élégiaques qui vieillissent (et Parny y a donné
en plein dans ses divers poèmes irréligieux), c'est de ne savoir pas
rompre avec l'image séduisante qui revient de plus en plus chère,
bien que de jour en jour plus fanée. L'imagination n'était que voluptueuse dans la jeunesse; elle court risque, en insistant, de devenir
licencieuse, si de graves pensées nées à temps ne l'enchaînent pas. La
seconde manière de Parny est comme une preuve perpétuelle de ce
triste progrès, et on aurait peut-être, depuis lui, à citer encore d'autres exemples.

Parny, au reste (et ceci achève le tableau), ne parait pas s'être douté,
sous le Directoire, de l'excès d'orgie d'alentour et de l'énormité du
scandale dont lui-même il pouvait dire si présentement : *Pars ma-
gna...* Dans un *Hymne pour la Fête de la Jeunesse,* qu'il composait au
printemps de l'an VII, il faisait chanter à de jeunes garçons :

> Loin de nous les leçons timides,
> Loin de nous les leçons perfides
> Et les vils préjugés que la France a vaincus!
> Levons notre tête affranchie,
> Et que le printemps de la vie
> *S'embellisse toujours du printemps des vertus* (1)!

L'illusion, on le voit, et l'oubli de l'ivresse étaient poussés un peu loin;
le réveil pourtant se préparait.

Au lendemain de l'apparition de *la Guerre des Dieux,* une place se
trouvait vacante à l'Institut; il s'agissait de remplacer Delille qui s'était
obstiné, un peu tard, à émigrer. Parny arrivait sur les rangs et en
première ligne; mais le délire d'imagination auquel il venait de se
livrer lui fit perdre des suffrages, et l'aimable Legouvé l'emporta sur
lui. Ce ne fut que quelques années après, en 1803, que Parny eut le
fauteuil, en remplacement de M. Devaisnes. Sa réception, qui eut
lieu le 6 nivose an XII (28 décembre 1803), fut un évènement. La

---

(1) *Décade* an VII, troisième trimestre, page 97, côte à côte avec un fragment
des *Quatre Métamorphoses.*

séance se tint dans la salle du Louvre, et ce fut une des dernières
avant la translation de l'Institut aux Quatre-Nations. La société, qui
renaissait et qui obéissait déjà à tout un autre reflux d'idées, y accourut en foule et dans les dispositions d'une curiosité quelque peu ma-
licieuse; c'était le même monde qui venait d'inaugurer le *Génie du
Christianisme*, et tout récemment de faire le succès de *la Pitié* de
Delille, succès qu'on peut considérer comme une revanche sociale de
celui de *la Guerre des Dieux*. Garat, au nom de l'Institut, devait répondre à Parny, et l'on se demandait comment le philosophe se tire-
rait de l'endroit difficile. Parny ne put lire son discours lui-même, à
cause de la faiblesse de sa voix et même d'une certaine difficulté de
prononciation (1) : ce fut Regnault de Saint-Jean d'Angely qui lui prêta
son organe sonore. Le discours de Parny, très convenable, indique
le pli définitif de son esprit, une fois la première fleur envolée : quelque chose de juste, de bien dit, mais d'un peu sec. Quoique le goût
et la morale ne soient pas exactement la même chose, il pouvait sembler piquant de trouver si rigoriste sur le chapitre des doctrines littéraires celui qui l'avait été si peu tout à côté. Quant à Garat, son
discours dura trois quarts d'heure, ce qui semblait alors très long
pour un discours d'académie; il parla de beaucoup de choses, et, lorsqu'il en vint à prononcer le mot de *Guerre des Dieux*, l'auditoire qui
l'attendait là, et qui commençait à se décourager, redoubla de silence;
ce fut en vain : l'orateur-sophiste échappa à la difficulté par un vrai
tour de *passe-passe* assez comparable à celui par lequel il avait traversé
toute la Révolution, en n'étant ni pour les girondins, ni pour les jacobins, mais entre tous. Ainsi, dans cette fin de discours, il se mit à
faire un magnifique éloge de la piété tendre et sensible, puis, en regard, un non moins magnifique portrait de la vraie philosophie; puis,
au sortir de ce parallèle, il s'échappa dans une vigoureuse sortie
contre le fanatisme qui, seul, trouble *la paix si facile à établir*, disait-il, *entre les deux parties intéressées;* s'animant de plus en plus devant cet ennemi, pour le moment du moins, imaginaire, l'orateur com-
para tout d'un coup le fanatique ou l'hypocrite à l'incendiaire Catilina
lorsqu'il vint pour s'asseoir dans le Sénat de Rome et que tous les sénateurs, d'un mouvement de répulsion unanime, le délaissèrent *sur
son banc seul, épouvanté et furieux de sa solitude...* On se retournait,
on regardait de toutes parts pour chercher cet incendiaire, car il était

(1) Ce n'était une difficulté que relativement au discours public; Parny avait la
bouche fine et mince, le contraire de l'*ore rotundo*.

bien évident que, dans la pensée de Garat, ce n'était point M. de Parny. Quelques honnêtes auditeurs s'y méprirent pourtant et crurent que Garat avait voulu blâmer d'une manière couverte le récipiendaire. *La Décade,* dans son article du 10 nivose (an XII) s'attacha à *rétablir le fil des idées* que les malveillans, disait-on, avaient tâché d'embrouiller. Mais on avait devant soi des adversaires mieux en état de riposter qu'en l'an VII. M de Feletz, dans un de ces articles ironiques du *Journal des Débats* comme il les savait faire, disait : « M. Garat voulait parler à M. de Parny de son poème honteusement « célèbre de *la Guerre des Dieux.* En a-t-il fait l'éloge? En a-t-il fait « la censure? Tel a été son entortillage que ce point a paru problé- « matique à quelques personnes; mais ce doute seul déciderait la « question, et prouverait que M. Garat applaudit au poème (1)... » Comme on était alors dans tout le feu du projet de descente en Angleterre, Fontanes termina la séance par la lecture d'un chant de guerre contre les Anglais, mêlé de chœurs et dialogué, avec musique de Paësiello.

Aux environs de ce moment, Parny faisait écho aux mêmes passions patriotiques, en publiant son poème de *Goddam* dont le sujet n'est autre que cette descente en Angleterre, la parodie de la vieille lutte de Harold et de Guillaume. Tout cela est d'un esprit peu étendu, trop peu élevé, d'un talent facile toujours et parfois encore gracieux. Les amis, du reste, ne cherchaient point à dissimuler les défauts de cette œuvre de circonstance, et les ennemis commençaient à dire que M. de Parny, qui avait si bien chanté les *amours,* avait un talent moins décidé pour chanter les *guerres* J'ai hâte de sortir de cette triste période et de cette critique ingrate pour retrouver le Parny que nous avons droit d'aimer. On le retrouvait déjà dans le petit poème d'*Isnel et Asléga* qui parut d'abord en un chant (1802) et que l'auteur développa plus tard en quatre. Cette douce et pure esquisse, ou plutôt ce pastel, aujourd'hui fort pâli, s'offrait en naissant avec bien de la fraîcheur et dans toute la nouveauté de ces teintes d'Ossian que l'imitation en vers de Baour-Lormian venait de remettre à la mode.

Dans cette même édition de ses *Œuvres diverses* (1802) où se lisait la première version d'*Isnel et Asléga,* Parny s'était attaché à ne rien faire entrer que d'avouable et d'incontestable; il y a réussi, et l'on peut dire que depuis on ne trouverait à peu près rien à ajouter au

(1) *Mélanges* de M. de Feletz, t. III, p. 519.

choix accompli qu'il fit alors. On y distinguait cette mélodieuse *complainte*, imitée de l'anglais, sur la mort d'Emma :

> Naissez, mes vers, soulagez mes douleurs,
> Et sans effort coulez avec mes pleurs...

On y goûtait surtout ces autres vers sur *la mort d'une jeune fille*, et qu'on ne peut omettre de citer dans un article sur Parny, bien qu'ils soient dans toutes les mémoires :

> Son âge échappait à l'enfance.
> Riante comme l'innocence,
> Elle avait les traits de l'Amour;
> Quelques mois, quelques jours encore,
> Dans ce cœur pur et sans détour
> Le sentiment allait éclore.
> Mais le Ciel avait au trépas
> Condamné ses jeunes appas.
> Au Ciel elle a rendu sa vie,
> Et doucement s'est endormie
> Sans murmurer contre ses lois :
> Ainsi le sourire s'efface;
> Ainsi meurt, sans laisser de trace,
> Le chant d'un oiseau dans les bois.

Voilà de ces vers discrets, délicats, sentis, comme il sied à l'élégiaque qui n'a plus d'amours à chanter d'en laisser échapper encore; si quelque chose en français pouvait donner idée de ce je ne sais quoi qui fait le charme dans le trait léger et à peine touché d'Anacréon, ce serait cette pièce où Parny, sans y songer, s'est montré un Anacréon attendri. Je noterai aussi le joli *tableau* intitulé *le Réveil d'une Mère;* on s'est étonné que ces jouissances pures d'une épouse vertueuse, ces chastes sourires d'un intérieur de famille aient trouvé, cette fois, dans Parny un témoin qui sût aussi bien les traduire et les exprimer; mais c'est que les torts de Parny, s'il n'en avait eu que contre la pudeur et s'il ne s'était attaqué directement aux endroits les plus sacrés de la conscience humaine, ne seraient guère que ceux de l'époque qu'il avait traversée dès sa jeunesse. « Il ne faudrait pas trop nous juger sur certaines de nos œuvres, me disait un jour un vieillard survivant, avec un accent que j'entends encore : *monsieur, nous avons été trompés par les mœurs de notre temps.* »

Le Parny de ces jolies pièces qu'on se plaît à citer était bien celui qu'on retrouvait avec agrément dans la société et dans l'intimité, aux années du Consulat et de l'Empire, celui qui, n'ayant plus rien d'érotique au premier aspect, rachetait ces pertes de l'âge par quelque chose de fin, de discret, de noble,· que tous ceux qui l'ont approché lui ont reconnu. Plusieurs de ses poésies portent témoignage de sa liaison étroite avec les Macdonald, les Massa ; c'est vers ce temps aussi qu'il dut beaucoup à Français (de Nantes). Les détails de cette dernière relation sont touchans et honorent les deux amis. Les Muses, de tout temps, ont eu à souffrir, elles ont eu souvent à solliciter; seulement elles le font avec plus ou moins de dignité et de conscience d'elles-mêmes. Théocrite, dans sa belle pièce intitulée *les Graces ou Hiéron*, a dit : « C'est toujours le soin des filles de Jupiter, toujours le soin « des chantres, de célébrer les immortels, de célébrer aussi les « louanges des braves et des bons. Les Muses sont des déesses, et les « déesses chantent les dieux, tandis que, nous, nous sommes des « mortels, et les chants des mortels s'adressent aux mortels. Donc, « lequel de tous· ceux qui habitent sous l'aurore azurée accueillera « dans sa maison avec tendresse mes Graces qui s'envolent vers lui, « se gardant bien de les renvoyer sans présens? Car elles alors, toutes « fâchées, s'en reviennent à la maison, pieds nus, en me reprochant « grandement d'avoir fait un voyage stérile, et craintives désormais, « elles attendent là, assises sur le fond d'un coffre vide, tenant la tête « basse entre leurs genoux glacés; et ce banc de repos leur est bien « dur, après qu'elles n'ont rien obtenu!... »

Ainsi parlait Théocrite, accusant déjà son époque d'être toute à l'industrie et à l'argent. Je ne sais ce que répondit Hiéron; mais Parny, lui, n'eut point à se repentir d'avoir envoyé ses *Graces* frapper à la porte du cabinet de Français (de Nantes); et elles ne lui revinrent point avec un refus. Nous sommes assez heureux pour pouvoir donner la lettre simple, sérieuse et digne que le poète écrivait à l'homme en place en le sollicitant. Ici, n'oublions pas que nous sommes dans les temps modernes et tout de bon (n'en déplaise à Théocrite) dans le siècle de fer de la prose; l'Hiéron ou le Mécène est un directeur général des droits-réunis.

« Monsieur le Directeur,

« La place de bibliothécaire en chef du Corps-Législatif qui m'avait été promise ne sera point créée. Si l'on avait pris sur-le-champ cette détermination, j'aurais sollicité, au nom des Muses, qui n'ont pas le privilége de pouvoir vivre sans pain, un recoin obscur dans votre

propre bureau. Il n'est sans doute plus temps. Cependant je m'adresse
à vous, sinon avec espoir, du moins avec confiance. Le travail des bureaux ne m'est point étranger : j'ai exercé pendant treize mois un
emploi dans ceux de l'Intérieur, et je ne me chargeais pas des choses
les plus faciles. Je suis toujours tout entier à ce que je fais : peut-être
même trop, car ma santé en souffre quelquefois.

« Agréez, monsieur le directeur, mes salutations respectueuses.

« Paris, le 30 messidor (1).

« Ev^{te}. PARNY.

« Rue de Provence, 32. »

Cette lettre ne put être publiée du vivant de Français (de Nantes);
un sentiment de délicatesse, que l'on conçoit de sa part, répugnait à
la livrer; « et puis il ne faut pas, répondait-il agréablement, qu'en
parodiant le vers de Boileau on puisse dire :

« Parny buvait de l'eau quand il chantait les Dieux! »

Mais pourquoi n'oserait-on pas tout révéler aujourd'hui que vous n'êtes
plus, ô homme excellent, si l'on s'empresse d'ajouter que le poète vous
dut ces soins d'une grace parfaite, ces attentions du cœur qui ne se séparaient pas du bienfait, et si l'on remarque à l'honneur de tous deux,
comme l'a très-bien dit M. Tissot, que l'un garda toujours dans ses
éloges la même pudeur que l'autre dans ses services?

Parny avait contracté, à la fin de 1802, un mariage qui le rendit,
durant ses dernières années, aussi heureux qu'on peut l'être quand
le grand et suprême bonheur s'est enfui. La personne qui se consacra
à charmer ainsi ses ennuis et à consoler ses regrets était une créole
aimable, déjà mère de plusieurs enfans d'un premier mariage : la douceur de la famille commença au complet pour Parny. On raconte que,
quelques années auparavant, celle qui avait été Eléonore, devenue
veuve et libre, et restée naïve, avait écrit de Bourbon à son chantre
passionné pour lui offrir sa main; mais il était trop tard, et Parny ne
laissa échapper que ce mot : « Non, non, ce n'est plus Eléonore ». —
Celle-ci alors, selon la chronique désormais certaine et très positive,
se remaria, vint en France, habita et mourut en Bretagne, et l'on se
souvient d'elle encore à Quimper-Corentin.

Les dernières années de Parny ne furent point oisives, et dans sa
retraite, il continua de se jouer à des compositions d'assez longue ha-

(1) La date de l'année doit être 1804, c'est-à-dire l'année de la formation des
droits-réunis.

leine. *Les Déguisemens de Vénus* marquent comme le dernier adieu, un peu trop prolongé, à ces douceurs volages dont, plus jeune, il avait dit :

> Sur les plaisirs de mon aurore
> Vous me verrez tourner des yeux mouillés de pleurs,
> Soupirer malgré moi, rougir de mes erreurs,
> Et même en rougissant les regretter encore.

On crut déjà remarquer, dans les nudités de ce badinage, quelque recherche d'invention et d'expression; mais, dans son poème des *Rose-Croix* (1808), ses admirateurs eux-mêmes se virent forcés de reconnaître de l'obscurité et de la sécheresse, défauts les plus opposés à sa vraie manière. C'était un signe pour Parny de s'arrêter. Il parut le comprendre et ne fit à peu près rien depuis ce temps, rien que des bagatelles plus ou moins gracieuses, dont la négligence ne pouvait compromettre sa gloire. Cette gloire était réelle, et malgré les quelques éclipses et les taches qu'elle s'était faites à elle-même, on la trouve, vers 1810, universellement établie et incontestée. Marie-Joseph Chénier, dans ce qu'il dit du poète en son *Tableau de la Littérature*, n'est qu'un rapporteur fidèle. Parny avait la position et le renom du premier élégiaque de son temps et, pour mieux dire, de toute notre littérature; comme Delille, comme Fontanes à cette époque, il régnait, lui aussi, à sa manière, bien que dans un jour plus voilé et plus doux. Tout en se tenant *dans son coin* (c'était son mot), il avait conscience de ce rang élevé, de ce rang *premier*, et en usait avec modestie, avec bienveillance pour les talens nouveaux, avec autorité toutefois. On a ses billets et réponses en vers à Victorin Fabre, à Millevoye, à M. Tissot qui venait de traduire avec feu *les Baisers* de Jean Second; aux complimens gracieux qu'expriment ces petits billets rimés, il savait mêler en simple prose et dans la conversation des conseils d'ami et de maitre (1).

(1) Voici, par exemple, une de ses lettres adressées à M. Tissot, au sujet de la traduction en vers des *Bucoliques*, dont ce dernier préparait, vers 1812, une seconde édition; on y sent bien la netteté et la précision qui étaient familières à Parny :

« Lundi, 21.

« Point de notes marginales, mon cher Tissot; elles sont toujours incomplètes et insuffisantes. Telle critique nécessiterait deux pages d'écriture; et même ces deux pages diraient mal et ne diraient pas du tout. Venez demain mardi; nous serons seuls depuis onze heures du matin jusqu'à neuf heures du soir, y compris la demi-heure du dîner.

« Vous savez que je ne suis pas maître de mes idées : quand elles arrivent, elles m'entraînent. Prenez-moi donc dans le moment où ma tête est vide.

Parny se montrait très-opposé, et presque aussi vivement qu'aurait-n pu l'être un critique de profession, au goût nouveau qui tendait à s'introduire et dont les essais en vers n'avaient rien jusque-là, il est vrai, de bien séduisant. On peut douter qu'il se fût jamais converti, même en voyant des preuves meilleures. Il est au contraire très aisé de soupçonner ce qu'il aurait pensé des tentatives et des élancemens mystiques de la lyre nouvelle, et on croit d'ici l'entendre répéter et appliquer assez à propos à plus d'un poète monarchique et religieux de 1824, à certains de nos beaux rêveurs langoureux et prophètes (s'il avait pu les voir), qui, en ce temps-là mêlaient beaucoup de psaume à l'élégie et tranchaient du séraphin :

> Cher *Saint-Esprit*, vous avez de l'esprit,
> Mais cet esprit souvent touche à l'emphase :
> C'est un esprit qui court après la phrase,
> Qui veut trop dire, et presque rien ne dit.
> Vous n'avez pas un psaume raisonnable.
> L'esprit qui pense et juge sainement,
> Qui parle peu, mais toujours clairement
> Et sans enflure, est l'esprit véritable.

C'est assez dire d'ailleurs combien il n'eût rien entendu, selon toute probabilité, aux mérites sérieux, aux qualités d'élévation et de haute harmonie qui sont l'honneur de cette lyre moderne. Parny était demeuré, à bien des égards, le premier élève de Voltaire; il est vrai qu'on doit vite ajouter, pour le définir, qu'il a été le plus *racinien* entre les voltairiens.

Dans l'habitude de la vie, surtout vers la fin, il restait assez volontiers silencieux, et pouvait paraître mélancolique, ou même quelquefois sévère. La maladie qui le retint, qui le cloua chez lui à partir de 1810, et dont l'un des graves symptômes était une enflure progressive des jambes, dut contribuer à cette altération de son humeur. Avant ce temps, il était de belle taille, mince, élégant; il eut toujours l'air

---

« Vous avez un rival, et ce rival est dangereux (*Millevoye*). S'il ne serre pas d'assez près l'original, il rachètera en partie ce défaut par l'élégance et l'harmonie du style. Aussi vous me trouverez sévère, sévérissime.

« Faites-moi un mot de réponse par Desmarets.   P. »

On aura remarqué cette espèce d'aveu que fait Parny qu'il n'est pas *maître*, à certains momens, *de ses idées*, et que sa verve l'emporte : c'est qu'en effet, sous sa froideur apparente et sa sobriété habituelle de langage, il avait, jusqu'à la fin, de ces courans secrets et rapides de pensées qui tiennent au poète; aux saisons heureuses, et quand il ne fait pas encore froid au dehors, cela s'appelle la *veine*.

très-noble, et l'âge lui avait dessiné un profil qui rappelait, par instans, celui de Voltaire, mais un profil bien moins accusé, très fin, et qu'Isabey a si délicatement touché de son crayon. A considérer l'original de ce portrait, je songeais qu'il en est un peu pour nous du talent de Parny comme de ce profil, et qu'il a besoin d'être bien regardé pour qu'on en saisisse aujourd'hui le trait léger, le tour presque insensible. L'aimable Isabey, que j'interroge, traduit lui-même et complète d'un mot mon impression en disant du visage et de la physionomie de Parny : *C'était un oiseau*. Parny, comme on peut croire, avait le ton de la meilleure compagnie; point de bruit, point de fracas, rien de tranchant. Il parlait, ai-je dit, avec un petit défaut de prononciation : c'était un parler un peu court, un peu saccadé, pourtant agréable et doux; quand il s'animait, son feu se faisait jour, et sa conversation, sans y viser, arrivait au brillant et au charme. A ces sorties trop rares, on sentait que le poète en lui aimait à se retirer au dedans, mais qu'il n'avait pas péri.

Parny mourut le 5 décembre 1814, avant d'avoir pu même entrevoir le déclin et l'échec de sa gloire. Sa mort, au milieu des graves circonstances publiques, excita de sensibles, d'unanimes regrets, et rassembla, un moment, tous les éloges. Comme on avait perdu Delille l'année précédente, on remarquait que c'était ainsi que, dans l'antiquité, Virgile et Tibulle s'étaient suivis de près au tombeau. Certes, Parny était bien, en toute légitimité, un *cadet de Tibulle*, comme il s'intitulait lui-même modestement, tandis que Delille n'était au plus que *l'abbé Virgile*. Béranger, alors à ses débuts, pleura Parny par une chanson touchante et filiale; elle nous rappelle combien son essaim d'abeilles, avant de prendre le grand essor et de s'envoler dans le rayon, avait dû butiner en secret et se nourrir au sein des œuvres de l'élégiaque railleur. Il est à croire que, si l'on avait conservé quelques-unes de ces élégies toutes premières de Lamartine qui ont été jetées au feu, on aurait le lien par lequel ce successeur, trop grand pour être nommé un rival, se serait rattaché, un moment, à Parny.—Voilà tout ce qu'il m'a été possible de ramasser et de combiner ici sur le gracieux poète, trop long-temps oublié de nous; et je n'ai voulu autre chose, en produisant ces divers souvenirs et ces jugemens, que lui apporter en définitive un hommage, de la part d'un de ceux-là même qui eussent le moins trouvé grace devant lui.

SAINTE-BEUVE.

ÉTUDES

SUR L'ALLEMAGNE.

—

II.

PROFESSION DE FOI POLITIQUE DE DEUX POÈTES :
MM. FREILIGRATH ET HENRI HEINE.

Il se passe à l'heure qu'il est, tout près de nous, sous nos yeux, sans que nous paraissions nous en douter, des choses dignes de l'attention la plus sérieuse. L'Allemagne entre à grands pas dans une voie nouvelle, et ce pays, qui nous semble si calme à la surface, est travaillé d'un étrange esprit d'agitation. Nous croyons connaître suffisamment nos voisins par les rapports officiels d'une presse censurée, par les anodins récits des touristes de *high life*, et par des travaux littéraires qui n'ont pas été précédés d'une étude assez complète de la langue allemande; de là, parmi nous, des notions fort confuses, et qui, dans ce qu'elles ont de vrai, se rapportent à l'Allemagne d'il y a vingt ans beaucoup plus qu'à l'Allemagne d'aujourd'hui. Or, les nations vont vite dans les temps de libre examen, et parce que le génie allemand se fraie une autre route que le génie français, il ne s'ensuit pas qu'il demeure immobile.

Aux deux extrémités de la société allemande, une fermentation menaçante se manifeste simultanément et produit des actes analogues. Les masses incultes, les artisans, les prolétaires, se révoltent à main armée et demandent *du pain;* l'aristocratie de droit divin, les penseurs et les poètes, rompent en visière avec le pouvoir; ils attaquent l'ordre fondé sur le préjugé, ils demandent *justice.* On emprisonne les uns, on bannit les autres. Combien de temps un tel système de répression est-il praticable et efficace? Là est toute la question pour l'Allemagne. C'est un grave symptôme dans un état que l'union du nombre et de l'intelligence. Ce qui manque aux masses, ce n'est ni le courage, ni la volonté, ni la force; c'est la connaissance et la parole. Le jour où elles arrivent à la conscience de leur droit par les philosophes et à l'expression de leurs souffrances par les poètes, ce jour-là l'insouciance n'est plus permise au pouvoir. Jetons un coup d'œil rapide sur le tableau que présente en ce moment la Prusse, partie vitale, tête du corps germanique. Qu'y trouvons-nous? Tous les élémens dont la coexistence sur le même point peut faire prévoir presque à coup sûr de périlleux conflits.

Un roi accueilli à son avénement par un enthousiasme immodéré, prince avide de pouvoir, altéré de louanges, de caractère mobile et d'esprit obstiné, curieux de nouveautés, amoureux de vieilleries, dilettante politique, imprudent utopiste, qui rêve un règne brillant fondé sur l'alliance impossible de l'arbitraire et de la popularité (1.; — une noblesse aveugle et fortement attachée à ses priviléges, — une bourgeoisie blessée dans ses instincts d'indépendance, et parmi laquelle le mot de constitution, étourdiment jeté, a semé en ces dernières années toutes sortes d'ambitions sourdes et d'exigences impatientes: — enfin le peuple, contenu encore par de longues habitudes de respect et des pratiques chrétiennes, mais travaillé de plus en plus par les doctrines communistes, et, en quelques provinces, la Silésie surtout, exaspéré par les souffrances aiguës d'une profonde misère : tels sont les élémens d'anarchie que renferme la Prusse. Comme concilia-

---

(1) Ce qui caractérise jusqu'ici le règne de Frédéric-Guillaume IV, c'est le nombre infini de projets avortés, de choses commencées et abandonnées : une loi restrictive sur le divorce inspirée par la rigidité méthodiste, repoussée avec énergie par le sentiment public; l'introduction de l'ancien code prussien dans les provinces rhénanes, rejetée par les états; la création de l'évêché de Jérusalem et le rétablissement de l'ordre du Cygne, tombés sous la raillerie; l'installation, dans les universités, de professeurs contraints de cesser leurs cours faute d'auditoire; la fondation de plusieurs journaux qui n'ont pu trouver de lecteurs, etc., etc.

tion entre ces forces ennemies, l'ancien parti libéral ou patriote (1)
propose encore le rétablissement de l'empire romain, la guerre contre
la France, la conquête de l'Alsace et de la Lorraine, une réforme politique dont le dernier terme serait un système parlementaire assis
sur des bases plus ou moins étendues; mais ce parti rencontre au-
dessus et au-dessous de lui une défiance presque égale. Le monarque
se montre résolu à ne jamais céder de son plein gré une parcelle de
sa prérogative, et les organes des classes inférieures parlent ouvertement d'une complète réorganisation de la société, selon les lois abstraites de l'égalité absolue. La censure des feuilles périodiques et la
confiscation des livres entravent jusqu'ici, avec un succès apparent,
la manifestation de ces tendances radicales; mais les écrivains se sous-
traient par l'émigration aux tracasseries du pouvoir : ils s'en vont à
l'etranger, la tête pleine de *livres confiscables* (2); ils viennent en
France chercher la liberté, et Paris voit chaque jour grandir en
nombre et en valeur cette milice déterminée, qui, tout en fuyant la
patrie géographique, emporte avec elle un vaillant amour de la patrie
idéale, et reste par mille liens secrets, insaisissables à l'autorité, en
rapport intime avec la partie la plus vivace de la nation. Ceux qui
s'intéressent au mouvement nouveau de l'Allemagne n'ont peut-être
pas oublié ce que nous disions, il y a un an environ, des relations
étranges de George Herwegh avec sa majesté Frédéric-Guillaume IV;
ils se rappellent la pièce de vers émue, emportée, toute fumante d'espérance, si l'on peut parler ainsi, que le jeune homme adressait au
souverain pour le conjurer d'écouter son peuple *pendant qu'il était
temps encore,* l'entretien qui suivit au palais de Berlin, et qui se termina par ces paroles mémorables sorties de la bouche royale : « Monsieur Herwegh, vous êtes le second de mes ennemis qui vient me
voir, et celui dont la visite m'est le plus agréable; M. Thiers était
le premier. Croyez-moi, vous aurez comme Saul votre jour à Damas,
et alors vous accomplirez des œuvres immenses; » ils se rappellent
aussi l'interdiction lancée deux jours après contre un journal que le
poète se *proposait* de publier, puis la fameuse *lettre au roi* dans laquelle George Herwegh irrité, poussé par l'indignation au-delà des
convenances, se contient encore assez toutefois pour ne faire tomber

---

(1) Un des représentans les plus célèbres de ce parti, désigné aussi sous le nom
des *noir rouge et or* (schwarz-roth-golden), est le professeur Arndt, auteur de la
fameuse chanson : *Quelle est la patrie de l'Allemand?*

(2) Expression de M. Henri Heine dans le volume dont nous allons parler.

le blâme d'un acte arbitraire que sur les ministres, qu'il dénonce à la sagesse du monarque. On sait qu'un décret d'exil, châtiment sans mesure et sans prudence d'une faute contre l'étiquette, amena Herwegh à Paris; on sait qu'il publia un second volume, dans lequel une nouvelle pièce de vers adressée au roi n'exhale plus que menace, colère, ironie. Eh bien! la réaction qui s'est opérée brusquement dans l'esprit du jeune poète s'est faite aussi, on ne peut se le dissimuler, dans la nation tout entière. Koenigsberg et les provinces rhénanes ont, à la distance de trois années à peine, marqué avec évidence l'altération sensible de l'opinion publique. Si l'on compare les hommages enthousiastes de l'université, à l'époque du couronnement, avec l'accueil récent qu'y a reçu le prince, si l'on compare la pose de la première pierre des constructions de Cologne au bruit des hourras fanatiques d'une population ravie avec le rejet du nouveau code et les toasts séditieux, des banquets patriotiques, on pourra se convaincre de l'amertume du désabusement, on sondera avec tristesse le mal qui s'est fait et la profondeur des dissentimens qui séparent aujourd'hui la nation et le monarque.

Voici encore deux manifestations spontanées, inspirées par le même esprit, et qui, pour être purement individuelles, n'en sont pas moins significatives à nos yeux. Deux poètes distingués, bien que d'une valeur très différente, Ferdinand Freiligrath et Henri Heine, se rangent ouvertement sous les drapeaux de l'opposition, et l'éclat de leur *profession de foi* (c'est ainsi que Freiligrath intitule le volume de poésies qu'il vient de publier) cause en ce moment de l'autre côté du Rhin une sensation universelle. Nous ferons observer toutefois qu'ils n'étaient point l'un et l'autre dans une position identique. M. Henri Heine avait déjà donné des gages nombreux au parti du progrès; il avait eu les honneurs de l'exil et n'avait à justifier qu'un long silence interprété d'une manière peu favorable par ses ennemis, et surtout par ses amis politiques. M. Ferdinand Freiligrath, au contraire, appartenait, on le croyait du moins, à la grande famille des poètes indifférens ou conservateurs. Il n'avait guère chanté jusqu'ici que les beautés de la nature, et encore s'était-il jeté de préférence dans des contrées lointaines. Le lion, la gazelle et le chameau du désert étaient ses héros favoris. En fait de roi, il n'avait célébré qu'un roi maure absolument dépourvu de couleur politique. Une seule fois, touchant aux événemens du jour, il avait déploré la mort de Diégo Léon dans un sentiment d'humanité pure. M. Herwegh en avait pris acte pour lui reprocher sa neutralité et le sommer, en lui citant l'exemple des dieux de l'Olympe, de prendre

54.

parti pour ou contre dans le combat des idées. M. Freiligrath lui répondit par une violente diatribe. De là une polémique fort animée entre les deux poètes, et bientôt une pension de trois cents thalers donnée par le roi de Prusse au défenseur de l'indifférentisme politique.

Jusque-là rien de plus normal, rien de plus conséquent, et M. Freiligrath, marié selon son cœur, établi à Saint-Goar, dans un des sites les plus pittoresques des bords du Rhin, semblait devoir jusqu'à la fin de sa carrière y goûter en paix les joies du ménage, la saveur de l'*assmanshauser* (1) et le doux encens d'une renommée très légitimement acquise par le mérite de ses poésies lyriques et de ses excellentes traductions des poètes étrangers, quand tout à coup, et ceci est un symptôme révélateur de la fièvre qui gagne de proche en proche et semble se transmettre dans l'air comme une maladie endémique, le voici pris d'un besoin effréné de liberté, de combat, voire de martyre! le voici qui renvoie au roi de Prusse la pension qu'il touchait depuis deux années, et qui lance dans la publicité un volume de vers précédé d'une longue préface, laquelle n'est rien moins qu'une déclaration de principes explicite et solennelle!

Nous le répétons, quels que puissent être le mobile et le mode de cette profession de foi, le fait en lui-même n'est pas sans gravité; nous n'en voudrions d'autres preuves que les commentaires innombrables auxquels il donne lieu dans la presse allemande, les *Te Deum* entonnés d'un côté et les soupirs poussés de l'autre. Il ne nous appartient pas d'examiner la part plus ou moins forte qu'il convient de faire au désir de l'effet pour apprécier équitablement la démarche de M. Freiligrath. Loin de nous la pensée de troubler par des réflexions chagrines les premières heures de sa popularité nouvelle. Nous ne pourrions hasarder sur un sujet aussi délicat que des hypothèses téméraires et qui d'ailleurs n'importent point en ce moment, où nous nous occupons beaucoup moins de l'individualité du poète que des rapports de cette individualité avec l'opinion. Or, la vanité de M. Freiligrath nous fût-elle dix fois plus démontrée, nous n'en ferions nullement un texte à nos reproches; nous n'y verrions qu'une preuve de plus à l'appui de nos assertions précédentes, à savoir que les populations allemandes sont travaillées sourdement par l'esprit révolutionnaire, et que tous ceux qui aspirent aujourd'hui à des sympathies nombreuses et vives

---

(1) Cru du Rhin que M. Freiligrath a spécialement désigné à la faveur du public.

sont instinctivement attirés et bientôt entraînés dans les voies ш position.

Admettons donc sans chicane et sans commentaire la parfaite s. cérité, l'indépendance complète du poète, car, hélas! là devront ι borner à peu prés nos louanges. Le volume que M. Freiligrath offre en holocauste sur l'autel de la patrie est peu digne, il faut l'avouer, d'un tel honneur. La somme d'idées en est très mince et la forme en est très commune. M. Freiligrath, qui avait trouvé pour peindre les splendeurs de la nature un éclat de couleurs qui rappelait *les Orientales* de Victor Hugo, lui qui avait, avec un talent incontestable, ramené à une réalité précise le lyrisme allemand si enclin à s'égarer dans le vague, il ne trouve en parlant de liberté que des images ternes, qu'un rhythme mou et pesant, que des rimes sourdes attelées à des phrases prosaïques. Sa préface, tout en exprimant les sentimens les plus louables, est pédante et maladroite; c'est un lourd harnais mis par un enfant à un pégase de carton. La conclusion en vers dédiée à M. Hoffmann de Fallersleben (1) est, en vérité, une glose bien puérile ajoutée par le poète lui-même au grand fait de sa conversion politique. Il en rapporte le principal honneur à l'éloquence persuasive de l'auteur des *Gassenlieder* (2), mais il ne déguise pas la part considérable qu'a droit d'en revendiquer le champagne mousseux qui les rassemble à Coblentz, à l'auberge du Géant. « Nous vidâmes verre sur verre, dit-il, jusqu'à ce que la lumière fût obscurcie par la mèche qui charbonnait, et que notre cœur, lui aussi, brûlât d'une colère sombre. » A travers l'orage de leur ame courroucée, le rire et le calembour luisent *comme l'éclair.* Deux heures sonnent. Les vaillans trinqueurs de la patrie éprouvent le besoin d'endormir leur audace; ils vont éveiller le valet de l'hôtel qui ronfle, et montent dans leur chambre où M. Hoffmann de Fallersleben possède encore assez de présence d'esprit pour écrire sur l'album de son ami, moins capable de discernement, cet aphorisme remarquable : Coblentz est tranquille! Tout cela, on aura peine à le croire, nous est raconté avec complaisance et fort au long par M. Freiligrath, comme s'il eût craint que ses ennemis manquassent de prétextes pour le tourner en ridicule, comme s'il eût voulu leur enseigner au plus vite de quelle manière il fallait s'y prendre pour dépouiller sa conversion du caractère

(1) M. Hoffmann, né en 1798 à Fallersleben, dont il a retenu le nom, auteur des *Chansons Impolitiques* et d'un grand nombre de poésies familières très répandues en Allemagne.

(2) *Chansons des rues*, par Hoffmann de Fallersleben.

de gravité qui seul lui convient. Il se délecte aussi deux pages plus
bas dans un jeu de mots d'un goût médiocre et d'un sel fade sur les
vers *contre la couronne* qu'il a faits *à la Couronne*, auberge d'Ass-
manhausen. A moins que ce ne soit dans l'intention philanthropique
de recommander l'aubergiste à la sympathie des touristes libéraux,
nous avouons ne pas trop comprendre un volume de vers d'intention
si sérieuse terminé par une semblable *pointe*.

C'est avec un plaisir véritable, malgré l'apparente rigueur de notre
critique, que nous signalerons dans ce recueil plusieurs pièces de
vers où se retrouvent les qualités de forme qui ont fait la réputation
de l'auteur. Il en est une surtout dont le style simple et noble et le
sentiment profond nous paraissent dignes de tout éloge. C'est une
élégie inspirée par les récens malheurs de la Silésie, et qui se lie d'une
façon très ingénieuse à une légende populaire fort poétique. *Rube-*
zahl est un esprit bienfaisant des montagnes, un gnome de mœurs
fantasques, d'allures capricieuses, espiègle et lutin s'il en fut, généreux, secourable aux voyageurs, chéri surtout des enfans dont il égaie
les promenades par des mystifications inoffensives, et qu'il ramène
au logis lorsqu'ils s'égarent dans la forêt.

« Les haies verdissent, enfin; voici déjà une violette; quelle fête! dit un
pauvre enfant de tisserand qui se glisse en cachette hors de la maison et
s'achemine vers le bois, portant un ballot de toile sur ses épaules. C'est ici
l'endroit; je vais me risquer. — « Rùbezahl! »

« S'il m'entend, je le regarderai hardiment en face; il n'est pas méchant.
Je vais mettre mon paquet de toile sur ce rocher. Il y en a une pièce tout
entière, et belle! Oh! oui, j'en réponds; on n'en tisse pas de plus belle
dans la vallée. — Il ne vient toujours pas. Allons, courage, encore une fois:
— « Rùbezahl! »

« Rien encore! — Je suis venu dans le bois pour qu'il nous tire de peine.
Ma mère a les joues si pâles! Dans toute la maison, pas un morceau de pain!
Mon père est parti pour le marché en jurant Trouvera-t-il des chalands
enfin? Moi, je vais essayer ma fortune auprès de Rubezahl. Où reste-t-il donc?
Pour la troisième fois : — « Rùbezahl! »

« Il a tant secouru de malheureux jadis! — Ma grand'mère me l'a conté
souvent. Oui, il est bon au pauvre monde que la misère torture. Je suis
accouru ici tout joyeux avec ma pièce de toile bien mesurée. Je ne veux pas
mendier, je veux vendre. Oh! qu'il vienne donc. — « Rùbezahl! Rùbezahl! »

« Si cette pièce lui plaisait, peut-être qu'il en demanderait davantage. C'est
cela qui m'arrangerait! Hélas! il y en a tant encore d'également belles à la
maison. Il les prendrait toutes jusqu'à la dernière; alors je rachèterais aussi
celles qu'on a mises en gage. Quel bonheur! « Rubezahl! Rubezahl! »

« Et alors j'entrerais joyeux dans la petite chambre, et je m'écrierais :

« Père, de l'argent ! » Et alors il ne jurerait plus, et il ne dirait plus : « Je ne tisse pour vous qu'une chemise de misère. » Et ma mère, elle sourirait de nouveau et nous préparerait un bon repas. Et mes petits frères, comme ils gambaderaient! Mais qu'il vienne, qu'il vienne donc!—«Rubezahl! Rübezahl.»

« Ainsi appelle l'enfant de treize ans. Il reste là, pâle et défaillant, appelant toujours, mais en vain. De loin en loin, un noir corbeau traverse seul le domaine du vieux gnome. L'enfant reste encore. Il attend d'heure en heure jusqu'à ce que les ténèbres descendent sur le vallon; alors tout bas, et d'une lèvre convulsive, il appelle une dernière fois en sanglotant : — «Rübezahl ! »

« Et alors, muet et tremblant, il quitte le taillis et retourne avec son ballot de toile vers la désolation du foyer. Il se repose souvent sur la pierre moussue, écrasé sous le poids de son lourd fardeau. Je crois que le père tissera bientôt pour son pauvre enfant non-seulement la chemise de misère, mais encore le linceul de mort. — « Rubezahl ? »

Il y a, comme on le voit, dans cette élégie un fond sombre et désolé que le poète tempère avec beaucoup d'art dans un tableau d'une naïveté pleine de grace. La répétition de l'appel au gnome à la fin de chaque octave, la progression et la dégradation très bien senties des différentes nuances d'espoir, d'inquiétude, d'impatience et de découragement avec lesquelles l'enfant répète ce mot magique : Rübezahl! appartiennent au petit nombre de ces choses heureuses en poésie qui satisfont également l'oreille musicale par une cadence expressive, et le sentiment idéal des choses par une imitation subordonnée aux conditions du goût. Ces misères non décrites, mais entrevues à travers un paysage servant de cadre à une scène d'une mélancolie douce, produisent une impression morale bien supérieure à la sensation nerveuse que provoquent aujourd'hui les écrivains descriptifs par l'exactitude matérielle de détails repoussans. Le seul fait de cet appel au gnome comme à une ressource unique et désespérée contient en germe un monde de réflexions qui naissent d'elles-mêmes dans l'esprit du lecteur et y engendrent une compassion d'autant plus sincère qu'elle a été moins directement sollicitée. Ce demi-fantastique habilement ménagé, employé avec une sobriété, une mesure rares chez les poètes allemands, est du plus excellent effet. A un moment donné, l'angoisse du pauvre enfant se communique. On voudrait voir apparaître le bon Rübezahl, on se prêterait volontiers à la fiction; on évoque la figure laissée dans l'ombre : c'est le triomphe de l'art, c'est le signe certain de la victoire remportée par le poète sur l'imagination de ses lecteurs.

Mais, hélas! dans nos temps d'analyse et de doute, le merveilleux a perdu le droit d'intervenir, comme dernière solution, comme dénouement suprême du drame humain. Le sourire pacifiant ou la foudre vengeresse du *Deus ex machinâ* ne satisfont plus nos esprits scrutateurs. La réalité nous *prend à la gorge*, comme parle Pascal. Rübezahl ne vient plus en aide à personne. Qui donc nous aidera? Telle est la question que l'on se pose en lisant l'élégie des *monts silésiens*, question vivante qui soulève le voile de l'avenir. Et c'est là la mission du poète. C'est à lui qu'appartient, tout en intéressant, en amusant les hommes comme des enfans qu'ils restent toujours un peu, de les forcer à descendre dans les profondeurs de la vie et à s'interroger sur les grands problèmes de la destinée humaine. Le poète vraiment inspiré est le sphinx de son siècle. Heureux les temps et les pays où le sphinx trouve son OEdipe !

Dans l'élégie des *monts silésiens*, qui n'affecte aucune prétention politique, mais dont le pathétique simple et profond touche à un intérêt social flagrant, gît, suivant nous, toute la valeur morale du livre de M. Freiligrath. C'en est assez pour faire espérer encore beaucoup de lui, s'il sait reconnaître la nature de son talent. Il serait infiniment regrettable qu'il préférât au mode doux et tempéré de sa lyre modeste les grands éclats de trompette, la redondance et le fracas du jacobinisme littéraire. M. Freiligrath, quoi que puissent lui dire ses nouveaux amis en ce premier moment de bien-venue, n'est et ne sera jamais de complexion révolutionnaire. Le rôle de Tyrtée ne sied point à ses instincts paisibles. S'il s'obstine à violenter sa muse pour lui arracher des marseillaises et des iambes républicains, il ne sera qu'un pâle imitateur. D'autres voix plus vibrantes ont poussé avant lui le cri de révolte; d'autres accens plus mâles ont éveillé dans la jeunesse des échos frémissans. Que M. Freiligrath tende aux faibles et aux opprimés une main sympathique, mais qu'il n'essaie pas de brandir la torche incendiaire; des bras plus vigoureux sont réservés à ce fatal destin, ce n'est point là sa vocation naturelle. Une meilleure part lui a été faite; une tâche plus douce lui est réservée. Cette pensée nous est confirmée par deux autres pièces de vers du nouveau recueil dans lesquelles le souffle élégiaque du poète soupire des modulations charmantes dont rien ne vient troubler la gracieuse harmonie. L'une est adressée à la poésie romantique, qu'il personnifie sous la figure d'une belle femme en blanc habit de nonne, éplorée, les cheveux épars, étreignant avec désespoir l'autel croulant dans la nef déserte. L'autre commence par ces mots : *Deutschland ist Hamlet*, l'Allemagne, c'est Hamlet; comparaison suivie avec rigueur et talent jusqu'à la fin du morceau, qui n'a pas moins de soixante-douze vers. La Liberté, comme le spectre du roi de Danemark, apparaît chaque nuit aux sentinelles, et dit au rêveur inquiet : « Venge-moi, tire ton glaive; on m'a versé du poison dans l'oreille. » Hamlet écoute en tremblant jusqu'à ce que la vérité épouvantable éclaire son esprit. Alors il veut accomplir l'œuvre de vengeance; mais l'osera-t-il? il délibère, il songe; il ne s'arrête à aucun moyen; *il a trop lu dans son lit, il est resté trop long-temps à Wittenberg;* la résolution lui manque. Il ajourne toujours; il déclame de longs monologues, et, quand il s'avise enfin de tirer l'épée, au lieu du vrai tyran, c'est *Polonius-Kotzebue* qui reçoit le coup mortel.

Nos lecteurs ne seront pas surpris d'apprendre que le volume de M. Freiligrath soit défendu dans la plupart des états de l'Allemagne. Par une de ces heureuses inconséquences des systèmes prohibitifs, qui ne peuvent jamais être ni complets ni logiques, le volume, bien autrement agressif, de Henri Heine a trouvé jusqu'ici la douane intellectuelle beaucoup moins rigoureuse. Il est probable que cette différence d'appréciation tient à la forme ironique des poésies de M. Heine. Les Allemands, gens candides et sincères, ne soupçonnent pas le danger de l'ironie; ils boivent sans défiance ce poison pétillant; ils ne sauraient comprendre que ce qui provoque le rire puisse être tout aussi destructif que ce qui provoque la colère. L'ironie leur paraît une espièglerie d'enfant gâté qu'ils passent volontiers à M. Henri Heine, le plus gâté des enfans de l'Allemagne, et ceux de ses compatriotes que sa raillerie blesse ou chagrine murmurent entre eux et à demi-voix : « Quel dommage! s'il *voulait* être sérieux, comme il *pourrait* devenir un grand poète! » Mais là se borne le blâme qu'ils pensent devoir jeter sur une œuvre à leurs yeux sans conséquence. Nos voisins ne croient à la gravité des choses que lorsqu'elles sont gravement dites. Demandez-leur qui donc de Voltaire ou de Racine a accompli l'œuvre la plus sérieuse, il n'en est pas un seul peut-être à qui vienne en idée de nommer Voltaire.

C'est une individualité curieuse que celle de M. Henri Heine : un talent des plus francs, des plus libres en ses allures, quoiqu'il soit le produit d'élémens divers, opposés, en apparence inconciliables. Imaginez quelque chose de la verve de Rabelais qu'auraient nourri les fantaisies du *Wunderhorn* (1), les légendes du Rhin et les rêves de Jean-Paul; une imagination riche et féconde au service d'un bon sens in-

(1) *Le Cor enchanté*, recueil de chants populaires du moyen-âge réunis par MM. d'Arnim et Clément Brentano.

trépide, la mélancolie allemande jetée comme un voile léger sur la gaieté française; c'est à défier l'analyse la plus exercée.

M. Henri Heine est né à Dusseldorf en 1799, de parens israélites. Il a fait ses études aux universités de Bonn, de Berlin et de Gœttingue. Le 28 juin 1825, il a quitté la religion de ses pères pour embrasser le christianisme. C'est un fait officiel de sa vie qu'il est impossible de mettre en doute, mais qu'il est encore plus impossible d'expliquer. Une abjuration est un acte de foi, et dans la vie de ce mordant sceptique, un acte de foi est la plus inconcevable des anomalies. M. Henri Heine, en vers comme en prose, s'est raillé de tous les dieux et de Dieu. Non-seulement aucune croyance, mais aucun sentiment, aucune idée, ne l'a jamais trouvé fervent ou enthousiaste; il s'est moqué de la patrie, de l'amour, de l'art, de la nature, de ses amis, de ses proches et de lui-même. Poète, il a injurié Goethe, le Jupiter de la poésie moderne, et outragé Platen, le Chénier peut-être de l'Allemagne; patriote, il a déchiré Boerne, le plus patriotique de ses contemporains. Son caprice de virtuose et, comme diraient les Allemands, sa subjectivité fantasque n'ont rien épargné. Il n'a pas fait, comme quelques autres, dans ses écrits une part réservée; il n'a dressé aucun autel; il n'a élevé aucune statue; il n'a honoré aucun homme ni aucun symbole, et s'il a plutôt attaqué la vieille société que la nouvelle, on serait tenté de croire que c'est uniquement parce qu'un état de choses constitué fournissait des thèmes plus nombreux, des sujets plus palpables aux traits aiguisés de sa plume que les vagues hypothèses de doctrines encore abstraites et les embryons informes de l'avenir.

Ce fut le retentissement du canon de juillet qui appela M. Henri Heine à Paris; comme un vrai enfant qu'il est, le bruit et le mouvement l'attirent. Il vint ici, et y publia successivement ses *Reisebilder* et des articles de critique littéraire dont le succès fit sa réputation en France (1). Cet esprit incisif, ces vives étincelles sorties tout à coup, pétillantes et lumineuses, des brumes de la fantaisie allemande, surprirent et charmèrent le public parisien. Les *Reisebilder* sont à peu près tout ce qu'on connaît en France de M. Henri Heine; mais cela a suffi, et cela devait

---

(1) C'est dans cette *Revue* même que parurent les premiers extraits des *Reisebilder*, traduits par M. Loeve-Veimars, en qui M. Henri Heine avait trouvé un interprète d'un goût exquis et d'une rare délicatesse. Plus tard, on publia une traduction complète du livre faite sous les yeux de l'auteur même des *Reisebilder*.

suffire, pour qu'on saluât en lui sinon un frère, du moins un cousin germain de quelques-uns de nos plus rares esprits.

Les poésies lyriques de M. Heine, répétées en Allemagne de bouche en bouche, n'étaient pas de nature à pouvoir être aussi goûtées parmi nous que sa prose. La traduction leur enlève une grande partie de leur valeur. On ne saurait reproduire cette beauté musicale accomplie, cet abandon, ce laisser-aller apparent sous le contour le plus net, et surtout ces accens de mélancolie profonde brisés soudain, cette antithèse perpétuelle de tendresse et d'amertume fondue dans les nuances les plus délicates, ces abîmes de tristesse entr'ouverts comme par une baguette fleurie qui les referme aussitôt. La prose de M. Heine, au contraire, en se dégageant des traditions allemandes, en dépouillant la consciencieuse longueur des périodes et la pédantesque monotonie des imitateurs de Goethe, en se faisant vive, alerte, pimpante, coquette, un peu fardée il est vrai, mais comme par bravade, comme pourrait le faire une jeune fille de vingt ans qui s'amuserait à jeter des mouches sur les roses de son visage, cette prose ne perd que très peu à passer d'une langue dans une autre, et M. Henri Heine a pu, sans trop de présomption, aspirer dans la fièvre de juillet à se faire reconnaître et adopter parmi nous comme un dernier enfant du XVIIIᵉ siècle.

L'Allemagne, conte d'hiver, tel est le titre du volume nouvellement publié par Henri Heine. Ce volume est précédé d'une préface qui en explique et en motive l'apparition. C'est aussi une espèce de profession de foi, non pas comme celle de Freiligrath, la profession de foi d'un jeune cœur ému et tremblant encore de son audace, qui fait un appel candide à la sympathie du public, mais un cri de *gare!* jeté d'une voix moqueuse à la foule par un homme qui s'avance en courant et en faisant le moulinet, tapant à droite, à gauche, attrapant au hasard amis et ennemis, tombant sur choses et gens avec effronterie, sans pitié et sans vergogne. Cette préface est la cynique apologie du livre le plus cynique qui soit sorti de la plume de M. Heine. La pièce de vers qui ouvre le volume en est à elle seule la plus claire explication. Toute la pensée de l'auteur s'y exprime en douze lignes; il y dit, mieux que de longues pages de commentaires et d'analyses ne sauraient le faire, sa vocation, son instinct, sa tâche et son but.

Cette pièce de vers est intitulée : *Doctrine.* C'est une raillerie piquante de l'abus des théories et des abstractions qui a été si longtemps et qui est encore jusqu'à un certain point l'erreur de l'Allemagne.

« Bats le tambour et n'aie pas peur, et embrasse la vivandière. C'est là toute la science, c'est le sens le plus profond des livres.

« Tambourine les gens hors de leur sommeil. Tambourine le réveil avec une vigueur juvénile; marche en tambourinant toujours en avant, c'est là toute la science.

« C'est là la philosophie de Hegel, c'est le sens le plus profond des livres; je l'ai comprise parce que j'ai de l'esprit et parce que je suis un bon tambour. »

Puis l'auteur commence une narration grotesque et poétique tout à la fois de son voyage en Allemagne. La première apparition qui lui révèle la patrie, c'est, au moment où il passe la frontière, une petite joueuse de harpe qui chante avec un sentiment vrai et une voix fausse, dit-il, une histoire d'amour et de douleur, de renoncement ici-bas dans cette vallée de larmes, et de réunion dans un meilleur monde, dans le ciel où l'ame nagera au sein des félicités éternelles.

« O mes amis! s'écrie le poète, moi, je vous chanterai une chanson plus nouvelle et plus agréable. Je vous chanterai le bonheur sur la terre, car il y a ici-bas assez de pain, de roses, de myrtes, de beauté et de plaisir pour tous les enfans des hommes.

« La vierge Europe est fiancée au beau génie de la liberté; ils se tiennent enlacés dans l'ardeur d'un premier baiser.

« Et je chante le cantique des noces. »

Un instant, le poète semble vouloir se monter au ton enthousiaste, s'élever dans les régions idéales, mais aussitôt il revient à la réalité burlesque et nous raconte que, pendant qu'il écoutait la petite joueuse de harpe (faut-il supposer à M. Henri Heine l'intention de parodier la Mignon de Goethe?), les douaniers prussiens visitent ses malles et ses coffres; son voisin de diligence lui fait observer avec beaucoup de sagacité que l'Allemagne marche à une unité imposante : à l'unité matérielle par le *Zollverein* et à l'unité morale par la censure.

Arrivé à Cologne, il voit aux clartés de la lune le gigantesque colosse de la cathédrale, cette bastille *que les catholiques romains voulaient construire pour y tenir l'intelligence captive,* quand Luther est venu et a crié d'une voix de tonnerre son *halte* énergique, mot tout puissant, dit le poète, expression de la force allemande et de la mission du protestantisme. Le Rhin demande à M. Heine des nouvelles de la France; il se plaint amèrement des vers de Nicolas Becker qui l'ont *politiquement compromis;* il voudrait bien revoir, dit-il, ces chers petits Français et cet espiègle Alfred de Musset, qui marchera sans doute comme tambour à leur tête. — Les Français sont bien changés, lui répond M. Heine. Ils ne chantent plus, ils ne dansent plus; ils sont devenus philosophes; ils parlent de Kant, de Fichte, de Hegel, ils fument du tabac, ils boivent de la bière; ils ne sont plus voltairiens, ils sont hengstenbergistes (1).

M. Heine arrive en Westphalie, il traverse la forêt de Teutoburg, il passe auprès du marais classique où Varus resta embourbé.

« Si Hermann avec ses hordes blondes, s'écrie plaisamment le poète, n'avait pas gagné la bataille, la liberté allemande n'existerait pas; nous serions devenus Romains. » Suit un tableau piquant, une comparaison bouffonne du sort qui attendait la nation germanique, si elle fût devenue romaine, et de la glorieuse destinée qu'elle s'est faite en restant elle-même : persiflage plein de verve des choses et des individus :

« Figurez-vous qu'il y aurait des vestales à Munich. et les Souabes s'appelleraient Quirites. Hengstenberg serait un aruspice et fouillerait dans les boyaux des bœufs. Neander (2) serait un augure; il observerait le vol des oiseaux. Raumer ne serait pas un barbouilleur allemand, mais un *scriba* romain. Freiligrath ferait des vers sans rimes, comme jadis Flaccus Horatius. Les amis de la vérité lutteraient dans l'arène avec des lions, des hyènes et des chakals, au lieu de se battre avec des roquets dans les petits journaux. Nous aurions un Néron au lieu de trois douzaines de pères du peuple, et nous nous ouvririons les veines pour narguer les suppôts de la tyrannie.

« Schelling serait un Sénèque... Mais, Dieu soit loué! reprend M. Heine avec une gravité comique, Hermann a gagné la bataille, et nous restons Allemands comme devant. Un âne s'appelle toujours un âne, et non *asinus;* les Souabes sont restés Souabes; Raumer reste une canaille allemande dans notre nord allemand; Freiligrath fait des vers rimés, n'étant pas devenu un Horace.

« O Hermann! c'est à toi que nous devons tout cela. Aussi t'élève-t-on à Detmold un monument pour lequel je me suis empressé de souscrire. »

Dans un des chapitres suivants, M. Heine fait une sorte d'apologie de son silence politique, sous la forme d'un discours adressé aux loups. Sa chaise de poste a cassé la nuit; le postillon va chercher de l'aide au village prochain; le poète, resté seul dans la forêt, entend tout à coup

(1) Hengstenberg, professeur de théologie à Berlin, rédacteur du *Journal de l'Église évangélique.*

(2) Neander, professeur de théologie à Berlin; auteur d'une *Vie de Jésus* écrite dans le sens le plus orthodoxe.

des hurlemens épouvantables; il voit des centaines d'yeux flamboyans éclairer les ténèbres. « Ce sont mes vieux camarades les loups, dit-il, qui, sachant mon passage, me fêtent par une sérénade et une illumi- nation; » et aussitôt, montant sur le siége de la voiture, il leur adresse ses remerciemens dans une allocution qui est la parodie des discours adressés en semblable circonstance par les grands personnages poli- tiques.

« Je suis heureux, chers loups, mes camarades, de me trouver au milieu de vous, et d'entendre tant de nobles cœurs me hurler leur sympathie. Ce que j'éprouve en ce moment est indicible. Ah! cette heure fortunée restera éter- nellement gravée dans ma mémoire. Je vous remercie de la confiance dont vous m'honorez, et que vous m'avez conservée à travers toutes les épreuves.

« Loups, mes camarades, vous n'avez jamais douté de moi; vous ne vous êtes pas laissé abuser par de mauvaises langues qui vous ont dit que j'étais passé aux chiens, que j'avais déserté, et que je serais bientôt conseiller au- lique à la cour des moutons. Me défendre de pareilles assertions était tout- à-fait au-dessous de ma dignité.

« La toison que j'ai parfois jetée sur mes épaules, à cette fin de me ré- chauffer, croyez-moi, n'a jamais eu pour effet de m'enthousiasmer pour le bonheur des moutons. Je ne suis ni mouton, ni chien, ni conseiller aulique; je suis resté loup, et mon cœur et mes dents le prouveront. Je suis un loup et hurlerai toujours avec les loups. Oui, comptez sur moi et aidez-vous, alors le ciel vous aidera. »

« Tel fut le discours que je tins en cette circonstance, et sans préparation aucune, dit le poète. Le docteur Kolb (1) l'a publié, mais mutilé, dans la *Gazette Universelle.* »

Enfin, M. Heine arrive à Hambourg, qui, brûlé à demi, à demi reconstruit, ressemble à un *caniche à moitié tondu.* En tant que ré- publique, continue le poète, Hambourg n'a jamais égalé ni Venise ni Florence, mais *on y mange de meilleures huîtres.* Puis il raconte que son éditeur Campe le conduit au restaurant et lui donne un excellent dîner en joyeuse compagnie; si bien que, faisant *in petto* cette ré- flexion attendrie, qu'un autre éditeur l'eût peut-être laissé mourir de faim, il en conclut que Campe est un grand homme, la fleur des libraires, et il rend grace à Dieu d'avoir créé l'éditeur Julius Campe, l'huître au fond des mers, le vin du Rhin sur la terre, et d'avoir fait mûrir le citron pour en humecter les huîtres. A l'issue de ce repas inspirateur, ému, enflammé d'amour pour ses semblables, M. Heine va errer dans les rues aux clartés d'une lune tentatrice. Hammonia,

(1) Rédacteur en chef de la *Gazette Universelle* d'Augsbourg.

déesse protectrice de Hambourg, fille de la reine des morues et de Charlemagne, venue au monde le jour de la fondation de la ville, lui apparaît. (Que nos lecteurs nous dispensent de trop particulariser.) Elle salue le retour du poète : « Après treize ans d'absence, lui dit-elle, je te retrouve le même. Tu cherches toujours les *belles ames* que tu as rencontrées si souvent dans ce quartier. Hélas! tu ne reverras plus ces fleurs charmantes; elles sont flétries, effeuillées, écrasées même par les rudes pieds du destin. »

Tout en devisant de la sorte, la déesse conduit M. Heine en son logis et lui offre une tasse de thé mêlé de rhum. (Elle avale le rhum *sans thé*, observe le poète.) Alors, d'une voix flatteuse et en appuyant sa tête sur l'épaule de son bien-aimé, elle lui reproche d'avoir quitté l'Allemagne pour Paris, ce pays de frivolité, sans même s'y être fait accompagner par un éditeur fidèle, qui, prudent mentor, l'ait su guider et préserver de tous écueils. Elle l'engage à revenir au pays.

« Je t'assure, dit-elle, que les choses n'ont jamais été aussi désespérées qu'on se plaisait à le dire. On a fort exagéré. Toujours, en Allemagne, on a pu, comme jadis à Rome, se soustraire à l'esclavage par le suicide. Le peuple a toujours joui de la liberté de la pensée; elle existe pour les masses; elle n'est limitée que pour le petit nombre de ceux qui se font imprimer... Cette liberté pratique que l'on vante, elle détruira un jour la liberté idéale que nous portions dans notre cœur, et qui était pure *comme le rêve d'un lis*. Et notre belle poésie, elle va s'éteindre. Le roi maure de Freiligrath, il mourra avec bien d'autres rois. Oh! si tu connaissais l'avenir de ta patrie! »

Ici, malgré la meilleure volonté du monde, il nous devient impossible de dire à nos lectrices où cette Béatrix de carrefour conduit son Dante-Polichinelle, pour lui découvrir les destinées futures de l'Allemagne. Qu'il suffise de savoir que le poète est suffoqué par des exhalaisons et des miasmes tels, qu'ils surpassent *tout ce que son nez a jamais pressenti de plus horrible.*

M. Heine interrompt sa narration, en promettant de conter une autre fois ce qui advint encore durant cette nuit mémorable. « Je le raconterai, dit-il, à cette jeune génération qui succède à la *génération des hypocrites*, qui *comprend le poète* et *vient se réchauffer contre sa poitrine.* » M. Heine en prend occasion de nous affirmer que sa lyre est *aimante comme la lumière, pure et chaste comme la flamme,* et, non content de cette affirmation quelque peu hasardée, il nous apprend que cette lyre est identiquement la même que touchait jadis *son père* Aristophane.

« Dans mon dernier chapitre, dit-il, j'ai tenté d'imiter *les Oiseaux*, la meilleure des comédies de mon père. *Les Grenouilles* sont excellentes aussi, ajoute-t-il; le roi aime cette pièce; cela témoigne d'un bon goût antique. Toutefois, si l'auteur vivait encore, je ne lui conseillerais pas de se montrer à Berlin, il pourrait fort bien lui arriver malheur; nous le verrions reconduit à la frontière par des *chœurs de gendarmes* »

Le poète, il faut en convenir, n'a pas ménagé avec beaucoup d'art sa transition; il ne s'est donné aucune peine pour amener là le roi de Prusse, qui devait être la fin, le couronnement de son livre, le *bouquet* de son feu d'artifice.

« O roi! lui dit-il, je veux ton plus grand bien, et je te donnerai un bon conseil : honore les poètes morts, mais épargne les vivans.

« N'offense pas les poètes vivans; ils sont armés d'un fer et d'un feu plus formidables que les foudres de Jupiter, créées d'ailleurs par le poète.

« Offense, si tel est ton bon plaisir, les dieux anciens et les dieux modernes; offense toute la clique de l'Olympe et le très haut Jéhovah par-dessus le marché, mais garde-toi d'offenser le poète.

« A la vérité, les dieux châtient sévèrement les prévarications des hommes. Le feu d'enfer est passablement chaud; on y rôtit et on y grille.

« Mais il est des saints qui, par leurs prières, délivrent le prévaricateur de la fournaise. Par des offrandes et des messes pour les ames, on rachète de gros péchés.

« Et, à la fin des temps, le Christ viendra et brisera les portes de l'enfer, et si même il porte un jugement sévère, plus d'un bon vivant s'y soustraira.

« Mais il est des enfers d'où la délivrance est impossible. La prière y est vaine, le pardon du sauveur y est impuissant.

« Ne connais-tu pas *l'Enfer* du Dante, les redoutables *tercets?* Celui que le poète y a renfermé, celui-là, aucun dieu ne peut plus le sauver.

« Aucun dieu, aucun messie ne le délivrera jamais de ces *flammes chantantes!*

« Prends garde, ô roi! que nous ne te condamnions à un tel enfer. »

On le voit, c'est aussi au roi de Prusse que s'adressent les menaces de M. Heine; c'est à *l'élève d'Ancillon* (1) que parle Freiligrath; c'est par lui que Herwegh ne peut s'empêcher de conclure; c'est à lui encore que Mme d'Arnim dédie son livre démagogique; c'est vers lui que se tournent involontairement les esprits les plus enclins à la rébellion, tant la sage Allemagne est portée d'instinct à honorer ses souve-

---

(1) Titre d'un quatrain de Freiligrath.

rains, à les invoquer même en les maudissant, tant elle persiste à les considérer comme la source, l'origine, l'initiative nécessaire de tout bien. Aussi, sommes-nous disposé à croire, que malgré les symptômes effrayans qui se manifestent, malgré cette fièvre dont les accès se pressent avec une intensité redoublée, il serait encore temps d'arrêter l'invasion du jacobinisme et du communisme par des concessions sérieuses et sincères, par l'accomplissement de promesses échappées à des lèvres augustes, dont les paroles devraient toujours se traduire en faits. Une large part accordée au besoin de publicité, devenu général en Europe; une tribune, une presse libres, seraient à coup sûr de meilleurs remparts pour le trône que des citadelles sur le Rhin et des prisons en Silésie (1). Moins de méfiance et de mauvais vouloir dans les rapports avec la France, moins de condescendance et d'empressement pour le despote moscovite, rassureraient le pays et seraient les signes mille fois bienvenus d'une volonté véritablement libérale. Ces espérances de conciliation seraient-elles chimériques? Nos sympathies pour l'Allemagne nous les font-elles accueillir d'un esprit trop crédule? Ce sont là des questions qu'un avenir assez prochain devra trancher.

Mais revenons aux deux poètes :

On a pu s'en convaincre par les citations que nous en avons faites, il y a un abîme entre la profession de foi de M. Ferdinand Freiligrath et celle de M. Henri Heine. D'un côté, nous trouvons l'expression emphatique d'un sentiment débile qui se gonfle avec effort, de l'autre la prodigue incurie d'une verve intarissable, d'une muse tapageuse et dévergondée qui s'ébat sans grand souci de sa robe bariolée à travers carrefours et rues, jetant, comme les masques du carnaval romain, tantôt des fleurs, tantôt des dragées de plâtre à la face des passans qui rient de ses incartades. Les critiques délicats reprochent à M. Henri Heine d'offenser trop souvent les règles de la bienséance et du goût. Il a répondu à cette accusation, en plusieurs endroits de ses écrits, par des rapprochemens où la vanité d'auteur s'exprime avec une singulière franchise. Dans la préface de ce nouveau volume, il pourrait, dit-il, s'autoriser d'Aristophane, qui parlait devant un public de classiques. Toutefois les Athéniens étant des païens sans aucune notion de morale, il préfère ne citer en exemple d'une licence au moins égale

---

(1) Un grand nombre d'ouvriers silésiens viennent d'être condamnés pour *tumulte*, dit le jugement rendu, à *six* et *neuf* ans de *zuchthaus* (prisons et travaux forcés).

à la sienne que Cervantes et Molière, dont le premier s'adressait à la fleur de la noblesse castillane, et le second au grand roi et aux grands seigneurs de Versailles. Sans placer M. Heine aussi résolument à côté de Cervantes et d'Aristophane, nous lui accorderons cependant de par son talent une indulgence plénière pour ses écarts. Ce mot de goût d'ailleurs est élastique et multiple; chaque siècle, chaque peuple, on pourrait presque dire chaque individu, l'explique à sa manière. Nous croyons, pour notre part, que le sentiment burlesque des choses, l'ironie à tous les degrés est un élément essentiel de l'esprit humain; ce sentiment a de tout temps revendiqué son droit; il s'est fait sa place jusque dans les monumens religieux du moyen-âge, d'une époque d'enthousiasme et de foi. Ne soyons donc ni surpris ni choqués aujourd'hui, au sein d'une anarchie et d'une désorganisation complète, qu'il perce et s'exprime dans toutes ses nuances, depuis le rire amer et sardonique de lord Byron jusqu'à la cynique jovialité de M. Henri Heine.

Il y a d'ailleurs une grande faiblesse, et nous voudrions ne pas la partager, dans cette critique qui, au lieu d'apprécier un homme de talent suivant sa nature propre, s'obstine à lui imposer une loi conventionnelle et à le ranger dans des catégories. S'il est au monde une chose libre, indépendante et sacrée, c'est à coup sûr l'inspiration et la direction de l'esprit. C'est à ce point de vue que nous demandions en commençant à M. Ferdinand Freiligrath de ne pas abandonner, pour l'arène poudreuse des luttes politiques, les horizons lumineux et paisibles où sa muse se plaisait naguère, car nous croyons fermement qu'il s'abuse et détourne le cours naturel de ses pensées. C'est pourquoi aussi nous dirons aux lecteurs trop prudes d'y regarder à deux fois avant de rien retrancher de l'héritage des siècles. Et sans évoquer les noms immortels d'Aristophane, Rabelais, Cervantes, Shakspeare, Dante et Voltaire, pour nous en faire une arme, nous oserons prétendre qu'il peut y avoir au sein de cette confusion de principes, de préjugés, de tendances et de coutumes qui caractérise notre étrange époque, un enseignement caché sous les boutades facétieuses et les audacieux sarcasmes de ce satyre mélancolique que l'on nomme Henri Heine.

D. STERN.

DESCARTES

' ET

SON INFLUENCE SUR LA LITTÉRATURE FRANÇAISE.

―――――

I.

Le caractère fondamental de la littérature française au xvii⁰ siècle, c'est la recherche et l'expression de la vérité. La recherche implique le choix, parmi les vérités diverses, de celles qui sont nécessaires à la conduite de la vie. L'expression s'entend de la communication de la vérité, de l'art de la persuader aux autres et de leur en faire partager la possession.

La vérité cherchée, rencontrée et bien exprimée, c'est l'éloge qu'on fait de tous les bons écrits au xvii⁰ siècle. Là est la gloire de cette époque. Tous ces grands hommes se sont comme distribué le domaine de la vérité universelle, afin d'en faire valoir toutes les parties.

Balzac n'a pas mérité une médiocre estime pour avoir le premier compris cette fin de toute grande littérature, et que l'impatience même du mieux qui lui ôta si tôt la faveur publique avait été en partie son ouvrage. Quel était ce mieux dont il eut l'honneur de donner le goût, et qu'il essaya vainement de réaliser? Les adversaires de Balzac l'avaient indiqué. C'était, d'une part, un sujet, c'est-à-dire un corps de vérités sur une matière déterminée, d'où il résultât un enseignement pour la conduite de la vie; et, d'autre part, un langage exact, c'est-à-dire simplement approprié à ces vérités.

Il n'y a pas d'indication plus sûre que celle des critiques. Eux seuls voient ce qui manque, peut-être parce qu'ils ne voient ou ne veulent voir que ce qui manque. La prévention les sauve de l'engouement, et fussent-ils même poussés par l'envie, pour peu qu'ils aient de sens et d'esprit, l'ardeur même de rabaisser leur fait distinguer ce qui est défectueux et deviner ce qui reste à faire; et comme ils ont besoin de s'autoriser de bonnes raisons pour dissimuler leur prévention, il leur arrive, tout en ne cherchant qu'à donner tort à l'écrivain qu'ils attaquent, de trouver à quel prix se font les écrits qui durent.

Prononcer d'une littérature qu'elle a dû avoir certains caractères, parce que ses plus célèbres auteurs en sont marqués, ce serait prouver trop peu pour ceux qui ne peuvent souffrir ni maîtres ni règles, et qui ne voient pas en quoi les exemples obligent. Mais l'autorité qu'on tire, pour rendre ce jugement, de critiques souvent obscurs, ou du moins tombés dans l'oubli, après avoir eu le mérite fort ingrat de voir ce qui manquait dans des écrits trop admirés, est plus forte que toute contradiction; car, qu'y a-t-il de plus concluant que cet accord entre les critiques qui devinent à l'avance le progrès à faire et les grands écrivains qui le réalisent? Ce progrès était donc dans la nature des choses, dans le génie même de la nation. Les critiques n'ont fait le plus souvent qu'opposer le jugement silencieux des esprits désintéressés aux cris d'enthousiasme des gens engoués, et reconnaître ce que regrettaient ou désiraient les premiers dans ce qui contentait si fort les seconds.

Quand donc on affirme que le caractère de notre littérature est la recherche de la vérité pratique, et l'expression de cette vérité dans le tangage le plus exact, on n'y est pas seulement autorisé par les chefs-d'œuvre de cette littérature, on l'est encore par les critiques, qui, avant l'apparition de ces chefs-d'œuvre, les avaient en quelque sorte annoncés, en combattant, au nom d'un public futur, les défauts précisément opposés à ce qui devait en faire la beauté.

Que reprochait-on à Balzac? D'être orateur sans tribune, sans chaire, sans barreau; de n'avoir pas d'haleine pour un ouvrage de quelque étendue; de ne point parler naturellement, c'est-à-dire de n'avoir point les qualités des grands écrivains qui allaient suivre, et d'avoir les défauts dont ils devaient purger l'esprit français et la langue. Ainsi, avant qu'aucun modèle n'eût paru, on savait à quelles conditions un écrit est un modèle.

Qui devait le premier, dans la prose, remplir ces conditions?

Il faut admirer avec quel merveilleux à-propos les hommes naissent comme tout exprès, dans notre pays, pour réaliser certains progrès pressentis par la partie saine du public, appelés par les critiques, ou indiqués par opposition aux défauts mêmes qu'ils relèvent dans les écrits du moment. Mais il n'est pas une époque où la remarque soit aussi frappante qu'à cette période de l'histoire de la prose, et où cet à-propos me paraisse plus manifestement une loi de l'esprit français. Il nous fallait un sujet, un corps de vérités, d'où sortît un enseignement pratique; un langage approprié, naturel, où les mots ne fussent que les signes nécessaires des choses. Or, qui pouvait mieux accomplir ce double progrès qu'un grand géomètre, devenu grand écrivain, lequel allait traiter des vérités les plus essentielles à l'homme, avec les habitudes rigoureuses de l'algébriste, posant ces vérités comme des problèmes, au moyen de mots exacts comme des chiffres, et résolvant ces problèmes par un enchaînement de propositions évidentes?

C'est là le caractère de Descartes; ce sera encore vingt ans après, avec des circonstances particulières, le caractère de Pascal. Exemple illustre, et que notre littérature offre seule, apparemment pour que nous en tirions un enseignement, de deux hommes de génie, grands géomètres et grands écrivains, placés à l'entrée du xvii⁰ siècle comme maîtres et comme modèles, pour nous apprendre le secret des ouvrages consommés, à savoir de ceux qui sont les plus conformes à l'esprit humain et les plus appropriés au génie de notre pays.

II.

La qualification de *génie effrayant* que M. de Chateaubriand donne à Pascal ne serait guère moins vraie de Descartes. Pour moi, je ne puis me représenter Descartes sans un certain effroi, soit à cause du sentiment de mon infimité, soit par l'idée de tant d'efforts sublimes osés et accomplis avec un corps comme le mien, afin d'arriver à cette puissance d'abstraction qui le fit appeler par Gassendi : ô idée! Seulement Gassendi ne croyait que le railler, et voulait qu'on l'entendît d'un esprit dépourvu du sens de la réalité; tandis que le mot n'est que rigoureusement exact, à l'entendre d'un esprit aussi averti de toutes les réalités que les plus doués de ce sens, mais ayant su se dégager de leur servitude avec une force de volonté extraordinaire et une contention d'esprit vraiment effrayante.

Imaginez, si vous le pouvez, sans épouvante, un homme au sortir du xvi⁰ siècle, après tant d'esprits de tout ordre qui viennent de recueillir toutes les traditions de l'esprit humain, et dont les plus hardis n'ont pensé qu'à la suite des deux antiquités, qui se séparent de toutes ces traditions, des deux antiquités, du présent; de l'humanité tout entière, regardant comme provisoires toutes les notions qui ont fait la croyance des temps écoulés jusqu'à lui, n'en voulant croire aucune définitivement qu'après l'avoir reconnue vraie par une opération de son libre jugement; un homme qui, sans autre contrôle, ni témoignage, ni critérium que sa raison, n'étant soutenu dans ce laborieux affranchissement de sa pensée que par l'amour de la vérité, se pose hardiment le triple problème de Dieu, de l'homme et des rapports qui lient l'homme à Dieu, du monde extérieur et de ses rapports avec l'homme !

L'effroi augmente quand on considère comment cet homme dispose sa vie pour ce grand dessein, et par quelle suite de méditations il trouve enfin un point d'appui, une première vérité évidente, pour y bâtir ses croyances.

Ce fut en l'an 1619 ; après avoir quitté Francfort, où il avait assisté au couronnement de l'empereur, que s'étant retiré sur les frontières de la Bavière, dans une solitude où il n'avait à craindre aucun importun; « n'ayant d'ailleurs par bonheur, dit-il, aucuns soins ni passions qui le troublassent, » se tenant tout le jour enfermé seul dans un poêle, il arriva, de pensée en pensée, à vouloir mettre son esprit tout nu, et à se dépouiller en quelque sorte de lui-même.

Il se crut tout-à-fait libre, à l'état de table rase, ne gardant que le désir ardent de découvrir la vérité en toutes choses par les propres forces de son esprit. La recherche des moyens de la conquérir le jeta dans de violentes agitations. Cette solitude et cette contention opiniâtre le fatiguèrent tellement, que, selon la forte expression de son biographe Baillet, le feu lui prit au cerveau, et qu'il fut troublé par des songes et des visions. Il en eut de si étranges dans la nuit du 10 novembre 1619, que le même Baillet qui en a donné le détail, d'après la correspondance même de Descartes, dit naïvement que, « si Descartes n'avait déclaré qu'il ne buvait pas de vin, on aurait pu croire qu'avant de se coucher il en avait fait excès, d'autant plus, ajoute-t-il, que le soir était la veille de Saint-Martin. »

Après quelques années passées soit à des voyages, dans lesquels il étudiait les mœurs et se fortifiait, par la vue de leur diversité et de leurs contradictions, dans son dessein de chercher la vérité en lui-même, soit à la guerre, où il s'appliquait tout à la fois à étudier les passions que développe la vie des camps, et les lois mécaniques qui font mouvoir les machines de guerre; après quelque séjour à Paris où

il cacha si bien sa retraite, que ses amis mêmes ne l'y découvrirent
qu'au bout de deux ans, il se fixa en Hollande, comme le pays qui entre-
prenait le moins sur sa liberté, comme le climat qui, selon ses expressions, lui envoyait le moins de vapeurs et était le plus favorable à sa
santé. En France, outre les obligations que lui eût imposées son rang,
la température lui paraissait troubler la liberté de son esprit, et mêler
un peu d'imagination à la méditation des vérités qui ne veulent être
conçues que par la raison. Il s'était aperçu, dit Baillet, que l'air de
Paris était imprégné pour lui d'une apparence de poison très subtil et
très dangereux, qui le disposait insensiblement à la vanité et qui ne
lui faisait produire que des chimères. Ainsi, au mois de juin 1628,
ayant essayé un travail sur Dieu, dans une solitude, il n'avait pu réussir, faute d'avoir le sens assez rassis. La Hollande convenait mieux à
son humeur et à sa santé; il y goûtait la liberté de l'incognito, l'ordre,
l'aisance de la vie. C'est l'éloge qu'il en faisait à Balzac, en l'invitant à
s'y venir fixer, peut-être parce qu'il n'avait pas peur d'être pris au mot;
car, même dans ce pays de choix, où il séjourna vingt-trois ans, il
changeait presque continuellement de résidence, non moins pour dé-
pister les visiteurs, que pour trouver le point où il espérait jouir le
plus pleinement de lui-même. Un seul homme connaissait le lieu de
sa solitude; c'était le savant père Mersenne, par lequel il commu-
niquait avec le monde, n'ayant à faire qu'aux idées, et libre de tous
rapports avec les personnes.

Sa retraite en Hollande fut comme une fuite. Il n'en laissa rien savoir à ses parens, pour éviter leurs observations et leurs reproches,
et ne se confia qu'au père Mersenne, auquel il avait fait promettre de
lui garder le secret. C'était au mois de mars 1629. Il avait alors trente-
quatre ans. C'est dans cette solitude si opiniâtrément défendue contre
sa gloire même qui attirait tous les yeux du côté d'où partaient des
lumières si nouvelles, et qui le faisait traiter par ses ennemis de *Tene-
brio* et de *Lucifuga*, qu'il s'attacha avec suite à l'ouvrage qu'il appela
d'abord l'*Histoire de son esprit.*

Il s'était fait un régime de vie accommodé à ses études, et qui tînt
son ame dans la moindre dépendance possible du corps. Il mangeait
fort peu, à des heures réglées, sans jamais passer la quantité qu'il
s'était prescrite, ni par des caprices d'appétit, ni par complaisance
pour ses amis; évitant les viandes trop nourrissantes, pour échapper
à cette oppression des alimens dont parle Pascal, et préférant aux
viandes les racines et les fruits. Il étudiait l'influence de ses affections
morales sur son appétit; il expérimentait toutes choses, son sommeil,

son réveil; d'une condescendance pour les besoins de son corps qui venait moins d'un désir excessif de prolonger sa vie, que de la curiosité d'éprouver sur lui-même ce qui lui paraissait le plus propre à conserver la santé. Placé comme un arbitre indifférent entre ses facultés, le même homme qui était parvenu à penser sans l'aide de ce que les autres hommes avaient pensé avant lui, tenait comme éloignés de lui et sous une sorte de surveillance son imagination et ses sens, afin de se préserver de leurs erreurs, et de se réduire en quelque sorte à sa seule raison. Ainsi, avant qu'il eût résolu par le raisonnement le sublime problème de la distinction de l'ame et du corps, il la démontrait par cet effort même, et dès cette vie il avait détaché et fait vivre son ame à part de son corps. Il n'y a pas, dans l'histoire de l'esprit humain, un second exemple d'un homme s'élevant à ce haut état de spiritualité dans l'ordre de la science, et j'ajoute que, dans l'ordre de la foi, le plus haut état de spiritualité qui se puisse concevoir n'est pas si absolument pur de tout mélange de l'imagination et des sens.

III.

Je juge moins Descartes comme auteur d'une philosophie plus ou moins contestée, que comme écrivain ayant exercé sur la littérature de son siècle une influence décisive.

Le cartésianisme, comme système philosophique, a eu la destinée de tous les systèmes. Après avoir régné pendant la seconde moitié du XVIIe siècle, il s'est vu discrédité au siècle suivant. Aujourd'hui la science y compte quelques vérités évidentes répandues dans un corps de doctrines jugé faux. C'est ce qui est arrivé à toutes les philosophies; en sorte qu'on peut se demander si c'est par le fond même de leur système que les grands philosophes sont immortels, ou bien si c'est par leur méthode, leur logique, la précision de leurs paroles, l'admirable emploi qu'ils font des vérités de la vie pratique pour rendre leurs spéculations plus claires ou plus familières.

Il n'en est pas de même du cartésianisme comme méthode générale pour rechercher et exprimer tous les ordres de vérités dans tous les genres de connaissances. Ce cartésianisme-là est demeuré intact : c'est la méthode même de l'esprit français. Les vérités d'évidence qui ont survécu aux vicissitudes du cartésianisme philosophique doivent être comptées parmi les plus nobles conquêtes de l'esprit humain, sous la forme de l'esprit français. Ces vérités portent sur deux des grands problèmes que Descartes s'était proposé de résoudre, Dieu et l'homme. La science les a recueillies comme des dogmes qu'elle transmet par l'enseignement régulier, et, si ce ne sont des vérités évidentes que par rapport l'homme, il ne paraît pas qu'on les ait remplacées ou qu'on puisse les remplacer par des vérités plus évidentes, ni que les réfutations qu'on en a faites les aient affaiblies.

La première de ces vérités, c'est le fameux axiome : « Je pense, donc je suis. » C'est la première vérité que rencontre Descartes, au sortir de son doute universel. Il y a reconnu le signe même de l'évidence; or, l'évidence étant le caractère du vrai, et notre raison seule pouvant recevoir et juger l'évidence, voilà la raison établie juge suprême du vrai et du faux. Et quelle raison? Ce n'est ni la sienne, ni la mienne, ni la vôtre, avec les différences qu'elle reçoit du caractère de chacun, du pays, du temps, mais la raison universelle, impersonnelle et absolue. Ce fut là la grande nouveauté de la philosophie cartésienne; ce privilège de juger le vrai et le faux, Descartes en dépossédait l'autorité pour le restituer à la raison.

Cette première vérité, ou plutôt ce principe même de toute certitude, le mène invinciblement à une seconde vérité, la distinction du corps et de l'ame, fondée sur l'incompatibilité absolue de leurs phénomènes. Le corps se manifeste par l'étendue; l'ame, par la pensée. Or, quoi de plus absolument incompatible que la pensée et l'étendue? Voilà donc les deux natures parfaitement distinctes, et la même évidence qui fait reconnaître à Descartes l'existence du corps lui révèle l'existence de l'ame.

En vain Hobbes et Gassendi le somment de prouver comment il peut penser hors ou indépendamment de son cerveau, et de montrer la substance de la pensée, et la nature de son lien avec le corps; Descartes, avec une admirable réserve, se contente de distinguer les deux ordres de phénomènes, et de démontrer leur coexistence et leur incompatibilité. Quant au secret de leur réunion, l'ignorance où nous sommes et serons toujours à cet égard détruit-elle donc la connaissance que nous avons de leur existence distincte? et parce que nous ne voyons pas toute la vérité, ce que nous en voyons cesse-t-il d'être évident?

Après avoir tracé d'une main ferme la ligne de démarcation entre l'esprit et la matière, Descartes pénètre plus avant dans le problème. Il rencontre bientôt une troisième vérité également évidente et qui découle de la seconde; c'est l'existence de certaines idées qui ne sont ni le résultat des impressions organiques de notre esprit, ni des déductions de l'expérience, mais qui sortent naturellement de l'ame. Il les appelle innées, non parce que nous les apportons en naissant, mais parce que nous naissons avec la faculté de les produire. De ce nombre est l'idée de l'infini. Et vous voyez d'avance où va le conduire ce nouveau degré, si hardiment franchi, de l'échelle mystérieuse par laquelle il s'élève de la notion de son existence à la connaissance de Dieu. Cette idée de l'infini, qui est en nous naturellement et universellement, qu'est-ce autre chose que l'image d'une réalité qui est hors de nous; et que peut être cette réalité sinon Dieu lui-même, qui s'est comme imprimé en nous par cette idée de l'infini?

Ainsi Descartes conclut de l'idée de l'infini l'existence de Dieu; et cette quatrième vérité, dont la démonstration est le titre le plus glorieux de Descartes, couronne l'édifice reconstruit de la religion naturelle.

Ces vérités, exposées avec un ordre et un enchaînement extraordinaires, frappèrent les esprits d'admiration. Grandes nouveautés, quant à la science de la philosophie, si l'on regarde l'état de cette science alors, ce reste de servitude aristotélique, cette psychologie qui admettait plusieurs ames, l'ame sensitive, l'ame intelligible, l'ame végétative, c'étaient aussi de grandes nouveautés par rapport à la littérature. Elles en renouvelaient l'esprit en même temps qu'elles retrouvaient les fondemens de la philosophie. En effet, ces vérités dominent l'art tout entier : l'existence révélée par la pensée plus sùrement que par la vie physique; la raison juge du vrai et du faux; l'évidence, signe infaillible du vrai; l'ame vivant d'une vie à part et concevant spontanément l'idée de l'infini; Dieu, l'objet qui répond à cette idée. Que pourrait revendiquer le philosophe dans ces grandes idées, qui n'appartienne également au poète, au moraliste, à l'historien?

C'est d'abord par ces vérités et par la méthode qui les rendait évidentes que le cartésianisme exerça une si grande influence sur la littérature. Ces vérités forment d'ailleurs dans la science philosophique une partie essentiellement littéraire et qui ne demande ni l'espèce d'initiation de ceux qui s'y vouent exclusivement, ni une terminologie intelligible aux seuls adeptes. Elle s'en tient à la langue propre à tous les ordres d'idées, et reste accessible à tout esprit ayant reçu une culture générale. Or, Descartes, par le même effort qui le faisait pénétrer au plus profond de la science, trouvait le secret d'en communiquer les résultats à tout le monde; il donnait le modèle de la spéculation philosophique appropriée à tous les esprits cultivés, et il faisait voir qu'en même temps que la science revient à ses vrais principes, elle rentre dans les termes généraux, et que ce qu'on appelle le langage de l'école n'est nécessaire qu'au mensonge ou à l'illusion.

Ajoutez-y tant de vues profondes sur la vie, tant d'idées qu'il tire du monde extérieur, des usages, des mœurs, pour appeler notre mémoire et nos sens à l'aide de notre esprit, et qui sont comme le connu, dont il se sert pour rechercher l'inconnu. Il y a dans Descartes un moraliste supérieur qui a profondément observé la vie, et qui a ce privilége des hommes de génie, de n'en être jamais touché médiocrement; mais il en sait taire tout ce qui ne va pas à son propos. On dirait qu'il se défie de toute observation externe. C'est trop peu pour cette intelligence sublime de l'évidence relative des vérités de l'expérience; il lui faut l'évidence absolue des vérités de la raison. Elle doute de ce qui fait la certitude pour le commun des hommes, et ce fondement où nous nous reposons ne lui est qu'un sable mouvant. Et toutefois l'emploi discret que fait Descartes des vérités d'expérience, afin de nous rendre plus sensibles les vérités métaphysiques, et de nous aider à monter le degré, quand il est trop haut, répand sur ses écrits je ne sais quel agrément qui ajoutait à leur influence littéraire.

Mais c'est surtout par sa méthode que le père de la philosophie moderne tient une si grande place dans l'histoire de notre littérature. J'entends par sa méthode tout à la fois ce dessein de rechercher par les seules forces de la raison la vérité sur tous les objets de la méditation humaine, et les moyens qu'il emploie pour la communiquer aux hommes.

Or, la recherche de la vérité dans tous les ordres d'idées, et la communication de cette vérité par les moyens mêmes que Descartes a employés, n'est-ce pas là toute la littérature du XVIIᵉ siècle? Que chercheront les grands prosateurs et les grands poètes de cette époque favorisée, si ce n'est la vérité universelle, celui-ci des passions, celui-là des vices, cet autre des faiblesses irréparables de l'homme, la vérité des caractères, la vérité des esprits, la vérité des cœurs? Que chercheront Pascal, La Rochefoucault, Bossuet, Bourdaloue, La Bruyère, Fénelon; et dans la poésie, Racine, Molière, La Fontaine, Boileau, sinon, dans les genres les plus divers, des portions de la vérité universelle? Et en quoi consistera la beauté de leur art, sinon dans l'expression parfaite et définitive de cette vérité?

La méthode de Descartes, c'est la théorie même de la littérature au XVIIᵉ siècle. Rechercher la vérité par la raison, la faculté la plus générale à la fois et la plus véritablement personnelle à chaque homme; ne rien admettre dans son esprit qui ne soit évident; bien définir les termes pour ne point confondre les principes entre eux, pour pénétrer toutes les conséquences qu'on en peut tirer, pour ne jamais raisonner faussement sur des principes connus; subordonner toutes les facultés à la raison et l'homme qui sent à l'homme qui pense; réduire au rôle d'auxiliaires de la raison l'imagination et la mémoire, par lesquelles nous dépendons des choses extérieures et sommes à la merci de l'autorité, de la mode, de l'imitation, qui ne reconnaît là l'habitude même de tous les grands écrivains du xviie siècle? Au lieu des personnes capricieuses, variables, ondoyantes du xvie siècle, je vois de belles et pures intelligences auxquelles Descartes a transmis et comme rendu naturelle cette domination de la raison sur la passion, de l'ame sur le corps.

Ces grands hommes ont eu la gloire d'aller plus loin que Descartes dans ce profond spiritualisme. Descartes, qui place la raison si haut par rapport aux autres facultés de l'homme, l'avait trop rabaissée par rapport à Dieu. Il ne voyait dans les notions de la raison que des décrets arbitraires de la Providence. Ceux-ci y verront des vérités absolues contre lesquelles d'autres vérités ne peuvent prévaloir; ils en feront des images de la raison divine, des portions même de Dieu; mais cette vue sublime n'était que la conséquence du principe que Descartes avait posé.

C'est là, si je puis m'exprimer ainsi, le cartésianisme littéraire dont le cachet est empreint sur tous les grands esprits du xviie siècle, sauf Corneille, lequel écrivait *le Cid* l'année même où paraissait le *Discours de la Méthode*.

IV.

Tant de nouveautés si étonnantes et si fécondes parurent pour la première fois dans ce fameux *Discours de la Méthode*, le premier ouvrage en prose dans lequel l'esprit français a atteint sa perfection, et la langue son point de maturité. Les autres ouvrages de Descartes, tant français que latins, ne furent que des développemens des diverses parties de ce Discours ou des preuves des principes qui y étaient exposés : ouvrage formidable, ce mot seul exprime l'impression que j'en reçois, dans lequel il avait résumé près de vingt années de cette réflexion si opiniâtre et si intense, pour laquelle le monde, tel qu'il est, ne lui offrait ni assez de solitude ni assez de liberté, et qu'il défendit contre toutes les distractions extérieures avec cette jalousie et cet égoïsme de la conservation qu'on met à défendre sa vie.

Voilà enfin un sujet, et quel sujet? Qui suis-je? Qu'est-ce que ce corps, et qu'est-ce que cette ame, si étroitement liés et si incompatibles? Qui suis-je par rapport à Dieu? Qu'est-ce que le monde où il m'a placé? Mais ce ne sont là encore que des questions secondes. Descartes remonte plus haut. Suis-je en effet, et qui me le fait voir évidemment? Y a-t-il une ame distincte du corps? Y a-t-il un Dieu, et quelle chose en moi m'en révèle invinciblement l'existence? Quels sont les rapports entre le monde extérieur et moi? Sujet d'un intérêt éternel et toujours pressant, le premier qui s'offre à la pensée sitôt qu'elle est libre de l'autorité, de l'imitation, de l'exemple, et rendue à elle-même; problème dont tous les esprits ont l'instinct, mais auquel la plupart se dérobent, sous l'empire des choses qui ne souffrent pas de délai : nous naissons avec le devoir de le résoudre; nous-mêmes que sommes-nous, sinon ce problème? Quoi de plus près de nous que nous?

Descartes entreprend de se mettre en paix là-dessus. Il veut connaître par la raison naturelle son existence, celle de Dieu, celle du monde extérieur; il veut y arriver par sa propre force, sans le témoignage des siècles, sans donner au consentement de l'univers le poids d'une prémisse dans un raisonnement rigoureux; poussant la difficulté à l'extrême pour rendre la solution plus évidente, et reculant par-delà le doute jusqu'à une sorte de néant de toute croyance, afin de rendre plus invincible celle à laquelle il se fixera.

Cette croyance ne dépend ni du pays, ni du temps, ni des religions établies, ni de la forme des sociétés, encore qu'elle pût s'accommoder de toutes ces circonstances. Ce que Descartes veut croire avec certitude, c'est ce qu'aurait cru un païen, c'est ce que croirait en tout pays et en tout temps un homme doué de raison et capable de concevoir un premier principe et d'en tirer des conséquences. Supposez cet homme rebelle par impuissance à la foi de son pays, ou précipité par certains excès de religion vers l'incrédulité absolue; Descartes veut le retenir sur cet abîme, et l'aider à trouver en lui-même les principes qui le ramèneront à la croyance philosophique, et par elle peut-être à la croyance religieuse. Y a-t-il dans l'histoire de l'intelligence humaine une œuvre plus bienfaisante? Y a-t-il une tâche plus noble que de rendre l'athéisme et le matérialisme impossibles, sans s'aider de l'autorité, de la tradition, de l'exemple, qui engendrent si souvent le doute par la fatigue que nous causent leurs contradictions? Quel service rendra Descartes au genre humain, s'il y réussit!

Mais, jusqu'à ce qu'on ait formé sa croyance, il faut adopter une conduite provisoire selon le lieu et le pays où l'on vit, afin d'éviter l'irrésolution et de vivre le plus heureusement qu'il se peut. Descartes y a pourvu. On se réglera par le respect des coutumes, par la religion établié, par les opinions modérées; on tâchera d'être ferme dans les actions, de plutôt se vaincre que sa fortune, « à cause, dit-il, qu'on n'est maître que de ses pensées, » et de ne rien désirer qu'on ne puisse l'acquérir. C'est là la morale de Descartes.

Il complète ce plan par la recherche de moyens propres à conduire l'homme par rapport à la nature des choses matérielles. Tel est l'objet de sa physique et de sa médecine. Descartes part de ce principe, qu'il y a plus de biens que de maux dans la vie; dès lors, quelle science plus nécessaire que celle des moyens de conserver la santé, qui est le premier bien et le fondement de tous les autres biens? Aussi, avait-il dessein d'employer toute sa vie à cette étude. Il voulait exempter l'homme d'une infinité de maladies du corps et de l'esprit, et peut-être même de l'affaiblissement de la vieillesse. Ses spéculations s'arrêtent à la mort. Il était trop occupé de l'éloigner comme cessation violente d'un état qui lui paraissait offrir plus de biens que de maux, pour songer à la méditer comme le commencement d'une autre vie.

Le *Discours de la Méthode* est le récit des réflexions qu'il avait faites et des résolutions qu'il avait prises successivement pour se satisfaire sur tous ces points. C'est pour cela qu'il le voulut d'abord appeler l'*Histoire de son esprit*. C'était en effet une histoire sommaire qui s'en tenait aux principaux évènemens. Les traités qui suivirent ou accompagnèrent la publication du *Discours de la Méthode* en furent le détail. Les évènemens, c'étaient des vérités conquises; le détail, c'était la suite des raisonnemens qui avaient amené et assuré ces conquêtes. Il faut nous arrêter sur ce plan admirable, d'après lequel a été bâti tout l'édifice littéraire du xviie siècle.

V.

Une comparaison entre l'esprit du cartésianisme, comme méthode générale, et l'esprit du xvie siècle, rendra plus sensible la nouveauté de ce plan.

Le xvie siècle, personnifié dans ses libres penseurs, Montaigne en tête, était arrivé au doute par le savoir. Le *que sais-je?* de Montaigne, le *je ne sçai* de Charron, c'est là la conclusion du xvie siècle, et une conclusion fort douce dont il s'accommode. Le doute est le fruit de la curiosité; je ne dis pas le châtiment, car qu'y avait-il de plus innocent et de plus légitime que la curiosité après le moyen-âge? C'était de plus un système par rapport à l'esprit d'affirmation des sectes religieuses, et une sagesse par rapport aux désordres causés par cet esprit. Le doute est un but à cette époque. C'est ce port dont parle Lucrèce, d'où il y a de la douceur à contempler le péril d'autrui.

Descartes trouve le doute établi; mais, au lieu d'en faire un but, il en fait un moyen. Il consent à douter, mais pour arriver à la croyance. De ce port où se repose Montaigne, il va s'élancer à la recherche de vérités qui régleront sa vie. Le doute pour Descartes, c'est le commencement du travail. Au XVIᵉ siècle, c'est un état passif, auquel l'homme arrive par la multitude des connaissances et l'impossibilité d'y faire un choix. Il s'y plaît toutefois, soit par le souvenir de l'ignorance des siècles qui l'ont précédé, soit par le contraste des excès de religion, et de ce duel à mort d'opinions contradictoires. Le doute de Descartes est l'état le plus actif : c'est une démolition pièce à pièce de tout ce qui est venu en sa connaissance par l'imagination et les sens, sans l'assentiment de sa raison. Il arrache douloureusement toutes ces notions qui s'étaient attachées à sa mémoire, et, pour les empêcher de rentrer par surprise dans son intelligence, il se violente en quelque manière à parler contre elles et à les dédaigner. Descartes suivait en cela la prescription de saint François de Sales contre les passions, desquelles, dit ce saint, on parvient à se défendre en parlant fort contre elles, et en s'engageant ainsi, même de réputation, au parti contraire. C'est ainsi qu'il allait jusqu'à ce paradoxe, qu'il n'est pas plus du devoir d'un honnête homme de savoir le grec et le latin que le langage suisse ou le bas-breton. L'effort qu'il faisait pour se rendre libre à cet égard était d'autant plus violent, que, parmi les idées qu'il rejetait, il en était un grand nombre dont il ne se séparait que pour les reprendre, et qu'il résistait même à ce qu'il devait plus tard trouver évident, jusqu'à ce que l'évidence lui en fût montrée en son lieu et par la raison.

Descartes fit servir ainsi à la recherche de la vérité le doute en général, et, au besoin même, la négation temporaire de la vérité, jusqu'à ce qu'elle rentrât dans son esprit par la voie légitime, c'est-à-dire sous la forme de l'évidence. Aussi lui doit-on donner la gloire d'avoir été le premier écrivain français qui ait sérieusement cherché la vérité; car, pour ne parler que de Montaigne, pour qui ce jugement paraîtrait une sorte de dépossession, est-il exact de dire qu'il cherche la vérité? Oui, s'il s'agit des vérités de fait qu'il rencontre, et qu'il exprime dans un langage excellent; non, si l'on regarde à son but, qui est moins de se faire une croyance pour régler sa vie, que de s'examiner sur tout ce qu'il a appris par les livres ou par l'expérience, et de penser à l'occasion de ses instincts ou de ses actions. Montaigne se plaît dans les vérités d'expérience, les dissemblances individuelles, les contradictions, les fluctuations de l'homme, les particularités et les bigarrures des opinions, des gouvernemens, des polices, de la morale, sans autre leçon à en tirer, sinon que tout cela est matière à curiosité : voilà ce que cherche Montaigne. Ce sont des faits vrais plutôt que la vérité elle-même, laquelle implique une croyance et une règle. La spéculation pour Montaigne est comme un doux exercice de son esprit, dans lequel il fait entrer en leur lieu, à la suite d'autres objets de réflexion fort secondaires, ces grands problèmes auxquels Descartes s'est attaché uniquement, après avoir déraciné de son esprit toutes ces contradictions, tous ces préjugés, toutes ces opinions venues de toutes sources, dont la diversité infinie fait les délices de Montaigne.

Tous deux se prennent pour sujet de leurs méditations : mais, tandis que Descartes se cherche et s'étudie dans cette partie de nous-mêmes qui dépend le moins des circonstances extérieures, et qui porte en elle la lumière qui nous sert à la connaître, la raison, Montaigne se regarde dans toutes les manifestations de sa nature physique et morale, et dans son humeur aussi curieusement que dans sa raison. Cette *faim de se connaître*, qui ne doit pas avoir pour résultat de se fixer, qu'est-ce autre chose, le plus souvent, qu'un vif amour de soi qui se cache sous un air de curiosité pour ce qui est de l'homme en général? Quelquefois ce n'est que le plaisir très misérable de faire voir par quoi on ne ressemble pas aux autres. Aussi toute cette connaissance aboutit-elle à se nier elle-même : que sais-je?

Qu'y a-t-il d'étonnant que Descartes et Montaigne ne communiquent pas de la même manière ce qu'ils ont cherché par des voies si opposées? Montaigne n'a aucun désir de propager ses idées. Comment prendrait-il de la peine pour convaincre ses lecteurs de son doute? Ce doute deviendrait alors une affirmation, et Montaigne n'affirme pas même qu'il doute. « Croyez ce qu'il vous plaira, » est le corollaire du « que sais-je? » C'est même le charme particulier de Montaigne, qu'il ne prétend convaincre personne, et, entre autres libertés qu'il caresse en chacun de nous, il y a celle de n'être pas de son avis. Avec quelle ardeur, au contraire, Descartes communique la vérité, et combien cette ardeur même, qui d'ailleurs est tout intérieure, et que ne rendent suspecte aucun excès de langage, aucune affectation d'éloquence, est une première marque que ce qu'il tient si fort à communiquer aux autres est en effet la vérité! Avec Descartes, il faut pénétrer au fond des choses, revenir à la charge, ne pas se rebuter. Si deux lectures n'y suffisent pas, il faut lire une troisième fois ces raisons qui s'entre-suivent de telle sorte, dit-il, que comme les dernières sont démontrées par les premières qui sont leurs causes, ces premières le sont réciproquement par les dernières qui sont leurs effets. » Il ne permet pas qu'on s'imagine que ce soit assez d'une attention ordinaire pour s'approprier ou pour avoir le droit de rejeter ce qui est le fruit d'une méditation profonde, « ni qu'on croie savoir en un jour ce qu'un autre a pensé en vingt années. » La fuite n'est pas possible avec honneur; car comme Descartes nous fait connaître ce que nous pouvons par la réflexion, et qu'il agrandit notre raison par la sienne, ce serait nous avouer incapables d'application que de lâcher prise après un premier effort, ou que de n'oser même le tenter.

C'est par l'excès de ce désir de convaincre que Descartes est si dur pour ses contradicteurs, outre le mauvais côté des esprits les plus excellens, qui fait qu'ils ne peuvent défendre la vérité sans s'opiniâtrer, et sans en confondre l'intérêt avec le leur. On a dit de Descartes : ce fut plus qu'un homme, ce fut une idée. Je ne l'entends pas seulement de la nouvelle philosophie, par laquelle il est une idée personnifiée; je l'entends aussi de ce miracle d'abstraction par laquelle cet homme qui avait un corps, des sens, une imagination, était arrivé à ce qu'Aristote dit de Dieu : C'est la pensée qui se pense, c'est la pensée de la pensée. Il y a dans sa polémique je ne sais quelle sécheresse et quel ton absolu qui tient de l'idée plutôt que de l'homme; on dirait une vérité aux prises avec des sophismes, et, là où la conviction devient superbe, une ame qui s'étonne d'être contredite par des corps. O chair! dit-il au plus illustre de ses contradicteurs, Gassendi, qui lui répond : O idée! C'est en effet la querelle entre l'ame et le corps. Que cette ardeur est peu dans le tempérament de Montaigne, lui qui avait cru trouver le meilleur moyen de désarmer toutes les contradictions en étant son propre contradicteur, et qui ne soupçonna guère qu'un jour viendrait où son doute serait attaqué et presque calomnié par un homme de génie, par Pascal!

Mais par la même raison qu'on se lasse bientôt de la liberté que nous laisse Montaigne, on est saisi, entraîné par l'autorité et la domination de Descartes. Cette clarté admirable, cette précision, cette généralité du langage, outre la grandeur et l'intérêt pressant de la matière, ôtent tout prétexte de reculer ou de s'abstenir. Qui donc s'oserait dire ou incompétent ou médiocrement touché du sujet? On n'y peut échapper que par imbécillité d'esprit ou paresse : mais celui qui parvient à s'y attacher, y trouve cette douceur de déférer et d'obéir qui est plus un témoignage de force que de faiblesse; et dût-il ne pas se rendre aux résultats, s'il s'est pénétré de la méthode, il est dans la voie de la vérité.

Telle est en effet la force de cette méthode, telle en est la conformité avec l'esprit français, qu'il y eut, au temps de Descartes, des superstitieux de ce beau génie qui prirent pour le législateur même de la nature des choses celui qui ne faisait qu'en reconnaître certaines lois. Les écrits du temps parlent des convictions extraordinaires qu'il produisit. On le croyait si en possession de la vérité sur tous les principes des choses, qu'on lui attribuait le pouvoir de prolonger sa vie, et qu'on regardait son régime particulier comme un principe éternellement vrai de longévité. Lui-même n'avait-il pas été dupe de la rigueur de sa méthode? Tout lui étant cause et effet, là où il n'apercevait pas de cause, il ne redoutait pas d'effet, et il n'attendait pas la maladie de la santé, ni de la maladie la mort. « Je me sentais vivre, dit-il (à quarante ans), et me tâtant avec autant de soin qu'un riche vieillard, je m'imaginais presque être plus loin de la mort que je n'avais été en ma jeunesse. » Il mourait pourtant moins de quinze ans après, ne causant pas moins de surprise que de deuil à ses amis, lesquels ne pouvaient comprendre qu'il fût mort sans l'avoir prédit : quelques-uns même crurent qu'il n'avait cessé de vivre que pour n'avoir pas voulu résister à la mort.

Cette autorité de Descartes, cette domination qu'on sent à le lire, à laquelle on est si heureux de céder quand on l'a lu avec l'application nécessaire, n'est-ce pas là encore l'un des caractères des écrits du XVIIe siècle? Nous en faisons l'aveu par cette qualification proverbiale de *maîtres* que nous donnons aux grands écrivains de cette époque, et où se révèle le sentiment populaire. Pourquoi les appeler nos *maîtres*, sinon parce qu'il y a là une doctrine et des disciples, et qu'à l'idée de la supériorité du génie se joint celle d'un enseignement éternel? Nous le disons non-seulement de ceux qui exposent dogmatiquement la vérité, mais de tous sans exception; car, soit qu'ils tirent eux-mêmes la morale des peintures qu'ils nous font de la vie, soit qu'ils nous la laissent tirer, leur dessein d'exprimer la vérité et d'en persuader les autres hommes est si manifeste, qu'à moins d'une affreuse médiocrité d'esprit et de cœur, il faut éprouver les effets de cette autorité, et faire le propos d'y obtempérer. Nous les trouvons, pour ainsi dire, sur le chemin de toutes nos actions qu'ils ont comme prévues et réglées d'avance, et si nous ne faisons pas ce qu'ils con-

seillent, ou n'évitons pas le danger qu'ils nous signalent, c'est avec le
sentiment d'une sorte de désobéissance envers des maîtres infaillibles.

Cet attachement à la vérité pratique et cette ardeur pour la communiquer, c'est le génie même de notre pays. Nous avons donné le
plus bel exemple, dans le monde moderne, de cette propriété de la
vérité, qui est de susciter dans l'esprit qui la possède le désir et le
devoir de la communiquer. Sitôt qu'elle est apparue à un esprit supérieur, elle cesse immédiatement de lui appartenir; et il faut qu'il la
rende incontinent au public, appropriée à l'intelligence de tous, et à
peine signée, en un coin, du nom de l'inventeur. Celui qui croit la
garder pour soi ne l'a pas trouvée; c'en est quelque ombre dont il se
leurre, et il n'y a pas de plus grande erreur en critique que de dire
d'un écrivain qui n'est pas vrai, qu'il lui était libre de l'être, et qu'ayant
dans une main la vérité et le mensonge dans l'autre, il lui a plu de
laisser échapper le mensonge et de retenir la vérité. Ne rabaissons
pas la vérité, cette portion de Dieu, jusqu'à penser qu'elle n'a pas
assez de charmes pour se faire préférer au mensonge. Ne calomnions
pas même les écrivains faux jusqu'à dire que, pouvant prétendre à
la gloire que donne la vérité exprimée dans un beau langage, ils ont
mieux aimé le scandale qui s'attache aux mensonges écrits avec talent. Leur excuse est dans ces théories mêmes par lesquelles ils essaient de faire tourner leurs défauts à vertu, et leurs fausses vues à
vérité; car qui peut mieux prouver qu'ils n'ont pas été libres de choisir, que le désir de faire croire aux autres que leur erreur est le vrai?

VI.

Descartes ayant été marqué le premier de ce grand caractère et en
ayant fait par son exemple une loi de notre littérature, il n'y a point
d'exagération à dire qu'il est plus véritablement original qu'aucun des
écrivains qui l'ont précédé.

A moins que, par un étrange abus de mots, on ne donne exclusivement la gloire de l'originalité, non pas à la plus grande liberté de
la pensée unie à la plus grande justesse, mais à un certain mélange
de raison et de folie, de génie et de débauche d'esprit, tel qu'on le
voit dans Rabelais, il faudra bien en laisser le mérite à Descartes.

Il est vrai que Montaigne a donné l'exemple d'une autre sorte d'o-
riginalité qui n'est ni ce dérèglement d'imagination où la raison
brille par éclairs, ni la plus grande liberté de la pensée unie à la plus
grande justesse. C'est un certain laisser-aller d'esprit qui consiste à

56.

s'abandonner naïvement à toutes ses idées, s'en fiant, pour ne pas tomber dans l'excès, à une certaine modération naturelle. Telle est l'originalité de Montaigne, et il serait injuste de ne la trouver pas de bon aloi. Mais l'originalité par laquelle un écrivain, différant des autres hommes par le caractère, l'humeur, la condition, et généralement par les circonstances extérieures, ne fait attention qu'aux points qui le rendent semblable à tout le monde, me paraît d'un ordre plus relevé. C'est là l'originalité de Descartes, et quelle plus belle sorte d'originalité y a-t-il que d'être si libre de toutes les circonstances extérieures, que les vérités qu'on exprime ne portent la marque ni d'un temps, ni d'un lieu particulier, ni même de l'homme qui les exprime? Point d'originalité sans une intime et complète conformité avec les autres hommes; point d'originalité sans vérité. Et l'originalité sera d'autant plus grande que cette conformité sera plus générale, que cette vérité sera plus d'obligation.

D'après ce principe, l'autorité qui se fait sentir dans Descartes est une qualité plus originale que la complaisance de Montaigne, en proportion de ce que la discipline est plus conforme à l'esprit humain que la liberté. Qu'est-ce, en effet, que la société elle-même, sinon une vaste discipline? Les gouvernemens, les lois, les religions, l'art, qui comprennent tous les besoins de l'homme, que sont-ce qu'autant de disciplines particulières, répondant à chacun de ces besoins? L'intérêt d'être conduit n'est-il pas plus pressant que celui d'être libre? Et qu'est-ce que la liberté elle-même, sinon le règlement de droits qui pourraient s'entre-nuire? C'est ce besoin de règle, dont l'excès engendre les sectes, les corporations, sortes de sociétés qui ne se trouvent pas suffisamment réglées par la société générale, et qui s'emprisonnent dans une discipline plus étroite; et il se fait presque plus de fautes par l'ardeur d'obéir que par le besoin d'être libre. Si cela est vrai de l'esprit humain en général, combien ne l'est-ce pas plus encore de l'esprit humain en France, dans la seule des nations modernes qui ne prétende conquérir que pour régler? Aussi ne suis-je point surpris d'y voir une grande époque devenir tout entière cartésienne, tandis que les invitations de Montaigne à la liberté et au doute étaient négligées. Et Descartes lui-même n'est-il pas une preuve éclatante que la liberté n'est que le droit d'échanger une mauvaise discipline contre une meilleure? Car, s'il représente la liberté par rapport à la fausse discipline du moyen-âge, ne représente-t-il pas l'autorité et la bonne discipline par rapport aux temps modernes?

Il est un autre point par où Descartes est plus véritablement origi-

nal que les écrivains ses prédécesseurs; c'est son indépendance de
l'antiquité. Depuis la Renaissance, on avait vu les plus grands esprits
n'être que des érudits, et l'esprit français se former, se discipliner,
s'enrichir, à l'école des idées et des souvenirs des deux antiquités. Il
faut applaudir à cette dépendance, parce qu'elle était féconde; c'était
la dépendance du disciple à l'égard du maître, d'une nation jeune à
l'égard du monde ancien, d'un esprit qui se développe à l'égard d'un
esprit consommé. Après avoir suivi avec curiosité, dans les siècles
antérieurs, ces rares traditions de l'antiquité, qui sont comme les
lisières à l'aide desquelles l'esprit français marche d'un pas de plus en
plus assuré, nous avons été heureux de voir de grands hommes, Rabelais, Calvin, Amyot, Montaigne, en égaler sur quelques points les
conceptions à celles de l'esprit ancien, et la langue aux deux langues
universelles. Mais personne n'a marché seul; personne n'a quitté la
main de l'antiquité. L'érudition est la cause ou le but de toutes les
productions de l'esprit. Sa diversité excite la pensée et l'empêche de
se fixer. Elle fait faire des livres agréables, mais sans proportion,
sans plan, sans conclusion. La littérature, au XVIᵉ siècle, n'est souvent qu'un commentaire original des littératures grecque et latine.

Descartes, par le *Discours de la Méthode*, a mis du premier coup
l'esprit français de pair avec l'esprit ancien. L'érudition a fait son
temps. Descartes est un disciple devenu maître. Le premier de tous
les préjugés dont il s'est délivré, c'est la superstition de l'antiquité. Il
marche seul, et son pas est si ferme qu'on s'imagine qu'il crée ce que
le plus souvent il ne fait que restaurer. Avant lui, la raison n'ose guère
se séparer de l'autorité, ni le nouveau de l'ancien; tout se prouve par
des témoignages discutés et interprétés, par des livres, par des auteurs, et toute argumentation est historique. Descartes ne veut pour
preuves que des raisons pures, des vérités de sens intime. Jamais les
témoignages humains n'interviennent dans son raisonnement; point
de citation, point de commentaire.

Lui-même est enivré tout le premier de cette indépendance. Dans
son orgueil naïf de novateur et d'émancipé, il raille l'étude de l'antiquité, et va jusqu'à regretter d'avoir appris le latin, qui empêche,
dit-il quelque part, d'écrire en français. Ne lui en voulons pas. C'était
une si grande nouveauté, et si hardie, que de marcher seul et de ne
pas tomber! La gloire en était si extraordinaire qu'elle a pu, sur ce
point, troubler son grand sens. Il traita l'antiquité comme il allait être
traité lui-même par un de ses plus chers disciples, Leroy, si long-
temps attaché à lui, lequel, pour avoir poussé une de ses vues de dé-

tail, et développé quelques points seulement indiqués, se crut un jour grand philosophe. Descartes n'avait plus besoin de l'antiquité; mais elle était dans ses veines. En vain, pour rehausser le prix de ses inventions, affectait-il de dire qu'il avait fort peu de lecture. Sans croire avec ses contradicteurs qu'il avait tout lu, on peut affirmer qu'il était aussi instruit en toutes choses qu'homme de son siècle, et de beaucoup le plus instruit dans les matières de science et de philosophie. L'antiquité qu'il avait arrachée de sa mémoire, comme corps de doctrines scientifiques et philosophiques, y était restée comme méthode générale : et c'est par l'effet d'une illusion qu'il crut inventer beaucoup de choses qu'il retrouvait. Il avait pu se dépouiller de tout, quant aux opinions : mais il avait gardé les bonnes habitudes, et c'est du commerce même de l'antiquité qu'il avait tiré la force de s'en rendre indépendant.

Il y a d'ailleurs une preuve que, même au plus fort de ses spéculations, loin de négliger l'antiquité, il en tirait des sujets de méditation et en portait des jugemens pleins de goût. Ce sont ses admirables lettres à la princesse Élisabeth sur le Traité de Sénèque : *De la vie heureuse.* Il y avoue que, s'il a choisi le livre de Sénèque pour le proposer comme un entretien qui pourrait être agréable à cette princesse, «il a eu seulement égard à la réputation de l'auteur et à la dignité de la matière, sans penser à la façon dont il la traite; laquelle ayant depuis considérée, ajoute-t-il, je ne la trouve pas assez exacte pour être suivie. » Ailleurs il dit : « Pendant que Sénèque s'étudie ici à orner son élocution, il n'est pas toujours assez exact dans l'expression de sa pensée. » Et plus loin : « Il use de beaucoup de mots superflus.» Et encore, parlant de diverses définitions que donne Sénèque du souverain bien : « Leur diversité, dit-il, fait paraître que Sénèque n'a pas clairement entendu ce qu'il voulait dire : car d'autant mieux on conçoit une chose, d'autant plus est-on déterminé à ne l'exprimer qu'en une seule façon. »

Ce jugement admirable est une critique indirecte de Montaigne, et accuse en général la façon de penser du XVIe siècle, lequel goûtait si fort cette inexactitude de Sénèque. Là encore Descartes est plus original que ses devanciers, parce qu'il est plus dans la vérité. En discréditant les mauvais modèles, il ramenait aux bons, à ceux qu'on peut étudier sans courir le risque de les imiter, parce qu'ils sont inimitables. Balzac avait eu l'honneur de les indiquer le premier. Cet idéal de l'éloquence, considérée comme l'art de persuader la vérité, le conduisait à Cicéron. Mais il ne prit de son modèle qu'un certain appareil de

harangue tout à fait disproportionné à des spéculations de cabinet;
du reste il demeura attaché aux écrivains ingénieux et très-nuancés,
et aux détails qui ne tirent pas leur force de l'ensemble, du plan, de
l'emploi qu'on en fait pour prouver des vérités générales. C'est de
ceux-là que Descartes se sépare, et sans en faire l'objet de réflexions
particulières, il quitte les pensées et la langue des modèles du xvie
siècle, et entre le premier dans la grande manière inimitable. Grandeur et importance pratique des idées, exactitude du langage, le discours réduit à ce qui est essentiel, les nuances négligées, l'auteur au
service de sa matière, et non pas la matière au service de l'auteur; le
soin de prouver, substitué au stérile travail d'orner; l'éloquence elle-
même remplaçant l'image fardée qu'en avait donnée Balzac, c'est là
Descartes, et c'est là le xviie siècle !

En caractérisant l'originalité de Descartes, on explique plus qu'à
demi comment Descartes, plus original que les écrivains du xvie siècle,
est aussi plus naturel.

Qu'est-ce que le naturel dans les écrits? Ne raffinons pas sur les
définitions : il y a à cet égard des vérités d'instinct auxquelles il faut
s'en fier. Que signifie le mot naturel, si ce n'est conforme à la nature?
Et qu'entend-t-on par la nature dans l'ordre intellectuel, sinon ce
qu'il y a de semblable dans tous les hommes, c'est-à-dire la raison?
Les idées sont donc le plus naturelles, lorsqu'elles sont le plus conformes à la raison; et comme il n'y a rien de plus conforme à la raison
que la vérité, plus les idées sont vraies, et plus elles sont naturelles.

Ne quittons pas les vérités d'instinct. Qu'est-ce qu'on entend par
une personne naturelle, sinon une personne dont tous les mouvemens
sont réglés, qui est vraie et judicieuse, et qui parle et agit selon la
vérité et la raison? Ajoutez-y une grace particulière, une certaine facilité à faire toutes ces choses qui sont si difficiles, laquelle donne du
charme à ses actions et à ses paroles, et n'est peut-être que l'impression même qui résulte de ce que tout en elle est conforme à la raison.

Vivre conformément à la nature, ce n'est pas s'abandonner à tous
ses mouvemens, à tous ses instincts, c'est suivre la raison. Pour être
naturel, il faut se rendre libre de toutes les impressions, de tous les
jugemens qui nous viennent du dehors, et qui nous font une fausse
nature à côté de la véritable; il faut arracher cette foule d'idées parasites qui ont fait ombre sur notre propre jugement, et se créer à force
de réflexion une sorte d'isolement et de solitude. Descartes, par la
manière rigoureuse et opiniâtre dont il défendit toute sa vie sa liberté,
par la jalousie de sa solitude, nous a donné à cet égard un plan de

conduite, que nos conditions pour la plupart dépendantes rendent difficile à exécuter, mais qui n'est impossible absolument pour personne. Il regardait l'inconvénient d'être trop connu comme une distraction dangereuse au dessein qu'il avait formé, disait-il, de ne jamais sortir de lui-même que pour converser secrètement avec la nature, et de ne quitter la nature que pour rentrer en lui-même. Il craignait beaucoup plus la réputation qu'il ne la souhaitait, estimant qu'elle diminue toujours quelque chose de la liberté et du loisir de ceux qui l'acquièrent; deux choses qu'il considérait comme les deux plus précieux avantages de sa retraite.

On dit d'un homme qu'il est à la mode, quand sa vanité ou sa légèreté l'a rendu l'esclave de toutes les impressions ou opinions passagères qui ont aujourd'hui la faveur de la foule pour la perdre demain. C'est cet homme qui se fait une taille pour toutes les formes d'habit; qui imite tout ce qui plaît; qui enfin se règle en toutes choses par la réputation plutôt que par la raison. On dit d'un autre qu'il est original, quand il résiste sans modération à tout ce à quoi l'homme à la mode s'abandonne sans volonté, et, s'il a raison, quand il le fait trop voir, et qu'il y met ou un orgueil choquant, ou une affectation qui lui fait perdre l'avantage qu'il avait d'être dans la raison. Toutefois on l'estime plus que l'homme à la mode. La foule la plus entraînée éprouve un certain respect pour celui qui se tient à l'écart, à cause qu'elle sent involontairement qu'elle agit plus par passion que par raison, et qu'en ne la suivant pas on fait preuve de raison. Enfin, de quel homme dit-on qu'il est naturel, sinon de celui qui ne suit l'opinion commune que jusqu'où elle cesse d'être raisonnable; et qui au delà résiste, sans tourner à rôle son avantage sur les autres, et sans s'enticher même de sa raison, ne prenant pas moins garde de se trop distinguer de la foule que de l'imiter?

Telle est l'idée que nous nous faisons du naturel, et il est remarquable que nous ne la séparons pas de l'idée de raison; car qui en a jamais vu donner la louange à une personne commune ou à une personne extravagante? Eh bien! le naturel dans les écrits ne peut pas être et n'est pas d'une autre sorte que le naturel dans la vie humaine. Écrire naturellement, c'est écrire conformément à la raison.

Pascal dit de la lecture des bons auteurs : « Quand on lit des écrits naturels, on est ravi : car on s'attendait à voir un auteur et on voit un homme. » Quel est cet homme? Est-ce l'individu, avec tout ce qui le distingue de tout le monde, avec les particularités de son caractère, avec ses humeurs, ses dispositions qui changent selon les variations de sa santé, avec tous les caprices de la nature variable et individuelle? Non sans doute; car je n'imagine pas que Pascal eût été ravi d'apprendre d'un auteur par quoi cet auteur différait de lui, ni de le voir faire tant d'estime de ces différences, qu'il en entretînt la postérité. C'est donc l'homme dans ce qui lui est commun avec tous les autres hommes, dans tout ce que Pascal rencontre de conforme à la nature immuable et universelle, la raison. Ce qui ne veut pas dire exclusivement, on le comprend du reste, l'homme qui raisonne ou enseigne, mais l'homme qui sent, imagine, s'émeut, se passionne dans une telle mesure, que quiconque le lit s'y reconnaît, et que, par la raison qui nous est commune avec lui, nous comprenons et estimons comme nôtres les passions mêmes qui sont le plus contraires à la raison.

A qui s'applique mieux qu'à Descartes l'idée que nous nous faisons du naturel? Qui s'est tenu plus libre des opinions et impressions du dehors, et a mieux réussi à dégager sa pensée de tout ce qui ne lui était pas propre et ne venait pas directement de sa raison? Qui a écrit plus conformément à la raison? Ce serait n'être pas juste que de n'en pas étendre l'éloge à tout ce qu'il a écrit d'accessoire à ses spéculations, dans lesquelles il n'est pas étonnant qu'on trouve le grand naturel de la raison, puisque c'est la raison elle-même qui s'y manifeste par l'évidence. Tout ce qui est sorti de la plume de Descartes est marqué de cette exactitude qu'il ne reconnaissait pas dans Sénèque, et qui n'est que le rapport parfait des paroles aux pensées, et le choix, parmi les pensées, de celles qui peuvent servir de prémisses à un syllogisme ou de preuves à un jugement.

Je trouve là encore à admirer la justesse de ce qu'on a dit de Descartes, qu'il était une idée faite homme. Descartes est une idée, dans ce sens qu'il recherche la vérité universelle, l'idée pure, avec la seule faculté universelle qui soit en nous, et la seule qui ne dépende pas de l'individu, avec la raison. Il ne s'occupe pas des circonstances extérieures qui pourraient faire flotter sa vue, ni de lui-même en tant qu'individu offrant matière à un examen peu sûr et peu désintéressé. Dès lors toutes les paroles sont exclusivement pour l'idée; elles sont nécessaires et par conséquent parfaites. Elles ne peuvent ni être plus fortes ni être plus ornées. Elles sont ainsi, parce qu'il est impossible qu'elles soient autrement. Mais qu'est-ce donc que le naturel par excellence, si ce n'est tout cela? Plus l'individu qui voit la vérité se met dans l'ombre, plus nous voyons la vérité qu'il nous montre. S'il disparaît complètement, comme fait Descartes, nous ne voyons plus que la vérité seule; c'est elle qui nous parle, qui nous persuade directement.

Le XVIᵉ siècle n'a jamais eu ce naturel. Est-ce dans Montaigne

qu'on en chercherait un exemple? Mais à qui s'applique moins l'idée
de ce naturel par excellence qu'à Montaigne, à cet homme occupé à
se peindre, et par conséquent à se farder; à s'analyser, et par conséquent à se prêter ou à se retrancher certains traits; par là subtilité
même de son esprit, et par cette curiosité qui se crée du spectacle;
n'ayant pas même ce dessein tellement arrêté, que ce qui l'en éloigne
ne l'intéresse guère moins que ce qui l'y ramène; penseur à la suite
d'autrui, et à propos d'une lecture qui le pique, qu'un passage de Plutarque détermine à écrire aujourd'hui dans un sens, et qu'un passage
contradictoire déterminera demain à écrire dans un autre sens; qu'une
idée ingénieuse attache tout un jour, et qu'une citation fait changer
de chemin; qui suspecte la nature universelle et ne se plaît qu'en la
nature variable; qui pense presque plus souvent pour le plaisir d'écrire,
qu'il n'écrit pour amener ses pensées à la plus grande clarté; auquel
ses amis reprochent d'épaissir sa langue, comme on reprocherait à
un peintre d'empâter ses couleurs, défaut qui ne vient que de la trop
grande attention donnée au détail?

Il y a cependant une sorte de naturel dans cette impossibilité même
d'en avoir la meilleure sorte et la plus relevée, qui est celui des Descartes. C'est le naturel d'une personne dont la raison ne règle point
toujours l'imagination et la sensibilité, mais qui met une certaine
grace à ne s'en point cacher, et qui, n'ayant d'ailleurs que des caprices
qui ne choquent point, ou des défauts qui ne font que nous rendre
moins mécontens des nôtres, s'y abandonne avec naïveté, et dans une
mesure qui n'incommode pas les autres. Montaigne est tout plein de
ce naturel; mais il a bien rarement celui que donne la raison appliquée
à la recherche de la vérité. Il se jette à chaque instant hors de la raison
générale, qu'il n'a pas d'ailleurs reconnue, et un grand nombre de ces
délicatesses de pensée et d'expression, de ces nuances dont il est si
chargé, ne peuvent point passer de son esprit dans l'esprit de ses lecteurs. Je n'admire pourtant pas médiocrement le naturel de Montaigne;
il a une perfection qui lui est propre; et il n'est que trop conforme à
toutes les faiblesses de la nature variable et individuelle, dont il est
comme l'image la plus naive. Mais je lui préfère le grand naturel de la
raison, parce que l'exemple en est ou dangereux, par la tendresse qu'il
nous donne pour nos faiblesses et nos bizarreries, ou stérile, comme
tout ce qui provoque à l'imitation; car quel exemple est plus tentant que
celui d'un auteur qui fait la même estime de toutes ses pensées indis-
tinctemen t et qui professe la doctrine que la langue de son pays en doit
être la servante, et qu'où elle fait défaut, tout est bon pour y suppléer?

Le naturel que j'admire dans Descartes a des effets tout contraires.

Outre qu'il soutient l'ame, et qu'il la met en garde contre toute pensée qui ne lui arrive pas par la bonne voie, il rend l'imitation impossible. On n'a pas ce grand naturel à demi, ni par imitation; on l'a tout entier et on l'a de génie, comme Descartes. Je l'ai dit de reste, on n'imite d'un auteur que le tour d'esprit ou les défauts de l'individu; on n'imite pas ce qui est de l'homme; et c'est une mauvaise mesure de la grandeur d'un écrivain, que le nombre de ses imitateurs. J'y vois seulement la preuve que, dans cet écrivain, le tour d'esprit domine le fond, et qu'il a plus de physionomie que de beauté. Je suis sûr d'y trouver un certain défaut familier, un côté où penche son esprit, faute de force pour se tenir en équilibre, une faiblesse qu'il a su rendre séduisante par l'adresse dont il la déguise. Un écrivain n'est grand qu'en proportion qu'il est inimitable, et il l'est d'autant plus que sa raison est plus maîtresse de ses autres facultés, et qu'en lui l'homme l'emporte sur l'individu.

L'exemple d'un tel écrivain est salutaire par la défiance qu'il nous donne de tout ce qui ne vient pas en nous par la raison; il est fécond, parce qu'en nous défendant contre toutes les servitudes extérieures et en nous ramenant sans cesse comme au centre de nous-mêmes, à ce sens intime qui nous est manifesté par la raison, il nous apprend le secret de valoir et de produire, et d'un individu de l'espèce, il fait un type, un roi de la création, comme Buffon définit l'homme.

Tel a été Descartes. Aussi n'eut-il pas d'imitateurs. Ceux qui purent pratiquer sa méthode y trouvèrent le secret d'être à leur tour inimitables. On n'imita pas Descartes, on l'égala. Ceux même qui devaient immoler la raison à la foi n'usèrent pas d'un autre moyen que Descartes qui venait d'en faire le juge suprême du vrai et du faux. Ils raisonnèrent l'abdication de la raison aussi rigoureusement que Descartes son avènement à l'empire. Il n'y eut entre eux que cette différence, que ce qui avait pu contenter Descartes au sortir du XVIe siècle, ne pouvait, après Descartes, contenter des hommes que sa méthode avait rendus avides de vérités plus certaines que l'évidence même. Quant à ceux qui, à son exemple, continuant de tenir la science séparée de la foi, gardèrent, dans la plus entière soumission d'esprit sur les choses de la religion, la plus grande indépendance sur toutes les choses de la raison, à quoi en furent-ils redevables, sinon à sa méthode, qu'ils eurent la force d'appliquer à la conduite de leurs pensées et de leur vie?

VII.

Descartes n'exerça donc pas sur son époque cette sorte d'influence qui se manifeste par l'imitation, et qui est comme la livrée qu'un écrivain brillant fait porter à ses contemporains. Ce grand nombre d'imitateurs ne rehausse pas la gloire du modèle; cela prouve tout au plus que ses défauts viennent moins du manque d'esprit que du mauvais emploi qu'il en a fait, et que ses contemporains sont médiocres. L'influence de Descartes fut celle d'un homme de génie qui avait appris à chacun sa véritable nature, et, avec l'art de reconnaître et de posséder son esprit, l'art d'en faire le meilleur emploi. Voilà pourquoi les écrivains qui vinrent immédiatement après lui, quoique les plus originaux et les plus naturels de notre littérature, sont néanmoins presque tous cartésiens. Ils le sont par ses doctrines qu'ils adoptent entièrement ou en partie; ils le sont par sa méthode qu'ils appliquent à tous les ordres d'idées comme à tous les genres.

Tout près de lui, les premiers qui portent cette glorieuse marque de liberté, Pascal, le grand Arnault l'avaient personnellement connu. Dans Pascal, le mépris de l'antiquité comme autorité scientifique, la souveraineté de la raison dans tout ce qui n'est pas du domaine de la foi, sont du plus pur cartésianisme; mais celui qui l'applique une seconde fois était capable de l'inventer. La ferme et droite raison d'Arnault, cette méthode exacte, cette vigueur de déduction, sont des traditions cartésiennes. C'est l'esprit de Descartes qui souffle dans le chef-d'œuvre d'Arnault et de Nicole, la *Logique de Port-Royal*. Ce manifeste de l'esprit moderne contre l'esprit du moyen âge dans les deux discours préliminaires; ce titre d'*Art de penser*, substitué au titre d'*Art de raisonner*, qui servait à définir la logique; cette recherche des causes qui font les jugemens faux; l'autorité de la raison proclamée dans les choses de la science, tout cela est cartésien. Les règles qui sont données dans le corps de l'ouvrage, pour ce qui regarde la conduite de la vie, ne sont que des développemens de la méthode. Du reste, les auteurs ne manquent pas de s'en reconnaître redevables à Descartes, « un célèbre philosophe de ce siècle, disent-ils, qui a autant de netteté d'esprit qu'on trouve de confusion dans les autres. » Ce n'est pas seulement un acte d'honnêtes gens; c'est la preuve que ces excellens esprits aimaient plus la vérité que l'honneur de l'avoir trouvée, et tenaient à ce que l'on sût, dans l'intérêt même de la vérité, que ce qu'ils pensaient à leur tour, un homme célèbre l'avait pensé avant eux.

Les imitateurs ne font pas ainsi : ils n'avouent pas celui qu'ils imitent, l'imitation n'étant qu'une médiocrité d'esprit, mêlée de beaucoup de vanité, qui cache ses emprunts, ou quelquefois ne s'aperçoit même pas qu'elle emprunte.

C'est par sa logique que Descartes mit sa marque sur Port-Royal; sa métaphysique a inspiré deux hommes de génie, dont l'un s'en appropria les principes avec la liberté d'esprit et la mesure admirable qui lui sont propres, et dont l'autre les reçut en disciple fidèle, et les développa en disciple ingénieux, Bossuet et Fénelon.

Bossuet suit Descartes dans son beau traité de la *Connaissance de Dieu et de soi-même*, ouvrage tout cartésien par les principes et par son titre même. Il y donne la même définition de la philosophie, et y comprend de même les sciences; il distingue dans nos sensations les phénomènes de l'esprit et ceux du corps; il assigne la même origine à nos idées, et trouve dans l'entendement des idées supérieures aux idées sensibles; il donne la même preuve de l'existence de Dieu; il reconnaît comme Descartes la souveraineté de la raison dans toutes les opérations de l'esprit, dans l'appréciation du vrai et du faux, dans la conduite de la vie.

Fénelon, avec moins d'indépendance que Bossuet, abrége ou développe Descartes. Son traité de l'*Existence de Dieu* reproduit les principales vérités de la métaphysique cartésienne, à laquelle il mêle des ornemens agréables, dans le but d'intéresser l'imagination à des vérités de raison.

La psychologie de Descartes attira au cartésianisme les compagnies de beaux esprits; c'est par là qu'il fut un moment à la mode. Il en faut voir de piquantes anecdotes dans madame de Sévigné dont la société était toute cartésienne. On y disputait de la nouvelle philosophie, à la suite d'une partie d'hombre et de reversi. Le chevalier de Sévigné y soutenait contre tout venant celui que sa sœur, madame de Grignan, appelait *son père*. Il semblait à madame de Sévigné, dans son admiration pour Descartes, que les nièces de ce grand homme dansaient mieux le passe-pied que les autres. Puis ce sont nombre de mots fins et charmans qui sentent fort leur cartésianisme. « Je vous aime trop pour que les petits esprits ne se communiquent pas de moi à vous, et de vous à moi. » Et ailleurs : « J'aimerais fort à vous parler sur certains chapitres; mais ce plaisir n'est pas à portée d'être espéré. En attendant, je pense, donc je suis; je pense à vous avec tendresse, donc je vous aime; je pense à vous uniquement de cette manière, donc je vous aime uniquement. »

Boileau, dans l'*Arrêt burlesque*, vengeait la philosophie de Descartes des dénonciations de l'Université de Paris, et en gravait le précepte essentiel : « Aimez donc la raison » à toutes les pages de l'*Art poétique*, ce *Discours de la Méthode* de la poésie française.

Qui ne sait par cœur l'enthousiaste déclaration de foi de La Fontaine sur Descartes :

> Descartes, ce mortel, dont on eût fait un dieu
> Chez les païens, et qui tient le milieu
> Entre l'homme et l'esprit.....

D'autres fables, parmi ses plus belles, portent la marque des idées philosophiques de Descartes. Racine en avait recueilli et comme respiré la tradition vivante dans le commerce avec Port-Royal; et si ses personnages raisonnent moins et pensent ou sentent plus que ceux de Corneille, n'est-ce pas le fruit de cette doctrine qui avait changé la définition de la logique, et remplacé l'art de raisonner par l'art de penser?

L'ordre des temps excepte Corneille de cette influence. Corneille, comme Descartes, n'eut pas d'ancêtres, ni de tradition. Mais serait-il juste d'en dire autant de Molière, parce qu'il fut l'élève du plus célèbre des contradicteurs de Descartes, Gassendi? J'y verrais au contraire une preuve que cette influence l'a touché plus directement et plus tôt que les autres : car comment douter que Gassendi ne prît ses disciples à témoin de ce grand débat, et, d'après ce qu'on sait de son caractère, qu'il ne leur donnât à lire les écrits de son rival? Pourquoi donc cet ordre admirable de Descartes, cette simplicité toujours noble, cette exactitude sans recherche, cette profonde connaissance de l'homme qui perce à chaque instant sous la discussion métaphysique, n'auraient-ils pas aidé Molière à connaître son grand naturel? C'est Descartes que je sens dans l'une des plus étonnantes beautés du théâtre de Molière, dans cette logique du dialogue si abondante, si libre dans ses tours, et toutefois si serrée. Il serait puéril d'ôter à Gassendi, pour la donner à Descartes, la gloire des premières impressions que reçut le génie de Molière; mais il est vrai de dire que tous deux y ont eu part, Gassendi par son attachement même pour les vérités d'expérience qui sont le fond de la comédie; Descartes par sa méthode, qui donnait pour tous les genres d'ouvrages les règles de l'art, c'est-à-dire de l'expression durable.

Telle fut l'influence de Descartes sur le xviie siècle. L'histoire des lettres offre beaucoup d'exemples d'écoles littéraires dont le maître a été un homme de talent, faisant illusion par quelque défaut sédui-

sant, et dont les disciples n'ont été que les plagiaires de ce défaut.
Mais où trouve-t-on ailleurs que dans l'histoire des lettres françaises
l'exemple d'une école dont les disciples ont été des hommes de génie,
parce que le génie même du maître a été d'apprendre à chacun sa véritable nature, et de mettre les esprits en possession de toutes leurs
forces, en leur en indiquant le meilleur emploi? Ce que les grands
hommes du xviie siècle ont appris de Descartes, c'est la connaissance
du naturel de leur pays, de ce qui fait de l'esprit français l'image la
plus parfaite, à mon sens, de l'esprit humain dans les temps modernes.
Et de même que chacun de nous n'acquiert toute sa force que le jour
où il se connaît, et que, pour valoir son prix, peu importe que sa mesure soit grande, pourvu qu'il la connaisse exactement; de même une
nation n'acquiert toute sa grandeur, dans les choses de l'esprit, que
le jour où elle a une connaissance exacte de son génie; et elle ne s'y
soutient qu'en proportion que cette connaissance s'y conserve. Le jour
où elle se fatigue de son génie, et où, croyant l'étendre, elle le dénature, il lui arrive la même chose qu'aux individus qui se cherchent
hors d'eux-mêmes, et qui pensent à s'enrichir par l'imitation. Descartes
a eu la gloire d'apprendre aux Français leur véritable génie, et cette
gloire durera tant que ce génie se souviendra de ce qu'il a été. La méthode cartésienne ne cessera pas d'être l'une de nos facultés : instrument admirable, qui, faute de mains assez robustes pour le manier,
pourrait bien être délaissé, mais qui ne s'usera jamais par l'emploi.

VIII.

En même temps que Descartes donnait le premier une image parfaite de l'esprit français, il portait la langue française à son point de
perfection. La première chose d'ailleurs emportait la seconde; car
comment concevoir la perfection d'une langue, sans la parfaite conformité des idées qu'elle exprime avec le génie du pays qui la parle?
Ce n'est pourtant pas toute la langue; mais c'est tout ce qui n'en
changera pas, et qui la rendra toujours claire pour les esprits cultivés;
c'est, si je puis parler ainsi, la langue générale. Toutes les qualités
d'appropriation y sont réunies. L'effet d'une langue étant de rendre
universelle la communication des idées, et les hommes ne communiquant point entre eux par leurs différences, mais par leurs ressemblances, et par la principale qu'ils ont entre eux, qui est la raison, une
langue est arrivée à sa perfection, quand elle est conforme à ce que
nous avons de commun entre nous, à la raison. Telle est la langue de
Descartes. Les choses n'y peuvent pas toujours être comprises du

premier effort, ni communiquées par une première lecture, et peut-
être même sont-elles inaccessibles à bon nombre d'esprits ou trop peu
cultivés, ou trop indifférens à ces grandes matières; mais la faute n'en
est jamais à la langue. Jamais le rapport des mots aux choses n'y est
forcé ou trop éloigné; jamais la langue n'y est en-deçà et n'y va au-
delà des idées; et si quelqu'un n'arrive pas jusqu'à la force du mot,
ou s'il la dépasse, c'est par trop ou trop peu d'attention, ou parce que
son imagination s'est ingérée dans le travail de sa raison. Il ne manque à la langue de Descartes que ce qui n'y était pas nécessaire : et
ce n'en est peut-être pas la moindre beauté que l'exclusion de beautés
qui n'appartenaient pas à la matière, et dont néanmoins Descartes
avait le don. Je reconnais là pour la première fois le goût, ce sentiment de ce qui convient à chaque sujet, à chaque ordre d'idées, et
qui fait qu'à des yeux exercés les écrivains du XVIIᵉ siècle, Descartes en tête, ne sont guère moins grands par ce qu'ils excluent
de leur langue que par ce qu'ils y reçoivent.

Je sais bien que cet idéal de la langue de Descartes ne remplit pas
l'imagination de ceux qui rêvent une langue formée de toutes les
qualités des langues modernes, et qui veulent voir dans chaque ordre
d'idées tous les genres de beautés réunis. Ceux-là me paraissent avoir
perdu quelque chose de plus encore que l'intelligence de la langue
de leur pays; ils ont perdu le sentiment même de la valeur des idées.
Ils ne cherchent pas dans les livres le plaisir de la vérité; ils y cherchent
une pâture pour une certaine curiosité inquiète qui vient d'un esprit
mal réglé. Ils ne sont pas de notre pays.

Descartes a donné le premier modèle de la langue, mais il ne lui a
pas posé de limites. La raison devant être souveraine dans tous les
ordres d'idées et dans tous les genres d'écrire, puisque le cœur ne
peut être touché ni l'imagination frappée que de ce que la raison
approuve secrètement, la langue de la raison doit régler l'expression
de toutes les idées, et c'est dans ce sens-là que le premier qui parla
cette langue en perfection donna le modèle même de la langue française; mais, sous cette règle suprême, qui ne gêne que nos défauts,
la langue allait recevoir de grands accroissemens de la variété des
sujets, et de la physionomie propre à chaque auteur; car les langues
sont comme l'humanité qui est tout entière en chacun de nous, et qui
néanmoins se produit avec une diversité qui n'a de limites que le
nombre des individus. Ainsi, la même langue parlée par deux hommes
avec la même exactitude reçoit du caractère de chacun quelque variété
qui en fait la grace.

D. NISARD.

SATIRES.

LES TRAFIQUANS LITTÉRAIRES.[1]

Soldats (c'est à mes vers que je parle en ces termes),
Soyez plus que jamais et résolus et fermes :
La circonstance exige un vigoureux effort.
Nous rentrons en campagne, et nous allons d'abord

(1) Les vices publics appellent la répression, les grands scandales sont justiciables de la satire. Le moindre de leurs nombreux inconvéniens, et qui devient une nécessité dernière, c'est de forcer cette satire elle-même, qui les combat, d'aller sur leur terrain, et, en luttant contre eux, de les toucher, pour ainsi dire, à pleine main et corps à corps. Les anciens n'ont jamais reculé devant ce genre d'exécution : on sait l'audace de Juvénal. Nos aïeux gaulois ne reculèrent pas davantage, et Regnier osa dire en face aux hypocrites de son temps leur secret. Avec Boileau, la satire redevint plus purement littéraire, et les grands vices semblaient se soustraire à son ressort. Gilbert la refit audacieuse et directement sociale. Tout au commencement de ce siècle, il se publia quelques essais en vers contre les scandales de toute sorte légués par le Directoire, et les *quatre Satires* de Despaze furent, un moment, remarquées. A des excès d'un genre nouveau, mais qui, à certains égards, valent tous ceux du passé, il n'est pas inutile d'opposer des voix mâles, qui sachent parler haut, et surmonter au besoin les rumeurs des coalisés. C'est pourquoi nous n'hésitons pas, à publier ces vers, où un poète honnête homme a rendu avec franchise des pensées qui ne sont que vraies.

TOME VIII.   57

Faire une charge à fond sur les auteurs sans style,
Sur la littérature infime et mercantile.
Chauds encor du courroux dont vous avez frémi,
Attaquez bravement ce nouvel ennemi.
Au roman-feuilleton quand vous livrez bataille,
Ne jugez pas sa force en raison de sa taille,
Et que de l'art français ce fils adultérin,
Par vos coups abattu, reste sur le terrain.
La justice est pour vous, le bon goût vous seconde.
David était petit, petite aussi la fronde,
D'où partit le caillou qui finit le destin
Du massif Goliath, le géant philistin.

Oh! lorsqu'à dix-huit ans, ame honnête et candide,
Ignorant tout calcul, tout sentiment sordide,
Écolier plein d'ardeur et désintéressé,
Au seul aspect du beau palpitant, oppressé,
Cherchant avec amour les traces des vieux maîtres,
Je me vouais de cœur au saint culte des lettres,
Qui m'eût dit que j'aurais un jour pour compagnons
Tant de spéculateurs et tant de maquignons?
Certes, si j'avais su la boutique aussi sale,
Quel commerce on y fait, quelle odeur s'en exhale,
J'eusse bien rabattu de mon naïf orgueil,
Et peut-être, d'effroi, reculé dès le seuil.
Au lieu du vrai poète, industrieuse abeille,
De Flore dans son vol butinant la corbeille,
Qu'ai-je trouvé, bon Dieu! des frélons affamés,
Un tas d'êtres perdus et de gens diffamés,
Courtiers, agioteurs, marchands, hommes d'affaires,
Exploitant avant tout les veines aurifères,
Toujours prêts à lancer dans le premier journal
Les vils produits d'un art mercenaire et vénal,
Écrivains-usuriers déshonorant la plume,
Alchimistes cherchant de volume en volume
Ce merveilleux secret qui les séduit d'abord,
La transmutation de la pensée en or.

Si du moins je pouvais de leur négoce immonde
Par mon rude parler désabuser le monde!

L'artiste est toujours noble, et ce n'est pas en vain
Que Despréaux condamne un auteur âpre au gain.
Il est temps de livrer aux publiques risées
Ces idoles du jour, d'un coup de poing brisées;
Il est temps de saisir la férule; il est temps
De clore un peu le bec à tant de charlatans,
De crier plus haut qu'eux, de montrer que la vogue
N'a pas le sens commun en adoptant leur drogue,
De décrocher enfin leurs menteurs écriteaux,
Et de jeter à bas leurs impudens tréteaux.
Je ne m'en cache pas, leur succès me contriste,
Moi, loyal ouvrier, obscur et pauvre artiste.
N'est-ce pas une honte, en effet, de les voir
Au probe travailleur enlever tout espoir,
Avec leur lourd fatras, leur style d'antichambre,
Occuper le lecteur de janvier à décembre,
Et troubler, à l'égal des grands évènemens,
Le public de Paris et des départemens?
Le roman n'est pas né, que déjà l'on fait rage,
Et pour lui s'organise un vaste compérage.
On le prône à l'état de germe, de fœtus;
On *chauffe* les esprits; les moyens rebattus
Ne sont pas négligés; si l'acquéreur est riche,
Il sème la réclame, il prodigue l'affiche.
C'est ainsi que l'on fait, par des tours frauduleux,
A de vrais avortons des succès scandaleux,
Et quand le livre naît salué de fanfares,
Vanté comme le fils d'un esprit des plus rares,
Comme une œuvre sublime, un prodige immortel,
Plus d'un niais y mord et l'accepte pour tel.

Jaloux! dira quelqu'un. Moi? Permettez, mon maître :
Je m'adresserais mieux, si j'étais homme à l'être.
Jaloux! Et de quoi donc? De ce style ampoulé,
Dans un moule banal grossièrement coulé,
De ces tableaux communs, de ces pauvres idées,
S'entassant pêle-mêle, ou gauchement soudées;
De cet échafaudage à grands frais s'élevant,
Pour faire une baraque à choir au premier vent?
Sans doute on est froissé de voir des rhapsodies

A titre de chefs-d'œuvre en tous lieux applaudies,
De voir tel barbouilleur vendu cher, *illustré*,
Quand plus d'un vrai talent de sa gloire est frustré.
Le roman-feuilleton nous traque, nous opprime;
Son bruit ne permet pas qu'on entende la rime :
Mais ses auteurs, vers qui, béans, nous nous tournons,
Ont beau voir sans repos carillonner leurs noms;
Ils ont beau, du public amour et coqueluche,
Se pavaner au comble où l'engouement les juche,
Sachant comment leur vient ce triomphe éclatant,
Je n'achèterais pas leur gloire *au prix coûtant*.

Non, certes, car leur gloire est bien de contrebande,
Toute faite de puffs et d'œuvres de commande.
Pour plaire à notre siècle et marcher à son gré,
Ils ont su découvrir *le genre accéléré*.
Scudéry n'est plus rien, dont la fertile plume
Tous les mois, nous dit-on, accouchait d'un volume.
Nos faiseurs riraient bien de son maigre labeur.
Ils ont à l'art d'écrire appliqué la vapeur.
Leur plume est la machine ou la locomotive
Que précipite au but le chauffeur qui l'active;
Ils font un livre à l'heure; ils vous ont des cerveaux
De la force de cent ou de cent vingt chevaux.
Le puits artésien, c'est leur verve; elle abonde
Comme l'eau d'un étang dont on ôte la bonde;
On ne peut échapper à ce flot redouté.
Mais on sait le secret de leur fécondité :
Ils sont entrepreneurs; ils ont des filatures,
Des ateliers d'esprit et des manufactures.
Là, se confectionne, et toujours sans lenteur,
Le produit attendu par le consommateur;
Là, grace aux ouvriers, maîtres et contre-maîtres,
On peut, à jour fixé, vous livrer tant de mètres
De style, si pourtant l'on peut nommer ainsi
Je ne sais quoi de mou, de fade et de ranci,
Sortant à point nommé de ces pauvres cervelles
Qui vont fonctionnant comme des manivelles.
Quel métier, juste ciel! N'est-il pas affligeant
De voir ce que l'on fait de l'être intelligent,

De voir ces journaliers du roman et du drame
Dilapider ainsi leur talent et leur ame?
Mais il faut aller vite, il faut improviser;
Le mode expéditif, c'est où l'on doit viser.
Or, seul, on est trop faible, et de nos jours en France,
Afin de soutenir la grande concurrence,
On a vu s'élever ce fléau corrupteur,
Cet opprobre de l'art : le collaborateur.

Autrefois, on faisait ses ouvrages soi-même;
On portait sur ce point le scrupule à l'extrême.
Maintenant, on s'y prend de tout autre façon :
Chacun a son manœuvre et son aide-maçon ;
L'un fait le sérieux et l'autre le folâtre;
L'un fournit le moellon, l'autre gâche le plâtre;
L'un couve l'œuf après que l'autre l'a pondu.
On n'y connaît plus rien, et tout est confondu,
Car les livres nouveaux que Paul met en lumière
Sont combinés par Jean et sont écrits par Pierre.
Pêle-mêle sans nom! tripotage hideux!
Conçoit-on ces produits manipulés à deux,
A trois, à quatre, à cinq, ces plats faits à la hâte,
Ces gâteaux dont chacun a repétri la pâte?

J'estime un pauvre diable, honnête charpentier,
Agençant à lui seul un mélodrame entier.
Son style n'est pas fort, mais du moins c'est son style.
Ce qui me trouvera toujours d'humeur hostile,
Ce sont ces commerçans, faisant ensemble un bail,
Et mettant en commun leur fétide travail ;
Ce sont ces arrangeurs de quelque œuvre cynique,
Ces cotisations, sorte de pique-nique,
Où plusieurs beaux-esprits s'en viennent boursiller,
Dans de honteux détails trempant sans sourciller.
Et que de plagiats pour suffire à la vente!
On va trop lentement, quand toujours on invente.
Quelques-uns, repêchant un livre enseveli,
Pour se l'approprier le tirent de l'oubli;
D'autres, dont le nom seul vaut un achalandage,
Exploitent le talent moindre de rang et d'âge

Qui travaille sous eux. Que d'hommes, aujourd'hui,
Paraissent grands, perchés sur l'épaule d'autrui!
On dit : Ces esprits-là sont sans cesse en gésine.
C'est qu'on ne connaît pas toute cette cuisine.
Le parrain d'un ouvrage et l'auteur putatif
N'en est jamais le père et l'auteur effectif.
Ce ne sont que trafics, que fausses signatures,
Que déprédations, mensonges, impostures.
Les fameux aux petits servent de prête-nom.
Un ouvrage à présent, c'est l'enfant de Ninon,
Équivoque produit que chacun a pu faire,
Dont, à la courte-paille, il faut tirer le père.

Mais quel fâcheux éclat, quand les associés
D'après leur lot d'esprit veulent être payés,
Quand le maître, le chef, romancier, dramaturge,
Voit le menu fretin qui contre lui s'insurge,
Quand le commanditaire et le copartageant,
Ayant dans le travail fourni leur contingent,
Font valoir, à grands cris, suivant la loi marchande,
Le droit que leur assure aux parts du dividende
La copaternité de ce livre, leur fils,
Propriété qui reste à tous par indivis!
Toujours, l'instant venu de liquider les comptes,
De la littérature on voit à nu les hontes.
Ces contestations, ces ignobles débats,
Montrent que l'art d'écrire est descendu bien bas.
La justice est saisie : alors les procédures
Dévoilent au public des montagnes d'ordures;
Le fond du sac se vide, et les colitigans
Se traitent sans façon de fripons, de brigands;
On entend , à travers l'étrange dialogue,
Voler les démentis, lancés d'une voix rogue :
C'est moi qui suis l'auteur! — Ce n'est pas vrai; c'est moi!
— Où donc est la droiture? où donc la bonne foi?
Comme ça fait honneur aux choses littéraires!
Comme il est régalant d'avoir de tels confrères!
La Cour, presque toujours trouvant un écolier,
Qu'une illustration a voulu spolier,
Réduit cette dernière à sa portioncule,

Plus une large part en fait de ridicule,
Ordonnant le transfert des drames, des romans,
La restitution des applaudissemens.

O Molière! ô Corneille! admirables génies!
Connûtes-vous jamais de telles vilenies?
Ce n'était pas le lucre et la cupidité
Qui vous firent si grands, si pleins de majesté!
Nous, nous sommes petits, et nos ames abjectes
Ont fait, des temples saints, des gargotes infectes,
Des taudis repoussans, où, tristes brocanteurs,
Nous trompons à l'envi les pauvres acheteurs.
L'art, le soin, le travail, tombe en désuétude;
Des calculs d'usuriers ont remplacé l'étude.
Comme un riche filon, un précieux lingot,
On découvre un beau jour les graces de l'argot.
Voici le genre *escarpe*, et tout un peuple y gagne
De se former l'oreille aux mots coquets du bagne.
On avait épuisé les boudoirs, les dandys :
Place aux coupeurs de bourse et de gorge, aux bandits!
On vous en donnera, dans ces œuvres hybrides,
Des cauchemars d'enfer et des scènes putrides,
De révoltans détails, d'atroces passions,
Des attaques de nerfs et des crispations.
Personnages hideux, nez coupés, jambes torses,
Présentés au public, lui serviront d'amorces.
Ce n'est pas qu'en blâmant ce genre crapuleux
Je prétende passer pour un grand scrupuleux :
Moi-même j'ai commis des débauches de plume;
J'ai de tableaux bien crus semé plus d'un volume,
Et plusieurs m'ont repris, comme étant coutumier
De remuer par goût la fange et le fumier.
Je ne suis, on le sait, prude ni rigoriste;
J'admets tout, mais partout je veux trouver l'artiste,
Non un calculateur sans verve et sans esprit
Qui fait du vice à froid en songeant au profit.

Mais, parbleu! je me trompe, et ce n'est plus le vice
Dont on semble à présent espérer bénéfice.
Depuis peu, le vent tourne à la moralité :

Nos gens, pour raviver la curiosité,
Facétie ordinaire aux faiseurs de grimaces,
Prennent en main la cause et l'intérêt des masses,
Et vont passer aux yeux des bons provinciaux
Pour les réformateurs des abus sociaux.
Du *petit manteau bleu* devenus les émules,
Étalant gravement leurs projets, leurs formules,
Ils couronnent de fleurs la vertu, se chargeant
D'être utiles, moraux, toujours pour de l'argent.
Oh! par ma foi, ce puff, cette tartuferie,
Ce rôle vertueux mérite qu'on en rie.
Il est plaisant de voir tel écrivain gagé,
Dans ses livres long-temps pessimiste enragé,
Qui, virant tout à coup, nous prêche, nous sermonne,
Exalte le devoir, recommande l'aumône.
Vous prenez trop de soin, messieurs, en vérité :
Nous avions l'Évangile avec la charité.
Berner ces histrions de la philanthropie,
Je le demande un peu, n'est-ce pas œuvre pie?

J'ai souvent regretté de n'être pas Sylla,
Ou Tibère, ou Néron, ou bien Caracalla.
Je comprends par momens cette énigme effroyable,
Le plaisir d'être maître et d'être impitoyable,
Et la haine que j'ai pour les méchans auteurs
M'explique les tyrans et les persécuteurs.
Que n'ai-je seulement trois mois de dictature!
Je mettrais ordre à tout dans la littérature,
Et, moderne Dracon, ferais de telles lois,
Que force beaux-esprits n'écriraient pas deux fois.
Il en est quinze ou vingt, et je crois beaucoup dire,
A qui je permettrais de rimer et d'écrire :
Le reste aurait défense, à peine de la hart,
De jamais approcher du seuil sacré de l'art.
Les inhabiles voix, je les rendrais muettes,
Et ferais empaler tous les mauvais poètes.
Bien leur prend, vous voyez, que je ne sois pas roi;
Ils passeraient leur temps assez mal avec moi.

Mais, au fond, sont-ils seuls coupables de leurs livres?

Ce serait au public à leur couper les vivres.
Or, le public français, que leur plume abêtit,
Dévore goulument, et de grand appétit,
De vieux mets rhabillés qu'on lui sert à la chaude,
Et ne s'aperçoit point qu'on le pipe et le fraude.
Le public se compose en grande part d'oisons
Capables de happer les plus vilains poisons,
Et d'avaler tout doux quelque horrible mixture,
Sous prétexte de prose et de littérature.
Il leur faut ce qu'on sert aux truands, aux coquins,
De ces hideux fricots qu'on appelle *arlequins*,
Faits de restes mêlés. Prenez tel livre en vogue;
Examinez-le bien, y compris le prologue;
Qu'y trouvez-vous? un tas de rêves déréglés,
Ne plaisant qu'aux benêts, par la mode aveuglés,
Un salmis de tableaux, d'intrigues ordurières
Faites pour les portiers et pour les chambrières,
Un indigeste amas de personnages faux,
Bons au plus à charmer l'oisiveté des sots,
Un fade enchaînement de scènes puériles,
Superfétations de cervelles stériles,
Et qui, peine infligée à leurs débordemens,
Ne procéderont plus que par avortemens.
Et le style! à ce point je reviendrai sans cesse;
N'est-il pas lourd, pâteux, et de la pire espèce?
Approchez tant soit peu : c'est ébauché, c'est laid;
On dirait un décor, et c'est peint au balai.
Parfois la phrase affecte et l'audace et l'ellipse,
Prend un ton solennel, un air d'apocalypse,
Puis ailleurs elle va d'un pas traînant et mou,
Cheval estrapassé de fiacre ou de coucou.

L'argent! l'argent! dit-on, c'est le nerf du génie;
Selon qu'il est payé, l'homme vaut. Je le nie.
Des faiseurs en nos jours les salaires sont grands;
Ce sont des monceaux d'or et des cent mille francs;
On vante des journaux la fabuleuse enchère
Je trouve qu'ils nous font pourtant bien maigre chère.
Combien de nos aïeux nous avons forligné!

O nos grands prosateurs, Saint-Simon, Sévigné,
Amyot, Montesquieu, Bossuet, La Bruyère,
Montaigne, Fénelon, Bernardin de Saint-Pierre,
Impétueux Rousseau, net et vif Arouet,
Comment nommeriez-vous notre écœurant brouet?
La bouteille de vin en un seau d'eau versée
N'a point une saveur plus fade et plus passée.
Que pense Villemain, et que pensait Nodier
De ce style à la fois vulgaire et minaudier,
De ce style de rue aux cyniques allures,
Tout chargé de haillons, tout plein de boursouflures,
Style de billonneurs, style de bas aloi,
Que chacun ferait bien d'exécrer comme moi?
Comment ont-ils traité notre langue française?
Ils l'ont faite grossière, emphatique et niaise.
Elle était grande dame autrefois : maintenant,
Impudique et déchue, elle est à tout venant.....
On a troué ses bas, vermillonné sa joue;
Le clinquant aux cheveux, et les pieds dans la boue,
Par la pluie et le froid et les neiges d'hiver,
Gelée au vent des nuits qui siffle sur sa chair,
Elle fait sentinelle, et, fidèle à son poste,
Attaque de propos le passant qu'elle accoste,
Puis, quand elle a souri d'un sourire de mort,
Elle se sent monter au cœur comme un remord,
Baisse la tête et pleure, et s'assied sur la borne,
Et, là, songe au passé, mélancolique et morne.

Eh bien, voilà pourtant ce qu'on préfère à tout,
Ce qui seul du lecteur flatte à présent le goût.
Chose qui m'ébahit, me fait peur, me consterne !
Des êtres qui n'ont lu ni Lesage ni Sterne,
A qui tout vrai chef-d'œuvre est plus qu'indifférent,
Auraient regret à perdre un mot du *Juif Errant*.
Je sais tel animal n'ouvrant jamais un livre,
Que le susdit roman jusqu'au transport enivre.
Mais vraiment, comme on dit, c'est donc bien *saisissant*,
C'est donc bien savoureux et bien appétissant,
Qu'il se trouve à milliers des rats assez voraces

Pour ronger chaque jour toutes ces paperasses?

Il n'est plus qu'un objet et qu'une occasion
Qui puissent au roman faire diversion :
C'est lorsque l'on apprend par la rumeur publique
Qu'un malheureux époux est mort de la colique,
Que la justice informe et qu'on aura bientôt
Des débats scandaleux et tels qu'il nous les faut.
Tout s'émeut, tout s'apprête, et le lecteur avide
Dresse à l'instant l'oreille et déjà mâche à vide.
C'est encore un plaisir littéraire et moral,
Et l'empoisonnement est du goût général.
Comme on avait bien soin, lors du procès Lacoste,
Que les moindres détails nous parvinssent en poste !
Pour qu'on n'en perdit rien, les journaux à la fois
Enflaient tous leurs clairons et tous leurs porte-voix.
Ils répétaient en chœur les paroles précises
Dites par les témoins devant la cour d'assises,
Et la manne attendue arrivait tous les jours
Pour donner la becquée à d'affamés vautours.
Or donc, qu'une luronne avance son veuvage
A l'aide d'une poudre ou de quelque breuvage,
La voilà sur-le-champ le but de tous les yeux.
Le tribunal s'emplit de flots de curieux;
La salle est un parterre où chacun, homme et femme,
Vient chercher à l'envi l'émotion du drame;
On s'y presse, on s'y bat; tous veulent assister
A la pièce de sang qu'on va représenter.
Et, durant le débat, le public se régale
Des secrets qu'a livrés l'alcôve conjugale.
Puis viennent la chimie et l'exhumation,
Pour tâcher d'établir l'*intoxication;*
Mais comment, sans horreur, traiter cette matière,
Peindre ces corps dissous qu'on prend à la cuillère,
Ces jarres où l'on met les chairs que profana
L'arsenic, la morphine ou l'aqua-tophana,
Ces muscles, ces lambeaux, toutes ces pourritures,
Ces débris empotés comme des confitures !
Oh ! dame ! c'est encor plus odoriférant

Que le roman du jour, fût-ce *le Juif Errant*.
C'est d'un fumet plus haut.

           Mais, à part ces poulettes
Qui, lasses d'un mari, lui donnent des boulettes,
Le roman-feuilleton charme seul l'abonné.
Des pères de famille, et j'en suis étonné,
Lui laisseront franchir ce cordon sanitaire,
Qui tient loin de l'enfant tout livre délétère.
Que peut-il advenir de telle liberté?
C'est admettre un gredin dans son intimité.
Autour de cette table où le journal s'étale,
L'enfant ne peut toujours rester comme un Tantale;
Il y mettra la main, et, s'y risquant sans peur,
De quelque turpitude il souillera son cœur.
Bientôt la jeune fille, objet de soins austères,
Connaîtra notre monde et ses hideux mystères;
Elle saura les tours et les raffinemens
Que la débauche inspire à d'effrénés amans.
C'est ainsi trop souvent que la peste circule,
Que le virus partout s'infiltre et s'inocule,
Que des cœurs encor purs, des cœurs non viciés,
Sont par un mot coupable au crime initiés!
Et comment balancer ces lectures infames,
Et quel chlore pourra désinfecter les ames?

Mais, tandis que je parle, il n'est bruit que du *Juif*.
Il menaçait d'abord d'être peu productif.
C'était mal enfourné : pour prévenir les suites,
On a tant bien que mal mis en jeu les jésuites.
J'espère encor pourtant, malgré son grand fracas,
Que tout vrai connaisseur jamais n'en fera cas,
Et qu'il ne verra point, le digne patriarche,
Les vivat jusqu'au bout accompagner sa marche.
O juif, étrange objet d'un fol empressement!
Juif, dont partout me suit le retentissement!
Juif, à qui la réclame a fait un nom sonore!
Juif enfin que je hais, quand tout bourgeois t'honore!
Puissent l'art et le goût, ensemble conjurés,

Ébranler tes destins encor mal assurés;
Et, si ce n'est assez de ce que je publie,
Que contre toi *le Siècle* au *Moniteur* s'allie!
Que vingt journaux unis, *Débats, Presse, Univers,*
S'arment, pour t'accabler, et de prose et de vers!
Que toi-même, approuvant ton abonné qui bâille,
Dises piteusement : Je n'ai rien fait qui vaille!
Que le *Charivari,* stimulé par mes vœux,
Le *Corsaire* l'aidant, te prenne entre deux feux!
Puissé-je sur le dos te voir tomber le *Globe,*
Voir tous tes feuilletons gagner la garderobe,
Voir le dernier lecteur rentrant son dernier sou,
En être un peu la cause et rire tout mon saoul!

AMÉDÉE POMMIER.

MADEMOISELLE

DE LA SEIGLIÈRE.

—

XII.

Pourquoi Mlle de La Seiglière s'était-elle échappée tout d'un coup
des bras de son père? pourquoi, quelques instants auparavant, la pâleur de la mort avait-elle passé sur son front? pourquoi presque aussitôt tout son sang avait-il reflué violemment vers son cœur? pourquoi, tandis que le marquis essayait de lui démontrer la nécessité
d'une alliance avec Bernard, venait-elle de s'enfuir, agitée, tremblante, éperdue, et cependant vive, heureuse et légère? Elle-même
n'aurait pu le dire. Arrivée au fond du parc, elle se laissa tomber sur
un tertre, et des larmes silencieuses roulèrent sans effort le long de
ses joues, perles humides, gouttes de rosée sur les pétales embaumés
d'un lis. Ainsi le bonheur et l'amour ont des pleurs pour premier sou-

(1) Voyez les livraisons des 1er et 15 septembre, 1er octobre, 1er et 15 novembre.

rire, comme s'ils avaient l'un et l'autre en naissant l'instinct de leur fragilité et la conscience qu'ils naissent pour souffrir. On touchait à la fin d'avril. Le parc n'étant pas assez vaste pour contenir l'ivresse de son âme, Hélène se leva et gagna la campagne. Sous ses pieds, la terre était en fleurs, le ciel bleu souriait sur sa tête, la vie chantait dans son jeune sein. Elle avait oublié Raoul et songeait à peine à Bernard. Elle allait au hasard, absorbée par une pensée vague, mystérieuse et charmante, s'arrêtant de loin pour en respirer le parfum, et reportant à Dieu les joies qui l'inondaient dans tous les replis de son ame; car c'était, ainsi que nous l'avons dit déjà, une nature grave aussi bien que tendre, et profondément religieuse. Ce ne fut qu'en voyant le soleil baisser à l'horizon, qu'Hélène songea à reprendre le chemin du château. En revenant, du haut de la colline qu'elle avait gravie et qu'elle se préparait à descendre, elle aperçut Bernard qui passait à cheval dans le creux du vallon. Elle tressaillit doucement, et son regard ému le suivit long-temps dans la plaine. Elle revint en réfléchissant sur la destinée de ce jeune homme qu'elle croyait pauvre et déshérité, et, pour la première fois, Mlle de la Seiglière se prit à contempler avec un sentiment de bonheur et d'orgueil le château de son père qu'embrasaient les rayons du couchant, et la mer de verdure que les brises du soir faisaient onduler à l'entour. Cependant, en découvrant sur l'autre rive le petit castel de Vaubert sombre et renfrogné derrière son massif de chênes, dont le printemps n'avait point encore reverdi les rameaux, elle ne put se défendre d'un mouvement de tristesse et d'effroi, comme si elle comprenait que c'était de là que devait partir le coup de foudre qui briserait sa vie tout entière. Ce coup de foudre ne se fit pas attendre. Arrivée à la grille du parc, Hélène allait en franchir le seuil, lorsqu'elle fut abordée par un serviteur de la baronne qui lui remit un paquet sous enveloppe, scellé d'un triple cachet aux armes des Vaubert. En reconnaissant à la suscription l'écriture du jeune baron qui était arrivé la veille et qu'elle ne savait pas de retour, l'enfant pâlit, déchira l'enveloppe d'une main tremblante, et trouva, mêlée à ses propres lettres que lui renvoyait Raoul, une lettre de ce jeune homme. Hélène en déchira les feuillets encore tout humides, et, après l'avoir lue sur place, elle demeura atterrée, comme si en effet le feu du ciel venait de tomber à ses pieds.

Assez semblable à ces automates qu'en pressant un ressort on fait à volonté paraître et disparaître, M. de Vaubert était revenu comme il était parti, sur un mot de sa mère, avec le même sourire sur les lèvres et le même nœud à sa cravate. Pour n'être pas précisément un aigle, c'était, à tout prendre, un esprit droit, une ame honnête, un cœur bien placé. Non-seulement il n'avait jamais trempé dans les intrigues de sa mère, mais, grace aux trésors d'intelligence et de perspicacité que lui avait départis le ciel, nous pouvons affirmer qu'il ne es avait même pas soupçonnées. Jusqu'à présent, il avait naïvement pensé, comme Hélène, que le vieux Stamply, en se dépouillant, n'avait fait que restituer aux La Seiglière des biens qui ne lui appartenaient pas, et qu'en ceci le bonhomme avait obéi seulement aux suggestions de sa conscience. Raoul ne s'était jamais, à vrai dire, beaucoup préoccupé de toute cette affaire, et n'en avait vu que les résultats, qui, pour parler net, ne lui déplaisaient pas. Pauvre, il avait eu de tout temps le goût de l'opulence, et n'imaginait pas qu'un cadre d'un million pût rien gâter à un joli portrait. Toutefois, il aimait Hélène moins pour sa fortune que pour sa beauté; il l'aimait à sa manière, froidement, mais noblement; sans passion, mais aussi sans calcul. Il savait d'ailleurs ce que vaut une parole donnée et reçue; jamais le souffle des vils intérêts n'avait flétri sa fleur d'honneur et de jeunesse. En apprenant ce qui s'était passé durant son absence, la résurrection miraculeuse du fils Stamply, son retour au pays, son installation au château, ses droits incontestables, d'où résultait inévitablement la ruine complète du marquis et de sa famille, M. de Vaubert, comme on le peut croire, ne se livra point à de bien vifs transports d'allégresse; son visage s'alongea singulièrement, et le jeu de sa physionomie n'exprima qu'une satisfaction médiocre; mais lorsqu'après lui avoir montré le fond des choses, Mme de Vaubert demanda résolument à son fils quel parti il comptait prendre en ces conjonctures, le jeune homme releva la tête et n'hésita pas un instant. Il déclara simplement, sans effort et sans enthousiasme, que la ruine du marquis ne changeait absolument rien aux engagemens qu'il avait contractés vis-à-vis de sa fille, et qu'il était prêt à épouser, comme par le passé, Mlle de La Seiglière.

— Je n'attendais pas moins de vous, répliqua Mme de Vaubert avec fierté; vous êtes mon noble fils. Malheureusement ce n'est pas tout. Le marquis, pour conserver ses biens, a résolu de marier sa fille à Bernard.

— Eh bien! ma mère, répondit M. de Vaubert, qui ne laissa voir aucune émotion, si Mlle de la Seiglière croit pouvoir, sans forfaire à l'honneur, retirer sa main de la mienne, que Mlle de la Seiglière soit libre; mais je ne cesserai de me croire engagé vis-à-vis d'elle que lorsqu'elle aura cessé la première de se croire engagée vis-à-vis de moi.

— Vous êtes un noble cœur, s'écria avec un mouvement de joie la baronne, qui comprit que l'affaire s'allait entamer ainsi qu'elle l'avait souhaité. Écrivez donc en ce sens à Mlle de la Seiglière. Soyez digne, mais aussi soyez tendre, afin qu'on ne puisse pas supposer que vous avez écrit seulement pour l'acquit de votre conscience. Cela fait, quoi qu'il arrive ensuite, vous aurez dignement accompli la destinée d'un amant fidèle et d'un preux chevalier.

Sans plus tarder, M. de Vaubert se mit devant un bureau, et sur un joli papier qu'il avait rapporté de Paris, glacé, musqué, timbré aux armes de sa maison, il écrivit les lignes suivantes, auxquelles la baronne, après en avoir pris connaissance, donna sa maternelle approbation, bien qu'elle eût désiré y trouver plus de passion et de tendresse. Ainsi, les hostilités allaient commencer; entre les mains de la rusée baronne, ce double feuillet de papier lustré, armorié, parfumé, et couvert sur la première page d'une belle écriture anglaise, n'était rien moins qu'une bombe qui, lancée dans la place, devait, en éclatant, exercer des ravages prévus, calculés et d'un effet à peu près certain.

« Mademoiselle,

« J'arrive et j'apprends en même temps la révolution qui s'est opérée dans votre destinée, et les nouvelles dispositions qu'a prises M. votre père pour replacer sur votre tête l'héritage de ses ancêtres, que vient de lui ravir le retour du fils de son ancien fermier. Qu'à ces fins M. le marquis ait cru pouvoir prendre sur lui de désunir deux mains et deux cœurs unis depuis dix ans devant Dieu, Dieu en jugera; je m'abstiens. Il ne sied pas d'ailleurs à la pauvreté de se mettre en balance avec la fortune. Seulement, il est de mon honneur, bien moins encore que de mon amour, de vous déclarer, mademoiselle, que si vous ne partagiez pas en ceci les sentimens de M. votre père, et ne pensiez pas, comme lui, que la foi jurée ne soit qu'un vain mot, j'aurais autant de bonheur à partager avec vous ma modeste condition que vous en auriez eu vous-même à partager avec moi votre luxe et votre opulence. Après cet aveu, dont vous ne me ferez pas l'outrage de suspecter la sincérité, je n'ajouterai pas un mot; c'est à vous seule qu'il appartient désormais de décider de mon sort et du vôtre. Si vous repoussez mon humble offrande, reprenez ces lettres qui ne m'appartiennent plus; je souffrirai sans me plaindre ni murmurer. Si vous consentez, au contraire, à venir embellir ma vie et mon foyer, renvoyez-moi ces précieux gages, je les presserai avec joie et reconnaissance contre un cœur fidèle et dévoué, qui n'attend plus que votre réponse pour savoir s'il doit vivre ou mourir.

« RAOUL. »

Ramenée violemment au sentiment de la réalité, Hélène n'hésita pas plus que Raoul n'avait hésité. Après être sortie de l'espèce de stupeur dans laquelle venait de la jeter la lecture de ces quelques lignes, elle courut à son appartement, et là, étouffant sans faiblesse le rêve d'une heure au plus, rayon éteint aussitôt qu'entrevu, fleur brisée au moment d'éclore, elle prit une plume pour écrire elle-même et signer l'arrêt de mort de son propre bonheur; mais, n'en trouvant pas le courage, elle se contenta de mettre ses lettres sous enveloppe et de les renvoyer immédiatement à Raoul. Cela fait, elle cacha sa tête entre ses mains, et ne put s'empêcher de verser quelques larmes, bien différentes, hélas! de celles qu'elle avait répandues le matin. Cependant, sous la mélancolie d'un vague regret à peine défini, elle sentit bientôt une sourde inquiétude remuer et gronder dans son sein. En lisant d'un seul regard le billet de M. de Vaubert, elle n'avait vu clairement et nettement compris qu'une chose, c'est que ce jeune homme la rappelait solennellement à la foi jurée sous peine de parjure et de trahison; dans l'exaltation de sa conscience, Hélène avait négligé le reste. Une fois apaisée par le sacrifice, l'esprit plus calme et les sens plus rassis, elle se remémora peu à peu quelques expressions de la lettre de son fiancé, auxquelles sa pensée ne s'était pas arrêtée d'abord, mais qui avaient laissé en elle une impression confuse et pénible. Tout d'un coup, ses souvenirs se dégageant et devenant de plus en plus distincts, elle prit entre sa robe et sa ceinture le billet de Raoul, qu'elle avait glissé là, sans doute pour défendre et protéger son cœur; et, après l'avoir relu attentivement, après avoir pressuré chaque mot et creusé chaque phrase pour en faire jaillir la lumière, Mlle de La Seiglière le relut encore une fois; puis, passant insensiblement de la surprise à la réflexion, elle finit par s'abîmer dans une méditation profonde.

C'était un esprit pur, un cœur pieux et fervent, une ame immaculée qui n'avait jamais touché, même du bout des ailes, aux fanges de la vie. Toutes les illusions habitaient dans son sein. Elle croyait au bien naturellement, sans effort, et n'avait jamais soupçonné le mal. Pour tout dire en un mot, telle était sa naïve candeur, qu'il ne lui était pas arrivé de suspecter la loyauté, la bonne foi et le désintéressement de Mme de Vaubert elle-même. Toutefois, depuis l'installation de Bernard, elle avait compris vaguement qu'il se tramait autour d'elle quel-

que chose d'équivoque et de mystérieux. Quoique d'un naturel ni
défiant ni curieux, elle s'en était confusément préoccupée, surtout en
voyant s'altérer et s'assombrir l'humeur de son père, qu'elle avait connu
de tout temps, même au fond de l'exil, joyeux, souriant, étourdi,
charmant. Elle s'était étonnée de la subite disparition de Raoul et de
son absence prolongée, qu'on n'avait pu réussir à motiver suffisamment : elle n'était pas sans avoir remarqué le brusque changement
qui s'était opéré tout d'un coup dans les mondaines habitudes du
marquis et de la baronne, à partir du jour où Bernard avait partagé
la vie du château; enfin, elle s'était demandé parfois, à ses heures de
trouble et d'épouvante, comment il se pouvait faire que ce jeune
homme, dans la force de l'âge, acceptât si long-temps une condition
humiliante et précaire, au lieu de chercher à se créer une position
indépendante, ainsi qu'il aurait convenu à un caractère énergique et
fier. Que se passait-il? Hélène l'ignorait; mais à coup sûr il se passait
quelque chose d'étrange qu'on s'étudiait à lui cacher. La lettre du
jeune baron fut un éclair dans cette sombre nuit. A force d'y réfléchir, si Mlle de la Seiglière ne devina point la vérité tout entière et
dans tout son éclat, du moins la vit-elle apparaître comme un point
lumineux qui, bien que presque imperceptible, la dirigea dans ses
investigations. Une fois sur la voie, Hélène se souvint de quelques
discours inachevés, échappés au vieux Stamply, durant le cours de sa
longue agonie, et dont elle avait alors essayé vainement d'interpréter
le sens : elle se rappela dans tous ses détails l'accueil empressé, plus
qu'hospitalier, qu'on avait fait au retour du fils, après avoir humilié
la vieillesse du père; bref, elle promena, comme un flambeau, le
billet de Raoul à travers tous les incidens qui avaient signalé le séjour
de Bernard, et dont elle s'était jusqu'à présent épuisée en efforts inutiles pour soulever le voile et percer la morne obscurité. D'épisode en
épisode, elle en vint ainsi à se demander pourquoi la baronne semblait
s'être retirée du château depuis une semaine et plus, pourquoi M. de
Vaubert, au lieu d'écrire, ne s'était pas présenté en personne; puis,
lorsqu'enfin elle en fut arrivée à l'entretien qu'elle avait eu quelques
heures auparavant avec son père, sentant ici tout son sang indigné
lui monter au visage, elle se leva fièrement et sortit d'un pas ferme
pour aller trouver le marquis.

A la même heure, assis auprès d'un guéridon, notre marquis, en
attendant le dîner, était occupé à tremper des mouillettes de biscuit
dans un verre de vin d'Espagne, et, quoique cruellement frappé
dans son orgueil, il se sentait pourtant en appétit, et jouissait de

ce sentiment de bien-être et de satisfaction qu'on éprouve après avoir subi une opération douloureuse devant laquelle on avait long-temps reculé. Il en avait fini avec la baronne, s'était à peu près assuré des dispositions de sa fille, et, quant à l'assentiment de Bernard, il ne s'en préoccupait pas. Peu expert en matière de sentiment, ainsi qu'il l'avait dit lui-même, cependant le marquis s'y entendait assez pour avoir pu depuis long-temps entrevoir que le hussard n'était pas insensible à la beauté d'Hélène; d'ailleurs il aurait bien voulu voir que ce fils de vilain ne s'estimât pas trop heureux de mêler le sang de son père à celui de ses anciens seigneurs. Là-dessus, il était tranquille; seulement il s'affligeait de n'avoir pas rencontré auprès de sa fille plus d'obstacle et de résistance. L'idée qu'une La Seiglière pouvait aimer un Stamply le plongeait dans une consternation impossible à dépeindre; c'était la lie de son calice. — Que la main se mésallie, mais, vive Dieu! sauvons du moins le cœur! se disait-il avec indignation. En revanche, ce qui le charmait dans cette aventure, c'était de penser à la mine que devaient faire dans leur petit castel Mme de Vaubert et son grand benêt de fils. En y réfléchissant, le diable de marquis se frottait les mains, se renversait sur son fauteuil, se livrait à des ébats de chat en gaieté, et, se rappelant ce que la baronne lui avait tant de fois répété, que Paris vaut bien une messe, il éclatait de joie dans sa peau en songeant que tout ceci allait finir précisément par une messe, par une messe de mariage. Il était dans un de ces accès de gaillarde humeur, quand la porte du salon s'ouvrit, et Mlle de La Seiglière entra, si grave, si fière, si vraiment royale, que le marquis, après s'être levé pour l'entourer de ses bras caressans, resta interdit devant elle.

— Mon père, dit aussitôt d'une voix altérée, mais calme, la belle et noble créature, répondez-moi franchement, loyalement, en bon gentilhomme, et, quoi que vous ayez à me révéler, soyez sûr d'avance que vous ne me trouverez jamais au-dessous des devoirs et des obligations que pourra m'imposer le soin de votre propre gloire. Répondez-moi donc sans détour, je vous en prie au nom du Dieu vivant, au nom de ma sainte mère, qui nous voit et qui nous écoute.

— Ventre-saint-gris! pensa le marquis déjà troublé, voici un début qui ne me promet rien de bon.

— Mon père, demanda la jeune fille avec assurance, à quel titre M. Bernard habite-t-il au milieu de nous?

— Quelle question! s'écria le marquis de plus en plus alarmé, mais faisant encore bonne contenance; à titre d'hôte et d'ami, j'imagine. Nous devons assez à la mémoire de son bonhomme de père pour que

nul n'ait le droit d'être surpris de voir ce jeune homme à ma table. A
propos, ajouta-t-il en tirant de son gousset une montre d'or émaillé
suspendue à une chaîne chargée de breloques, de bagues et de ca-
chets, est-ce que ce maraud de Jasmin ne sonnera pas le dîner aujourd'hui? Tu vois bien ce petit bijou? regarde-le, ça n'a l'air de rien;
en réalité, ça vaut à peine un écu de six livres; je ne le donnerais pas
pour les diamans de la couronne. C'est une histoire qu'il faut que je te
conte. Imagine-toi qu'un jour, c'était en mil sept cent...

— Mon père, vous avez une autre histoire à me raconter, dit gravement Hélène en l'interrompant avec autorité, une histoire plus récente, et dans laquelle il est aussi question d'un joyau, mais plus
précieux que celui-là, puisqu'il s'agit de notre honneur. M. Bernard
est ici à titre d'hôte, m'avez-vous répondu; mon père, il vous reste
encore à m'apprendre qui de nous ou de lui reçoit l'hospitalité, qui
de lui ou de nous la donne.

A ces mots, et sous le regard qu'Hélène venait d'attacher sur lui,
le marquis, plus blanc que le jabot de sa chemise, se laissa lourdement
tomber dans un fauteuil.

— Tout est perdu! se dit-il avec un morne désespoir; l'enragée baronne a parlé.

— Enfin, mon père, reprit l'impitoyable enfant en croisant ses bras
sur le dos du fauteuil dans lequel M. de La Seiglière s'était affaissé,
je vous demande si nous sommes ici chez M. Bernard ou si ce jeune
homme est ici chez nous.

Las de ruse et de mensonge, convaincu d'ailleurs que sa fille était
au courant de tout, le marquis ne songea plus qu'à corriger la vérité
et à la mitiger de son mieux dans ce qu'elle pouvait avoir de trop amer
pour son orgueil et pour son amour-propre.

— Ma foi! s'écria-t-il en se levant d'un air exaspéré, si tu veux que
je te le dise, moi-même je n'en sais rien. On a profité de mon absence pour faire un code de lois infames; M. de Buonaparte, qui ne
m'a jamais aimé, a glissé là-dedans un article tout exprès pour embrouiller mes affaires. Il y a réussi, le Corse! Les uns prétendent que
je suis chez Bernard, les autres affirment que Bernard est chez moi;
ceux-ci que le vieux Stamply m'a tout donné, ceux-là qu'il m'a tout
restitué. Tout ceci, vois-tu, c'est la bouteille à l'encre; Des Tournelles
ne sait qu'en penser, et le diable y perdrait son latin. Au reste, ma
fille, il est bon que tu saches que c'est cette infernale baronne qui
nous a mis dans ce mauvais pas. Rappelle-toi comme nous vivions
gentiment tous deux dans notre petit trou d'Allemagne! Voici qu'un

jour Mme de Vaubert, — apprends à la connaître, — s'imagine de vouloir me faire rentrer dans la fortune de mes pères, sachant bien qu'aux termes de nos conventions, cette fortune reviendrait plus tard à son fils. Elle m'écrit que mon ancien fermier est bourrelé de remords, qu'il m'appelle à grands cris et ne saurait mourir en paix qu'après m'avoir rendu tous mes biens. Je crois cela, moi! j'ai pitié de la conscience troublée de ce brave homme, et ne veux pas qu'on puisse m'accuser d'avoir causé la perte d'une ame. Je pars, je me hâte, j'arrive, et qu'est-ce que je découvre un beau matin? que ce digne homme ne m'a rien rendu, et que c'est un cadeau qu'il m'a fait. Voilà du moins ce que disent mes ennemis; j'en ai, des ennemis, car, ainsi que le disait Des Tournelles, quel être supérieur n'en a pas? Sur ces entrefaites, Bernard, qu'on croyait mort, nous tombe sur la tête comme un glaçon de Sibérie. Que va-t-il se passer? M. de Buonaparte a si bien arrangé les choses, qu'il est impossible de s'y reconnaître. Suis-je chez Bernard? Bernard est-il chez moi? je n'en sais rien, il n'en sait rien; Des Tournelles lui-même n'en sait pas davantage. Telle est l'histoire et telle est la question.

Hélène avait grandi et s'était élevée en dehors de toutes les préoccupations de la vie réelle. Elle n'avait jamais rien soupçonné des intérêts positifs qui jouent un si grand rôle dans l'existence humaine, qu'elle l'absorbent presque tout entière. N'ayant sur toutes choses reçu d'autres enseignemens que ceux de son père, qui était l'ignorance la mieux nourrie, la plus sereine et la plus fleurie du royaume, les connaissances qu'avait Mlle de La Seiglière en droit français se trouvaient égaler les notions qu'elle pouvait avoir sur la législation japonaise; mais cette enfant, qui ne savait rien, possédait pourtant une science plus grande, plus sûre et plus infaillible que celle des jurisconsultes les plus habiles et des légistes les plus consommés. Dans une ame honnête et simple, elle avait conservé aussi pur, aussi limpide, aussi lumineux qu'elle l'avait reçu, ce sentiment du juste et de l'injuste que Dieu a déposé comme un rayon de sa suprême intelligence dans le sein de toutes ses créatures. Elle ignorait les lois des hommes; mais la loi naturelle et divine était écrite dans son cœur comme sur des tablettes d'or, et nul souffle malsain, nulle passion mauvaise n'en avait altéré le sens ni terni les sacrés caractères. Elle dégagea donc sans efforts la vérité des nuages dont son père cherchait encore à l'obscurcir; sous la broderie, elle sut démêler la trame. Tandis que le marquis parlait, Hélène s'était tenue debout, calme, impassible, pâle et froide. Lorsqu'il se fut tu, elle alla s'accouder sur le

marbre de la cheminée, et demeura long-temps silencieuse, les doigt
perdus sous les nattes de ses cheveux, et regardant avec une muette
épouvante l'abime dans lequel elle venait d'être précipitée, comme
une colombe mortellement atteinte en glissant dans l'azur du ciel, et
qui tombe, l'aile fracassée, sanglante et palpitante encore, entre les
roseaux d'un marais impur.

— Ainsi, mon père, dit-elle enfin sans changer d'attitude et sans
tourner les yeux vers l'infortuné gentilhomme, qui, ne sachant plus
à quel saint se vouer, rôdait autour de sa fille comme une ame en
peine; ainsi ce vieillard, dont la vie s'est achevée tristement dans
l'abandon et dans la solitude, s'était dépouillé pour nous enrichir!
Ah! béni soit Dieu qui m'inspira d'aimer cet homme généreux, puisque, sans moi, notre bienfaiteur serait mort sans une main amie pour
lui fermer les yeux.

— Que veux-tu? s'écria le marquis d'un air confus; la baronne s'est
montrée en tout ceci d'une ingratitude horrible. Moi, je l'aimais, ce
vieux; il me réjouissait; je lui trouvais bonne façon : là, vrai, j'avais
plaisir à le voir. Eh bien! la baronne ne pouvait pas le souffrir. J'avais
beau lui dire : — Madame la baronne, ce vieux Stamply est un brave
homme; il nous a fait du bien; nous lui devons quelques égards. Si
j'avais voulu la croire, j'aurais fini par le chasser de ma maison. Le
roi lui-même m'eût prié de le faire, que je n'y aurais point consenti.

— Ainsi, reprit Hélène après un nouveau silence, quand ce jeune
homme s'est présenté armé de ses droits, au lieu de lui restituer loyalement les biens de son père et de nous retirer tête haute, nous avons
obtenu, à force d'humilité, qu'il consentit à nous garder et à nous
laisser vivre sous son toit! De votre fille, qui ne savait rien, vous avez
fait votre complice !

— J'ai voulu partir, s'écria le marquis; Bernard venait de se nommer que j'avais déjà pris ma canne et mon chapeau. C'est la baronne
qui m'a retenu; c'est elle qui nous a joués tous; c'est elle qui nous a
tous perdus.

Ici, Mlle de La Seiglière se retourna fièrement, prête à demander
compte à son père de l'entretien qu'ils avaient eu tous deux dans cette
même chambre, quelques heures auparavant; mais la parole expira
sur ses lèvres: sa poitrine se gonfla, son front se couvrit de rougeur,
et, se jetant dans un fauteuil, elle fondit en pleurs, et son sein éclata
en sanglots. Était-ce seulement l'orgueil révolté qui se plaignait en
elle, et l'amour étouffé ne mêlait-il pas ses soupirs aux cris de la
dignité offensée? Le cœur le plus pur et le plus virginal est encore

un abîme où la sonde s'égare, et dont pas une n'a touché le fond. En voyant le désespoir de sa fille, le marquis acheva de perdre la tête. Il se précipita aux genoux d'Hélène, et lui prit les mains, qu'il couvrit de baisers, en pleurant de son côté comme un vieil enfant qu'il était.

— Ma fille! mon enfant! disait-il en la pressant entre ses bras; calme-toi, ménage ton vieux père; ne le fais pas mourir de douleur à tes pieds. Veux-tu partir? partons. Allons vivre au fond des bois comme deux sauvages; si tu l'aimes mieux, retournons dans notre vieille Allemagne. Qu'est-ce que ça me fait, à moi, la fortune, pourvu que tu ne pleures pas? La fortune! je m'en soucie comme de ça! En vendant mes bijoux, ma montre et mes breloques, j'aurai toujours des fleurs pour mon Hélène. Allons je ne sais où; je serai bien partout où tu me souriras. Je te contais ce matin que je n'avais plus qu'un souffle de vie; je mentais. J'ai une santé de fer. Regarde ce mollet; si l'on ne dirait pas du bronze coulé dans un bas de soie! Cet hiver, j'ai tué sept loups; je fatigue Bernard à me suivre, et j'espère bien enterrer la baronne, qui a quinze ou vingt ans de moins que moi, à ce qu'elle prétend, car je la connais trop maintenant pour croire seulement la moitié de ce qu'elle avance. Vite donc, essuyons ces beaux yeux; un sourire, un baiser, ton bras sur mon bras, et, gais Bohémiens, vive la pauvreté!

— Ah! mon noble père, je vous retrouve enfin! s'écria Mlle de La Seiglière avec un élan de joie. Vous l'avez dit, partons; ne restons pas ici davantage : nous n'y sommes restés déjà que trop longtemps.

— Partir! s'écria l'étourdi gentilhomme, qui ne s'était pas assez défié de son premier mouvement, et qui pour beaucoup aurait voulu pouvoir rattraper les paroles imprudentes qui venaient de lui échapper; partir! répéta-t-il avec stupeur. Eh! ma pauvre fille, où diable veux-tu que nous allions? Tu ne sais donc pas que je suis en guerre ouverte avec la baronne, et qu'il ne nous reste même plus la ressource d'aller maigrir à sa table et greloter à son foyer!

— Si Mme de Vaubert nous repousse, nous irons où Dieu nous conduira, répondit Hélène; mais du moins nous nous sentirons marcher dans le chemin de notre honneur.

— Voyons, voyons, dit M. de La Seiglière en s'asseyant d'un air calin à côté d'Hélène, c'est très bien qu'on aille où Dieu vous conduit, on ne saurait choisir un meilleur guide; malheureusement Dieu, qui donne le couvert et la pâture aux petits des oiseaux, n'est pas si libéral envers les petits des marquis. Il est charmant de se dire ainsi : Partons, allons où Dieu nous mène! cela plaît aux jeunes imaginations; mais quand on est parti et qu'on a fait six lieues, et qu'on arrive au soir avec la perspective de coucher, sans avoir soupé, à la belle étoile, on commence à trouver le chemin de Dieu un peu rude. S'il ne s'agissait que de moi, voici beau temps que j'aurais chaussé les sandales du pèlerin et repris le bâton de l'exil; mais il s'agit de toi, mon Hélène! Laissons là ces pieux enfantillages; causons raisonnablement, avec calme, ainsi qu'il convient entre de vieux amis comme nous. Voyons, est-ce qu'il n'y aurait pas un moyen d'arranger cette petite affaire à la satisfaction de toutes les parties intéressées? Est-ce que, par exemple, ce que je te disais ce matin...

— Ce serait votre honte et la mienne, répliqua froidement Hélène. Savez-vous ce que dirait le monde? Il dirait que vous avez vendu votre fille : la pauvreté n'a pas droit de mésalliance. Que penserait M. de Vaubert? et que penserait-il, ce jeune homme au-devant de qui je suis allée avec empressement, le croyant pauvre et déshérité? Tandis que l'un m'accuserait de trahison, l'autre me soupçonnerait de n'avoir fait la cour qu'à sa fortune, et tous deux me mépriseraient. Marquis de La Seiglière, relevez la tête et le cœur : noblesse et pauvreté obligent. Qu'y a-t-il d'ailleurs de si effrayant dans la destinée qui nous est échue? Sommes-nous sans asile? Je réponds de M. de Vaubert.

— Mais, ventre-saint-gris! s'écria le marquis, je te répète qu'entre la baronne et moi c'est une guerre à mort.

— Le roi nous aidera, dit Hélène; il doit être bon, juste et grand, puisqu'il est le roi.

— Ah! bien oui, le roi! il ne se doute même pas de ce que j'ai fait pour lui. L'ère des grandes ingratitudes date de l'établissement de la monarchie.

— J'irai me jeter à ses pieds, je lui dirai : Sire...

— Il refusera de t'entendre.

— Eh bien! mon père, s'écria Mlle de La Seiglière avec fermeté, il vous restera votre fille. Je suis jeune et j'ai bon courage; je vous aime, je travaillerai.

— Pauvre enfant, dit le marquis en baisant l'une après l'autre les mains de la blonde héroïne; le travail de ces jolis doigts ne suffirait pas à nourrir une alouette en cage. Pour en revenir à ce que je te disais ce matin, tu prétends donc que ce serait ma honte et la tienne? Je me pique d'avoir l'épiderme de l'honneur quelque peu chatouilleux, et pourtant en ceci je ne vois pas les choses comme toi, mon Hélène. Mettons de côté la question du monde; quoi qu'on fasse et à quelque

parti qu'on se rende, le monde y trouve toujours à gloser : fou qui
s'en soucie! Tu crains que M. de Vaubert ne t'accuse de trahison et
de parjure? Là-dessus, sois bien rassurée; la baronne est une fine
mouche qui ne permettra jamais à son fils de s'allier avec notre ruine,
et bien que je ne doute pas du désintéressement de Raoul, entre
nous, c'est un grand dadais que sa mère mènera toujours par le bout
du nez. Quant à Bernard, pourquoi te mépriserait-il? Je conviens qu'il
ne saurait raisonnablement prétendre à l'amour d'une La Seiglière;
mais la passion ne raisonne pas, et ce garçon t'aime, ma fille.

— Il m'aime? dit Hélène d'une tremblante voix.

— Pardieu! dit le marquis, il t'adore.

— Qu'en savez-vous, mon père? murmura Mlle de La Seiglière
d'une voix mourante et en s'efforçant de sourire.

— Il n'y a plus de doute, pensa le marquis en étouffant un soupir
de résignation, ma fille aime le hussard. Ce que j'en sais! s'écria-t-il;
ma jeunesse n'est déjà pas si loin, que je ne me souvienne encore
comment ces choses-là se passent. L'hiver, au coin du feu, quand il
racontait ses batailles, crois-tu que ce fût pour les beaux yeux de la
baronne qu'il se mettait en frais de poudre, d'éloquence et de coups
de sabre? A partir du soir où tu ne fus plus là, le diable ne lui eût
pas arraché trois paroles. Est-ce que je n'ai pas bien compris dès-lors
la cause de sa tristesse, de son silence et de son humeur sombre?
N'ai-je pas vu son front s'éclaircir, quand tu nous as rendu ta présence? Et le jour où il s'exposa à se faire rompre les os par Roland,
penses-tu que ce ne fût point là une bravade d'amoureux? Il t'adore,
te dis-je; et d'ailleurs, fût-il un fils de France, je voudrais bien voir
qu'il se permît de ne t'adorer pas!

Le marquis s'interrompit pour considérer sa fille, qui l'écoutait
encore. A ces paroles de son père, Hélène avait senti son rêve mal
étouffé tressaillir dans son cœur, et elle était là, pensive et silencieuse, oubliant qu'elle venait de river la chaîne qui la hait pour jamais à Raoul, s'abandonnant, à son insu, au courant insensible qui
l'entraînait vers une rive où chantaient la jeunesse et l'amour.

— Allons! se dit le marquis, nous aurons deux mésalliances au
lieu d'une.

Et, prenant gaiement son parti, il se frottait déjà les mains, quand
tout d'un coup la porte du salon s'ouvrit avec fracas, et Mme de Vaubert se précipita comme une trombe dans l'appartement, suivie de
Raoul, impassible et grave.

— Venez, aimable et noble enfant, s'écria la baronne en tendant vers Hélène ses deux bras tout grands ouverts, venez, que je vous presse sur mon cœur. Ah! que je savais bien, ajouta-t-elle avec effusion, en couvrant de baisers le front et les cheveux de Mlle de La Seiglière, que je savais bien qu'entre l'opulence et la pauvreté votre belle ame n'hésiterait pas! Mon fils, embrassez votre femme; ma fille, embrassez votre époux : vous êtes dignes l'un de l'autre.

Ainsi parlant, elle avait doucement attiré Hélène vers le jeune baron, qui lui baisa la main avec respect.

— Vous les voyez, marquis, reprit-elle d'un air attendri; vous voyez leurs transports. Dites maintenant, eussiez-vous un cœur d'airain, une ourse vous eût-elle allaité au berceau, dites si vous aurez le courage de briser des liens si charmans? Ce n'est plus seulement de votre gloire qu'il s'agit désormais, c'est aussi du bonheur de ces deux nobles créatures.

— Ma foi! se dit le marquis, dont nous renonçons à peindre la stupéfaction, si j'y comprends quelque chose, je veux que la baronne ou la peste m'étouffe.

— Monsieur le marquis, dit Raoul en faisant vers lui quelques pas et en lui tendant une main loyale, les révolutions ne m'ont laissé que peu de chose de la fortune de mes pères, mais le peu qui m'en reste est à vous.

— Monsieur de Vaubert, dit Hélène, c'est bien.

— Magnanimes enfans! s'écria la baronne. Marquis, vous êtes ému. Vos yeux s'humectent; une larme a roulé sous votre paupière. Pourquoi cherchez-vous à vous défendre de l'attendrissement qui vous gagne? Vos jambes se dérobent sous vous; votre cœur est près de se fondre. Ne vous raidissez pas, laissez agir la nature. Elle agit, je le sens, je le vois. Vos bras s'entr'ouvent, ils vont s'ouvrir, il s'ouvrent..... Raoul, courez embrasser votre père, ajouta-t-elle en poussant le jeune baron dans les bras du marquis et en les regardant avec ivresse s'embrasser d'assez mauvaise grace.

— Et nous, mon vieil ami, s'écria-t-elle ensuite, ne nous embrasserons-nous pas?

— Embrassons-nous, dit le marquis.

Et tandis qu'ils étaient dans les bras l'un de l'autre :

— Baronne, dit le marquis à demi-voix, je ne sais pas où vous voulez en venir, mais je sens que vous tramez quelque chose d'infame.

— Marquis, dit la baronne, vous n'êtes qu'un vieux roué.

— Bernard, Hélène, vous aussi, vieil ami, reprit-elle aussitôt avec effusion, en les réunissant tous trois sous un même regard et dans une même étreinte; si j'en dois croire la joie qui m'inonde, le manoir de Vaubert va devenir l'asile de la paix, du bonheur, et des tendresses mutuelles; nous allons y réaliser le rêve le plus doux et le plus enchanté qui se soit jamais élevé de la terre au ciel. Nous serons pauvres, mais nous aurons pour richesse l'union de nos ames, et le tableau de notre humble fortune humiliera plus d'une fois l'éclat du luxe et le faste de l'opulence. Que nous vous gâterons, marquis! que d'amour et de soins à l'entour de votre vieillesse pour lui faire oublier les biens qu'elle a perdus! Aimé, chéri, fêté, caressé, vous comprendrez un jour que ces biens étaient peu regrettables, et vous vous étonnerez alors d'avoir pu songer un seul instant à les racheter au prix de votre honneur.

Après avoir hasardé quelques objections que Raoul, Hélène et Mme de Vaubert se réunirent tous trois pour combattre, après avoir inutilement cherché une issue par où s'échapper, harcelé, traqué, pris au piège :

— Eh bien! ventre-saint-gris! ç'a m'est égal, s'écria le marquis en faisant le geste d'un homme qui jette son bonnet par-dessus les moulins, ma fille sera baronne, et ce vieux coquin de Des Tournelles n'aura pas la satisfaction de voir une La Seiglière épouser le fils d'un manant.

Il fut décidé, séance tenante, que le marquis, dans le plus bref délai, signerait un acte de désistement en faveur de Bernard, et que, cela fait, le gentilhomme dépossédé se retirerait avec sa fille dans le petit castel de Vaubert, où l'on procéderait aussitôt au mariage des jeunes amans. Les choses ainsi réglées, la baronne prit le bras du marquis, Raoul offrit le sien à Hélène, et tous quatre s'en allèrent dîner au manoir.

XIII.

Or, tandis que cette révolution s'accomplissait au château, que faisait Bernard? Il suivait au pas de son cheval les sentiers qui longent le Clain, la tête, l'esprit et le cœur tout remplis d'une unique image. Il aimait, et chez cette nature libre et fière que n'avait point appauvrie le frottement du monde, l'amour n'était pas resté long-temps à l'état de vague aspiration, de rêve flottant et de mystérieuse souffrance, il était devenu bientôt une passion ardente, énergique, vivace et profonde. Bernard faisait partie de cette génération active et turbulente dont la jeunesse s'était écoulée dans les camps, et qui n'avait pas eu le temps d'aimer ni de rêver. A vingt-sept ans, à cette heure encore matinale où les enfans de notre génération oisive ont follement dispersé à tous les vents leurs forces sans emploi, il n'avait connu que la belle passion de la gloire. On pouvait donc aisément prévoir que si jamais le germe d'un amour sérieux venait à tomber dans cette ame, il en absorberait la sève et s'y développerait comme un arbuste vigoureux dans une terre vierge et féconde. Il vit Hélène et il l'aima. Par quel art aurait-il pu s'en défendre? Elle avait en partage la grace et la beauté, la candeur et l'intelligence, toute la distinction de sa race, sans en avoir les idées étroites ni les opinions surannées. Avec la royale fierté du lys, elle en exhalait le suave et doux parfum; à la poésie du passé, elle joignait les instincts sérieux de notre âge. Et cette noble et chaste créature était venue à lui, la main tendue et la bouche souriante! elle lui avait parlé de son vieux père, qu'elle avait aidé à mourir! C'est elle qui avait remplacé le fils absent au chevet du vieillard, elle qui avait recueilli ses derniers adieux et son dernier soupir. Il avait vécu de sa vie, à table auprès d'elle et près d'elle au foyer. Au récit des maux qu'il avait endurés, il avait vu ses beaux yeux se mouiller; il les avait vus s'enflammer au récit de ses batailles. Comment donc en effet ne l'eût-il point aimée? Il l'avait aimée d'abord d'un amour inquiet et charmant, comme tout sentiment qui s'ignore, puis, en voyant Hélène se retirer brusquement de lui, d'un amour silencieux et farouche, comme toute passion sans espoir. C'est alors que, plongeant du même coup dans son cœur et dans sa destinée, il était resté frappé d'épouvante. Il venait de comprendre en même temps qu'égaré par le charme, il avait, sans y réfléchir, accepté une position équivoque, qu'on l'en blâmait publiquement, qu'il y allait de son honneur vis-à-vis de ses frères d'armes, et que, pour en sortir désormais, il lui fallait déposséder, ruiner, chasser la fille qu'il aimait et son père. Comment s'y fût-il résigné, lui qui défaillait rien qu'à la pensée que ses hôtes pouvaient d'un jour à l'autre s'éloigner de leur propre gré, lui qui se demandait parfois avec terreur ce qu'il deviendrait seul dans ce château désert, s'il leur prenait fantaisie de porter leurs pénates ailleurs? S'il aimait Hélène par-dessus toutes choses, ce n'était pas elle seulement qu'il aimait. Au milieu même de ses emportemens et de ses colères, il se sentait secrètement attiré vers le marquis. Il s'était aussi pris d'une sorte d'affection pour tous les détails de cet intérieur de famille dont il n'avait jamais soupçonné jusqu'alors ni la grace facile, ni les exquises élégances. L'idée d'épouser Hélène, cette idée qui conciliait tout et devant laquelle le gentilhomme n'avait point reculé, Bernard ne l'avait même

pas entrevue. Sous la brusquerie de ses manières, sous l'énergie de
son caractère, sous l'ardeur qui le consumait, il cachait toutes les délicatesses et toutes les timidités d'un esprit craintif et d'une ame
tendre. La conscience qu'il avait de ses droits le rendait humble au
lieu de l'enhardir : il avait la défiance et la pudeur de la fortune. Cependant, depuis plus d'une semaine, tout avait pris en lui comme
autour de lui une face nouvelle. En même temps qu'autour de lui les
bois et les prés verdoyaient, il s'était fait en lui comme un avril en
fleurs; Mlle de La Seiglière avait reparu dans sa vie ainsi que le printemps sur la terre. La présence d'Hélène retrouvée, les entretiens
récens qu'il avait eus avec le marquis, l'amitié cordiale et presque
tendre que lui témoignait le vieux gentilhomme, quelques mots qui
lui étaient échappés dans la matinée de ce même jour, tout cela,
mêlé aux chaudes brises, à la senteur des haies et aux rayons joyeux
du soleil, remplissait Bernard d'un trouble inexpliqué, d'une ivresse
sans nom et de ce vague sentiment d'effroi, qui est le premier frisson
du bonheur.

Ainsi troublé sans oser se demander pourquoi, Bernard revenait au
galop de son cheval, car déjà la nuit commençait à descendre des coteaux dans la plaine, lorsqu'en débouchaut par le pont, il découvrit la
petite caravane qui s'acheminait vers Vaubert. Il arrêta sa monture,
et reconnut tout d'abord, dans la pénombre du crépuscule, Mlle de La
Seiglière suspendue au bras d'un jeune homme, qu'aussitôt il supposa
devoir être le jeune baron. Bernard ne connaissait pas Raoul et ne
savait rien de l'union projetée; cependant son cœur se serra. Il souf-
frit aussi de voir l'intimité renouée entre le marquis et la baronne.
Après avoir long-temps suivi les deux couples d'un regard chagrin,
il mit son cheval au pas, revint lentement au château, dîna seul,
compta tristement les heures, et pensa que cette soirée de solitude,
la première qu'il passait ainsi depuis son retour, ne s'achèverait pas.
Il fit vingt fois le tour du parc, se retira mécontent dans sa chambre,
et demeura appuyé sur le balcon de la fenêtre, jusqu'à ce qu'il eût vu
passer, comme deux ombres, sous la feuillée M. de La Seiglière et sa
fille, dont la voix arriva jusqu'à lui dans le silence de la nuit.

Le lendemain, au repas du matin, il attendit vainement Hélène et
son père. Jasmin, qu'il interrogea, répondit que M. le marquis et sa
fille étaient partis depuis une heure pour Vaubert, en prévenant leurs
gens qu'ils ne rentreraient pas pour dîner. Pendant cette journée, qui
s'écoula plus lentement encore que ne s'était traînée la soirée de la
veille, Bernard remarqua un mouvement inusité de serviteurs allant

tour à tour du château au manoir, du manoir au château, comme s'il
s'agissait d'installation nouvelle. Il pressentit quelque affreux malheur. Un instant, il fut tenté d'aller droit au castel; mais un sentiment d'invincible répulsion, presque d'horreur, l'en avait toujours
éloigné. Comprenait-il, lui aussi, comme Hélène, que c'était là que
venait de se forger la foudre qu'il entendait déjà gronder sourdement
à l'horizon? Cependant il poussa jusqu'à mi-chemin; mais en apercevant au bras de Raoul, sur l'autre rive, à travers le feuillage argenté
des saules, Hélène, dont il ne pouvait distinguer la démarche affaissée
ni le pâle visage, il sentit la jalousie le mordre, comme un aspic, au
sein. C'était une ame douce et tendre, mais impétueuse et terrible. Il
rentra dans sa chambre, détacha ses pistolets, les suspendit à l'encadrement de la glace, les examina d'un œil sombre et farouche, en fit
jouer les ressorts d'un doigt brusque et violent; puis, honteux de sa
folie, il se jeta sur son lit, et ce cœur de lion pleura. Pourquoi? il ne
le savait pas. Il souffrait sans connaitre la cause de son mal, de même
qu'il ignorait la veille d'où lui arrivaient le bonheur et la vie.

La soirée fut moins orageuse. A la tombée de la nuit, il se prit à
errer dans le parc en attendant le retour du marquis. La brise rafraîchit son front; la réflexion apaisa son cœur. Il se dit que rien n'était
changé dans sa vie, et revint peu à peu à des rêves meilleurs. Il
était assis depuis quelques instans sur un banc de pierre, à cette
même place, où tant de fois, auprès d'Hélène, il avait vu, au dernier
automne, les feuilles jaunies se détacher et tourbillonner au-dessus
de leurs têtes, quand tout d'un coup le sable de l'allée cria doucement
sous un pas léger; un frôlement de robe se fit entendre le long de
l'aubépine en fleurs, et, en levant les yeux, Bernard aperçut devant
lui Mlle de La Seiglière, pâle, triste et plus grave que d'habitude.

— Monsieur Bernard, c'est vous que je cherchais, dit-elle aussitôt
d'une voix douce et calme.

En effet, Hélène s'était échappée dans l'espoir de le rencontrer.
Sachant qu'il ne lui restait plus que deux nuits à passer sous le toit
qui n'était plus celui de son père, prévoyant bien que toutes relations
allaient se trouver brisées désormais entre elle et ce jeune homme,
elle était venue à lui, non par faiblesse, mais par fier sentiment d'elle-
même, ne voulant pas que, s'il découvrait un jour les ruses et les intrigues qu'on avait ourdies autour de sa fortune, il pût croire ni même
supposer qu'elle en avait été complice. Elle ne se dissimulait pas d'ailleurs qu'avant de se retirer elle avait vis-à-vis de lui des obligations à
remplir, qu'elle devait au moins un adieu à cet hôte si délicat qu'elle

n'avait pu soupçonner ses droits, au moins une réparation à cette ame si magnanime qu'elle avait pu, dans son ignorance, l'accuser de servilité. Elle avait compris enfin qu'elle devait à ce jeune homme de l'instruire elle-même de son prochain départ, pour lui en épargner l'humiliation, sinon la douleur.

— Monsieur Bernard, reprit-elle après s'être assise auprès de lui avec une émotion qu'elle ne chercha pas à cacher; dans deux jours, mon père et moi, nous aurons quitté ce parc et ce château qui ne nous appartiennent plus; je n'ai pas voulu en sortir sans vous dire combien vous avez été bon pour mon vieux père, et que j'en resterai touchée le reste de ma vie dans le plus profond de mon ame. Oui, vous avez été si bon et si généreux, qu'hier encore je ne m'en doutais même pas.

— Vous partez, mademoiselle, vous partez! dit avec égarement Bernard d'une voix éperdue. Que vous ai-je fait? Peut-être, sans le savoir, vous aurai-je offensée, vous ou monsieur votre père? Je ne suis qu'un soldat, je ne sais rien de la vie ni du monde, mais partir! vous ne partirez pas.

— Il le faut, dit Hélène; notre honneur le veut et le vôtre l'exige. Si mon père, en s'éloignant, ne se montre pas vis-à-vis de vous aussi affectueux qu'il devrait l'être ou voudrait le paraître, pardonnez-lui. Mon père est vieux; à son âge, on a ses faiblesses. Ne lui en veuillez pas; je me sens encore assez riche pour pouvoir ajouter sa dette de reconnaissance à la mienne, et pour les acquitter toutes deux.

— Vous partez! répéta Bernard... mais si vous partez, mademoiselle, que voulez-vous que je devienne, moi? Je suis seul en ce monde; je n'ai ni parens, ni amis, ni famille; les seules amitiés que j'aie retrouvées à mon retour, je m'en suis séparé violemment pour mêler ma vie à la vôtre. Pour rester ici, près de votre père, j'ai répudié ma caste, abjuré ma religion, déserté mon drapeau, renié mes frères d'armes : il n'en est plus un à cette heure qui consentît à mettre sa main dans la mienne. Si l'on devait partir, pourquoi ne l'a-t-on pas fait quand je me suis présenté pour la première fois? J'arrivais alors le cœur et la tête remplis de haine et de colère; je voulais me venger. J'étais prêt; je haïssais votre père; vous autres nobles, je vous exécrais tous. Pourquoi donc alors n'êtes-vous pas partis? Pourquoi ne m'a-t-on pas cédé la place? Pourquoi m'a-t-on dit : Confondons nos droits, ne formons qu'une seule famille? Et maintenant que j'ai oublié si je suis chez votre père ou si votre père est chez moi, maintenant qu'on m'a appris à aimer ce que je détestais et à honorer ce que je méprisais, maintenant qu'on m'a fermé les rangs où je suis né, maintenant qu'on a créé et mis en moi un cœur nouveau et une ame nouvelle, voici qu'on s'éloigne, qu'on me fuit et qu'on m'abandonne!

— Ainsi, mademoiselle, reprit Bernard avec mélancolie, en relevant sa tête brûlante, qu'il avait tenue long-temps entre ses mains, ainsi je n'aurai apporté dans votre existence que le désordre, le trouble et le malheur, moi qui donnerais ma vie avec ivresse pour épargner un chagrin à la vôtre! Ainsi, j'aurai passé dans votre destinée comme un orage pour la flétrir et pour la briser, moi qui verserais avec joie tout mon sang pour y faire germer une fleur! Ainsi vous étiez là, calme, heureuse, souriante, épanouie comme un lis au milieu du luxe de vos ancêtres, et il aura fallu que je revinsse tout exprès du fond des steppes arides pour vous initier aux douleurs de la pauvreté, moi qui retournerais triomphant dans l'exil glacé d'où je sors pour vous laisser ma part de soleil!

— La pauvreté ne m'effraie pas, dit Hélène; je la connais, j'ai vécu avec elle.

— Cependant, mademoiselle, s'écria Bernard avec entraînement, si, exalté par le désespoir, comme à la guerre par le danger, j'osais vous dire à mon tour ce que je n'ai point encore osé me dire à moi-même? à mon tour si je vous disais : Confondons nos droits et ne formons qu'une même famille? Si, encouragé par votre grace et votre bonté, enhardi par l'affection presque paternelle que M. le marquis m'a témoignée en ces derniers jours, je m'oubliais jusqu'à vous tendre une main tremblante, ah! sans doute vous la repousseriez, cette main d'un soldat encore toute durcie par les labeurs de la captivité, et vous indignant avec raison de voir qu'un amour parti de si bas ait osé s'élever jusqu'à vous, vous m'accableriez de vos mépris et de votre colère! Mais si vous pouviez oublier, comme je l'oublierais avec vous, que j'ai jamais pu prétendre à l'héritage de vos pères; si vous pouviez continuer de croire, comme je le croirais avec vous, qu'à vous est la fortune, à moi la pauvreté, et si je vous disais alors d'une voix humble et suppliante : Je suis pauvre et déshérité, que voulez-vous que je devienne? gardez-moi dans un coin d'où je puisse seulement vous voir et vous admirer en silence; je ne vous serai ni gênant ni importun; vous ne me rencontrerez dans votre chemin que lorsque vous m'aurez appelé; d'un mot, d'un geste, d'un regard, vous me ferez rentrer dans ma poussière! Peut-être alors ne me repousseriez-vous pas, vous auriez pitié de ma peine, et cette pitié, je la bénirais et j'en serais plus fier que d'une couronne de roi.

— Monsieur Bernard, dit Hélène en se levant avec dignité, je ne sais pas de cœur si haut placé auquel ne puisse s'égaler votre cœur; je ne sais pas de main que la vôtre ne puisse honorer en la touchant. Voici la mienne; c'est l'adieu d'une amie qui priera pour vous dans toutes ses prières.

— Ah! s'écria Bernard en osant pour la première fois, pour la dernière, hélas! porter à ses lèvres la blanche main d'Hélène; vous emportez ma vie! Mais, noble enfant, vous et votre vieux père, quelle destinée est la vôtre?

— Notre destinée est assurée, dit Mlle de La Seiglière sans songer qu'en voulant s'épargner la pitié de Bernard, elle portait au malheureux le coup de la mort; M. de Vaubert est, lui aussi, un noble cœur : il trouvera autant de bonheur à partager avec moi sa modeste fortune que j'en aurais trouvé moi-même à partager avec lui mon opulence.

— Vous vous aimez? demanda Bernard.

— Je crois vous avoir dit, répliqua Mlle de La Seiglière en hésitant, que nous fûmes élevés ensemble dans l'exil.

— Vous vous aimez? répéta Bernard.

— Sa mère me servit de mère, et nos parens nous fiancèrent presque au berceau.

— Vous vous aimez? dit Bernard encore une fois.

— Il a ma foi, répondit Hélène.

— Adieu donc! ajouta Bernard d'un air sombre. Adieu, rêve envolé! murmura-t-il d'une voix étouffée et suivant des yeux, à travers ses larmes, Hélène, qui s'éloignait pensive.

Le lendemain était le jour fixé pour la signature de l'acte de désistement. Sur le coup de midi, le marquis, Hélène, Mme de Vaubert et un notaire venu tout exprès de Poitiers, se trouvaient réunis dans le grand salon du château, qui se ressentait déjà du désordre du prochain départ. On n'attendait plus que Bernard. Il entra bientôt, éperonné, botté, la cravache au poing, tel à peu près qu'il était apparu pour la première fois. La baronne se prit tout d'abord à l'observer avec inquiétude; mais nul n'aurait pu deviner sur ce visage impassible et morne ce qui se passait dans le cœur de cet homme. Après avoir donné lecture à l'assistance de l'acte qu'il avait rédigé d'avance, le marquis prit une plume, releva sa manchette de point d'Angleterre, signa sans sourciller, et offrit à Bernard, avec une politesse exquise, la feuille aux armoiries du fisc.

— Monsieur, lui dit-il en souriant avec grace, vous voici rentré -authentiquement *dans la sueur* de monsieur votre père.

Bernard prit la feuille de la main du marquis avec une·brusquerie militaire, la plia en quatre, la glissa dans la poche de sa redingote, qu'il reboutonna aussitôt, puis se retira gravement, sans avoir dit une parole. Mme de Vaubert resta consternée.

— Allons! ventre-saint-gris! dit le marquis en se frottant les mains, voici une bonne journée qui ne nous coûte qu'un million.

— Est-ce que je me serais trompée? se demanda Mme de Vaubert d'un air visiblement préoccupé. Est-ce que décidément ce Bernard ne serait qu'un vaurien?

— Mon Dieu! qu'il avait donc l'air triste et sombre! se dit Mlle de La Seiglière, dont le cœur frissonnait sous un vague pressentiment.

La journée s'acheva au milieu des derniers préparatifs de l'expatriation. Le marquis décrocha lui-même assez gaiement les vénérables portraits de ses aïeux, et sur chacun trouva le mot pour rire; mais la baronne ne riait pas. Hélène s'occupa de recueillir ses livres, ses broderies,·ses albums, ses palettes et ses aquarelles. Bernard, aussitôt après la séance qui venait de le réintégrer solennellement dans ses droits, était monté à cheval, et ne rentra que bien avant dans la nuit. En traversant le parc, il aperçut Mlle de La Seiglière qui veillait à la fenêtre ouverte; il demeura long-temps, appuyé contre un arbre, à la contempler.

Hélène passa sur pied cette nuit tout entière, tantôt accoudée sur le balcon de sa croisée, à regarder à la lueur des étoiles les beaux ombrages qu'elle allait quitter pour toujours, tantôt à rôder autour de son appartement et à dire adieu dans son cœur à ce doux nid de sa jeunesse. Brisée par la·fatigue, elle se jeta tout habillée sur son lit aux premières blancheurs de l'aube. Elle dormait depuis près d'une heure d'un sommeil lourd et pénible, lorsqu'elle fut réveillée en sursaut par un épouvantable vacarme; elle courut à la fenêtre, et, bien qu'on ne fût point en saison de chasse, elle aperçut tous les piqueurs du château réunis, les uns à cheval et donnant du cor à ébranler toutes les vitres, les autres retenant la meute complète, qui poussait des aboiemens effrénés dans l'air sonore du matin. Mlle de La Seiglière commençait à se demander si c'était le jour de son exil du château qu'on célébrait ainsi à grand fracas, et d'où lui pouvait venir cette sérénade bruyante et matinale, quand tout d'un coup elle poussa un cri d'effroi en voyant apparaître au travers de la meute et au milieu des piqueurs, qui semblèrent eux-mêmes frappés d'épouvante, Bernard, éperonné, botté comme la veille et en selle sur Roland. Contenant avec grace l'ardeur du terrible animal, il le fit avancer en piétinant jusque sous la fenêtre où se tenait Hélène, plus pâle que la mort; puis il leva les yeux vers la jeune fille, et, après s'être découvert respectueusement, il rendit la bride, enfonça ses éperons dans les flancs du coursier, et partit comme la foudre, suivi de loin par les piqueurs, au bruit éclatant des fanfares.

— Ah! le malheureux! s'écria Mlle de La Seiglière en se tordant les bras avec désespoir, il veut, il va se tuer!

Elle voulut courir, mais où? Roland allait plus vite que le vent. Il avait été convenu la veille que Raoul et sa mère viendraient le lendemain, dans la matinée, chercher le marquis et sa fille pour les conduire et les installer définitivement dans leur nouvelle demeure. Comme Hélène se disposait à sortir de sa chambre pour se rendre au salon, elle rencontra sur le seuil Jasmin, qui, en courtisan du malheur, lui présenta sur un plateau d'argent une lettre sous enveloppe. Hélène rentra précipitamment, rompit le cachet et lut ces lignes, évidemment tracées à la hâte :

« MADEMOISELLE,

« Ne partez pas, restez. Que voulez-vous que je fasse de cette fortune? Je ne pourrais l'employer qu'à faire un peu de bien; vous vous en acquitterez mieux que moi, avec plus de grace, et d'une façon plus agréable à Dieu. Seulement je vous prie de me mettre par la pensée pour moitié dans tous vos bienfaits; ça me portera bonheur là-haut. Ne vous souciez pas de ma destinée; je suis loin d'être sans ressource. Il me reste mon grade, mes épaulettes et mon épée. Je reprendrai du service; ce n'est plus le même drapeau, mais c'est encore et toujours la France. Adieu, mademoiselle. Je vous aime et vous vénère. Je vous en veux pourtant un peu d'avoir pensé à m'embarrasser d'un million; mais je vous pardonne et vous bénis parce que vous avez aimé mon vieux père.

« BERNARD. »

Sous le même pli se trouvait ce testament olographe ainsi conçu :

« Je donne et lègue à Mlle Hélène de La Seiglière tout ce que je possède ici-bas en légitime propriété. »

« Fait à mon château de La Seiglière, le 25 avril 1819. »

Lorsqu'elle entra dans le salon, où venaient d'arriver Mme de Vaubert et son fils, Hélène était si pâle et si défaite, que le marquis s'écria : Qu'as-tu? La baronne et Raoul lui-même s'empressèrent aussitôt autour d'elle; mais la jeune fille repoussa leur sollicitude et demeura froide et muette.

— Ah çà, dit le marquis, est-ce que le cœur te manque à présent? Hélène ne répondit pas. L'heure fixée pour le départ approchait. La baronne attendait toujours que Bernard y vînt mettre obstacle, et, ne voyant rien venir, ne prenait déjà plus la peine de dissimuler sa mauvaise humeur. De son côté, le jeune baron n'était pas, à proprement parler, transporté d'enthousiasme. Silencieuse et glacée, Hélène ne paraissait rien voir ni rien entendre. N'étant plus excité par son entourage, le marquis ne montrait déjà plus la bonne grace dont il avait fait preuve durant tous ces jours.

— A propos, dit-il tout d'un coup, ce drôle de Bernard nous a servi ce matin un plat de sa façon.

— De quoi s'agit-il, marquis? demanda la baronne, dont au nom de Bernard les oreilles venaient de se dresser.

— Croiriez-vous, baronne, que ce fils de bouvier n'a même pas attendu que nous fussions partis pour prendre possession de mes biens? Au soleil levant, il s'est mis en chasse, escorté de ma meute et suivi de tous mes piqueurs.

Ici, Mlle de La Seiglière, qui s'était approchée de la porte toute grande ouverte sur le perron, jeta un cri terrible et tomba entre les bras de son père, qui n'eut que le temps de la soutenir. Roland venait de filer le long de la grande allée comme un caillou lancé par une fronde. La selle était vide, et les étriers battaient contre les flancs déchirés du coursier.

Deux mois après la mort de Bernard, qui fut attribuée naturellement à une folle équipée de hussard, un incident d'une autre nature préoccupa beaucoup les grands et petits, beaux et laids esprits de la ville et des environs: ce fut l'entrée en noviciat de Mlle de La Seiglière dans un couvent de l'ordre des filles de Saint-Vincent-de-Paule. On en parla diversement : les uns n'y virent que le résultat d'une piété active et d'une vocation fervente; les autres y soupçonnèrent un grain d'amour en dehors de Dieu. On approcha plus ou moins de la vérité;

mais nul ne mit le doigt dessus, si ce n'est pourtant notre marquis, dont le reste de l'existence fut empoisonné par l'idée que décidément sa fille avait aimé le hussard. Cependant, lorsqu'il put, le testament de Bernard à la main, faire débouter de ses prétentions à la succession vacante l'administration des domaines, le marquis ne put s'empêcher de convenir que ce garçon avait bien fait les choses. Il continua de vivre comme par le passé, sans que l'éloignement de sa fille eût rien changé à ses habitudes. Il mourut de peur en 1830, en entendant une bande de jeunes gars qui s'étaient attroupés sous ses fenêtres en chantant *la Marseillaise* et en lui brisant quelques vitres. Notre jeune baron est entré dans une riche famille roturière où il joue le rôle de George Dandin retourné. Le beau-père se raille des titres de son gendre et lui reproche les écus qu'il lui a comptés; sa femme l'appelle monsieur le baron en lui faisant les cornes. Mme de Vaubert vit encore. Elle passe ses journées en arrêt devant le château de La Seiglière, et toutes les nuits elle rêve qu'elle est changée en chatte, et qu'elle voit danser devant elle, sans pouvoir seulement lui alonger un coup de patte, le château changé en souris. Après la mort de son père, Mlle de La Seiglière a disposé de tous ses biens en faveur des pauvres, et l'on assure que le château même, d'après les intentions de sœur Hélène, deviendra bientôt une maison de refuge pour les indigents.

JULES SANDEAU.

CHRONIQUE DE LA QUINZAINE.

30 novembre 1844.

La situation du ministère, loin de s'éclaircir, se rembrunit de plus en plus. Il a reçu depuis quelques jours des nouvelles de Taïti, qu'il n'a pas osé publier. On lui annonce la restauration de la reine Pomaré; on lui apprend que cet acte s'est accompli au milieu de démonstrations inquiétantes. Comme on devait s'y attendre, les Français ont été consternés, et les missionnaires anglais ont montré une joie insultante. Les dépêches qui contenaient les ordres de notre gouvernement ont été apportées par un bâtiment anglais. Cette circonstance aurait augmenté l'humiliation et le découragement de nos marins. Au départ des nouvelles, une grande fermentation régnait dans l'île; on craignait des complications graves.

Ainsi commence à se faire sentir en France le contre-coup des concessions de notre gouvernement dans les affaires de Taïti. Nous ne sommes pas au bout. On nous parle aujourd'hui de la restauration de la reine Pomaré; on nous parlera demain de l'effet qu'aura produit sur M. Dupetit-Thouars la nouvelle de son désaveu. Nous apprendrons plus tard les suites du blâme infligé à M. d'Aubigny et le paiement de l'indemnité que recevra M. Pritchard pour avoir fait verser le sang de nos soldats. Enfin, à dater d'aujourd'hui, nous pouvons craindre chaque jour une catastrophe. Attaqués par des insulaires féroces, décimés par les maladies et par une guerre sanglante, nos marins, que le bras de la France abandonne, pourront-ils soutenir longtemps une position si périlleuse? Les autorités françaises de Taïti, placées sous la menace perpétuelle d'un désaveu, et réduites à n'avoir plus entre les mains que l'arme impuissante du protectorat, pourront-elles vaincre toutes les difficultés qui les entourent? Dieu le veuille! Nous désirons sincèrement que les embarras du ministère ne se compliquent pas. Dans une question si grave, ce ne sont pas des intérêts de parti qui sont en présence, ce sont des citoyens qu'un même sentiment réunit, et qui ne forment qu'un vœu, celui de voir la Providence épargner de nouvelles douleurs à leur patrie.

Les journaux de Londres ont commencé depuis peu leurs diatribes contre nos marins. Ils prennent bien leur temps. En effet, les représentans de la France se permettent d'étranges choses à Taïti. Nos matelots, pendant le saint jour du dimanche, ont eu l'irrévérence de danser avec des dames sauvages devant l'hôtel du gouvernement. On danse le dimanche à Taïti, dans l'île de Vénus, quelle énormité! Nous ririons bien volontiers de l'indignation grotesque des missionnaires anglais, si nous ne savions par expérience jusqu'où peut aller le fanatisme méthodiste, et si ces colères bouffonnes ne s'exaltaient par momens jusqu'à devenir une humeur sombre, une rage sanguinaire, qui arme le bras des indigènes contre nos soldats. Ces jours derniers encore, le ministère a publié la nouvelle d'un engagement meurtrier avec les naturels révoltés. Leur exaspération est au comble, et ne montre que trop visiblement la main qui les conduit.

Pour tempérer l'effet de ces funestes évènemens, et diminuer, s'il est possible, le mécontentement des chambres, le ministère songe, dit-on, à élever en grade les officiers qu'il a désavoués. Une ordonnance prochaine nommerait M. Dupetit-Thouars vice-amiral, et M. d'Aubigny capitaine de corvette. Étrange résolution! Nous plaignons le ministère d'être réduit à de pareils expédiens. Chercher à étouffer la voix de l'honneur après l'avoir blessé, frapper d'une main nos officiers, parce que leur énergie déplaît à l'Angleterre, et de l'autre leur présenter des récompenses, comme pour obtenir d'eux la grace de leur silence et de leur résignation, c'est là une triste politique. Ce n'est pas ainsi qu'un gouvernement parvient à se faire estimer. Comment d'ailleurs le ministère ne voit-il pas qu'il va démasquer par là toutes ses faiblesses? Si M. Dupetit-Thouars et M. d'Aubigny ont mérité l'un et l'autre le désaveu qui les a frappés, pourquoi le ministère les récompenserait-il? Si, le lendemain du désaveu, il les élève en grade, c'est donc qu'ils ne sont pas coupables à ses yeux; c'est qu'il a eu la main forcée, c'est qu'il les a sacrifiés à des exigences injustes. Quel triomphe pour l'Angleterre! quelle situation pour la France!

Si la discussion des affaires de Taïti promet d'être vive, les débats sur la question du Maroc présenteront aussi bien des difficultés au ministère. Ce point l'inquiète, surtout depuis l'arrivée du maréchal Bugeaud. En effet, depuis l'arrivée du maréchal, beaucoup de bruits circulent, qui viennent malheureusement donner une nouvelle force aux griefs de l'opposition contre la paix de Tanger. Si les choses que l'on se dit à l'oreille sont exactes, l'opposition, loin d'exagérer les fautes du cabinet, les aurait jugées au contraire avec indulgence. Serait-il vrai, par exemple, qu'au moment où les plénipotentiaires français négociaient à Tanger, des envoyés de l'empereur arrivaient au camp du maréchal Bugeaud, alors absent, et remplacé par le général de Lamoricière? Serait-il vrai que ces envoyés étaient porteurs de propositions dont les clauses, garanties par un traité, eussent maintenu dignement l'honneur et l'intérêt de la France? Serait-il vrai que l'empereur de Maroc offrait douze millions, payables mensuellement, pour les frais de la guerre, et qu'il proposait en outre d'interner Abd-el-Kader dans une ville de la côte, en le laissant sous la garde des Français? Serait-il vrai que ces conditions, envoyées en toute hâte par le général Lamoricière au maréchal Bugeaud, seraient arrivées lorsqu'il n'était plus temps, et lorsque la signature de nos plénipotentiaires venait d'engager la France? Serait-il vrai qu'en apprenant cette précipitation fatale et ses déplorables résultats, le maréchal, dont on connaît les nobles susceptibilités et le langage énergique, n'aurait pu retenir l'expression d'un mécontentement amer? Un barbare humilié par nos armes aurait compris mieux que nos ministres les réparations qu'il devait à la France! Il aurait eu de nous une plus haute idée que nous-mêmes! L'acceptation de ses offres eût placé notre diplomatie au niveau de notre flotte et de notre armée.

Quand on songe à la rapidité des coups dirigés par le prince de Joinville et le maréchal Bugeaud contre l'empire du Maroc, quand on se rappelle l'effet produit sur Abderrhaman par la prise de Mogador et la bataille d'Isly, ces bruits qui se répandent, et qui inquiètent si vivement le cabinet, n'ont rien qui puisse étonner. Le pays les apprendra avec douleur. L'opposition, quels que soient les avantages qui puissent en résulter pour elle, sera la première à en gémir. Il est triste d'avoir à condamner un ministère pour des fautes irréparables, dont la dignité et l'intérêt du pays peuvent souffrir pendant long-temps. On ne peut se féliciter, en pareil cas, d'avoir raison.

La discussion des affaires d'Afrique pourra provoquer dans les chambres des éclaircissemens sur la situation des nouveaux comptoirs fondés sur la côte, établissemens vantés par les journaux du ministère, mais qui, subissant le sort de toutes les créations imaginées par la politique du 29 octobre, paraissent avoir une destinée bien fragile et bien précaire. S'il faut en croire des correspondances que la précision des détails recommande à l'attention des hommes politiques, ces établissemens ne présentent aucune condition de stabilité; ils sont insalubres, les lieux sont mal mal choisis; quant aux constructions, elles offrent un aspect dérisoire, elles s'écroulent avant d'être achevées. On cite un seul établissement qui, par sa position militaire, pouvait offrir quelque utilité : c'est le Gabon; mais les Anglais, venus dans le voisinage, ont pris une position plus forte, qui nous domine en temps de guerre. Les chambres feront bien d'examiner avec soin cette question des nouveaux comptoirs d'Afrique; elles devront exiger sur ce point des renseignemens précis. L'expérience a déjà montré combien de maux pouvaient sortir de ces entreprises hasardées, dont le moindre inconvénient est de grever le trésor pour satisfaire la gloriole d'un cabinet, en éblouissant la majorité.

Il paraît décidé aujourd'hui que la promotion de pairs annoncée pendant trois mois n'aura pas lieu; la nomination isolée de M. le comte Jaubert semble indiquer à cet égard la détermination prise par le cabinet Ainsi se révèlent les inquiétudes que donnent au ministère les dispositions nouvelles du parti conservateur. La crainte de perdre quelques voix dans la majorité par suite de quelques élections partielles empêche le cabinet de tenir sa promesse envers certains députés, et la crainte de s'aliéner ces candidats désappointés l'empêche de remplir les engagemens qu'il a contractés en dehors de la chambre. Au milieu de ces difficultés, il s'abstient. Il adopte le système de la politique négative. Ses amis appellent cela montrer de la résolution et de la vigueur. Si M. le comte Jaubert s'est trouvé excepté dans cette mesure générale de précaution, on ignore pour quel motif; le ministère ne le sait pas lui-même. On l'embarrasserait fort si on le priait de donner là-dessus ses raisons, et surtout de raconter plusieurs incidens qui ont précédé l'ordonnance de nomination, incidens qui ne sont peut-être pas tous connus de lui. Il y a là une comédie de mœurs politiques; chacun y joue son rôle. Empressons-nous de dire que le rôle qu'y joue M. le comte Jaubert est digne d'un ancien ministre, de l'homme indépendant et ferme dont le caractère est justement honoré par tous les partis.

Le ministère, par raison de conservation, se voit donc forcé de ne pas prodiguer le manteau de pair; mais il n'en est pas de même des faveurs, dont il dispose avec une prodigalité inusitée jusqu'ici, pour amorcer les consciences peu scrupuleuses. Il va sans dire que, si la chambre des députés renferme des consciences de cette nature, elles seront toutes bien accueillies par le ministère. Jamais, on doit le reconnaître, l'indépendance de la chambre élective n'a été si ouvertement tentée par un cabinet. Jamais cette opinion, que tout est dû à un député ministériel, et que la députation est un marche-pied pour l'avancement administratif, n'a été plus franchement soutenue et pratiquée par le pouvoir. Les députés fonctionnaires en conviennent eux-mêmes. On a entendu ces jours derniers, dans une cour royale du Midi, un premier magistrat de ressort, récemment promu, déclarer publiquement qu'il devait sa nomination à son influence parlementaire, et qu'il avait été préféré à d'autres candidats, très méritans d'ailleurs, parce que ces candidats n'étaient point députés. D'un autre côté, dans un département voisin de Paris, une cour royale, par l'organe de son premier président, a déploré la mobilité des situations judiciaires, qu'un pouvoir faible et dominé par des exigences parlementaires change sans cesse au gré des ambitions et des convenances de la politique. Trois procureurs-généraux, dans l'espace d'un an, ont figuré à la tête du parquet de cette cour. Avec une pareille instabilité, qui rompt l'esprit de tradition, si nécessaire aux corps judiciaires, comment la magistrature pourrait-elle remplir sûrement la mission qui lui est confiée ? Vit-on jamais de plus fâcheux exemples de l'invasion des influences politiques dans l'administration du pays ?

Ces abus, néanmoins, ne nous empêchent pas de rendre justice à des mesures récentes dont nous reconnaissons la sagesse, à des intentions que nous trouvons excellentes, et à des projets utiles que l'on prépare en ce moment dans les bureaux de plusieurs ministères. L'ordonnance royale sur les maîtres d'études honore l'administration de M. Villemain : c'est une réforme sensée, importante, qui a déjà reçu l'approbation de tous les esprits éclairés. M. le ministre des travaux publics se donne beaucoup de mouvement. Une multitude de projets, dont quelques-uns offrent un intérêt grave, ont été longuement étudiés dans ses bureaux depuis plusieurs mois. Espérons qu'ils obtiendront à la tribune plus de succès que certains projets de l'an passé. Espérons aussi que M. le ministre des finances réussira dans son emprunt. Tous les partis s'accordent pour exprimer la confiance qu'inspirent les lumières et la parfaite loyauté de M. Laplagne. Si cet acte important de sa carrière administrative n'a pas tout le succès que nous désirons, bien certainement, nous serons plus disposés à accuser les circonstances que le bon vouloir et la pénétration du ministre. D'ailleurs, dans l'opposition que nous croyons devoir faire sur certains points à la politique du ministère, ce n'est pas notre habitude, on le sait, de nier le talent ou d'incriminer les intentions. Nous avons dit bien souvent aux ministres du 29 octobre qu'ils valaient mieux que leur politique; nous espérons, pour eux, que l'avenir se chargera de le démontrer.

Si le ministère voit le parti conservateur s'ébranler, il est juste de dire cependant qu'il reçoit, depuis plusieurs jours, des renforts inattendus. Les radicaux et les légitimistes, accompagnés de M. de Lamartine, semblent disposés à remplir les vides de l'armée ministérielle. Le ministère accueille avec plaisir ces nouveaux auxiliaires. Peu lui importe la nuance des boules, pourvu qu'elles lui donnent la majorité.

Le manifeste de M. de Lamartine ne pouvait manquer d'obtenir un grand succès dans le monde ministériel. M. de Lamartine attaque, il est vrai, la royauté de juillet; il emploie contre elle le langage des factions; il accuse le *système*, mais il n'accuse pas le ministère. Il déclare que le système est hypocrite, vénal, corrupteur, menaçant pour la liberté, avilissant pour le pays; tout cela est fort injurieux pour le système, mais pour le ministère, nullement. M. de Lamartine veut tout réformer, loi électorale, loi de la presse, loi des fortifications, loi de régence; mais il ne juge pas nécessaire, quant à présent, de réformer la politique du cabinet : qu'importe dès-lors à celui-ci le goût de M. de Lamartine pour les réformes? L'illustre poète voudrait briser aujourd'hui les barrières de 1815; il demande les frontières du Rhin et des conquêtes sur les bords de la Méditerranée. Voilà une politique bien aventureuse. Cependant parlez à M. de Lamartine des affaires de Taïti et du Maroc, il vous dira que ce sont là de bien petites choses; on a fait beaucoup de bruit pour rien; ce sont des tempêtes dans un verre d'eau. Quelle admirable défense du ministère! Au fond, l'honorable député de Mâcon témoigne assez visiblement qu'il a peu d'estime pour les ministres du 29 octobre; mais il abhorre le centre gauche, il est plein de fiel et de malice contre M. Thiers; il ramasse contre l'historien de la révolution et de l'empire, contre l'homme d'état qui a rendu de si grands services au gouvernement de juillet, des calomnies usées, dont les journaux ministériels ne veulent plus; il attaque même les conservateurs dissidens : quelle bonne fortune pour le cabinet! Aussi, voyez comme les journaux ministériels se sont empressés de reproduire le manifeste de M. de Lamartine, quelques-uns même avec éloge!

Les violences contre M. Thiers ont fait oublier les coups dirigés contre la royauté et la constitution.

Si la prose de M. de Lamartine a obtenu les suffrages ministériels, elle a rencontré ailleurs des critiques sévères, mais justes. La France a beaucoup d'indulgence pour ses poètes. Elle pense qu'il faut pardonner beaucoup à ces ames d'élite, trop dédaigneuses de ce monde pour le bien connaître : esprits malades, souvent victimes de leur propre grandeur, car le ciel, en les touchant de la flamme divine, leur a donné l'orgueil, source de mécontentement, d'erreur et d'injustice. Aussi, les égaremens des poètes excitent communément chez nous plus de pitié que de colère. Cependant, lorsque les poètes font de la politique, il convient de ne pas leur laisser prendre de trop grandes licences; lorsqu'ils veulent diriger les états, lorsqu'ils se font orateurs ou publicistes, il est bon de les rappeler de temps en temps à la raison, s'ils s'en écartent, et d'oublier leurs poésies pour ne s'occuper que de leurs manifestes ou de leurs discours.

Les amis de M. de Lamartine ont répété souvent qu'il est animé des meilleures intentions; qu'il veut l'ordre, le règne des lois, le respect du pouvoir; qu'il veut l'honneur et l'intérêt du pays; qu'il veut la paix, que tous ses sentimens sont nobles et élevés; qu'il est au-dessus des petites passions de la politique, qu'il ne ressent ni jalousie ni haine, qu'il est incapable de commettre volontairement une injustice. En effet, les mots de patriotisme, de loyauté, de désintéressement, sont souvent dans la bouche de M. de Lamartine : nous voulons croire qu'ils sont aussi dans son cœur; mais alors, s'il en est ainsi, comment se fait-il que M. de Lamartine ait écrit son manifeste?

Quoi! M. de Lamartine veut l'ordre, et il provoque l'esprit révolutionnaire; il veut le règne des lois, et il demande la réforme des lois fondamentales qui ont été votées depuis quatorze ans; il veut que le pouvoir soit respecté, et il attaque le trône; il veut le bien et l'honneur du pays, et son patriotisme ne s'émeut pas devant les désaveux de Taïti, devant l'indemnité payée par la France à M. Pritchard, devant l'humiliation et le découragement de notre marine, devant les éventualités funestes dont nous sommes encore menacés. Son patriotisme ne s'émeut pas devant la guerre du Maroc; ni le plan de notre expédition communiqué à M. Peel, ni les engagemens pris avec le cabinet anglais touchant la conduite de la guerre, ni la paix conclue sans indemnité et sans garanties sérieuses, ni l'abandon de l'île de Mogador avant les ratifications du traité : rien de tout cela n'émeut M. de Lamartine. Que faut-il donc pour allumer la colère du noble poète? Une seule chose : parler du centre gauche et de son illustre chef, M. Thiers! On dit que M. de Lamartine veut la paix; mais en aucun temps le centre gauche, ou l'opposition constitutionnelle, ou ce prétendu parti de la guerre, dont M. de Lamartine ressuscite le fantôme, n'ont agité un drapeau aussi menaçant pour la paix du monde que celui du manifeste de Mâcon? Les frontières du Rhin et des conquêtes sur les bords de la Méditerranée, quels projets pacifiques! Parlez-nous, à côté de cela, des gens d'esprit qui font résonner le talon

de leurs bottes sur le parquet de la tribune, qui s'empanachent d'impéria-
lisme, et qui chantent *la Marseillaise* pendant trois mois! Mais ils font dix
fois moins de bruit et de fumée que M. de Lamartine. Ajoutez que ces
démonstrations belliqueuses reprochées au centre gauche en termes si pittoresques n'ont existé jusqu'ici que dans l'imagination de son poétique
adversaire. Où donc M. de Lamartine a-t-il vu que M. Thiers et ses amis
aient prêché la guerre contre l'Angleterre au sujet des évènemens de Taïti?
Est-ce dans les journaux ministériels ou dans les feuilles anglaises? Est-ce là
que M. de Lamartine va chercher la vérité sur les opinions et les démarches
de M. Thiers? Que la polémique de certains journaux de l'opposition, dictée
d'ailleurs par un sentiment généreux, ait été plus ou moins vive pendant trois
mois, en quoi cette polémique responsable de ses propres œuvres donne-
t-elle le droit d'incriminer des hommes publics comme M. Thiers, M. de
Rémusat, M. Billault, qui n'ont jamais dissimulé leurs opinions, et qui ont
nettement soutenu à la tribune l'alliance anglaise et la paix? Il est vrai que
ces hommes n'entendent pas le système de la paix et de l'alliance à la façon
de M. Guizot. D'accord sur le but, ils diffèrent sur les moyens. Ils sont persuadés que la paix et l'alliance, autrement conduites, seraient plus sûres,
et les débats parlementaires ont déjà prouvé plus d'une fois que la majorité
du parti conservateur partage sur ce point leurs convictions. Mais ces convictions si modérées, si pacifiques, si publiquement avouées, est-il permis à M. de
Lamartine de les suspecter, de les dénaturer? M. de Lamartine est député;
dans un mois, il aura devant lui, sur les bancs de la chambre, M. Thiers,
M. de Rémusat, M. Billault; il pourra les interpeller à la tribune et les combattre face à face : est-il généreux, est-il loyal de leur prêter en dehors de
la tribune des sentimens qu'ils n'ont pas, des intentions qu'ils n'ont jamais
exprimées, une politique qu'ils n'ont jamais soutenue, un caractère que leur
bon sens et leur honneur désavouent, et tout cela, dans quel but? Pour satisfaire de petites passions ou pour venir en aide à un ministère que M. de
Lamartine proclamait, il y a deux ans, une calamité pour le pays! Quand on
est M. de Lamartine, quand on porte un nom que la gloire littéraire protège
encore contre de justes représailles; quand on a d'ailleurs la prétention
d'exercer dans le monde politique le monopole des sentimens chevaleresques, est-ce là une conduite dont on puisse être fier? est-ce là le patriotisme et la loyauté de M. de Lamartine?

Nous aurions trop à faire si nous voulions relever ici toutes les singularités, pour ne pas dire plus, que présente le manifeste du député de Mâcon.
Le manifeste est long, et nous devons nous hâter. Nous renonçons donc à
signaler toutes les contradictions, toutes les chimères qu'a entassées dans ce
chef-d'œuvre l'honorable député, jadis légitimiste, rattaché depuis au gouvernement de juillet, conservateur, puis radical, aujourd'hui socialiste, humanitaire, cherchant à fonder dans la chambre une petite église philanthropique;
adversaire déclaré du parti ministériel et protecteur du ministère; ennemi
violent du système des quatorze années et grand admirateur du voyage du

roi. Que devons-nous penser de ce tardif hommage rendu par M de Lamartine à la sagesse royale? Est-ce le cri échappé à sa conscience? Est-ce un remords? ou bien est-ce la révélation d'un secret dégoût pour sa solitude depuis si long-temps respectée? M. de Lamartine commence-t-il à s'ennuyer dans le désert, et voudrait-il qu'on lui rendît le service de l'en arracher!

Un mot encore, pour finir, sur cet anathème lancé par M. de Lamartine contre le rapprochement des deux centres, rapprochement désiré par beaucoup d'esprits sages, comme le plus sûr moyen de prévenir des secousses dangereuses et de fortifier le parti conservateur. M. de Lamartine dénonce ce rapprochement comme une intrigue. Il lui refuse son concours. Cela ne nous surprend pas : l'opinion qu'on peut avoir des choses dépend souvent de la distance où l'on est placé pour les voir. Que M. de Lamartine n'aperçoive aucune différence entre le parti ministériel et le centre gauche, entre M. Guizot et les chefs des conservateurs dissidens, comment s'en étonner? Quand on veut bouleverser la constitution, quelle différence peut-on faire entre ceux qui sont également décidés à la défendre? Quand on attaque le gouvernement des quatorze années, pourquoi ferait-on des distinctions entre ceux qui se glorifient d'avoir soutenu ce gouvernement? Quiconque ne veut pas abroger la loi électorale, les lois de septembre, la loi des fortifications, la loi de régence, n'a pas les sympathies de M. de Lamartine. Il n'est pas surprenant dès-lors que l'honorable député de Mâcon repousse M. Molé et M. Thiers. Essaierez-vous de rappeler à M. de Lamartine qu'il n'a pas toujours été si formel dans ses exclusions; que, par exemple, en 1837, il avait trouvé une différence notable entre le 6 septembre et le 15 avril, entre M. Guizot et M. Molé? Qu'importe cette contradiction de plus à M. de Lamartine? Il y a long-temps que la date du 15 avril s'est effacée de ses souvenirs. Essaierez-vous de lui démontrer que l'intérêt de cette dynastie qu'il couvre d'injures et d'éloges à la fois est d'élargir en ce moment la base du pouvoir; que le ministère affaibli par ses fautes ne peut plus contenir ni diriger sa majorité; qu'il perd dans des transactions nécessaires à son existence les forces du gouvernement; que le pays, ami de la paix, déplore une politique qui a rendu la paix ni digne, ni sûre; que les factions cherchent déjà à exploiter le mécontentement des esprits; qu'elles se donnent rendez-vous aux élections prochaines; que, pour répondre à cette situation difficile, le parti conservateur a besoin de nouvelles forces; qu'enfin, si l'occasion se présente de faire avec le centre gauche une alliance honorable, il doit s'empresser de la saisir, car l'occasion, négligée aujourd'hui, pourrait échapper pour long-temps? Direz-vous tout cela à M. de Lamartine? que lui importe? Des reformes, donnez-lui des réformes; réveillez l'esprit révolutionnaire; changez la constitution, et en même temps faites naître une guerre européenne : voilà ce qu'il faut à M. de Lamartine. Étonnez-vous donc qu'il repousse M. Molé et M. Thiers. Si ces deux hommes avaient le malheur de mériter son appui, ne faudrait-il pas les plaindre au lieu de les féliciter?

Nous avons dit que M. de Lamartine n'était pas venu seul au secours du ministère; les radicaux et les légitimistes sont accourus en même temps que lui Ce n'est pas une fable que nous inventons; cela se dit, s'imprime et se publie tous les jours. Lisez les feuilles républicaines et celles de la légitimité; vous y verrez que des deux côtés on propose d'ajourner le renversement du ministère au lendemain des élections. Quant au motif de cet ajournement, on ne le cache pas, et il est facile à comprendre. Devant un ministère dont le discrédit rejaillira sur la majorité qui l'aura soutenu dans les chambres, les partis anarchiques comptent triompher facilement de cette majorité dans les collèges; ils espèrent, le cabinet aidant, renverser le parti conservateur. Supposez au contraire un cabinet sorti des diverses nuances d'une opposition modérée, habile à calmer les esprits, à effacer les traces des fautes commises; alors les chances des partis violens s'évanouissent. Tout cela est assez bien raisonné. C'est au parti conservateur de déjouer la conspiration tramée contre lui.

A vrai dire, pour ce qui regarde l'extrême gauche, nous avons peine à croire qu'elle pousse jusqu'au bout le machiavélisme dont elle fait parade en ce moment. Nous croyons bien qu'elle aurait peu de tendresse pour une combinaison ministérielle qui sortirait de l'union des deux centres. M. Molé n'est pas son fait, pas plus que M. Thiers, ou même M. Barrot. Cependant il y a des bornes que les partis sérieux se résignent difficilement à franchir, ceux surtout qui sont jaloux de leur honneur, et dont le mobile, le plus apparent du moins, est le sentiment national poussé jusqu'à la susceptibilité la plus ombrageuse. Lorsqu'on votera sur la question de Taïti et sur la question du Maroc, nous avons peine à croire que l'extrême gauche vote pour M. Guizot. Si elle vote pour lui, cela prouvera bien évidemment l'étendue des services qu'elle en attend.

Voilà donc les conservateurs avertis. La grande question qui leur est soumise est celle des élections. Il s'agit de leur propre intérêt, qui est celui du pays. Les partis extrêmes veulent que le ministère fasse les élections; cela veut dire qu'ils espèrent que le parti conservateur sera tué sous le ministère, et le ministère par-dessus lui. Alors le terrain leur appartiendra Que les députés conservateurs avisent donc. S'ils pensent que M. Guizot suffit à la situation, et que le pays approuve sa politique, qu'ils maintiennent M. Guizot, car tout changement de cabinet doit être le résultat d'une nécessité impérieuse : un des premiers besoins du pays est la stabilité du pouvoir; mais si les conservateurs pensent que la politique du 29 octobre a fait son temps, alors qu'ils instruisent la couronne; c'est leur devoir envers le pays.

A ce propos, des partisans du cabinet expriment une opinion qui paraît produire quelque impression sur certains esprits. On dit que le ministère se sent affaibli, qu'il reconnaît lui-même les difficultés dont il est entouré, que sa main ne sera pas assez forte pour les élections: il consent donc à se retirer; mais on ajoute : Laissez-le vivre encore un an. Donnez-lui la session; l'année suivante, il fera place à d'autres; chacun s'en trouvera bien D'abord le ministère vivra un an de plus, c'est quelque chose; puis, ses successeurs,

venus un an plus tard, auront un rôle plus facile à remplir. S'ils prenaient
sa place aujourd'hui, qui sait? ils pourraient bien se dépopulariser à leur
tour; ils pourraient s'user avant les élections. Pour prévenir ce danger, ne
vaut-il pas mieux qu'ils patientent encore pendant un an? Alors ils feront
les élections dans la première fraîcheur de leur popularité, dans la joie de
leur nouvel avènement, dans toute la nouveauté des engagemens contractés
envers eux par les diverses nuances de l'opposition parlementaire. On ajoute
que, si les choses se passaient ainsi, le ministère, remplacé sans secousse,
se retirerait sans rancune, et témoignerait plus tard sa reconnaissance à ses
successeurs.

Ainsi parlent des amis complaisans du cabinet. Nous n'avons pas besoin
de dire qu'il faut beaucoup se méfier de ce discours. Sans doute le raisonnement est spécieux, il est fait pour agir sur l'esprit des conservateurs timides,
irrésolus. Gagner un an avant de prendre une décision, ce serait fort commode pour eux; contenter tout le monde en se croisant les bras, ce serait
mieux encore. Néanmoins, admettons que l'intérêt du pays permît un semblable arrangement, qui répondrait de l'exécution? Nous ne voulons pas
mettre en doute la sincérité du ministère; mais, quand il aurait passé la session, quand il aurait congédié les chambres, qui l'empêcherait d'attribuer
à ses mérites ce qu'il devrait à la neutralité de ses compétiteurs? qui l'empêcherait de se considérer alors comme nécessaire, de s'imposer à la couronne, de faire lui-même les élections, dans l'intérêt du pays, bien entendu,
et de sacrifier ses sermens sur l'a tel de la patrie? Si la couronne résistait,
qui empêcherait le ministère de la placer dans l'alternative d'une soumission
humiliante ou d'une révolte, et de se préparer une sortie triomphante, en
appelant à sa suite les mauvaises passions dans un conflit où la couronne
serait en jeu? Le plus sûr, à notre avis, est de ne pas tenter les gens, et de
ne pas prendre avec eux des engagemens qui mettraient leur ambition, ou,
si l'on veut, leur patriotisme, à de trop rudes épreuves.

Trois évènemens viennent de s'accomplir en Espagne, qui ont ému l'Europe et modifié la situation politique de la Péninsule : la réforme de la constitution de 1837, la condamnation du général Prim, la révolte de Zurbano. A
l'heure où nous sommes, abandonné de tous les siens, et recommençant dans
les montagnes de la Rioja ou de Biscaye sa vie de contrebandier, privé de tous
ses biens, de tous ses honneurs, de tous ses gardes, Zurbano s'estimerait
fort heureux sans doute, s'il pouvait en toute sûreté atteindre les frontières
de France ou de Portugal. Le tribunal suprême de guerre et marine a con-
firmé la sentence du conseil de guerre qui frappe le général Prim d'une condamnation à six ans de prison dans une forteresse; Prim est parti pour Cadix,
où on lui fera connaître le lieu de sa détention. Il y a un an à peine, quand
le jeune comte de Reus étouffait en Catalogne les derniers soulèvemens des
centralistes, pouvait-on s'attendre à le voir lui-même impliqué dans une tentative de rébellion? Le souvenir de ses services est-il aujourd'hui si effacé,
qu'on laisse tristement s'écouler ses années les plus belles dans quelque re-

coin obscur des Philippines ou des Canaries? Il est vrai qu'en Europe, il n'est point de pays où toute chose s'oublie aussi vite et aussi facilement qu'en Espagne; depuis la chute d'Espartero, combien d'évènemens, qui partout ailleurs auraient pour long-temps remué les masses, et dont, au-delà des Pyrénées, les traces sont déjà, ou peu s'en faut, complètement effacées! Qui s'inquiète en ce moment, à Madrid et dans les provinces, du renversement de M. Olozaga, de l'élévation incroyable de M. Gonzalez-Bravo, des *pronunciamientos* de Carthagène et d'Alicante, de ces conspirations de mars et de juillet, dont les fauteurs ou les complices, si bruyamment arrêtés et emprisonnés, sont oubliés par leurs juges eux-mêmes, ni plus ni moins que s'ils n'avaient jamais existé? On sait quelles émotions a soulevées le procès du comte de Reus : encore quelques jours, et nous craignons fort qu'en Espagne ses plus déterminés partisans ne se demandent plus même si l'on songe à lui faire grace ou à prolonger sa captivité. Quand il s'agit d'un pays si mobile, où du soir au lendemain toutes les questions se déplacent, il est parfaitement inutile d'accorder une trop grande importance aux inquiétudes et aux complications de la veille; ne nous occupons que des périls actuels et de ceux que, dans un avenir fort rapproché de nous, le parti dominant s'est lui-même exposé à courir. Ces périls, c'est la réforme de la constitution qui les a suscités; examinons en quoi ils consistent : on verra quelles ambitions, quels ressentimens se doivent prochainement entrechoquer dans l'arène politique; on verra quelle transformation décisive subissent, à l'instant même où nous écrivons, tous les partis qui, depuis la mort de Ferdinand VII, se disputent le gouvernement.

Nous avons plus d'une fois exprimé notre opinion sur la réforme de la loi fondamentale, nous ne voulons donc pas revenir sur la question de principes, ni même sur la question d'opportunité. Pour bien montrer pourquoi les partis s'agitent et comment ils se transforment, il nous suffira de constater les faits, ou du moins les tendances réelles et positives de l'esprit public. Nous nous proposons de définir les immédiates conséquences de la réforme, qui dès maintenant peut être considérée déjà comme accomplie, bien que tous les articles du projet ne soient pas encore votés au congrès. C'est une histoire étrange que celle de ce projet; du moment où il a été conçu jusqu'à celui où ses dispositions les plus significatives ont été adoptées par la chambre des députés, il a parcouru, si l'on peut ainsi parler, trois phases capitales qu'il importe de mettre pleinement en relief. Chacune de ces phases est marquée par un fait saillant, la première, par la rupture qui, sur le terrain des principes, a pour toujours peut-être séparé les deux grandes fractions du libéralisme péninsulaire, le parti modéré et le parti progressiste; — la seconde, par les divisions sérieuses qui se sont produites au sein même du parti modéré; — la troisième, par les mécomptes qu'a tout récemment essuyés au congrès le parti absolutiste, qui, à l'égard du parti modéré, est brusquement revenu à ses vieux sentimens de défiance et d'aversion. Ce sont là les faits qui aujourd'hui dominent, en Espagne, la situation politique · nous essaierons d'en apprécier aussi nettement qu'il nous sera possible toute la portée.

Entre le parti modéré et le parti progressiste, la réforme a déterminé une vraie rupture de principes, et c'est à dessein que nous employons une telle expression; car, depuis la révolution de 1833, c'étaient jusqu'ici les passions et non point les idées qui avaient divisé en deux fractions à peu près égales le libéralisme espagnol. Comme le parti modéré, le parti progressiste avait réformé ou plutôt aboli la constitution de 1812; comme le parti progressiste, le parti modéré avait voté et juré la constitution de 1837; au nom de cette constitution, ils s'étaient unis tous les deux pour renverser Espartero. En vain, à diverses époques, ils se sont l'un l'autre persécutés, exilés, décimés; si l'on met à part la loi des *ayuntamientos*, — et encore, sur cette loi même, les plus éclairés et les plus sincères sont-ils des deux parts bien près de s'entendre, — vous ne trouveriez pas, de 1837 à 1844, en religion, en politique, en administration, une seule question importante qu'ils aient voulu résoudre de différentes manières. On les voit bien qui tour à tour s'exaltent et s'entrebattent; mais quand on regarde un peu au-dessus de cette mêlée furieuse des intérêts privés et des ambitions personnelles, c'est toujours le même drapeau que l'on aperçoit. A dater du jour où la réforme a été proposée aux cortès, à dater du jour surtout où le congrès a retranché de la loi fondamentale le fameux préambule qui donnait la volonté du pays pour force principale à la royauté d'Isabelle, la division des deux partis est devenue plus profonde; désormais irréconciliables, ils ont senti, du moment où a commencé la grande querelle des idées, s'accroître leurs haines et s'enflammer leurs passions. Chacun des deux est retranché dans son camp; plus d'espoir de coalition ni d'armistice : chacun des deux a maintenant son drapeau, d'un côté la charte de 1844, de l'autre la charte de 1837. Exclu du pouvoir et des chambres, privé de toute participation aux affaires, dispersé en Europe, quelle détermination prendra le parti progressiste? A cette question nous répondrons avec franchise; nous croyons, pour notre compte, que le moment est venu pour ce parti de se diviser lui-même une seconde fois en deux grandes fractions; ce ne sera plus, comme sous le comte-duc, en progressistes purs et en espartéristes; le temps est passé des querelles de personnes et des ressentimens particuliers. L'une de ces fractions devra être un parti d'opposition légale; il s'efforcera de triompher par les discussions de la presse et par celles de la tribune; il sera la *gauche* de l'Espagne, si l'on peut établir une certaine comparaison entre les partis français et les partis de la Péninsule; il aura pour chefs les hommes qui jusqu'à ce jour ont mené le parti du progrès tout entier. La seconde fraction sera inévitablement révolutionnaire; dans ses rangs iront se confondre la plupart des espartéristes, quand il leur sera bien démontré qu'il n'y a point de *restauration* possible pour le duc de la Victoire; pour la première fois en Espagne, il sera question de réformes radicales. Cette fraction est aujourd'hui sans chefs, et pour le moment il est hors de doute qu'elle ne peut avoir de sérieuses chances de succès; mais il est également hors de doute que les'élémens dont elle se doit composer fermentent dans la société espagnole : à vrai dire, elle existe déjà; elle n'est pas étrangère à l'agitation qui naguère s'est brusquement produite de la Rioja au camp de Gibraltar. Le mouvement de Zurbano n'est pas un mouvement progressiste; avant de lever son drapeau, l'ancien contrebandier n'a consulté ni M. Cortina, ni M. Serrano, ni M. Madoz, ni aucun des chefs du parti progressiste. Zurbano n'a point oublié la coalition de juin 1843; s'il était parvenu à reformer ses bandes, s'il avait pénétré dans 'Madrid, son triomphe, nous en sommes sûrs, n'aurait point tourné au profit de ceux qui ont renversé son maître et son idole Que les hommes qui, à cette heure, gouvernent la Péninsule, sachent donc bien à quoi s'en tenir. A une époque peu éloignée de nous, selon toute apparence, MM. Madoz, Cortina, Lopez et leurs amis rentreront au congrès : au nom de la constitution de 1837, ils s'efforceront, par les voies légales et parlementaires, de réinstaller au pouvoir les principes que l'on en bannit aujourd'hui; mais, assurément, dans un pays constitutionnel, de telles prétentions n'ont rien que de fort légitime, et pour les institutions qu'on va donner à l'Espagne, ce n'est point au congrès ni dans la presse que sera le plus grand péril. Le péril sera dans les menées révolutionnaires qui sourdement agiteront le pays; de temps à autre, ces menées feront explosion, comme l'an dernier en Catalogne, comme cette année même à Carthagène et à Alicante, comme hier dans la Rioja, si, après qu'il aura voté le projet de réforme, le parti modéré ne s'efforce point d'administrer ou plutôt de réorganiser l'Espagne, de façon à prouver non-seulement qu'il comprend les vrais intérêts moraux et matériels de la Péninsule, mais que sous la charte de 1844, ces intérêts peuvent prospérer et grandir.

A l'époque où l'opposition légale viendra prendre place sur les bancs du congrès, la situation sera difficile pour les membres modérés, qui ne voulaient point réformer la charte. Cette fraction du parti dominant se subdivise en deux catégories : d'un côté, ceux qui ont essayé de défendre contre la réforme les principes mêmes de la constitution de 1837; de l'autre, ceux qui n'ont élevé qu'une simple question d'inopportunité. En dépit des dissidences actuelles, ces derniers s'uniront au gouvernement de la façon la plus étroite; quant aux autres, ils devraient, s'ils étaient conséquens avec eux-mêmes, faire cause commune avec l'opposition. Ce n'est là, du reste, qu'une induction, une conjecture, et Dieu sait comme en Espagne les conjectures sont déconcertées par les évènemens! Ne nous occupons, encore une fois, que des périls bien réels, des périls incontestables du présent : nous avons montré ceux que réservent à la Péninsule les dispositions très visibles de la portion la plus avancée du parti progressiste; examinons maintenant ceux que le parti absolutiste lui peut préparer.

Le parti absolutiste,—et par ce mot nous entendons le parti qui a soutenu don Carlos, — s'est hautement et ardemment prononcé en faveur de la réforme; au congrès et au sénat, durant les débats de l'adresse, il a manifes-

tement témoigné au gouvernement ses naissantes sympathies. Le parti absolutiste espérait que, par la réforme, il obtiendrait tôt ou tard l'hérédité du
sénat, et par conséquent la reconstitution des majorats, le mariage du prince
des Asturies avec la reine Isabelle, la restitution des biens du clergé; et, en
vérité, après avoir obtenu tout cela, peu lui aurait importé que don Carlos
eût ou non repassé les Pyrénées: qu'a-t-on à faire des personnes quand les
principes ont triomphé? Or, immédiatement après que se sont ouvertes les
discussions, il n'est pas une seule de ces espérances qui n'ait été complètement déçue; à la tribune, les ministres ont déclaré unanimement qu'ils repoussaient tout projet de mariage entre la reine et le prince des Asturies; dans la
commission de réforme, on a demandé qu'un amendement bien clair et bien
formel prononçât de nouveau l'exclusion de don Carlos et de sa famille.
Quand on a rejeté au congrès l'amendement par lequel on voulait établir
l'hérédité de la *pairie*, on a reculé surtout devant la nécessité que l'hérédité
eût imposée aux législateurs de restaurer d'odieux privilèges, les droits
d'aînesse et les majorats. Enfin, quand il a été question au congrès du clergé
et des besoins du culte catholique, on a pu voir jusqu'au dernier degré
d'évidence que la restitution des biens du clergé déjà vendus, — ceux qui
restent à vendre ne méritent point d'entrer en ligne de compte, — était
une chose radicalement impossible. Ces biens ont été en grande partie achetés par des membres du parti modéré; ce n'est pas seulement l'intérêt politique, mais l'intérêt personnel de ces membres, qui les empêchera de s'en
dessaisir. En résumé, le parti absolutiste a subi des mécomptes qui ont porté
son irritation à l'extrême; on a pu s'en apercevoir par le discours de M. Tejada qui, à la tribune du congrès, a osé développer les plus purs principes
de l'ancienne monarchie. On s'en apercevra bien mieux encore au sénat, où
ce parti prépare en ce moment une rude opposition à ce malheureux projet
de réforme, qu'il a d'abord si chaudement défendu. Au sénat, les absolutistes seront soutenus, dit-on, par M. le marquis de Miraflorès et par les
grands d'Espagne; les grands d'Espagne s'indignent que le congrès leur
ait dénié le droit de siéger à la chambre haute par le seul fait de leur
naissance. En dehors du sénat, les absolutistes seront appuyés, on l'affirme
du moins, par une certaine influence qui aurait voulu et voudrait encore
qu'un mariage rapprochât les deux principales branches de la maison royale.
On affirme en outre qu'en des lieux fort élevés, où cette influence domine,
on s'est vivement alarmé des mécontentemens qu'ont inspirés aux rois absolus de l'Europe les paroles de M. Martinez de la Rosa, niant qu'on songeât
à unir la reine Isabelle au jeune prince des Asturies. Si les prétentions des
absolutistes échouent au sénat, — et, selon nous, il faut bien qu'ils s'y attendent, — chercheront-ils à les faire triompher en dehors des voies légales et
parlementaires? Rallumeront-ils la guerre civile, pour parler sans le moindre
détour? Il est certain que, depuis la pacification de Bergara, jamais les carlistes n'ont éprouvé une irritation aussi grande; il est certain que jamais ils
n'ont eu entre les mains des moyens d'action plus nombreux ni plus puissans-

A Madrid et dans les provinces, ils disposent d'une presse résolue, dont les publications ressemblent à de vrais manifestes; dans l'armée, une foule d'officiers, qui ont fait sous don Carlos les guerres de Biscaye et de Navarre, sont loin d'avoir abandonné la cause du prétendant; comme on exploite la colère des grands d'Espagne, on pourrait, de l'un à l'autre bout du royaume, tirer parti de toutes les rancunes, de tous les ressentimens; on pourrait, dans les provinces vascongades, s'allier aux *fueristes*, dans Barcelone aux *jamancios*, dans Saragosse aux espartéristes, en d'autres villes aux milices nationales que la nouvelle charte doit supprimer. Certes, si les carlistes avaient recours à de telles extrémités, les amis du gouvernement constitutionnel, en Europe, attendraient sans crainte l'issue de la lutte; en Espagne, comme en France, l'ancien régime est bien mort : c'est en pure perte que l'on essaierait de l'y rétablir. Mais que d'ici à quelque temps encore il cherche à se relever, qui donc en pourrait douter? Et quelles inquiétudes soulèveraient dans le pays des résolutions désespérées!

Telle est en ce moment la situation politique de l'Espagne. Partout des périls; mais les derniers évènemens ont donné au cabinet de Madrid une force morale assez considérable pour les conjurer; saura-t-il user de cette force-là? — De tous côtés, des partis qui se décomposent et se transforment : ce que ces partis renferment de généreux et d'honnête, le gouvernement saura-t-il l'attirer à lui et se l'assimiler?

ÉLECTION DU PRÉSIDENT AUX ÉTATS-UNIS.

On connaît maintenant, ou du moins on peut prédire avec assurance, le résultat de la grande lutte électorale qui vient d'agiter les États-Unis. Tous les états n'ont point encore terminé l'élection des délégués; il en est même un, la Caroline du nord, où cette élection n'aura lieu que le 1er décembre, et pourtant la question peut être maintenant regardée comme résolue. La majorité absolue est en effet de 138 suffrages · les états qui se sont prononcés en faveur de M. Polk lui assurent déjà 135 votes, et parmi les états dont on attend encore la décision, il en est plus d'un où les démocrates, de l'aveu même de leurs adversaires, auront la majorité. Les journaux whigs n'hésitent point à reconnaître la défaite de leur parti, et M. Polk doit être considéré comme le futur président des États-Unis. La presse anglaise s'étonne beaucoup de ce résultat, qui était en effet fort imprévu : il n'est point cependant impossible de l'expl quer.

On se rappelle peut-être (1) comment le président actuel, M. Tyler, fut

---

(1) Un travail sur *les États-Unis et le Texas*, publié dans cette *Revue* même, livraison du 15 juillet, a fait connaître les intrigues qui ont précédé l'élection de M. Tyler.

conduit à soulever, dans l'intérêt de sa réélection, la question de l'annexion du Texas. Il se proposait de jeter la discorde entre les hommes les plus éminens du parti démocratique ; tandis que lui-même rallierait autour de cette question tous les états du sud sans distinction de partis, et ceux des états du nord qui sont démocrates et votent habituellement avec le sud. Il serait arrivé ainsi à former une majorité qui aurait eu l'annexion pour programme et aurait porté à la présidence le promoteur de cette mesure, M. Tyler lui-même. Cette intrigue fut déjouée par la prépondérance que le parti whig conservait dans le sénat. Il fallait que le traité conclu par M. Tyler obtînt dans le sénat les deux tiers des voix, 35 sur 52 : c'est-à-dire qu'on réunît les 26 voix des états du sud, et qu'on trouvât un appoint de 9 voix parmi les sénateurs démocrates du nord. Ce fut précisément la majorité que le traité trouva contre lui. Sur 29 sénateurs whigs, 28 le rejetèrent, et rallièrent à eux 7 sénateurs démocrates. Avec le rejet du traité s'évanouirent les espérances de M. Tyler. L'un des chefs du parti démocratique dans le sénat, le colonel Benton, s'était montré l'un des plus ardens adversaires du traité ; il résolut de tourner à son profit l'échec essuyé par M. Tyler. Le colonel Benton, qui représente le Missouri au sénat depuis l'admission de cet état dans l'Union, est l'homme le plus influent de l'ouest. Hardi, persévérant, plein de ressources, orateur habile, pamphlétaire passionné et plein de puissance, il fut l'ame de la croisade du général Jackson contre la banque des États-Unis, et il était de moitié dans toutes les entreprises de celui-ci contre les droits du Mexique. Depuis long-temps il se regardait comme appelé à recueillir la succession de M. Van Buren, et il avait fait de l'annexion le point d'appui de sa candidature éventuelle à la présidence. Il lui sembla que M. Tyler, en soulevant cette question, lui ravissait son bien; et il n'eut de repos que le traité ne fût rejeté. Il voulut alors reprendre la question pour son propre compte, en faisant disparaître le principal grief du nord, la rupture de l'équilibre entre les états libres et les états à esclaves. M. Clay, obligé par position de combattre l'annexion dans les circonstances actuelles, quoiqu'il en admît le principe, avait suggéré un expédient : c'était de faire pour le Texas ce qui avait été fait en 1822 pour la Louisiane et le Missouri, d'établir un égal partage entre le travail libre et le travail esclave. M. Benton s'empara de cette idée et en fit la base d'une motion. Le sénat devait consacrer le principe de l'annexion, et la différer jusqu'à ce qu'on obtînt le consentement du Mexique : pour rendre ce consentement plus facile à obtenir, M. Benton resserrait considérablement les limites du Texas. Ce pays devait être divisé en deux zones parallèles, et en quatre états : deux au nord et libres, deux au sud où l'esclavage aurait été permis. On aurait admis immédiatement, comme état à esclaves, la portion actuellement habitée, et les trois autres états à mesure qu'ils auraient atteint la population légale. Ce projet fut également rejeté, mais à une majorité plus faible que le traité de M. Tyler, et nous avons cru devoir en faire mention, parce que, si l'annexion se réalise un jour, ce sera, sans aucun doute, de cette façon.

M. Tyler, quoique trompé dans ses espérances, n'en avait pas moins atteint son but principal : il avait mis hors de combat les chefs du parti démocratique; il les avait contraints de s'expliquer sur la question de l'annexion et de se compromettre vis-à-vis de leurs partisans. M. Van Buren, obligé de choisir entre ses amis du nord et du sud, s'était prononcé contre l'annexion et avait ruiné ses chances dans le sud et l'ouest. Ce fut pour le général Cass une raison de se prononcer hautement en faveur de l'annexion; mais le nord vit avec jalousie un homme du sud chercher à recueillir l'héritage de son candidat favori, et montra beaucoup de répugnance pour lui. De ces haines réciproques il résulta qu'à la convention préparatoire de Baltimore, aucun des deux chefs du parti ne fut élu; M. Cass et M. Van Buren s'exclurent l'un l'autre, et un homme inconnu jusqu'alors, un adversaire du tarif, M. Polk, fut le candidat préféré, au grand dépit des états démocrates du nord. Les démocrates restèrent donc groupés en trois fractions autour de M. Polk, de M. Tyler et de M. Van Buren. Les whigs, à la vue de cette désunion de leurs adversaires, ne dissimulèrent pas leur joie et se crurent assurés du triomphe; mais le danger avertit les démocrates de serrer leurs rangs. Ce parti s'est toujours montré bien plus discipliné et plus aguerri que le parti whig; il a été formé à la tactique parlementaire sous le général Jackson par M. Van Buren, le politique le plus froid, le plus habile, le plus fécond en ressources des États-Unis, le diplomate pour les talens duquel M. de Talleyrand a témoigné le plus de sympathie. Les démocrates virent bien qu'en restant désunis, ils n'avaient à attendre qu'une défaite inévitable, et tous ceux qui n'avaient pas d'engagemens personnels se groupèrent autour de M. Polk. M. Van Buren, avec une promptitude qui lui fait honneur, sacrifia aussitôt ses espérances et son ressentiment; il rendit public son désistement, et engagea ses amis à reporter leurs suffrages sur M. Polk; il fit usage de son influence, qui est grande à New-York et dans la Pensylvanie, pour rallier à M. Polk ces deux états, qui se montraient fort alarmés des doctrines du nouveau candidat sur le tarif et la protection due à l'industrie nationale.

Restait encore M. Tyler. Celui-ci, que la candidature de M. Polk avait singulièrement déconcerté, fit des efforts désespérés pour assurer sa réélection Comme aux États-Unis, aussi bien qu'en Europe, le choix des fonctionnaires publics est un puissant moyen d'influence, M. Tyler bouleversa tout le personnel de l'administration; il n'est si petit employé qui ne fut changé. Il essaya aussi de raviver la question du Texas par un nouveau message, par la publication incessante de documens officiels à ce sujet, et en portant devant les représentans le traité rejeté par le sénat; mais la seconde chambre le fit déposer sur la table, ce qui équivaut à un ajournement indéfini, et le congrès se sépara sans qu'il en eût été question. M. Tyler songea alors à convoquer le congrès en session extraordinaire pour traiter de nouveau de l'annexion; toutefois il recula devant cette mesure. Son principal appui, M. Calhoun, ne tarda pas à lui manquer; celui-ci avait activement secondé M. Tyler,

tant qu'il s'était agi uniquement de ruiner les espérances de M. Van Buren,
contre qui il avait des représailles à exercer : maintenant que, par la chute
de son ennemi, son ressentiment était satisfait, M. Calhoun songeait bien
plus aux intérêts généraux du parti démocratique qu'à ceux de M. Tyler;
il voyait très bien que, si le parti démocratique pouvait espérer de se sauver,
c'était avec M. Polk bien plus qu'avec M. Tyler. Connaissant M. Polk
comme un homme honorable, mais médiocre, il n'ignorait pas que son influence, son expérience des affaires et ses talens, seraient nécessaires à celui-ci aussi bien qu'au président actuel. M. Calhoun, en soutenant obstinément M. Tyler, aurait donc ruiné, et son parti et sa propre position : il n'était
point homme à commettre pareille faute. Les autres chefs de l'administration
ne dissimulèrent pas non plus leurs sympathies pour M. Polk; et M. Tyler,
abandonné même de ses subordonnés, vit ses chances diminuer de jour en
jour. Il prit alors son parti, et, par un manifeste, rendit public son désistement. Ce document est trop long et trop insignifiant pour que nous en don-
nions même une analyse. M. Tyler cherche surtout à se justifier du reproche
qui lui a été souvent fait d'avoir abandonné le parti whig après avoir été
porté au pouvoir par lui. Il proteste que, dans le traité d'annexion, il n'a eu
en vue que le bien du pays, et se répand en plaintes amères contre les whigs
et M. Clay. Après la retraite de M. Tyler, rien ne s'opposait plus à ce que
l'union se rétablît entre toutes les fractions des démocrates, et M. Polk devint le candidat avoué du parti.

Pendant que les démocrates, à l'approche du danger, serraient leurs rangs
et concentraient toutes leurs forces, les whigs, enivrés de l'espoir du triomphe, se désorganisaient et compromettaient, comme à plaisir, leurs chances
de succès. M. Clay, qui avait cherché autrefois à acquérir le Texas pour les
États-Unis, n'était pas et ne pouvait pas être un adversaire absolu de l'annexion : il avait donc grand soin d'en admettre le principe, d'indiquer même
le moyen de l'accomplir un jour, tout en y mettant assez de conditions pour
rassurer les adversaires les plus acharnés de cette mesure. De cette façon,
il n'engageait en rien l'avenir, et il se conciliait tous les esprits irrésolus,
ennemis des mesures trop décisives; mais une partie des whigs trouva
M. Clay trop timide, et demanda la condamnation pure et simple du principe de l'annexion. On remit même sur le tapis les anciennes idées du
parti et les plus impopulaires, jusqu'à celle d'une banque nationale. On fit
tout, en un mot, pour irriter des adversaires puissans et habiles, et pour
détacher de soi tous les indifférens, tous les gens timides et indécis. L'un
des chefs des whigs était destiné à leur faire le plus grand tort : c'était
M. Webster, l'orateur le plus brillant du parti, homme d'état habile, mais
que des affaires dérangées, des dettes pressantes, ont entraîné à des actes
peu honorables. Lorsque M. Tyler, arrivé au pouvoir, fit brusquement volte-
face, et passa des whigs aux démocrates, M. Webster, à qui ses besoins pécu-
niaires rendaient indispensable sa position de secrétaire d'état, resta aux affaires, tandis que ses amis les quittaient; et s'il abandonna plus tard son poste,

ce fut pour un grief personnel. En rentrant dans le parti whig, il n'y trouva pas le même accueil qu'autrefois; et soit rancune contre M. Clay, soit dépit qu'on n'eût point pensé à lui pour la présidence ou la vice-présidence, il sembla entreprendre une campagne électorale pour son propre compte. Flattant la fraction la plus exaltée des whigs, il se montra opposé à toute concession, exagérant, comme à plaisir, les doctrines du parti, attaquant avec passion l'annexion du Texas, et évitant surtout de prononcer même le nom de M. Clay. Ce n'est qu'au dernier moment, lorsque déjà le coup était porté, et la cause commune compromise, qu'il se décida à faire une seule fois, et en termes assez froids, l'éloge de M. Clay, et à le recommander aux suffrages des whigs.

La défection de M. Webster n'était pas la seule que devaient éprouver les whigs. Depuis long-temps le parti abolitioniste était en proie à des tiraillemens intérieurs, qui ont abouti enfin cette année à une scission complète. La fraction la plus considérable des abolitionistes, sur les traces de Garrison, n'a point hésité à déclarer immorale et anti-chrétienne la constitution des États-Unis, comme autorisant l'esclavage; elle a refusé de lui prêter serment et a renoncé à tous les droits qu'elle tient d'elle, excepté au droit de pétition qui est un droit naturel. En conséquence, elle a résolu de s'abstenir dans les élections. L'autre fraction des abolitionistes, qui s'intitule parti de la *liberté,* tout en restant dans la constitution et en voulant obtenir l'abolition par les voies légales, s'est prononcée contre le candidat whig et le candidat démocrate, parce qu'ils sont possesseurs d'esclaves, et a résolu de porter des candidats exclusivement abolitionistes. Les whigs, qui ont constamment protégé l'*Anti Slavery Society,* et à qui elle doit ce qu'elle a acquis de pouvoir et d'influence, se sont irrités de cette position neutre prise par les abolitionistes, et, sans songer au mal qu'une pareille séparation pouvait leur faire, ils ont attaqué les chefs abolitionistes avec passion. Ils auraient dû au contraire abandonner dans tous les états de la Nouvelle-Angleterre leurs propres candidatures locales pour soutenir celles des abolitionistes, à la condition que ceux-ci porteraient à la présidence le candidat whig; mais ils ne voulurent point de transaction. Les abolitionistes mirent alors en avant leur propre candidat, M. Birney, contre lequel la presse whig s'est déchaînée. Elle n'a pas tardé à s'en repentir. Aux élections de 1840, le Maine, l'un des principaux états démocratiques, avait été conquis par les whigs à une faible majorité. Ce triomphe inattendu, en déconcertant les démocrates, avait contribué à la défaite de ceux-ci dans le New-York et la Pensylvanie. Cette année, les abolitionistes ayant fait défection, les whigs ont perdu la majorité dans le Maine, et ce premier échec a été pour eux le signal de plusieurs autres.

Les démocrates tenaient dans le même temps une conduite bien différente. Malgré les préjugés nationaux et religieux, ils ne reculaient point devant une étroite alliance avec le clergé catholique. On sait qu'il suffit d'un très court séjour aux États-Unis pour y acquérir les droits de citoyen : les étrangers affluent presque tous dans les grandes villes, notamment à New-York et à Philadelphie; ces étrangers sont des Allemands, des Français, surtout des Irlandais, par conséquent presque tous catholiques. Le clergé catholique, dirigé par un homme habile et remuant, l'évêque Hughes de Philadelphie, les a disciplinés et organisés; grace à leur nombre, ils exercent depuis quelques années une assez grande influence dans les élections locales, et disposent dans leur intérêt de la plupart des petits emplois municipaux. De là une jalousie très vive des anciens habitans contre les étrangers : ils se sont organisés en *parti des natifs Américains* et ont trouvé sympathie parmi les whigs. Les démocrates n'ont point hésité alors à rechercher l'appui des étrangers, et à abandonner en leur faveur leurs candidatures locales pour avoir leurs voix dans l'élection présidentielle. C'est là le fait capital qui a déterminé leur triomphe. En effet, ce sont les états de Pensylvanie et de New-York qui ont fait pencher la balance de leur côté; les démocrates n'ont eu dans la Pensylvanie que 3,000 et dans le New-York que 6,000 voix de majorité, et ce nombre est de beaucoup inférieur à celui des voix qu'ils ont dues aux étrangers. Si même les abolitionistes, dont on évalue le nombre de 10 à 12,000 dans le New-York, avaient voté comme précédemment, la victoire se serait déclarée pour les whigs. Ceux-ci accusent du reste leurs adversaires, qui occupaient les charges municipales, d'avoir dans ces derniers mois délivré illégalement un nombre considérable de brevets de naturalisation en vue de l'élection prochaine, et d'avoir fait voter à New-York un grand nombre de Canadiens, venus par le chemin de fer et repartis le lendemain; mais ce n'est point en Europe qu'on peut juger de l'exactitude de ces plaintes.

A ces causes purement locales de la défaite de M. Clay, il en faut ajouter d'autres qui ont agi sur toute l'étendue de l'Union; et avant tout, sa grande réputation et ses talens. Cela peut paraître singulier au premier abord, mais n'étonnera point tous ceux qui savent, par l'expérience ou l'histoire, que l'envie est la plaie des démocraties, et que de trop grands talens, de trop grands services offusquent ce maître capricieux et ingrat qu'on appelle le peuple. Nous avons entendu plus d'une fois des Américains très distingués dire comme une chose toute naturelle : M. Clay ne réussira pas parce qu'il est trop connu (*because he is too much known*). Certes, personne plus que M. Clay n'avait contre lui ce double grief du talent et des services rendus. Il a forcé à l'admiration et à l'éloge jusqu'aux journaux de ses adversaires, qui tous conviennent que jamais chef de parti n'a été soutenu avec tant d'enthousiasme par ses partisans, et ne l'avait mieux mérité. Le plus grand service peut-être que M. Clay ait rendu à son pays a tourné contre lui. Lorsque M. Van Buren fut renversé en 1840, le trésor était en déficit périodique, l'Union chargée de dettes; la plupart des états avaient renié les leurs; le crédit public était ruiné, la circulation arrêtée, tous les travaux, tout le commerce suspendus. La nation tout entière se jeta dans les bras des whigs, et sans la mort du général Harrison ils auraient pu réaliser en une année tout leur programme de réformes. M. Clay eut la gloire de faire adopter malgré la nouvelle administration le bill sur le revenu des terres publiques et le tarif protecteur. Ces deux mesures ont eu pour effet de combler le déficit, d'acquitter immédiatement la dette publique, de raviver l'industrie nationale et de la tirer d'une crise dangereuse. Aujourd'hui tout prospère aux États-Unis, et le tresor compte plus de 50 millions d'excédant de recettes : mais, maintenant que la circulation est rétablie et le crédit ranimé, on ne sent plus aussi vivement qu'auparavant la nécessité d'une banque nationale, et M. Clay, en se faisant par complaisance pour ses amis le défenseur d'une semblable institution, a éloigné de lui tous ceux qui la regardent comme dangereuse à la liberté. En outre, les adversaires du tarif se sont fait une arme de ce grand excédant de recettes, ils demandent à quoi sert de charger de taxes si lourdes la consommation, et s'il n'eût pas mieux valu les alléger : l'idée toute populaire d'un dégrèvement a été habilement exploitée par les ennemis de M. Clay. C'est ainsi que l'abondance qu'il a ramenée dans le trésor national est devenue une arme dirigée contre lui. Sa défaite, du reste, équivaut à un triomphe, car sur 3 millions de votans, c'est à peine s'il aura 15 à 20,000 suffrages de moins que le candidat préféré.

Tout en tenant compte de cette ingratitude du peuple américain, tenons compte aussi d'un progrès remarquable dans le langage et le ton de la presse des États-Unis. Celle du sud s'est sans doute montrée comme toujours passionnée jusqu'à la frénésie, ne reculant devant aucun outrage et aucune calomnie; mais la presse, même démocratique, du nord s'est fait remarquer dans toute cette lutte par un ton de modération inusité aux États-Unis : elle a discuté avec mesure, et elle n'a jamais cessé de rendre justice aux talens et aux vertus du grand homme d'état qu'elle combattait, non pas personnellement, mais comme le représentant d'un parti opposé. Ajoutons encore que c'est un grand et noble spectacle que celui de trois millions d'hommes exerçant leurs droits politiques sous l'empire de la plus violente agitation, sans une seule goutte de sang répandue, sans un seul acte de violence même dans les grandes villes, et avec la populace la plus corrompue du monde entier. Un autre trait remarquable et particulier à l'Amérique, c'est que, le scrutin une fois fermé et la lutte terminée, toute agitation cesse aussitôt : d'ici à quinze jours, le calme le plus complet règnera aux États-Unis; le parti vaincu ne songera plus qu'à renverser M. Polk dans quatre ans d'ici, et le parti victorieux qu'à le maintenir.

Ceci nous amène à exposer notre opinion sur les conséquences probables de l'élection de M. Polk. Nous croyons que la plupart des journaux français ont attaché à cette élection une importance qu'elle n'a pas. C'étaient les démocrates qui administraient sous M. Tyler, ce sont eux qui vont administrer avec M. Polk; il n'y aura donc pas un brusque revirement dans la politique. Nous ne pensons pas qu'il soit pris aucune mesure décisive, ni par rapport au Texas, ni par rapport au tarif. Le *statu quo* sera imposé à la nouvelle administration. Le véritable pouvoir réside entre les mains du congrès, et tant que celui-ci restera ce qu'il est, c'est-à-dire d'ici à deux ans, les efforts de M. Polk seront paralysés. Dans la chambre des représentans, une forte majorité s'est toujours prononcée en faveur du tarif actuel. Dans le sénat, les whigs dominent, et repousseront avec une double énergie toutes les tentatives de M. Polk en faveur de l'annexion : d'abord pour satisfaire leur ressentiment, ensuite parce que dans la composition actuelle du sénat réside le seul moyen d'influence qui reste à leur parti On peut donc être certain que M. Polk obtiendra là-dessus beaucoup moins que n'eût obtenu M. Clay, dont l'influence aurait pu entraîner ses partisans. M. Polk ne pourrait espérer de réunir une majorité en faveur de l'annexion qu'autant que l'Angleterre ou la France afficheraient trop ouvertement des prétentions sur le Texas, et manifesteraient l'envie de s'en faire un instrument contre les États-Unis. Dans ce cas, M. Polk serait certain de rallier à l'annexion tous les états de l'ouest. Les hommes de l'ouest, de leur nature, sont ambitieux et guerriers; l'idée seule d'arriver jusqu'à l'Océan Pacifique leur tourne la tête : ils rêvent la conquête de l'Orégon, du Texas, du Mexique et de l'isthme de Panama; et lors de la question du droit de visite, ces états étaient infiniment plus ardens et plus disposés à la guerre que les anciens états, les seuls qui aient une marine et que le droit de visite intéresse directement. En faisant appel à leurs dispositions belliqueuses et en offrant à leur amour-propre national la perspective d'une humiliation à infliger à l'Angleterre, on serait sûr, la question ainsi posée, de les entraîner tous.

L'opposition des whigs à l'annexion et au rappel du tarif ne sera pas le seul obstacle que rencontrera la nouvelle administration. Elle n'a réuni une majorité que par une série de compromis entre les diverses fractions du parti démocratique, et la discorde ne manquera pas d'éclater lorsqu'il s'agira de partager les dépouilles. M. Polk, dont le caractère est fort honorable, qui a été gouverneur du Tennessee et président du sénat, qui a par conséquent l'habitude des affaires, est un homme d'un grand bon sens et d'une certaine fermeté; mais il n'est peut-être pas tout-a-fait à la hauteur de sa position. Tout porte donc à croire que M. Calhoun, dont les amis ont contribué puissamment à l'élection de M. Polk, restera à la secrétairerie d'état, et il aura besoin de toute son habileté pour se tirer des difficultés qui l'entourent. Les démocrates du sud, M. Cass à leur tête, vont réclamer l'annexion immédiate du Texas, contre laquelle se sont prononcés M. Van Buren et les démocrates du nord. On n'a pu gagner à M. Polk quelques-uns des états de la Nouvelle-Angleterre qu'en les assurant que, tant que M. Benton, l'un des chefs du parti, se montrerait opposé à l'annexion immédiate, elle n'aurait pas lieu. A laquelle de ces deux fractions donnera-t-on satisfaction ? Le vote de la Caroline du sud et de l'Alabama a été aussi nécessaire à M. Polk que celui de New-York et de la Pensylvanie; mais autant les uns ont intérêt à voir rapporter le tarif, autant les autres, dans la dernière session, se sont montrés ardens à en demander le maintien. M. Calhoun, M. Mac Duffie et les états du sud, qui redoutent une guerre avec l'Angleterre, se sont toujours prononcés contre l'occupation immédiate et à main armée de l'Orégon; il n'est pas au contraire de mesure réclamée avec plus d'instances par le colonel Benton et les états de l'ouest, il n'en est pas qu'ils se proposent de demander plus obstinément dans la session qui va s'ouvrir. Ici encore il faudra mécontenter les uns ou les autres.

Quoique la Pensylvanie et le New-York doivent empêcher toute modification essentielle dans le système protecteur, l'état florissant du trésor permettra peut-être à M. Polk d'obtenir quelque adoucissement dans les taxes. Le tarif n'ayant été établi que pour subvenir aux dépenses fédérales, dès qu'il y a excédant de recettes, les adversaires du tarif croient avoir le droit de réclamer une diminution des charges. Pour arriver à cet excédant de recettes, les états du sud ont pris la défense de toutes les mesures d'économie, et ils se proposent de demander encore des réductions dans l'armée de terre et dans l'armée navale. C'est un obstacle qu'ils créeront à l'annexion du Texas; car ce n'est pas quand on désarme qu'on peut songer à provoquer une guerre avec l'Angleterre.

Sur une autre question, le gouvernement sera encore condamné au *statu quo*. Je veux parler de la distribution du revenu des terres publiques. D'après le système que les whigs ont fait prévaloir, ce revenu doit être appliqué aux dépenses fédérales, et le surplus doit être distribué entre tous les états au prorata de leur représentation au congrès. Les démocrates et les états du sud demandent qu'il soit distribué exclusivement aux états où se trouvent les terres publiques, ce qui priverait les anciens états d'un moyen précieux d'acquitter leurs dettes. On évitera par tous les moyens d'avoir un excédant de recettes, pour n'avoir rien à distribuer; car il serait impossible d'abroger ou de violer la loi : les whigs, qui disposent du sénat, y mettraient bon ordre. Ici encore, les efforts de M. Polk seraient paralysés. Il ne faut point s'en étonner. Le choix d'un homme pour président ni même la prépondérance d'un parti ne peuvent jamais affecter essentiellement les intérêts ni la constitution des États-Unis. Le gouvernement y est réellement entre les mains du peuple : l'impulsion est donnée par les individus réunis en de vastes associations, et les affaires sont administrées bien plus par les états que par le gouvernement de l'Union. L'élection de M. Polk montre surtout combien aux États-Unis les doctrines et la cause d'un parti sont supérieures à l'influence des hommes. M. Van Buren et M. Cass étaient personnellement bien plus chers au parti démocratique que M. Polk; ils lui auraient apporté une plus grande illustration et de plus grands talens : ils ont été immolés dans l'intérêt de la cause commune; mais, si les démocrates n'ont pas hésité à sacrifier à M. Polk les hommes les plus éminens du parti, les états, même ceux qui l'ont élu, ne lui sacrifieront jamais leurs intérêts généraux.

On voit donc, par ce que nous venons de dire, que, jusqu'au renouvellement du congrès, c'est-à-dire d'ici à deux ans, la nomination de M. Polk n'apportera pas, dans la politique américaine, d'aussi grands changemens que semble le prévoir une partie de la presse française. Elle n'en est pas moins

un évènement fort important. Elle aura pour première conséquence un temps
d'arrêt dans le développement de l'agitation abolitioniste. C'est grace à l'appui
et au concours actif des whigs que les abolitionistes ont vu leurs associations se multiplier et s'étendre sur une grande partie de l'Union, malgré
les plaintes énergiques des états du sud et l'opposition du parti démocratique. En échange de huit années de protection, ils viennent de faire échouer
la candidature de M. Clay. On peut être certain que les whigs leur feront
payer cher cette défection ; en effet, les états de la Nouvelle-Angleterre, où
les whigs sont tout-puissants, ont toujours été le centre de l'agitation abolitioniste : ce sont eux qui ont envoyé et soutenu les premiers missionnaires,
c'est avec leur argent qu'ont été fondés et alimentés ces journaux de New-
York et de Philadelphie qui ont fait si rude guerre à M. Clay. Les whigs ont
annoncé l'intention de se venger, et ils en ont le pouvoir. Les abolitionistes
ne seront pas mieux traités par la nouvelle administration, qui doit son
succès à la position qu'ils ont prise. Les démocrates ont toujours été les adversaires les plus acharnés de l'abolition, et, sans la résistance des whigs,
ils auraient depuis long-temps mis fin, par les mesures les plus arbitraires,
à la propagande abolitioniste. En annonçant la nomination de M. Polk, la
presse démocratique de New-York répétait à l'envi que le premier devoir de
l'administration nouvelle était de calmer l'inimitié toujours prête à éclater
entre le sud et le nord, et que pour cela il était urgent de faire disparaître
les légitimes motifs d'inquiétude que les abolitionistes donnaient aux états
du sud. Si donc les whigs n'interviennent en faveur d'alliés perfides, on peut
être certain que des mesures énergiques seront prises par les démocrates
pour rassurer les propriétaires d'esclaves.

L'élection de M. Polk entraînera la transformation du parti whig; elle
met fin à la carrière politique de M. Clay. C'est le troisième échec de celui-
ci, et on peut être certain qu'il ne se présentera plus aux suffrages du peuple.
Les partis aux États-Unis n'essaient point de lutter contre la majorité :
quand un homme ou une idée ont été trop évidemment condamnés par la
masse de la population, on n'hésite point à en faire le sacrifice, et à transporter la lutte sur un autre terrain. Le parti se transforme, change de nom;
il prend pour drapeau une idée plausible à laquelle il puisse espérer de rallier la majorité, et un homme en qui il personnifie cette idée. Ce n'est pas
qu'il répudie ses anciennes idées, mais il ne les met plus qu'au second rang,
et il les subordonne à l'idée nouvelle qui lui sert de programme. C'est ainsi
qu'au parti fédéraliste et à M. Adams ont succédé les whigs et M. Clay, pour
qui le rétablissement d'une banque nationale ne venait plus qu'en seconde ou
en troisième ligne. De même le nouveau parti qui va remplacer les whigs et
qui prend déjà le nom de *national républicain* regardera toujours comme
choses fort importantes la défense du tarif et le maintien de la loi sur le
revenu des terres publiques, mais ce ne sera point avec ces deux idées qu'il
essaiera de conquérir la majorité. Les whigs s'étaient déclarés pour les natifs contre les étrangers, et ceux-ci ont décidé leur défaite. Les whigs se

feront un argument de cette influence extraordinaire exercée par des étrangers à peine établis sur le territoire de l'Union, et, exploitant la jalousie nationale, ils demanderont la modification des lois de naturalisation. Ce sera là le champ de bataille entre les deux partis d'ici à la prochaine élection. Quant au candidat opposé à M. Polk, ce ne sera plus M. Clay : il restera l'homme le plus éminent de son parti, mais ne le représentera plus devant les électeurs. On a mis en avant plusieurs noms, entre autres celui du général Scott, auquel les journaux du parti recommandent déjà de ne point parler politique, pour ne se compromettre avec personne et pour éviter d'être trop connu, comme M. Clay.

La politique extérieure de l'Union est déterminée par les affaires intérieures. Le *statu quo* est donc ce qui prévaudra. On peut être certain seulement que les entreprises de la Grande-Bretagne dans les deux Amériques seront l'objet de la plus active surveillance, et que le gouvernement américain fera tous ses efforts pour arrêter ou entraver la propagande abolitioniste de l'Angleterre dans les Antilles et dans tous les états à esclaves. Rien ne sera épargné pour enlever à l'influence de l'Angleterre et acquérir aux États-Unis l'Orégon, la Californie et le Texas. Quant à ce dernier pays, si M. Polk pouvait obtenir la majorité dans le congrès, peut-être offrirait-il à l'Angleterre un abaissement dans le tarif, en échange de son consentement à l'annexion du Texas aux États-Unis. L'Angleterre accepterait peut-être cette transaction, car elle n'ignore pas les rapides progrès que fait l'industrie manufacturière dans la Pensylvanie et le New-York. Ce dernier état est maintenant à lui seul plus riche et plus peuplé que n'étaient les treize anciens états au sortir de la guerre de l'indépendance, et il a un revenu beaucoup plus considérable. C'est au système protecteur qu'est dû ce rapide accroissement; ses partisans essaient de persuader aux états du sud qu'en attaquant le tarif, ils secondent la politique anglaise, et que le rappel de cette mesure aurait pour conséquence une inondation de marchandises et d'émissaires anglais, qui en échange de leur argent leur apporteraient une guerre servile. Ils ajoutent, avec quelque raison, que l'Angleterre n'attend, pour se passer des états du sud et même les ruiner, que de pouvoir tirer de ses colonies des deux Indes assez de coton pour sa propre consommation, et qu'il est par conséquent de l'intérêt bien entendu des états du sud de se créer, sur le territoire de l'Union, un marché suffisant pour remplacer celui qui ne peut manquer de leur échapper un jour.

———

— On parlait depuis long-temps de la découverte d'un manuscrit contenant les fables célèbres et perdues de Babrius; une pareille annonce était faite pour piquer la curiosité non-seulement des érudits de profession, mais de toutes les personnes qui s'intéressent aux lettres grecques. Le manuscrit avait été trouvé et copié dans un couvent du mont Athos par un savant zélé, Grec d'origine, M. Mynas, que M. Villemain avait eu l'heureuse idée de charger d'une mission scientifique dans son propre pays. Ce ne fut point là l'unique résultat de l'utile excursion de M. Minoïde Mynas : ainsi la *Dialectique* inédite de Gahen, qui vient d'être publiée par M. Mynas lui-même, servira au historiens de la philosophie. Mais de toutes les richesses rapportées de ce voyage, les fables de Babrius étaient sans comparaison le monument le plus important. Aussi M. Villemain, avec un tact qui l'honore, s'empressa-t-il de recommander la publication de ce précieux manuscrit au plus illustre helléniste contemporain. M. Boissonade, on le devine, s'est acquitté de cette tâche en maître, c'est-à-dire avec la fine érudition et la plume délicate qu'on lui connaît. Le spirituel écrivain ne s'est pas borné au rôle toujours si difficile de premier éditeur; il a accompagné son texte d'une version excellente où un certain manque de concision est plus que racheté par le charme d'une latinité exquise. Des commentaires ingénieux, une préface très piquante accompagnent et complètent cette belle publication. Maintenant les cent vingt-trois fables de ce Romain grécisant du iiie siècle sont acquises à l'histoire littéraire : l'élégance précise qu'on y remarque, et que déparent seulement quelques interpolations difficiles à déterminer, assure à Babrius une place notable entre les poètes anciens qui ont cultivé l'apologue. Le livre, si intéressant à tous égards, de M. Boissonade ne peut manquer de provoquer une foule de publications diverses sur le texte de Babrius : déjà en France a paru une traduction française très estimable d'un professeur distingué, M. Boyer. M. Dübner a fait aussi paraître à Paris un examen critique; M. Egger et M. Fix en annoncent d'autres. On se doute bien que l'Allemagne va avoir son tour, et que les brochures des universités germaniques nous arriveront en foule. Quand le premier feu sera passé, nous raconterons peut-être ce tournoi philologique qui marquera dans l'érudition française, et qui est fait pour aviver chez nous l'amour des sévères études. En attendant, il était bon au moins de constater la mise au jour de cette édition *princeps* de Babrius, qui fait le plus grand honneur au goût de M. Boissonade et aux presses savantes de MM. Didot, comme au zèle vraiment littéraire de M. le ministre de l'instruction publique.

— Si l'illustration a droit d'intervenir quelque part, c'est assurément dans les récits, aujourd'hui bien rares, où le voyageur lutte contre la difficulté de peindre et d'animer aux yeux du lecteur des mœurs nouvelles et des paysages inconnus. *La Chine ouverte*, par MM. Old Nick et A. Borget (1), appartient à cette classe d'ouvrages où l'illustration est de mise, où le crayon peut utilement seconder la plume. Le titre indique assez le but que se sont proposé l'écrivain et le dessinateur. Il s'agissait de retracer fidèlement les impressions d'un Européen qui se trouve initié aux mystères de la Chine. M. Old Nick avait à se transporter par l'imagination dans les lieux que M. Borget retrace de mémoire : tous deux ont bien rempli leur tâche. Les dessins de M. Borget se distinguent par une fidélité scrupuleuse, et les récits de M. Old Nick résument avec charme les plus récentes notions qu'on possède sur le Céleste Empire. On ne peut que faire bon accueil à des publications qui, sous prétexte d'amuser les yeux, atteignent un but moins frivole en donnant une forme attrayante à l'étude et à la description des pays lointains. Comme livre et comme *keepsake*, *la Chine ouverte* mérite un double succès.

(1) Un beau vol. in-8°; chez H. Fournier, éditeur, rue Saint-Benoît, 7.

V. DE MARS.

LA REVUE

EN 1845.

La *Revue des Deux Mondes* et les écrivains qui tiennent à honneur
de lui appartenir ont été récemment l'objet de telles attaques violentes et outrageuses, outrageuses et pour ceux qu'on y désignait
malignement, et pour ceux qu'on y passait sous silence en ayant l'air
de les ménager, et pour ceux surtout qu'on cherchait à y flatter en
se les donnant pour auxiliaires, que c'est un devoir à eux, non pas
de se défendre (ils n'en ont pas besoin), mais de témoigner de leurs
sentimens, de leurs principes, et de marquer de nouveau leur attitude. Ce n'est pas seulement pour eux un devoir, c'est un plaisir; car
la position de la *Revue* et des écrivains qui y prennent la plus grande
part n'a jamais été plus nette, mieux assise et plus franchement dessinée.

Quand je dis que c'est un plaisir, je vais bien pourtant un peu loin :
c'en serait un certainement dans toute autre circonstance; mais dans
celle-ci, nous pouvons en faire l'aveu, la satisfaction de démontrer clairement son bon droit se trouve très mélangée par l'affliction que tout
esprit vraiment littéraire éprouve à voir de telles scènes dégradantes
et les noms connus du public qui y figurent. Pourquoi donc faut-il
un seul instant s'y arrêter? Si, pour les écrivains qui se respectent, il

est, à certains égards, bien pénible de venir même toucher par allusion à ces tristes conflits, quelque chose ici l'emporte, le besoin pour
eux de rendre hommage à la vérité et de ne pas laisser s'autoriser par
leur silence l'ombre d'un doute sur ce qu'ils pensent, sur ce qu'ils
souffrent de tout ce bruit.

Et d'abord nous serions sérieusement tenté de féliciter plutôt le
fondateur de cette *Revue*, M. Buloz, de l'incroyable déluge d'invectives
qu'on n'a pas craint, ces jours derniers, d'amonceler de toutes parts
et de déverser contre lui. En nous tenant strictement ici à ce qui
concerne le fondateur de la *Revue des Deux Mondes* (et cette fondation est le vrai titre d'honneur de M. Buloz), nous pourrions bien lui
affirmer que ce n'est point tant à cause des inconvéniens, des imperfections et des défauts que toute œuvre collective et tout homme de
publicité apportent presque inévitablement jusqu'au sein de leurs qualités et de leurs mérites, qu'il est attaqué et injurié avec cette violence
en ce moment, mais c'est précisément à cause de ses qualités même
(qu'il le sache bien, et qu'il en redouble de courage, s'il en avait besoin), c'est pour sa fermeté à repousser de mauvaises doctrines, de
mauvaises pratiques littéraires, et pour l'espèce de digue qu'il est
parvenu à élever contre elles et dont s'irritent les vanités déchaînées
par les intérêts.

Un sage orateur ancien disait : « La foule m'applaudit, est-ce donc
qu'il me serait échappé quelque sottise? » L'inverse de cela est un peu
vrai, j'en demande bien pardon à la majorité, ou à ce qui a l'air de
l'être. Quand vous voyez un homme attaqué avec acharnement, avec
furie, par toutes sortes de gens (et même d'honorables, mais intéressés), et par toutes sortes de moyens, soyez bien sûr que cet homme a
une valeur, et qu'il y a là-dessous quelque bonne et forte qualité en
jeu et qu'on ne dit pas.

C'est encore un ancien, l'aimable et sage Ménandre, qui disait que
dans ce monde, en fait de bonheur et de succès, le premier rang est
au flatteur, le second au *sycophante* ou calomniateur, et que les gens
de mœurs corrompues viennent en troisième lieu. Il est vrai que c'est
dans une comédie qu'il dit cela, et qu'on ne peut pas prendre tout-à-
fait au sérieux ces sortes de saillies; mais il faut pourtant reconnaître
que, si les honnêtes gens en ce monde sont moins mal partagés d'ordinaire et dans les temps réguliers que Ménandre ne le dit, il est aussi
des instans de crise où ils se conduisent de manière à avoir tout l'air
en effet de ne venir qu'après les flatteurs, les calomniateurs et ceux
qui vivent à petit bruit de la corruption.

Un tel moment de crise est-il donc arrivé pour la littérature, et ce qui devrait être la source et le refuge des idées élevées, des nobles rêves ou des travaux studieux, n'est-il donc plus dorénavant que le plus envahi et le plus éhonté des carrefours? Nous ne le croirons amais, quand les apparences continueraient d'être ce qu'elles sont depuis quelque temps, depuis quelques jours. Nous ne cesserons, nonobstant toute avanie, de croire obstinément à la vie cachée, aux muses secrètes et à cette élite des honnêtes gens et des gens de goût qui se rend trop invisible à de certaines heures, mais qui se retrouve pourtant quand on lui fait appel un peu vivement et qu'on lui donne signal.

La prétention de la *Revue des Deux Mondes* (et cette prétention avouée vient de conscience bien plutôt que d'orgueil) serait de relever, autant qu'il se peut, ce phare trop souvent éclipsé, et de maintenir publiquement certaines traditions d'art, de goût et d'études : tâche plus rude parfois et plus ingrate qu'il ne semblerait. Les conditions de la littérature périodique, en effet, ont graduellement changé et notablement empiré depuis 1830. Ce n'est point à cette révolution même que je l'impute, mais au manque absolu de direction morale qui a suivi, et auquel les hommes d'état les mieux intentionnés n'ont pas eu l'idée, ou le temps et le pouvoir, de porter remède. Quelles qu'en puissent être les causes très-complexes, le fait subsiste; il s'est élevé depuis lors toute une race sans principes, sans scrupules, qui n'est d'aucun parti ni d'aucune opinion, habile et rompue à la phrase, âpre au gain, au front sans rougeur dès la jeunesse, une race résolue à tout pour percer et pour vivre, pour vivre non pas modestement, mais splendidement; *une race d'airain qui veut de l'or.* La reconnaissez-vous, et est-ce assez vous marquer par l'effigie cette monnaie de nos petits Catilinas? Que le public qui voit les injures sache du moins à quel prix on les a méritées. Ce qu'à toute heure du jour, un recueil, même purement littéraire, qui veut se maintenir dans de droites lignes, se voit contraint à repousser de pamphlétaires, de libellistes, de *condottieri* enfin, qui veulent s'imposer, et qui, refusés deux et trois fois, deviennent implacables, ce nombre-là ne saurait s'imaginer. De là bien des haines; de là aussi la difficulté de trier les bons, et un souci qui peut sembler exclusif parfois, un air négatif et préventif, et qui n'est la plupart du temps que prévoyant. — « Il y a dix ans que je ferme la porte aux *Barbares,* » disait un jour le fondateur de cette *Revue.* Nous lui répondions qu'il exagérait sans doute un peu et qu'il n'y avait peut-être pas lieu d'être si fort en garde. Mais voilà qu'aujourd'hui

61.

on se charge de prouver contre lui, contre nous, qu'il n'y a que trop de *Barbares* en effet, même quand ce sont les habiles qui y tiennent la main.

On le comprend assez, cette grande colère du dehors ne s'est pas formée en un jour, et le mal vient de plus loin. Dans cés diverses et confuses attaques dont la *Revue* a l'honneur d'être l'objet, et qui la feraient ressembler (Dieu me pardonne!), si cela durait, à une place de sûreté assiégée par une *jacquerie*, les adversaires s'attachent à confondre les dates et à brouiller pêle-mêle les choses et les temps. Un simple exposé rétablira tout. Lorsqu'il n'y a pas moins de treize à quatorze ans, au lendemain de la révolution de juillet, cette *Revue* commença et qu'elle conçut la pensée de naître, elle dut naturellement s'adresser aux hommes jeunes et déjà en renom, aux écrivains et aux poètes que lui désignait leur plus ou moins de célébrité. M. Hugo, M. de Vigny, bientôt M. Alfred de Musset, George Sand dès que ce talent eut éclaté, et au milieu de tout cela, M. de Balzac, M. Dumas, d'autres personnes encore qui ne se piquent pas d'être citées en si haut rang à côté d'eux, tous, successivement ou à la fois, furent associés, appelés, sollicités même (plusieurs s'en vantent aujourd'hui) à contribuer de leur plume à l'œuvre commune. On s'essayait, on cherchait à marcher ensemble. Dans ces premières années de tâtonnemens, le corps de doctrines critiques n'était pas encore formé ni dégagé; la *Revue* avait plutôt le caractère d'un *magazine*. Cette lacune se faisait quelquefois sentir, et l'on cherchait à y pourvoir; mais de telles doctrines, pour être tant soit peu solides et réelles, de telles affinités ne se créent pas de toutes pièces, et l'on attendait.

A la veille des prochaines divisions et dans le temps même de cet intervalle, il y eut, nous l'avouons, comme un dernier instant fugitif que tous ceux qui sont restés fidèles à la *Revue* ne peuvent s'empêcher de regretter, un peu comme les jeunes filles regrettent leurs quinze ans et leur première illusion évanouie : ce fut l'instant où le groupe des artistes et des poètes paraissait au complet (M. de Balzac n'en était déjà plus, mais M. Dumas en était encore), et où les critiques vivaient en très bon ménage avec eux. M. Gustave Planche alors, je vous assure, ne se voyait point, lui présent, traité par les poètes avec ce dédain magnifique qu'il était du reste si en fond pour leur rendre. Dans une de ces réunions dont nous avons gardé souvenir, le noble et regrettable Jouffroy prenait l'idée d'écrire le portrait de George Sand, idée piquante et heureuse, projet aimable, long-temps caressé par lui, et que tant d'autres soins, avant la mort, l'ont empêché d'exécuter. Ce court moment dont nous parlons, et où la philosophie elle-même souriait au roman, c'était, en un mot, la *lune de miel* de la critique et de la poésie à la *Revue des Deux Mondes*, et là, comme ailleurs, les lunes de miel ne luisent qu'une fois.

Cependant l'atmosphère politique s'éclaircissait peu à peu à l'entour; en même temps que la fièvre publique s'apaisait, les tendances littéraires reprirent le dessus et se prononcèrent : l'expérience se fit.

C'est alors que la critique et la poésie commencèrent à tirer chacune de leur côté, et, quelles qu'aient pu être les incertitudes et les déviations à certains momens, l'honneur véritable du directeur de la *Revue* est de n'avoir jamais laissé rompre l'équilibre aux dépens de la critique, et d'avoir maintenu, fait prévaloir en définitive l'indépendance des jugemens. Il y eut, pour en venir là, bien des assauts, bien des ruptures.

On sait bien ce qu'est un poète dans ses livres ou dans le monde, et même dans l'intimité; on ne sait pas, on ne peut savoir ni soupçonner, à moins de l'avoir vu de près, ce que c'est qu'un poète dans un journal, dans une *Revue*. Je suis trop poète moi-même (quoique je le sois bien peu) pour prétendre dire aucun mal de ce qui n'est qu'une conséquence, après tout, d'une sensibilité plus prompte et plus vive, d'une ambition plus vaste et plus noble que celle que nourrissent d'ordinaire les autres hommes; mais, encore une fois, on ne se figure pas, même quand on a pu considérer les ambitions et les vanités politiques, ce que sont de près les littéraires. Sans entrer dans d'incroyables détails qu'il est mieux d'ensevelir, s'il se peut, comme des infirmités de famille, et en ne touchant qu'à celles que la querelle du moment dénonce, il suffira de faire remarquer que, dans une *Revue* où le poète existe, il tend naturellement à dominer, et les conditions au prix desquelles il met sa collaboration ou sa seule présence (qu'il le médite ou non) sont ou deviennent aisément celles d'un dictateur. La dignité même de l'art l'y excite, la gloire du dehors l'y pousse, l'inégalité de renom fait prestige autour de lui. Chez le poète le moins enclin à une intervention fréquente, la délicatesse même engendre des susceptibilités particulières, impossibles à prévoir, des facilités de piqûre et de douleur pour un mot, pour un oubli, pour un silence. Les moins actifs, les plus accommodans ou les plus volages, réclament souvent une seule clause : c'est la faculté, toutes les fois qu'ils publient une œuvre, de choisir eux-mêmes leur critique. Choisir son critique de sa propre main, entendez-vous bien? nous mettons là le doigt sur le point périlleux. Je comprends très bien, et j'ai souvent accepté moi-même avec joie, avec orgueil, ce rôle, cet office de la critique en tant qu'elle sert la poésie :

> Nous tiendrons, pour lutter dans l'arène lyrique,
> Toi la lance, moi les coursiers!

Il y a lieu, en de certains momens décisifs, à cette critique auxiliaire, explicative, apologétique : c'est quand il s'agit, comme cela s'est vu dans les années de lutte de l'école poétique moderne, d'inculquer au public des formes inusitées, et de lui faire agréer, à travers quelques ornemens étranges, les beautés nouvelles qu'il ne saluerait pas tout d'abord. Mais ce rôle d'urgence pour la critique n'a qu'un temps; il trouve naturellement son terme dans le triomphe même des œuvres et des talens auxquels cette critique s'était vouée. Elle redevient alors ce qu'elle est par essence et ce qu'implique son nom, c'est-à-dire un témoin indépendant, au franc parler, et un juge.

Or, c'est aussi ce que pardonne le moins la poésie, surtout quand elle se croit des droits de voisinage et de haut ressort. Ce qui résulte souvent de colère et de rancune pour une simple première discussion modérée et judicieuse est inimaginable, et la critique elle-même alors, quand elle récidive, a fort à faire pour ne pas se laisser gagner aux mêmes irritations. Plus d'un prosateur devient parfois poète en ce point. Il y a, voyez-vous, dans ces haines de poètes à critiques, une finesse, une qualité d'acrimonie, dont les querelles et les animosités politiques, j'y insiste, ne sauraient donner aucune idée. C'est emporté, c'est aveugle, c'est grossier, c'est subtil, c'est irréconciliable. « La férocité naturelle fait moins de cruels que l'amour-propre, » a dit La Rochefoucaud. La *Revue des Deux Mondes* trouve occasion de vérifier ce mot aujourd'hui; elle en prend acte à son honneur. Tous les poètes et rimeurs critiqués, confessant naïvement leurs griefs, ont été les premiers, dans la bagarre présente, à se soulever, à prêter leurs noms, à venir se faire inscrire à la file comme témoins à charge, même les malades, dit-on, même les infirmes (ceci est affligeant à toucher, mais on nous y force), et l'on nous assure que, pour jeter sa pierre, le plus clément, le plus chevaleresque, le plus contrit de tous lui-même a marché. Qu'y a-t-il là pourtant qui doive étonner? un poète dont on a critiqué un sonnet ou un poème épique, comment pardonnerait-il jamais cela?

Ce fut donc (nous revenons à notre petit récit) une époque vrai—

ment *critique* pour la *Revue des Deux Mondes* que celle où l'élément judiciaire ou judicieux commença en effet à se dégager, à se poser avec indépendance à côté des essais d'art et de poésie qu'on insérait parallèlement. Que la balance ait toujours été tenue dans l'exacte mesure, qu'il n'y ait eu aucun soubresaut, aucune irrégularité, nous ne nous en vanterons certes pas, et, si nous l'osions faire, ceux-là seuls nous croiraient, qui ne sauraient pas les difficultés inhérentes à tout recueil de cette nature, à toute publication collective paraissant à jour fixe, et dans laquelle un directeur véritable est toujours placé entre le reproche qu'on lui fait de trop imposer, et l'inconvénient, non moins grave, de trop permettre. L'essentiel, le seul point que nous tenions à constater, et que le public peut-être voudra bien reconnaître avec nous, est celui-ci : somme toute, et à travers les nombreux incidens d'une course déjà longue, la *Revue* a fait de constans et d'heureux efforts pour se fortifier, pour s'améliorer, et, depuis bien des années déjà, pour réparer par l'importance des travaux en haute politique, en critique philosophique et littéraire, en relations de voyages, en études et informations sérieuses de toutes sortes, ce qu'elle perdait peu à peu en caprice et en fantaisie, ce qu'elle ne perdait pas seule et ce que les premiers talens eux-mêmes, le plus souvent fatigués en même temps que renchéris, ne produisaient plus qu'assez imparfaitement. Voilà le vrai; et, de plus, il est résulté de ces années d'expérience et de pratique commune que cette doctrine critique, qu'on cherchait à introduire dès l'abord, s'est formée de la manière dont ces sortes de choses se forment le mieux, c'est-à-dire lentement, insensiblement, comme il sied à des hommes d'âge déjà mûr, qui ont passé par les diverses épreuves de leur temps et qui sont guéris des excès. Sans aller entre soi jusqu'à la solidarité entière, on est arrivé à un concert très suffisant. Qu'il y ait lieu, par instans, en littérature, à une critique d'allure tranchée, plus dogmatique et systématique, plus dirigée d'après une unité profonde de principes, nous ne le nions pas, et simplement, sans exclure de son à-propos cette haute critique d'initiative, ce n'est point celle à laquelle la *Revue* d'ordinaire prétend. Si son but, à elle, peut sembler plus modeste, son procédé n'en doit être que plus varié, plus étendu, plus proportionné, nous le croyons, à ce que réclament les nécessités d'alentour. Elle voudrait, contre les excès de tout genre, établir et pratiquer une critique de répression et de justesse, de bonne police et de convenance, une critique pourtant capable d'exemples, et qui, sachant se dérober par intervalles au spectacle d'alentour, à ces combats de Centaures et de

Lapithes comme ceux que nous voyons aujourd'hui, irait s'oublier
encore et se complaire à de studieuses, à d'agréables reproductions
du passé.

Pour animer, pour ennoblir aux yeux du public cet ensemble de
critique, en apparence si peu fastueuse, et que nous ne cherchons nullement à rehausser ni non plus à rapetisser ici, une seule considération
peut-être suffira. L'ame, l'inspiration de toute saine critique, réside
dans le sentiment et l'amour de la vérité : entendre dire une chose
fausse, entendre louer ou seulement lire un livre sophistique, une
œuvre quelconque d'un art factice, cela fait mal et blesse l'esprit sain,
comme une fausse note pour une oreille délicate; cela va même jusqu'à irriter certaines natures chez qui la sensibilité pénètre à point
dans la raison et vient comme aiguiser celle-ci en s'y tempérant. *La
haine d'un sot livre* fut, on le sait, la première et la plus chaude
verve de Boileau. Tous les critiques distingués en leur temps, je parle
des critiques praticiens qui, comme des médecins vraiment hippocra-
tiques, ont combattu les maladies du jour et les contagions régnantes,
La Harpe, le docteur Johnson, ont été doués de ce sens juste et vif
que la nature sans doute accorde, mais qu'on développe aussi, et que
plus d'un esprit bien fait peut, jusqu'à un certain point, perfectionner en soi. Or, ce sens de vérité est précisément ce qui, dans tous
les genres, dans l'art, dans la littérature d'imagination, et, ce qui nous
paraît plus grave, dans les jugemens publics qu'on en porte, s'est le
plus dépravé aujourd'hui. Il semble que les esprits les plus brillans et
les mieux doués se soient appliqués à le fausser, à l'oblitérer en eux.
On en est venu dans un certain monde (et ce monde, par malheur,
est de jour en jour plus étendu) à croire que l'esprit suffit à tout, qu'a-
vec de l'esprit seulement on fait de la politique, de l'art, même de la
critique, même de la considération. Avec de l'esprit seulement, on ne
fait à fond rien de tout cela. Les politiques, restés plus avisés, le savent bien pour leur compte, et, dans leur politesse qui ressemble un
peu à celle de Platon éconduisant les poètes, ils renvoient d'ordinaire
ces gens d'esprit, qui ne sont que cela, à la littérature. Mais la littérature elle-même, en s'ouvrant devant eux pour les accueillir, car elle
est large et en effet hospitalière, a droit de leur rappeler pourtant
que le vrai ne lui est pas si indifférent qu'ils ont l'air de le croire, et
que chez elle aussi on ne fonde rien de solide qu'en tenant du fond
du cœur à quelque chose. Eh bien! dans ce rôle de critique positive
que nous pratiquons, la *Revue des Deux Mondes* se pique de tenir
ferme à quelques points, de compter de près avec les œuvres mêmes,

et d'observer un certain esprit attentif de vérité et de justice. Il ne suffit pas d'être de ses collaborateurs ou d'avoir un moment passé dans leurs rangs pour être à l'instant et à tout jamais loué, épousé, préconisé, comme cela se voit ailleurs : on a pu même trouver à cet égard que la *Revue* a souvent exercé jusque sur elle-même une justice bien scrupuleuse. Mais, d'autre part, il serait souverainement injuste de prétendre qu'il suffit de ne pas être, ou de ne plus être des siens, pour se voir apprécié sévèrement. Ceux même qui parlent ainsi, et qui se plaignent si haut, ont oublié de quelle manière leurs œuvres dernières, celles qui restaient dignes de leur talent et de la scène, ont été examinées dans cette *Revue,* non point avec l'enthousiasme qu'ils eussent désiré peut-être, du moins avec une bienveillance et une sincérité d'intention incontestables. Ce rôle, la *Revue des Deux Mondes,* nous l'espérons bien, ne s'en départira pas désormais, et l'effet même de ces violences extérieures devra être de l'y faire viser de plus en plus : dire assez la vérité même à ses amis, ne pas dire trop crument la vérité même à ses ennemis (avec de tels agresseurs cela mènerait trop loin); en un mot, ne pas trop oublier l'agrément, même dans la justice. La touche littéraire est là, et, s'il semble difficile de ne pas la forcer parfois dans l'indignation qu'on ressent, on n'a que plus d'honneur à maintenir cette modération, quand la fermeté s'y mêle.

La Harpe, qui avait grand cœur dans un petit corps, et qui soutenait si rude guerre contre Dorat et les petits poètes de son temps (cela nous fait maintenant l'effet de l'histoire des pygmées, tant nous sommes devenus des géans), La Harpe, dis-je, n'avait point cette modération de laquelle la vivacité même du critique ne devrait jamais se séparer. Il ne se possédait pas, et il en résultait toutes sortes d'inconvéniens et de mésaventures; car ce Dorat, qui ne faisait que des vers musqués, était, à ce qu'il paraît, tant soit peu capitan et mousquetaire. — «Nous aimons beaucoup M. de La Harpe, disait l'abbé de Boismont à l'Académie, mais c'est désagréable de le voir nous revenir toujours avec l'oreille déchirée. » Dans ces luttes personnelles, même lorsqu'on a d'abord la raison pour soi, l'autorité du critique s'abaisse et périt bientôt avec la dignité de l'homme. Si La Harpe, forcé par la cohue de quitter l'arène, ne s'était réfugié dans sa chaire du Lycée et dans son *Cours de Littérature,* il ne s'en relevait pas.

Un nom qui réveille l'idée de toutes les convenances dans la critique, et qui est devenu presque synonyme de celui d'urbanité, le nom de Fontanes, paraîtra certes un peu loin de ce temps-ci; nous ne résistons pas à l'ironie de le prononcer. Sût-on d'ailleurs faire revivre, par impossible, et ressaisir quelques-unes des finesses discrètes et des graces qu'il représente, on peut grandement douter que l'emploi en fût applicable dans des jours aussi rudes que les nôtres, et quand le siècle de fer de la presse est véritablement déchaîné. On dirait que les injures à l'O'Connell ont passé le détroit, et qu'elles sont à l'ordre du jour en France : c'est là, je crois, dans son vrai sens cette fameuse *brigade irlandaise* qu'il se vantait de nous prêter. On a beau faire et se dire de prendre garde, le ton de chacun grossit un peu, et se monte toujours plus ou moins sur celui des interlocuteurs; les voix les plus pures sont vite sujettes à s'enrouer, si elles essaient de parler dans le vacarme. Tout critique a sur ce point plus que jamais à se surveiller. Il y a quelques années déjà, cette *Revue* fut l'objet d'attaques violentes et tout-à-fait sauvages, parties d'une feuille obscure que rédigeaient de jeunes débutans. J'en avais pris sujet d'un article intitulé : *les Gladiateurs en littérature,* que le peu d'importance des attaquans et l'inconvénient de paraître les accoster m'engagèrent ensuite à garder dans le tiroir : « Il est désastreux, leur disais-je, de débuter ainsi « en littérature. Lorsqu'encore on aurait raison sur quelques points, « on se perd soi-même par un premier excès, si l'excès sort de cer- « taines bornes. Il est des forfaits littéraires aussi; il y a du 93; on ne « revient pas du fiel qu'on a tout d'abord versé; on gâte son avenir, « on altère, on viole à jamais en soi l'esprit même de cette culture, « hélas! de moins en moins sentie, et qui a fait le charme des plus « délicats parmi les hommes. Vauvenargues a dit qu'il faut avoir de « l'ame pour avoir du goût. Mais, pour cela, une certaine générosité « de cœur ne suffit pas, c'est une générosité civilisée qui y prépare... » Et encore, pour exprimer le regret et le dégoût d'avoir à s'occuper de ce qui est si loin et de ce qu'on rencontre si près des muses, j'ajoutais en terminant : « Bien mieux vaudrait ignorer. Parler trop long-temps « de ces choses, ou seulement en connaître, c'est déjà par malheur y « tremper; c'est violer soi-même le goût, prêter à son tour l'oreille au « cyclope; c'est peut-être faire la police des lettres, mais à coup sûr « en corrompre en soi la jouissance. »

Telle était ma pensée d'alors, telle aujourd'hui et plus confirmée elle est encore, à l'aspect de ce que nous voyons. Mais ici on n'a plus affaire à de jeunes cyclopes, ce sont des Ajax tout grandis qui ne craignent pas de faire acte de gladiateurs, et devant lesquels il ne fallait pas craindre à son tour de s'exprimer. Leurs déportemens se jugent d'ailleurs par le fait même; au bout de quelques jours, le public, d'abord excité, s'en dégoûte, sans avoir besoin d'être averti, et il ne reste d'irréparable, après de tels éclats, que les atteintes profondes que les violens se sont portées, qu'ils ont portées aussi à la cause littéraire qu'ils semblaient dignes de mieux servir.

Hâtons-nous de sortir de ces débats, d'en détourner les yeux, et de nous préparer, en cette année commençante, à des sujets capables de la remplir. Ce lien qui, disait-on, avait quelquefois manqué aux divers travaux critiques de la *Revue*, ce lien dont nous avons trop senti nous-même, à de certains jours, le relâchement, et que nous nous sommes efforcé bien souvent de rattacher, il existe désormais, il est formé manifestement; les attaques mêmes du dehors et l'union des agresseurs nous le démontrent. Puisse du moins le sentiment croissant de la cause à défendre, la conscience de la vérité et de la dignité en littérature, contribuer entre nous à le resserrer!

SAINTE-BEUVE.

NOTRE-DAME DE NOYON.

ESSAI ARCHÉOLOGIQUE.[1]

I.

L'ancienne cathédrale de Noyon n'a pas la célébrité qu'elle mérite. Elle ne peut lutter, il est vrai, ni en étendue, ni en élévation, avec ces immenses églises qui font la gloire de Chartres, de Reims ou d'Amiens; mais la beauté de son plan, la sévérité de ses formes, l'harmonie de ses proportions, lui donnent droit à être comptée parmi nos monumens religieux du premier ordre. Ajoutons qu'il y a dans sa construction certaines particularités qui en font un des types les mieux caractérisés de cette époque de transition, où l'arcade à plein cintre, dépossédée de sa vieille suprématie, et près de disparaître pendant trois siècles de notre sol, se mariait encore à l'ogive victorieuse et envahissante.

C'est surtout à ce titre, c'est comme objet d'étude, comme document utile à la solution de problèmes encore obscurs, que ce monument aussi important que peu connu mérite une sérieuse attention.

(1) Cette étude sur l'architecture du moyen-âge doit servir d'introduction à un travail sur l'église Notre-Dame de Noyon, destiné à faire partie de la collection des documens historiques publiés par le ministère de l'instruction publique.

Plus son architecture présente de remarquables anomalies, plus il importerait de pouvoir fixer avec certitude les dates auxquelles se rapporte chaque partie de sa construction.

Malheureusement c'est là une utopie qu'il n'est guère permis de réaliser. Des traditions incertaines, des documens contestables, des archives presque muettes, des historiens peu clairvoyans, voilà les ressources dont nous pouvons disposer.

Ce n'est pas une raison pour nous abstenir.

Nous chercherons d'abord s'il est réellement impossible de découvrir des renseignemens clairs et certains.

Si nous n'en trouvons pas, nous nous adresserons à des faits en apparence étrangers à notre sujet, mais d'une certitude incontestable, et nous verrons s'ils ne pourraient pas nous servir de jalons pour déterminer d'une manière générale les dates dont nous avons besoin.

Enfin nous interrogerons le monument; nous lui demanderons d'achever lui-même son histoire, après avoir essayé toutefois de démontrer que ce mode d'investigation n'a rien d'arbitraire ni de chimérique, et qu'il constitue une science, encore à son début, il est vrai, mais qu'une saine méthode peut asseoir sur les bases les plus solides.

Nous aurons atteint notre but si nous prouvons par un exemple, quelque imparfait qu'il soit, qu'il ne faut pas désespérer d'établir approximativement l'âge de nos anciens monumens, lors même que les documens écrits semblent muets sur leur compte, ou, ce qui est encore pis, n'en parlent que pour accréditer de fausses et ridicules traditions.

II.

Avant tout, il faut jeter un coup d'œil sur le monument tel qu'il est aujourd'hui.

Du haut des anciens remparts de Noyon, remparts dont il n'existe plus que d'informes débris, on voit s'élever au-dessus des toits et des fumées de la ville deux puissantes tours carrées, flanquées chacune à leurs quatre angles d'épais et robustes contreforts. Ces tours ne s'élancent pas en pyramides, elles sont presque aussi larges au sommet qu'à la base; elles ne sont pas couronnées par des flèches légères, leur toiture en ardoise est courte et ramassée. Tout en elles est sombre et sévère comme la couleur des pierres dont elles sont construites; elles semblent placées là plutôt pour défendre la ville contre l'ennemi que pour renfermer les cloches qui appellent les fidèles à la prière.

Cependant, derrière ces tours, on voit se prolonger un noble et gracieux édifice, vaste corps d'église terminé par un chevet d'où rayonnent de nombreux arcs-boutans, et interrompu vers le milieu de sa longueur par deux bras ou transsepts arrondis à leur extrémité. La forme de ces transsepts produit une succession de lignes courbes et serpentantes que l'œil se plaît à suivre, et communique à tout le corps de l'église une apparence de souplesse et de grace qui contraste admirablement avec le mâle aspect des deux clochers. Les proportions élancées du monument, la forme aiguë du toit, la riche dentelle qui se découpe en festons sur sa crête, tout concourt à vous persuader que c'est là une de ces brillantes églises créées dans un des siècles où le style à ogive unissait l'élégance à la fermeté; mais bientôt vos yeux, se portant de l'ensemble sur les détails, vous font apercevoir que toutes les ouvertures de la nef sont à plein cintre, et que, sauf dans deux étages des transsepts, dans quelques parties de l'apside, dans les deux tours et dans la façade, l'ogive n'apparaît pas sur l'extérieur du monument. Il est vrai que ces pleins cintres sont plus sveltes, plus élancés que ceux qui appartiennent à l'époque exclusivement romane ou byzantine. Aussi cette cathédrale de Noyon, quoique presque entièrement percée d'arcades semi-circulaires, ne produit extérieurement, ni par l'ensemble de ses formes, ni par les détails de sa construction, la même impression qu'un monument à plein cintre proprement dit.

Avant d'entrer dans l'intérieur de l'église, examinons de plus près ses parties extérieures, et d'abord ce vaste porche qui s'avance en terrasse et qui abrite sous son triple berceau de voûtes les trois portes de la nef. Bien qu'il nuise à l'unité de la façade en la coupant et en la masquant en partie sous certains aspects, il est d'un effet imposant; c'est un noble péristyle qui ajoute à la profondeur de l'église, et qui prépare dignement à entrer dans le temple.

A gauche du porche, ce vieux bâtiment éclairé par cinq grandes ogives si richement encadrées et divisées par des moulures si nettes et d'un profil si pur, c'est l'ancienne salle du chapitre. Vis-à-vis, autour de la place, vous voyez huit lourdes et grandes portes cochères rangées symétriquement en demi-cercle, derniers et tristes témoignages de l'opulence des chanoines : c'est dans ces hôtels nouvellement bâtis que la révolution est venue les surprendre.

Derrière la salle du chapitre, il existe un ancien cloître, dont cinq travées seulement sont encore debout. Chacune de ces travées se compose d'une grande ogive subdivisée en quatre compartimens et ornée de trèfles rayonnans finement découpés dans la pierre. Au fond de la cour de ce cloître les arcades sont ruinées, mais le mur qui les soutenait subsiste encore : c'est un beau mur crénelé, d'une conservation parfaite et sur lequel on voit courir une frise de feuillages admirablement sculptés et refouillés. Si nous cherchions les effets pittoresques, nous nous arrêterions dans les ruines de ce cloître au milieu de ces beaux débris de sculptures et en face de ces créneaux qui donnent à cette sainte demeure comme un dernier reflet de son ancienne domination temporelle et féodale.

Au sortir du cloître, on aperçoit la sacristie, percée de quatre grandes ogives moins riches que celles de la salle du chapitre, mais d'une courbe élégante et d'un heureux dessin; puis enfin nous voici devant le chevet de l'église : il se compose de deux rangs de terrasses, s'élevant comme de vastes gradins autour de l'apside et se reliant à elle par deux séries d'arcs-boutans superposés. Cet ensemble produirait un admirable effet, s'il n'avait été déshonoré par les barbaries du dernier siècle. Au lieu de restaurer les anciens arcs-boutans, on leur a substitué des contre-forts concaves et chantournés, surmontés de vases à parfums d'où s'échappent de soi-disant flammes dont l'agitation immobile produit la sensation la plus désagréable. Ce sont là les folies où tombe la sculpture toutes les fois qu'elle oublie que son domaine a des limites qu'elle ne peut impunément franchir.

Des deux côtés du chevet, en se dirigeant vers les transsepts, on aperçoit deux portes dont les sculptures ont subi de grandes mutilations; l'une, celle du côté du nord, connue sous le nom de porte Saint-Pierre, est précédée d'un porche qui l'a en partie protégée contre les injures du temps et des hommes. Les statues et les ornemens du soubassement ont seuls complètement disparu : les chapiteaux et les archivoltes, au contraire, sont en assez bon état; mais les sculptures dont on les a brodées affectent un goût tourmenté, tournoyant et indécis, dont on ne voit pas d'exemple dans la belle époque romano-byzantine, et qu'on rencontre rarement même dans sa décadence. C'est un luxe de rinceaux et de volutes qui, à force de se contourner, passent subitement de la maigreur à l'enflure : de telles sculptures ont l'air d'être estampées plutôt que taillées et ciselées; elles donnent à la pierre l'aspect du plâtre et du carton, et semblent appartenir à la famille de ces ornemens que les raffinemens de la mode firent éclore il y a un siècle environ. L'autre porte, qu'on nomme la porte Sainte-Eutrope, quoique beaucoup plus mutilée, conserve les traces d'un goût plus sobre et plus pur. On remarque à droite et à gauche deux petits groupes sculptés en saillie sur la pierre, dont il est

difficile de bien distinguer les sujets, tant ils sont dégradés, mais dont
le mouvement général est heureux et dont l'exécution dut être ferme
et hardie. Enfin, en levant les yeux du côté du chœur, on aperçoit
un pan de muraille se distinguant de toutes les autres parties de la
construction qui lui sont adhérentes, soit par la vigueur de son appareil, soit par l'aspect noirâtre de ses pierres frustes et rongées, soit
enfin par une corniche dont les détails sont plus robustes et plus largement dessinés que dans toutes les autres parties de l'édifice. En un
mot, ce pan de muraille a toutes les apparences d'une assez grande
vétusté; aussi, sans rien préjuger sur ce que nous pourrons ultérieurement découvrir ou conjecturer, il y a toute probabilité que ce doit
être là une des parties les plus anciennes de l'église.

Retournons maintenant à l'autre extrémité de l'édifice : entrons
sous le grand porche, et pénétrons dans la nef. Un spectacle imposant et harmonieux s'offre à nous. Ce ne sont pas des dimensions gigantesques; mais telle est la justesse des proportions, que l'œil ne
demande à pénétrer ni plus loin ni plus haut. La largeur, la profondeur et l'élévation du vaisseau sont combinées dans des rapports de
parfaite concordance. Ce n'est pas cet élancement vertical et aigu,
cette apparence presque aérienne et fragile des constructions dont
l'ogive est le principe unique; ce n'est pas non plus cet air de force
et de majesté, cette solidité puissante dont l'arcade semi-circulaire
est l'élément générateur : c'est vraiment un mélange, une fusion des
effets de ces deux sortes de style; le génie de la transition semble planer sous ces voûtes, aussi robustes que hardies, mais, avant tout, harmonieuses.

Et pourtant, au premier aspect, vous croyez entrer dans un monument où l'ogive seule est admise : les arcades, les voûtes se terminent en pointe; les nervures et l'ensemble de la décoration semblent
empruntées à une église entièrement à ogive. Ce n'est qu'au bout
d'un instant, en levant la tête, que vous vous apercevez que les grandes
fenêtres qui éclairent le sommet du vaisseau sont à plein cintre; que
le plein cintre règne également dans la petite galerie placée au-dessous de ces fenêtres; que, dans le chœur, les trois premières travées
reposent sur des arcades semi-circulaires, et que la décoration des
chapelles groupées autour de l'apside se compose aussi de petits arcs
à plein cintre. Enfin, si vous montez dans les vastes galeries ou tribunes qui s'étendent sur tous les collatéraux de la nef et du chœur,
là encore vous trouvez des fenêtres semi-circulaires, que, du sol de
la grande nef, vous ne pouviez apercevoir. En un mot, cet intérieur

d'église, dont la construction vous semblait d'abord ne dériver que du principe de l'ogive, se trouve en réalité contenir au moins autant d'arcs à plein cintre que d'arcs aigus.

Ce n'est pas tout : en descendant dans les détails, vous trouvez certaines dispositions du plan qui semblent n'appartenir qu'aux constructions de l'époque romane; ainsi, par exemple, les arcades de la grande nef reposent alternativement sur un pilier carré, flanqué de colonnes engagées, et sur une colonne cylindrique complétement isolée. Cet emploi alternatif de deux genres de supports différens se rencontre fréquemment dans les monumens à plein cintre; il disparaît complètement dès qu'on entre dans l'époque à ogive proprement dite. Il en est de même de ces anneaux saillans dont sont coupés, de distance en distance, les faisceaux de longues colonnettes qui séparent les dernières travées du chœur et la première de la nef : ce mode de décoration ne se rencontre plus, dès que le style vertical a pris son complet développement. Enfin, dans quel édifice purement à ogive trouvons-nous ces transsepts terminés en hémicycles? N'est-ce pas dans les constructions romanes, dans celles-là surtout qui sont empreintes du caractère bysantin, qu'il faut chercher des exemples de cette belle disposition?

Ainsi de tous côtés, dans cette cathédrale de Noyon, on retrouve la trace de traditions antérieures à l'époque où elle semble avoir été construite. Elle a beau porter le cachet du style à ogive, les souvenirs du style à plein cintre l'enveloppent et la dominent.

Plus on regarde de près, plus le problème se complique. Dans la plupart des monumens que nous a laissés l'époque de transition, on voit la construction se modifier, se transformer pour ainsi dire couche par couche : le monument change d'aspect à mesure qu'il s'élève, à mesure que le temps a marché. Ce sont d'abord de larges piliers ou d'épaisses colonnes supportant de lourds arceaux; puis au-dessus commence un système plus léger, qui enfin se termine en ogives. Ici, au contraire, l'ogive apparaît près du sol, et c'est le plein cintre qui couronne l'édifice. Le mélange des deux élémens s'est donc opéré d'un seul jet : ils semblent avoir été confondus ou plutôt mariés avec intention. On dirait une sorte d'accord et comme une transaction pacifique entre deux principes rivaux.

De telles exceptions peuvent-elles être l'effet du hasard? Évidemment non; elles ont une apparence trop régulière et trop systématique pour n'être que des accidens. Quelles sont donc les causes qui les expliquent? C'est à l'histoire qu'il faut les demander.

Notre premier soin devait être de caractériser le monument : nous venons d'en indiquer les principaux traits distinctifs. Il nous reste maintenant à déterminer, s'il est possible, l'époque de sa construction et les circonstances au milieu desquelles il dut être élevé.

Voyons d'abord si, parmi les documens écrits que nous pouvons consulter, il en est qui nous aideront à résoudre ce problème.

III.

Un doyen du chapitre de Noyon, Jacques Levasseur, publia en 1633 un volume in-4° de 1,400 pages, intitulé : *Annales de l'église cathédrale de Noyon*. C'est l'œuvre d'un bon religieux, plein d'amour pour son église, mais mieux instruit des devoirs du chanoine que de ceux de l'historien. Il discute très-sérieusement la question de savoir si le nom de Noyon ne vient pas de celui de Noé, lequel *descendit en personne en notre Gaule*. Cette crédulité en fait d'étymologie donne la mesure du discernement de l'auteur. C'est partout la même bonhomie, le même défaut de critique. S'il a puisé aux sources originales, s'il a connu, comme tout porte à le croire, des manuscrits qui n'existent plus aujourd'hui, ces trésors se sont tellement altérés dans ses mains, qu'il est presque impossible maintenant d'en dégager l'alliage, et c'est là pourtant la seule histoire que nous puissions consulter sur les origines de la ville et de l'église de Noyon.

Jean Cousin, dans ses *Chroniques et Annales de l'évêché de Tournay*, qui parurent en 1619, raconte la vie des évêques de Noyon pendant l'époque où les deux diocèses de Noyon et de Tournay ne formèrent qu'un seul siège épiscopal, c'est-à-dire jusqu'en 1146; mais il ne parle pas de la cathédrale de Noyon. Il est vrai que le peu de mots qui lui échappent au sujet de celle de Tournay ne sont pas faits pour que son silence nous inspire beaucoup de regrets.

Dans le siècle précédent, un chanoine et pénitencier de l'église de Noyon publia de nombreux écrits sous le nom de Democharès; son véritable nom était Antoine de Mouchy. Confident et familier du cardinal de Guise, il l'accompagna au concile de Trente, en 1562. C'était un ardent catholique, un des commissaires du procès d'Anne Dubourg, s'attribuant le titre d'inquisiteur de la foi de France, et en exerçant les fonctions. Malgré son zèle violent, il avait du sens, de la pénétration; ses écrits servent à rectifier plusieurs dates et à établir certains faits historiques relatifs au diocèse de Noyon. Malheureusement, il ne s'est pas non plus occupé de notre église.

Il existe à la Bibliothèque du roi un assez grand nombre de cartons pleins de pièces manuscrites relatives à la ville et à l'évêché de Noyon. Nous avons parcouru et examiné toutes ces pièces; elles contiennent d'abondans matériaux pour l'histoire locale, beaucoup de particularités et de détails plus ou moins curieux sur le bailliage, l'échevinage, les élections et les corps de métier, sur les congrégations religieuses, les paroisses et les hôpitaux, sur les droits, statuts et règlemens du chapitre, sur les prérogatives et revenus de l'évêché, en un mot, à peu près sur tout, excepté sur l'église Notre-Dame. Pas une quittance, pas un mémoire, pas une note concernant les travaux qui ont dû être exécutés dans ce grand édifice à tant d'époques différentes, si ce n'est toutefois quelques mots sur les restaurations de 1743 et de 1757 qui défigurèrent le chœur (1), et sur le badigeonnage de 1771 (2), dont les tristes effets se font encore sentir. Est-il besoin de dire que ce n'est pas là ce que nous cherchons?

Nos investigations sur les lieux, à Noyon même, n'ont pas été plus heureuses. On n'y a pas conservé une seule tradition de quelque valeur au sujet de l'ancienne cathédrale, pas un papier important qui ait échappé, soit aux nombreux incendies qui ravagèrent successivement la ville, soit aux dévastations révolutionnaires, soit à l'insouciance des habitans (3).

(1) Elles avaient pour but de mettre les chanoines à l'abri du froid. Pour mieux se garantir, ils avaient fait élever outre mesure la cloison contre laquelle étaient adossées leurs stalles. Ce changement n'était pas heureux : les habitans de Noyon se permirent d'en médire, et il courut par la ville force quolibets et chansons contre les chanoines; en voici un couplet, rapporté dans les cahiers manuscrits relatifs au chapitre :

> Et puis notre usage estant,
> Faut-il donc qu'on vous le dise?
> De causer à chaque instant
> Et de rire dans l'église,
> N'est-il pas de notre honneur
> Que le public, dans le chœur,
> Ne puisse voir goutte,
>   Goutte, goutte, goutte.

(2) Ce badigeonnage n'était pas le premier, car, en écaillant les murs, on retrouve plusieurs couches de badigeon. Du temps de Levasseur, il y avait encore quelques parties de l'église couvertes d'anciennes peintures. Il dit qu'on voyait « des pourtraits arrangez par dedans, au-dessous de la clef de la voûte du chœur, qui sont les représentations d'autant de personnages de l'ancien Testament, jointe l'image de la très sainte Marie, mère de Dieu, et l'histoire des trois roys. »

(3) Il existe bien à l'hôtel-de-ville un manuscrit, le seul peut-être qui se soit

Enfin, si, pour dernière ressource, nous nous adressons aux historiens qui ont traité, non plus de Noyon ou du Noyonnais en particulier, mais de la Picardie, et notamment des villes, monastères et églises situés aux environs de Noyon, dans l'espoir d'y découvrir par aventure quelques révélations au sujet de notre église, nous ne tardons pas à reconnaître combien cette espérance est vaine. Il n'y a rien à attendre ni de Guibert de Nogent-sous-Coucy, ni d'Herman, le moine de Saint-Vincent de Laon. Leurs écrits sont pleins de détails sur l'établissement tumultueux de la commune de Laon, sur l'incendie de cette ville, sur la restauration de sa cathédrale, mais ni l'un ni l'autre ne disent un mot de cette église de Noyon dont ils étaient cependant si voisins.

Un tel silence ne doit pas nous étonner. Ce qui est rare, ce qui est merveilleux, c'est une église que ses contemporains aient regardé bâtir et sur laquelle ils aient bien voulu nous laisser des notions exactes et précises. Ces chroniqueurs du moyen-âge, qui enregistrent tout ce qu'ils voient, tout ce qu'ils entendent raconter, qui ne nous font pas grace de l'anecdote la plus insignifiante, jamais ils n'ont rien à nous dire de ces monumens qui de toutes parts grandissaient autour d'eux, et que le respect, la piété, l'enthousiasme des populations, signalaient à leurs regards. Survient-il le moindre trouble dans la paix du cloître, les revenus de l'abbaye sont-ils menacés par un procès, ses privilèges

conservé : c'est un document précieux, mais qui n'a aucun rapport avec l'objet de nos recherches. Il est intitulé : « Registre de tous les bourgeois faits et créés en la ville de Noyon depuis l'an mil trois cent vingt-quatre, et des serments que les maires et échevins prêtent quand ils sont faits et renouvelés. »

Nous ignorons si, dans les archives du département, à Beauvais, on pourrait obtenir de plus utiles découvertes. Ce dépôt est assez riche pour qu'il soit permis de l'espérer; mais il faudrait faire des recherches toutes spéciales, qui ne paraissent pas avoir encore été entreprises.

Nous devons joindre à la liste des ouvrages que nous avons consultés inutilement, d'abord celui de Colliette, intitulé : *Mémoires sur le Vermandois*, en trois volumes in-4° : c'est une histoire ecclésiastique qui ne dit pas un mot des églises : ensuite les *Antiquités de Noyon*, par Duchesnes; *l'Ancien Noyon*, par Desrues, et enfin deux ouvrages modernes composés de citations, extraites soit de pièces manuscrites, soit des différens auteurs que nous venons de citer. Ils ont été publiés par M. de la Fons, baron de Mélicocq. L'un de ces ouvrages a pour titre *Recherches historiques sur Noyon et le Noyonnais*, 1 vol. in-8°, 1837; l'autre est intitulé *Une Cité picarde au moyen-âge, ou Noyon et le Noyonnais aux quatorzième et quinzième siècles*, 1 vol. in-8°, 1841. Ces deux recueils sont pleins de faits intéressans; mais l'auteur paraît n'avoir rien trouvé qui se rapporte à la construction de la cathédrale. Il se borne à citer les dates données par Levasseur, en exprimant cependant quelque doute sur leur exactitude.

reçoivent-ils la moindre atteinte, nous en sommes instruits de cent façons; mais si nous voulons savoir l'origine de ces murailles qui abritent la communauté, de cette église qui retentit de ses prières, si nous cherchons quels changemens sont survenus dans le plan primitif de ces constructions, par qui ces changemens furent exécutés, les contemporains sont muets : ils n'ont rien vu, rien su, ou si par hasard il leur échappe quelques paroles, elles sont si brèves, si insouciantes, si incomplètes, que souvent elles ne servent qu'à nous égarer. Il y a tels monumens sur le compte desquels les données les plus fausses ne se sont accréditées que parce qu'une fois par hasard un contemporain leur a rendu le mauvais service d'en dire quelques mots.

Qu'on juge donc de notre embarras. S'il s'agissait de l'histoire de la ville de Noyon, les matériaux ne nous manqueraient pas. Fallût-il remonter jusqu'à Jules-César, nous trouverions des témoins oculaires, des pièces originales, des autorités dignes de foi. Nous n'en manquerions pas davantage, soit pour décrire l'établissement de la commune, soit pour assister à la formation de la bourgeoisie et à ses rapports avec l'évêque; nous pourrions dépeindre dans tous leurs détails les dévastations dont les armées anglaises et espagnoles affligèrent pendant trois siècles cette triste contrée, le siège de la ville, sa prise et sa reprise durant la ligue; puis nous pourrions raconter encore, et jour par jour, en quelque sorte, les premières années de ce Jean Calvin, qui, tout en devenant pour sa ville maternelle un si grand sujet de scandale, devait faire rejaillir sur elle une part de sa célébrité; mais ce n'est pas là notre tâche. C'est l'histoire de la cathédrale elle-même, de ses murailles, de ses pierres qu'il s'agit de tracer, et pour celle-là, encore une fois, nous ne pouvons invoquer le secours d'aucune pièce contemporaine, d'aucun témoignage authentique.

Il faut donc, bon gré mal gré, que nous consultions les *Annales* de Levasseur. Lui, du moins, il ne pèche pas par indifférence; il a pour sa cathédrale un véritable amour. Il la décrit, il la mesure, il cherche à l'expliquer dans toutes ses parties. Ce n'est pas sa faute, si, n'ayant jamais voyagé, il n'a pas vu d'autres églises, et n'a pu rectifier ses idées au moyen des comparaisons. Qui d'ailleurs, à cette époque, pensait à voir et à comparer des églises? Il a recueilli pêle-mêle toutes les traditions qui se colportaient, il y a deux cents ans, sous les voûtes du cloître et dans la salle capitulaire de Noyon. Acceptons-le donc comme un écho de ces traditions, et laissons-le parler, sauf à nous tenir sur nos gardes et à chercher ensuite les meilleurs moyens de démêler le faux du vrai.

IV.

Selon Levasseur, c'est à saint Médard, premier évêque de Noyon, qu'il faut attribuer la construction de l'église cathédrale. Avant lui, il n'avait existé dans la ville que de petits oratoires, tels qu'en bâtissaient les premiers chrétiens. La seule église de la province, l'église épiscopale, était celle de Vermand, *Augusta Vermanduorum*, aujourd'hui Saint-Quentin. A la vérité, Levasseur ne veut pas admettre que Saint-Quentin ait jamais eu l'honneur d'être la capitale de la province et le siége de l'évêché : il consacre d'immenses dissertations à prouver que l'ancien Vermand n'est autre que le village de Vermand situé aux environs de Noyon. Peut-être a-t-il raison, mais cela n'a pas la moindre importance. Ce qu'il suffit de constater, c'est que, vers l'an 470, la ville de Vermand fut saccagée et renversée de fond en comble par les Huns, et que saint Médard, évêque de Vermand, se retira, avec son troupeau, dans la ville ou plutôt dans le château de Noyon, *castrum Noviomense;* que là, grace à de fortes murailles de construction romaine, il échappa aux fureurs des barbares, et qu'enfin, lorsque ce terrible orage fut passé, ne pouvant faire renaître de ses ruines la ville de Vermand, il se fixa définitivement à Noyon et en fit le siège de son évêché.

Cette tradition est confirmée par tant d'écrivains, que nous ne faisons aucune difficulté d'y ajouter foi. Il est donc probable que la première église bâtie à Noyon fut l'œuvre de saint Médard; il y a même lieu de croire qu'elle occupait une partie de l'emplacement sur lequel s'élève l'église actuelle; mais qu'il subsiste aujourd'hui un fragment quelconque, un seul pan de mur, une seule pierre de l'église de Saint-Médard, c'est ce qu'il n'est pas même permis de supposer.

Levasseur n'en est pas moins convaincu qu'il a devant les yeux l'église du ve siècle; seulement il se demande si le saint prélat construisit l'édifice tout entier, ou s'il n'en acheva qu'une partie. Se conformant à l'opinion qui lui semble la plus générale, il n'attribue à saint Médard que le chœur seulement. Quant à la nef, elle lui paraît être d'une autre main et d'un autre temps. Il suppose que sa construction tira en longueur, et que les premiers fondemens en furent jetés seulement vers le temps de Charlemagne, environ deux cents ans après la mort de saint Médard. Toutefois il n'est pas éloigné d'admettre que le saint évêque, pour accomplir son œuvre, avait bien pu construire *quelque forme de nef;* mais il pense que cette partie du bâtiment, moins solide que le chœur, ayant menacé ruine assez promptement, il fallut la reconstruire, et que ce fut Charlemagne lui-même par qui ce grand travail fut entrepris.

Il ne faut pas oublier, dit-il, que Charlemagne fut sacré roi à Noyon, ainsi que le rapportent et Sigebert, dans ses chroniques, et plusieurs autres historiens. Or, peut-on croire que ce grand homme qui mit sa gloire à bâtir tant d'églises et de monastères eût laissé inachevée ou près de s'écrouler la nef d'une cathédrale qui avait eu l'insigne honneur de le voir prendre la couronne et prêter son serment de roi.

A l'appui de son opinion, Levasseur invoque une tradition que son grand oncle, chanoine comme lui, tenait des plus vieux chanoines de son temps, tradition qui attribuerait à Charlemagne non-seulement la construction de la nef, mais celle des deux clochers qui la précèdent. C'est en vertu de cette tradition, dit-il, que fut peint le vieux tableau que nous voyons en la croisée septentrionale de notre église, vis-à-vis du vestiaire, et qui représente la cérémonie du sacre de Charlemagne. Le monarque n'y est-il pas figuré tenant d'une main la boule du monde chrétien, et de l'autre *portant puissamment cette lourde masse de la nef et de ses clochers?* Cela ne veut-il pas dire qu'il est le fondateur des clochers aussi bien que de la nef? Cette peinture, aux yeux de Levasseur, était, sinon du temps de Charlemagne, au moins de la plus haute antiquité, et, pour preuve, il raconte que le roi Louis XI, se rendant à Péronne en l'année 1468, s'arrêta quelques instants à Noyon, visita l'église cathédrale, et fut si touché à la vue de ce tableau, le trouva si ancien et si vénérable, qu'il voulut en avoir une copie. Il demanda, dit-il, un *pourtraict de ce pourtraict;* ce que le chapitre s'empressa de lui accorder, comme le constataient les registres capitulaires.

Telle est donc l'opinion bien arrêtée de notre chanoine : le chœur a été bâti par saint Médard, la nef et les clochers sont l'œuvre de Charlemagne.

Toutefois, il lui vient quelques scrupules. Il se demande si ce vieux tableau est aussi vieux qu'il en a l'air; si, quoique d'un travail très ancien, il n'aurait pas été renouvelé postérieurement à la construction des clochers, et si le copiste, en plaçant l'église dans la main du monarque, ne se serait pas permis la licence de la peindre, non telle qu'elle avait été, mais telle qu'il la voyait.

Sans nous arrêter à cette explication, et tout en croyant, ce qui n'a rien d'impossible, ce qui est même assez probable, que Charlemagne ait fait ajouter à la cathédrale de Noyon une nef et deux tours, en admettant par conséquent que le vieux tableau, quel que soit son âge, ait dit la vérité, faut-il en conclure que les clochers bâtis par Charlemagne soient identiquement les mêmes que les clochers actuels? C'est là qu'est tout le problème.

Levasseur ne l'aperçoit pas : il se borne à confesser qu'il a fait de vaines tentatives pour percer la nuit épaisse qui enveloppe ces questions. Il nous met dans la confidence de ses efforts infructueux, et se plaint amèrement des religieux et gens de plume des anciens temps, qui, en prenant quelques notes qui leur auraient coûté si peu, lui auraient épargné tant de doutes et de recherches inutiles.

Il reconnaît néanmoins, dans un autre passage, que, selon l'avis des personnes savantes en ces matières, la plus grande partie de la cathédrale devait avoir été renouvelée et rebâtie après l'an 1000 de Jésus-Christ, et que par conséquent l'ouvrage de ses illustres fondateurs ne subsiste plus que par fragmens. Cet aveu lui coûte, mais il ne peut disconvenir que pendant le siècle qui précéda l'an 1000, une fausse terreur, semée par toute la chrétienté, avait fait croire à la venue de l'antechrist et à la fin du monde, et que les populations découragées avaient laissé se délabrer et tomber en ruines la plupart des édifices religieux. Il reconnaît que l'église de Noyon, comme toutes les autres, fut tellement négligée et abandonnée, que sa chute était imminente. Mais lorsque l'an 1000 eut sonné et que la prédiction fut trouvée fausse, chacun reprit courage et se mit en devoir de réparer le temps perdu. « Voilà pourquoi, dit-il, on se porta avec une allégresse non pareille à bastir, restaurer ou amplifier les églises, qui devaient encore durer long-temps jusques à la consommation du monde, laquelle fut jugée n'être si proche. Ce fut lors que nostre chœur fut *rafraischy*, nostre nef parachevée, nos clochers adjoustez pour accomplissement de l'œuvre. Au moins les experts jugent que ces ouvrages et manufactures sont de ce temps-là. »

Tel est le dernier mot de notre auteur : il ne renonce pas, comme on voit, au chœur bâti par saint Médard, il admet seulement que ce chœur a été *rafraîchi* immédiatement après l'an 1000, et même, pour plus de précision, après l'an 1003 (1). Quant à la nef et aux clochers, en disant que l'une fut parachevée et que les autres furent ajoutés, il les dépouille, il est vrai, de l'honneur d'avoir été bâtis par Charlemagne, mais il ne va pas au-delà de cette concession. Dans tout le

---

(1) « On attendit jusqu'à l'an 1003, d'autant qu'il est escrit que l'antechrist régnera deux ans et demi, « tempus et tempora et dimidium temporis. Daniel, 7. » (*Annales de Noyon*, p. 131.)

reste de son livre, il ne lui vient même pas à la pensée de chercher si des restaurations ou des reconstructions plus ou moins importantes sont devenues nécessaires et ont été entreprises. A l'exception de certaines chapelles, que son grand-oncle a vu bâtir, il ne paraît pas supposer que depuis l'an 1003 il y ait eu rien de changé dans la cathédrale. Il avertit même son lecteur de ne pas lui en demander davantage. Ce sont les traditions, dit-il, je m'y tiens.

Et cependant, en racontant la vie de tous les évêques les uns après les autres, il entre dans des détails que les registres capitulaires ont pu seuls lui apprendre. Ces registres étaient donc à sa disposition. Comment n'y a-t-il pas trouvé de temps en temps la trace des travaux exécutés pour le compte du chapitre et payés par lui? S'il était, comme tant d'autres, d'une complète froideur pour ces questions, on supposerait qu'il n'a pas voulu lire ou qu'il n'a pas daigné parler de ce qu'il avait lu; mais nous savons que ce n'est pas là son défaut, et qu'il parle volontiers de tels sujets. Ajoutez qu'indépendamment des délibérations du chapitre, il avait entre les mains, de son propre aveu, le nécrologe de l'évêché, c'est-à-dire une des sources où se puisent ordinairement les meilleurs renseignemens sur les édifices du moyen-âge. Il est rare en effet, quand un évêque a de son vivant fondé non-seulement une église, mais un simple autel, enrichi le trésor de précieux ornemens, restauré ou embelli la moindre chapelle, il est rare que le nécrologe n'en dise pas quelques mots. Comment donc expliquer qu'avec de telles ressources Levasseur garde un silence si absolu? Ce qui l'absout en partie, c'est qu'il n'avait en réalité que des fragmens, des débris, des lambeaux de ces registres capitulaires, de ce nécrologe, et de tous les titres et papiers de l'évêché. Par une étrange fatalité, sept fois pendant l'espace de quatre cents ans, le feu prit dans les bâtimens qui renfermaient ces précieuses archives. Tout ne fut pas dévoré, mais il se fit des lacunes irréparables, et ce que la flamme avait épargné devint la proie d'un autre fléau. En effet, dans les xve et xvie siècles, le Noyonnais fut le théâtre de guerres si acharnées, que plus d'une fois les chanoines ne durent leur salut qu'à la fuite, et restèrent errans et dispersés pendant plusieurs années. Est-il donc étonnant que ces archives, dont une partie n'était qu'un monceau de cendres, dont l'autre partie avait été colportée de ville en ville par des fugitifs, se trouvassent, au temps de Levasseur, dans un tel état de désordre et d'incohérence, qu'un homme aussi peu expérimenté n'ait pu y recueillir que des indications incomplètes et insignifiantes?

Toutefois, à défaut d'autres témoignages, c'est à ces incendies eux-mêmes, causes premières de notre ignorance, que nous allons demander d'utiles révélations. S'ils nous ont enlevé les moyens d'obtenir des notions complètes et certaines, ils vont nous fournir au moins des données indirectes, qui nous permettront d'établir approximativement l'âge des principales constructions dont se compose la cathédrale.

En effet, grace à un heureux hasard, les dates de ces divers incendies nous ont été conservées par des autorités nombreuses et sûres. Nous ne parlons pas de celui qui détruisit, dit-on, presque toute la ville du temps de saint Éloi, et qui ne put être éteint que par un signe de croix de sainte Godeberte; nous nous transportons dans une époque moins merveilleuse, et nous voyons, en 1131, la ville, l'église Notre-Dame, l'évêché et tous les monumens publics dévorés subitement par les flammes au milieu de la nuit, et sans qu'il soit possible d'arrêter l'embrasement. Le pape Innocent II était alors en France; il venait de sacrer Louis-le-Jeune à Reims, et, après la cérémonie, le nouveau roi et le pontife s'étaient rendus à Crépy, dans le château de Raoul, comte de Vermandois. On avait fait de magnifiques préparatifs pour les recevoir; mais à peine étaient-ils arrivés, qu'ils virent accourir, plein de trouble et de tristesse, l'évêque de Noyon, Simon, frère du comte de Vermandois. Il apportait la fatale nouvelle de l'incendie de son église, et venait implorer le saint-père pour qu'il l'aidât à réparer un si grand désastre. Innocent II se rendit à sa prière, et, dans une lettre qui nous a été conservée, il exhorte les archevêques de Rouen et de Sens à venir au secours de l'église de Noyon, et à lui procurer l'assistance de tous les évêques, abbés, clercs, barons et autres fidèles de leurs provinces.

Cet incendie de 1131 produisit une grande sensation. Guillaume de Nangis en fait ainsi mention dans sa *Chronique générale :* « Anno « MCXXXII, tota ferè civitas Noviomensium cum ecclesia Sanctæ-Mariæ « et episcopio incendio flagravit. » Il n'est pas une chronique contemporaine, pas une histoire de Picardie, écrite postérieurement, qui ne parle de ce désastre. Il faut que les effets en aient été bien terribles pour avoir fait une si vive impression à une époque où de tels évènemens se renouvelaient, pour ainsi dire, chaque jour.

Vingt-un ans après ce premier incendie, en 1152, la ville devint de nouveau la proie des flammes : « Quo præsidente anno 1152 fuit « incendium generale totius civitatis. » Ce sont les expressions de Démocharès. Un autre écrivain, Desrues, dans ses *Antiquités des villes de France*, prétend que cette fois les églises ne furent pas atteintes par les flammes; mais cette allégation n'est appuyée par aucune autorité.

En 1238, le feu dévasta, pour la troisième fois, une grande partie de la ville La cathédrale fut-elle épargnée? Rien ne le prouve; mais le désastre paraît avoir été moins grand qu'en 1131, et même qu'en 1152.

En 1293, au contraire, on vit éclater, le 21 juillet, jour de sainte Pravède, un incendie plus furieux que les deux précédens, et, s'il faut en croire les écrits qui sont parvenus jusqu'à nous, sa violence fut telle, qu'une grande partie de la ville et presque toutes les églises, y compris la cathédrale, furent réduites en cendres. Voici en quels termes les archives du monastère de Longpont parlent de ce quatrième incendie : « Anno incarnationis Domini 1293, mense Julio, « 13 calendas Augusti, feriâ secundâ, in aurora cœpit ignis in civitate « Noviomensi, et à dicta aurora usque in meridiem feriæ tertiæ sequen- « tis, ecclesia beatæ Mariæ Noviomensis, et aliæ ecclesiæ et quidquid « infra muros civitatis continebatur, omnia combusta sunt, et quasi « in pulverem reducta, exceptis domibus templariorum et hospitala- « riorum et excepta parvula ecclesia B. Petri apostoli. » Ainsi, le feu dura depuis le lundi matin au point du jour jusqu'au mardi vers le milieu de la journée, et de tous les monumens religieux il n'y eut que les maisons des templiers et la petite église de Saint-Pierre qui échappèrent aux flammes.

Pendant le XIVe et le XVe siècle, on n'entend plus parler d'incendie; mais dans le XVIe nous en trouvons trois coup sur coup : d'abord le 4 juillet 1516, le feu prit à la cathédrale; les désastres furent considérables, mais on se rendit maître des flammes au bout de quelques heures.

En 1552, le lundi 17 octobre, les Espagnols, s'étant emparés de la ville, la mirent à feu et à sang. Néanmoins l'église Notre-Dame fut sauvée par le courage et la présence d'esprit d'un serviteur de l'œuvre, nommé Markets, qui s'étant enfermé dans une des petites tours, armé d'une hallebarde, précipita trois soldats qui montaient vers la charpente du comble avec le charbon et la paille pour l'embraser.

Enfin, en 1557, à la fin de septembre, un mois après la fatale journée de Saint-Quentin, les Espagnols pénètrent de nouveau dans Noyon, après avoir fait mettre bas les armes à la garnison écossaise, qui s'était vaillamment défendue. L'ennemi pilla et incendia la ville, et cette fois l'église Notre-Dame ne fut pas épargnée.

Toutefois, aucun de ces incendies du XVIe siècle ne dut altérer la solidité de l'édifice. Beaucoup de pierres furent calcinées, elles portent même encore aujourd'hui la trace du feu; mais l'ensemble de la construction ne fut pas compromis.

Les seuls incendies qui, par leur violence et par leur durée, doivent avoir mis en péril le monument, et peuvent avoir rendu sa reconstruction nécessaire, sont ceux de 1131 et de 1293. Les témoignages sont nombreux, précis et unanimes : ce ne sont pas des feux partiels, éteints presque aussitôt qu'allumés, dont les dégâts aient donné lieu à quelques réparations de détail; ce sont des incendies de la ville entière, de ces incendies auxquels rien ne résiste, et qui ne s'éteignent que faute d'alimens, lorsqu'ils ne trouvent plus rien debout sur leur passage.

Nous nous figurons difficilement de tels désastres, aujourd'hui que le jeu régulier des pompes et les mille moyens de secours dont une ville dispose triomphent, presque à coup sûr, des feux les plus violens; mais, dans ces petites cités du moyen-âge, aux rues étroites, aux maisons de bois si souvent recouvertes de planches ou de paille, la moindre étincelle avait, en quelques heures, embrasé tout un quartier, et le foyer devenait si ardent, que les murailles même les plus épaisses ne pouvaient résister à l'action des flammes. De nos jours, il est presque sans exemple qu'une église s'écroule par l'effet d'un incendie; la charpente du comble prend feu, les murs résistent presque toujours. Ainsi, nous avons vu la toiture de la cathédrale de Chartres incendiée, et le monument est resté debout; mais, si la ville tout entière eût été en feu, et si les secours, au lieu d'être distribués avec habileté et prévoyance, n'avaient consisté qu'en efforts désordonnés et confus, les pierres n'auraient pas tardé à se fendre, à se détacher, et l'édifice n'eût été bientôt qu'un monceau de ruines.

Il existait d'ailleurs, au temps de nos pères, certains usages qui rendaient les églises bien plus exposées qu'aujourd'hui au danger du feu : les murailles étaient, en grande partie, recouvertes de tapisseries, d'étoffes, de tentures de toute espèce : de nombreux *ex-voto* étaient suspendus aux voûtes; en un mot, les églises étaient alors aussi meublées qu'elles sont nues aujourd'hui. D'un autre côté, le nombre des cierges toujours allumés, même pendant la nuit, était considérable, ainsi que l'attestent ces innombrables testamens dans lesquels il est pourvu par le mourant à l'entretien d'un cierge brûlant à perpétuité dans telle ou telle chapelle. Est-il donc étonnant que les clercs qui faisaient la garde s'endormissent quelquefois, et que souvent, au lever du jour, la flamme se fût emparée de tout l'intérieur d'une église.

Ces accidens étaient si fréquens, que, dans cette seule année 1131, où la cathédrale de Noyon fut incendiée, le feu détruisit l'église Saint-Riquier et le bourg qui en dépendait, ainsi que plusieurs autres paroisses moins importantes des diocèses d'Amiens et de Beauvais. L'année précédente, en 1130, l'église Saint-Furcy de Péronne avait été la proie des flammes, et enfin, en 1136, nous voyons l'église Saint-Vaast d'Arras, avec son cloître, ses dépendances et une grande partie de la ville, presque entièrement détruite par le feu.

Mais aucun de ces incendies ne causa autant d'émotion et ne fit autant de bruit que celui de Noyon. Il est donc à présumer que ce désastre avait eu des conséquences encore plus terribles que de coutume, et il est impossible, par exemple, de ne pas supposer que la cathédrale avait dû être complètement ruinée, ou du moins qu'elle s'était trouvée, après l'incendie, dans un tel état, que de simples réparations eussent été insuffisantes. L'intervention du pape Innocent II, son appel aux archevêques de Rouen et de Sens, suffiraient, à défaut d'autres indices, pour attester qu'il ne s'agissait pas d'une simple restauration, et que l'édifice était à reconstruire de fond en comble.

Nous nous croyons donc autorisés à affirmer, sauf à en donner encore d'autres preuves, que l'église actuelle ne peut, dans aucun cas, être antérieure à l'année 1131. Nous verrons plus tard si la reconstruction fut immédiate, ou si elle ne dut pas traîner en longueur; mais une chose est certaine, c'est que cette reconstruction dut être complète; car l'édifice est bâti évidemment d'un jet, et c'est à peine, comme on l'a déjà vu, s'il s'y trouve un seul pan de muraille qui puisse être attribué à une époque plus ancienne.

Ainsi, ni le chœur de saint Médard, ni la nef de Charlemagne, ni les clochers de 1003 ne doivent avoir la prétention d'être parvenus jusqu'à nous, et cette date de 1131 est la plus ancienne à laquelle il soit permis de faire remonter le monument qui est devant nos yeux.

Mais une autre question se présente. L'incendie de 1293 ne paraît avoir été ni moins violent ni moins destructeur que celui de 1131. Ses ravages sont même attestés avec plus de précision, nous en connaissons mieux toutes les circonstances : nous savons qu'à l'exception des maisons des templiers et de la petite église Saint-Pierre, tous les monumens religieux de la ville furent réduits en cendres. Comment donc supposer que l'église du XIIe siècle ait survécu à cette catastrophe? La même raison qui nous fait affirmer que l'ancien édifice a été détruit en 1131, et que, dans le monument actuel, tout est postérieur à cette époque, ne doit-elle pas nous forcer de croire qu'après 1293 une reconstruction complète fut également nécessaire, et qu'en conséquence l'église Notre-Dame ne date ni du milieu ni de la fin du XIIe siècle, mais bien des dernières années du XIIIe, ou même du commencement du XIVe ?

La conclusion paraît rigoureuse, et cependant elle est inadmissible : pourquoi? Parce qu'il est un témoin qui nous défend d'y croire, témoin plus véridique et que les archives de Longpont et que toutes les traditions écrites, c'est à savoir le monument lui-même. Il nous dit clairement qu'il n'est pas d'origine aussi récente : ce plan, ces profils, ces détails de sculpture, vous ne les retrouverez dans aucun monument construit soit au commencement du XIVe siècle, soit même vers la fin du XIIIe. Il faudrait supposer que ceux qui bâtirent cette église se seraient amusés à oublier les usages de leur temps pour ressusciter ceux d'un siècle passé. Comme si cette façon d'emprunter les modes d'une autre époque, ce goût rétrospectif, comme on dit aujourd'hui, n'étaient pas d'invention toute moderne, comme si jamais nos pères avaient connu pareils raffinemens.

Ainsi, malgré le témoignage de toutes les chroniques, la cathédrale de Noyon ne peut pas être postérieure à 1293. L'incendie de cette année, quelle qu'ait été sa violence, n'a endommagé que partiellement l'édifice ; la masse a résisté aux flammes : c'est chose prouvée pour nous, sous peine de nier toutes les observations, d'abolir toutes les règles aujourd'hui consacrées par la science.

Mais que parlons-nous de science? existe-t-il réellement une science en pareille matière? ne voyons-nous pas des hommes, qui passent à bon droit pour doctes et profonds, sourire de pitié à l'idée qu'on puisse découvrir une règle, une loi quelconque pour classer chronologiquement les monumens du moyen-âge?

Ce dédain est-il fondé? S'il est vrai que les œuvres de certains siècles soient encore entourées d'une grande obscurité, n'y a-t-il pas d'autres époques du moyen-âge où la clarté est déjà vive et complète? Les hommes qui se livrent à ces études nouvelles ne se nourrissent-ils que de chimères, ou bien ont-ils obtenu des résultats sérieux? Qu'ont-ils trouvé jusqu'ici? Qu'ont-ils encore a faire? Ces questions valent la peine d'être éclaircies.

Qu'il nous soit donc permis de les examiner avec quelque détail.

V.

Pour déterminer approximativement l'âge d'un monument antique, il suffit, tout le monde le reconnaît, d'examiner le monument lui-même. Vous découvrez sur le sol de la Grèce ou de l'Italie les débris d'un édifice dont Pausanias ni Pline n'ont jamais fait mention, dans un lieu dont aucune tradition n'a conservé le souvenir, et à la seule inspection de ces fragmens, selon que les moulures et les profils affectent telle ou telle forme, selon que la pierre et le marbre sont taillés ou appareillés de telle ou telle façon, vous prononcez avec une sorte de certitude que l'édifice est du siècle de Périclès ou de celui d'Alexandre, qu'il appartient au temps de la république ou à l'époque des empereurs.

En peut-il être de même pour les monumens du moyen-âge? portent-ils aussi sur leur front la date de leur naissance?

On commence à le croire aujourd'hui; mais l'époque n'est pas éloignée où l'opinion contraire était, chez nous, universelle et incontestée. Il était passé en force de chose jugée que jamais aucune règle, aucune méthode n'avait présidé à la construction des monumens du moyen-âge; que depuis la chute de l'empire romain jusqu'à la renaissance, depuis Clovis jusqu'à François Ier, le hasard seul avait, en France, dirigé l'art de bâtir, tantôt dans un sens, tantôt dans un autre; que, par conséquent, le même lieu, la même année, avaient dû voir souvent s'élever des monumens entièrement différens, tandis que des monumens identiques pouvaient avoir été construits à plusieurs siècles d'intervalle et aux deux extrémités du royaume; que dès-lors on ne devait attribuer spécialement à aucune époque aucun caractère déterminé, et qu'il fallait se garder de jamais chercher à classer dans un ordre chronologique les monumens du moyen-âge.

Cette opinion n'était pas seulement une tradition, une routine d'atelier, elle était professée par les maîtres de la science; le critique éminent qui, dans l'étude de la sculpture antique, a complété l'œuvre de Winckelmann, qui a développé les principes théoriques et pratiques de l'architecture des anciens avec une si savante précision, M. Quatremère de Quincy, n'a laissé échapper aucune occasion de proclamer dans ses écrits que l'architecture du moyen-âge n'est pas une architecture, que ce n'est pas un art, mais seulement une compilation, un composé d'élémens disparates et hétérogènes rassemblés par une fantaisie ignorante et désordonnée (1).

Qui aurait osé dans l'école élever la voix contre cet anathème? qui se serait permis d'étudier cette soi-disant architecture? La vue de tels monumens ne passait pas seulement pour inutile, on la croyait pernicieuse, et si par hasard quelque artiste moins timoré que ses confrères, trouvant une vieille église sur son chemin, s'avisait de ne pas détourner les yeux, s'il en admirait certaines parties, s'il osait même en crayonner quelques souvenirs, sa foi n'en était pas ébranlée, car ce n'était pas l'examen d'un monument isolé, c'était la comparaison laborieuse et réfléchie d'un grand nombre de monumens qui seule aurait pu l'éclairer et lui faire apercevoir dans ce prétendu chaos un principe d'ordre et de classification. Or, les plus téméraires n'auraient jamais alors entrepris pareil travail. Il est donc probable que, pendant long-temps encore, nos architectes auraient jugé les monumens du moyen-âge sans les connaître, et que l'impossibilité de les classer fût demeurée proverbiale, si quelques hommes étrangers à la pratique de l'art, de simples amateurs, sans préjugés d'école, sans doctrines traditionnelles, n'obéissant qu'à leur propre sentiment, à l'amour des belles choses et à un certain attrait de curiosité, ne s'étaient mis à la recherche de ces monumens, et après en avoir beaucoup contemplé, beaucoup comparé, n'avaient senti le besoin de se rendre compte de leurs impressions et d'analyser ce qu'ils avaient vu.

Ils ne tardèrent pas à reconnaître que, dans les innombrables élémens dont cette architecture se compose, la confusion et l'irrégularité sont surtout apparentes, et que, pour peu qu'on les regarde avec attention, il est impossible de n'être pas frappé de certaines analogies et de certaines différences qui se reproduisent d'une manière constante et régulière. A force de réunir les analogies et d'abstraire les différences, ils parvinrent à établir des divisions générales susceptibles d'être ultérieurement subdivisées et de devenir les cadres d'une classification méthodique. La plus large, la plus complexe de ces divisions, résulta naturellement d'une différence fondamentale dans la forme d'un des membres principaux de l'architecture. Comment ne pas remarquer, en effet, que, parmi tous ces édifices auxquels on applique sans distinction cette dénomination de monumens du moyen-âge, il en est dont toutes les arcades, toutes les ouvertures, se terminent en pointe, en ogive, tandis que, dans d'autres, le plein cintre règne exclusivement, et que, chez quelques-uns enfin, on remarque simultanément le plein cintre et l'ogive?

Ces distinctions n'étaient-elles que fortuites, ou bien constituaient-elles des différences essentielles dans l'origine et la nature de ces trois sortes de monumens? les uns et les autres pouvaient-ils être contemporains, ou bien devait-on nécessairement les attribuer à des époques distinctes? Pour résoudre ces questions, il fallut recourir au témoignage des monumens écrits, et lorsque, après des expériences maintes fois répétées, après des vérifications sans nombre, il fut toujours reconnu que les monumens à plein cintre n'apparaissaient plus au-delà d'une certaine époque, que les monumens à ogive, au contraire, ne commençaient à paraître qu'à partir d'une autre époque, et que les monumens mixtes semblaient appartenir aux années intermédiaires, il fut permis sans doute de constater ce premier résultat comme une preuve évidente qu'il y avait là une science possible.

Ce n'était qu'un premier pas; mais bientôt, en faisant pénétrer l'analyse dans ces trois grandes classes de monumens, on reconnut que chacune d'elles, prise à part, pouvait être subdivisée, et que les signes indicateurs de ces subdivisions, bien qu'ils fussent plus ou moins distincts, n'avaient rien d'arbitraire ni d'accidentel. En un mot, ces premiers essais, quelque incomplets qu'ils fussent, posèrent les bases d'une classification générale : on commença à voir clair dans ces dix siècles de ténèbres; les monumens de chaque espèce se trouvèrent groupés à peu près à leur rang dans l'ordre chronologique, et enfin, ce qui n'est pas moins nécessaire, on entreprit de fixer leurs rapports géographiques, c'est-à-dire les différences qui les distinguent, non plus de siècle à siècle dans le même lieu, mais de pays à pays dans le même moment.

En effet, pour connaître l'histoire d'un art, ce n'est pas assez de déterminer les diverses périodes qu'il a parcourues dans un lieu donné, il faut suivre sa marche dans tous les lieux où il s'est produit, indiquer les variétés de forme qu'il y a successivement revêtues, et dresser le tableau comparatif de toutes ces variétés, en mettant en regard, non-seulement chaque nation, mais chaque province d'un même pays. Ainsi, par exemple, on ne connaît pas l'architecture grecque, si l'on se borne à étudier les différens styles qui successivement brillèrent à Athènes : il faut se transporter à Égine, à Sycione, en

Ionie, en Sicile, partout où l'art fut florissant, et chercher, à côté des caractères généraux sous lesquels il apparait à chaque siècle, les influences diverses qu'il subit dans chaque lieu.

C'est vers ce double but, c'est dans cet esprit qu'ont été dirigées presque toutes les recherches entreprises depuis vingt ans parmi nous au sujet des monumens du moyen-âge. Déjà, vers le commencement du siècle, quelques savans d'Angleterre et d'Allemagne nous avaient donné l'exemple par des essais spécialement appliqués aux édifices de ces deux pays. Leurs travaux n'eurent pas plus tôt pénétré en France, et particulièrement en Normandie, qu'ils y excitèrent une vive émulation. En Alsace, en Lorraine, en Languedoc, en Poitou, dans toutes nos provinces, l'amour de ces sortes d'études se propagea rapidement, et maintenant partout on travaille, partout on cherche, on prépare, on amasse des matériaux. La mode, qui se glisse et se mêle aux choses nouvelles, pour les gâter bien souvent, n'a malheureusement pas respecté cette science naissante, et en a peut-être un peu compromis les progrès. Les gens du monde sont pressés de jouir; ils ont demandé des méthodes expéditives pour apprendre à donner sa date à chaque monument qu'ils voyaient. D'un autre côté, quelques hommes d'étude, emportés par trop de zèle, sont tombés dans un dogmatisme dépourvu de preuves et hérissé d'assertions tranchantes, moyen certain de rendre incrédules ceux qu'on prétend convertir. Malgré ces obstacles, inhérens à toute tentative nouvelle, les vrais travailleurs continuent leur œuvre avec patience et modération. Les vérités fondamentales sont acquises; la science existe, il ne s'agit plus que de la consolider et de l'étendre en dégageant quelques notions encore embarrassées, en achevant quelques démonstrations incomplètes. Il reste beaucoup à faire; mais les résultats obtenus sont tels qu'à coup sûr le but doit être un jour définitivement atteint.

Essayons d'indiquer avec toute franchise quels sont ces résultats, c'est-à-dire quels sont les points qu'une méthode vraiment scientifique a constatés, quels sont ceux qui restent encore incertains et contestables.

La période des monumens à plein cintre n'est pas également bien éclaircie dans toutes ses phases. Sa durée est très longue, et, sous une apparente uniformité, elle renferme les variétés les plus nombreuses. On peut bien tracer, même assez nettement, les divisions principales dont elle se compose; mais les caractères permanens de chacune de ces divisions ne se déterminent pas encore avec une précision suffisante; il est plus facile de les sentir que de les expliquer. Ainsi, pour qui a beaucoup vu de monumens de ce genre, il existe de notables différences entre les constructions encore gallo-romaines des vi^e et viie siècles et les monumens carlovingiens, et, parmi ces derniers, ceux qui appartiennent au règne de Charlemagne lui-même se distinguent aisément de tout ce qui a été construit dans la seconde moitié du ixe siècle et dans le xe tout entier; mais les signes de ces différences ne sont pas toujours exactement les mêmes : il faut les chercher, tantôt dans certain mode de construction, tantôt dans certaine nature d'ornemens, et quelquefois seulement dans la façon plus ou moins grossière dont l'artiste a travaillé. Pour conserver l'espoir d'obtenir des données plus positives, il faudrait que les monumens de cette époque ne fussent pas d'une aussi grande rareté. Comment, sur un si petit nombre d'exemples, parvenir à établir des règles sûres et constantes? Nous ne doutons pas que de sérieuses études, de patientes comparaisons ne dissipent en grande partie cette obscurité; mais il restera toujours, quoi qu'on fasse, quelque chose de vague et d'incomplet dans la classification des monumens antérieurs à l'an 1000. Une clarté plus grande apparaît dès le début du xie siècle. Là ce n'est plus la rareté des exemples, c'est plutôt leur trop grand nombre qui augmente les difficultés. Si l'on se contente de généralités, point d'embarras. Cette grande renaissance du xie siècle se manifeste par deux styles fortement caractérisés : le premier, robuste et massif, le second, riche, élégant, et aspirant presque à la légèreté. Mais à quelle époque précise celui-ci succède-t-il à l'autre? Combien de nuances, combien de degrés entre ces deux points extrêmes! Quelle variété dans les plans, dans les modes de construction, dans l'ornementation surtout! Et si l'on passe d'une province dans une autre, quel spectacle différent! quel changement de formes et de caractères! Une si grande diversité donne à cette architecture beaucoup d'attrait; mais elle est un immense obstacle à la découverte des lois essentielles, des principes fondamentaux qui la gouvernent. Il faut néanmoins reconnaître qu'on a déjà beaucoup avancé cette œuvre difficile. Nous avons des données exactes non-seulement sur la chronologie générale des constructions à plein cintre du xie siècle et de la première moitié du xiie, mais sur les principales particularités qui les distinguent dans la plupart de nos provinces. Lorsque les nombreux monumens de cette époque qui survivent encore auront tous été relevés, mesurés, étudiés et comparés avec intelligence, bien peu de questions resteront encore

63.

douteuses; mais parviendra–t-on sur tous les points à la certitude scientifique? Nous n'oserions l'affirmer. Cette architecture, quoique complètement distincte et de l'architecture romaine et de tous ses dérivés, n'est cependant pas entièrement originale. Les élémens qui la constituent sont presque tous empruntés; les uns viennent directement d'Orient, les autres sont comme détachés pour ainsi dire des monumens romains existant sur notre sol, quelques-uns enfin sont le produit de traditions purement locales. Ce n'est pas un tout homogène, vivant de sa propre vie, conséquent avec lui-même dans toutes ses parties, depuis la racine jusqu'au sommet; c'est un composé, c'est une compilation, pour employer ce mot que l'illustre critique cité plus haut applique à tort, selon nous, à toutes les architectures du moyen-âge sans distinction, mais qui ne manque pas de justesse, si l'on s'en sert pour qualifier l'architecture à plein cintre, principalement pendant les siècles de sa complète décadence. Or, comme il est impossible de faire l'analyse méthodique d'une compilation, il ne faut pas s'étonner que toute classification rigoureuse et complète des monumens à plein cintre nous semble un problème presque insoluble, et que, tout en constatant les règles générales auxquelles ils sont soumis, nous devions probablement nous résigner toujours à laisser fléchir ces règles devant un certain nombre d'exceptions.

La même observation s'applique aux monumens mixtes, c'est-à-dire à ceux qui participent à la fois et de l'architecture à plein cintre et de l'architecture à·ogive, soit que ces deux formes d'arcade y figurent simultanément, soit que, composés exclusivement d'ogives, ils conservent néanmoins tous les autres caractères des constructions à plein cintre. C'est peut-être autour de ces monumens mi-partis que s'est amassé le plus d'incertitude et d'obscurité. Bien qu'ils appartiennent à une époque où les documens historiques commencent à devenir abondans, on ne trouve dans les témoignages écrits que bien peu de paroles qui les concernent, et quelques-unes de ces paroles prêtent à des équivoques et servent à accréditer des erreurs. Vieillir ce qui est ancien est un plaisir auquel bien peu d'esprits savent résister. C'est là ce qui explique l'empressement avec lequel on s'est armé de textes ambigus ou mal interprétés pour attribuer à quelques monumens de cette catégorie une antiquité exceptionnelle et merveilleuse. Ces hérésies ont beau être victorieusement combattues, elles n'en renaissent pas moins à tout propos, et contribuent à entretenir le scepticisme chez ceux qui sont portés à ne pas admettre la possibilité de classer scientifiquement les monumens du moyen-âge. Au fond, toutes les incertitudes sur cette époque de transition se réduisent à un seul point litigieux, l'origine de l'ogive; question complexe, question insoluble, quand on l'aborde isolément, quand on veut y voir une énigme dont un mot unique peut donner la clé. Nous chercherons plus loin sous combien d'aspects divers il faut l'envisager, à quelles autres questions il faut la rattacher, pour qu'il y ait quelque chance d'en poursuivre utilement la solution. Nous verrons les points qu'on peut espérer d'éclaircir, la direction qu'il convient d'imprimer aux recherches qui seront désormais entreprises; quant à présent, il n'est pas besoin d'insister pour prouver que cette seconde classe de monumens est encore imparfaitement étudiée, et que presque tout est à faire pour la soumettre à une classification régulière et méthodique.

Il n'en est pas ainsi de la troisième. Quelle que soit l'origine de l'ogive, que son apparition soit plus ou moins ancienne, qu'elle nous vienne de l'Orient ou des régions septentrionales, qu'elle soit sacerdotale ou laïque, qu'elle résulte d'une production spontanée et nécessaire, ou de combinaisons accidentelles et capricieuses, il est un fait certain, incontestable, c'est qu'à partir du commencement du XIIIᵉ siècle (à quelques années près, selon les pays), on voit toutes les constructions religieuses, civiles, militaires, sans exception, exécutées d'après un système uniforme et régulier, système dont les élémens sont, les uns entièrement neufs, les autres combinés dans un ordre tout nouveau, système enfin dont on peut déterminer exactement le but, les conditions et la durée.

Ce n'est pas là un paradoxe. Nous n'avons pas hésité tout à l'heure à reconnaître ce qu'il y avait d'incomplet, au point de vue de la science, dans les époques précédentes; nous n'avons pas caché que du VIᵉ au XIIᵉ siècle, l'imagination et le hasard semblaient se mêler parfois aux règles qui gouvernent les divers styles à plein cintre, que l'histoire du style de transition était encore pleine de vague et d'incertitude; mais maintenant que nous sommes dans le XIIIᵉ siècle, maintenant que l'ogive a définitivement remplacé le plein cintre, un spectacle tout différent s'offre à nous : nous voyons cette régularité, cet enchaînement, cette conséquence, cette série de rapports, à la fois fixes dans leur principe et variables dans leur application, qui constituent un système, et malgré tous les livres d'architecture, malgré les doctes arrêts de leurs auteurs, il faut bien qu'on nous permette de constater ce que nous voyons.

Si les érudits qui ont jugé l'art du moyen-âge sans le connaître et

d'après quelques observations isolées et passagères, l'avaient regardé
d'un œil moins distrait; si, au lieu de confondre et de condamner en
bloc tout ce que nos pères ont construit pendant huit ou neuf cents
ans, ils avaient seulement examiné les principaux monumens qui,
d'après des témoignages authentiques et irrécusables, ont été bâtis en
France depuis l'an 1200 jusqu'aux premières années du xvie siècle, il
n'est pas douteux que nous serions bien près de nous entendre; car
s'ils connaissaient ces monumens, s'ils les avaient étudiés, il n'échap-
perait pas à leur perspicacité que pendant ces trois siècles un principe
commun préside à l'art de bâtir, principe aussi neuf que fécond, aussi
régulier que hardi, et que ce principe subit successivement trois
grandes modifications qui correspondent à peu près à chacun de ces
trois siècles.

C'est, je le répète, faute d'avoir ouvert les yeux qu'on traite toutes
ces vérités de chimères et qu'on se renferme dans une incrédulité dédaigneuse.

Au lieu d'examiner les monumens, on proclame, sous forme
d'axiome, qu'il n'a jamais existé et qu'il ne peut exister qu'une seule
architecture proprement dite, l'architecture classique, attendu qu'elle
seule est conforme aux grandes lois de l'intelligence, qu'elle seule
possède un système de proportions régulières et de combinaisons
constantes, qu'elle seule, en un mot, repose sur un principe d'*ordre* (1), tandis que « *le genre de bâtisse* auquel on donne le nom de
gothique, est né de tant d'élémens hétérogènes et dans des temps
d'une telle confusion, d'une telle ignorance, que l'extrême diversité
de formes qui le constitue, inspirée par le seul caprice, n'exprime réellement à l'esprit que l'idée du *désordre* (2). »

Vérifions sur-le-champ l'exactitude de cette assertion; entrons
dans une de ces *bâtisses gothiques :* ne choisissons pas, si l'on veut,
les plus belles et les plus grandes cathédrales ; n'allons ni à Reims, ni
à Chartres, ni à Beauvais; une simple église de second ou de troisième ordre nous suffira, pourvu qu'elle ait été construite soit au xiiie,
soit au xive siècle, et que le caractère de la construction primitive ne
soit pas trop altéré par des mutilations ou par des restaurations. Nous
voici dans la nef : quelles sont nos impressions? est-ce l'idée du désordre qui vient nous assaillir? ne sommes-nous pas frappés, au con-

(1) *Dictionnaire historique d'architecture* (in-4o, 1833), t. II, p. 175, 2e col.
au mot *ordre*.
(2) *Id*, t. II, p. 175, 1re col.

traire, de la régularité de l'ordonnance, et, quelles que soient la multiplicité et la variété des détails, ne sentons-nous pas qu'une grande unité de pensée se révèle dans tout le monument? Cette profonde perspective, la disposition de ces piliers, la manière dont ils se multiplient et se ramifient au sortir d'un tronc commun, leur épanouissement pour former et soutenir le couronnement de l'édifice, tout cela n'est-il qu'un jeu du hasard, un effet accidentel et imprévu? Dites à qui vous voudrez que c'est sans intention et par un caprice irréfléchi que ces voûtes ont été portées si haut et que l'élévation du monument est si grande par rapport à sa largeur, personne ne vous croira. Les uns, si leur esprit est tourné vers l'utile, admireront ce moyen sage et prévoyant de répandre à profusion l'air respirable dans des vaisseaux où de si grandes réunions d'hommes doivent être entassées; d'autres, portant les yeux hors de ce monde, et s'inquiétant d'autres lois que de celles de la physique, verront dans cette extrême élévation l'intention d'abaisser l'orgueil de l'homme par la comparaison de son infime petitesse avec l'immensité de la maison du Seigneur. Personne ne supposera que ce soit sans but, sans calcul, sans préméditation, que ces hardis travaux aient été exécutés.

Le critique auquel nous répondons, tout en refusant d'admettre qu'à une époque quelconque du moyen-âge il ait existé une architecture, ne peut s'empêcher de reconnaître que quelques-uns des monumens que nous ont laissés ces siècles d'ignorance ont un certain air de grandeur et produisent, surtout à l'intérieur, une assez vive impression (1); mais ce sont là, dit-il, des effets que l'instinct seul peut créer : rien ne prouve qu'ils soient le résultat de combinaisons savantes et réfléchies. Selon lui, les architectes du moyen-âge, aussi bien ceux du xiiie que ceux du ixe siècle, lors même qu'ils font de belles choses, ne savent pas ce qu'ils font : ils tâtonnent sans règle, sans méthode. Si par fortune ils rencontrent une heureuse disposition, ils sont hors d'état de la reproduire à coup sûr, soit dans un autre édifice, soit même dans les différentes parties du même monument. En un mot, pour réduire à des termes précis l'opinion de l'illustre écrivain, il regarde comme radicalement impossible de découvrir dans cette soi-disant architecture la base, soit d'un système de proportion, soit d'un système de construction, soit d'un système d'ornementation, trois choses sans lesquelles une architecture n'existe pas.

Voilà la question nettement posée; nous l'acceptons dans ces ter-

(1) *Dictionnaire historique d'architecture*, t. II, p 175, 1re col.

nues. A notre avis, l'architecture des XIIIᵉ et XIVᵉ siècles possède un
système de proportion, un système de construction, un système d'ornementation, systèmes qui lui sont propres, qui constituent son originalité, et qui la rendent profondément distincte non-seulement de
l'architecture antique, mais de tous les modes de bâtir employés successivement à d'autres époques du moyen-âge.

Voyons d'abord ce qui regarde les proportions.

Point d'architecture sans un système de proportion : nous en tom-
bons d'accord. Il faut qu'un certain rhythme, une certaine mesure,
un certain *ordre* détermine les rapports du tout avec les parties. Si
ces rapports sont harmonieux, l'esprit est satisfait, et l'art a rempli sa
mission. Mais pourquoi supposer qu'un procédé unique et invariable
puisse seul créer cette harmonie? Il y a de l'*ordre* dans une architecture dès qu'elle produit l'effet qu'elle a pour but de produire. Peu
importe si les moyens qu'elle emploie sont plus ou moins conformes
à ceux dont on s'est déjà servi pour produire d'autres effets; c'est en
elle-même qu'il faut la juger, abstraction faite des modèles consacrés.

Le système de l'antiquité repose, comme on sait, sur certains rapports de mesure entre la colonne et l'entablement, entre le support
et la chose supportée. Or, il n'y a pas d'entablement dans l'architecture du XIIIᵉ siècle : faut-il en conclure que tout système de proportion lui est interdit, et que ses productions sont nécessairement arbitraires et désordonnées? Sans doute le mode suivi par les anciens est
admirablement simple et régulier. L'esprit humain a peut-être eu tort
de l'abandonner; peut-être, au contraire, comme quelques-uns le
pensent, a-t-il fait preuve, en s'en écartant momentanément, d'une
heureuse témérité : ce n'est pas là qu'est la question. A tort ou à
raison, nos pères, pendant le moyen-âge, sont sortis des voies de l'antiquité, et le chemin qu'ils ont pris les a conduits dans des régions
nouvelles, dans un monde inconnu des anciens. Ce monde n'a-t-il pas
ses lois, son rhythme, son harmonie? Cherchez d'abord à le comprendre, et voyez ensuite si ces artistes, que vous croyez barbares,
n'en ont pas connu le secret et ne l'ont pas fidèlement exprimé.

N'est-il pas évident, en effet, que c'est volontairement et systématiquement qu'ils ont abandonné, ou plutôt qu'ils ont exclu de leurs
constructions la ligne horizontale, si fortement accentuée dans l'entablement antique? A peine si de légers filets permettent à l'œil de
suivre horizontalement la division des divers étages dont ces constructions sont composées, tandis que de fortes saillies verticales, à l'extérieur sous forme de contreforts, à l'intérieur sous forme de longues

colonnes s'élançant d'un seul jet de la base au sommet de l'édifice, traversent toutes les lignes horizontales, les interrompent et les font oublier.

Le système de proportions de l'architecture à ogive peut donc se résumer en ces mots : déguiser les lignes horizontales, accentuer les lignes perpendiculaires.

Mais ce n'est là, dira-t-on, qu'un principe abstrait, une loi générale, dont l'application peut être faite de diverses manières; un véritable système s'explique plus catégoriquement; il ne laisse rien à l'arbitraire, il donne des préceptes, ou plutôt des commandemens. C'est ainsi que les *ordres*, dans l'architecture antique, tracent, jusque dans leurs moindres détails, toutes les proportions de chaque nature d'édifices. Prouvez-nous que l'architecture à ogive obéit à quelque chose d'analogue aux *ordres* grecs et romains, et nous reconnaîtrons qu'elle repose sur un système, nous ne contesterons plus qu'elle soit une véritable architecture.

Avant de répondre, il faut s'entendre sur l'idée qu'on se fait des ordres antiques. Prétend-on qu'ils consistent dans des prescriptions tellement absolues, dans des combinaisons mathématiques tellement exactes, qu'il en résulte un moyen pour ainsi dire mécanique de construire des édifices toujours parfaitement semblables, à un millimètre près. Dans ce cas, nous confesserons franchement qu'à aucune époque du moyen-âge, même aux XIIIe et XIVe siècles, l'architecture n'est tombée dans cet état d'asservissement; si, au contraire, comme il est facile de le prouver, la théorie des *ordres* repose, non sur la reproduction servile de patrons taillés d'avance, mais sur certaines grandes lois d'harmonie générale qui n'excluent pas certaine liberté dans les moyens d'exécution, nous n'hésitons pas à le dire, il existe de semblables lois dans l'architecture à ogive, et ces lois la gouvernent aussi bien que les *ordres* régissent l'architecture grecque et romaine.

Il ne faut pas croire en effet, comme on le suppose assez généralement, qu'une fois donné le diamètre de la colonne antique, on connaisse exactement sa hauteur, et que cette hauteur détermine invariablement la dimension de toutes les autres parties de la construction. Si cela était vrai, les édifices appartenant à un même ordre seraient tous absolument semblables, leur échelle seule pourrait différer : il y aurait de grands et de petits temples doriques, de grands et de petits temples corinthiens; mais les petits seraient trait pour trait la miniature des grands; proportion gardée, ils seraient identiques, et, comme il n'existe que trois ordres, il n'y aurait également que trois types de chaque nature d'édifices, types dont les innombrables reproductions seraient autant d'épreuves sorties d'un même moule.

Consultez les faits : voyez, non dans Vitruve, mais dans les monumens eux-mêmes, si vous trouvez cette prétendue identité. D'abord vous verrez qu'en traversant les siècles, et surtout en passant de Grèce en Italie, ces ordres, qu'on suppose immuables, ont subi de nombreux changemens, ou plutôt de véritables transformations. Mais laissons de côté cet élément de diversité ; ne comparons que des monumens dans les mêmes conditions, c'est-à-dire construits d'après un même ordre, dans un même pays, dans la même époque, et pour nous adresser au plus pur, au plus noble de tous les ordres, au dorique grec, mesurons le Parthénon et les Propylées. Ces deux monumens, qui se touchent, sont-ils calqués l'un sur l'autre ? leurs colonnes sont-elles de même hauteur relativement à leur diamètre ? Non, la différence est de près d'un demi-diamètre. Et si vous sortez d'Athènes, pour comparer à ce même Parthénon un autre chef-d'œuvre d'Ictinus, le temple de Bassœ près Phygalie, par exemple, ne vous présente-t-il pas aussi des mesures différentes et des anomalies bien autrement remarquables ? Ainsi, partout la liberté se fait jour ; les règles n'en subsistent pas moins, mais elles ne sont ni despotiques ni tracassières : elles se contentent de caractériser le style du monument par de grands traits généraux ; elles lui donnent un cachet d'unité, tout en laissant la carrière ouverte à la variété. Et qu'on ne dise pas que les diversités qu'elle tolère sont imperceptibles : les colonnes doriques ont, dans tel édifice, une hauteur à peine égale à quatre diamètres ; dans tel autre, elles en atteignent presque six, ce qui n'empêche pas que ces deux genres d'édifices soient également doriques. Leur stature, leur physionomie, diffèrent, mais leurs proportions générales sont les mêmes ; on reconnaît sur-le-champ qu'ils sont de même famille.

Il en est ainsi de l'architecture à ogive. Prenez toutes les églises bâties en France dans le XIIIᵉ siècle, et, pour mieux déterminer l'époque, depuis 1220 jusqu'à 1280 ; restez en-deçà de la Loire, car au-delà vous trouverez un sol où le style vertical ne s'est jamais complètement acclimaté ; surtout ne confondez pas dans votre examen les parties de ces églises qui peuvent appartenir à des temps plus reculés, ou que des restaurations postérieures auront modifiées. C'est faute de ces précautions qu'on a si vite prononcé qu'il n'y avait là qu'un inextricable chaos. Si vous avez soin de ne comparer que des productions d'une même époque, d'un même pays, d'un même style, il est impossible que vous ne reconnaissiez pas que tous ces monumens ont le même aspect général, que toutes leurs parties essentielles sont conçues dans le même esprit et affectent les mêmes formes, que tous, enfin, ils ont cet air de famille qui distingue les édifices antiques appartenant à un même ordre.

Maintenant, si vous procédez le compas à la main, vous trouverez assurément des différences de mesure; mais ces différences n'ont jamais rien d'excessif, elles ne sortent pas d'un certain terme moyen, et, tout en modifiant les dimensions des édifices, elles n'en altèrent pas les proportions. Les proportions dans les œuvres de l'art, comme dans celles de la nature, sont des lois générales; les dimensions sont des accidens particuliers. Voyez si la nature soumet jamais ses créations à des mesures invariables. Donne-t-elle la même taille à tous les animaux de même espèce? Donne-t-elle même à leurs membres une grandeur toujours relativement égale? Non, il n'existe pas deux êtres de même famille qui se ressemblent exactement, et cependant tous les individus de cette famille sont semblables par certains rapports généraux, rapports constans, immuables, nécessaires. Ce sont ces rapports qui constituent les proportions.

Ne vous récriez donc pas si le plan de la cathédrale d'Amiens n'est pas absolument le même que celui de Notre-Dame de Reims, si la nef de l'une est moins longue que celle de l'autre relativement à la longueur du chœur, si les piliers de ces deux temples ne sont pas exactement de même épaisseur en comparaison de leur hauteur. Ce ne sont là que des diversités de dimension, diversités inévitables, et dont les monumens classiques, comme nous venons de le voir, ne sont pas plus exempts que les autres. Pourvu que dans une certaine mesure les rapports du tout avec les parties restent les mêmes, peu importe ces variations des parties entre elles. Ce qui constitue un système de proportions, ce n'est pas l'absence de ces apparentes anomalies, c'est la présence de certaines grandes lois générales supérieures à toutes les dissemblances individuelles : d'où il suit que si l'architecture du XIIIe siècle repose, comme nous le prétendons, sur un système de proportions qui lui est propre, nous devons trouver dans toutes ses œuvres, quelles que soient les particularités qui les distinguent, certaines ressemblances fondamentales et nécesaires, indices certains d'un principe commun duquel elles émanent.

Or, rien n'est plus facile à constater. Commençons par examiner les plans; nous allons distinguer à des signes infaillibles ceux du XIIIe siècle de tous ceux des âges précédens. Le plan du temple chrétien se trouve

modifié, à cette époque, d'abord par l'addition d'un collatéral autour
du chœur, addition *nécessaire* dans toutes les églises à plusieurs nefs;
en second lieu par le changement de la forme du chœur lui-même,
dont l'extrémité, jusque-là semi-circulaire, devient toujours et *nécessairement* polygonale. Mais, quelle que soit l'universalité de ses modifications dans les plans, elles peuvent ne paraître que d'une importance secondaire. Ce n'est pas sur le sol des églises, c'est sur leurs
parois qu'il faut jeter les yeux pour apercevoir aussitôt les caractères
généraux et invariables dont on voudrait en vain contester la présence.

D'abord toutes les ouvertures, tous les vides se terminent en arc
brisé, en ogive. C'est là une règle absolue. Que si une fois entre mille,
comme à Notre-Dame de Metz par exemple, on voit un arc à plein
cintre se glisser au milieu d'innombrables ogives, c'est une de ces
exceptions imperceptibles qui sanctionnent les règles au lieu de les
infirmer. Ce qui est certain, c'est qu'avec le XIIIe siècle l'emploi de
l'ogive devient exclusif non-seulement dans les églises, mais dans tous
les autres édifices. On n'ouvre plus une fenêtre, on ne pratique plus
une porte dans une construction quelconque, sans leur donner la
forme aiguë. Un fait aussi universel peut-il n'être qu'un accident et
un caprice? S'il était question de ces monumens qu'on rencontre en
d'autres temps et en d'autres pays, monumens où quelques arcades à
ogives apparaissent comme par hasard et égarées, pour ainsi dire, au
milieu d'arcs à plein cintre ou d'ouvertures à angles droits, il serait
juste et raisonnable de ne voir dans l'emploi de cette forme qu'une
fantaisie capricieuse; mais ici ce sont toutes les ouvertures sans exceptions qui se terminent en pointe, et non—seulement les portes, les
arcades et les fenêtres, mais les voûtes et jusqu'aux fondations elles—
mêmes. L'édifice tout entier est moulé sur cette forme; elle lui est inhérente; elle compose sa structure, son organisation, son *ossatura*.
Sans elle il ne serait pas.

Ainsi voilà déjà une première loi générale qui caractérise l'architecture du XIIIe siècle. Il en est une seconde non moins importante.
L'ogive n'est pas seulement employée exclusivement dans toutes les
productions de cette architecture; elle y affecte une forme déterminée;
sa base, c'est-à-dire son ouverture inférieure, est égale à chacun de ses
deux côtés latéraux, ou, en d'autres termes, elle procède du triangle
équilatéral. Cette forme est évidemment la perfection de l'ogive,
comme la figure géométrique qui la produit est la plus parfaite des
figures triangulaires. Au XIIe siècle, lorsque l'ogive est à sa naissance,
et commence à se substituer au plein cintre, sa base est généralement

plus large que chacun de ses côtés; en conséquence, son angle supérieur est plus obtus que les deux autres, ce qui donne à l'ensemble de l'ogive un aspect un peu lourd, un peu écrasé. Au XIV⁰ siècle, au contraire, lorsque le style ascensionnel tend à l'exagération de son principe, la base de l'ogive devient plus étroite, et ses branches latérales sont de plus en plus allongées. Entre ces deux extrêmes, le XIII⁰ siècle nous donne le vrai type de l'ogive, c'est-à-dire cette forme dont l'angle supérieur résulte de l'intersection de deux courbes égales tirées des deux extrémités d'une ligne droite. C'est à l'usage presque exclusif de ce type que les chefs-d'œuvre du XIII⁰ siècle doivent ce caractère à la fois élancé et vigoureux qui les distingue. Ils ont beau s'élever à perte de vue, on est sans crainte sur leur solidité. Ce triangle équilatéral, qui se retrouve inscrit dans l'extrémité supérieure de toutes les ouvertures, donne à l'ensemble de la construction quelque chose de bien assis, un air d'aplomb, une consistance, qui font oublier tout ce qu'il y a de téméraire dans sa légèreté presque aérienne.

Est-il besoin de dire qu'en assignant ainsi à chaque période du style vertical une forme d'ogive déterminée, nous ne prétendons pas poser des règles absolues. Encore une fois, il n'existe pour aucune architecture des mesures invariables; ce n'est jamais que sur des moyennes qu'on peut raisonner. Il n'y a donc pas lieu de s'étonner si, même au temps de saint Louis, on trouve quelques ogives soit trop larges, soit trop étroites à leur base, en proportion de leur hauteur; si, d'un autre côté, on aperçoit dès le XII⁰ siècle des exemples du type équilatéral, ou si, dans le XIV⁰, il s'en présente encore. Des circonstances locales, des difficultés d'emplacement suffisent presque toujours pour motiver ces exceptions, et, lors même qu'elles proviendraient parfois du caprice des artistes, elles sont trop rares pour altérer l'autorité et le mérite d'observations mille fois répétées. Nous nous croyons en droit de regarder comme vrai et comme acquis à la science tout fait qui n'est presque jamais démenti; voilà dans quel sens nous disons que, pendant le XIII⁰ siècle, l'ogive procède du triangle équilatéral, ou du moins qu'elle se rapproche, autant qu'il est possible, de ce type; qu'au XII⁰ elle ne l'atteint pas encore, et qu'au XIV⁰ elle tend à le dépasser. Quant au XV⁰ siècle, nous n'oserions pas désigner quelle est exactement la forme de ses ogives : tantôt il les élargit outre mesure, tantôt il les rétrécit. Dans cet âge de recherches et de raffinemens, l'empire de la règle s'affaiblit, l'imagination semble gouverner seule : aussi cette époque n'est-elle fortement caractérisée que par son ornemen-

tation, tandis que ses proportions sont vagues, changeantes et difficiles à généraliser.

C'est donc dans les deux siècles précédens, et surtout dans le XIIIᵉ,
qu'il faut étudier le système de proportions du style vertical; c'est là
qu'il apparaît dans sa pureté, soumis à la discipline de la raison et aux
lois d'une sévère harmonie. La forme systématique et régulière des
ogives n'en est pas l'unique preuve; elle n'est qu'une révélation partielle de l'ordre qui règne dans toutes les parties de l'édifice. Inter-
rogez-les toutes, vous les trouverez également conséquentes et déri-
vant de principes communs. Nous n'avons pas la prétention toutefois
de remonter jusqu'à la loi unique et souveraine qui doit résumer tous
ces principes : nous sommes persuadés qu'elle existe; mais faut-il la
chercher, comme quelques-uns le supposent, dans le point central du
monument, c'est-à-dire, quand il s'agit d'une église, dans l'intersection de la nef et des transsepts? Est-ce le carré de cette partie centrale qui sert de base, de racine géométrique à toutes les autres parties de l'édifice, de telle sorte qu'on puisse en déduire non-seulement
la hauteur des quatre grands piliers qui soutiennent les quatre ogives
maîtresses, mais la forme de ces ogives elles-mêmes, et enfin les proportions relatives de tous les autres piliers et de toutes les autres ogives
dont se compose le monument? Ce sont là des solutions qui, toutes
vraisemblables qu'elles puissent être, n'ont pas encore acquis un degré
suffisant de certitude pour être scientifiquement admises. Nous n'en
avons pas éprouvé personnellement la valeur par des expériences assez
multipliées pour nous en porter garant.

Mais, sans nous élever jusqu'à ces problèmes, sans entrer dans ces
régions encore mal explorées, contentons-nous de constater, preuves
en main et sur la foi des expériences les plus incontestables, qu'il
existe dans tous les monumens, soit du XIIIᵉ, soit du XIVᵉ siècle, une
répétition constante des mêmes dispositions générales, et une certaine
mesure moyenne applicable à toutes les parties principales de l'édifice.
Cette démonstration doit suffire, car c'est là ce qui constitue et ce qui
a toujours constitué un système de proportions.

Voyons maintenant s'il est vraiment impossible, comme on le prétend, de découvrir dans cette architecture la moindre trace d'un système de construction.

Sans doute, on peut trouver dans le moyen-âge une longue période,
la période du style à plein cintre, pendant laquelle l'art de construire
devient un métier plutôt qu'un système. Mélange confus et barbare

de méthodes antiques mal comprises, de traditions à demi perdues et de maladroites innovations, il mérite bien alors qu'on le prenne en pitié. C'est à peine si, vers le xie siècle, on le voit commencer à suivre quelques règles fixes, à observer quelques principes constans. Mais lorsqu'apparaît l'ogive, et surtout lorsque son règne est devenu universel et exclusif, les vieilles méthodes, les procédés bâtards, disparaissent; l'art de la construction se transforme, se régularise et adopte systématiquement des méthodes inconnues jusque-là. A des effets nouveaux, il faut de nouvelles causes. Ces formes verticales, sveltes, aiguës, ne peuvent être produites que par des combinaisons qui leur soient spécialement applicables. La coupe des pierres exige des calculs tout nouveaux : partout des angles saillans et rentrans, partout des formes mixtilignes; de là des difficultés sans nombre pour évider, pour ajuster, pour appareiller les matériaux; puis, à côté de ces nouveautés de détail, des principes généraux de statique et d'équilibre, également tout nouveaux, soit à cause de l'extrême élévation des édifices, eu égard à leur épaisseur, soit à cause de la délicatesse de leur support et de l'envahissement des parties vides sur les parties pleines. Une telle révolution dans la théorie pouvait-elle manquer d'en produire une dans la pratique? A défaut de preuves, le simple raisonnement défendrait d'en douter.

Qu'importe que les Romains aient employé des voûtes d'arête dans quelques-uns de leurs monumens, dans leurs thermes, par exemple? faut-il en conclure que les constructeurs des xiie et xiiie siècles n'ont fait que copier les Romains, qu'ils ne sont que des compilateurs, et que, s'ils ont un système, ce système ne leur appartient pas? Comme si le mérite de l'invention était ici de la moindre conséquence. Oui, sans doute, les Romains ont fait des voûtes, d'autres peuples en ont fait avant eux, on en a probablement fait dès les temps les plus reculés; mais qu'on nous cite une époque, qu'on nous montre un pays où tous les édifices, sans exception, aient été surmontés de voûtes, où ces voûtes aient toutes été supportées non-seulement par des arêtes croisées, mais par des nervures saillantes, proéminentes et profondément évidées à leur base, où la maçonnerie, suspendue sur ces nervures, ait été aussi mince, aussi légère, et disposée avec une telle hardiessse : c'est dans ces détails d'exécution que consiste l'originalité; c'est dans l'universalité de l'application que consiste le système. Nous n'insisterons pas plus long-temps sur ce point. Que ceux qui ont étudié sérieusement la manière dont sont bâties les églises à ogive nous disent si elles sont l'œuvre du hasard et de la routine. C'est là une de ces questions pratiques dont les hommes du métier sont les meilleurs juges. Qu'on les interroge; nous nous en rapporterons aux tailleurs de pierre et aux moindres maçons. Demandez à ceux qui vont encore aujourd'hui, à l'issue de leur apprentissage, visiter la vis de Saint-Gilles en Provence; demandez-leur si ce célèbre ouvrage n'est pas construit d'après des règles et par des procédés complètement distincts de ceux qui ont fait élever et la maison carrée et les autres chefs-d'œuvre antiques du voisinage? Leur réponse vaudra mieux que toutes les dissertations.

Il ne reste donc plus à résoudre que ce dernier problème : existe-t-il dans l'architecture à ogive un système de décoration?

Sur ce point, comme sur les deux autres, le savant auteur du *Dictionnaire d'Architecture* n'admet pas même la controverse. Il y a, selon lui, chez tous les décorateurs du moyen-âge, manque absolu d'originalité et incapacité complète de rien imaginer qui leur appartienne (1). « L'ornement gothique, dit-il, n'est qu'une dégénération de l'ornement antique, tradition confuse et transposition incohérente de tous les élémens décoratifs des trois ordres grecs, où les feuilles du corinthien, les volutes de l'ionique, les tores du dorique se trouvent compilés sans intention, sans choix, et exécutés sans art (2). » Et plus loin, en parlant de la décoration extérieure des églises : « Aucune sorte de goût ni de raison ne peut ni se rendre compte de cette décoration, ni même tenter de s'en définir l'idée. Tout ce qui en fait partie peut y être ou n'y être pas, peut occuper une place ou une autre place, sans qu'on sache ou qu'on puisse dire pourquoi: tout y indique ce manque absolu de raison qui, ainsi que dans les objets de mode et de fantaisie, ne peut s'expliquer que par le hasard, qui n'explique rien (3). »

Nous comprenons jusqu'à un certain point que, lorsqu'il s'agit des proportions ou même de la construction, on se refuse à reconnaître un caractère régulier et systématique non-seulement dans les œuvres du moyen-âge en général, mais même dans celles des trois siècles où domine l'ogive. Pour distinguer les règles géométriques qui appartiennent exclusivement à ce style, de celles qui sont communes à toutes les architectures, pour apprécier les procédés pratiques que lui seul met en usage, il est nécessaire d'avoir étudié et comparé des mo-

---

(1) *Dictionnaire historique d'architecture*, t. Ier, p. 679, 2e col.
(2) *Ibid.*, p. 674, 2e col.
(3) *Ibid.*, p. 677, 2e col.

numens qu'on regardait à peine il y a vingt ans; mais pour ce qui concerne l'ornementation, celle du style à ogive est tellement spéciale, tellement unique en son genre, qu'il semble impossible, même quand on n'a fait que l'entrevoir, d'en méconnaître l'originalité. Pour nous, loin d'être un plagiat et une œuvre de déraison, l'ornementation du XIIIᵉ siècle est une des créations les plus originales, les plus spontanées, les plus imprévues de l'esprit humain, en même temps qu'une de ses œuvres les plus raisonnables et les plus méthodiques. Sans doute il est une époque du moyen-âge, celle qui s'écoule entre la chute du style antique et le triomphe du style à ogive, où la décoration architecturale n'est, en grande partie, qu'une imitation dégénérée de l'ornementation grecque et romaine. Bien que, pour être juste, il fallût au moins lui tenir compte des trésors d'imagination qu'elle mêle si souvent aux choses qu'elle imite, et de cet air de jeunesse et de nouveauté qu'elle répand sur les débris qu'elle emprunte, on peut reprocher, si l'on veut, à cette époque sa stérilité et ses compilations; mais une fois l'ogive devenue maîtresse de l'art de bâtir, où trouver, dans ces ornemens tout nouveaux qu'elle fait éclore, la moindre trace d'imitation? Dans quel lieu, dans quel temps aurait-elle pris ses exemples? Nous n'hésitons pas à le dire, ces ornemens apparaissent alors pour la première fois dans le domaine de l'art. Non-seulement ils ne reproduisent, ni de loin ni de près, les ornemens antiques; mais ils sont faits, avec intention, dans un sentiment tout contraire. L'originalité, chez eux, va presque jusqu'à l'affectation. Quelques mots seulement pour en donner la preuve.

Les ornemens dont se sert l'architecture peuvent être de deux sortes : tantôt ils consistent en figures purement abstraites et géométriques, tantôt dans une imitation plus ou moins exacte d'objets naturels, tels que végétaux, pierreries, perles, galons ou broderies. Dans l'un et l'autre cas, nous voyons le style à ogive, une fois parvenu à sa maturité, c'est-à-dire vers le commencement du XIIIᵉ siècle, affecter de s'écarter et des traditions antiques et des exemples plus récens soit de l'époque à plein cintre, soit de l'époque de transition. Prenez tous les filets, toutes les moulures creuses ou saillantes, plates ou arrondies, qui décorent une construction du XIIIᵉ siècle; examinez la forme des arcs doubleaux, celle des nervures qui tapissent les piliers et les voûtes, vous trouverez partout des profils entièrement nouveaux. Dans les siècles précédens, les moulures, même les plus imparfaites et les plus grossières, vous laissent toujours apercevoir, comme à travers un verre trouble, le profil romain qu'on s'est proposé pour modèle : ici, au contraire, l'intention de chercher un type nouveau est manifeste. On ne se borne pas à modifier les formes anciennes, on en choisit qui n'ont jamais été employées, et on les exprime sans hésitation, sans mollesse, avec un accent hardi et novateur.

Ce genre d'innovation, il est vrai, ne saurait être parfaitement senti que par un œil exercé, tandis que tout le monde, au premier coup d'œil, appréciera ce qu'il y a de neuf dans les imitations d'objets naturels que le style à ogives emploie comme ornement. D'abord il n'imite presque exclusivement que des végétaux : plus d'oves, plus de perles, plus de rais-de-cœur, comme dans l'antique, plus de têtes de clous, plus de pointes de diamans, plus de galons ni de broderies, comme au temps du plein cintre bysantin ou roman : l'ornementation devient essentiellement végétale. Ce n'est pas tout : au lieu d'idéaliser les végétaux, comme on l'avait fait jusque-là, au lieu de leur prêter une forme conventionnelle, en harmonie avec le caractère des monumens antiques, on les copie purement et simplement, on les calque d'après nature ; c'est la représentation exacte de certaines plantes, de certains feuillages qu'on fait exprimer à la pierre ; enfin, on ne se contente pas d'adopter une nouvelle manière d'imiter les plantes et les feuillages, on en cherche les modèles, non plus en Orient ni sous le beau ciel de la Grèce ou de l'Italie, mais dans nos forêts et dans nos champs : c'est la feuille de chêne, la feuille de hêtre, c'est le lierre, le fraisier, la vigne vierge, la mauve, le houx, le chardon, la chicorée et tant d'autres plantes, toutes de notre sol et de notre climat, qui viennent couvrir les archivoltes et composer les chapiteaux. Jamais ces végétaux modestes n'avaient reçu tant d'honneur ; jamais architectes, avant le XIIIᵉ siècle, n'avaient daigné chercher en eux un motif d'ornement. Le style antique les eût trouvés trop prosaïques. Il ne s'adressait au règne végétal que pour orner les édifices les plus pompeux. L'ordre dorique n'en admettait pas l'emploi ; l'ionique les tolérait à peine et seulement dans la frise ; le corinthien seul en faisait un abondant usage, mais comme tout, dans cet ordre, devait affecter un air de majesté, c'eût été un contre-sens que d'y introduire des feuillages sous leur forme simple et naturelle ; quelque riche, quelque noble que fût, par elle-même, la feuille d'acanthe, il fallait la rendre plus riche et plus noble encore ; ajouter à la fermeté et à la fierté de ses formes, l'idéaliser, en un mot, pour la rendre digne de servir de support à ces somptueuses corniches et de couronnement à ces brillantes colonnes. Le même principe s'appliquait aux rinceaux et aux enroulemens aussi bien qu'aux chapiteaux. L'artiste, en les composant, s'inspirait du souvenir de certaines plantes, mais ce n'étaient pas ces plantes elles-mêmes qui sortaient de son ciseau. En un mot, l'antiquité, et après elle l'époque byzantine et romane, quand elles ont appliqué la botanique à l'architecture, n'ont jamais connu qu'une botanique de convention, dont les modèles n'existent pas dans la nature.

C'est donc un changement complet, une véritable révolution que le système adopté par le XIIIe siècle. Non-seulement il reproduit avec une naïve fidélité les plantes sous leurs formes naturelles, mais il s'impose la loi de ne choisir ses modèles que dans la flore indigène. Ce dernier fait est de tous le plus significatif : il suffirait pour imprimer au style à ogive son véritable caractère, ce caractère essentiellement national qu'on chercherait vainement à lui contester. Quelle que soit l'origine de l'ogive elle-même, l'architecture qu'elle a fait naître chez nous est fille de nos climats et n'appartient qu'à eux : tous les autres styles que nous avons tour à tour adoptés, soit avant elle, soit après elle, ne sont que des fruits étrangers transplantés avec plus ou moins de succès ; elle seule est sortie de notre propre sève, elle seule porte la marque de notre propre création. Ce n'est pas ici le lieu d'insister sur cette idée : peut-être essaierons-nous ailleurs d'entrer dans les développemens qu'elle comporte : il nous suffit en ce moment d'avoir établi que l'ornementation du style à ogive n'a rien emprunté, ni aux ornemens antiques, ni à aucun autre genre d'ornemens préexistans, et que ceux qui ne la connaissent pas peuvent seuls l'accuser de plagiat.

Quant au reproche de déraison, a-t-il plus de fondement? Évidemment il ne provient que d'une méprise entre deux époques. Il est bien vrai que, dans certaines sculptures byzantines ou romanes, le caprice et la fantaisie dominent tellement, qu'il n'est pas toujours très facile de leur trouver un sens raisonnable; peut-être est-il permis de dire de ces sculptures que « tout ce qui en fait partie peut y être ou n'y être pas, occuper une place ou une autre place, sans qu'on puisse dire pourquoi. » Mais existe-t-il la moindre analogie entre ces sculptures et celles du XIIIe siècle? Autant les unes sont capricieuses et variées, autant les autres sont régulières, nous oserions presque dire uniformes. Voyez les chapiteaux d'une église à plein ceintre, il n'y en a pas deux qui se ressemblent : ils diffèrent non-seulement par la décoration, mais par la forme et par les dimensions; dans une église à ogives, au contraire, dans une église du XIIIe siècle, tous les chapiteaux sont conçus d'après un même type, dans un même esprit. Suivez

des yeux ces longues files de piliers, vous les trouvez tous couronnés
de même; les feuillages qui serpentent à l'entour des chapiteaux
peuvent varier quelquefois, ce n'est là qu'un détail accessoire; mais
la hauteur, la largeur, la forme générale, ne changent pas; vous re-
trouvez le même caractère, le même accent, le même profil dans le
chapiteau, non-seulement de chaque pilier, mais même de chaque colonne, de chaque colonnette, ou du moindre fuseau.

Il en est de même des bases; leur régularité répond à celle des chapiteaux. Les voûtes elles-mêmes, quelle que soit la variété de leurs
décorations, ne présentent jamais que des combinaisons qui se répètent avec ordre et symétrie. Quoi de plus raisonnable et de mieux
motivé que les nervures croisées des XIIIe et XIVe siècles? Si, vers la
fin du XVe, l'amour des tours de force engendre des complications
presque inintelligibles, ce n'est pas au système à ogives, alors expi-
rant, qu'il est juste de les imputer.

Enfin, quant aux façades et aux extérieurs d'église, est-il vrai qu'aucune « espèce de goût ni de raison ne puisse s'en rendre compte? »
Ces contreforts et ces arcs-boutans, qu'on veut nous donner comme
d'informes échafaudages, produisent-ils donc un effet si confus et si
désordonné, n'ajoutent-ils pas au monument une ampleur pyramidale
qui contraste merveilleusement avec la légèreté purement verticale
de la décoration intérieure? Le chevet de Notre-Dame de Paris aurait-il cet aspect grandiose, s'élèverait-il si noblement à l'extrémité
de cette île; ne semblerait-il pas maigre, étroit et fragile, sans les majestueux supports qui l'entourent de toutes parts. Ces prétendues aberrations ne sont donc que d'habiles et ingénieux calculs. Ce qui est
vrai du chevet de Notre-Dame de Paris l'est également du portail de
Notre-Dame de Reims. Cette richesse somptueuse des façades, où l'on
dit que la raison se perd, cesse d'être une énigme quand on sait en
pénétrer le sens, quand, au lieu de s'arrêter à quelques défauts de
symétrie matérielle, on s'élève jusqu'à la signification symbolique de
ces grandes compositions, quand on cherche l'harmonie générale cachée sous leur brillante variété.

Enfin, ce n'est pas assez d'être originale, méthodique et régulière,
l'ornementation du style à ogive revêt à chacune de ses phases une
physionomie tellement tranchée, qu'avec une étude, même légère, on
peut, à la vue des monumens, reconnaître, presque à coup sûr, à laquelle de ces phases ils appartiennent, et constater ainsi approximativement leur âge. Les caractères distinctifs de ces diverses phases, bien
qu'ils ne consistent que dans des nuances, sont cependant plus faci-

lement appréciables que dans toutes les autres architectures, y compris, nous le disons sans hésiter, l'architecture classique elle-même. L'ornementation du xiiie siècle se distingue de celle du xive ou du xve au moyen d'indications plus précices que celles qui servent à classer chronologiquement la décoration des édifices antiques : aussi est-on moins exposé à prendre pour une œuvre de saint Louis un monument sculpté sous Charles V qu'à confondre une construction du temps d'Auguste avec un édifice de l'époque des Antonins.

Mais nous ne saurions le dire trop haut, tout ce qu'on vient de lire ne s'applique à l'architecture à ogive que dans le nord de l'Europe, depuis la Loire jusqu'au Danube. Si vous sortez de ce terrain, les règles s'évanouissent, vous marchez d'exception en exception. C'est faute de s'être prémuni contre cette cause d'erreur que l'illustre critique dont nous avons cité les paroles, et beaucoup d'autres savans esprits, ont méconnu les faits les plus incontestables, et, qu'on nous permette de le dire, nié jusqu'à l'évidence. C'est le gothique du Midi, le gothique d'Italie surtout, qui leur a fait prendre le change, qui a troublé leur jugement. Sans doute ils ont raison, jamais en Italie, à aucune époque du moyen-âge, il ne s'est formé un art de bâtir qui reposât sur des principes, qui se gouvernât avec la rigoureuse précision d'un système. L'antique abâtardi n'a pas cessé d'y régner un seul jour, et n'a cédé la place qu'à l'antique régénéré. Ouverte à toutes les importations étrangères, l'Italie ne s'en est jamais approprié systématiquement aucune. L'Orient lui a transmis ses brillantes fantaises, le Nord son ogive; mais ces semences exotiques ont changé de nature en germant dans un sol tout sillonné de fondations romaines. Aussi qu'est-ce que l'ogive en Italie? qu'est-ce que l'architecture qui emprunte cette forme? Une compilation, le nom est juste, un composé des élémens les plus divers et les plus hétérogènes. Grace à la beauté des matériaux, à la poésie du climat et à un reste du génie de l'antiquité, ces œuvres bâtardes ont quelquefois l'aspect le plus séduisant. Les églises de Sienne et d'Orvieto nous éblouissent par l'élégance et l'éclat des détails; mais l'œil a beau s'y plaire, l'esprit n'y trouve rien qui le satisfasse entièrement : il cherche vainement le principe, le régulateur qui a dirigé l'artiste, il ne voit qu'un amalgame de traditions antiques mal comprises et d'innovations avortées. Cette indécision, ce tâtonnement, excluent toute idée de système. Peu importe donc la grandeur et le charme de quelques-unes de ses œuvres, l'architecture du moyen-âge en Italie ne fut jamais qu'un art de décadence, un art sans lois, sans règle, sans méthode.

Aussi, quand Brunelleschi vint fouiller les ruines de Rome antique pour en exhumer un système d'architecture, il accomplissait une œuvre nécessaire, il comblait une place laissée vide depuis mille ans. Sa patrie n'avait pas de système d'architecture, il lui en donnait un. Chez nous, au contraire, florissait, vers la même époque, un système déjà dans sa puissance, et qui ne demandait qu'à croître et à prospérer. Nous n'avions pas besoin d'un Brunelleschi en France; il ne nous fallait que la paix et la richesse, point d'Anglais, point de Bourguignons! Sans ces deux siècles d'oppression, de destruction et de misères, le système national aurait paisiblement et glorieusement accompli ses destinées, au lieu de tomber brusquement dans une décadence anticipée, suivie d'une renaissance dont les gracieux chefs-d'œuvre ne sauraient faire oublier l'origine étrangère et la dangereuse influence.

N'abordons pas ici des idées que nous ne pouvons tout au plus qu'indiquer, et qu'il nous suffise d'avoir montré comment les hommes du plus haut savoir, habitués à n'étudier l'art qu'en Italie, ne connaissant la France que pour l'avoir traversée, s'occupant encore moins de l'Angleterre et de l'Allemagne, sont nécessairement conduits, par de fausses analogies, aux erreurs que nous avons signalées. Pour eux, le moyen-âge est partout ce qu'il est au-delà des Alpes, c'est-à-dire une époque de décadence qui se continue sans interruption jusqu'au jour de la renaissance classique; et comme l'introduction de l'ogive en Italie ne fit qu'augmenter la confusion, le pêle-mêle de tous les styles qui s'y heurtaient en désordre depuis plusieurs siècles, ils en concluent que partout comme en Italie l'époque dite gothique fut l'apogée de la décadence (1).

Nous avons répondu d'avance à cette conclusion. Non, l'architecture du XIIIᵉ siècle, dans le nord de l'Europe, n'est pas la continuation de la décadence; elle en est le terme. Sa seule ressemblance avec la décadence consiste à s'affranchir comme elle des règles de l'antiquité; mais pourquoi s'en affranchit-elle? Pour obéir à des règles nouvelles. Dans ces siècles profanes, au contraire, qui brisèrent l'entablement antique et firent asseoir à sa place, sur le tailloir de la colonne, l'arcade, qui jusque-là s'était respectueusement abritée sous l'architrave, pourquoi violait-on le noble et harmonieux système inventé

(1) « Héritière de tous les abus, de tous les mélanges dont les siècles de barbarie furent témoins, l'architecture gothique ne fait qu'achever l'œuvre de destruction avec un surcroît de désordre et d'insignifiance. » (*Dict. hist. d'arch.*, t. II, p. 675.)

par les Grecs? Était-ce pour substituer à son principe fondamental un principe different? Non, c'était pour le plaisir brutal d'altérer ce qu'on ne pouvait plus ni comprendre ni reproduire. Et vous voudriez comparer cet acte de décrépitude et d'ignorance avec l'œuvre de résurrection, de jeunesse et d'enthousiasme qui s'accomplit chez nous au XIIIe siècle!

Nous terminerons ici cette digression déjà trop longue; résumons-la seulement en quelques mots.

Une classification chronologique des monumens du moyen-âge, en France, n'est pas une œuvre chimérique.

Les bases de cette classification sont jetées, il ne s'agit que d'achever ce qui est commencé. Seulement, toutes les époques ne se sont pas jusqu'ici également bien prêtées aux investigations de la science.

Ainsi, depuis la chute de l'empire romain jusqu'à l'apparition des premières ogives, la classification semble à peine ébauchée, tant elle est vague et générale; les deux derniers siècles de cette longue période présentent seuls un peu de précision et de clarté.

Depuis la naissance de l'ogive jusqu'à la fin de l'époque de transition, l'obscurité redouble, la science hésite, et l'hypothèse et le roman se donnent libre carrière.

Mais, à partir du jour où l'ogive devient souveraine, une ère nouvelle commence : l'ordre et la régularité d'un système donnent à la classification chronologique des fondemens solides et sûrs; l'observation scientifique suit des jalons certains; des indications précises ne permettent plus de se méprendre sur la moindre nuance, sur le moindre détail; chaque édifice nous raconte lui-même son histoire, et, eût-il été bâti à dix reprises différentes pendant ces trois siècles, il nous laisserait clairement apercevoir où commence et où finit chacune des phases de sa construction.

C'est là ce que nous voulions établir. C'est pour obtenir cette démonstration que nous avions un moment quitté notre sujet.

Retournons maintenant à Notre-Dame de Noyon.

L. VITET.

(*La seconde partie au prochain n°.*)

DU SCEPTICISME

DE PASCAL.

Il va paraître un de ces jours une seconde édition de mon ouvrage
sur les *Pensées de Pascal* (1), avec des additions qu'il est inutile de
faire connaître et parmi lesquelles il suffit d'annoncer plusieurs pièces
nouvelles, entre autres ce beau fragment sur l'amour dont la découverte inattendue émut, il y a une année, les amis de notre grande
littérature (2), et demeurera, s'il m'est permis de le dire, la récompense de mes travaux sur Pascal.

Je n'ai emprunté à personne les principes de critique qui sont dans
le *Rapport à l'Académie française.* J'ai le premier distingué les parties différentes et souvent étrangères dont se compose le livre des
Pensées; j'ai séparé tout ce qui appartient véritablement au grand
ouvrage que méditait Pascal, l'*Apologie de la Religion chrétienne*, et
j'ai eu l'idée, très simple, il est vrai, mais dont apparemment on ne
s'était pas avisé, de restituer dans leur sincérité la pensée et le style
de ce grand maître, d'après le manuscrit autographe conservé à la
Bibliothèque du roi: enfin, ce projet de restitution, je ne l'ai pas seu-

(1) Chez les libraires Ladrange et Didier.
(2) *Revue des Deux Mondes,* septembre 1843.

lement exposé; je l'ai exécuté sur les morceaux les plus étendus, les plus célèbres, les plus importans. Voilà le service que j'ai rendu aux lettres; d'obscures menées ne l'effaceront point. On a beau dérober les principes que j'ai établis, en ayant l'air de les combattre; tous les faux-semblans ne servent de rien; suivre des régles posées par un autre, jusqu'à les compromettre par une application outrée, ce n'est point les inventer, tout comme réimprimer à grand bruit des pièces qui déjà ont vu le jour, sans citer le premier éditeur, ce n'est pas les publier pour la première fois.

J'avais un moment songé à donner un plus grand nombre de pensées nouvelles. La réflexion m'a retenu. Dans l'intérêt même de la renommée de Pascal, surtout dans l'intérêt des lettres, j'ai dû me borner à mes premiers extraits, une lecture attentive ne m'ayant fait découvrir aucun fragment nouveau qui fût supérieur à ceux que j'avais donnés, et qui méritât de voir le jour. Il ne faut pas non plus adorer superstitieusement tous les restes d'un grand homme. La raison et le goût ont un choix à faire entre des notes quelquefois admirables, quelquefois aussi dépourvues de tout intérêt dans leur état actuel. Un *fac-simile* n'est point l'édition, à la fois intelligente et fidèle, que j'avais demandée et que je demande encore.

Mais considérons par un endroit plus sérieux l'écrit que nous allons remettre sous les yeux du public. Nous n'avions entrepris qu'un travail littéraire; notre unique dessein avait été de reconnaître et de montrer Pascal tel qu'il est réellement dans ce qui subsiste de son dernier ouvrage, et il est arrivé qu'en l'examinant ainsi, nous avons vu à découvert, plus frappant et mieux marqué, le trait distinctif et dominant de l'auteur des *Pensées*. Déjà, en 1828 (1), nous avions trouvé Pascal sceptique, même dans Port-Royal et dans Bossut; en 1842, nous l'avons trouvé plus sceptique encore dans le manuscrit autographe, et malgré la vive polémique qui s'est élevée à ce sujet, notre conviction n'a pas été un seul moment ébranlée : elle s'est même fortifiée par des études nouvelles.

Quoi! Pascal sceptique! s'est-on écrié presque de toutes parts. Quel Pascal venez-vous mettre à la place de celui qui passait jusqu'ici pour un des plus grands défenseurs de la religion chrétienne? Eh! de grace, messieurs, entendons-nous, je vous prie. Je n'ai pu dire que Pascal fût sceptique en religion : c'eût été vraiment une absurdité un peu

(1) Voyez les Leçons de 1828, seconde édition, t. I, p. 443.

trop forte : bien loin de là, Pascal croyait au christianisme de toutes les puissances de son ame. Je ne veux point revenir et insister ici sur la nature de sa foi : je n'ai pas craint de l'appeler une foi malheureuse, et que je ne souhaite à aucun de mes semblables; mais qui jamais a pu nier que cette foi fût sincère et profonde? Il faut poser nettement et ne pas laisser chanceler le point précis de la question : c'est en philosophie que Pascal est sceptique, et non pas en religion, et c'est parce qu'il est sceptique en philosophie qu'il s'attache d'autant plus étroitement à la religion, comme au seul asile, comme à la dernière ressource de l'humanité dans l'impuissance de la raison, dans la ruine de toute vérité naturelle parmi les hommes. Voilà ce que j'ai dit, ce que je maintiens, et ce qu'il importe d'établir une dernière fois sans réplique.

Qu'est-ce que le scepticisme? Une opinion philosophique, qui consiste précisément à rejeter toute philosophie, comme impossible, sur ce fondement que l'homme est incapable d'arriver à la vérité, encore bien moins à ces vérités qui composent ce qu'on appelle en philosophie la morale et la religion naturelle, c'est-à-dire la liberté de l'homme, la loi du devoir, la distinction du juste et de l'injuste, du bien et du mal, la sainteté de la vertu, l'immatérialité de l'ame et la divine providence. Toutes les philosophies dignes de ce nom aspirent à ces vérités. Pour y parvenir, celle-ci prend un chemin, et celle-là en prend un autre : les procédés diffèrent; de là des méthodes et des écoles diverses, moins contraires entre elles qu'on ne le croit au premier coup d'œil, et dont l'histoire exprime le mouvement et le progrès de l'intelligence et de la civilisation humaine. Mais les écoles les plus différentes poursuivent une fin commune, l'établissement de la vérité, et elles partent d'un principe commun, la ferme confiance que l'homme a reçu de Dieu le pouvoir d'atteindre aux vérités de l'ordre moral, aussi bien qu'à celles de l'ordre physique. Ce pouvoir naturel, qu'elles le placent dans le sentiment ou dans la réflexion ou dans le raisonnement ou dans la raison ou dans le cœur ou dans l'intelligence, c'est là entre elles une querelle de famille; mais elles s'accordent toutes sur ce point essentiel qui les fait être, à savoir, que l'homme possède le pouvoir d'arriver au vrai, car à ce titre, et à ce titre seul, la philosophie n'est pas une chimère.

Le scepticisme est l'adversaire, non pas seulement de telle ou telle école philosophique, mais de toutes. Il ne faut pas confondre le scepticisme et le doute. Le doute a son emploi légitime, sa sagesse, son utilité. Il sert à sa manière la philosophie, car il l'avertit de ses écarts, et rappelle à la raison ses imperfections et ses limites. Il peut tomber sur tel résultat, sur tel procédé, sur tel principe, même sur tel ordre de connaissances; mais aussitôt qu'il s'en prend à la faculté de connaître, s'il conteste à la raison son pouvoir et sés droits, dès-là le doute n'est plus le doute : c'est le scepticisme. Le doute ne fuit pas la vérité, il la cherche, il l'espère, et c'est pour mieux l'atteindre qu'il surveille et ralentit les démarches souvent imprudentes de la raison. Le scepticisme ne cherche point la vérité, il l'a trouvée, et cette vérité, c'est qu'il n'y en a point et qu'il ne peut y en avoir pour l'homme. Le doute est à la philosophie un ami mal commode, souvent importun, toujours utile : le scepticisme lui est un ennemi mortel. Le doute joue en quelque sorte dans l'empire de la philosophie le rôle de l'opposition constitutionnelle dans le système représentatif; il reconnaît le principe du gouvernement, il n'en critique que les actes, et encore dans l'intérêt même du gouvernement. Le scepticisme ressemble à une opposition qui travaillerait à la ruine de l'ordre établi, et s'efforcerait de détruire le principe même en vertu duquel elle parle. Dans les jours de péril, l'opposition constitutionnelle s'empresse de prêter son appui au gouvernement, tandis que l'autre opposition invoque les dangers et y place l'espérance de son triomphe. Ainsi quand les droits de la philosophie sont menacés, le doute, qui se sent menacé en elle, se rallie à elle, comme à son principe; le scepticisme, au contraire, lève alors le masque et trahit ouvertement.

Le scepticisme est de deux sortes : ou bien il est sa fin à lui-même, et se repose tranquillement dans le néant de toute certitude; ou bien il cache son vrai jeu, et ses plus grandes audaces ont pour ainsi dire leur dessous de cartes. Dans le sein de la philosophie, il a l'air de combattre pour la liberté illimitée de l'esprit humain contre la tyrannie de ce qu'il appelle le dogmatisme philosophique, et en réalité il conspire pour une tyrannie étrangère.

Qui ne se souvient par exemple d'avoir vu de nos jours un illustre écrivain prêcher, dans un volume de l'*Essai sur l'Indifférence*, le plus absolu scepticisme, pour nous conduire, dans le volume suivant, au dogmatisme le plus absolu qui fut jamais?

Reste à savoir si le scepticisme, tel que nous venons de le définir en général, est ou n'est pas dans le livre des *Pensées*.

Ouvrez ce livre, et vous l'y trouverez à toutes les pages, à toutes

les lignes. Pascal respire le scepticisme; il en est plein; il en proclame
le principe, il en accepte toutes les conséquences, et il le pousse d'a-
bord à son dernier terme, qui est le mépris avoué et presque la haine
de toute philosophie.

Oui, Pascal est un ennemi déclaré de la philosophie : il n'y croit ni
beaucoup ni peu; il la rejette absolument.

Écoutons-le, non dans l'écho affaibli de l'édition de Port-Royal et
de Bossut, mais dans son propre manuscrit, témoin incorruptible de
sa véritable pensée.

A la suite de la fameuse et si injuste tirade contre Descartes (1).
Pascal a écrit ces mots : « Nous n'estimons pas que toute la philosophie vaille une heure de peine. » Et ailleurs : « Se moquer de la philosophie, c'est vraiment philosopher (2). »

Ce langage est-il assez clair et assez absolu? Ce n'est pas ici telle ou
telle école philosophique qui est condamnée, c'est toute étude philosophique; c'est la philosophie elle-même. Idéalistes ou empiristes,
disciples de Platon ou d'Aristote, de Locke ou de Descartes, de Reid
ou de Kant, qui que vous soyez, si vous êtes philosophes, c'est à vous
tous que Pascal déclare la guerre.

Aussi, dans l'histoire entière de la philosophie, Pascal n'absout que
le scepticisme. « Pyrrhonisme. Le pyrrhonisme est le vrai (3). » Comprenez bien cette sentence décisive. Pascal ne dit pas : Il y a du vrai
dans le pyrrhonisme, mais le pyrrhonisme est le vrai. Et le pyrrhonisme, ce n'est pas le doute sur tel ou tel point de la connaissance
humaine, c'est le doute universel et absolu, c'est la négation radicale
de tout pouvoir naturel de connaître. Pascal explique parfaitement sa
pensée : « Le pyrrhonisme est le vrai, car, après tout, les hommes,
avant Jésus-Christ, ne savaient où ils en étaient, ni s'ils étaient grands
ou petits; et ceux qui ont dit l'un ou l'autre n'en savaient rien, et
devinaient sans raison et par hasard, et même ils erraient toujours en
excluant l'un ou l'autre. »

Ainsi, avant Jésus-Christ, le seul sage dans le monde, ce n'est ni
Pythagore ni Anaxagore, ni Platon ni Aristote, ni Zénon ni Épicure, ni même vous, ô Socrate! qui êtes mort pour la cause de la vérité et de Dieu; non, le seul sage, c'est Pyrrhon; comme, depuis Jé-

---

(1) Voyez nos *Pensées de Pascal*, p. 42.
(2) Bossut, première partie, x, 36.
(3) *Pensées de Pascal*, p. 171; manuscrit, p. 83.

sus-Christ, de tous les philosophes le moins méprisable n'est ni Gassendi ni Descartes, c'est Montaigne.

Désirez-vous qu'on vous montre dans Pascal le principe de tout
scepticisme, l'impuissance de la raison humaine? on n'est embarrassé
que du choix des passages.

« Qu'est-ce que la pensée? Qu'elle est sotte (1)!

« Humiliez-vous, raison impuissante; taisez-vous, nature imbécile (2). »

Que signifieraient ces hautaines invectives, si elles ne partaient d'un
scepticisme bien arrêté?

On le conteste pourtant, et voici la spécieuse objection qui nous est
faite. Vous vous méprenez, nous dit-on, sur la vraie pensée de Pascal.
Nous l'avouons, il est sceptique à l'endroit de la raison; mais qu'importe, s'il reconnaît un autre principe naturel de certitude? Or ce
principe, supérieur à la raison, c'est le sentiment, l'instinct, le cœur.
Éclaircissons ce point intéressant.

Pascal a écrit une page remarquable sur les vérités premières que
le raisonnement ne peut démontrer, et qui servent de fondement à
toute démonstration.

« Nous (3) connaissons la vérité non-seulement par la raison, mais
encore par le cœur : c'est de cette dernière sorte que nous connaissons les premiers principes, et c'est en vain que le raisonnement qui
n'y a point de part essaie de les combattre. Les pyrrhoniens, qui n'ont
que cela pour objet, y travaillent inutilement. Nous savons que nous
ne rêvons point, quelque impuissance où nous soyons de le prouver
par raison : cette impuissance ne conclut autre chose que la faiblesse
de notre raison, mais non pas l'incertitude de toutes nos connaissances, comme ils le prétendent; car la connaissance des premiers
principes, comme qu'il y a espace, temps, mouvement, nombre, est
aussi ferme qu'aucune de celles que nos raisonnemens nous donnent,
et c'est sur ces connaissances du cœur et de l'instinct qu'il faut que
la raison s'appuie et qu'elle y fonde tout son discours. Le cœur sent
qu'il y a trois dimensions dans l'espace et que les nombres sont infinis, et la raison démontre ensuite qu'il n'y a point deux nombres
carrés dont l'un soit le double de l'autre. Les principes se sentent, les
propositions se concluent, et le tout avec certitude, quoique par dif-

(1) *Pensées de Pascal*, p. 170; man., p. 229.
(2) *Ibid.*, p. 196; man., p. 258.
(3) *Ibid.*, p. 140; man., p. 191.

férentes voies; et il est aussi inutile et aussi ridicule que la raison demande au cœur des preuves de ses premiers principes pour vouloir y
consentir, qu'il serait ridicule que le cœur demandât à la raison un
sentiment de toutes les propositions qu'elle démontre pour vouloir les
recevoir. Cette impuissance ne doit donc servir qu'à humilier la
raison qui voudrait juger de tout, mais non pas à combattre notre
certitude, comme s'il n'y avait que la raison capable de nous instruire.
Plût à Dieu que nous n'en eussions au contraire jamais besoin, et que
nous connussions toutes choses par instinct et par sentiment (1)! »

Nous adhérons bien volontiers à cette théorie; mais Pascal ne l'a
point inventée : elle est vulgaire en philosophie, et particulièrement
dans l'école platonicienne et cartésienne. Voilà donc ce superbe con-
tempteur de toute philosophie devenu à son tour un philosophe, et le
disciple de Platon et de Descartes. C'est là d'abord une bien étrange
métamorphose. Et puis, quand on fait à la philosophie cet honneur
de lui emprunter une de ses maximes les plus célèbres, il faudrait
au moins la bien comprendre et l'exprimer fidèlement.

Il est assurément des vérités qui relèvent d'une tout autre faculté
que le raisonnement. Quelle est cette faculté? Toute l'école cartésienne et platonicienne l'appelle la raison, bien différente du raisonnement, comme l'a fort bien vu Molière :

> Et le raisonnement en bannit la raison.

La raison, c'est le fond même de l'esprit humain; c'est la puissance
naturelle de connaître, qui s'exerce très diversement, tantôt par une
sorte d'intuition, par une conception directe, et c'est ainsi qu'elle
nous révèle les vérités premières et ces principes universels et nécessaires qui composent le patrimoine du sens commun, tantôt par voie
de déduction ou d'induction, et c'est ainsi qu'elle forme ces longues
chaines de vérités liées entre elles qu'on nomme les sciences humaines. Toutes les vérités ne se démontrent pas; il en est qui brillent
de leur propre évidence, et que la raison atteint par sa vertu propre et
par l'énergie qui lui appartient; mais dans ce cas, comme dans tous les

(1) Il y a dans Pascal plusieurs passages semblables. « L'esprit et le cœur sont
comme les portes par où les vérités sont reçues dans l'ame. » ... « Le cœur a son
ordre; l'esprit a le sien, qui est par principes et démonstrations. Le cœur en a un
autre : on ne prouve pas qu'on doit être aimé en exposant d'ordre les causes de
l'amour. Cela serait ridicule. » *Pensées*, p. 139, man. p. 59. « Le cœur a ses raisons
que la raison ne connait pas : on le sent en mille choses. » *Ibid.*, *ibid.*, man. p. 8.
« Instinct et raison, marque de deux natures. » *Ibid*, p. 140.

autres, elle est toujours la raison humaine : on peut même dire que sa puissance naturelle y parait davantage. En reproduisant cette théorie aussi vieille que la philosophie, et qu'il a l'air de croire nouvelle, Pascal la fausse un peu par les formes qu'il lui prête. N'en déplaise au grand géomètre et à ce maître dans l'art de parler et d'écrire, peut-on approuver ce singulier langage? *Le cœur sent qu'il y a trois dimensions dans l'espace......* Pourquoi ces façons de parler si extraordinaires pour dire avec deux ou trois cents philosophes la chose du monde la plus commune, à savoir, que la notion de l'étendue et de l'espace n'est pas une acquisition du raisonnement, mais une conception directe de la raison, de l'entendement, de l'intelligence, comme il plaira de l'appeler, entrant en exercice à la suite de la sensation?

Pascal fait pis : il tourne contre elle-même la théorie des vérités premières et indémontrables, à l'aide d'une sorte de jeu de mots peu digne de son génie. Ce que tout le monde appelle le raisonnement, il sied à Pascal de l'appeler la raison; à la bonne heure, si, conformément aux règles de la définition qu'il a lui-même établies, à l'époque de sa vie où il s'occupait de géométrie et de physique, il prend soin d'en avertir; mais il n'en avertit nullement, et voici comment il argumente à son aise. Il s'adresse au raisonnement qu'il nomme la raison, et l'interpelle de justifier les principes des connaissances humaines. Le raisonnement ne le peut, car sa fonction n'est pas de démontrer les principes dont il part. Et sur cela Pascal le foudroie : « Humiliez-vous, raison impuissante, taisez-vous, nature imbécile. » Mais si à la place du raisonnement, qui seul ici est vraiment en cause, la raison prenait la parole, elle rappellerait à Pascal sa théorie oubliée, et, au nom de cette théorie, elle lui répondrait qu'elle est si peu impuissante, qu'elle a le pouvoir merveilleux de nous révéler la vérité sans le secours d'aucun raisonnement; elle répondrait qu'elle est de sa nature si peu imbécile, qu'elle s'élève par la force qui est en elle jusqu'à ces vérités premières et éternelles que le scepticisme peut renier du bout des lèvres, mais qu'en réalité il ne peut pas ne pas admettre, et que ses argumens mêmes contiennent ou supposent. Elle pourrait dire à Pascal : « Ou vous abandonnez la théorie que vous exposiez tout à l'heure, ou vous la maintenez; si vous l'abandonnez, quel paradoxe, à votre tour, êtes-vous donc à vous-même! Si vous la maintenez, abjurez donc, pour être fidèle à vos propres maximes, vos dédains irréfléchis, et honorez cette lumière à la fois humaine et divine, qui éclaire tout homme à sa venue en ce monde, et découvre à un pâtre aussi bien qu'à vous-même toutes les vérités nécessaires, sans l'appareil souvent trompeur des démonstrations de l'école.

Cette réponse suffit, ce nous semble; et pourtant il la faut pousser plus loin; il faut faire voir que le scepticisme de Pascal ne fait pas même la moindre réserve en faveur des vérités du sentiment et du cœur. Il est trop conséquent pour ne pas être sans limites. En effet, comme l'a dit M. Royer-Collard : « *On ne fait point au scepticisme sa part;* » il est absolu ou il n'est pas; il triomphe entièrement ou il périt tout entier. Si sous le nom du sentiment la raison nous fournit légitimement des premiers principes certains, le raisonnement, se fondant sur ces principes, en tirera très légitimement aussi des conclusions certaines, et la science se relève tout entière sur la plus petite pierre qui lui est laissée. C'en est fait alors du dessein de Pascal. Pour que la foi, j'entends ici avec lui la foi surnaturelle en Jésus-Christ, donne tout, il faut que la raison naturelle ne donne rien, qu'elle ne puisse rien ni sous un nom ni sous un autre. Aussi Pascal a-t-il à peine achevé cette exposition si vantée des vérités de sentiment, et déjà il s'applique à les rabaisser, à en diminuer le nombre, à en contester l'autorité; lui qui a dit, dans un moment de distraction, que la nature confond le pyrrhonisme comme le pyrrhonisme confond la raison (entendez toujours le raisonnement), lui qui vient d'écrire ces mots : « Nous savons bien que nous ne rêvons point, quelque impuissance où nous soyons de le prouver par raison, » voilà maintenant que, reprenant les argumens du pyrrhonisme, qu'il semblait avoir brisés de sa propre main, il les dirige contre le sentiment lui-même, pour ruiner tout dogmatisme qui se fonderait aussi bien sur le sentiment que sur le raisonnement, pour décrier toute philosophie et accabler la nature humaine. Pascal procède avec ordre dans cette entreprise; il marche pas à pas, et n'arrive que par degrés à son dernier but.

D'abord il s'étudie à montrer que le pyrrhonisme est loin d'être sans force contre les vérités naturelles, et qu'il sert au moins à *embrouiller la matière*, ce qui est déjà quelque chose. Le passage est curieux :

« Nous supposons que tous les hommes conçoivent de même sorte, mais nous le supposons bien gratuitement, car nous n'en avons aucune preuve. Je sais bien qu'on applique ces mots dans les mêmes occasions, et que toutes les fois que deux hommes voient un corps changer de place ils expriment tous deux la vue de ce même objet par les mêmes mots, en disant l'un et l'autre qu'il s'est mu (1); et de cette

(1) Voyez notre ouvrage, p. 92; man., p. 197.

conformité d'application on tire une puissante conjecture d'une conformité d'idée; mais cela n'est pas absolument convainquant de la
dernière conviction, quoiqu'il y ait bien à parier pour l'affirmative,
puisqu'on sait qu'on tire souvent les mêmes conséquences des suppositions différentes.

« Cela suffit pour embrouiller au moins la matière, non que cela
éteigne absolument la clarté naturelle qui nous assure de ces choses;
les académiciens auraient gagé; mais cela la ternit et trouble les dogmatistes, à la gloire de la cabale pyrrhonienne, qui consiste à cette
ambiguité ambiguë et dans une certaine obscurité douteuse dont nos
doutes ne peuvent ôter toute la clarté, ni nos lumières naturelles en
chasser toutes les ténèbres. »

Voilà déjà la lumière naturelle obscurcie, et, grace à Dieu, *la matière embrouillée;* mais le principe d'une clarté naturelle, si faible
qu'elle soit, subsiste encore : il le faut détruire, il faut éteindre toute
lumière et achever le chaos. Pascal ira donc jusqu'à soutenir que,
hors la foi et la révélation, le sentiment lui-même est impuissant. Quoi!
le sentiment sera-t-il à ce point impuissant que, même sans la révélation, l'homme ne sache pas légitimement s'il dort ou s'il veille? Tout
à l'heure Pascal s'était moqué du pyrrhonisme, qui prétendait aller
jusque-là. Mais encore une fois, si le pyrrhonisme ne va pas jusque-là,
il est perdu; peu à peu le sentiment, l'instinct, le cœur regagneront
sur lui une à une toutes les vérités essentielles enlevées à la raison.
Il faut donc suivre résolument le pyrrhonisme dans toutes ses conséquences pour que son principe demeure, et Pascal n'ose plus trop
affirmer que l'homme sait naturellement s'il dort ou s'il veille.

« Les principales forces des pyrrhoniens (je laisse les moindres) sont
que nous n'avons aucune certitude de la vérité des principes, hors la
foi et la révélation, sinon en ce que nous les sentons naturellement en
nous; or, ce sentiment naturel n'est pas une preuve convaincante de
leur vérité, puisque, n'y ayant point de certitude, hors la foi, si l'homme
est créé par un Dieu bon, par un démon méchant et à l'aventure, il
est en doute si ces principes nous sont donnés ou véritables ou faux
ou incertains, selon notre origine. De plus, que personne n'a d'assurance, hors de la foi, s'il veille ou s'il dort, vu que durant le sommeil
on croit veiller aussi fermement que nous le faisons, on croit voir les
espaces, les figures, les mouvemens, on sent couler le temps, on le
mesure, et enfin on agit de même qu'éveillé; de sorte que la moitié
de la vie se passant en sommeil, par notre propre aveu ou quoi qu'il
nous en paraisse, nous n'avons aucune idée du vrai, tous nos senti-

mens étant alors des illusions. Qui sait si cette autre moitié de la vie
où nous pensons veiller n'est pas un autre sommeil, un peu différent
du premier, dont nous nous éveillons quand nous pensons dormir,
comme on rêve souvent qu'on rêve, en faisant un songe sur l'autre?

« Voilà les principales forces de part et d'autre; je laisse les moindres comme les discours qu'on fait contre les pyrrhoniens, contre les
impressions de la coutume, de l'éducation, des mœurs, des pays, et
les autres choses semblables qui, quoiqu'elles entraînent la plus grande
partie des hommes communs qui ne dogmatisent que sur ces vains
fondemens, sont renversées par le moindre souffle des pyrrhoniens.
On n'a qu'à voir leurs livres; si on n'est pas assez persuadé, on le deviendra vite et peut-être trop (1).

« Je m'arrête à l'unique fort des dogmatistes, qui est, qu'en parlant
de bonne foi et sincèrement, on ne peut douter des principes naturels; contre quoi les pyrrhoniens opposent en un mot l'incertitude de
notre origine, qui enferme celle de notre nature; à quoi ces dogmatistes ont encore à répondre depuis que le monde dure. »

Comment! on n'a pu répondre à ces objections du pyrrhonisme,
depuis que le monde dure! Mais nous venons d'entendre Pascal y répondre lui-même par sa théorie des vérités premières placées au-dessus
de tout raisonnement, et par là inaccessibles à toutes les atteintes du
pyrrhonisme; et tout à coup, ce même Pascal se rend complaisamment
à des attaques tirées de je ne sais quels systèmes sur notre origine et
sur l'essence de la nature humaine! Mais ces systèmes sont précisément le sujet de disputes perpétuelles, tandis que la puissance du
sentiment, de l'instinct, du cœur, c'est-à-dire de la raison naturelle,
gouverne l'humanité depuis que le monde dure!

Vous croyez Pascal redevenu tout-à-fait pyrrhonien? Point du
tout; il va de nouveau abandonner son pyrrhonisme, comme devant
le pyrrhonisme il vient d'abandonner la théorie du sentiment. Après
le morceau que nous venons de citer, il ajoute :

« Voilà la guerre ouverte entre les hommes, où il faut que chacun
prenne parti et se range nécessairement ou au dogmatisme ou au
pyrrhonisme; car qui pensera demeurer neutre sera pyrrhonien par
excellence : cette neutralité est l'essence de la cabale. Qui n'est pas
contre eux est excellemment pour eux; ils ne sont pas pour eux-
mêmes, ils sont neutres, indifférens, suspendus à tout, sans s'excepter (2).

(1) Voyez *Des Pensées de Pascal*, p. 108; man., p. 258.
(2) *Ibid.*, p. 169; man., p. 257.

« Que fera donc l'homme en cet état? Doutera-t-il de tout, doutera-t-il s'il veille, si on le pince, si on le brûle, doutera-t-il s'il doute, doutera-t-il s'il est? On n'en peut point venir là. Je mets en fait qu'il n'y a jamais eu de pyrrhonien effectif et parfait. La nature soutient la raison impuissante et l'empêche d'extravaguer jusqu'à ce point. »

Ainsi la nature soutient la raison; Pascal le déclare lui-même; cette nature, de son propre aveu, n'est donc pas impuissante : le sentiment naturel a donc une force à laquelle on se peut fier; il autorise donc les vérités qu'il nous découvre; ces vérités, dégagées par la réflexion, peuvent donc former une doctrine solide et très légitime. Ou ces mots : « la nature soutient la raison, » ne signifient rien, ou leur portée va jusque-là.

Mais cette conclusion ne pouvait convenir à Pascal. Il revient bien vite sur ses pas, et après avoir reconnu que la nature soutient la raison impuissante, c'est-à-dire qu'il y a une certitude antérieure et supérieure au raisonnement, il s'écrie : « L'homme dira-t-il au contraire qu'il possède certainement la vérité? » — Oui, il le dira, d'après vous et avec vous; il dira qu'il possède certainement les vérités du sentiment, de l'instinct, du cœur, ou bien il succombera à cet absolu pyrrhonisme que vous déclarez vous-même impossible. — « Dira-t-il qu'il possède certainement la vérité, lui qui, si peu qu'on le pousse, ne peut en montrer aucun titre, et est forcé de lâcher prise? » — Mais il n'a pas besoin de montrer le titre des premiers principes et des vérités de sentiment; car ces principes et ces vérités ont leur titre en eux-mêmes, et leur propre vertu les justifie. L'homme n'est donc pas forcé de lâcher prise; loin de là, il adhère inébranlablement à ces vérités suprêmes, que la nature lui découvre et lui persuade, en dépit de tous les argumens du pyrrhonisme. Je n'hésite donc point à le dire, tout ce qui suit dans Pascal, si admirable qu'il puisse être par l'énergie et la magnificence du langage, n'est après tout qu'une pièce d'éloquence qui n'a pas même le mérite d'une conséquence parfaite.

Le pyrrhonisme a si bien pris possession de l'esprit de Pascal, que hors de là Pascal n'aperçoit qu'extravagances.

« Rien ne fortifie (1) plus le pyrrhonisme que ce qu'il y en a qui ne sont point pyrrhoniens. Si tous l'étaient, ils auraient tort. — Cette secte se fortifie par ses ennemis plus que par ses amis. Car la faiblesse de l'homme parait bien davantage en ceux qui ne la connaissent pas, qu'en ceux qui la connaissent. — Il est bon qu'il y ait des gens dans le

---

(1) *Des Pensées de Pascal*, p. 171; man., p. 83.

monde qui ne soient pas pyrrhoniens, afin de montrer que l'homme est bien capable des plus extravagantes opinions, puisqu'il est capable de croire qu'il n'est pas dans cette faiblesse naturelle et inévitable. »

En résumé, selon Pascal, il n'y a point de certitude naturelle pour l'homme, et pas plus dans le sentiment que dans la raison. Son origine et sa nature le condamnent à l'incertitude. La révélation et la grace peuvent seules l'affranchir de cette loi.

La preuve péremptoire que le scepticisme est le principe du livre des *Pensées*, c'est qu'il y porte toutes ses conséquences, et singulièrement en morale et en politique.

En morale, Pascal, n'admet point de justice naturelle. Ce que nous appelons ainsi n'est qu'un effet de la coutume et de la mode. Est-ce Pascal, est-ce Montaigne qui a écrit les pages suivantes :

« Qu'est-ce que nos principes naturels, sinon nos principes accoutumés? dans les enfans, ceux qu'ils ont reçus de la coutume de leurs pères, comme la chasse dans les animaux.

« Les pères craignent que l'amour naturel des enfans ne s'efface. Quelle est donc cette nature sujette à être effacée?... J'ai bien peur que la nature ne soit elle-même une première coutume, comme la coutume est une seconde nature.

« Comme la mode fait l'agrément, aussi fait-elle la justice. Si l'homme connaissait réellement la justice, il n'aurait pas établi cette maxime, la plus générale de celles qui sont parmi les hommes : que chacun suive les mœurs de son pays. L'éclat de la véritable équité aurait assujéti tous les peuples; et les législateurs n'auraient pas pris pour modéle, au lieu de cette justice constante, les fantaisies et les caprices des Perses et des Allemands : on la verrait plantée par tous les états du monde et dans tous les temps.

« Ils confessent que la justice n'est pas dans ces coutumes, mais qu'elle réside dans les lois naturelles communes à tout pays. Certainement ils le soutiendraient opiniâtrément, si la témérité du hasard qui a semé les lois humaines, en avait rencontré au moins une qui fût universelle. La plaisanterie est telle que le caprice des hommes s'est si bien diversifié qu'il n'y en a point (1).

« On ne voit presque rien de juste ou d'injuste qui ne change de qualité en changeant de climat. Trois degrés d'élévation du pôle renversent toute la jurisprudence. Un méridien décide de la vérité. En peu d'années de possession, les lois fondamentales changent. Le droit

(1) *Des Pensées de Pascal*, p. 222; man., p. 69 et 365.

a ses époques. L'entrée de Saturne au Lion nous marque l'origine
d'un tel crime. Plaisante justice qu'une rivière borne! Vérité au-deçà
des Pyrénées, erreur au-delà.

« Rien, suivant la seule raison, n'est juste de soi. La coutume fait
toute l'équité, par cela seul qu'elle est reçue : c'est le fondement mystique de son autorité. Qui la ramène à son principe l'anéantit. Rien
n'est si fautif que les lois qui redressent les fautes; qui leur obéit parce
qu'elles sont justes, obéit à la justice qu'il imagine, mais non pas à
l'essence de la loi; elle est toute ramassée en soi : elle est loi et rien
davantage.....

« La justice est sujette à dispute, la force est très-reconnaissable
et sans dispute..... Ne pouvant faire que ce qui est juste fût fort, on
a fait que ce qui est fort fût juste.... On appelle juste ce qu'il est force
d'observer.... Voilà ce que c'est proprement que la définition de la
justice.

« Montaigne a tort : la coutume ne doit être suivie que parce qu'elle
est coutume, et non parce qu'elle soit raisonnable et juste » (1).

Mais à quoi sert de multiplier les citations? Il faudrait transcrire
mille passages de Montaigne, que Pascal rappelle, résume ou développe,
non pas, comme l'ont dit d'honnêtes éditeurs, pour les réfuter à loisir,
mais au contraire pour s'y appuyer et les faire servir à son dessein.

Voulez-vous connaître la politique de Pascal? Elle est la digne fille
de sa morale. C'est la politique de l'esclavage. Pascal, comme Hobbes,
place le dernier but des sociétés humaines dans la paix, et non dans la
justice : pour l'un comme pour l'autre, le droit est dans la force. Mais
Hobbes a du moins sur Pascal l'avantage d'une rigueur parfaite. Par
exemple, il se serait bien gardé d'admettre que l'égalité des biens soit
juste en elle-même, pour aboutir à cette belle conclusion pratique qu'il
faut maintenir tant d'inégalités destituées de tout fondement. Rien
d'ailleurs est-il plus faux, je ne dis pas seulement plus impraticable,
mais plus injuste en soi que le principe de l'égalité des biens? Ce n'est
pas là qu'est l'égalité véritable. Tous les hommes ont un droit égal au
libre développement de leurs facultés; il ont tous un droit égal à l'im-
partiale protection de cette justice souveraine, qui s'appelle l'état; mais
il n'est point vrai, il est contre toutes les lois de la raison et de l'é-
quité, il est contre la nature éternelle des choses que l'homme indolent et l'homme laborieux, le dissipateur et l'économe, l'imprudent
et le sage, obtiennent et conservent des biens égaux. Ce qu'il y a de

(1) *Des Pensées de Pascal*, p. 68; man., p. 154.

curieux, c'est que Pascal accepte la chimère de l'égalité des biens, et que là-dessus il bâtisse l'odieuse théorie du droit de la force dans l'intérêt de la paix.

« Sans doute, dit Pascal, l'égalité des biens est juste; mais ne pouvant faire qu'il soit force d'obéir à la justice, on a fait qu'il soit juste d'obéir à la force; ne pouvant fortifier la justice, on a justifié la force afin que le juste et le fort fussent ensemble, et que la paix fût, qui est le souverain bien.

« De là vient le droit de l'épée; car l'épée donne un véritable droit, autrement l'on verrait la violence d'un côté et la justice de l'autre (1)... »

Et pourquoi, je vous prie, fermer volontairement les yeux à ce spectacle qui trop souvent nous est donné? Pourquoi ne pas regarder en face la violence et l'appeler par son nom? Comment réformer jamais ce qu'on n'a jamais osé reconnaitre ni dénoncer comme un abus ou un crime? est-ce là la philosophie que l'on propose à l'humanité? Quel fondement à sa dignité, quel instrument à ses progrès, quelle consolation à ses misères, quel terme à ses espérances! C'est bien le moins, en vérité, qu'on lui promette au-delà de ce monde une vie qui soit le renversement de celle-ci, et l'on a bien raison de lui enseigner la haine de la vie et la passion de la mort (2); car la vie, telle qu'on la fait, n'est qu'un théâtre à l'iniquité et à l'extravagance. Reste à savoir si les plus religieux sont ceux qui, en fait de justice, renvoient l'homme à un autre monde, ou ceux qui s'efforcent de rapprocher la justice toujours imparfaite des hommes de l'exemplaire de la justice divine, et les sociétés humaines de la cité de Dieu. Si l'objet de la religion est de rattacher l'homme à Dieu et la terre au ciel, se doit-elle résigner à laisser l'homme sur cette terre en proie à l'oppression, esclave de la force, abattu sous des iniquités immobiles? Non; pour élever son cœur, il faut qu'elle relève aussi sa condition. Car il n'y a qu'un être libre possédant, pratiquant, et voyant reluire et se réaliser autour de lui en une certaine mesure la sainte idée de la justice et de l'amour, qui puisse comprendre, espérer, invoquer avec un peu d'intelligence la liberté, la justice et la charité infinie qui a fait l'homme, qui le conduit et qui le recueillera.

Toutes les grandes philosophies contiennent dans leur sein une théologie naturelle, et, comme on dit, une théodicée qui enseigne ce

---

(1) *Des Pensées de Pascal*, p. 222; man., p. 159.
(2) Voyez *Jacqueline Pascal*, passim.

que nous venons de rappeler. Avant ou depuis Leibnitz, avec des procédés, quelquefois même sur des principes différens, toute école qui n'a pas fait divorce avec le sens commun proclame l'existence d'un Dieu, cause première et type invisible des perfections de l'univers et de celles de l'humanité. Il n'y a pas un philosophe un peu autorisé qui ne tire la preuve certaine d'un géomètre éternel de l'ordre admirable du monde, et l'espérance au moins d'un ordre moral, meilleur que le nôtre, de l'idée de l'ordre gravée en nous et que nous transportons plus ou moins heureusement dans tout ce qui est de nous, dans nos mœurs, dans nos lois, dans nos institutions civiles et politiques. Mais Pascal, qui ne reconnaît aucune morale naturelle, rejette également toute religion naturelle, et n'admet aucune preuve de l'existence de Dieu.

Et qu'on ne dise pas que Pascal repousse seulement ce qu'on nomme les preuves métaphysiques. Il est bien vrai qu'il trouve cette espèce de preuves subtiles et raffinées; mais il n'est pas vrai qu'il en approuve aucune autre, et qu'il fasse grace aux preuves physiques si simples et si évidentes : celles-là même, il les renvoie dédaigneusement comme tournant contre leur but; de sorte que la conclusion définitive est que l'homme par les lumières naturelles ne peut en aucune manière s'élever certainement à la divine Providence.

Mais peut-être Pascal n'a-t-il voulu dire autre chose, sinon que l'homme est incapable de pénétrer les profondeurs de l'essence divine, et qu'à ces hauteurs il se rencontre plus d'un nuage que la foi chrétienne peut seule dissiper. Vaine explication ! Pascal déclare hautement que l'homme ne peut savoir ni quel est Dieu, ni même s'il est. Ce sont là les termes mêmes de Pascal que nous avons retrouvés.

Et quel est le fondement de ce hautain athéisme? Pascal a-t-il donc fait la triste découverte de quelque argument ignoré jusqu'ici, et dont la toute-puissance inattendue impose silence à la voix unanime du genre humain, au cri du cœur, à l'autorité des plus sublimes et des plus solides génies? Non : il s'appuie négligemment sur ce lieu commun du scepticisme, que l'homme, n'étant qu'une partie, ne peut connaître le tout, comme si, sans connaitre le tout, une partie douée d'intelligence ne pouvait comprendre et sentir qu'elle ne s'est pas faite elle-même; et encore sur cet autre lieu commun, que, Dieu étant infini et l'homme étant fini, il ne peut y avoir de rapport entre eux; comme si l'homme, tout fini qu'il est, ne possédait pas incontestablement l'idée de l'infini, comme si Pascal n'avait pas établi par la lumière naturelle qu'il y a deux sortes d'infini, l'un de grandeur et l'autre de petitesse; comme si en face de l'espace infini il n'avait pas placé lui-même, comme étant meilleur et d'une nature plus relevée, ce roseau pensant, cet être fragile et sublime qui n'apparaît qu'un jour et qu'une heure, mais dans ce jour, dans cette heure, atteint par la pensée et embrasse l'infini, mesure les mondes qui roulent sur sa tête et les rapporte à un auteur tout-puissant, tout intelligent et tout bon! (1) Et puis, lorsque du haut de ce superbe scepticisme vous aurez décidé que toute relation est radicalement impossible entre Dieu comme infini et l'homme comme fini, par quel prestige, je vous prie, le christianisme pourra-t il, plus tard, conduire l'homme à Dieu? Il n'y aura plus ici de médiateur possible : car ce médiateur, pour rester Dieu, devra garder un côté infini; par ce côté, il échappera nécessairement à l'homme, et l'abîme infranchissable subsistera entre l'homme et Dieu. Pascal ne s'aperçoit pas qu'en renversant toute religion naturelle, il ôte le fondement de toute religion révélée, ou bien qu'il se condamne à des contradictions que nulle logique ne peut supporter. Mais établissons que Pascal rejette toutes les preuves naturelles de l'existence de Dieu.

« Si l'homme s'étudiait le premier, il verrait combien il est incapable de passer outre. Comment se pourrait-il qu'une partie connût le tout (2)?

« Philosophes. La belle chose de crier à un homme qui ne se connait pas qu'il aille de lui-même à Dieu! Et la belle chose de le dire à un homme qui se connaît (3)!

« Parlons suivant les lumières naturelles. S'il y a un Dieu, il est infiniment incompréhensible, puisque n'ayant ni parties ni bornes, il n'a nul rapport à nous. Nous sommes donc incapables de connaître ni ce qu'il est, ni s'il est (4).

« Je n'entreprendrai pas de prouver par des raisons naturelles ou l'existence de Dieu ou la trinité ou l'immortalité de l'ame; non-seulement parce que je ne me sentirais pas assez fort pour trouver dans la nature de quoi convaincre des athées endurcis; mais...

« Les preuves de Dieu métaphysiques sont si éloignées du raisonnement des hommes et si impliquées, qu'elles ne frappent pas; et quand cela servirait à quelques-uns, ce ne serait que pendant l'instant

---

(1) Voyez l'article sur Vanini, inséré dans ce recueil, livraison du 1er décembre 1843.

(2) *Des Pensées de Pascal*, appendice, p. 298; man., p. 347-371.

(3) *Ibid.*, p. 223; man., p. 416

(4) *Ibid.*, app., p. 253, man., p. 4.

qu'ils voient cette démonstration; mais, une heure après, ils craignent de s'être trompés.

« Eh quoi (1) ! ne dites-vous pas que le ciel et les oiseaux prouvent Dieu? — Non. — Et votre religion ne le dit-elle pas? — Non; car encore que cela est vrai en un sens pour quelques ames à qui Dieu donne cette lumière, néanmoins cela est faux à l'égard de la plupart.

« J'admire avec quelle hardiesse ces personnes entreprennent de parler de Dieu en adressant leurs discours aux impies. Leur premier chapitre est de prouver la divinité par les ouvrages de la nature. Je ne m'étonnerais pas de leur entreprise s'ils adressaient leurs discours aux fidèles; car il est certain que ceux qui ont la foi vive dedans le cœur, voient incontinent que tout ce qui est n'est autre chose que l'ouvrage du Dieu qu'ils adorent; mais pour ceux en qui cette lumière est éteinte, et dans lesquels on a l'intention de la faire revivre, ces personnes, destituées de foi et de grace, qui, recherchant de toutes leurs lumières tout ce qu'ils voient dans la nature qui peut les mener à cette connaissance, ne trouvent qu'obscurité et ténèbres, dire à ceux-là qu'ils n'ont qu'à voir la moindre des choses qui nous environnent et qu'ils y verront Dieu à découvert, et leur donner pour toute preuve, à ce grand et important sujet, le cours de la lune et des planètes, et prétendre l'avoir achevée sans peine avec un tel discours, c'est leur donner sujet de croire que les preuves de notre religion sont bien faibles, et je vois, par raison et par expérience, que rien n'est plus propre à en faire naître le mépris (2). »

On voit comme en ce dernier passage Pascal traite les preuves physiques elles-mêmes, ces preuves aussi vieilles que le monde, et la raison humaine. Je conviens que son dessein et l'absolu pyrrhonisme exigeaient de lui cela; mais n'est-ce pas un gratuit et incompréhensible renversement des notions les plus reçues de soutenir, et d'un ton sérieux, que cet ordre de preuves n'étant propre qu'à en faire naître le mépris, jamais auteur canonique n'en a fait usage!

« C'est une chose admirable que jamais auteur canonique ne s'est servi de la nature pour prouver Dieu : tous tendent à le faire croire et jamais ils n'ont dit : il n'y a point de vide : donc il y a un Dieu : il fallait qu'ils fussent plus habiles que les plus habiles gens qui sont venus depuis, qui s'en sont tous servi. Cela est très considérable (3). »

Non, vraiment, cela n'est pas très considérable : car rien n'est plus

---

(1) *Des Pensées de Pascal*, p. 250; man., p. 29.

(2) *Ibid.*, p. 173; man., p. 206.

(3) *Ibid.* p. 172. Boss. Deuxième partie,III, 3. Ce passage manque dans le manuscrit, mais il est dans une des copies.

manifestement faux. Les saintes Écritures ne sont point un cours de
physique; elles ne prennent point le langage de la science, encore bien
moins celui d'aucun système particulier; elles ne disent point : il n'y
a pas de vide, donc il y a un Dieu, bizarre argument qui n'est nulle
part, si ce n'est peut-être dans quelque obscur cartésien; mais elles,
enseignent, et cela à toutes les pages et de toutes les manières, que *les
cieux racontent la gloire de leur auteur* (1). Et saint Paul, que Pascal
ne récusera pas, je l'espère, ne dit-il point : « Ils ont connu ce qui se
peut découvrir de Dieu, Dieu même le leur ayant fait connaître; car la,
grandeur invisible de Dieu, sa puissance éternelle et sa divinité deviennent visibles en se faisant connaître par ses ouvrages depuis la
création du monde (2). »

Ainsi, pour Pascal, il n'y a aucune preuve de l'existence de Dieu.
Dans cette impuissance absolue de la raison, Pascal invente un argument désespéré. Nous pouvons mettre de côté la vérité, mais nous ne
pouvons mettre aussi de côté notre intérêt, l'intérêt de notre bonheur éternel. C'est à ce point de vue, et non dans la balance de la
raison, qu'il faut estimer et peser le problème d'une divine providence. Si Dieu n'est pas, il ne peut nous arriver aucun malheur d'y
avoir cru; mais si par hasard il est, l'avoir méconnu serait pour nous,
de la plus terrible conséquence.

« Examinons ce point, et disons : Dieu est, ou il n'est pas. Mais de
quel côté pencherons-nous? La raison n'y peut rien déterminer. Il y
a un chaos infini qui nous sépare; il se joue un jeu à l'extrémité de
cette distance infinie, où il arrivera croix ou pile. Que gagerez-vous?
Par raison, vous ne pouvez faire ni l'un ni l'autre; par raison, vous ne
pouvez défendre nul des deux. « ..... Le juste est de ne point parier.
Oui, mais il faut parier...

« Vous avez deux choses à perdre : le vrai et le bien; et deux choses
à dégager : votre raison et votre volonté, votre connaissance et votre
béatitude; et votre nature a deux choses à fuir, l'erreur et la misère.
Votre raison n'est pas plus blessée, puisqu'il faut nécessairement
choisir, en choisissant l'un que l'autre. Voilà un point vidé; mais
votre béatitude (3)! »

C'est sur ce fondement, non de la vérité, mais de l'intérêt, que

---

(1) Le Psalmiste : « Cœli enarrant gloriam Dei... Laudent illum cœli et terra...
et annuntiabant cœli justitiam ejus...... confitebantur cœli mirabilia tua...... Lau-
date eum, cœli cœlorum .. confessio ejus super cœlum et terram.... interroga et
volatilia cœli indicabunt tibi..., etc. »

(2) *Épître aux Romains*, I, 19, 20, 21. Trad. de Sacy, Ed. de Mons.

(3) *Des Pensées de Pascal*, p. 182; app., p. 264; man., p. 4.

Pascal institue le calcul célèbre, auquel il applique la règle des paris. En voici la conclusion : aux yeux de la raison, croire ou ne pas croire à Dieu, le pour et le contre, et, comme parle Pascal, à ce jeu croix ou pile, est également indifférent; mais aux yeux de l'intérêt, la différence est infinie de l'un à l'autre, puisque dans une hypothèse il y a l'infini à gagner. « Cela est démonstratif, dit Pascal; et, si les hommes sont capables de quelque vérité, celle-là l'est. »

Mais cette belle démonstration est au fond si loin de le satisfaire, qu'après avoir ainsi réduit au silence l'interlocuteur qu'il s'est donné, il ne peut s'empêcher de lui laisser dire :

« Oui, je le confesse, je l'avoue; mais encore n'y a-t-il pas moyen de voir le dessous du jeu (1)? » Et pour apaiser cette curiosité rebelle, à quoi Pascal la renvoie-t-il? A l'Écriture sainte, à la religion chrétienne.

Fort bien, lui répond en gémissant l'interlocuteur abattu et non convaincu; « mais je suis fait d'une telle sorte que je ne puis croire. Que voulez-vous donc que je fasse (2)? »

Ce qu'il faut faire? Suivre mon exemple; « prendre de l'eau bénite, faire dire des messes, etc. Naturellement, cela vous fera croire et vous abêtira (3)?

« Mais c'est ce que je crains. — Et pourquoi? Qu'avez-vous à perdre (4)? »

Nous avons le premier découvert et publié ce morceau accablant, résumé fidèle du livre entier des *Pensées*. Dès qu'il parut, il troubla un moment les plus hardis partisans de Pascal; puis on s'est mis à le tordre et à le subtiliser de tant de manières qu'on a fini par y découvrir le plus beau sens du monde. Il n'en a, il ne peut en avoir qu'un seul : il faut renoncer à la raison; il faut, suivant un précepte de Pascal, qui est très clair maintenant, se faire machine, recourir en nous, non pas à l'esprit, mais à la machine (5), pour arriver à croire en Dieu petit à petit et par la pente insensible de l'habitude. Cela est vrai; disons mieux : cela seul est vrai, dès qu'on cherche Dieu en partant du pyrrhonisme. Voilà toute la foi, j'entends toute la foi naturelle, que permet à Pascal sa triste philosophie! Le maître de Pascal, le pyrrhonien Montaigne, l'avait dit avant lui : « Pour nous assagir, il nous faut abestir. » Pascal lui a emprunté et le mot et la pensée.

{ (1) *Des Pensées de Pascal*, p. 185; app., p. 270; man., p. 4.

(2) *Ibid.*, p. 186; app., p. 270; man., p. 8.

(3) *Ibid.*, p. 187; app., p. 272; man., p. 4.

(4) *Ibid.*, id.

(5) *Ibid.*, p. 249; man., p. 25.

Pour assagir l'homme, pour le mener à la vertu et à Dieu, Socrate et Marc-Aurèle avaient connu d'autres voies.

Prévenons une dernière objection. On ne manquera pas de dire : le passage qui vient d'être cité n'est qu'un caprice, un accès d'humeur, en quelque sorte une boutade de géométrie; mais il y a bien d'autres passages contraires à celui-là, et qui attestent que Pascal croyait à la dignité de la raison humaine. Je répondrai loyalement, qu'en effet, il y a un peu de tout dans ces notes si diverses qu'on appelle les *Pensées :* ce qu'il y faut considérer, ce n'est pas tel endroit pris à part et séparé de tout le reste, mais l'ensemble et l'esprit général et dominant. Or, cet esprit-là, nous l'avons fidèlement exprimé. Et n'est-ce pas aussi la condamnation du pyrrhonisme, qu'il a beau surveiller toutes ses démarches, toutes ses paroles, il lui échappe malgré lui de perpétuels démentis à ce doute absolu, insupportable à la nature et incompatible avec tous ses instincts? Plus d'une fois dans Pascal éclate en traits énergiques le sentiment victorieux de la grandeur de la pensée humaine; mais bientôt le philosophe impose silence à l'homme, et le système reprend le dessus. Ainsi Pascal répète plusieurs fois que toute notre dignité est dans la pensée : voilà la pensée redevenue quelque chose de grand; mais un moment après, Pascal s'écrie: « Que la pensée est sotte! » Ce qui fait de la dignité humaine une sottise, et de toute certitude fondée sur la pensée une chimère. Enfin n'oublions pas que derrière le pyrrhonien est le chrétien dans Pascal. Sa foi, quel que soit son fondement et son caractère, est, après tout, la foi chrétienne : de là des clartés étrangères et quelques rayons échappés de la grace éclairant de loin en loin les ténèbres du pyrrhonisme. Mais dès que la grace se retire, le pyrrhonisme seul demeure.

Au risque de fatiguer le lecteur, je lui veux présenter un dernier fragment, qui achève la démonstration, met à nu la vraie pensée de Pascal, et fait voir de quelle étoffe, pour ainsi dire, est faite sa religion elle-même :

« S'il ne fallait rien faire que pour le certain, on ne devrait rien faire pour la religion, car elle n'est pas certaine. Mais combien de choses fait-on pour l'incertain, les voyages sur mer, les batailles, etc.? Je dis donc qu'il ne faudrait rien faire du tout, car rien n'est certain, et qu'il y a plus de certitude à la religion que non pas que nous voyions le jour de demain; car il n'est pas certain que nous voyions demain, mais il est certainement possible que nous ne le voyions pas. On n'en peut pas dire autant de la religion. Il n'est pas certain qu'elle soit, mais qui osera dire qu'il est certainement possible qu'elle ne soit pas?

Or, quand on travaille pour demain et pour l'incertain, on agit avec raison. Car on doit travailler pour l'incertain par la règle des partis, qui est démontrée (1). »

Je le demande, est-ce là la foi de saint Augustin, de saint Anselme, de saint Thomas? Est-ce là la foi de Fénelon, de Bourdaloue, de Bossuet?

Le 23 novembre 1654, dans une nuit pleine d'angoisses apaisées et charmées par de mystiques visions, Pascal, après avoir lutté une dernière fois avec les images du monde, avec les troubles de son cœur et de sa pensée, appelle à son aide le vrai, l'unique consolateur. Il invoque Dieu, mais quel Dieu, je vous prie? Lui-même nous le dit dans l'écrit singulier (2) qu'il traça de sa main cette nuit même, qu'il portait toujours sur lui, et qui ne fut découvert qu'après sa mort : « Dieu d'Abraham, Dieu d'Isaac, Dieu de Jacob, non des savans et des philosophes. » Il entrevoit, il croit avoir trouvé la certitude et la paix; mais où? « Dans la soumission totale à Jésus-Christ et à mon directeur. » Pascal est là tout entier. Le doute a cédé enfin à la toute-puissance de la grace, mais le doute vaincu a emporté avec lui la raison et la philosophie.

Ou bien il faut renoncer à toute critique historique, ou de tant de citations accumulées il faut conclure que, pour Pascal, le scepticisme est le vrai dans l'ordre philosophique, que la lumière naturelle est incapable de fournir aucune certitude, que le seul emploi légitime de la raison est de renoncer à la raison, et que la seule philosophie est le mépris de toute philosophie.

Voilà ce que nous venons d'établir régulièrement et méthodiquement, avec une étendue et une rigueur qui, ce nous semble, ne laissent rien à contester. Qu'il nous soit donc permis de considérer le scepticisme de Pascal en philosophie comme un point démontré. Mais nous pouvons aller plus loin. Un commerce plus intime avec Port-Royal, en nous faisant pénétrer davantage dans l'esprit de cette société illustre, nous permet de soutenir avec la conviction la plus assurée que non-seulement Pascal est sceptique en philosophie, mais qu'il ne pouvait pas ne pas l'être, par ce motif décisif qu'il était janséniste, et janséniste conséquent (3).

V. COUSIN.

(*La seconde partie à un prochain n°.*)

(1) Boss. deuxième partie, XVII, 197.
(2) Bossut, p. 549; man., p. E.
(3) Voyez *Jacqueline Pascal*, p. 425.

HENRIETTE.

I.

Le jour naissait à peine; ses premières clartés se montraient vaguement à l'horizon, tandis que le haut du ciel appartenait encore à la nuit. Les bruits confus qui annoncent le réveil des villes commençaient à se faire entendre, quand une joyeuse troupe de jeunes gens passa les portes d'Heidelberg et se répandit dans la campagne. A voir leur air déterminé et la singularité de leurs vêtemens, il était facile de reconnaître des étudians, et plus facile encore, à leurs voix animées et à quelques erreurs dans leur démarche, de s'apercevoir qu'ils n'avaient pas employé la nuit à pâlir sur Hippocrate, Aristote ou Justinien. Tout annonçait au contraire la fin d'une de ces folles nuits où l'ivresse de la jeunesse se double par celle du plaisir, quand les illusions de vingt ans apparaissent plus charmantes encore à travers les vapeurs du vin du Rhin et la fumée des pipes embrasées. Las sans doute de parcourir la ville, en troublant dans leur sommeil les pacifiques bourgeois, ou, pour mieux dire, les *Philistins*, éternel objet de leur mépris, les gais étudians suivaient la route située au bas de la montagne qui domine Heidelberg et porte à mi-côte les débris de son vieux château. Ils allaient par groupes inégaux, et achevaient de dépenser au grand air la verve qu'ils avaient puisée dans les *rœmer* écumans. Cependant peu à peu les rires devinrent moins bruyans, les pas se ralentirent, et, comme si la venue du jour et l'aspect de la na—

ture eussent réveillé les poétiques instincts de ces vives organisations, ils commencèrent, tout en marchant, un de ces *lieder* populaires, si fortement empreints de la nationalité allemande. L'air en était énergique et fier, parfois même un peu rude; c'était un hymne à la patrie et un appel à la valeur des guerriers nés dans les forêts profondes. Les voix qui le chantaient avaient ce timbre sonore et élevé, particulier aux peuples du Nord. Chaque partie se détachait de l'ensemble avec une justesse admirable, et le chœur improvisé, d'abord faible et incertain, s'élança bientôt dans les airs en strophes harmonieuses.

Seuls, deux jeunes gens demeurèrent en arrière et ne suivirent pas leurs compagnons qui s'éloignaient. Ils s'arrêtèrent un instant et prêtèrent l'oreille avec plaisir aux notes éparses que leur apportait le vent du matin; puis ils reprirent leur marche, se tenant par le bras et promenant en silence leurs regards sur le paysage qui les entourait. L'un paraissait avoir vingt-cinq ans; sa figure était régulière; ses yeux, ses cheveux noirs et la couleur un peu brune de son teint contrastaient avec la carnation rosée et les cheveux blonds de son compagnon. Ce dernier semblait toucher à peine à sa vingtième année, tant sa taille était mince et son apparence frêle encore. Tous deux affectaient dans leur costume l'indépendance caractéristique des étudians et le dédain de la forme ordinaire. Une petite casquette verte couvrait à peine le haut de leur tête et avançait sa visière sur leurs yeux; une sorte d'écharpe flottante entourait négligemment leur cou découvert; enfin la coupe de leurs vêtemens, sans s'éloigner complétement de la coutume du jour, se rapprochait pourtant de celle du moyen-âge. Le moins jeune portait la barbe entière et l'impériale sous la lèvre. Les couleurs de ses habits étaient tranchées, sans manquer cependant d'harmonie. Il avait l'air fier et passionné; l'expression de l'autre était au contraire un peu indécise, et ses grands yeux bleus étaient doux et rêveurs. Ses longs cheveux dorés tombaient en boucles lumineuses sur le velours noir dont il était entièrement vêtu. Dans les champs, à cette heure matinale, ces costumes étranges prenaient un caractère pittoresque qui s'alliait assez bien avec la liberté de la nature.

Les deux amis étaient arrivés à un endroit où la route se partage; un de ses bras descend vers les bords verdoyans du Necker; l'autre conduit aux ruines du vieux château. Le plus âgé rompit le premier le silence.

— Veux-tu venir sur la montagne, Frédéric? dit-il. Les chanteurs sont déjà loin, et tu ne me parais pas tenté de les suivre. Voici le soleil qui se lève, et de là-haut l'horizon sera beau ce matin.

— Je le veux bien, répondit son compagnon, et il sembla se replonger dans ses pensées.

Ils prirent une allée de tilleuls qui s'ouvrait devant eux, passèrent sous des voûtes sombres et humides, derniers restes des fortifications du château, montèrent des escaliers en ruines, et arrivèrent enfin a la plate-forme qui s'étend sur le *Jettenbuhl* et porte, à chacun de ses coins, une petite tourelle percée à jour. De ce côté est la chapelle; images de la force, les énormes têtes de lion, sculptées à sa base, semblent la defendre encore contre les ravages du temps. Au sortir des passages obscurs, l'horizon qui se voit de la terrasse paraît plus admirable encore. Les deux jeunes gens s'arrêtèrent d'un commun accord et contemplèrent le magnifique tableau qui se déployait autour d'eux. Au-dessus du château, le *Kœnigstuhl* montrait sa cime couverte des chênes et des pins qui annoncent le voisinage de la forêt Noire; en face, de l'autre côté de la rivière, l'*Heiligenberg* portait à sa base de régulières plantations de vignes, tandis que son sommet couronné de verdure faisait deviner les délicieuses profondeurs de i *Odenwald* qui s'abrite à son ombre. A l'endroit où s'élargit le ravin formé par ces deux montagnes, s'étendait la petite ville d'Heidelberg, dont on voyait les places et les rues commencer à se peupler. Le clocher aigu de l'antique église du Saint-Esprit laissait monter dans les airs le son matinal des cloches, tandis que les toits sombres de l'université, la plus vieille d'Allemagne après celle de Prague, semblaient dormir encore. La prière doit précéder la science. Sous les murs de la ville, le Necker traçait un cercle d'argent, et s'enfuyait en serpentant à travers les plaines fertiles qui vont rejoindre le Rhin. En ce moment, le paysage empruntait un charme particulier des effets inégaux de lumière et d'ombre que le soleil naissant y répandait. Le pied des montagnes et la ville restaient encore dans le crépuscule, tandis que la plaine, recevant les premiers rayons du jour, se montrait tour à tour sombre ou claire, suivant les différences des cultures, et que le fleuve semblait rouler des parcelles de diamans et se perdre à l'horizon dans un lac de feu.

— Que la nature est belle! mais que nous sommes indignes d'en jouir! dit Frédéric, comme s'il achevait une pensée déjà commencée.

— Tu dis vrai, répondit son compagnon. Regarde autour de nous : quelle simplicité, et pourtant quelle magnificence! Là-bas, ce fond éclatant; ici, ces teintes tranquilles. Quel riche assemblage de couleurs! La terre lutte avec le ciel d'harmonie et de beauté. Les gouttes de rosée ne paraissent-elles pas autant de petites étoiles sur la verdure foncée qui en double l'éclat? Nous sommes en automne : déjà les forêts jaunissent à la lisière, les prés ont moins de fleurs; tout prend devant l'hiver qui vient ce charme mélancolique que donne l'approche de la mort Vois les formes imposantes des montagnes, la fraîcheur de l'onde qui s'enfuit; ces laboureurs même, occupés à leurs grossiers travaux, ont d'ici une sorte de beauté qu'ils empruntent au paysage auquel ils donnent la vie. Et sur nos têtes le spectacle est plus merveilleux encore : cet azur traversé par ces nuages errans de formes et de couleurs si diverses, la lune qui pâlit et s'efface devant la splendeur du jour, l'horizon étincelant, et l'éternel roi de la création s'élançant dans les plaines de l'espace pour leur donner la lumière et le mouvement!

— Ces beautés me frappent comme toi, reprit Frédéric. Comme toi, Antonio, près de moi, au-dessus de moi, je ne trouve que sujets d'admirer; mais ma contemplation n'est point pareille à la tienne, et mon plaisir réside surtout dans un sentiment que j'aurais de la peine à définir. Il me semble qu'en assistant à ce réveil de la nature, j'assiste à quelque saint mystère : l'air, les bois et l'eau, me paraissent pleins de voix secrètes que je voudrais comprendre. Dans ces astres, dont l'un pâlit, tandis que l'autre monte à l'horizon, je crois voir les emblèmes du souvenir et de l'espérance : je songe, et je regarde le ciel où l'un se retrouve, où l'autre doit aboutir. Pendant que tu parlais, une grande tristesse s'emparait de mon cœur, et ce beau paysage lui-même en était voilé. J'y trouve pourtant du charme...

— Tu es poète, interrompit Antonio.

— Et toi peintre, répondit Frédéric.

— Chacun de nous, reprit son ami, obéit à sa nature. Pour moi, tout est forme ou couleur; pour toi, tout est pensée, harmonie et symbole. Tu cherches le sens de la nature, et moi j'en cherche la beauté.

— Je ne suis pas poète, dit Frédéric après quelques instans de silence, je ne suis pas poète; j'ai quelquefois essayé de fixer ma pensée sans pouvoir y parvenir. Quand je tente de préciser mes sensations, elles se décolorent et s'évanouissent comme ces flammes des marécages qui ont besoin de l'obscurité pour briller. Ce que j'éprouve est une sorte de vague aspiration vers quelque chose de meilleur et de plus beau que notre monde, mais qui échappe complètement à la réalité. Cet instinct est plus fort en moi ce matin que d'ordinaire, et ma tristesse tient sans doute à un retour sur moi-même, qui me fait comparer la pureté permanente de la nature aux désordres de notre existence. Ne sens-tu pas quelquefois que notre vie n'est pas ce qu'elle devrait être?

— Mon pauvre Frédéric, je suis effrayé de ta moralité. Tout ce
que tu viens de me dire est si éthéré, que je te cherche des ailes et
crains de te voir t'élancer tout à coup vers cet inconnu que tout jeune
Allemand doit poursuivre irrésistiblement. Sérieusement, nos excès
de cette nuit t'ont-ils rendu malade?

— Tu plaisantes, reprit Frédéric; mais peu m'importent tes railleries. Nos excès ne m'ont point fait mal, mais à présent que j'y pense
en présence de cette sérénité du matin, ils me rendent honteux et
me dégoûtent. Ma véritable nature se réveille; le vent agite les parfums lointains de mon enfance, et je sens que les plaisirs violens ne
sont pas ceux qu'il me faut. Au milieu de nos joies folles et factices,
un vide immense s'est creusé dans mon cœur. Quand leur étourdissement me quitte, j'y regarde et crois voir dans le fond, brisées et lan-
guissantes, mes plus nobles facultés qui essaient encore de se relever
et de revenir à la lumière. Je cherche mes croyances, mon ardeur,
mon courage, et ne les trouve point; je me sens blasé et inutile, et
pourtant il me semble que quelque chose de bon et de sensible vivait
jadis en moi.

— Pourquoi en doutes-tu maintenant, Frédéric? pourquoi parles-
tu de ces instincts généreux comme d'absens qui ne reviendront plus?
A peine as-tu vécu; pour quelques cours manqués, pour quelques
nuits blanches, crois-tu qu'ils se sont enfuis? Ce serait se montrer
susceptibles et terriblement rigoristes. Au diable ton humeur rêveuse;
je ne veux pas me laisser gagner par elle. Non! la vie que nous me-
nons n'est pas contraire aux vifs et bons mouvemens du cœur et de
l'intelligence; elle en favorise plutôt le développement et l'essor. Tu
es un enfant qui t'arrêtes encore aux scrupules que t'a donnés ta
grand'mère; mais moi qui connais mieux les choses, je te dis que tu
te trompes de route et que la sagesse prématurée ne mène à rien. Il
n'y a qu'un vieux marin qui apprécie bien le repos. Le printemps est
court, l'été rapide; on a l'automne et l'hiver pour réfléchir. Livrons-
nous donc à la joie de vivre, et dépensons gaiement ce trésor de jeunesse et d'impressions qu'on ne peut pas économiser pour l'âge qui
viendra. Pour moi, loin de penser comme toi, je crois que cette
joyeuse orgie a doublé mes facultés et ouvert mon intelligence. Cette
nuit, le choc des verres, l'éclat des flambeaux, la fumée qui nous enveloppait, tout m'enivrait de plaisir, et je sentais mes pensées actives
bouillonner dans mon cerveau. Les belles têtes que je rêve m'apparaissaient vivantes et animées; de fantastiques Hébés me souriaient
et me tendaient la coupe : si j'avais eu des pinceaux, une toile, je

crois que j'aurais produit un chef-d'œuvre... Ce matin, les visions de
l'ivresse se sont enfuies, mais elles m'ont laissé leur souvenir, et la
pompe du jour naissant allume de nouveau mon imagination. Ah!
notre vie libre, pleine d'émotions et de fraternité, pourquoi l'accuses-
tu? Pour moi, je l'aime; je lui devrai peut-être un jour mon talent!

Antonio avait parlé avec une certaine exaltation, qui contrastait
avec la voix un peu indolente de Frédéric. Son langage et ses goûts,
pas plus que sa figure, ne démentaient son origine italienne. L'amour
du bruit, du mouvement et de l'éclat, vivait dans cette ame impétueuse, et c'était sans doute pour obéir à l'éternelle loi des contrastes que deux caractères aussi différens s'étaient liés par l'amitié.
Amoureux de son art et nourri des chefs-d'œuvre de sa patrie, Antonio revenait de Hollande et parcourait l'Allemagne pour étudier le
style de chaque école. Quelques tableaux anciens qu'il voulut copier
le firent s'arrêter à Heidelberg, où sa qualité d'artiste le mit facilement en rapport avec les étudians. Il fut bien vite associé à leur vie
et à leurs plaisirs; il adopta même leur costume, qui lui parut commode et pittoresque. Frédéric lui plut d'abord comme un charmant
type de l'adolescent du Nord; il voulut le peindre, et c'est ainsi que
se forma leur liaison. Frédéric y apporta le charme d'une sensibilité
expansive, et Antonio cette vivacité qui donne aux natures contem-
platives l'impulsion qui leur manque.

Frédéric ne répondit pas à ses dernières paroles. Il se leva et se dirigea vers l'intérieur du vieux château. Ces ruines n'ont, dit-on, de
rivales en Europe que celles de l'Alhambra. Le canon de la guerre de
trente ans et plus tard la foudre se sont réunis pour détruire ces
murailles et ces tours gigantesques, mais n'ont pu en anéantir la
beauté. Peut-être même s'est-elle augmentée de toute la majesté du
malheur et de la solitude. La chapelle et le bâtiment d'Othon-le-Grand
sont encore assez conservés pour donner une idée de la magnificence
de l'ensemble. La pierre dont ils sont construits est une espèce de
granit rouge particulier au pays. Il en résulte une couleur chaude qui
semble empruntée à l'Italie. Ancienne résidence des princes palatins,
ce château a vu chaque génération augmenter sa splendeur; les souvenirs peuplent encore son enceinte déserte. Les colonnes qui soutiennent la couverture du puits ont été enlevées au palais de Charlemagne
à Ingelheim, tandis que le bâtiment de Ruprecht montre de sa base
à son sommet les statues des princes électeurs dans leurs massives ar-
mures, les empereurs portant d'une main fière le globe impérial. De
toutes parts s'élèvent des tours énormes, couvertes autrefois de sol-

dats, maintenant chancelantes, fendues, et couronnées de lierres séculaires qui laissent pendre leur vert manteau du haut des créneaux
et à travers les meurtrières inoffensives. La nature semble couvrir
avec amour cette grande infortune; partout la vigne vierge, les lise-
rons, les plantes amies des ruines se sont suspendues aux voûtes, aux
corniches, et cachent de leur feuillage et de leurs fleurs la nudité des
murs. Des arbres même ont poussé leurs racines jusque dans les
chambres, et l'on s'étonne de s'asseoir, à l'ombre d'un sureau ou d'un
sorbier aux baies de corail, à la place où était peut-être le lit armorié
de la châtelaine.

En ce moment, un rayon matinal éclairait la façade d'Othon-
Henri. Antonio et Frédéric admiraient cette merveille de la renaissance; chacun y apportait la teinte de son esprit. Antonio se passion-
nait pour la pureté des lignes, l'élégance des frises sculptées et la
noblesse des statues; Frédéric rapprochait mélancoliquement le passé
du présent, et peut-être évoquait aux fenêtres, sous les sveltes tor-
sades des colonnettes, quelque naïf visage de noble demoiselle. Frédéric et son ami montèrent le perron et passèrent sous la belle porte
d'entrée, qui, soutenue par de magnifiques cariatides, ressemble
plutôt à un arc de triomphe. Elle est surmontée par les trois écussons
de la famille palatine : les losanges, le globe d'empire et le lion. Si la
façade a conservé l'orgueil de l'apparence, au dedans la désolation est
entière. L'eau du ciel tombe dans la salle des chevaliers, les oiseaux
font leur nid dans les rosaces à demi brisées, pendant que les angles
obscurs et pleins de décombres servent d'asile aux reptiles et aux
chauve-souris. Quelques fragmens de sculpture attestent seuls la
richesse ancienne des ornemens. Antonio était depuis quelques instans arrêté devant une porte, et considérait une figure qui la sur-
montait. C'était une femme, les cheveux épars et les vêtemens flottans, représentée dans l'attitude d'une course précipitée. Derrière elle
on voyait une louve à l'air féroce et la gueule entr'ouverte. Frédéric
était appuyé sur un jeune sycomore qui croissait dans l'embrasure
d'une fenêtre, et regardait vaguement dans l'espace.

— Ma foi! je m'y perds, dit Antonio. Voyons, Frédéric, si tu seras
plus habile. Quelle est cette femme? Depuis que je visite le château,
voici la première fois que je la remarque, et pourtant c'est une fine
sculpture, que je gagerais échappée à la main d'un artiste de mon
pays. Malheureusement son bras droit est cassé; peut-être tenait-il
quelque attribut qui m'aurait mis sur la voie. Ici le champ des suppositions est immense, car nous avons les temps antiques et les temps

nouveaux à notre disposition. Le paganisme et le christianisme fraternisent sans rancune. Nous avons à la porte le grand-duc Josué à côté du dieu Mars, et Vénus, mère des Amours, ne me parait pas embarrassée du voisinage des Vertus théologales qui ornent le fronton.

Pendant qu'il parlait, Frédéric examinait la sculpture.

— Je crois, dit-il, qu'on a voulu représenter Jetta.

— Qu'est-ce que Jetta?

— Si tu ne connais pas la légende, je te la conterai. C'est elle, dit-on, qui a donné son nom à cette colline.

— J'ai vingt fois gravi le Jettenbühl sans qu'il me vînt à l'esprit d'en décomposer le nom. Vos mots allemands sont si durs pour mes lèvres italiennes, que je les esquive le plus que je puis. Mais voyons la légende. Jetta! pour l'Allemagne, c'est un assez joli mot.

— C'est le diminutif d'Henriette. Donc Jetta vivait dans les temps reculés. La louve que tu vois derrière elle indique sa mort tragique au bord d'une fontaine qui est un peu plus haut, et qui a gardé le nom de fontaine du loup. Jetta était une magicienne; sans doute pour communiquer plus librement avec les esprits, elle avait choisi pour demeure cette colline, qui n'était alors couverte que de rochers et de bois. A sa cime seulement s'élevait une antique chapelle en ruines; c'est de là que Jetta rendait ses oracles. On la voyait paraître grave et inspirée à la fenêtre gothique; les pampres verts laissaient tomber leurs festons sur son front et lui formàient une couronne naturelle. Elle prédit, assure-t-on, les merveilles qui devaient s'élever en ce lieu et l'illustration de la maison Palatine. Sa beauté surnaturelle fut célébrée par tous les *minnesinger;* son regard était doux, sa voix irrésistible. Tant de dons, sa magie même, ne purent la sauver des malheurs de l'amour. Éprise d'un chevalier étranger, elle ne sut rien lui refuser, pas même la baguette de coudrier qui la rendait puissante. On dit que celui-ci paya d'ingratitude un tel sacrifice, et mit au service d'une autre le pouvoir mystérieux qu'elle lui avait donné. Pendant que, loin d'elle, il abaissait les montagnes et enchaînait les dragons en l'honneur de sa dame, la pauvre Jetta comptait les heures au fond de sa tour solitaire. Une nuit, elle crut entendre dans la forêt le cor du chevalier; elle tressaille et s'élance. La nuit était sombre, le vent sifflait dans les pins, qui rendaient des sons lugubres. Jetta arrive, en courant, au bord de la source, témoin autrefois de ses rendez-vous; mais personne ne l'attendait. C'est alors qu'une louve errante et affamée se précipita sur elle. Jetta n'avait plus le pouvoir qui lui soumettait le monde, et victime de sa faiblesse.

Frédéric s'arrêta tout à coup, et, saisissant le bras d'Antonio :

— Là-bas, regarde là-bas, lui dit-il à voix basse et avec une émotion singulière.

— Qu'y a-t-il? Est-ce Jetta? dit Antonio, et son regard suivit la direction de celui de Frédéric.

Les deux amis venaient d'entrer dans une cour du château plus reculée que celles qu'ils avaient parcourues jusque-là. Une grande fraîcheur y régnait; les murs presque entièrement écroulés avaient livré passage à une abondante végétation, qui couvrait ce lieu écarté d'ombre et de mystère. L'herbe épaisse et fine laissait à peine entrevoir les dalles et amortissait le bruit des pas. De petits œillets rouges, des clochettes lilas, des orchis aux pétales d'azur, émaillaient la sombre verdure des lierres aux graines noires, et livraient au vent leur parfum sauvage. Là, sous une arcade restée seule debout, qu'une vigne entourait de ses rameaux flexibles, une jeune femme était assise, un bel enfant sur ses genoux. Elle le regardait dormir avec une tendresse toute maternelle, quoique l'extrême jeunesse de sa figure et la candeur virginale répandues sur sa physionomie annonçassent plutôt une jeune fille. Elle portait une robe d'un bleu assez foncé, dont, pour garantir l'enfant, elle avait relevé une partie sur sa tête. Nattés suivant la mode allemande, ses cheveux blonds brillaient comme une auréole d'or sur ce fond un peu sombre.

— Je te pardonne ton interruption, dit Antonio en souriant, car voici un délicieux tableau qui me rappelle les madones de nos grands peintres. Ce pan de robe bleu, cette ruine pareille à celles que Raphaël place quelquefois dans ses fonds, ajoutent à l'illusion, et le divin maître n'a pas rêvé de vierge plus belle.

— Belle! oh! bien belle, en effet! dit Frédéric en soupirant.

Comme il parlait encore, une main se posa sur sa bouche, et une voix de femme, douce, mais un peu saccadée, lui dit :

— Pourquoi le troublez-vous? Le petit Jésus s'endort; l'oiseau du ciel lui-même ne chante pas, de peur de l'éveiller; la rosée tombe sans bruit, la fleur reste immobile. Pourquoi le troublez-vous? Éloignez-vous et faites silence.

Celle qui parlait ainsi était une grande jeune fille dont le costume n'était pas moins étrange que le langage. Sa robe blanche traînait sur l'herbe; les manches en étaient longues et flottantes. Sa figure pâle et souffrante n'offrait rien de remarquable que l'incroyable mobilité du regard, qui avait quelque chose de craintif et d'effarouché. Elle tenait à la main une couronne de fleurs sauvages.

Si doucement qu'elle eût parlé, la jeune mère l'avait entendue. Elle redressa la tête, et, voyant deux étrangers, fit un mouvement pour se lever: mais la crainte de réveiller l'enfant la retint. Elle posa seulement un doigt sur ses lèvres, et fit signe à la jeune fille de venir auprès d'elle. Celle-ci s'élança avec tant de légèreté, que le bruit de ses pas ne s'entendit point; on eût dit une vision ou l'ombre de Jetta. Elle s'approcha avec précaution, et se mit à genoux sans parler, comme en contemplation devant l'enfant. Le soleil commençait à briller tout-à-fait, dégagé des nuages du matin; un vent léger faisait flotter les guirlandes de la vigne. En ce moment, un chant vague et lointain sembla descendre des airs et donner, par une étrange coïncidence, quelque chose de surnaturel à cette scène gracieuse, que les deux amis contemplaient en silence. Les chants se rapprochaient de plus en plus; bientôt Frédéric reconnut la voix des étudians, qui avaient tourné la montagne et descendaient de ce côté.

— Viens, dit-il en entraînant son ami; rejoignons-les avant qu'ils arrivent ici.

— Ah! Frédéric, dit Antonio, la jeune fille qui nous a parlé tout à l'heure m'a paru un peu folle. Prends garde, toi, de devenir amoureux. Jetta est morte, dit la légende; mais les enchanteresses sont de tous les temps.

II.

Frédéric était l'unique rejeton d'une noble famille. Son père, le baron de Bernheim, voyait en lui l'héritier de son nom et l'espoir de réparer sa fortune ébranlée par les guerres de l'empire. Il avait rêvé auprès du berceau de son fils la régénération de l'Allemagne, et pour Frédéric un grade brillant dans l'armée. Plus tard, la paix était venue, et la carrière militaire avait perdu son prestige; le baron avait dû songer à donner à Frédéric un état plus conforme aux idées nouvelles. Rentré dans son château, aux environs de Wurtzbourg, il fit instruire son fils auprès de lui et surveilla lui-même son éducation : elle fut distinguée, comme il convenait à son rang, et sévère, parce que le caractère naturellement sérieux du baron était devenu chagrin par suite de ses revers de fortune et de ses mécontentemens politiques. Après avoir bravement payé de sa personne et même de ses deniers pendant la guerre, il était tombé dans l'oubli, et avait vu d'autres plus heureux, c'est-à-dire plus adroits, mais à coup sûr moins utiles et moins dévoués, profiter des faveurs qui lui semblaient dues. Plein d'une ambition qu'il se sentait désormais trop vieux pour satisfaire, le baron attendait impatiemment que l'âge vînt développer chez son fils les qualités nécessaires pour atteindre le but qu'il se proposait. Frédéric était son enjeu, sa revanche, si l'on peut parler ainsi. Aussi le pauvre enfant ne pouvait accomplir l'acte le plus indifférent sans que le baron, rapportant tout à ses préoccupations d'avenir, intervînt pour le reprendre sévèrement ou lui donner de ces conseils qui ont le tort d'être prématurés et le malheur de désenchanter. Les langues anciennes d'abord, puis les principales langues modernes furent l'objet de ses études. L'histoire était pour le baron un texte inépuisable de réflexions, que Frédéric, à son âge, ne pouvait ni comprendre ni partager. Un pareil système d'éducation eût été fatal pour une intelligence moins belle et une organisation moins élevée que celle de Frédéric. Heureusement, il avait reçu de la nature une ame d'élite, faible en apparence, mais forte dès qu'on s'attaquait à ses répugnances instinctives. Ainsi, tous les rêves politiques de son père, toutes ses théories empreintes d'un sentiment plus ardent à réussir que scrupuleux sur les moyens, toutes ses admirations du succès obtenu, vinrent échouer contre quelque chose de juste, de droit et de délicat, qui résistait dans ce jeune cœur si docile pour tout le reste. Quand le baron parlait, quand, avec un emportement qui n'avait d'excuse que dans sa profonde conviction, il ôtait à son fils le voile de l'illusion, sans attendre que l'âge vint le lever peu à peu, Frédéric écoutait avec attention et ne répliquait rien, mais une voix secrète lui criait qu'il y avait un autre monde et d'autres sentimens que ceux qui lui étaient dépeints. De ces entretiens, il résulta au contraire en lui une réaction mystérieuse dont il ne se rendit pas bien compte. Au sortir de ces conversations desséchantes, après ces longues heures d'études arides et de réflexions égoïstes, quand il descendait dans le parc et que le jour près de finir jetait quelques derniers rayons sur les bois de sapins, il se sentait pris d'un incroyable sentiment de bonheur, de tristesse et de désir vague, auquel il se laissait aller avec d'autant plus d'entraînement qu'il avait été plus contenu. Quelquefois, plongé dans ses pensées, songeant à sa mère qu'il avait à peine connue, mais dont il se rappelait les caresses, il s'égarait et ne rentrait que fort tard au château. C'étaient alors de la part du baron des reproches comme pour une faute grave; — toute apparence de sentimentalité lui était odieuse; — de la part du jeune homme, lutte intérieure entre l'obéissance et la conscience de n'avoir pas mal fait. Il lui semblait, au contraire, en retrouvant la nature, qu'il avait retrouvé le maître et le confident qu'il lui fallait. Il se sentait meilleur et plus léger, comme après un épanchement dans le sein d'un ami.

Ce fut ainsi que Frédéric atteignit sa dix-huitième année. Tout autre que le baron se serait effrayé du besoin d'aimer que devait renfermer une pareille nature. Élevé sous les yeux d'un père misanthrope et oubliant qu'il avait été jeune, grandissant dans un château triste et solitaire, privé de la tendresse maternelle et des amitiés de son âge, Frédéric devait être livré sans résistance aux premiers flots du monde. Le baron crut, au contraire, que ses leçons avaient porté leurs fruits, et que Frédéric ne verrait de la vie et des choses que le côté matériel et pratique. Il pensa qu'un jeune homme appelé à briller plus tard à la cour ne devait pas être constamment enfermé dans une solitude, qu'il devait se mêler à ses semblables, étudier les mœurs et les hommes pour comprendre les unes et deviner les autres.

Un matin donc, il fit appeler Frédéric. Celui-ci, sorti avant le jour pour se livrer à une de ses promenades favorites, n'était pas au château. Quand il rentra, tout plein encore du chant des oiseaux, de l'éclat de la rosée et du parfum des fleurs sauvages, il se hâta de se rendre auprès de son père. Rien ne pouvait contraster plus vivement avec la fraîcheur, la vie et la lumière qui l'entouraient tout à l'heure, que la pièce où le baron l'attendait. Quelques portraits de famille, suspendus à la sombre et vieille boiserie, figuraient un conseil rébarbatif dont le baron représentait le président.

— D'où venez-vous donc, Frédéric? lui dit-il avec impatience. Le lever du soleil est toujours le même, et j'ai à vous parler de choses graves.

Frédéric s'inclina en signe d'attention.

— Votre éducation est finie, reprit le baron, du moins celle qui consiste à prendre dans les livres ce que les siècles y ont laissé. Vous parlez plusieurs langues avec facilité; les différens pays du monde vous sont connus par leur importance, leurs limites et leurs formes de gouvernement. Il vous reste maintenant à étudier par vous-même les hommes dont je n'ai pu vous donner qu'une idée. Vous avez dix-neuf ans; vous allez compléter vos hautes études à l'université d'Heidelberg. Ensuite vous parcourrez les pays les plus intéressans de l'Europe : la France, l'Angleterre, l'Italie d'abord. Je désire que vous commenciez par elle; vous verrez là ce qu'on appelle des chefs-d'œuvre. Je suis bien aise que vous jugiez chez les autres peuples de ce qu'est la vie utile et pratique et non cette existence d'artistes et d'enthousiastes qui ne mène à rien. Vous voyagerez ainsi pendant

trois ou quatre ans ; rien ne forme autant la jeunesse. Mon seul regret est de ne pouvoir vous accompagner et vous guider avec ma
vieille expérience. Mes infirmités m'en empêchent, mais j'ai confiance
en vous. Rappelez-vous mes leçons, défiez-vous de votre premier
mouvement ; vous verrez que mes conseils sont justes. Je ne vous
parle pas des plaisirs ; les jeunes gens n'ont pas besoin qu'on leur en
indique la route. Je ne les proscris qu'autant qu'ils nuisent à l'avenir ; autrement, c'est un des aspects de la vie, et il faut les connaître
tous. Enfin, vous reviendrez et vous serez alors, si je ne me trompe,
un jeune homme digne d'occuper dans l'état un poste important.
Votre naissance, mes services vous y donnent droit ; vous vous pré-
senterez avec les séductions de la jeunesse et serez plus heureux que
moi. Il ne vous restera plus qu'à vous marier et à rétablir par une
riche dot la splendeur de notre maison...

— Mais, mon père, dit timidement Frédéric un peu choqué de cette
disposition arbitraire de sa personne.

Le baron parlait comme un général qui développe un plan de bataille long-temps médité et ne s'inquiète pas de la volonté ou de la vie
des exécutans. Il reprit, sans faire attention à l'interruption de son
fils :

— Vous partirez demain ; faites vos préparatifs. J'aurai soin que l'argent ne vous manque pas. Sans être ce qu'elle était, ma fortune vous
permet de vivre encore en gentilhomme, c'est-à-dire sans trop de
prévoyance et d'économie ; ce sont de petites vertus.

Frédéric partit en effet le lendemain.

Ses adieux à son père furent respectueux et froids, et il vit sans
grande émotion les vieilles tourelles du château disparaître peu à peu
derrière les arbres. Quand il n'eut plus devant les yeux que la plaine
à perte de vue, il lui sembla conquérir sa liberté ; à vingt ans, c'est
tout. Le premier temps de son séjour à l'université se passa à suivre
régulièrement les cours et à travailler dans le silence de sa chambrette.
Ses habitudes de discipline le suivaient, et il ne savait guère que faire
de cette liberté tant rêvée. Ses meilleurs momens étaient ceux qu'il employait à gravir les montagnes le matin, ou à errer le soir au bord du
Necker. Le pays lui était inconnu ; chaque site avait l'attrait d'une découverte. Qui de nous, en voyage, n'a été ainsi Christophe Colomb,
au moins une fois en sa vie ! Frédéric finit pourtant par se lier avec
quelques étudians et par s'initier peu à peu à leur vie. Une nouvelle
ère commença pour lui. Autant jusque-là ses journées avaient été
remplies et calmes, autant elles devinrent vides et bruyantes. Cette

activité le trompa : il prit le plaisir pour le but de la vie et se jeta avec toute la fougue de la jeunesse dans cette folle et vagabonde existence. Appliquant la poésie que contenait son cœur à tout ce qui l'entourait, il en envoyait, pour ainsi dire, le reflet sur ses excès même et leur prêtait ainsi un charme qui lui en cachait le côté mauvais et vicieux. Quelques mois s'écoulèrent de cette façon à regagner le temps perdu auprès de son père dans la sagesse et la misanthropie; mais, quand ce premier mouvement de fougue fut passé et que son caractère reprit à peu près son niveau, Frédéric sentit par degrés se dissiper l'espèce d'ivresse qui l'avait saisi. Comme dans presque tous les hommes, une double nature existait en lui, et il réunissait des goûts et des passions en apparence bien opposés, mais dont sa première éducation eût facilement donné la clé. Gai comme un enfant, passionné comme un Allemand, Frédéric, dès que les circonstances le demandaient, devenait grave, froid et sceptique. Sa sensibilité extrême disparaissait; la réflexion la remplaçait, et sans rien perdre de la bonté de son cœur, il savait écouter la justesse de son esprit. Il vit bientôt qu'il s'était trompé, et tandis que ses compagnons, moins bien organisés ou d'instincts plus grossiers, prenaient le bruit pour le plaisir, la singularité pour le talent, et l'exaltation pour la capacité, Frédéric écoutait les mytérieuses voix qui se réveillaient en lui et l'avertissaient de changer de sentier. Il sentait que sa tête se calmait, que son cœur était vide, et ses regards cherchaient autour de lui ce qui devait le remplir. Telle était la disposition de son esprit depuis quelque temps; sa conversation matinale avec Antonio en fut le premier aveu. Ne trouvant pas d'écho dans l'ame de l'artiste, plus brûlante que délicate, il renferma ses pensées en lui-même, et tandis que sa vie en apparence était la même, un grand changement s'opérait silencieusement dans ce cœur encore indécis, mais ouvert d'avance à de nouvelles émotions.

III.

Plus d'une fois rempli, sans se l'avouer, d'un vague, mais constant espoir, Frédéric revint au vieux château et parcourut ses ruines, s'arrêtant de préférence dans la cour isolée où s'était montré à ses yeux un tableau que son imagination reproduisait sans cesse. Il n'y retrouva pas les deux jeunes femmes; l'éloignement, l'incertitude de jamais les revoir achevèrent de leur prêter un charme mystérieux qui devait les graver tout-à-fait dans un esprit comme le sien. Presque toujours, dans la première jeunesse, la femme aimée n'est guère qu'un prétexte; l'amour est le véritable but. L'ame novice encore est surtout amoureuse de ses rêves et possède tant de richesses que, sans prévoyance, elle en répand sur tout, et ne s'aperçoit pas que souvent elle pare des chimères auxquelles elle prête sa beauté.

Qui était cette jeune femme? cet enfant était-il le sien? habitait-elle la ville, ou n'était-elle venue là qu'en passant? A force de s'adresser ces questions, Frédéric arriva à désirer ardemment de les résoudre et à se promettre d'y parvenir. Cependant toutes ses recherches furent inutiles; les inconnues restèrent invisibles, et comme il était probable qu'il ne les reverrait jamais, Frédéric devint tout-à-fait amoureux. Il se livra à de longues courses solitaires, et cessa presqu'entièrement de fréquenter les étudians. Un jour pourtant il se décida à aller voir son ami Antonio; il le trouva dans son atelier.

— Que deviens-tu donc? lui dit celui-ci gaiement, on ne te voit plus. Entres-tu en retraite, ou prépares-tu quelque traité de morale sur la vie des étudians et les inconvéniens d'aimer le vin du Rhin? tu es pâle, maigri; gageons que tu es amoureux.

— Moi! je te jure...

— Des sermens, bien! c'est un symptôme; l'amour en donne l'habitude, et l'on en fait à tout propos sans s'en apercevoir. Je prends donc ta négation pour un aveu. Maintenant de qui es-tu amoureux? Tel que je te connais, tu ne peux pas aimer une fille de la terre; en Italie, je croirais à une déesse comme les statues en font rêver; en Allemagne, ce doit être quelque vaporeuse enfant de l'air, une sylphide, pour le moins une ondine.

— Tu es bien gai, toi, ce matin, interrompit Frédéric.

— Que veux-tu? moi aussi je suis amoureux; l'amour est un singulier maître, il rend tristes les uns et donne aux autres la gaieté.

— Oui, dit Frédéric en souriant, les heureux sont gais; et l'on dit que la belle madame de Rendorf est bien difficile à satisfaire, puisque son portrait n'est jamais fini.

— Ce n'est pas elle; c'est moi qui ne suis jamais content, reprit Antonio, comme s'il n'eût pas compris. Mme de Rendorf m'a accueilli avec une bienveillance dont je suis reconnaissant, et je voudrais que son portrait fût un chef-d'œuvre; tu vois que cela me jette loin. D'ailleurs, bien que sa figure soit fort régulière, j'ai toutes les peines du monde à reproduire, comme je le désire, le charme qui est...

— Dans tes yeux, Antonio. Tu n'avoues rien, et tu as raison; mais tu ne réussis pas à me tromper.

Antonio feignait de peindre avec une grande attention. Au bout de quelques instans il reprit :

— Tu n'as pas répondu à ma question; de qui es-tu amoureux?

— Tu l'as dit tout à l'heure : d'une de ces fées capricieuses qui se laissent entrevoir une fois pour se faire éternellement désirer.

— Ah! fit Antonio frappé d'un souvenir subit,—la madone du vieux château! Conviens au moins que je te l'ai prédit.

— Tu es sorcier, dit Frédéric sans rien avouer.

— Peut-être, car je l'ai évoquée une seconde fois, cette douce et modeste figure qui a ravi sa raison à mon ami le sage.

— Tu l'as revue? tu la connais?

— Tu ne nieras plus maintenant. Te voilà aussi rouge que tu étais pâle tout à l'heure, aussi vif que tu paraissais languissant. Je ne veux pas du reste te faire souffrir : je l'ai revue, mais je ne la connais pas; je dois même avouer en toute humilité que, si elle est restée dans notre souvenir, je n'ai pas produit la même impression sur elle. Elle a passé sans même me regarder; comprends-tu cela?

— Oui, dit Frédéric; continue.

— Ah! tu le comprends : voilà bien les amoureux! parce que ce n'était pas toi. Elle était seule, toujours charmante; elle marchait fort vite et allait dans une direction opposée à la mienne; au coin d'une rue je l'ai vue disparaître...

— Et tu ne l'as pas suivie?

— Tu n'es guère jaloux!

— Oh! je le serai, dit naïvement Frédéric. Écoute, Antonio, ajouta-t-il après un instant de silence, tu es mon meilleur ami; nos caractères sont différens, mais nos cœurs s'entendent, car chacun de nous respecte les goûts de l'autre. Pourquoi ne me confierais-je pas à toi? Élevé sévèrement, privé, encore enfant, de ma mère qui m'aurait aimé, c'est-à-dire compris, je n'ai pu communiquer mes impressions à mon père qui m'aime aussi à sa manière, mais qui, dès mon berceau, ne songeait qu'à mon avenir. J'ai donc amassé bien des rêves, caressé bien des chimères dans ma solitude; sans cette contrainte, le flot d'émotions qui m'oppresse se serait naturellement écoulé; l'amitié en aurait pris une partie, et ce penchant mélancolique dont tu souris ne se serait pas autant développé chez moi. Les hommes que j'ai fréquentés m'ont rarement plu; les femmes..., celles que j'ai connues, ne méritaient guère que le mépris qu'elles m'inspiraient. Je te l'ai dit, les plaisirs vers lesquels m'a porté l'ardeur de ma jeunesse m'ont vite lassé. Je désire quelque chose au-delà , quelque chose de doux et de tendre qui donne un intérêt à ma vie en y posant un but. Tu dis que je suis amoureux : je ne le suis pas encore, mais il me semble que je serais heureux si j'aimais réellement et si j'étais aimé.

Antonio était devenu pensif, et écoutait attentivement Frédéric qui s'animait en parlant, comme s'il eût brisé un joug trop long-temps imposé.

— Tu as raison de te confier à moi, dit-il en lui serrant cordialement la main ; nous ne pensons pas de même, c'est vrai ; mais, entre nous, il y a une sincère amitié qui aide à tout comprendre. J'userai des droits qu'elle me donne, et te parlerai franchement. Tu m'effraies. Ta sensibilité, exaltée par la privation et l'isolement, est prête à se porter avidement sur l'objet qui se présentera d'abord à tes yeux. Si ton choix n'est pas heureux, et que d'apparences sont trompeuses ! je tremble pour toi, car, tel que je te comprends, ton premier amour peut décider de ta vie. Je suis un fou gai, c'est l'espèce la meilleure. Nous autres, en effet, nous ne perdons de notre raison que ce qu'il en faut perdre pour oublier la réflexion et mieux goûter le plaisir. Mais les fous sérieux sont les plus difficiles à guérir, car leur folie même ressemble à la raison : elle a pour appuis la nature toujours en lutte avec la société, les instincts du cœur et tout le cortége des sentimens généreux. Prends garde à toi ; vois comme tu dois te défier : cette jeune femme, à peine l'as-tu entrevue, et déjà, pour la retrouver, tu passerais les monts si l'on te disait qu'elle est de l'autre côté. Elle t'est apparue, il est vrai, entourée de tout le prestige de la nature et du mystère ; elle t'est surtout apparue dans un moment où ton cœur s'élançait d'avance au-devant d'un idéal inconnu, mais ardemment désiré. Sais-tu pourtant qui elle est ? n'est-elle pas mariée ? l'enfant qui dormait sur ses genoux paraissait lui appartenir. Quelle place occupe-t-elle dans le monde ? Et mille questions dont la passion s'inquiète peu, mais que doit faire le bon sens toujours traité par elle avec un dédain si superbe. Crois-moi, cette jeune femme peut être aussi bonne qu'elle est douce aux yeux, mais n'importe, ne la cherche pas ; tu ne trouverais peut-être là que des tourmens. Pourquoi, sans te lancer dans le domaine du romanesque, ne te créerais-tu pas dans le monde quelque distraction agréable ? Pour ne pas être en ruines, les châteaux des environs ne renferment pas moins de jolies châtelaines ; elles sont de ton rang, et tu peux les retrouver dans la sphère où tu es appelé à vivre. Mais elles ne sont pas libres non plus, me diras-tu. Je m'en félicite pour toi, car les liens qui les retiennent sont une précieuse sauve-garde qui épargne à la jeunesse les folies qu'elle

ne manquerait pas de faire. On aime, on est aimé; mais le monde,
les devoirs bornent l'horizon et arrêtent les élans sans limites. En un
mot, on est heureux, on a des liaisons, mais point de passions, et c'est
là ce qu'il faut.

— Tu parles comme mon père, dit Frédéric avec impatience.

— Je parle dans ton intérêt, et j'ai deux avantages pour être cru :
de n'être pas ton père, et de n'avoir pas soixante ans. Quant à la
passion, tu comprends bien que, comme artiste, j'ai dû d'abord en
avoir au moins une, et que j'en dis du mal comme d'une ancienne
maîtresse. J'ai aimé comme tu l'entends, ardemment, démesurément,
éternellement; je le pensais du moins. J'ai aimé en Italie une Italienne, c'est tout dire. Bouillans comme le Vésuve, agités comme la
Méditerranée, c'est ainsi que nous étions; cela dura un mois de clairs
de lune et de sérénades; rendez-vous, escalades, rien n'y manquait.
Le second mois, l'agitation devint tempête; le troisième, Thérésa,
pour un regard jeté sur une autre fille, m'enfonça dans le bras son
épingle d'argent. Le lendemain, j'étais en route pour l'Allemagne,
mon sac sur le dos, et disant adieu au toit de ma bien-aimée et à la
passion. Je n'ai revu ni l'une ni l'autre.

Frédéric sourit à ce singulier résumé; mais il se tut, car il n'était
pas persuadé, et la passion d'Antonio ne ressemblait en rien à l'amour
qu'il rêvait. Antonio peignait en chantant, comme pour attester sa
parfaite guérison.

— Je te remercie de tes conseils, lui dit Frédéric en s'en allant, et
tâcherai de les suivre, c'est-à-dire d'être sage, car je ne me sens pas
encore mûr pour la folie gaie que tu me souhaites.

Il rentra chez lui plus inquiet qu'il n'en était sorti. Si le côté positif
de sa nature approuvait une partie des réflexions de son ami et les
reconnaissait justes, la peinture des liaisons faciles du monde révol-
tait sa délicatesse; trop jeune et trop honnête pour en goûter l'égoïsme
commode, il n'en voyait que le revers honteux et misérable, et se
rejetait avec plus de complaisance encore dans ses rêves innocens, où
l'amour lui apparaissait comme un beau lac que traversaient, sans le
troubler, de blanches et pures visions.

Peu de jours après, Frédéric résolut de remplir un devoir qu'il avait
négligé jusqu'alors. Une sœur de son père habitait Manheim, petite
ville située à quatre lieues environ d'Heidelberg. A son départ, le
baron lui avait dit : « Vous irez visiter votre tante; c'est votre seule
parente et une digne femme, quoiqu'un peu faible de tête, comme
elle l'a prouvé. Enfin, c'est ma sœur; vous lui porterez mes amitiés.

Rarement nous avons occasion de communiquer; cependant, sachant mon projet de vous envoyer à l'université, elle m'a écrit exprès pour me manifester son désir de vous voir. Vous vous apercevrez facilement que ses idées sur le monde ne sont pas les miennes, mais je compte sur votre jugement pour les apprécier; quant à son affection, je n'en doute pas. »

Frédéric n'avait pas souvent entendu parler de sa tante. Quand le baron s'exprimait sur son compte, c'était toujours en termes froids et un peu dédaigneux. La cause de cette froideur venait de ce qu'au lieu d'épouser un ami de son frère, riche et titré, elle avait préféré un jeune officier sans fortune, à qui son père l'avait promise, s'il parvenait au grade de major. C'était une histoire bien simple et tout empreinte de la bonhomie des mœurs allemandes : le père avait gardé sa parole, la jeune fille avait attendu son fiancé, qui l'avait méritée par sa bravoure. Le mariage se fit, au grand déplaisir du baron, qui ne comprenait rien à toute cette *sensiblerie*. Du reste, la pauvre Marianne n'avait pas joui long-temps de son bonheur. Son père mourut bientôt, et quelques années après, elle perdit son mari au moment où les grades supérieurs que lui obtenait son mérite auraient peut-être adouci la colère du baron. Restée veuve, sans enfans, et comptant son frère plutôt comme un soutien naturel que comme un ami sympathique, elle se retira à Manheim où l'attiraient quelques affections d'enfance. C'est là qu'elle vivait depuis de longues années, soutenue par la religion et livrée au culte d'un attachement, autrefois son seul espoir, maintenant son unique souvenir.

Au milieu des plaisirs bruyans qui avaient rempli les premiers temps de son séjour à l'université, Frédéric n'avait plus songé à sa tante Marianne. Devenu, non pas triste, mais sérieux, c'est-à-dire rendu à sa véritable nature, il en retrouva le caractère principal, la bonté, et avec le souvenir de sa tante lui revint la mémoire de sa touchante persévérance. Ce fut donc avec une sorte de reproche intérieur qu'il songea à sa négligence, craignant qu'elle n'attribuât à de la froideur ou à un dédain héréditaire le retard de sa visite. Bien que l'automne s'avançât, le temps était beau; il résolut de faire à pied le court trajet qui sépare Manheim d'Heidelberg, et partit de grand matin. L'air était vif; un brouillard assez épais enveloppait le paysage et laissait à peine deviner la forme des arbres; l'herbe était chargée de rosée. Frédéric marchait d'un pas rapide, observant avec plaisir les vagues apparences de la route, en harmonie avec les idées indécises qui flottaient dans son esprit. Cependant un vent frais se leva sur les bords

du Necker qu'il côtoyait et chassa devant lui le brouillard, qui s'éleva
lentement de terre et parut s'enfuir à regret devant le soleil naissant.
Pendant que Frédéric s'arrêtait pour contempler cet aspect matinal,
sur la rive opposée, qui restait encore voilée, il crut entrevoir deux
femmes marchant rapidement et suivant la même direction que lui. Il
hâta le pas, et put bientôt distinguer la couleur de leurs vêtemens,
autant que la vapeur de l'air le lui permettait. Il lui sembla que l'une
était habillée de bleu, tandis que la robe flottante de l'autre se confondait avec la blancheur du brouillard. Mais, en ce moment, le Necker faisait un détour; Frédéric les aperçut encore à travers les arbres
d'un massif de bois, puis elles s'effacèrent peu à peu dans la brume
comme une apparition qui s'éloigne. Frédéric s'arrêta, incertain s'il
devait tenter de gagner l'autre rive. — Si Antonio était ici, se dit-il,
il se moquerait de moi et aurait raison. Toutes les robes bleues me
font battre le cœur, et me voilà tout prêt à passer le fleuve à la nage
pour suivre deux femmes que sans doute je ne connais pas!

Il se remit en route, mais il marchait plus lentement et se retourna
plusieurs fois. Sa distraction fut telle qu'il se trompa entièrement
de route et ne s'aperçut pas qu'il quittait la plaine et se dirigeait vers
les montagnes. Rien ne porte à songer comme la marche. Un bâton
à la main, une belle route devant soi, la jeunesse au front et quelque
tendresse dans le cœur, en moins de rien, on ne fait pas des lieues,
on fait des voyages. Éveillé par l'activité du corps, l'esprit s'élance
tantôt dans le passé, tantôt dans l'avenir; les temps se rapprochent,
les distances s'effacent, et ceux qui vous reçoivent, au terme de la
course, ne se doutent pas que vous revenez de bien loin pour les voir.

Le jour était déjà à la moitié de son cours, et la pensée de Frédéric
n'était peut-être pas bien loin, mais à coup sûr elle n'était guère sur
la route, quand un bruit de voiture derrière lui l'avertit de se ranger.
En même temps, une voix joyeuse le salua par son nom; c'était Antonio, qu'une brillante calèche emportait au château de la comtesse de
Rendorf, en face de la gracieuse châtelaine et du plus débonnaire de
tous les époux. A peine si Frédéric eut le temps de remarquer l'air
triomphant de son ami, dont un tourbillon de poussière lui ôta bientôt
la vue. Frédéric était naturellement simple dans ses goûts; en ce moment, ses réflexions quittèrent les lointains romanesques où peut-être
elles s'aventuraient, et prirent une autre direction. — Voilà Antonio
heureux, pensait-il; pour lui, le bonheur c'est le luxe, l'éclat, une liaison
facile, un succès constaté. — Et presqu'en même temps, il se prit à
sourire en songeant à leur rencontre imprévue et au contraste de leurs

équipages. Il ne put s'empêcher de penser aussi à la différence de leurs buts. D'un côté une somptueuse hospitalité, toutes les ressources de la richesse, toutes les jouissances du monde et les satisfactions de la vanité; de l'autre, le foyer d'une pauvre veuve, un accueil modeste et calme, une étroite demeure, mais sans doute partagée avec joie et avec ce cœur attentif qui dresse partout des palais. Cependant Frédéric s'aperçut qu'il s'était trompé de route et que, tout en rêvant assis au pied des arbres, ou suivant le cours des ruisseaux, il avait employé le jour presque entier, tandis que son petit voyage n'exigeait que quelques heures. Un paysan chez lequel il trouva une hospitalité rustique lui indiqua son chemin, qui était à peu près aussi long que s'il partait d'Heidelberg. Il ne fit qu'en rire et se remit gaiement en marche. Quand il approcha de Manheim, le jour baissait; l'heure qui sépare le coucher du soleil des ombres de la nuit jetait sur les champs muets son calme et son immobilité. Frédéric se laissa aller aux pensées simples et tendres qui naissaient en foule dans son cœur pour cette tante qu'il ne connaissait pas, mais qui lui apparaissait bonne, fidèle et indulgente, comme ceux qui ont beaucoup souffert. Quand les étoiles commencèrent à paraître, il lui sembla que sa mère dans le ciel souriait à sa venue près de cette digne veuve qu'elle avait aimée et comprise, malgré les préjugés de son mari; il lui sembla qu'il laissait derrière lui le tumulte des orgies, la bizarrerie des actions et le vide des plaisirs, qu'il marchait vers le bien, vers l'appui et le conseil dont son cœur avait besoin, et, arrivé devant la petite maison qu'habitait sa tante Marianne presqu'aux portes de Manheim, ce fut avec une sorte d'attendrissement vague qu'il en souleva légèrement le marteau.

IV.

Frédéric n'avait pas annoncé sa venue; il fut obligé de dire son nom à la vieille servante qui vint lui ouvrir. A peine l'eut-elle entendu, elle prit un air visible de contentement et l'invita à la suivre. Frédéric comprit que la maîtresse et la servante avaient souvent parlé de lui, qu'il était attendu, et ses dispositions affectueuses en furent augmentées.

— Qu'y a-t-il, Nanette? dit la vieille dame, sans cesser de faire aller les aiguilles de son tricot.

— Madame, c'est votre neveu, M. Frédéric! fit Nanette d'un air triomphant.

— Oui, madame... oui, ma tante, dit Frédéric en s'avançant.

— Ta tante, à la bonne heure, interrompit la vieille dame qui se leva avec vivacité et lui tendit les bras. Viens, mon cher Frédéric; je t'ai vu si enfant qu'il me semble que je dois te tutoyer. — Elle l'embrassa à plusieurs reprises.

— Mais comme le voilà grand et beau! dit-elle en se tournant vers Nanette comme vers une confidente habituelle. Celle-ci remua la tête en signe d'approbation et sortit discrètement.

Cet accueil cordial et un coup d'œil rapide suffirent à Frédéric pour juger tout de suite sa tante Marianne. Elle était à peu près telle qu'il se l'était figurée. Petite, mais presque fraiche sous ses rides, il était impossible de la voir sans se sentir attiré vers elle, tant il se trahissait de bienveillance dans son sourire et de bonté dans ses yeux bleus dont l'âge avait amorti la vivacité. Elle portait ses cheveux blancs avec quelque coquetterie, et une propreté extrême, peut-être même minutieuse, relevait la simplicité de ses vêtemens. L'ordre et le calme respiraient autour d'elle; le mobilier était modeste, mais tout semblait à sa place, et chaque chose prenait quelque valeur de l'emploi utile qui en était fait. En regardant sa tante, assise dans l'embrasure d'une fenêtre, sous des rideaux d'une blancheur irréprochable, tenant à la main son tricot, œuvre sans doute de charité, Frédéric put, sans trop se tromper, se la représenter à peu près telle qu'elle était chaque jour depuis de longues années. Seulement, pour compléter le tableau, au-dessus de cette tête déjà un peu tremblante, courbée sur un ouvrage grossier, il faisait planer le souvenir attendrissant d'une vie sans reproche, d'une affection brisée, mais toujours présente, et d'une pieuse résignation. Il commença par s'excuser de ne pas être venu plus tôt.

— Écoute, mon enfant, lui dit-elle dès les premiers mots, entre nous, point de gêne. Tu es jeune, je suis vieille; tu ne me connaissais pas, rien ne devait t'attirer; tu es venu, je t'en remercie : c'est une attention que tu as eue pour la sœur de ton père. Plus tard, si ta tante Marianne t'inspire quelque affection, si tu t'aperçois qu'elle t'aime tendrement, tu prendras de toi-même le chemin de sa pauvre demeure. Mais jamais je ne veux devoir ta visite au sentiment d'une obligation à remplir ou à la crainte de reproches fatigans. Maintenant, parlons de ton père.

Alors elle s'informa minutieusement de la santé du baron, des changemens que l'âge avait dû apporter dans sa personne, dans son humeur. Pas une plainte ne lui échappa, pas un mot ne put faire deviner le moindre reproche dans sa pensée, la moindre amertume dans son cœur. Frédéric, en répondant à ses questions, ne pouvait s'empêcher de comparer cette sérénité d'ame, cette absence de tout fiel, avec la rancune et la misanthropie de son père. Les malheurs qui viennent du ciel rendent bon, pensait-il; les revers qui viennent de la terre aigrissent.

Sa tante lui parla ensuite de sa mère, nature tendre et moins destinée au monde qu'au séjour des anges; il l'écoutait avec attendrissement, et croyait revoir la chaste figure qu'il se rappelait confusément penchée sur son berceau. Certes, s'il est permis aux ames de revenir sur cette terre, celle de la pauvre morte dut se poser doucement près de ce modeste foyer entre ce fils ému et cette amie fidèle, et s'envoler ensuite, emportant du bonheur même au ciel.

Les paroles s'échangeaient ainsi attachantes et familières entre ces deux personnes qui, peu d'instans auparavant, étaient encore inconnues l'une pour l'autre, tant il est vrai que c'est la conformité d'ame et non l'habitude qui forme les liens les plus réels. Frédéric se laissait aller au charme de ce facile épanchement; c'était la première fois de sa vie que son cœur s'ouvrait sans crainte et sans détour. Lisant l'intérêt dans les yeux de sa tante, il lui raconta d'abord son enfance insouciante, puis son adolescence disposée à l'expansion, mais bien vite réprimée par la sévérité de son père; son éducation, les plans de celui-ci, ses préceptes décourageans, enfin ses projets actuels et l'aspect égoïste et chagrin sous lequel il lui peignait le monde.

— Ton père t'aime sincèrement, lui dit sa tante. Après avoir passé sa vie à poursuivre l'ambition, il rêve pour toi un avenir brillant. Moi, mon enfant, je suis plus ambitieuse encore, je te souhaite le bonheur.

Cependant les heures s'écoulaient rapides; jamais la vieille servante n'avait veillé aussi tard Frédéric fut conduit dans la chambre qui lui avait été préparée. Cette soirée lui avait paru délicieuse; le charme s'en perpétua dans son sommeil. La fatigue l'endormit; mais l'imagination continua sa course, et il rêva. Il rêva du souhait de sa tante, du bonheur, c'est-à-dire, à vingt ans, de l'amour. Il revit les ruines du vieux château et l'arcade solitaire; il se vit lui-même près de la belle inconnue qui ne fuyait plus ses regards; puis il aperçut sa tante qui gravissait lentement la montagne; elle s'approcha de la jeune femme, et d'un air plein de bonté, lui prenant la main, l'emmena avec elle. Frédéric les suivit. Ils allaient ainsi, sans se parler, la figure radieuse et le cœur satisfait; un beau soleil les éclairait. Mais, à un détour du chemin, ils entrèrent dans une grande forêt de pins; les ob-

jets devinrent sombres autour d'eux, et tout à coup Frédéric aperçut
devant lui les tourelles du château de son père. Il recula à cette vue...
et s'éveilla, l'esprit encore troublé. Un gai rayon glissait à travers ses
volets. Avec l'ombre du sommeil s'envola l'inquiétude de son rêve, et
il se mit à considérer sa chambrette. Rien de plus simple que son aspect et de moins luxueux que les meubles qui la garnissaient; mais
tout était paré d'une propreté remarquable et rangé avec un ordre qui
plaisait à l'œil. Le linge était bien blanc, le carreau bien luisant. Sur
la table était une écritoire et tout ce qu'il fallait pour écrire, tandis que
la cheminée montrait avec orgueil un vieux vase de Chine contenant
un énorme bouquet, attention de Nanette. On sentait que la bonne
volonté suppléait à la richesse, et que, s'il n'y avait rien de plus, ce
n'était pas faute du désir de donner ce qu'on avait de meilleur. Frédéric se leva et trouva sa tante dans son petit jardin, cueillant ses plus
belles grappes de raisin. De même que la soirée de la veille, la journée
s'écoula en bonne et simple causerie. Comme il lui avait confié ses
pensées, la tante Marianne lui raconta sa vie Il ne vivait que d'espérances; elle, que de souvenirs : ils étaient naïfs et touchans; le temps
avait passé sur cette mémoire aimante sans en rien retirer. Chez elle,
comme dans les natures tendres, la douleur s'était convertie en une
piété douce et consolante, et de tant de tristesse, de vœux brisés et
de joies vite enfuies, elle n'avait fait qu'une bonté constante et une
indulgence inépuisable.

Le lendemain soir, quand il partit, Frédéric se retourna plus d'une
fois pour voir encore de loin sa tante Marianne qui le suivait des
yeux.

—Tu connais ta chambre, lui avait-elle dit; il y a long-temps qu'elle
t'était destinée; maintenant elle t'appartient. Souviens-toi, cher enfant, que je serai toujours heureuse quand tu l'habiteras. Si tu ne
viens pas, je penserai que des plaisirs te retiennent agréablement ou
que des travaux utiles t'occupent, et je ne me plaindrai pas.

La bonté laisse dans l'ame de ceux qui viennent d'en recevoir les
marques un souvenir ineffaçable qui augmente encore avec la distance. Si elle a charmé dans le moment, quelques jours après, elle
attendrit. Qu'au lieu de jours ce soient des années, ou que le ciel ait
repris ceux qui la possédaient, elle met des larmes dans les yeux et
un éternel regret dans le cœur. Pendant la route, Frédéric repassa
dans son esprit tout ce que sa tante lui avait dit de touchant et d'affectueux, et il se promit de reprendre souvent le chemin de Manheim. Il marchait légèrement, comme si le contentement de son cœur

lui eût donné des ailes. L'air était pur, la route unie; il était jeune, il se sentait compris, il pensait que, s'il était aimé comme il le désirait, il serait complètement heureux, et une image douce, toujours la même, passa vaguement dans son esprit. En ce moment, il approchait d'Heidelberg, et entendit quelques éclats de voix qu'il reconnut. C'était une bande d'étudians qui revenaient de la promenade. Il fit un détour pour les éviter, et entra dans la ville par un autre côté. Tout entier à ses idées calmes et honnêtes, il voulait les garder loin du bruit et des railleries. Il passait dans une rue étroite et obscure quand il entendit un chant faible et monotone qui le fit tressaillir; il lui sembla avoir déjà entendu cette voix, et, s'approchant d'une fenêtre basse d'où les sons paraissaient venir, il plongea ses regards dans l'intérieur de l'appartement. Une lampe en éclairait à peine le fond; ses rayons tombaient sur les cheveux blonds d'une femme occupée à tresser un petit panier de brins de paille et de joncs qu'une autre femme, à genoux près d'elle, lui tendait à mesure. Toutes deux étaient tournées du côté opposé à la fenêtre. Dans un moment, celle qui travaillait releva la tête et prit quelque chose sur une table placée derrière elle. Frédéric reconnut avec un battement de cœur inexprimable celle qui, depuis quelque temps, avait pris sa pensée Elle avait toujours cet air modeste et un peu sérieux qui l'avait charmé; son travail paraissait l'occuper tout entière. Seulement, de temps en temps, elle penchait la tête, comme si elle entendait un faible bruit dans le fond de la chambre. Frédéric crut apercevoir dans l'ombre les rideaux blancs d'un berceau. La jeune fille à genoux chantait des paroles sans suite et sans mesure. En ce moment, elle disait :

> Brin à brin, branche à branche,
> L'hirondelle noire et blanche
>   Bâtit
>   Son nid.

> Le nid est fait; l'amour s'y place,
> Puis la famille... Un chasseur passe :
>   Les petits
>   Sont pris!

Et elle répétait certains mots deux fois, comme font les enfans; puis elle choisissait les joncs les plus minces et les tendait à la jeune femme. Sur la table était un vase de cristal plein de bruyères sauvages. Ce tableau était pur et tranquille; Frédéric le trouva en parfaite harmonie avec la disposition de son esprit et le souvenir du séjour qu'il venait de quitter. Immobile et respirant à peine, il ne pouvait en détacher ses yeux, et suivait chaque mouvement de sa douce inconnue. Celle-ci cependant étendit la main pour prendre un nouveau brin de jonc; mais elle s'aperçut que la jeune fille avait cessé de chanter et s'était endormie, la tête appuyée sur la table. Alors elle se leva sans bruit et vint vers la fenêtre. Frédéric se baissait déjà, craignant d'être aperçu; elle tira le rideau, et il ne vit plus rien. Il attendit quelques instants, puis la lampe s'éteignit, et il s'éloigna la tête pleine de projets et le cœur plein de rêves. — Le commencement pourtant l'embarrassait fort, et il ne savait trop de quelle manière se faire connaître. Il passa et repassa dans la petite rue; ce fut vainement : la fenêtre était close; seulement, en dehors, il remarqua quelques pots de fleurs et se sentit illuminé d'une idée soudaine. A peine la nuit était-elle tombée, il se glissait dans l'ombre comme un coupable et posait sans bruit sur la fenêtre les deux plus beaux dahlias qu'il eût trouvés dans la ville. Mais quand, le lendemain, il se hasarda à voir l'effet de son attention, il trouva les deux caisses de fleurs posées sur le pavé de la rue, les tiges courbées tristement, comme si elles eussent ressenti le chagrin de leur donateur. Il n'y avait dans la manière dont elles étaient refusées ni colère ni dédain; elles n'étaient pas jetées à terre; on les rendait avec calme et dignité à celui qui n'aurait pas dû les offrir. Frédéric voyait toutes ces belles choses dans ses deux dahlias consternés, quand la fenêtre s'ouvrit et se referma presque aussitôt. Il avait été aperçu; c'était un pas de fait. Il rentra chez lui plus content : l'audacieux n'était plus un inconnu. Cependant ce premier succès ne fut suivi d'aucun autre, et il se désolait. Les amoureux ont quelquefois du bonheur : le hasard vint à son secours.

Il rencontra un soir Antonio. Celui-ci arrivait du château, où on l'avait retenu plusieurs jours. — Eh bien! dit-il à Frédéric, es-tu devenu sage, sans rechute, ou as-tu suivi mes conseils?

— N'as-tu pas toujours raison? répondit gaiement Frédéric en éludant la question.

Tant que son amour lui avait paru à lui-même impossible, il en avait volontiers parlé; depuis qu'il lui semblait venir dans les régions de la réalité, il sentait de la répugnance à le livrer aux conseils, c'est-à-dire aux plaisanteries de son ami. — Ils se promenèrent assez longtemps dans la campagne. Pour tout dire, il faut avouer qu'Antonio fit les frais de l'entretien. Si Frédéric eût été plus attentif, il eût bientôt su par cœur le nombre des salons du château de Rendorf, la couleur des tentures, les détours des allées et la hauteur des arbres du parc. Cette enthousiaste énumération fut interrompue par un cri perçant, et presque au même instant une jeune fille passa en courant devant eux. Elle était suivie de près par deux hommes qui paraissaient du peuple; le premier mouvement de Frédéric fut de s'opposer à leur poursuite; Antonio se joignit à lui.

— De quoi vous mêlez-vous? passez votre chemin, dirent brutalement les deux poursuivans, en cherchant à s'échapper; mais ils étaient tenus vigoureusement et ne purent que se répandre en injures et en blasphèmes.

— Ils sont ivres, dit Frédéric avec dégoût, et il les lâcha. Ils regardèrent autour d'eux d'un air hébété, puis, ne voyant plus l'objet de leur poursuite, ou achevés par la secousse qu'ils venaient d'éprouver, ils proférèrent encore quelques mots grossiers et s'éloignèrent en chancelant.

— Tâchons maintenant de retrouver cette pauvre fille, dit Frédéric. Divisons-nous, car j'ignore par laquelle de ces deux routes elle s'est enfuie.

— A la grace de Dieu! en vrais chevaliers secourons l'innocence, s'écria Antonio, et il s'élança dans une route, tandis que Frédéric prenait l'autre en courant. La nuit était obscure; peu à peu cependant ses yeux s'y habituèrent. Il arriva, sans apercevoir la fugitive, au pied d'une petite colline sur laquelle la lune qui se levait envoyait un rayon incertain. Il crut alors entrevoir sur le haut une forme blanche et immobile. Il s'approcha sans bruit et vit en effet une femme, probablement celle qu'il cherchait. Elle était assise et paraissait écouter avec attention le bruit lointain de la rivière. Il agita un peu le feuillage pour l'avertir de sa présence, mais elle ne changea pas de position. Ayant soin de modérer le son de sa voix pour ne pas l'effrayer, il se hasarda à lui adresser la parole :

— Si c'est vous que j'ai vue fuir tout à l'heure, mademoiselle, vous pouvez vous rassurer...

Elle tourna lentement la tête sans témoigner d'effroi, et dit :

— Je suis petit oiseau; Dieu m'a donné des ailes. Comment m'atteindrait-on! n'ai-je pas su voler jusqu'ici?

Frédéric reconnut la jeune folle du vieux château :

— Étiez-vous seule? lui demanda-t il avec trouble.

— Seule! répéta-t-elle; la colombe est ma sœur, et je vais la rejoindre. En même temps, avant que Frédéric pût la retenir, elle s'élança en avant, comme si elle eût voulu s'envoler dans les airs. Il poussa un cri d'effroi et se pencha sur la pointe du rocher. Heureusement, un jeune sapin qui croissait dans ses fentes avait soutenu la jeune fille. Frédéric se hâta de descendre. La pauvre enfant était évanouie. Il la prit dans ses bras et l'emporta vers la ville. Quand il arriva devant la maison où elle demeurait, il s'arrêta un moment indécis. Que faire? se disait-il; ne vais-je pas frapper d'effroi cette jeune femme en offrant ainsi à sa vue sa sœur à demi morte? Comme il faisait ces réflexions, il entendit derrière lui des pas précipités et vit venir la jeune femme elle-même, pâle, les cheveux en désordre, et tenant son enfant dans les bras.

— Ah! Marceline, ma pauvre Marceline, s'écria-t-elle dès qu'elle aperçut Frédéric et son pâle fardeau. Entrez, lui dit-elle; est-elle morte! répondez : où l'avez-vous trouvée? — Mais non! son cœur bat....

En effet, la pauvre enfant revenait à elle; quand elle vit sa sœur, elle sourit sans parler encore. Celle-ci la couvrait de larmes et de baisers.

— Henriette! dit la folle avec une joie enfantine, est-ce bien toi? Et le petit enfant?

— Le voici dans son berceau.

— Chut! il dort. — Elle voulut mettre un doigt sur sa bouche; mais elle ne put et ferma les yeux en poussant un faible gémissement.

— Blessée! elle est blessée! s'écria Henriette.

Frédéric s'élança dehors et ne revint qu'avec l'assurance qu'un médecin le suivait. En l'attendant, il fit à la jeune femme le récit de ce qui s'était passé.

— Soyez béni, lui dit-elle d'une voix tremblante. Comme vous l'avez vu, la raison de cette pauvre enfant est altérée; aussi ne sort-elle jamais seule. Ce soir, je ne sais quel désir de liberté l'a prise, car d'ordinaire elle n'ose me quitter. J'avais parcouru vainement les environs, et je revenais désespérée, quand je vous ai aperçu. Comment puis-je vous remercier? sans vous je ne l'aurais peut-être jamais revue!

En ce moment, le médecin entra; il examina le bras malade et déclara qu'il était démis. Il prescrivit les soins à donner et se retira; Frédéric n'osa rester après lui. Rentré dans sa chambrette, il se mit au lit, prit un livre... et commença à songer. Il se sentait plein de joie, d'inquiétude et de curiosité. Il pensa d'abord que le nom d'Henriette était le plus charmant qu'il connût et s'étonna de ne l'avoir pas remarqué jusque-là. Puis la douce figure de celle qui le portait, ses larmes touchantes et son regard reconnaissant lui furent présens de

nouveau; il entendit encore le son de sa voix et contempla la rougeur
qui avait couvert un instant ses joues. En même temps, il se perdit
vainement dans les questions qu'il s'était déjà bien des fois adressées,
et auxqelles il en ajoutait de nouvelles. — Lui permettrait-elle de la revoir? l'aimerait-elle jamais? Ce qui n'avait d'abord été chez lui qu'une
préoccupation romanesque devenait une ardente pensée, pleine de
désirs et déjà de mystères. La plus simple démarche dans le voisinage
lui eût sans doute appris tout ce qu'il voulait savoir; mais il lui répugnait de la faire, et son amour ne pouvait se résoudre à s'abattre des
hauteurs de l'idéal dans le détail de renseignemens vulgaires. Ce qu'il
avait vu du petit intérieur où il avait pénétré, le travail auquel Henriette se livrait, tout lui annonçait une pauvreté noblement soutenue;
il se sentit attendri à la pensée de cette jeunesse courageuse aux prises
avec le malheur. L'amour, qui n'était encore que dans la tête, descendit dans le cœur. Presque toute la nuit, il évoqua des fantômes
charmans, tantôt dans le passé, tantôt dans l'avenir. Vers le matin
pourtant, il s'endormit. Une rude secousse le réveilla; Antonio, pâle
et agité, était devant son lit.

— Qu'as-tu donc? lui demanda Frédéric étonné.

— Habille-toi, j'ai besoin de toi pour un duel; prends tes sabres et
partons.

Frédéric fut bientôt prêt. Les duels entre étudians sont si fréquens
et ont lieu pour des causes si légères, qu'il suivit son ami sans même
s'informer du motif de celui auquel il se rendait. Quand ils furent
dans la rue, Antonio le mit au fait en peu de mots. La veille, après
avoir vainement cherché la fugitive, il revint dans la ville et se rendit
au lieu de réunion ordinaire des étudians. Comme il allait entrer, le
nom de Mme de Rendorf, prononcé assez haut et suivi de nombreux
éclats de rire, frappa son oreille. La comtesse servait en ce moment
de texte aux plaisanteries plus ou moins attiques des étudians.

— Je ne dissimulerai pas avec toi, dit Antonio. Me montrer et la
défendre ouvertement, c'était la compromettre; que devais-je faire?
J'étais rempli de ressentiment; pourtant je me contins et j'entrai d'un
air assez calme; mais j'avais remarqué que les sarcasmes de Franz
étaient les plus acérés; je me promis de me venger sur lui. Tu connais sa vanité, le ton tranchant de ses décisions : je le contredis sur
tout; il se fâcha, je continuai, et... nous nous battons ce matin.

— J'aurais agi comme toi, répondit Frédéric; celui qui perd sa maîtresse en la défendant mal à propos est un maladroit; celui qui ne la
vengerait pas serait un lâche.

Il serra la main de son ami; ils étaient arrivés sur le terrain : les deux adversaires furent bientôt en présence. Franz reçut une blessure assez profonde dans la poitrine.

— Pauvre Franz! dit Antonio d'un air soucieux en jetant son sabre; au diable les femmes! elles ne méritent ni la peine qu'elles donnent, ni le mal qu'elles causent.

Frédéric apprit bientôt ce qui n'était plus un secret; le duel avait fait du bruit. Antonio ne lui avait pas avoué que sa colère venait surtout de son amour-propre cruellement froissé! Franz avait dit que Mme de Rendorf avait plus de coquetterie que de beauté, et d'art que de jeunesse. Antonio eût mieux aimé la savoir morte que de penser qu'ils avaient cessé d'exciter, elle l'admiration, lui l'envie. Il a blessé Franz, se dit Frédéric, mais Franz a tué son amour. Il ne se trompait pas. Quelques jours après, Antonio lui apprit qu'ayant terminé le tableau qui le retenait, il partait pour l'Italie.

— Je sais que le désir de ton père est que tu y passes l'année prochaine, lui dit-il. J'espère donc te revoir.

— Je ne sais, dit Frédéric avec hésitation. Peut-être prolongerai-je mon séjour ici.

Son ami le regarda et sourit, mais il se contenta de lui serrer cordialement la main et de lui dire : — En Italie comme en Allemagne, rappelle-toi que je te suis dévoué.

— Il a du cœur, se disait Frédéric; le monde et la vanité gâtent de bien bonnes natures! — Quant à Mme de Rendorf, il apprit un mois après qu'un compositeur célèbre était arrivé à Heidelberg, et qu'elle aimait passionnément la musique.

Tout le jour qui avait suivi le duel d'Antonio, Frédéric avait lutté contre son envie de revoir Henriette. Il finit pourtant par penser que sa venue serait suffisamment justifiée par le désir de savoir des nouvelles de la jeune malade. Ce fut avec un vif battement de cœur qu'il frappa à la porte, et vit Henriette la lui ouvrir. L'appartement qu'occupaient les deux sœurs se composait d'une petite antichambre et de deux pièces, l'une donnant sur la rue et l'autre sur une cour où croissaient quelques tilleuls. C'est dans cette dernière que la pauvre folle était assise sur un grand fauteuil, le regard fixé vaguement sur le coin de ciel qu'on apercevait par-dessus les branches des arbres. On eût dit qu'elle cherchait sa raison envolée. Elle parut reconnaître Frédéric, car elle sourit faiblement en lui montrant son bras, mais elle ne parla pas.

— Souffre-t-elle beaucoup? demanda Frédéric.

—J'espère que non, répondit Henriette, car elle est tranquille. Mais, depuis hier, elle n'a pas dit une parole. Cette secousse semble avoir rendu un peu de calme à ses idées. Je préfère la voir silencieuse ainsi; quand elle parle beaucoup, je crains toujours quelque crise.

— Pauvre enfant! dit Frédéric avec compassion; si jeune!... Il s'arrêta, car il vit deux grosses larmes tomber des yeux d'Henriette sur son ouvrage qu'elle avait repris. Il la contempla quelque temps en silence, et ne savait plus comment reprendre l'entretien. En ce moment, on frappa à la porte. C'était le médecin. Il trouva la malade aussi bien que possible. — Depuis quand a-t-elle perdu la raison? demanda-t-il à Henriette.

— Hélas! monsieur, répondit-elle, dès l'enfance, ma sœur a montré une ame faible et que la moindre émotion troublait profondément. Aux changemens de saisons, ou par les temps orageux, elle était en proie à une grande exaltation; cela nous faisait sourire. Mais notre fortune s'est écroulée, nous avons perdu notre père et notre mère à peu d'intervalle. Ces malheurs répétés ont brisé la raison fragile de ma sœur. Du reste, sa folie est douce et a quelque chose de pur et de poétique comme son ame. Tantôt elle se croit fleur, et se tourne vers le soleil; tantôt elle est papillon, et veut voltiger par les prés; mais son idée constante est mon enfant. Dès qu'il parait, elle sourit; si elle reste quelque temps sans le voir, elle s'inquiète, s'attriste et le demande. Elle a, ajouta-t-elle en rougissant, une singulière idée, véritable rêve de folie; elle dit... que c'est le petit enfant Jésus.

— Et vous la mère pleine de graces, dit galamment le médecin. Frédéric s'était contenté de le penser. Henriette avait repris son ouvrage et travaillait avec une extrême attention.

— Mais, reprit le médecin, cette folie peut n'être pas sans remède. On devrait essayer; peut-être même, en flattant ses idées... N'a-t-on jamais rien tenté?

— Nous sommes pauvres, dit Henriette avec tristesse et dignité.

—La maladie, la pauvreté, sont deux portes du ciel, dit le médecin, qui avait autant de bonté que d'amour de la science. Me permettrez-vous de revenir?

— Oh! monsieur! dit Henriette; l'émotion l'empêcha d'achever.

— Je suis votre voisin, reprit-il avec bienveillance; vous voyez que ce ne sera pas pour moi une peine.

Frédéric voulait le suivre; mais la malade le retint : — Restez, dit-elle, j'aime à vous voir. — Elle lui prit la main. — Autrefois, je tenais ainsi mon petit bon ami par la main, et nous allions dans les prairies où les ruisseaux nous racontaient tout ce qu'ils avaient vu.

Henriette paraissait embarrassée; Frédéric ne savait quel parti prendre. Ils restèrent quelques instans silencieux.

— Oh! les beaux fruits, ma sœur, dit Marceline. Ne peux-tu m'en cueillir?

— Mais, mon enfant, je n'en vois pas, tu te trompes, dit doucement Henriette.

— Tu ne m'aimes donc plus, que tu me refuses? reprit tristement la folle. Pourquoi ne vas-tu pas....

— J'y vais, s'écria Frédéric, heureux d'une occasion de prouver son zèle, et il sortit précipitamment. Quelques minutes après, il posa sur le lit de Marceline une corbeille de beaux fruits. Elle les regarda avec une joie enfantine, et elle lui dit : —Vous ne nous quitterez plus; n'est-ce pas, sœur, qu'il restera avec nous?

— Je reviendrai, interrompit Frédéric; — si vous le permettez, ajouta-t-il plus bas, en s'adressant à Henriette.

— Elle est malade, et je n'ose la contrarier, répondit-elle en rougissant.

V.

Ce fut ainsi que Frédéric se trouva admis dans le petit intérieur d'Henriette. Sa bonté pour sa sœur, ses attentions délicates, l'inquiétude qu'il avait montrée, avaient touché le cœur de celle-ci. D'abord elle ne l'avait reçu qu'avec défiance, se rappelant la déclaration des fleurs. Bientôt elle le connut si simple, si loin de toute idée offensante pour elle, qu'elle s'habitua insensiblement à le traiter en ami. Pour Frédéric, depuis qu'il la voyait tous les jours, il croyait n'éprouver qu'une amitié dévouée au lieu des transports exaltés qui l'avaient agité. S'il se fût sérieusement interrogé lui-même, il aurait vu, au contraire, le progrès que l'amour avait fait dans son cœur en mettant le vrai à la place du romanesque. Il se sentait vivre de la vie qu'il avait si ardemment souhaitée; ses pensées avaient un but, ses actions un intérêt. Il ne rêvait qu'aux moyens de venir en aide à cette pauvreté discrète sans éveiller la fierté qui la gardait; mais c'était en vain. Ses ruses les mieux déguisées étaient déjouées naturellement, simplement, et même sans qu'on eût l'air de les avoir pénétrées. Cependant, si elle ne paraissait pas les remarquer, Henriette les comptait avec attendrissement, et, pour être muette, sa reconnaissance n'en était peut-être que plus vive. Tout ce que pouvait offrir Frédéric se bornait donc à quelques fleurs pour Marceline, quelque hochet pour l'enfant; quant à Henriette, à peine osait-il la regarder, quand son ouvrage paraissait l'absorber. Il était devenu si timide auprès d'elle, que c'était elle souvent qui lui adressait la parole pour rompre un silence qui l'embarrassait; rien n'est éloquent comme certains silences, et elle lui parlait de peur de trop bien le comprendre. Cependant Frédéric avait peu à peu appris que les deux sœurs venaient de Nuremberg, habitaient depuis quelques mois seulement Heidelberg, et que la plus jeune était veuve. Le propriétaire de la maison était un brave homme qui trouva pour en parler à Frédéric des mots qu'il fut heureux d'entendre. — Ce sont trois enfans, avait-il dit, et le plus naïf est peut-être encore cet ange blond qui soutient les deux autres. Mais c'est trop jeune et trop joli pour être si pauvre!

Un soir Frédéric vint plus tard que d'ordinaire. — Arrivez donc, lui dit Henriette; Marceline s'impatiente; elle demande l'ami. — C'est ainsi qu'elle l'appelait.

— Ah! dit Frédéric un peu tristement, ceux qui n'ont pas leur raison ont de la franchise, et quand ils aiment, ils ne craignent pas de le laisser voir. Je voudrais quelquefois oublier ma raison et dire ce que je sens si bien! — Henriette rougit et l'entraîna dans la chambre de sa sœur. Celle-ci se mit à battre des mains en les voyant :

— Ah! tous deux, tous deux ensemble! s'écria-t-elle. Que je suis contente quand vous êtes ainsi! — J'avais un beau rosier; tout près, j'ai mis un arbre; — plus près, plus près, dit-elle à Frédéric, abritez-le bien. Le vent te renverserait, ma pauvre fleur chérie! — Elle prit sa sœur par la main et la força de s'asseoir à côté d'elle sur une petite chaise basse, tandis que Frédéric s'appuyait sur le dossier; il était si près que ses lèvres effleuraient presque les cheveux d'Henriette.

— Ce sont des folies, dit-elle en se levant.

— Ce sont les plus douces que j'aie faites de ma vie! dit Frédéric.

Henriette ne répondit pas. Elle tendit à sa sœur une bible dont les lettres coloriées l'occupèrent bientôt en changeant ses idées. Quand l'heure sonna à l'horloge de la ville, elle prétexta une grande fatigue et abrégea la soirée. Restée seule, elle demeura quelque temps pensive; puis elle prit sa sœur dans ses bras et la posa sur son lit; elle entr'ouvrit les rideaux blancs du berceau, baisa le front pur de l'enfant, et reprit sa tâche de chaque jour; mais elle était inquiète, agitée, et plus d'une fois ses mains laissèrent retomber l'ouvrage sur ses genoux, pendant que sa pensée semblait s'envoler loin des murs étroits de sa chambrette. Où s'envolait-elle ainsi? — Henriette n'était pas d'un naturel rêveur. Livrée de bonne heure au contact des nécessités de la vie, obligée de venir, par son travail, en aide à sa petite fortune, chargée surtout du soin de deux êtres également incapables de se soigner eux-mêmes, elle avait dû agir à l'âge où d'ordinaire on se laisse aimer. Depuis quelque temps, elle ne se reconnaissait pas. Si calme, et presque heureuse malgré sa pauvreté, sa vie était tout à coup pleine de vagues tristesses et de troubles étranges. Tantôt elle souhaitait ardemment le grand air, la vue de la campagne ouverte; tantôt elle eût voulu l'obscurité et une retraite plus cachée encore que celle où elle vivait. Quelquefois elle prenait son enfant, le couvrait de caresses et finissait par le baigner de larmes ou le repousser avec terreur; d'autres fois, elle écoutait les discours sans suite de sa sœur et paraissait envier sa folie. Elle portait en elle un secret qui la suivait partout et qu'elle n'osait s'avouer. Elle sentait bien qu'une heure décisive allait sonner dans son existence, et elle s'en effrayait, car ses pressentimens étaient plus tristes que joyeux. Elle entendait venir l'amour, et sans force pour le fuir, elle cherchait vainement au tour d'elle quelqu'un pour l'en défendre; mais elle était seule au monde, sans conseils, sans amis, ou plutôt l'amour même avait pris la forme de l'amitié pour se glisser dans son cœur.

Le lendemain, Henriette se leva pâle et faible; elle avait peut-être plus de charme ainsi. — Comme tu es jolie! dit sa sœur en la voyant entrer.

— Tu trouves? répondit-elle tristement; mais en passant devant une petite glace, elle se regarda, et le miroir lui dit la vérité : elle était charmante. Mince et élancée, sa taille était remarquable de distinction et de souplesse, et ses mains, que ne déformaient pas les ouvrages légers auxquels elle se livrait, montraient des doigts effilés et légèrement relevés à l'extrémité comme ceux des statues antiques. Le principal caractère de sa figure, celui qui la gravait dans le souvenir, c'était une ineffable sérénité. Il était impossible de ne pas poser de chastes pensées sur ce front blanc et pur, entouré de longs cheveux blonds, comme ceux qu'on prête aux anges, et l'idée des madones de Raphael avait dû naturellement venir à Antonio, quand il l'avait aperçue avec son enfant sur ses genoux. Son sourire avait une grace charmante; mais ce qui complétait l'attrait de cette douce physionomie, c'étaient ses grands yeux bleus, naïvement ouverts comme ceux des enfans et des jeunes filles. Pareille à un beau lac qui appelle le regard et montre la pureté de son fond, leur transparence semblait faire pénétrer jusqu'à l'ame candide qui les animait. Il y avait de l'innocence jusque dans le mouvement de coquetterie qui l'avait poussée devant la glace : elle y obéissait instinctivement et sans s'en rendre compte. Ses pensées même le prouvaient. — Il faut que j'aie du courage, se disait-elle, en arrangeant ses cheveux dont les boucles soyeuses se roulaient autour de ses jolis doigts; je ne puis continuer à le voir; ce soir je le lui dirai. Ma sœur est guérie; quand elle ne le verra plus, elle l'oubliera. Lui-même... quel plaisir trouvait-il d'ailleurs auprès de nous, pauvres et retirées? Il ne venait que par bonté — Pourquoi croyais-je donc qu'il me faudrait du courage? Rien n'est plus simple et plus facile.

Le soir arriva, mais Frédéric ne vint pas. Marceline allait à la porte et écoutait; le vent s'engouffrait en gémissant dans la petite rue. On était en hiver; les girouettes criaient tristement, quelques rares passans se faisaient entendre par intervalle sur le pavé que la gelée rendait sonore. Henriette travaillait sans parler, mais à chaque bruit lointain, elle tressaillait, son cœur battait plus vite, et elle attendait. Quand les pas cessaient, elle tremblait que Frédéric n'eût pris de lui-même le parti qu'elle voulait, le matin, lui conseiller. Caprice du cœur humain, faiblesse, incertitude! Elle se mit au lit découragée et sans force pour supporter une absence qu'elle comptait demander comme un acte indifférent.

Une légère indisposition avait retenu Frédéric chez lui. Quand il revit Henriette, il remarqua bien son trouble, mais il n'aperçut pas l'éclair de joie qui passa dans ses yeux : il aimait trop pour oser rien espérer.

—Qu'avez-vous? lui demanda-t-il. Si c'est un chagrin, confiez-le-moi; si c'est une joie, laissez-moi la partager; faut-il vous dire combien je vous suis dévoué, combien...?

—Il ne faut rien me dire, interrompit-elle vivement; puis, comme elle vit qu'il devenait triste, elle ajouta : car je sais tout.

Tel fut à peu près le premier aveu qu'il osa faire, qu'elle acheva involontairement. Le pas était fait, mais Frédéric fut si modeste dans sa joie qu'Henriette crut n'avoir rien dit. Seulement, elle ne lui demanda plus de s'éloigner et pensa, dans sa sincérité, que l'amitié était possible à tous les âges. Si jeunes tous deux, loin du monde qui les ignorait et ne pouvait les troubler, ils se laissaient aller aux charmans conseils de leur jeunesse et de leur cœur. Cette étroite demeure était devenue pour eux tout l'univers. Frédéric ne s'y souvenait plus de la sévérité de son père, de ses projets et de sa colère s'il les voyait défruits; Henriette y oubliait ses chagrins, son avenir incertain, sa pauvreté présente. Malheureux qui n'a pas eu quelque instant pareil de complète et innocente ivresse!

Ces deux enfans (Henriette avait dix-huit ans, Frédéric touchait à sa vingtième année) vivaient donc, cachés à tous les yeux, soustraits à toutes les méchancetés. Avec l'expansion de son caractère, Frédéric avait depuis long-temps initié Henriette à ses projets comme à ses rêveries; seulement il n'avait osé lui dire ni son nom ni sa fortune. Ce ne fut point par une ruse indigne qui, méditant l'accomplissement de la séduction, se réservait plus tard la facilité de l'abandon; ce fut au contraire délicatesse et crainte de ne plus se trouver de niveau avec elle. Elle était pauvre, il se fit pauvre, et si le ciel eût alors exaucé ses vœux, il l'eût été réellement, en prenant la liberté en échange de la richesse. Il faut aimer sincèrement ou n'avoir point oublié encore son amour passé, pour comprendre tout le charme qui réside dans une pauvreté partagée ainsi, quand la jeunesse l'embellit de ses illusions et que le travail, la défendant de la crainte de l'avenir, la remplit du sentiment généreux de la force et de l'activité. Quelle douceur dans le moindre repos! quelle joie dans le moindre plaisir! Le souvenir même des temps mauvais fait mieux goûter le présent meilleur; l'espoir s'élance dans l'avenir, et l'on vit véritablement; car se concentrer dans le présent, c'est être trop matériellement heureux; ne contempler que le passé, c'est se vouer à la tristesse et aux regrets Celui-là seul vit pleinement qui, sans oublier le passé, jouit du présent et rêve à l'avenir.

Toutes ces joies innocentes, ces désirs non satisfaits, ces rêves enchanteurs, Frédéric et Henriette les goûtèrent donc ensemble, et, sans se l'être dit, leurs vœux avaient trop la même direction, pour qu'ils ne fussent pas certains que l'idée de ne jamais se séparer en formait le point de départ. Henriette croyait Frédéric un jeune homme à peu près aussi pauvre qu'elle et né de parens obscurs; elle l'avait trouvé triste, ennuyé, tout prêt, si l'amour n'était venu à son aide, à retomber dans la route fatale des plaisirs vides, des amitiés dangereuses, du mécontentement sans énergie. Sa qualité dominante était la bonté; cette nature égarée et près de se perdre lui fit pitié. La pitié est le plus sublime défaut des femmes : Henriette ressentait depuis longtemps de l'amour qu'elle ne croyait encore éprouver que de la compassion.—Frédéric voyait Henriette douce, chaste, cachée dans sa vie, réservée dans ses paroles. Entre son enfant et cette sœur un peu plus âgée qu'elle, mais privée de sa raison, sa double charge de mère l'entourait d'une auréole de sagesse sérieuse et bienfaisante qui lui inspirait le respect et la retenue. Il ne savait rien de son passé, et attendait que sa confiance en lui l'amenât naturellement à lui en parler. Il s'était bien aperçu qu'elle pleurait souvent en secret, et qu'elle était d'ordinaire grave et même triste, malgré son doux sourire, mais il n'avait osé l'interroger. Tout ce qu'il savait donc, c'était qu'elle était pieuse, secourable, et forte contre l'adversité, puisqu'avec une bien petite fortune elle trouvait dans son travail le supplément nécessaire pour soutenir les deux existences que Dieu lui avait confiées.

Cependant un grand évènement vint bouleverser cette vie modeste et tranquille, évènement heureux à la vérité, mais qui renfermait un sacrifice. Le médecin qui donnait des soins à Marceline avait été touché de la jeunesse et de la résignation d'Henriette. Il n'était pas d'Heidelberg, et ne s'y trouvait qu'en passant avec sa famille. Sur le point de partir, il dit à Henriette qu'il croyait possible de guérir sa sœur, et qu'il l'essaierait volontiers, si elle pouvait se résoudre à une double séparation. Il fallait, en effet, que Marceline vînt habiter une maison de campagne qu'il avait près de Vienne, mais il fallait aussi que le petit enfant l'accompagnât : c'était la condition expresse. La jeune fille était trop accoutumée à sa vue et l'aimait trop : risquer de l'en séparer eût peut-être aggravé le mal au lieu de le détruire. La priver de voir sa sœur était déjà une grande épreuve, mais importante pour changer une partie de ses habitudes. Si Henriette acceptait son offre et se soumettait à la condition qu'il lui imposait, le médecin croyait pouvoir lui donner une bonne espérance. — Votre enfant, ajouta-t-il, n'est pas encore en âge de vous regretter; je vous réponds qu'il ne manquera de rien. Ma femme et mes enfans m'accompagnent; il sera élevé avec eux; d'ailleurs sa présence ne sera pas toujours nécessaire, et dès que vous pourrez le reprendre, je vous écrirai.

Henriette fut touchée de tant de bonté; elle ne put d'abord que murmurer quelques remerciemens tremblans, puis elle serra son enfant sur son sein et refusa.

— Réfléchissez; dit le médecin. Votre refus ne m'étonne pas, je m'y attendais; mais songez que cette occasion peut ne pas se représenter : je n'affirme pas que je réussirai, pourtant mesurez la responsabilité qui pèse sur vous.

Henriette fut troublée toute la journée par ces paroles. Le médecin était un homme grave et d'une grande réputation; sa proposition généreuse était colorée par lui du prétexte de la science et ne pouvait la blesser; elle était sûre de ses soins et de sa bonté dont elle avait déjà des preuves; mille pensées se croisaient dans son esprit; se séparer de son enfant lui semblait impossible. — Mon devoir est près de lui, se. disait-elle, je ne le quitterai pas. Mais ma sœur, n'est-elle pas un devoir aussi? — Et elle contemplait les regards errans de la pauvre folle ou ses amusemens puérils, et ne savait à quoi se résoudre. Frédéric la trouva dans cette lutte; quand il en sut la cause, il hésita et ne sut lui-même quel conseil lui donner. Cependant l'idée qu'un refus était peut-être coupable la tourmentait. Dans un moment, elle vit Marceline tenant le petit enfant et le regardant avec des yeux où la tendresse semblait ramener la raison : — Ah! s'écria-t-elle, que le monde se rouvre pour elle! que le bonheur d'être jeune, pure, aimée, lui soit encore permis, et que ce soit ce pauvre orphelin qui le lui donne !

Elle alla trouver le médecin, et lui annonça en pleurant sa résolution. Quelques jours après, Marceline partit avec le petit enfant. — Pourquoi pleures-tu? disait-elle à sa sœur, au moment du départ, en lui montrant son enfant et ceux du médecin qui l'entouraient; les petits anges sont venus me chercher pour me montrer le ciel, où je te mènerai à mon tour.

— Chers enfans, disait Henriette à travers ses sanglots, avec vous ma richesse est partie; sans vous, que vais-je faire? J'étais si habituée à ne m'occuper que de vous!

Le petit enfant lui tendait les bras. Quand la voiture partit, la pauvre mère voulut la suivre, mais ses genoux fléchirent, et elle perdit le sentiment. Lorsqu'elle revint à elle, Frédéric la soutenait.

— Ce que vous faites est bien, lui dit-il tout ému, en osant lui prendre la main. Votre sœur pourra, je l'espère, vous en remercier un jour.

— Hélas ! le saura-t-elle jamais?

— Dieu le saura toujours, et ceux qui vous aiment vous connaîtront une vertu de plus.

Quand Henriette se vit seule, elle sentit toute sa faiblesse contre son propre cœur, et trembla. Au commencement, Frédéric vint moins souvent la visiter; elle comprit sa réserve et lui en sut gré. Pourtant elle comprenait que ne plus le voir avait cessé d'être possible, tandis que sa raison lui conseillait de garder secret le sentiment qu'elle éprouvait. Ce n'était qu'avec lui qu'elle pouvait parler des chers absens, et ce sujet leur sauvait souvent l'embarras de leur solitude. Frédéric cependant avait une vie bien différente de celle qu'il avait menée autrefois; assidu au travail, l'amour, loin de le détourner du bien, semblait au contraire l'y porter; cette nature aimante avait trouvé le mobile qu'il lui fallait. L'hiver s'écoula pour lui avec la rapidité du bonheur et de l'étude. Souvent il visita l'humble maison de Manheim et la bonne tante Marianne; ses jours partagés, pour ainsi dire, entre ces deux saintes pensées, entre ces deux femmes douces et indulgentes, s'écoulaient heureux et calmes, sans autre désir que celui d'un lendemain semblable à la veille. L'une représentait l'affection protectrice et maternelle, l'autre la tendresse chaste et dévouée. Dire ces joies, raconter ces plaisirs, serait impossible; il faudrait compter tout ce que renferment de bonheur le devoir accompli, l'étude poursuivie avec courage, la lampe qui se consume sur un bon livre où deux regards amis se rencontrent sans honte; il faudrait analyser tout ce qui vient du cœur et y retourne par des chemins mystérieux et innombrables. Mais, si jeune et si pur que l'on soit, ce temps magnifique de la candeur est éphémère comme tout ce qui est beau sur terre. Plus d'une fois, Frédéric se sentit troublé à côté d'Henriette, tranquillement heureuse et ne désirant rien au-delà de cette chaste existence que la présence de son enfant et de sa sœur. Plus d'une fois il sortit précipitamment, pour lui cacher son agitation, et se promena long-temps sur les bords du Necker, contemplant de loin la fenêtre éclairée de celle qu'il venait de quitter de peur de l'offenser.

Le printemps vint; la première verdure commençait à germer, les premiers parfums s'envolaient dans les airs. Frédéric trouva un soir Henriette plus joyeuse qu'il ne l'avait jamais vue.

— Lisez, dit-elle en lui tendant une lettre, et vous comprendrez ma joie.—Cette lettre était du médecin : « Les deux trésors que vous m'aviez confiés sont en sûreté, écrivait-il; la route a distrait la pauvre folle; l'enfant a des couleurs roses. Patience et bon espoir! »

— Je suis heureuse, Frédéric, dit Henriette; vous êtes mon seul ami; donnez-moi la main et laissez-moi vous remercier de pouvoir ainsi, sans crainte, épancher mon cœur dans le vôtre!

— Chère Henriette, votre ami, vous l'avez dit, et jamais vous n'en aurez de plus fidèle.

— Oh! dit-elle avec effusion, je le sais bien!... Et elle se mit à contempler le ciel, comme si elle y suivait une pensée heureuse.

— A quoi songez-vous donc?

— Je songe, mon ami, que ceux qui se sont aimés purement sur cette terre, se retrouveront là-haut, peut-être dans ces brillantes étoiles, et que toutes les souillures d'ici-bas seront restées avec leurs corps fragiles et mortels.

— Quelle idée! pourquoi placer le bonheur si loin? ne l'avons-nous pas près de nous?

Henriette était devenue pensive; ses yeux cherchaient ceux de Frédéric avec une angélique expression de candeur :

— Non, reprit-elle, on le rêve, mais on ne le trouve jamais complet.

— Quoi! l'amitié! l'amour!...

— L'amour n'est doux qu'autant qu'il est sans tache.

— Eh bien! Henriette, n'est-ce pas avec pureté qu'on vous aime? Pourrait-on vous aimer autrement?

Elle tomba dans la rêverie; Frédéric n'osa l'interrompre. Il se sentait irrésistiblement entraîné à lui avouer enfin son amour; mais il tremblait à ce moment décisif et craignait de détruire par un mot cette douce confiance qui lui était si chère, et qu'elle ne lui avait jamais témoignée si vive. Tandis qu'il se perdait aussi dans ses réflexions, il tressaillit en sentant la main d'Henriette posée sur la sienne, au bord de la fenêtre où ils étaient appuyés; il se retourna vers elle, et vit sa figure inondée de larmes. Au même instant, elle lui dit :

— Frédéric, jé vous aime...—Attendez! ne soyez pas joyeux, car, si je pouvais être à vous, je ne vous parlerais pas ainsi.

Elle avait dit ces paroles avec une émotion si vraie et d'un son de voix si triste, que Frédéric sentit en effet toute sa joie s'en aller. Il la regardait en silence, attendant avidement qu'elle fît cesser l'angoisse qu'il ressentait. Pour elle, elle parut un peu soulagée après ces premiers mots. Sa main était restée dans celle de Frédéric; l'autre était appuyée sur son cœur, dont elle semblait comprimer les battemens. L'aveu qu'elle venait de faire n'avait rien ôté à la modestie habituelle de son attitude; si l'amour avait un instant vibré dans sa voix tremblante, le chagrin, en s'y mêlant, lui avait rendu bien vite le timbre retenu et un peu voilé qui lui était naturel.

— Oui, je vous aime, reprit-elle avec plus de fermeté, et je sens bien qu'il y a quelque chose d'étrange à vous le dire; mais le moment est venu. Je lutte en vain; bientôt peut-être ma raison ne serait plus assez forte; il faut qu'un rempart plus puissant s'élève entre nous.

— Que dites-vous? s'écria Frédéric.

Il ne put continuer : une crainte affreuse serrait son cœur. Que voulait-elle dire en effet?

— Ah! parlez, de grace, parlez! reprit-il; ne voyez-vous pas, Henriette, que je vous adore et que je souffre horriblement?

— C'est pour cela que je veux, que j'espère, ajouta-t-elle plus faiblement, vous guérir et vous sauver.

Elle parut se recueillir un peu, joignit les mains, comme si elle eût

fait une muette prière, et reprit avec plus de calme, mais la rougeur
sur le front :

— Écoutez-moi, Frédéric. Vous m'aimez avec toute la pureté, toute
la foi d'un premier amour. Jamais vous ne m'avez interrogée sur mon
passé, et pourtant il renferme un secret qui me rend indigne de vous.
J'espérais que le temps, un autre amour, vous guériraient; que vous
dirai-je? ma faiblesse surtout m'empêcha toujours de rompre le silence et de vous éloigner, comme je l'aurais dû faire. Quelquefois je
croyais m'être abusée et que vous ne m'aimiez pas; aujourd'hui, je
suis sûre de votre attachement, et j'en suis fière; mais je dois vous
arrêter. Vous penserez ensuite combien il faut que je vous aime pour
vous faire l'aveu que vous allez entendre...—O mon Dieu! s'écria-t-elle
en sanglotant, qu'il me serve d'expiation, car il brise à jamais mon
bonheur sur la terre! Un mot vous dira tout, Frédéric : — ce pauvre
enfant que je pleure tous les jours n'est pas le gage d'un hymen
rompu; c'est le fruit d'une faute. Épargnez-moi de pénibles détails.
Je pourrais essayer de me justifier; mais je ne le veux pas, dit-elle
avec fierté et en relevant sa tête qu'elle avait tenue baissée jusque-là.
Ma jeunesse, l'insouciance fatale de mon père entraîné par la passion du jeu, mon extrême innocence même, complice involontaire,
mon ignorance du mal, ma naïve crédulité, tout viendrait peut-être
à mon aide pour m'absoudre, ou du moins m'obtenir quelque indulgence; mais moi, Frédéric, je ne me suis point fait illusion, et je
crois que le danger surmonté prouve seul la vertu. Oh! qu'il m'en
coûte de perdre de votre estime! que je la rachèterais, si je pouvais,
au prix de tout mon sang! Laissez-moi seulement, c'est mon unique
consolation, laissez-moi vous dire que je n'ai jamais aimé que vous.
Violence ou persuasion, j'ai cédé, c'est là ma faute: mais l'auteur de
ma chute, je ne l'ai pas même détesté, je l'ai méprisé, voilà tout. —
Maintenant je finis. Je ne voulus pas porter ma honte sous le toit de
mon père; prétextant un voyage chez des parens, je partis, Frédéric;
je partis seule, sans ressources, avec mon enfant, qui ne devait pas
souffrir de la faute de sa mère. Au lieu de le cacher ou de le rejeter,
je résolus d'endurer pour lui toutes les privations et d'offrir en expiation mes peines à Dieu. Frédéric, ma mère, pieuse femme, est morte
en me pardonnant; mon père m'a béni, en maudissant sa négligence;
moi seule, je ne me suis point pardonné. J'ai recueilli ma sœur; mes
soins pour elle ne sont pas un mérite; je voudrais avoir plus de souffrances à supporter pour me sentir moins coupable. Elle-même, pau-

vre fille! sert à mon supplice : sa folie, je vous l'ai dit, voit en moi la
Vierge sainte. Quel reproche continuel et poignant!... — Eh bien!
Frédéric, vous le voyez, je ne puis vous appartenir. Oh! jamais mon
cœur ne s'est brisé comme il se brise en ce moment! Si ma vie n'était
qu'à moi, je voudrais être morte; morte, aimée de vous; morte, estimée, pleurée comme j'aurais pu l'être, il y a si peu d'années! — tandis qu'à présent...

L'excès de la douleur lui ôta la voix. Frédéric était sensible et généreux; il avait vingt ans. Bien que son cœur fût cruellement froissé,
il le cacha et voulut parler.

— Non, dit-elle, non, ne parlez pas! Je devine ce que vous me
diriez, parce que vous êtes bon. Vous voudriez me consoler, me jurer
que vous m'aimez toujours; mais je ne veux rien devoir à votre pitié,
ou, si réellement vous m'aimez encore, je ne veux pas associer mon
sort déjà flétri au vôtre si pur et si plein d'avenir. Partez donc, je
vous en prie; je vous en prie pour moi, qui n'aurais peut-être pas
assez de courage pour une longue lutte. Partez, laissez-moi seule et
malheureuse, mais certaine d'avoir bien fait, et préférant de pareilles
larmes à un bonheur coupable. Partez, oubliez-moi. — Oublier! répéta-t-elle tout bas, comme si ce mot eût achevé de déchirer son cœur.

Elle se tut, et Frédéric n'entendit plus que le bruit léger de quelques sanglots qu'elle essayait de réprimer. La lune éclairait mollement son visage; douce comme le pardon, elle jetait sur ce beau front
une lueur chaste et calme. Frédéric contempla Henriette ainsi, et
devant cet astre mélancolique il jura de la rendre heureuse. Sa passion se réveilla et osa s'exprimer; il parla long-temps et avec conviction; il épuisa, pour vaincre Henriette, tout ce que l'amour a de plus
tendre, tout ce que la jeunesse a de plus chevaleresque et de plus indulgent. Elle l'écoutait et souriait tristement, car elle n'espérait pas.

ALFRED LEROUX.

(*La suite au prochain n°.*)

ÉCONOMISTES CONTEMPORAINS.

M. MICHEL CHEVALIER.
(COURS D'ÉCONOMIE POLITIQUE.)

———◆———

Si le livre dont nous entreprenons l'examen était présenté comme un cours d'administration pratique, il n'y aurait que des éloges à donner à M. Michel Chevalier. Il suffirait de montrer dans son œuvre l'abondance et la précision des faits, la conception nette et vive, le bon sens pratique, et surtout un rare talent de vulgarisation. Il serait facile de justifier le succès et l'influence de l'auteur, en constatant que peu de publicistes ont possédé à un égal degré le secret d'intéresser le public aux choses utiles. Malheureusement ce livre, recommandable à tant d'égards, est intitulé : *Cours d'économie politique* (1). Son auteur a pour mission de continuer au Collège de France le solide enseignement fondé par J.-B. Say et par M. Rossi. Ces deux circonstances nous obligeront à ne plus considérer seulement M. Michel Chevalier comme un homme de riche expérience et d'heureux conseil; il faudra sonder la valeur théorique des doctrines qu'il émet, et limiter exac-

(1) Première et deuxième année (1841-43); 2 vol. in-8°, chez Capelle, rue de l'Odéon, 21.

tement la place qu'il occupe dans la science économique. De cet examen résultera pour nous la nécessité de proposer quelques doutes et de tempérer parfois l'éloge par des restrictions.

Les sciences positives, aussi b'en que la littérature et les arts, admettent chez ceux qui les cultivent deux genres opposés d'aptitudes, deux nuances d'esprit dont le contraste est vivement prononcé. D'une part se rangent les savans exacts et réfléchis, qui, sans entraînement, sans illusions, retournent froidement contre eux-mêmes l'instinct critique dont ils sont doués, et ne produisent leur œuvre qu'après l'avoir éprouvée de toutes manières. Il y a, d'autre part, des natures vives et aventureuses qui n'ont de puissance que par leur spontanéité, et qu'une méditation trop intense énerverait. M. Michel Chevalier doit être classé dans ce dernier groupe. C'est un homme de sentiment et d'imagination qui a l'avantage de posséder les plus utiles ressources de la science positive. Son éducation littéraire eut pour complément le sérieux enseignement de l'École polytechnique. Lorsqu'il se trouva lancé dans le monde avec le titre d'ingénieur pour toute fortune, une révolution qui venait de faire éclat, volcan mal éteint, avait imprégné l'air d'on ne sait quels principes subtils et dissolvans qu'on respirait malgré soi, et qui enivraient comme l'odeur de la poudre après une bataille; c'était un vague besoin de réforme, une irritabilité maladive au contact de tout ce qui existait. M. Michel Chevalier n'échappa point à cette contagion. Il fit acte d'adhésion au saint-simonisme et ne tarda pas à devenir un des promoteurs les plus influens de cette doctrine. L'heure du désenchantement sonna, hélas! bientôt. Les esprits qu'un fiévreux enthousiasme n'avait pas définitivement faussés reconnurent que l'ancienne loi morale trouvait dans sa sévérité même la raison nécessaire de son existence; qu'une hiérarchie sociale ne se bâcle pas à la tâche, par des réformateurs improvisés; qu'il n'est pas facile de discerner les capacités, et que le fonds commun d'un pays ne fournit pas toujours les moyens de récompenser chacun selon ses œuvres. De tout le symbole saint-simonien, une seule maxime résistait à l'examen de la froide raison; c'était celle qui avait séduit tant de nobles cœurs, et qu'on formulait ainsi : « Amélioration matérielle et morale du sort du plus grand nombre. » M. Michel Chevalier est resté fidèle à cette devise; il en a fait un thème qu'il ne se lasse pas de paraphraser dans ses divers écrits, et le cours d'économie politique qu'il professe n'est, dans sa pensée, qu'un plan pour en faciliter la réalisation.

Loin de garder rancune aux rêveurs qui avaient si naïvement comploté sa ruine, la société leur ouvrit ses rangs les plus honorables. Il

y avait alors, aux départemens réunis de l'intérieur et des travaux publics, un ministre doué de la qualité à laquelle on reconnaît les hommes
nés pour le gouvernement, c'est-à-dire, de ce tact qui sait deviner et
classer les gens de mérite en les arrachant à la passion qui les absorbe
ou à la nécessité qui les enchaîne. M. Thiers envoya M. Michel Chevalier dans l'Amérique du Nord, avec mission d'y étudier les travaux
publics, et en particulier les chemins de fer. Cette exploration dura deux
années, de la fin de 1833 à celle de 1835. Lorsque l'ex-saint-simonien
fit voile pour le Nouveau-Monde, il devait être, nous le supposons,
dans la situation d'esprit de ces amans qui sont désabusés plutôt que
guéris d'une folle passion, et qui voyagent pour faire diversion à l'idée
qui les obsède Ce problème dont la solution est le secret de la Providence, ce solennel espoir d'une émancipation des classes pauvres, pesait encore sur son intelligence d'un poids accablant. Pénétrons-nous
bien d'un sentiment de cette nature, et essayons de nous représenter
l'émotion du jeune voyageur au spectacle, ou, pour mieux dire, à ce
vaste et continuel enchantement qui le fascina dès qu'il eut touché le
sol des États-Unis.

Ce qui le frappe à la première vue, c'est l'aspect d'aisance universelle que présente le pays. En se promenant dans les rues de New-
York avec la curiosité béante d'un nouveau débarqué, il se demande
s'il n'est pas arrivé à une époque de vacances, « si tous les jours seraient des dimanches » dans ce pays dont la population lui semble
tous les jours endimanchée Point de ces visages flétris par les privations ou par les miasmes pestilentiels des vieilles cités; rien de semblable à ces êtres dégradés qui affichent dans nos carrefours leur misère et leur infamie. « Tout homme était chaudement enveloppé dans
son surtout; toute femme avait son manteau et son chapeau au dernier goût de Paris. »

Les investigations scientifiques du publiciste ne font qu'accroître
son premier étonnement. Ce pays, qui compte (en 1835) près de
13 millions d'habitans, en possédait à peine 4 millions cinquante ans
plus tôt. Dans les grands centres d'activité, les progrès en tous genres
tiennent du prodige. New-York, par exemple, a vu pendant cette période d'un demi-siècle sa population décupler et ses richesses centu-
pler. Depuis quinze ans que l'Union américaine s'est appliquée d'une
manière sérieuse aux travaux d'utilité publique, elle a sillonné son
vaste territoire de canaux et de chemins de fer dans toutes les directions, de l'Atlantique aux prairies de l'Ouest, de la vallée du Mississipi
à celle de Saint-Laurent, le long de l'Océan, dans le rayonnement des

métropoles, autour des diverses exploitations. L'ensemble des travaux donne 1364 lieues de canaux et 758 de chemins de fer, accomplis au prix de 660 millions : d'autres canaux, d'autres chemins, auxquels on destine 300 millions, doivent être entrepris sur un développement de 900 lieues, et l'on n'en doit pas rester là. A cette même époque, la marine à vapeur de cette nation née d'hier compte 386 bâtimens représentant 96,648 tonneaux, tandis qne la vieille France ne possède encore que 119 bâtimens, en y comprenant ceux de l'état. Quel est le secret de cette puissance? C'est que « la république des États-Unis n'est pas une seconde édition de la république romaine. C'est une colossale maison de commerce qui tient une ferme à céréales dans le nord-ouest, une ferme à coton, à riz et à tabac dans le sud; qui possède des sucreries, des ateliers de salaisons et de beaux commencemens de manufactures; qui a ses ports du nord-ouest garnis d'excellens navires bien construits et mieux montés encore, avec lesquels elle entreprend les transports pour le compte de tout l'univers, et spécule sur les besoins de tous les peuples (1). »

Le mouvement général et perpétuel du travail dans cette région cinq fois grande comme la France donne l'idée d'une monstrueuse fourmilière, où chaque être s'agite pour amasser. Comme il y a de la besogne pour tous, et de la besogne largement rétribuée, rien n'est plus aisé que de vivre en travaillant, et de fort bien vivre. Les objets de première nécessité, pain, vin, viande, sucre, thé, café, chauffage, sont également à plus bas prix qu'en France, en raison de la modicité des impôts, et les salaires y sont doubles ou triples. Un homme de peine, dans nos campagnes, gagne tout au plus 1 franc 25 centimes, avec lesquels il doit pourvoir à tous ses besoins. L'Irlandais qui débarque aux États-Unis, sans autre mérite que la vigueur de ses muscles, trouve un salaire qui varie de 2 à 4 francs, plus une nourriture succulente et copieuse, trois repas avec abondance de pain et de viande, avec du café, du sucre, et du beurre, sans compter les distributions de wiskey six à huit fois par jour. Aussi, n'y a-t-il pas de pauvres dans les États-Unis, du moins dans ceux qui ont su se préserver de la plaie de l'esclavage. Enfin, pour dernier trait de ressemblance avec cette terre promise que tout saint-simonien a entrevue dans ses rêves, la prospérité des Anglo-Américains est particulièrement profitable à la femme. Depuis l'embouchure du Saint-Laurent jusqu'à celle du Mississipi, on chercherait en vain un de ces monstres fémi-

(1) *Lettres sur l'Amérique du Nord*, tome II, page 218.

nins que la misère a abrutis et défigurés. « Affranchie d'occupations incompatibles avec sa constitution délicate, la femme a été affranchie aussi de cette repoussante laideur et de cette grossièreté de complexion que la pauvreté et la fatigue lui infligent partout ailleurs. Toute femme a les traits aussi bien que la mise d'une dame. Toute femme ici est qualifiée de *lady*, et s'efforce de paraître telle. »

Dans la naturelle extase de son admiration, M. Michel Chevalier se persuada que le problème si tristement agité dans la vieille Europe avait trouvé sa solution dans le Nouveau-Monde. L'étude de la société anglo-américaine fut entreprise avec cette croyance. On sent, dans les *Lettres sur l'Amérique du Nord*, une verve de contentement, une jeunesse de sentiment et de style, une confiance sympathique dans l'avenir, qui relèvent les qualités scientifiques de l'ouvrage, et en ont consacré le succès (1). La prospérité phénoménale de ce pays, où l'on ne trouvait pas encore de pauvres il y a dix ans, a eu pour causes, selon M. Michel Chevalier, l'activité infatigable des Américains et leur production illimitée, la célérité et l'économie établies dans les rapports commerciaux par les innombrables moyens de transport, la puissance du crédit appliquée à toutes les espèces de transaction, enfin certaines habitudes d'éducation qui préparent les citoyens, depuis le riche jusqu'au prolétaire, à l'exercice d'une industrie profitable. Ces résultats, en se classant, en se formulant à la longue dans l'esprit de l'observateur, lui ont fourni les principaux traits d'un plan d'économie sociale, dont ses divers écrits ne sont que le développement, et dont il a fait le programme de son enseignement au Collége de France. Ce système, d'une lucidité attrayante, peut être résumé en peu de mots.

M. Michel Chevalier cherche dans le développement des intérêts matériels la garantie du progrès social qui nous reste à accomplir, c'est-à-dire de l'élévation morale, intellectuelle et physique des classes ouvrières. L'homme qui a faim n'est pas libre, répète-t-il souvent. La liberté promise à tous par les lois ne serait donc qu'un mensonge, si on ne s'efforçait pas d'affranchir le plus grand nombre du joug dégradant de la misère. La cause principale de la misère, selon l'auteur, c'est l'insuffisance de la production. Qu'on ne déplore pas la fécondité de l'industrie, dit-il, qu'on s'applique au contraire à l'augmenter indéfiniment. « Lorsque l'agriculture donnera plus de pain, plus de viande, plus de vin, lorsque l'industrie des tissus fournira une beau—

_____

(1) Ce beau livre, qui est en même temps un livre utile, est à sa quatrième édition.

coup plus grande quantité de toiles, de draps, de cotonnades, de soie-
ries, lorsque toutes les branches primordiales de la production auront
suivi la même loi, il y aura des produits pour tout le monde, et chacun
en aura sa part en échange de son travail. » Suivant ce principe, la
question de la création d'une plus grande masse de produits domine
et résout celle de la répartition de ces mêmes produits. Quels sont
donc les moyens d'accroître la puissance productive de notre société?
Le professeur en signale trois, dont il garantit la vertu souveraine :
1º l'exécution d'un système complet de communications et de transports, depuis les chemins vicinaux jusqu'aux canaux et aux chemins
de fer, de manière à faciliter, à provoquer toutes les transactions sociales; 2º l'établissement de diverses institutions de crédit, qui mettraient à la portée de toutes les classes les instrumens du travail, ou,
pour reproduire les expressions de l'auteur, « les capitaux qui sont
aujourd'hui inaccessibles non-seulement à l'ouvrier et au cultivateur,
mais encore à une grande partie de la bourgeoisie; » 3º un programme
d'éducation professionnelle, complétant les études indispensables par
un enseignement commercial en faveur de la bourgeoisie, et par l'apprentissage d'un métier pour la classe ouvrière. Avec une telle organisation, on produira beaucoup, on produira bien et à bon marché,
et « la pauvreté disparaîtra comme la lèpre a disparu. »

Personne ne contestera qu'un ensemble de mesures propres à vivi-
fier notre industrie ne doive procurer quelque soulagement à ceux
qui vivent de leur travail; mais avancer d'une manière vague et absolue qu'il suffit d'accroître la production pour que les pauvres soient
nécessairement appelés au partage des produits, ce n'est plus parler le
langage scientifique. Autant vaudrait dire que si les deux tiers des Français ne lisent pas, c'est qu'on n'imprime pas assez de livres. L'axiome
favori de M. Michel Chevalier est si tristement démenti par les faits,
que, si l'on s'en tenait aux apparences, on pourrait croire que le paupérisme se développe au sein des nations en raison de leurs progrès
industriels. Ce n'est pas, certes, la puissance productive qui fait défaut
à la Grande-Bretagne. M. Michel Chevalier, au contraire, prend toujours pour en parler le ton du dithyrambe. Dans une de ces pages piquantes où il donne à l'aride statistique l'attrait d'un récit pittoresque,
il nous montre l'Angleterre proprement dite obtenant sur une même
superficie, et avec un même nombre de travailleurs, trois ou quatre
fois autant de denrées que sur le continent européen. Elle a assez de
fabriques pour inonder tous les marchés de l'univers, assez de vaisseaux pour faire tout le commerce du monde. Que le feu du ciel dé-

truise toutes les filatures existantes, à l'exception des siennes, et les consommateurs s'en apercevront à peine. Certains maîtres de forges pourraient fournir à la France la moitié du fer que réclament ses 35 millions d'habitans. L'énergie créatrice, en un mot, est tellement exagérée en Angleterre, qu'il semblerait urgent de la restreindre. Le même pays n'est-il pas celui où la misère se présente sous l'aspect le plus hideux? La Prusse commence à peine à se classer parmi les puissances industrielles, et déjà la détresse des ouvriers est devenue un sujet de tristesse et d'effroi. Ce résultat semble tellement inévitable dans les conditions présentes de l'industrie, que beaucoup d'hommes sans cœur ont fini par l'accepter comme un décret de la fatalité. Le mépris du salarié est devenu pour le bourgeois anglais un trait de caractère, comme jadis le mépris de l'esclave pour le citoyen romain.

M. Michel Chevalier attribue à l'insuffisance de la production chez les anciens les douleurs et la servitude de la plus grande partie de l'espèce humaine. La honte de ne pas s'appartenir à soi-même, la privation de la famille, l'impossibilité de choisir son travail, sa résidence, son genre de vie, rabaissaient l'esclave grec ou romain bien au-dessous du dernier de nos prolétaires; mais, à ne considérer que le fait matériel de la subsistance, il ne me paraît pas prouvé qu'en général, les ouvriers de l'antiquité eussent eu plus à pâtir que les dernières classes de nos artisans ou des cultivateurs de nos campagnes. Les planteurs des colonies nourrissent convenablement leurs nègres, parce qu'en les affaiblissant par des privations, ils se porteraient préjudice à eux-mêmes. Chez les anciens, les soins donnés aux troupeaux serviles étaient également recommandés par les agronomes, comme un acte de bonne administration. Quelques malheureux pouvaient, par exception, devenir victimes de l'avarice, de la pauvreté ou de la méchanceté de leurs maîtres. Le fait général était qu'un esclave reçût par mois quatre à cinq boisseaux (*modii*) de blé, environ 40 litres, plus une mesure d'huile, des olives, quelques salaisons; aux laboureurs, c'est-à-dire à l'immense majorité des ouvriers, on accordait en outre une ration considérable d'une espèce de vin frelaté dont la recette a été conservée par Caton. Cette prévoyance ne doit pas nous étonner. La société était alors constituée de telle sorte que la principale richesse du propriétaire consistât dans le nombre et la vigueur des malheureux qui lui appartenaient corps et ames, valeurs échangeables sur les marchés et de réalisation facile. Bien que l'industrie fût alors très peu féconde comparativement aux temps modernes, elle pouvait alimenter un assez grand nombre de travailleurs, parce que le produit brut était presque entièrement absorbé. La société, prise dans son ensemble, n'avait pour s'enrichir que les profits de la conquête. L'industrie moderne, qui a pour mobile l'intérêt personnel, spécule sur l'épargne d'un produit net, c'est-à-dire sur des bénéfices qui se *capitalisent* dans certaines mains privilégiées. Assez souvent ce bénéfice n'est obtenu qu'au moyen d'une pression exercée sur les classes pauvres : c'est ce qui arrive présentement en Angleterre, et malheureusement cette situation finirait par se généraliser, si les gouvernemens européens n'avisaient pas sérieusement aux remèdes.

S'il suffisait d'augmenter la masse des marchandises disponibles pour que tout le monde obtînt la satisfaction de ses besoins, la tâche des hommes d'état serait bien simplifiée. Avec les moyens que les arts chimiques et mécaniques mettent à la disposition des capitalistes, il n'est presque pas d'industrie dont la fécondité ne puisse être accrue indéfiniment. La seule limite opposée aujourd'hui aux entrepreneurs, c'est la possibilité du placement. M. Michel Chevalier n'explique pas assez nettement comment les pauvres pourraient être mis en mesure de se procurer ce qui leur manque. Il s'en tient à recommander vaguement que toutes les industries doublent leur fabrication à la fois. « Car, dit-il, pour qu'un industriel puisse acheter les produits de son voisin, il faut qu'il en crée lui-même, et c'est pour cela qu'une augmentation de production, lorsqu'elle est partielle, peut fort bien ne pas constituer une augmentation de richesse pour ceux à qui elle est due. » Au fond, la pensée du professeur est juste et féconde; mais elle semble entachée d'erreur par la façon dont elle est formulée. Nous nous permettrons de la rectifier en la discutant. C'est dans l'élucidation de ces problèmes que l'économiste peut faire apprécier la vertu des principes abstraits et l'utilité d'une bonne méthode analytique.

Les acquisitions du salarié sont réglées sur les ressources de son modeste budget. Si, par prodige, la production se trouvait tout à coup doublée dans les mêmes conditions qu'aujourd'hui, on accumulerait deux fois plus de marchandises dans les magasins, mais les ouvriers ne pourraient pas acheter davantage, à moins que cet encombrement ne produisît une baisse de prix qui aboutirait bientôt à une crise commerciale. Si tous les salaires étaient augmentés à la fois, tous les prix de revient et de vente s'élèveraient dans une égale proportion, et, en définitive, rien ne serait amélioré. L'erreur de M. Chevalier provient de ce qu'il confond, sous la dénomination générale d'*industriel*, les agens très divers de l'industrie, qui sont les capitalistes, promoteurs du travail, les entrepreneurs, représentans de l'intelligence, et les

ouvriers qui vendent leur force physique. Or, ce titre d'industriel suppose un spéculateur libre; il est applicable aux individus des deux premières classes; il devient impropre par rapport à l'ouvrier. Dans l'organisation présente du travail, l'homme qui vit au jour le jour de son
salaire n'est, dans l'atelier, qu'une machine de plus, mise en mouvement par la fatalité, comme la navette par la vapeur. Sa misère dépend beaucoup moins de la quantité plus ou moins grande des produits fabriqués que des conditions dans lesquelles la production est
opérée, que des vicissitudes commerciales et des tiraillemens de la concurrence.

On ne peut améliorer le sort des classes laborieuses qu'en changeant la relation établie entre le prix des salaires et celui des objets
de première nécessité. Pourquoi les salaires sont-ils sans cesse réduits?
C'est qu'il y a trop de bras qui s'offrent pour peu de travail. Pourquoi
les alimens augmentent-ils de prix? C'est, indépendamment de la
dépréciation du numéraire, qu'ils n'arrivent pas assez abondamment
sur les marchés pour le nombre des acheteurs. Diminuer la concurrence que se font les ouvriers, augmenter en leur faveur les facilités
de l'existence, tels sont les deux termes de la proposition. Il n'est pas
nécessaire, on le conçoit, il serait même dangereux de doubler dans
son ensemble la production nationale. De même qu'on rend la vigueur
à tout le corps humain en guérissant la partie malade, il suffit, pour
accélérer généralement le mouvement productif, de provoquer certaines exploitations négligées, de ranimer certaines industries souffrantes.

Nous n'avons qu'à ouvrir le *Cours* de M. Chevalier pour trouver des
faits qui nous serviront à expliquer notre pensée. Il y a encore dans
le Doubs, le Jura, le Var, l'Isère, les Hautes et Basses-Alpes, des
populations tellement engourdies, qu'elles ne cuisent leur pain qu'une
fois l'an, et ce qu'elles appellent leur pain, ce sont des masses de mauvaises pâtes qu'on laisse durcir, et qu'on dépèce à la hache. Certains
départemens, comme la Dordogne, la Lozère, sont si pauvres, que la
race humaine tend à s'y abâtardir. On peut le supposer du moins,
puisque ces contrées ont été régulièrement hors d'état de fournir
leur contingent à notre armée, et qu'ainsi tout homme valide qui
n'a pas droit à l'exemption légale, ou qui est trop pauvre pour se faire
remplacer, n'a aucune chance d'échapper au recrutement. Il est évident
que ces misérables paysans doivent être à peine comptés parmi les
tributaires de notre industrie. Supposons au contraire qu'une administration prévoyante eût entrepris de stimuler ces populations qui

dépérissent dans la torpeur; qu'on indiquât, qu'on facilitât au milieu d'elles les exploitations profitables, en y dirigeant les capitaux par les canaux du crédit, et bientôt on verrait les campagnards de la Franche-Comté ou du Périgord envoyer des produits agricoles à Mulhouse, à Rouen, à Reims, et demander en retour des vêtemens. Cet échange donnerait lieu à un double phénomène. Un surcroît de vente, animant la fabrication, élèverait le prix de la main-d'œuvre : en même temps, les denrées envoyées pour payer les objets manufacturés feraient baisser sur les marchés le prix des substances alimentaires. Ainsi, se trouverait réalisée la seule condition qui puisse améliorer le sort des ouvriers, la hausse des salaires, coïncidant avec l'abaissement du prix des subsistances.

Ordinairement, lorsqu'on augmente la production, c'est surtout en vue du commerce extérieur. Cette vieille habitude a survécu à l'une des erreurs dont l'economie politique a fait justice. A l'époque où l'on appréciait la richesse d'un pays par la somme des métaux précieux qu'il renfermait, les hommes d'état dédaignaient le commerce intérieur, parce que, disait-on, ce trafic ne peut que déplacer l'argent déjà répandu dans le pays, et non pas en augmenter la masse. On ignorait alors que ce déplacement de l'argent provoque la création de mille produits variés qui comptent autant dans le bilan d'une nation que les trésors métalliques. Le commerce extérieur, qu'il ne faut certes pas négliger, dégénère presque toujours en une guerre de concurrence que l'entrepreneur soutient en réduisant les salaires. Il y a au contraire profit pour tout le monde à augmenter la consommation interne en vivifiant les entreprises stagnantes. L'industrie qui souffre le plus chez nous est celle qui constitue notre véritable richesse, l'agriculture. Les moindres perfectionnemens dans cet ordre de spéculations ont cependant des résultats merveilleux. Le revenu quotidien que donnent les moutons est d'environ 2 centimes par tête. Suivant nos agronomes, il serait facile de porter ce bénéfice à 4 centimes. Or, M. Michel Chevalier a calculé qu'à cette insignifiante augmentation de 2 centimes par mouton et par jour, la France gagnerait annuellement 235 millions! Cette richesse nouvelle contribuerait à entretenir l'activité dans nos ateliers, tout en procurant aux pauvres une nourriture plus substantielle.

Le principal instrument des réformes économiques est un bon système de communications. Sur ce terrain, M Chevalier triomphe : les divers moyens de locomotion et de transports, telle est son étude de choix, son titre spécial. Chacun de ses livres lui fournit à ce sujet un point de vue différent. Les *Lettres sur l'Amérique* respirent l'étonnement du voyageur, le premier enthousiasme d'une grande découverte; le côté pittoresque y est le plus saisissant. Le livre consacré aux *Intérêts matériels de la France* (1) est une étude positive adressée aux hommes d'état. L'ingénieur reparaît dans une volumineuse *Histoire des voies de communication aux Etats-Unis et des travaux qui en dépendent* (2). Dans le cours professé au Collége de France, l'économiste prend la parole. C'est par une sorte d'instinct que son regard suit dans l'espace tous les véhicules, depuis la charrette embourbée dans l'ornière d'un chemin vicinal jusqu'à l'étincelante locomotive qui glisse en sifflant sur les rails. Cette préoccupation est d'ailleurs assez naturelle. L'usage de la vapeur appliquée à la locomotion ne sera-t-il pas l'un des principaux titres de notre siècle à la sympathie des siècles à venir? Quelle conquête du génie humain sur le temps et sur l'espace! Quels merveilleux courans d'hommes et d'idées! Pour apprécier le progrès réalisé chez nous dans cet ordre de travaux, il faut se reporter à l'époque où, en annonçant l'arrivée à Paris de *monsieur de Pourceaugnac*, Molière faisait dire à l'adroit Sbrigani : « Je l'ai vu à trois lieues d'ici, où a couché le coche. » Cette phrase fut écrite et prononcée au milieu des magnificences de Versailles, il y a 175 ans.

M. Chevalier a consacré les deux tiers de son cours à l'étude spéciale des questions relatives aux chemins de fer, et il y revient incidemment dans chacune de ses leçons. Les calculs sur la puissance de la vapeur, sur les bénéfices qu'elle procure, le jettent dans une exaltation communicative : c'est la poésie de la statistique. Nous en donnerons une idée en reproduisant quelques-unes de ses supputations. Dans le département de la Sarthe, les routes ont été améliorées au point de réduire à deux pour cent du poids de la charge l'effort nécessaire à la traction. Supposons que la France fût assez riche pour pousser au même degré de perfectionnement ses 117,000 kilomètres de routes publiques, sans parler des chemins vicinaux, l'économie sur les frais de traction procurerait au pays un bénéfice annuel de 250 millions. Quant aux chemins de fer, M. Chevalier estime qu'ils assurent aux voyageurs une réduction des deux tiers sur les frais de voyage, et des trois cinquièmes sur le temps; que l'avantage obtenu sur le transport

(1) 6ᵉ édition; 1 vol. grand in-18, chez Gosselin.
(2) 2 gros vol. in-4º, avec un atlas in-folio ; 50 fr. Chez le même éditeur.

des marchandises est d'un tiers; que des économies de cette nature ont déjà procuré au public belge un bénéfice équivalent au septième des impôts; qu'enfin, si les mêmes résultats se produisaient en France, l'avantage équivaudrait, pour nous, à un dégrèvement annuel de 200 millions sur le budget. Dans une leçon sur l'utilité stratégique des chemins de fer, on voit manœuvrer les chiffres d'une manière non moins victorieuse. En supposant pour chacune des sept grandes lignes projetées un matériel représentant 10,000 chevaux de vapeur, on aurait en disponibilité, pour le train, une force équivalente à celle de 4,200,000 chevaux d'écurie. «Que ne transporterait-on pas, je vous le demande, s'écrie le professeur, avec 4,200,000 chevaux?»

On pourrait craindre, nous l'avouerons, que ces élans d'enthousiasme n'eussent faussé quelquefois les calculs du statisticien. Nous montre-t-il, par exemple, un chemin de fer aux environs de Philadelphie, pour le service duquel deux hommes suffisent, il ajoute, sur un ton admiratif, qu'à l'époque de la conquête du Nouveau-Monde par les Espagnols, tous les fardeaux étant alors portés à dos d'hommes, il eût fallu une armée de 23,000 hommes pour la tâche opérée aujourd'hui par les deux chauffeurs pensylvaniens; qu'ainsi, de compte fait, « la puissance productive de l'homme s'est accrue, dans cette partie du globe, dans la proportion de 1 à 11,500. » M. Michel Chevalier oublie que les deux conducteurs de la locomotive ne sont pas les seuls agens du transport; qu'à leur labeur, il faudrait ajouter le nombre des journées représentées par l'énorme capital engagé dans le chemin de fer, c'est-à-dire, évaluer les journées des ouvriers employés pour la construction de la voie et des machines, pour l'extraction du combustible, pour les soins divers d'une vaste administration. Après ce calcul, le bénéfice sur l'emploi des forces humaines, quoique considérable encore, paraîtrait beaucoup moins prodigieux.

L'opportunité de l'intervention de l'état dans les travaux publics, question à l'ordre du jour, a fourni le texte de plusieurs leçons. Chez les nations modernes, dont la vitalité est entretenue surtout par le mouvement industriel, cette dénomination de *travaux publics* est principalement appliquée aux moyens de communication. La somme des sacrifices que chaque état s'impose pour cet objet doit augmenter de jour en jour. Ce seul chapitre de notre budget, de 54 millions qu'il absorbait en 1830, s'est élevé rapidement jusqu'à la somme de 152 millions, sans compter les cotisations locales. Les voies tracées sur le sol pour un usage public, étant la propriété indivise d'un peuple,

69.

doivent être confectionnées et entretenues non par des péages, comme
on le fait dans certaines provinces anglaises, mais par un prélèvement
sur le trésor public. Il y a d'autres voies, comme les canaux et les
chemins de fer, sur lesquels les voyageurs et les marchandises sont
transportés, et dont l'exploitation donne lieu à des pertes ou à des
bénéfices. Convient-il qu'un gouvernement se fasse commerçant,
même dans un intérêt commun? ou bien ne serait-il pas préférable
de concéder ces entreprises à des sociétés commerciales disposées à
subir toutes les chances de leur spéculation? Dans quelles proportions l'état doit-il venir en aide pour hâter l'exécution des travaux?
M. Michel Chevalier a sondé profondément ces questions, et il a
conclu en faveur du système adopté par les chambres en 1842,
celui qui combine l'action tutélaire de l'état avec l'énergie de l'industrie privée. Cette solution n'a pas néanmoins pour lui la valeur
d'une théorie constante et absolue. L'expérience prouve que chaque
pays est obligé de subordonner son système de travaux publics aux
nécessités éventuelles de sa politique, de ses finances, de son industrie. En Angleterre, où toute initiative appartient à une aristocratie de capitalistes, le double réseau de la navigation artificielle
et des chemins de fer est sans partage la propriété des compagnies.
La Belgique se trouvera fort bien d'avoir exécuté, aux frais de l'état
et avec les ressources de l'emprunt, un système complet de chemins de fer qui relie toutes les parties de son territoire, surtout s'il
arrive, comme on l'espère, que les chemins belges donnent bientôt
un revenu net égal à l'intérêt des emprunts contractés pour leur exécution. En Autriche, en Bavière, en Russie, l'exécution par l'état a
été la règle générale. Dans l'Amérique du Nord, les gouvernemens,
poussant les travaux aux frais du trésor, ou provoquant l'industrie
privée par toutes sortes d'avantages, ont, en somme, contribué pour
les trois quarts à la dépense générale de l'œuvre. Chez nous-mêmes,
le système de 1842, basé sur un plan d'association moins favorable au
gouvernement qu'aux compagnies, a déjà reçu diverses modifications
au profit du trésor. La durée des concessions a été réduite d'une façon inespérée par la concurrence que se font les capitalistes : des
charges assez nombreuses, imposées aux adjudicataires, assurent à des
conditions très avantageuses l'usage des chemins de fer pour plusieurs
services publics, comme le transport des dépêches ou celui des troupes.
On dit enfin que des compagnies déjà formées se préparent à solliciter
certaines lignes, en assumant la portion des dépenses que la loi attri-

buait au gouvernement, et en réduisant le terme des concessions à moins de 60 ans, au lieu du maximum de 99 ans. L'abondance des capitaux, la rivalité des spéculateurs, chez les uns l'engouement et chez les autres l'espoir de brusquer la fortune suggéreront des combinaisons de plus en plus favorables et dont le public devra profiter.

Les chemins de fer seraient d'un faible avantage pour les classes laborieuses, si l'autorité négligeait d'opposer une vigilance tutélaire à la cupidité des compagnies. L'établissement d'une voie desservie par la vapeur a pour effet d'annuler les autres services de transports, et constitue un monopole dont l'abus serait une calamité publique; on doit donc veiller à ce que les concessionnaires ne lèvent pas un impôt forcé sur les pauvres en les obligeant, par des vexations, à prendre des places d'un prix supérieur à celles qu'ils auraient choisies par économie. Certaines compagnies anglaises ont donné en ce genre l'exemple d'une rapacité scandaleuse. La réduction du nombre des places de dernière classe n'ayant produit qu'une diminution des recettes, on a spéculé sur l'inquiétude des voyageurs économes en ne répondant plus de leurs bagages, et on a imaginé pour eux des espèces de caisses (*stanhopes*) où ils doivent se tenir debout, parqués comme du bétail, et ballottés les uns sur les autres. Chez nous-mêmes, les wagons découverts ont donné lieu aux plaintes les plus vives. Récemment, l'opinion publique s'est émue d'une pièce signée par plusieurs médecins de l'Alsace pour déclarer que l'usage des voitures découvertes sur la ligne de Strasbourg à Bâle a occasionné un grand nombre de maladies.

Une question incidente, celle de l'application de l'armée aux travaux d'utilité publique, a inspiré au professeur une série de leçons d'un solide intérêt. C'est encore un de ces problèmes qui relèvent plutôt de la politique générale que de la science économique. Le régime social, la protection due aux classes ouvrières autant par prudence que par sympathie, fournissent alors des considérations de plus grands poids que les calculs du financier. Dans les sociétés anciennes, où l'existence des pauvres réduits en servitude était du moins assurée, indépendamment de la quotité de leur travail, il était heureux pour ceux-ci que les nobles citoyens des armées se chargeassent, par point d'honneur, des corvées les plus pénibles, telles que la confection des chemins. Dans des pays où la circulation n'a pas encore établi la vie commerciale, où les bras manquent au travail, il devient souvent avantageux de mettre la pioche et la truelle aux mains faites pour manier le sabre. On conçoit les colonies militaires dans

les contrées où les défrichemens seraient trop peu profitables pour
tenter l'industrie privée. L'Autriche, la Russie, la Suède, trouvent à
cette combinaison le double profit de mettre en rapport des terres
vagues et d'économiser sur la solde des troupes. Mais, dans les conditions où le principe de la liberté commerciale place communément
l'industrie, il serait inique de déprimer les salaires en opposant aux
ouvriers libres la concurrence des soldats nourris par l'état. Quand se
présentent des travaux d'urgence et considérables comme les fortifications de Paris, la demande subite d'un très grand nombre d'ouvriers pourrait exagérer le prix de la main-d'œuvre et déranger l'équilibre ordinaire des transactions. C'est alors seulement que l'appel à
l'armée devient légitime. Au surplus, les bénéfices que le gouvernement trouve à l'emploi des ouvriers militaires paraissent assez contestables. M. Chevalier a rassemblé sur ce sujet comme sur beaucoup
d'autres des chiffres très curieux : on nous saura gré de les reproduire.

En 1842, le nombre des journées fournies par les ouvriers militaires employés aux fortifications de Paris a été de 1,325,130, nombre
qui se décompose ainsi : travaux de la rive droite, 967,146 journées;
travaux de la rive gauche, 150,981 journées; constructions de Vin-
cennes, 200,000 journées environ. Sur la rive droite seulement ont
été employés 12,000 hommes d'infanterie, formant 24 bataillons, et
870 soldats du génie, distribués en 6 compagnies. Les travaux de
terrassemens et de maçonnerie qu'ils ont accomplis, confiés à des ouvriers civils et payés aux prix courans (1), eussent coûté au trésor
989,799 francs. La paie des ouvriers militaires ne s'est élevée qu'à
551,447 francs. A ce compte, il semblerait que l'armée eût procuré,
sur la rive droite seulement, une économie de 429,322 francs; mais
on eût risqué d'altérer l'esprit militaire, si les soldats n'avaient pas
retrouvé en plein champ le régime sain et la discipline exacte de la
caserne. Les frais de campement qu'il a fallu faire, les indemnités de
déplacement se sont donc élevés à la somme de 1,500,000 francs, de
sorte que, déduction faite du bénéfice obtenu par l'état sur le prix de
la main-d'œuvre, la spéculation se résout par une perte de 1,070,678 f.
M. Chevalier se hâte de faire observer que, sans l'intervention des
militaires, la demande exceptionnelle d'un très grand nombre de tra-

(1) Le prix normal de la journée d'un ouvrier civil a été, en 1842, de 1 fr. 82 c.
Les soldats ne font que les deux tiers de la tâche et ne reçoivent, à titre de paie
supplémentaire, que les deux cinquièmes du salaire des ouvriers civils.

vailleurs eût fait surenchérir la main-d'œuvre; que le prix des journées se fût élevé de 50 c., de 1 fr. peut-être, et qu'ainsi le résultat
eût été encore plus onéreux au trésor. Mais, demanderons-nous à
notre tour, avec tous les moyens d'action dont un gouvernement dispose, n'eût-il pas été possible d'attirer une affluence d'ouvriers civils
assez grande pour que le taux des salaires restât dans une mesure
équitable? Le nombre des militaires appliqués aux fortifications de la
rive droite a été en moyenne de 5,620 par jour, et ils auraient pu
être remplacés avec avantage par 4,000 ouvriers à la journée. N'aurait-on pas pu recruter dans les ateliers qui chôment, dans les campagnes sans industrie, assez de bras inoccupés pour représenter
4,000 bons travailleurs? Si le trésor devait subir quelques sacrifices,
n'était-il pas plus convenable qu'ils profitassent à ces malheureux,
dont l'inaction et la misère sont un danger permanent, plutôt qu'à
des soldats à qui le nécessaire est assuré par le budget? Nous ne pré-
sentons ces observations qu'avec la réserve du doute. Nous insisterons
seulement sur ce point que, dans la disposition présente des esprits,
la politique la plus saine, la plus vraiment digne du nom de conservatrice, sera celle qui acceptera sincèrement la tutelle des classes
pauvres.

Le second moyen recommandé par M. Michel Chevalier, pour augmenter la prospérité nationale, est le perfectionnement de nos institutions de crédit. Le professeur n'a pas encore abordé spécialement
ce sujet dans les volumes imprimés de son cours; mais il le touche incidemment dans ses divers ouvrages. On retrouve dans le peu qu'il en
dit les qualités constitutives de son talent, la pénétration un peu aventureuse, unie au bon sens pratique. Il a été heureux pour M. Chevalier de visiter l'Amérique à une époque où il était possible d'étudier doublement le crédit dans les prodiges de sa puissance et dans
ses abus désastreux. Ces populations opulentes substituées à des
hordes sauvages, ces grands fleuves subjugués et enchaînés les uns
aux autres par des canaux, ces chemins de fer gigantesques sillon-
nant des déserts, ces riches cultures, ces usines, ces chantiers, cette
marine formidable, racontaient au voyageur les merveilles du crédit.
En même temps, le reflet de cette splendeur éclairait un étrange spectacle. A voir ces mêmes populations déjà souffrantes du présent et ef-
frayées de l'avenir, on éprouvait ce serrement de cœur que cause, à
l'approche d'un orage, l'assombrissement du ciel et le malaise général
de la nature. Les discussions de tribunes, la publicité périodique, composaient une confusion de cris et d'injures, un pêle-mêle où chacun

bataillait pour ou contre les banques. Un parti politique, le plus puissant par le nombre et par la conformité de ses principes avec la constitution du pays, avait pour mot de ralliement : Plus de banques! Au haut des arbres de liberté dressés sur les places publiques, sur les bannières promenées dans les rues par une foule menaçante, on lisait : *No bank! no rag-money!* A bas les banques! plus de monnaies de chiffons! L'irritation, en un mot, était arrivée à tel point qu'elle présentait déjà des symptômes de guerre civile, et que la rupture du lien fédéral semblait à craindre.

Ce contraste n'a rien de surprenant pour quiconque connaît la véritable nature du crédit. Un économiste du siècle dernier qui émerveilla ses contemporains en décrivant l'un des premiers les phénomènes de la circulation, le Hollandais Pinto, a osé dire que le crédit est l'alchimie réalisée. Cette parole est encore article de foi pour beaucoup de théoriciens en Amérique, en Angleterre et chez nous. Une telle exagération est plus dangereuse que l'erreur. Le crédit est un excitant à la production; comme tous les remèdes de cette nature, il détermine une fièvre mortelle, s'il est employé sans ménagemens. Tout le monde sait que le capital d'une société se compose de deux espèces de valeurs : les unes ne sont pas de nature à être réalisées immédiatement; les autres sont transmissibles, comme la monnaie, ou certains objets qui peuvent être facilement et sans perte convertis en monnaie. Les valeurs de cette dernière espèce sont les alimens, les outils du travail. Le propriétaire du plus riche fonds de terre ne peut exploiter, faire bâtir, qu'à la condition d'avoir de l'argent en main. Qu'est-ce donc que le crédit, à le considérer dans son essence? Un procédé au moyen duquel on communique à des valeurs non transmissibles, la vertu des valeurs mobiles. Supposez un pays mobilisant ainsi en une seule année, au moyen de ses comptoirs d'escompte, une somme de 6 milliards (1); ces flots d'or et d'argent, répandus dans la circulation, provoqueront toutes sortes d'entreprises, et, si ce pays se trouve dans une situation exceptionnelle comme celle des États-Unis jusqu'en 1830, si tout y est à créer, toutes les opérations tourneront forcément à bien. Non-seulement il y aura profit pour les chefs d'industrie comme pour les capitalistes, mais la concurrence établie entre ceux-ci élèvera le prix de la main-d'œuvre et procurera aux ouvriers un bien-être réel. A la longue cependant, les

---

(1) C'est au moins, suivant l'estimation de M. Michel Chevalier, la somme des escomptes faits en 1833 par les banques de l'Union américaine.

besoins exceptionnels de cette société naissante seront satisfaits; la veine des spéculations deviendra moins féconde, et une sourde irritation éclatera contre les détenteurs du crédit, parce que seuls ils paraîtront n'avoir pas à souffrir de la crise imminente.

« La possession d'un gros capital, dit M. Chevalier, confère un avantage semblable à celui du baron féodal, qui, du haut de son château-fort, dominait les paysans de la vallée. » De toutes les puissances, l'argent est la plus libre. Il plane sur le monde et s'abat partout où il voit un bénéfice à saisir. Citons, d'après M. Chevalier, un exemple de ce despotisme. On sait que dans les mines d'argent, on dégage ce métal des corps hétérogènes au moyen du mercure. Les mines de mercure sont très rares. Il en est deux seulement qui donnent des produits abondans : celle d'Almaden, en Espagne, et celle d'Idria, dans la Carniole. Eh bien! depuis quelques années, les grands spéculateurs se sont emparés de ces deux mines, et, par suite de ce monopole, ont fait renchérir l'exploitation des métaux précieux d'environ 10 francs par kilogramme. Or, comme la France reçoit chaque année, en échange de ses productions, 360,000 kilogrammes d'argent, elle est tributaire d'une rente annuelle de 3,600,000 francs, que se partagent d'heureux capitalistes. La production totale des mines d'argent de l'ancien et du Nouveau-Monde étant évaluée à 825,000 kilogrammes, le bénéfice net des accapareurs de mercure doit dépasser annuellement 8 millions.

Un accroissement exagéré de circulation au moyen du crédit peut tourner au détriment de la classe pauvre. Dans les pays où une trop grande somme de valeurs mobilisées fonctionnent comme la monnaie dont elles augmentent la masse, la puissance commerciale de l'argent se trouve amoindrie, et le prix des denrées nutritives s'élève en raison de cet avilissement. C'est ce qu'on observe en Angleterre, où l'existence est fort dispendieuse : on peut encore citer ce même pays en exemple aux théoriciens qui affirment que le taux des salaires s'élève toujours proportionnellement au prix des subsistances. La surabondance des richesses mobiles peut même devenir préjudiciable à une nation. Lorsque le capital disponible ne trouve pas dans le pays même des bénéfices assez certains, non-seulement il cesse de féconder l'industrie nationale, mais il se retourne contre elle, en se transportant à l'étranger pour lui créer des concurrences. Vers 1729, l'argent abondait à tel point en Hollande, que le taux de l'intérêt y flottait entre 1 et 2 pour 100. Le capital disponible ayant cherché des placemens à l'extérieur, favorisa de toutes parts les spéculations rivales. Une seule province, celle de Frise, ayant résisté par esprit national à la manie de placer ses capitaux à l'étranger, fut forcée, pour les utiliser, d'augmenter sa marine marchande, de sorte qu'en 1778 on y comptait 2,000 vaisseaux de commerce, appartenant à des particuliers. Dans les autres provinces, l'agriculture, l'industrie, la navigation, négligées par les riches qui vivaient nonchalamment de leurs revenus, laissèrent sans ressources les classes ouvrières. Vers la fin du siècle, la population hollandaise, si renommée anciennement pour sa prodigieuse activité, n'était plus, dit un historien, qu'un peuple de rentiers et de mendians. A en juger par un tableau du prix courant des actions cotées à la bourse d'Amsterdam, en date de 1783, le taux moyen de l'intérêt était remonté jusqu'à 5 pour 100, et le sceptre du commerce avait été ravi par l'Angleterre. Ce dernier pays ne présente-t-il pas à son tour quelques symptômes d'un phénomène de même nature? Tandis que la population inférieure s'abrutit dans la misère, les capitaux anglais se répandent avec avantage sur les marchés étrangers : ils s'y convertissent en chemins de fer et en fabriques, et favorisent ainsi le soulèvement de l'Europe contre la souveraineté industrielle de la nation britannique.

Nous croyons, avec M. Michel Chevalier, que dans l'état actuel des sociétés, l'organisation du crédit est le plus pressant intérêt dont puissent se préoccuper les économistes et les hommes d'état; c'est aussi, de tous les problèmes économiques, le plus complexe et le plus difficile à résoudre. Le crédit, on ne saurait trop le répéter, n'est qu'un excitant dont il faut savoir user avec circonspection. Gardons-nous de contracter cette fièvre dangereuse qu'on appelle en Amérique la *bancomanie;* notre constitution vieillie n'y résisterait pas, comme celle de la jeune république du Nouveau-Monde. Généraliser autant que possible les secours du crédit, découvrir les points sur lesquels il doit être dirigé dans un intérêt commun, et même, au prix de quelques sacrifices supportés par l'état, déterminer dans quelle proportion la richesse acquise peut être mobilisée avec avantage, rechercher surtout jusqu'à quel point un avilissement de l'argent par la profusion des papiers de crédit, une circulation précipitée par des moyens factices, tournent au préjudice des classes pauvres en faussant l'équilibre nécessaire entre le prix des alimens et le taux de la main-d'œuvre, tels sont les points qui doivent exercer la sagacité des théoriciens. Au reste, la déclaration de principes qu'a faite M. Michel Chevalier avant d'entrer d'une manière spéciale dans cet ordre d'études nous semble digne de sympathie : « Je crois, a-t-il dit dans ses *Lettres sur l'Amé-*

rique, que, pour être en harmonie avec notre caractère et nos aptitudes, les institutions de crédit devront, en France, s'appuyer sur
le gouvernement, combiner leur action avec la sienne, être, en un
mot, des institutions publiques, et, dans leur objet, faire une large
part à l'agriculture. »

Le troisième ordre d'améliorations recommandées par M. Michel
Chevalier est cette réforme de l'enseignement public dont la formule
est déjà passée à l'état de lieu-commun, avant d'avoir été bien exactement définie : *éducation professionnelle.* Notre époque, un peu trop
préoccupée des affaires positives pour descendre dans les problèmes de
la pédagogie, tend à confondre, nous le craignons, deux opérations
bien distinctes dans le développement des intelligences : l'éducation
générale, qui a pour but d'élever l'ame et de fortifier les esprits, de
créer ce qu'on appelait naïvement autrefois des *bonnes têtes;* ensuite,
l'éducation spéciale qui, dans la plupart des carrières, ne saurait être
qu'une étude pratique, qu'un apprentissage manuel. Ce sont les philosophes seuls, et non pas les économistes, non pas les praticiens de l'industrie, qu'il faut interroger sur cette double question de savoir quelles
sont les études les plus propres à déterminer le résultat qu'on doit espérer de l'éducation générale, et si les anciennes méthodes conservées
dans nos universités sont susceptibles de quelques modifications. Quant
à l'éducation spéciale, on n'a pas assez réfléchi sur la difficulté de
l'approprier à chaque profession. Les Américains n'ont pas même
tenté de le faire, de l'aveu de M. Chevalier. « En fait d'éducation industrielle, est-il dit dans les *Lettres sur l'Amérique,* il n'y a ici que
l'apprentissage : point d'écoles d'arts et métiers, point d'instituts agricoles ou de manufactures modèles; quand l'Américain veut apprendre
une profession, il se met en apprentissage chez un artisan, dans une
manufacture ou dans un comptoir. En voyant pratiquer, ou en pratiquant lui-même, il devient artisan, manufacturier, commerçant. » Si
la confusion venait à s'introduire entre les deux ordres d'études nécessaires au parfait développement de l'intelligence, on ne tarderait
pas à constater chez nous une sorte d'affaissement intellectuel. Ce qui
manque aujourd'hui à la France, c'est moins le savoir-faire que le vrai
savoir, ce sont moins les hommes habiles dans l'art de faire fortune
que les hommes de grand esprit et de grand cœur. Nous ne pousserons pas plus loin ces observations, que l'on pourrait prendre pour
une critique adressée à M. Chevalier, critique injuste, puisque le professeur n'a pas encore eu occasion de se prononcer dogmatiquement.
Nous attendons avec une légitime impatience les leçons spéciales qu'il

prépare sur cette thèse : les aperçus d'un esprit alerte et subtil comme
le sien ne sont jamais sans importance.

D'après le grand nombre de points que nous avons dû toucher à la
suite de M. Michel Chevalier, on peut aisément se représenter le véritable caractère de son enseignement. Pour lui, l'économie politique
est avant tout une science d'application, et il a défini assez exactement sa méthode en disant : « Je rechercherai quel contingent de
lumières la science économique peut fournir, pour éclairer les grandes
questions dont le siècle est saisi. » Il cherche, il expérimente : il a plus
de penchant à procéder par l'audacieuse hypothèse que par la sévère
analyse qui a fait la force de ses devanciers. Dans sa course un peu
capricieuse, il sème une infinité de détails instructifs sur les conseils
de prud'hommes, sur les caisses d'épargne, sur le régime des fabriques, sur l'emploi des machines. Il aime à décrire, par forme d'épisode, les procédés industriels; il détaille enfin, avec une parfaite connaissance de cause, tout ce qui a été fait depuis le commencement
du siècle pour répondre à ce besoin d'activité, à ce soulèvement des
intérêts, qui a trouvé aujourd'hui son mot de ralliement : organisation du travail! Le style (1) est en harmonie parfaite avec la méthode
du professeur; il en a l'indépendance et les défauts séduisans; la précision, la solidité dogmatique, y sont sacrifiées à la métaphore saisissante, et plus d'une fois le lecteur s'étonne des traits d'imagination
qui scintillent comme des rayons lumineux dans une forêt de chiffres.

Cette ambition de réunir, comme dans une encyclopédie sociale,
tous les faits qui peuvent intéresser l'administrateur, a eu pour M. Chevalier un inconvénient que nous devons lui signaler. L'économie
politique, dans son livre, perd quelquefois le caractère qui fait sa
force, celui de science exacte; ses aperçus, même lorsqu'ils sont
justes, sont trop rarement présentés à l'auditeur avec l'autorité d'une
démonstration scientifique. Le seul moyen de faire ce qu'on appelle
aujourd'hui de l'économie appliquée, c'est d'appliquer, dans toute la
rigueur du terme, les axiomes théoriques aux faits, de prévoir dogmatiquement les phénomènes, de vérifier la pratique par les principes
abstraits et par l'analyse. Sans ces conditions, on peut être un administrateur fort intelligent, mais on n'est pas un économiste : on fait de
l'empirisme et non pas de la science. Ce n'est pas sans raison que nous

---

(1) Le premier volume a été rédigé par M. Auguste Broët sur les notes sténo-
graphiques de M. Prevost, et c'est justice de dire qu'il ne fait pas disparate avec
celui qui appartient pleinement à l'auteur.

insistons sur ce point. L'économie politique, dont l'autorité est si généralement invoquée, nous semble aujourd'hui en péril. Ses ennemis
sont nombreux et de plusieurs espèces. Certains esprits, de constitution trop chétive pour saisir les notions abstraites, déclarent que
l'ancienne méthode n'est qu'une phraséologie pédantesque et sans
portée. D'autres lancent l'anathème contre les disciples d'Adam Smith,
en les déclarant responsables de la détresse des classes pauvres et
des désordres du monde industriel. Les ennemis les plus dangereux
sont ces disciples maladroits qui croient naïvement avoir fait de l'économie politique chaque fois qu'ils ont groupé des chiffres de finances,
ou délayé des phrases sur quelqu'une des innombrables questions
relatives au gouvernement de la société. Un enseignement aussi haut
placé que celui du Collège de France doit être une protestation continuelle contre tout ce qui tend à altérer la science. Que M. Michel
Chevalier ne craigne plus d'appesantir sa parole par de fréquens retours aux principes; qu'il soumette sa propre pensée aux lois d'une
sévère analyse, et ses leçons gagneront plus en précision savante
qu'elles n'auront à perdre en éclat et en vivacité.

A. COCHUT.

REVUE MUSICALE.

—

MARIE STUART.

Un critique étranger, Carlyle ou M. Gutzkow, je ne me rappells plus lequel, reprochait dernièrement à la *Marie Stuart* de Schiller de n'être que la représentation dramatique d'un procès. Qu'importe si ce procès a la grandeur du drame? je devrais dire de la tragédie, car pour la concentration du sujet et l'unité de temps *Marie Stuart* est une pièce française, et vous ne trouveriez point dans le théâtre anglais ou allemand d'œuvre qui se rapproche davantage de la pureté racinienne. Du reste, avant nous, Mme de Staël l'avait écrit : De toutes les pièces allemandes *Marie Stuart* est sans doute la mieux combinée et la plus remplie d'émotions; et nous ajouterions volontiers que c'est aussi la tragédie de Schiller en tout point la plus accomplie, car, selon nous, les deux seuls ouvrages du même maître qui pourraient supporter la comparaison, *Wallenstein* et *Tell*, rentrent plutôt dans le domaine de l'épopée.

Une jeune femme adorablement belle, portant sur son front souriant la couronne d'Écosse, est accusée de comploter contre le trône d'Angleterre, de menacer, du sein de sa mollesse et de sa voluptueuse indolence, l'imposant édifice que la politique Élisabeth vient d'élever sur les ruines de tant de désastres récens. Vis-à-vis d'elle, et comme contraste unique dans le drame moderne, se dresse cette Élisabeth au regard d'aigle, au cœur de roi, assez femme encore cependant pour sentir à fond l'aiguillon fatal de la beauté de Marie, pour sentir amèrement tout ce qu'en un clin d'œil cette triomphante beauté peut lui ravir de trésors et d'avantages lentement conquis Des deux rivales, il faudra nécessairement qu'une l'emporte, car une seule doit vivre. De quel côté sera le droit, du côté de Marie ou d'Élisabeth? De Marie sans doute, car elle n'a point conspiré, car elle est pure du crime dont on l'accuse, car elle refuse de reconnaître ce jugement qui émane d'un tribunal où ne figuraient pas ses pairs; et puis elle est si royalement belle, si bonne, si généreuse, si touchante en ce repentir donné à la mémoire du passé! Mais Élisabeth, elle aussi a le droit pour elle. Qui lui sera garant en effet que Marie, une fois libre, ne va point retomber au pouvoir d'un amant prompt à faire d'elle l'instrument de ses projets ambitieux? Et son peuple, ce peuple de la vieille Angleterre accoutumé à regarder sa souveraine comme une divinité, que dira-t-il en la voyant retirer timidement la main d'un acte qu'il réclame à voix haute dans la rue et dans le parlement? En cette alternative, il faut qu'une puissance supérieure intervienne; et, comme un poète moderne ne saurait invoquer en un sujet moderne la fatalité ni le destin, ce sera la passion qui décidera. De là cette magnifique scène de Fotheringay, péripétie et couronnement de l'œuvre de Schiller, je dirais presque (aussi bien ne s'agit-il point ici d'opéra?) ce duo solennel entre le soprano et le contralto. A l'idée de cette rencontre des deux génies rivaux de l'Angleterre et de l'Écosse, on sent que la catastrophe approche, et qu'avec un poète tel que Schiller quelque chose de sublime et de terrible va nécessairement jaillir du choc de ces deux femmes souveraines dédaigneuses et superbes à l'égal l'une de l'autre. Aussi, dès le début de la scène, c'en est fait de Marie Stuart; elle succombera, dût la terre s'entr'ouvrir sous ses pas. Toute blessure à l'orgueil de l'Angleterre ne se lave que dans le sang; malheur à qui l'offense!

La reine d'Écosse périra pour avoir commis le crime impardonnable de surpasser en beauté la reine Elisabeth... Mais, observera-t-on, c'est la tragédie de Schiller que vous analysez là, et qu'avons-nous besoin d'un pareil commentaire à propos de l'opéra nouveau? Qui sait? Le commentaire est peut-être moins déplacé qu'on ne l'imagine. Il y avait à la vérité un opéra à faire de Marie Stuart, mais c'était avec le poème de Schiller. Prenez un musicien, je ne dis pas de génie, l'espèce en devient trop rare par le temps qui court, non, simplement un de ces compositeurs d'élite qui croient avoir, par vingt succès, raisonnablement conquis le droit de s'informer un peu du texte qu'on leur livre, mettez-le entre la pièce représentée l'autre soir à l'Académie royale de musique et la tragédie de *Marie Stuart*, et vous verrez laquelle des deux il choisira de cette légende en action, de cette froide et pâle ébauche d'autant plus incomplète et monotone qu'elle prétend étreindre davantage, ou de la solennelle et dramatique imagination du grand poète allemand. La musique, faut-il qu'on le répète pour la centième fois, la musique ne vit que de passion, et, je le demande, quel poème plus animé, plus pathétique, plus musicalement conçu! Cette lutte du cœur et des opinions, cette haine qui tue, cet amour dont on meurt, tout cela n'est-il pas fait pour échauffer le génie d'un grand maître? et si je pense à la péroraison du drame, à ce poétique *Requiem* de la fin, quelle plus glorieuse matière à mettre en musique? Avec la scène des adieux, un musicien tel que Mozart eût fait un chef-d'œuvre impérissable. Il y a tant de pathétique et d'expression dans ces dernières paroles que l'auguste victime adresse en mourant à tout ce qui lui fut cher et précieux sur la terre, tant de suave et divine mélancolie dans ce royal regard, qui tantôt se lève vers le ciel, pour implorer pardon, tantôt s'abaisse doux et souriant sur le collier de perles, héritage de la fidèle camériste! Je le répète, la muse du chantre de dona Anna, si élevée, si noble, si parfaitement grande dame en ses moindres inspirations, eût soupiré là une de ces sublimes élégies musicales, comme elle seule en rencontra jamais. Ce n'est point que cette scène dont nous parlons manque absolument dans l'opéra de M. Niedermeyer, elle s'y trouve, et aussi celle de Fotheringay; mais l'une et l'autre seulement esquissées, tant l'encombrement de l'action laissait peu de place aux ressorts essentiels du sujet. Je m'étonne qu'on ait pu se tromper de la sorte, et chercher son succès dans des lambeaux anecdotiques, laborieusement cousus à la file, quand on avait sous la main l'œuvre lyrique par excellence, une œuvre à la fois concise et se prêtant au développement, idéale et réelle, où le sublime se meut en dehors de l'abstraction, une œuvre en un mot faite à souhait pour répondre aux conditions de l'opéra.

A côté de Mozart, tout à l'heure nous aurions pu nommer aussi M. Meyerbeer; car, si la dernière scène de la tragédie nous semblerait convenir davantage à la manière élégiaque et tendre du cygne de Salzbourg, le reste de l'ouvrage, par le caractère, la couleur, rentre plus spécialement dans le domaine de l'auteur des *Huguenots*. C'est là que M. Meyerbeer eût trouvé aliment à ce style historique qu'il affecte, à ce goût louable qu'il nourrit d'accuser nettement ses personnages, et de faire de chaque rôle une figure à part, et vivant de sa propre vie. Quant à ces effets de contraste, effets plus métaphysiques sans doute que musicaux, qu'il a prétendu tirer dans *les Huguenots* de l'opposition des deux croyances, la tragédie de *Marie Stuart* n'eût certes pas manqué de les lui fournir, et la reine d'Écosse d'un côté, la reine d'Angleterre de l'autre, nous sembleraient les deux virtuoses par excellence pour exécuter ce fameux duo du papisme et du protestantisme, qui l'a si sincèrement préoccupé. Et puis, quelle plus admirable création, quel type plus digne d'un grand maître que ce Mortimer, dont les sentimens catholiques, déjà émus par le spectacle des pompes romaines, s'élèvent et s'exaltent jusqu'à l'enthousiasme, jusqu'à la conviction sous le feu d'un regard de Marie! Est-ce votre Raoul, dites-moi, qui parlera jamais ce langage passionné? est-ce lui qui trouvera jamais ces intrépides mouvemens du cœur dignes du Henri Percy de Shakespeare? Dans l'espèce de chronique en cinq actes que l'Académie royale de musique vient de représenter, Marie Stuart est tout simplement une princesse infortunée, qui expie par la captivité, la souffrance et la mort les égaremens d'un cœur trop sensible et trop faible. N'avez vous jamais rencontré des esprits clairvoyans et profonds qui résumaient en ces termes le célèbre poème de Goethe : Faust est un mauvais drôle d'alchimiste sans aucun respect pour les commande-mens de Dieu et de l'église, et que le diable un beau matin emporte aux enfers? Du reste, nous n'avons nulle envie de contredire ce point de vue, il se peut qu'il soit le meilleur, à l'Opéra surtout, où le naïf qui impressionne, le spectacle qui parle aux yeux, l'emporteront toujours naturellement sur la question littéraire et critique. Aussi, quand nous nous inscrivons contre la fable de Marie Stuart, est-ce uniquement parce que cette fable nous semble décousue et mal construite, et nullement parce que nous pensons que la donnée historique aurait dû être envisagée de plus haut. En somme, quel intérêt voulez-vous qu'il résulte de ces scènes qui se succèdent confusément à la hâte sans que rien les motive, quelle émotion de ces dix ou douze ta-bleaux vivans dont se compose la biographie en cinq actes que M. Nieder-meyer vient de mettre en musique? Si je ne craignais d'user ici d'un terme emprunté au vocabulaire des coulisses, je dirais tout uniment que les ficelles manquent. Aussi rien n'est lié : en pareille circonstance, et lorsqu'il s'agissait d'un tel faisceau d'évènemens, c'est à peine si l'énorme magasin de M. Scribe eût suffi ; et l'auteur, homme d'esprit du reste, a cru qu'il par-viendrait à se tirer d'affaire par une classification assez lucide sans doute, mais plus ingénieuse que dramatique, des élémens mis en œuvre. Au premier acte, Marie Stuart quitte la France : vous la voyez s'embarquer et partir sans que l'auteur juge à propos de vous dire un seul mot des raisons qui ont amené cet exil. De jeunes gentilshommes qui boivent à la porte d'une taverne en se demandant lequel d'entre eux sera roi d'Écosse ; une reine, à qui des jeunes filles vêtues de blanc offrent des bouquets, et qui ne se montre que pour disparaître aussitôt : tel est le premier acte, plus froid et plus décoloré qu'il n'est permis même à un prologue. Cette divine élégie des adieux, cette scène qui pourrait être à la fois si poétique et si touchante, a été complète-ment manquée, et la faute, hâtons-nous de le dire, n'en saurait être attribuée au musicien, qui a mis une grace exquise dans le motif de sa complainte. Mais cette scène, arrivant ainsi de prime-abord, sans exorde ni préparation aucune, vous laisse impassible et glacé; il est certains déplacemens auxquels ne résistent pas les meilleures données, et celui-ci était du nombre. Le pathé-tique ne s'échauffe en nous que par degrés, et jamais, eussiez-vous l'art de Racine dans *Bajazet*, d'une scène d'adieux vous ne ferez une scène d'exposi-tion. Le second acte se termine par l'assassinat de Rizzio, le troisième par le meurtre de Darnley ; au quatrième acte, nous avons Loch-Leven, et au cinquième, pour en finir, Fotheringay. Je conçois, à tout prendre, qu'au mé-lodrame un pareil système puisse prévaloir : un personnage disparaît, un autre le remplace, qu'importe si l'action n'en va que mieux son train et si les décors changent à vue? A l'Académie royale de musique, les individus

ont leur valeur, et je ne sache pas, d'ailleurs, que les premiers sujets abondent
à ce point qu'on puisse, sans graves inconvéniens, les faire mourir avant le
dénouement. Y songez-vous? quand vous aurez tué le ténor au troisième
acte, il faudra donc que nous subissions la doublure aux deux derniers! ce
serait à périr soi-même d'ennui et de désappointement. J'en conviens; dans
l'opéra nouveau, Gardoni traverse les cinq actes, Mme Stoltz, elle aussi :
pouvait-on faire moins? Mme Stoltz tient le fil d'Ariane; mais Barroilhet,
passé la première scène du quatrième acte, il n'en est plus question, et
Mme Dorus, qui joue Élisabeth, ne paraît qu'au cinquième pour chanter un
duo. O néant des grandeurs! l'illustre reine d'Angleterre réduite presque à
l'état de comparse! Si la vierge couronnée eût jamais prévu de son vivant le
triste rôle qu'on lui ferait jouer en cette occasion, j'imagine qu'elle s'en serait bien vengée d'avance, en commandant à son poète ordinaire, William
Shakspeare, quelque belle et bonne trilogie à son sujet, et dans laquelle Marie
Stuart n'eût, à son tour, figuré qu'au plan le plus obscur.

Maintenant, supposez un de ces musiciens qui tiennent à donner quelque unité à leur style. Quel ne sera point son embarras vis-à-vis d'un poème,
ainsi composé de pièces et de morceaux rapportés tant bien que mal, et
cousus à la file! Sur lequel de ces personnages qui vont lui échapper se fixera
le souci de sa pensée? Épuisez-vous donc à marquer d'une physionomie particulière celui-ci ou celle-là, pour qu'au plus beau moment vous les voyiez
disparaître, comme Romulus, au milieu de l'orage d'un finale. Pour moi, les
pièces de ce genre me font assez l'effet de ces châteaux-forts du moyen-âge,
de ces donjons tout remplis de trappes et de bascules; on ne sait ni qui vit
ni qui meurt, et, l'exemple des autres vous gagnant, peu s'en faut que vous
ne vous esquiviez vous-même avant la fin.

Du reste, M. Niedermeyer a parfaitement compris ce que nous disons là,
et s'est tout-à-fait abstenu, en homme prudent qu'il est, de se mettre en frais
d'imagination pour des gens qui devaient le quitter si tôt. Peu scrupuleux
sur le chapitre de l'expression, il se contente de saisir au vol la première
idée qui se présente, d'où résulte la musique la plus dénuée d'élévation et
de couleur qui se puisse entendre : çà et là, j'en conviens, d'agréables motifs
se lèvent par bouffées; mais, contre tout ce qu'on était en droit d'attendre
d'un maître tel que M. Niedermeyer, la partie grandiose et chevaleresque
du sujet n'a pas même été sentie. A ces accens bourgeois, à ces mélodies
sans caractère ni passion, on ne se douterait guère qu'on est en pleine
Écosse, aux beaux temps de la querelle des deux reines, mieux encore des
deux religions. Je le répète, c'est M. Meyerbeer que j'aurais voulu voir aux
prises avec un pareil sujet. Le rôle de Marie manque à la fois de tendresse
et de dignité; l'élément bourgeois, le terre-à-terre s'y laisse trop souvent
surprendre; une tragédie lyrique n'est pas une complainte, et quand on s'attaque à des têtes que la poésie, à défaut du droit divin, couronnerait encore,
il faut savoir les traiter royalement.

Comment prétendez-vous que je vous traite?

— En roi.

Avant de faire chanter Marie Stuart, peut-être M. Niedermeyer n'eût-il point mal fait de méditer sur cette admirable réponse de Porus à Alexandre dans la tragédie de Racine. Nous en dirons autant du caractère de la reine Élisabeth, qui vient au cinquième acte préluder par l'*aria di bravura* obligée au terrible duo de Fotheringay. L'idée seule d'un pareil morceau avait de quoi épouvanter un maître, et nous concevons que M. Niedermeyer ait reculé. Il est certaines tâches qui n'appartiennent qu'au génie : traduire par un chef-d'œuvre en musique ce qui déjà était en poésie un chef-d'œuvre; faire de la scène de Schiller un duo, et se maintenir dans la variation à la hauteur du thème, voilà qui, à mon sens, dépasse les forces d'un musicien de talent, ce musicien eût-il d'ailleurs donné les meilleurs gages de son aptitude et de son habileté. Pour passer maintenant aux rôles d'hommes, le personnage du régent Murray ne vaut ni plus ni moins que tous les tyrans d'opéra italien qu'il vous est arrivé de voir gesticuler sous le casque et l'armure; ce sera, si vous voulez, l'Ernesto du *Pirate*, avec cette différence qu'au lieu de crier : *Vendetta!* Murray vous chantera sur le même motif :

> La couronne est à moi;
> Je marche au but sans effroi.
> Ma place est là, je la voi,
> Courbez-vous tous, je suis roi.

Ce qui, soit dit en passant, est un peu le refrain de chacun dans cet opéra de *Marie Stuart*. En effet, à peine le bâtard a-t-il chanté sa gamme, que sa royale sœur vient nous apprendre qu'elle seule est reine; puis arrive Darnley, puis enfin Elisabeth qui le dit et le prouve. Quant à Bothwell, c'était évidemment sur ce rôle qu'aurait dû se porter la sollicitude du compositeur Dans l'épisode des amours de Marie et du comte Bothwell (puisqu'il a plu aux auteurs de faire de ce rude guerrier le Tircis de l'ouvrage) reposaient toute l'émotion mélodieuse, tout le pathétique. Aussi faut-il regretter vivement que cette veine si abondante et si généreuse de Bellini dans *les Puritains* et de M. Donizetti dans la *Lucia* ne se soit point ouverte à cette occasion pour M. Niedermeyer. Étrange chose, le souvenir de *Lucia* ne cessait de nous poursuivre toute cette soirée, et Dieu sait cependant si c'est par la couleur locale que le chef-d'œuvre de M. Donizetti se recommande. De la couleur locale, en effet, du caractère pittoresque tel que Weber et les musiciens de l'école créée par lui les comprennent, vous n'en trouverez pas plus trace dans *Lucia di Lammermoor* que dans *Marie Stuart*. D'où vient alors que *Marie Stuart* vous laisse froid et désappointé, tandis que l'ouvrage de M. Donizetti vous fait rêver à je ne sais quels horizons inconnus, à je sais quel pays

70.

vaporeux de lacs et de clairs de lune, qui, pour n'être en aucune façon l'Écosse de sir Walter Scott, n'en ont pas moins leur charme et leur romantisme à part : horizons de toile peinte, montagnes de carton, lacs de gaze argentée, qu'importe si vous avez rêvé, si la divine larme a tremblé sous vos cils ? C'est qu'au fond il y a dans la musique de *Lucia* ce qui manque à la partition de *Marie Stuart,* le sentiment et la passion, deux choses sans lesquelles la musique n'est rien, et deux choses par lesquelles elle devient à l'instant ce qu'on voudra, écossaise, italienne, flamande, orientale, de tous les siècles et de tous les pays. Nous parlions des souvenirs évoqués en nous de *Lucia;* au quatrième acte, il est une scène où le décor vient encore aider à l'illusion; vous vous croiriez alors au Théâtre-Italien par une belle représentation de l'œuvre de Donizetti. Ne voyez-vous point, en effet, là-bas ce château illuminé et cette mer bleuâtre où frissonne un arc-en-ciel d'opale; et pour que rien ne manque au rapprochement, regardez sur le devant du théâtre, et vous y découvrirez, à la faveur du clair de lune, le ténor empanaché soupirant au milieu d'un groupe d'amis fidèles. Nous avouerons qu'en ce moment il nous a été impossible de ne pas songer au sublime adagio de l'air de Rawenswood et surtout à Moriani. Qu'est-ce que Moriani ? dira-t-on. Un ténor de la classe de Rubini, ni plus ni moins, un de ces virtuoses maîtres qui savent vous impressionner jusqu'à l'enthousiasme là où vous eussiez cru la somme des émotions épuisée. Nous avons entendu Moriani à Londres, cet été, pendant que l'illustre chanteur y faisait les délices du Queen's Theater et de la saison musicale, et c'en est assez pour que nous ne laissions plus de trève à M. le directeur du Théâtre-Italien de Paris. Nous voudrions pouvoir donner en passant une idée de l'art inouï avec lequel Moriani compose le finale de la *Lucia;* il trouve là des sons sourds et étouffés qu'eût enviés Rubini lui-même, et nous ne croyons pas que le grand artiste qui fut pendant dix ans l'honneur de notre compagnie italienne nous ait jamais rien fait entendre de plus beau que la phrase suivante telle que Moriani la dit ou plutôt la déclame :

> Mai non passavi, ô barbara,
> Del tuo consorte al lato, — ah !
> Rispetta al men le ceneri, etc.

Dans la première partie de la période et au mot *consorte,* on sent éclater une colere terrible à laquelle Moriani donne en même temps un ton plein de bon goût et de convenance; puis, après cet éclat, arrive le soupir d'amour, cet *ah!* qui interrompt sa fureur et par lequel il rentre merveilleusement dans le ton plaintif du début : *rispetta al men,* etc. On ne saurait lier ensemble avec un plus grand art deux mouvemens opposés, l'invocation mélancolique et la menace ; Talma n'eût pas trouvé mieux, et c'est là réussir, comme dit Boileau, dans ce qu'il y a de plus difficile au monde : les transitions. Du reste, la manière dont Moriani compose le finale de la *Lucia* indique chez le virtuose une intelligence profonde du style dramatique, un sens merveilleux de l'expression musicale en ce qu'elle comporte d'élevé, un Allemand dirait de transcendental. Tant que la femme aimée respire encore, la passion qu'exprime Moriani est toute terrestre, remplie de ces alternatives de douleur et de rage qui signalent les crises du cœur humain. Vers la fin, au contraire, c'est de l'extase ; la transfiguration que vient de subir Lucie a passé dans le chant, et vous comprenez qu'il ne s'agit plus désormais d'une femme, mais d'une ame : *la bell' alma inamorata*. Nous le répétons, on ne saurait donner une idée de l'exquise délicatesse de cette nuance, de la force avec laquelle Moriani la faisait sentir au public... à un public d'Anglais! Mais où vais-je moi-même, et quel hasard m'entraîne à parler de Moriani lorsqu'il s'agit du nouveau ténor? C'est pour le coup, je pense, qu'il conviendrait d'invoquer l'art sublime de la transition. Gardoni donc, puisqu'il importe que de lui on s'occupe, Italo Gardoni est un damoiseau de très-bonne mine, jambe leste, taille à l'avenant, air naturel et comme il faut, avec cela prononçant le français à merveille et ne paraissant pas le moins du monde convaincu qu'il soit indispensable, pour jouer les amoureux à l'Opéra, d'avoir un embonpoint de financier sur un corps d'environ quatre pieds huit pouces de hauteur. Quant à l'organe, vous n'imaginez rien de plus agréable et de plus frais. Qu'on nous permette ici d'entrer dans quelques détails un peu techniques, indispensables pour définir cette voix et la famille où il convient de la classer. Il existe, selon nous (et cela chez les hommes plus encore que chez les femmes), trois espèces de voix bien distinctes, à savoir : les voix pleines, les voix creuses et les voix vides. On a si souvent comparé les notes à des perles, qu'il ne semblera pas trop étrange, peut-être, que nous les considérions un instant comme des objets réels et qu'on touche. Puisque perle il y a, discutons la transparence et la solidité. La voix pleine est celle en qui la note est remplie jusqu'au centre, et forme en quelque sorte un tout compacte où l'air ne pénètre pas. Les voix de cette espèce passent d'ordinaire, et avec raison, pour excellentes; peu sonores, sans doute, vous les verrez s'élever aux plus grands effets. J'appellerai voix creuses celles en qui la note, bien que d'une vaste épaisseur, manque de substance, et laisse, vers le milieu, un espace qui produit la résonnance. Ce sont là, à tout prendre, les meilleures voix, car elles unissent à une grande sonorité une grande force de résistance, et, par conséquent, de très précieuses chances de durée. Viennent ensuite les voix vides, celles où la note n'a absolument que son enveloppe. Rien n'empêche d'ailleurs que cette enveloppe ne soit du métal le plus pur, d'or si vous voulez; mais, au premier coup d'épingle qui la perce, la voix se brise et succombe. Ces voix-là sont quelquefois charmantes, d'une pureté et d'une fraîcheur ravissantes; cependant, et, du reste, chacun le devine, avec elles on doit s'attendre à une extrême fragilité :

> Et comme elle a l'éclat du verre,
> Elle en a la fragilité.

La voix de Rubini était une voix pleine, une de ces voix inaltérables, toujours égales à elles-mêmes, identiques, et qui durent la vie d'un homme. Ainsi de Moriani, la voix la plus solide, la plus entièrement *pleine* qui se puisse concevoir. Mais, comme chez tous les grands chanteurs, ce n'est pas seulement l'organe, c'est sa manière qu'il faut admirer. Qu'on se figure ce qu'il y a au monde de plus pur, de plus large, de plus franc, un *spianato* poussé aux extrêmes limites du genre ; la simplicité de l'art grec, la majesté du nu, le style dorique dans l'ordre musical. Les voix de Tamburini, de Ronconi, de Donzelli, de M. de Candia même, appartiennent plus ou moins à la seconde des trois catégories, et se rangent parmi les voix creuses ou solides, qui peuvent bien, d'une année à l'autre, perdre quelque chose, s'écailler un peu pour ainsi dire, mais qui, au fond, savent réparer leurs brèches, car il y a toujours de l'étoffe en dessous, tandis que les voix vides se brisent entièrement au premier choc. Maintenant, nous craignons bien que la voix du nouveau ténor de l'Opéra ne doive être classée au nombre de ces dernières, et si, comme on l'a publié, Italo Gardoni n'a que vingt-deux ans, les qualités même de cette voix si limpide, si claire, déjà si entièrement débrouillée, nous effraient pour son avenir. Les sons élevés, développés à souhait, ont un charme qui ravit l'oreille ; mais le medium manque, et c'est là, du reste, un défaut assez naturel à ce genre de voix : or, dans cette partie résident justement la force de l'organe et ses principales chances de durée. Demandez plutôt à Mme Stoltz, qui ne doit d'avoir résisté à tant de travaux et d'efforts qu'au medium vigoureux et puissant sur lequel repose sa voix.

Mais qu'avons-nous à nous occuper de l'avenir du jeune artiste, lorsque son présent offre tant de qualités aimables et de motifs d'encouragement? Gardoni a de la jeunesse, du charme, de l'élégance dans son talent et dans sa personne. Il réussit; que peut-on demander de plus? Sans aller jusqu'à dire que le nouveau ténor de l'Académie royale de musique doive entrer immédiatement en possession d'un emploi que M. Duprez semble chaque jour déserter davantage, nous pensons que dès à présent l'administration est en droit d'attendre de lui de bons et utiles services. Sans doute, tous les rôles du répertoire de Nourrit et de Duprez n'iront point à sa taille, il faudra choisir; mais dans le nombre il s'en trouvera qui siéront à merveille. Nous citerons au premier rang le Raoul des *Huguenots*. D'après ce qu'on a pu juger de sa tenue, de son goût, de son air, il y sera parfait; et quant à la ravissante cavatine du quatrième acte, fiez-vous-en à la voix de Gardoni, et soyez sûr que depuis Nourrit jamais elle n'aura été mieux dite. Qu'en pense Meyerbeer?— Y songez-vous? Meyerbeer a bien d'autres musiques en tête; Meyerbeer est à Berlin, et la veille du jour où l'Académie royale donnait sa *Marie Stuart*, l'auteur de *Robert-le-Diable* a dû faire représenter, devant le roi de Prusse, sa *Campagne de Silésie,* un *Vaterlandisches Oper,* qu'il vient d'écrire pour l'inauguration de la nouvelle salle. — N'importe, Meyerbeer n'a pu manquer à cette soirée. Ignorez-vous donc qu'aux chances plus ou moins heureuses

de ces débuts d'Italo Gardoni, était suspendue l'éternelle question du fameux
opéra en cinq actes qui attend son ténor depuis tantôt dix ans, en s'écriant,
comme l'héroïne du conte bleu : « Sœur Anne, ne vois-tu rien venir ? » Si
d'aventure Gardoni eût échoué, l'embarras devenait terrible pour l'illustre
maître, et force était alors de renoncer indéfiniment à toute espèce de distribution de rôles. Gardoni a réussi, et peut-être l'embarras n'est-il pas moins
grand, car désormais l'excuse manquera. Il se peut que nos prévisions nous
trompent; mais tout nous porte à regarder maintenant l'illustre auteur de
Robert et des *Huguenots*, sinon comme tout-à-fait perdu pour nous, du
moins comme très sérieusement engagé ailleurs. Une influence supérieure
nous le dispute, influence de nationalité à laquelle son opéra nouveau, il
suffit du titre seul pour s'en convaincre, est un gage dont on ne saurait contester la portée. Le roi de Prusse tient en grande estime le talent de M. Meyerbeer, et ne négligera rien pour se l'attacher définitivement. De ce qu'on exclut
de sa maison certaines individualités turbulentes, il ne s'ensuit pas qu'on
méconnaisse les droits de la pensée ; le groupe de Berlin prouverait en ce
moment le contraire, et l'on peut parfaitement mépriser les inconvenances
dérisoires de M. Herwegh et les professions de foi de M. Freiligrath sans manquer aux devoirs d'un prince ami des lettres et des beaux-arts. — Pour en
revenir à Meyerbeer, soyez bien sûr qu'il assistait à ces débuts de Gardoni,
caché au fond de quelque baignoire d'où il aura noté tout à son aise sur son
calepin les qualités et les défauts de cette voix juvénile, qu'il utilisera un jour
ou qu'il n'utilisera point; là n'est pas la question. Ce qu'il y a de certain, c'est
qu'à l'heure où nous parlons, l'illustre maître connaît déjà mieux que vous
et moi le diapazon de la voix de Gardoni et la portée de son talent, et qu'il
possède de cette physionomie intéressante un crayon net et précis, comme
dirait M. de Balzac.

On a beaucoup reproché à Mme Stoltz d'avoir osé aborder le rôle de Marie
Stuart après Mlle Rachel. Pour nous, il faut l'avouer, ce nouveau caprice de
prima donna nous a moins étonné que l'audace dont Mme Stolz fit preuve
il y a quelques mois en s'emparant du rôle de Desdemona dans *Othello*.
Quand on a de gaieté de cœur affronté les souvenirs de la Pasta et de la
Malibran, nous ne voyons point, à vrai dire, devant quelles convenances de
ce genre on reculerait. Au surplus, Mme Stoltz se trouvait ici davantage dans
son droit, puisqu'il s'agissait d'une création transportée du domaine de la
tragédie dans celui du drame lyrique, et rien ne l'empêchait de compter un
peu sur le prestige de son art pour l'aider à se tirer d'affaire aux momens
les plus difficiles. C'est, du reste, ce qui est arrivé. En maint passage, la
cantatrice a sauvé la tragédienne. Non que Mme Stoltz se montre une virtuose accomplie; mais sa voix, à force de tout risquer, atteint par moment
des effets dont la puissance dramatique ne saurait se contester. Et d'ailleurs,
sous le rapport de l'intonation, elle a gagné. Étrange voix dont la constitution d'acier résiste aux plus rudes épreuves, et qui, par un merveilleux hasard.

se retrempe dans la fatigue et les excès lorsque tant d'autres y succombent. Quant à la partie élevée du rôle, à la tenue, a la dignité du personnage, on devine que la cantatrice de l'Académie royale de musique n'en a pas senti le premier mot. Mme Stoltz a pour elle ou contre elle, comme on voudra, une chose qui, tout en la rendant propre à l'expression des mouvemens passionnés, doit a jamais lui interdire tout caractère où certaines conditions de bienséance et de tenue deviennent cependant indispensables; nous entendons parler ici de ce besoin immodéré de locomotion qui semble l'agiter, dès qu'elle met le pied sur la scène, de cette espèce de diable au corps qui la possède et ne lui laisse pas de repos. Ainsi voyez Mme Stoltz dans cette scène où Marie Stuart, laissée libre un moment, erre avec sa compagne dans les jardins de Fotheringay, et s'écrie comme enivrée par l'air qu'elle respire :

Je voudrais m'emparer de toute la nature.

Evidemment il y a là un mouvement de joie irrésistible, un besoin inouï d'épancher au dehors tant de sensations divines, que la pesante atmosphère de la captivité comprimait au fond de l'ame; mais il ne faut pas non plus, en exagérant la situation, transformer le tableau d'histoire en caricature. Que fait Mme Stoltz dans cette scène? Elle va et vient, arpente le théâtre, son sein se gonfle, son œil flamboie, ses narines se dilatent, et vous vous rappelez involontairement ces vers de Virgile, où le poète latin ne se doutait certes guère qu'il décrivait l'extase d'une reine d'Ecosse, au spectacle d'une belle matinée de printemps.

Illæ
Ore omnes versæ in zephirum.....
Saxa per et scopulos et depressas convalles
Diffugiunt.....

Si nous étions le moins du monde d'humeur maussade, nos critiques s'étendraient plus loin, et du geste passeraient au costume, qui est aussi une partie essentielle de l'art du comédien. Talma et Nourrit en savaient quelque chose, et ce n'est pas Mlle Rachel qui consentirait à se montrer jamais sur la scène affublée du singulier costume que porte Mme Stoltz au troisième acte de *Marie Stuart*. Que signifie, en effet, cette couronne royale s'épanouissant comme une grenade enflammée sur un bonnet que la reine d'Ecosse avait pu adopter à son ordinaire, mais dont, aux jours de cérémonie et de gala elle ne dut jamais manquer de faire le sacrifice à l'étiquette de sa cour? Un diadème sur une coiffe! il y a là un contre-sens énorme pour un théâtre qui se pique d'exactitude en pareil point. Au quatrième acte, les casques abaissés que portent deux des membres du conseil de régence pendant la scène de l'abdication ne nous paraissent guère plus heureux. On avouera, en passant, que le système n'a rien de bien favorable pour la voix, et Barroilhet, avec son corps fluet et grêle, et l'espèce de museau allongé et luisant que lui fait sa visière d'acier, ne ressemble pas mal à ces personnages à têtes de sauterelle ou de grillon qu'on voit figurer dans les vignettes de Grandville. D'ailleurs, de quelle utilité pouvait-il être d'amener le régent Murray d'Édimbourg à Loch-Leven pour le faire assister à un acte de brutalité que sa seule présence eût rendu impossible? De quelle utilité! nous répond M. Niedermeyer, il me fallait pour mon sextuor la voix de Barroilhet; or, Barroilhet joue le régent, et voilà pourquoi Jacques Stuart, comte de Murray, qui, Dieu merci, avait du sang de gentilhomme dans les veines, souffre sans sourciller qu'à ses yeux un soudard insulte à la faiblesse d'une femme, de sa sœur. Oh! la musique! Quant à l'équipage de Mᵐᵉ Dorus au cinquième acte, c'est un costume de fantaisie fort convenable. Cependant les temps de la reine Élisabeth ne sont point si reculés, si fabuleux, qu'on doive tant se mettre en frais d'imagination à leur endroit. Les types abondent; il ne s'agirait que de vouloir bien prendre la peine de les consulter. Nous nous souvenons d'avoir vu à Hatfield, chez lord Salisbury (qui est Cécil et descend du fameux lord-trésorier), un portrait de la fille de Henri VIII à l'âge de 25 ou 30 ans, lequel portrait passe en Angleterre pour le plus ressemblant qui existe et naturellement le plus exact sous le rapport de l'ajustement. Qu'on se figure d'énormes manches épaisses et bouffantes comme des oreillers, un corsage en manière de cuirasse se prolongeant en pointe jusqu'aux jambes, un *ruff* haut d'un demi-pied régnant en galerie sur la lisière de la robe, et partout, sur les manches, sur le corsage, sur les jupes d'une ampleur empesée et raide, partout les serpens familiers se jouant en toutes sortes de broderies de soie, d'or et de pierreries, comme les salamandres royales de François Iᵉʳ sur les murs du château de Chambord J'allais oublier la coiffure, qui n'a pas moins de deux pieds et rappelle celle de Marie-Antoinette. J'ai vu depuis bon nombre de portraits de la reine Élisabeth représentée a différentes époques de sa vie; tous portent le même costume qui, du reste, ne ressemble en aucune façon au dessin adopté par l'Opéra. Comme pendant à la célèbre toile de Hatfield nous citerions encore le portrait de Marie, conservé à Oxford parmi les curiosités de la bibliothèque bodléienne. A voir cette image, on éprouve d'abord quelque désappointement, on se demande s'il se peut que la femme qui a posé pour ce portrait ait jamais été la plus belle ou même la plus jolie de son pays et de son temps; et quand on songe à toutes les fascinations que cette femme exerça autour d'elle, et combien de têtes elle tourna d'un sourire ou d'un regard, comme il faut bien finir par trouver le mot de tant de séduction et de magie, on se représente cette grace irrésistible, cet esprit importé de la cour de France, et qui, en multipliant ses triomphes, préparaient sa perte. C'est une vieille histoire, et qui n'a pas manqué de se renouveler depuis lors. En Angleterre comme en France, l'histoire abonde en exemples de ce genre. Qu'il s'appelle Henriette-Marie ou Marie-An-

toinette, qu'il s'agisse de l'élégante femme de Charles Ier ou de l'aristocratique compagne de Louis XVI, le type charmant de Marie Stuart revivra,
vous retrouverez le signe distinct, l'air de famille, et soyez sûr qu'au jour
venu les puritaines et les bourgeoises ne se montreront pas plus empres-
sées à faire grace qu'Élisabeth. Ce ne sont ni ses amans ni ses crimes qui
ont coûté la vie à Marie Stuart, mais le fait même de son existence qui blessait à mort la fille superbe de Henri VIII. Cette femme de tant d'esprit et
d'élégance, ayant sur les lèvres le mot piquant à côté du sourire, dut finir
par impatienter dans sa gloire un peu morose et pédantesque la *vestale qui
trônait dans l'ouest*, pour me servir du pathos de Shakespeare dans le
Songe d'une nuit d'été. Creusez le fond des choses, et vous trouverez l'éternelle lutte du positif et de l'idéal, de l'élégance et de la brutalité, de la poésie
et de la prose, de la grande dame et de la financière, en un mot et surtout,
de l'esprit moqueur et fin de la société française et du *cant* britannique.

H. W.

CHRONIQUE DE LA QUINZAINE.

14 décembre 1844.

La session s'ouvrira dans quelques jours. Les députés arrivent. On se demande quelles seront les dispositions des chambres, comment elles jugeront la politique des derniers mois, quel sera le langage du cabinet, quelle sera l'attitude de la majorité.

On se rappelle ce que la majorité pensait du ministère à la fin de la dernière session. Le cabinet avait essuyé de graves échecs. Il s'était montré faible et indécis dans la question de l'enseignement secondaire et dans la discussion des chemins de fer. Il avait laissé échapper de ses mains la direction des intérêts moraux et matériels. Dans les questions politiques, il n'avait écarté les difficultés qu'en ajournant le débat. S'agissait-il du droit de visite, M. le ministre des affaires étrangères négociait. Si l'on parlait de Taïti, M. Guizot disait : C'est une question qui commence. Quant à la dotation, le ministère promettait d'en parler dans le *Moniteur*, pour s'éviter l'embarras d'en parler devant les chambres. Habile ou non, une pareille conduite n'honore pas un gouvernement. Elle fait douter de sa sincérité et de sa force. Aussi, vers les derniers jours de la session, en présence des nouvelles complications sorties de la question du Maroc et de l'affaire Pritchard, plusieurs membres influens du parti conservateur n'ont pas dissimulé leurs griefs contre la politique du 29 octobre. Entre eux et le ministère une scission a paru imminente.

Telles étaient les dispositions des chambres à l'égard du ministère il y a cinq mois. Sont-elles plus favorables aujourd'hui ? Nous ne le pensons pas. Les fautes nouvelles, plus grandes que les fautes passées, ont dû produire des mécontentemens plus vifs. Si les chambres ont repoussé le droit de

visite, comment pourraient-elles approuver les concessions de notre diplomatie dans les affaires de Taïti et du Maroc ? Si des conservateurs ont blâmé
dès le début les entreprises de l'Océanie, comment pourraient-ils ne pas
juger sévèrement une politique qui a dédaigné leurs avertissemens, et qui a
si malheureusement justifié leurs prévisions ? Après le désaveu de M. Dupetit-Thouars et le déplorable effet qu'il a produit, comment supportera-t-on
le désaveu de M. d'Aubigny et l'indemnité de M. Pritchard ? Si les provocations de la tribune anglaise, si les paroles injurieuses de sir Robert Peel ont
jeté dans le parlement français une émotion si vive, que sera-ce quand on
jugera les actes dont ces paroles ont été suivies ? Enfin, si l'attitude prise
par notre diplomatie dans les affaires du Maroc a irrité les chambres il y a
cinq mois, si les communications que M. Guizot a faites à sir Robert Peel leur
ont paru peu dignes et dangereuses, que penseront-elles du traité de Tanger
et de la précipitation fatale qui a compromis les intérêts de la France?

Nous le disons sans haine ni passion, sans vues hostiles, sans esprit d'opposition contre les hommes, la situation du ministère n'a peut-être jamais été
plus faible qu'aujourd'hui, jamais sa politique n'a soulevé des reproches plus
mérités. Est-ce à dire pour cela que la discussion de l'adresse va emporter le
ministère ? Dieu nous garde de faire des prédictions. Nous connaissons les ressources du cabinet; il a déjà montré plus d'une fois ce que peuvent l'éloquence
et la dextérité parlementaire, unies à la ferme volonté de conserver le pouvoir.
De plus, le ministère connaît sa situation; il saura probablement garder dans
son langage la mesure et la modestie qu'elle commande. Il cache aujourd'hui
ses inquiétudes sous une apparence de fierté, il est plein de confiance en lui-
même, plein de mépris pour ses adversaires; vous croiriez qu'il va rédiger
des phrases pompeuses dans le discours du trône, et paraître en conquérant
devant les chambres. Attendez-le à l'ouverture de la session, vous verrez qu'il
changera d'attitude et de langage. En montrant de l'arrogance, le ministère
blesserait le sentiment des chambres; en montrant de l'humilité, il pourra
désarmer des adversaires redoutables, dont l'intention est de combattre sa
politique plutôt que ses intérêts, et qui croiraient inutile d'attaquer cette politique dès qu'elle se serait jugée elle-même en réclamant leur indulgence.
La modestie devant les chambres a bien souvent réussi au ministère. Nous
serions trompés si, dans les circonstances présentes, il renonçait à ce moyen
de succès, devenu pour lui d'une nécessité plus impérieuse que jamais.

On a beaucoup parlé ces jours derniers d'un programme d'opposition contre
le cabinet, on a parlé d'un plan de campagne concerté entre ses adversaires;
nous n'avons pas besoin de dire au public ce qu'il doit penser de ces révélations. Si des hommes graves, si des personnages politiques jugeaient convenable de s'entendre pour dresser leurs batteries contre le ministère, ils
sauraient garder leur secret. Mais à quoi bon dresser des plans de campagne
en ce moment? pourquoi les adversaires du cabinet, qu'ils appartiennent au
centre droit, au centre gauche ou à l'opposition constitutionnelle, iraient-ils

perdre leur temps à rédiger aujourd'hui un programme pour le débat de l'a-
dresse? Avant de préparer des discours contre le ministère, il faut savoir ce qu'il
dira. Pour méditer contre lui des argumens, il faut connaître les siens. Or,
qui sait aujourd'hui ce que le ministère dira sur le droit de visite, sur Taiti,
sur le Maroc, sur l'enseignement secondaire, sur la dotation? Le ministère
le sait-il bien lui-même? Nous voyons au sein des chambres, et sur des
bancs différens, des hommes que les fautes du cabinet ont réunis dans une
opposition commune. Ces hommes n'ont pas besoin de concerter en ce moment leurs moyens d'attaque. Ils attendent que le ministère s'explique. Leur
langage dépendra du sien.

Une chose toutefois mérite de fixer dès à présent l'attention des hommes
qu'un même sentiment de dignité nationale réunit contre la politique du cabinet. Le premier acte de la session, et l'un des plus importans, sera la nomination du président de la chambre élective. Tout annonce que le ministère
a fait son choix. Il soutiendra M. Sauzet. L'intérêt des diverses nuances de
l'opposition parlementaire serait de placer en face du candidat ministériel un
homme dont le caractère politique fût l'expression de leur pensée commune,
et dont le choix pût être regardé comme une protestation modérée, mais ferme,
contre la politique suivie depuis quatre ans. Cet homme, la voix publique le
désigne, c'est M. Dupin. Tout le monde connaît les défauts de M. Dupin, il
n'a jamais cherché à les dissimuler; mais tout le monde aussi connaît ses qualités éminentes. On a vu son rôle à la chambre depuis qu'il a quitté le fauteuil
de la présidence. On se rappelle le vote unanime qui a suivi son discours sur
le droit de visite. Partisan sincère de la paix, M Dupin a blâmé l'empressement irréfléchi du ministère pour l'alliance anglaise. Il veut une alliance fondée sur des intérêts sérieux, sur des besoins réciproques, utile aux deux peuples en unissant leurs forces dans des entreprises glorieuses, utile au monde
en lui garantissant les bienfaits de la paix; il ne veut pas l'alliance anglaise telle
que l'ont imaginée pour leurs besoins particuliers M. Guizot et sir Robert Peel,
c'est-à-dire un traité d'assurance mutuelle entre deux cabinets. On sait
quelles sont les opinions de M. Dupin sur la question universitaire. C'est
l'esprit gallican par excellence armé d'une puissante érudition, d'une verve
inépuisable, et d'un impitoyable bon sens. Sur le droit de visite, sur l'alliance
anglaise, sur la paix, sur la question de l'enseignement secondaire, M. Dupin
représente fidèlement, dans la chambre des députés, les opinions constitutionnelles que la politique du ministère a froissées. Nous ne parlons pas
des qualités rares qui distinguent M. Dupin comme président. Qui ne sait
avec quelle netteté, quelle présence d'esprit, quelle impartialité et quelle
vigueur M. Dupin a dirigé pendant plusieurs années les débats de la chambre? Par tous ces motifs, nous croyons que l'opposition parlementaire ferait
bien d'arrêter son choix sur l'honorable député. Ce serait inaugurer dignement la session. Cela vaudrait mieux qu'un programme, ou plutôt ce serait
un programme d'une clarté évidente, et que tout le monde comprendrait.

Nous savons que l'opposition constitutionnelle renferme d'autres candidats que M. Dupin. S'il suffisait, pour être nommé président de la chambre, d'être un orateur éminent, un chef de parti justement considéré, nous savons que M. Dupin trouverait dans l'opposition constitutionnelle des concurrens sérieux; mais leur caractère politique ne répondrait pas à la situation. Ils n'auraient pas d'ailleurs la majorité, tandis que le choix de M Dupin convient à plusieurs fractions de la chambre, et caractérise nettement la lutte qui va s'ouvrir contre le cabinet. Du reste, si nous sommes bien informés, le ministère a des amis clairvoyans qui lui conseillent en ce moment d'abandonner M. Sauzet, et d'enlever M. Dupin à l'opposition. M. Dupin se laisserait-il enlever? C'est une question. Dans tous les cas, l'opposition parlementaire ferait bien, selon nous, de proclamer le plus tôt possible son candidat. Si le ministère le lui prend, qu'on sache au moins qu'elle a été volée

On sait que tous les ans la discussion de l'adresse est terminée au Luxembourg avant d'être commencée au palais Bourbon. Il en sera probablement de même cette année. La chambre des pairs est donc appelée à ouvrir le débat. Cette circonstance mérite d'être remarquée. Depuis plusieurs années, les discussions politiques de la chambre des pairs ont rarement exercé sur l'opinion l'influence qu'elles devraient avoir. D'où cela vient-il? De ce que les hommes éminens du Luxembourg prennent rarement la parole, de ce qu'ils abdiquent volontiers leur rôle politique, de ce qu'ils abandonnent la tribune à des discoureurs médiocres dont les réflexions banales ont peu d'attrait pour le public. Généralement l'opposition n'est pas facile au Luxembourg; elle est surtout très difficile, dit-on, pour certains hommes qui ont traversé les affaires et qui ont une grande situation dans le pays. L'auditoire n'est pas bienveillant pour eux; il les écoute avec défiance; il suspecte leurs intentions; il les prend pour des ambitieux mécontens qui s'agitent dans le but de ressaisir le pouvoir qu'ils ont perdu. Aussi, pour ne pas soulever contre eux des préventions injustes, ces hommes gardent ordinairement le silence : résultat fâcheux pour tout le monde, pour le pays d'abord qui se voit privé des conseils de leur expérience, pour la chambre des pairs dont l'éclat diminue; fâcheux enfin pour ceux-là même qui n'osent braver les inconvéniens attachés à la renommée politique, car leur silence, en se prolongeant, affaiblit l'autorité de leur nom, et les expose à l'oubli de leurs concitoyens. Les hommes dont nous parlons vont être soumis à une nouvelle épreuve: espérons qu'ils prendront un parti plus conforme à leurs intérêts. La session qui va s'ouvrir offre à la chambre des pairs un rôle important; espérons qu'elle l'acceptera dans toute son étendue

Après avoir soutenu la discussion pendant plusieurs mois, la presse devient à son tour spectatrice Après avoir commencé l'instruction du procès, elle va voir comment ce procès sera jugé par les chambres. La presse de l'opposition s'est-elle trompée? Les journaux du ministère le lui ont dit souvent; nous verrons si leurs reproches étaient fondés. Quant à la presse de l'opposition conservatrice, elle attend avec confiance la lumière que fera jaillir la discussion des chambres. Nous l'avons dit bien des fois, notre pensée n'a jamais été de nous réjouir des fautes du ministère, car ces fautes retombaient sur le pays. Si l'on nous avait prouvé la parfaite innocence du cabinet, nous aurions accepté cette démonstration avec empressement; si donc les débats parlementaires viennent justifier la politique du 29 octobre, s'ils prouvent qu'elle a été prudente et digne, nous féliciterons la France et le ministère de cet heureux résultat.

Le ministère sera dans quelques jours entre les mains des chambres. Qu'elles l'examinent et qu'elles le pèsent; qu'elles nous disent ce qu'il faut penser de sa diplomatie, de son influence parlementaire, de sa direction administrative, de son action au dedans et au dehors. Que le parti conservateur examine surtout la situation du pays; qu'il considère les suites probables d'une dissolution faite par le cabinet, les dispositions des collèges, le mouvement de l'opinion. Que les conservateurs songent à l'avenir; qu'ils arrêtent leur pensée sur une éventualité que la prudence humaine ordonne de prévoir. En réfléchissant attentivement sur toutes ces choses, les chambres trouveront la solution des difficultés qu'elles seules peuvent trancher.

Après les questions politiques, plusieurs objets importans viendront occuper la session. Dans la chambre des députés, une proposition sur le droit de timbre amènera la question du journalisme, si brûlante en ce moment. Les chemins de fer ranimeront les débats sur la loi de 1842. Le projet de l'enseignement secondaire, remis entre les mains de M. Thiers, fixera l'attention publique. On annonce une proposition d'enquête sur la condition des classes ouvrières. Nous verrions avec plaisir le gouvernement prendre l'initiative sur cette question. Un organe de l'extrême gauche déclarait dernièrement que le premier besoin des classes laborieuses est l'exercice des droits politiques; d'un autre côté, des utopistes promettent aux ouvriers un nouvel ordre social, où ils goûteront les joies du paradis : sans leur promettre l'une ou l'autre de ces deux choses, le gouvernement pourrait cependant améliorer leur situation par des mesures administratives recommandées depuis long-temps par des esprits sérieux. Les classes ouvrières paraissent comprendre aujourd'hui leurs véritables besoins. Plus sages que ceux qui prétendent exercer sur elles une sorte de patronage humanitaire ou politique, elles se proclament amies de l'ordre, amies des lois, et sincèrement opposées à toute réforme qui aurait pour base le renversement de la famille ou de l'état. Elles savent aussi que tout progrès réel est l'œuvre du temps, et qu'elles ne gagneraient rien à chercher l'adoucissement de leur sort dans la voie des bouleversemens politiques. Le gouvernement doit s'empresser de seconder ces dispositions favorables. Représentant des classes moyennes, il est de son devoir et de son honneur de protéger les intérêts populaires. La révolution de juillet ne doit pas laisser les classes laborieuses sous la tutelle des partis.

L'état de notre marine, l'emploi du matériel naval, la direction et la comptabilité des ports feront naître sans doute très prochainement de vives discussions. Aucun sujet n'est plus digne d'appeler l'attention des hommes qui étudient sérieusement les intérêts du pays. La France a témoigné assez hautement qu'elle voulait une marine puissante, capable de protéger son indépendance et de soutenir dignement l'honneur de son pavillon; mais pour avoir une marine, il faut une administration maritime : or, on peut dire sans hyperbole que cette administration n'existe pas. Il y a un ministre de la marine et des colonies, il y a des bureaux, il y a des préfets maritimes dans les ports, il y a des directeurs dans les arsenaux; mais ce qu'on appelle une administration, c'est-à-dire ce lien étroit qui unit toutes les parties d'un vaste ensemble, cet esprit d'ordre qui l'anime, ce contrôle qui en surveille tous les degrés, cette lumière qui pénètre partout, rien de tout cela n'existe à la marine. Sous les apparences d'une unité mensongère, il y a des élémens épars, indépendans les uns des autres, et qui ne se rattachent pas à un centre commun; il y a des pouvoirs qui se nuisent réciproquement au lieu de se servir; c'est un chaos où le désordre est partout et la lumière nulle part Chose étrange! chaque année, le ministre de la marine confie à de hauts fonctionnaires la mission d'inspecter le service des ports; ces fonctionnaires, revenus à Paris, dénoncent au ministre les prodigieux abus dont ils ont été les témoins, et lui soumettent leurs plans de réforme : on trouve leurs idées excellentes, et l'on n'en parle plus. Éclairées par des scandales récens, les chambres, dans la session dernière, ont imposé à la marine le contrôle de la cour des comptes sur la comptabilité des matières. A quelle époque ce contrôle pourra-t-il fonctionner utilement? Quand l'administration produira-t-elle des documens exacts, des justifications complètes, qui présentent fidèlement l'emploi des valeurs matérielles, cette immense partie de la fortune de l'état? Nul ne le sait, et le ministre lui-même, malgré les engagemens qu'il a pris envers les chambres, ne paraît pas mettre à ce travail un grand empressement. Le département de la marine a besoin d'être stimulé par les chambres. C'est la tribune qui triomphera de son inertie et de son esprit de routine. Plusieurs députés connaissent parfaitement les causes qui perpétuent le désordre; on peut supposer qu'ils regarderont comme un devoir de les révéler.

L'emprunt de deux cents millions a été adjugé à 84 fr. 75 cent L'adjudication s'est faite à 1 fr. 5 cent. au-dessus du cours de la veille, qui lui-même était en hausse sur les cours précédens. Cette opération est un succès pour M. Laplagne. Elle marquera dans les souvenirs de son ministère. Elle prouve qu'il a sagement fait de ne pas recourir au mode de souscription, conseillé par la chambre des députés. La résolution du ministre porte un caractère personnel qui fait honneur à sa pénétration comme à sa fermeté. Depuis l'emprunt, le cours de la rente a continué de recevoir une vive impulsion. Nous aimons à constater ce témoignage de la confiance publique. Cependant, ce n'est pas sans raison que cette ardeur qui pousse à la hausse depuis quelques semaines inspire des craintes à beaucoup d'esprits. On admire aujourd'hui la situation de la Bourse; les capitaux abondent sur la place; mais demain, les prêteurs de l'emprunt et les soumissionnaires des chemins de fer enlèveront des sommes immenses pour répondre à leurs engagemens. Pendant vingt mois, la Bourse aura à supporter le fardeau périodique de l'emprunt, et les compagnies de chemins de fer pèseront sur elle peut-être plus long-temps. Ne parle-t-on pas depuis plusieurs jours d'une compagnie qui présentera un capital de 400 millions? Au milieu des appels de fonds qu'entraîneront des opérations si gigantesques, que de fluctuations dangereuses peut amener un engouement irréfléchi? Sans compter les circonstances critiques dont nous sommes toujours menacés, et qu'il est impossible d'oublier quand il s'agit de la Bourse, c'est-à-dire d'un terrain où les moindres secousses, exagérées par l'intérêt ou par la peur, peuvent produire des catastrophes.

La situation politique de plusieurs pays étrangers mériterait en ce moment une étude approfondie. Les états du Nord sont travaillés par des mouvemens populaires. La Suède enfante sa constitution. En Pologne, on annonce la découverte d'une conspiration. Des arrestations nombreuses ont été faites. Le bras de la Russie inflige des tortures atroces à de malheureux prévenus, qui peut-être ne sont pas coupables. Ils expirent dans les supplices sans proférer une parole. Quand ils meurent avant d'avoir subi toute leur peine, on continue de sévir sur leurs cadavres, et les parens des victimes sont contraints d'assister à ces exécutions. C'est ainsi que l'empereur Nicolas étouffe les derniers cris de la nationalité polonaise. Voilà sa réponse à l'amendement sur la Pologne. La vue se repose de ces horreurs en contemplant l'aspect tranquille de l'Allemagne, et l'activité commerciale des divers états englobés dans l'union des douanes. Les jésuites, admis à Lucerne, y ont provoqué des troubles graves. Cela ne surprendra personne. Le sang a coulé dans la lutte. La tranquillité est rétablie en ce moment, mais la nature du débat et le caractère des hommes qui l'ont soulevé laissent pour l'avenir de sérieuses inquiétudes. L'Angleterre et l'Irlande ont aussi leurs questions religieuses. Les évêques catholiques d'Irlande viennent de prendre une résolution importante. Plusieurs d'entre eux ont accepté les fonctions de commissaires du bill des donations. L'objet de ce bill, voté dans la dernière session, est de rétablir le droit de propriété de main-morte au profit du clergé catholique d'Irlande. On sait qu'en Irlande le clergé catholique n'est point salarié par l'état. Il reçoit les contributions volontaires du peuple. Cette situation le met nécessairement à la merci des masses, et en fait un instrument d'opposition permanente contre le pouvoir. Offrir au clergé catholique une existence indépendante, c'était le moyen de détruire l'élément le plus puissant de désunion entre l'Angleterre et l'Irlande. Plusieurs évêques ont donc accepté cette propriété de main-morte, qui doit les dispenser de recourir aux contributions volontaires; mais les ultra-catholiques fulminent; ils crient à la trahison; ils déclarent que l'église d'Irlande est asservie, et que son unité est rompue. Une opposition violente éclate dans tous les rangs de la population catholique, même parmi les évêques, et jusqu'ici les offres conciliantes du gouvernement anglais ont excité l'indignation plutôt que la reconnaissance.

Nous ne dirons qu'un mot de ces inconcevables injures que M. O'Connell a lancées dernièrement contre les journaux de Paris. Le libérateur n'a pas toujours sa tête à lui. Cela n'empêche pas ceux qu'il outrage de rendre justice à ses qualités, et de plaindre sincèrement la malheureuse nation dont il n'a pu encore guérir les souffrances. Parlons de sujets plus importans. Il y a un point qui semble en ce moment fixer les regards de la diplomatie européenne : c'est l'isthme de Suez. Coupera-t-on l'isthme par un canal ou par un chemin de fer? Telle est la question mise en avant. On suppose, peut-être fort gratuitement, que le gouvernement anglais veut un chemin de fer : dans tous les cas, l'intérêt évident de la France est de préférer un canal. Tous les inconvéniens d'un chemin de fer ont été démontrés. Les difficultés d'établissement seraient immenses, les frais énormes. La voie pourrait être obstruée d'un moment à l'autre par les sables, ou interceptée par les Arabes du désert. Il faudrait tout faire venir d'Europe : matériaux, combustibles, et jusqu'aux agens chargés des plus minces détails de l'exploitation. Enfin, quand le chemin de fer serait construit, à qui servirait-il? aux voyageurs seulement. Pour aller dans l'Inde, les marchandises suivraient toujours la route du Cap. Au contraire, un canal serait la jonction des deux mers. Une nouvelle route serait ouverte au commerce du globe.

En Grèce, M. Coletti et M. Metaxa sont toujours les maîtres de la situation. Ils montrent des intentions excellentes; il ont la confiance du roi et celle des chambres. Cependant peu s'en est fallu, il y a quelques jours, que le cabinet ne fût renversé. Chose singulière! l'auteur de sa chute eût été M. Duvergier de Hauranne. On se rappelle un travail sur la Grèce que l'honorable député a publié dans cette *Revue* il y a peu de temps; ce travail, fort goûté à Paris, et regardé comme l'œuvre d'un esprit calme et impartial, n'a pas produit à Athènes le même effet. Le parti anglais et le parti russe n'ont pu supporter les justes éloges que M. Duvergier de Hauranne a donnés à M. Coletti, et leur fureur est tombée sur ce dernier. Une coalition anglo-russe s'est formée sous les auspices de M. Lyons. M. Coletti eût succombé s'il n'eût fait tête à l'orage. La coalition s'est dissoute, mais les germes n'en sont pas détruits, et leur présence crée une situation nouvelle qui agite sensiblement les esprits. Si quelqu'un peut décrire habilement cette situation, c'est assurément M. Duvergier de Hauranne. Nous savons qu'il compte l'examiner prochainement dans cette *Revue*. Il exposera les faits qui se sont passés en Grèce depuis trois mois, et en même temps il répondra aux suppositions ridicules de la coalition anglo-napiste. Nous attendons ce nouveau travail de M. Duvergier de Hauranne, et nous sommes sûrs qu'en ami de la Grèce, il évitera cette fois de dire tout le bien qu'il pense de M. Coletti.

Mais revenons à la France, et disons un mot de nos légitimistes, dont nous parlons du reste si rarement. On se souvient que l'année dernière, à pareille époque, le parti légitimiste faisait assez de bruit dans le monde. Il était dans l'ivresse de son voyage à Belgrave-Square. Il jouissait avec délices du scandale qu'il avait causé. Les temps sont bien changés. Le voyage à Venise n'a pas été glorieux, comme on sait, pour l'hôte de Belgrave-Square, et le parti, naguère si triomphant, a essuyé depuis peu bien des traverses. On s'est vu forcé de rompre successivement avec plusieurs cours, dont les démonstrations devenaient de jour en jour plus froides et plus embarrassées. On comptait sur le roi de Naples : il a échappé. On croyait tenir la Saxe; mais le mariage qu'on projetait avec elle n'aura pas lieu. Où aller maintenant? Tous les efforts sont dirigés du côté de la Russie; mais l'empereur est difficile à aborder. Il est plongé dans un profond chagrin depuis la mort de sa fille. Sa douleur l'a rendu fantasque; on ne sait comment s'y prendre pour obtenir son appui. On a près de lui un ambassadeur, mais quel ambassadeur! Pendant ce temps, les fidèles de Paris commencent à sentir leur constance s'ébranler. Les temps sont durs. La presse légitimiste coûte cher et produit peu. Les réfugiés carlistes sont nombreux; ils ont besoin de tout, et il faut sans cesse quêter pour eux. D'un autre côté, on a de beaux jeunes gens, bien lestes et bien fringans, dont on ne sait que faire. Ils entrent dans la marine et à Saint-Cyr; ils portent l'épaulette; ils prennent l'épée, l'épée de la révolution de juillet! Pour les pousser, il faut les recommander; mais on n'ose le faire officiellement. On sollicite donc par procuration; on se rappelle qu'on a des amis, des parens même, qui dînent avec les ministres, qui ont prêté le serment de fidélité, et qui le tiennent. Ces amis, ces parens, ont l'humeur obligeante; on obtient par eux tout ce qu'on veut. On leur confie ses ennuis, ses dégoûts; on apprend d'eux ce qui se passe dans ce monde révolutionnaire que l'on ne doit pas voir, mais dont on aime à parler de temps en temps. On leur fait des questions. La cour des Tuileries sera-t-elle un peu gaie cet hiver? dansera-t-on? puis-je y mener mes filles? Si seulement les femmes de vos ambassadeurs étaient un peu mieux nées, et si les dames d'honneur de vos princesses avaient quelques quartiers de plus! Allons, je n'irai pas cet hiver; mais l'hiver prochain, je ne réponds de rien; car je veux bien convenir, après tout, que vos princes d'Orléans sont d'assez bonne maison! Voilà ce qui se dit maintenant dans certaines familles aristocratiques du faubourg Saint-Germain. Nous ne donnons pas cela pour une nouvelle politique; c'est une petite scène de mœurs qu'il faut placer en regard du tableau de Belgrave-Square.

Le régime de l'intimidation pèse toujours sur la Péninsule. On sait déjà combien de sang a coûté à l'Espagne l'insurrection de la Rioja ; à Madrid, à Cadix, à Valence, à Barcelone, il n'est question, depuis les derniers *pronunciamientos*, que d'arrestations préventives, de bannissemens, de déportations. Dans le Haut-Aragon, le capitaine-général de Saragosse, don Manuel Breton, a ordonné qu'on fît en une seule fois ce qu'à diverses reprises a fait l'autorité militaire qui commande à Logroño. Douze insurgés ont été passés par les armes à Hecho, à Siresa et à Ansò. Peut-on espérer que d'autres exécutions n'ajouteront pas à la consternation qui règne par-delà les Pyrénées? Nous ne savons; personne encore ne le pourrait affirmer, car, à Madrid, un conseil de guerre, présidé par le général Cordova, frère du célèbre général qui a combattu les carlistes en Biscaye et en Navarre, vient de prononcer trois condamnations capitales. A la date de nos dernières nouvelles, on craignait que l'un des condamnés, celui à qui l'on attribue la pensée de la conspiration découverte en juillet, le colonel Rengifo, ne fût exécuté le lendemain même de l'arrêt. En vérité, plus nous réfléchissons, moins nous pouvons comprendre que le gouvernement espagnol se laisse entraîner à de telles extrémités par ce que ses journaux appellent la raison d'état. Au point où sont arrivées les choses, c'est précisément la raison d'état qui lui fait un devoir d'en finir avec ces mesures que repousse l'esprit de notre siècle. Le cabinet Narvaez ne s'est formé que pour restaurer en Espagne le règne de la légalité. Le noble but vers lequel tous ses efforts devaient tendre n'en est-il pas aujourd'hui aussi éloigné que pouvait l'être le cabinet de M. Gonzalez-Bravo lui-même, après la répression du soulèvement d'Alicante? Et les exécutions du mois de mars, à Carthagène, diffèrent-elles beaucoup des exécutions de novembre, à Logroño?

Une autre considération, et, selon nous, une considération toute-puissante, devrait déterminer le cabinet Narvaez à se relâcher de cette politique impitoyable qui jamais, du reste, n'a prévenu en Espagne l'explosion des mécontentemens. Dans le pays entier, l'opinion publique se prononce avec énergie contre la juridiction militaire qui, sans protéger efficacement la société, enlève à l'accusé toute espèce de garantie. On se souvient de l'incroyable réquisitoire dans lequel le *fiscal* Aznar concluait, sur de vagues présomptions, à la peine de mort contre le comte de Reus. Le conseil de guerre annula le réquisitoire et ordonna qu'une autre instruction aurait lieu. Cette instruction eut lieu, en effet, aussi rapide, aussi sommaire, aussi incomplète que la précédente, et si Prim ne fut point condamné à être passé par les armes, si on se contenta de lui appliquer une peine sans proportion avec le crime qui lui était imputé, cela tint, on le sait bien, à des raisons politiques, et non certes aux argumens développés dans le second rapport de M. Aznar. Le procès du général Prim et celui du colonel Rengifo ont fait clairement ressortir tous les inconvéniens de la juridiction militaire, telle qu'en ce moment elle subsiste chez nos voisins. Des témoins qui déposent sous l'impression de la crainte, d'autres que l'on refuse d'appeler à l'audience, bien que les accusés demandent instamment qu'ils y soient appelés; un tribunal composé d'officiers subalternes, — nous parlons du procès de Rengifo, — fonctionnant sous les regards du président avec le même esprit de discipline que s'ils étaient en campagne, à la suite de leur brigadier ou de leur colonel; des défenseurs officiels pris au hasard dans la garnison de la ville, qui à peine savent lire les mémoires que les défenseurs sérieux, des avocats civils ont eté forcés de dresser en vingt-quatre heures; bien souvent un *fiscal* qui ne sait pas même écrire, comme dans l'affaire de M. Pascual Madoz, toutes les règles de la procédure enfin méconnues, ou, pour mieux dire, ouvertement violées : en faut-il davantage pour démontrer que la réforme judiciaire doit commencer par celle des conseils de guerre? Et cependant, quand on ne fusille pas sur la seule constatation de l'identité, en vertu du *bando* de quelque capitaine-général, ce sont les conseils de guerre qui dominent l'Espagne; c'est l'autorité militaire, en un mot, qui règne de l'un à l'autre bout du royaume, sans influence rivale, politique ou civile, qui la puisse le moins du monde tempérer. De bonne foi, M. Martinez de la Rosa, qui a long-temps étudié en France et en Angleterre les mœurs constitutionnelles, M. Pidal, M. Mon, qui croient à l'avenir du régime libéral dans leur pays, le général Narvaez, qui doit se souvenir qu'Espartero s'est perdu par l'exagération du régime militaire, pensent-ils qu'une telle situation se puisse long-temps maintenir?

Non, évidemment, et ce n'est pas seulement la presse libérale, en Europe, ou l'opinion publique, dans la Péninsule même, qui conseille au cabinet Narvaez de revenir le plus tôt possible à une autre politique; tout récemment, ses plus dévoués amis se sont alarmés des allures qu'il a cru devoir prendre à Madrid et dans les provinces; leurs inquiétudes se sont manifestées assez énergiquement pour susciter une crise ministérielle, qui peut-être n'a pas encore tout-à-fait cessé. Le congrès venait de voter le projet de réforme, et l'on pouvait déjà considérer ce projet comme la loi fondamentale de l'état, car, dans les circonstances actuelles, l'approbation du sénat et la sanction royale ne sont et ne peuvent être que de simples formalités. Le lendemain du vote qui a doté l'Espagne d'une charte nouvelle, M. Mon avait lu au congrès des projets d'un intérêt capital qui doivent convertir en lois toutes les mesures de réduction ou de conversion qu'il a prises à l'égard de la dette publique, et assurer au clergé une sorte de constitution civile. Immédiatement après M. Mon, M. Pidal était monté à la tribune pour présenter le projet en vertu duquel le gouvernement pourra décréter les lois organiques, administratives, municipales; ce projet, déjà voté par le sénat, avait été immédiatement soumis aux délibérations du congrès. Pour résumer la situation, le ministère ne se bornait pas à solliciter l'approbation de quelques-uns de ses actes, qui à divers degrés ont engagé la fortune nationale; il demandait l'autorisation de réorganiser l'Espagne à sa guise, ni plus ni moins, le droit de l'administrer et de la gouverner, d'ici à bien long-temps, comme il lui pourra convenir; le pouvoir exécutif, en un mot, demandait au pouvoir législatif de s'annuler lui-même sur des questions capitales où le présent et l'avenir de la Péninsule se trouvent complètement engagés. Ce que le ministère sollicitait du congrès, le ministère l'a obtenu; le congrès vient d'adopter à l'unanimité le projet qui l'autorise à décréter les lois organiques; mais avant d'accorder ce vote de confiance, le congrès a un instant hésité, et nous le comprenons sans peine : comment investir d'une si grande autorité un cabinet qui, pour comprimer les passions révolutionnaires, ne trouve rien de mieux que de donner le plus de force possible au pouvoir militaire? Au sein même du cabinet, quelle était l'influence principale? n'était-ce pas celle du général Narvaez qui, à son gré, pouvait conserver ou renvoyer M. Martinez de la Rosa, M. Mon, M. Pidal, tous les membres du ministère? N'était-ce pas, à ce compte, le général Narvaez seul que l'on chargeait de réorganiser, d'administrer, de gouverner le pays? La conséquence ne manquait point de justesse, on en doit convenir, et il est aisé de concevoir que les plus déterminés amis du ministère en aient pris sérieusement ombrage; le cabinet est pourtant parvenu à calmer leurs alarmes : nous l'avons déjà dit, c'est à l'unanimité que le congrès a voté la loi qui lui concède un pouvoir à peu près dictatorial. Faut-il en conclure que le cabinet a pris l'engagement de substituer à l'autorité des capitaines-généraux et des conseils de guerre un régime plus conforme aux principes qui doivent présider à la régénération de l'Espagne? Faut-il en conclure que le général Narvaez a promis de ne point se séparer de MM. Mon et Pidal? Faut-il en conclure, enfin, qu'on n'est plus menacé, à l'heure qu'il est, d'une crise ministérielle toute semblable à celles qui, depuis la chute du duc de la Victoire, ont si profondément affaibli le gouvernement de Madrid? Nous le souhaitons sans oser l'affirmer; ce que nous savons bien, c'est que le cabinet Narvaez, ni aucun autre cabinet en Espagne, ne pourra venir à bout de surmonter une seule des difficultés dont se hérisse l'œuvre immense de la réorganisation civile et administrative, si, d'abord, il ne s'efforce de faire croire, non-seulement à son libéralisme, mais à sa durée.

———

— Parmi les brillans volumes qui paraissent en si grand nombre à cette époque de l'année, les *Cent Proverbes* (1) illustrés par Grandville méritent assurément une place à part. On sait avec quelle verve et quelle finesse Grandville traduit des intentions qu'il ne semble donné qu'à la plume d'exprimer. L'illustration des *Fables* de La Fontaine préparait le spirituel dessinateur au travail qu'il vient de faire sur les proverbes. Il s'agissait encore cette fois d'expliquer avec le crayon des préceptes de morale, et d'une morale non moins naïve que celle du fabuliste, de cette morale populaire qui a mérité d'être appelée *la sagesse des nations*. Les difficultés d'une pareille tâche ont été heureusement vaincues par Grandville. Le texte de l'ouvrage, dû à des plumes anonymes, est fort amusant. Chaque proverbe est le sujet d'une petite nouvelle, qui en est le commentaire attrayant et animé. Rien ne manque donc aux *Cent Proverbes* de ce qui peut assurer le succès d'une publication illustrée.

(1) Un vol. in-8º, chez Fournier, éditeur, rue Saint-Benoît, 7.

———

V. DE MARS.

TABLE

DES MATIÈRES DU HUITIÈME VOLUME.

(NOUVELLE SÉRIE.)

———•◦◦•———

FIN DE LA TABLE.

Erratum. — Dans l'article de M. Labitte sur le Grotesque en littérature, page
511, ligne 8 de la note, supprimez ces mots : Patelin donc, et... qui ont été con_
servés par mégarde.